D1717289

Dorothee Einsele

Bank- und Kapitalmarktrecht

Dorothee Einsele

Bank- und Kapitalmarktrecht

Nationale und Internationale Bankgeschäfte

Mohr Siebeck

Dorothee Einsele, geboren 1956; Professorin in Kiel (Lehrstuhl für Bürgerliches Recht, Handelsrecht, Europäisches und Internationales Privat- und Wirtschaftsrecht, Rechtsvergleichung); Direktorin des Instituts für Europäisches und Internationales Privat- und Verfahrensrecht.

IBSN 3-16-148903-9
ISBN-13 978-3-16-148903-7

Die Deutsche Bibliothek verzeichnet diese Publikation in der Deutschen Nationalbibliographie; detaillierte bibliographische Daten sind im Internet über *http://dnb.ddb.de* abrufbar.

© 2006 Mohr Siebeck Tübingen.

Das Buch wurde von Gulde-Druck in Tübingen aus der Stempel Garamond und der Frutiger gesetzt, auf alterungsbeständiges Werkdruckpapier gedruckt und von der Buchbinderei Spinner in Ottersweier gebunden.

Vorwort

Bankgeschäfte weisen häufig Auslandsbezüge auf. Gegenstand der vorliegenden Darstellung ist daher neben dem deutschen Sachrecht auch die Frage, welche Rechtsordnung auf grenzüberschreitende Geschäfte von Kreditinstituten Anwendung findet. Thematisch konzentrieren sich die Erläuterungen auf die Bankgeschäfte sowie einige sachnahe, verwandte Finanzdienstleistungen, also auf das private Bank- und Kapitalmarktrecht. Im Mittelpunkt stehen dabei die Geschäfte und Problembereiche, die nicht nur national, sondern auch international von Bedeutung sind.

Wenn auch Text und Fußnoten einschließlich des Sachregisters allein von mir selbst stammen, konnte dieses Buch nicht ohne die Unterstützung einer Reihe von Organisationen und Personen entstehen. Genannt seien hier insbesondere der Bundesverband deutscher Banken, die Clearstream Banking AG sowie Master-Card Europe. Diese Organisationen stellten mir Informationsmaterial und für die Beurteilung bankrechtlicher Beziehungen unentbehrliche Allgemeine Geschäftsbedingungen / Regularien zur Verfügung. Hierfür gilt ihnen mein besonderer Dank. In diesem Zusammenhang weise ich gerne darauf hin, daß (auch) meinen Ausführungen zu den Regularien von MasterCard meine eigene, nicht fallbezogene Interpretation dieser Vertragsbedingungen zu Grunde liegt. Herzlich danken möchte ich auch Herrn Assessor Oliver Rosowski und Frau Rechtsreferendarin Ulla Kinet für ihre sorgfältige, kritische Durchsicht meines Manuskripts und hilfreichen Anregungen sowie Herrn Diplomjurist Ole Sachtleber für seine wertvolle Unterstützung bei PC-Problemen und maßgebliche Mitarbeit bei der Korrektur der Druckfahnen.

Abschließend noch ein Hinweis zum Gebrauch dieses Buches: Für Leser/innen, die eine Einführung in das internationale Privatrecht (der Bankgeschäfte) wünschen, habe ich die Grundlagen dieses Rechtsgebiets in §2 Rdnr. 1 bis 10 zusammengefaßt.

Kiel, im April 2006   Dorothee Einsele

Inhaltsübersicht

Inhaltsverzeichnis

Abkürzungsverzeichnis

a. A.	anderer Ansicht
ABl.	Amtsblatt
Abs.	Absatz
a. E.	am Ende
a. F.	alte Fassung
aff'd	affirmed
AG	Aktiengesellschaft; Die Aktiengesellschaft; Amtsgericht
AGB	Allgemeine Geschäftsbedingungen
AIG (a. F.)	Auslandsinvestmentgesetz (a. F.)
AktG	Aktiengesetz
All ER	All England Law Reports
Anh.	Anhang
Anm.	Anmerkung
AO	Abgabenordnung
Art.	Artikel
Aufl.	Auflage
BAFin	Bundesanstalt für Finanzdienstleistungsaufsicht
Bd.	Band
BB	Der Betriebs-Berater
BDSG	Bundesdatenschutzgesetz
Bearb.	Bearbeitung, Bearbeiter
Bem.	Bemerkung
BGB	Bürgerliches Gesetzbuch
BGBl.	Bundesgesetzblatt
BGH	Bundesgerichtshof
BGHZ	Amtliche Sammlung der Entscheidungen des Bundesgerichtshofs in Zivilsachen
BKR	Zeitschrift für Bank- und Kapitalmarktrecht
BörsG	Börsengesetz
BR-Drucks.	Bundesrats-Drucksache
BT-Drucks.	Bundestags-Drucksache
BVerfG	Bundesverfassungsgericht
BVerfGE	Entscheidungen des Bundesverfassungsgerichts
BWpVerwG	Bundeswertpapierverwaltungsgesetz
bzw.	beziehungsweise
c.	chapter
C. A.	Court of Appeal
CFR	Code of Federal Regulations
Cir.	Circuit
CISG	(United Nations) Convention on Contracts for the International Sale of Goods, UN-Kaufrecht

D.	District Court
DB	Der Betrieb
d.h.	das heißt
DepotG	Depotgesetz
ders., dies.	derselbe, dieselbe
Diss.	Dissertation
ec	electronic-cash
EG	Europäische Gemeinschaft
EGBGB	Einführungsgesetz zum Bürgerlichen Gesetzbuch
Einl.	Einleitung
ERA	Einheitliche Richtlinien und Gebräuche für Dokumentenakkreditive
ERI	Einheitliche Richtlinien für Inkassi
EU	Europäische Union
EuGH	Europäischer Gerichtshof
EuGVO	Europäische Verordnung über die gerichtliche Zuständigkeit und die Vollstreckung von Entscheidungen in Zivil- und Handelssachen
event.	eventuell
EWR	Europäischer Wirtschaftsraum
f./ff.	folgende
F.2d	Federal Reporter, 2. Serie
FinDAG	Gesetz über die Bundesanstalt für Finanzdienstleistungsaufsicht (Finanzdienstleistungsaufsichtsgesetz)
Fn.	Fußnote
FS	Festschrift
F.Supp.	Federal Supplement
gem.	gemäß
GG	Grundgesetz
ggf.	gegebenenfalls
grds.	grundsätzlich
GwG	Gesetz über das Aufspüren von Gewinnen aus schweren Straftaten (Geldwäschegesetz)
Halbs.	Halbsatz
h.M.	herrschende Meinung
HGB	Handelsgesetzbuch
hrsg.	herausgegeben
ICC	International Chamber of Commerce, Internationale Handelskammer Paris
i.d.F.	in der Fassung
i.d.R.	in der Regel
ILM	International Legal Materials
insbes.	insbesondere
i.S.d.	im Sinne des/der
InsO	Insolvenzordnung
IntSachenR	Internationales Sachenrecht
InvG	Investmentgesetz
IPR	Internationales Privatrecht
IPRax	Praxis des Internationalen Privat- und Verfahrensrechts
IPRspr.	Die deutsche Rechtsprechung auf dem Gebiete des internationalen Privatrechts

XXVI

i.V.m.	in Verbindung mit
i.w.S.	im weiteren Sinn
J.O.	Journal Officiel
JZ	Juristen-Zeitung
KAG	Kapitalanlagegesellschaft(en)
KAGG (a.F.)	Gesetz über Kapitalanlagegesellschaften (a.F.)
KG	Kammergericht; Kommanditgesellschaft
Komm.	Kommentar
KWG	Kreditwesengesetz
LG	Landgericht
Lit.	Literatur
LMK	Kommentierte BGH-Rechtsprechung Lindenmaier-Möhring
m.a.W.	mit anderen Worten
Md.	Maryland
m.E.	meines Erachtens
m.w.N.	mit weiteren Nachweisen
Neubearb.	Neubearbeitung
n.F.	neue Fassung
NJW	Neue Juristische Wochenzeitschrift
NJW-CoR	NJW-Computerreport
NJW-RR	NJW-Rechtsprechungs-Report
no.	numéro
Nr.	Nummer
N.Y.	New York; Fallsammlung des Staates New York, 1. Serie
NZG	Neue Zeitschrift für Gesellschaftsrecht
o.g.	oben genannt
OGAW	Organismen für gemeinsame Anlagen in Wertpapieren
OLG	Oberlandesgericht
PfandBG	Pfandbriefgesetz
RabelsZ	Rabels Zeitschrift für ausländisches und internationales Privatrecht
Rdnr.	Randnummer
RechKredV	Verordnung über die Rechnungslegung der Kreditinstitute
Rep.	Reports
RG	Reichsgericht
RGBl.	Reichsgesetzblatt
RGZ	Amtliche Sammlung der Entscheidungen des Reichsgerichts in Zivilsachen
Rs.	Rechtssache
Rspr.	Rechtsprechung
Rev. dr. unif.	Revue de droit uniforme
RIW	Recht der internationalen Wirtschaft
RTGS	Real-Time Gross Settlement
S.	Seite
s.	siehe
SchG	Scheckgesetz
SchVG	Schuldverschreibungsgesetz
scil.	scilicet (nämlich)
sec.	section
Slg.	Sammlung

sog.	sogenannt
Sonderbeil.	Sonderbeilage
st.	ständig(e)
StGB	Strafgesetzbuch
StPO	Strafprozeßordnung
SWIFT	Society for Worldwide Interbank Financial Telecommunication
TARGET	Trans-European Automated Real-Time Gross Settlement Express Transfer
u.a.	und andere; unter anderem
UCC	Uniform Commercial Code
UCCRS	Uniform Commercial Code Reporting Service
UCP	Uniform Customs and Practice for Documentary Credits
UNCITRAL	United Nations Commission on International Trade Law
UNIDROIT	International Institute for the Unification of Private Law Institut international pour l'unification du droit privé
Unif. L. Rev.	Uniform Law Review
U.S.	United States Supreme Court Reports
USC	United States Code
u.U.	unter Umständen
v.	von; vom; versus
VerkProspG	Verkaufsprospektgesetz
vgl.	vergleiche
VO	Verordnung
WG	Wechselgesetz
WM	Zeitschrift für Wirtschafts- und Bankrecht, Wertpapiermitteilungen
WpHG	Wertpapierhandelsgesetz
WpPG	Wertpapierprospektgesetz
z.	zum
zahlr.	zahlreich(e)
ZBB	Zeitschrift für Bankrecht und Bankwirtschaft
ZEuS	Zeitschrift für Europarechtliche Studien
ZGR	Zeitschrift für Unternehmens- und Gesellschaftsrecht
ZHR	Zeitschrift für das gesamte Handels- und Wirtschaftsrecht
ZIP	Zeitschrift für Wirtschaftsrecht; bis 1982 Zeitschrift für Wirtschaftsrecht und Insolvenzpraxis
ZKA	Zentraler Kreditausschuß
ZPO	Zivilprozeßordnung
zust.	zustimmend
ZvglRWiss.	Zeitschrift für vergleichende Rechtswissenschaft

Verzeichnis der abgekürzt zitierten Literatur

Bankrechtshandbuch I-III, hrsg. v. Schimansky, Herbert/Bunte, Hermann Josef/Lwowski, Hans-Jürgen, 2. Aufl. 2001 (zitiert *Bearbeiter*, in: Bankrechtshandbuch)

Baumbach, Adolf/Hopt, Klaus J., HGB, 32. Aufl. 2006 (zitiert *Baumbach/Hopt*)

Canaris, Claus-Wilhelm, Großkommentar zum HGB, 3. Aufl., Band III/3, Bankvertragsrecht, 2. Bearb. 1981; 1. Teil (umfaßt Rdnr. 1–1162), 4. Aufl. 1988 (zitiert *Canaris*)

Claussen, Carsten Peter, Bank- und Börsenrecht, 3. Aufl. 2003 (zitiert *Claussen*)

Kümpel, Siegfried, Bank- und Kapitalmarktrecht, 3. Aufl. 2004 (zitiert *Kümpel*)

Kropholler, Jan, Internationales Privatrecht, 5. Aufl. 2004 (zitiert *Kropholler*)

Münchener Kommentar, Kommentar zum BGB, 4. Aufl. 2001–2006 (zitiert MünchKomm.-*Bearbeiter* BGB)

Reithmann, Christoph/Martiny, Dieter, Internationales Vertragsrecht, 6. Aufl. 2004 (zitiert *Bearbeiter*, in: *Reithmann/Martiny*)

Schwintowski, Hans-Peter/Schäfer, Frank A., Bankrecht, Commercial Banking-Investment Banking, 2. Aufl. 2004 (zitiert *Schwintowski/Schäfer*)

Soergel, Hans Theodor, Kommentar zum BGB; EGBGB 12. Aufl. 1996 (zitiert Soergel-*Bearbeiter* BGB); ansonsten 13. Aufl. 1999 ff. (zitiert Soergel-*Bearbeiter* BGB[13])

Staudinger, Julius v., Kommentar zum BGB, 13. Bearb. 1993 ff.; teilweise Neubearbeitungen, 1998 ff. (zitiert Staudinger-*Bearbeiter* BGB (Jahreszahl der Bearbeitung))

Daneben wird in den jeweiligen Paragraphen dieses Buches die eingangs angegebene Literatur abgekürzt zitiert.

Graphische Darstellungen

```
------------    obligatorische Rechtsbeziehung
_____    dingliche Rechtsbeziehung
_____▶    Ausübung einzelner Funktionen
```

1. Kapitel: Grundlagen

§ 1 Allgemeine Verhaltenspflichten des Kreditinstituts

Literatur
Bunte, Hermann-Josef, in: Bankrechtshandbuch I, hrsg. v. Schimansky, Herbert/Bunte, Hermann Josef/Lwowski, Hans-Jürgen, 2. Aufl. 2001, § 4 Rdnr. 14–20. *Bruchner, Helmut*, in: Bankrechtshandbuch II, hrsg. v. Schimansky, Herbert/Bunte, Hermann Josef/Lwowski, Hans-Jürgen, 2. Aufl. 2001, §§ 39–42. *Canaris, Claus-Wilhelm*, Bankvertragsrecht, 3. Aufl. 1988, Erster Teil, Rdnr. 1–74f. *Claussen, Carsten Peter*, Bank- und Börsenrecht, 3. Aufl. 2003, § 4 Rdnr. 10 c-10 h, § 6 Rdnr. 1–28. *Hopt, Klaus J.*, in: Bankrechtshandbuch I, hrsg. v. Schimansky, Herbert/Bunte, Hermann Josef/Lwowski, Hans-Jürgen, 2. Aufl. 2001, § 1. *Kümpel, Siegfried*, Bank- und Kapitalmarktrecht, 3. Aufl. 2004, Rdnr. 2.130–2.236, 2.804–2.852. *Lerche, Peter*, Bankgeheimnis – verfassungsrechtliche Rechtsgrundlagen, ZHR 149 (1985), 165–176. *Nobbe, Gerd*, Bankgeheimnis, Datenschutz und Abtretung von Darlehensforderungen, WM 2005, 1537–1548. *Schönle*, Herbert, Bank- und Börsenrecht, 2. Aufl. 1976, §§ 3, 5. *Schwintowski, Hans-Peter/Schäfer, Frank A.*, Bankrecht, Commercial Banking – Investment Banking, 2. Aufl. 2004, § 1 Rdnr. 11–19, § 3. *Weber, Ahrend*, in: Bankrecht und Bankpraxis, 1. Teil: AGB, Band 1, Stand April 2003, Rdnr. 1/27–79.

I. Rechtsgrundlagen allgemeiner Verhaltenspflichten des Kreditinstituts

Die Geschäftsverbindung zwischen der Bank und ihrem Kunden begründet ein ge- **1** setzliches Schuldverhältnis, aus dem unabhängig von den einzelnen Bankverträgen (z.B. Vertrag über die Einlage, Kreditvertrag, etc.) eine Reihe von Verhaltens- und Schutzpflichten resultieren (§ 311 Abs. 2 i.V.m. § 241 Abs. 2 BGB).[1] Bedeutung kommt dieser Feststellung insofern zu, als diese Pflichten bereits mit Aufnahme des geschäftlichen Kontakts vor dem Abschluß der Einzelverträge entstehen und von deren Wirksamkeit unabhängig sind.[2] Daneben finden sich allgemeine Verhaltenspflichten der Bank aber auch in den bankrechtlichen Einzelverträgen, wie dies etwa bei der grds. Pflicht der Bank zur Verschwiegenheit der Fall ist (dazu sogleich Rdnr. 4).

Hingegen leiten die Vertreter der Lehre vom allgemeinen Bankvertrag die allge- **2** meinen Schutz- und Verhaltenspflichten des Kreditinstituts aus einem Rahmenvertrag ab, der bereits mit Aufnahme der Geschäftsverbindung und Vereinbarung der

---

1 BGH 24. 9. 2002, WM 2002, 2281, 2282; *Canaris* Rdnr. 12–16; *Kümpel* Rdnr. 2.130.
2 *Canaris* Rdnr. 15 f.; *Kümpel* Rdnr. 2.136; bezogen auf das Bankgeheimnis im Ergebnis auch *Bruchner*, in: Bankrechtshandbuch I, § 39 Rdnr. 8.

AGB-Banken zustande kommen soll. Zwar sollen aus diesem Rahmenvertrag keine primären Leistungspflichten, aber eben doch allgemeine Schutz- und Verhaltenspflichten der Bank folgen. Daneben soll sich aus dem allgemeinen Bankvertrag ein eingeschränkter Kontrahierungszwang der Bank hinsichtlich risikoneutraler Geschäftsbesorgungen ergeben.[3] Zurecht hat der BGH jedoch einen solchen allgemeinen Bankvertrag abgelehnt, da nichts für die Bereitschaft der Bank spreche, schon bei Aufnahme der Geschäftsbeziehung ihre gesetzlich eingeräumte Vertragsfreiheit aufzugeben und sich einem beschränkten Kontrahierungszwang zu unterwerfen.[4] Überdies fehlt es an eigenständigen bindenden Rechtsfolgen, die durch die Willenserklärungen der Parteien in Kraft gesetzt werden. Denn primäre Leistungspflichten werden nicht vereinbart, die Schutz- und Verhaltenspflichten der Bank bestehen aber unabhängig vom Willen der Parteien.[5]

3   Im vorvertraglichen Bereich sind insbes. auch die umfassenden Informationspflichten angesiedelt, die beim Vertrieb von Finanzdienstleistungen an Verbraucher bestehen, sofern der Vertrag unter Verwendung von Fernkommunikationsmitteln wie etwa Telefon, Fax oder Internet abgeschlossen wird (§§ 312 b-312 d BGB i.V.m. § 1 BGB-Informationspflichten-VO).[6] Die dem Verbraucher bei Fernabsatzverträgen von Finanzdienstleistungen mitzuteilenden Informationen entsprechen zunächst denen bei sonstigen Fernabsatzverträgen (§ 1 Abs. 1 BGB-Informationspflichten-VO), gehen aber inhaltlich darüber hinaus (vgl. die bei Finanzdienstleistungen gem. § 1 Abs. 2 BGB-Informationspflichten-VO zusätzlich geforderten Informationen). Auch hinsichtlich des Zeitpunkts, in dem diese Informationen dem Verbraucher mitzuteilen sind, ist die Regelung für Fernabsatzverträge von Finanzdienstleistungen strikter als für sonstige Fernabsatzverträge. Während bei sonstigen Fernabsatzverträgen die Übermittlung der Informationen in Textform noch bis zur vollständigen Erfüllung des Vertrags nachgeholt werden kann, sind die bei Finanzdienstleistungen geforderten Informationen dem Verbraucher grds. bereits vor Vertragsschluß in Textform mitzuteilen (§ 312 c Abs. 2 und 3 BGB). Diese Informationspflichten bestehen aber nur, wenn der Vertrag mittels Verwendung von Fernkommunikationsmitteln geschlossen wird; ansonsten hat die Bank jedoch keine allgemeinen Aufklärungs-, insbes. Warn- und Beratungspflichten gegenüber ihrem Kunden.[7] Die Frage, ob und in welchem Umfang solche

---

3 So insbes. *Hopt*, in: Bankrechtshandbuch I, § 1 Rdnr. 17 ff.; vgl. dort ebenfalls *Bunte* § 4 Rdnr. 15; *Claussen* § 4 Rdnr. 10 c-10 h; *Schwintowski/Schäfer* § 1 Rdnr. 15; *Schmidt, Karsten*, Handelsrecht, 5. Aufl. 1999, § 20 I 2 b) (S. 600f.).
4 BGH 24. 9. 2002, WM 2002, 2281, 2282f.; so auch bereits *Canaris* Rdnr. 6–9.
5 BGH 24. 9. 2002, WM 2002, 2281, 2282; *Canaris* Rdnr. 4f.; ähnlich *Schönle* § 5 II.
6 Diese Bestimmungen zum Fernabsatz von Finanzdienstleistungen wurden in Umsetzung der Richtlinie 2002/65/EG des Europäischen Parlaments und des Rates v. 23. 9. 2002 über den Fernabsatz von Finanzdienstleistungen an Verbraucher und zur Änderung der Richtlinie 90/619/EWG des Rates und der Richtlinien 97/7/EG und 98/27/EG (ABl. EG Nr. L 271, S. 16) in das BGB integriert.
7 So auch *Canaris* Rdnr. 103.

Pflichten (ausnahmsweise) bei einzelnen Bankverträgen bestehen, wird daher im Rahmen der Darstellung der betreffenden Bankgeschäfte erörtert.

II. Bankgeheimnis

1. Rechtsgrundlagen

Rechtsgrundlage der Pflicht zur Wahrung des Bankgeheimnisses ist bereits das ge- **4** setzliche Schuldverhältnis, das mit Aufnahme der Geschäftsverbindung entsteht.[8] Die Pflicht zur Wahrung des Bankgeheimnisses ist zwar mittlerweile auch in Nr. 2 AGB-Banken bzw. Nr. 1 Abs. 1 S. 2 AGB-Sparkassen vertraglich ausdrücklich geregelt. Sie entsteht aber bereits vor Abschluß und unabhängig von der Wirksamkeit der Einzelverträge. Relevant wird dies etwa, wenn ein Kunde einem Kreditgesuch Geschäftsunterlagen beilegt, die Bank den Kredit jedoch nicht gewährt. Um Mißverständnissen an dieser Stelle vorzubeugen: selbstverständlich sind die Parteien frei, bestimmte Verhaltenspflichten – wie etwa die zur Wahrung des Bankgeheimnisses – auch vertraglich zu regeln. Daß diese Pflichten aber bereits Inhalt eines gesetzlichen Schuldverhältnisses sind, räumen auch die Vertreter der Lehre vom allgemeinen Bankvertrag für den Fall ein, daß es (ausnahmsweise) nicht zum Abschluß des allgemeinen Bankvertrags gekommen oder dieser unwirksam ist.[9] Darüber hinaus wird das Bankgeheimnis teilweise sogar als Gewohnheitsrecht eingeordnet.[10]

Rechtsgrundlage des Bankgeheimnisses ist aber nicht nur das vertragliche bzw. **5** gesetzliche Schuldverhältnis. Maßgeblich ist insofern auch das Recht auf informationelle Selbstbestimmung als ein Teilaspekt des allgemeinen Persönlichkeitsrechts gem. Art. 2 Abs. 1 i.V.m. Art. 1 Abs. 1 GG. Dieses Recht umfaßt „die aus dem Gedanken der Selbstbestimmung folgende Befugnis des Einzelnen, grds. selbst zu entscheiden, wann und innerhalb welcher Grenzen persönliche Lebensverhältnisse offenbart werden".[11] Primär steht dieses Grundrecht dem Bankkunden als Abwehrrecht gegen staatliche Eingriffe zu und wirkt nicht unmittelbar im Verhältnis zwischen Bank und Kunde.[12] Dennoch ist diese grundrechtliche Wertung auch zivilrechtlich im Rahmen des Schutzes des allgemeinen Persönlichkeitsrechts gem. § 823 Abs. 1 BGB maßgeblich und schützt den Kunden vor der ungewollten Ver-

---

8 *Canaris* Rdnr. 42; *Nobbe*, WM 2005, 1539f.
9 *Hopt*, in: Bankrechtshandbuch I, § 1 Rdnr. 54; Staudinger-*Martinek* BGB (1995) § 675 B 6.
10 So insbes. *Schwintowski/Schäfer* § 3 Rdnr. 3; für *Nobbe*, WM 2005, 1540 „spricht sehr viel dafür, das Bankgeheimnis als vorkonstitutionelles Gewohnheitsrecht zu qualifizieren."
11 BVerfG 15. 12. 1983, BVerfGE 65, 1, 41f.; für einen verfassungsrechtlichen Schutz des Bankgeheimnisses *Canaris* Rdnr. 37; *Bruchner*, in: Bankrechtshandbuch I, § 39 Rdnr. 5; *Schwintowski/Schäfer* § 3 Rdnr. 1f., 7.
12 Vgl. zur Frage der Drittwirkung des Rechts auf informationelle Selbstbestimmung *Lerche*, ZHR 149 (1985), 173; *Schwintowski/Schäfer* § 3 Rdnr. 8.

breitung personenbezogener Informationen.[13] Allerdings ist bei einem Eingriff in das allgemeine Persönlichkeitsrecht die Rechtswidrigkeit nicht indiziert, sondern erfordert eine Güter- und Interessenabwägung.[14] Da der Schutz des allgemeinen Persönlichkeitsrechts natürlicher Personen vor der Verbreitung personenbezogener Informationen[15] teilweise im Bundesdatenschutzgesetz (BDSG) geregelt ist, genießt das Bankgeheimnis insofern auch einen spezialgesetzlichen Schutz.

6   Die verfassungsrechtliche Grundlage und Dimension des Bankgeheimnisses hat aber nicht nur Bedeutung bei der Auslegung des § 823 BGB im Verhältnis zwischen der Bank und ihrem Kunden. Vielmehr stehen gegebenenfalls auch den Kreditinstituten verfassungsrechtlich verankerte Freiheits- und Abwehrrechte gegenüber dem Staat zu, wenn sie (gesetzlichen) Informations- und Auskunftspflichten unterworfen werden. Potentiell betroffen ist die Berufsfreiheit der Kreditinstitute gem. Art. 12 Abs. 1 GG, die Art. 2 Abs. 1 GG als spezielle Freiheitsgewährleistung vorgeht. Denn ein Eingriff des Staates in das Bankgeheimnis bedeutet auch eine Beeinträchtigung der Berufsausübung der Kreditinstitute, denen dann wohl kaum mehr das nötige Vertrauen entgegengebracht wird.[16] Zwar kann der Staat aufgrund des Gesetzesvorbehalts in Art. 12 GG das Bankgeheimnis einschränken. Jedoch müssen diese Einschränkungen durch sachgerechte und vernünftige Erwägungen des Gemeinwohls gerechtfertigt sein.[17]

2. Grundsätzlicher Schutzumfang

7   Die Pflicht zur Wahrung der Verschwiegenheit erstreckt sich grds. auf alle Tatsachen, die der Kunde geheimzuhalten wünscht. Somit kommt es auf den wirklichen Willen des Kunden bzw. – sofern sich dieser nicht ermitteln läßt – auf dessen mutmaßlichen Willen an.[18] Grundsätzlich bezieht sich die Verschwiegenheitpflicht aber auf alle Tatsachen, die das Kreditinstitut im Zusammenhang mit der Geschäftsverbindung erfährt.[19]

8   Kommt es nicht nur zum geschäftlichen Kontakt, sondern zum Abschluß eines Bankvertrags unter Einbeziehung der AGB, dann ist die weiter formulierte Verpflichtung der privaten Banken und Genossenschaftsbanken in Nr. 2 Abs. 1 S. 1

---

13 Vgl. hierzu MünchKomm.-*Rixecker* BGB § 12 Anh. Rdnr. 2 f., 95 ff.
14 Vgl. etwa OLG München 10. 12. 2003, WM 2004, 74, 84; BGH 24. 10. 1961, BGHZ 36, 77, 79–84; BGH 21. 6. 1966, BGHZ 45, 296, 307.
15 Vgl. zur Begrenzung des Schutzbereichs des BDSG auf natürliche Personen und personenbezogene Daten § 3 Abs. 1 BDSG.
16 *Canaris* Rdnr. 38; *Bruchner*, in: Bankrechtshandbuch I, § 39 Rdnr. 6.
17 BVerfG 21. 2. 1962, BVerfGE 14, 19, 22; vgl. auch LG Hamburg 10. 1. 1978, NJW 1978, 958, 959.
18 RG 12. 12. 1932, RGZ 139, 103, 105; BGH 12. 5. 1958, BGHZ 27, 241, 246; *Canaris* Rdnr. 48 f.
19 *Bruchner*, in: Bankrechtshandbuch I, § 39 Rdnr. 8; *Weber*, in: Bankrecht und Bankpraxis, Rdnr. 1/36; *Kümpel* Rdnr. 2.152–2.157.

AGB-Banken[20] maßgeblich: Danach unterliegen dem Bankgeheimnis alle kunden-
bezogenen Tatsachen und Wertungen, von denen die Bank Kenntnis erlangt. Auf die
Frage, ob der Kunde die Geheimhaltung wünscht, kommt es also zunächst nicht an;
vielmehr spielt diese Frage erst eine Rolle, wenn es um die Voraussetzungen einer
Bankauskunft[21] geht. Zwar werden Bankauskünfte über juristische Personen und
im Handelsregister eingetragene Kaufleute grds. erteilt, sofern sich die Anfrage auf
deren geschäftliche Tätigkeit bezieht; dies gilt allerdings nur dann, wenn der Bank
oder Sparkasse keine anders lautende Weisung des Kunden vorliegt.[22] Bankauskünfte über Privatkunden und Vereinigungen werden hingegen von vornherein nur erteilt, wenn diese generell oder im Einzelfall ausdrücklich zugestimmt haben.[23]

Der einzelne Bankvertrag wie auch das gesetzliche Schuldverhältnis entfalten   9
überdies Schutzwirkungen zugunsten der Personen, über die das Kreditinstitut im
Rahmen der Geschäftsverbindung Informationen erlangt hat.[24] Daher ist das Kreditinstitut auch diesen Personen gegenüber vertraglich zur Verschwiegenheit verpflichtet.

Da die Pflicht zur Verschwiegenheit grds. gegenüber jedermann besteht, ist das   10
Bankgeheimnis auch im Verhältnis zu anderen Bankmitarbeitern zu wahren (sog.
inneres Bankgeheimnis); eine Ausnahme besteht gegenüber Mitarbeitern, die mit
der Geschäftsabwicklung oder Überwachungsaufgaben betraut sind.[25]

---

20 Demgegenüber verpflichten sich die Sparkassen gem. Nr. 1 Abs. 1 S. 2 AGB-Sparkassen
nur allgemein zur Wahrung des Bankgeheimnisses.
21 Vgl. zum Inhalt der Bankauskunft Nr. 2 Abs. 2 AGB-Banken: „Eine Bankauskunft enthält
allgemein gehaltene Feststellungen und Bemerkungen über die wirtschaftlichen Verhältnisse
des Kunden, seine Kreditwürdigkeit und Zahlungsfähigkeit; betragsmäßige Angaben über
Kontostände, Spargutguthaben, Depot- oder sonstige der Bank anvertraute Vermögenswerte sowie Angaben über die Höhe von Kreditinanspruchnahmen werden nicht gemacht." Nr. 3 Abs. 1
AGB-Sparkassen enthält eine inhaltsgleiche Formulierung dessen, was bei einer Bankauskunft
mitgeteilt wird.
22 Nr. 2 Abs. 3 S. 1und 2 AGB-Banken, Nr. 3 Abs. 2 S. 1 AGB-Sparkassen.
23 Nr. 2 Abs. 3 S. 3 AGB-Banken, Nr. 3 Abs. 2 S. 2 AGB-Sparkassen.
24 Vgl. etwa OLG München 10. 12. 2003, WM 2004, 74, 82f.; dieser Entscheidung zustimmend *Schumann, Ekkehard*, Der Schutz des Kunden bei Verletzungen des Bankgeheimnisses
durch das Kreditinstitut, ZIP 2004, 2353–2362; *ders.*, Noch einmal: Bankgeheimnis und Schutzwirkungen für Dritte, ZIP 2004, 2367; diese Entscheidung insbes. deshalb ablehnend, da in diesem Fall das Kreditinstitut die Kenntnis der weitergegebenen Informationen nicht in innerem
Zusammenhang mit der Geschäftsverbindung erlangt habe und überdies die Voraussetzung der
Leistungsnähe für einen Vertrag mit Schutzwirkung zugunsten Dritter bei der Gewährung eines Kredits an ein Konzernunternehmen in Bezug auf andere Konzernunternehmen nicht erfüllt gewesen sei, *Canaris, Claus-Wilhelm*, Bankgeheimnis und Schutzwirkungen für Dritte im
Konzern, ZIP 2004, 1781–1790; *ders.*, Noch einmal: Bankgeheimnis und Schutzwirkungen für
Dritte im Konzern, ZIP 2004, 2362–2366; ähnlich mittlerweile auch BGH 24. 1. 2006, WM
2006, 380, 384, 386; allgemein zu dieser Problematik *Canaris* Rdnr. 44; *Schwintowski/Schäfer*
§ 3 Rdnr. 11; *Bruchner*, in: Bankrechtshandbuch I, § 39 Rdnr. 12;
25 Vgl. hierzu auch *Weber*, in: Bankrecht und Bankpraxis, Rdnr. 1/40; *Bruchner*, in: Bankrechtshandbuch I, § 39 Rdnr. 13; *Kümpel* Rdnr. 2.160; *Schwintowski/Schäfer* § 3 Rdnr. 12.

3. Rechtsfolgen der Verletzung des Bankgeheimnisses

11 Hat die Bank (schuldhaft) das Bankgeheimnis verletzt, so stellt dies gleichzeitig eine Verletzung des einzelnen Bankvertrags bzw. – sofern noch kein wirksamer Einzelvertrag abgeschlossen wurde – des gesetzlichen Schuldverhältnisses zwischen
Bank und Kunde dar. Daneben kann in der Verletzung des Bankgeheimnisses auch
ein rechtswidriger Eingriff in das Persönlichkeitsrecht, event. auch in den eingerichteten und ausgeübten Gewerbebetrieb des Kunden liegen. In diesem Fall ist die
Bank nicht nur wegen schuldhafter Vertragsverletzung gem. § 280 BGB gegenüber
dem Kunden sowie den Dritten, die in den Schutzbereich des Vertrags einbezogen
sind,[26] sondern auch deliktsrechtlich gem. § 823 Abs. 1 BGB zum Schadensersatz
verpflichtet.[27] Dabei haftet das Kreditinstitut im Rahmen von Vertragsverletzungen bzw. Verletzungen des gesetzlichen Schuldverhältnisses für ihre Angestellten
gem. § 278 BGB, während sich die Haftung für ihre Organe sowohl im Bereich der
vertraglichen wie auch deliktischen Haftung nach §§ 31, 89 BGB richtet.[28] Hingegen haftet das Kreditinstitut für Angestellte, die nicht Organe sind, deliktisch nur
im Rahmen des § 831 BGB mit dem für den geschädigten Kunden bekannten Nachteil, daß sich die Bank u.U. exkulpieren kann (§ 831 Abs. 1 S. 2 BGB). Werden die
Grenzen der zulässigen Datenerhebung, -verarbeitung und -nutzung nach dem
BDSG (vgl. insbes. § 28 BDSG)[29] überschritten, ist auch ein Schadensersatzanspruch des Kunden gem. § 823 Abs. 2 BGB i.V.m. den maßgeblichen Vorschriften
des BDSG als Schutzgesetzen denkbar.[30]

---

26 OLG München 10. 12. 2003, WM 2004, 74, 80–83; im Grundsatz auch BGH 24. 1. 2006,
WM 2006, 380, 386.
27 In OLG München 10. 12. 2003, WM 2004, 74, 83 f. wurde zunächst vorrangig § 824 BGB
geprüft, im konkreten Fall jedoch ebenso wie § 823 Abs. 1 BGB abgelehnt; für das OLG München war dabei nicht nur im Rahmen von § 824, sondern auch von § 823 Abs. 1 BGB von maßgeblicher Bedeutung, daß die geäußerten Tatsachen wahr waren; anders aber mittlerweile BGH
24. 1. 2006, WM 2006, 380, 393 f., der in diesem Fall einen Anspruch gem. § 823 Abs. 1 BGB bejahte; vgl. zu einem Anspruch gem. § 823 Abs. 1 BGB auch *Canaris* Rdnr. 47; *Claussen* § 6
Rdnr. 5, 7; *Schwintowski/Schäfer* § 3 Rdnr. 47; *Bruchner*, in: Bankrechtshandbuch I, § 39
Rdnr. 115.
28 OLG München 10. 12. 2003, WM 2004, 74, 81.
29 Kreditinstituten ist gem. § 28 Abs. 1 Nr. 1 und Nr. 2 BDSG das Erheben, Speichern, Verändern und Übermitteln personenbezogener Daten oder ihre Nutzung erlaubt, sofern dies der
Zweckbestimmung der bankrechtlichen Beziehung dient, zur Wahrung berechtigter Interessen
der Bank erforderlich ist und kein Grund zu der Annahme besteht, daß das schutzwürdige Interesse des Betroffenen an dem Ausschluß der Verarbeitung und Nutzung überwiegt. Die
Übermittlung und Nutzung personenbezogener Daten ist gem. § 28 Abs. 3 Nr. 1 BDSG aber
auch dann zulässig, wenn dies zur Wahrung berechtigter Interessen eines Dritten erforderlich
ist und kein Grund zu der Annahme besteht, daß der Betroffene ein schutzwürdiges Interesse
an dem Ausschluß der Übermittlung oder Nutzung hat. Zulässig ist die Erhebung, Verarbeitung und Nutzung personenbezogener Daten aber auch, wenn der Betroffene eingewilligt hat
(vgl. § 4 BDSG, wobei § 4 a BDSG für die Wirksamkeit der Einwilligung u.a. Schriftform verlangt).
30 So zutreffend *Schwintowski/Schäfer* § 3 Rdnr. 47; *Bruchner*, in: Bankrechtshandbuch I,
§ 39 Rdnr. 115.

Daneben steht dem Kunden ein Unterlassungsanspruch zu: bei Verletzung abso-   12
lut geschützter Rechte oder Rechtsgüter gem. § 1004 BGB und bei Verstößen gegen
das BDSG etwa gem. § 35 BDSG bzw. § 823 Abs. 2 BGB i.V.m. den betreffenden
Vorschriften des BDSG als Schutzgesetzen. Etwas problematischer ist ein Unterlassungsanspruch bei Verletzungen der einzelnen Bankverträge bzw. des gesetzlichen Schuldverhältnisses, da die Klagbarkeit nicht eigens rechtsgeschäftlich be-
gründeter Unterlassungspflichten umstritten ist. Jedoch stellt die Verpflichtung
der Kreditinstitute zur Wahrung des Bankgeheimnisses richtigerweise eine solch
selbständige rechtsgeschäftlich begründete Unterlassungspflicht dar, während im
Fall der Verletzung des gesetzlichen Schuldverhältnisses immerhin ein schutzwürdiges Interesse des Kunden an einem auch präventiven Rechtsschutz und damit
ebenfalls ein Unterlassungsanspruch besteht.[31]

Die Verletzung des Bankgeheimnisses ist im deutschen Recht zwar nicht generell   13
strafbewehrt. Jedoch können sich Mitarbeiter öffentlich-rechtlicher Kreditinstitute wegen unbefugter Weitergabe bestimmter Privat-, Betriebs- oder Geschäftsge-
heimnisse gem. § 203 Abs. 2 Nr. 2 StGB strafbar machen. Auch ist die unbefugte
Weitergabe personenbezogener Daten gem. § 44 i.V.m. § 43 Abs. 2 BDSG mit Strafe
bedroht.

III. Einschränkungen des Bankgeheimnisses

Das Bankgeheimnis ist durch zahlreiche gesetzliche Vorschriften eingeschränkt,
wovon hier nur einige wesentliche, insbes. spezifisch bankrechtliche, erwähnt sei-
en.

1. Informationspflichten gegenüber staatlichen Stellen

a) Vorschriften des Zivil- und Strafverfahrensrechts sowie der AO
Während den Kreditinstituten bzw. ihren Mitarbeitern im Zivilprozeß ein Zeug-   14
nisverweigerungsrecht gem. §§ 383 Abs. 1 Nr. 6, 384 Nr. 3 ZPO zur Wahrung des
Bankgeheimnisses zusteht, ist die Bank bei der Vollstreckung in ein Bankguthaben
zur Abgabe der Drittschuldnererklärung gem. § 840 ZPO[32] verpflichtet.

Im Gegensatz zum Zivilprozeß ist das Kreditinstitut im Strafverfahren ver-   15
pflichtet, vor der Staatsanwaltschaft zu erscheinen und auszusagen (§ 161 a StPO),
auch können Geschäftsunterlagen der Bank grds. gem. §§ 94, 98 StPO beschlag-

---

31   Vgl. allgemein zu selbständigen und unselbständigen Unterlassungsansprüchen Münch-
Komm.-*Kramer* BGB § 241 Rdnr. 12 m.w.zahlr.N.; vgl. speziell zur Durchsetzbarkeit des Bankgeheimnisses mit Hilfe eines Unterlassungsanspruchs *Canaris* Rdnr. 70.
32   Die Drittschuldnererklärung ist eine Pflicht gegenüber dem Staat (vgl. MünchKomm.-
Smid, Komm. z. ZPO, 2. Aufl. 2001, § 840 Rdnr. 2), auch wenn sie nur im Fall des § 840 Abs. 3
ZPO gegenüber einer staatlichen Stelle (Gerichtsvollzieher) erfüllt wird, während sie im Fall
des § 840 Abs. 1 ZPO unmittelbar gegenüber dem Gläubiger abgegeben wird.

nahmt werden. Ausnahmsweise anders ist dies jedoch, wenn die Bank als Gehilfe bestimmter Berufsgruppen anzusehen ist, die zur Zeugnisverweigerung gem. § 53 StPO berechtigt sind (§ 53 a StPO). So etwa in einem Fall, in dem ein Notar ihm anvertraute Gelder auf ein Notaranderkonto transferierte; da die Bank in bezug auf das Notaranderkonto als Gehilfin des Notars handelte, stand ihr nicht nur ein Zeugnisverweigerungsrecht gem. § 53 a StPO zu, sondern war auch die Beschlagnahme der Kontounterlagen gem. § 97 Abs. 1 Nr. 2 StPO unzulässig.[33] Die Zeugeneinvernehmung der Kreditinstitute wird in der Praxis aber meist durch die sog. Abwendungsauskunft und Abwendungsvorlage vermieden, bei der die Staatsanwaltschaft eine Zeugenladung nach § 161 a StPO zustellt oder ankündigt und gleichzeitig darum ersucht, zur Vermeidung der Zeugeneinvernahme die gestellten Fragen schriftlich zu beantworten und die hierfür maßgeblichen Unterlagen beizufügen.[34]

16   Weitere Einschränkungen des Bankgeheimnisses finden sich in § 93 i. V. m. § 30 a Abs. 5 AO, wonach die Kreditinstitute auch im Besteuerungsverfahren zur Auskunft verpflichtet sind. Solange kein Verfahren wegen einer Steuerstraftat oder einer Steuerordnungswidrigkeit eingeleitet ist, hat sich die Finanzbehörde allerdings regelmäßig zunächst an den Steuerpflichtigen zu halten und sich erst dann mit einem Auskunftsersuchen an das Kreditinstitut zu wenden, wenn die Sachverhaltsaufklärung bei dem Steuerpflichtigen nicht zum Ziel führt oder keinen Erfolg verspricht.[35] Seit 1. April 2005 kann die Finanzbehörde überdies auch zur (bloßen) Festsetzung oder Erhebung von Steuern die Daten abrufen, die das Kreditinstitut gem. § 24 c Abs. 1 KWG zu speichern hat, sofern ein Auskunftsersuchen an den Steuerpflichtigen nicht zum Ziele geführt hat oder keinen Erfolg verspricht.[36] Konkret bedeutet dies, daß die Finanzbehörden auch außerhalb eines Verfahrens wegen einer Steuerstraftat oder einer Steuerordnungswidrigkeit die Kontostammdaten der Bankkunden und sonstigen Verfügungsberechtigten bei einem Kreditinstitut jederzeit abrufen können. Die abrufbaren Datensätze umfassen insbes. die Konto- bzw. Depotnummer, Name und Geburtsdatum des Konto- bzw. Depotinhabers, des Verfügungsberechtigten sowie Name und Anschrift eines hiervon abweichenden wirtschaftlichen Berechtigten (§ 24 c Abs. 1 S. 1 KWG), nicht jedoch Kontenstände und -bewegungen. Da gem. § 24 c Abs. 1 S. 6 KWG durch technische und organisatorische Maßnahmen sicherzustellen ist, daß der Abruf dem Kreditinstitut nicht zur Kenntnis gelangt, erfährt weder das Kreditinstitut noch der Kontoinhaber von dem Abruf. Geht man nach dem Wortlaut des Gesetzes, ist damit der gläserne Bürger (praktisch) erreicht, ohne daß diesem ein (effektiver) Rechtsschutz

---

33 LG Köln 6. 12. 1990, WM 1991, 589.
34 Zu diesem Verfahren *Bruchner*, in: Bankrechtshandbuch I, § 39 Rdnr. 58; *Schwintowski/Schäfer* § 4 Rdnr. 23.
35 Vgl. hierzu näher *Bruchner*, in: Bankrechtshandbuch I, § 39 Rdnr. 67–94.
36 Art. 2 des Gesetzes zur Förderung der Steuerehrlichkeit v. 23. 12. 1993, BGBl. I, S. 2928, mit dem § 93 Abs. 7, 8 und § 93 b AO in die AO eingefügt wurden.

zur Verfügung stünde.[37] Dennoch hat das BVerfG es abgelehnt, im Wege einer
einstweiligen Anordnung das In-Kraft-Treten dieses Gesetzes zu verzögern. Das
Gericht stützte seine Entscheidung ganz wesentlich auf einen Anwendungserlaß
zur AO des Bundesministeriums der Finanzen; dieser Erlaß erklärt den Abruf der
Kontostammdaten nur anlaßbezogen und zielgerichtet für zulässig, regelt die Benachrichtigung der Betroffenen und sieht die Subsidiarität des Datenabrufs gegenüber anderen Beweismitteln vor.[38]

b) Bankrechtliche Vorschriften nach dem GwG, KWG und WpHG

Eine speziell bankrechtliche Einschränkung des Bankgeheimnisses folgt insbes. aus　17
§ 11 Abs. 1 Geldwäschegesetz (GwG).[39] Um Gewinne aus der organisierten Krimi-
nalität besser aufspüren zu können, sind Institute[40], insbes. also auch Kreditinstitute verpflichtet, im Fall des Verdachts auf Geldwäsche (§ 261 StGB) Anzeige zu erstatten.[41] Derjenige, der die Anzeige erstattet hat, kann hierfür nicht verantwortlich
gemacht werden, es sei denn, die Anzeige ist vorsätzlich oder grob fahrlässig un-
wahr erstattet worden (§ 12 GwG). Danach stellt eine solche Verdachtsanzeige also
keine Verletzung des Bankgeheimnisses dar, so daß darauf gegründete Schadensersatzansprüche ausscheiden.[42] Allerdings wird der Kunde von der Anzeige nicht unbedingt erfahren, zumal das Institut den Auftraggeber der Finanztransaktion, die
im Fall ihrer Durchführung der Geldwäsche dient oder dienen würde, über die Verdachtsanzeige nicht unterrichten darf (§ 11 Abs. 5 GwG). In den Genuß der umfassenden Freistellung nach § 12 GwG kommt im Grundsatz auch derjenige, der selbst
an der Geldwäsche beteiligt war und durch die freiwillige Anzeige von einer Bestra-
fung befreit wird (§ 261 Abs. 9 Nr. 1 StGB). Allerdings kann sich diese Freistellung
von zivilrechtlichen Schadensersatzansprüchen nur auf Schäden beziehen, die
durch die Offenlegung der Tat gegenüber den Strafverfolgungsbehörden für den
Täter/Bankkunden entstehen, nicht jedoch auf Schäden, die durch die Geldwäsche

---

37　Vgl. hierzu auch *Stein, Björn*, in: *Boos, Karl-Heinz/Fischer, Reinfrid/Schulte-Mattler, Hermann*, Kreditwesengesetz, 2. Aufl. 2004, § 24 c Rdnr. 12, der bereits im Fall von Datenabrufen
durch die Bundesanstalt für Finanzdienstleistungsaufsicht gem. § 24 c KWG kritisiert, daß keine ausdrückliche Regelung zur Überprüfung dieser Maßnahmen durch eine neutrale, unabhängige Stelle aufgenommen wurde.
38　Vgl. BVerfG Beschl. v. 22. 3. 2005, WM 2005, 641–645.
39　v. 25. 10. 1993, BGBl. I, S. 1770. Dieses Gesetz dient der Umsetzung der Richtlinie 91/308/
EWG des Rates v. 10. 6. 1991 zur Verhinderung der Nutzung des Finanzsystems zum Zwecke
der Geldwäsche (ABl. EG Nr. L 166 v. 28. 6. 1991, S. 77).
40　Vgl. die sehr weite Definition in § 1 Abs. 4 GwG, die neben Kreditinstituten auch Finanzdienstleistungsinstitute, Investmentaktiengesellschaften, Finanzunternehmen, bestimmte Ver-
sicherungsunternehmen und sogar Versicherungsmakler umfaßt.
41　Zur Verdachtsanzeige verpflichtet sind daneben die in § 3 Abs. 1 GwG genannten Personen, also insbes. Rechtsanwälte, Notare, Wirtschaftsprüfer, Immobilienmakler sowie Spielban-
ken.
42　Vgl. hierzu *Bruchner*, in: Bankrechtshandbuch I, § 42 Rdnr. 124; vgl. auch *Kümpel*
Rdnr. 2.182 f.

selbst bereits eingetreten sind.[43] Der Erleichterung der Strafverfolgung dienen im übrigen auch die Aufzeichnungen, die im Rahmen der Identifizierungspflichten der Kreditinstitute gem. § 2 GwG zu erstellen und aufzubewahren sind (§ 9 GwG), wenn auch ihre Verwertung gem. § 10 GwG stark eingeschränkt ist.

18   Daneben existieren eine Reihe weiterer Auskunftspflichten der Kreditinstitute und weiterer Personen gegenüber Verwaltungsbehörden, deren Erfüllung keine Verletzung des Bankgeheimnisses bedeutet: zu nennen sind hier insbes. die Auskunftspflichten gem. §§ 44–44 c KWG sowie die Meldepflichten für Groß- und Millionenkredite gem. §§ 13 ff. KWG. Die Verpflichtung der Kreditinstitute, ein automatisiertes Abrufsystem für Kontenstammdaten zu führen (§ 24 c KWG), begründet zwar keine Auskunftspflicht der Kreditinstitute; dieses System muß aber gewährleisten, daß die Bundesanstalt für Finanzdienstleistungsaufsicht (BAFin)[44] jederzeit auf die Kundendaten zugreifen kann, ohne daß die Kreditinstitute hiervon erfahren. Hierdurch soll verhindert werden, daß Auskunftsersuchen der BAFin Kunden bei noch ungeklärter Sachlage in Mißkredit bringen und nicht betroffene Stellen sensible Kundendaten erfahren.[45] Daß diese jederzeitige Zugriffsmöglichkeit auf Kundendaten der Kreditinstitute mittlerweile auch für Finanzbehörden besteht (vgl. oben Rdnr. 16), bedeutet allerdings (fast) den gläsernen Bürger.

19   Weitere Melde- und Auskunftspflichten finden sich im Wertpapierhandelsgesetz (WpHG)[46]: Dieses Gesetz hat vorrangig zum Ziel, den Anlegerschutz sowie die Funktionsfähigkeit der deutschen Kapitalmärkte und damit auch die internationale Wettbewerbsfähigkeit des Finanzplatzes Deutschland zu verbessern.[47] Insbeson-

---

43   Vgl. hierzu *Bruchner*, in: Bankrechtshandbuch I, § 42 Rdnr. 122.

44   Zu den Aufgaben der BAFin vgl. § 4 WpHG, vgl. auch das Gesetz über die integrierte Finanzdienstleistungsaufsicht v. 22. 4. 2002 (FinDAG), BGBl. I, S. 1310, mit dem die frühere Einzelaufsicht über Banken, Versicherungen und den Wertpapiermarkt, die durch die früheren Bundesaufsichtsämter für das Kreditwesen, den Wertpapierhandel und das Versicherungswesen wahrgenommen wurde, durch die Allfinanzaufsicht der BAFin ersetzt wurde.

45   Vgl. hierzu *Findeisen, Michael*, Bankgeheimnis und Verhinderung der Geldwäsche, in: Basel II: Folgen für Kreditinstitute und ihre Kunden – Bankgeheimnis und Bekämpfung von Geldwäsche, Bankrechtstag 2003, Schriftenreihe der Bankrechtlichen Vereinigung, Band 22, 2004, S. 95–123, 118–120.

46   v. 26. 7. 1994, BGBl. I, S. 1749 ff. Mit diesem Gesetz wurde die Richtlinie 88/627/EWG v. 12. 12. 1988 über die bei Erwerb und Veräußerung einer bedeutenden Beteiligung an einer börsennotierten Gesellschaft zu veröffentlichenden Informationen (sog. Transparenzrichtlinie, vgl. ABl. EG Nr. L 348 v. 17. 12. 1988, S. 62), die Richtlinie 89/592/EWG v. 13. 11. 1989 zur Koordinierung der Vorschriften betreffend Insidergeschäfte (sog. Insiderrichtlinie, vgl. ABl. EG Nr. L 334 v. 18. 11. 1989, S. 30) und zunächst teilweise, mittlerweile insgesamt die Richtlinie 93/22/EWG v. 10. 5. 1993 über Wertpapierdienstleistungen (sog. Wertpapierdienstleistungsrichtlinie, vgl. ABl. Nr. L 141 v. 11. 6. 1993, S. 27) ins deutsche Recht umgesetzt.

47   Vgl. BT-Drucks. 12/6679, S. 1; in der Tat bedeutet dieses Gesetz insofern eine wesentliche Änderung, als damit der Kapitalmarkt als solcher und nicht bestimmte Anlagearten bzw. Anlageangebote von Emittenten einer bestimmten Rechtsform geregelt wird, so zutreffend *Assmann, Heinz Dieter*, in: Wertpapierhandelsgesetz, hrsg. v. *Assmann, Heinz-Dieter, Schneider, Uwe H.*, 3. Aufl. 2003, Einl. Rdnr. 1.

dere zur Verhinderung und Aufdeckung von Insidergeschäften[48] bestehen die Meldepflichten gem. § 9 WpHG für Geschäfte in Wertpapieren oder Derivaten, die zum Handel an einem organisierten Markt (§ 2 Abs. 5 WpHG) in einem EU- oder EWR-Staat zugelassen oder in den geregelten Markt oder Freiverkehr einer inländischen Börse einbezogen sind. Zur Meldung verpflichtet sind im übrigen nicht nur inländische Kreditinstitute sowie Finanzdienstleistungsinstitute mit der Erlaubnis zum Betreiben des Eigenhandels, sondern auch nach § 53 Abs. 1 S. 1 KWG tätige Unternehmen mit einer Zweigstelle im Inland und Sitz in einem Staat, der weder zur EU noch zum Europäischen Wirtschaftsraum gehört, sowie sonstige Unternehmen, sofern sie ihren Sitz im Inland haben und an einer inländischen Börse zur Teilnahme am Handel zugelassen sind. Daneben haben Wertpapierdienstleistungsunternehmen, Kreditinstitute und Betreiber von außerbörslichen Märkten, an denen Finanzinstrumente gehandelt werden, begründete Verdachtsfälle von Insidergeschäften bzw. Verstößen gegen das Verbot der Marktmanipulation unverzüglich der BAFin mitzuteilen (§ 10 Abs. 1 S. 1 WpHG).

Zur Überwachung dieser Meldepflichten sowie der Verhaltenspflichten der Wertpapierdienstleistungsunternehmen gem. §§ 31 ff. WpHG[49] hat die BAFin das Recht, Auskünfte sowie die Vorlage von Urkunden zu verlangen und Prüfungen durchzuführen (§§ 35 Abs. 1–4 WpHG). Die zentrale Ermächtigungsnorm für die BAFin findet sich aber mittlerweile in § 4 WpHG. Danach kann sie von jedermann (!) Auskünfte und die Vorlage von Urkunden verlangen, wenn sie Anhaltspunkte für einen Verstoß gegen ein Gebot oder Verbot des WpHG hat (§ 4 Abs. 3 WpHG). Soweit dies zur Wahrnehmung der Überwachungsaufgaben der BAFin erforderlich ist, ist ihren Bediensteten auch das Betreten der Grundstücke und Geschäftsräume zu gestatten (§ 4 Abs. 4 WpHG).   20

2. Informationsrechte und Informationspflichten gegenüber Privatpersonen

a) Einwilligung des Kunden

Willigt der Kunde ein,[50] ist die Bank grds. zur Weitergabe kundenbezogener Daten berechtigt. Allerdings hat der BGH formularmäßige Erklärungen für unwirksam erklärt, die pauschale Einwilligungen zur Weitergabe aller Daten des Kunden über die Aufnahme und Abwicklung eines Kredits an die Schufa[51] vorsahen. Der BGH   21

---

48 *Dreyling, Georg*, in: Wertpapierhandelsgesetz, hrsg. v. *Assmann, Heinz-Dieter, Schneider, Uwe H.*, 3. Aufl. 2003, § 9 Rdnr. 1.
49 Vgl. hierzu insbes. § 8 Rdnr. 32–44.
50 Vgl. hierzu Nr. 2 Abs. 1, Abs. 3 S. 3 AGB-Banken, Nr. 3 Abs. 2 S. 2 AGB-Sparkassen, vgl. auch oben Rdnr. 8.
51 Dies ist die Abkürzung für Schutzgemeinschaft für allgemeine Kreditsicherung: Hierbei handelt es sich um eine Gemeinschaftseinrichtung der kreditgebenden Wirtschaft in Deutschland, die Daten über Kunden sammelt, um diese Informationen an ihre Vertragspartner weiterzugeben; dadurch sollen die Vertragspartner der Schufa vor Verlusten im Kreditgeschäft ge-

forderte statt dessen eine Interessenabwägung im Einzelfall,[52] worauf die Kreditwirtschaft mit einer Änderung der Schufa-Klausel reagierte.[53]

b) Auskunftspflicht bei Forderungsabtretung und Bankgeheimnis

22   Daneben hat die Bank eine Reihe zivilrechtlicher Auskunftspflichten, wie etwa
gem. § 402 BGB bei Abtretung einer Forderung. Insbes. ist es Kreditinstituten
durch gesetzliche Vorschriften nicht generell verwehrt, Forderungen gegen Kunden durch Abtretung zu verwerten.[54] Denn ein generelles Verbot der Forderungsabtretung kann weder dem BDSG entnommen werden (vgl. § 28 Abs. 1 BDSG)[55]
noch kann das Bankgeheimnis, soweit es auf vertraglichen Grundlagen beruht, ein
gesetzliches Verbot i.S.d. § 134 BGB begründen.[56] Auch sind die Voraussetzungen
des § 203 StGB i.V.m. § 134 BGB bei privatrechtlich organisierten Kreditinstituten
von vornherein nicht gegeben (vgl. § 203 Abs. 2 StGB)[57] und eine Strafbarkeit der
Mitarbeiter öffentlicher Kreditinstitute im Geschäftsbankenbereich schon aus
Gründen der Gleichbehandlung nicht zu rechtfertigen.[58]

---

schützt und die Kunden vor einer übermäßigen Verschuldung bewahrt werden, vgl. *Bruchner*,
in: Bankrechtshandbuch I, § 41 Rdnr. 1 f.
52   BGH 19. 9. 1985, BGHZ 95, 362, 365 ff.
53   Die Schufa-Klausel umfaßt folgende Regelungen: Zunächst willigt der Kunde ein, daß seine Daten über die Beantragung, Aufnahme und Beendigung der Kontoverbindung an die Schufa übermittelt werden („neutrale" Daten). Daneben darf das Kreditinstitut der Schufa auch Daten aufgrund nicht vertragsgemäßen Verhaltens (z.B. Konten- und Kreditkartenmißbrauch,
Kreditkündigung) übermitteln, sofern dies zur Wahrung berechtigter Interessen erforderlich ist
und schutzwürdige Belange des Kunden nicht beeinträchtigt werden. Denn Negativmerkmale
dürfen nach § 28 Abs. 1 Nr. 2 BDSG nur nach einer Interessenabwägung im Einzelfall an die
Schufa gemeldet werden. Soweit danach eine Datenübermittlung zulässig ist, befreit der Kunde
die Bank von der Pflicht zur Wahrung des Bankgeheimnisses.
54   Vgl. *Canaris* Rdnr. 61 a, wonach der Auskunftsanspruch gem. § 402 BGB in aller Regel
Vorrang vor dem Bankgeheimnis hat; a.A. OLG Frankfurt a.M. 25. 5. 2004, NJW 2004, 3266.
55   Vgl. hierzu OLG Celle 10. 9. 2003, WM 2004, 1384, 1385: Auskunft gem. § 402 BGB kein
Verstoß gegen § 28 Abs. 1 Nr. 1 BDSG; LG Frankfurt a.M. 17. 12. 2004, BB 2005, 125, 126 = WM
2005, 1120; *Nobbe*, WM 2005, 1543 f. sieht von vornherein einen Vorrang des Bankgeheimnisses
vor den Regelungen des BDSG, das lediglich als Auffanggesetz mit lückenfüllender Funktion
konzipiert sei.
56   Im Ergebnis auch LG Frankfurt a.M. 17. 12. 2004, BB 2005, 125, 126 = WM 2005, 1120 m.
zustimmender Besprechung *Bütter, Michael/Aigner, Kathrin*, Sieg der Vernunft: Notleidende
Darlehensforderungen sind abtretbar, BB 2005, 119–123.
57   A.A. OLG Frankfurt a.M. 25. 5. 2004, NJW 2004, 3266, 3267, wonach das Bankgeheimnis
ein Abtretungsverbot begründen soll: Allerdings handelte es sich in diesem Fall um ein Verfahren des einstweiligen Rechtsschutzes, auch war nicht klar, ob der Schuldner der abgetretenen
Forderung diese störungsfrei bedient hatte; kritisch zu dieser Entscheidung zurecht *Nobbe*,
WM 2005, 1537–1545, insbes. 1545; *Rögner, Herbert*, Bankgeheimnis im Spannungsverhältnis
mit dem Kapitalmarktrecht, NJW 2004, 3230–3233; *Böhm, Michael*, Asset Backed Securities
und die Wahrung des Bankgeheimnisses, BB 2004, 1641–1644; *Jobe, Clemens J.*, Verkauf und
Abtretung von Kreditforderungen und das Bankgeheimnis, ZIP 2004, 2415–2420.
58   So auch *Nobbe*, WM 2005, 1542 f.

Unzutreffend ist auch, aus dem Bankgeheimnis generell einen (konkludent ver- 23
einbarten) Abtretungsausschluß (§ 399 Alt. 2 BGB) abzuleiten.[59] Denn Abtretungen sind nach dem Grundsatz der Privatautonomie grds. als zulässig anzusehen.
Der Ausschluß der Abtretbarkeit ist daher die Ausnahme, die von den Parteien erklärt worden sein muß und diesen nicht lediglich unterstellt werden darf.[60] Insbes.
steht die generelle Unabtretbarkeit von Forderungen nicht nur im Widerspruch
zum Interesse der Banken, so etwa beim Outsourcing (vgl. § 25 a Abs. 2 KWG)
oder wenn notleidend gewordene Forderungen veräußert werden sollen; vielmehr liegt es auch nicht im Interesse der Kunden, wenn sie weniger effektive Orga-
nisationsmöglichkeiten der Kreditinstitute letztlich über höhere Zinsen finanzie-
ren müssen.[61] Besonders offensichtlich wird die Bedeutung, die das Gesetz der Ver-
kehrsfähigkeit von Forderungen beimißt, wenn Forderungen aus beiderseitigen
Handelsgeschäften abgetreten werden (vgl. § 354 a HGB). Denn gem. § 354 a S. 1
HGB läßt sich die Unabtretbarkeit dieser Forderungen ohnehin nicht mit einem
aus dem Bankgeheimnis abgeleiteten (konkludent) vereinbarten Abtretungsausschluß begründen. Aber auch bei Abtretung von Forderungen gegen nichtkauf-
männische Kunden ist die grds. Entscheidung des Gesetzes für die Abtretbarkeit
(§ 398 BGB) zu berücksichtigen.

Daher führt das Bankgeheimnis in aller Regel weder zu einem stillschweigend 24
vereinbarten Abtretungsausschluß von Kundenforderungen gem. § 399 Alt. 2 BGB
noch zu einem gesetzlichen Abtretungsverbot gem. § 134 BGB i.V.m. § 203 Abs. 1
StGB oder § 4 Abs. 1 BDSG. Dies schließt jedoch nicht aus, daß die Bank mit der
Abtretung von Kundenforderungen u.U. ihre Pflicht zur Wahrung des Bankgeheimnisses verletzt und daher gem. § 280 Abs. 1 BGB schadensersatzpflichtig
wird.[62]

Teilweise wird allerdings generell ein Vorrang der Auskunftpflicht des § 402 25
BGB gegenüber der Pflicht zur Wahrung des Bankgeheimnisses angenommen.[63]
Deutlich restriktiver sieht ein Großteil der Literatur die Zession von Kundenfor-

---

59 So aber OLG Frankfurt a.M. 25.5. 2004, NJW 2004, 3266, 3267; a.A. (und wie im Text vertreten) LG Frankfurt a.M. 17.12. 2004, BB 2005, 125, 126 = WM 2005, 1120; LG Koblenz 25.11.
2004, WM 2005, 30, 32f.

60 So auch *Nobbe*, WM 2005, 1541; vgl. darüber hinaus auch § 22 d Abs. 4 KWG (vgl. das Gesetz zur Neuorganisation der Bundesfinanzverwaltung und zur Schaffung eines Refinanzie-
rungsregisters v. 22.9. 2005, BGBl. I, S. 2809), wonach sogar ein (lediglich) mündlicher oder
konkludenter Abtretungsausschluß nicht der Eintragung einer Forderung in das Refinanzierungsregister entgegensteht. Rechtsfolge einer solchen Eintragung ist, daß der Übertragungsbe-
rechtigte im Fall der Insolvenz des Refinanzierungsunternehmens (etwa eines Kreditinstituts)
die eingetragene Forderung aussondern kann (vgl. § 22 j Abs. 1 KWG), vgl. hierzu auch *Schma-
lenbach, Dirk/Sester, Peter*, Voraussetzungen und Rechtsfolgen der Eintragung in das neu geschaffene Refinanzierungsregister, WM 2005, 2025–2035, insbes. 2028.

61 Hierauf weist *Cahn, Andreas*, Bankgeheimnis und Forderungsverwertung, WM 2004,
2041–2051, 2045 zutreffend hin.

62 So auch LG Frankfurt a.M. 17.12. 2004, BB 2005, 125, 126 = WM 2005, 1120; LG Koblenz
25.11. 2004, WM 2005, 30, 32f.; *Nobbe*, WM 2005, 1545.

63 Vgl. etwa *Canaris* Rdnr. 61 a.

derungen nur dann als zulässig an, wenn die Bank ein berechtigtes Interesse an der Abtretung hat und schutzwürdige Interessen des Kunden nicht verletzt sind (vgl. auch § 28 Abs. 1 Nr. 1 und 2 BDSG).[64] Teilweise wird auch die Abtretung an Banken, die ebenfalls der Geheimhaltungspflicht (gegenüber sonstigen Dritten) unterliegen, grds. als zulässig angesehen.[65] Die letztgenannte Ansicht erscheint allerdings schon deshalb problematisch, weil das Bankgeheimnis im Grundsatz sogar gegenüber anderen Mitarbeitern innerhalb eines Kreditinstituts besteht (inneres Bankgeheimnis). Im übrigen sind bei der Bestimmung der Voraussetzungen, unter denen die Bank Kundenforderungen abtreten darf, die Bedeutung des Bankgeheimnisses für den Kunden und die Vertrauensbeziehung zu seiner Bank zu berücksichtigen.

26   Bei der Beurteilung der Zulässigkeit von Abtretungen sind m.E. folgende Punkte zu beachten: Zunächst stellt die Abtretung von Forderungen keinen Verstoß gegen das Bankgeheimnis dar, wenn die kreditnehmerbezogenen Daten nur in anonymisierter oder verschlüsselter Form an den Zessionar weitergeleitet werden und der Zedent die Abwicklung der Kreditverträge und Einziehung der Forderungen übernimmt.[66] Denn nicht die Abtretung der Forderung als solche, sondern lediglich die Auskunft gem. § 402 BGB kann einen Verstoß gegen das Bankgeheimnis begründen. Darüber hinaus ist die Zession von Kundenforderungen – auch unter Weiterleitung nicht anonymisierter und verschlüsselter kreditnehmerbezogener Daten – generell zulässig, soweit der Kunde sich vertragswidrig verhalten hat und der Kredit notleidend wurde. Die Bank hat hier ein überwiegendes Eigeninteresse (vgl. hierzu sogleich) an der Verwertung der Forderung, sei es, daß sie diese selbst einklagt oder aber zur Einziehung abtritt.[67] Im übrigen sind Maßnahmen zur Risiko- und Eigenkapitalsteuerung, wie etwa die Verteilung des Kreditrisikos durch den Zusammenschluß mehrerer Banken in einem Konsortium (vgl. unten § 4

---

64 Vgl. *Cahn, Andreas*, Bankgeheimnis und Forderungsverwertung, WM 2004, 2041–2051, insbes. 2047; vgl. auch *Jobe, Clemens J.*, Verkauf und Abtretung von Kreditforderungen und das Bankgeheimnis, ZIP 2004, 2415–2420, 2418f., der ein berechtigtes Interesse des Bankkunden an der Geheimhaltung verneint, wenn Kreditforderungen im Zusammenhang mit Maßnahmen der Risiko- oder Eigenkapitalsteuerung, der Refinanzierung, der Auslagerung oder zum Zweck des Verkaufs von Problemkrediten abgetreten werden, wobei weitere Voraussetzung sei, daß die Bank den Forderungskäufer sorgfältig auswähle und dessen Seriosität nicht zweifelhaft sei.

65 So Anm. zu OLG Frankfurt a.M. 25.5. 2004 *Langenbucher, Katja*, BKR 2004, 333, 334; *Cahn, Andreas*, Bankgeheimnis und Forderungsverwertung, WM 2004, 2041–2051, 2047.

66 Vgl. auch zu Einschränkungen der Weitergabe personenbezogener Daten (durch Verschlüsselung von Daten und Hinterlegung der Datenschlüssel bei einer neutralen Stelle) im Fall von Asset-Backed Securities *Klüwer, Arne C.*, Asset-Backed Securitisation – Grundlagen und ausgewählte Rechtsfragen eines Finanzierungsmodells aus der Perspektive des deutschen und des US-amerikanischen Rechts, 2001, S. 217–220; insbes. auch wegen der Verschlüsselung der Daten bei Asset-Backed-Securities hält *Stiller, Dirk*, Asset-Backed-Securities und das Bankgeheimnis, ZIP 2004, 2027–2032, 2029f., 2031 ABS-Transaktionen nicht für eine Verletzung des Bankgeheimnisses.

67 Vgl. *Nobbe*, WM 2005, 1546f.

Rdnr. 57 ff.), ebenfalls als zulässig anzusehen, sofern der Dritte (Zessionar) zur Verschwiegenheit über die Kundendaten verpflichtet ist oder verpflichtet wird.[68] Damit sollen Abtretungen an geheimhaltungspflichtige Zessionare nicht generell für zulässig erklärt werden; vielmehr wird lediglich die Datenweitergabe im Rahmen bestimmter Maßnahmen als mit dem Bankgeheimnis vereinbar angesehen, zumal solche Maßnahmen für den Kunden über niedrigere Zinsen letztlich ökonomisch vorteilhaft und daher im Zweifel auch gewollt sind.

c) Sonstige Informationsrechte und Informationspflichten

Auskunftspflichtig ist die Bank aber auch gem. §§ 260, 809 f. BGB sowie in den Fällen, in denen sich aus dem Wesen eines Rechtverhältnisses ergibt, daß der Berechtigte in entschuldbarer Weise über das Bestehen oder über den Umfang seines Rechts im Ungewissen, der Verpflichtete aber in der Lage ist, unschwer solche Auskünfte zu erteilen;[69] in diesen Fällen, die eine Sonderverbindung in Form eines Vertrags, eines gesetzlichen Schuldverhältnisses oder einer sachenrechtlichen Beziehung voraussetzen, ist die Bank gem. § 242 BGB zur Auskunft verpflichtet.[70] Als Rechtfertigungsgründe für Offenlegungen der Bank ist aber auch Notwehr oder Nothilfe (§ 227 BGB) denkbar: so etwa, wenn die Bank erkennt, daß ein Kunde gegenüber einem anderen Kunden einen Kreditbetrug begehen möchte.[71] Ansonsten aber ist Vorsicht geboten, soweit es um die Weitergabe von nicht öffentlich bekannten Tatsachen etwa auch im Rahmen der Anlageberatung geht. Insbesondere ist es als Verstoß gegen das Insiderhandelsverbot anzusehen, wenn eine Bank ihr Insiderwissen in die Anlageberatung oder in die Vermögensverwaltung für ihre Kunden einfließen läßt (§ 14 Abs. 1 WpHG).[72]   27

Eine Offenlegung kundenbezogener Tatsachen kann aber auch wegen überwiegender Eigeninteressen der Bank gerechtfertigt sein,[73] wenn z.B. die Bank Forderungen gegen einen Kunden einklagen[74] oder sich etwa gegen ehrenrührige Vor-   28

---

68 Vgl. auch *Bruchner*, in: Bankrechtshandbuch I, § 39 Rdnr. 31.
69 St. Rspr., vgl. BGH 17. 5. 1994, NJW 1995, 386, 387; BGH 4. 6. 1981, BGHZ 81, 21, 24; BGH 28. 10. 1953, BGHZ 10, 385, 387.
70 Vgl. hierzu auch OLG Oldenburg 28. 3. 1985, WM 1985, 748 f.: Diese Entscheidung betraf einen Fall, in dem ein Darlehen an den Vater gegeben wurde, für das Grundpfandrechte an dem Grundstück des Sohnes bestellt wurden. Da der Sohn dieses Grundstück später lastenfrei verkaufen wollte, begehrte er von der Bank Auskunft über die Höhe des noch offenen Kredits. Das OLG Oldenburg hielt die Bank gegründet auf die sachenrechtliche Beziehung für auskunftspflichtig, ohne daß der Vater sich mit Erfolg auf das Bankgeheimnis hätte berufen können.
71 *Canaris* Rdnr. 59; *Bruchner*, in: Bankrechtshandbuch I, § 39 Rdnr. 39; *Schwintowski/Schäfer* § 3 Rdnr. 40.
72 Vgl. *Assmann, Heinz-Dieter/Cramer, Peter*, in: Wertpapierhandelsgesetz, hrsg. v. *Assmann, Heinz-Dieter, Schneider, Uwe H.*, 3. Aufl. 2003, § 14 Rdnr. 61–63; *Schwintowski/Schäfer* § 3 Rdnr. 38 (beide noch zu § 14 WpHG a.F.).
73 *Canaris* Rdnr. 62; *Schwintowski/Schäfer* § 3 Rdnr. 46; im Grundsatz auch LG München 18. 2. 2003, WM 2003, 725, 738, wenn auch im konkreten Fall ablehnend.
74 *Bruchner*, in: Bankrechtshandbuch I, § 39 Rdnr. 42; *Schwintowski/Schäfer* § 3 Rdnr. 46.

würfe des Kunden zur Wehr setzen will.[75] Teilweise wurde auch ein Rechtfertigungsgrund der Wahrnehmung berechtigter Interessen (vgl. § 193 StGB) der Bank bejaht.[76] Richtigerweise sollten aber Durchbrechungen des Bankgeheimnisses nicht bereits durch berechtigte, sondern nur durch überwiegende Interessen der Bank gerechtfertigt werden können;[77] ansonsten würde das Bankgeheimnis auch im Hinblick auf Offenlegungen gegenüber (dritten) Privatpersonen fast ebenso weitgehend durchlöchert, wie dies im Verhältnis zu staatlichen Stellen ohnehin schon der Fall ist.

---

75 *Canaris* Rdnr. 58, 62.
76 So BGH 20. 6. 1978, WM 1978, 999, 1001.
77 Zurückhaltend gegenüber dem Rechtfertigungsgrund der Wahrnehmung berechtigter Interessen im Zusammenhang mit Durchbrechungen des Bankgeheimnisses auch *Bruchner*, in: Bankrechtshandbuch I, § 39 Rdnr. 41.

§2 Allgemeine Rechtsprobleme bei Bankgeschäften mit Auslandsbezug

I. Einführung in das internationale Privatrecht der Bankgeschäfte

Weisen Bankgeschäfte einen wie auch immer gearteten Bezug zum Ausland auf, 1
stellt sich die Frage nach dem anwendbaren Recht. Diese Frage wird vom internationalen Privatrecht beantwortet, das jedoch im Grundsatz nationales und nicht international geltendes Recht ist und daher auch treffender Kollisionsrecht genannt wird. Dabei gelten für Bankgeschäfte im Grundsatz dieselben internationalprivatrechtlichen Regeln wie für sonstige privatrechtliche Rechtsverhältnisse. Dies bedeutet, daß bei grenzüberschreitenden Sachverhalten jeder Richter das internationale Privatrecht (Kollisionsrecht) des eigenen Staates, also die Kollisionsnormen der lex fori anwendet. Ist daher ein deutscher Richter mit einem bankrechtlichen Sachverhalt mit Auslandsbezug befaßt, prüft er anhand der Regeln des EGBGB, welches Recht auf diesen Sachverhalt zur Anwendung kommt, sofern nicht Staatsverträge oder Regelungen der EG vorrangige Geltung beanspruchen (vgl. Art. 3 Abs. 2 EGBGB). Vorschriften zum anwendbaren Recht finden sich teilweise aber auch in Spezialgesetzen (z.B. in Artt. 91ff. WG, Artt. 60ff. SchG).

Im Bereich des Bankvertragsrechts geht es häufig um Schuldverträge und um 2
das auf diese anzuwendende Recht. Insoweit gibt es in Europa weitgehend vereinheitlichtes Kollisionsrecht. Dieses beruht auf dem Römischen EG-Übereinkommen über das auf vertragliche Schuldverhältnisse anzuwendende Recht v. 19. Juni 1980,[1] das in den EU-Staaten Anwendung findet und in Deutschland ins EGBGB inkorporiert wurde (vgl. Artt. 27–37 EGBGB).[2] Danach können die Parteien im Grundsatz frei wählen, welches Recht auf den Schuldvertrag zur Anwendung gelangen soll (Art. 27 Abs. 1 EGBGB).[3] Liegt keine Rechtswahl vor, so

---

1 Siehe BGBl. 1986 II, S. 810; zur geplanten Ablösung dieses Übereinkommens durch die sog. Rom I Verordnung vgl. den Vorschlag der Kommission v. 15.12. 2005 KOM (2005) 650.

2 Vertragsstaaten dieses Übereinkommens sind mittlerweile außer Deutschland Belgien, Dänemark, Frankreich, Italien, Luxemburg, das Vereinigte Königreich, die Niederlande, Irland, Griechenland, Spanien, Österreich, Schweden, Finnland, Portugal; vgl. zum Beitritt der neuen EU-Staaten Tschechische Republik, Estland, Zypern, Lettland, Litauen, Ungarn, Malta, Polen, Slowenien sowie Slowakei zum Römischen Schuldvertragsübereinkommen ABl. EG Nr. C 169, S. 1 v. 8.7. 2005.

3 Allerdings wird die Rechtswahl bei bestimmten Verträgen in ihren Wirkungen beschränkt. Dies gilt für Verbraucherverträge gem. Art. 29 EGBGB, für die im vorliegenden Zusammenhang weniger interessanten Arbeitsverträge gem. Art. 30 EGBGB sowie gem. Art. 29 a EGBGB, um den gemeinschaftsrechtlichen Verbraucherschutz zur Geltung zu bringen.

ist das Recht der engsten Verbindung maßgeblich (vgl. im einzelnen Art. 28 EGBGB). Die für das betreffende Rechtsverhältnis maßgebende Rechtsordnung wird als Statut bezeichnet, so daß das für den Vertrag gem. Art. 27 ff. EGBGB maßgebliche Recht das Vertragsstatut ist.[4]

3   Bei der Anwendung der internationalprivatrechtlichen Vorschriften ist zu berücksichtigen, daß die deutschen Kollisionsnormen i.d.R. sog. Gesamtverweisungen darstellen (Art. 4 Abs. 1 S. 1 EGBGB). Dies bedeutet, daß im Fall von Verweisungen auf das ausländische Recht i.d.R. zunächst die Kollisionsnormen dieses Rechts anzuwenden sind, um zu prüfen, ob die Rechtsordnung, auf die das EGBGB verweist, den betreffenden Sachverhalt aufgrund ihrer Sachnormen[5] regeln will oder nicht vielmehr auf das Recht eines dritten Staates weiterverweist (sog. Renvoi (Rückverweisung) i.w.S.) oder auf das deutsche Recht zurückverweist (sog. Renvoi (Rückverweisung) i.e.S.). Im ersteren Fall ist der Weiterverweisung auf das Recht eines Drittstaats grds. zu folgen, während im letzteren Fall – auch bei einer Gesamtverweisung des ausländischen Rechts – stets das deutsche Sachrecht zur Anwendung kommt (Art. 4 Abs. 1 S. 2 EGBGB).[6]

4   Von dem Grundsatz der Gesamtverweisung gibt es aber bedeutsame Ausnahmen. Besonders interessant ist im vorliegenden Zusammenhang die Sachnormverweisung (Gegenstück zu Gesamtverweisung), die in Art. 35 Abs. 1 EGBGB ausgesprochen wird: danach ist unter dem Recht, das gem. Artt. 27 ff. EGBGB auf Schuldverträge und damit auch auf bankrechtliche Schuldverträge zur Anwendung gelangt, das Sachrecht und nicht das Kollisionsrecht des betreffenden Staates zu verstehen. Diese Regelung hat einen guten Grund: Sofern die Parteien eine Rechtswahl getroffen haben, werden sie damit regelmäßig das Sachrecht dieses Staates meinen, zumal sich das Ergebnis der Anwendung kollisionsrechtlicher (Verweisungs-) Normen meist nicht so leicht überblicken läßt. Aber auch in dem Fall einer objektiven Anknüpfung des anzuwendenden Rechts an das Recht der engsten Verbindung (Art. 28 EGBGB) erscheint der Ausschluß des Renvoi gem. Art. 35 Abs. 1 EGBGB sinnvoll. Denn warum sollte man zunächst die relativ ausdifferenzierten Regelungen zum Recht der engsten Verbindung gem. Art. 28 EGBGB anwenden, um dann über das Kollisionsrecht des betreffenden Staates –

---

4 Entsprechend handelt es sich bei dem Gesellschaftsstatut um das auf eine Gesellschaft anwendbare Recht, bei dem Vollmachtstatut um das auf die Vollmacht anwendbare Recht, bei dem Formstatut um das auf die Form anwendbare Recht, etc.

5 Sachnormen sind also die Normen, die in der Sache selbst entscheiden (vgl. zu dieser Begriffsbestimmung *v. Bar, Christian/Mankowski, Peter*, Internationales Privatrecht, Bd. I, Allgemeine Lehren, 2. Aufl. 2003, § 4 Rdnr. 2) und nicht nur – wie Kollisionsnormen – das anwendbare Recht bestimmen.

6 Verweist das ausländische Recht auf das deutsche Recht zurück, ist ein Abbrechen der Verweisungskette gerade auch im Fall einer Gesamtverweisung des ausländischen auf das deutsche Recht – wie von Art. 4 Abs. 1 S. 2 EGBGB vorgesehen – schon deshalb sinnvoll, um so ein endloses Hin und Her der Verweisungen zu vermeiden, vgl. statt vieler *Kropholler* § 24 II 3 (S. 170 f.).

mehr oder weniger überraschend – doch auf das (Sach-) Recht eines anderen Staates verwiesen zu werden?

Wenn auch die Verweisungen im Bereich der Schuldverträge als Sachnormver- 5 weisungen zu verstehen sind, ist hier – im Gegensatz zu der allgemeinen Vorschrift des Art. 4 Abs. 2 EGBGB[7] – die Wahl der Kollisionsnormen eines Staates immerhin möglich. Denn weder Art. 35 Abs. 1 EGBGB noch Art. 15 EG-Schuldvertrags- übereinkommen, auf dem die Regelung des Art. 35 Abs. 1 EGBGB beruht, schlie- ßen die Wahl des Kollisionsrechts aus;[8] überdies gilt im Bereich des Schuldvertrags- rechts der Grundsatz der freien Rechtswahl, so daß die Gefahr einer Erweiterung des Kreises der wählbaren Rechte über die Wahl des Kollisionsrechts eines Staates nicht besteht.[9]

Bei der Anwendung der Kollisionsnormen ist weiter zu beachten, daß die ver- 6 schiedenen Teilfragen (materielle Wirksamkeit eines Vertrags, Einhaltung der Form, Vertretungsmacht) verschieden angeknüpft werden (können), will heißen, daß unterschiedliche Kollisionsnormen und häufig damit auch unterschiedliche Rechtsordnungen zur Anwendung gelangen. Ob etwa eine Bank gegenüber einem Kunden wirksam eine Bürgschaft übernommen hat, richtet sich hinsichtlich der materiellen Wirksamkeit der Bürgschaft nach den Artt. 27 ff. EGBGB. Ob aller- dings der Vertrag formwirksam ist, ist nach Art. 11 Abs. 1–3 EGBGB zu entschei- den, also alternativ nach dem Recht des Abschlußortes oder nach dem Recht, das für die (materiellrechtliche) Wirksamkeit des Vertrags maßgeblich ist. Demgegen- über richtet sich die Frage, ob die bei Vertragsschluß handelnden Personen geschäftsfähig sind, nach Art. 7 EGBGB (also dem Recht des jeweiligen Heimat- staates) und ob sie ggf. rechtsgeschäftliche Vertretungsmacht für den jeweiligen Vertragspartner hatten, nach dem Recht des Wirkungs- oder Gebrauchsortes der Vollmacht.[10] Im konkreten Fall mag aber auch denkbar sein, daß eine Person den

---

7 Soweit die Parteien das Recht eines Staates wählen können, können sie nämlich gem. Art. 4 Abs. 2 EGBGB nur dessen Sachvorschriften wählen. Als generelle Regelung ist dies auch sinn- voll: Denn grds. besteht die Möglichkeit der Rechtswahl nur unter bestimmten Rechtsordnun- gen. Durch Art. 4 Abs. 2 EGBGB wird daher sichergestellt, daß der Kreis der wählbaren Rechte nicht dadurch erweitert werden kann, daß das Kollisionsrecht der gewählten Rechtsordnung auf das (Sach-) Recht eines weiteren Staates verweist (vgl. *Stoll, Hans*, Bemerkungen zu den Vorschriften über den „Allgemeinen Teil" im Gesetzesentwurf der Bundesregierung zur Neu- regelung des IPR (Art. 3–9, 11–12), IPRax 1984, 1–4, 2 f.; *Kropholler* § 24 II 5 (S. 173).
8 So auch MünchKomm.-*Martiny* BGB Art. 35 EGBGB Rdnr. 4 f.; Soergel-*v. Hoffmann* BGB Art. 35 EGBGB Rdnr. 7; für Art. 35 Abs. 1 EGBGB ebenso *v. Bar, Christian/Mankowski, Peter*, Internationales Privatrecht, Bd. I, Allgemeine Lehren, 2. Aufl. 2003, § 7 Rdnr. 226; a.A., d.h. gegen die Möglichkeit der Kollisionsrechtswahl auch im Rahmen des Art. 35 EGBGB, MünchKomm.-*Sonnenberger* BGB Art. 4 EGBGB Rdnr. 72; *Kartzke, Ulrich*, Renvoi und Sinn der Verweisung, IPRax 1988, 8–13, 8.
9 Anders ist dies im Anwendungsbereich der generellen Vorschrift des Art. 4 Abs. 2 EGBGB, da hier die Rechtswahl nur unter bestimmten Rechtsordnungen eröffnet ist.
10 Die internationalprivatrechtliche Anknüpfung der Vollmacht ist zwar im EGBGB nicht gesetzlich geregelt, vgl. aber zur Geltung des Rechts des Wirkungs- bzw. Gebrauchsortes der Vollmacht *Kropholler* § 41 I 2 (S. 301–303); Soergel-*Lüderitz* BGB Art. 10 EGBGB Anh. Rdnr. 93.

Vertrag als Organ abgeschlossen hat (etwa als Vorstand einer deutschen Aktiengesellschaft bzw. als director einer englischen public company limited by shares). Die Frage, ob diese Person organschaftliche Vertretungsmacht hatte, beantwortet sich wiederum nach einer anderen Kollisionsregel, nämlich nach dem Recht, das auf die Gesellschaft zur Anwendung gelangt.[11]

7   Bei all diesen verschiedenen Teilfragen ergibt sich also die Notwendigkeit, den Sachverhalt rechtlich den verschiedenen Kollisionsnormen zuzuordnen. Diese rechtliche Einordnung wird auch als Qualifikation bezeichnet. Da es bei der Qualifikation (auch) um die Auslegung der Kollisionsnormen des Forumstaates (lex fori) geht, wird diese Subsumtion unter die dort verwendeten Sammelbegriffe (Schuldvertrag, materielle Wirksamkeit, Form, Geschäftsfähigkeit, rechtsgeschäftliche oder organschaftliche Vertretungsmacht) grds. ebenfalls nach dem Verständnis dieser Sammelbegriffe in der Rechtsordnung des Forumstaates vorgenommen (sog. Qualifikation nach der lex fori). Da das internationale Privatrecht jedoch vor der Problematik steht, auch ausländische, im Inland so nicht bekannte rechtliche Vorgänge beurteilen und einordnen zu müssen, kann die Qualifikation nicht nur strikt nach den Definitionen des (Sach-) Rechts der lex fori erfolgen. Notwendig ist auch, die rechtliche Funktion und den Zweck eines Sammelbegriffs mit dem Zweck des einzuordnenden (ausländischen) Rechtsinstituts zu vergleichen (sog. funktionelle oder teleologische Qualifikation).[12]

8   Im übrigen kann das Beispiel des Bürgschaftsvertrags noch ein weiteres Problem der Anwendung von Kollisionsnormen verdeutlichen. Gelangt man bei der Frage der Formwirksamkeit des Bürgschaftsvertrags zur Anwendbarkeit der deutschen Rechtsordnung (etwa weil der Abschlußort in Deutschland liegt), stellt sich im folgenden die weitere Frage, ob hier der Bürgschaftsvertrag gem. § 350 HGB ohne Einhaltung der Formvorschrift des § 766 S. 1 BGB formwirksam ist. Dies setzt voraus, daß der Bürgschaftsvertrag auf der Seite des Bürgen ein Handelsgeschäft ist; da Handelsgeschäfte die Geschäfte eines Kaufmanns sind, die zum Betrieb seines Handelsgewerbes gehören (§ 343 HGB), ist nun zu klären, ob die Bank Kaufmann ist. Angenommen, es handelt sich um eine ausländische Bank ohne inländische Niederlassung, ist die (sehr umstrittene) Frage[13] zu entscheiden, ob die Kaufmannseigenschaft gesondert nach dem Recht der ausländischen gewerblichen Niederlassung oder nach dem Recht anzuknüpfen (also zu bestimmen) ist, das auf die Hauptfrage (also die gerade zu entscheidende Rechtsfrage) zur Anwendung ge-

---

11 Vgl. hierzu MünchKomm.-*Kindler* BGB IntGesR Rdnr. 557f.
12 Vgl. MünchKomm.-*Sonnenberger* BGB Einl. IPR Rdnr. 507ff., insbes. auch Rdnr. 518 mit dem Hinweis auf Vorschriften des französischen Code civil, wonach Schuldverträge mit höherem Geschäftswert und entsprechende Vollmachten nicht durch Zeugen bewiesen werden können; diese Regelungen werden teilweise als Formvorschriften (i.S.d. Art. 11 EGBGB), teilweise aber auch als Vorschriften des Prozeßrechts eingeordnet; vgl. auch *Kropholler* §§ 16f. (S. 120–129).
13 Ausführlich zu dieser Streitfrage MünchKomm.-*Kindler* BGB IntGesR Rdnr. 137–170 m.w.zahlr.N.

langt (sog. lex causae); lex causae ist hier das deutsche Recht, da es vorliegend um die Formwirksamkeit des Rechtsgeschäfts geht (Hauptfrage) und angenommen wurde, daß das Formstatut das deutsche Recht ist. Relevant ist die Entscheidung zwischen dem Ort der gewerblichen Niederlassung und der lex causae insbes. dann, wenn das Recht der Niederlassung der Bank den Kaufmannsbegriff sowie ein Sonderprivatrecht für Kaufleute nicht kennt.[14] Da für die Umgrenzung des Personenkreises, für den (besondere) Rechte und Pflichten gelten (einschließlich der Möglichkeit, sich formfrei zu verbürgen), sinnvollerweise ebenfalls die Rechtsordnung maßgeblich sein sollte, die diese besonderen Rechte und Pflichten normiert, ist der letztgenannten Ansicht zu folgen. Daher ist die Frage, ob die Bank Kaufmann ist, hier nach deutschem Recht als der lex causae zu bestimmen.[15]

Findet damit auf die Kaufmannseigenschaft deutsches Sachrecht Anwendung, so stellt sich die weitere Frage, inwieweit ein ausländisches Unternehmen den Begriff des Kaufmanns (nach deutschem Recht) erfüllen kann. Hierbei handelt es sich um das Problem der Substitution,[16] das jedoch kein Problem der Anwendung des internationalen Privatrechts, sondern der Auslegung des Sachrechts ist. Substituierbarkeit besteht, wenn einerseits die Norm des Sachrechts eine Erfüllung des Begriffs durch ausländische Erscheinungsformen grds. zuläßt und überdies die Erscheinungsform des ausländischen Rechts im konkreten Fall der des inländischen Rechts gleichwertig ist.[17]

Verweisen die Regeln des internationalen Privatrechts auf eine bestimmte ausländische Rechtsordnung, so sind damit jedoch nicht (zwangsläufig) sämtliche Normen des betreffenden ausländischen Rechts in diesem Bereich zur Anwendung berufen. Einer gesonderten rechtlichen Beurteilung unterliegen die sog. Eingriffsnormen, also Normen, die ohne Rücksicht auf das für den Vertrag maßgebliche Recht den Sachverhalt zwingend regeln wollen (Art. 34 EGBGB). Hierbei geht es (insbesondere) um Normen wirtschaftspolitischer Art, die im öffentlichen Interesse bestehen, wie etwa Bestimmungen des Außenwirtschaftsrechts, die unabhängig von dem auf den Vertrag anzuwendenden Recht Geltung beanspruchen (also etwa

---

14 Vgl. hierzu MünchKomm.-*Kindler* BGB IntGesR Rdnr. 155.

15 So auch MünchKomm.-*Kindler* BGB IntGesR Rdnr. 166–170; im Ergebnis auch *Martiny*, in: *Reithmann/Martiny*, Rdnr. 259; bezogen auf §350 HGB auch *van Venrooy, Gerd*, Die Anknüpfung der Kaufmannseigenschaft im deutschen Internationalen Privatrecht, 1985, S.37, wenngleich *van Venrooy* generell nach dem Normzweck der jeweiligen handelsrechtlichen Norm differenzieren möchte, vgl. S.28ff.; a.A. LG Essen 20.6. 2001, IPRspr. 2001 Nr.29 = IPRax 2002, 396, 398; *Hagenguth, Rolf*, Die Anknüpfung der Kaufmannseigenschaft im internationalen Privatrecht, Diss. München 1981, S.256ff.

16 Unter Substitution versteht man die Frage danach, ob ein Begriff in einer Sachnorm eines Staates durch ein Rechtsinstitut oder einen rechtlichen Vorgang in einem anderen Staat erfüllt werden kann. Ein klassisches Beispiel hierfür ist etwa die Frage, ob in deutschen Normen vorgeschriebene notarielle Beurkundungen auch durch ausländische Notare wirksam vorgenommen werden können, vgl. hierzu auch MünchKomm.-*Sonnenberger* BGB Einl. IPR Rdnr. 614.

17 Vgl. zu diesen Voraussetzungen für Substituierbarkeit *Kropholler* § 33 II (S. 229f.); vgl. zur Substituierbarkeit beim Kaufmannsbegriff MünchKomm.-*Kindler* BGB IntGesR Rdnr. 171–186.

Devisenbestimmungen). Allerdings werden jedenfalls aus Sicht des deutschen Rechts grundsätzlich nur die deutschen Eingriffsnormen angewandt, während die Frage, ob und wie ausländische Eingriffsnormen zu berücksichtigen sind, außerordentlich umstritten ist. Die rechtliche Bedeutung und Behandlung dieser Frage wird bei den einzelnen Bankgeschäften zu untersuchen sein.

II. Anwendbares Recht

11   Die folgenden Erörterungen zum anwendbaren Recht gehen davon aus, daß deutsche Gerichte (bzw. Behörden) mit der Sache befaßt sind, da nur in diesem Fall das deutsche Kollisionsrecht zur Anwendung gelangt. Die Anwendbarkeit des deutschen Kollisionsrechts setzt also eine Zuständigkeit deutscher Gerichte voraus. Hier seien die maßgeblichen Bestimmungen, aus denen sich eine Zuständigkeit deutscher Gerichte ergeben kann, nur kurz erwähnt. Dabei ist zu berücksichtigen, daß die Zuständigkeitsbestimmungen der EuGVO – grob gesprochen – dann zur Anwendung gelangen, wenn die Parteien bzw. der Streitgegenstand einen Bezug zu einem Mitgliedstaat der EU haben, während ansonsten die Vorschriften der ZPO maßgeblich sind.[18]

12   Im vorliegenden Zusammenhang kommen neben dem allgemeinen Gerichtsstand am (Wohn-) Sitz des Beklagten (§§ 13, 17 ZPO, Artt. 2 Abs. 1, 60 EuGVO) namentlich auch die besonderen Gerichtsstände des Erfüllungsorts (§ 29 ZPO, Art. 5 Nr. 1 EuGVO), der unerlaubten Handlung (§ 32 ZPO, Art. 5 Nr. 3 EuGVO) und der Niederlassung (§ 21 Abs. 1 ZPO, Art. 5 Nr. 5 EuGVO) in Betracht, wobei für Verbrauchersachen nach der EuGVO Sonderregelungen zugunsten des Verbrauchers zu beachten sind (Art. 16 Abs. 1, 17 EuGVO). Hingegen sind für Klagen, die dingliche Rechte an Grundstücken betreffen, ausschließlich die Gerichte der Belegenheit der Immobilie zuständig (Art. 22 Nr. 1 EuGVO). Sofern die EuGVO nicht anwendbar ist,[19] ist bei Fällen mit Auslandsbezug auch der Gerichtsstand des Vermögens von erheblicher praktischer Bedeutung (§ 23 ZPO). Wenn auch nur eingeschränkt zulässig, können überdies Gerichtsstandsvereinbarungen die Zuständigkeit deutscher Gerichte begründen (§§ 38–40 ZPO, Artt. 23, 24 EuGVO). Auf diese Vorschriften und ihre Auslegung, die Gegenstand des internationalen Zivilverfahrensrechts sind, soll hier jedoch nicht näher eingegangen werden.

1. Bankrechtlicher Einzelvertrag

13   Wie dargelegt, wird die Verpflichtung zur Wahrung des Bankgeheimnisses zumindest im deutschen Recht in den einzelnen Bankverträgen vereinbart. Ob eine sol-

---

18 Vgl. hierzu *Kropholler* § 58 III (S. 597).
19 Insoweit ist der besondere Gerichtsstand des Vermögens (§ 23 ZPO) ausdrücklich gem. Art. 3 Abs. 2 EuGVO i. V. m. Anhang I ausgeschlossen.

che Vertragspflicht entweder ausdrücklich oder konkludent wirksam zwischen Bank und Kunde vereinbart ist, ist zunächst von der Frage abhängig, welches Recht gerade auch bei grenzüberschreitenden Sachverhalten auf die einzelnen Bankverträge zur Anwendung gelangt.

a) Maßgeblichkeit des Vertragsstatuts gem. Artt. 27 ff. EGBGB

Die Frage, welche Rechtsordnung auf die vertragliche Beziehung zwischen der   14
Bank und dem Kunden zur Anwendung gelangt, richtet sich nach den Artt. 27 ff. EGBGB. Diese Vorschriften regeln die vertragliche Rechtsbeziehung umfassend (vgl. im einzelnen Art. 32 EGBGB): Sie sind maßgeblich für die Frage, welcher bankrechtliche Einzelvertrag vereinbart wurde (vgl. Art. 32 Abs. 1 Nr. 1 EGBGB) und welchen Inhalt dieser Vertrag hat, insbes. auch, ob die Bank einer vertraglichen Verschwiegenheitspflicht unterliegt. Das Vertragsstatut gem. Artt. 27 ff. EGBGB bestimmt daneben Zeit und Ort der Erfüllung, die Zulässigkeit von Leistungen Dritter, die Folgen der vollständigen oder teilweisen Nichterfüllung der vertraglichen Leistung (wie etwa Rücktritt und Schadensersatz), die verschiedenen Arten des Erlöschens der Verpflichtungen (durch Erfüllung bzw. Erfüllungssurrogate wie etwa Aufrechnung) sowie die Folgen der Nichtigkeit des Vertrags (etwa Anspruch aus Leistungskondiktion).

Die Artt. 27 ff. EGBGB entscheiden aber auch darüber, ob überhaupt ein Vertrag   15
zustande gekommen ist und ob dieser Vertrag wirksam ist (Art. 31 Abs. 1 EGBGB). Zwar ist gem. Art. 31 Abs. 2 EGBGB für die Frage, ob eine Einigung zustande gekommen ist, nicht (allein) das Vertragsstatut maßgeblich; vielmehr kann sich eine Vertragspartei für die Behauptung, sie habe dem Vertrag nicht zugestimmt, ausnahmsweise auf das Recht des Staates ihres gewöhnlichen Aufenthalts berufen, wenn eine ausschließliche Geltung des Vertragsstatuts nicht gerechtfertigt wäre. Diese Vorschrift dürfte jedoch im vorliegenden Zusammenhang, ob eine Einigung über das bankrechtliche Einzelgeschäft zustande gekommen ist, kaum relevant werden. Denn praktische Bedeutung entfaltet Art. 31 Abs. 2 EGBGB insbes., wenn es darum geht, ob das Schweigen einer Vertragspartei als Annahmeerklärung gilt (vgl. für das deutsche Recht § 362 Abs. 1 HGB). Jedoch wird sich diese Frage in aller Regel nur auf Seiten der Bank stellen; deren Recht kommt aber – wie sogleich darzulegen sein wird – auf den bankrechtlichen Einzelvertrag ohnehin zur Anwendung.

Für die bankrechtlichen Einzelverträge ist gem. Art. 27 Abs. 1 S. 1 EGBGB vor-   16
rangig eine Rechtswahl zwischen der Bank und dem Kunden maßgeblich (Art. 27 Abs. 1 S. 1 EGBGB). Diese Rechtswahl muß ausdrücklich sein oder sich mit hinreichender Sicherheit aus den Bestimmungen des Vertrags oder aus den Umständen des Falles ergeben (Art. 27 Abs. 1 S. 2 EGBGB). Möglich ist also auch eine stillschweigende Rechtswahl, die sich hinreichend deutlich aus Indizien wie etwa einer Gerichtsstandsvereinbarung, der Bezugnahme auf ein bestimmtes Recht, dem Prozeßverhalten der Parteien, dem Erfüllungsort, der Vertragssprache, der Vertrags-

währung oder auch der Staatsangehörigkeit der Parteien ergeben muß.[20] Im deutschen Rechtskreis ist für Bankgeschäfte eine Rechtswahl in Nr. 6 Abs. 1 AGB-Banken und AGB-Sparkassen vorgesehen: danach gelangt für die Geschäftsverbindung zwischen Kunden und inländischen Geschäftsstellen der Banken bzw. Sparkassen deutsches Recht zur Anwendung.

b) Wirksamkeit einer Rechtswahl
aa) Prüfung der Wirksamkeit gem. Artt. 27 Abs. 4, 31 Abs. 1 EGBGB

17   Für die Frage, ob eine Rechtswahl wirksam getroffen wurde (etwa die in den AGB deutscher Kreditinstitute vorgesehene Geltung deutschen Rechts wirksam mit dem Kunden vereinbart wurde), ist ebenfalls das Recht maßgeblich, das anzuwenden wäre, wenn die AGB Vertragsbestandteil geworden wären (Art. 27 Abs. 4 EGBGB mit Verweis auf Art. 31 Abs. 1 EGBGB);[21] im Fall von Nr. 6 Abs. 1 AGB-Banken und Sparkassen ist dies also wiederum das deutsche Recht, während bei entsprechenden AGB-Klauseln ausländischer Banken das jeweils nach deren Rechtswahlklausel maßgebliche Recht über die Wirksamkeit der Rechtswahlvereinbarung entscheidet. Die Wirksamkeit der Rechtswahlvereinbarung ist also von der Wirksamkeit des Hauptvertrags (also des bankrechtlichen Einzelvertrags, wie etwa Girovertrag oder Kreditvertrag) zu trennen, jedoch wird das Zustandekommen und die Wirksamkeit beider Verträge nach derselben Rechtsordnung beurteilt. Daher richtet sich auch die inhaltliche Wirksamkeit einer Rechtswahlvereinbarung nach dem Recht, das bei Wirksamkeit dieser Vereinbarung anwendbar wäre.

bb) Inhaltskontrolle von Rechtswahlklauseln in AGB
gem. Artt. 27 Abs. 4, 31 Abs. 1 EGBGB

18   Umstritten ist allerdings, ob eine Rechtswahlklausel in AGB der AGB-Inhaltskontrolle unterliegt. Abgelehnt wird dies insbes. mit der Erwägung, Art. 3 Abs. 1 S. 1 des Römischen Schuldvertragsübereinkommens v. 19. 6. 1980 und dementsprechend auch Art. 27 Abs. 1 EGBGB ließen nun einmal die Wahl jeglichen Rechts zu.[22] Die besseren Gründe sprechen aber für eine solche Inhaltskontrolle. Daß Art. 3 Abs. 1 S. 1 des Römischen Schuldvertragsübereinkommens die Möglichkeit der freien Rechtswahl eröffnet, bedeutet ja noch nicht, daß dieser allgemeine Grundsatz nicht durch Normen des gewählten Rechts eingeschränkt werden könnte. Immerhin wird hinsichtlich der materiellen Wirksamkeit der Rechtswahlvereinbarung gem. Artt. 3 Abs. 4, 8 Abs. 1 des Römischen Schuldvertragsübereinkommens (bzw. Artt. 27 Abs. 4, 31 Abs. 1 EGBGB) auf das gewählte Recht verwie-

---

20 Vgl. zu diesen Indizien für eine stillschweigende Rechtswahl statt vieler Staudinger-*Magnus* BGB (2002) Art. 27 EGBGB Rdnr. 63–89 m. w. N.
21 BGH 26. 10. 1993, BGHZ 123, 380, 383; KG 21. 1. 1998, IPRspr. 1998 Nr. 138; OLG Düsseldorf 2. 7. 1993, IPRspr. 1993 Nr. 144; Staudinger-*Magnus* BGB (2002) Art. 31 EGBGB Rdnr. 72.
22 Vgl. etwa *Jayme*, in: FS W. Lorenz, S. 438; *Grundmann*, IPRax 1992, 1 f.; *Mankowski*, RIW 1993, 456.

sen. Es geht also nicht darum, bei deutscher lex fori stets eine Prüfung der Rechtswahlklausel anhand der §§ 305 ff. BGB „draufzusatteln";[23] vielmehr soll nach hier vertretener Ansicht das Recht, das bei Wirksamkeit der Rechtswahlklausel anwendbar wäre, auch über deren Inhaltskontrolle entscheiden. Auch stellt sich für die Gegenansicht das Problem, daß es (zumindest teilweise) keine sachlich zu rechtfertigende scharfe Trennlinie zwischen der Inhaltskontrolle von AGB einerseits und anderen Normen des gewählten Rechts gibt, die die Unwirksamkeit der Rechtswahlvereinbarung anordnen (wie etwa § 138 BGB im deutschen Recht).[24]

Eine andere Frage ist allerdings, wann die AGB-Inhaltskontrolle einer Rechts-   19
wahlvereinbarung tatsächlich zu deren Unwirksamkeit führt. Soweit das deutsche Recht gewählt wurde, ist insbes. an einen Verstoß gegen das Transparenzgebot oder an eine Klausel zu denken, mit der ein Recht ohne jeden Bezug zum abgeschlossenen Vertrag oder den Vertragsparteien mit der Absicht gewählt wurde, der anderen Vertragspartei die Rechtsverfolgung zu erschweren.[25] Prüft man die Rechtswahl zugunsten des deutschen Rechts gem. Nr. 6 Abs. 1 AGB-Banken und Sparkassen anhand dieser Kriterien, so besteht kein Anhaltspunkt, an der Wirksamkeit dieser Klausel zu zweifeln.[26]

cc) Relevanz des Aufenthaltsrechts einer Partei gem. Artt. 27 Abs. 4, 31 Abs. 2 EGBGB

Allerdings kann bei der Frage, ob die AGB der Banken und Sparkassen wirksam in   20
das Vertragsverhältnis einbezogen wurden, gem. Art. 31 Abs. 2 EGBGB das Recht des (ausländischen) Aufenthaltsstaates des Bankkunden (ausnahmsweise) relevant werden. Art. 31 Abs. 2 EGBGB kann jedoch nur dann zur Anwendung gelangen, wenn die AGB nach dem danach gewählten Recht wirksam in den Vertrag einbezogen worden wären (Art. 31 Abs. 1 EGBGB). Diese Konstellation (also wirksame Einbeziehung von AGB nach dem dort gewählten Recht, keine wirksame Einbeziehung nach dem Recht des Aufenthaltsstaates des Bankkunden) ist aber gerade bei einer Rechtswahl in den AGB-Banken zugunsten des deutschen Rechts sehr wohl denkbar: Zwar hat der Verwender im deutschen Recht für eine wirksame Einbeziehung von AGB bei Verträgen mit Verbrauchern immerhin die Anforderungen des § 305 Abs. 2 BGB zu beachten, d.h. die andere Vertragspartei grds. ausdrücklich auf die AGB hinzuweisen und der anderen Partei die Möglichkeit zu verschaffen, in zumutbarer Weise von deren Inhalt Kenntnis zu nehmen.[27] Bei Ver-

---

23   Hiervon geht aber offenbar MünchKomm.-*Martiny* BGB Art. 27 EGBGB Rdnr. 13 aus.
24   So zutreffend *Heiss*, RabelsZ 65 (2001), S. 638.
25   Vgl. zu diesen Beispielen *Heiss*, RabelsZ 65 (2001), S. 648–653; auch Staudinger-*Magnus* BGB (2002) Art. 27 EGBGB Rdnr. 145 hält für möglich, daß eine klauselmäßige Rechtswahl überraschend i.S.d. § 305 c BGB ist, obgleich *Magnus* ansonsten eine Rechtswahl ohne weiteres für zulässig ansieht, vgl. Rdnr. 144; offenbar ebenfalls eine überraschende Rechtswahlklausel in Erwägung ziehend BGH 26. 10. 1993, BGHZ 123, 380, 383.
26   Im Ergebnis auch *Bunte*, in: Bankrechtshandbuch I, § 11 Rdnr. 3; *Kümpel* Rdnr. 2.361.
27   Eine Übersetzung der AGB in die Sprache des Vertragspartners ist nach der Rspr. des BGH für die Möglichkeit der Kenntnisnahme jedoch nicht erforderlich, sofern Verhandlungssprache

trägen mit Unternehmern genügt aber für eine wirksame Einbeziehung der AGB, daß der Verwender auf seine AGB hinweist und ankündigt, diese auf Wunsch zu übersenden, ohne sie allerdings dem für den Vertragsschluß maßgeblichen Schreiben beizulegen;[28] demgegenüber unterliegt die Einbeziehung von AGB in anderen Rechtsordnungen teilweise deutlich strengeren Anforderungen.[29]

21   Wird grenzüberschreitend ein Bankgeschäft abgeschlossen, ist die wirksame Einbeziehung der AGB zunächst im Rahmen der Vertragsauslegung und daher nach dem maßgeblichen Vertragsstatut zu prüfen (vgl. auch Art. 32 Abs. 1 Nr. 1 EGBGB). Findet danach auf den Bankvertrag deutsches Recht Anwendung (vgl. Nr. 6 AGB-Banken und Sparkassen), ist entscheidend, ob der ausländische Unternehmer die Verkehrsüblichkeit der AGB der Banken kannte,[30] was wohl im Regelfall zu bejahen sein wird. Kommt man somit zur wirksamen Einbeziehung der AGB nach dem Vertragsstatut, mußte der Bankkunde nach seinem Aufenthaltsrecht den AGB jedoch nicht widersprechen, um deren Geltung zu verhindern, so kann dies gem. Art. 31 Abs. 2 EGBGB der wirksamen Einbeziehung der AGB (und damit auch der Rechtswahlklausel) entgegenstehen.[31] Wie bereits der Wortlaut des Art. 31 Abs. 2 EGBGB deutlich macht, bezieht sich diese Vorschrift aber nur auf die Frage, ob eine auf den Vertragsabschluß gerichtete Willenserklärung vorliegt, ob also eine Einigung zustande gekommen ist. Auf die Frage der (inhaltlichen) Wirksamkeit (Inhaltskontrolle der AGB) findet jedoch nicht Art. 31 Abs. 2 EGBGB,[32] sondern – wie ausgeführt – Art. 31 Abs. 1 EGBGB und damit das Recht Anwendung, das maßgeblich wäre, wenn die Rechtswahl wirksam getroffen worden wäre.

c) Bestimmung der vertragscharakteristischen Leistung

22   Sofern eine Rechtswahl nicht ausdrücklich getroffen wurde (etwa weil das bankrechtliche Einzelgeschäft nicht mit einem deutschen Kreditinstitut getätigt wurde) und sich auch keine stillschweigende Rechtswahl mit hinreichender Sicherheit bestimmten Indizien des Vertrags und des Falles entnehmen läßt (vgl. oben Rdnr. 16), findet grds.[33] das Recht des Staates Anwendung, in dem die Partei, die die vertrags-

---

ebenfalls deutsch war, vgl. BGH 10. 3. 1983, BGHZ 87, 112, 114; anders aber offenbar, wenn die Verhandlungssprache eine andere Sprache war: dann muß der Vertragspartner die Möglichkeit gehabt haben, die AGB in dieser Sprache zur Kenntnis zu nehmen, vgl. BGH 28. 3. 1996, NJW 1996, 1819.

28   So BGH 30. 6. 1976, NJW 1976, 1886, 1887; BGH 3. 2. 1982, NJW 1982, 1749, 1750.

29   Vgl. die rechtsvergleichenden Hinweise bei Staudinger-*Magnus* BGB (2002) Art. 31 EGBGB Rdnr. 74.

30   Vgl. auch BGH 9. 3. 1987, IPRax 1987, 372, 373; BGH 7. 7. 1976, NJW 1976, 2075 zum Vorrang der Auslegung der jeweiligen Willenserklärungen.

31   Vgl. hierzu ausführlich Staudinger-*Magnus* BGB (2002) Art. 31 EGBGB Rdnr. 71–80; MünchKomm.-*Spellenberg* BGB Art. 31 EGBGB Rdnr. 116–126.

32   BGH 19. 3. 1997, BGHZ 135, 124, 137; Staudinger-*Magnus* BGB (2002) Art. 31 EGBGB Rdnr. 41; MünchKomm.-*Spellenberg* BGB Art. 31 EGBGB Rdnr. 126.

33   Zum Verbraucherschutz vgl. insbes. § 3 Rdnr. 59–78.

charakteristische Leistung zu erbringen hat, ihren gewöhnlichen Aufenthalt bzw. ihre Hauptverwaltung oder Hauptniederlassung hat (Art. 28 Abs. 2 EGBGB). Ist die Leistung von einer anderen Niederlassung als der Hauptniederlassung zu erbringen, so ist das Recht dieser (Zweig-) Niederlassung maßgeblich (vgl. Art. 28 Abs. 2 S. 1 und 2 EGBGB). Die vertragscharakteristische Leistung ist die Leistung, die dem Vertrag seine Eigenart, sein Gepräge verleiht und ihn von anderen Vertragstypen unterscheidet. Bei gegenseitigen Verträgen ist dies nicht die Geldleistung, sondern die Sach- oder Dienstleistung.[34] Die Frage, welche Leistungen jeweils für den Vertrag charakteristisch sind und mit welchen Einschränkungen das danach maßgebliche Recht Anwendung findet, wird bei den einzelnen Bankgeschäften dargestellt werden. Bereits an dieser Stelle sei aber vorweggenommen, daß diese Anknüpfung zumindest in aller Regel zum Recht der Bank führt.

d) Konsequenzen für Pflichten des Kreditinstituts aus dem bankrechtlichen Einzelvertrag

Festzuhalten bleibt, daß die Bank vertragliche Pflichten grds. durch eine (entsprechende) Rechtswahl vermeiden kann. Dies gilt auch für die Verschwiegenheitspflicht der Bank, soweit sie sich auf den Vertrag zwischen Bank und Kunde gründet. Die Rechtsordnung des für den Bankvertrag gewählten Rechts ist dann auch maßgeblich, soweit es um die Grenzen des Bankgeheimnisses, also die Voraussetzungen geht, unter denen sich die Bank bei Offenlegungen erfolgreich auf Rechtfertigungsgründe berufen kann. Denn die Frage, ob Notwehr, Nothilfe oder auch überwiegende Eigeninteressen der Bank Einschränkungen bzw. Durchbrechungen des Bankgeheimnisses rechtfertigen, betrifft letztlich den Umfang der (vertraglichen) Pflichten des Rechtsverhältnisses (hier des Bankvertrags), auf das sich der mögliche Rechtfertigungsgrund auswirkt.[35] Daher unterliegt auch diese Frage dem (möglicherweise gewählten) Vertragsstatut. Zu rechtlichen Konfliktlagen kann es dabei insbes. dann kommen, wenn sich Auskunftspflichten der Bank auf ein Vertragsverhältnis oder eine sonstige Sonderverbindung mit einem anderen Kunden bzw. einem Dritten gründen. Denn hier richtet sich die Auskunftspflicht nach dem Recht, das auf den Vertrag mit dem Dritten bzw. auf die Sonderverbindung mit diesem zur Anwendung gelangt. Diese Auskunftspflicht im Verhältnis zu einem Dritten kann, muß aber nicht zwangsläufig einen Rechtfertigungsgrund für die Offenlegung von Kundendaten in dem Rechtsverhältnis darstellen, das mit der Auskunft (teilweise) offengelegt wird.

23

---

34 Vgl. statt vieler MünchKomm.-*Martiny* BGB Art. 28 EGBGB Rdnr. 31, 33.

35 So zunächst als allgemeiner Grundsatz auch Staudinger-*Magnus* BGB (2002) Einl. zu Art. 27–37 EGBGB, A 67, der allerdings bezogen auf die Frage, ob eine eigenmächtige Rechtsdurchsetzung eine Vertragsverletzung rechtfertigt, das Recht des Ortes anwenden möchte, an dem der Akt der eigenmächtigen Rechtsverteidigung stattfindet, vgl. A 69 f.: da es hier aber nicht um die eigenmächtige Rechtsdurchsetzung geht, dürfte auch die von *Magnus* befürwortete Ausnahme vorliegend nicht relevant sein.

24   Die Anknüpfung der Pflicht zur Verschwiegenheit an den Bankvertrag kann daher Probleme bereiten. Hierfür gibt es im wesentlichen zwei Gründe: zum einen
kann die auf den Bankvertrag anwendbare Rechtsordnung grds. frei gewählt werden und damit die ansonsten (ohne Rechtswahl) anwendbare Rechtsordnung auch
frei abgewählt werden; zum anderen besteht die Möglichkeit, daß auf das Rechtsverhältnis zum Auskunftsberechtigten eine andere Rechtsordnung Anwendung
findet als auf das Rechtsverhältnis zu dem von der Auskunft Betroffenen, was insbes. dann der Fall ist, wenn Kunden ausländischer Zweigstellen involviert sind.
Um so wesentlicher wird daher die Frage, welches Recht auf das gesetzliche
Schuldverhältnis zur Anwendung gelangt, das unabhängig von einem wirksamen
Vertragsschluß über einen bankrechtlichen Einzelvertrag mit geschäftlicher Kontaktaufnahme zwischen Bank und Kunde entsteht.

2. Gesetzliches Schuldverhältnis zwischen Kreditinstitut und Kunde

25   Auch soweit (noch) kein (wirksamer) bankrechtlicher Einzelvertrag abgeschlossen
wurde, folgen im deutschen Sachrecht aus einem gesetzlichen Schuldverhältnis bereits Verhaltens- und Schutzpflichten, wie insbes. die Pflicht der Bank zur Wahrung des Bankgeheimnisses. Die Frage, ob vorvertragliche Pflichten überhaupt bestehen, welchen Inhalt sie haben und ob bei Verletzung dieser Pflichten Schadensersatzansprüche (im deutschen Sachrecht insbes. aus culpa in contrahendo, vgl.
§ 311 Abs. 2 BGB) entstehen, ist im internationalen Privatrecht sehr umstritten.

26   Die wohl h.M. sieht einen engen Zusammenhang dieser Pflichten mit dem ange-
strebten Vertragsschluß, qualifiziert sie daher als vertragliche Pflichten und beurteilt sie nach dem Statut des angebahnten Vertrags.[36] Teilweise wird aber auch die
Ansicht vertreten, die Ansprüche aus c.i.c. erweiterten unter bestimmten Umständen die in den §§ 823 ff. BGB gegen fahrlässige Schädigung nur unzureichend ge-
schützte Vermögenssphäre und seien daher deliktisch zu qualifizieren.[37] Ein erheblicher Teil der Literatur differenziert hingegen zwischen solchen vorvertraglichen
Pflichtverletzungen, die mit den vertraglichen Leistungspflichten zusammenhängen (so jedenfalls zumeist die Aufklärungs- und Beratungspflichten), und den Ansprüchen, die sich aus der Verletzung des Integritätsinteresses ergeben (Obhuts-
und Erhaltungspflichten).[38]

---

36 LG Braunschweig 10. 1. 2002, IPRax 2002, 213, 214 (für den Fall von Gewinnzusagen gem.
§ 661 a BGB); LG Düsseldorf 23. 2. 2000, WM 2000, 1191, 1194 (bezogen auf Aufklärungspflichten); BGH 9. 10. 1986, NJW 1987, 1141; im Grundsatz auch OLG Frankfurt 11. 7. 1985,
IPRax 1986, 373, 377 (wenn auch anders im Fall der Eigenhaftung eines Vertreters, vgl. S. 378);
Staudinger-*Magnus* BGB (2002) Art. 32 Rdnr. 120; Soergel-*v. Hoffmann* BGB Art. 32 EGBGB
Rdnr. 32.
37 OLG München 24. 2. 1983, WM 1983, 1093, 1095, 1097; für Fälle der Prospekthaftung
auch *Grundmann, Stefan*, Deutsches Anlegerschutzrecht in internationalen Sachverhalten, RabelsZ 54 (1990), 283–322, 310; bezogen auf Schutzpflichten *Canaris, Claus-Wilhelm*, Schutzgesetze – Verkehrspflichten – Schutzpflichten, in: FS Larenz, 1983, S. 27–110, 109.
38 *Bernstein, Herbert*, Kollisionsrechtliche Fragen der culpa in contrahendo, RabelsZ 41

In der Tat erfüllt die c.i.c. recht unterschiedliche Funktionen, die gerade bei der   27
internationalprivatrechtlichen Qualifikation von Bedeutung sind. Mit der c.i.c.
werden teilweise Schutzlücken gefüllt, die die §§ 823 ff. BGB im Bereich der Ver-
mögensschädigung sowie bei Handeln von Verrichtungsgehilfen aufweisen (vgl.
insbes. die Exkulpationsmöglichkeit des Geschäftsherrn gem. § 831 Abs. 1 S. 2
BGB); diese Schutzlücken sind insbes. dann höchst problematisch, wenn die Möglichkeit und Wahrscheinlichkeit einer Schädigung aufgrund des durch die Vertrags-
anbahnung intensivierten Kontakts zwischen den Parteien erhöht ist. Der Sache
nach geht es hierbei aber um das Integritätsinteresse des Vertragspartners. Anders
ist dies jedoch bei den Fällen der c.i.c., in denen die verletzte vorvertragliche Pflicht
der Sicherung des Leistungsinteresses dient.[39]

So überzeugend auf den ersten Blick eine differenzierende Anknüpfung ist, dürf-   28
te sie dennoch nach der heutigen Gesetzeslage kaum mehr vertretbar sein. Denn
nach der Ausweichklausel des Art. 41 Abs. 1, 2 Nr. 1 EGBGB sind deliktische Ansprüche im Zusammenhang mit einem Vertragsverhältnis oder einer vertragsähnlichen Sonderverbindung grds. akzessorisch an das Vertragsstatut bzw. an das Statut
des angebahnten Vertrags anzuknüpfen.[40] Zwar spricht das Gesetz in Art. 41 Abs. 2
Nr. 1 EGBGB lediglich davon, aus einer bestehenden rechtlichen oder tatsächlichen Beziehung zwischen den Beteiligten *könne* sich eine wesentlich engere Verbindung ergeben als mit dem gem. Art. 40 EGBGB anwendbaren Recht. Richtigerweise ist aber die Ausweichklausel des Art. 41 EGBGB regelmäßig anzuwenden,
wenn Delikte mit einem Vertragsverhältnis oder einem Sonderverhältnis in Zusammenhang stehen.[41] Denn für die vertragsakzessorische Anknüpfung sprechen eine
ganze Reihe von Gründen: zum einen ist es zweckmäßig, einen Lebenssachverhalt
einer einheitlichen Rechtsordnung zu unterstellen und nicht in verschiedene
Rechtsbeziehungen aufzusplittern; insbes. kann hierdurch auch das Problem vermieden werden, ob für die Konkurrenz vertraglicher und deliktischer Ansprüche
das Vertrags- oder Deliktsstatut maßgeblich ist. Knüpft man deliktische Ansprüche vertragsakzessorisch an, kommt zum anderen eine Rechtsordnung zur Anwendung, auf die sich die Beteiligten (mit Abschluß des Vertrags) einstellen und mit der

---

(1977), 281–298, 288 f.; MünchKomm.-*Spellenberg* BGB Art. 32 EGBGB Rdnr. 59; *v. Bar, Christian*, Internationales Privatrecht, Bd. II, Besonderer Teil, Rdnr. 558; *Fischer, Gerfried*, Culpa in
contrahendo im Internationalen Privatrecht, JZ 1991, 168–175, 173.
39 Vgl. auch MünchKomm.-*Roth* BGB § 241 Rdnr. 118, der auch bei den Aufklärungspflichten zwischen solchen unterscheidet, die dem Integritätsinteresse dienen (so etwa Warnpflichten) und solchen, die dem Leistungsinteresse dienen.
40 So im Grundsatz auch Staudinger-*v. Hoffmann* BGB (2001) Art. 41 EGBGB Rdnr. 9, der
ebenfalls davon ausgeht, daß die vertragsakzessorische Anknüpfung auch bei Konkurrenz deliktischer Ansprüche mit solchen aus c.i.c. gilt.
41 So insbes. *Kropholler* § 53 IV 4 (S. 520); ähnlich Staudinger-*v. Hoffmann* BGB (2001)
Art. 41 EGBGB Rdnr. 7, wonach das Vorliegen eines Regelbeispiels ein starkes Indiz für das
Eingreifen der Ausweichklausel ist, das im konkreten Einzelfall jedoch durch andere Faktoren
widerlegt werden kann.

sie rechnen konnten. Daher entspricht die vertragsakzessorische Anknüpfung auch dem Gesichtspunkt des Vertrauensschutzes und der Rechtssicherheit.[42]

29   Zweifel an der Maßgeblichkeit des Vertragsstatuts für deliktisch zu qualifizierende Ansprüche könnte man allerdings insofern haben, als es nicht zum späteren Vertragsschluß kommt.[43] Art. 41 Abs. 2 Nr. 1 EGBGB verlangt aber als wesentlich engere Verbindung nicht unbedingt einen wirksam abgeschlossenen Vertrag. Ausreichend sind vielmehr auch gesetzliche Schuldverhältnisse oder sogar lediglich zwischen den Beteiligten bestehende tatsächliche Beziehungen. Da im Zeitpunkt der geschäftlichen Kontaktaufnahme ein gesetzliches Schuldverhältnis entsteht, ist Art. 41 Abs. 1, 2 Nr. 1 EGBGB also auch dann anwendbar, wenn es später nicht zum Vertragsschluß kam. Die einzige Frage ist daher, ob nach den Überlegungen zur unterschiedlichen Funktion und Qualifikation vorvertraglicher Pflichten überhaupt ein einheitliches Statut für das gesetzliche Schuldverhältnis bestimmbar ist, das dann gegebenenfalls auch für eindeutig deliktische Ansprüche maßgeblich sein kann. Die Sonderverbindung als solche wird aber geprägt von dem intendierten Vertrag, auch wenn einzelne Ansprüche aus der Sonderverbindung mit guten Gründen als dem Integritätsinteresse dienend und daher bei funktioneller Betrachtung als deliktisch eingeordnet werden können. Denn eine Sonderverbindung entsteht überhaupt erst durch die Intention, einen Vertrag abzuschließen. Im übrigen muß im Zeitpunkt der Vollendung der Verletzung (des Delikts) das darauf anwendbare Recht (vorbehaltlich einer event. späteren Rechtswahl der Parteien) feststehen. Dies wäre aber nicht der Fall, wenn es für das Deliktsstatut auf die Frage ankäme, ob nach der Verletzung der (zunächst) intendierte Vertrag noch abgeschlossen wird oder nicht.

30   Daher ergibt sich m. E. bereits aus Art. 41 Abs. 1, 2 Nr. 1 EGBGB eine einheitliche Anknüpfung der Ansprüche aus c.i.c. nach dem Statut des angebahnten Vertrags. Konkret bedeutet dies, daß Ansprüche (des Kunden) aus c.i.c. sich nach dem Recht bestimmen, das für den bankrechtlichen Einzelvertrag (wirksam) vereinbart wurde. Kam es noch nicht zu einer ausdrücklichen oder konkludenten Rechtswahl zwischen Bank und Kunde oder ist diese unwirksam, gilt Art. 28 Abs. 2 EGBGB. Da zumindest in aller Regel die Bank die vertragscharakteristische Leistung erbringt, kommt auch für Ansprüche aus Verletzung des gesetzlichen Schuldverhältnisses grds. das Recht des Staates zur Anwendung, in dem sich die Haupt- bzw. die maßgebliche Zweigniederlassung der Bank befindet.

3. Deliktische Ansprüche

31   Soweit Ansprüche aus Delikt geltend gemacht werden, richtet sich das hierauf anwendbare Recht nach den Artt. 40–42 EGBGB. Dies bedeutet, daß etwa bei Verletzungen des allgemeinen Persönlichkeitsrechts oder des Rechts am eingerichteten

---

42   Zu diesen Argumenten insbes. *Kropholler* § 53 IV 4 (S. 519f.); ähnlich Staudinger-*v. Hoffmann* BGB (2001) Art. 41 EGBGB Rdnr. 9.
43   So Staudinger-*v. Hoffmann* BGB (2001) Vorbem. zu Art. 40 EGBGB Rdnr. 11.

und ausgeübten Gewerbetrieb durch Offenlegung kundenbezogener Tatsachen grds. das Recht des Handlungsorts des Schädigers und auf Verlangen des Verletzten das Recht des Erfolgsorts zur Anwendung gelangt (Art. 40 Abs. 1 EGBGB). Das Recht des Handlungsorts ist also etwa der Ort, an dem die Bank die (event.) gegen das Bankgeheimnis verstoßende Auskunft erteilt hat. Demgegenüber ist der Erfolgsort der Ort, an dem das (unmittelbar) verletzte Rechtsgut sich befindet. Allerdings ist im Bereich der Haftung von Banken für Delikte die Ausweichklausel des Art. 41 EGBGB von großer Bedeutung. Denn in aller Regel wird zwischen Verletzer und Verletztem entweder ein Vertrag bereits abgeschlossen oder doch zumindest beabsichtigt sein. In diesem Fall aber richtet sich die deliktische Haftung gem. Art. 41 Abs. 1, 2 Nr. 1 EGBGB nach dem Vertragsstatut bzw. nach dem Statut des angebahnten Vertrags (vgl. auch oben Rdnr. 13–24).[44] Da somit auch für konkurrierende Deliktsansprüche das Vertragsstatut maßgeblich ist, soll an dieser Stelle auf das internationale Deliktsrecht nicht näher eingegangen werden.

4. Besonderheit: Rechtsverhältnisse mit Schutzwirkung zugunsten Dritter

Die akzessorische Anknüpfung an eine besondere Beziehung (Art. 41 Abs. 1, 2   **32** Nr. 1 EGBGB) muß im übrigen auch für Ansprüche Dritter gelten, die in den Schutzbereich des Vertrags oder des vorvertraglichen Schuldverhältnisses einbezogen sind. Bezogen auf die Verschwiegenheitpflicht der Bank ist dies etwa bei den Personen der Fall, über die das Kreditinstitut im Rahmen der Geschäftsverbindung Informationen erlangt. Zwar ist zwischen den Beteiligten der besonderen Beziehung, an die akzessorisch angeknüpft wird, und dem Schädiger bzw. Geschädigten grds. Parteiidentität erforderlich, da ansonsten ein Vertrag zu einem Vertrag zulasten des Dritten werden könnte.[45] Handelt es sich aber um einen Vertrag mit Schutzwirkung zugunsten Dritter, so leiten diese Dritten ihre Ansprüche gerade aus der Vertragsbeziehung bzw. dem vorvertraglichen Schuldverhältnis ab und müssen daher auch hinsichtlich der konkurrierenden Deliktsansprüche wie die Vertragspartei behandelt werden. Hierfür spricht im übrigen auch der Grundgedanke des Art. 41 Abs. 1, 2 Nr. 1 EGBGB, der darin besteht, den gesamten Lebenssachverhalt einer einheitlichen Rechtsordnung zu unterstellen.[46] Daher gelangt man auch hinsichtlich dieser Drittansprüche wiederum zur Maßgeblichkeit des Vertragsstatuts.

---

[44] Dies hat das OLG München nicht beachtet, als es die Anwendung deutschen Rechts – trotz eines bestehenden Vertragsverhältnisses – mit Art. 40 EGBGB begründete, da die streitgegenständliche Äußerung des Vorstandssprechers der wegen Verletzung des Bankgeheimnisses beklagten Bank auch in Deutschland ausgestrahlt worden sei (OLG München 10. 12. 2003, WM 2004, 74, 80).

[45] So im Grundsatz zutreffend Staudinger-*v. Hoffmann* BGB (2001) Art. 41 EGBGB Rdnr. 13.

[46] Staudinger-*v. Hoffmann* BGB (2001) Art. 41 EGBGB Rdnr. 9.

III. Geltungsbereich und internationaler Anwendungsbereich öffentlich-rechtlicher Rechtsnormen

33 Bei den Normen des öffentlichen Rechts, insbes. auch den Informationspflichten der Bank gegenüber staatlichen Stellen, ist der Geltungsbereich vom internationalen Anwendungsbereich zu unterscheiden. Der Geltungsbereich bezeichnet den räumlichen Herrschaftsbereich des gesetzgebenden Staates. Da Normen des öffentlichen Rechts nur auf dem eigenen Staatsgebiet zwangsweise durchgesetzt werden können, gilt insoweit das Territorialitätsprinzip, so daß der Geltungsbereich öffentlich-rechtlicher Normen auf das eigene Gebiet des gesetzgebenden Staates beschränkt ist. Hiervon zu trennen ist der Begriff des internationalen Anwendungsbereichs, bei dem es um die Frage geht, welche Sachverhalte mit Auslandsberührung von der öffentlich-rechtlichen Norm erfaßt und geregelt werden.[47] Der internationale Anwendungsbereich ist entweder in dem betreffenden Gesetz ausdrücklich geregelt oder durch Auslegung zu ermitteln. Das Völkerrecht setzt dem Gesetzgeber bei der Regelung grenzüberschreitender Sachverhalte nur insofern Grenzen, als noch ein „genuine link", also eine echte Verbindung des Sachverhalts zu dem Staat bestehen muß, der sein Gesetz hierauf für anwendbar erklärt.[48]

IV. Internationaler Anwendungsbereich wesentlicher öffentlich-rechtlicher Verhaltenspflichten des Kreditinstituts

34 Die öffentlich-rechtlichen Gebote und Verbote erfassen im Grundsatz – wenn auch mit einigen nicht unbedeutenden Modifikationen – die Tätigkeit sämtlicher Kredit- und Finanzdienstleistungsinstitute, soweit diese in Deutschland Geschäfte betreiben. Dies gilt etwa auch für die Regelungen des Bankaufsichtsrechts nach dem KWG (vgl. §§ 32, 53 KWG), obgleich gerade das KWG von diesem Grundsatz eine nicht unwesentliche Ausnahme vorsieht: So bedürfen Einlagenkreditinstitute aus einem EWR-Staat weder für die Errichtung unselbständiger Zweigniederlassungen noch für die Erbringung grenzüberschreitender Dienstleistungen der Erlaubnis der BAFin (§ 53 b Abs. 1 KWG). Auch wird die Bankenaufsicht insofern weitgehend durch die Behörden des Herkunftsstaats ausgeübt (Prinzip der Heimatlandkontrolle), während den aufnehmenden Mitgliedstaaten nur noch bestimmte Zuständigkeiten und Eingriffsbefugnisse verbleiben (vgl. § 53 b Abs. 3 und 4 KWG).[49]

---

47 Vgl. hierzu *v. Bar, Christian/Mankowski, Peter*, Internationales Privatrecht, Bd. I, Allgemeine Lehren, 2. Aufl. 2003, § 4 Rdnr. 68 m.w.N.
48 *v. Bar, Christian/Mankowski, Peter*, Internationales Privatrecht, Bd. I, Allgemeine Lehren, 2. Aufl. 2003, § 4 Rdnr. 65 m.w.N.
49 Vgl. hierzu *Kümpel* Rdnr. 19.210–19.219.

Wie oben festgestellt, wird das Bankgeheimnis teilweise gesetzlich durch das   35
BDSG geschützt. Der internationale Anwendungsbereich dieses Gesetzes findet
sich in § 1 Abs. 5 BDSG in ähnlicher Weise geregelt. Danach erstrecken sich die
Pflichten bzw. Verbote dieses Gesetzes auch auf (verantwortliche) Stellen, die nicht
in einem EU oder EWR-Staat belegen sind, aber personenbezogene Daten im Inland erheben, verarbeiten oder nutzen (§ 1 Abs. 5 S. 2 BDSG). Insoweit privilegiert
und vom Anwendungsbereich des Gesetzes ausgenommen sind wiederum Stellen,
die in EU oder EWR-Staaten belegen sind, sofern deren Tätigkeit nicht von einer
Niederlassung im Inland erfolgt (§ 1 Abs. 5 S. 1 BDSG).

Auch richten sich die Pflichten der (Kredit-) Institute nach dem GwG (vgl. hier-   36
zu oben § 1 Rdnr. 17) nicht nur an Institute mit Sitz im Inland, sondern auch an im
Inland gelegene Zweigstellen von Instituten, die im Ausland ihren Sitz haben (§ 1
Abs. 3 GwG). Während diese Bestimmung noch im Rahmen der Regelung von
Vorgängen bleibt, die im Inland stattfinden, sieht § 15 GwG einen recht weit rei-
chenden internationalen Anwendungsbereich des GwG vor: Denn nach dieser
Vorschrift haben Unternehmen mit Sitz im Inland dafür zu sorgen, daß ihre Zweigstellen im Ausland ebenfalls die Identifizierungspflichten gem. §§ 2–4, 6 und 8
GwG, die Aufzeichnungs- und Aufbewahrungspflichten gem. § 9 GwG sowie die
Pflicht zu internen Sicherungsmaßnahmen gem. § 14 GwG erfüllen; das gleiche gilt
für die von dem betreffenden Unternehmen abhängigen Unternehmen im Ausland, die mit dem (inländischen) Unternehmen unter einheitlicher Leitung zusammengefaßt sind (§ 18 AktG). Allerdings hat der Gesetzgeber hier zu Recht mögliche Friktionen mit den Rechtsvorschriften des Niederlassungsstaats der Zweigstelle bzw. des Sitzstaats der ausländischen abhängigen Unternehmen gesehen. Daher
wurde die Pflicht zur Verdachtsanzeige (§ 11 GwG) nicht auf ausländische Zweigstellen bzw. abhängige Unternehmen erstreckt.[50] Auch hat der Gesetzgeber er-
kannt, daß die Zweigstelle oder das abhängige Unternehmen im Ausland diese
Pflichten aufgrund der Rechtsvorschriften des betreffenden ausländischen Staates
möglicherweise nicht erfüllen kann; für diesen Fall statuiert § 15 S. 2 und 3 GwG lediglich die Pflicht, diese Tatsache der zuständigen (inländischen) Behörde (§ 16
GwG) zu melden.

Die Meldepflichten gem. § 9 WpHG (vgl. oben § 1 Rdnr. 19) beziehen sich zu-   37
nächst einmal nicht nur auf Werte, die in den geregelten Markt oder Freiverkehr einer inländischen Börse einbezogen sind, sondern bestehen generell für Geschäfte
in Wertpapieren oder Derivaten, die zum Handel an einem organisierten Markt (§ 2
Abs. 5 WpHG) in einem EU- oder EWR-Staat zugelassen sind. Zur Meldung verpflichtet sind im übrigen nicht nur inländische Kreditinstitute sowie Finanzdienstleistungsinstitute mit der Erlaubnis zum Betreiben des Eigenhandels, sondern auch
inländische Zweigstellen von Unternehmen mit Sitz in einem Staat, der weder zur
EU noch zum Europäischen Wirtschaftsraum gehört (§ 9 Abs. 1 S. 1 WpHG). Von
der Meldepflicht ausgenommen sind also wiederum die Unternehmen gem. § 53 b

---

50 Vgl. hierzu auch *Bruchner*, in: Bankrechtshandbuch I, § 42 Rdnr. 54.

Abs. 1 KWG, da für deren Kontrolle der Herkunftsstaat zuständig ist.[51] Im WpHG finden sich aber auch Auskunftspflichten ausländischer Unternehmen ohne inländische Zweigstelle: so hat die BAFin zur Überwachung der Verhaltenspflichten der Wertpapierdienstleistungsunternehmen gem. §§ 31 ff. WpHG das Recht, Auskünfte und die Vorlage von Urkunden auch von Unternehmen mit Sitz im Ausland zu verlangen, die Wertpapierdienstleistungen gegenüber Kunden erbringen, die ihren gewöhnlichen Aufenthalt oder ihre Geschäftsleitung im Inland haben, sofern nicht die Wertpapierdienstleistung ausschließlich im Ausland erbracht wird (§ 35 Abs. 2 WpHG). Bestehen Anhaltspunkte für einen Verstoß gegen das Verbot von Insidergeschäften, stehen der BAFin umfassende Auskunftsansprüche auch gegenüber Unternehmen mit Sitz im Ausland zu, sofern diese an einer inländischen Börse zur Teilnahme am Handel zugelassen sind (vgl. im einzelnen § 16 Abs. 2 S. 1 und 2 WpHG).

38   Soweit es andererseits um verfahrensrechtliche Informationspflichten der Banken, wie etwa zivil- und strafprozessuale Aussagepflichten, geht, gilt der Grundsatz der lex fori. Die Banken sind also nach den Vorschriften des deutschen Verfahrensrechts informationspflichtig, sofern das Verfahren in Deutschland stattfindet.[52]

V. Möglichkeiten der Problemlösung bei Pflichtenkollisionen

39   Insbes. die eben dargestellten Auskunftspflichten von Unternehmen mit Sitz im Ausland, aber auch solche inländischer Zweigstellen ausländischer Unternehmen bergen die Gefahr einer Kollision mit ausländischen Verhaltensvorschriften (etwa strafbewehrte Pflicht zur Wahrung des Bankgeheimnisses). Denkbar ist aber auch die umgekehrte Konstellation, daß ausländische Auskunfts- und Informationspflichten der Banken mit inländischen Pflichten, wie etwa der Pflicht zur Wahrung des Bankgeheimnisses kollidieren. Dies ist im Grundsatz im Depotrecht der Fall, da ausländische Aktiengesellschaften häufig berechtigt oder sogar verpflichtet sind, über ihre Aktionäre Informationen einzuholen. Auch müssen nach ausländischem Recht teilweise nicht nur die rechtlichen, sondern auch die wirtschaftlichen Inhaber der Aktien offengelegt werden.[53]

40   Im Bereich des Depotrechts wird das Problem einer event. Pflichtenkollision (mit dem deutschen Bankgeheimnis) durch eine entsprechende vertragliche Ausgestaltung des Depotvertrags mit dem Kunden gelöst; danach ist die Bank berechtigt, Auskünfte zu erteilen, soweit sie hierzu nach ausländischem Recht verpflichtet ist

---

51 *Dreyling, Georg*, in: Wertpapierhandelsgesetz, hrsg. v. *Assmann, Heinz-Dieter/Schneider, Uwe H.*, 3. Aufl. 2003, § 9 Rdnr. 8 f.
52 Als Grundsatz ist dies unbestritten, vgl. *v. Bar, Christian/Mankowski, Peter*, Internationales Privatrecht, Bd. I, Allgemeine Lehren, 2. Aufl. 2003, § 5 Rdnr. 75; vgl. zu gewissen Modifikationen *Kropholler* § 56 IV (S. 578–580).
53 Vgl. hierzu Depotgeschäft § 9 Rdnr. 78.

(vgl. Nr. 20 Abs. 1 Sonderbedingungen für Wertpapiergeschäfte). Möglich ist eine solche vertragliche Lösung des Problems von Pflichtenkollisionen aber nur im Rahmen der dispositiven Regelungen der inländischen (bzw. allgemein gesagt der kollidierenden) Rechtsordnung.

Denkbar ist aber auch, daß die Pflichtenkollisionslage in jedenfalls einer der beteiligten Rechtsordnungen rechtliche Berücksichtigung findet, wenn es um die Frage geht, ob die Nichterfüllung der (grds. bestehenden) Pflichten dieses Staates zu sanktionieren ist. Insofern sind verschiedene Formen der Berücksichtigung der Pflichtenkollisionslage denkbar: 41

Zum einen kann diese Situation auf der Ebene des Sachrechts einen Rechtfertigungs- oder Entschuldigungsgrund für die Nichterfüllung von gesetzlichen oder vertraglichen Pflichten darstellen. Diese Möglichkeit der Berücksichtigung einer Pflichtenkollision besteht auf Seiten beider (bzw. aller) Staaten, deren Rechtsnormen kollidieren. So standen zum einen US-amerikanische Richter vor der Frage, ob sie im Rahmen eines „balancing of interests test" die Kollision mit dem deutschen Bankgeheimnis berücksichtigen sollten, als sie einer deutschen Bank mit einer unselbständigen Niederlassung im Staat New York aufgaben, Kundenunterlagen herauszugeben. Aber auch deutsche Gerichte können vor der Frage stehen, ob eine Verletzung des Bankgeheimnisses in einem solchen Fall event. durch überwiegende Interessen des Kreditinstituts gerechtfertigt sein kann.[54] Für den Fall einer Kollision zwischen privatrechtlichen Pflichten und fremdstaatlichen Eingriffsnormen[55] stellt die Berücksichtigung dieser Situation auf der Ebene des Sachrechts auch die Lösung derer dar, die ausländische Eingriffsnormen nur auf der Ebene des materiellen Rechts berücksichtigen wollen, also etwa bei der Frage der Unmöglichkeit der Erfüllung einer Leistungspflicht.[56]   42

Zum anderen ist aber – sofern es um eine Kollision zwischen fremdstaatlichen, international zwingenden Normen einerseits und privatrechtlichen Pflichten nach dem Vertragsstatut andererseits geht – noch eine weitere Form der Berücksichtigung ausländischen zwingenden Rechts denkbar: nämlich eine Berücksichtigung des ausländischen Rechts im Wege einer Sonderanknüpfung auf der Ebene des Kol-   43

---

54   Vgl. zu diesem Fall die Entscheidungen des LG Kiel 30. 6. 1982, IPRax 1984, 146 f., LG Kiel 23. 8. 1982, IPRax 1984, 147: beide Entscheidungen untersagten eine Herausgabe der Unterlagen durch die Bank mit Hinweis auf das Bankgeheimnis; zu dieser Problematik vgl. *Bosch, Ulrich*, Das Bankgeheimnis im Konflikt zwischen US-Verfahrensrecht und deutschem Recht, IPRax 1984, 127–135; *Stiefel, Ernst/Petzinger, Walter*, Deutsche Parallelprozesse zur Abwehr amerikanischer Beweiserhebungsverfahren?, RIW 1983, 242–249, insbes. 245–247.

55   Eingriffsnormen sind Normen, die ohne Rücksicht auf das für den Vertrag maßgebliche Recht den Sachverhalt zwingend regeln wollen (vgl. Art. 34 EGBGB); allerdings hat der Gesetzgeber in Art. 34 EGBGB nur die Anwendbarkeit deutschen Eingriffsrechts auch bei ausländischem Vertragsstatut normiert, während die Frage, ob und wie fremdstaatliches Eingriffsrecht Berücksichtigung findet, gesetzlich nicht geregelt wurde, vgl. auch oben Rdnr. 10.

56   Für diesen materiellrechtlichen Ansatz *v. Bar, Christian/Mankowski, Peter*, Internationales Privatrecht, Bd. I, Allgemeine Lehren, 2. Aufl. 2003, § 4 Rdnr. 122–129; so auch die Rspr., vgl. RG 28. 6. 1918, RGZ 93, 182, 184; BGH 22. 6. 1972, BGHZ 59, 82, 85–87; BGH 20. 11. 1990, NJW 1991, 634, 635 f.

lisionsrechts. Zur Klarstellung: es geht bei der kollisionsrechtlichen Sonderanknüpfung ausländischen Eingriffsrechts nicht um eine Anwendung i.S. einer unmittelbaren Geltung ausländischen Rechts mit zwangsweiser hoheitlicher Durchsetzung,[57] sondern um dessen Anwendung im Rahmen der Beurteilung privatrechtlicher Rechtsbeziehungen. Grundvoraussetzung ist zunächst, daß die betreffende fremdstaatliche Eingriffsnorm selbst überhaupt Geltung beansprucht. Daneben fordern die Vertreter dieser kollisionsrechtlichen Anknüpfung aber auch eine enge Verbindung des Sachverhalts mit dem Staat, der die Eingriffsnorm erlassen hat; überdies darf die Eingriffsnorm mit den Interessen und Wertungen der eigenen Rechtsordnung (des Forumstaates) zumindest nicht in Widerspruch stehen.[58] Gerade die letztere Voraussetzung ist aber im vorliegenden Zusammenhang, nämlich insbes. bei Kollision ausländischer öffentlich-rechtlicher Pflichten mit dem vertraglich vereinbarten, aber auch verfassungsrechtlich geschützten Bankgeheimnis nicht erfüllt.

44   Im Ergebnis ist nicht auszuschließen, daß die Pflichtenkollision weder auf der Ebene der vertraglichen Regelungen noch durch deren Berücksichtigung auf der Ebene des Sachrechts aufgelöst wird. Besonders groß ist diese Gefahr, wenn der internationale Anwendungsbereich öffentlich-rechtlicher Verhaltensnormen sehr weit reichend ist. Rechtsnormen können zwar nur auf dem eigenen Staatsgebiet durchgesetzt werden, so daß ein international weit reichender Anwendungsbereich insofern seine tatsächlichen Schranken findet; dies allerdings u.U. zulasten solcher Unternehmen, die nicht nur grenzüberschreitend tätig sind, sondern auch in mehreren Staaten pfändbares Vermögen haben, auf das der jeweilige Staat zugreifen kann.

---

57 So ist ja auch der Geltungsbereich öffentlichen Rechts auf das eigene Gebiet des gesetzgebenden Staates beschränkt, vgl. oben Rdnr. 33.
58 Vgl. zu dieser kollisionsrechtlichen Sonderanknüpfung MünchKomm.-*Martiny* BGB Art. 34 EGBGB Rdnr. 56–62; *Kropholler* § 52 X 3 (S. 499–503); kritisch zu diesem Ansatz *v. Bar, Christian/Mankowski, Peter,* Internationales Privatrecht, Bd. I, Allgemeine Lehren, 2. Aufl. 2003, § 4 Rdnr. 110–118.

2. Kapitel: Commercial Banking

In Anlehnung an das angloamerikanische Trennbankensystem unterscheidet auch   1
die deutsche bankrechtliche Praxis zwischen dem Commercial Banking (Einlagen-
und Kreditgeschäft, aber auch Zahlungsverkehr) und Investment Banking (Wertpapiergeschäft im weitesten Sinne). Während Kreditinstitute im Trennbankensystem – jedenfalls im Grundsatz – entweder nur Commercial Banking oder Investment Banking betreiben dürfen, kann eine Bank im Universalbankensystem beide
Geschäftszweige betreiben. Wenn auch das deutsche Recht dem Universalbank-
prinzip folgt, soll hier den folgenden Ausführungen die in der Praxis mittlerweile
übliche Einteilung in Commercial Banking und Investment Banking zugrundege-
legt werden.[1]

§ 3 Einlagengeschäft

Literatur
Borges, Georg, Weltweite Geschäfte per Internet und deutscher Verbraucherschutz, ZIP
1999, 565–573. *Canaris, Claus-Wilhelm*, Bankvertragsrecht, 2. Aufl. 1981, Rdnr. 1163–1194.
Canaris, Claus-Wilhelm, Bankvertragsrecht, 3. Aufl. Erster Teil, 1988, Rdnr. 142ff. *Ganssauge, Niklas*, Internationale Zuständigkeit und anwendbares Recht bei Verbraucherverträgen
im Internet, Studien zum ausländischen und internationalen Privatrecht, Bd. 126, 2004. *Gößmann, Wolfgang*, in: Bankrechtshandbuch I, hrsg. v. Schimansky, Herbert/Bunte, Hermann
Josef/Lwowski, Hans-Jürgen, 2. Aufl. 2001, § 29. *Grundmann, Stefan*, Europäisches Ver-
tragsübereinkommen, EWG-Vertrag und § 12 AGBG, IPRax 1992, 1–5. *Hadding, Walther*,
in: Bankrechtshandbuch I, hrsg. v. Schimansky, Herbert/Bunte, Hermann Josef/Lwowski,
Hans-Jürgen, 2. Aufl. 2001, § 35 f. *Heiss, Helmut*, Inhaltskontrolle von Rechtswahlklauseln
in AGB nach europäischem Internationalem Privatrecht?, RabelsZ 65 (2001), 634–653. *Jayme, Erik*, Inhaltskontrolle von Rechtswahlklauseln in Allgemeinen Geschäftsbedingungen,
in: FS W. Lorenz, 1991, S. 435–439. *Kümpel, Siegfried*, Bank- und Kapitalmarktrecht, 3. Aufl.
2004, Rdnr. 3.1–3.342, Rdnr. 4.1–4.99. *Lwowski, Hans-Jürgen/Bitter, Georg*, in: Bankrechtshandbuch I, hrsg. v. Schimansky, Herbert/Bunte, Hermann Josef/Lwowski, Hans-Jürgen,
2. Aufl. 2001, § 33. *Mankowski, Peter*, Das Internet im Internationalen Vertrags- und Deliktsrecht, RabelsZ 63 (1999), 203–294. *Mankowski, Peter*, Strukturfragen des internationalen Verbrauchervertragsrechts, RIW 1993, 453–463. *Schimansky, Herbert*, in: Bankrechtshandbuch I, hrsg. v. Schimansky, Herbert/Bunte, Hermann Josef/Lwowski, Hans-Jürgen,
2. Aufl. 2001, § 47. *Schmidt, Karsten*, Das Gemeinschaftskonto: Rechtsgemeinschaft am
Rechtsverhältnis, in: FS Hadding, 2004, S. 1093–1116. *Schnelle, Ulrich*, Die objektive Anknüpfung von Darlehensverträgen im deutschen und amerikanischen IPR, Arbeiten zur

---

1 Vgl. hierzu auch *Kümpel* Rdnr. 2.857–2.872.

Rechtsvergleichung, Bd. 157, 1992. *Schwintowski, Hans-Peter/Schäfer, Frank A.*, Bankrecht, Commercial Banking – Investment Banking, 2. Aufl. 2004, §§ 4–6. *Staudinger, Ansgar*, Internationales Verbraucherschutzrecht made in Germany, RIW 2000, 416–421. *Wagner, Rolf*, Zusammenführung verbraucherschützender Kollisionsnormen aufgrund EG-Richtlinien in einem neuen Art. 29 a EGBGB – Ein Beitrag zur internationalprivatrechtlichen Umsetzung der Fernabsatz-Richtlinie –, IPRax 2000, 249–258.

I. Einführung

2   Das Einlagengeschäft gehört gem. § 1 Abs. 1 S. 2 Nr. 1 KWG zu den Bankgeschäften. Dies bedeutet, daß Unternehmen, die dieses Geschäft gewerbsmäßig oder in einem Umfang betreiben, der einen in kaufmännischer Weise eingerichteten Geschäftsbetrieb erfordert, einer Erlaubnis der Bundesanstalt für Finanzdienstleistungsaufsicht gem. § 32 KWG bedürfen. Das Einlagengeschäft wird in § 1 Abs. 1 S. 2 Nr. 1 KWG definiert als die Annahme fremder Gelder oder anderer rückzahlbarer Gelder des Publikums, und zwar ohne Rücksicht darauf, ob Zinsen vergütet werden; ausgenommen werden allerdings solche Gelder des Publikums, bei denen der Rückzahlungsanspruch in Inhaber- oder Orderschuldverschreibungen verbrieft ist. Die heutige gesetzliche Umschreibung des Einlagengeschäfts ist sehr weit. Insbes. ist mittlerweile – entgegen der bisherigen Rechtsprechung – nicht mehr relevant, ob das Geschäft der Ansammlung und Bereithaltung liquiden Kapitals für die laufende Finanzierung des Aktivgeschäfts mit der Intention dient, durch die Zinsdifferenz zwischen dem Einlagen- und Aktivgeschäft Gewinn zu erzielen.[2] Allerdings muß es sich auch nach der heutigen Gesetzesfassung um Gelder des Publikums handeln, so daß sog. aufgenommene Gelder (also Gelder, die ein Kreditinstitut bei einem anderen Kreditinstitut aufnimmt) keine Einlagen darstellen.[3]

3   Zunächst sei hier auf die im Rahmen des Einlagengeschäfts abgeschlossenen Verträge und deren rechtliche Behandlung im deutschen (Sach-)Recht eingegangen. Wenn auch das Einlagengeschäft meist (noch) nicht grenzüberschreitend vorgenommen wird, war die Rechtsprechung bereits in der Vergangenheit mit kollisionsrechtlichen Problemfällen befaßt, bei denen die Vertragspartner in unterschiedlichen Staaten ansässig waren. Aus diesem Grund, nicht zuletzt aber als Basis für die kollisionsrechtliche Beurteilung der weiteren Bankgeschäfte, werden im Anschluß an die sachrechtlichen auch die internationalprivatrechtlichen Probleme des Einlagengeschäfts erläutert.

---

2 So aber BVerwG 27. 3. 1984, WM 1984, 1364, 1367f.; ähnlich BGH 29. 3. 2001, WM 2001, 1204, 1206.
3 *Kümpel* Rdnr. 3.22.

II. Rechtliche Einordnung nach deutschem Sachrecht

Von dem aufsichtsrechtlichen Begriff des Einlagengeschäfts zu trennen ist die zivil- **4** rechtliche Einordnung der Verträge, die im Rahmen des Einlagengeschäfts zwischen Kreditinstitut und Kunde abgeschlossen werden. Insoweit unterscheidet die Bankpraxis die Sichteinlagen, Termineinlagen und Spareinlagen. Die rechtliche Einordnung dieser Verträge ist unterschiedlich.

1. Sichteinlagen

a) Rechtliche Einordnung

Bei den Sichteinlagen handelt es sich um Einlagen, deren Auszahlung jederzeit ver- **5** langt werden kann. Meist geht es dabei um Guthaben auf Girokonten, die den Kunden die bargeldlose Zahlung ermöglichen (vgl. auch § 676f BGB). Bei der rechtlichen Einordnung des Vertragsverhältnisses zwischen Kunde und Bank ist davon auszugehen, daß die gesetzliche Regelung zum Girovertrag selbst den Auszahlungsanspruch nicht normiert (§ 676f BGB) und überdies der Girovertrag auch kein Guthaben des Kunden voraussetzt, da die Bank auch bei einem entsprechenden Überziehungskredit des Kunden Überweisungen durchführt. Daher ist der Girovertrag von dem Vertrag zu trennen, der hinsichtlich des Guthabens abgeschlossen wird, das der Kunde i.d.R. für seine bargeldlosen Zahlungen bei der Bank unterhält.[4]

Da bei den Sichteinlagen eine der Vertragsparteien (Bankkunde) der anderen **6** (Bank) Geld überläßt, jedoch nicht die überlassenen Geldstücke, sondern nur der betragsmäßige Wert zurück- bzw. ausgezahlt werden muß, kommt entweder ein Darlehensvertrag gem. § 488 BGB oder aber eine unregelmäßige Verwahrung i.S.d. § 700 BGB in Betracht. Die unregelmäßige Verwahrung verweist zwar im wesentlichen auf die Vorschriften über den Darlehensvertrag, jedoch mit einigen Ausnahmen. Da sich Zeit und Ort der Rückgabe nach den Vorschriften über den Verwahrungsvertrag bestimmen (§ 700 Abs. 1 S. 3 BGB), kommt es auf die rechtliche Einordnung der Sichteinlagen auch im Ergebnis an. Während bei einem Darlehensvertrag, der nicht auf eine bestimmte Zeit abgeschlossen wurde, die Fälligkeit des Rückzahlungsanspruchs eine vorherige Kündigung voraussetzt (§ 488 Abs. 3 BGB), hat der Hinterleger im Fall der (unregelmäßigen) Verwahrung einen jederzeitigen Rückforderungsanspruch (§ 695 BGB). Da der Hinterleger aber die Sache an dem Aufbewahrungsort abzuholen hat (§ 697 BGB), stellt hier die Geldschuld keine Schickschuld (§ 270 Abs. 1 BGB) dar. Diese Rechtsfolgen lassen gleichzeitig Rückschlüsse auf die Interessenlage der Parteien zu: bei der Verwahrung und ebenso bei der unregelmäßigen Verwahrung liegt das Interesse an der Verwahrung, d.h. hier Geldüberlassung, bei demjenigen, der die Sache bzw. das Geld dem anderen überläßt (also beim Hinterleger).

---

4 So zutreffend *Canaris* Rdnr. 318.

7   Bei Sichteinlagen hat aber vornehmlich der Kunde ein Interesse an der Geldüberlassung an die Bank, um so seine bargeldlosen Zahlungen abzuwickeln, während die Bank jederzeit damit rechnen muß, mit dem Guthaben aufgrund von Aus-
zahlungen an den Kunden oder dessen bargeldlosen Zahlungen nicht mehr „arbeiten" zu können. Da überdies die gesetzlich angeordneten Rechtsfolgen zu Zeit und
Ort der Geldauszahlung beim unregelmäßigen Verwahrungsvertrag den jeweiligen
Parteiinteressen bei Sichteinlagen entsprechen, sind Sichteinlagen rechtlich als unregelmäßige Verwahrungsverträge einzuordnen.[5]

b) Girokonto
aa) Rechtsgrundlage Girovertrag
8   Bei den Sichteinlagen handelt es sich – wie bereits erwähnt – zumeist um Guthaben
auf Girokonten. Rechtsgrundlage der Girokonten ist der Girovertrag, der neben
der Führung des Kontos insbes. auch die Abwicklung von (bargeldlosen) Zahlungen zum Inhalt hat. Der Girovertrag stellt einen Unterfall des Geschäftsbesorgungsvertrags gem. § 675 Abs. 1 BGB dar und hat in § 676f und § 676g BGB eine
Teil-Sonderregelung erfahren (vgl. hierzu auch § 6 Rdnr. 144–149); im übrigen, also
etwa hinsichtlich der Pflicht zum Scheckinkasso und der Einlösung von Lastschriften, ist allerdings nach wie vor auf die Regelungen zum Geschäftsbesorgungsvertrag zurückzugreifen.[6]
9   Umstritten ist, ob bzw. unter welchen Voraussetzungen ein Rechtsanspruch auf
Abschluß sowie Fortsetzung eines Girovertrags besteht. Die öffentlich-rechtlichen Kreditinstitute (insbes. Landesbanken und Sparkassen) sind unmittelbar an
die Grundrechte gebunden, so daß sie gegen das Willkürverbot des Art. 3 Abs. 1
GG verstoßen, wenn sie ohne sachgerechte Gründe einen Girovertrag nicht abschließen oder kündigen.[7] Hingegen sind private Kreditinstitute nicht unmittelbar
an die Grundrechte gebunden. Vor dem Hintergrund gesetzgeberischer Bestrebun-
gen zur Regelung des Rechts auf ein Girokonto für jedermann hat der Zentrale
Kreditausschuß (ZKA), in dem die Spitzenverbände der Kreditinstitute zusam-
mengeschlossen sind, im Jahr 1995 eine Empfehlung ausgesprochen. Danach soll
grds. jedem Büger ermöglicht werden, über ein Girokonto seine bargeldlosen Zahlungen abzuwickeln, sofern dies für die Bank nicht unzumutbar ist.[8] Ob diese

---

5 So BGH 15. 6. 1993, WM 1993, 1585, 1586; BGH 10. 10. 1995, BGHZ 131, 60, 63f.; *Schwin-
towski/Schäfer* § 4 Rdnr. 14; *Kümpel* Rdnr. 3.39f.; *Canaris* Rdnr. 1165.
6 *Schimansky*, in: Bankrechtshandbuch I, § 47 Rdnr. 4 a.
7 So BGH 11. 3. 2003, WM 2003, 823, 824f.: In diesem Fall hatte eine Sparkasse den Girovertrag mit einem Landesverband der NPD gekündigt. Der BGH sah für diese Kündigung keinen
sachgerechten Grund und erklärte sie daher wegen Verstoßes gegen das Willkürverbot des
Art. 3 Abs. 1 GG und gem. § 134 BGB für nichtig.
8 Die „ZKA-Empfehlung: Girokonto für jedermann" ist abgedruckt in BT-Drucks. 15/2500,
S. 8: Nach dieser Empfehlung ist die Eröffnung oder Fortführung der Kontoverbindung für die
Bank etwa dann unzumutbar, wenn der Kunde die Leistungen der Bank z.B. für gesetzwidrige
Transaktionen (Betrug, Geldwäsche) mißbraucht oder nicht sichergestellt ist, daß das Institut
die für die Kontoführung und -nutzung vereinbarten üblichen Entgelten erhält.

Empfehlung Wirkung zugunsten jedermann entfaltet und deshalb alle Bürger (in den Zumutbarkeitsgrenzen der Empfehlung) einen Anspruch auf Abschluß und Fortführung eines Girovertrags haben, wurde in jüngster Zeit von verschiedenen Gerichten in unterschiedlicher Weise entschieden.[9] Da eine Empfehlung keine bindende Verpflichtung darstellt, ist auch eine Empfehlung des ZKA allein kein ausreichender Grund, einen Kontrahierungszwang der Bank zu bejahen.[10] Zwar mag der Wortlaut der Empfehlung des ZKA gewisse Zweifel an deren Unverbindlichkeit aufkommen lassen.[11] Andererseits dürfte diese Erklärung – insbes. auch im Hinblick auf die Zumutbarkeitsgrenzen – wiederum nicht bestimmt und eindeutig genug sein, um hieraus ein unbefristetes Angebot aller dem ZKA angeschlossenen Kreditinstitute an jedermann auf Abschluß von Giroverträgen abzuleiten.[12]

bb) Rechtsgrundlage Kontokorrentverhältnis

Da beim Girokonto die aus der Geschäftsverbindung zwischen Kunde und Bank   **10**
entspringenden beiderseitigen Ansprüche und Leistungen in eine laufende Rechnung eingestellt werden, handelt es sich um ein Kontokorrent i.S.d. §§ 355 ff. HGB. Allerdings können nur solche Forderungen in das Kontokorrent eingestellt werden, über welche die Parteien verfügen können. Denn Teil der Vereinbarung zwischen Bank und Kunde ist ein mit Eingehung der Geschäftsbeziehung abgeschlossener (antizipierter) Verrechnungsvertrag, wonach die beiderseitigen Ansprüche in regelmäßigen Zeitabständen gegeneinander aufgerechnet werden.[13] Insoweit sollten aber §§ 394, 400 BGB, die Aufrechnungen gegen und Verfügungen über unpfändbare Forderungen – wie etwa Arbeitseinkommen und Sozialleistungen – ausschließen, der kontokorrentmäßigen Verrechnung bei Girokonten grds. nicht entgegenstehen.[14] Denn diese Vorschriften sollen lediglich verhindern, daß der

---

9   Für Anspruch auf Abschluß eines Girovertrags: LG Bremen 16.6. 2005, WM 2005, 2137, 2138; ebenfalls für einen solchen Anspruch, wenn auch in concreto abgeleitet aus einer (besonderen) Verpflichtungserklärung der Berliner Sparkasse gegenüber der Senatsverwaltung für Wirtschaft, Arbeit und Frauen, LG Berlin 24.4. 2003, WM 2003, 1895f.; a.A, also kein Anspruch auf Einrichtung eines Girokontos gegründet auf die Empfehlung des Zentralen Kreditausschusses, AG Stuttgart 22.6. 2005, WM 2005, 2139f.

10   So auch zutreffend AG Stuttgart 22.6. 2005, WM 2005, 2139f.

11   Vgl. den Wortlaut: „Alle Kreditinstitute, die Girokonten für alle Bevölkerungsgruppen führen, halten für jede/n Bürgerin/Bürger in ihrem jeweiligen Geschäftsgebiet auf Wunsch ein Girokonto bereit" ...

12   Einigermaßen überraschend ist hingegen die Konstruktion des LG Bremen, das in der Empfehlung des ZKA einen Vertrag, und zwar ein abstraktes Schuldversprechen (mit welchem zugrundeliegenden Kausalverhältnis?), mit dem Gesetzgeber (!) zugunsten jedermann sieht, vgl. LG Bremen 16.6. 2005, WM 2005, 2137, 2138.

13   So auch BGH 25.2. 1999, ZIP 1999, 665, 666; BGH 18.4. 1989, BGHZ 107, 192, 197; BGH 24.1. 1985, BGHZ 93, 315, 323; *Canaris, Claus-Wilhelm*, Handelsrecht, 23. Aufl. 2000, § 27 Rdnr. 16; *Schmidt, Karsten*, Handelsrecht, 5. Aufl. 1999, § 21 IV 1; a.A. allerdings der 1. Zivilsenat BGH 24.1. 1985, BGHZ 93, 307, 314: Verrechnung ist unselbständiger Teilakt im Rahmen des Saldoanerkenntnisses.

14   Für Arbeitseinkommen auch BGH 22.3. 2005, JZ 2006, 46–48 m. Anm. *Einsele, Dorothee*, JZ 2006, 48–51.

Gläubiger (und gleichzeitig Schuldner im Rahmen der Zwangsvollstreckung) seine tatsächliche Verfügungsmöglichkeit über die unpfändbare Forderung vor deren Fälligkeit verliert. Hierum handelt es sich bei der kontokorrentmäßigen Verrechnung jedoch nicht. Bis zur Überweisung und Gutschriftbuchung hat der Gläubiger die Möglichkeit, diese Forderung durch Umleitung auf ein anderes Konto oder durch Einziehung des Barbetrags der kontokorrentmäßigen Verrechnung zu „entziehen"; nach Fälligkeit der Forderung stehen aber auch §§ 394, 400 BGB einer Verfügung des Gläubigers über den Forderungsbetrag nicht entgegen.[15]

11   Aus dem Zweck der Kontokorrentabrede folgt auch, daß die in das Kontokorrent eingestellten (Einzel-)Forderungen nicht (mehr) selbständig geltend gemacht, also insbes. auch nicht abgetreten oder verpfändet werden können. Da die in das Kontokorrent eingestellten Forderungen nicht eingeklagt werden können, ist deren Verjährung analog § 205 BGB gehemmt.[16] Allerdings kann der Kunde über den im Kontoauszug erscheinenden jeweiligen Tagessaldo verfügen. Dieser Tagessaldo ist strikt von dem Rechnungsabschluß zu unterscheiden, der gem. Nr. 7 Abs. 1 AGB-Banken jeweils zum Ende des Kalenderquartals von der Bank erteilt wird. Hierbei handelt es sich um die Feststellung und – sofern der Kunde innerhalb der 6-Wochenfrist von Nr. 7 Abs. 2 AGB-Banken keine Einwendungen erhebt – um die Anerkennung der sich aus der Verrechnung der Einzelposten ergebenden Saldoforderung (Saldoanerkenntnis). Da diese Verrechnung nicht mit jedem kontokorrentzugehörigen Vorgang, sondern – wie dies § 355 Abs. 1 HGB als gesetzlichen Regelfall vorsieht – in regelmäßigen Zeitabständen erfolgt, handelt es sich beim Bankkonto nicht um ein Staffelkontokorrent, sondern ein Periodenkontokorrent.[17] Während mit der Verrechnung eine kausale Saldoforderung entsteht, die sich aus den in das Kontokorrent eingestellten Einzelforderungen zusammensetzt,[18] wird mit der Saldoanerkennung diese kausale Forderung auf eine neue und einheitliche rechtliche Grundlage gestellt. Dies ist insbes. relevant, soweit es um Fragen der Verjährung, des Erfüllungsorts und Gerichtsstands geht, die für die anerkannte Forderung neu und einheitlich zu bestimmen sind und sich nicht mehr nach den Einzelforderungen richten.

---

15   Vgl. hierzu näher *Einsele, Dorothee*, JZ 2006, 48–51.
16   Vgl. BGH 2. 11. 1967, BGHZ 49, 24, 27; BGH 17. 2. 1969, BGHZ 51, 346, 347–349; BGH 29. 6. 1973, WM 1973, 1014, 1015; BGH 20. 2. 1976, WM 1976, 505, 506f.
17   So die ganz h. M., vgl. statt vieler *Canaris* Rdnr. 319; *Schimansky*, in: Bankrechtshandbuch I, § 47 Rdnr. 20.
18   Zu der Frage, in welcher Weise die Verrechnung vorgenommen wird, ob also eine verhältnismäßige Gesamtaufrechnung zu erfolgen hat oder die §§ 366, 367, 396 BGB entsprechend anzuwenden sind, MünchKomm.-*Hefermehl*, Komm. z. HGB, 2001, § 355 Rdnr. 54–56; *Canaris, Claus-Wilhelm*, Handelsrecht, 20. Aufl. 2000, § 27 Rdnr. 21–27; *Ebenroth, Carsten Thomas/ Einsele, Dorothee*, Rechtliche Hindernisse auf dem Wege zur „Goffex", ZIP 1988, 205–220, 213–216: Diese Frage hat allerdings seit dem 4. Finanzmarktförderungsgesetz v. 21. 6. 2002 etwas an tatsächlicher Relevanz eingebüßt, da seither Finanztermingeschäfte im Fall mangelnder Information des Kunden nicht mehr bloße Naturalobligationen darstellen.

Sehr umstritten ist allerdings die rechtliche Einordnung des Saldoanerkenntnis-   12
ses. Während die ständige Rechtsprechung das Saldoanerkenntnis als Fall der No-
vation mit der Folge des Erlöschens der Einzelforderungen ansieht,[19] ordnet die
herrschende Literaturmeinung dieses als abstraktes Schuldanerkenntnis ein, das
der Schuldner zum Zweck der Befriedigung des Gläubigers gem. § 364 Abs. 2 BGB
abgibt.[20] Die Literaturmeinung ist zutreffend. Denn anders als dies nach der Nova-
tionstheorie eigentlich anzunehmen wäre, erlöschen die für die Einzelforderungen
bestellten akzessorischen Sicherheiten nach dem Saldoanerkenntnis gem. § 356
HGB gerade nicht; vielmehr bleiben sie insoweit wirksam, als das Guthaben des
Gläubigers aus der laufenden Rechnung und die gesicherte Forderung sich decken.
Das Fortbestehen der für die Einzelforderungen bestellten Sicherheiten ist aber ohne weiteres vereinbar mit der herrschenden Literaturmeinung, weil danach die Einzelforderungen mit dem Saldoanerkenntnis nicht erlöschen, sondern als Rechtsgrundlage für die abstrakte Forderung aus dem Schuldanerkenntnis bestehen bleiben. Daher kann das Saldoanerkenntnis auch gem. § 812 Abs. 2 BGB kondiziert
werden, soweit eine Partei darlegen und beweisen kann, daß zu ihrem Nachteil eine
Guthabenforderung nicht oder nicht vollständig berücksichtigt oder eine nicht
oder nicht in dieser Höhe bestehende Verbindlichkeit verrechnet wurde. Obgleich
die Rechtsprechung von dem Untergang der Einzelforderungen ausgeht, kommt
sie in diesem Fall zwar ebenfalls zum Ergebnis einer Kondiktionsmöglichkeit. Allerdings muß sie sich mit dem aus § 356 HGB abgeleiteten allgemeinen Gedanken
behelfen, bei einem berechtigten wirtschaftlichen Interesse einer Partei sei ein
Rückgriff auf die (eigentlich erloschenen) Einzelforderungen ausnahmsweise doch
möglich.[21] In jedem Fall aber führt das Saldoanerkenntnis zu einer Umkehr der Beweislast und zu einem Ausschluß solcher Einwendungen, die dem Anerkennenden
bekannt waren (§ 814 BGB).

Die in das Kontokorrent eingestellten Forderungen sind dem Zugriff der Gläu-   13
biger nicht entzogen; vielmehr ist gem. § 357 HGB die Pfändung des gegenwärti-
gen Tagessaldos wie auch künftiger Tagessalden, aber auch die Pfändung künftiger
Guthaben aus Saldoanerkenntnissen möglich[22] (zur Frage der Pfändbarkeit einer
offenen Kreditlinie (Dispositionskredit) und einer bloß geduldeten Überziehung
vgl. unten § 4 Rdnr. 8).

---

19 Vgl. hierzu BGH 8. 3. 1972, BGHZ 58, 257, 260; BGH 13. 3. 1981, BGHZ 80, 172, 176; vgl.
auch BGH 11. 3. 1999, BGHZ 141, 116, 120f., wo allerdings die Frage offengelassen wurde, ob
die Kritik der Literatur berechtigt ist.
20 So MünchKomm.-*Hefermehl*, Komm. z. HGB, 2001, § 355 Rdnr. 43f.; *Canaris, Claus-
Wilhelm*, Handelsrecht, 23. Aufl. 2000, § 27 Rdnr. 30; *Schwintowski/Schäfer* § 7 Rdnr. 80; *Baum-
bach/Hopt* § 355 HGB Rdnr. 7.
21 Vgl. auch BGH 11. 3. 1999, BGHZ 141, 116, 121; BGH 24. 4. 1985, WM 1985, 936, 937.
22 Vgl. BGH 30. 1. 1982, BGHZ 84, 325, 329; BGH 8. 7. 1982, BGHZ 84, 371, 373–378; *Canaris* Rdnr. 187; *Baumbach/Hopt* § 357 HGB Rdnr. 5f., 8.

cc) Belastungs- und Gutschriftbuchung

14   Von dem Saldoanerkenntnis zu trennen ist die Frage nach der Rechtsqualität der (einzelnen) Gutschriften auf dem Konto. Anders als die Belastungsbuchung, der nach ganz herrschender, zutreffender Meinung lediglich deklaratorische Bedeutung zukommt und die lediglich die Ansicht der Bank widerspiegelt, einen Anspruch gegen den Kunden zu haben,[23] stellen Gutschriftbuchungen nach ebenso herrschender, zutreffender Meinung in aller Regel[24] abstrakte Schuldanerkenntnisse bzw. Schuldversprechen der Bank dar (§§ 780, 781 BGB).[25] Hierdurch erhält der Empfänger einer bargeldlosen Zahlung eine Beweis- und Rechtsposition, die der eines Empfängers von Bargeld ähnlich ist.[26]

15   Hinsichtlich des Entstehungszeitpunkts des Anspruchs aus der Gutschrift (also dem abstrakten Schuldanerkenntnis) ist allerdings zu berücksichtigen, daß wesentliche Daten – z.B. die Übereinstimmung von Kontonummer und Empfängerbezeichnung sowie Kontodeckung – vor der EDV-mäßigen Verbuchung i.d.R. nicht überprüft werden. Die Bank hat daher ein berechtigtes Interesse, dies nach der Buchung noch nachholen zu können (sog. Nachdisposition). Aus diesem Grund entsteht der Anspruch des Empfängers aus der Gutschrift nach ganz h.M. erst, wenn die Bank die Daten der Gutschrift durch einen Organisationsakt zur vorbehaltlosen Bekanntgabe an den Überweisungsempfänger zugänglich macht. Dies geschieht etwa durch die vorbehaltlose Absendung bzw. Bereitstellung der Kontoauszüge oder dadurch, daß die Bank den betreffenden Datenbestand dem Empfänger am Kontoauszugsdrucker bzw. im Rahmen des Onlinebanking vorbehaltlos zur Verfügung stellt (sog. autorisierte Abrufpräsenz).[27]

16   Im Ergebnis besteht insbes. auch Einigkeit darüber, daß in diesem Zeitpunkt der Anspruch aus der Gutschrift entsteht und keiner Annahme des Kontoinhabers

---

23   So auch BGH 17. 12. 1992, BGHZ 121, 98, 106 mit der Folge, daß durch eine Verfügung der Bank ohne Auftrag des Kunden oder einen anderweitigen rechtlichen Grund die Forderung des Kunden gegen seine Bank nicht berührt wird. Der Kunde hat aber einen Anspruch auf Rückbuchung in Höhe der rechtsgrundlosen Verfügung der Bank, damit seine materiellrechtlich bestehende Forderung auch richtig ausgewiesen wird und er nicht durch Einschränkungen der tatsächlichen Verfügungsmöglichkeit über diese Forderung Nachteile erleidet; vgl. auch BGH 18. 4. 1989, BGHZ 107, 192, 197; BGH 31. 3. 1994, WM 1994, 1420, 1422; so auch *Schimansky*, in: Bankrechtshandbuch I, § 47 Rdnr. 28; *Canaris* Rdnr. 345; *Kümpel* Rdnr. 4.77.

24   Anders ist dies etwa bei einer Bareinzahlung auf das eigene Konto: In diesem Fall kommt der Gutschriftbuchung nur deklaratorische Bedeutung zu, vgl. BGH 4. 4. 1979, BGHZ 74, 129, 132; BGH 1. 3. 1984, WM 1984, 1309, 1311; *Schimansky*, in: Bankrechtshandbuch I, § 47 Rdnr. 29.

25   Vgl. statt vieler BGHZ 25. 1. 1988, 103, 143, 146; BGHZ 11. 10. 1988, 105, 263, 269; *Canaris* Rdnr. 415; *Schimansky*, in: Bankrechtshandbuch I, § 47 Rdnr. 29; *Kümpel* Rdnr. 4.22; *Hellner/Escher-Weingart* Rdnr. 6/203; *Baumbach/Hopt*, HGB, (7) BankGesch C/14.

26   Vgl. zu den Rechtswirkungen eines abstrakten Schuldversprechens bzw. Schuldanerkenntnisses auch oben Rdnr. 11f. die Ausführungen zum Saldoanerkenntnis im Rahmen eines Kontokorrents.

27   Vgl. BGH 15. 3. 2005, WM 2005, 1019, 1021; BGH 25. 1. 1988, BGHZ 103, 143, 146–148; *Schimansky*, in: Bankrechtshandbuch I, § 47 Rdnr. 30; *Canaris* Rdnr. 420f.; *Kümpel* Rdnr. 4.58, 4.303.

mehr bedarf. Die Begründungen hierfür sind allerdings unterschiedlich. Nach Ansicht des BGH werden mit dem Abschluß des Girovertrags auch bereits global abstrakte Schuldversprechen bzw. Schuldanerkenntnisse unter der aufschiebenden Bedingung einer entsprechenden Gutschriftbuchung der Bank vereinbart.[28] Dies ist jedoch nicht überzeugend, da solche Schuldanerkenntnisse vor Gutschriftbuchung nach Inhalt und Höhe nicht konkretisiert sind und daher die essentalia negotii für einen wirksamen Vertragsschluß fehlen. Richtigerweise beruht das Schuldversprechen vielmehr auf dem Girovertrag als einem Rahmenvertrag, in dem der Bank von ihrem Kunden ein (ausfüllendes) Gestaltungsrecht des Inhalts eingeräumt wurde, durch Gutschriftbuchung ein abstraktes Schuldversprechen wirksam zu begründen; auf den Zugang dieser ausfüllenden Gestaltungserklärung hat der Kunde verzichtet, zumal er grds. ein Interesse daran hat, zu einem möglichst frühen Zeitpunkt einen Anspruch aus der Gutschrift zu erhalten.[29]

dd) Zurückweisungsrecht des Kontoinhabers

Umstritten ist allerdings, unter welchen Voraussetzungen dem Begünstigten das 17
Recht zusteht, eine Gutschrift zurückzuweisen. Insbes. wird der von einer Zahlung Begünstigte i.d.R. kein Interesse an einer Gutschrift haben, wenn das Konto debitorisch ist oder der gegenwärtige und künftige Tagessaldo auf seinem Konto gepfändet wurde. Allerdings ist für die Frage des Zurückweisungsrechts des Kontoinhabers nicht allein entscheidend, ob er im Zeitpunkt der Gutschrift ein Interesse an der konkreten Gutschriftbuchung hat, da der Bank das Gestaltungsrecht, Schuldversprechen bzw. -anerkenntnisse in Kraft zu setzen, bereits mit Abschluß des Girovertrags eingeräumt wurde (vgl. oben Rdnr. 16). Richtigerweise ist daher dieser Vertrag gem. §§ 133, 157 BGB auszulegen.

Der Empfänger dürfte aber i.d.R. nur mit solchen Gutschriftbuchungen einver- 18
standen sein, denen Zahlungen zugrundeliegen, die nach dem ausdrücklichen oder konkludent erklärten Willen des Kontoinhabers auf das betreffende Girokonto erfolgen sollten. Andererseits ist bei der Vertragsauslegung auch das Interesse der Bank an einem ungehinderten Giroverkehr und an der Kalkulierbarkeit des Tagessaldos als Grundlage für Dispositionen der Parteien mit zu berücksichtigen. Auch hat die Bank in der Tat keinen Einblick in die (Überweisungs-)Vereinbarungen der Parteien des Valutaverhältnisses.[30]

---

28 Vgl. BGH 25. 1. 1988, BGHZ 103, 143, 146; so auch bereits *Schönle, Herbert*, Ort und Zeit bargeldloser Zahlung, in: FS Werner, 1984, S. 817–839, 826.
29 Vgl. *Koller, Ingo*, Die Bedeutung der dem Überweisungsbegünstigten erteilten Gutschrift im Giroverkehr, BB 1972, 687–692, 692; *Canaris* Rdnr. 417, 419; *Kümpel* Rdnr. 4.39–4.44; MünchKomm.-*Häuser*, Komm. z. HGB, 2001, Bd. 5, Zahlungsverkehr, B 217, 220; a.A. aber *Gernhuber, Joachim*, Die Erfüllung und ihre Surrogate, 1983, § 11 IV b (S. 201 f.): Gutschrift stellt entgegen § 305 BGB (heute § 311 Abs. 1 BGB) ein einseitiges Rechtsgeschäft der Bank dar.
30 Zu diesen Argumenten gegen ein Zurückweisungsrecht des Kunden bei Gutschrift einer Zahlung, die dem Empfänger materiell zustand, die aber auf ein Konto erfolgte, auf das die Zahlung nicht bewirkt werden sollte, BGH 6. 12. 1994, BGHZ 128, 135, 139; so auch *Schimansky*, in: Bankrechtshandbuch I, § 47 Rdnr. 12.

19   Diese Argumente gelten aber im gleichen Maße für Fehlüberweisungen, bei denen ein Rechtsgrund im Valutaverhältnis fehlt. Für diesen Fall bejahte der BGH jedoch ein Zurückweisungsrecht des Kontoinhabers. Zur Begründung führte er an, der Empfänger sei bei Fehlen eines Valutaverhältnisses einem Bereicherungsanspruch des Zahlenden (Überweisenden) gem. § 812 BGB ausgesetzt. Andererseits könne der Kunde nur durch eine Zurückweisung der Gutschrift verhindern, daß die Bank die Fehlüberweisung zur Verminderung seines Schuldsaldos auf dem Konto nutzt[31] und – so ist zu ergänzen – letztlich die Bank den Vorteil aus der Fehlüberweisung zieht. Rechte der Bank sah der BGH in dieser Entscheidung nicht als beeinträchtigt an, zumal die Bank dem Kunden nicht etwa im Hinblick auf die Gutschrift weiteren Kredit gewährt hatte.

20   Diese Argumente des BGH für ein Zurückweisungsrecht bei Fehlüberweisungen gelten aber richtiger Auffassung nach auch, soweit es um eine Zahlung geht, auf die der Kunde Anspruch hat, mit deren Überweisung auf das betreffende Konto er aber nicht einverstanden war. Denn auch in diesem Fall kann die Bank die Zahlung für eine Verminderung des Schuldsaldos des Kunden nutzen. Andererseits hat auch hier die Zahlung keine Erfüllungswirkung im Valutaverhältnis. Daher stünde dem Leistenden (bei wirksamer, vom Kontoinhaber nicht zurückweisbarer Gutschriftbuchung) ebenfalls ein Bereicherungsanspruch gem. § 812 BGB gegen den Empfänger zu, mit dem der Zahlende – jedenfalls im Prinzip – gegen den Anspruch des Empfängers aus dem Valutaverhältnis aufrechnen könnte. Trotz Zahlung auf das falsche Konto würde der Leistende somit doch von seiner Verbindlichkeit befreit, obgleich dem Empfänger bei einem debitorisch geführten Konto tatsächlich keine verfügbaren Geldmittel zugeflossen sind und er dies etwa durch Angabe einer anderen Kontonummer gegenüber dem Leistenden gerade verhindern wollte. Zwar ließe sich daran denken, dieses Problem auf andere Weise, etwa einen Aufrechnungsausschluß oder über die Grundsätze der aufgedrängten Bereicherung, zu lösen. Man stünde dann aber vor dem heiklen Problem, die (teilweise) Befreiung des Empfängers von der Verbindlichkeit gegenüber seiner Bank (ohne ein Insolvenzverfahren) wirtschaftlich gegebenenfalls mit einem niedrigeren Wert als der Höhe der erfüllten Verbindlichkeit bemessen zu müssen.

21   Aufgrund dieser Interessenlage sollte dem Kunden nicht nur bei Fehlüberweisungen ohne Rechtsgrund im Valutaverhältnis, sondern auch dann ein Zurückweisungsrecht zustehen, wenn er mit der Zahlung auf das betreffende Konto nicht einverstanden war.[32] Allerdings kann der Kontoinhaber das Recht zur Zurückweisung durch eine konkludente Genehmigung verlieren, wenn er aufgrund der Gutschrift von seiner Bank weiteren Kredit erhält und diesen in Anspruch nimmt. Soweit der

---

31 BGH 19. 9. 1989, WM 1989, 1560, 1562.
32 Im Ergebnis ähnlich MünchKomm.-*Häuser*, Komm. z. HGB, 2001, Bd. 5, Zahlungsverkehr, B 260–265; *Canaris* Rdnr. 473, wobei *Canaris* als Rechtsgrundlage für das Zurückweisungsrecht allerdings auf § 333 BGB verweist. § 333 BGB betrifft aber den Fall, daß der Begünstigte (Dritte) – anders als vorliegend – an dem maßgeblichen Vertrag, aus dem ihm ein Recht zufließt, nicht beteiligt war; a. A. *Schimansky*, in: Bankrechtshandbuch I, § 47 Rdnr. 12.

Kontoinhaber die Gutschrift nicht unverzüglich zurückweist, kann der Geltendmachung des Zurückweisungsrechts aber auch der Einwand des Rechtsmißbrauchs entgegenstehen (vgl. Nr. 11 Abs. 4 AGB-Banken,[33] wonach sich der Kontoinhaber durch eine solche Handlung schadensersatzpflichtig machen würde).[34]

ee) Stornorecht

Sofern der Bank bei fehlerhaften Buchungen ein Rückzahlungsanspruch gegen den Kunden zusteht (aber auch nur dann)[35], räumt Nr. 8 Abs. 1 AGB-Banken ihr bis zum nächsten Rechnungsabschluß das Recht zur Stornobuchung ein. Auf diese Weise kann die Bank ihren Anspruch im Wege der Selbsthilfe auf einfache Weise durchsetzen; außerdem vermeidet sie damit im Fall eines Bereicherungsanspruchs dessen Schwächen, die insbes. in § 818 Abs. 3 BGB liegen.[36] Denn Nr. 8 Abs. 1 AGB-Banken schließt ausdrücklich die Einwendung des Kunden aus, in Höhe der Gutschrift bereits verfügt zu haben.[37] Sofern die Bank allerdings in Kenntnis von Einwendungen gegen den Anspruch des Kunden auf Gutschriftbuchung – also etwa vor Eingang der Deckung – eine Gutschrift ohne den Zusatz E. v. (Eingang vorbehalten) erteilt hat, besteht das Stornorecht gem. Nr. 8 Abs. 1 AGB-Banken nicht. Denn in diesem Fall ist der Rückzahlungsanspruch der Bank gem. § 814 BGB ausgeschlossen.[38]   **22**

Nach Rechnungsabschluß steht der Bank jedoch nur das Recht zu einer Berichtigungsbuchung gem. Nr. 8 Abs. 2 AGB-Banken zu. Erhebt der Kunde gegen diese Berichtigungsbuchung Einwendungen, hat die Bank den Betrag dem Konto wieder gutzuschreiben und ihren Rückzahlungsanspruch gesondert geltend zu machen.   **23**

2. Termineinlagen

Termineinlagen sind rechtlich anders zu beurteilen als Sichteinlagen. Denn Termineinlagen werden entweder mit einem festen Rückzahlungstermin vereinbart oder können mit einer bestimmten Kündigungsfrist (etwa einem Monat, sog. Monatsgeld) gekündigt werden. Da diese Gelder auch bei relativ kurzfristiger Fälligkeit   **24**

---

33 Vgl. auch Nr. 20 Abs. 1 g) AGB-Sparkassen.

34 Ähnlich, wenn auch m. E. im Ergebnis zu Unrecht die Relevanz von Nr. 11 Abs. 4 AGB-Banken in diesem Zusammenhang verneinend, MünchKomm.-*Häuser*, Komm. z. HGB, 2001, Bd. 5, Zahlungsverkehr, B 250.

35 Vgl. BGH 9. 5. 1983, BGHZ 87, 246, 252; vgl. ausführlich zur Beschränkung des Stornorechts auf Fälle, in denen der Bank ein Rückzahlungsanspruch, insbes. Bereicherungsanspruch gegen den Kunden zusteht, MünchKomm.-*Häuser*, Komm. z. HGB, 2001, Bd. 5, Zahlungsverkehr, B 266 f., B 272–275.

36 Vgl. BGH 9. 5. 1983, BGHZ 87, 246, 252; *Schimansky*, in: Bankrechtshandbuch I, § 47 Rdnr. 32 a, b.

37 Allerdings hält *Canaris* Rdnr. 451 einen Anspruch des Empfängers auf Ersatz seines Vertrauensschadens gegen die Bank analog § 122 BGB für möglich (etwa dann, wenn der Empfänger im Vertrauen auf die Wirksamkeit einer Überweisung eine Sicherheit aufgegeben hat).

38 Vgl. auch OLG Düsseldorf 13. 6. 1979, WM 1979, 1272, 1273 f.

der Bank als Finanzierungsmittel dienen, liegt das Interesse an der Geldüberlassung vornehmlich bei der Bank. Sie werden daher allgemein rechtlich als Darlehensverträge i.S.d. § 488 BGB angesehen.[39]

3. Spareinlagen

25   Zunächst sind der Begriff und die vertragliche Ausgestaltung von Spareinlagen zu klären, bevor diese rechtlich eingeordnet werden können. Mittlerweile[40] können die Banken für Spareinlagen zwar die Bedingungen frei festlegen. Jedoch sind Spareinlagen bankaufsichtsrechtlich hinsichtlich der Liquiditätsanforderungen gem. § 11 KWG und des Liquiditätsgrundsatzes II nur dann privilegiert, wenn sie die Voraussetzungen gem. § 21 Abs. 4 RechKredV[41] erfüllen. Insoweit kommt es nach wie vor darauf an, daß Spareinlagen – wie von § 21 Abs. 4 RechKredV gefordert – u.a.[42] unbefristete Einlagen darstellen, die nicht für den Zahlungsverkehr bestimmt sind und bei denen grds.[43] eine Kündigungsfrist von mindestens 3 Monaten besteht. Da die Bank daher Sparguthaben ebenfalls als Finanzierungsmittel für Kredite verwenden kann, liegt das Interesse an der Überlassung dieser Gelder vornehmlich bei der Bank. Spareinlagen sind somit rechtlich als Darlehensverträge i.S.d. § 488 BGB einzuordnen.[44]

4. Kontoformen

Das Einlagengeschäft wird über Konten abgewickelt. Daher soll hier zunächst auf den Begriff des Kontoinhabers und sodann auf die verschiedenen Kontoformen eingegangen werden.

a) Kontoinhaberschaft

26   Für die Kontoinhaberschaft ist nach zutreffender, allgemeiner Meinung unmaßgeblich, von wem die eingezahlten Gelder stammen; auch ist nicht allein entscheidend, wer im Kontoeröffnungsformular als Kontoinhaber angegeben ist.[45] Im übrigen aber finden sich unterschiedliche Begriffsbestimmungen. Meist wird for-

---

39   Vgl. statt vieler *Canaris* Rdnr. 1165; *Schwintowski/Schäfer* § 4 Rdnr. 17; *Kümpel* Rdnr. 3.32.
40   D.h. nach Aufhebung der §§ 21, 22 KWG a.F. durch die 4. KWG-Novelle 1993.
41   Verordnung über die Rechnungslegung der Kreditinstitute und Finanzdienstleistungsinstitute, i.d.F. v. 11.12. 1998, BGBl. 1998 I, S. 3659.
42   Weitere Voraussetzungen für Spareinlagen i.S.d. § 21 Abs. 4 RechKredV sind, daß sie durch die Ausfertigung einer Urkunde, insbes. eines Sparbuchs, als Spareinlagen gekennzeichnet sind und grds. auch, daß sie nicht von Unternehmen angenommen wurden, vgl. zu den Einzelheiten § 21 Abs. 4 RechKredV.
43   Allerdings können pro Kalendermonat bis zu 2 000 € ohne Kündigung abgehoben werden.
44   Ebenso BGH 24.4. 1975, WM 1975, 733, 735; *Kümpel* Rdnr. 3.32; *Canaris* Rdnr. 1165.
45   Vgl. statt vieler BGH 12.12. 1995, WM 1996, 249, 250; *Schwintowski/Schäfer* § 6 Rdnr. 4; hingegen kommt nach *Kümpel* Rdnr. 3.131 der Kontobezeichnung mehr als Indizwirkung zu.

muliert, Kontoinhaber sei, wer nach dem erkennbaren Willen des Einzahlenden Gläubiger der Bank werden solle.[46] Andererseits wird der Kontoinhaber teilweise auch als derjenige definiert, der im Rahmen des Rechtsverhältnisses (gemeint ist wohl das Vertragsverhältnis zwischen Bank und Kunde) der Träger von Rechten und Pflichten sei.[47]

Diese unterschiedlichen Formulierungen bedeuten aber auch in der Sache anderes. Denn die Frage, wer Vertragspartner und daher (insbes. bei einem Debet, aber auch im Hinblick auf Entgeltforderungen für Bankleistungen) Verpflichteter ist, deckt sich zwar meist, nicht aber in jedem Fall mit der Person des Inhabers der Guthabenforderung gegen die Bank. So fallen die Person des Verpflichteten und des Forderungsinhabers nicht nur bei einer Kontoeröffnung im Wege eines echten Vertrags zugunsten eines Dritten (§ 328 BGB), sondern etwa auch im Fall einer Abtretung des Kontoguthabens auseinander. Zutreffend sieht in solchen Fällen der BGH den Vertragspartner und nicht den Forderungsberechtigten als Kontoinhaber an.[48] Insbes. kann die Kontoinhaberschaft auch nicht nach Kontoeröffnung ohne Zustimmung des Empfängers im Wege eines Vertrags zugunsten Dritter einer anderen Person zugewendet werden; denn die Stellung als Vertragspartner ist auch mit Pflichten verbunden, so daß dies einen unzulässigen Vertrag zulasten Dritter darstellen würde. Handelt jemand bei der Kontoeröffnung in Stellvertretung (und mit Vertretungsmacht), so wird der Vertretene und nicht der Stellvertreter Vertragspartner der Bank und daher Kontoinhaber.

b) Eigenkonto – Fremdkonto

Im allgemeinen wird zwischen Eigenkonten und Fremdkonten unterschieden. Bei Eigenkonten ist der Kontoinhaber, also der Vertragspartner der Bank, auch der gegenüber der Bank Verfügungsberechtigte. Demgegenüber ist beim Fremdkonto der Vertragspartner der Bank nicht auch gleichzeitig der über die Forderung Verfügungsberechtigte. Zu einem solchen Auseinanderfallen von Verfügungsberechtigung und Vertragsstellung kann es ex lege bei Eröffnung des Insolvenzverfahrens kommen, weil hier die Verfügungsberechtigung über das zur Insolvenzmasse gehörende Vermögen und somit auch über die zugehörigen Konten auf den Insolvenzverwalter übergeht (§ 80 Abs. 1 InsO). Entsprechendes gilt bei Einsetzung eines Testamentsvollstreckers im Erbfall, wenn der Nachlaß und damit auch die Kontoinhaberschaft auf die Erbengemeinschaft übergeht. Vertragspartner ist hier die Erbengemeinschaft (in ihrer gesamthänderischen Verbundenheit), während der Testamentsvollstrecker verfügungsbefugt ist (§ 2205 S. 2 BGB). Kein Fall des Fremdkontos ist jedoch das Treuhandkonto, bei dem das Guthaben wirtschaftlich

---

46 So BGH 12. 12. 1995, WM 1996, 249, 250; *Gößmann*, in: Bankrechtshandbuch I, § 29 Rdnr. 10; *Schwintowski/Schäfer* § 6 Rdnr. 4.
47 Vgl. etwa *Hadding*, in: Bankrechtshandbuch I, § 35 Rdnr. 1.
48 BGH 10. 10. 1996, BGHZ 131, 60, 64; *Canaris* Rdnr. 149; demgegenüber kann nach *Kümpel* Rdnr. 3.110 Kontoinhaber nur derjenige Bankkunde sein, der Gläubiger der zugrunde liegenden Forderung ist.

dem Treugeber zusteht. Denn hier fallen zwar Kontoinhaberschaft und wirtschaftliche Forderungsinhaberschaft auseinander, nicht jedoch – wie dies für den Begriff
des Fremdkontos gefordert wird – Kontoinhaberschaft und Verfügungsbefugnis,
die im Fall von Treuhandkonten beim Treuhänder liegen.

29   Letztlich ist das Begriffspaar Eigenkonto- und Fremdkonto aber nur beschränkt
aussagekräftig. Insbes. enthält es keine abschließende Entscheidung über die Frage
der Forderungsinhaberschaft und somit über die Frage der Aufrechnungsbefugnis
der Bank, da diese sich im Grundsatz danach bestimmt, wer Inhaber einer Guthabenforderung ist, und nicht von der Verfügungsbefugnis abhängig ist. Vorbehaltlich einer andersartigen Mitteilung durch den Kontoinhaber an die Bank kann das
Kreditinstitut den Kontoinhaber aber als den Forderungsinhaber behandeln, wobei zum Schutz der Bank die §§ 406 ff. BGB zur Anwendung gelangen.[49]

c) Gemeinschaftkonto

30   Nicht nur eine, sondern auch mehrere Personen können bei Kontoeröffnung Ver-
tragspartner der Bank werden. Dann handelt es sich um Gemeinschaftskonten.
Während bei sog. Und-Konten die Kontoinhaber nur gemeinsam verfügungsbe-
fugt sind, kann bei sog. Oder-Konten jeder Kontoinhaber auch einzeln über das
Guthaben verfügen. In der Praxis werden solche Gemeinschaftskonten häufig von
Ehepartnern eröffnet.

31   Hingegen liegt kein Gemeinschaftskonto vor, wenn die vertretungsberechtigten
Personen für eine Gesellschaft ein Konto eröffnen; denn in diesem Fall werden
nicht die Gesellschafter, sondern die Gesellschaft Kontoinhaber. Dies gilt auch für
die BGB-Gesellschaft, die von der Rechtsprechung mittlerweile als rechtsfähig angesehen wird.[50]

aa) Und-Konto

32   Beim Und-Konto sind aufgrund der ausdrücklichen formularmäßigen Abreden
die Kontoinhaber nur gemeinsam verfügungsberechtigt.[51] Da beim Und-Konto
nicht jeder Kontoinhaber berechtigt ist, Leistung an alle zu verlangen (vgl. § 432
Abs. 1 S. 1 BGB), handelt es sich beim Und-Konto nicht um einen Fall einer Mitgläubigerschaft, sondern um eine hiervon abweichende vertragliche Vereinbarung
mit der Bank.[52] Formularvertraglich wird auch die gesamtschuldnerische Haftung
der Kontoinhaber für die Verbindlichkeiten aus dem Gemeinschaftskonto verein-

---

49 Vgl. auch *Canaris* Rdnr. 149.
50 Vgl. hierzu insbes. BGH 29. 1. 2001, BGHZ 146, 341, 343–347, 358; vgl. zur Fähigkeit der
BGB-Gesellschaft, ein Einzelkonto zu begründen, auch *Hadding*, in: Bankrechtshandbuch I,
§ 35 Rdnr. 21; *Schwintowski/Schäfer* § 5 Rdnr. 14.
51 Vgl. den Formularvertrag über die Eröffnung von Gemeinschaftskonten, abgedruckt in:
Bankrecht und Bankpraxis, Stand Oktober 1995, Rdnr. 2/165.
52 So auch *Hadding*, in: Bankrechtshandbuch I, § 35 Rdnr. 17; *Canaris* Rdnr. 232; a. A. *Kümpel* Rdnr. 3.247.

bart (§ 427 BGB).[53] Ein Und-Konto kann allerdings auch qua Gesetz entstehen, wenn ein Erblasser von mehreren Miterben beerbt wird. Hier leitet sich die Verfügungsbefugnis und Schuldenhaftung dann nicht aus den vertraglichen Vereinbarungen zwischen Kunde und Bank ab, sondern richtet sich nach den gesetzlichen Bestimmungen über die Erbengemeinschaft (vgl. §§ 2038 ff. BGB).

Richtigerweise sagt allerdings die Vereinbarung mehrerer Kontoinhaber über **33** die Eröffnung eines Und-Kontos noch nichts Abschließendes über die Frage aus, wer bei kreditorischem Konto Inhaber der Guthabenforderung gegen die Bank ist. Denn wie erläutert (vgl. oben Rdnr. 27) sind die Regelung der Rechte und Pflichten bei Kontoeröffnung und die Frage der Forderungsinhaberschaft voneinander zu trennen; besonders deutlich wird dies im Fall der Abtretung der Guthabenforderung gegen die Bank. Anders als dies die Erläuterungen zu Und-Konten zumeist nahelegen, ist daher auch mit Vereinbarung eines Und-Kontos noch nicht entschieden, ob im Innenverhältnis der mehreren Kontoinhaber tatsächlich eine Bruchteilsgemeinschaft oder Gesamthand besteht.[54] Zumindest generell gesprochen ist durchaus möglich, daß die Kontoinhaber hinsichtlich der Inhaberschaft an der Guthabenforderung keine wie auch immer geartete Rechtsgemeinschaft bilden. Denkbar ist vielmehr, daß bei kreditorischem Konto nur ein Kontoinhaber gleichzeitig auch Inhaber der Guthabenforderung ist, während der andere lediglich im Verhältnis zur Bank einerseits die Verfügungsbefugnis über das Guthaben hat, andererseits aber auch für die Verpflichtungen aus dem Kontovertrag haftet. So hat denn – m.E. zu Recht – der BGH umgekehrt angenommen, an einem Einzelkonto könne eine Bruchteilsgemeinschaft gem. §§ 741 ff. BGB bestehen, wobei er allerdings im konkreten Fall nur einen internen Ausgleichsanspruch zwischen den Teilhabern gem. § 742 BGB, nicht aber deren gemeinsame Außenberechtigung gegenüber der Bank annahm.[55] Zwar hätte nach Darlegung und Beweis der Mitberechti-

---

53 Vgl. den Formularvertrag über die Eröffnung von Gemeinschaftskonten, abgedruckt in: Bankrecht und Bankpraxis, Stand Oktober 1995, Rdnr. 2/165.
54 Besonders deutlich im Sinne einer Gleichsetzung des vertraglichen Rechtsverhältnisses mit der Bank und der Inhaberschaft an der Guthabenforderung *Schmidt*, in: FS Hadding, insbes. S. 1107 ff., der die §§ 741 ff. BGB sowohl auf das Gemeinschaftskonto als Rechtsverhältnis als auch auf das Guthaben aus einem kreditorischen Gemeinschaftskonto anwenden will. Diese Gleichsetzung ist allerdings nicht recht verständlich, weil *K. Schmidt* zunächst – m.E. zu Recht – klar zwischen der Kontoinhaberschaft und der Gläubigerstellung unterscheidet (S. 1097). Wenngleich ich seiner These – stets Rechtsgemeinschaft an der Guthabenforderung (und daher im Fall der Pfändung durch Gläubiger eines Kontoinhabers stets die Berechtigung des bzw. der anderen Kontoinhaber zur Drittwiderspruchsklage gem. § 771 ZPO) – nicht zustimme, so erscheint mir allerdings die Fragestellung von *K. Schmidt*, „wem gehört das Gemeinschaftskonto?" (vgl. S. 1107) durchaus zutreffend. Diese Frage ist aber m.E. richtigerweise dahingehend zu beantworten, daß die Festlegung des vertraglichen Rechte- und Pflichtengefüges durch Eröffnung eines Und- oder auch Oder-Kontos zwar etwas darüber aussagen kann, wen die Bank als Berechtigten behandeln darf bzw. muß, nicht aber, wer (materiellrechtlich) wahrer Berechtigter ist.
55 So im Fall eines Sparkontos, das nur auf den Namen eines Ehegatten angelegt worden war, auf dem aber Mittel angespart wurden, die überwiegend aus den Einkünften des anderen Ehegatten stammten, BGH 11.9.2002, NJW 2002, 3702, 3703.

gung des nicht als Kontoinhaber geführten Ehegatten m.E. durchaus auch dessen Außenberechtigung (gegenüber der Bank) bejaht werden können.[56] Richtig ist diese Entscheidung aber jedenfalls insofern, als die Vereinbarungen bei Kontoeröffnung in der Tat nur das Vertragsverhältnis zur Bank betreffen.

34   Damit ist aber die Frage noch nicht beantwortet, wen die Bank (etwa im Rahmen einer Aufrechnung) – vorbehaltlich einer anderen Mitteilung und Darlegung – bei einem Und-Konto als Forderungsinhaber behandeln darf bzw. muß. Hier kann nun aber von der gemeinschaftlichen Verfügungsbefugnis, die der Regelung des § 747 S. 2 BGB, aber auch der bei der Gesamthand (vgl. etwa § 2040 Abs. 1 BGB) entspricht, jedenfalls im Verhältnis zur Bank auf die gemeinschaftliche Berechtigung der Kontoinhaber geschlossen werden. Die gemeinschaftliche Berechtigung ist im Zweifel aber keine Gesamthand, sondern gem. § 741 BGB eine Gemeinschaft nach Bruchteilen. Daher besteht Gegenseitigkeit der Verbindlichkeiten auch nur, wenn die Forderung der Bank sich ebenfalls gegen alle Kontoinhaber des Und-Kontos richtet.[57]

35   Im Rahmen der Zwangsvollstreckung ist zunächst entscheidend, wer der wahre Inhaber der Guthabenforderung gegen die Bank ist. Daher ist richtigerweise die Pfändung in die Guthabenforderung (§§ 829, 835 ZPO) nur dann wirksam, wenn der Schuldner (im Rahmen der Zwangsvollstreckung) zugleich der Inhaber des gepfändeten Zahlungsanspruchs ist. Wer Forderungsinhaber ist, ist jedoch mit Feststellung des Bestehens eines Und-Kontos noch nicht abschließend entschieden. Dennoch verlangt die h.M. – m.E. nicht ganz präzise – zur Zwangsvollstreckung in die Einlagenforderung entsprechend § 736 ZPO einen Titel gegen alle Kontoinhaber.[58] Dies kann aber richtigerweise nur gelten, wenn der pfändende Gläubiger dem Vollstreckungsgericht nicht schlüssig vorträgt, nur einer der Kontoinhaber sei der wahre Berechtigte der Guthabenforderung.

bb) Oder-Konto

36   Beim Oder-Konto ist aufgrund der ausdrücklichen formularmäßigen Abreden jeder Kontoinhaber allein berechtigt, über das Guthaben zu verfügen.[59] Die h.M. sieht dies bei kreditorischem Konto als Fall der Gesamtgläubigerschaft gem. § 428

---

56 Auch tritt die Liberationswirkung beim Sparbuch (§ 808 Abs. 1 S. 1 BGB) nur ein, sofern der Schuldner (Aussteller der Urkunde), d.h. hier die Bank, nicht positiv weiß oder grob fahrlässig nicht weiß, daß der Besitzer des Sparbuchs nicht der Berechtigte ist, vgl. hierzu Münch-Komm.-*Hüffer* BGB § 808 Rdnr. 14f. Denkbar wäre in dem Fall BGH 11. 9. 2002, NJW 2002, 3702 aber auch eine Innenbruchteilsgemeinschaft gewesen, vgl. zur Bruchteilsgemeinschaft im Innenverhältnis MünchKomm.-*K. Schmidt* BGB § 741 Rdnr. 19.
57 Vgl. auch MünchKomm.-*Schlüter* BGB § 387 Rdnr. 14.
58 So *Hadding*, in: Bankrechtshandbuch I, § 35 Rdnr. 24; *Lwowski/Bitter*, in: Bankrechtshandbuch I, § 33 Rdnr. 76; *Canaris* Rdnr. 233; *Schwintowski/Schäfer* § 5 Rdnr. 15; Münch-Komm.-*K. Schmidt* BGB § 741 Rdnr. 56.
59 Vgl. den Formularvertrag über die Eröffnung von Gemeinschaftskonten, abgedruckt in: Bankrecht und Bankpraxis, Stand Oktober 1995, Rdnr. 2/164.

BGB an.[60] Da jedoch der Schuldner (die Bank) entgegen § 428 S. 1 BGB nicht nach Belieben an jeden Gläubiger leisten kann, sondern an denjenigen leisten muß, der dies als erster verlangt,[61] handelt es sich allenfalls um eine modifizierte Form der Gesamtgläubigerschaft. Formularvertraglich wird auch die gesamtschuldnerische Haftung der Kontoinhaber für die Verbindlichkeiten aus dem Gemeinschaftskonto vereinbart (§ 427 BGB).[62] Im Prinzip könnte daher bei Oder-Konten jeder Kontoinhaber ohne Mitwirkung der anderen Kontoinhaber diese in unbegrenzter Höhe verpflichten. Eine solche Klausel, die zu einer unbegrenzten Haftung der anderen Kontoinhaber führt, wurde vom BGH allerdings – zu Recht – gem. §§ 3, 9 AGBG a. F. (heute §§ 305 c, 307 BGB) für unwirksam angesehen.[63] Daher enthalten die heutigen Formularverträge für die Eröffnung von Oder-Konten die Klausel, wonach für den Abschluß und die Änderung von Kreditverträgen zu Lasten des Gemeinschaftskontos die Mitwirkung aller Kontoinhaber erforderlich ist.[64]

Unabhängig von der rechtlichen Einordnung der beim Oder-Konto bestehenden Form gemeinsamer Rechtsausübung betrifft aber auch diese Vereinbarung – wie für das Und-Konto bereits dargelegt – nur das Vertragsverhältnis zur Bank; ihr ist also keine Aussage über die wahre Inhaberschaft an der Guthabenforderung zu entnehmen.[65] Allerdings stellt sich dennoch – wie auch bereits beim Und-Konto – die Frage, wen die Bank (etwa im Rahmen der Aufrechnung) als Forderungsinhaber behandeln darf. Hier scheint mir nun die h.M. insofern richtig zu sein, als die Einzelverfügungsberechtigung im Grundsatz keinerlei Rückschlüsse auf eine Rechtsgemeinschaft – sei es Bruchteilsgemeinschaft oder Gesamthand – hinsichtlich der Inhaberschaft an der Guthabenforderung zuläßt. Daher kann die Bank

---

60 So BGH 19. 4. 2000, NJW 2000, 2347, 2348; BGH 8. 7. 1985, BGHZ 95, 185, 187; *Canaris* Rdnr. 225; *Hadding*, in: Bankrechtshandbuch I, § 35 Rdnr. 7; *Schwintowski/Schäfer* § 5 Rdnr. 16; a. A. *Schmidt*, in: FS Hadding, S. 1107 ff., insbes. S. 1110, der Oder-Konten auch im Verhältnis zur Bank nach den Regeln der Rechtsgemeinschaft i.S.d. §§ 741 ff. BGB behandeln möchte.

61 So *Canaris* Rdnr. 225; *Wagner, Eberhard*, Interventionsrecht des Kontomitinhabers gegen die Zwangsvollstreckung in Oder-Konten?, WM 1991, 1145–1151, 1146; demgegenüber formuliert *Hadding*, in: Bankrechtshandbuch I, § 35 Rdnr. 7 insofern etwas anders, als nach seiner Ansicht die Bank an denjenigen zu leisten hat, der dies fordert, wobei er erst in der Zahlung an den Kontoinhaber die schuldbefreiende Leistung des Kreditinstituts gem. § 429 Abs. 3 S. 2 BGB sieht.

62 Vgl. den Formularvertrag über die Eröffnung von Gemeinschaftskonten, abgedruckt in: Bankrecht und Bankpraxis, Stand Oktober 1995, Rdnr. 2/164.

63 BGH 22. 1. 1991, WM 1991, 313, 314.

64 Vgl. Nr. 2 a) S. 1 des Formularvertrags über die Eröffnung von Gemeinschaftskonten, abgedruckt in: Bankrecht und Bankpraxis, Stand Oktober 1995, Rdnr. 2/164; vgl. aber auch Nr. 2 a) S. 2 dieses Formularvertrags, wonach jeder Kontoinhaber selbständig berechtigt ist, über die auf dem Gemeinschaftskonto etwa eingeräumten Kredite jeder Art zu verfügen und von der Möglichkeit vorübergehender Kontoüberziehungen im banküblichen Rahmen Gebrauch zu machen.

65 Anders aber offenbar *Schmidt*, in: FS Hadding, S. 1107 ff., insbes. S. 1110, der die §§ 741 ff. BGB sowohl auf das Gemeinschaftskonto als Rechtsverhältnis als auch auf das Guthaben aus einem kreditorischen Gemeinschaftskonto anwenden will.

auch mit Forderungen aufrechnen, die ihr nur gegen einen der Kontoinhaber zustehen.[66]

38   Da die Vereinbarungen bei Eröffnung eines Oder-Kontos das Vertragsverhältnis der Kontoinhaber mit der Bank regeln und sich nicht nur in der gegenseitigen Einräumung einer Ermächtigung gem. § 185 BGB erschöpfen, folgt daraus auch, daß diese vertraglichen Vereinbarungen grds. nur unter Beteiligung aller Vertragsparteien geändert werden können. Demgemäß kann ein Kontoinhaber nicht einseitig ein Oder-Konto in ein Und-Konto ändern, es sei denn, bei Kontoeröffnung sei ein solches Gestaltungsrecht zugunsten dieses Kontoinhabers vertraglich vereinbart worden.[67] Daher dürfte auch die in den Bankformularen zur Eröffnung eines Oder-Kontos vorgesehene Regelung einer einseitigen Widerrufsmöglichkeit der Einzelverfügungsberechtigung mit der Folge einer nur noch gemeinsamen Verfügungsberechtigung[68] wirksam sein.[69]

39   Da beim Oder-Konto die vertragliche Regelung der Verfügungsbefugnis über die Guthabenforderung keine Rückschlüsse auf eine (bestimmte) Form der Rechtsgemeinschaft an der Forderung zuläßt, sind die Kontoinhaber im Verhältnis zur Bank jeweils als Vollrechtsinhaber der Forderung anzusehen. Auch genügt für die Pfändung in die Guthabenforderung (vgl. §§ 829, 835 ZPO) im Zweifel ein Titel gegen einen der Kontoinhaber. Soweit es allerdings um die Wirksamkeit der Pfändung in die Guthabenforderung geht, ist wiederum – wie beim Und-Konto – entscheidend, ob der Schuldner (im Rahmen der Zwangsvollstreckung) zugleich der wahre Inhaber der Guthabenforderung ist. Nur dem Inhaber der Guthabenforderung steht richtigerweise die Drittwiderspruchsklage gem. § 771 ZPO bei Pfändung in die Forderung zu.[70] Wer Forderungsinhaber ist, ist jedoch mit Feststellung eines Oder-Kontos ebenso wenig wie beim Und-Konto abschließend entschieden.

40   Wiederum eine andere Frage ist, ob bei Pfändung in die Guthabenforderung aufgrund eines Titels gegen einen der Kontoinhaber die Bank das Guthaben noch an den anderen Kontoinhaber auszahlen darf. Da gem. § 829 Abs. 1 S. 1 ZPO der Bank durch die Pfändung nur untersagt wird, an den Schuldner zu zahlen, bleibt die Verfügungsbefugnis des Kontoinhabers unberührt, der nicht Schuldner (im Rahmen der Zwangsvollstreckung) ist. Allerdings ist die Bank nach den Vereinbarungen bei Eröffnung des Oder-Kontos dazu verpflichtet, an denjenigen Kontoinhaber zu leisten, der dies als erster verlangt. Manche Autoren sehen zwar noch nicht in der Pfändung gem. § 829 ZPO, wohl aber im Überweisungsbeschluß zur Einziehung gem. § 835 Abs. 1, Abs. 3 ZPO ein die Bank verpflichtendes Zahlungsverlangen des vollstreckenden Gläubigers, der nunmehr zur Geltendmachung des Rechts seines

---

66   Vgl. auch MünchKomm.-*K. Schmidt* BGB § 741 Rdnr. 55; vgl. ebendort MünchKomm.-*Schlüter* § 387 Rdnr. 14 für den Fall der Gesamtgläubigerschaft.
67   BGH 30. 10. 1990, WM 1990, 2067f.
68   Vgl. den Formularvertrag über die Eröffnung von Gemeinschaftskonten, abgedruckt in: Bankrecht und Bankpraxis, Stand Oktober 1995, Rdnr. 2/164.
69   So auch *Hadding*, in: Bankrechtshandbuch I, § 35 Rdnr. 13.
70   A.A. *Schmidt*, in: FS Hadding, S. 1113.

Schuldners ermächtigt ist.[71] Die wohl h. M. hält hingegen den Überweisungsbeschluß noch nicht für das Zahlungsverlangen, das das Kreditinstitut rechtlich dazu verpflichtet, zuerst an den Pfändungsgläubiger auszuzahlen. Maßgeblich soll danach entweder erst der weitere Akt sein, mit dem der Gläubiger den Schuldner tatsächlich auf Zahlung in Anspruch nimmt,[72] oder gar erst die Auszahlung selbst.[73]

d) Sonderkonto

Ein Sonderkonto ist ein Konto, das besonderen Zwecken dient, so etwa, wenn für   41
die Verwaltung eines Hausgrundstücks ein Girokonto eröffnet wird oder der Vermieter die Mietkaution seines Mieters auf einem Sparbuch verzinslich anlegt.[74] Je nach dem, ob der Kontoinhaber gleichzeitig auch der Verfügungsbefugte ist, kann ein Sonderkonto ein Eigen- oder Fremdkonto sein; denkbar ist auch ein Treuhandkonto, sofern der Kontoinhaber das Guthaben auf dem Sonderkonto treuhänderisch für einen anderen verwaltet. Die rechtliche Behandlung des Sonderkontos richtet sich nach dessen Einordnung in die weiteren Kontoformen und ist mit dem Begriff des Sonderkontos noch nicht determiniert.

e) Treuhandkonto – Anderkonto

Konten können auch durch einen Treuhänder für den wirtschaftlich Berechtigten,   42
den Treugeber, eröffnet bzw. geführt werden. Wird das Treuhandverhältnis der Bank gegenüber offengelegt, handelt es sich um ein offenes, ansonsten um ein verdecktes Treuhandkonto. Da beim Treuhandkonto der Treuhänder der Kontoinhaber, gleichzeitig aber auch der Verfügungsberechtigte ist, ist das Treuhandkonto ein Eigenkonto. Eine Unterart eines offenen Treuhandkontos stellt das Anderkonto dar. Anderkonten werden von Angehörigen bestimmter Berufsgruppen wie Rechtsanwälten, Notaren, Wirtschaftsprüfern, Steuerberatern und Patentanwälten für die „Verwahrung" von Vermögenswerten eingerichtet, die ihnen von ihren Mandanten anvertraut wurden. Für Anderkonten gelten die Bedingungen für Anderkonten und Anderdepots in – abhängig von der Berufsgruppe – 4 verschiedenen Fassungen, die aber in den wesentlichen Grundsätzen übereinstimmen.[75]

---

71 *Wagner, Eberhard*, Interventionsrecht des Kontomitinhabers gegen die Zwangsvollstreckung in Oder-Konten?, WM 1991, 1145–1151, 1146f.; *Canaris* Rdnr. 228; *Lwowski/Bitter*, in: Bankrechtshandbuch I, § 33 Rdnr. 78; offengelassen in BGH 24. 1. 1985, BGHZ 93, 315, 321; OLG Dresden 21. 2. 2001, WM 2001, 1148, 1149f.

72 *Gernhuber, Joachim*, Oder-Konten von Ehegatten, WM 1997, 645–656, 649f.

73 So *Hadding*, in: Bankrechtshandbuch I, § 35 Rdnr. 15 ausgehend von der These, das Zahlungsverlangen eines Kontoinhabers allein schaffe keine das Kreditinstitut rechtlich verpflichtende Priorität, vielmehr hindere bei der Gesamtgläubigerschaft erst die Auszahlung an den Pfändungsgläubiger eine schuldbefreiende Leistung an den anderen Kontoinhaber; allgemein bezogen auf die Gesamtgläubigerschaft auch BGH 11. 7. 1979, WM 1979, 1101, 1102; bezogen auf Oder-Konten aber offengelassen in BGH 24. 1. 1985, BGHZ 93, 315, 321.

74 Vgl. *Canaris* Rdnr. 242; *Schwintowski/Schäfer* § 5 Rdnr. 26; *Kümpel* Rdnr. 3.137.

75 Vgl. *Baumbach/Hopt*, HGB, (9) AGB-Anderkonten.

43   Handelt es sich bei einem Konto um ein Treuhandkonto, so gelten für die
Rechtsstellung des Treugebers die Grundsätze, die für die Treuhand generell maßgeblich sind.[76] Daher steht dem Treugeber bei Insolvenz bzw. Zwangsvollstrek-
kung gegen den Treuhänder ein Aussonderungsrecht gem. §47 InsO bzw. die
Drittwiderspruchsklage gem. §771 ZPO zu (quasidingliche Wirkung der Treuhandabrede). Voraussetzung hierfür ist allerdings, daß eine sog. Treuhand im
Rechtssinne vorliegt. Dies erfordert aber nach ständiger Rechtsprechung – zumindest im Grundsatz – die Einhaltung des Unmittelbarkeitsprinzips. Danach muß
das Vermögen des Treugebers aus dessen Hand in die des Treuhänders gelangt sein;
nach dieser Rechtsprechung genügt mithin nicht, wenn jemand einen Gegenstand
nur für Rechnung und im Interesse eines anderen als stiller Vertreter für diesen von
einem Dritten erworben hat und infolge des Vertragsverhältnisses dem anderen nur
ein schuldrechtlicher Anspruch auf Übereignung des erworbenen Vermögensgegenstands zusteht.[77] Hingegen hält der BGH bei der Frage der quasidinglichen
Wirkungen der Treuhandabrede (also der Anwendbarkeit der §§771 ZPO, 47 InsO) es für unerheblich, ob der Bank die Treuguteigenschaft bekannt war (offenes
Treuhandkonto) oder nicht (verdecktes Treuhandkonto).[78]

44   Von dem Erfordernis der Unmittelbarkeit hat der BGH allerdings eine Ausnahme für den Fall gemacht, daß von dritter Seite Geld auf ein Anderkonto eingezahlt
oder überwiesen wird, das offenkundig zu dem Zweck bestimmt ist, fremde Gelder
zu verwalten. Im Fall der Zwangsvollstreckung gegen einen Rechtsanwalt bzw.
dessen Insolvenz steht daher das Unmittelbarkeitsprinzip, das bei der Entgegennahme von Zahlungen Dritter für Mandanten nicht erfüllt ist, dem Schutz der
Mandanten gem. §§771 ZPO, 47 InsO nicht entgegen.[79] Neben dieser Privilegierung von Anderkonten wurde das Unmittelbarkeitsprinzip auch für treuhänderisch gehaltene Sonderkonten modifiziert; denn der BGH erachtete die Grundsätze der Treuhand auch dann für anwendbar, wenn die von dem Kontoinhaber
eingezogenen Forderungsbeträge zwar nicht unmittelbar aus dem Vermögen des

---

76 Vgl. zur Parallelproblematik der Treuhanddepots MünchKomm.-*Einsele*, Komm. z.
HGB, Bd.5, Depotgeschäft, 2001, Rdnr.133–136.
77 Vgl. etwa RG 19.2.1914, RGZ 84, 214, 216; RG 10.10.1917, RGZ 91, 12, 14, 16; RG 6.3.
1930, RGZ 127, 341, 344; RG 9.6.1931, RGZ 133, 84, 87; BGH 5.11.1953, BGHZ 11, 37, 41;
BGH 14.7.1958, WM 1958, 1044, 1045; BGH 7.4.1959, WM 1959, 686, 688; BGH 19.11.1992,
DNotZ 1993, 384, 385; BGH 1.7.1993, WM 1993, 1524; vgl. auch BGH 24.1.2003, WM 2003,
1733, 1734: Die Nichtanerkennung der Abreden zwischen den Beteiligten als Treuhand im
Rechtssinne wurde hier jedoch auf andere Erwägungen gestützt; bestimmte Ausnahmen vom
Unmittelbarkeitsprinzip wurden allerdings bei Anderkonten anerkannt, vgl. etwa BGH 8.2.
1996, WM 1996, 662, 663; dieser Rechtsprechung zustimmend *Serick, Rolf*, Eigentumsvorbehalt und Sicherungsübertragung, die einfache Sicherungsübertragung – Erster Teil Bd.II, 1965,
§19 II 2 (S.81–84).
78 So BGH 8.2.1996, WM 1996, 662; BGH 1.7.1993, WM 1993, 1524; BGH 7.4.1959, WM
1959, 686, 688; OLG Hamm 11.2.1999, WM 1999, 1111, 1112; a.A. *Canaris* Rdnr.279f., der für
die quasidinglichen Wirkungen der Treuhandabrede das Kriterium der Offenkundigkeit der
Treuguteigenschaft für maßgeblich hält.
79 Vgl. BGH 8.2.1996, WM 1996, 662, 663; OLG Hamm 11.2.1999, WM 1999, 1111, 1112.

Treugebers stammten, die Forderungen aber unmittelbar in der Person des Treugebers entstanden. Trotz dieser „Auflockerungen" hält der BGH im übrigen hinsichtlich der quasidinglichen Wirkungen der Treuhandabrede immer noch am Unmittelbarkeitsprinzip fest. Dieses ist zwar aus rechtsdogmatischen Gründen abzulehnen,[80] muß aber für die Praxis als Faktum hingenommen werden.

Das Treuhandkonto bzw. die Forderung gegen die Bank kann aber auch nicht   45
auf Grund eines Vollstreckungstitels gegen den Treugeber gepfändet werden; vielmehr können die Gläubiger des Treugebers nur den Anspruch des Treugebers gegen den Treuhänder auf Rückübertragung der Forderung pfänden.[81]

Bei der Frage, ob die Bank ein vertragliches Pfandrecht gem. Nr. 14 Abs. 1 AGB-   46
Banken (bzw. Zurückbehaltungsrecht) an dem Kontoguthaben erwirbt oder gegen diese Forderung aufrechnen kann, ist wiederum (wie bei den Gemeinschaftskonten) maßgeblich, wer als Forderungsinhaber im Verhältnis zur Bank angesehen werden kann. Solange und soweit die Bank keine andersartige Mitteilung erhalten hat, ist dies aber der Kontoinhaber selbst und nicht eine wirtschaftlich berechtigte dritte Person (vgl. auch für die Abtretung von Forderungen die Wertung der §§ 406 ff. BGB). Denn hier sind die relativ zwischen der Bank und dem Kunden bestehenden Rechte und daher das stellvertretungsrechtliche Offenkundigkeitsprinzip betroffen, das nur dem Schutz des Vertragspartners dient.[82] Daher verdient die Bank insoweit Schutz, als sie keine Kenntnis von der bloßen Treuhänderstellung des Kontoinhabers hat. Deshalb ist der Rechtsprechung im Ergebnis zuzustimmen, wonach Pfand-, Zurückbehaltungs- und Aufrechnungsrechte der Bank wegen bzw. mit Forderungen gegen den Treuhänder nur dann grds. ausgeschlossen sind, falls der Bank die lediglich formale Rechtsstellung des Treuhänders ersichtlich war.[83] In Übereinstimmung mit diesem Grundsatz erklären die Banken in ihren Bedingungen für Anderkonten und Anderdepots ausdrücklich, weder das

---

80   Das maßgebliche Argument der Rechtsprechung für das Unmittelbarkeitsprinzip ist die Erwägung, bei stiller Stellvertretung des Handelnden (also hier des Treuhänders) habe der Dritte nur einen schuldrechtlichen Anspruch, der jedoch für die Annahme eines Treuhandverhältnisses nicht ausreiche. Entscheidend ist danach also die Überlegung, das stellvertretungsrechtliche Offenheitsprinzip und die unterschiedlichen gesetzlichen Rechtsfolgen von mittelbarer und unmittelbarer Stellvertretung würden ansonsten unterlaufen. Da es aber bei der quasidinglichen Wirkung der Treuhandabrede um Wirkungen gegenüber jedermann und nicht nur – wie beim stellvertretungsrechtlichen Offenheitsprinzip – um den Schutz des Vertragspartners geht, hat die Insolvenzbeständigkeit der Rechtsposition des Treugebers bei Insolvenz des Treuhänders von vornherein nichts mit dem stellvertretungsrechtlichen Offenkundigkeitsprinzip zu tun, vgl. hierzu *Einsele, Dorothee*, Inhalt, Schranken und Bedeutung des Offenkundigkeitsprinzips – unter besonderer Berücksichtigung des Geschäfts für den, den es angeht, der fiduziarischen Treuhand sowie der dinglichen Surrogation, JZ 1990, 1005–1014, 1010–1012.
81   So bereits BGH 5. 11. 1953, NJW 1954, 190, 191 = BGHZ 11, 37.
82   Vgl. zum stellvertretungsrechtlichen Offenkundigkeitsprinzip und dessen Schutzrichtung *Einsele, Dorothee*, Inhalt, Schranken und Bedeutung des Offenkundigkeitsprinzips – unter besonderer Berücksichtigung des Geschäfts für den, den es angeht, der fiduziarischen Treuhand sowie der dinglichen Surrogation, JZ 1990, 1005–1014, 1005 f. m.w.N.
83   Vgl. BGH 25. 6. 1973, WM 1973, 894, 895; BGH 1. 7. 1993, WM 1993, 1524.

Recht der Aufrechnung noch ein Pfand- oder Zurückbehaltungsrecht geltend zu machen, es sei denn wegen Forderungen, die in bezug auf das Anderkonto selbst entstanden sind.[84]

f) Sperrkonto

47   Beim Sperrkonto ist die Verfügungsbefugnis des Kontoinhabers beschränkt. Diese Beschränkung kann – wie etwa bei Devisenbewirtschaftungsvorschriften – auf Gesetz beruhen, ergibt sich jedoch zumeist aus entsprechenden vertraglichen Vereinbarungen mit der Bank. In aller Regel erfolgt die Beschränkung der Verfügungsbefugnis des Kontoinhabers zugunsten eines Dritten, des Sperrbegünstigten; der Kontoinhaber darf danach nur mit Zustimmung des Sperrbegünstigten über das Guthaben verfügen. Ein Sperrkonto wird etwa eingerichtet, wenn ein von dritter Seite Beauftragter die zweckentsprechende Verwendung eines Kontoguthabens überwachen soll,[85] wie dies etwa bei einem Baukonto der Fall ist, dessen Kontoinhaber der Bauträger ist, der nur mit Zustimmung des leitenden Architekten über das Guthaben verfügen darf.

48   Aus dem Begriff des Sperrkontos sollten solche rechtliche Gestaltungen ausgenommen werden, die – wie etwa das Und-Konto – von einer anderen, eigenständigen Regeln unterliegenden Kontoform erfaßt werden. Auch sofern der von der Verfügungsbeschränkung des Kontoinhabers Begünstigte eine dingliche Rechtsposition an der Guthabenforderung erhält (so etwa im Fall der Verpfändung der Guthabenforderung oder deren (Sicherungs-) Abtretung),[86] richtet sich seine Rechtsstellung nach der eines Pfandgläubigers bzw. (Sicherungs-) Zessionars und wirft keine besonderen neuen Probleme auf.[87]

49   Problematischer ist hingegen die Rechtsposition des nicht dinglich berechtigten Sperrbegünstigten. Zunächst stellt sich die Frage, ob der Verfügungsbeschränkung des Kontoinhabers dingliche Wirkung zukommt und daher eine ohne Zustimmung des Sperrbegünstigten vorgenommene Verfügung über die Guthabenforderung unwirksam ist. Wie § 399 Alt. 2 BGB zeigt, ist eine dinglich wirkende Verfügungsbeschränkung entgegen der allgemeinen Regel des § 137 S. 1 BGB bei Forderungen prinzipiell möglich.[88] Sind die Vereinbarungen bei Eröffnung eines

---

84 Vgl. jeweils Nr. 12 der Bedingungen für Anderkonten und Anderdepots von Rechtsanwälten und Gesellschaften von Rechtsanwälten sowie der Bedingungen für Anderkonten und Anderdepots von Patentanwälten und Gesellschaften von Patentanwälten; jeweils Nr. 10 der Bedingungen für Anderkonten und Anderdepots von Notaren sowie von Angehörigen der öffentlich bestellten wirtschaftsprüfenden und wirtschafts- und steuerberatenden Berufe.

85 *Kümpel* Rdnr. 3.156; *Canaris* Rdnr. 255.

86 Vgl. zu der Frage, wann ein Sperrvermerk im Sinne einer dinglichen Sicherung des Sperrbegünstigten oder aber lediglich als schuldrechtliche Verfügungsbeschränkung auszulegen ist, BGH 2. 5. 1984, WM 1984, 799, 800f.

87 Daher will *Hadding*, in: Bankrechtshandbuch I, § 36 Rdnr. 2 auch diesen Fall von dem Begriff des Sperrkontos ausnehmen; demgegenüber faßt *Canaris* Rdnr. 256 auch den Fall der dinglichen Berechtigung des Begünstigten unter den Begriff des Sperrkontos.

88 So *Canaris* Rdnr. 260; a. A. *Hadding*, in: Bankrechtshandbuch I, § 36 Rdnr. 13 unter Hin-

Sperrkontos hingegen lediglich als schuldrechtlich wirkende Verfügungsbeschränkung auszulegen (vgl. auch § 137 S. 2 BGB),[89] kann sich die Bank gegenüber dem Sperrbegünstigten schadensersatzpflichtig machen, sofern sie Verfügungen des Kontoinhabers über das Guthaben ohne Zustimmung des Sperrbegünstigten ausführt. Allerdings hat die Bank nur dann eine vertragliche Pflicht gegenüber dem Sperrbegünstigten verletzt, wenn die Verfügungsbeschränkung entweder durch einen dreiseitigen Vertrag zwischen der Bank, dem Kontoinhaber und dem Sperrbegünstigten vereinbart wurde oder zwar lediglich auf einer vertraglichen Regelung zwischen dem Kontoinhaber und der Bank beruht, diese aber als Vertrag zugunsten des Sperrbegünstigten ausgestaltet wurde (§ 328 Abs. 1 BGB).[90] Sofern dem Sperrbegünstigten nicht ein dingliches Recht an der Guthabenforderung eingeräumt wurde, steht ihm im Fall der Zwangsvollstreckung gegen den Kontoinhaber[91] auch nicht die Drittwiderspruchsklage (§ 771 ZPO) oder das Recht auf vorzugsweise Befriedigung (§ 805 ZPO) zu. Bei Insolvenz des Kontoinhabers hat der Sperrbegünstigte ohne dingliches (Sicherungs-)Recht auch kein Recht zur Absonderung (§ 49 InsO) oder gar Aussonderung (§ 47 InsO).[92]

g) Konto pro Diverse

Das Konto pro Diverse (CpD-Konto) ist ein bankinternes Sammelkonto, das als Zwischenbuchungsstelle bei Geschäftsvorgängen dient, welche die Bank keinem ihrer Kunden (mit Konto) zuordnen kann.[93] Allein mit der Buchung eines Überweisungsbetrags auf dem CpD-Konto erlangt der Begünstigte noch keinen Anspruch gegen die Bank.[94] Hieraus ergibt sich auch, daß das Konto pro Diverse nur mittelbar der Durchführung des Einlagengeschäfts dient, das Einlagengeschäft aber nicht über ein Konto pro Diverse betrieben werden kann.[95]

50

---

weis auf die Einschränkung des § 399 BGB bei beiderseitigen Handelsgeschäften gem. § 354 a S. 1 HGB sowie auf die Andersartigkeit eines Abtretungsverbots einerseits und einer Kontosperre andererseits; *Schwintowski/Schäfer* § 5 Rdnr. 32; *Kümpel* Rdnr. 3.158.

89 Vgl. OLG München 24. 9. 1997, WM 1999, 317, 320f.: In dieser Entscheidung wurde ein Schadensersatzanspruch des Sperrbegünstigten gegründet auf pVV für möglich gehalten, wenn auch im konkreten Fall mangels eines Schadens abgelehnt.

90 Vgl. *Canaris* Rdnr. 255; *Hadding*, in: Bankrechtshandbuch I, § 36 Rdnr. 12.

91 Der Pfändung der Guthabenforderung durch Gläubiger des Kontoinhabers steht auch eine dinglich wirkende Verfügungsbeschränkung zugunsten des Sperrbegünstigten nicht entgegen (vgl. § 851 Abs. 2 ZPO).

92 So zutreffend *Canaris* Rdnr. 258; *Hadding*, in: Bankrechtshandbuch I, § 36 Rdnr. 16f.

93 *Kümpel* Rdnr. 3.162f.; *Schwintowski/Schäfer* § 5 Rdnr. 36.

94 So BGH 30. 6. 1986, WM 1986, 1182, 1183.

95 So auch *Schwintowski/Schäfer* § 5 Rdnr. 36.

III. Anwendbares Recht

1. Maßgeblichkeit des Vertragsstatuts gem. Artt. 27ff. EGBGB

51   Die Frage, welche Rechtsordnung auf die vertragliche Beziehung zwischen der Bank und dem Kunden zur Anwendung gelangt und ob eine Sicht-, Termin- oder Spareinlage vorliegt (vgl. Art. 32 Abs. 1 Nr. 1 EGBGB), richtet sich nach den Artt. 27ff. EGBGB. Die Frage nach dem auf Einlagengeschäfte anwendbaren Recht stellte sich in der Vergangenheit aber noch in anderen Zusammenhängen: zu klären war etwa, wer Gläubiger eines Spargutsabens ist,[96] oder aber, ob und wenn ja wie ein Ausgleich zwischen den Gesamtgläubigern eines Gemeinschaftskontos zu erfolgen hat, wenn einer der Kontoinhaber ohne die Zustimmung des anderen Kontoinhabers Geld transferiert.[97] Für all diese Problemstellungen sind die Art. 27ff. EGBGB maßgeblich, die die vertragliche Rechtsbeziehung umfassend regeln (vgl. im einzelnen Art. 32 EGBGB).[98] Das Vertragsstatut gem. Art. 27ff. EGBGB bestimmt daher Zeit und Ort der Erfüllung, die Zulässigkeit von Leistungen Dritter, die Folgen der vollständigen oder teilweisen Nichterfüllung der vertraglichen Leistung (wie etwa Rücktritt und Schadensersatz), die verschiedenen Arten des Erlöschens der Verpflichtungen (durch Erfüllung bzw. Erfüllungssurrogate wie etwa Aufrechnung) sowie die Folgen der Nichtigkeit des Vertrags (etwa Anspruch aus Leistungskondiktion). Die Artt. 27ff. EGBGB entscheiden aber auch darüber, ob überhaupt ein Vertrag zustande gekommen ist und ob dieser Vertrag wirksam ist (Art. 31 Abs. 1 EGBGB).[99]

2. Vorrangige Maßgeblichkeit einer Rechtswahl

52   Gem. Art. 27 Abs. 1 S. 1 EGBGB ist für diese Fragen vorrangig eine Rechtswahl zwischen der Bank und dem Kunden maßgeblich (Art. 27 Abs. 1 S. 1 EGBGB). Diese Rechtswahl muß ausdrücklich sein oder sich mit hinreichender Sicherheit aus den Bestimmungen des Vertrags oder aus den Umständen des Falles ergeben (Art. 27 Abs. 1 S. 2 EGBGB). Möglich ist also auch eine stillschweigende Rechtswahl, die sich hinreichend deutlich aus Indizien wie etwa einer Gerichtsstandsver-

---

96   BGH 10. 6. 1968, IPRspr. 1968/1969 Nr. 160.
97   Vgl. etwa OLG Celle 16. 9. 1998, IPRspr. 1998 Nr. 76.
98   Vgl. zur Frage der Gläubigerstellung Staudinger-*Magnus* BGB (2002) Art. 32 EGBGB Rdnr. 37.
99   Demgegenüber dürfte die Vorschrift des Art. 31 Abs. 2 EGBGB, wonach ausnahmsweise auf das Recht des gewöhnlichen Aufenthalts eines Vertragspartners abzustellen ist, im vorliegenden Zusammenhang – also für die Frage, ob ein (Haupt-) Vertrag über eine Einlage zustande gekommen ist – kaum relevant werden. Denn zum einen werden Einlagengeschäfte in aller Regel ausdrücklich abgeschlossen; zum anderen stellt sich die Frage, ob event. das Schweigen einer Partei als Zustimmung zum Vertrag über die Einlage gilt (vgl. für das deutsche Recht § 362 Abs. 1 HGB), wohl nur auf der Seite der Bank; deren Recht kommt aber – wie sogleich darzulegen sein wird – ohnehin und (außer bei Verbraucherverträgen) sogar unabhängig von einer Rechtswahlvereinbarung zur Anwendung.

einbarung, der Bezugnahme auf ein bestimmtes Recht, dem Prozeßverhalten der Parteien, dem Erfüllungsort, der Vertragssprache, der Vertragswährung oder auch der Staatsangehörigkeit der Parteien ergeben muß.[100] Im deutschen Rechtskreis ist für Bankgeschäfte eine solche Rechtswahl in Nr. 6 Abs. 1 AGB-Banken und AGB-Sparkassen vorgesehen: danach gelangt für die Geschäftsverbindung zwischen Kunden und inländischen Geschäftsstellen der Banken bzw. Sparkassen deutsches Recht zur Anwendung. Diese Rechtswahl ist nach den oben dargelegten Grundsätzen[101] i.d.R. auch als wirksam anzusehen.

3. Allgemeine Kriterien für die Bestimmung der vertragscharakteristischen Leistung bei den Vertragstypen der Einlagengeschäfte

Sofern eine Rechtswahl nicht ausdrücklich getroffen wurde (etwa weil das Einlagengeschäft nicht mit einem deutschen Kreditinstitut getätigt wurde) und sich auch keine stillschweigende Rechtswahl mit hinreichender Sicherheit bestimmten Indizien des Vertrags und den Umständen des Falles entnehmen läßt (vgl. oben Rdnr. 52), findet grds.[102] das Recht des Staates Anwendung, in dem die Partei, die die vertragscharakteristische Leistung zu erbringen hat, ihren gewöhnlichen Aufenthalt bzw. ihre Hauptverwaltung oder Hauptniederlassung hat (Art. 28 Abs. 2 EGBGB). Ist die Leistung von einer anderen Niederlassung als der Hauptniederlassung zu erbringen, so ist das Recht dieser (Zweig-) Niederlassung maßgeblich (vgl. Art. 28 Abs. 2 S. 1 und 2 EGBGB). Die vertragscharakteristische Leistung ist die Leistung, die dem Vertrag seine Eigenart, sein Gepräge verleiht und ihn von anderen Vertragstypen unterscheidet. Bei gegenseitigen Verträgen ist dies nicht die Geldleistung, sondern die Sach- oder Dienstleistung.[103]

Im Rahmen des Einlagengeschäfts sind insoweit die verschiedenen Einlageformen zu unterscheiden: Bei der Sichteinlage wird nach deutschem Recht ein unregelmäßiger Verwahrungsvertrag abgeschlossen; relevant ist diese Überlegung, weil für die Qualifikation des Vertrags und der vertragscharakteristischen Leistung das deutsche Recht (als hier anzunehmende lex fori) maßgeblich ist.[104] Bei der unregelmäßigen Verwahrung erbringt aber der Verwahrer die vertragscharakteristische Leistung.[105] Daher entspricht die Geltung deutschen Rechts bei der Sichteinlage überdies den allgemeinen (ohne Rechtswahlvereinbarung anwendbaren) internationalprivatrechtlichen Grundsätzen (Art. 28 Abs. 2 S. 2 EGBGB). Problematischer ist die rechtliche Einordnung der Termin- und der Spareinlagen, die ja beide

---

100 Vgl. zu diesen Indizien für eine stillschweigende Rechtswahl statt vieler *Staudinger-Magnus* BGB (2002) Art. 27 EGBGB Rdnr. 63–89 m.w.N.
101 Vgl. § 2 Rdnr. 17–21.
102 Zum Verbraucherschutz sogleich Rdnr. 59–78.
103 Vgl. statt vieler MünchKomm.-*Martiny* BGB Art. 28 EGBGB Rdnr. 31, 33.
104 Vgl. oben § 2 Rdnr. 7.
105 Vgl. statt vieler Soergel-*v.Hoffmann* BGB Art. 28 EGBGB Rdnr. 222; MünchKomm.-*Martiny* BGB Art. 28 EGBGB Rdnr. 327.

im deutschen Recht als Darlehensverträge einzuordnen sind. Beim Darlehensvertrag erbringt nämlich grds. der Darlehensgeber die vertragscharakteristische Leistung. Denn die Hingabe des Darlehens ist die Leistung, die dem Vertrag grds. sein Gepräge verleiht (und nicht die Zinszahlung des Darlehensnehmers).[106]

4. Einlagengeschäfte als vertragscharakteristische Bankdienstleistungen

55   Die ganz h.M. stellt für die Frage des anwendbaren Rechts allerdings vorrangig vor der vertragscharakteristischen Leistung auf die gewerbe- bzw. berufstypische Leistung ab.[107] Denn bei berufstypischen Leistungen sei die Leistung des Kunden eine Einzelleistung, während auf der anderen Seite eine Partei stehe, die schon aus Gründen der Kostenkalkulation ein Interesse daran habe, daß ihre massenweise abgeschlossenen Verträge einem einheitlichen Recht unterlägen.[108] Nun wird die Bank in aller Regel auch die vertragscharakteristische Leistung erbringen, so daß schon aus diesem Grund an das Recht der Bank anzuknüpfen ist.

56   Eine andere Frage ist jedoch, ob ausnahmslos an das Recht der Bank anzuknüpfen ist. Für die Auffassung, die die Einlagengeschäfte nicht pauschal dem Recht der Bank unterstellen will,[109] lassen sich in der Tat gute Gründe anführen: Zum einen gelangt über das Recht der berufscharakteristischen Leistung auch regelmäßig das

---

106 Vgl. statt vieler *Soergel-v.Hoffmann* BGB Art. 28 EGBGB Rdnr. 183; MünchKomm.-*Martiny* BGB Art. 28 EGBGB Rdnr. 177. Zweifelhaft ist dies allerdings bei einem – hier jedoch nicht in Rede stehenden – grundpfandrechtlich gesicherten Kredit, vgl. hierzu MünchKomm.-*Martiny* BGB Art. 28 EGBGB Rdnr. 179.

107 So bereits *Kegel, Gerhard*, Die Bankgeschäfte im deutschen internationalen Privatrecht, in: Gedächtnisschrift R. Schmidt, 1966, S. 215–242, 221–223; vgl. auch MünchKomm.-*Martiny* BGB Art. 28 EGBGB Rdnr. 350; *Kegel, Gerhard/Schurig, Klaus*, Internationales Privatrecht, 9. Aufl. 2004, § 18 I 1 d) (S. 661f.); *Kropholler* § 52 III 3 g) (S. 464); *Canaris* Rdnr. 2503; Staudinger-*Magnus* BGB (2002) Art. 28 EGBGB Rdnr. 529; Palandt-*Heldrich*, Komm. z. BGB, 65. Aufl. 2006, Art. 28 EGBGB Rdnr. 22, der allerdings zu Unrecht für seine Ansicht auf BGH 17.7. 2001, NJW 2001, 2968, 2970; OLG Celle 16.9. 1998, IPRspr. 1998 Nr. 76; LG Aachen 9.9. 1998, RIW 1999, 304 verweist: Denn sowohl die Entscheidung des BGH als auch die des OLG Celle betrafen Sichteinlagen, bei denen ohnehin die Bank die vertragscharakteristische Leistung erbringt. Das LG Aachen hingegen hatte über das auf ein Termingeldkonto anzuwendende Recht zu entscheiden. Hier nahm das LG Aachen zunächst eine unzutreffende Qualifikation vor, indem es Termingelder nach deutschem Recht als Fall der unregelmäßigen Verwahrung einordnete; konsequent war daher, daß das LG Aachen in der Leistung der (niederländischen) Bank die vertragscharakteristische Leistung sah. Allerdings beruhte diese Folgerung auf einer unzutreffenden rechtlichen Einordnung der Termingelder und nicht darauf, daß das Gericht stets die Leistung der Bank als die berufs- und auch vertragscharakteristische Leistung angesehen hätte; a.A. *Soergel-v.Hoffmann* BGB Art. 28 EGBGB Rdnr. 316.

108 Vgl. *Schnitzer, Adolf F.*, Die Zuordnung der Verträge im internationalen Privatrecht, RabelsZ 33 (1969), 21f.; *Weitnauer, Wolfgang*, Der Vertragsschwerpunkt, Eine rechtsvergleichende Darstellung des amerikanischen und deutschen internationalen Vertragsrechts sowie des EG-Übereinkommens über das auf vertragliche Schuldverhältnisse anwendbare Recht v. 19.6. 1980, Arbeiten zur Rechtsvergleichung, Bd. 105, 1981, S. 196f.

109 So *Soergel-v.Hoffmann* BGB Art. 28 EGBGB Rdnr. 316.

Recht der stärkeren Vertragspartei zur Anwendung;[110] erbringt diese Partei jedoch (ausnahmsweise) nicht die vertragscharakteristische Leistung, erscheint diese Bevorzugung der ohnehin stärkeren Partei zumindest bedenklich. Zum anderen kann die Bank sowieso nicht damit rechnen, daß „ihr" Recht in Gänze zur Anwendung kommt, da gem. Art. 29 EGBGB auch das Recht des gewöhnlichen Aufenthalts des Verbrauchers bzw. gem. Art. 29 a EGBGB bestimmte Verbraucherschutzrichtlinien (bzw. deren Umsetzungsnormen) auch bei grds. Geltung des Rechts der Bank von Bedeutung sind. Anzufügen bleibt, daß im Interbankengeschäft ohnehin das Recht der Bank gilt, die die vertragscharakteristische Leistung erbringt, sofern die Banken sich nicht auf eine bestimmte Rechtsordnung geeinigt haben.[111] Einiges spricht also dafür, auf das etwas unklare Kriterium der berufstypischen Leistung zu verzichten, die vertragscharakteristische Leistung nach den allgemeinen Kriterien zu bestimmen und im Fall der Termin- und Spareinlage auf den gewöhnlichen Aufenthaltsort des Kunden abzustellen.

Die besseren Gründe sprechen aber dafür, das Recht der Bank für maßgeblich zu erklären. So ist die rechtliche Einordnung des jeweiligen Einlagengeschäfts zwar der zutreffende Ausgangspunkt für die internationalprivatrechtliche Qualifikation, die jedoch der Ergänzung und Modifikation durch die funktionelle oder teleologische Qualifikation bedarf. Danach geht es dem Kunden gerade bei Termin- und Spareinlagen um eine möglichst sichere Geldanlage bei einer Bank. Überdies sind diese Einlagengeschäfte auch mit der Führung von Konten und daher mit Dienstleistungen der Bank verbunden. Auch stellt sich die Frage, wie sinnvoll eine Aufspaltung der verschiedenen Einlagengeschäfte in dem Sinne wäre, daß für Sichtguthaben das Recht der Bank, für die anderen Einlagengeschäfte jedoch das Recht des Kunden gelten würde. In einem weiteren, insbes. auch wirtschaftlichen Sinne können alle Einlagengeschäfte als Dienstleistungen der Bank verstanden und dem Recht der Bank unterstellt werden.[112] Hierfür spricht auch die Terminologie der Richtlinie 2002/65/EG des Europäischen Parlaments und des Rates v. 23. 9. 2002 über den Fernabsatz von Finanzdienstleistungen an Verbraucher und zur Änderung der Richtlinie 90/619/EWG des Rates und der Richtlinien 97/7/EG und 98/27/EG.[113] Danach werden Finanzdienstleistungen in einem sehr weiten Sinne verstanden und definiert als jede Bankdienstleistung sowie jede Dienstleistung im Zusammenhang mit einer Kreditgewährung, Versicherung, Altersversorgung von

57

---

110 So *Weitnauer, Wolfgang*, Der Vertragsschwerpunkt, Eine rechtsvergleichende Darstellung des amerikanischen und deutschen internationalen Vertragsrechts sowie des EG-Übereinkommens über das auf vertragliche Schuldverhältnisse anwendbare Recht v. 19. 6. 1980, Arbeiten zur Rechtsvergleichung, Bd. 105, 1981, S. 198.

111 Vgl. BGH 26. 9. 1989, BGHZ 108, 353, 362.

112 So auch *Schnelle* S. 177; ebenfalls für eine solch weite Interpretation des Art. 4 Abs. 2 des Europäischen Schuldvertragsübereinkommens (entspricht Art. 28 Abs. 2 EGBGB) im englischen internationalen Privatrecht *Dicey, A. V. & Morris, H. C.*, The Conflict of Laws, Bd. 2, 13. Aufl. 2000, S. 1422 (33–295f.): Danach unterliegen sämtliche Verträge zwischen Bank und Kunde bei Fehlen einer Rechtswahlvereinbarung dem Recht der Bank.

113 ABl. EG Nr. L 271, S. 16.

Einzelpersonen, Geldanlage oder Zahlung (Art. 2 b) der Richtlinie). Überdies wird aus dem 17. Erwägungsgrund dieser Richtlinie deutlich, daß hiervon Kontoeröffnungen mit umfaßt sind.[114] Da mit dieser Richtlinie – ebenso wie mit dem Umsetzungsgesetz – ebenfalls zivilrechtliche Fragen geregelt werden, ist die dort vorgenommene weite Begriffsbestimmung der Finanzdienstleistungen auch im vorliegenden Zusammenhang von Relevanz.

58   Auch ein Blick auf die Rechtsfolgen spricht nicht gegen die hier vorgenommene rechtliche Einordnung des Einlagengeschäfts als ein Geschäft, bei dem die Bank insgesamt die vertragscharakteristische Leistung erbringt. Zwar ist dann für Einlagengeschäfte unabhängig von einer entsprechenden Rechtswahl das Recht der Bank maßgeblich. Da aber die Verträge hiermit gleichzeitig auch als Bankdienstleistungen eingeordnet werden, kommt der Verbraucher – gerade auch im Fall einer Rechtswahlvereinbarung zugunsten des Rechts der Bank – zumindest potentiell in den Genuß der Verbraucherschutznorm von Art. 29 EGBGB (aber auch Art. 29 a EGBGB, vgl. hierzu sogleich).

5. Anwendbarkeit des Rechts des Aufenthaltsstaats des Verbrauchers gem. Art. 29 EGBGB

a) Einführung

59   Kann das Einlagengeschäft nicht der beruflichen oder gewerblichen Tätigkeit des Kunden (Verbrauchers) zugerechnet werden, so gelten einige Besonderheiten: Kam der Vertrag unter den Umständen zustande, die gem. Art. 29 Abs. 1 Nr. 1–3 EGBGB einen besonderen Bezug zum Aufenthaltsstaat des Verbrauchers begründen,[115] dann darf dem Verbraucher durch die Rechtswahl nicht der Schutz entzogen werden, der ihm durch die zwingenden Vorschriften des objektiv ermittelten Vertragsstatuts gewährt wird (Art. 29 Abs. 1 EGBGB). Das objektive Vertragsstatut, also die Rechtsordnung, die ohne eine Rechtswahl zur Anwendung kommt, ist bei Verbraucherverträgen i.S.d. Art. 29 EGBGB aber grds. das Recht des Aufenthaltsstaats des Verbrauchers (Art. 29 Abs. 2 EGBGB).

b) Vertragsschluß unter den Umständen des Art. 29 Abs. 1 Nr. 1–3 EGBGB

60   Im Zusammenhang mit dem Einlagengeschäft können sich aber Zweifel an der Anwendbarkeit des Art. 29 EGBGB ergeben: Insbes. stellt sich die Frage, inwiefern

---

114   Vgl. auch die Begründung des Regierungsentwurfs BT-Drucks. 15/2946, S. 19.
115   Sofern also dem Vertragsschluß ein ausdrückliches Angebot oder eine Werbung im Aufenthaltsstaat des Verbrauchers vorausgegangen ist und der Verbraucher dort auch die erforderlichen Rechtshandlungen vorgenommen, also die Bestellung aufgegeben oder ein Angebot angenommen hat (vgl. Art. 29 Abs. 1 Nr. 1 EGBGB) oder der Vertragspartner des Verbrauchers oder sein Vertreter die Bestellung des Verbrauchers in dessen Aufenthaltsstaat entgegengenommen hat (vgl. Art. 29 Abs. 1 Nr. 2 EGBGB) oder wenn eine vom Verkäufer zum Zweck der Bestellung veranlaßte Reise des Verbrauchers im Aufenthaltsstaat des Verbrauchers seinen Ausgang genommen hat (vgl. Art. 29 Abs. 1 Nr. 3 EGBGB), vgl. auch *Kropholler* § 52 V 2 a) (S. 475).

beim Abschluß solcher Geschäfte tatsächlich die Umstände des Art. 29 Abs. 1 Nr. 1–3 EGBGB vorliegen, die einen besonderen Bezug zum Aufenthaltsstaat des Verbrauchers begründen. Von Relevanz kann hier namentlich sein, ob ein ausdrückliches Angebot bzw. eine Werbung im Aufenthaltsstaat des Verbrauchers auch bei Webseiten im Internet vorliegt (Art. 29 Abs. 1 Nr. 1 EGBGB). Da der Anbieter (z. B. eine Direktbank) mit dem Internet (bewußt) ein weltweit verfügbares Medium nutzt, spricht er damit im Grundsatz auch weltweit Kunden (insbes. auch Verbraucher) an. Will der Anbieter sich jedoch auf einen oder wenige Staaten beschränken, so kann er dies in sein Angebot aufnehmen und überdies Vertragsschlüsse mit Kunden anderer Staaten ablehnen. Schließt der Anbieter aber auch mit Kunden außerhalb des von ihm zunächst ins Auge gefaßten Zielgebiets ab, so muß er mit der Anwendbarkeit der Verbraucherschutzgesetze dieser Staaten rechnen.[116] Im übrigen gibt der Internetnutzer seine eigene Willenserklärung an dem Ort ab, an dem er sie ins Internet einspeist,[117] und nimmt damit in diesem Staat die zum Abschluß des Vertrags erforderlichen Rechtshandlungen vor (vgl. Art. 29 Abs. 1 Nr. 1 EGBGB).

Fast noch problematischer ist bei Vertragsschlüssen per Internet, wo der Vertragspartner des Verbrauchers (oder dessen Vertreter) die Bestellung des Verbrauchers entgegennimmt (Art. 29 Abs. 1 Nr. 2 EGBGB). Am naheliegendsten dürfte aber sein, hier auf das Länderkürzel der Internetadresse des Anbieters abzustellen, da der Verbraucher den Anbieter an diesem Ort lokalisieren wird.[118] **61**

c) Einlagengeschäft als Dienstleistung der Bank i. S. d. Art. 29 Abs. 1 EGBGB

Daneben setzt Art. 29 Abs. 1 EGBGB voraus, daß die Einlagengeschäfte Dienstleistungen der Bank i. S. d. Vorschrift darstellen. Hieran könnte man zunächst zweifeln, da jedenfalls bei der Spar- und Termineinlage der Bankkunde der Bank ein Darlehen gibt. Begründet man die grds. Anwendbarkeit des Rechts der Bank aber mit der Erwägung, die Bank erbringe auch beim Einlagengeschäft wegen der damit verbundenen Kontoführung eine Dienstleistung und überdies stelle dieses Bankgeschäft eine Finanzdienstleistung i. S. d. Richtlinie v. 23. 9. 2002 über den Fernabsatz **62**

---

116 So zutreffend *Mankowski*, RabelsZ 63 (1999), insbes. 239–245; Staudinger-*Magnus* BGB (2002) Art. 29 EGBGB Rdnr. 71; *Ganssauge* S. 200–204; a. A. *Borges*, ZIP 1999, 569 f., der nur dann Art. 29 Abs. 1 Nr. 1 EGBGB für anwendbar hält, wenn der Anbieter mit seiner Werbung nach dem Inhalt der Internetseiten auf den betreffenden Verbraucherstaat abzielt (etwa aufgrund der Sprache, Währung, Merkmale der Produktbeschreibung); ebenfalls für eine weite Interpretation von Art. 5 des Europäischen Schuldvertragsübereinkommens (entspricht Art. 29 EGBGB) im Fall von Internet-Werbung plädieren im englischen internationalen Privatrecht *Dicey, A. V. & Morris, H. C.*, The Conflict of Laws, Bd. 2, 13. Aufl. 2000, S. 1288 f. (33–011); offengelassen bei *Kropholler* § 52 V 2 c) (S. 476).
117 So zutreffend *Mankowski*, RabelsZ 63 (1999), 250; Staudinger-*Magnus* BGB (2002) Art. 29 EGBGB Rdnr. 75; so auch für Art. 5 des Europäischen Schuldvertragsübereinkommens (entspricht Art. 29 EGBGB) im englischen internationalen Privatrecht *Dicey, A. V. & Morris, H. C.*, The Conflict of Laws, Bd. 2, 13. Aufl. 2000, S. 1289 (33–013).
118 Vgl. *Mankowski*, RabelsZ 63 (1999), 253; Staudinger-*Magnus* BGB (2002) Art. 29 EGBGB Rdnr. 76.

von Finanzdienstleistungen an Verbraucher[119] dar (vgl. oben Rdnr. 57f.), dann ist nur folgerichtig, ja unausweichlich, das Einlagengeschäft auch im Rahmen des Art. 29 EGBGB als Dienstleistung einzuordnen.[120]

63   Der eben dargestellte Verbraucherschutz kommt jedoch nicht zur Anwendung, wenn die dem Verbraucher geschuldeten Dienstleistungen ausschließlich in einem anderen Staat als dem Aufenthaltsstaat des Verbrauchers erbracht werden müssen (Art. 29 Abs. 4 Nr. 2 EGBGB). Denn in diesem Fall kann der Verbraucher nicht mit einer Privilegierung gegenüber anderen Verbrauchern im Staat der Dienstleistungserbringung rechnen.[121] Klassische Fälle des Art. 29 Abs. 4 Nr. 2 EGBGB sind etwa Beherbergungsverträge ausländischer Hotels oder Unterrichtsverträge, wenn sie einen Auslandssprachkurs oder einen im Ausland zu absolvierenden Ski- oder Segelkurs zum Gegenstand haben.[122] Diese Ausnahme von dem generell durch Art. 29 Abs. 1 und 2 EGBGB gewährten Verbraucherschutz kommt jedoch nur zur Anwendung, wenn die Leistung überhaupt keine Berührung zum Aufenthaltsstaat des Verbrauchers hat.[123] Eine Berührung mit dem Aufenthaltsstaat des Verbrauchers ist aber bereits dann anzunehmen, wenn die Bank dem Verbraucher in dessen Aufenthaltsstaat Zinsen überweist oder gar lediglich Kontoauszüge oder sonstige Mitteilungen übersendet. Ein Bezug zum Aufenthaltsstaat des Verbrauchers besteht aber auch, wenn der Verbraucher seinerseits eine Leistung (etwa Überweisung des Einlagebetrages) von seinem Aufenthaltsstaat aus erbringt[124] oder Informationen von dort abruft.[125] Zwar könnte der Wortlaut des Art. 29 Abs. 4 Nr. 2 EGBGB gegen diese Interpretation sprechen, weil danach nur auf den Erfüllungsort der *dem Verbraucher geschuldeten* Dienstleistung abgestellt wird. Jedoch sollten Ausnahmebestimmungen wie Art. 29 Abs. 4 Nr. 2 EGBGB eng ausgelegt werden. Zudem weisen diese Verträge auch dann einen Bezug zum Aufenthaltsstaat des Verbrauchers auf, wenn der Verbraucher Rechtshandlungen im Rahmen des Vertragsverhältnisses in seinem Aufenthaltsstaat vornimmt. Dann aber kann der Verbraucher – im Gegensatz zu den o.g. klassischen Fällen des Art. 29 Abs. 4 Nr. 2 EGBGB – eben doch die Anwendung des Verbraucherrechts seines Aufenthaltsstaats erwarten.

119   ABl. EG Nr. L 271, S. 16.
120   Vgl. auch *Martiny*, in: *Reithmann/Martiny*, Rdnr. 1218; *Kropholler* § 52 III 3 g) (S. 464); a.A. Soergel-*v.Hoffmann* BGB Art. 29 EGBGB Rdnr. 7.
121   Vgl. MünchKomm.-*Martiny* BGB Art. 29 EGBGB Rdnr. 27.
122   BT-Drucks. 10/504, S. 80.
123   Vgl. OLG Düsseldorf 14. 1. 1994, RIW 1994, 420f.; Soergel-*v.Hoffmann* BGB Art. 29 EGBGB Rdnr. 27; vgl. zu Vertragsschlüssen per Internet auch *Mankowski*, RabelsZ 63 (1999), 255.
124   Vgl. OLG Düsseldorf 14. 1. 1994, RIW 1994, 421; vgl. auch BGH 26. 10. 1993, BGHZ 123, 380, 387f.
125   So zutreffend *Mankowski*, RabelsZ 63 (1999), 255; *Ganssauge* S. 188–190.

d) Rechtsfolgen

Da das Einlagengeschäft deshalb in aller Regel einen Bezug zum Aufenthaltsstaat   64
des Verbrauchers aufweist, wird es grds. bei dem Schutz verbleiben, den die Verbraucher gem. Art. 29 Abs. 1 und 2 EGBGB genießen. Haben die Bank und der Kunde keine Rechtswahlvereinbarung getroffen, so gelangt daher über Art. 29 Abs. 2 EGBGB das Recht des Aufenthaltsstaats des Verbrauchers zur Anwendung. Kam hingegen eine Rechtswahlvereinbarung zustande, ist diese grds. wirksam (zu Einschränkungen vgl. oben § 2 Rdnr. 18–21), so daß auch die Verbraucherschutzbestimmungen des gewählten Rechts anwendbar sind. Da jedoch dem Verbraucher der Schutz nicht entzogen werden darf, den ihm die zwingenden Bestimmungen des Rechts seines Aufenthaltsstaats gewähren, stellen diese Schutzbestimmungen den Mindeststandard des Verbraucherschutzes dar. Im Ergebnis sind daher die Schutzbestimmungen des gewählten Rechts und des Rechts des Aufenthaltsstaats des Verbrauchers zu vergleichen und die Schutzbestimmungen anzuwenden, die den Verbraucher im konkreten Fall besser schützen (Art. 29 Abs. 1 EGBGB).[126]

Der Sache nach geht es bei den Schutzbestimmungen zugunsten des Verbrau-   65
chers insbes. um die Verbraucherschutzgesetze, wobei im Zusammenhang mit Einlagengeschäften im deutschen Recht namentlich an die Vorschriften über AGB (§§ 305 ff. BGB), aber etwa auch an sonstige zwingende Vorschriften (§ 138 BGB) zu denken ist.[127] Gerade im Bereich der AGB (vgl. Art. 29 a Abs. 4 Nr. 1 EGBGB) ist aber bei Wahl eines drittstaatlichen Rechts[128] zu beachten, daß – soweit im Einzelfall einmal der Schutz des Art. 29 a EGBGB weiter reichen sollte als der nach Art. 29 EGBGB – das nach Art. 29 a EGBGB berufene Recht vorgeht[129] (vgl. Art. 20 des Römischen Schuldvertragsübereinkommens v. 19. 6. 1980[130]).

Liegen die Voraussetzungen von Art. 29 EGBGB vor, hat daher ein deutscher   66
Richter – sofern der Aufenthaltsstaat des Verbrauchers Deutschland ist – die AGB von Banken nach dem gewählten Recht, aber auch anhand der §§ 305 ff. BGB zu prüfen. Kommt er zu dem Ergebnis, daß bestimmte AGB zwar nach dem gewählten Recht wirksam, nach der AGB-Kontrolle des deutschen Rechts gem. §§ 305 ff. BGB aber unwirksam sind, so hat er diese im konkreten Fall als unwirksam zu behandeln, sofern dies für den Kunden günstiger ist.

---

126   Zu diesem Günstigkeitsvergleich vgl. statt vieler MünchKomm.-*Martiny* BGB Art. 29 EGBGB Rdnr. 59–61.

127   So Staudinger-*Magnus* BGB (2002) Art. 29 EGBGB Rdnr. 102; MünchKomm.-*Martiny* BGB Art. 29 EGBGB Rdnr. 56 f.; *Martiny*, in: Reithmann/Martiny, Rdnr. 825; eine Einschränkung auf verbraucherschützende Normen ziehen allerdings *Dicey, A. V. & Morris, H. C.*, The Conflict of Laws, Bd. 2, 13. Aufl. 2000, S. 1290 (33–016) bei der Interpretation des Art. 5 des Europäischen Schuldvertragsübereinkommens (entspricht Art. 29 EGBGB) im englischen internationalen Privatrecht in Erwägung.

128   Also eines anderen Rechts als das eines Mitgliedstaats der Europäischen Union oder eines Vertragsstaats des Abkommens über den Europäischen Wirtschaftsraum, vgl. Art. 29 a Abs. 1 EGBGB.

129   Vgl. hierzu Staudinger-*Magnus* BGB (2002) Art. 29 a EGBGB Rdnr. 25 f.

130   BGBl. 1986 II, S. 810.

6. Verbraucherschutz für besondere Gebiete gem. Art. 29 a EGBGB

67   Mit Art. 29 a EGBGB wurden die kollisionsrechtlichen Vorschriften europäischer Verbraucherschutzrichtlinien zusammengefaßt. Zugleich wird mit dieser Bestimmung sichergestellt, daß das europäische Richtlinienrecht nicht durch die Wahl des Rechts eines Drittstaates[131] verdrängt wird, sofern der Vertrag einen „engen Zusammenhang" mit dem Gebiet eines EU-Staates oder eines Vertragsstaats des Abkommens über den Europäischen Wirtschaftsraum (EWR) aufweist.[132]

68   Folgende Punkte sind bei der Auslegung des Art. 29 a EGBGB besonders hervorzuheben: Anders als Art. 29 EGBGB findet Art. 29 a EGBGB auf alle Arten von Verträgen Anwendung, so daß die Frage, ob Einlagengeschäfte Dienstleistungen der Bank darstellen, hier (zunächst) nicht relevant ist. Einschränkend setzt Art. 29 a EGBGB aber voraus, daß das Recht des Drittstaates kraft Rechtswahl zur Anwendung gelangt. Ist das Recht des Drittstaates hingegen ohnehin über eine objektive Anknüpfung für den betreffenden Vertrag maßgeblich, gilt Art. 29 a EGBGB nicht. Daher ist stets zu prüfen, welches Recht kraft objektiver Anknüpfung zur Anwendung berufen wäre; vorrangig zu prüfen ist daher die objektive Anknüpfung gem. Art. 28 bzw. – bei Verbraucherverträgen i.S.d. Art. 29 Abs. 1 EGBGB und damit auch bei Einlagengeschäften – gem. Art. 29 Abs. 2 EGBGB. Da nur bei rechtlicher Einordnung des Einlagengeschäfts als Dienstleistung der Bank die objektive Anknüpfung zugunsten des Aufenthaltsstaats des Verbrauchers gem. Art. 29 Abs. 2 EGBGB zur Anwendung gelangt, ist diese oben erörterte Frage nicht allein im Rahmen des Art. 29 EGBGB, sondern auch des Art. 29 a EGBGB von Bedeutung. Soweit also die objektive Anknüpfung des Art. 29 Abs. 2 EGBGB eingreift, erhöht sich die Wahrscheinlichkeit, daß durch die Wahl eines drittstaatlichen Rechts ein anderes Recht (als bei objektiver Anknüpfung) zur Anwendung gelangt und damit auch die Voraussetzungen von Art. 29 a EGBGB erfüllt sind.

69   Weist der Vertrag nun einen engen Zusammenhang mit dem Gebiet eines EU-Staates oder eines EWR-Staates i.S. der allerdings nur beispielhaft genannten Fälle des Art. 29 a Abs. 2 EGBGB auf, so kann durch die Wahl des Rechts eines Drittstaates das nach objektiver Anknüpfung anwendbare Richtlinienrecht nicht „abgewählt" werden. Die Rechtswahl wird zwar anerkannt, jedoch in ihren Wirkungen eingeschränkt. Denn trotz Rechtswahl finden die Bestimmungen zur Umsetzung der in Art. 29 a Abs. 4 EGBGB abschließend aufgeführten Verbraucherschutzrichtlinien Anwendung, wobei die Umsetzungsvorschriften des Staates gelten, mit dem der Vertrag einen engen Zusammenhang aufweist. Dabei stellt Art. 29 a EGBGB selbst zwar keine persönlichen Anforderungen an die Vertragsparteien, insbes. muß nach dem Wortlaut dieser Vorschrift keine der Parteien Verbraucher sein. Da

---

131   Also eines anderen Rechts als das eines Mitgliedstaats der Europäischen Union oder eines Vertragsstaats des Abkommens über den Europäischen Wirtschaftsraum, vgl. Art. 29 a Abs. 1 EGBGB.
132   Vgl. hierzu *Wagner*, IPRax 2000, 249–251; Staudinger-*Magnus* BGB (2002) Art. 29 a EGBGB Rdnr. 1.

jedoch die in Art. 29 a Abs. 4 EGBGB genannten Richtlinien nur Anwendung finden, wenn eine Partei Verbraucher ist, greift auch Art. 29 a EGBGB im Ergebnis nicht ohne Beteiligung eines Verbrauchers ein.[133]

Bezieht man diese Vorschrift auf Einlagengeschäfte – und generell auf Bankge-   70
schäfte – so können sich insbes. die Richtlinie 93/13/EWG des Europäischen Parlaments und des Rates v. 5. 4. 1993 über mißbräuchliche Klauseln in Verbraucherverträgen (im deutschen Recht also die §§ 305 ff. BGB)[134] sowie die Richtlinie 2002/65/EG des Europäischen Parlaments und des Rates v. 23. 9. 2002 über den Fernabsatz von Finanzdienstleistungen an Verbraucher und zur Änderung der Richtlinie 90/619/EWG des Rates und der Richtlinien 97/7/EG und 98/27/EG[135] gegenüber dem gewählten drittstaatlichen Recht durchsetzen. Im Bereich dieses Richtlinienrechts kann der Schutz des Art. 29 a EGBGB sogar über den Schutz des Art. 29 EGBGB hinausgehen; so etwa, wenn die Umsetzungsnormen des Staates mit einem engen Zusammenhang mit dem betreffenden Vertrag für den Verbraucher günstiger sind als das gem. Art. 29 EGBGB zur Anwendung berufene Recht des Aufenthaltsstaates des Verbrauchers. In diesem Fall geht das gem. Art. 29 a EGBGB anwendbare Recht vor.[136]

Andererseits wird bei Art. 29 a EGBGB – anders als im Rahmen des Art. 29   71
EGBGB – kein Günstigkeitsvergleich angestellt und daher keine Prüfung vorgenommen, ob nicht möglicherweise das drittstaatliche Recht für den Verbraucher günstiger ist als das europäische Richtlinienrecht.[137] Aufgrund des verbraucherschützenden Zwecks der Artt. 29, 29 a EGBGB verbleibt es dann bei der Anwendung des Art. 29 EGBGB,[138] der einen solchen Günstigkeitsvergleich vorsieht und daher das drittstaatliche Recht für maßgeblich erklärt, das im konkreten Fall den Verbraucher besser schützt.

7. Verbraucherschutz gem. Art. 34 EGBGB

a) Grundsätzlicher Anwendungsbereich des Art. 34 EGBGB im Bereich des Verbraucherschutzes

Normen, die den Verbraucher schützen, könnten daneben international zwingen-   72
de Bestimmungen i.S.d. Art. 34 EGBGB (sog. Eingriffsnormen) sein und daher auch dann Anwendung finden, wenn der Vertrag einer anderen Rechtsordnung untersteht. Nach h.M. handelt es sich dabei um Normen von besonderer Bedeutung, die sich nicht im Ausgleich widerstreitender Interessen der Vertragsparteien erschöpfen, sondern auch auf öffentliche Interessen gerichtet sind. Es geht also (ins-

---

133 So zutreffend Staudinger-*Magnus* BGB (2002) Art. 29 a EGBGB Rdnr. 35; *Martiny*, in: *Reithmann/Martiny*, Rdnr. 835.
134 ABl. EG Nr. L 95, S. 29.
135 ABl. EG Nr. L 271, S. 16.
136 Staudinger-*Magnus* BGB (2002) Art. 29 a EGBGB Rdnr. 25f.; *Kropholler* § 52 V 6 (S. 478).
137 Vgl. dazu *Wagner*, IPRax 2000, 254f.; *Staudinger*, RIW 2000, 418; Staudinger-*Magnus* BGB (2002) Art. 29 a EGBGB Rdnr. 54; a.A. aber *Martiny*, in: *Reithmann/Martiny*, Rdnr. 840.
138 *Staudinger*, RIW 2000, 419; *Martiny*, in: *Reithmann/Martiny*, Rdnr. 846.

besondere) um Normen wirtschaftspolitischer Art, die im öffentlichen Interesse bestehen, wie etwa Bestimmungen des Außenwirtschaftsrechts, Devisenvorschriften oder Vorschriften des Kartellrechts.[139] Da aber auch sozialpolitische und Verbraucherschutzvorschriften möglicherweise der Marktregulierung und der Durchsetzung sozialpolitischer Ziele dienen, können auch diese Vorschriften im Einzelfall international zwingende Normen i.S.d. Art. 34 EGBGB darstellen.[140] Allerdings werden jedenfalls aus Sicht des deutschen Rechts grundsätzlich nur die deutschen Eingriffsnormen angewandt (vgl. den Wortlaut des Art. 34 EGBGB), während die Frage, ob und wie ausländische Eingriffsnormen zu berücksichtigen sind, gesetzlich im EGBGB nicht geregelt und außerordentlich umstritten ist.[141]

73   Abgesehen von dieser Problematik, welche international zwingenden Verbraucherschutznormen überhaupt Berücksichtigung finden können, sind nicht nur die Voraussetzungen der Anwendbarkeit des Art. 29 EGBGB einerseits (Verbrauchervertrag, besonderer Bezug zum Aufenthaltsstaat des Verbrauchers gem. Art. 29 Abs. 1 Nr. 1–3 EGBGB) und des Art. 34 EGBGB andererseits (zumindest nach dem Wortlaut lediglich international zwingende Normen der lex fori) ziemlich unterschiedlich. Anders sind insbes. auch die Rechtsfolgen: Sofern keine Rechtswahlvereinbarung getroffen wurde, erklärt Art. 29 EGBGB das Recht des Aufenthaltsstaats des Verbrauchers für anwendbar, und zwar unabhängig davon, um welche Rechtsordnung es sich hierbei handelt (sog. allseitige Kollisionsnorm). Wurde eine Rechtswahlvereinbarung getroffen, führt Art. 29 EGBGB hinsichtlich der zwingenden Bestimmungen zum Schutz des Verbrauchers zu einem Günstigkeitsvergleich zwischen dem gewählten Recht und dem Recht des Aufenthaltsstaates des Verbrauchers. Demgegenüber erklärt Art. 34 EGBGB bei Vorliegen international zwingender Normen insoweit nur eine Rechtsordnung (die inländische, hier die deutsche) für anwendbar (sog. einseitige Kollisionsnorm). Daher ist das Verhältnis zwischen Art. 29 EGBGB und Art. 34 EGBGB zu klären.

74   Zunächst ist eine mögliche Überschneidung von Art. 29 und Art. 34 EGBGB al-

---

139 Vgl. statt vieler Staudinger-*Magnus* BGB (2002) Art. 34 EGBGB Rdnr. 57; Münch-Komm.-*Martiny* BGB Art. 34 EGBGB Rdnr. 12f.

140 Staudinger-*Magnus* BGB (2002) Art. 34 EGBGB Rdnr. 37; vgl. auch BGH 26. 10. 1993, BGHZ 123, 380, 390f.; BGH 19. 3. 1997, BGHZ 135, 124, 135; mittlerweile sehr zurückhaltend hinsichtlich der Anwendbarkeit des Art. 34 EGBGB im Bereich des Verbraucherschutzrechts *Freitag*, in: *Reithmann/Martiny*, Rdnr. 405.

141 So sollen nach der Schuldstatutstheorie die ausländischen Eingriffsnormen zur Anwendung gelangen, die der Staat erlassen hat, dem der Vertrag (ansonsten) untersteht, sofern diese Eingriffsnormen nicht gegen den inländischen ordre public verstoßen. Demgegenüber will eine andere Auffassung ausländische Eingriffsnormen nur auf der Ebene des materiellen Rechts berücksichtigen, also etwa bei der Frage der Unmöglichkeit der Erfüllung einer Leistungspflicht oder auch im Rahmen eines Verstoßes gegen die guten Sitten, während die Vertreter einer kollisionsrechtlichen Anknüpfung bei einer engen Verbindung des Sachverhalts mit dem Staat, der die Eingriffsnorm erlassen hat, diese Normen zur Anwendung bringen will, sofern diese Eingriffsnormen selbst Geltung beanspruchen und überdies mit den Interessen und Wertungen der eigenen Rechtsordnung (des Forumstaates) zumindest nicht in Widerspruch stehen. Vgl. zu diesen verschiedenen Theorien *Kropholler* § 52 X (S. 496–503) m.w.N.

lenfalls im Bereich der Normen zum Schutz der Vertragspartei gegeben, die Verbraucher ist. Soweit es um die event. Anwendbarkeit der klassischen Eingriffsnormen (etwa der Vorschriften des Außenwirtschaftsrechts) geht, entsteht keine Kollision zwischen Art. 29 EGBGB und Art. 34 EGBGB, vielmehr bleibt Art. 34 EGBGB bei Vorliegen der Voraussetzungen anwendbar.

Soweit es sich hingegen um zwingende Bestimmungen zum Schutz der Verbraucher handelt, findet sich in Art. 29 EGBGB eine Spezialregelung, die bestimmte Voraussetzungen an die erfaßten Vertragstypen, aber auch an die Beziehung des Vertrags zum Aufenthaltsrecht des Verbrauchers stellt. Liegen die Voraussetzungen des Art. 29 EGBGB vor, kommt dieser Sonderregelung als der spezielleren Bestimmung Vorrang zu. Zwar soll gem. Art. 34 EGBGB der Unterabschnitt (scil. über vertragliche Schuldverhältnisse) die Anwendung der Bestimmungen nicht berühren, die ohne Rücksicht auf das auf den Vertrag anzuwendende Recht den Sachverhalt zwingend regeln.[142] Würde man dies auch in den Teilbereichen summarisch annehmen, die im Römischen Übereinkommen über das auf vertragliche Schuldverhältnisse anzuwendende Recht hinsichtlich der Tatbestandsvoraussetzungen und Rechtsfolgen in ausdifferenzierter Weise geregelt wurden, könnten jedoch insbes. die Artt. 29, 30 EGBGB umgangen oder unterlaufen werden. Insbesondere könnte durch eine pauschale Anwendung des Art. 34 EGBGB der in Art. 29 EGBGB vorgesehene Günstigkeitsvergleich zu Lasten des Verbrauchers ausgehebelt werden. Jedenfalls soweit die Voraussetzungen des Art. 29 EGBGB vorliegen, stellt diese Bestimmung daher eine gegenüber Art. 34 EGBGB vorrangige Spezialregelung dar.[143]

Etwas schwieriger ist die Frage zu beantworten, ob und inwieweit Art. 34 EGBGB (im Bereich der zwingenden Bestimmungen zum Schutz des Verbrauchers) anwendbar sein kann, wenn die Voraussetzungen des Art. 29 EGBGB nicht gegeben sind. Sofern ein Vertragstyp in den Regelungsbereich des Verbraucherschutzes gem. Art. 29 EGBGB fällt und es um die Anwendung zwingender Bestimmungen zum Schutz der Verbraucher geht, ist Art. 34 EGBGB richtigerweise nicht anwendbar. Denn Art. 29 EGBGB stellt insoweit eine abschließende Sonderregelung dar, zumal die ausdifferenzierten Voraussetzungen des Art. 29 Abs. 1 Nr. 1–3 EGBGB nicht durch die Anwendung des Art. 34 EGBGB unterlaufen werden sollten.[144]

Art. 29 EGBGB stellt aber keine abschließende Regelung dar, soweit es um Ver-

75

76

77

---

142 So Staudinger-*Magnus* BGB (2002) Art. 34 EGBGB Rdnr. 36.
143 So auch BGH 26. 10. 1993, BGHZ 123, 380, 390f.; BGH 19. 3. 1997, BGHZ 135, 124, 135; so wohl auch MünchKomm.-*Martiny* BGB Art. 34 EGBGB Rdnr. 109f., 79 a; auf der Basis der Auffassung von der Sonderanknüpfung des Sonderprivatrechts (vgl. hierzu näher § 4 Rdnr. 55) im Ergebnis auch Soergel-*v.Hoffmann* BGB Art. 34 EGBGB Rdnr. 7; hingegen geht Staudinger-*Magnus* BGB (2002) Art. 34 EGBGB Rdnr. 36–38 von einem relativen Vorrang des Art. 34 EGBGB aus.
144 Vgl. BGH 26. 10. 1993, BGHZ 123, 380, 390f.; ähnlich auch *Freitag*, in: *Reithmann/Martiny*, Rdnr. 405; vgl. allgemein zum Vorrang anderer Bestimmungen des Europäischen Schuldvertragsübereinkommens vor Art. 7 Abs. 2 (entspricht Art. 34 EGBGB) im englischen internationalen Privatrecht *Dicey, A. V. & Morris, H. C.*, The Conflict of Laws, Bd. 2, 13. Aufl. 2000, S. 1243 (32–133);

tragstypen geht, die von vornherein nicht von Art. 29 EGBGB erfaßt werden (etwa Miete). Hier kann daher Art. 34 EGBGB zur Anwendung gelangen.[145] Dies gilt allerdings nur unter der Voraussetzung, daß es sich bei der in Rede stehenden Vorschrift zum Schutz der Verbraucher nicht nur um eine national, sondern auch international zwingende Norm handelt. Da es im Rahmen von Art. 34 EGBGB um die ausnahmsweise Geltung der lex fori trotz anderem Vertragsstatut geht, muß der Forumstaat überdies tatsächlich betroffen sein und ein sachlich begründetes Interesse an der Anwendung seiner Rechtsordnung haben. Daher wird bei Art. 34 EGBGB von der h.M. zu Recht ein hinreichender Inlandsbezug des Sachverhalts gefordert.[146] Soweit es um den Schutz von Verbrauchern geht, sollten zur Vermeidung von Wertungswidersprüchen auch im Rahmen des Art. 34 EGBGB die Anforderungen an den Inlandsbezug in Anlehnung an Art. 29 Abs. 1 Nr. 1–3 EGBGB bestimmt werden.[147]

b) Bei Einlagengeschäften keine Anwendbarkeit des Art. 34 EGBGB im Bereich des Verbraucherschutzes

78 Da hier angenommen wurde, daß auch Einlagengeschäfte Dienstleistungen der Bank i.S.d. Art. 29 Abs. 1 EGBGB darstellen, können bei diesen Geschäften nach dem eben Gesagten zwingende Bestimmungen zum Schutz der Verbraucher nicht gem. Art. 34 EGBGB, sondern nur gem. Art. 29 und Art. 29 a EGBGB durchgesetzt werden. Soweit man hingegen nicht alle Einlagengeschäfte als Dienstleistungen der Bank ansieht, sondern die Spareinlage rechtlich lediglich als Darlehen des Kunden an die Bank einordnet, steht man vor der Frage, ob und welche Verbraucherschutzvorschriften nicht nur national, sondern auch international zwingende Normen i.S.d. Art. 34 EGBGB sind und daher möglicherweise gem. Art. 34 EGBGB durchgesetzt werden können.[148]

---

145 Vgl. BGH 19. 3. 1997, BGHZ 135, 124, 135; ablehnend in Bezug auf das deutsche Verbraucherkreditgesetz (a. F.) aber BGH 13. 12. 2005, WM 2006, 373, 376; hingegen geht *Kropholler* davon aus, eine Norm könne nur entweder intern oder international zwingend sein, so daß eine Schutzvorschrift nicht gleichzeitig unter Art. 29 und Art. 34 EGBGB fallen könne, vgl. *Kropholler* § 52 IX 3 (S. 493f.). Allerdings muß jede international zwingende Norm, also eine Norm, die sich sogar gegen ein anderes Vertragsstatut durchsetzt, national ebenfalls zwingend sein, lediglich umgekehrt muß nicht jede national zwingende Norm auch gleichzeitig international zwingend sein.

146 H.M., vgl. etwa Staudinger-*Magnus* BGB (2002) Art. 34 EGBGB Rdnr. 72; Münch-Komm.-*Martiny* BGB Art. 34 EGBGB Rdnr. 130; *Freitag*, in: *Reithmann/Martiny*, Rdnr. 401; *Kropholler* § 52 IX 1 (S. 491); a.A. *Radtke, Rolf C.*, Schuldstatut und Eingriffsrecht, ZvglRWiss 84 (1985), 325–357, 329, 331, der zwar einen Inlandsbezug nicht fordert, aber doch davon ausgeht, daß die eigenen Eingriffsnormen in der Regel nur dann angewandt werden wollen, wenn ein Inlandsbezug des Sachverhalts gegeben ist.

147 So BGH 19. 3. 1997, BGHZ 135, 124, 136.

148 Insoweit ablehnend hinsichtlich der Regelungen zu AGB und der Widerrufsmöglichkeit von Haustürgeschäften MünchKomm.-*Martiny* BGB Art. 34 EGBGB Rdnr. 111; offengelassen hinsichtlich der Widerrufsmöglichkeit von Haustürgeschäften BGH 19. 3. 1997, BGHZ 135, 124, 135f.; a.A. unter Hinweis auf Art. 29 a EGBGB hinsichtlich der Regelungen zu AGB Staudinger-*Magnus* BGB (2002) Art. 34 EGBGB Rdnr. 71.

§ 4 Kreditgeschäft

Literatur

Bruchner, Helmut, in: Bankrechtshandbuch II, hrsg. v. Schimansky, Herbert/Bunte, Hermann Josef/Lwowski, Hans-Jürgen, 2. Aufl. 2001, §§ 78f. *Canaris, Claus-Wilhelm*, Bankvertragsrecht, 2. Aufl. 1981, Rdnr. 1195–1384. *Claussen, Carsten Peter*, Bank- und Börsenrecht, 3. Aufl. 2003, § 8 Rdnr. 1–109. *Früh, Andreas*, in: Bankrecht und Bankpraxis, 3. Teil: Kreditformen, Band 1, Stand Juni 2002, Rdnr. 3/1–240, 3/261–270. *Hennrichs, Joachim*, Informationspflichten bei Darlehensgeschäften – Insbesondere bei Festdarlehen mit alternativen Tilgungsinstrumenten, in: FS Kümpel, 2003, S. 241–255. *v. Hoffmann, Bernd*, Inländische Sachnormen mit zwingendem internationalem Anwendungsbereich, IPRax 1989, 261–271. *Hopt, Klaus J./Mülbert, Peter O.*, Die Darlehenskündigung nach § 609 a BGB – Eine Bilanz der ersten drei Jahre –, Sonderbeil. Nr. 3 zu WM 1990, 1–20. *Kümpel, Siegfried*, Bank- und Kapitalmarktrecht, 3. Aufl. 2004, Rdnr. 5.1–5.435. *Lwowski, Hans-Jürgen*, in: Bankrechtshandbuch II, hrsg. v. Schimansky, Herbert/Bunte, Hermann Josef/Lwowski, Hans-Jürgen, 2. Aufl. 2001, §§ 75–77. *Mülbert, Peter O.*, Die Auswirkungen der Schuldrechtsmodernisierung im Recht des „bürgerlichen" Darlehensvertrags, WM 2002, 465–476. *Ott, Claus*, Verbraucherschutz auf dem grauen Kapitalmarkt, – Private Kapitalanlagen in Immobilienfonds –, in: FS Raiser, 2005, S. 723–749. *Schnelle, Ulrich*, Die objektive Anknüpfung von Darlehensverträgen im deutschen und amerikanischen IPR, Arbeiten zur Rechtsvergleichung, Bd. 157, 1992. *Schönle, Herbert*, Bank- und Börsenrecht, 2. Aufl. 1976, §§ 9–12. *Schwintowski, Hans-Peter/Schäfer, Frank A.*, Bankrecht, Commercial Banking – Investment Banking, 2. Aufl. 2004, § 14f. *Strohn, Lutz*, Anlegerschutz bei geschlossenen Immobilienfonds nach der Rechtsprechung des Bundesgerichtshofs, WM 2005, 1441–1451. *Westermann, Harm Peter*, Gesellschaftsbeitritt als Verbrauchergeschäft?, ZIP 2002, 240–250.

I. Einführung

Das Kreditgeschäft gehört gem. § 1 Abs. 1 S. 2 Nr. 2 KWG zu den Bankgeschäften. 1 Dies bedeutet, daß Unternehmen, die das Kreditgeschäft gewerbsmäßig oder in einem Umfang betreiben, der einen in kaufmännischer Weise eingerichteten Geschäftsbetrieb erfordert, einer Erlaubnis der Bundesanstalt für Finanzdienstleistungsaufsicht gem. § 32 KWG bedürfen.

Der Kreditbegriff des § 1 Abs. 1 S. 2 Nr. 2 KWG umfaßt die Gewährung von 2 Gelddarlehen und Akzeptkrediten. Das Gelddarlehen stellt einen Fall des Zahlungskredits dar, bei dem der Kreditgeber dem Kreditnehmer ein Wirtschaftsgut zur zeitweiligen Nutzung überläßt. Demgegenüber ist der Akzeptkredit, bei dem die Bank einen Wechsel akzeptiert, den der Kunde anschließend veräußern und sich hierdurch Geld verschaffen kann, ein Unterfall des Haftungskredits. Beim Haftungskredit stellt also die Bank dem Kunden durch die Mitübernahme der Haftung ihre Bonität zur Verfügung und erweitert dadurch die Kreditbasis des Kunden.[1]

3   § 1 Abs. 1 KWG selbst führt weitere Fälle des Zahlungskredits sowie des Haftungskredits auf. So handelt es sich beim Diskontgeschäft (§ 1 Abs. 1 S. 2 Nr. 3 KWG) der Sache nach um einen Zahlungskredit, da die Bank dem Kunden in Form des Kaufpreises für die von ihr angekauften Wechsel und Schecks Geld zur zeitweiligen Nutzung überläßt. Das Garantiegeschäft (§ 1 Abs. 1 S. 2 Nr. 8 KWG) stellt hingegen einen Fall des Haftungskredits dar, da die Bank durch die Übernahme von Bürgschaften, Garantien oder anderen Gewährleistungen die Kreditbasis des Kunden erweitert.

4   Allerdings gibt es keinen einheitlichen Begriff des Kredits. So kennt das KWG selbst neben dem Kreditbegriff des § 1 Abs. 1 S. 2 Nr. 2 KWG einen weiter gefaßten, wirtschaftlichen Kreditbegriff in § 19 KWG, der auch sonstige Vorleistungen des einen Vertragspartners gegen Stundung des Anspruchs auf die Gegenleistung umfaßt.[2] Daneben findet sich auch in der Richtlinie 87/102/EWG des Rates v. 22. 12. 1986 zur Angleichung der Rechts- und Verwaltungsvorschriften der Mitgliedstaaten über den Verbraucherkredit[3] eine Definition des Kreditvertrags. Danach kommt diese Richtlinie auf Kreditverträge zur Anwendung, die in Art. 1 Abs. 2 c) als Verträge umschrieben werden, bei denen ein Kreditgeber einem Verbraucher einen Kredit in Form eines Zahlungsaufschubs, eines Darlehens oder einer sonstigen ähnlichen Finanzierungshilfe gewährt oder zu gewähren verspricht. Jedoch ist auch diese Begriffsbestimmung, die einerseits nur Kreditgewährungen an Verbraucher erfaßt, andererseits aber auch einen bloßen Zahlungsaufschub als Kredit einordnet, für die Definition des Kreditgeschäfts i. S. d. § 1 Abs. 1 S. 2 Nr. 2 KWG nicht maßgeblich.

Da Akzeptkredite im Rahmen des Wechselrechts angesprochen werden, beschränken sich die nachfolgenden Ausführungen auf Gelddarlehen.

II. Rechtliche Einordnung nach deutschem Sachrecht

1. Darlehensvertrag – Krediteröffnungsvertrag

5   Beim Gelddarlehen i. S. d. § 1 Abs. 1 S. 2 Nr. 2 KWG handelt es sich um einen Darlehensvertrag gem. § 488 Abs. 1 BGB.[4] Durch diesen wird der Darlehensgeber verpflichtet, dem Darlehensnehmer einen Geldbetrag in der vereinbarten Höhe zur Verfügung zu stellen, während der Darlehensnehmer verpflichtet ist, einen ge-

---

1 Zu den Begriffen Zahlungs- und Haftungskredit *Lwowski*, in: Bankrechtshandbuch II, § 75 Rdnr. 2 f.; *Schwintowski/Schäfer* § 14 Rdnr. 3.
2 So *Kümpel* Rdnr. 5.80.
3 ABl. EG Nr. L 42, S. 48, geändert durch die Richtlinie 98/7/EG v. 16. 2. 1998, ABl. EG Nr. L 101, S. 17.
4 *Claussen* § 8 Rdnr 6; vgl. auch *Fülbier, Andreas*, in: Boos, *Karl-Heinz/Fischer, Reinfrid/ Schulte-Mattler, Hermann*, Kreditwesengesetz, 2. Aufl. 2004, § 1 Rdnr. 44–46.

schuldeten Zins zu zahlen und bei Fälligkeit das zur Verfügung gestellte Darlehen zurückzuerstatten. Durch die gesetzliche Formulierung wird zweierlei klargestellt: zum einen, daß der Darlehensvertrag nicht erst durch die Überlassung des Geldes (Realvertrag), sondern bereits durch die Willensübereinstimmung von Darlehensgeber und Darlehensnehmer (Konsensualvertrag) zustande kommt.[5] Zum anderen läßt sich dieser Formulierung entnehmen, daß der Darlehensgeber zur wertmäßigen Verschaffung des Geldes (etwa auch per Banküberweisung), und nicht unbedingt zur Übereignung von Bargeld verpflichtet ist.[6]

Die Bankpraxis hat daneben den sog. Krediteröffnungsvertrag entwickelt. Im Krediteröffnungsvertrag verpflichtet sich die Bank, dem Kunden zu bestimmten Konditionen einen Kredit bis zu einer bestimmten Höhe (Kreditlinie) nach Abruf zu gewähren. Meist enthält der Krediteröffnungsvertrag auch die Verpflichtung des Kunden zur Zahlung einer Bereitstellungsprovision.[7] Zwingend ist dies jedoch nicht: so stellt die Einräumung eines Kontokorrent- oder Überziehungskredits, mit dem Liquiditätslücken auf einem Girokonto überbrückt werden können, rechtlich ebenfalls einen Krediteröffnungsvertrag in der Form des revolvierenden Kredits dar, bei der die Kreditlinie immer wieder in Anspruch genommen werden darf;[8] Bereitstellungszinsen werden hierfür aber in aller Regel nicht vereinbart.[9] Die Kreditgewährung muß sich im übrigen nicht zwangsläufig auf ein Gelddarlehen beziehen; denkbar sind vielmehr alle Kreditarten, also auch ein Akzept- oder Avalkredit.

Der Krediteröffnungsvertrag ist zunächst ein Rahmenvertrag, der die Konditionen für Kreditgewährungen der Bank festlegt, und daher auch ein Dauerschuldverhältnis begründet.[10] Daneben enthält er aber in aller Regel bereits die Verpflichtung der Bank zur Kreditgewährung. Dennoch ist der Krediteröffnungsvertrag von den einzelnen Kreditgeschäften zu unterscheiden. Diese Geschäfte kommen nämlich erst zustande, wenn der Kunde den Kredit abruft und damit sein ausfüllendes Gestaltungsrecht ausübt, das ihm in dem Krediteröffnungsvertrag eingeräumt wurde.[11] Der Krediteröffnungsvertrag ist also je nach dem, auf welchen Kreditvertrag er gerichtet ist, als Darlehensvertrag (im Fall einer Kreditzusage eines Gelddarlehens), Kaufvertrag (im Fall einer Kreditzusage eines Diskontkredits) oder Geschäftsbesorgungsvertrag (bei Zusage eines Avalkredits) einzuordnen. Daneben enthält aber jeder Krediteröffnungsvertrag als Kreditzusage noch Elemente eines Darlehensvertrags, so daß etwa auch das außerordentliche Kündigungsrecht des

---

5 *Kümpel* Rdnr. 5.5 f.; *Schwintowski/Schäfer* § 14 Rdnr. 9.
6 Vgl. hierzu statt vieler *Schwintowski/Schäfer* § 14 Rdnr. 11–13; *Kümpel* Rdnr. 5.9.
7 Vgl. *Lwowski*, in: Bankrechtshandbuch II, § 77 Rdnr. 2; *Canaris* Rdnr. 1200.
8 *Lwowski*, in: Bankrechtshandbuch II, § 75 Rdnr. 6; *Schwintowski/Schäfer* § 14 Rdnr. 31; *Canaris* Rdnr. 1350.
9 *Früh*, in: Bankrecht und Bankpraxis, Rdnr. 3/193.
10 So auch BGH 15. 6. 1955, NJW 1955, 1228, 1229; BGH 10. 11. 1977, WM 1978, 234, 235; BGH 4. 2. 1982, BGHZ 83, 76, 81; *Canaris* Rdnr. 1202; *Lwowski*, in: Bankrechtshandbuch II, § 77 Rdnr. 8.
11 *Schönle* § 12 II 1 d) (S. 169 f.); *Canaris* Rdnr. 1204 f.; *Schwintowski/Schäfer* § 14 Rdnr. 24.

Darlehensgebers gem. § 490 Abs. 1 BGB auf Krediteröffnungsverträge anwendbar ist. Im Ergebnis stellt der Krediteröffnungsvertrag einen eigenständigen Vertrag sui generis dar.[12]

8   Da beim Krediteröffnungsvertrag – anders als bei der bloß geduldeten Kontoüberziehung[13] – die Bank aber nach Abruf durch den Kunden zur Auszahlung des Kredits verpflichtet ist, soll dieser Anspruch nach der Rechtsprechung des BGH auch bereits vor Abruf gepfändet werden können. Allerdings entfaltet die Pfändung erst dann Wirkung, wenn der Kredit von dem Bankkunden (Schuldner) abgerufen wird. Dieses Gestaltungsrecht unterliegt zwar als höchstpersönliches Recht nicht der Pfändung;[14] dennoch hat diese Rechtsprechung zur Folge, daß ein debitorisches Konto für den Kunden / Schuldner faktisch blockiert ist.[15]

9   Sonderform eines Gelddarlehens ist der Verbraucherdarlehensvertrag (vgl. unten Rdnr. 15–33), aber auch das Hypothekendarlehen, das durch Hypothek oder Grundschuld gesichert ist (Realkredit) und von fast allen Kreditinstituten, aber insbes. auch von sog. Pfandbriefbanken gewährt wird. Zur Refinanzierung dieser grundpfandrechtlich gesicherten Kredite geben die Pfandbriefbanken Schuldverschreibungen (Hypothekenpfandbriefe) aus, die durch die Grundpfandrechte gedeckt sind (§§ 1 Nr. 1, 4 Abs. 1 S. 1, 12 Abs. 1, 18 Abs. 1 PfandBG). Das Pfandbriefgeschäft gehört mittlerweile zu den Bankgeschäften (§ 1 Abs. 1 S. 2 Nr. 1a KWG).[16] Eine andere Art des Realkredits ist der Lombardkredit, der durch die Verpfändung beweglicher, marktgängiger Sachen und Rechte (i.d.R. Effekten) gesichert ist; allerdings wird der Lombardkredit heute meist nicht mehr als Darlehen mit festem Betrag und fester Laufzeit (echter Lombardkredit), sondern als Kontokorrentkredit und damit in der Form eines Krediteröffnungsvertrags (unechter Lombardkredit) vergeben.[17]

---

12   Vgl. zu dieser rechtlichen Einordnung *Schönle* § 12 II 1 d) (S. 170); *Canaris* Rdnr. 1206f.; *Schwintowski/Schäfer* § 14 Rdnr. 26.

13   Die bloße Duldung einer Überziehung gibt dem Kunden keinen Anspruch gegen die Bank, so daß es sich auch nicht um eine pfändbare Forderung handelt, so BGH 24. 1. 1985, BGHZ 93, 315, 325.

14   Vgl. zur Pfändbarkeit der offenen Kreditlinie (Dispositionskredit) BGH 22. 1. 2004, WM 2004, 517, 518f.; BGH 17. 2. 2004, WM 2004, 669, 670; BGH 29. 3. 2001, BGHZ 147, 193, 196.

15   Insbes. aus diesem Grund kritisch zu dieser Rechtsprechung *Bitter, Georg*, Neues zur Pfändbarkeit des Dispositionskredits, WM 2004, 1109–1116, insbes. 1113–1115.

16   Vgl. zum Pfandbriefgesetz v. 22. 5. 2005 (BGBl. I, S. 1373), das in seinen wesentlichen Teilen am 19. 7. 2005 in Kraft getreten ist, *Frank, Wolfgang/Glatzl, Stefan*, Das Pfandbriefgesetz – die Vereinheitlichung und Neuordnung des Pfandbriefrechts –, WM 2005, 1681–1689: Durch dieses Gesetz wurde insbes. das Spezialbankprinzip im Bereich des Pfandbriefgeschäfts aufgegeben; zum Hypothekendarlehen vgl. *Claussen* § 8 Rdnr. 98–106.

17   Vgl. *Früh*, in: Bankrecht und Bankpraxis, Rdnr. 3/231.

2. Wesentliche Rechtsfragen bei Darlehensverträgen

a) Informations- und Beratungspflichten der Bank

Im Zusammenhang mit der Finanzierung (etwa einer Immobilie) kann u.U. kon-   10
kludent ein Beratungsvertrag abgeschlossen werden, wenn der Kunde an die Bank
herantritt, um von ihr über die Finanzierungsmöglichkeiten beraten zu werden
und die Bank das Beratungsgespräch aufnimmt.[18] Abgesehen von einer solchen
Konstellation besteht aber keine Beratungspflicht der Bank gegenüber dem Kunden. Sie ist grds. auch nicht zur Aufklärung über die Risiken der beabsichtigten
Verwendung der Darlehenssumme verpflichtet,[19] es sei denn, besondere Umstände, wie etwa ein konkreter Wissensvorsprung der Bank über spezielle Risiken, ein
von der Bank zusätzlich geschaffener Gefährdungstatbestand, die Überschreitung
der Rolle des Kreditgebers und Übernahme der Funktion eines Mitinitiators des
Projekts oder eine schwerwiegende Interessenkollision der Bank (Verringerung
der eigenen Risikoposition) erforderten nach Treu und Glauben ausnahmsweise eine Aufklärung des Kunden.[20] Diese Aufklärungspflichten resultieren aber nicht
aus einem gesonderten Vertragsverhältnis, sondern haben ihren Entstehungsgrund
in dem betreffenden Kreditvertrag oder in einem vorvertraglichen Schuldverhältnis (§ 311 Abs. 2 BGB).

b) Kündigungsmöglichkeit des Darlehensnehmers bei befristeten Darlehen

Bei befristeten Darlehen steht nur dem Darlehensnehmer eine ordentliche, grds.[21]   **11**
nicht abdingbare (§ 489 Abs. 4 BGB) Kündigungsmöglichkeit gem. § 489 BGB
zu. Danach kann der Darlehensnehmer einen Darlehensvertrag mit variablem
Zinssatz jederzeit mit einer Frist von 3 Monaten kündigen (§ 489 Abs. 2 BGB).
Durch diese Regelung soll der Darlehensnehmer vor Zinserhöhungen geschützt
werden, die für ihn nicht mehr tragbar sind.[22] Hingegen ist die ordentliche Kündigungsmöglichkeit des Darlehensnehmers bei Darlehensverträgen, bei denen für
einen bestimmten Zeitraum ein fester Zinssatz vereinbart ist, gem. § 489 Abs. 1
BGB deutlich eingeschränkt; durch diese Regelung wird die Gewährung länger-
fristig festverzinslicher Kredite mit einer laufzeit- und zinsgerechten Refinanzie-
rungsmöglichkeit der Darlehensgeber gefördert.[23] Im übrigen verfolgen die Kün-

---

18 Vgl. BGH 28.1.1997, NJW 1997, 1361, 1362; BGH 6.7.1993, BGHZ 123, 126, 128; BGH
4.3.1987, BGHZ 100, 117, 118f.
19 BGH 11.2.1999, WM 1999, 678, 679; BGH 28.4.1992, WM 1992, 1310, 1311.
20 Vgl. hierzu BGH 11.2.1999, WM 1999, 678, 679; BGH 28.4.1992, WM 1992, 1310, 1311;
Hennrichs, in: FS Kümpel, S. 248; *Claussen* § 8 Rdnr. 16–17 c.
21 Eine Ausnahme besteht insoweit nur bei Darlehen an den Bund, ein Sondervermögen des
Bundes, ein Land, eine Gemeinde, einen Gemeindeverband, die Europäischen Gemeinschaften
oder ausländische Gebietskörperschaften, vgl. § 489 Abs. 4 S. 2 BGB.
22 Ähnlich *Schwintowski/Schäfer* § 14 Rdnr. 273; vgl. auch BGH 6.3.1986, WM 1986, 580,
581f., wonach eine einseitige Zinsanpassungsklausel der Bank gerade auch wegen des Kündi-
gungsrechts des Kunden keinen Verstoß gegen § 9 AGBG a.F. (heute § 307 BGB) begründet.
23 Vgl. MünchKomm.-*K.P. Berger* BGB § 489 Rdnr. 3; Staudinger-*Hopt/Mülbert* BGB,
12. Aufl. 1989, § 609 a Rdnr. 4 (zu § 609 a BGB a.F.).

digungsmöglichkeiten des § 489 Abs. 1 Nr. 1–3 BGB aber unterschiedliche Zwecke:

12   Gem. § 489 Abs. 1 Nr. 1 BGB erhält der Darlehensnehmer die Möglichkeit, sich von dem Vertrag zu lösen, wenn die Zinsbindung vor der für die Rückzahlung bestimmten Zeit endet. Diese Kündigungsmöglichkeit stärkt und schützt die Position des Darlehensnehmers, da seine Chancen steigen, nach Ablauf der Zinsbindung (aber vor Vertragsende) entweder eine Zinserhöhung zu verhindern oder bei sinkendem Zinsniveau eine Zinssenkung zu erreichen. Der Darlehensnehmer ist dadurch nach Ablauf der Zinsbindung einem einseitigen Zinsbestimmungsrecht des Darlehensgebers nicht ausgeliefert, was zu einer Waffengleichheit zwischen Darlehensgeber und Darlehensnehmer führt.[24] Hingegen soll die Kündigungsmöglichkeit des Darlehensnehmers gem. § 489 Abs. 1 Nr. 2 BGB bei Gewährung eines nicht grundpfandrechtlich abgesicherten Darlehens an einen Verbraucher dem Schutz des Verbrauchers[25] dienen. Hierdurch sollen insbes. bei Konsumentenkrediten Umschuldungen zur Anpassung an ein gesunkenes Zinsniveau erleichtert werden.[26] Noch eine andere Schutzrichtung liegt § 489 Abs. 1 Nr. 3 BGB zugrunde, wonach der Darlehensnehmer jedenfalls nach Ablauf von zehn Jahren seit Empfang des Darlehens den Vertrag kündigen kann. Hierdurch soll der Darlehensnehmer vor einer überlangen Bindung (an einen nicht mehr marktgemäßen Zins) geschützt und so seine wirtschaftliche Bewegungsfreiheit erhalten bleiben.[27]

13   Da diese Kündigungsmöglichkeiten des Darlehensnehmers nicht durch Vertrag ausgeschlossen oder erschwert werden dürfen (§ 489 Abs. 4 S. 1 BGB), ist auch die Vereinbarung einer sog. Vorfälligkeitsentschädigung, also eines Anspruchs auf Ersatz des Schadens, der dem Darlehensgeber aus der vorzeitigen Kündigung entsteht (vgl. § 490 Abs. 2 S. 3 BGB), hier nicht zulässig.[28] Hingegen ist ein Disagio, also ein Abschlag von dem Nennbetrag des Darlehens, der zu einem niedrigeren Auszahlungsbetrag führt, mit § 489 Abs. 4 S. 1 BGB im Grundsatz vereinbar. Da das Disagio aber im Zweifel nicht die laufzeitunabhängigen Darlehensnebenkosten abdecken soll, sondern ein laufzeitabhängiger Ausgleich für einen niedrigeren No-

---

24   Vgl. Staudinger-*Hopt/Mülbert* BGB, 12. Aufl. 1989, § 609 a Rdnr. 6 (zu § 609 a BGB a. F.); MünchKomm.-*K. P. Berger* BGB § 489 Rdnr. 3; *Schwintowski/Schäfer* § 14 Rdnr. 274.

25   Im Fall des § 489 Abs. 1 Nr. 2 BGB handelt es sich nicht notwendigerweise um einen Verbraucherdarlehensvertrag i. S. d. § 491 BGB, da bei § 489 Abs. 1 Nr. 2 BGB der Darlehensgeber nicht Unternehmer i. S. d. § 14 BGB sein muß.

26   Vgl. *Schwintowski/Schäfer* § 14 Rdnr. 277; Staudinger-*Hopt/Mülbert*, Komm. z. BGB, 12. Aufl. 1989, § 609 a Rdnr. 7 (zu § 609 a BGB a. F.).

27   Vgl. *Schwintowski/Schäfer* § 14 Rdnr. 278; Staudinger-*Hopt/Mülbert*, Komm. z. BGB, 12. Aufl. 1989, § 609 a Rdnr. 8 (zu § 609 a BGB a. F.).

28   So auch *Hopt/Mülbert*, Sonderbeil. Nr. 3 zu WM 1990, S. 18 (zu § 609 a BGB a. F.); *Bruchner*, in: Bankrechtshandbuch II, § 79 Rdnr. 25; im Grundsatz auch MünchKomm.- *K. P. Berger* BGB § 489 Rdnr. 35, der allerdings eine Verwaltungskostenerstattung für den Mehraufwand infolge vorzeitiger Vertragsbeendigung dennoch für zulässig hält.

minalzins ist,²⁹ ist der auf die Restlaufzeit des Darlehens entfallende Anteil vom Darlehensgeber zurückzuzahlen.³⁰

Der Darlehensnehmer hat aber auch bei einem festverzinslichen Darlehen mit grundpfandrechtlicher Sicherung eine außerordentliche Kündigungsmöglichkeit, wenn seine berechtigten Interessen dies gebieten, insbes. wenn der Darlehensnehmer ein Bedürfnis nach einer anderweitigen Verwertung der zur Sicherung des Darlehens beliehenen Sache hat (§ 490 Abs. 2 BGB); zu denken ist etwa an den Fall, daß der Darlehensnehmer wegen eines Umzugs oder Ehescheidung sein Haus verkaufen möchte. Allerdings hat hier der Darlehensnehmer dem Darlehensgeber eine Vorfälligkeitsentschädigung zu zahlen (§ 490 Abs. 2 S. 3 BGB). Da § 490 BGB³¹ jedoch im Grundsatz abdingbar ist³² und damit noch nicht einmal national zwingendes Recht darstellt, bereitet diese Bestimmung auch international keine größeren Probleme und soll deshalb hier nicht näher untersucht werden. **14**

c) Besonderheiten des Verbraucherdarlehensvertrags
aa) Allgemeine Regelungen zum Verbraucherdarlehensvertrag

Für Gelddarlehensverträge, die ein Unternehmer (§ 14 BGB) als Darlehensgeber mit einem Verbraucher (§ 13 BGB)³³ als Darlehensnehmer abschließt, gelten grds.³⁴ die Sonderregelungen der §§ 492–498 BGB (§ 491 Abs. 1 BGB). Da diese Vorschriften dem Schutz des Verbrauchers dienen,³⁵ kann von ihnen nicht zum Nachteil des Verbrauchers abgewichen werden (§ 506 Abs. 1 BGB); es handelt sich also insoweit um zwingende Regelungen. **15**

Um die Probleme einschätzen zu können, die möglicherweise bei grenzüberschreitenden Darlehensverträgen auftreten, seien hier die wesentlichen Verbraucherschutzregelungen kurz dargestellt. Nach diesen Bestimmungen bedarf der Verbraucherdarlehensvertrag einer hier besonders geregelten Schriftform, auch muß die vom Verbraucher zu unterzeichnende Vertragserklärung bestimmte Mindestangaben enthalten (§ 492 Abs. 1 BGB). Dieses Schriftformerfordernis sowie **16**

---

29 BGH 29. 5. 1990, BGHZ 111, 287, 290.

30 *Bruchner*, in: Bankrechtshandbuch II, § 79 Rdnr. 26; *Hopt/Mülbert*, Sonderbeil. Nr. 3 zu WM 1990, S. 18 (zu § 609 a BGB a. F.).

31 Vgl. auch die Kündigungsmöglichkeiten gem. §§ 490 Abs. 4 BGB.

32 So zutreffend *Mülbert*, WM 2002, 475 f.: Eine Einschränkung ergibt sich lediglich aus § 307 BGB für den Fall, daß die Kündigungsmöglichkeit in AGB ausgeschlossen wird.

33 Die Vorschriften über Verbraucherdarlehensverträge gelten daneben aber auch für Existenzgründerkredite bis 50 000 € (§ 507 BGB).

34 Ausgenommen sind Darlehen gem. § 491 Abs. 2 BGB, also insbes. Bagatellkredite bis 200 €; teilweise ausgeschlossen ist die Anwendbarkeit der §§ 492–498 BGB auf Verbraucherdarlehensverträge in gerichtlichen Protokollen oder notariellen Urkunden sowie auf Darlehensverträge, die dem Erwerb von Wertpapieren, Devisen, Derivaten oder Edelmetallen dienen (§ 491 Abs. 3 BGB).

35 Mit diesem Gesetz wird die Richtlinie 87/102/EWG des Rates v. 22. 12. 1986 zur Angleichung der Rechts- und Verwaltungsvorschriften der Mitgliedstaaten über den Verbraucherkredit (ABl. EG Nr. L 42, S. 48, geändert durch die Richtlinie 98/7/EG v. 16. 2. 1998, ABl. EG Nr. L 101, S. 17) ins deutsche Recht umgesetzt.

das Erfordernis der Mindestangaben gilt grds. auch für die Vollmacht zum Abschluß eines Verbraucherdarlehensvertrags (§ 492 Abs. 4 BGB, vgl. andererseits § 167 Abs. 2 BGB). Überziehungskredite sollen allerdings nicht übermäßig erschwert werden und sind daher gem. § 493 BGB von diesen Formerfordernissen ausgenommen. Wird das Schriftformerfordernis des § 492 Abs. 1 BGB nicht eingehalten oder fehlt eine der Mindestangaben des § 492 Abs. 1 S. 5 Nr. 1–7 BGB, dann sind der Verbraucherdarlehensvertrag wie auch die hierzu erteilte Vollmacht nichtig (§ 494 Abs. 1 BGB). Jedoch wird der Verbraucherdarlehensvertrag, nicht aber die hierzu erteilte Vollmacht gültig, soweit der Verbraucher das Darlehen empfängt oder den Kredit in Anspruch nimmt. Fehlt in dem Darlehensvertrag die Angabe des zugrunde gelegten Zinssatzes oder die des effektiven oder anfänglichen effektiven Jahreszinses oder der Gesamtbetrag der vom Darlehensnehmer zu leistenden Zahlungen, so schuldet der Verbraucher nur den gesetzlichen Zinssatz gem. § 246 BGB (§ 494 Abs. 2 BGB).

17   Auch bei Einhaltung der Formvorschrift des § 492 Abs. 1 BGB steht dem Verbraucher aufgrund der wirtschaftlichen Bedeutung und Tragweite des Darlehensvertrags ein Widerrufsrecht zu (§ 495 Abs. 1 BGB),[36] das er binnen einer Ausschlußfrist von grds. zwei Wochen nach einer Belehrung über dieses Recht in Textform auszuüben hat (§ 355 Abs. 1, 2 BGB). Wiederum sind Überziehungskredite von diesem Widerrufsrecht ausgenommen, wenn der Darlehensnehmer diese Kredite ohnehin jederzeit und ohne zusätzliche Kosten zurückzahlen kann (§ 495 Abs. 2 BGB).

18   Im übrigen schützt § 496 BGB den Darlehensnehmer vor dem Verlust von Einwendungen: im Fall der Abtretung der Darlehensforderung vom Darlehensgeber an einen Dritten kann der Darlehensnehmer nicht auf den Schutz der §§ 404, 406 BGB verzichten, die dadurch zu zwingendem Recht werden. Auch dürfen die Verpflichtungen des Darlehensnehmers nicht durch Wechsel oder Scheck gesichert werden, um so zu verhindern, daß Rechte aus einem Wechsel oder Scheck geltend gemacht werden, ohne daß der Darlehensnehmer Einwendungen aus dem Verbraucherdarlehensvertrag erheben kann. Ergänzt wird der gesetzliche Verbraucherschutz durch § 497 BGB, der ein rasches Anwachsen der Verbindlichkeiten im Fall des Zahlungsverzugs des Verbrauchers verhindern soll, durch Kündigungsbeschränkungen für den Darlehensgeber (§ 498 Abs. 1 Nr. 1 und 2 BGB), die Förderung einer einvernehmlichen Regelung (§ 498 Abs. 1 S. 2 BGB) sowie die Begrenzung des Schadensersatzanspruchs des Darlehensgebers im Fall der Kündigung des Vertrags durch diesen (§ 498 Abs. 2 BGB).

---

36 Nach Streichung des § 491 Abs. 3 Nr. 1 BGB a.F. sind Realkreditverträge nicht mehr von dem Anwendungsbereich etlicher Vorschriften über Verbraucherdarlehensverträge ausgenommen und daher grds. widerruflich. Vgl. zu dieser Entwicklung, die durch die sog. Heininger-Entscheidung des EuGH (vgl. EuGH 13. 12. 2001, WM 2001, 2434) zur Widerruflichkeit von in einer Haustürsituation geschlossenen Realkreditverträgen ausgelöst wurde, *Schwintowski, Hans-Peter*, Heininger und die Folgen, in: FS Kümpel, 2003, S. 501–518, insbes. 502–511.

bb) Rechtliche Regelungen für verbundene Geschäfte

Mit Darlehen werden vielfach bestimmte andere Geschäfte finanziert. Um den **19** Verbraucher gegen die Risiken einer Aufspaltung eines Erwerbsgeschäfts in ein Bargeschäft und einen Darlehensvertrag zu schützen, sieht § 358 BGB den „Widerrufsdurchgriff" und § 359 BGB den „Einwendungsdurchgriff" für verbundene Verträge vor.[37]

α) Begriff der verbundenen Geschäfte

Der Begriff der verbundenen Verträge ist definiert in § 358 Abs. 3 BGB und erfor- **20** dert, daß der Darlehensvertrag ganz oder teilweise der Finanzierung eines Vertrags (über die Lieferung einer Ware oder die Erbringung einer anderen Leistung)[38] dient und beide Verträge eine wirtschaftliche Einheit bilden; wirtschaftliche Einheit ist gem. § 358 Abs. 3 S. 2 BGB insbes. dann anzunehmen, wenn der Unternehmer selbst die Gegenleistung des Verbrauchers finanziert, oder im Falle der Finanzierung durch einen Dritten, wenn sich der Darlehensgeber bei der Vorbereitung oder dem Abschluß des Verbraucherdarlehensvertrags der Mitwirkung des Unternehmers bedient.

Eine Einschränkung findet sich allerdings für den Fall der Immobilienfinanzie- **21** rung. Hier ist eine wirtschaftliche Einheit nur gegeben, wenn der Darlehensgeber entweder das Grundstück selbst verschafft oder wenn er den Erwerb des Grundstücks durch Zusammenwirken mit dem Unternehmer fördert (vgl. im einzelnen § 358 Abs. 3 S. 3 BGB). Denn – so der BT-Rechtsausschuß – „die in der Immobilienfinanzierung tätigen Kreditinstitute sind in der Mehrzahl der Fälle darauf angewiesen, sich in irgendeiner Form der Mitwirkung des Veräußerers zu bedienen_Würde man es hier bei der allgemeinen Vermutungsregelung des § 358 Abs. 3 S. 2 BGB belassen, wäre die Mehrzahl der Immobiliarverträge als verbundenes Geschäft zu behandeln, ohne daß dies in der finanziellen Verbundenheit oder einem Zusammenwirken des Kreditinstituts mit dem Verkäufer eine innere Rechtfertigung finden würde."[39]

In den vergangen Jahren geriet namentlich die Frage in den Blickpunkt des Inter- **22** esses, ob bzw. unter welchen Voraussetzungen der kreditfinanzierte Erwerb einer Beteiligung an geschlossenen Immobilienfonds von §§ 358, 359 BGB erfaßt wird. Hierbei handelt es sich gewöhnlich um BGB-Gesellschaften, deren Zweck darin besteht, eine oder mehrere Immobilien zu erwerben und zu verwalten. Die Einlage

---

37 So MünchKomm.-*Habersack* BGB § 358 Rdnr. 1.

38 Vgl. dazu, daß es zumindest im Rahmen des § 358 Abs. 1 BGB allein darauf ankommen kann, ob das finanzierte Geschäft seiner Rechtsnatur und seinem Inhalt nach dem Anwendungsbereich der das Widerrufsrecht begründenden Vorschrift unterfällt, MünchKomm.-*Habersack* BGB § 358 Rdnr. 10.

39 BT-Drucks. 14/9266, S. 46, wobei als Beispiel genannt wird, die Immobilienfinanzierung sei regelmäßig nicht ohne die Bereitschaft des Verkäufers darstellbar, dem Erwerber eine Finanzierungsvollmacht zur Belastung des Grundstücks zu erteilen. Auch sei zu berücksichtigen, daß gerade die auf die Finanzierung von Immobilien spezialisierten Kreditinstitute keine oder lediglich wenige Filialen hätten.

der Anleger / Gesellschafter wird durch eine Bank finanziert; die von dem Anleger geschuldeten Zins- und Tilgungsraten sollen – so jedenfalls die Werbung der Anlagevermittler – (weitgehend) durch steuerwirksame Verlustzuweisungen und durch Ausschüttungen aufgebracht werden, die die Anleger aufgrund der von der Fondsgesellschaft erzielten Mieteinkünfte erhalten. Da die prognostizierten Mieteinkünfte jedoch häufig nicht erreicht wurden, insbes. die Immobilien zu einem erheblichen Teil leerstanden, gerieten die Anleger in die Lage, ohne oder mit sehr viel geringeren Mieteinkünften als prognostiziert das Bankdarlehen tilgen zu müssen. Hinzu kam, daß in dieser Situation die Fondsanteile praktisch nicht mehr verkäuflich waren. Daher versuchten zahlreiche Anleger, sich von diesem Geschäft zu lösen.[40] Nachdem der BGH den kreditfinanzierten Beitritt zu geschlossenen Immobilienfonds zunächst lediglich unter den eingeschränkten Voraussetzungen des § 358 Abs. 3 S. 3 BGB als verbundene Geschäfte ansah,[41] geht er mittlerweile bereits bei Vorliegen der Voraussetzungen des § 358 Abs. 3 S. 1, 2 BGB von einem verbundenen Geschäft aus.[42]

β) „Widerrufsdurchgriff"

23   Hat der Verbraucher seine auf den Abschluß des Verbraucherdarlehensvertrags gerichtete Willenserklärung (gem. § 495 Abs. 1 BGB) wirksam widerrufen, so ist er gem. § 358 Abs. 2 S. 1 BGB auch an einen mit dem Verbraucherdarlehensvertrag verbundenen Vertrag nicht mehr gebunden. Sofern der Verbraucher hingegen das mit dem Darlehen finanzierte Geschäft (z.B. gem. § 312 Abs. 1 S. 1 Nr. 1 BGB) wirksam widerrufen hat, ist er gem. § 358 Abs. 1 BGB an den Verbraucherdarlehensvertrag ebenfalls nicht mehr gebunden. Beide Regeln gelten im Grundsatz auch für den kreditfinanzierten Beitritt zu geschlossenen Immobilienfonds.[43]

---

40   Vgl. hierzu *Strohn*, WM 2005, 1441.

41   So noch BGH 12. 11. 2002, NJW 2003, 422, 423, der bei Widerruf eines Darlehensvertrags die kreditfinanzierte Beteiligung an einem geschlossenen Immobilienfonds nur dann von der Unwirksamkeit des Darlehensvertrags erfaßt sah, wenn die Voraussetzungen des § 358 Abs. 3 S. 3 BGB vorliegen.

42   So BGH 30. 5. 2005, WM 2005, 1408, 1410: Hier nahm der BGH ein verbundenes Geschäft zwischen dem Darlehensvertrag und dem damit finanzierten Beitritt zu einem geschlossenen Immobilienfonds an, weil sich die darlehensgebende Bank und die Fondsgesellschaft gegenüber den Anlegern der gleichen Vermittler bedient hatten; ebenso auch bereits BGH 14. 6. 2004, WM 2004, 1521, 1523f.; BGH 14. 6. 2004, WM 2004, 1525, 1526; BGH 14. 6. 2004, WM 2004, 1527, 1529; so auch MünchKomm.-*Habersack* BGB § 358 Rdnr. 51; *Ott*, in: FS Raiser, S. 740f.

43   Für den Fall des Widerrufs des Darlehensvertrags vgl. BGH 30. 5. 2005, WM 2005, 1408, 1410: Der BGH nahm in diesem Fall eines kreditfinanzierten Beitritts zu einem geschlossenen Immobilienfonds ein mit dem Darlehensvertrag verbundenes Geschäft i.S.d. § 9 Abs. 1 VerbrKrG a.F. und wandte die Rückabwicklungsregeln des § 9 Abs. 2 VerbrKrG a.F. (heute § 358 Abs. 4 BGB) an, nachdem der Verbraucher / Kreditnehmer seine auf den Abschluß des Darlehensvertrags gerichtete Willenserklärung gem. § 1 Abs. 1 Nr. 1 HWiG a.F. (heute § 312 Abs. 1 S. 1 Nr. 1 BGB) widerrufen hatte; einschränkender allerdings BGH 12. 11. 2002, NJW 2003, 422, 423, der bei Widerruf eines Realkreditvertrags die kreditfinanzierte Beteiligung an einem geschlossenen Immobilienfonds nur dann von der Unwirksamkeit des Darlehensvertrags erfaßt sieht, wenn die Voraussetzungen des § 358 Abs. 3 S. 3 BGB

Für den Fall der Widerruflichkeit sowohl des Verbraucherdarlehensvertrags als auch des damit finanzierten verbundenen Geschäfts sieht § 358 Abs. 2 S. 2 BGB im Grundsatz[44] den Vorrang des Widerrufs des finanzierten Geschäfts vor. Diese Regelung dürfte beim kreditfinanzierten Beitritt zu geschlossenen Immobilienfonds dazu führen, daß das Widerrufsrecht (gem. § 312 Abs. 1 S. 1 BGB) i.d.R. nur hinsichtlich des finanzierten Geschäfts, also des Beitritts zur Fondsgesellschaft, nicht aber das Widerrufsrecht (gem. § 495 BGB)[45] in bezug auf den Darlehensvertrag ausgeübt werden kann.[46] **24**

Die Rückabwicklung nach Widerruf ist für verbundene Geschäfte in § 358 Abs. 4 BGB geregelt: Danach tritt der Darlehensgeber im Verhältnis zum Verbraucher hinsichtlich der Rechtsfolgen des Widerrufs oder der Rückgabe in die Rechte und Pflichten des Unternehmers aus dem verbundenen Vertrag ein, wenn das Darlehen dem Unternehmer bei Wirksamwerden des Widerrufs oder der Rückgabe bereits zugeflossen war (§ 358 Abs. 4 S. 3 BGB). Diese bilaterale Rückabwicklung zwischen Darlehensgeber und Verbraucher gilt sowohl beim Widerruf der auf den Abschluß des finanzierten Geschäfts als auch des Verbraucherdarlehensvertrags gerichteten Willenserklärung.[47] **25**

Für den Fall der kreditfinanzierten Beteiligung an einem geschlossenen Immobilienfonds bedeutet dies nach der Rspr. des BGH, daß bei Widerruf der auf den Abschluß des Darlehensvertrags gerichteten Willenserklärung der Anleger nicht die Darlehensvaluta an die kreditgebende Bank zurückzuzahlen hat; vielmehr tritt die Bank an die Stelle der Fondsgesellschaft und kann daher nur die Abtretung der Gesellschaftsbeteiligung von dem Anleger verlangen, während die Bank dem Anleger Rückzahlung der geleisteten Zins- und Tilgungsraten schuldet.[48] **26**

Diese Rechtsfolge ist für den Anleger i.d.R. allerdings deutlich günstiger als bei Widerruf bzw. fristloser Kündigung der Beteiligung an der Fondsgesellschaft, da dem Anleger hier nur ein Anspruch auf Zahlung des Auseinandersetzungsgutha- **27**

---

vorliegen. Für den („umgekehrten") Fall von Wirksamkeitsmängeln des Beitrittsvertrags zum kreditfinanzierten Erwerb einer Beteiligung an einem geschlossenen Immoblienfonds vgl. BGH 21. 7. 2003, BGHZ 156, 46, 53–57 = NJW 2003, 2821, 2822: Hier handelte es sich zwar nicht um die Ausübung eines Widerrufsrechts, vielmehr kündigte ein Kapitalanleger fristlos seine Mitgliedschaft in einem geschlossenen Immobilienfonds wegen arglistiger Täuschung. Der BGH hielt in diesem Fall aber dennoch den „Rückforderungsdurchgriff" (heute § 358 Abs. 4 S. 3 BGB) und den „Einwendungsdurchgriff" (heute § 359 BGB) hinsichtlich des verbundenen Darlehensvertrags für entsprechend anwendbar.

44 Sofern der Verbraucher den Verbraucherdarlehensvertrag widerruft, gilt dies allerdings als Widerruf des verbundenen Vertrags (vgl. § 358 Abs. 2 S. 3 BGB).

45 Vgl. § 312 a BGB zum Ausschluß des Widerrufsrechts des § 312 Abs. 1 S. 1 Nr. 1 BGB bei Verbraucherdarlehen in Fällen, in denen eine Widerrufsmöglichkeit gem. § 495 BGB besteht; hierzu auch MünchKomm.-*Ulmer* BGB § 312 a Rdnr. 7, 11.

46 Anders aber offenbar unter der Geltung des § 1 HWiG a. F. BGH 14. 6. 2004, WM 2004, 1521, 1522f.; BGH 14. 6. 2004, WM 2004, 1527, 1528.

47 Vgl. auch MünchKomm.-*Habersack* BGB § 358 Rdnr. 85.

48 Vgl. BGH 30. 5. 2005, WM 2005, 1408, 1410; BGH 14. 6. 2004, WM 2004, 1521, 1523f.; BGH 14. 6. 2004, WM 2004, 1527, 1529; vgl. zu dieser Rspr. auch *Strohn*, WM 2005, 1447f.

bens zusteht. Zwar tritt bei einem verbundenen Geschäft die darlehensgebende Bank im Verhältnis zum Anleger hinsichtlich der Rechtsfolgen des Widerrufs des finanzierten Geschäfts wiederum in die Rechte und Pflichten des Unternehmers ein, sofern das Darlehen dem Unternehmer bei Wirksamwerden des Widerrufs bereits zugeflossen ist. Für die Rückabwicklung ist daher die Rechts- und Pflichtenstellung des Unternehmers (hier der Fondsgesellschaft) von maßgeblicher Bedeutung. Dabei ist aber folgendes zu bedenken: Sofern der Anleger seine auf den Abschluß seiner Beteiligung zur Fondsgesellschaft gerichtete Willenserklärung widerruft, kommen die Grundsätze über die fehlerhafte Gesellschaft zur Anwendung. Danach werden in Vollzug gesetzte Gesellschaften für die Vergangenheit als wirksam behandelt; der Anleger / Gesellschafter hat daher nur ein ex nunc wirkendes Austrittsrecht (Recht zur außerordentlichen Kündigung). Betrachtet man zunächst nicht den Fall eines verbundenen Geschäfts, sondern isoliert die Rechtsfolgen nach „Widerruf" des Beitrittsvertrags zur Fondsgesellschaft, sind die Konsequenzen für den Anleger ungünstig bis desaströs, sofern sich die Fondsgesellschaft – wie dies meist der Fall ist – in einer wirtschaftlichen Schieflage befindet. Denn der Anleger erhält Zug um Zug gegen die Übertragung seiner Beteiligung lediglich Zahlung seines Auseinandersetzungsguthabens gem. § 738 BGB,[49] das in den genannten Fällen jedoch nicht seiner Einlageleistung entspricht. Aber auch bei einem verbundenen Geschäft hat der Anleger damit nur einen Anspruch auf Saldierung der Darlehensrückzahlungsforderung der Bank mit seinem Abfindungsanspruch, während der Anleger der Bank seinen Abfindungsanspruch gegen die Fondsgesellschaft abzutreten hat. Ist der Abfindungsanspruch des Anlegers niedriger als die noch offene Darlehensforderung der Bank, hat der Anleger die Differenz an die Bank zu zahlen. Damit verbleibt aber das Anlagerisiko – anders als im Fall des Widerrufs des Verbraucherdarlehensvertrags – beim Anleger.[50]

28   Diese unterschiedlichen Rechtsfolgen lassen andererseits jedoch die Regelung des § 358 Abs. 2 S. 2 BGB, die in Fällen der Widerruflichkeit des finanzierten Geschäfts und des Verbraucherdarlehens den Vorrang des Widerrufs des finanzierten Geschäfts vorsieht, als äußerst problematisch erscheinen. Denn warum soll der Anleger schlechter stehen, wenn nicht nur der Verbraucherdarlehensvertrag widerrufen werden kann, sondern auch das finanzierte Geschäft mit einem Mangel behaftet ist, der ein Widerrufsrecht begründet?

γ) „Einwendungsdurchgriff"

29   Zum Schutz des Verbrauchers sieht § 359 BGB in Ergänzung zu § 358 BGB den „Einwendungsdurchgriff" vor: Danach kann der Verbraucher Einwendungen aus

---

49 So BGH 2. 7. 2001, WM 2001, 1464, 1465f. = JZ 2002, 247 m. im wesentlichen zustimmender Anm. *Schäfer, Carsten*, JZ 2002, 249–252.
50 So BGH 21. 7. 2003, BGHZ 156, 46, 52f., 56; so auch bereits *Westermann*, ZIP 2002, 248; kritisch zu dieser Entscheidung *Bälz, Ulrich*, Fondsgesellschaft der Anleger versus Anlegerschutz? – Bemerkungen zu BGHZ 156, 46 –, in: FS Raiser, 2005, S. 615–646; vgl. zu dieser Rspr. auch *Strohn*, WM 2005, 1448.

dem finanzierten Vertrag auch dem Darlehensgeber entgegenhalten.[51] Insbes. in Fällen, in denen der Verbraucher über sein Widerrufsrecht ordnungsgemäß belehrt wurde und die relativ kurze zweiwöchige Widerrufsfrist des § 355 Abs. 1 S. 2 BGB verstrichen ist, zeigt sich die Bedeutung dieser Vorschrift. Bei kreditfinanzierten Beteiligungen an geschlossenen Immobilienfonds wird § 359 BGB daher auch dann noch relevant sein, wenn sich die Praxis auf die neuen Regelungen zur Widruflichkeit von Verbraucherdarlehensverträgen eingestellt haben und ordnungsgemäß über das Widerrufsrecht belehren wird.

Zu denken ist dabei etwa an folgenden Fall: Dem Anleger stehen (eigentlich)   30 Schadensersatzansprüche gegen einen Immobilienfonds bzw. die Prospektverantwortlichen, Gründungsgesellschafter und Fondsbetreiber aus c.i.c. zu, weil er über die Risiken und Nachteile dieses Anlagemodells bei dem Beitritt zum Immobilienfonds nicht ordnungsgemäß aufgeklärt wurde; möglich ist aber auch ein Schadensersatzanspruch aus Prospekthaftung und / oder Delikt bei Mängeln des Verkaufsprospekts (mittlerweile §§ 8 ff. VerkProspG). In diesem Fall schränkt der BGH die Rechte des Anlegers allerdings zunächst deutlich ein. Denn bei rein kapitalistisch organisierten Gesellschaftsbeteiligungen läßt er nur den die Beitrittsverhandlungen führenden Vertreter persönlich haften, rechnet also dessen Handeln der Gesellschaft nicht zu. Der BGH begründet dies damit, der einzelne Gesellschafter der Fondsgesellschaft habe auf die Beitrittsverträge neuer Gesellschafter keinerlei Einwirkungsmöglichkeiten und trete diesem gegenüber nicht in Erscheinung. Überdies ließe sich ansonsten eine geordnete Auseinandersetzung der Fondsgesellschaft nach den Regeln der fehlerhaften Gesellschaft nicht durchführen.[52] Teilweise wird auch darauf verwiesen, ansonsten würde das Gesellschaftsvermögen zuerst und vorrangig von denjenigen Anlegern in Anspruch genommen werden, die als erste die Anfechtung (bzw. Kündigung) der Beteiligung erklären.[53] Deshalb kann der über die Risiken des Anlagemodells nicht ordnungsgemäß aufgeklärte Anleger nach der Rspr. des BGH lediglich seine Mitgliedschaft mit sofortiger Wirkung beenden und (gegen Übertragung seiner Beteiligung) Zahlung des Auseinandersetzungsguthabens fordern.[54] Da der Abfindungsanspruch aber nur in Höhe des Verkehrswerts des Anteils im Zeitpunkt des Ausscheidens des Anlegers besteht, wird dem Anleger häufig nicht seine volle Einlage erstattet.

Allerdings kann der Anleger nach mittlerweile ständiger Rspr. des BGH diese   31 Schadensersatzansprüche – auch soweit sie sich danach nicht gegen die Fondsgesellschaft, sondern gegen die Prospektverantwortlichen, Gründungsgesellschafter und Fondsbetreiber richten – dem Rückzahlungsanspruch der Bank entgegenhal-

---

51 Vgl. hierzu MünchKomm.-*Habersack* BGB § 359 Rdnr. 2.
52 Vgl. BGH 21. 7. 2003, BGHZ 156, 46, 51 f.; zustimmend *Ott*, in: FS Raiser, S. 742 f., 745–747; kritisch zu dieser Entscheidung *Bälz, Ulrich*, Fondsgesellschaft der Anleger versus Anlegerschutz? – Bemerkungen zu BGHZ 156, 46 –, in: FS Raiser, 2005, S. 615–646; vgl. zu dieser Rspr. auch *Strohn*, WM 2005, 1442.
53 Vgl. *Westermann*, ZIP 2002, 245.
54 Vgl. BGH 21. 7. 2003, BGHZ 156, 46, 52 f.

ten, sofern der Darlehensvertrag und der Fondsbeitritt ein verbundenes Geschäft darstellen (vgl. § 359 S. 1 BGB). Konkret bedeutet dies, daß die Bank den Anleger so zu stellen hat, als wäre er der Gesellschaft nicht beigetreten. Daher muß der Anleger das Darlehen nicht zurückzahlen, hat aber andererseits die Fondsbeteiligung sowie (in entsprechender Anwendung des § 255 BGB) die Schadensersatzansprüche gegen Prospektverantwortliche und Gründungsgesellschafter an die Bank abzutreten. Daneben gewährt der BGH dem Anleger einen Rückforderungsdurchgriff gegen die Bank (vgl. § 358 Abs. 4 S. 3 BGB); daher kann der Anleger auch die bereits an die Bank geleisteten Zahlungen zurückfordern.[55]

cc) Rechte des Verbrauchers bei nicht ordnungsgemäßer Belehrung über Widerrufsrecht

32   Wird der Verbraucher nicht ordnungsgemäß über sein Widerrufsrecht belehrt, so besteht dieses grds. zeitlich unbegrenzt (§ 355 Abs. 3 S. 3 BGB). Übt der Verbraucher sein Widerrufsrecht (doch noch) aus, ist er an einen damit verbundenen Vertrag ebenfalls nicht mehr gebunden („Widerrufsdurchgriff", vgl. § 355 Abs. 1, 2 BGB). Der Verbraucher wird aber nicht stets durch den „Widerrufsdurchgriff" geschützt, so etwa, wenn beim Realkreditvertrag die engen Voraussetzungen für verbundene Geschäfte gem. § 358 Abs. 3 S. 3 BGB nicht vorliegen. Hier ist mittlerweile bei nicht ordnungsgemäßer Belehrung über ein Widerrufsrecht auch ein Schadensersatzanspruch des Verbrauchers in Betracht zu ziehen. Denn nach der neuesten Rspr. des EuGH[56] sind die Mitgliedstaaten bei Vorliegen bestimmter Voraussetzungen aufgrund der Haustürgeschäfte-Richtlinie[57] verpflichtet, Verbraucher vor den Folgen zu schützen, die ein kreditfinanzierter Immobilienkauf mit sich bringt. Der EuGH statuierte diese Pflicht bezogen auf den Fall Schulte, in dem der betreffende Darlehensvertrag in einer Haustürsituation zustande kam, der Kreditvermittler hierbei den Verbraucher nicht über sein Widerrufsrecht belehrte und dieser sich daher den Risiken des mit dem Kredit finanzierten später abgeschlossenen Immobilienkaufs aussetzte.[58] Zwar sieht § 312 a BGB den Ausschluß des Widerrufsrechts gem. § 312 BGB vor, soweit die auf den Vertragsschluß gerichtete Willenserklärung nach anderen Vorschriften widerrufen werden kann. Daher dürfte nach

---

55 Vgl. BGH 14. 6. 2004, WM 2004, 1518, 1520; BGH 14. 6. 2004, WM 2004, 1521, 1524 f.; BGH 14. 6. 2004, WM 2004, 1525, 1526 f.; BGH 14. 6. 2004, WM 2004, 1529, 1535; vgl. zu dieser Rspr. auch *Strohn*, WM 2005, 1444–1446; kritisch zu dem „Einwendungs"- und „Rückforderungsdurchgriff", soweit es nicht um Ansprüche des Anlegers gegen die Gesellschaft, sondern um solche gegen Fondsinitiatoren, Gründungsgesellschafter, maßgebliche Betreiber und Manager geht, *Ott*, in: FS Raiser, S. 747–749; grds. den „Rückforderungsdurchgriff" ablehnend MünchKomm.-*Habersack* BGB § 359 Rdnr. 75–77.
56 Vgl. EuGH 25. 10. 2005 – Rs. C-350/03, WM 2005, 2079; vgl. auch EuGH 25. 10. 2005 – Rs. C-229/04, WM 2005, 2086.
57 Genauer: Richtlinie 85/577/EWG des Rates v. 20. 12. 1985 betreffend den Verbraucherschutz im Falle von außerhalb von Geschäftsräumen geschlossenen Verträgen, ABl. EG Nr. L 372 v. 31. 12. 1985, S. 31.
58 Vgl. EuGH 25. 10. 2005 – Rs. C-350/03, WM 2005, 2079, 2086.

heutiger Rechtslage ein Verbraucherdarlehensvertrag, der durch eine Haustürsituation veranlaßt wurde, in aller Regel nur noch gem. § 495 BGB widerruflich sein. Durch dieses zusätzlich geschaffene Widerrufsrecht gem. § 495 BGB kann der Verbraucher aber bei einem durch eine Haustürsituation veranlaßten Darlehensvertrag nicht den Schutz verlieren, den die Haustürgeschäfte-Richtlinie nach Ansicht des EuGH zwingend fordert.

Die Mitgliedstaaten können diese vom EuGH – wenn auch bezogen auf die **33** Haustürgeschäfte-Richtlinie – festgestellte Verpflichtung zum Schutz des Verbrauchers durch einen entsprechend weit gefaßten Widerrufsdurchgriff erfüllen. Allerdings ist der Begriff der verbundenen Geschäfte bezogen auf kreditfinanzierte Immobilienkäufe gem. § 358 Abs. 3 S. 3 BGB aus guten Gründen sehr eng gefaßt. Um den Vorgaben des EuGH zu genügen, bleibt somit nur noch die Möglichkeit, dem Verbraucher bei (schuldhaft) nicht ordnungsgemäßer Belehrung über das Widerrufsrecht und hierauf beruhendem Erwerb einer Immobilie einen Schadensersatzanspruch auf Freistellung von den Verpflichtungen aus dem Kaufvertrag zu gewähren (vgl. § 311 Abs. 2 BGB). Ein solcher Schadensersatzanspruch des Verbrauchers sollte dann nicht nur bei fehlender Belehrung über das Widerrufsrecht des § 312 Abs. 1 S. 1 BGB, sondern grds. auch in Betracht kommen, wenn der Verbraucher etwa über das Widerrufsrecht des § 495 BGB nicht belehrt wurde. Allerdings entfaltet die EuGH-Entscheidung *Schulte* keine Bindungswirkung, soweit der Verbraucherdarlehensvertrag nicht durch eine Haustürsituation veranlaßt wurde.

III. Anwendbares Recht

1. Maßgeblichkeit des Vertragsstatuts gem. Artt. 27 ff. EGBGB

Die Frage, welche Rechtsordnung auf die vertragliche Beziehung zwischen der **34** Bank und dem Kunden zur Anwendung gelangt und welches Kreditgeschäft vereinbart wurde (vgl. Art. 32 Abs. 1 Nr. 1 EGBGB), richtet sich nach den Artt. 27 ff. EGBGB, die die vertragliche Rechtsbeziehung umfassend regeln (vgl. im einzelnen Art. 32 EGBGB). Insbesondere entscheidet das Vertragsstatut auch über die Frage, welche vertraglichen, aber auch vorvertraglichen Aufklärungs- und Informationspflichten[59] bestehen, ob also die Bank den Kunden über die Risiken der beabsichtigten Verwendung des Darlehens aufzuklären hat.

---

59 Vgl. LG Düsseldorf 23. 2. 2000, WM 2000, 1191, 1193 f.; LG Braunschweig 10. 1. 2002, IPRax 2002, 213, 214; hiervon offenbar ebenfalls ausgehend BGH 9. 10. 1986, NJW 1987, 1141; Staudinger-*Magnus* BGB (2002) Art. 32 EGBGB Rdnr. 117; Soergel-*v. Hoffmann* BGB Art. 32 EGBGB Rdnr. 32; MünchKomm.-*Spellenberg* BGB Art. 32 EGBGB Rdnr. 59; *Martiny*, in: *Reithmann/Martiny*, Rdnr. 283; a. A. der EuGH bezogen auf den Abbruch von Vertragsverhandlungen im Rahmen von Art. 5 Nr. 1, 3 der EG-Verordnung Nr. 44/2001 v. 22. 12. 2000 über die gerichtliche Zuständigkeit und die Anerkennung und Vollstreckung gerichtlicher Entscheidungen in Zivil- und Handelssachen, vgl. EuGH 17. 9. 2002 – Rs. C-334/00, Slg. 2002, I-7357.

35   Die Artt. 27 ff. EGBGB entscheiden aber auch darüber, ob überhaupt ein Vertrag zustande gekommen ist und ob dieser Vertrag wirksam ist (Art. 31 Abs. 1 EGBGB). Zwar ist gem. Art. 31 Abs. 2 EGBGB für die Frage, ob eine Einigung zustande gekommen ist, ausnahmsweise auf das Recht des gewöhnlichen Aufenthalts eines Vertragspartners abzustellen. Diese Vorschrift dürfte jedoch für die hier maßgebliche Frage, ob eine Einigung über das Kreditgeschäft zustande gekommen ist, kaum relevant werden. Zum einen werden Kreditverträge in der Praxis regelmäßig ausdrücklich, meist schriftlich abgeschlossen. Soweit dies nicht der Fall ist (vgl. etwa für den deutschen Rechtskreis insbes. beim Überziehungskredit), stellt sich in aller Regel nur auf Seiten der Bank die Frage, ob das Schweigen einer Partei als Annahmeerklärung gilt (vgl. für das deutsche Recht § 362 Abs. 1 HGB); deren Recht kommt aber – wie sogleich darzulegen sein wird – ohnehin zur Anwendung.

2. Vorrangige Maßgeblichkeit einer Rechtswahl

36   Gem. Art. 27 Abs. 1 S. 1 EGBGB ist für diese Fragen vorrangig eine Rechtswahl zwischen der Bank und dem Kunden maßgeblich. Im deutschen Rechtskreis ist für Bankgeschäfte eine solche Rechtswahl in Nr. 6 Abs. 1 AGB-Banken und AGB-Sparkassen vorgesehen: danach gelangt für die Geschäftsverbindung zwischen Kunden und inländischen Geschäftsstellen der Banken bzw. Sparkassen deutsches Recht zur Anwendung. Für die Frage, ob diese Rechtswahl wirksam getroffen wurde, ist ebenfalls das Recht maßgeblich, das anzuwenden wäre, wenn die AGB Vertragsbestandteil geworden wären (Art. 27 Abs. 4 EGBGB mit Verweis auf Art. 31 Abs. 1 EGBGB);[60] im Fall von Nr. 6 Abs. 1 AGB-Banken und Sparkassen ist dies also wiederum das deutsche Recht, während bei entsprechenden AGB-Klauseln ausländischer Banken das jeweils nach deren Rechtswahlklausel maßgebliche Recht über die Wirksamkeit der Rechtswahlvereinbarung entscheidet.

37   Prüft man die Rechtswahl zugunsten des deutschen Rechts gem. Nr. 6 Abs. 1 AGB-Banken und Sparkassen anhand dieser Kriterien, so besteht kein Anhaltspunkt, an der Wirksamkeit dieser Klausel zu zweifeln[61] (vgl. zur inhaltlichen Wirksamkeit einer Rechtswahl sowie zur (ausnahmsweisen) Relevanz des Aufenthaltsrechts eines Vertragspartners für das Zustandekommen der Rechtswahlvereinbarung ausführlich § 2 Rdnr. 17–21). Aufgrund dieser Rechtswahlklausel unterliegt daher sowohl der Darlehensvertrag als auch ein möglicherweise daneben abgeschlossener Beratungsvertrag[62] deutschem Recht, sofern diese Verträge mit inländischen Geschäftsstellen eines deutschen Kreditinstituts vereinbart wurden.

---

60 BGH 26. 10. 1993, BGHZ 123, 380, 383; KG 21. 1. 1998, IPRspr. 1998 Nr. 138; OLG Düsseldorf 2. 7. 1993, IPRspr. 1993 Nr. 144; Staudinger-*Magnus* BGB (2002) Art. 31 EGBGB Rdnr. 72.

61 Im Ergebnis auch *Bunte*, in: Bankrechtshandbuch I, § 11 Rdnr. 3; *Kümpel* Rdnr. 2.361.

62 Vgl. zur Möglichkeit einer Rechtswahl bei einem Beratungsvertrag BGH 17. 11. 1994, BGHZ 128, 41, 48.

Sofern keine ausdrückliche Rechtswahl getroffen wurde (etwa weil der Darlehensvertrag nicht mit einem deutschen Kreditinstitut geschlossen wurde), ist zunächst zu prüfen, ob nicht ausreichende Indizien für eine stillschweigende Rechtswahl vorhanden sind (Art. 27 Abs. 1 S. 2 EGBGB). Dies wurde vom BGH etwa in einem Fall angenommen, in dem Deutsche in Deutschland einen Darlehensvertrag in deutscher Sprache schlossen, obgleich das Darlehen durch eine Hypothek an einem in Spanien gelegenen Grundstück gesichert wurde[63] (vgl. zum Recht, das auf dinglich gesicherte Darlehen zur Anwendung kommt, unten Rdnr. 41–43). **38**

3. Darlehenshingabe als vertragscharakteristische Leistung

Ergeben sich nicht mit hinreichender Sicherheit Indizien für eine stillschweigende Rechtswahl, findet grds.[64] das Recht des Staates Anwendung, in dem die Partei, die die vertragscharakteristische Leistung zu erbringen hat, ihren gewöhnlichen Aufenthalt bzw. ihre Hauptverwaltung oder Hauptniederlassung hat (Art. 28 Abs. 2 EGBGB). Ist die Leistung von einer anderen Niederlassung als der Hauptniederlassung zu erbringen, so ist das Recht dieser (Zweig-) Niederlassung maßgeblich (vgl. Art. 28 Abs. 2 S. 1 und 2 EGBGB). **39**

Die vertragscharakteristische Leistung ist die Leistung, die dem Vertrag seine Eigenart, sein Gepräge verleiht und ihn von anderen Vertragstypen unterscheidet. Dies ist bei gegenseitigen Verträgen nicht die Geldleistung, sondern die Sach- oder Dienstleistung.[65] Wurde zwischen Kreditinstitut und Kunde (auch) ein Beratungsvertrag geschlossen, findet auf diesen Vertrag daher das Recht des Dienstverpflichteten, also der beratenden Bank auch dann Anwendung, wenn keine (wirksame) Rechtswahlvereinbarung getroffen wurde.[66] **40**

Etwas problematischer ist die internationalprivatrechtliche Anknüpfung des Darlehensvertrags: Zwar stehen sich hier i.d.R. zwei Geldleistungen gegenüber, nämlich die Auszahlung der Darlehenssumme durch den Darlehensgeber und die Zinszahlung durch den Darlehensnehmer. Da der Darlehensnehmer die Darlehenssumme aber zurückzuzahlen hat, besteht die Leistung des Darlehensgebers in der Überlassung des vereinbarten Geldbetrags auf Zeit und stellt damit nach ganz h.M. grds. die Leistung dar, die dem Vertrag seine Eigenart verleiht.[67] Daher untersteht der Darlehensvertrag bei Fehlen einer ausdrücklichen oder konkludenten **41**

---

63 BGH 28. 1. 1997, RIW 1997, 426.
64 Zum Verbraucherschutz unten Rdnr. 44–56.
65 Vgl. statt vieler MünchKomm.-*Martiny* BGB Art. 28 EGBGB Rdnr. 31, 33.
66 So auch BGH 17. 11. 1994, BGHZ 128, 41, 48; Staudinger-*Magnus* BGB (2002) Art. 28 EGBGB Rdnr. 248; Soergel-*v. Hoffmann* BGB Art. 28 EGBGB Rdnr. 230.
67 Vgl. KG 6. 3. 2003, ZIP 2003, 1538; OLG Düsseldorf 16. 3. 2000, RIW 2001, 63, 64; OLG Celle 11. 11. 1998, IPRax 1999, 456, 457; Staudinger-*Magnus* BGB (2002) Art. 28 EGBGB Rdnr. 235; *Martiny*, in: *Reithmann/Martiny*, Rdnr. 1164; Soergel-*v. Hoffmann* BGB Art. 28 EGBGB Rdnr. 183.

Rechtswahl dem Recht am Sitz der Bank (bzw. der Bankfiliale, von der das Darlehen ausgezahlt wird).

42   Allerdings wird bei grundpfandrechtlich gesicherten Krediten teilweise angenommen, der Ort des sichernden Grundstücks sei für die Frage des anwendbaren Rechts maßgeblich, da die Hypothek (bzw. Grundschuld) wirtschaftlich gegenüber der Forderung überwiege.[68] Zwar kann als gesetzlicher Anhaltspunkt für diese Auffassung nicht Art. 28 Abs. 3 EGBGB herangezogen werden, da (auch grundpfandrechtlich gesicherte) Darlehen keine Verträge sind, die ein dingliches Recht an einem Grundstück oder ein Recht zur Nutzung eines Grundstücks zum Gegenstand haben. Immerhin zu diskutieren ist aber, ob das sichernde Grundstück nicht eine engere Verbindung zum Belegenheitsstaat des Grundstücks i.S.d. Ausweichklausel des Art. 28 Abs. 5 EGBGB begründet.[69]

43   Richtigerweise kann jedoch die Belegenheit des sichernden Grundstücks allein nicht automatisch zur Anwendbarkeit des Rechts des Belegenheitsstaats (lex rei sitae) führen. Zum einen ist Art. 28 Abs. 5 EGBGB als Ausnahme zur Regelanknüpfung des Art. 28 Abs. 2 EGBGB eng auszulegen. Zum anderen ist ein Gleichlauf zwischen dem Statut der zu sichernden Forderung und dem dinglichen Sicherungsrecht weder zwingend[70] noch regelmäßig gegeben. Auch haben die beim Darlehensvertrag möglicherweise auftretenden und vom Vertragsstatut zu entscheidenden Probleme, nämlich ob dieser Vertrag (etwa wegen Sittenwidrigkeit) nichtig ist, wann den Vertragsparteien ein ordentliches oder außerordentliches Kündigungsrecht und mit welchen Rechtsfolgen zusteht, sachlich nicht unmittelbar etwas mit der lex rei sitae zu tun. Überdies führt die Anknüpfung an die lex rei sitae bei Sicherheiten an mehreren Gegenständen zu Problemen. Folglich kann zwar aufgrund weiterer enger Verbindungen des Vertrags zum Belegenheitsstaat des Grundstücks im Einzelfall die lex rei sitae zur Anwendung gelangen. Ein Automatismus ist dies aber nicht. Vielmehr verbleibt es ansonsten bei der Regelanknüpfung des Art. 28 Abs. 2 EGBGB.[71]

---

68 So noch unter der Geltung des früheren Rechts BGH 30. 3. 1955, BGHZ 17, 89, 94; BGH 25. 11. 1963, WM 1964, 15, 17; OLG Karlsruhe 15. 12. 1987, IPRspr. 1987 Nr. 24 A; Staudinger-*Magnus* BGB (2002) Art. 28 EGBGB Rdnr. 236; *Martiny*, in: *Reithmann/Martiny*, Rdnr. 1167; MünchKomm.-*Martiny* BGB Art. 28 EGBGB Rdnr. 179; im konkreten Fall die Lage des sichernden Grundstücks (in Kanada) nicht für ausreichend haltend OLG Düsseldorf 23. 5. 1990, IPRspr. 1990 Nr. 35.

69 So insbes. *Martiny*, in: *Reithmann/Martiny*, Rdnr. 1167; MünchKomm.-*Martiny* BGB Art. 28 EGBGB Rdnr. 179; bezogen auf den *Verkauf* einer hypothekarisch gesicherten Darlehensforderung bejaht auch BGH 26. 7. 2004, WM 2004, 2066, 2070f. die Anwendbarkeit französichen Rechts gem. Art. 28 Abs. 5 EGBGB, da mit der Hypothek belastete Grundstück in Frankreich belegen ist; Art. 28 Abs. 5 EGBGB als mögliche Begründung ansehend, wenn auch kritisch hierzu *v. Bar, Christian*, Internationales Privatrecht, Bd. II, Besonderer Teil, Rdnr. 516.

70 Vgl. auch BGH 28. 1. 1997, RIW 1997, 426: Hier nahm der BGH eine stillschweigende Wahl des deutschen Rechts für einen Darlehensvertrag an, den Deutsche in Deutschland in deutscher Sprache abgeschlossen hatten, obgleich das Darlehen durch eine Hypothek an einem in Spanien gelegenen Grundstück gesichert wurde.

71 Ähnlich *Schnelle* S. 184–187; Soergel-*v.Hoffmann* BGB Art. 28 EGBGB Rdnr. 184.

4. Anwendbarkeit des Rechts des Aufenthaltsstaats des Verbrauchers gem. Art. 29 EGBGB

a) Einführung

Kann das Kreditgeschäft nicht der beruflichen oder gewerblichen Tätigkeit des **44** Kunden (Verbrauchers) zugerechnet werden, so stellt sich die Frage, ob die Sonderregelung für Verbraucherverträge gem. Art. 29 EGBGB zur Anwendung gelangt. Diese Frage ist durchaus von praktischer Bedeutung: Denn liegen die Voraussetzungen von Art. 29 EGBGB vor, darf dem Verbraucher durch eine Rechtswahl nicht der Schutz entzogen werden, der ihm durch die zwingenden Vorschriften des objektiv ermittelten Vertragsstatuts gewährt wird (Art. 29 Abs. 1 EGBGB). Das objektive Vertragsstatut, also die Rechtsordnung, die ohne eine Rechtswahl zur Anwendung kommt, ist bei Verbraucherverträgen i.S.d. Art. 29 EGBGB aber das Recht des Aufenthaltsstaats des Verbrauchers (Art. 29 Abs. 2 EGBGB); auf die sonst entscheidende Frage, wer die vertragscharakteristische Leistung erbringt, kommt es bei Verbraucherverträgen also nicht an.

Grundvoraussetzung für Art. 29 EGBGB ist zunächst, daß der Kreditvertrag **45** unter den Umständen zustande gekommen ist, die gem. Art. 29 Abs. 1 Nr. 1–3 EGBGB einen besonderen Bezug zum Aufenthaltsstaat des Verbrauchers begründen;[72] insbes. bei Direktbanken wird aber entweder Art. 29 Abs. 1 Nr. 1 oder Nr. 2 EGBGB relativ häufig gegeben sein (vgl. zu dieser Problematik im einzelnen § 3 Rdnr. 60 f.).

b) Kreditgeschäft als Dienstleistung i.S.d. Art. 29 Abs. 1 EGBGB

Fraglich ist allerdings, ob Kreditverträge in den Anwendungsbereich des Art. 29 **46** EGBGB fallen. Denn vom Wortlaut des Art. 29 Abs. 1 EGBGB erfaßt sind lediglich Verträge über die Lieferung beweglicher Sachen oder die Erbringung von Dienstleistungen sowie Verträge zur Finanzierung solcher Geschäfte. Die bisher h.M. entnimmt dieser Formulierung, daß Kreditverträge nur unter Art. 29 EGBGB fallen, wenn sie der Finanzierung eines Kauf- oder Dienstleistungsvertrags dienen, der seinerseits ein Verbrauchervertrag ist. Danach wären also ungebundene (also nicht zweckgebundene) Konsumentenkredite und die Finanzierung eines Immobilienkaufs nicht von Art. 29 EGBGB erfaßt.[73] Daß der Verbraucher

---

[72] Sofern also dem Vertragsschluß ein ausdrückliches Angebot oder eine Werbung im Aufenthaltsstaat des Verbrauchers vorausgegangen ist und der Verbraucher dort auch die erforderlichen Rechtshandlungen vorgenommen, also die Bestellung aufgegeben oder ein Angebot angenommen hat (vgl. Art. 29 Abs. 1 Nr. 1 EGBGB) oder der Vertragspartner des Verbrauchers oder sein Vertreter die Bestellung des Verbrauchers in dessen Aufenthaltsstaat entgegengenommen hat (vgl. Art. 29 Abs. 1 Nr. 2 EGBGB) oder wenn eine vom Verkäufer zum Zweck der Bestellung veranlaßte Reise des Verbrauchers im Aufenthaltsstaat des Verbrauchers seinen Ausgang genommen hat (vgl. Art. 29 Abs. 1 Nr. 3 EGBGB), vgl. auch *Kropholler* § 52 V 2 a) (S. 475).
[73] *Martiny*, in: *Reithmann/Martiny*, Rdnr. 808; MünchKomm.-*Martiny* BGB Art. 29 EGBGB Rdnr. 22; *Schnelle* S. 163 f.; Staudinger-*Magnus* BGB (2002) Art. 29 EGBGB Rdnr. 54, 56, der allerdings de lege ferenda für eine Erstreckung des Anwendungsbereichs des Art. 29 EGBGB auf alle Kreditverträge plädiert; Soergel-*v. Hoffmann* BGB Art. 29 EGBGB Rdnr. 11.

hier mindestens ebenso schutzwürdig ist wie bei (sonstigen) Dienstleistungen, ist dennoch – zu Recht – h.M.[74] In Anbetracht des völkervertraglichen Ursprungs des Art. 29 EGBGB[75] wäre zwar eine Analogie zu Art. 29 EGBGB[76] grds. problematisch, da dies eine entsprechende Auslegung und Anwendung dieser Bestimmung in den anderen Vertragsstaaten voraussetzt (vgl. Art. 36 EGBGB).[77] Durch die Verabschiedung der Richtlinie 2002/65/EG des Europäischen Parlaments und des Rates v. 23. 9. 2002 über den Fernabsatz von Finanzdienstleistungen an Verbraucher[78] haben die EU-Mitgliedstaaten, die auch Vertragsstaaten des Römischen Schuldvertragsübereinkommens sind, jedoch deutlich gemacht, daß der Begriff der Bankdienstleistungen und damit auch der Dienstleistungen zumindest mittlerweile sehr weit zu verstehen ist und auch Kreditverträge umfaßt (vgl. auch Art. 2 b) dieser Richtlinie). Daher ist eine Anwendung des Art. 29 EGBGB auch auf ungebundene Kreditverträge zu befürworten.

c) Rechtsfolgen

47 Kam der Kreditvertrag unter den Umständen des Art. 29 Abs. 1 Nr. 1–3 EGBGB zustande und wurde zwischen Bank und Kunde keine Rechtswahlvereinbarung getroffen, gelangt daher über Art. 29 Abs. 2 EGBGB das Recht des Aufenthaltsstaats des Verbrauchers zur Anwendung. Insbesondere dürfte Art. 29 Abs. 4 Nr. 2 EGBGB der Anwendung des Art. 29 EGBGB in aller Regel nicht entgegenstehen, da die Voraussetzungen dieser Ausnahmebestimmung nur gegeben sind, wenn die Leistung überhaupt keine Berührung zum Aufenthaltsstaat des Verbrauchers hat (vgl. oben § 3 Rdnr. 63). Da jedoch das Darlehen i.d.R. an den Verbraucher in dessen Aufenthaltsstaat ausgezahlt werden wird und dieser zumeist auch seine Zinszahlungen von dort aus tätigen wird, dürfte der Kreditvertrag in aller Regel einen Bezug zum Aufenthaltsstaat des Verbrauchers aufweisen.

48 Kam hingegen eine Rechtswahlvereinbarung zwischen Bank und Kunde zustande, ist diese grds. wirksam (zu Einschränkungen vgl. oben § 2 Rdnr. 17–21), so daß auch die Verbraucherschutzbestimmungen des gewählten Rechts anwendbar sind. Da jedoch dem Verbraucher der Schutz nicht entzogen werden darf, den ihm die zwingenden Bestimmungen des Rechts seines Aufenthaltsstaats gewähren, stellen diese Schutzbestimmungen den Mindeststandard des Verbraucherschutzes dar. Im Ergebnis sind daher die Schutzbestimmungen des gewählten Rechts und des Rechts des Aufenthaltsstaats des Verbrauchers zu vergleichen und die Schutzbe-

---

74 Vgl. *Schnelle* S. 164; Staudinger-*Magnus* BGB (2002) Art. 29 EGBGB Rdnr. 56; *v. Hoffmann*, IPRax 1989, 271.
75 Art. 29 EGBGB entspricht Art. 5 des Römischen EWG-Übereinkommens über das auf vertragliche Schuldverhältnisse anzuwendende Recht v. 19. 6. 1980 (BGBl. 1986 II, S. 809).
76 So *v. Hoffmann*, IPRax 1989, 271.
77 So auch BGH 19. 3. 1997, BGHZ 135, 124, 133–135; BGH 13. 12. 2005, WM 2006, 373, 375.
78 und zur Änderung der Richtlinie 90/619/EWG des Rates und der Richtlinien 97/7/EG und 98/27/EG (ABl. EG Nr. L 271, S. 16).

stimmungen anzuwenden, die den Verbraucher im konkreten Fall besser schützen (Art. 29 Abs. 1 EGBGB, vgl. im einzelnen auch oben § 3 Rdnr. 64–66).[79]

Im Zusammenhang mit Darlehensverträgen geht es bei diesen Schutzbestimmungen im deutschen Recht neben den Regelungen zu AGB (§§ 305 ff. BGB) insbes. um die Vorschriften über das Verbraucherdarlehen (§§ 491 ff. BGB). Daneben finden aber auch die Kündigungsmöglichkeit des Verbrauchers gem. § 489 Abs. 1 Nr. 2 BGB und – sofern der Darlehensnehmer im konkreten Fall ein Verbraucher ist – auch die Kündigungsmöglichkeiten des § 489 Abs. 1 Nr. 1 und 3 und Abs. 2 BGB im Rahmen des Art. 29 EGBGB Berücksichtigung, da es sich hierbei insgesamt um zwingende Vorschriften des deutschen Rechts zugunsten der Darlehensnehmer handelt.[80] Über Art. 29 EGBGB können sich im Grundsatz auch die Widerrufsrechte des Verbrauchers, wie etwa §§ 312,[81] 312 d, 495 BGB und die Vorschriften über verbundene Verträge gem. §§ 358, 359 BGB international (i.S. eines Minimumschutzes) durchsetzen.[82] Bei verbundenen Geschäften können die Vorschriften der §§ 358, 359 BGB entweder über den Verbraucherdarlehensvertrag und / oder das damit finanzierte Geschäft zur Anwendung gelangen. Allerdings muß der betreffende Vertrag ein von Art. 29 EGBGB erfaßter Vertragstyp sein, wie dies etwa bei einem kreditfinanzierten Kauf-, Werk- oder Dienstvertrag sowohl für das Darlehen als auch das finanzierte Geschäft der Fall ist. Weist der betreffende Vertragsschluß die von Art. 29 Abs. 1 Nr. 1–3 EGBGB geforderte Inlandsbeziehung auf, wird dann die Geltung der §§ 358, 359 BGB im Sinne eines Mindestschutzes des Verbrauchers ausgelöst.

Da der Beitritt zu einem Immobilienfonds als gesellschaftsrechtlicher Vertrag nicht unter die in Art. 29 Abs. 1 EGBGB genannten Vertragstypen fällt (vgl. die Ausnahmebestimmung des Art. 37 S. 1 Nr. 2 EGBGB), kann Art. 29 EGBGB bezogen auf den Beitrittsvertrag nicht die Anwendbarkeit der §§ 358, 359 BGB auslösen. Sofern man – wie hier vertreten – (sämtliche) Kreditverträge als von Art. 29 EGBGB erfaßt sieht, können sich die §§ 358, 359 BGB international auch dann durchsetzen, wenn das für den Darlehensvertrag gewählte Recht einen solchen Verbraucherschutz nicht gewährt. Anders ist dies allerdings auf der Grundlage der

---

79 Zu diesem Günstigkeitsvergleich vgl. statt vieler MünchKomm.-*Martiny* BGB Art. 29 EGBGB Rdnr. 59–61.

80 Vgl. generell zum Begriff der zwingenden Bestimmungen i.S.d. Art. 29 EGBGB, wonach nicht nur Verbraucherschutznormen, sondern auch zwingende Bestimmungen des Vertragsrechts im Rahmen des Art. 29 EGBGB Berücksichtigung finden, Staudinger-*Magnus* BGB (2002), Art. 29 EGBGB Rdnr. 102; MünchKomm.-*Martiny* BGB Art. 29 EGBGB Rdnr. 56f.; *Martiny*, in: *Reithmann/Martiny*, Rdnr. 825; eine Einschränkung auf verbraucherschützende Normen ziehen allerdings *Dicey, A. V. & Morris, H. C.*, The Conflict of Laws, Bd. 2, 13. Aufl. 2000, S. 1290 (33–016) bei der Interpretation des Art. 5 des Europäischen Schuldvertragsübereinkommens (entspricht Art. 29 EGBGB) im englischen internationalen Privatrecht in Erwägung, halten dann aber Art. 7 Abs. 2 (entspricht Art. 34 EGBGB) für gegeben, vgl. S. 1429f. (33–312).

81 Vgl. aber auch § 312 a BGB zum Ausschluß von § 312 BGB in den Fällen eines nach anderen Vorschriften bestehenden Widerrufs- oder Rückgaberechts.

82 So auch Staudinger-*Magnus* BGB (2002) Art. 29 EGBGB Rdnr. 102.

h. M., die Kreditverträge nur dann als von Art. 29 EGBGB erfaßt hält, wenn sie zur Finanzierung eines Vertrags über die Lieferung beweglicher Sachen oder die Erbringung von Dienstleistungen dienen. Da der Beitritt zu einer Gesellschaft nicht zu diesen Vertragstypen zu zählen ist, kann dem in Deutschland ansässigen Verbraucher / Gesellschafter jedenfalls nicht über Art. 29 EGBGB der Schutz der §§ 358, 359 BGB (i. S. eines Minimumstandards) gewährt werden.

5. Verbraucherschutz gem. Art. 29 a EGBGB

51   Für die Frage, ob zwingende Bestimmungen zum Schutz der Verbraucher auch gem. Art. 29 a EGBGB durchgesetzt werden können, soll auf die Ausführungen zum Einlagengeschäft verwiesen werden (vgl. § 3 Rdnr. 67–71). Über Art. 29 a EGBGB können sich die Umsetzungsbestimmungen der in Art. 29 a Abs. 4 EGBGB aufgeführten Verbraucherschutzrichtlinien, insbes. auch das Widerrufsrecht gem. Art. 6 der Richtlinie über den Fernabsatz von Finanzdienstleistungen an Verbraucher[83] international durchsetzen (bzw. – im vorliegenden Zusammenhang relevant bei verbundenen Geschäften – das Widerrufsrecht gem. Art. 6 der Richtlinie über den Verbraucherschutz bei Vertragsabschlüssen im Fernabsatz)[84].

52   Allerdings greift Art. 29 a EGBGB nur ein, wenn das Recht des Drittstaates (also Nicht-EU oder EWR-Staates) kraft Rechtswahl und nicht bereits kraft objektiver Anknüpfung für den betreffenden Vertrag (im übrigen) zur Anwendung gelangt. Da aber der Vertragspartner des Verbrauchers (darlehensgebende Bank) die vertragscharakteristische Leistung erbringt, dürfte diese Voraussetzung bei einem in Deutschland ansässigen Verbraucher und einem ausländischen Vertragspartner nur gegeben sein, wenn das objektive Vertragsstatut gem. Art. 29 Abs. 2 EGBGB (und nicht gem. Art. 28 Abs. 2 EGBGB) bestimmt wird. Daher kann etwa der „Widerrufsdurchgriff" des § 358 BGB bei verbundenen Geschäften über Art. 29 a EGBGB praktisch nur zur Anwendung kommen, wenn man den betreffenden Vertrag auch als einen Verbrauchervertrag i. S. d. Art. 29 EGBGB einordnet (vgl. oben Rdnr. 44–47). Da andererseits der „Einwendungsdurchgriff" des § 359 BGB nicht auf einer der in Art. 29 a EGBGB genannten Richtlinien beruht, kann diese Vorschrift nicht über Art. 29 a EGBGB, sondern nur über Art. 29 EGBGB maßgeblich werden und verbraucherschützende Wirkung entfalten.

---

83   Genauer: Richtlinie 2002/65/EG des Europäischen Parlaments und des Rates v. 23. 9. 2002 über den Fernabsatz von Finanzdienstleistungen an Verbraucher und zur Änderung der Richtlinie 90/619/EWG des Rates und der Richtlinien 97/7/EG und 98/27/EG, ABl. EG Nr. L 271, S. 16.
84   Genauer: Richtlinie 97/7/EG des Europäischen Parlaments und des Rates v. 20. 5. 1997 über den Verbraucherschutz bei Vertragsabschlüssen im Fernabsatz, ABl. EG Nr. L 144, S. 19.

6. Verbraucherschutz gem. Art. 34 EGBGB

Für die Frage, ob zwingende Bestimmungen zum Schutz der Verbraucher auch   53
gem. Art 34 EGBGB durchgesetzt werden können, sei zunächst ebenfalls auf die
Ausführungen zum Einlagengeschäft verwiesen (vgl. § 3 Rdnr. 72–77). Geht man
richtigerweise davon aus, daß auch Kreditverträge Dienstleistungen i.S.d. Art. 29
EGBGB darstellen, so findet auf der Basis der dort dargelegten Grundsätze zum
Verhältnis der Artt. 29, 34 EGBGB auch auf Kreditverträge die Sonderregelung des
Art. 29 EGBGB und nicht Art. 34 EGBGB Anwendung.[85]

Allerdings stellt sich die Frage der Anwendbarkeit des Art. 34 EGBGB bei Ver-   54
trägen, die keine Verbraucherverträge i.S.d. Art. 29 EGBGB sind. Konkret geht es
insbes. um die Kündigungsmöglichkeiten des Darlehensnehmers gem. § 489 Abs. 1
Nr. 1, 3 und Abs. 2 BGB, sofern der Darlehensnehmer im konkreten Fall nicht Verbraucher ist. Anders ausgedrückt geht es um die Frage, ob diese Kündigungsmöglichkeiten nicht nur national, sondern auch international zwingende Vorschriften
(sog. Eingriffsnormen) i.S.d. Art. 34 EGBGB darstellen, die ohne Rücksicht auf
das für den Vertrag maßgebliche Recht den Sachverhalt zwingend regeln wollen.
Wie bereits ausgeführt (vgl. § 3 Rdnr. 72), handelt es sich dabei nach h.M. um Normen von besonderer Bedeutung, die sich nicht im Ausgleich widerstreitender Interessen der Vertragsparteien erschöpfen, sondern auch auf öffentliche Interessen
gerichtet sind. Es geht also (insbesondere) um Normen wirtschaftspolitischer Art,
die im öffentlichen Interesse bestehen, wie etwa Bestimmungen des Außenwirtschaftsrechts, Devisenvorschriften oder Vorschriften des Kartellrechts.[86] Da aber
auch sozialpolitische und Verbraucherschutzvorschriften der Marktregulierung
und der Durchsetzung sozialpolitischer Ziele dienen können, ist nicht auszuschließen, daß auch diese Vorschriften im Einzelfall international zwingende Normen
i.S.d. Art. 34 EGBGB darstellen können;[87] da diese Bestimmungen jedoch auch private Interessen schützen sollen, wird teilweise für die Sonderanknüpfung gem.
Art. 34 EGBGB ein besonders enger Inlandsbezug gefordert.[88]

---

85 *v. Hoffmann*, IPRax 1989, 271 plädiert allerdings nicht für eine allseitige Sonderanknüpfung gem. Art. 29 EGBGB, sondern für eine einseitige Sonderanknüpfung von § 609 a Abs. 1
Nr. 2 und Abs. 2 BGB a.F. in rechtsanaloger Anwendung von Art. 29 EGBGB und § 12 AGBG
a.F.; Staudinger-*Magnus* BGB (2002) Art. 34 EGBGB Rdnr. 90 zieht bei Darlehensverträgen sowohl eine analoge Anwendung des Art. 29 EGBGB als auch – jedenfalls gegenüber drittstaatli-
chem Recht – des Art. 34 EGBGB in Betracht; *Hopt/Mülbert*, Sonderbeil. zu WM 1990, 19 halten hingegen die Kündigungsmöglichkeit des Verbrauchers gem. § 489 Abs. 1 Nr. 2 BGB für eine international zwingende Bestimmung i.S.d. Art. 34 EGBGB, ohne allerdings die Frage zu
diskutieren, ob diese Vorschrift international nicht bereits über Art. 29 EGBGB Berücksichtigung findet.
86 Vgl. statt vieler BAG 24. 8. 1989, DB 1990, 1666, 1668; Staudinger-*Magnus* BGB (2002)
Art. 34 EGBGB Rdnr. 57; MünchKomm.-*Martiny* BGB Art. 34 EGBGB Rdnr. 12f.
87 Staudinger-*Magnus* BGB (2002) Art. 34 EGBGB Rdnr. 37; vgl. auch BGH 26. 10. 1993,
BGHZ 123, 380, 390f.; BGH 19. 3. 1997, BGHZ 135, 124, 135; mittlerweile sehr zurückhaltend
hinsichtlich der Anwendbarkeit des Art. 34 EGBGB im Bereich des Verbraucherschutzrechts
Freitag, in: *Reithmann/Martiny*, Rdnr. 405.
88 So noch *Limmer*, in: *Reithmann/Martiny*, Rdnr. 398.

55   Nach anderer Ansicht ist der Kreis der international zwingenden Normen i.S.d. Art. 34 EGBGB hingegen weiter zu ziehen und hierunter im Grundsatz nicht nur das eben beschriebene klassische Eingriffsrecht, sondern auch das sog. Sonderprivatrecht zu verstehen; dieses Sonderprivatrecht sei ebenfalls unabhängig vom Vertragsstatut anzuknüpfen. Das Sonderprivatrecht soll die Normengruppen umfassen, deren Zweck es ist, die Privatautonomie einzuschränken, um typische Ungleichgewichtslagen zwischen den Parteien auszugleichen.[89] Soweit allerdings dieses Sonderprivatrecht in den sachlichen Anwendungsbereich der Artt. 29, 30 EGBGB fällt, soll ein Rückgriff auf Art. 34 EGBGB nicht mehr möglich sein. Da andererseits diese Sperrwirkung für klassische Eingriffsnormen (Normen im öffentlichen Interesse) nicht gelten soll, ist eine Abgrenzung des Sonderprivatrechts vom klassischen Eingriffsrecht erforderlich. Maßgebliches Kriterium hierfür soll sein, ob die Durchsetzung der Norm allein Privaten überlassen (Sonderprivatrecht) oder behördlicher (bzw. kollektivrechtlicher) Kontrolle anvertraut ist (klassisches Eingriffsrecht). Fällt das Sonderprivatrecht nicht in den Anwendungsbereich der Artt. 29, 30 EGBGB, ist danach der Weg frei für eine einseitige Sonderanknüpfung gem. Art. 34 EGBGB.[90] Da jedoch zahlreiche Normen des Privatrechts zumindest auch typische Ungleichgewichtslagen zwischen den Parteien ausgleichen sollen, wäre damit der Kreis der Normen, die (vorbehaltlich der Sonderregelungen der Artt. 29, 30 EGBGB) der Sonderanknüpfung des Art. 34 EGBGB unterfallen würde, sehr weit. Damit wird nicht nur die Parteiautonomie erheblich eingeschränkt, vielmehr droht daneben die Gefahr, daß die differenzierten Voraussetzungen und Regelungen der Artt. 29, 30 EGBGB hierdurch unterlaufen würden.[91] Die Auffassung von der generellen Sonderanknüpfung des Sonderprivatrechts ist daher abzulehnen.

56   Für die Anwendbarkeit des Art. 34 EGBGB ist daher stets das Kriterium entscheidend, ob eine Norm, und zwar unabhängig von ihrer rechtlichen Einordnung als Privatrecht oder öffentliches Recht, primär dem Ausgleich privater Interessen oder der Wahrung öffentlicher Interessen dient. Da die Kündigungsmöglichkeiten des § 489 Abs. 1 Nr. 1 und 3, Abs. 2 BGB aber primär die Herstellung der Waffengleichheit von Darlehensgeber und Darlehensnehmer bzw. den Schutz des Darlehensnehmers vor überlangen Bindungen oder nicht mehr akzeptablen Zinsbelastungen bezwecken (vgl. oben Rdnr. 11f.), steht bei all diesen Normen der Schutz privater Interessen deutlich im Vordergrund. Ansonsten würde auch die Ausnahme des § 489 Abs. 3 S. 2 BGB, wonach die Kündigungsmöglichkeiten gem. § 489 Abs. 1, 2 BGB nicht auch zwingend für öffentlich-rechtliche Schuldner gelten, keinen rechten Sinn ergeben. Denn wenn diese Bestimmungen wirtschaftspolitischen Zwecken dienen würden (etwa der Erhöhung der Investitionsbereitschaft in Niedrigzinsphasen durch Umschuldung), wäre eine solche Ausnahme zulasten der öf-

---

89   Soergel-*v. Hoffmann* BGB Art. 34 EGBGB Rdnr. 4.
90   Soergel-*v. Hoffmann* BGB Art. 34 EGBGB Rdnr. 7.
91   So zutreffend MünchKomm.-*Martiny* BGB Art. 34 EGBGB Rdnr. 16.

fentlichen Hand sachlich nicht zu rechtfertigen.[92] Daher sind diese national zwingenden Kündigungsmöglichkeiten des Darlehensnehmers nicht gleichzeitig auch international zwingende Normen i.S.d. Art. 34 EGBGB. Sofern der Darlehensvertrag ausländischem Recht unterliegt, finden diese Vorschriften daher keine Anwendung.[93]

IV. Konsortialkreditgeschäft

Literatur

De Meo, Francesco, Bankenkonsortien – Eine Untersuchung zum Innen- und Außenrecht von Emissions-, Kredit- und Sanierungskonsortien sowie zu deren Haftung für das Handeln von Konsortialführern, 1994. *Früh, Andreas*, in: Bankrecht und Bankpraxis, Teil 3: Kreditvertragsrecht, Band 1, Stand Februar 2000, Rdnr. 3/333–3/355. *Hadding, Walther*, in: Bankrechtshandbuch II, hrsg. v. Schimansky, Herbert/Bunte, Hermann Josef/Lwowski, Hans-Jürgen, 2. Aufl. 2001, § 87 (Konsortialkredit). *Hinsch, L. Christian/Horn, Norbert*, Das Vertragsrecht der internationalen Konsortialkredite und Projektfinanzierungen, 1985. *König, Andreas*, Die internationalprivatrechtliche Anknüpfung von Syndicated Loan Agreements, 1984. *Picherer, Martin H.*, Sicherungsinstrumente bei Konsortialfinanzierungen von Hypothekenbanken, Schriftenreihe des Verbandes deutscher Hypothekenbanken, Bd. 14, 2002. *Rayermann, Marcus*, Der internationale Konsortialvertrag, Rechtliche Einordnung und Vertragsgestaltung in der Bundesrepublik Deutschland und den USA, 2002. *Scholze, Herbert*, Das Konsortialgeschäft der deutschen Banken, Erster Halbband, 1973. *Schücking, Christoph*, Das Internationale Privatrecht der Banken-Konsortien, WM 1996, 281–289. *Welter, Reinhard*, in: Bankrechtshandbuch III, hrsg. v. Schimansky, Herbert/Bunte, Hermann Josef/Lwowski, Hans-Jürgen, 2. Aufl. 2001, § 118 (Auslandskreditgeschäft). *Wood, Philip*, Law and Practice of International Finance, International Loans, Bonds and Securities Regulation, 1995.

1. Einführung

Konsortialgeschäfte, also Bankgeschäfte, die von mehreren Kreditinstituten auf gemeinsame Rechnung durchgeführt werden,[94] finden sich auch beim Kreditgeschäft. Das Konsortialkreditgeschäft hat mehrere Vorteile: Zum einen kann der Kreditnehmer so seine sämtlichen Bankverbindungen nutzen, zum anderen verteilen sich die Risiken und Eigenkapitalkosten auf mehrere Kreditinstitute.[95] Solche

57

---

92 So zutreffend *v. Hoffmann*, IPRax 1989, 269f.; ihm folgend *Schnelle* S. 23f.

93 Im Ergebnis ebenso für § 609 Abs. 1 Nr. 1 und 3, Abs. 2 BGB a.F. (entspricht § 489 Abs. 1 Nr. 1 und 3, Abs. 2 BGB n.F.) *Hopt/Mülbert*, Sonderbeil. Nr. 3 zu WM 1990, 19; *v. Hoffmann*, IPRax 1989, 271; MünchKomm.-*K.P. Berger* BGB Vor § 488 Rdnr. 106; hingegen lehnte MünchKomm.-*Westermann* BGB, 3. Aufl. 1997, § 609 a Rdnr. 13 für alle Kündigungsmöglichkeiten des § 609 a BGB a.F. die Möglichkeit ab, deren Geltung einer ausländischen Rechtsordnung (gem. Art. 34 EGBGB) durchzusetzen; ebenso *Schnelle* S. 23f.

94 Vgl. zu dieser Begriffsbestimmung *Hadding*, in: Bankrechtshandbuch II, § 87 Rdnr. 1.

95 Vgl. *Früh*, in: Bankrecht und Bankpraxis, Rdnr. 3/334; *Kümpel* Rdnr. 5.290; *Schücking*, WM 1996, 281.

Kreditkonsortien haben häufig eine internationale Zusammensetzung und werden dann als sog. Syndicated Loan Agreements bezeichnet.[96]

58   Das internationale Konsortialkreditgeschäft hat insbesondere Bedeutung auf dem sog. Euromarkt. Unter dem Euromarkt versteht man Finanztransaktionen, die in den wichtigsten Währungen außerhalb des Währungsursprungslandes abgewickelt werden. Seinen Namen verdankt der Euromarkt seinen Ursprüngen Ende der 50er Jahre, als insbesondere europäische Banken hohe US-Dollar-Guthaben hielten und hieraus Darlehen gewährten. Mittlerweile aber ist der Euromarkt nicht mehr auf die großen europäischen Finanzzentren wie London, Luxemburg und Paris beschränkt, sondern erfaßt auch Finanzplätze in Asien wie Hongkong, Singapur und Tokio und der Karibik wie Cayman-Islands, aber auch Freihandelszonen in Nordamerika, die International Banking Facilities (wie etwa in New York). Die wichtigsten Eurowährungen sind US-Dollar, Euro, Yen und Schweizer Franken. Auf dem Euromarkt refinanzieren sich insbesondere Zentralbanken, Banken und Großunternehmen. Der Eurokredit ist durch eine starke Standardisierung geprägt, die sich aus der kurzfristigen und streng kongruenten Refinanzierung in der Eurowährung ergibt.[97]

2. Besonderheiten des Konsortialkreditgeschäfts nach deutschem Sachrecht

a) Rechtsverhältnis zwischen den Konsorten (Konsortialverhältnis)

59   Das Rechtsverhältnis zwischen den Konsorten wird beim Konsortialkreditgeschäft (wie auch beim Emissionsgeschäft) als eine Gesellschaft bürgerlichen Rechts eingeordnet.[98] Jedoch werden beim Konsortialkredit ebenso wie beim Emissionsgeschäft die gesetzlichen Regelungen zur BGB-Gesellschaft im wesentlichen abbedungen:

60   Die Konsorten haben nicht gleiche Beiträge (vgl. § 706 Abs. 1 BGB), sondern die vereinbarte Quote des Kreditbetrags zu leisten. Der Kredit kann dabei auf verschiedene Weise zur Verfügung gestellt und abgewickelt werden: Beim echten Konsortialkredit (zentralisierten Kreditkonsortium) erfolgt die Kreditvergabe durch die Konsortialführerin, die ihrerseits im Innenverhältnis die von jedem Konsorten zugesagte Quote einfordert und auch die Zinsen und Provisionen abrechnet, während beim unechten Konsortialkredit (dezentralisierten Kreditkonsortium) jeder Konsorte seinen Anteil des Kreditbetrags dem Kreditnehmer direkt zur Verfügung stellt und auch unmittelbar die Zinsen und Provisionen hierauf erhält.[99]

61   Auch erfolgt die Geschäftsführung für Vorgänge, die für das Konsortium typisch sind, sowie die Vertretung des Konsortiums durch die Konsortialführerin

---

96 *König* S. 15; *Früh*, in: Bankrecht und Bankpraxis, Rdnr. 3/340.
97 *Kümpel* Rdnr. 7.276–7.290; *Hadding*, in: Bankrechtshandbuch II, § 87 Rdnr. 53–55; *Welter*, in: Bankrechtshandbuch III, § 118 Rdnr. 4.
98 Vgl. hierzu statt vieler *Hinsch/Horn* S. 156 f.
99 *Scholze* S. 104 f.; *De Meo* S. 13 f.; *Hadding*, in: Bankrechtshandbuch II, § 87 Rdnr. 33 f.

und nicht durch die Konsorten gemeinschaftlich.[100] Welche Tätigkeiten für das Konsortium typisch sind und der technisch-organisatorischen Abwicklung dienen, ist allerdings wiederum davon abhängig, ob es sich um ein zentralisiertes oder dezentralisiertes Kreditkonsortium handelt. Daher beschränkt sich die Alleingeschäftsführungsbefugnis der Konsortialführerin bei dezentralisierten Kreditkonsortien im wesentlichen auf Informations-, Kontroll- und Überwachungsmaßnahmen.[101] Entsprechendes gilt auch für die Vertretungsmacht im Außenverhältnis.[102]

Die gesetzlichen Regelungen zur BGB-Gesellschaft werden überdies noch in anderer Hinsicht modifiziert: so haften die Konsorten generell nicht bei Ausfall eines Konsorten, und zwar weder im Innenverhältnis der Konsorten zueinander (wie dies § 735 BGB nach Beendigung der Gesellschaft vorsieht) noch im Außenverhältnis zum Kreditnehmer, da auch der Kreditvertrag ausdrücklich nur eine quotale und keine gesamtschuldnerische Haftung vorsieht.[103]

Ungeachtet dieser Abweichungen von den gesetzlichen Regelungen zur BGB-Gesellschaft wird der gemeinsame Zweck – entsprechend der rechtlichen Beurteilung des Emissionsgeschäfts (vgl. § 7 Rdnr. 9) – in der Gewährung des (Groß-)Kredits an den Kreditnehmer gesehen.[104] Dies vermag aber zumindest bei dem dezentralisierten Kreditkonsortium nicht richtig zu überzeugen. Übernimmt jeder Konsorte nur seine Quote an dem Kreditbetrag und sind keine weiteren Mechanismen zwischen den Konsorten vorgesehen, die eine Auszahlung des gesamten Kreditbetrags an den Darlehensnehmer sicherstellen, so mögen die Konsorten (tatsächlich) eine gemeinsame Absicht haben (nämlich insgesamt einen bestimmten Betrag an den Darlehensnehmer auszuzahlen). Die von den Konsorten übernommenen Verpflichtungen sichern aber die Erreichung der (tatsächlichen) Absicht, dem Darlehensnehmer einen bestimmten Gesamtbetrag auszuzahlen, rechtlich nicht ab, vielmehr erfüllt jeder Konsorte seine Pflichten aus dem Konsortialvertrag bereits mit Bereitstellung der auf ihn entfallenden Quote. Insofern ist hier die rechtliche Einordnung des Konsortialvertrags als BGB-Gesellschaft problematischer als beim Emissionskonsortium, dessen Konsortialverträge zwar ebenfalls eine (lediglich) quotale Übernahme der Emission durch die einzelnen Konsorten vorsehen, daneben aber auch Vereinbarungen enthalten, die eine vollständige Übernahme der Emission sicherstellen sollen.[105]

62

63

---

100 Vgl. *Hadding*, in: Bankrechtshandbuch II, § 87 Rdnr. 31–35; *Früh*, in: Bankrecht und Bankpraxis, Rdnr. 3/347; *De Meo* S. 72 f., 89 f.
101 So *De Meo* S. 73; vgl. auch *Hinsch/Horn* S. 161; *Picherer* S. 31.
102 Vgl. *De Meo* S. 89 f.; *Picherer* S. 31.
103 Vgl. *De Meo* S. 62 f.; *Früh*, in: Bankrecht und Bankpraxis, Rdnr. 3/349; *Hadding*, in: Bankrechtshandbuch II, § 87 Rdnr. 29.
104 *König* S. 36; *Hadding*, in: Bankrechtshandbuch II, § 87 Rdnr. 25; *Früh*, in: Bankrecht und Bankpraxis, Rdnr. 3/344; *De Meo* S. 38; *Hinsch/Horn* S. 156 f.
105 Vgl. zum Emissionskonsortium § 7 Rdnr. 9.

64   Für die Phase der Kredittilgung findet sich zwar in den Konsortialverträgen des Euromarkts häufig die sog. sharing clause, mit der sich die Gläubigerbanken gegenüber den anderen Konsorten verpflichten, jegliche Zahlungen des Kreditnehmers (etwa auch durch Aufrechnungen) den anderen Kreditgebern proportional zu ihrem Anteil an dem Kredit zukommen zu lassen.[106] Diese Klausel soll aber nur die Gleichbehandlung der Konsorten untereinander durch deren Verpflichtung zu entsprechenden Ausgleichszahlungen sicherstellen, sie begründet aber darüber hinaus keinen gemeinsamen Zweck der Konsorten.

65   Denkbar sind je nach vertraglicher Ausgestaltung des Kreditkonsortiums auch Geschäftsbesorgungsverträge der Konsorten mit der Konsortialführerin unter Erteilung einer Vollmacht an die Konsortialführerin.[107]

b) Rechtsverhältnis zwischen dem Kreditnehmer und den Konsorten
aa) Rechtliche Gestaltungsformen und Einordnung des Konsortialkreditvertrags

66   Der Konsortialkreditvertrag wird von der Konsortialführerin mit dem Kreditnehmer ausgehandelt und entweder von allen Konsortialbanken oder nur von der Konsortialführerin unterzeichnet. Handelt die Konsortialführerin im letzteren Fall nur im eigenen Namen, wenn auch für Rechnung des gesamten Konsortiums, so wird nur die Konsortialführerin aus dem Kreditvertrag berechtigt und verpflichtet. Da das Konsortium in diesem Fall nicht nach außen in Erscheinung tritt, handelt es sich um ein (bloßes) Innenkonsortium. Wird die Vertragsurkunde nur von der Konsortialführerin unterzeichnet, so schließt sie ihn aber i.d.R. sowohl im eigenen Namen als auch im Namen der Konsorten ab, wodurch die Konsorten ebenfalls berechtigt und verpflichtet werden. Da das Konsortium in diesem Fall nach außen in Erscheinung tritt, handelt es sich um ein Außenkonsortium.[108]

67   Beim dezentralisierten Kreditkonsortium hat jeder Konsorte einen selbständigen Kreditvertrag mit dem Kreditnehmer und haftet folglich auch nur für die von ihm zugesagte Quote (des Kreditbetrags).[109] Demgegenüber schließt das Konsortium beim zentralisierten Kreditkonsortium einen einheitlichen Kreditvertrag mit dem Kreditnehmer. Dennoch wird auch beim zentralisierten Kreditkonsortium die gesamtschuldnerische Haftung der Konsorten auf Auszahlung des Gesamtbetrags ausgeschlossen; die Konsorten haften also auch hier nur auf die von ihnen zugesagte Quote und begründen daher nur eine Teilschuld (§ 420 BGB).[110] Auch stehen die Ansprüche auf Zinsen und Tilgung sowohl beim dezentralisierten als auch

---

106   Vgl. hierzu *Welter*, in: Bankrechtshandbuch III, § 118 Rdnr. 138–141.
107   Generell gegen die Einordnung der Banken-Konsortien als BGB-Gesellschaften *Schüking*, WM 1996, 288.
108   *Hadding*, in: Bankrechtshandbuch II, § 87 Rdnr. 43; vgl. auch *De Meo* S. 160.
109   *Hadding*, in: Bankrechtshandbuch II, § 87 Rdnr. 46.
110   *De Meo* S. 161 f.; *Hadding*, in: Bankrechtshandbuch II, § 87 Rdnr. 47; *Hinsch/Horn* S. 172; vgl. hierzu auch das Emissionsgeschäft § 7 Rdnr. 17–19.

zentralisierten Konsortium anteilig den einzelnen Konsortialbanken zu und stellen somit kein Gesamthandsvermögen dar.[111]

In Konsortialkreditverträge des Euromarkts werden neben der sharing-clause, **68** die der Gleichbehandlung der Konsortialbanken untereinander dient (vgl. oben Rdnr. 64), häufig auch Vertragsklauseln aufgenommen, die die Gleichbehandlung der Konsortialbanken auch im Verhältnis zu anderen Gläubigern des Kreditnehmers sicherstellen sollen. Dies geschieht etwa durch die Verpflichtung des Kreditnehmers, den Konsortialbanken (mindestens) den Rang einzuräumen, der auch seinen anderen Gläubigern zukommt (pari passu clause)[112] oder die Verpflichtung, den Konsortialbanken die Sicherheiten einzuräumen, die der Kreditnehmer anderen Gläubigern gewährt (negative pledge clause).[113]

Rechtlich gesehen stellt der Konsortialkreditvertrag entweder einen Darlehens- **69** vertrag gem. §§ 488ff. BGB oder aber einen Krediteröffnungsvertrag dar. Durch den Krediteröffnungsvertrag werden zwar die Kreditkonditionen bereits festgelegt und der Darlehensgeber zur Auszahlung der Darlehensvaluta verpflichtet; jedoch wird die Darlehensvaluta nicht sofort, sondern erst auf Abruf des Kreditnehmers ausgezahlt, dem insoweit in dem Krediteröffnungsvertrag ein Gestaltungsrecht eingeräumt wird (vgl. hierzu oben Rdnr. 7). Mit dem Krediteröffnungsvertrag erhält der Kreditnehmer also noch keinen Kredit, sondern nur die Möglichkeit, bei Bedarf einen Kredit in Anspruch zu nehmen.[114] Sofern der Kreditnehmer den Kredit abruft, kommt der eigentliche Darlehensvertrag zustande, der folglich den Vorschriften der §§ 488ff. BGB unterliegt.[115]

bb) Besicherung von Konsortialkrediten

Bei der Besicherung von Konsortialkreditverträgen erweisen sich akzessorische Si- **70** cherheiten als relativ ungeeignet. Denn akzessorische Sicherheiten setzen eine Identität von Forderungsgläubiger und Sicherungsnehmer voraus, wie dies etwa bei der Bürgschaft (§ 767 Abs. 1 BGB), Hypothek (§§ 1113 Abs. 1, 1153 BGB), dem Pfandrecht an beweglichen Sachen (§§ 1205 Abs. 1, 1250 BGB) und an Rechten (§ 1273 BGB) der Fall ist. Da die Ansprüche auf Zinsen und Tilgung jedoch den einzelnen Konsortialbanken anteilig zustehen, wäre die somit erforderliche Bestellung von Sicherheiten zugunsten der einzelnen Konsorten relativ verwaltungs- und kostenintensiv. In der Praxis werden daher nicht akzessorische Sicherheiten zugunsten der Konsortialführerin bestellt, die diese treuhänderisch für die Konsor-

---

111 *De Meo* S. 102f.; *Hinsch/Horn* S. 173.

112 Vgl. hierzu *Welter*, in: Bankrechtshandbuch III, § 118 Rdnr. 117–120; *Wood* Rdnr. 3–27f.: Diese Klausel ändert allerdings nichts an der gesetzlichen Rangfolge im Insolvenzverfahren.

113 Vgl. hierzu *Welter*, in: Bankrechtshandbuch III, § 118 Rdnr. 121–123; *Wood* Rdnr. 3–10f.: Diese Klausel dient der Gleichstellung zwischen den Gläubigern.

114 Vgl. zum Krediteröffnungsvertrag allgemein *Lwowski*, in: Bankrechtshandbuch II, 2. Aufl. 2001, § 77 Rdnr. 1; *Früh*, in: Bankrecht und Bankpraxis, Rdnr. 3/9; zum Konsortialkreditvertrag als Krediteröffnungsvertrag vgl. auch *Hadding*, in: Bankrechtshandbuch II, § 87 Rdnr. 41; *De Meo* S. 171f.; *Hinsch/Horn* S. 77.

115 Vgl. BGH 4. 2. 1982, BGHZ 83, 76, 81; *Früh*, in: Bankrecht und Bankpraxis, Rdnr. 3/10 a.

ten verwahrt.[116] Grundlage hierfür ist i.d.R. der Konsortialkreditvertrag, in den eine entsprechende Sicherungsvereinbarung aufgenommen wird.[117]

3. Rechtsprobleme internationaler Kreditkonsortien

a) Rechtsverhältnis zwischen den Konsorten (Konsortialverhältnis)

71 Kollisionsrechtlich werfen Kreditkonsortien weniger Probleme auf als Emissionskonsortien.[118] Viele Überlegungen gelten im Grundsatz aber sowohl für Kredit- als auch Emissionskonsortien: Wie für Emissionskonsortien im einzelnen dargelegt[119], kann auch bei rechtlicher Einordnung des Konsortiums als BGB-Gesellschaft das hierfür maßgebliche Recht frei gewählt werden, da Dritt- und Allgemeininteressen durch das Konsortium typischerweise nicht betroffen sind.[120] Die schuldrechtliche Rechtswahlfreiheit ist aber noch unproblematischer eröffnet, wenn – wie bei Kreditkonsortien je nach Vertragsgestaltung durchaus denkbar – keine BGB-Gesellschaft besteht, sondern die Konsorten jeweils mit der Konsortialführerin selbständige Geschäftsbesorgungsverträge abschließen (vgl. oben Rdnr. 65). Für diese Verträge wie auch für eventuell ansonsten zwischen den Konsorten (noch) bestehende Vertragsbeziehungen kann das maßgebliche Recht gem. Artt. 27 ff. EGBGB frei gewählt werden. Häufig ist für den Kreditvertrag eine Rechtswahl getroffen (vgl. hierzu sogleich Rdnr. 73), die mangels andersartiger Rechtswahl im Zweifel auch für das in den Kreditvertrag integrierte Konsortialverhältnis gilt.[121] Findet sich in dem (integrierten Kredit- und Konsortial-) Vertrag keine Rechtswahl, so ist für das Verhältnis zwischen den Konsorten wie auch für eventuell bestehende Geschäftsbesorgungsverträge zwischen den Konsorten und der Konsortialführerin das Recht des Staates maßgeblich, in dem die Konsortialführerin ihren Sitz hat.[122] Sowohl im Verhältnis zwischen den Konsorten als auch zwischen den Konsorten und der Konsortialführerin ist diese nämlich die Partei, die die für den Vertrag wesentlichen bzw. charakteristischen Handlungen vornimmt (Art. 28 Abs. 2 EGBGB).

72 Für die Eröffnung der schuldrechtlichen Rechtswahlfreiheit spricht auch die rechtliche Einordnung des Konsortialverhältnisses in anderen Rechtsordnungen, die das Rechtsverhältnis zwischen den Konsorten nicht als Gesellschaft qualifizieren. So wird etwa im englischen Recht das Konsortialverhältnis generell nicht als partnership angesehen, da diese – anders als die BGB-Gesellschaft – die Verfolgung eines gemeinsamen Zwecks mit Gewinnerzielungsabsicht voraussetzt, die Konsor-

---

116 Vgl. hierzu *Hadding*, in: Bankrechtshandbuch II, § 87 Rdnr. 51; *Picherer* S. 32 f.
117 Vgl. *De Meo* S. 166; *Hadding*, in: Bankrechtshandbuch II, § 87 Rdnr. 52.
118 Vgl. hierzu unten § 7 Rdnr. 71–75.
119 Vgl. § 7 Rdnr. 72–75.
120 Im Ergebnis ebenso *Schücking*, WM 1996, 288; *Hinsch/Horn* S. 174–177; a.A. *Rayermann* S. 49, der auf Außenkonsortien zwingend das Sitzrecht zur Anwendung bringen möchte, während er allerdings bei Innenkonsortien eine Rechtswahl für möglich hält.
121 *Hinsch/Horn* S. 174 f.; *Martiny*, in: *Reithmann/Martiny*, Rdnr. 1165.
122 Vgl. auch zum Emissionsgeschäft § 7 Rdnr. 75.

ten aber keine Gewinne untereinander teilen.[123] Demgemäß kann ein Gleichklang der Qualifikation des Konsortialverhältnisses und damit (wohl) auch der kollisionsrechtlichen Anknüpfung nur erreicht werden, wenn auch im deutschen Recht die internationalprivatrechtlichen Regelungen für Schuldverträge (Artt. 27 ff. EGBGB) für anwendbar erachtet werden.

b) Rechtsverhältnis zwischen dem Kreditnehmer und den Konsorten
aa) Maßgeblichkeit des Vertragsstatuts gem. Artt. 27 ff. EGBGB

Der Kreditvertrag zwischen dem Kreditnehmer und den Konsorten unterliegt als   73
Schuldvertrag der schuldrechtlichen Rechtswahlfreiheit der Artt. 27 ff. EGBGB. In aller Regel wird das Recht der Kreditgeberländer und unter diesen meist das englische oder New Yorker Recht vereinbart.[124] Insbesondere vermeiden die Kreditgeber die Anwendbarkeit des Rechts des Kreditnehmers, um so zu verhinden, von potentiellen Rechtsänderungen des Schuldnerlandes negativ betroffen zu werden.[125]

Ist eine Rechtswahl ausnahmsweise nicht erfolgt, so gilt das Recht, in dem die   74
Partei, die die vertragscharakteristische Leistung erbringt, ihren Aufenthalt bzw. ihre Niederlassung hat (Art. 28 Abs. 2 EGBGB). Da bei einem Darlehensvertrag der Kreditgeber die vertragscharakteristische Leistung erbringt, ist hier zwischen einem zentralisierten und einem dezentralisierten Kreditkonsortium zu unterscheiden. Wie dargelegt werden beim dezentralisierten Konsortium von den Konsorten selbständige Kreditverträge abgeschlossen, so daß diese Verträge internationalprivatrechtlich auch gesondert anzuknüpfen sind. Maßgeblich ist in dem Ausnahmefall einer fehlenden Rechtswahlklausel für den jeweiligen Kreditvertrag die Niederlassung des betreffenden Kreditgebers. Demgegenüber schließt ein zentralisiertes Kreditkonsortium einen einheitlichen Kreditvertrag ab, für den im Ausnahmefall einer fehlenden Rechtswahl daher auch einheitlich das Recht der Niederlassung der Konsortialführerin maßgeblich ist.[126]

bb) Bedeutung von Eingriffsnormen und des Abkommens von Bretton Woods

Bei Konsortialkreditverträgen können die Eingriffsnormen, also solche Normen   75
von besonderer Relevanz sein, die ohne Rücksicht auf das für den Vertrag maßgebliche Recht den Sachverhalt zwingend regeln wollen (Art. 34 EGBGB). Im vorliegenden Zusammenhang geht es also (insbesondere) um Normen wirtschaftspolitischer Art, die im öffentlichen Interesse bestehen, wie etwa Bestimmungen des Au-

---

123 Vgl. sec. 1 Partnership Act 1890, vgl. hierzu *Ellinger, E. P./Lomnicka, Eva/Hooley, Richard*, Modern Banking Law, 4. Aufl. 2006, S. 719, wobei überdies auf die unerwünschten Folgen des Vorliegens einer partnership, nämlich gesamtschuldnerische Haftung der Konsorten sowie Treupflichten unter den Konsorten hingewiesen wird.
124 Vgl. *Hinsch/Horn* S. 151–153.
125 Vgl. *Wood* Rdnr. 5–4.
126 So im Fall fehlender Rechtswahl und ohne Differenzierung zwischen zentralisierten und dezentralisierten Konsortialkrediten auch *Schnelle, Ulrich*, Die objektive Anknüpfung von Darlehensverträgen im deutschen und amerikanischen IPR, Arbeiten zur Rechtsvergleichung, Bd. 157, 1992, S. 206 f.

ßenwirtschaftsrechts, die unabhängig von dem auf den Vertrag anzuwendenden Recht Geltung beanspruchen (also etwa Devisenbestimmungen oder Verbote der Kreditvergabe an bestimmte Staaten). Allerdings werden jedenfalls aus Sicht des deutschen Rechts grundsätzlich nur die deutschen Eingriffsnormen angewandt, während die Frage, ob und wie ausländische Eingriffsnormen zu berücksichtigen sind, außerordentlich umstritten ist. So sollen nach der Schuldstatutstheorie die ausländischen Eingriffsnormen zur Anwendung gelangen, die der Staat erlassen hat, dem der Vertrag (ansonsten) untersteht, sofern diese Eingriffsnormen nicht gegen den inländischen ordre public verstoßen. Nach anderer Ansicht sollen ausländische Eingriffsnormen nur auf der Ebene des materiellen Rechts Berücksichtigung finden, also etwa bei der Frage der Unmöglichkeit der Erfüllung einer Leistungspflicht oder auch im Rahmen eines Verstoßes gegen die guten Sitten. Hingegen wollen die Vertreter einer kollisionsrechtlichen Anknüpfung eine ausländische Eingriffsnorm zur Anwendung bringen, sofern der Sachverhalt eine enge Verbindung mit dem Staat aufweist, der die Eingriffsnorm erlassen hat, die Eingriffsnorm selbst Geltung beansprucht und überdies mit den Interessen und Wertungen der eigenen Rechtsordnung (des Forumstaates) zumindest nicht in Widerspruch steht.[127] Gerade im anglo-amerikanischen Rechtskreis, der für Konsortialkreditverträge aufgrund entsprechender Rechtswahl- und Gerichtsstandklauseln große praktische Bedeutung hat,[128] besteht aber eine deutliche Tendenz, Eingriffsnormen, die von einem anderen Staat als dem des maßgeblichen Vertragsstatuts erlassen wurden, nicht zur Anwendung zu bringen.[129]

76   Gerade für den Bereich der Devisenbestimmungen gilt allerdings eine völkervertragliche Sonderregelung aufgrund von Art. VIII 2 b des Abkommens über den Internationalen Währungsfonds (Abkommen von Bretton Woods v. 1./22. 7. 1944). Danach sind die Mitgliedstaaten des Internationalen Währungsfonds verpflichtet, die abkommenskonformen Devisenkontrollbestimmungen anderer Mitgliedstaaten zu beachten. Hierdurch soll der Devisenbestand eines Mitgliedstaates in dem Umfang geschützt werden, in dem dieser Staat durch Devisenkontrollbestimmungen den Schutz in Anspruch nimmt.[130]

77   Völkerrechtlich maßgeblich ist nur die englische Fassung von Art. VIII 2 b, die folgendermaßen lautet: „Exchange contracts which involve the currency of any member and which are contrary to the exchange control regulations of that member maintained or imposed consistently with this Agreement shall be unenforceable in the territories of any member".[131] Diese Regelung ist in ihrem Anwendungsbe-

---

127 Vgl. zu diesen verschiedenen Theorien MünchKomm.-*Martiny* BGB Art. 34 EGBGB Rdnr. 38–68; *Kropholler* § 52 X (S. 496–503) m.w.N.
128 *Hinsch/Horn* S. 150–154.
129 *Hinsch/Horn* S. 121–124.
130 So BGH 14. 11. 1991, BGHZ 116, 77, 85.
131 Die amtliche deutsche Übersetzung lautet (BGBl. 1978 II, S. 15, 34 f.): „Aus Devisenkontrakten, welche die Währung eines Mitglieds berühren und den von diesem Mitglied in Überein-

reich gerade auch international sehr umstritten, da insbesondere nicht geklärt ist, wie der Begriff des „exchange contract", also des Devisenkontrakts auszulegen ist. Während der anglo-amerikanische Rechtskreis eine enge Auslegung nur auf solche Verträge praktiziert, die unmittelbar den Austausch der Währung eines Mitgliedstaats gegen die eines anderen Mitgliedstaats zum Gegenstand haben, folgt die überwiegende Meinung in Kontinentaleuropa einer weiten Auslegung, die alle Vertragspflichten erfaßt, die die Zahlungsbilanz des Mitgliedstaats berühren, das die Devisenvorschriften erlassen hat.[132] Nach der weiten Auslegung können Kreditverträge im Prinzip unter diese Bestimmung fallen, so daß Klagen auf Rückzahlung von Darlehen damit unzulässig sein oder aber – so die materiellrechtliche Auslegung des Begriffs „unenforceable" – die Darlehensverträge lediglich unvollkommene Verbindlichkeiten begründen können.[133]

Allerdings hat der BGH den Anwendungsbereich von Art. VIII 2 b IWF-Übereinkommen insofern zu Recht eingeschränkt, als er hiervon nur Geschäfte des laufenden Zahlungsverkehrs, nicht aber Kapitalübertragungen (im konkreten Fall zwecks Investition in eine Gesellschaft) erfaßt sieht.[134] Zwar ist die Abgrenzung zwischen Geschäften des laufenden Zahlungsverkehrs und solchen des Kapitalverkehrs im einzelnen nicht völlig klar. Im Grundsatz geht es beim internationalen Zahlungsverkehr aber um Zahlungen im Zusammenhang mit dem grenzüberschreitenden Austausch von Gütern und Dienstleistungen, während es sich beim Kapitalverkehr um Transfers in Erwartung künftiger Zins- oder Dividendenerträge handelt. Allerdings sollen Zahlungen im Zusammenhang mit normalen kurzfristigen Bank- und Kreditgeschäften, Zinszahlungen sowie Kredittilgungen in mäßiger Höhe gem. Art. XXX (d) IWF-Übereinkommen doch wiederum dem Zah-

78

---

stimmung mit diesem Übereinkommen aufrechterhaltenen oder eingeführten Devisenkontrollbestimmungen zuwiderlaufen, kann in den Hoheitsgebieten der Mitglieder nicht geklagt werden."
132 Vgl. hierzu ausführlich *Ebke, Werner*, Internationales Devisenrecht, 1990, S. 203–246.
133 Vgl. BGH 14.11.1991, BGHZ 116, 77, 83, der allerdings die Frage offengelassen hat, ob die Klage bei Erfüllung der Voraussetzungen von Art. VIII 2 b IWF-Übereinkommen wie nach bisheriger Rspr. unzulässig ist oder das betreffende Geschäft eine unvollkommene Verbindlichkeit begründet (S. 84); ausführlich für die materiellrechtliche Einordnung des Begriffs „unenforceable" i.S. einer unvollkommenen Verbindlichkeit *Ebke, Werner*, Internationales Devisenrecht, 1990, S. 293–308, ausführlich zur Gesamtproblematik. S. 158 ff.; MünchKomm.-*Martiny* BGB Nach Art. 34 EGBGB Anh. II Rdnr. 9–47; bezogen auf Konsortialkreditverträge vgl. auch *Hinsch/Horn* S. 115–118.
134 Vgl. hierzu BGH 8.11.1993, IPRax 1994, 298, 299 f. = WM 1994, 54, 55 m. zustimmender Anm. *Ebenroth, Carsten Thomas/Woggon, Rüdiger*, Keine Berücksichtigung ausländischer Kapitalverkehrsbeschränkungen über Art. VIII Abschnitt 2 (b) IWF-Abkommen, IPRax 1994, 276 f. so auch bereits *Ebenroth, Carsten Thomas/Woggon, Rüdiger*, Einlageforderungen gegen ausländische Gesellschafter und Art. VIII Abschnitt 2 (b) IWF-Abkommen, IPRax 1993, 151–154; bestätigt wurde diese Rspr. in BGH 22.2.1994, WM 1994, 581, 582, wonach Art. VIII 2 b nur Devisenkontrollbestimmungen erfaßt, die mit Zustimmung des Internationalen Währungsfonds eingeführt worden sind, nicht aber Beschränkungen des internationalen Kapitalverkehrs, die ausnahmslos einer Zustimmung des Fonds nicht bedürfen; so auch bezogen auf einen Darlehensvorvertrag BGH 28.1.1997, IPRspr. 1997 Nr. 27, S. 53, 54.

lungsverkehr unterfallen.[135] Insbesondere längerfristige Kredite (von über 12 Monaten)[136] werden nach dieser Rspr. des BGH aber nicht von Art. VIII 2 b IWF-Abkommen erfaßt. Daher sind die Mitgliedstaaten des Abkommens über den Internationalen Währungsfonds insoweit auch nicht verpflichtet, Devisenkontrollbestimmungen anderer Mitgliedstaaten zu beachten; Folge hiervon ist die Anwendbarkeit des autonomen Kollisionsrechts, das dann über die Frage entscheidet, ob ausländische Devisenkontrollbestimmungen Berücksichtigung finden.

79   Letztlich führt die Rspr. des BGH zu einer gläubigerfreundlicheren Auslegung von Art. VIII 2 b IWF-Abkommen. Die Unterschiede zwischen der zunächst sehr weiten deutschen und der engen anglo-amerikanischen Auslegung von „exchange contracts" wurden damit ebenso verringert wie auch die Nachteile, die die weite Auslegung für den Finanzstandort Deutschland hatte.[137]

cc) Besicherung von Konsortialkrediten

80   Soweit es um die geeigneten Formen der Besicherung von Konsortialkrediten geht, sind folgende kollisionsrechtliche Grundsätze zu bedenken: für dingliche Rechte an Sachen ist das Recht des Staates maßgeblich, in dem die Sache belegen ist (lex rei sitae, vgl. Art. 43 Abs. 1 EGBGB). Demgegenüber findet auf die Personalsicherheit Bürgschaft vorrangig das für diesen Vertrag gewählte Recht bzw. – mangels Rechtswahl – das Recht des Aufenthaltsorts bzw. der (Haupt-) Niederlassung des Bürgen Anwendung (Art. 28 Abs. 2 EGBGB), während sowohl für die Abtretung als auch für die Verpfändung einer Forderung Art. 33 Abs. 1, 2 EGBGB gilt.[138] Die h. M. unterstellt daher sowohl die Abtretung einer Forderung als auch deren Verpfändung insgesamt der auf diese Forderung anwendbaren Rechtsordnung (Forderungsstatut);[139] nach meiner Auffassung sollte jedoch die für die Verpfändung maßgebliche Rechtsordnung gem. Art. 33 Abs. 1 EGBGB im Grundsatz frei gewählt werden

---

135 Vgl. zu dieser Abgrenzung Staudinger-*Ebke* BGB (2002) Anh. zu Art. 34 EGBGB Rdnr. 27; *Ebenroth, Carsten Thomas/Woggon, Rüdiger*, Keine Berücksichtigung ausländischer Kapitalverkehrsbeschränkungen über Art. VIII Abschnitt 2 (b) IWF-Abkommen, IPRax 1994, 276.
136 Vgl. zur Auslegung des Begriffs der kurzfristigen Bank- und Kreditgeschäfte als solche, die nach der ursprünglichen Absicht der Parteien einen Zeitraum von 12 Monaten nicht überschreiten, *Ebke, Werner*, Internationales Devisenrecht, 1990, S. 63.
137 Vgl. hierzu insbes. *Ebke, Werner*, Das Internationale Devisenrecht im Spannungsfeld völkerrechtlicher Vorgaben, nationaler Interessen und parteiautonomer Gestaltungsfreiheit, ZvglRWiss 100 (2001), 365–395, 376–378.
138 Vgl. für die im EGBGB nicht speziell geregelte Verpfändung von Forderungen *Martiny*, in: *Reithmann/Martiny*, Rdnr. 338; vgl. aber auch *Kaiser, Erhard*, Verlängerter Eigentumsvorbehalt und Globalzession im IPR, 1986, S. 227, der eine Sonderanknüpfung an das Niederlassungsrecht des Verpfänders für erwägenswert hält.
139 Vgl. zur kollisionsrechtlichen Behandlung von Abtretungen statt vieler BGH 20. 6. 1990, RIW 1990, 670, 671; BGH 23. 2. 1983, BGHZ 87, 19, 21; *Martiny*, in: *Reithmann/Martiny*, Rdnr. 333; *Kropholler* § 52 VIII 1 (S. 486).

können und lediglich die in Art. 33 Abs. 2 EGBGB aufgeführten Problemkreise aus **81**
Gründen des Schuldnerschutzes dem Forderungsstatut unterstellt werden.[140]

Die Frage, ob eine zu sichernde Forderung (aus dem Konsortialkreditvertrag) wirksam entstanden ist, ist für die Wirksamkeit der Sicherheitsbestellung nur bedeutsam, wenn und soweit es sich nach der auf die betreffende Sicherheit anwendbaren Rechtsordnung um ein (bei Konsortialkreditverträgen ohnehin unpraktisches)[141] akzessorisches Sicherungsrecht handelt. Hier kann das Sicherungsrecht nur dann wirksam bestellt werden, wenn auch die zu sichernde Forderung entstanden ist. Im übrigen ist die Wirksamkeit der Sicherungsabrede zwischen Kreditnehmer und Konsorten (bzw. Konsortialführerin) für die Wirksamkeit der Sicherheitsbestellung nur unter folgenden Voraussetzungen bedeutsam: Geht im Fall der Sicherheitsbestellung an Sachen (also der Verfügung über Sachen) das Sachenrechtsstatut (vgl. Art. 43 EGBGB) davon aus, daß mit Abschluß des schuldrechtlichen Rechtsgeschäfts (Sicherungsabrede) auch der Rechtserwerb eintritt (kausaler Rechtserwerb), so ist für die Wirksamkeit des dinglichen Verfügungsgeschäfts insoweit auch die Wirksamkeit des schuldrechtlichen Vertrags erforderlich. Allerdings bestimmt sich auch hier die Wirksamkeit der schuldrechtlichen Sicherungsabrede nach den Artt. 27ff. EGBGB, während die hiervon zu trennenden sachenrechtlichen Wirkungen (also die Drittwirkungen) sich nach den Artt. 43ff. EGBGB richten.[142] Ist die Sicherungsabrede nicht wirksam, unterliegt allerdings auch eine wirksame Sicherheitsbestellung dem bereicherungsrechtlichen Rückübertragungsanspruch, für den seinerseits das auf die Sicherungsabrede anwendbare Recht maßgeblich ist (Artt. 32 Abs. 1 Nr. 5, 38 Abs. 1 EGBGB).[143]

---

140 Vgl. zur kollisionsrechtlichen Anknüpfung von Forderungsabtretungen unten § 6 Rdnr. 103; vgl. im einzelnen zur Herleitung dieser Auffassung *Einsele, Dorothee*, Das Internationale Privatrecht der Forderungszession und der Schuldnerschutz, ZvglRWiss 90 (1991) 1–24; *Einsele, Dorothee*, Rechtswahlfreiheit im internationalen Privatrecht, RabelsZ 60 (1996) 417–447, 430–435; mittlerweile auch Staudinger-*Hausmann* BGB (2002) Art. 33 EGBGB Rdnr. 37.
141 Vgl. oben Rdnr. 70.
142 Vgl. BGH 23. 10. 1980, IPRspr. 1980 Nr. 3; ausführlich zum Zusammenspiel von Schuld- und Sachenrechtsstatut *Ritterhoff, Ann-Christin*, Parteiautonomie im internationalen Sachenrecht – Entwicklung eines Vorschlags insbesondere für das deutsche Kollisionsrecht unter vergleichender Berücksichtigung des englischen Kollisionsrechts, 1999, S. 118–124; *Stadler, Astrid*, Gestaltungsfreiheit und Verkehrsschutz durch Abstraktion, S. 661.
143 Vgl. auch BGH 23. 10. 1980, IPRspr. 1980 Nr. 3.

§ 5 Garantiegeschäft

I. Akkreditiv

Literatur

v. Bar, Christian, Kollisionsrechtliche Aspekte der Vereinbarung und Inanspruchnahme von Dokumentenakkreditiven, ZHR 152 (1988), 38–56. *Baumbach, Adolf/Hopt, Klaus*, HGB, 32. Aufl. 2006, (11) ERA. *Canaris, Claus-Wilhelm*, Bankvertragsrecht, 3. Aufl. 1988, Erster Teil, Rdnr. 916–1087. *Jayme, Erik*, Kollisionsrecht und Bankgeschäfte mit Auslandsberührung, Untersuchungen über das Spar-, Giro- und Kreditwesen, Abteilung B: Rechtswissenschaft, Bd. 14, 1977. *Kümpel, Siegfried*, Bank- und Kapitalmarktrecht, 3. Aufl. 2004, Rdnr. 7.95–7.204. *Lawrence's Anderson, Lary*, Uniform Commercial Code, Band 7 A, 3. Aufl., Stand 2005, Code Sections 5–101 to 7–603. *Mann, Ronald J.*, Payment Systems and Other Financial Transactions, 2. Aufl. 2003. *Martiny, Dieter*, in: *Reithmann/Martiny*, Internationales Vertragsrecht, 6. Aufl. 2004, Rdnr. 1224–1226. *Nielsen, Jens*, Grundlagen des Akkreditivgeschäftes, in: Bankrechtshandbuch III, hrsg. v. Schimansky, Herbert/Bunte, Hermann Josef/Lwowski, Hans-Jürgen, 2. Aufl. 2001, § 120. *Schefold, Dietrich*, Zum IPR des Dokumentenakkreditivs, Bespr. v. OLG Frankfurt 22. 9. 1987, IPRax 1990, 20–25. *Schönle, Herbert*, Bank- und Börsenrecht, 2. Aufl. 1976, § 8 VIII. *Schönle, Herbert*, Die Rechtsnatur der Einheitlichen Richtlinien und Gebräuche für Dokumentenakkreditive, NJW 1968, 726–731. *Schütze, Rolf*, Das Dokumentenakkreditiv im internationalen Handelsverkehr, 5. Aufl. 1999. *Steindorff, Ernst*, Das Akkreditiv im internationalen Privatrecht der Schuldverträge, in: FS v. Caemmerer, 1978, S. 761–781. *Zahn, Johannes/Ehrlich, Dietmar/Neumann, Kerstin*, Zahlung und Zahlungssicherung im Außenhandel, 7. Aufl. 2001, 1. und 2. Abschnitt.

1. Einführung

Eines der wichtigsten Instrumente des bargeldlosen Zahlungsverkehrs im internationalen Handel ist das Akkreditiv, genauer gesagt das Dokumentenakkreditiv. Hierbei geht die Bank gegenüber dem Akkreditivbegünstigten (Zahlungsempfänger) ein selbständiges Zahlungsversprechen ein und übernimmt damit gegenüber ihrem Kunden, dem Akkreditivauftraggeber (Zahlungspflichtigen), einen Haftungskredit.

a) Überblick über die Rechtsbeziehungen

Meist ist Anlaß für ein Akkreditiv ein (grenzüberschreitender) Kaufvertrag, in dem in der sog. Akkreditivklausel vereinbart wird, daß der Käufer ein Akkreditiv zugunsten des Verkäufers zu stellen hat. Am Akkreditiv sind mindestens drei Personen/Stellen beteiligt: einmal der Exporteur/Verkäufer (und Akkreditivbegünstigte), der Importeur/Käufer, der seiner Bank (Akkreditivbank) den Akkreditivauftrag erteilt sowie die Akkreditivbank. Mit Eröffnung des Akkreditivs gibt die Bank ein selbständiges Zahlungsversprechen gegenüber dem Verkäufer/Akkreditivbegünstigten ab, das beim Dokumentenakkreditiv unter der Voraussetzung der Aushändigung von Warendokumenten steht. Dieses Zahlungsversprechen kann zwar sowohl widerruflich als auch unwiderruflich sein; da jedoch ein widerrufliches Zahlungsversprechen dem Verkäufer/Exporteur keine Sicherheit bietet, ist es in der Praxis fast immer unwiderruflich.[1]

3   Das Akkreditiv hat neben der Zahlungs- auch Sicherungsfunktion, und zwar sowohl für den Verkäufer, der einen regelmäßig solventen Schuldner in Form der Akkreditivbank erhält, als auch für den Käufer, der beim praktisch weitaus häufigsten Dokumentenakkreditiv insofern geschützt ist, als die Zahlung nur gegen Vorlage ordnungsgemäßer Dokumente und daher Zug um Zug erfolgt. Hierbei handelt es sich meist um Transportdokumente, die die Versendung der Ware bescheinigen, jedoch können auch andere Dokumente, wie etwa Versicherungsdokumente, die Handelsfaktura oder sonstige Dokumente (wie etwa Qualitäts-, Instruktions- und Analysenzertifikate)[2] als Voraussetzung für die Zahlung gefordert werden. Das Akkreditiv hat aber i.d.R. nicht zuletzt auch Kreditfunktion, da die Akkreditivbank vom Akkreditivauftraggeber/Käufer bei Erteilung des Auftrags i.d.R. keinen Vorschuß (§ 669 BGB) verlangt; damit gewährt die Akkreditivbank ihrem Kunden einen Haftungskredit und betreibt insoweit ein Bankgeschäft i.S.d. § 1 Abs. 1 S. 2 Nr. 8 KWG.[3]

4   Häufig schaltet die Akkreditivbank noch eine weitere Bank im Land des Exporteurs ein, womit aus der Dreipersonen- eine Vierpersonenbeziehung wird. Diese Korrespondenzbank kann sehr verschiedene Funktionen haben: häufig benachrichtigt sie (lediglich) den Verkäufer/Exporteur von der Stellung des Akkreditivs (daher wird diese Bank auch Avisbank genannt).[4] Daneben kann die Korrespondenzbank auch die Funktion einer Zahl- und Abwicklungsstelle übernehmen, die gegen Vorlage der Dokumente Zahlung leistet.[5] Die Avisbank kann aber auch zusätzlich Bestätigungsbank sein, wenn sie das Akkreditiv dem Verkäufer/Exporteur gegenüber bestätigt und dadurch diesem gegenüber ebenfalls ein selbständiges Zahlungsversprechen eingeht. Der Verkäufer/Exporteur hat dann nicht nur den Vorteil, einen weiteren Zahlungsverpflichteten, sondern überdies auch einen Schuldner im eigenen Staat zu haben, gegen den er den Anspruch aus dem Zahlungsversprechen als Gesamtschuldner geltend machen kann.[6] Teilweise über-

---

1   Vgl. *Nielsen*, in: Bankrechtshandbuch III, § 120 Rdnr. 52.
2   Vgl. hierzu *Nielsen*, in: Bankrechtshandbuch III, § 120 Rdnr. 174–235.
3   Vgl. zu diesen Funktionen des Akkreditivs *Kümpel* Rdnr. 7.99–7.111; *Nielsen*, in: Bankrechtshandbuch III, § 120 Rdnr. 8 f.; *Canaris* Rdnr. 916–918.
4   Vgl. zu diesen Grundlagen des Akkreditivgeschäfts *Canaris* Rdnr. 919; *Kümpel* Rdnr. 7.95–7.98, 7.161 f.
5   *Kümpel* Rdnr. 7.163.
6   *Kümpel* Rdnr. 7.164; *Nielsen*, in: Bankrechtshandbuch III, § 120 Rdnr. 150–154.

nimmt die Korrespondenzbank, deutlich seltener die Akkreditivbank, auch die Verpflichtung, Wechsel zu akzeptieren.[7]

Grundkonstellation   5

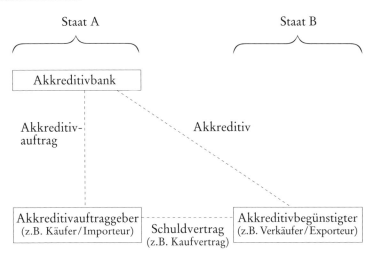

Modifikation: Einschaltung einer Korrespondenzbank   6

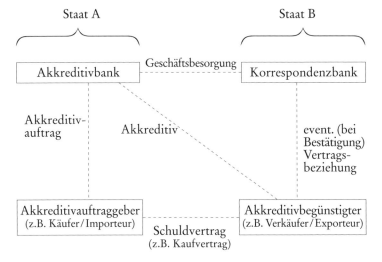

---

7 Vgl. hierzu näher § 6 Rdnr. 4.

b) Rechtsnatur der Einheitlichen Richtlinien und Gebräuche für Dokumentenakkreditive

7   Das Recht des Akkreditivs wird durch die Einheitlichen Richtlinien und Gebräuche für Dokumentenakkreditive (ERA) geregelt. Diese Richtlinien wurden 1933 auf dem 7. Kongreß der internationalen Handelskammer aufgestellt und in den Jahren 1951, 1962, 1974, 1983 und zuletzt 1993 (mit Wirkung zum 1. 1. 1994) revidiert. Diese Revision wird unter dem Titel „ICC[8] Uniform Customs and Practice for Documentary Credits UCP 500"[9] geführt.

8   Die Rechtsnatur der ERA ist außerordentlich umstritten. Teilweise werden die Einheitlichen Richtlinien als „internationale Ordnung sui generis" und damit (wohl) als eine außerhalb bzw. über den nationalen Rechtsnormen stehende Rechtsmasse angesehen.[10] Zu Recht hat diese Auffassung jedoch keine Gefolgschaft gefunden, da die internationale Handelskammer keine gesetzgeberischen Kompetenzen hat.[11] Ernsthafter diskutiert werden aber zwei andere Ansätze: zum einen die rechtliche Einordnung der Einheitlichen Richtlinien als Gewohnheitsrecht bzw. Handelsbrauch i. S. d. § 346 HGB[12], zum anderen deren Qualifikation als Allgemeine Geschäftsbedingungen.[13] Allerdings können die Einheitlichen Richtlinien und Gebräuche für Dokumenten-Akkreditive kaum in ihrer Gesamtheit als Handelsbrauch bezeichnet werden; hierzu wurden sie schon zu häufig – und zwar zuletzt erst 1993 – überarbeitet.[14] Daß die ERA sich selbst nicht als Handelsbrauch sehen, geht aus Art. 1 dieser Richtlinien hervor, wonach die ERA für alle Dokumenten-Akkreditive gelten, in deren Akkreditivtext sie einbezogen sind. Daher ist allenfalls für einige Grundsätze und Regelungen der Richtlinien deren rechtlicher Charakter als Handelsbrauch zu bejahen.[15] Im übrigen aber stellen die ERA Allgemeine Geschäftsbedingungen dar.[16]

9   Die ERA werden etwa auch im US-amerikanischen Recht nicht (insgesamt) als Handelsbrauch angesehen, der (zwischen Kaufleuten) unabhängig von einer Einbeziehung in den Vertrag Anwendung finden würde. So gelten auch in den USA

---

8   D.h. also International Chamber of Commerce.
9   ICC-Publikation Nr. 500.
10 So *Schütze* Rdnr. 20.
11 So *Canaris* Rdnr. 925.
12 BGH 14. 2. 1958, WM 1958, 456–460, 459; so insbes. *Zahn/Ehrlich/Neumann* Rdnr. 1/17; zustimmend *Pleyer* in seiner Rezension zu *Zahn/Eberding/Ehrlich*, vgl. *Pleyer, Klemens*, WM 1986, 1131f., 1132; *Schönle*, NJW 1968, 728, der die Mehrzahl der einheitlichen Richtlinien für Handelsbrauch hält.
13 Vgl. auch BGH 19. 11. 1959, WM 1960, 38–41, 40: „Typische Vertragsbestimmungen"; grds. auch *Canaris* Rdnr. 927; *Baumbach/Hopt*, HGB, (11) ERA Einl. Rdnr. 6.
14 So zu Recht *Canaris* Rdnr. 926.
15 So bezeichnet *Baumbach/Hopt*, HGB, (11) ERA Einl. Rdnr. 5 etwa den Grundsatz der Unabhängigkeit des Akkreditivs vom Grundgeschäft sowie den der Dokumentenstrenge als Prinzipien, die bereits den Charakter eines Handelsbrauchs hätten.
16 BGH 19. 11. 1959, WM 1960, 38–41, 40; *Canaris* Rdnr. 927; *Baumbach/Hopt*, HGB, (11) ERA Einl. Rdnr. 6.

grds. die Bestimmungen des nationalen Rechts zu Akkreditiven[17], während die ERA nur bei ausdrücklicher Einbeziehung in den Vertrag Anwendung finden.[18] Allerdings ist das US-amerikanische Recht gegenüber den ERA sehr offen: So wurden nicht nur die maßgeblichen Bestimmungen des § 5–101 bis § 5–117 Uniform Commercial Code (UCC) 1995 überarbeitet und den ERA angeglichen, um u.a. Divergenzen zwischen den ERA und dem UCC zu vermeiden.[19] Überdies sind im Fall eines Konflikts zwischen den ERA und den Regelungen des UCC grds. die ERA maßgeblich.[20]

Die Frage der rechtlichen Einordnung der ERA ist nicht allein akademischer **10** Natur. So kommt es nur dann zur Inhaltskontrolle der Einheitlichen Richtlinien, namentlich anhand des Maßstabs gemäß § 307 BGB, soweit es sich hierbei um Allgemeine Geschäftsbedingungen handelt.[21] Allerdings dürfte die wirksame Einbeziehung der ERA schon deshalb kein größeres Problem darstellen, weil die Einheitlichen Richtlinien sehr häufig gegenüber Unternehmern (vgl. hierzu § 14 BGB) verwendet werden, auf Unternehmer aber § 305 Abs. 2 BGB nicht zur Anwendung gelangt (vgl. § 310 Abs. 1 BGB) und deshalb auch jede stillschweigend erklärte Willensübereinstimmung der Parteien für die Geltung der ERA ausreichend ist. Demgegenüber ist gegenüber Verbrauchern (vgl. hierzu § 13 BGB) ein ausdrücklicher Hinweis auf die ERA für deren Einbeziehung erforderlich (vgl. § 307 Abs. 2 BGB). Nach allerdings bestrittener Auffassung sollen die ERA wegen ihrer beabsichtigten internationalen Einheitlichkeit nach Möglichkeit auch international einheitlich ausgelegt werden.[22] M.E. ist bei verschiedenen Auslegungsmöglichkeiten zwar auf eine international einheitliche Auslegung zu achten;[23] dies bedeutet aber nicht, daß die ERA nun internationales Recht darstellen oder als solches behandelt werden sollten.

2. Rechtsbeziehungen nach deutschem Sachrecht

a) Rechtsverhältnis zwischen Akkreditivauftraggeber und Begünstigtem

Zwischen dem Akkreditivauftrageber und dem Begünstigten wird in aller Regel **11** ein Kaufvertrag abgeschlossen; denkbar sind aber auch andere Schuldverträge (Dienstleistungs- oder Werkvertrag). Die Verpflichtung des Akkreditivauftraggebers zur Stellung des Akkreditivs (Akkreditivklausel) ist in dem (Kauf-) Vertrag

---

17 Insbesondere die jeweilige bundesstaatliche Version von § 5–101 bis § 5–118 UCC.
18 Vgl. hierzu auch *Lawrence's Anderson*, Uniform Commercial Code, Revised § 5–101:25 sowie Consolidated Aluminium Corp. v. Bank of Virginia (1982 D.Md.) 544 F.Supp 386, 400, 34 UCCRS 946, aff'd (C.A. 4 Md.) 704 F.2d 136, 138; United Bank, Ltd. v. Cambridge Sporting Goods Corp. (1976), 20 UCCRS 980.
19 Vgl. hierzu Official Comment zu Revised § 5–101 UCC; vgl. hierzu auch *Mann* S. 268f.
20 Vgl. § 5–116 (c) UCC, wobei allerdings § 5–103 (c) UCC in jedem Fall Anwendung findet.
21 Vgl. statt vieler *Canaris* Rdnr. 929; *Baumbach/Hopt*, HGB, (11) ERA Einl. Rdnr. 6f.
22 *Steindorff*, in FS v. Caemmerer, S. 765; *Baumbach/Hopt*, HGB, (11) ERA Einl. Rdnr. 8; a.A. allerdings *Canaris* Rdnr. 930.
23 So im Ergebnis wohl auch *Canaris* Rdnr. 930.

enthalten. Hierbei empfiehlt es sich insbes. aus Sicht des Verkäufers, bereits in die Akkreditivklausel die Einzelheiten der Geschäftsabwicklung, wie etwa die Art des Akkreditivs (vgl. insbes. Artt. 6, 10 ERA), die Fälligkeit der Pflicht zur Akkreditivbestellung,[24] die vom Verkäufer vorzulegenden Transport- und Versicherungsdokumente (vgl. Artt. 23–38 ERA), das Verfalldatum (Art. 42 ERA) sowie die Kostenverteilung aufzunehmen.[25]

12   Bezogen auf die Verpflichtung des Käufers zur Kaufpreiszahlung stellt die Akkreditiveröffnung nach deutscher Rechtsauffassung keine Erfüllung, sondern nur eine Leistung erfüllungshalber (§ 364 Abs. 2 BGB)[26] dar, da durch das Akkreditiv der Zahlungsanspruch des Exporteurs/Verkäufers gesichert, aber noch nicht befriedigt wird.

b) Rechtsverhältnis zwischen Akkreditivauftraggeber und Akkreditivbank

13   Zwischen dem Akkreditivauftraggeber und seiner Bank besteht ein Geschäftsbesorgungsvertrag mit Werkvertragscharakter, da die beauftragte Bank dem Auftraggeber einen Erfolg, nämlich die Eröffnung des Akkreditivs sowie die Zahlung bei Vorlage ordnungsgemäßer Dokumente schuldet.[27] Die Akkreditivbank kann sich aber auch dazu verpflichten, vom Begünstigten auf sie gezogene Wechsel (Tratten) zu akzeptieren und bei Fälligkeit zu bezahlen oder Tratten und/oder unter dem Akkreditiv vorgelegte Dokumente zu bezahlen (Negoziierung, vgl. Art. 10 b. ii. ERA).[28]

14   Zusätzliche Probleme ergeben sich bei Einschaltung einer Zweitbank. Hier stellt sich im Verhältnis zwischen Akkreditivauftraggeber und Akkreditivbank die in der Literatur umstrittene Frage, ob die Korrespondenzbank hierbei als Erfüllungsgehilfin der Akkreditivbank oder aber – jedenfalls bei Tätigwerden als Zahlstelle oder Bestätigungsbank – als Substitut i.S.d. § 664 Abs. 1 S. 2 BGB anzusehen ist.[29] Bedeutung hat dies im deutschen Recht nicht nur für den gesetzlich vorgesehenen Haftungsumfang des Geschäftsbesorgers (Akkreditivbank) bei schuldhaft pflichtwidriger Vertragsausführung durch den eingeschalteten Dritten (vgl. einerseits § 278 BGB, andererseits § 664 Abs. 1 S. 2 BGB), sondern insbesondere auch für die Wirksamkeit des Haftungsausschlusses gem. Nr. 18 b. ERA, da § 309 Nr. 7 b) BGB zwar für Erfüllungsgehilfen, nicht aber für Substituten gilt.

15   Im deutschen Recht ist für die rechtliche Einordnung als Substitut entscheidend, ob die in die Auftragsabwicklung eingeschaltete Person die Selbständigkeit eines

---

24 Vgl. zu dieser Problematik *Meining, Steffen*, Zur Fälligkeit der Akkreditivbestellungspflicht des Käufers im Rahmen eines CIF-, FOB- und FCA-Geschäfts, IHR 2004, 58–62.
25 *Zahn/Ehrlich/Neumann*, Rdnr. 2/24–2/27; *Kümpel* Rdnr. 7.125.
26 Vgl. statt vieler BGH 26. 4. 1956, WM 1956, 753–755, 755; *Canaris* Rdnr. 1055; *Zahn/Ehrlich/Neumann* Rdnr. 2/23.
27 Vgl. *Nielsen*, in: Bankrechtshandbuch III, § 120 Rdnr. 88; *Canaris* Rdnr. 923.
28 Vgl. zu den verschiedenen Verpflichtungen, die die Akkreditivbank in den Akkreditivbedingungen übernehmen kann Art. 9 a. ERA, vgl. auch *Kümpel* Rdnr. 7.127–7.130.
29 Generell für die rechtliche Einordnung als Substitut *Kümpel* Rdnr. 7.166; für die rechtliche Einordnung als Substitut bei Tätigwerden als Zahlstelle und/oder Bestätigungsbank *Nielsen*, in: Bankrechtshandbuch III, § 120 Rdnr. 408f.; *Canaris* Rdnr. 974.

Beauftragten/Geschäftsbesorgers hat.[30] Trotz selbständiger Prüfung der Dokumente ist dies bei einer Korrespondenzbank mit bloßer Zahlstellenfunktion m.E. aber mehr als zweifelhaft. Hingegen kann bei Tätigwerden der Korrespondenzbank als Bestätigungsbank (Übernahme einer eigenen Verbindlichkeit in Form eines Zahlungsversprechens gegenüber dem Begünstigten) wohl kaum mehr davon gesprochen werden, insoweit werde die Korrespondenzbank in die Erfüllung einer Verbindlichkeit der Akkreditivbank eingeschaltet.

c) Rechtsverhältnis zwischen Akkreditivbank und einer eingeschalteten Zweitbank

Sofern von der eröffnenden (Akkreditiv-)Bank eine Korrespondenzbank eingeschaltet wird, schließen die Banken untereinander einen Geschäftsbesorgungsvertrag, der je nach Inhalt die zweitbeauftragte Bank dazu verpflichtet, den Begünstigten von der Akkreditiveröffnung zu benachrichtigen, den entsprechenden Betrag gegen Vorlage der Dokumente auszuzahlen und/oder ein weiteres selbständiges Schuldversprechen gegenüber dem Begünstigten abzugeben.[31]   **16**

d) Rechtsverhältnis zwischen der Akkreditivbank und dem Begünstigten

Essentiell für die Funktion des Akkreditivs ist auf jeden Fall die Unabhängigkeit   **17** der Zahlungsverpflichtung der Akkreditivbank bzw. des Zahlungsanspruchs des begünstigten Verkäufers von dem Deckungsverhältnis (zwischen Akkreditivauftraggeber und Akkreditivbank) und dem Valutaverhältnis (zwischen Akkreditivauftraggeber und begünstigtem Exporteur).[32] Wesentlich ist also, daß Einwendungen aus diesen Rechtsverhältnissen grds.[33] nicht möglich sind. Da dieses Ergebnis mit einem abstrakten Schuldvertrag erreicht werden kann, gibt nach ganz h.M. die beauftragte Bank gegenüber dem Akkreditivbegünstigten/Exporteur ein abstraktes Schuldversprechen (§ 780 BGB) gegen Vorlage der Dokumente ab.[34] Hingegen sieht ein Teil der Lehre das Akkreditiv aufgrund der internationalen Geltung der ERA als Rechtsinstitut sui generis an.[35] Obgleich das abstrakte Schuldversprechen inhaltlich durch die ERA mitbestimmt wird, zwingt dies jedoch nicht zu der An-

---

30 Ähnlich MünchKomm.-*Seiler* BGB § 664 Rdnr. 4.

31 Vgl. dazu *Canaris* Rdnr. 972; *Zahn/Ehrlich/Neumann* Rdnr. 2/166.

32 Vgl. etwa *Canaris* Rdnr. 1004f.; *Nielsen*, in: Bankrechtshandbuch III, § 120 Rdnr. 62–66.

33 Vgl. aber zu den eng auszulegenden Ausnahmen, etwa bei unzulässiger Rechtsausübung durch den Begünstigten *Kümpel* Rdnr. 7.193–7.201; *Canaris* Rdnr. 1007–1028; *Nielsen*, in: Bankrechtshandbuch III, § 120 Rdnr. 432–447; vgl. aber auch OLG Frankfurt a.M. 2.10. 1996, WM 1996, 609–611, 610, wonach der Einwand des Rechtsmißbrauchs bereits dann besteht, wenn liquide beweisbar ist, daß ein Zahlungsanspruch aus dem Kausalgeschäft nicht besteht; liquide Beweisbarkeit wurde vom OLG Frankfurt angenommen, wenn aus gerichtlichen Entscheidungen (einer einstweiligen Verfügung oder erst recht aus einem Urteil) sich die fehlende Berechtigung des Begünstigten ergibt, das Akkreditiv in Anspruch zu nehmen.

34 Vgl. OLG Frankfurt a.M. 2.10. 1996, WM 1997, 609, 610; OLG München 3.7. 1996, WM 1996, 2335, 2336; *Kümpel* Rdnr. 7.98; *Zahn/Ehrlich/Neumann* Rdnr. 2/150; *Canaris* Rdnr. 984.

35 Vgl. etwa *Nielsen*, in: Bankrechtshandbuch III, § 120 Rdnr. 17f.

nahme eines eigenständigen Rechtsinstituts, zumal die ERA – wie festgestellt – kein internationales Recht darstellen.

18   Das abstrakte Schuldversprechen der Bank stellt im deutschen Recht einen Vertrag dar, so daß das Angebot der Bank der Annahme durch den Begünstigten bedarf, deren Zugang bei der Akkreditivbank allerdings gem. § 151 S. 1 BGB entbehrlich ist.[36] Das abstrakte Schuldversprechen ist formfrei wirksam, sofern es auf der Seite des Versprechenden ein Handelsgeschäft darstellt (§ 350 HGB). Da Banken Kaufleute sind (§ 1 HGB), sind diese Voraussetzungen vorliegend gegeben.

e) Rechtsverhältnis zwischen Bestätigungsbank und Begünstigtem

19   Sofern die Korrespondenzbank das Akkreditiv gegenüber dem Begünstigten bestätigt, entsteht auch ein Vertragsverhältnis zwischen diesem und der Bestätigungsbank. Die Bestätigungsbank übernimmt in diesem Fall selbst ein abstraktes Zahlungsversprechen. Die Bestätigungsbank kann sich aber auch (wie die Akkreditivbank) gemäß den Akkreditivbedingungen dazu verpflichten, vom Begünstigten auf sie gezogene Wechsel zu akzeptieren und bei Fälligkeit zu bezahlen oder Tratten und/oder unter dem Akkreditiv vorgelegte Dokumente zu bezahlen (Negoziierung, vgl. Art. 10 b. ii. ERA).[37] Weil damit sowohl die Akkreditivbank als auch die Bestätigungsbank dem Begünstigten gegenüber die abstrakte Verbindlichkeit zur Zahlung des Kaufpreises übernehmen, sind sie nach h. M. Gesamtschuldner.[38]

f) Übertragung des Akkreditivs und Abtretung des Akkreditiverlöses

20   Beim übertragbaren Akkreditiv verpflichtet sich die Bank (mit der Übertragbarkeitsklausel) bereits bei Stellung des Akkreditivs, auf Weisung des Erstbegünstigten einem Zweitbegünstigten gegenüber ein selbständiges Zahlungsversprechen abzugeben. In diesem Fall kommt es zu einer vollständigen oder teilweisen Auswechslung der Gläubigerstellung des Akkreditivbegünstigten.[39] Dennoch handelt es sich hier nicht um die Abtretung der Forderung des Akkreditivbegünstigten aus dem Akkreditiv. Denn die rechtliche Einordnung dieses Vorgangs als Abtretung paßt aus verschiedenen Gründen nicht: einmal, weil der Zweitbegünstigte nicht den Einwendungen aus dem Verhältnis Akkreditivbank – Akkreditivestbegünstigter ausgesetzt ist, zum anderen, weil gem. Nr. 48 ERA eine Mitwirkung der Akkreditivbank auf jeden Fall in der Form erforderlich ist, daß sie das Akkreditiv für übertragbar erklärt haben muß. Streitig ist allerdings die Auslegung von Nr. 48 c

---

36 Vgl. hierzu *Zahn/Ehrlich/Neumann* Rdnr. 2/151, vgl. zu ausländischen Rechtsordnungen 2/153.

37 Vgl. zu den verschiedenen Verpflichtungen, die die Bestätigungsbank übernehmen kann Art. 9 b. ERA, vgl. auch *Zahn/Ehrlich/Neumann* Rdnr. 2/187.

38 Vgl. statt vieler BGH 2. 7. 1984, WM 1984, 1214, 1215; *Nielsen*, in: Bankrechtshandbuch III, § 120 Rdnr. 127; *Canaris* Rdnr. 987; demgegenüber hält *v. Bar*, ZHR 152 (1988), 42 Anm. 16 dies nicht für ganz präzise.

39 Vgl. zur rechtlichen Einordnung der Übertragung des Akkreditivs gem. Nr. 48 ERA *Canaris* Rdnr. 1036; *Schütze* Rdnr. 342 f.; *Schönle* § 8 VIII 3 a (S. 126); *Zahn/Ehrlich/Neumann* Rdnr. 2/208.

ERA, wonach die übertragende Bank nicht verpflichtet ist, eine Übertragung vorzunehmen, außer in dem Umfang und in der Art, wie sie ausdrücklich zugestimmt hat. Während dieser Bestimmung teilweise lediglich deklaratorische Bedeutung beigemessen wird,[40] sieht die wohl h.M. hierin das Erfordernis einer weiteren (besonderen) Zustimmung der Akkreditivbank zu der konkreten „Übertragung".[41]

Unproblematisch ist hingegen die rechtliche Einordnung der Abtretung des Akkreditiverlöses gem. §§ 398 ff. BGB, die auch bei nicht übertragbaren Akkreditiven zulässig ist (Art. 49 ERA). Die Abtretung des Akkreditiverlöses hat im Vergleich zum übertragbaren Akkreditiv für den Zessionar allerdings den Nachteil, den Zahlungsanspruch lediglich mit den Einwendungen und Einreden zu erwerben, die der Akkreditivbank gegenüber dem Akkreditivbegünstigten zustehen (§ 404 BGB). **21**

3. Anwendbares Recht

a) Rechtsverhältnis zwischen Akkreditivauftraggeber und Begünstigtem

Zwischen Akkreditivauftraggeber und Begünstigtem wird in der Regel ein Kaufvertrag, jedenfalls aber ein (sonstiger) Schuldvertrag bestehen. Dieses Schuldverhältnis unterliegt vorrangig dem gewählten Recht (vgl. Art. 27 Abs. 1 EGBGB). Sofern Importeur und Exporteur keine Rechtswahl getroffen haben, ist die Rechtsordnung des Staates maßgeblich, in der der Verkäufer (als die Vertragspartei, die die vertragscharakteristische Leistung erbringt) seine (Haupt-) Niederlassung hat (Art. 28 Abs. 2 S. 2 EGBGB). **22**

Danach dürften aber meist die Voraussetzungen für die Anwendbarkeit des Wiener UN-Übereinkommens über Verträge über den internationalen Warenkauf vom 11. 4. 1980 erfüllt sein. Denn sofern die Parteien das Recht eines Vertragsstaates (des Wiener UN-Kaufrechts) wählen oder das mangels Rechtswahl gem. Art. 28 EGBGB anzuwendende Recht auf das Recht eines Vertragsstaats verweist, umfaßt diese Verweisung auch das UN-Kaufrecht als Einheits(sach)recht (Art. 1 Abs. 1 b) des UN-Übereinkommens über Verträge über den internationalen Warenkauf). **23**

Zwar ist auch eine Abwahl des UN-Kaufrechts möglich, und zwar sowohl in Form der kollisionsrechtlichen Abwahl durch Wahl einer anderen Rechtsordnung, als auch durch materiellrechtliche Abwahl des UN-Kaufrechts insgesamt bzw. einzelner seiner Regelungen (Art. 6 des UN-Kaufrechts). Allerdings ist zu bedenken, daß für die Abwahl des UN-Kaufrechts nicht als ausreichend angesehen wird, daß das Recht eines seiner Vertragsstaaten gewählt wird; vielmehr kommt dann – wie gerade ausgeführt – sowohl nach deutscher[42] als auch ausländi- **24**

---

40 So *Canaris* Rdnr. 1035.
41 Vgl. *Baumbach/Hopt*, HGB, (11) ERA Nr. 48 Rdnr. 1; *Schütze* Rdnr. 334; *Zahn/Ehrlich/Neumann* Rdnr. 2/110, 2/210; *Schönle* § 8 VIII 3 (S. 127).
42 OLG Düsseldorf 8. 1. 1993, IPRax 1993, 412, 413; vgl. auch BGH 4. 12. 1985, BGHZ 96, 313, 323 für das einheitliche Gesetz über den internationalen Kauf beweglicher Sachen vom 17. 7. 1973.

scher Auffassung[43] dieses Recht einschließlich des Einheitsrechts und daher auch des UN-Kaufrechts zur Anwendung. Daher muß die Abwahl des UN-Kaufrechts und Wahl des nicht vereinheitlichten nationalen Rechts durch weitere Anhaltspunkte (etwa die Nennung bestimmter Paragraphen des betreffenden nationalen Kaufrechts) zum Ausdruck kommen.[44]

25   Meist dürfte das UN-Kaufrecht aber nicht erst kraft kollisionsrechtlicher Verweisung gem. Art. 1 Abs. 1 b) des UN-Kaufrechts, sondern bereits aufgrund seiner autonomen Anwendungsvoraussetzungen maßgeblich sein: danach ist neben einem Kaufvertrag über Waren erforderlich, daß die Parteien ihre Niederlassung in verschiedenen Staaten haben und diese Staaten Vertragsstaaten des UN-Kaufrechts sind (Art. 1 Abs. 1 a) des UN-Übereinkommens). Damit kommt es regelmäßig auf die zuvor erwähnte kollisionsrechtliche Verweisung gem. Art. 1 Abs. 1 b) des UN-Kaufrechts – jedenfalls bei steigender Zahl von Vertragsstaaten[45] – nicht an.

26   Das nach diesen Grundsätzen ermittelte Vertragsstatut regelt nicht nur die jeweiligen vertraglichen Pflichten sowie die Rechtsfolgen bei deren Nichterfüllung; vielmehr richtet sich auch die Frage, ob das Zahlungsversprechen der Akkreditivbank als Erfüllung oder aber als Leistung erfüllungshalber anzusehen ist, nach den vertraglichen Regelungen zwischen Käufer/Importeur und Verkäufer/Exporteur sowie dem hierauf anwendbaren Recht. Dieser Vertrag bzw. das Vertragsstatut regelt nämlich die Frage, welche Leistungen erfüllungstauglich sind.[46]

b) Rechtsverhältnis zwischen Akkreditivauftraggeber und Akkreditivbank

27   Sofern im Verhältnis zwischen Akkreditivauftraggeber und Akkreditivbank keine Rechtswahlvereinbarung getroffen wurde, ist grds. das Recht der Hauptniederlassung der beauftragten Bank als der Stelle maßgeblich, die als Geschäftsführer die vertragscharakteristische Leistung erbringt (Art. 28 Abs. 2 EGBGB).[47] Da es sich hierbei jedoch meist um eine reine Inlandsbeziehung handelt, stellt sich die Frage des anwendbaren Rechts grundsätzlich nicht. Anders ist dies aber, sofern das Akkreditiv von einer ausländischen Niederlassung eröffnet werden soll. Hier kommt es auf das Recht der Niederlassung an, von der aus diese Leistung erbracht werden soll (Art. 28 Abs. 2 S. 2 EGBGB).[48] Das Vertragsstatut zwischen Akkreditivauftraggeber und Akkreditivbank ist für den Inhalt der Verpflichtungen der Akkreditivbank wie auch dafür maßgeblich, ob bei Einschaltung einer Zweitbank diese als Erfüllungsgehilfe oder Substitut der Akkreditivbank handelt.

---

43 Vgl. hierzu *Schlechtriem, Peter*, Internationales UN-Kaufrecht, 3. Aufl. 2005, Rdnr. 15 m.w.N. in Fn. 10.
44 Vgl. auch *Schlechtriem, Peter*, Internationales UN-Kaufrecht, 3. Aufl. 2005, Rdnr. 20.
45 Vgl. zum Geltungsbereich des Wiener UN-Übereinkommens *Jayme, Erik/Hausmann, Rainer*, Internationales Privat- und Verfahrensrecht, 12. Aufl. 2004, Nr. 77 Fn. 1.
46 Vgl. statt vieler Soergel-*v. Hoffmann* BGB Art. 32 EGBGB Rdnr. 14–30.
47 OLG Frankfurt a.M. 12. 11. 1991, RIW 1992, 315, 316; *Martiny*, in: *Reithmann/Martiny*, Rdnr. 1226; *Nielsen*, in: Bankrechtshandbuch III, § 120 Rdnr. 419.
48 *Zahn/Ehrlich/Neumann* Rdnr. 2/35.

Obgleich das Verhältnis Akkreditivauftraggeber-Akkreditivbank grds. eine In- **28**
landsbeziehung darstellt, ist doch zu berücksichtigen, daß die Geschäftsbesorgung
der beauftragten Bank (nämlich Eröffnung des Akkreditivs sowie Zahlung) gegenüber dem Verkäufer im Ausland erfolgt. Daher bemißt sich der Aufwendungsersatzanspruch (inhaltlich) nach der von der Akkreditivbank zu erbringenden Tätigkeit und kann sich demgemäß auch auf eine ausländische Währung richten.[49]

c) Rechtsverhältnis zwischen Akkreditivbank und einer eingeschalteten Zweitbank

Im Verhältnis zwischen der Akkreditivbank und einer zweitbeauftragten (Korre- **29**
spondenz-) Bank erbringt die Zweitbank als Geschäftsführer die vertragscharakteristische Leistung, so daß – mangels vorrangig zu berücksichtigender Rechtswahl
(Art. 27 Abs. 1 EGBGB) – im Verhältnis der Banken das Recht der Korrespondenzbank zur Anwendung gelangt.[50]

d) Rechtsverhältnis zwischen der Akkreditivbank und dem Begünstigten
aa) Grundsatz: Anknüpfung an das Recht der Akkreditivbank

Im Verhältnis zwischen der Akkreditivbank und dem Begünstigten handelt es sich **30**
um einen Schuldvertrag, bei dem die Akkreditivbank mit dem abstrakten Zahlungsversprechen oder der Verpflichtung zur Akzeptierung von Tratten bzw. der
Negoziierung die vertragscharakteristische Leistung erbringt. Mangels Rechtswahl findet daher auf diesen Vertrag (also insbes. die daraus resultierenden Erfül-
lungs-, aber auch Schadensersatzansprüche) das Recht des (Haupt-) Niederlas-
sungsortes der Akkreditivbank Anwendung (Art. 28 Abs. 2 EGBGB).[51] Die Frage,
ob das abstrakte Schuldversprechen einer Form bedarf, richtet sich jedoch nach
Art. 11 EGBGB. Daher ist das Geschäft formwirksam, wenn es entweder die
Formvorschriften des Abschlußortes oder des Vertragsstatuts erfüllt. Ist bei einer
deutschen Akkreditivbank Vertragsstatut deutsches Recht,[52] so ist das Versprechen
formfrei wirksam (§ 350 HGB), wobei es auf die Frage, ob die Kaufmannseigenschaft nach der gewerblichen Niederlassung oder der lex causae zu bestimmen ist,[53]
dann nicht ankommt.

---

49 Vgl. HansOLG Hamburg 30. 12. 1953, IPRspr. 1952/53 Nr. 21; *Nielsen*, in: Bankrechtshandbuch III, § 120 Rdnr. 419.
50 Ebenso *Martiny*, in: *Reithmann/Martiny*, Rdnr. 1226 (4); *Schefold*, IPRax 1990, 22; *Schütze* Rdnr. 479; *Nielsen*, in: Bankrechtshandbuch III, § 120 Rdnr. 422; vgl. auch OLG Frankfurt
a. M. 6. 10. 1987, IPRspr. Nr. 22 (Leitsatz) = RIW 1988, 905–907, 906f.
51 Vgl. OLG Frankfurt a. M. 12. 11. 1991, RIW 1992, 315–318, 316; *Martiny*, in: *Reithmann/
Martiny*, Rdnr. 1226 (2); *Nielsen*, in: Bankrechtshandbuch III, § 120 Rdnr. 423; *Schütze*
Rdnr. 464f.; vgl. auch BGH 23. 3. 1955, IPRspr. 1954/55 Nr. 17, wo allerdings zur Begründung
auf den Erfüllungsort der Leistung der Bank abgestellt wurde (das EG-Schuldvertragsüberein-
kommen war zum damaligen Zeitpunkt auch noch nicht in Kraft).
52 Zumeist wird dann zumindest auch einer der für den Vertragsschluß gem. Art. 11 Abs. 2
EGBGB maßgeblichen Staaten Deutschland sein.
53 Vgl. zu dieser Problematik oben § 2 Rdnr. 8.

bb) Besonderheiten bei Einschaltung einer Zweitbank?

31 Problematischer und umstrittener ist die rechtliche Beurteilung, wenn eine Zweitbank eingeschaltet wurde. Teilweise wird die Auffassung vertreten, die Einschaltung einer Korrespondenzbank habe auch Auswirkungen auf das zwischen Akkreditivbank und Begünstigtem anwendbare Recht. Sofern die Korrespondenzbank nur die Funktion der Benachrichtigung (Avisierung) des Verkäufers/Exporteurs von der Stellung des Akkreditivs übernimmt, verbleibt es zwar nach ganz h.M. bei der Anwendung des Sitzrechts der Akkreditivbank.[54] Bestritten ist die Anwendbarkeit des Sitzrechts der Akkreditivbank jedoch, soweit die Zweitbank als Zahlstelle fungiert oder aber das Akkreditiv bestätigt. Insoweit wird teilweise die Auffassung vertreten, das Sitzrecht der eingeschalteten Zweitbank käme insgesamt (also auch im Verhältnis zwischen Akkreditivbank und Begünstigtem) zur Anwendung. Zur Begründung wird im wesentlichen vorgetragen, das Akkreditiv solle dem Verkäufer die Sicherheit eines Zug-um-Zug-Geschäfts bieten; diese Funktion sei aber nur gewährleistet, wenn insgesamt auf das Akkreditiv und die Voraussetzungen der Zahlungspflicht das Sitzrecht der Korrespondenzbank zur Anwendung komme.[55] Auch wird geltend gemacht, die Akkreditivbanken konzentrierten sich auf wenige Korrespondenzbanken (Zahlstellen) auf einem Kontinent und könnten sich demgemäß auf deren Recht einstellen.[56]

32 In der Tat richten sich die Verpflichtungen der eingeschalteten Korrespondenzbank im Verhältnis zur eröffnenden (Akkreditiv-) Bank vorrangig nach den Vereinbarungen zwischen diesen Banken; im übrigen aber ist das Recht der Zweitbank als der Stelle maßgeblich, die die vertragscharakteristische Leistung erbringt.[57] Sofern überhaupt vertragliche Beziehungen der Korrespondenzbank zum Begünstigten bestehen – was jedoch etwa bei bloßer Funktion als Avisbank oder als Zahlstelle nicht der Fall ist[58] –, kommt auch insoweit das Recht der Korrespondenzbank als der Bank zur Anwendung, die im Verhältnis zum Begünstigten durch Abgabe ihres abstrakten Zahlungsversprechens die vertragscharakteristische Leistung erbringt. Die Zweitbank kann daher die Benachrichtigung von der Akkreditiveröffnung so-

---

54 So *Schütze* Rdnr. 467–471; *Nielsen*, in: Bankrechtshandbuch III, § 120 Rdnr. 423; *v. Bar*, ZHR 152 (1988), 53; *Schefold*, IPRax 1990, 21.

55 Vgl. etwa OLG Köln, 25. 5. 1994, WM 1994, 1877–1879, 1878; OLG Frankfurt a.M. 22. 9. 1987, IPRspr. 1987 Nr. 20 = IPRax 1990, 43 m. insoweit ablehnender Anm. *Schefold*, IPRax 1990, 20–25; OLG Frankfurt a.M. 6. 10. 1987, RIW 1988, 905–907, 906; LG Frankfurt a.M. 2. 12. 1975, IPRspr. 1975 Nr. 133 = AG 1976, 47–49, 49 m. im Grundsatz zust. Anm. *Mertens, Hans Joachim*, AG 1976, 49–53, 51; *Liesecke, R.*, Die neuere Rechtsprechung, insbesondere des Bundesgerichtshofes, zum Dokumentenakkreditiv, WM 1966, 458–479, 458; *Steindorff*, in: FS v. Caemmerer, S. 766–771; *Jayme* S. 34–37.

56 So *Steindorff*, in: FS v. Caemmerer, S. 770f.

57 Vgl. oben Rdnr. 29.

58 Vgl. etwa *Canaris* Rdnr. 978f.

wie die Zahlung und Prüfung der Dokumente in der Tat nach ihrem eigenen Recht vornehmen.[59]

Dies bedeutet jedoch nicht, daß auch hinsichtlich des Zahlungsanspruchs des Be- **33** günstigten gegen die Akkreditivbank nunmehr das Recht der Korrespondenzbank zur Anwendung gelangt oder gelangen sollte. Zu Recht wurde in der Literatur darauf hingewiesen, daß die Korrespondenzbank teilweise erst nach Eröffnung des Akkreditivs eingeschaltet oder aber mit Zustimmung des Begünstigten geändert wird. Merkwürdig wäre daher, wenn nun durch die Einschaltung bzw. Änderung der Korrespondenzbank auch das Recht wechseln würde, das für die Verpflichtung der Akkreditivbank gegenüber dem Begünstigten maßgeblich ist.[60] Ferner: Warum sollte sich die Akkreditivbank etwa auf Leistungshindernisse berufen dürfen, die nur nach dem Recht der Korrespondenzbank, nicht aber nach ihrem eigenen Recht bestehen? Zu bedenken ist dabei, daß die Einschaltung einer Zahlstelle dem Begünstigten einige praktische Vorteile bei der Zahlungsabwicklung verschaffen[61], nicht aber dazu dienen soll, die Akkreditivbank von ihren – im Rahmen des Geschäftsbesorgungsvertrags mit dem Akkreditivauftraggeber auch gegenüber diesem bestehenden – Verpflichtungen zu entlasten oder diese zu modifizieren. Sollte nämlich die Akkreditivbank nicht zahlen, könnte der Exporteur/Verkäufer i.d.R. immer noch seinen Zahlungsanspruch gegen den Käufer/Akkreditivauftraggeber (bei dessen Solvenz erfolgreich) geltend machen, da jedenfalls nach deutscher Rechtsauffassung die Übernahme einer abstrakten Zahlungsverpflichtung durch die Akkreditivbank eine bloße Leistung erfüllungshalber darstellt.

Zweifelhaft ist hingegen, ob die oft zitierten englischen Entscheidungen zur An- **34** wendbarkeit des Sitzrechts der Zahlstelle auf das Verhältnis Akkreditivbank – Begünstigter tatsächlich für die Gegenauffassung – nämlich generelle internationalprivatrechtliche Anknüpfung an das Zahlstellenrecht – anzuführen sind. Zwar wurde in der Tat in diesen Entscheidungen die Auffassung vertreten, Vertragsstatut für das Rechtsverhältnis zwischen Akkreditivbank und Begünstigtem sei das Recht der Korrespondenzbank.[62] Zu bedenken ist allerdings, daß diese Entscheidungen noch vor Inkrafttreten des EG-Schuldvertragsübereinkommens ergingen und daher internationalprivatrechtlich auf die engste Verbindung abgestellt wurde, die in diesen Fällen an dem Ort gesehen wurde, an dem die Leistung zu erbringen war. Überdies waren diese Fälle besonders gelagert: In der Entscheidung Power Curber International Ltd. v. National Bank of Kuwait SAK ging es in Wahrheit lediglich

---

59 So im Ergebnis auch *Schefold*, IPRax 1990, 22; *Nielsen*, in: Bankrechtshandbuch III, § 120 Rdnr. 427f.
60 So *Schütze* Rdnr. 471; *Nielsen*, in: Bankrechtshandbuch III, § 120 Rdnr. 428; *Schefold*, IPRax 1990, 24; vgl. auch den Sachverhalt, der der Entscheidung LG Frankfurt a.M. 2.12.1975, AG 1976, 47–49 zugrunde lag.
61 Vgl. *Nielsen*, in: Bankrechtshandbuch III, § 120 Rdnr. 134.
62 So Power Curber International Ltd. v. National Bank of Kuwait SAK [1981] 3 All ER 607–615, insbes. 612; vgl. auch Offshore International SA v. Banco Central SA [1976] 3 All ER 749–752.

um die Frage, ob ein Arrest eines kuwaitischen Gerichts hinsichtlich der Forderung des Begünstigten gegen die (ebenfalls in Kuwait ansässige) Akkreditivbank in England anzuerkennen war. Das angerufene englische Gericht verweigerte dieser kuwaitischen Maßnahme eines (potentiellen) Gläubigers des Begünstigten jedoch die Anerkennung. Dies wurde einerseits damit begründet, Vertragsstatut sei in diesem Fall das Recht von North Carolina gewesen, da sich dort der Sitz der Korrespondenzbank, die als Zahlstelle fungierte, befunden habe. Andererseits wurde interessanterweise von Lord Denning auch darauf hingewiesen, der kuwaitische Arrest stehe im Widerspruch zu den ERA, binde im übrigen weder die ausländische Zahlstelle in North Carolina noch englische Gerichte.[63]

35   Auch in der etwas älteren Entscheidung Offshore International SA v. Banco Central SA[64] handelte es sich insofern um einen Sonderfall, als es der Sache nach lediglich um eine prozessuale Vorfrage, nämlich um die Wirksamkeit der Anrufung eines Schiedsgerichts ging. In diesem Fall war in einem Akkreditiv einer spanischen Bank, das gegenüber einer nach panamaischem Recht gegründeten Gesellschaft eröffnet wurde, eine (automatische) Verlängerungsklausel für den Fall der Anrufung eines Schiedsgerichts vereinbart. Als Zahlstelle war die Chase Manhattan Bank in New York vorgesehen. Die Parteien stritten sich in der Folge über die – vom spanischen und New Yorker Recht unterschiedlich beantwortete – Frage, ob das vorgesehene Schiedsgericht wirksam angerufen wurde. Auch hier entschieden sich die Richter für die Anwendung des New Yorker Rechts (also des Rechts der Zahlstelle) als dem sachnächsten Recht. Zur Begründung wurde im wesentlichen angeführt, ansonsten müsse eine Korrespondenzbank (Zahlstelle) stets gewärtig sein, eine ganze Reihe ausländischer Rechte anwenden zu müssen.[65] Dies ist in der Tat der zutreffende Kern der Argumente, die für die Maßgeblichkeit des Sitzrechts der Zahlstelle angeführt werden. Die Zahlstelle sollte sich hinsichtlich der Voraussetzungen der Auszahlung des Akkreditivbetrags neben den vertraglichen Vereinbarungen mit der Akkreditivbank nur auf ihr eigenes Recht, nicht aber auf ausländische Rechtsordnungen einstellen müssen. Dies ergibt sich aber – wie dargelegt – bereits aus den allgemeinen internationalprivatrechtlichen Anknüpfungsgrundsätzen, die jedoch nicht dazu führen können, daß nun auch im Verhältnis Akkreditivbank – Begünstigter das Zahlstellenrecht zur Anwendung gelangt. Zwar können hierdurch Divergenzen zwischen den für die Zahlstelle maßgeblichen Regelungen und dem Recht der Akkreditivbank auftreten, die jedoch auch sonst nicht ungewöhnlich sind, wenn ein Geschäftsherr einen aus seiner Sicht ausländischen Erfüllungsgehilfen einschaltet.

36   Eingeräumt sei allerdings, daß auch in einer englischen Entscheidung nach Inkrafttreten des EG-Schuldvertragsübereinkommens offenbar an dem Prinzip der

---

63 Vgl. Power Curber International Ltd. v. National Bank of Kuwait SAK [1981] 3 All ER 607–615, 612f.
64 [1976] 3 All ER 749–752.
65 Offshore International SA v. Banco Central SA [1976] 3 All ER 749–752, 752.

Maßgeblichkeit des Zahlstellenrechts auch im Verhältnis Akkreditivbank – Begünstigter festgehalten wurde, wenngleich es in dieser Entscheidung an sich nur um die Frage ging, welches Recht auf den Vertrag zwischen Akkreditiv- und Korrespondenzbank Anwendung fand.[66]

Im übrigen werden auch im US-amerikanischen Recht die verschiedenen **37** Rechtsbeziehungen internationalprivatrechtlich gesondert behandelt, so daß auf die Verpflichtungen der Zahlstelle eine andere Rechtsordnung Anwendung finden kann als auf das Rechtsverhältnis zwischen Akkreditivbank und Begünstigtem.[67] Letztlich sollte aber das Problem des im Verhältnis Akkreditivbank – Begünstigter anwendbaren Rechts auch nicht überschätzt werden, da die ERA aufgrund ihrer Regelungsdichte relativ selten Raum für das nationale Sachrecht lassen.[68]

e) Rechtsverhältnis zwischen Bestätigungsbank und Begünstigtem

Mangels Rechtswahl findet auf das Rechtsverhältnis zwischen Bestätigungsbank **38** und Begünstigtem gem. Art. 28 Abs. 2 EGBGB das Sitzrecht der Bestätigungsbank Anwendung, da diese die vertragscharakteristische Leistung erbringt.[69] Zwar werden damit die Verpflichtungen von Akkreditiv- und Bestätigungsbank, die i.d.R. ihren Sitz in verschiedenen Ländern haben, nach unterschiedlichen Rechtsordnungen beurteilt. Dies ist aber auch dann zulässig, wenn man – wie dies etwa im deutschen Recht h.M. ist[70] – die Akkreditiv- und Bestätigungsbank als Gesamtschuldner ansieht.[71]

f) Übertragung des Akkreditivs und Abtretung des Akkreditiverlöses

Keine zusätzlichen internationalprivatrechtlichen Probleme wirft das sog. über- **39** tragbare Akkreditiv gem. Nr. 48 ERA auf. Mangels abweichender Rechtswahl findet auf das Rechtsverhältnis zwischen Akkreditivbank und Zweitbegünstigtem ebenfalls das Recht der (Haupt-) Niederlassung der Akkreditivbank Anwendung, die die vertragscharakteristische Leistung in Form des abstrakten Schuldversprechens an den Zweitbegünstigten erbringt (Art. 28 Abs. 2 S. 2 EGBGB).

Etwas problematischer ist der Fall der Abtretung des Akkreditiverlöses gem. **40** Nr. 49 ERA. Die Abtretung dieser Forderung richtet sich nach den allgemeinen internationalprivatrechtlichen Vorschriften. Damit findet im Geltungsbereich des EG-Schuldvertragsübereinkommens Art. 12 dieses Übereinkommens bzw. – im deutschen Recht – Art. 33 Abs. 1 und Abs. 2 EGBGB Anwendung. Dies bedeutet

---

66 Vgl. Bank of Baroda v. Vysya Bank [1994] 2 Lloyd's Law Rep. 87–98, 92–94.

67 Vgl. hierzu Official Comment 2. zu Revised § 5–116 UCC.

68 Vgl. auch *Jayme* S. 32 f.; vgl. für das US-amerikanische Recht auch Official Comment 2. zu § 5–116 UCC.

69 Vgl. statt vieler *Martiny*, in: *Reithmann/Martiny*, Rdnr. 1226 (3); *Nielsen*, in: Bankrechtshandbuch III, § 120 Rdnr. 430; *Schefold*, IPRax 1990, 21.

70 Vgl. statt vieler BGH 2.7.1984, WM 1984, 1214, 1215; *Nielsen*, in: Bankrechtshandbuch III, § 120 Rdnr. 127; *Canaris* Rdnr. 987; demgegenüber hält v. *Bar*, ZHR 152 (1988), 42 Anm. 16 dies nicht für ganz präzise.

71 So auch *Nielsen*, in: Bankrechtshandbuch III, § 120 Rdnr. 430; *Schefold*, IPRax 1990, 21.

nach h.M., daß für die Zession gem. Art. 33 Abs. 2 EGBGB das Forderungsstatut maßgeblich ist, also das Recht, das auf die zedierte Forderung anzuwenden ist.[72] Damit käme auf die Forderungsübertragung insgesamt wiederum das Recht der (Haupt-) Niederlassung der Akkreditivbank zur Anwendung, sofern nicht diese und der Akkreditivbegünstigte ein anderes Recht gewählt haben. Meiner Meinung nach sollte aber auf die Zession des Akkreditiverlöses grds. das Recht zur Anwendung gelangen, das für das (der Forderungsübertragung zugrunde liegende obligatorische) Kausalgeschäft zwischen Akkreditivbegünstigtem und Zessionar maßgeblich ist (vgl. Art. 33 Abs. 1 EGBGB). Lediglich die in Art. 33 Abs. 2 EGBGB genannten Problemkreise sollten aus Gründen des Schuldnerschutzes dem Forderungsstatut (also i.d.R. dem Recht der Akkreditivbank) unterstellt werden.[73]

II. Garantie

Literatur

Baumbach, Adolf/Hopt, Klaus, HGB, 32. Aufl. 2006, (7) BankGesch L/1-L/17. *Bertrams, Roeland*, Bank Guarantees in International Trade – The Law and Practice of Independent (First Demand) Guarantees and Standby Letters of Credit in Civil Law and Common Law Jurisdictions –, 3. Aufl. 2004. *Canaris, Claus-Wilhelm*, Bankvertragsrecht, 3. Aufl. 1988, Erster Teil, Rdnr. 1102–1162. *Canaris, Claus-Wilhelm*, Die Bedeutung des „materiellen" Garantiefalles für den Rückforderungsanspruch bei der Garantie „auf erstes Anfordern", ZIP 1998, 493–502. *Coing, Helmut*, Probleme der internationalen Bankgarantie, ZHR 147 (1983), 125–161. *Dohm, Jürgen*, Bankgarantien im internationalen Handel, 1985. *Einsele, Dorothee*, Anmerkung zu BGH 10. 11. 1998 (JZ 1999, 464: Einwendungen aus dem Valutaverhältnis bei der Bankgarantie auf erstes Anfordern), JZ 1999, 466–468. *Goerke, Eberhardt*, Kollisionsrechtliche Probleme internationaler Garantien, Monographien zum deutschen und internationalen Wirtschafts- und Steuerrecht, Band 4, 1982. *Hadding, Walther/Häuser, Franz/Welter, Reinhard*, Bürgschaft und Garantie, in: Gutachten und Vorschläge zur Überarbeitung des Schuldrechts, Band III, hrsg. Bundesminister der Justiz, 1983, S. 571–755. *Heinsius, Theodor*, Zur Frage des Nachweises der rechtsmißbräuchlichen Inanspruchnahme einer Bankgarantie auf erstes Anfordern mit liquiden Beweismitteln, in: FS Werner, 1984, S. 229–250. *Horn, Norbert*, in: Heymann Handelsgesetzbuch, Band 4, 1990, § 372 Anh. V Bankgarantie. *Kröll, Stefan*, Rechtsfragen elektronischer Bankgarantien, WM 2001, 1553–1560. *Kümpel, Siegfried*, Bank- und Kapitalmarktrecht, 3. Aufl. 2004, Rdnr. 5.353–5.416, Rdnr. 6.101 f. *Kupisch, Berthold*, Die Bankgarantie auf erstes Anfordern im Dickicht des modernen Bereicherungsrechts – zum ungerechtfertigten Vorteil des Garantienehmers?, WM

---

72   Vgl. hierzu statt vieler BGH 20. 6. 1990, RIW 1990, 670, 671; OLG Düsseldorf 15. 12. 1994, RIW 1995, 508, 509; *Kropholler* § 52 VIII 1 (S. 486 f.); *v. Bar, Christian*, Abtretung und Legalzession im neuen deutschen IPR, RabelsZ 53 (1989), 462–486, 467 f.; *Martiny*, in: *Reithmann/Martiny*, Rdnr. 333.

73   Vgl. hierzu unten § 6 Rdnr. 103; vgl. im einzelnen zur Herleitung dieser Auffassung *Einsele, Dorothee*, Das internationale Privatrecht der Forderungszession und der Schuldnerschutz, ZvglRWiss 90 (1991), 1–24; *Einsele, Dorothee*, Rechtswahlfreiheit im internationalen Privatrecht RabelsZ 60 (1996), 417–447, 430–435; mittlerweile auch Staudinger-*Hausmann* BGB (2002) Art. 33 EGBGB Rdnr. 37.

1999, 2381–2391. *Lawrence's Anderson, Lary*, Uniform Commercial Code, Band 7 A, 3. Aufl., Stand 2005, Code Sections 5–101 to 7–603. *Lienesch, Irmtraud*, Internationale Bankgarantien und die UN-Konvention über unabhängige Garantien und Stand-by Letters of Credit, Recht des internationalen Wirtschaftsverkehrs, Band 18, 1999. *Nielsen, Jens*, Bankgarantien bei Außenhandelsgeschäften, in: Bankrechtshandbuch III, hrsg. v. Schimansky, Herbert/Bunte, Hermann Josef/Lwowski, Hans-Jürgen, 2. Aufl. 2001, § 121. *Nielsen, Jens*, Bankgarantien bei Außenhandelsgeschäften, in: Bankrecht und Bankpraxis, 5. Teil: Auslandsgeschäft, Band 3, Stand Januar 1993, Rdnr. 5/231–5/468. *Welter, Reinhard*, Bankgarantie, Recht des Zahlungsverkehrs J, in: Münchener Komm. z. HGB, Band 5, 1. Aufl. 2001. *v. Westphalen, Friedrich/Jud, Brigitta* (Hrsg.), Die Bankgarantie im internationalen Handelsverkehr, 3. Aufl. 2005. *Weth, Stephan*, Bürgschaft und Garantie auf erstes Anfordern, AcP 189 (1989), 303–341. *Zahn, Johannes/Ehrlich, Dietmar/Neumann, Kerstin*, Zahlung und Zahlungssicherung im Außenhandel, 7. Aufl. 2001, 9. Abschnitt Bankgarantie.

1. Einführung

a) Funktion und Ausgestaltung mit rechtsvergleichenden Bezügen

Mit dem Akkreditiv verwandt ist die (internationale) Bankgarantie. Während das Akkreditiv jedoch die primären Leistungspflichten aus einem Kauf-, Werk- oder Dienstvertrag mit Auslandsbeziehung durch ein Zahlungsversprechen der Akkreditivbank sichert und damit gerade auch ein Mittel der bargeldlosen Zahlung ist, stellt die Garantie eine (subsidiäre) Ausfallhaftung des Garanten für den Fall dar, in dem ein Vertrag (mit Auslandsbeziehung) nicht oder nicht ordnungsgemäß erfüllt wird. Bei dem Garantiegeschäft handelt es sich gem. § 1 Abs. 1 S. 2 Nr. 8 KWG um ein traditionelles Bankgeschäft. — **41**

Die Charakteristika einer Garantie bestehen zum einen (auch international) in der unbedingten Einstandspflicht des Garanten für den garantierten Erfolg, und zwar unabhängig davon, aus welchen Gründen dieser Erfolg nicht eingetreten ist. Die Garantie ist also national wie international im Grundsatz nicht-akzessorisch und besteht somit auch dann, wenn die Verbindlichkeit, die Anlaß für die Übernahme der Garantie war, nicht wirksam oder mit Einwendungen behaftet ist. Zum anderen hat die gerade auch international übliche Bankgarantie auf erstes Anfordern die Funktion des früheren Bardepots übernommen, dem Gläubiger sofort Liquidität zuzuführen. Dies wiederum bedeutet, daß der Garant (auf Anforderung) grundsätzlich sofort zu zahlen hat, und die Garantiebank oder der Garantieauftraggeber erst in einem späteren Prozeß den Betrag herausverlangen kann, der unter Berücksichtigung der Rechtsbeziehungen, die Anlaß für die Garantieübernahme waren, im Ergebnis zuviel gezahlt wurde.[74] — **42**

An internationalen Bankgarantien sind regelmäßig nicht nur eine, sondern zwei (bzw. mehrere) Banken beteiligt. In diesem Fall schaltet die vom Schuldner beauftragte Bank eine Zweitbank im Land des Gläubigers ein, die entweder die Verpflichtung hat, die Garantie der erstbeauftragten Bank dem Gläubiger (lediglich) — **43**

---

[74] Vgl. hierzu *Canaris* Rdnr. 1102; *Nielsen*, in: Bankrechtshandbuch III, § 121 Rdnr. 48–50; *Baumbach/Hopt*, HGB, (7) BankGesch L/1.

zu avisieren (mitzuteilen) oder aber – wie in der Mehrzahl der Fälle – von der Schuldnerbank damit beauftragt wird, die Garantie gegenüber dem Gläubiger selbst hinauszulegen. Übernimmt die vom Schuldner beauftragte Bank selbst die Garantie gegenüber dem Gläubiger, spricht man von direkter, ansonsten von indirekter Garantie.[75]

44   Typische Fälle der Garantie sind die Bietungsgarantie, bei der die Bank dafür einsteht, daß der Teilnehmer einer Ausschreibung (Garantieauftraggeber) – sofern er den Zuschlag erhält – den Vertrag auch unterschreibt und somit den Verpflichtungen nachkommt, die er mit Abgabe des Gebots übernommen hat. Praktisch häufig ist auch die Anzahlungsgarantie, bei der die Bank die Garantie übernimmt, daß ein Besteller, der bereits eine Anzahlung auf einen Vertrag geleistet hat, diese bei Nichterfüllung des Vertrags durch den Lieferanten wieder zurückerhält. Im übrigen werden Garantien auch in Form von Vertragserfüllungsgarantien abgegeben, bei denen der Garant für die Lieferung der Ware durch den Verkäufer, die Zahlung durch den Käufer bzw. die ordnungsgemäße Erfüllung der Gewährleistungspflichten durch den Lieferanten einsteht.[76]

45   Im übrigen kennen auch andere Rechtsordnungen nicht-akzessorische Personalsicherheiten: Vergleichbar mit der Garantie ist im englischen Recht die indemnity, die ebenfalls nicht-akzessorisch und formlos wirksam ist.[77] Auch hat die Zahlung durch den Garanten – anders als bei der guarantee (Bürgschaft) – nicht den Übergang der Forderung des Begünstigten gegen den Schuldner zur Folge.[78] Sofern allerdings die indemnity (Garantie) auf Wunsch des Schuldners übernommen wurde, geht auch das englische Recht von einem (vertraglichen) Anspruch des Garanten gegen den Schuldner auf Ausgleich der Aufwendungen (oder auch in diesem Zusammenhang erlittenen Schäden) aus.[79] Jedoch erscheint im englischen Recht eher zweifelhaft, ob der Garant – im Ausnahmefall – event. auch geltend machen kann, die Inanspruchnahme aus der Garantie sei rechtsmißbräuchlich, da der Schuldner (Garantieauftraggeber) nicht zur Leistung an den Gläubiger (Garantiebegünstigten) verpflichtet sei.[80]

---

75   Vgl. hierzu *Nielsen*, in: Bankrechtshandbuch III, § 121 Rdnr. 27; *Baumbach/Hopt*, HGB, (7) BankGesch L/2; *Zahn/Ehrlich/Neumann* Rdnr. 9/64f.

76   Vgl. zu den Formen der Garantie *Kümpel* Rdnr. 5.365–5.370; *Nielsen*, in: Bankrechtshandbuch III, § 121 Rdnr. 30, 35–47.

77   Vgl. *Wadsley, Joan/Penn, Graham*, The Law Relating to Domestic Banking, 2. Aufl. 2000, Rdnr. 18–006, 18–014.

78   Vgl. Yeoman Credit Ltd. v. Latter [1961] 2 All ER 294–301, 297, 300.

79   Vgl. *Chitty* on Contracts, Bd. II, 29. Aufl. 2004, Rdnr. 44–114; Sheffield Corporation v. Barclay [1905] All ER 747–754.

80   Vgl. zu diesem Problem im deutschen Recht unten Rdnr. 64–67.

Grundkonstellation 46

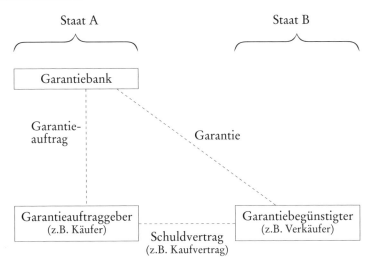

Modifikation: Indirekte Garantie 47

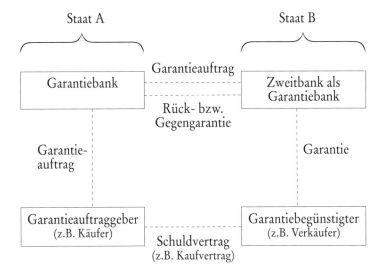

b) Bemühungen um Rechtsharmonisierung

Da die Garantie in den verschiedenen Ländern unterschiedlichen rechtlichen Rege-   48
lungen unterliegt, hat sich die Internationale Handelskammer dieses Problems angenommen und 1978 Einheitliche Richtlinien für Vertragsgarantien verabschiedet
(Uniform Rules for Contract Guarantees, ICC-Publ. Nr. 325). Diese Richtlinien

erwiesen sich in der Praxis jedoch als ein Fehlschlag, da sie einen Gerichts- oder Schiedsspruch für den Fall forderten, in dem die Voraussetzungen der Inanspruchnahme aus der Garantie zwischen den Beteiligten umstritten waren.[81]

49   Die hierauf von der Internationalen Handelskammer 1991 verabschiedeten ergänzenden Einheitlichen Richtlinien für auf Anfordern zahlbare Garantien (Uniform Rules for Demand Guarantees, ICC-Publ. Nr. 458/1) tragen zwar dem nichtakzessorischen Charakter der Garantie besser Rechnung als die Richtlinien für Vertragsgarantien, erschweren die Inanspruchnahme aus der Garantie jedoch (immer noch) erheblich: so muß der Begünstigte eine schriftliche Erklärung darüber abgeben, daß der Auftraggeber seine Verpflichtung(en) verletzt hat, welcher Art diese Verletzung ist, auch hat er gegebenenfalls weitere Dokumente vorzulegen (Art. 20 der Einheitlichen Richtlinien für auf Anfordern zahlbare Garantien). Daher sind auch diese Richtlinien bisher auf wenig Akzeptanz gestoßen.[82] Schon deshalb können diese Richtlinien nicht als Handelsbrauch angesehen werden, sondern stellen AGB dar. Sollen sie zur Anwendung gelangen, müssen sie im Einzelfall von den Parteien in den Vertrag (zwischen Garantieauftraggeber und Begünstigtem) einbezogen werden.[83]

50   Aber auch die United Nations Commission on International Trade Law (UNCITRAL) hat sich des Problems der internationalen Bankgarantien angenommen. Am 11. Dezember 1995 hat die Generalversammlung der Vereinten Nationen den von UNCITRAL vorgelegten Text eines Übereinkommens über unabhängige Garantien und Standby Letters of Credit verabschiedet und zur Zeichnung aufgelegt.[84] Nachdem fünf Staaten dem Übereinkommen beigetreten sind, ist es am 1. Januar 2000 in Kraft getreten. Allerdings spielt dieses Übereinkommen in der Praxis bisher keine wesentliche Rolle.[85]

2. Rechtsbeziehungen nach deutschem Sachrecht

a) Rechtsverhältnis zwischen Garantieauftraggeber und Begünstigtem

51   Zwischen dem Garantieauftraggeber und dem Begünstigten wird i.d.R. ein Kaufvertrag, ein Werkvertrag oder ein sonstiger Schuldvertrag bestehen, wonach der Garantieauftraggeber dem Begünstigten etwas schuldet. Meist wird bereits in diesen Vertrag die Verpflichtung des Garantieauftraggebers zur Stellung der Garantie

---

81 *Nielsen*, in: Bankrechtshandbuch III, § 121 Rdnr. 14; *Zahn/Ehrlich/Neumann*, Rdnr. 9/149; *Baumbach/Hopt*, HGB, (7) BankGesch L/1.
82 *Nielsen*, in: Bankrechtshandbuch III, § 121 Rdnr. 15f.; vgl. auch *Zahn/Ehrlich/Neumann*, Rdnr. 9/149.
83 *Baumbach/Hopt*, HGB, (7) BankGesch L/1; *Zahn/Ehrlich/Neumann*, Rdnr. 9/150.
84 Der Text dieses Übereinkommens ist abgedruckt in *Lienesch* S. 225–239; vgl. zu diesem Übereinkommen auch *Heidbüchel, Volker*, Das UNCITRAL-Übereinkommen über unabhängige Garantien und Standby Letters of Credit, 1999.
85 Vgl. *Nielsen*, in: Bankrechtshandbuch III, § 121 Rdnr. 26; vgl. auch *Lienesch* S. 26, 28; mittlerweile ist dieses Übereinkommen in Kraft getreten in Belarus, Ecuador, El Salvador, Gabun, Kuwait, Panama und Tunesien, während es für Liberia am 1.10. 2006 in Kraft treten wird.

aufgenommen, jedoch kann diese Verpflichtung auch in einer gesonderten Vereinbarung enthalten sein. Empfehlenswert ist, in diese Garantieklausel bereits die Einzelheiten der zu stellenden Bankgarantie aufzunehmen.[86]

Allerdings läßt die Rechtsprechung des BGH – beginnend mit zwei Entscheidungen aus dem Jahr 2002 – Zweifel an der Wirksamkeit von Sicherungsvereinbarungen aufkommen, mit denen sich der Schuldner (Garantieauftraggeber) in AGB zur Stellung einer Garantie auf erstes Anfordern verpflichtet. Ausgangspunkt dieser Rechtsprechung war eine (Sicherungs-) Vereinbarung, in der sich ein Bauunternehmer gegenüber seinem Auftraggeber in AGB verpflichtete, zur Sicherung von Vertragserfüllungsansprüchen eine Bürgschaft auf erstes Anfordern zu stellen; diese Vereinbarung erklärte der BGH wegen eines Verstoßes gegen § 307 Abs. 1 BGB (§ 9 AGBG a. F.) für unwirksam. Zur Begründung führte der BGH an, dem Gläubiger werde mit einer Sicherung durch eine Bürgschaft auf erstes Anfordern die Möglichkeit eingeräumt, sich liquide Mittel auch dann zu verschaffen, wenn der Sicherungsfall nicht eingetreten sei; hierdurch werde der Hauptschuldner mit dem Rückgriff (scil. des Bürgen gem. §§ 675 Abs. 1, 670 BGB aus dem Geschäftsbesorgungsvertrag mit dem Hauptschuldner) belastet und trage überdies das Insolvenzrisiko des Gläubigers bei der nachfolgenden Durchsetzung seiner Rückforderungsansprüche.[87]   **52**

Diese Rechtsprechung betraf zwar die Bürgschaft auf erstes Anfordern, die Erwägungen, mit denen der BGH eine solche Sicherungsvereinbarung für unwirksam erklärte, passen aber im Grundsatz auch für die Garantie auf erstes Anfordern: Denn auch bei der Garantie auf erstes Anfordern wird der Garantieauftraggeber mit dem Rückgriff der Garantiebank belastet und trägt das Insolvenzrisiko des Gläubigers (Garantiebegünstigten). Wurde die Garantie auf erstes Anfordern jedoch zur Sicherung des Gläubigers (Garantiebegünstigten) im internationalen Handelsverkehr gestellt, ist aber doch mehr als zweifelhaft, ob diese Rechtsprechung – auch bei Geltung deutschen Rechts im Verhältnis zwischen Garantieauftraggeber und -begünstigtem – zur Anwendung kommen kann. Immerhin sind Garantien auf erstes Anfordern international üblich, was auch gem. § 310 Abs. 1 S. 2 Halbs. 2 BGB im Rahmen der Inhaltskontrolle von AGB zwischen Unternehmern von Bedeutung ist; denn nach dieser Bestimmung ist gerade auch bei der Inhaltskontrolle gem. § 307 BGB auf die im Handelsverkehr geltenden Gewohnheiten und Gebräuche angemessen Rücksicht zu nehmen.[88] Überdies ist die Schutzbedürftigkeit des Gläubigers (Garantiebegünstigten) im grenzüberschreitenden Rechtsverkehr besonders hoch, da er bei nicht ordnungsgemäßer Erfüllung durch den Schuldner (Garantieauftraggeber) seinen Anspruch i.d.R. im Ausland durch-   **53**

---

86 *Zahn/Ehrlich/Neumann*, Rdnr. 9/68.

87 BGH 18. 4. 2002, BGHZ 150, 299, 304 f.; bestätigt in BGH 4. 7. 2002, BGHZ 151, 229, 231 f.; vgl. hierzu auch im Rahmen der Bürgschaft Rdnr. 99–102.

88 Vgl. auch MünchKomm.-*Basedow* BGB § 310 Rdnr. 10.

setzen muß.[89] Daher sollte eine Sicherungsvereinbarung in AGB, die die Stellung einer Garantie auf erstes Anfordern im internationalen Handelsverkehr zum Inhalt hat, jedenfalls nicht allein mit Hinweis auf die BGH-Rechtsprechung zur Unwirksamkeit von Sicherungsvereinbarungen über die Stellung einer Bürgschaft auf erstes Anfordern für unwirksam erklärt werden.

b) Rechtsverhältnis zwischen Garantieauftraggeber und Garantiebank

54   Zwischen dem Garantieauftraggeber und der Garantiebank wird nach deutscher Rechtsauffassung ein Geschäftsbesorgungsvertrag abgeschlossen, der auf die Stellung der Garantie gegenüber dem Begünstigten gerichtet ist. Da die Garantiebank somit einen Erfolg schuldet, ist dieser Vertrag ein auf eine Werkleistung gerichteter Geschäftsbesorgungsvertrag (§§ 675 Abs. 1, 631 ff. BGB).[90] Danach hat die Bank mit dem Begünstigten einen Garantievertrag abzuschließen, dessen Inhalt in dem Geschäftsbesorgungsvertrag zwischen Garantieauftraggeber und Garantiebank festgelegt wurde, so daß Abweichungen der später übernommenen Garantie von dem Garantieauftrag unzulässig sind; insbesondere werden hier die Voraussetzungen der Ausnahmevorschrift des § 665 BGB schon deshalb kaum erfüllt sein, weil die Entscheidung des Garantieauftraggebers auch bei kurzfristig geänderten Bedingungen ohne Schaden wird abgewartet werden können.[91] Andererseits hat die Garantiebank aus dem Geschäftsbesorgungsvertrag die Pflicht, auf klare und vollständige Garantien hinzuwirken. Eine allgemeine Beratungspflicht der Bank, den Garantieauftraggeber über die Zweckmäßigkeit der Garantie sowie die hiermit verbundenen geschäftlichen Risiken aufzuklären, kann hieraus aber nicht abgeleitet werden.[92]

55   Hat die Bank die Garantiesumme gezahlt, steht ihr grds. ein Aufwendungsersatzanspruch gem. §§ 675 Abs. 1, 670 BGB gegen den Garantieauftraggeber zu. Anders kann dies aber dann sein, wenn die Bank nicht zur Zahlung verpflichtet war: so etwa, wenn die in dem Garantievertrag näher bezeichneten Voraussetzungen für die Auszahlung der Garantiesumme nicht vorlagen, die Inanspruchnahme aus einer Garantie auf erstes Anfordern rechtsmißbräuchlich war[93] oder die Bank eine Garantie übernommen hat, die nicht den Vereinbarungen mit dem Garantieauf-

---

89   So auch *Schmidt, Holger*, Höchstrichterliche Rechtsprechung zur Bürgschaft auf erstes Anfordern, RIW 2004, 336–345, 340f.
90   Ganz h. M., vgl. statt vieler *Hadding/Häuser/Welter* S. 687; *Canaris* Rdnr. 1107; *Zahn/Ehrlich/Neumann*, Rdnr. 9/73; *Nielsen*, in: Bankrecht und Bankpraxis, Rdnr. 5/306.
91   Zur strikten Weisungsgebundenheit der Bank *Canaris* Rdnr. 1107; *Nielsen*, in: Bankrechtshandbuch III, § 121 Rdnr. 111; *Baumbach/Hopt*, HGB, (7) BankGesch L/4.
92   Vgl. etwa *Nielsen*, in: Bankrechtshandbuch III, § 121 Rdnr. 115; *Zahn/Ehrlich/Neumann* Rdnr. 9/81; strikter in Bezug auf die Beratungspflichten der Garantiebank im Hinblick auf die Rechtsprechung des BGH zur Unwirksamkeit von formularmäßigen Sicherungsvereinbarungen zur Stellung einer Sicherheit auf erstes Anfordern (vgl. oben II. 2. a)) jedoch *Schmidt, Holger*, Höchstrichterliche Rechtsprechung zur Bürgschaft auf erstes Anfordern, RIW 2004, 336–345, 342.
93   Vgl. unten Rdnr. 64–67.

traggeber entsprach. Soweit die Bank hier die Aufwendungen in Form der Zahlung der Garantiesumme nicht für erforderlich halten durfte (§ 670 BGB), steht ihr auch kein Aufwendungsersatzanspruch zu.

Sehr umstritten ist allerdings, ob die Bank die Pflicht hat, vor Zahlung den Auftraggeber zu benachrichtigen, damit dieser ggf. Einwendungen gegen den Anspruch des Begünstigten geltend machen kann[94] oder aber – so die Begründung anderer Autoren – entsprechende finanzielle Dispositionen zur Befriedigung des Aufwendungsersatzanspruchs der Bank treffen kann.[95] Zwar kann sich eine solche Informationspflicht der garantierenden Bank aus dem Garantieauftrag (Geschäftsbesorgungsvertrag) ergeben, der die Bank zur Wahrung der Interessen des Auftraggebers verpflichtet. Zweifelhaft erscheint aber, ob eine Benachrichtigungspflicht stets auch dann angenommen werden kann, wenn eine solche weder ausdrücklich noch konkludent vertraglich vereinbart wurde.[96] Da die Bank bei der Garantie auf erstes Anfordern die Garantiesumme zügig auszuzahlen hat, muß sie jedenfalls eine Rückäußerung des Garantieauftraggebers nicht abwarten.[97]

c) Rechtsverhältnis zwischen Garantiebank und Begünstigtem
aa) Garantie

Nach deutschem Recht ist der Garantievertrag ein gesetzlich nicht geregelter Vertrag, der nach dem Grundsatz der Vertragsfreiheit gem. § 311 Abs. 1 BGB abgeschlossen werden kann. Er unterscheidet sich von der Bürgschaft durch seine Nicht-Akzessorietät, also dadurch, daß die Garantie anders als die Bürgschaft in ihrer Entstehung, ihrem Fortbestand und ihrer Durchsetzbarkeit nicht direkt durch die gesicherte Forderung zwischen Begünstigtem und Garantieauftraggeber beeinflußt wird. Daher kann die Garantiebank grds. keine Einwendungen erheben, die dem Garantieauftraggeber aus dem Valutaverhältnis gegen den Begünstigten zustehen.[98] Der Garantievertrag kommt zwischen der Garantiebank und dem Begünstigten zustande, wobei die Garantieurkunde i.d.R. von der Bank dem Begünstigten ausgehändigt wird, der diesen Antrag auf Abschluß eines Garantievertrags meist durch konkludentes Verhalten annimmt. Zwar geht die Annahmeerklärung

56

57

---

94 So *Canaris* Rdnr. 1110; *v. Westphalen*, in: Westphalen/Jud, S. 210f.; Staudinger-*Horn* BGB (1997) Vor §§ 765 ff. Rdnr. 332; *Welter* Bankgarantie J Rdnr. 35; für den Fall der Bürgschaft, der allerdings aufgrund deren Akzessorietät zur Hauptverbindlichkeit etwas anders als bei der Garantie liegt, auch BGH 19. 9. 1985, NJW 1986, 310, 313.
95 *Nielsen*, in: Bankrecht und Bankpraxis, Rdnr. 5/314; *ders.*, in: Bankrechtshandbuch III, § 121 Rdnr. 126; *Welter* Bankgarantie J Rdnr. 35.
96 Ebenfalls eine solche generelle Benachrichtigungspflicht ablehnend *Zahn/Ehrlich/Neumann* Rdnr. 9/85 f.; *Liesecke, R.*, Rechtsfragen der Bankgarantie, WM 1968, 21–28, 28.
97 So auch *Nielsen*, in: Bankrechtshandbuch III, § 121 Rdnr. 126; *Zahn/Ehrlich/Neumann* Rdnr. 9/85; vgl. auch *Welter* Bankgarantie J Rdnr. 35: „Die Anhörung darf die Auszahlung nur unwesentlich verzögern."
98 Allgemeine Meinung, vgl. statt vieler *Hadding/Häuser/Welter* S. 683, 688, 703f.; *Canaris* Rdnr. 1106, 1137; *Nielsen*, in: Bankrechtshandbuch III, § 121 Rdnr. 81; *Zahn/Ehrlich/Neumann* Rdnr. 9/11, 9/13.

des Begünstigten der antragenden Bank i.d.R. nicht zu. Dies ist aber unschädlich, da die Bank dies nach der Verkehrssitte nicht erwartet (§ 151 S.1 BGB). Nach ganz h. M. ist der Garantievertrag formlos wirksam.[99] Die Gegenauffassung, die § 766 BGB für analog anwendbar hält, führt im vorliegenden Zusammenhang aber zu keinem anderen Ergebnis, da dann § 350 HGB analoge Anwendung findet.[100]

58   In dem Garantievertrag verpflichtet sich der Garant, in dem (näher bezeichneten) Garantiefall Zahlung bis zu einer bestimmten Geldsumme zu leisten. Bei der Auslegung des Garantiefalls gilt der Grundsatz der formalen Garantiestrenge, so daß die Bank nur bei Erfüllung der (förmlichen) Voraussetzungen des Garantiefalls zur Zahlung verpflichtet ist.[101] Ist die Garantie – wie international üblich – zeitlich befristet, so muß nicht nur der Garantiefall innerhalb der vereinbarten Frist eingetreten sein, sondern der garantierenden Bank auch die Inanspruchnahme der Garantie durch den Begünstigten zugegangen sein.[102]

bb) Garantie auf erstes Anfordern

59   Internationale Garantien sind in aller Regel Garantien auf erstes Anfordern („on first demand" bzw. „à première demande"), die international im wesentlichen auch gleich ausgelegt werden.[103] Danach hat der Garant grds. bereits dann zu zahlen, wenn der Begünstigte lediglich behauptet, die Voraussetzungen, unter denen die Garantie im Verhältnis zum Garantieauftraggeber zu Recht in Anspruch genommen werden kann (materieller Garantiefall), seien eingetreten.[104] Ob und in welcher Höhe der Anspruch im Valutaverhältnis zwischen dem Begünstigten und dem Garantieauftraggeber besteht, könnte ansonsten auch im Verhältnis zwischen dem Begünstigten und der Garantiebank durch die Formulierung des Garantiefalls doch wieder relevant werden. Es bestünde also für den Begünstigten die Gefahr, daß er aufgrund einer auf das Valutaverhältnis bezugnehmenden Garantieklausel zunächst seinen Anspruch aus dem Valutaverhältnis (eventuell sogar in einem Prozeß mit der Garantiebank) beweisen müßte und doch nicht sofort Zahlung erhielte.

---

99 Vgl. statt vieler MünchKomm.-*Habersack* BGB Vor § 765 Rdnr. 19; Staudinger-*Horn* BGB (1997) Vor §§ 765 ff. Rdnr. 223; implizit BGH 8.3. 1967, NJW 1967, 1020, 1021; a. A. *Larenz, Karl/Canaris, Claus-Wilhelm*, Lehrbuch des Schuldrechts Band II/2, Besonderer Teil, 13. Aufl. 1994, § 64 III 3 b) unter Befürwortung einer analogen Anwendung des § 350 HGB.
100 Vgl. *Larenz, Karl/Canaris, Claus-Wilhelm*, Lehrbuch des Schuldrechts Band II/2, Besonderer Teil, 13. Aufl. 1994, § 64 III 3 b).
101 Vgl. hierzu *Canaris* Rdnr. 1133 a; *Zahn/Ehrlich/Neumann* Rdnr. 9/112, 117, 119; noch strikter *Nielsen*, in: Bankrechtshandbuch III, § 121 Rdnr. 65, 184, der von vornherein das Zahlungsversprechen ausschließlich am Text der Garantiebedingungen orientieren will.
102 So OLG Hamburg 4. 11. 1977, RIW/AWD 1978, 615 f.; OLG Stuttgart 25. 1. 1979, WM 1979, 733, 734; *Zahn/Ehrlich/Neumann* Rdnr. 9/32 f.; MünchKomm.-*Habersack* BGB Vor § 765 Rdnr. 31.
103 Vgl. statt vieler *Nielsen*, in: Bankrechtshandbuch III, § 121 Rdnr. 53; *Zahn/Ehrlich/Neumann* Rdnr. 9/19.
104 So zutreffend OLG Saarbrücken 6. 7. 2001, WM 2001, 2055, 2058; MünchKomm.-*Habersack* BGB Vor § 765 Rdnr. 27; *Hadding/Häuser/Welter* S. 697; *Canaris* Rdnr. 1130.

Damit wäre im Ergebnis die Nicht-Akzessorietät der Garantie gefährdet.[105] Dennoch muß zumindest innerstaatlich zwischen der für die Garantie generell typischen Nicht-Akzessorietät und den Besonderheiten der Garantie auf erstes Anfordern differenziert werden.

Aber auch für die Inanspruchnahme aus einer Garantie auf erstes Anfordern **60** kann je nach Vereinbarung mehr verlangt sein als die bloße Behauptung des Begünstigten, die im Garantievertrag enthaltenen Voraussetzungen der Zahlungsverpflichtung des Garanten (formeller Garantiefall) seien eingetreten (z.b. die Geltendmachung der Forderung innerhalb der Garantiefrist); vielmehr ist hierfür eventuell auch die Vorlage von Dokumenten erforderlich. Ob der Begünstigte darüber hinaus das Bestehen der gesicherten Forderung schlüssig darzulegen hat,[106] ist zwar umstritten, wegen des Grundsatzes der formalen Garantie- und Dokumentenstrenge aber im Ergebnis zu verneinen.[107]

cc) Zulässige Einwendungen der Garantiebank gegenüber dem Begünstigten
α) Einwendungen aus dem Garantievertrag

Einwendungen aus dem *Garantievertrag* sind auch bei einer Garantie auf erstes **61** Anfordern unproblematisch und zulässig. Die Garantiebank kann also etwa dann Zahlung verweigern, wenn sie den Garantievertrag wegen arglistiger Täuschung durch den Begünstigten angefochten hat, wenn der Garantievertrag gegen Devisengesetze verstößt oder das Verfalldatum der Garantie bereits verstrichen ist.[108]

β) Aufrechnungsmöglichkeit der Bank?

Umstritten ist, ob bzw. unter welchen Voraussetzungen die Garantiebank mit An- **62** sprüchen gegen den Begünstigten aufrechnen kann. Während die Instanzgerichte eine solche Aufrechnung mit dem Argument, die Garantie auf erstes Anfordern solle dem Begünstigten (sofort) Liquidität verschaffen,[109] für konkludent ausgeschlossen und daher für unzulässig erklärten, geht der BGH jedenfalls nicht generell von einem stillschweigenden Aufrechnungsausschluß aus. Zumindest bei der Zahlungsgarantie könne die Bank mit eigenen, liquiden Ansprüchen gegen den Begünstigten aufrechnen, während der BGH ausdrücklich offenläßt, ob dies auch für die Gewährleitungsgarantie gelten könne, die die Funktion hat, dem Begünstigten sofort Liquidität zur Mangelbeseitigung zu verschaffen. Bei der Zahlungsgarantie

---

105 Vgl. hierzu auch *Canaris* Rdnr. 1129f.
106 So jedenfalls OLG Saarbrücken 6.7. 2001, WM 2001, 2055, 2058; *Canaris* Rdnr. 1130.
107 Im Ergebnis auch *Nielsen*, in: Bankrechtshandbuch III, § 121 Rdnr. 69; *Zahn/Ehrlich/Neumann* Rdnr. 9/20, 9/113; MünchKomm.-*Habersack* BGB Vor § 765 Rdnr. 27; so auch der BGH bezogen auf die Bürgschaft auf erstes Anfordern, vgl. BGH 5.6. 1997, BGHZ 136, 27, 32; BGH 28. 10. 1993, WM 1994, 106 f.; ebenso OLG Düsseldorf 9.8. 2001, WM 2001, 2294, 2295.
108 Allgemeine Meinung, vgl. statt vieler OLG Saarbrücken 6.7. 2001, WM 2001, 2055, 2058f.; MünchKomm.-*Habersack* BGB Vor § 765 Rdnr.33; *Zahn/Ehrlich/Neumann* Rdnr. 9/115, 118, 124; *Nielsen*, in: Bankrechtshandbuch III, § 121 Rdnr. 61f.
109 Vgl. LG Frankfurt a.M. 21.9. 1983, WM 1984, 86, 88; OLG Frankfurt a.M. 26.6. 1984, WM 1984, 1021, 1022.

ist der BGH hingegen der Auffassung, hier habe der Verkäufer (Begünstigte) generell keinen Anspruch auf tatsächliche Zahlung, vielmehr könne der Kaufpreisanspruch grundsätzlich durch Aufrechung befriedigt werden. Allerdings hält der BGH eine Aufrechnung der Garantiebank mit Ansprüchen aus dem Valutaverhältnis zwischen dem Garantieauftraggeber und dem Begünstigten (nach deren Abtretung an die Bank) ebenfalls für unzulässig. Nach Auffassung des BGH würde eine Aufrechnung mit diesen Ansprüchen dem Grundsatz widersprechen, wonach der Garant keine Einwendungen aus dem Valutaverhältnis erheben kann. Ebenso will der BGH auch die Aufrechnung mit nicht-liquiden Ansprüchen aufgrund der Liquiditätsfunktion der Garantie nicht zulassen.[110] Darüber hinaus hält ein Teil der Literatur die Aufrechnung auch mit nicht-liquiden Forderungen für möglich.[111]

63   Zwar ist nach allgemeinen Grundsätzen eine Aufrechnung der Bank mit Ansprüchen gegen den Begünstigten als zulässig anzusehen. Jedoch dürfte die Auslegung der Garantieerklärung (auf erstes Anfordern) in vielen Fällen einen konkludenten Aufrechnungsausschluß ergeben, so etwa, wenn dem Begünstigten durch die Garantie tatsächlich Geldmittel zufließen sollten. In diesem Fall wäre eine Liquiditätsverbesserung durch bloße Tilgung der Verbindlichkeiten des Begünstigten nicht als ausreichend anzusehen. Im übrigen dürfte aufgrund der Liquiditätsfunktion der Garantie auf erstes Anfordern auch eine Aufrechnung mit streitigen Gegenansprüchen der Bank i.d.R. ausgeschlossen sein.

γ) Einwendungen aus dem Valutaverhältnis ausnahmsweise bei Rechtsmißbrauch

64   Es gibt allerdings Fälle, in denen die Garantiebank das Recht (und möglicherweise gegenüber dem Garantieauftraggeber auch die Pflicht) hat, Einwendungen aus dem Valutaverhältnis zu erheben. Dies kann insbes. bei der Garantie auf erstes Anfordern jedoch nur ausnahmsweise der Fall sein, wenn die Inanspruchnahme der Garantiebank durch den Begünstigten rechtsmißbräuchlich wäre. Gerade auch international wurde diese Frage immer wieder relevant, da die international übliche Garantie auf erstes Anfordern von manchen Vertragspartnern dazu „genutzt" wurde, ihre Liquidität auch in solchen Fällen aufzubessern, in denen die gesicherte Forderung eindeutig nicht bestand.[112]

65   Findet auf den Garantievertrag deutsches Recht Anwendung, so kann nach der Rechtsprechung des BGH der Begünstigte keine Zahlung beanspruchen, wenn offensichtlich oder liquide beweisbar ist, daß trotz Vorliegens der formellen Voraussetzungen der materielle Garantiefall nicht eingetreten ist. Die mißbräuchliche

---

110 Vgl. BGH 22. 4. 1985, WM 1985, 684, 685f.; dem BGH folgend MünchKomm.-*Habersack* BGB Vor § 765 Rdnr. 33.
111 Vgl. *Canaris* Rdnr. 1135; dagegen *Nielsen*, in: Bankrechtshandbuch III, § 121 Rdnr. 68; kritisch zur grundsätzlichen Aufrechnungsmöglichkeit auch *Zahn/Ehrlich/Neumann* Rdnr. 9/124.
112 Vgl. hierzu *Nielsen*, in: Bankrechtshandbuch III, § 121 Rdnr. 215; *Hadding/Häuser/Welter* S. 718f.

Ausnutzung einer formalen Rechtsstellung muß aber für jedermann klar ersichtlich sein. Streitfragen tatsächlicher, aber auch rechtlicher Art, deren Beantwortung sich nicht von selbst ergibt, sind hingegen nach der Zahlung in einem eventuellen Rückforderungsprozeß auszutragen.[113] Der Garant muß also trotz Vorliegens der formellen Garantievoraussetzungen ausnahmsweise nicht zahlen, wenn der Nichteintritt des materiellen Garantiefalls offensichtlich oder liquide beweisbar ist.[114]

Hat sich der Garantieauftraggeber zur Sicherung des Gläubigers (Garantiebegünstigten) formularmäßig im nationalen Geschäftsverkehr zur Stellung einer Garantie auf erstes Anfordern verpflichtet, so mag im Einzelfall offensichtlich und liquide beweisbar sein, daß diese Sicherungsvereinbarung (aufgrund der BGH-Rechtsprechung zur Unwirksamkeit von formularmäßigen Sicherungsabreden zur Stellung von Bürgschaften auf erstes Anfordern) unwirksam und daher die Inanspruchnahme aus der Garantie rechtsmißbräuchlich ist. Wurde die Garantie auf erstes Anfordern jedoch zur Sicherung des Gläubigers (Garantiebegünstigten) im internationalen Handelsverkehr gestellt, so ist auch bei Geltung deutschen Rechts im Verhältnis zwischen Garantieauftraggeber und -begünstigtem in aller Regel nicht anzunehmen, daß der Nichteintritt des materiellen Garantiefalls offensichtlich und liquide beweisbar ist. Denn gerade im internationalen Rechtsverkehr ist weder naheliegend noch sachgerecht, die Rechtsprechung des BGH zu rein nationalen Bürgschaften auf erstes Anfordern auch auf Garantien auf erstes Anfordern zu übertragen; daher ist bereits aus rechtlichen Gründen ein Rechtsmißbrauch durch den Garantiebegünstigten nicht offensichtlich.[115]

Die Rechtsprechung des BGH, wonach der Garant bei offensichtlicher und liquider Beweisbarkeit des Nichteintritts des materiellen Garantiefalls nicht zur Zahlung verpflichtet ist, hat in der Literatur zu Recht ganz überwiegend Zustimmung gefunden.[116] Allerdings gehen die Meinungen darüber auseinander, ob der Garantieauftraggeber in diesen Fällen einen Anspruch auf Unterlassung der Auszahlung der Garantiesumme gegen die Garantiebank hat, den er selbständig, etwa auch durch eine einstweilige Verfügung, einklagen kann. Gegründet auf die Interessenwahrungspflicht der Bank bzw. das Weisungsrecht des Garantieauftraggebers

---

113 Vgl. BGH 12.3. 1984, BGHZ 90, 287, 292; BGH 21.4. 1988, NJW 1988, 2610; vgl. zur Möglichkeit des Bürgen auf erstes Anfordern, den Einwand der fehlenden Fälligkeit der Hauptforderung geltend machen zu können, BGH 12.9. 2002, WM 2002, 2325.

114 Sehr ähnliche Kriterien gelten auch im US-amerikanischen Recht für die mit der Garantie vergleichbaren Standby Letters-of-Credit: Danach muß der Garant nicht zahlen, wenn eine betrügerische Handlung für die Parteien der garantierten Verbindlichkeit offensichtlich ist und der Begünstigte keinen auch nur möglicherweise bestehenden Zahlungsanspruch hat, vgl. hierzu *Lawrence's Anderson*, Uniform Commercial Code, Revised § 5–109:12.

115 Vgl. hierzu auch oben Rdnr. 52f.; ähnlich auch *Schmidt, Holger*, Höchstrichterliche Rechtsprechung zur Bürgschaft auf erstes Anfordern, RIW 2004, 336–345, 343.

116 So *Horn* Anh. V zu § 372 HGB Rdnr. 61f.; *Nielsen*, in: Bankrechtshandbuch III, § 121 Rdnr. 218; *Canaris* Rdnr. 1139; *Zahn/Ehrlich/Neumann* Rdnr. 9/126; MünchKomm.-*Habersack* BGB Vor § 765 Rdnr. 34; im Grundsatz auch *Heinsius*, in: FS Werner, S. 229ff.; a. A. allerdings *Weth*, AcP 189 (1989), 329–334.

wird ein solcher Unterlassungsanspruch teilweise bejaht.[117] Demgegenüber will die Gegenauffassung materiellrechtlich im Rahmen des Aufwendungsersatzanspruchs ansetzen und der Bank einen Anspruch gegen den Auftraggeber eventuell mit der Begründung versagen, die Bank habe die Zahlung der Garantiesumme den Umständen nach nicht für erforderlich halten dürfen (§§ 675 Abs. 1, 670 BGB).[118]

δ) Keine Einwendungen aus dem Deckungsverhältnis

68   Einwendungen aus dem Deckungsverhältnis zwischen Garantiebank und Garantieauftraggeber (wie etwa die Undurchsetzbarkeit des Aufwendungsersatzanspruchs der Bank wegen Insolvenz des Auftraggebers)[119] sind schon deshalb ausgeschlossen, weil es sich hierbei um Einwendungen aus Drittverhältnissen handeln würde.

3. Anwendbares Recht

a) Rechtsverhältnis zwischen Garantieauftraggeber und Begünstigtem

69   Das Rechtsverhältnis zwischen dem Garantieauftraggeber und dem Begünstigten unterliegt als Schuldvertrag vorrangig dem gewählten Recht (vgl. Art. 27 Abs. 1 EGBGB). Sofern Importeur und Exporteur keine Rechtswahl getroffen haben, ist die Rechtsordnung des Staates maßgeblich, in dem die Vertragspartei, die die vertragscharakteristische Leistung erbringt, ihren gewöhnlichen Aufenthalt, ihre Hauptverwaltung bzw. (Haupt-) Niederlassung hat (Art. 28 Abs. 2 EGBGB). Bei Fehlen einer ausdrücklichen oder konkludenten Rechtswahl findet daher auf das Rechtsverhältnis zwischen dem Garantieauftraggeber und dem Begünstigten das Recht des gewöhnlichen Aufenthalts, der Hauptverwaltung bzw. (Haupt-) Niederlassung des Verkäufers, Werkunternehmers bzw. Dienstverpflichteten dieses Vertragsverhältnisses Anwendung. Ob in diesem Verhältnis der Garantieauftraggeber oder der Begünstigte die vertragscharakteristische Leistung erbringt, ist abhängig von der Art der Garantie; bei der Bietungs- und Anzahlungsgarantie liegt die vertragscharakteristische Leistung beim Garantieauftraggeber, während es bei der Vertragserfüllungsgarantie darauf ankommt, für welche Leistung die Garantie gestellt wird.

70   Im Fall eines Kaufvertrags zwischen diesen Parteien dürften meist die Voraussetzungen für die Anwendbarkeit des Wiener UN-Übereinkommens über Verträge über den internationalen Warenkauf vom 11. 4. 1980 erfüllt sein. Denn das UN-Kaufrecht ist aufgrund seiner autonomen Anwendungsvoraussetzungen gem.

---

117   So OLG Düsseldorf 9. 8. 2001, WM 2001, 2294, 2295; LG Frankfurt a. M. 11. 12. 1979, WM 1981, 284, 286; grundsätzlich auch OLG Frankfurt a. M. 3. 3. 1983, WM 1983, 575, 576; vgl. in der Literatur etwa *Horn* Anh. V zu § 372 HGB Rdnr. 70f.; *Canaris* Rdnr. 1140, 1024.
118   OLG Stuttgart 11. 2. 1981, WM 1981, 631, 633; vgl. in der Literatur *Coing*, ZHR 147 (1983), 134–136; *Heinsius*, FS Werner, S. 239–250.
119   Allgemeine Meinung, vgl. statt vieler *Canaris* Rdnr. 1136; MünchKomm.-*Habersack* BGB Vor § 765 Rdnr. 20, 26; *Nielsen*, in: Bankrechtshandbuch III, § 121 Rdnr. 59.

Art. 1 Abs. 1 a) maßgeblich, wenn ein Kaufvertrag über Waren abgeschlossen wurde, die Vertragsparteien ihre Niederlassung in verschiedenen Staaten haben und diese Staaten Vertragsstaaten des UN-Kaufrechts sind (Art. 1 Abs. 1 a) des UN-Übereinkommens). Sollten diese Voraussetzungen nicht vorliegen, kann das UN-Kaufrecht immer noch aufgrund der kollisionsrechtlichen Verweisung gem. Art. 1 Abs. 1 b) des UN-Übereinkommens über Verträge über den internationalen Warenkauf zur Anwendung gelangen. Denn sofern die Parteien das Recht eines Vertragsstaates (des Wiener UN-Kaufrechts) wählen oder das mangels Rechtswahl gem. Art. 28 EGBGB anzuwendende Recht auf das Recht eines Vertragsstaats verweist, umfaßt diese Verweisung auch das UN-Kaufrecht als Einheits(sach)recht.[120] Soweit es allerdings um Fragen geht, für die das UN-Kaufrecht keine Regelung vorsieht (z.B. die Inhaltskontrolle von AGB), ist das Recht maßgeblich, das nach dem Kollisionsrecht des Forumstaates zur Anwendung berufen ist.[121]

Kommt auf das Rechtsverhältnis zwischen Garantieauftraggeber und Begünstigtem deutsches Recht zur Anwendung, ist die Rechtsprechung des BGH zur Unwirksamkeit von formularmäßigen Sicherungsvereinbarungen zur Stellung von Bürgschaften auf erstes Anfordern zu beachten, deren Begründung im Grundsatz auch für Garantien auf erstes Anfordern paßt. Allerdings sollte diese Rechtsprechung bei den im internationalen Handel üblichen und zum Schutz des Gläubigers (Begünstigten) wohl auch notwendigen Garantien auf erstes Anfordern i.d.R. letztlich nicht zur Unwirksamkeit entsprechender formularmäßiger Sicherungsabreden führen.[122]
71

Kommt auf das Rechtsverhältnis zwischen Garantieauftraggeber und Begünstigtem (im Grundsatz) ausländisches Recht zur Anwendung, könnte sich diese BGH-Rechtsprechung zwar gem. Art. 29 Abs. 1 bzw. Art. 29 a Abs. 1, 2, 4 Nr. 1 EGBGB durchsetzen. Daß der Garantieauftraggeber eine Sicherungsvereinbarung über eine Garantie auf erstes Anfordern als Verbraucher abschließt, dürfte aber die Ausnahme sein. Handelt der Garantieauftraggeber bei Abschluß des Vertrags mit dem Begünstigten jedoch als Unternehmer, finden die Artt. 29, 29 a EGBGB keine Anwendung.[123] Für den Vertrag zwischen dem Garantieauftraggeber und Begünstigten ist in diesem Fall insgesamt das gewählte oder kraft objektiver Anknüpfung gem. Art. 28 EGBGB anzuwendende Recht maßgeblich. Dann ist die BGH-Rechtsprechung zur Unwirksamkeit von Sicherungsvereinbarungen über Bürgschaften
72

---

120 Vgl. zu den Voraussetzungen einer Abwahl des UN-Kaufrechts oben Rdnr. 24.
121 Vgl. hierzu Art. 4 S. 2 a) des UN-Kaufrechts; *Schlechtriem, Peter*, Internationales UN-Kaufrecht, 3. Aufl. 2005, Rdnr. 34.
122 Vgl. oben Rdnr. 53.
123 Für Art. 29 EGBGB ergibt sich die Voraussetzung, daß der Hauptschuldner bei Vertragsschluß als Verbraucher gehandelt haben muß, bereits aus dem Wortlaut der Vorschrift. Hingegen stellt Art. 29 a EGBGB selbst zwar keine persönlichen Anforderungen an die Vertragsparteien, insbes. muß nach dem Wortlaut dieser Vorschrift keine der Parteien Verbraucher sein; da jedoch die in Art. 29 a Abs. 4 EGBGB genannten Richtlinien nur Anwendung finden, wenn eine Partei Verbraucher ist, greift auch Art. 29 a EGBGB im Ergebnis nicht ohne Beteiligung eines Verbrauchers ein, vgl. hierzu oben § 3 Rdnr. 69.

(und damit wohl auch Garantien) auf erstes Anfordern aber ohnehin nicht relevant. Insbesondere stellt die deutsche Rechtsprechung, wonach formularmäßige Sicherungsabreden zur Stellung einer Bürgschaft auf erstes Anfordern bzw. einer Garantie auf erstes Anfordern zum Schutz des Schuldners (Garantieauftraggebers) unwirksam sind, keine im öffentlichen Interesse bestehende Eingriffsnorm i.S.d. Art. 34 EGBGB dar; auch begründet die Wirksamkeit solcher Sicherungsabreden nach ausländischem Recht keinen Verstoß gegen den ordre public (Art. 6 EGBGB).[124]

b) Rechtsverhältnis zwischen Garantieauftraggeber und Garantiebank

73   Da es sich bei dem Rechtsverhältnis zwischen Garantieauftraggeber und Garantiebank meist um eine reine Inlandsbeziehung handelt, stellt sich grundsätzlich kein kollisionsrechtliches Problem. Im übrigen gilt auch für diesen Schuldvertrag der Grundsatz der Rechtswahlfreiheit (vgl. auch Nr. 6 AGB-Banken und AGB-Sparkassen, wonach bei Beauftragung einer inländischen Geschäftsstelle deutsches Recht zur Anwendung gelangt).[125] Haben Garantiebank und Garantieauftraggeber keine ausdrückliche oder konkludente Rechtswahl getroffen, so gilt das Sitzrecht der Bank, da diese die vertragscharakteristische Leistung in Form der Übernahme der Geschäftsbesorgung (Stellung der Garantie) erbringt (Art. 28 Abs. 2 EGBGB).

74   Allerdings ist zu beachten, daß sich der Inhalt des Aufwendungsersatzanspruchs der Bank (nach deutschem Recht gem. §§ 675 Abs. 1, 670 BGB) nach der von der Bank übernommenen Garantie bemißt; da der Garantievertrag mit dem Begünstigten ausländischem Recht unterliegen kann, richtet sich damit auch das zur Ausführung der Geschäftsbesorgung Erforderliche nach dem auf den Garantievertrag anwendbaren Recht.[126]

c) Rechtsverhältnis zwischen Garantiebank und Begünstigtem

75   Da die Garantie ein Schuldverhältnis darstellt, können Garantiebank und Begünstigter das anwendbare Recht frei wählen (Art. 3 Abs. 1 des EG-Schuldvertragsübereinkommens, Art. 27 Abs. 1 EGBGB). Haben Garantiebank und Begünstigter hingegen keine ausdrückliche oder konkludente Rechtswahl getroffen, so gilt das Sitzrecht der Bank, da diese die vertragscharakteristische Leistung in Form der Übernahme der Geschäftsbesorgung (Stellung der Garantie) erbringt (Art. 28 Abs. 2 EGBGB). Die Frage, unter welchen Voraussetzungen die Garantiebank zur Zahlung verpflichtet ist und welche Einwendungen sie geltend machen kann, insbesondere auch, wann sich die Bank ausnahmsweise auf Einwendungen im Valutaverhältnis berufen kann,[127] richtet sich daher im Zweifel nach dem Recht der (Haupt-) Niederlassung der Garantiebank.

---

124   Ebenfalls gegen die Anwendbarkeit von Art. 6 EGBGB *Schmidt, Holger*, Höchstrichterliche Rechtsprechung zur Bürgschaft auf erstes Anfordern, RIW 2004, 336–345, 340.
125   Zur Wirksamkeit dieser Rechtswahlvereinbarungen vgl. oben § 2 Rdnr. 17–21.
126   Vgl. hierzu *Nielsen*, in: Bankrechtshandbuch III, § 121 Rdnr. 110.
127   Vgl. für die mit der Garantie vergleichbaren Standby Letters-of-Credit im US-amerikani-

Hingegen ist die Frage, ob der Garantievertrag formbedürftig ist,[128] gem. Art. 11   76
Abs. 1–3 EGBGB gesondert anzuknüpfen. Danach ist der Garantievertrag formwirksam, wenn er entweder die Formerfordernisse des Vertragsstatuts oder des
Rechts des Abschlußorts erfüllt (Art. 11 Abs. 1 EGBGB). Da der Vertrag zwischen
(juristischen) Personen geschlossen wird, die sich in verschiedenen Staaten befinden, ist der Garantievertrag auch formgültig, wenn er entweder den Formerfor-
nissen des Staates genügt, in dem sich der Garant (bzw. dessen Vertreter, vgl. Art. 11
Abs. 3 EGBGB) oder der Begünstigte (bzw. dessen Vertreter, vgl. Art. 11 Abs. 3
EGBGB) befindet (Art. 11 Abs. 2 EGBGB).

Etwas komplizierter gelagert ist die Frage, ob der Garantieauftraggeber mit einer   77
einstweiligen Verfügung die Auszahlung der Garantiesumme an den Begünstigten
verhindern kann. Zwar richtet sich die Frage, ob der Begünstigte bei Geltendmachung des Anspruchs aus der Garantie rechtsmißbräuchlich handelt, nach dem
Recht, das zwischen Garantiebank und Begünstigtem zur Anwendung gelangt.
Andererseits besteht ein Verfügungsanspruch nur dann, wenn sich überdies aus
dem Rechtsverhältnis zwischen Garantieauftraggeber und Garantiebank (etwa einer Interessenwahrungspflicht der Bank) ein Anspruch des Garantieauftraggebers
ergibt, von der Bank die Verweigerung der Auszahlung der Garantiesumme zu verlangen (abgesehen davon, daß der Forumstaat selbstredend auch diese prozessuale
Möglichkeit einer einstweiligen Verfügung vorsehen muß).[129] Besteht ein solcher
Verfügungsanspruch des Garantieauftraggebers nicht, kann eine trotz Rechtsmißbrauchs des Begünstigten erfolgte Auszahlung der Garantiebank nur insofern
„sanktioniert" werden, als diese Zahlungen – so etwa im deutschen Recht – im Rahmen des Aufwendungsersatzanspruchs der Bank gegen den Garantieauftraggeber
als den Umständen nach nicht erforderlich angesehen werden können. In diesem
Fall muß der Garantieauftraggeber der Bank diese Aufwendungen nicht erstatten.

---

schen Recht Revised § 5–109 (a) UCC: Danach muß der Garant nicht zahlen, wenn eine betrü-
gerische Handlung für die Parteien der garantierten Verbindlichkeit offensichtlich ist und der
Begünstigte keinen auch nur möglicherweise bestehenden Zahlungsanspruch hat, vgl. hierzu
Lawrence's Anderson, Uniform Commercial Code, Revised § 5–109:12.

128   Zwar ist der Garantievertrag nach vielen Rechtsordnungen formlos wirksam, jedoch gibt
es hiervon auch Ausnahmen wie etwa im US-amerikanischen Recht gem. § 5–104 UCC, wonach der der Garantie vergleichbare Standby Letter-of-Credit eine Dokumentation darstellen
muß, deren Echtheit durch eine Unterschrift oder gemäß Parteivereinbarung oder den üblichen
Usancen bestätigt ist (… „is a record and is authenticated (i) by a signature or (ii) in accordance
with the agreement of the parties or the standard practice referred to in Section 5–108 (e)"); vgl.
zu diesen Fragen auch *Kröll*, WM 2001, 1557f.

129   Vgl. zu dieser Frage im US-amerikanischen Recht Revised § 5–109 (b) UCC, wonach eine
einstweilige Verfügung erlassen werden kann, wenn die Voraussetzungen für eine (rechtmäßi-
ge) Verweigerung der Auszahlung der Garantiesumme erfüllt sind (vgl. hierzu Revised § 5–109
(a) und (b) UCC), vgl. auch *Lawrence's Anderson*, Uniform Commercial Code, Revised
§ 5–109:23 bis § 5–109:40; vgl. hierzu auch den rechtsvergleichenden Überblick bei *Bertrams*
Rdnr. 16–4 bis 16–8.

4. Besonderheiten bei Einschaltung einer Zweitbank: indirekte Garantie

a) Einführung

78   Häufig werden internationale Garantien jedoch nicht durch die inländische Erstbank erteilt, sondern eine Zweitbank im Land des Begünstigten eingeschaltet, die entweder die Funktion einer bloßen Avisbank (also der Benachrichtigung des Begünstigten von der Garantie) haben kann, meist aber als Garantiebank fungiert. Im letzteren Fall einer sog. indirekten Garantie übernimmt also die inländische Erstbank nicht selbst die Garantie, sondern beauftragt mit der Garantiestellung eine Zweitbank im Land des Begünstigten, die diesem gegenüber die Garantie übernimmt.

79   Der rechtliche Hintergrund für diese Praxis ist folgender: Da die Zweitbank im Verhältnis zum Begünstigten die vertragscharakteristische Leistung erbringt (Art. 28 Abs. 1, 2 EGBGB), kommt auf den Garantievertrag mangels Rechtswahl das Recht der Zweitbank zur Anwendung. Da der Begünstigte jedoch in aller Regel seinen Aufenthaltsort/Niederlassung in demselben Staat wie die Zweitbank haben wird, wird das Recht der Zweitbank grundsätzlich auch das Aufenthaltsrecht des Begünstigten sein. Ausländische Verkäufer/Begünstigte bestehen also deshalb häufig auf einer solchen indirekten Garantie, weil auf den Garantievertrag dann ihre eigene Rechtsordnung zur Anwendung gelangt. Überdies sind in diesem Fall für Streitigkeiten zwischen der Zweitbank und dem Begünstigten international die Gerichte des Staates der garantierenden Zweitbank (und damit auch des Begünstigten) zuständig; solche Prozesse müssen also vom Begünstigten nicht in einem ausländischen Staat geführt werden, wie dies in aller Regel bei einer Direktgarantie durch die im Land des Käufers ansässige Erstbank der Fall wäre. Auch wird der Begünstigte bei Einschaltung einer Zweitbank von wirtschaftspolitischen Maßnahmen (etwa Devisenbeschränkungen) des Staates des Käufers/der Erstbank nicht nachteilig betroffen.[130]

b) Rechtsverhältnis zwischen Erst- und Zweitbank

80   Aus der Sicht des deutschen Rechts handelt es sich bei dem zwischen Erst- und Zweitbank abgeschlossenen Vertrag um einen Geschäftsbesorgungsvertrag i.S.d. §§ 675 Abs. 1, 631 BGB. Der Zweitbank steht daher gegen die Erstbank ein Anspruch auf Aufwendungsersatz gem. §§ 675 Abs. 1, 670 BGB zu, wenn die Voraussetzungen des formellen Garantiefalls vorliegen und sie aus der Garantie zu Recht in Anspruch genommen wird. Auch hat die Zweitbank die Erstbank über alle wesentlichen Ereignisse, insbesondere die Inanspruchnahme durch den Begünstigten, zu informieren.[131]

---

130   Vgl. zu diesen Gründen für indirekte Garantien *Nielsen*, in: Bankrechtshandbuch III, § 121 Rdnr. 28; vgl. auch *Horn* Anh. V zu § 372 HGB Rdnr. 37.
131   *Canaris* Rdnr. 1117; *Nielsen*, in: Bankrechtshandbuch III, § 121 Rdnr. 160; *Horn* Anh. V zu § 372 HGB Rdnr. 37.

Die Erstbank übernimmt i.d.R. gegenüber der Zweitbank eine (weitere) Garan- 81
tie zur Sicherung der Aufwendungsersatzansprüche, die der Zweitbank nach Zahlung gegen die Erstbank zustehen. Diese sog. Rück- oder Gegengarantie, bei der es
sich ebenfalls um eine Garantie auf erstes Anfordern handelt, sichert zwar keinen
Anspruch gegen einen Dritten, sondern einen Anspruch gegen den (Rück-) Garanten selbst. Immerhin wird hierdurch aber erreicht, daß die Erstbank sofort zu zahlen hat, und zwar ohne erst lange die materielle Berechtigung des Aufwendungsersatzanspruchs in Zweifel ziehen zu können.[132] Dennoch kann der daneben bestehende Aufwendungsersatzanspruch aus dem Geschäftsbesorgungsvertrag von
Bedeutung sein: so etwa, wenn die Rückgarantie wegen Fristablaufs erloschen ist
oder die Regreßansprüche der Zweitbank gegen die Erstbank höhenmäßig nicht
abdeckt.[133]

c) Anwendbares Recht
aa) Geschäftsbesorgungsverhältnis zwischen Erst- und Zweitbank
Da im Verhältnis zwischen Erst- und Zweitbank die Zweitbank die vertragscharak- 82
teristische Leistung in Form der Geschäftsbesorgung (Stellung einer Garantie)
übernimmt, kommt – mangels Rechtswahl – nach zutreffender h.M. das Recht der
Zweitbank zur Anwendung (Art. 28 Abs. 1, 2 EGBGB).[134] Hiergegen wird zwar
vereinzelt folgende Argumentation vorgebracht: Die Rück- oder Gegengarantie
unterliege unstreitig dem Recht der Niederlassung der Erstbank, weil diese (insoweit) die vertragscharakteristische Leistung erbringe; da die Erstbank aufgrund ihrer Rückgarantie letztlich aber für die Sicherheit (Garantie gegenüber dem Begünstigten) aufzukommen habe und die Zweitbank nur eine ausführende Funktion
übernehme, sei auch das Geschäftsbesorgungsverhältnis zwischen Erst- und Zweitbank einheitlich dem Recht der Erstbank zu unterstellen.[135] Diese Argumentation
überzeugt aber schon deshalb nicht, weil durch die Rückgarantie die Rechtsstellung
der Zweitbank lediglich verstärkt werden soll. Daher wäre es wenig interessengerecht, die Zweitbank wegen der Rückgarantie der Erstbank mit der Anwendbarkeit
des Rechts der Erstbank auch in Bezug auf das Geschäftsbesorgungsverhältnis zu
„belasten". Mangels Rechtswahl findet also auf das Geschäftsbesorgungsverhältnis
zwischen Erst- und Zweitbank das Recht der Zweitbank Anwendung.

bb) Rück- oder Gegengarantie
Die Anwendbarkeit des Rechts der Erstbank auf die Rück- oder Gegengarantie ist 83
im übrigen nicht so unstreitig wie dies von der unter Rdnr. 82 angeführten Gegen-

---

132 Vgl. zur Rück- oder Gegengarantie *Nielsen*, in: Bankrechtshandbuch III, § 121
Rdnr. 169f.; *Goerke* S. 101f.; *Canaris* Rdnr. 1118; *Zahn/Ehrlich/Neumann* Rdnr. 9/66; *Horn*
Anh. V zu § 372 HGB Rdnr. 14.
133 So zutreffend *Canaris* Rdnr. 1118.
134 So *Goerke* S. 101f.; *Nielsen*, in: Bankrechtshandbuch III, § 121 Rdnr. 160; *Zahn/Ehrlich/
Neumann* Rdnr. 9/36; *Dohm* Rdnr. 104 auf der Grundlage des schweizerischen Rechts.
135 So *Horn* Anh. V zu § 372 HGB Rdnr. 19.

auffassung behauptet wird. Da die Erstbank mit Übernahme der Rückgarantie die vertragscharakteristische Leistung erbringt, ist dies zwar ganz h.m.[136] Teilweise wird aber auch das Recht der Zweitbank für maßgeblich gehalten. Die Rückgarantie sichere und bestätige nämlich lediglich eine eigene, ohnehin bestehende Leistungsverpflichtung der Erstbank aus dem Geschäftsbesorgungsvertrag mit der Zweitbank, der seinerseits dem Recht der Zweitbank unterliege.[137]

84   Nun ist zwar durchaus zutreffend, daß nach Zahlung der Garantiesumme der Aufwendungsersatzanspruch der Zweit- gegen die Erstbank grundsätzlich dem Recht der Zweitbank unterliegt. Wie generell beim Garantievertrag ist aber auch die Rückgarantie rechtlich und tatsächlich von der hierdurch gesicherten Forderung zu trennen. Dies wird faktisch nicht zuletzt dadurch deutlich, daß die Rückgarantie befristet und betragsmäßig begrenzt sein kann, während die Erstbank über den Aufwendungsersatzanspruch im Grundsatz unbefristet, wenn auch der Regelverjährung unterliegend, alle Aufwendungen zu ersetzen hat, die der Beauftragte (Zweitbank) den Umständen nach für erforderlich halten durfte. Durch die Rückgarantie auf erstes Anfordern wird also zwar einerseits die Rechtsposition der begünstigten Zweitbank deutlich verbessert, da die Erstbank zunächst zu leisten hat, ohne Einwendungen gegen den Aufwendungsersatzanspruch geltend machen zu können. Andererseits hat jedoch der Rückgarant ein Interesse daran, das mit der Garantie eingegangene Risiko zu begrenzen. Nicht ersichtlich ist daher, warum bei der Rückgarantie von der Regelanknüpfung abgewichen und dadurch das Risiko der Erstbank rechtlich noch weniger kalkulier- und überschaubar werden sollte. Im übrigen folgen auch andere Rechtsordnungen,[138] die Uniform Rules for Demand Gurarantees (ICC Einheitliche Richtlinien für die auf Anfordern zahlbare Garantien)[139] sowie das UN-Übereinkommen über unabhängige Garantien und Standby Letters of Credit v. 11. Dezember 1995[140] einer gesonderten international-privatrechtlichen Betrachtung der jeweiligen Rechtsbeziehungen.

cc) Risiken der indirekten Garantie

85   So erheblich die Vorteile der indirekten Garantie für den Begünstigten sind, so gravierend sind die Nachteile für den Garantieauftraggeber. Denn da der Garantievertrag zwischen der (ausländischen) Zweitbank und dem Begünstigten ausländischem Recht untersteht, richtet sich auch die Frage, ob die Zweitbank zur Zahlung

---

136 *Horn* Anh. V zu § 372 HGB Rdnr. 15, 19; *Zahn/Ehrlich/Neumann* Rdnr. 9/36; *Goerke* S. 101 f. mit allerdings etwas unklarer Begründung.
137 So *Nielsen*, in: Bankrechtshandbuch III, § 121 Rdnr. 174.
138 Vgl. insoweit zum US-amerikanischen Recht Revised § 5–116 (b) UCC sowie *Lawrence's Anderson*, Uniform Commercial Code, Revised § 5–116 UCC, Official Comment 2; für das schweizerische Recht auch *Dohm* Rdnr. 105; kritisch zu dieser gesonderten Anknüpfung von Geschäftsbesorgungsvertrag und Rückgarantie aber *Bertrams* Rdnr. 18–9.
139 Art. 27 dieser Richtlinien; vgl. dazu auch *Heidbüchel, Volker*, Das UNCITRAL-Übereinkommen über unabhängige Garantien und Standby Letters of Credit, 1999, S. 181 f.
140 Art. 22 dieses Übereinkommens; vgl. dazu auch *Heidbüchel, Volker*, Das UNCITRAL-Übereinkommen über unabhängige Garantien und Standby Letters of Credit, 1999, S. 178–180.

der Garantiesumme verpflichtet ist oder sich auf Rechtsmißbrauch berufen kann, nach ausländischem Recht.[141] Allerdings ist eine gewisse Tendenz der instanzgerichtlichen Rechtsprechung festzustellen, unter Hinweis auf den ordre public (heute Art. 6 EGBGB) doch die Kriterien des deutschen Rechts bei der Frage einer rechtsmißbräuchlichen Inanspruchnahme der Garantie anzuwenden.[142] Diese Rechtsprechung kann zwar dem Schutz des Garantieauftraggebers dienen und mag insofern verständlich sein, rechtlich betrachtet ist sie aber sehr bedenklich. Denn diese Entscheidungen betrafen das Rechtsverhältnis zwischen dem Garantieauftraggeber und der Erstbank; die Frage der rechtsmißbräuchlichen Inanspruchnahme der Garantie spielt in diesem Verhältnis aber letztlich nur für das Bestehen bzw. die Höhe des Aufwendungsersatzanspruchs der Bank gegen den Garantieauftraggeber eine Rolle. Im Rahmen dieses Anspruchs, der bei Einschaltung einer deutschen Erstbank in aller Regel auch deutschem Recht untersteht, stellt sich dann die Frage, ob die Erstbank die Aufwendungen in Form der Garantiesumme (sowie weiterer Kosten), die sie aufgrund des Geschäftsbesorgungsvertrags bzw. der Rückgarantie an die Zweitbank zahlte, den Umständen nach für erforderlich halten durfte. Es geht hier also entgegen der instanzgerichtlichen Rechtsprechung nicht um die (potentielle) Anwendung ausländischen Rechts, sondern darum, ob auf der Ebene des deutschen Sachrechts bei der Frage, ob die Bank Aufwendungen den Umständen nach für erforderlich halten durfte, das ausländische Recht Tatbestandswirkung entfaltet.[143] Man wird aber nicht umhin können, diese Frage zu bejahen, da die Erstbank (wie im übrigen auch die Zweitbank) nun einmal von der Anwendbarkeit der fremden Rechtsordnung auf den Garantievertrag zwischen Zweitbank und Begünstigtem auszugehen hat. Wird der Garantieauftraggeber aus einer Rückgarantie seiner Bank auf Aufwendungsersatz in Anspruch genommen, so muß er im Ergebnis also nur dann nicht zahlen, wenn nach der auf den Garantievertrag zwischen Zweitbank und Begünstigtem anwendbaren (ausländischen) Rechtsordnung die Voraussetzungen des Rechtsmißbrauchs vorliegen (die Zweitbank also nicht zur Zahlung verpflichtet war) und dies auch im Verhältnis zwischen Zweitbank und Erstbank nach dem für die Rückgarantie maßgeblichen Recht der Fall ist (doppelter Rechtsmißbrauch).[144]

---

141 *Nielsen*, in: Bankrechtshandbuch III, § 121 Rdnr. 242; *Horn* Anh. V zu § 372 HGB Rdnr. 65; *Canaris* Rdnr. 1139 a; *Hadding/Häuser/Welter* S. 724 f.; so wohl im Grundsatz auch *Zahn/Ehrlich/Neumann* Rdnr. 9/129; ebenso für das schweizerische Recht *Dohm* Rdnr. 285 f.
142 LG Frankfurt 11. 12. 1979, WM 1981, 284, 287; LG Dortmund 9. 7. 1980, WM 1981, 280, 282.
143 So richtig *Canaris* Rdnr. 1139 a; *Canaris* folgend mittlerweile auch die h. M., vgl. etwa *Nielsen*, in: Bankrechtshandbuch III, § 121 Rdnr. 243; *Zahn/Ehrlich/Neumann* Rdnr. 9/129.
144 H.M., vgl. statt vieler *Nielsen*, in: Bankrechtshandbuch III, § 121 Rdnr. 243; *Zahn/Ehrlich/Neumann* Rdnr. 9/129; im Ergebnis wohl ähnlich *Hadding/Häuser/Welter* S. 724 f.; selbst *Bertrams*, der die Frage der Anwendbarkeit einer ausländischen Rechtsordnung praktisch nicht für sehr relevant hält, da der Rechtsmißbrauch in den unterschiedlichen Rechtsordnungen sehr ähnlich definiert werde, weist darauf hin, daß bei indirekten Garantien von den Gerichten seltener Rechtsmißbrauch angenommen werde, vgl. Rdnr. 16–12.

86   Aus diesen Überlegungen wird deutlich, wie gefährlich eine indirekte Garantie
      für den Garantieauftraggeber ist. Deutlich wird aber auch, wie praktisch aussichts-
      los es wäre, die deutsche Rechtsprechung zur Unwirksamkeit von Vereinbarungen
      (zwischen Garantieauftraggeber und Begünstigtem) über die Stellung einer Sicher-
      heit auf erstes Anfordern auch im Verhältnis zwischen dem Begünstigten und der
      garantierenden Zweitbank durchsetzen zu wollen[145] (so man denn diese Rechtspre-
      chung im internationalen Geschäftsverkehr zwischen Unternehmern überhaupt
      für anwendbar hält).[146]

5. Rückforderungsansprüche bei Nichteintritt des Garantiefalls

a) Problematik nach deutschem Recht

87   Zahlt der Garant auf erstes Anfordern trotz Nichteintritts des Garantiefalls, so
      stellt sich die Frage, ob dem Garanten oder dem Garantieauftraggeber ein Rückfor-
      derungsanspruch gegen den Begünstigten zusteht, und wie ein solcher Anspruch
      gegebenenfalls rechtlich begründet werden kann. Relativ unproblematisch ist die
      rechtliche Beurteilung, wenn die Garantiebank zahlte, obgleich sie hierzu nicht
      verpflichtet war. Zu denken ist also an Zahlungen der Bank trotz Nichteintritts des
      formellen Garantiefalls (etwa weil der Garantievertrag unwirksam ist oder die vor-
      geschriebenen Dokumente fehlten) oder weil die Inanspruchnahme aus der Garan-
      tie (ausnahmsweise) rechtsmißbräuchlich war. Da die Garantiebank in diesem Fall
      zur Zahlung nicht verpflichtet war, steht ihr selbst ein Bereicherungsanspruch ge-
      gen den Begünstigten aus Leistungskondiktion wegen Fehlens eines Rechtsgrunds
      für die Leistung zu (§ 812 Abs. 1 S. 1 Alt. 1 BGB).[147]

88   Problematisch ist aber die rechtliche Beurteilung, wenn der formelle, nicht aber
      der materielle Garantiefall eingetreten war. Da die Bank hier zur Zahlung ver-
      pflichtet war, steht ihr selbst nach ganz h.M. kein Kondiktionsanspruch gegen den
      Begünstigten zu, so daß der „Ausgleich" dieser dem Begünstigten im Ergebnis
      nicht zustehenden Zahlung über den Garantieauftraggeber zu erfolgen hat.[148] Dies
      ist auch sinnvoll, da Streitfragen aus dem Valutaverhältnis somit zwischen den Par-
      teien dieses Rechtsverhältnisses ausgetragen werden.[149] Umstritten ist jedoch, wel-
      cher Anspruch dem Garantieauftraggeber zusteht. Einerseits wird die Auffassung
      vertreten, dieser habe einen Anspruch aus Leistungskondiktion (§ 812 Abs. 1 S. 1
      Alt. 1 BGB) gegen den Begünstigten,[150] teilweise wird auch ein Anspruch aus Ein-

---

145 Ähnlich *Schmidt, Holger,* Höchstrichterliche Rechtsprechung zur Bürgschaft auf erstes
Anfordern, RIW 2004, 336–345, 344.
146 Vgl. hierzu ablehnend oben Rdnr. 53.
147 So *Nielsen,* in: Bankrechtshandbuch III, § 121 Rdnr. 278; *Canaris* Rdnr. 1145; *Lienesch*
S. 214f.; ebenso für das schweizerische Recht auch *Dohm* Rdnr. 252f.
148 BGH 10.11. 1998, JZ 1998, 464, 465; *Canaris* Rdnr. 1142; *Nielsen,* in: Bankrechtshandbuch III, § 121 Rdnr. 279.
149 So auch zu Recht der BGH 10.11. 1998, JZ 1999, 464, 465; *Canaris,* ZIP 1998, 495ff.
150 *Kupisch,* WM 1999, 2382ff.; *Canaris,* ZIP 1998, 495; *ders.* Rdnr. 1142; *Nielsen,* in: Bank-

griffskondiktion (§ 812 Abs. 1 S. 1 Alt. 2 BGB) für möglich gehalten,[151] während andere dem Garantieauftraggeber einen vertraglichen Anspruch geben wollen.[152] Ein Anspruch aus Leistungskondiktion steht dem Garantieauftraggeber aber schon deshalb nicht zu, weil der Garant bei Zahlung nur auf eigene Schuld und nicht gleichzeitig auch auf die Schuld des Garantieauftraggebers leistet.[153] Versteht man den Leistungsbegriff hingegen entgegen der heute zumindest noch h.M. „wirtschaftlich"[154], so verliert er jede präzise Kontur. Ein Anspruch aus Leistungskondiktion wäre überdies wegen § 818 Abs. 3 BGB ein recht schwacher Anspruch des Garantieauftraggebers. Ein Anspruch aus Eingriffskondiktion scheitert hingegen daran, daß der Begünstigte nicht in den Zuweisungsgehalt eines Rechts des Garantieauftraggebers eingreift, wenn er von dem Garant eine Zahlung fordert, die dieser aufgrund des Garantievertrags auch zu erbringen hat.

Richtig ist hingegen, hier einen vertraglichen Anspruch des Garantieauftraggebers aus der Sicherungsabrede mit dem Begünstigten anzunehmen. Teilweise wird der vertragliche Anspruch in einer Pflichtverletzung der im Valutaverhältnis bestehenden Sicherungsabrede durch den Begünstigten gesehen.[155] Zwar ist ein solcher Anspruch denkbar, jedoch muß nicht zwangsläufig in jeder Inanspruchnahme einer Garantie, die sich letztlich aufgrund der Vereinbarungen im Valutaverhältnis als materiell nicht begründet herausstellt, gleichzeitig eine schuldhafte Vertragsverletzung der Sicherungsabrede liegen. Richtigerweise ist vielmehr die Sicherungsabrede zwischen Garantieauftraggeber und Begünstigtem gem. §§ 133, 157 BGB dahingehend auszulegen, daß der Begünstigte den Betrag, den er durch die Leistung des Garanten nach den Vereinbarungen im Valutaverhältnis zuviel erhalten hat, an den Garantieauftraggeber zu zahlen hat. Es handelt sich dabei also im Gegensatz zur Lösung über eine Pflichtverletzung der Sicherungsabrede (§ 280 Abs. 1 BGB) nicht um einen sekundären, sondern einen primären vertraglichen Anspruch.[156]

----

rechtshandbuch III, § 121 Rdnr. 279; auch in BGH 25. 9. 1996, NJW 1997, 461, 463 f. wird ein solcher Anspruch für möglich gehalten.

151 Vgl. Staudinger-*Horn* BGB (1997) Vor §§ 765 ff. Rdnr. 353; MünchKomm.-*Habersack* BGB Vor § 765 Rdnr. 29; *Lienesch* S. 215.

152 So *Einsele*, JZ 1999, 467 f.; *Hadding/Häuser/Welter* S. 728 f.; Staudinger-*Horn* BGB (1997) Vor §§ 765 ff. Rdnr. 352; auch BGH 25. 9. 1996, NJW 1997, 461, 463 geht von der Möglichkeit eines solchen Anspruchs aus.

153 Vgl. hierzu näher *Einsele*, JZ 1999, 466 f.

154 So *Kupisch*, WM 1999, 2382 ff.

155 *Hadding/Häuser/Welter* S. 728 f.; Staudinger-*Horn* BGB (1997) Vor §§ 765 ff. Rdnr. 352; *Lienesch* S. 215; auch BGH 25. 9. 1996, NJW 1997, 461, 463 geht von der Möglichkeit eines solchen Anspruchs aus.

156 Vgl. hierzu näher *Einsele*, JZ 1999, 467 f.; interessant ist, daß diese Sichtweise, nämlich vertraglicher Primäranspruch, offenbar auch ausländischen Rechtsordnungen nicht fremd ist, vgl. *Bertrams* Rdnr. 6–2, 6–3, 13–44.

b) Problematik bei grenzüberschreitenden Rechtsbeziehungen

90   Die Schwierigkeiten der Rückabwicklung erhöhen sich noch, wenn auf den Vertrag zwischen Garantieauftraggeber und Begünstigtem eine andere Rechtsordnung zur Anwendung gelangt als auf den Vertrag zwischen dem Garanten und dem Begünstigten, was etwa bei einer direkten Zahlungsgarantie regelmäßig der Fall sein wird. Hier richtet sich die Frage, unter welchen Voraussetzungen der Garant zu zahlen hat bzw. (selbst) einen Rückforderungsanspruch wegen rechtsgrundloser Zahlung hat, nach der Rechtsordnung des Garanten, sofern die Parteien nicht (ausnahmsweise) ausdrücklich oder konkludent das Recht eines anderen Staates gewählt haben.[157] Demgegenüber ist für die Frage, ob der Garantieauftraggeber von dem Begünstigten (Rück-) Zahlung des nach den Vereinbarungen im Valutaverhältnis zuviel Gezahlten verlangen kann, die Rechtsordnung maßgeblich, die auf die Sicherungsabrede (zwischen dem Garantieauftraggeber und dem Begünstigten) zur Anwendung gelangt. Dies gilt im übrigen nicht nur, soweit der Anspruch des Garanten – wie hier vertreten – als primärer vertraglicher Anspruch der Sicherungsabrede gem. §§ 133, 157 BGB entnommen wird,[158] oder – so ein Großteil der Literatur – als sekundärer Vertragsanspruch auf eine schuldhafte Pflichtverletzung der Sicherungsabrede durch den Begünstigten gegründet wird.[159] Zur Anwendbarkeit derselben Rechtsordnung gelangt man auch, wenn man den Anspruch des Garantieauftraggebers gegen den Begünstigten nach deutschem Recht auf Leistungskondiktion stützen möchte (vgl. Art. 32 Abs. 1 Nr. 5 EGBGB). Denn auf die Sicherungsabrede wird in aller Regel dasselbe Recht wie auf das Valutaverhältnis zwischen Garantieauftraggeber und Begünstigtem (im übrigen) anwendbar sein.[160] Da somit auf die direkte Zahlungsgarantie (und den Eintritt des formellen Garantiefalls) in aller Regel eine andere Rechtsordnung zur Anwendung gelangt als auf einen event. Rückforderungsanspruch des Garantieauftraggebers gegen den Begünstigten, erhöhen sich die rechtlichen Risiken dieser Mehrpersonenbeziehung bei grenzüberschreitenden Garantien für den Auftraggeber nicht unerheblich.

91   Anders könnte das Ergebnis lediglich sein, wenn man den Anspruch des Garantieauftraggebers gegen den Begünstigten auf Rückzahlung des nach dem Valutaverhältnis zuviel Erlangten mit einer Eingriffskondiktion begründen möchte, da dann gem. Art. 38 Abs. 2 EGBGB das Recht des Staates zur Anwendung gelangt, in dem der Eingriff geschehen ist. Völlig unklar ist allerdings, in den Zuweisungsgehalt welchen Rechts des Garantieauftraggebers hier eigentlich eingegriffen worden sein soll und wo dieser Eingriff geschehen sein soll (vgl. oben Rdnr. 88).

---

157   Für den Fall des Rückforderungsanspruchs wegen rechtsgrundloser Zahlung ergibt sich dies aus Art. 32 Abs. 1 Nr. 5 EGBGB.
158   Hier ergibt sich die auf die Sicherungsabrede anwendbare Rechtsordnung aus Art. 27 Abs. 1, 28 Abs. 1, 2 EGBGB.
159   Die auf die Sicherungsabrede gem. Art. 27 Abs. 1, 28 Abs. 1, 2 EGBGB anwendbare Rechtsordnung entscheidet gem. Art. 32 Abs. 1 Nr. 3 EGBGB auch über die Rechtsfolgen von Vertragsverletzungen, vgl. hierzu MünchKomm.-*Spellenberg* BGB Art. 32 EGBGB Rdnr. 37.
160   Vgl. dazu, daß Sicherungsverträge i.d.R. demselben Recht zu unterstellen sind wie das gesicherte Geschäft, *Martiny*, in: *Reithmann/Martiny*, Rdnr. 166.

III. Bürgschaft

Literatur

Fischer, Gero, Schutz vor mißbräuchlicher Nutzung der Bürgschaft auf erstes Anfordern, WM 2005, 529–536. *Hadding, Walther/Häuser, Franz/Welter, Reinhard*, Bürgschaft und Garantie, in: Gutachten und Vorschläge zur Überarbeitung des Schuldrechts, Band III, hrsg. Bundesminister der Justiz, 1983, S. 571–755. *Kümpel, Siegfried*, Bank- und Kapitalmarktrecht, 3. Aufl. 2004, Rdnr. 6.93–6.221. *Schmidt, Holger*, Höchstrichterliche Rechtsprechung zur Bürgschaft auf erstes Anfordern, RIW 2004, 336–345. *Schmitz, Karl-Bernhard*, in: Bankrechtshandbuch II, hrsg. v. Schimansky, Herbert/Bunte, Hermann Josef/Lwowski, Hans-Jürgen, 2. Aufl. 2001, § 91.

1. Einführung

Selbstverständlich können nicht nur Garantien, sondern auch Bürgschaften grenz- 92
überschreitend zur Sicherung von Zahlungsverbindlichkeiten eingegangen werden. Grenzüberschreitend kommt die Bürgschaft insbes. in Form der Bürgschaft auf erstes Anfordern durch Banken vor.[161] Es handelt sich hierbei ebenfalls um ein Bankgeschäft i.S.d. § 1 Abs. 1 S. 2 Nr. 8 KWG. Da die Bürgschaft ähnliche Fragen wie die Garantie (auf erstes Anfordern) aufwirft, soll hier nur auf einige Besonderheiten der Bürgschaft kurz eingegangen werden.

Bürgschaft   93

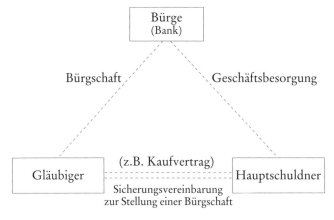

---

161 *Kümpel* Rdnr. 6.106; *Schmitz*, in: Bankrechtshandbuch II, § 91 Rdnr. 128.

2. Besonderheiten nach deutschem Sachrecht mit rechtsvergleichenden Bezügen

a) Allgemeine Regelungen zur Bürgschaft

94   Nach deutschem Recht bedarf der Bürgschaftsvertrag zwischen dem Bürgen und dem Gläubiger (§ 765 BGB) gem. § 766 BGB der Schriftform, die auch nicht durch die elektronische Form ersetzt werden kann. Allerdings ist die Bürgschaft formfrei wirksam, soweit diese auf der Seite des Bürgen ein Handelsgeschäft darstellt (§ 350 HGB). Da Banken Kaufleute i.S.d. § 1 HGB sind, sind die hier interessierenden Bankbürgschaften gem. § 350 HGB formfrei wirksam. Da für Bürgschaftserklärungen von Banken weder die umfangreiche Rechtsprechung zur Sittenwidrigkeit von Bürgschaften vermögensloser naher Angehöriger noch die Frage relevant ist, unter welchen Voraussetzungen Bürgschaftsverträge als Haustürgeschäfte widerrufen werden können (§ 312 Abs. 1 BGB), soll auf diese Probleme hier nicht näher eingegangen werden.

95   Die Bürgschaft ist in ihrer Entstehung, Fortbestand und Umfang akzessorisch zur Hauptverbindlichkeit (vgl. insbesondere § 767 BGB). Bei der „normalen" Bürgschaft tritt daher (anders als bei der Garantie) grds. nicht die Problematik auf, welche Einwendungen der Bürge (Sicherungsgeber) gegenüber dem Gläubiger geltend machen kann. Zum einen stehen dem Bürgen die Einwendungen aus dem Bürgschaftsvertrag zu, zum anderen kann er gem. § 767 BGB grds. auch die Einwendungen geltend machen, die dem Schuldner der Hauptverbindlichkeit gegen den Gläubiger zustehen. Überdies kann die Bank gegenüber dem Zahlungsanspruch des Gläubigers die Einreden geltend machen, die der (Haupt-) Schuldner gegen den Gläubiger hat (§ 768 BGB); auch steht der Bank gem. § 770 BGB solange eine Einrede zu, solange der Gläubiger sich durch Aufrechnung gegen eine fällige Forderung des (Haupt-) Schuldners befriedigen oder der (Haupt-) Schuldner das seiner Verbindlichkeit zugrunde liegende Rechtsgeschäft anfechten kann. Demgemäß stellt sich regelmäßig auch nicht das weitere Problem, auf welche Weise Zahlungen rückabzuwickeln sind, die dem Gläubiger aufgrund des Rechtsverhältnisses mit dem (Haupt-) Schuldner nicht zustehen. Zahlt die Bank, obgleich ihr aus dem Bürgschaftsvertrag oder der Hauptverbindlichkeit gem. § 767 BGB Einwendungen zustehen, so hat sie einen Bereicherungsanspruch aus Leistungskondiktion, da sie auf eine Nichtschuld zahlte (§ 812 Abs. 1 S. 1 Alt. 1 BGB). Standen der Bank dauernde Einreden i.S.d. § 768 BGB zu,[162] kann sie das Geleistete gem. § 813 Abs. 1 S. 1 BGB zurückfordern.

96   Zahlt der Bürge hingegen auf eine bestehende Bürgenschuld, so ordnet § 774 BGB den gesetzlichen Übergang der Forderung des Gläubigers gegen den Haupt-

---

[162] Insbes. § 821 BGB, wenn die Sicherungsvereinbarung zwischen Hauptschuldner und Gläubiger unwirksam ist; das Rückforderungsrecht des § 813 Abs. 1 S. 1 BGB besteht aber nicht im Fall von § 770 Abs. 1 und 2 BGB, da es sich hierbei nicht um dauernde Einreden handelt, vgl. hierzu auch MünchKomm.-*Lieb* BGB § 813 Rdnr. 6.

schuldner auf den Bürgen an, wobei die akzessorischen Sicherungsrechte gem. §§ 412, 401 BGB mit übergehen.

Akzessorische Personalsicherheiten sind im übrigen auch in anderen Rechtsord- **97** nungen bekannt. So ähnelt die guarantee des englischen Rechts aufgrund des auch hier geltenden Akzessorietätsgrundsatzes unserer Bürgschaft und nicht, wie event. zu vermuten wäre, dem Garantievertrag.[163] Daher kann der guarantor die dem Hauptschuldner zustehenden Einwendungen geltend machen.[164] Für die Verpflichtungserklärung des guarantor gilt ebenfalls das Schriftformerfordernis (vgl. hierzu s. 4 Statute of Frauds 1677), und zwar – anders als im deutschen Recht – auch für Bürgschaften von Kaufleuten. Dem englischen Recht ebenfalls bekannt und praktisch recht häufig sind Bürgschaften auf erstes Anfordern (on demand).[165] Rechtsfolge der Zahlung des Bürgen ist bei der guarantee – entsprechend § 774 BGB im deutschen Recht – der Übergang der Hauptforderung auf den Bürgen, und zwar einschließlich der für die Hauptforderung (auch nach Übernahme der Bürgschaft) bestellten Sicherheiten.[166] In entsprechender Weise ist die guaranty des US-amerikanischen Rechts ausgestaltet. Insbesondere stehen dem guarantor im US-amerikanischen Recht grds. ebenfalls die Einwendungen zu, die auch der Hauptschuldner gegen seine Inanspruchnahme geltend machen kann;[167] auch hat der guarantor nach Zahlung in Höhe des (vertragsgemäß) Geleisteten einen Anspruch gegen den Hauptschuldner, der seinerseits allerdings die Einwendungen gegen den Bürgen geltend machen kann, die ihm auch gegen den Gläubiger zustanden.[168]

b) Bürgschaft auf erstes Anfordern
aa) Einschränkungen der Wirksamkeit der Bürgschaft auf erstes Anfordern zum Schutz des Bürgen

Für die gerade im internationalen Verkehr übliche Bürgschaft auf erstes Anfordern **98** gelten einige Besonderheiten. Ebenso wie der Garant auf erstes Anfordern kann auch der Bürge einer Bürgschaft auf erstes Anfordern Einwendungen gegen die Hauptschuld grds. (zunächst) nicht geltend machen, wenn er vom Gläubiger auf Zahlung in Anspruch genommen wird. Ähnlich wie bei einer Garantie muß er viel-

---

163 Vgl. hierzu *Wadsley, Joan/Penn, Graham*, The Law Relating to Domestic Banking, 2. Aufl. 2000, Rdnr. 18–001, 18–039.
164 Vgl. hierzu *Wadsley, Joan/Penn, Graham*, The Law Relating to Domestic Banking, 2. Aufl. 2000, Rdnr. 18–050.
165 Vgl. *Wadsley, Joan/Penn, Graham*, The Law Relating to Domestic Banking, 2. Aufl. 2000, Rdnr. 18–040f.
166 Vgl. Forbes v. Jackson [1881–1885] All ER 863–867; *Wadsley, Joan/Penn, Graham*, The Law Relating to Domestic Banking, 2. Aufl. 2000, Rdnr. 18–036.
167 Vgl. Corpus Iuris Secundum Bd. 38 A, 1996, Guaranty, §§ 2, 51.
168 Vgl. hierzu Corpus Iuris Secundum Bd. 38 A, 1996, Guaranty, § 125f.; vgl. auch *Thümmel, Roderich C.*, in: Handbuch des US-amerikanischen Handels-, Gesellschafts- und Wirtschaftsrechts, Band 1, hrsg. v. *Assmann, Heinz-Dieter/ Bungert, Hartwin*, 2001, 5. Kapitel Rdnr. 17–20, 26, 31–33, 39–41.

mehr bereits dann zahlen, wenn die in der Bürgschaftsurkunde geforderten (formalen) Anforderungen an die Zahlungsaufforderung erfüllt sind. Lediglich Einwendungen, die sich aus dem unstreitigen Sachverhalt oder dem Inhalt der (Vertrags-) Urkunden liquide ergeben, führen zur Rechtsmißbräuchlichkeit der Inanspruchnahme des Bürgen durch den Gläubiger und sind bereits im Erstprozeß beachtlich.[169] Die Akzessorietät der Bürgschaft wird hier also wesentlich durchbrochen, um so dem Gläubiger sofort liquide Mittel zu verschaffen. Zwar kann der Bürge in einem (Rückforderungs-) Prozeß gegen den Gläubiger das herausverlangen, was der Gläubiger aufgrund des Umfangs der Hauptverbindlichkeit zuviel erhalten hat.[170] Jedoch trägt der Bürge in jedem Fall das Risiko, daß der Gläubiger mittlerweile insolvent wurde oder sich der Rückzahlungsanspruch im Ausland nicht durchsetzen läßt.

Daher handelt es sich nach der Rechtsprechung des BGH bei der Bürgschaft auf erstes Anfordern um ein risikoreiches Rechtsgeschäft, das zwar eine Bank, nicht aber ein Verbraucher wirksam in AGB eingehen kann.[171] Individualvertraglich ist dies auch einem Verbraucher möglich, jedoch hat der Gläubiger seinen Vertragspartner umfassend über die Rechtsfolgen einer Bürgschaft auf erstes Anfordern zu belehren, wenn für ihn erkennbar ist, daß der Bürge mit diesem Rechtsinstitut nicht hinreichend vertraut ist. Verletzt der Gläubiger diese Hinweispflicht, so kommt nur ein gewöhnlicher Bürgschaftsvertrag zustande. Dies gilt aber auch, wenn beiden Vertragsparteien die notwendigen Rechtskenntnisse fehlen.[172]

bb) Einschränkungen der Wirksamkeit der Sicherungsabrede zur Stellung der Bürgschaft auf erstes Anfordern zum Schutz des Hauptschuldners

99   Da die Einschränkungen der Wirksamkeit von Bürgschaften auf erstes Anfordern dem Schutz des Bürgen dienten, waren die Bankbürgschaften von dieser Rechtsprechung zunächst nicht betroffen. Dies änderte sich allerdings durch zwei Entscheidungen des BGH aus dem Jahr 2002:

Im Mittelpunkt dieser Entscheidungen stand jedoch nicht der Bürgschaftsvertrag auf erstes Anfordern, sondern die (Sicherungs-)Vereinbarung des Hauptschuldners (eines Bauunternehmers) mit dem Gläubiger (Auftraggeber), in der sich der Hauptschuldner in AGB verpflichtete, zur Sicherung von Vertragserfüllungsansprüchen eine Bürgschaft auf erstes Anfordern zu stellen. Diese Verpflichtung

---

169   Vgl. hierzu *Fischer*, WM 2005, 531 f., 536, der das Verlangen nach sofortiger Leistung auch dann für rechtsmißbräuchlich hält, wenn das Insolvenzverfahren über das Vermögen des Gläubigers eröffnet wurde und dessen Unternehmen nicht mehr fortgeführt wird. Denn nur im Fall der Unternehmensfortführung könne sich der Gläubiger (Insolvenzverwalter) auf ein Liquiditätsbedürfnis als rechtlich schutzwürdiges Interesse an einer Bürgschaft auf erstes Anfordern berufen. Ansonsten aber sei die Bürgschaft auf erstes Anfordern als gewöhnliche Bürgschaft zu behandeln.
170   So BGH 2. 4. 1998, WM 1998, 1062 f.; vgl. auch *Kümpel* Rdnr. 6.105; *Schmitz*, in: Bankrechtshandbuch II, § 91 Rdnr. 127–129; *Hadding/Häuser/Welter* S. 606 f.
171   So BGH 5. 7. 1990, WM 1990, 1410, 1411; BGH 23. 1. 1997, WM 1997, 656, 658.
172   So BGH 2. 4. 1998, WM 1998, 1062, 1063.

erklärte der BGH wegen eines Verstoßes gegen § 307 Abs. 1 BGB (§ 9 AGBG a.F.) für unwirksam. Zur Begründung führte der BGH an, dem Gläubiger werde mit einer Sicherung durch eine Bürgschaft auf erstes Anfordern die Möglichkeit eingeräumt, sich liquide Mittel auch dann zu verschaffen, wenn der Sicherungsfall nicht eingetreten sei; hierdurch werde der Hauptschuldner mit dem Rückgriff (scil. des Bürgen gem. §§ 675 Abs. 1, 670 BGB aus dem Geschäftsbesorgungsvertrag mit dem Hauptschuldner) belastet und trage überdies das Insolvenzrisiko des Gläubigers bei der nachfolgenden Durchsetzung seiner Rückforderungsansprüche.[173]

Aus der Unwirksamkeit der Sicherungsvereinbarung zwischen Hauptschuldner **100** und Gläubiger folgt, daß eine (Bank-) Bürgschaft auf erstes Anfordern rechtsgrundlos erteilt wurde und der Hauptschuldner daher einen Anspruch gegen den Gläubiger (Sicherungsnehmer) aus ungerechtfertigter Bereicherung auf Herausgabe der Bürgschaftsurkunde an den Bürgen hat (§ 812 Abs. 1 S. 1 Alt. 1 BGB).[174] Nach dieser Rechtsprechung würde die Sicherung des Gläubigers durch die Bürgschaft auf erstes Anfordern eigentlich ersatzlos wegfallen. Für Sicherungsvereinbarungen bis zum 21.12. 2002 wurden diese möglicherweise einschneidenden Konsequenzen allerdings dadurch „abgemildert", daß der BGH im Wege der ergänzenden Vertragsauslegung gem. §§ 133, 157 BGB die maßgebliche Sicherungsvereinbarung als Verpflichtung zur Stellung einer unbefristeten, selbstschuldnerischen „normalen" Bürgschaft ansah.[175] Gleichzeitig machte der BGH aber deutlich, daß er bei später abgeschlossenen (Sicherungs-) Vereinbarungen, die trotz dieser Rechtsprechung an einer Bürgschaft auf erstes Anfordern festhalten, davon ausgehen werde, daß der Klauselverwender ausschließlich Wert auf eine Bürgschaft auf erstes Anfordern lege und daher eine ergänzende Vertragsauslegung i.S. einer „normalen" Bürgschaft nicht mehr in Betracht komme.[176]

Bewertet man diese Rechtsprechung, so sind folgende Punkte hervorzuheben: **101** Zulässig bleibt auch auf der Grundlage dieser Entscheidungen die individualvertragliche Verpflichtung zur Stellung einer Bürgschaft auf erstes Anfordern.[177] Überdies wird auch bei einer in AGB enthaltenen Verpflichtung des Hauptschuldners zur Stellung einer Bürgschaft auf erstes Anfordern durch die Unwirksamkeit der Sicherungsvereinbarung nicht die Wirksamkeit, sondern lediglich die Rechtsbeständigkeit der Bürgschaft auf erstes Anfordern berührt.[178] Da aber auch der

---

173 BGH 18.4. 2002, BGHZ 150, 299, 304f.; bestätigt in BGH 4.7. 2002, BGHZ 151, 229, 231f.
174 BGH 4.7. 2002, BGHZ 151, 229, 233f.
175 BGH 4.7. 2002, BGHZ 151, 229, 234–236; BGH 25.3. 2004, WM 2004, 1079, 1080.
176 BGH 4.7. 2002, BGHZ 151, 229, 236; BGH 25.3. 2004, WM 2004, 1079, 1080.
177 Anders, aber unzutreffend *v. Westphalen, Friedrich*, Unwirksamkeit der Bürgschaft auf erstes Anfordern – Wirksamkeit der Bankgarantie?, ZIP 2004, 1433–1442, 1439, der nicht sauber zwischen der Sicherungsabrede und der Bürgschaft auf erstes Anfordern unterscheidet.
178 Anders, aber unzutreffend *v. Westphalen, Friedrich*, Unwirksamkeit der Bürgschaft auf erstes Anfordern – Wirksamkeit der Bankgarantie?, ZIP 2004, 1433–1442, 1436, der nicht sauber zwischen der Wirksamkeit der Sicherungsvereinbarung und der Bürgschaft auf erstes Anfordern unterscheidet.

Bürge die Einrede des Hauptschuldners gem. § 821 BGB dem Gläubiger entgegenhalten kann (§ 768 BGB), führt diese Rechtsprechung im Ergebnis dazu, daß der Gläubiger den Bürgen nicht erfolgreich in Anspruch nehmen kann.

102   Im übrigen ist die Bank aus dem Geschäftsbesorgungsvertrag mit dem Hauptschuldner verpflichtet, sich nicht zu „mehr" zu verbürgen, als sich aus den vertraglichen Vereinbarungen mit dem Hauptschuldner ergibt. Übernimmt die Bank entgegen den vertraglichen Vereinbarungen mit dem Hauptschuldner eine Bürgschaft auf erstes Anfordern (und nicht nur eine „normale" Bürgschaft) und hätte der Hauptschuldner (und daher auch der Bürge, vgl. §§ 767 Abs. 1 S. 1, 768 Abs. 1 S. 1 BGB) wegen Einwendungen und Einreden gegen die (Haupt-) Forderung des Gläubigers nicht zu leisten brauchen, steht der Bank daher kein Aufwendungsersatzanspruch gegen den Hauptschuldner zu.[179]

3. Anwendbares Recht

103   Da es sich bei dem Rechtsverhältnis zwischen dem Hauptschuldner und dem Gläubiger, dem Hauptschuldner und der bürgenden Bank und dem Rechtsverhältnis zwischen dem Bürgen und dem Gläubiger um Schuldverträge handelt, unterliegen diese Verträge vorrangig dem gewählten Recht (vgl. Art. 27 Abs. 1 EGBGB). Sofern die Vertragsparteien keine Rechtswahl getroffen haben, ist die Rechtsordnung des Staates maßgeblich, in der die Vertragspartei, die die vertragscharakteristische Leistung erbringt, ihren gewöhnlichen Aufenthalt, ihre Hauptverwaltung bzw. (Haupt-) Niederlassung hat (Art. 28 Abs. 2 EGBGB).

a) Rechtsverhältnis zwischen Hauptschuldner und Gläubiger

104   Im Verhältnis zwischen dem Hauptschuldner und dem Gläubiger wird in aller Regel der Gläubiger die vertragscharakteristische Leistung (etwa in Form der Übereignung der verkauften Sache) erbringen, während der Hauptschuldner zur Geldleistung verpflichtet ist, so daß das Recht des gewöhnlichen Aufenthalts des Gläubigers bzw. seiner Hauptverwaltung zur Anwendung gelangt.[180] Jedoch sind andere Fälle durchaus möglich, so etwa bei einer Gewährleistungsbürgschaft[181] oder einer Vertragserfüllungsbürgschaft.[182] In diesen Fällen erbringt im Rahmen

---

179   Vgl. auch *Fischer*, WM 2005, 535.
180   Wurde zwischen Hauptschuldner und Gläubiger ein Kaufvertrag geschlossen, dürften meist die Voraussetzungen für die Anwendbarkeit des Wiener UN-Übereinkommens über Verträge über den internationalen Warenkauf vom 11. 4. 1980 erfüllt sein. Denn sofern die Parteien das Recht eines Vertragsstaates (des Wiener UN-Kaufrechts) wählen oder das mangels Rechtswahl gem. Art. 28 EGBGB anzuwendende Recht auf das Recht eines Vertragsstaats verweist, umfaßt diese Verweisung auch das UN-Kaufrecht als Einheits(sach)recht (Art. 1 Abs. 1 b) des UN-Übereinkommens über Verträge über den internationalen Warenkauf).
181   Bürge verbürgt sich für die Gewährleistungsansprüche, die dem Auftraggeber gegen den Auftragnehmer zustehen, vgl. hierzu *Schmitz*, in: Bankrechtshandbuch II, § 91 Rdnr. 132–135.
182   Bürge verpflichtet sich, für die ordnungsgemäße Erfüllung der Verpflichtungen einzuste-

der Hauptverbindlichkeit nicht der Gläubiger, sondern der Hauptschuldner die vertragscharakteristische Leistung, so daß mangels Rechtswahl die Rechtsordnung seines gewöhnlichen Aufenthalts bzw. seiner Hauptniederlassung zur Anwendung gelangt.[183] Das Recht der Hauptverbindlichkeit ist grds. auch für eine Nebenabrede maßgeblich, in der sich der Bürge zur Stellung einer Bürgschaft verpflichtet.[184]

Soweit sich der Hauptschuldner verpflichtet, dem Gläubiger eine Bürgschaft auf **105** erstes Anfordern zu stellen, kann sich zwar im Prinzip auch dann, wenn auf diesen Vertrag ausländisches Recht zur Anwendung gelangt, die deutsche Rechtsprechung zur Unwirksamkeit solcher Klauseln gem. § 307 Abs. 1 BGB über Art. 29 Abs. 1 bzw. Art. 29 a Abs. 1, 2, 4 Nr. 1 EGBGB durchsetzen.[185] Daß der Hauptschuldner eine Sicherungsvereinbarung über eine Bürgschaft auf erstes Anfordern als Verbraucher abschließt, dürfte jedoch die Ausnahme sein. Handelt der Hauptschuldner bei Eingehung der Hauptverbindlichkeit sowie der Sicherungsvereinbarung hingegen als Unternehmer, finden die Artt. 29, 29 a EGBGB keine Anwendung. Die Parteien können daher für die Hauptverbindlichkeit, aber auch nur für die Sicherungsabrede (vgl. Art. 27 Abs. 1 S. 2 EGBGB) eine andere Rechtsordnung als die deutsche wählen und hierdurch vermeiden, daß die Sicherungsabrede unwirksam und daher auch die von der Bank abgegebene Bürgschaftserklärung mit Gegenrechten der Bank behaftet ist. Auch bei Geltung deutschen Rechts im Verhältnis zwischen Bürge und Gläubiger führt dann die Wirksamkeit der Sicherungsabrede aufgrund des Akzessorietätsgrundsatzes auch zur Wirksamkeit und Rechtsbeständigkeit der Bürgschaft. Insbesondere stellt die deutsche Rechtsprechung, wonach formularmäßige Sicherungsabreden zur Stellung einer Bürgschaft auf erstes Anfordern zum Schutz des Hauptschuldners unwirksam sind, keine im öffentlichen Interesse bestehende Eingriffsnorm i.S.d. Art. 34 EGBGB dar; auch begründet die Wirksamkeit solcher Sicherungsabreden nach ausländischem Recht keinen Verstoß gegen den ordre public (Art. 6 EGBGB).[186]

---

hen, die der Unternehmer nach dem Inhalt des Werkvertrags zu erbringen hat, vgl. hierzu *Schmitz*, in: Bankrechtshandbuch II, § 91 Rdnr. 152–154.

183 BGH 10. 4. 2003, WM 2003, 1561, 1561 f. nahm in diesem Fall einer Gewährleistungsbürgschaft im Verhältnis zwischen Gläubiger und Hauptschuldner eine konkludente Rechtswahl zugunsten des Rechts des Hauptschuldners aufgrund der Vereinbarung der VOB/B, der Gerichtsstandsvereinbarung zugunsten deutscher Gerichte und der Fassung des Textes in deutscher Sprache an.

184 Vgl. zum Statut von Sicherungsverträgen *Martiny*, in: *Reithmann/Martiny*, Rdnr. 166.

185 Für Art. 29 EGBGB ergibt sich die Voraussetzung, daß der Hauptschuldner bei Vertragsschluß als Verbraucher gehandelt haben muß, bereits aus dem Wortlaut der Vorschrift. Hingegen stellt Art. 29 a EGBGB selbst zwar keine persönlichen Anforderungen an die Vertragsparteien, insbes. muß nach dem Wortlaut dieser Vorschrift keine der Parteien Verbraucher sein; da jedoch die in Art. 29 a Abs. 4 EGBGB genannten Richtlinien nur Anwendung finden, wenn eine Partei Verbraucher ist, greift auch Art. 29 a EGBGB im Ergebnis nicht ohne Beteiligung eines Verbrauchers ein, vgl. hierzu oben § 3 Rdnr. 69.

186 Ebenfalls gegen die Anwendbarkeit von Art. 6 EGBGB *Schmidt*, RIW 2004, 340, wenn auch bezogen auf das Grundverhältnis bei der Bankgarantie.

b) Rechtsverhältnis zwischen Hauptschuldner und Bürge

106   Sofern nicht ohnehin kraft Rechtswahl das Recht der bürgenden Bank zur Anwendung gelangt (vgl. etwa für Vertragbeziehungen mit inländischen Geschäftsstellen Nr. 6 Abs. 1 AGB-Banken und Nr. 6 Abs. 1 AGB-Sparkassen), gilt für das Vertragsverhältnis zwischen Hauptschuldner und bürgender Bank Art. 28 Abs. 2 EGBGB. Da im Verhältnis zum Hauptschuldner die bürgende Bank die vertragscharakteristische Leistung in Form der Verpflichtung zur Übernahme der Bürgschaft erbringt, findet auf dieses Rechtsverhältnis auch ohne (wirksame) Rechtswahlvereinbarung das Recht des Staates der (Haupt-) Niederlassung des Kreditinstituts Anwendung (Art. 28 Abs. 2 S. 2 EGBGB). Verpflichtet sich eine deutsche Geschäftsstelle zur Übernahme der Bürgschaft, findet daher deutsches Recht auf dieses Vertragsverhältnis Anwendung. Auch die Frage, ob die Bank die Zahlung an den Gläubiger für erforderlich halten durfte und daher einen Aufwendungsersatzanspruch gegen den Hauptschuldner hat (§§ 675 Abs. 1, 670 BGB), richtet sich in diesem Fall nach deutschem Recht.

c) Rechtsverhältnis zwischen Bürge und Gläubiger

107   Im Verhältnis zwischen Bürge und Gläubiger erbringt der Bürge die vertragscharakteristische Leistung. Daher unterliegt der Bürgschaftsvertrag, und damit auch die Frage, ob der (betreffende) Bürge überhaupt wirksam eine Bürgschaft auf erstes Anfordern (etwa auch in AGB) übernehmen kann, bei Fehlen einer Rechtswahl der Rechtsordnung des Bürgen.[187] Vorrangig ist jedoch zu prüfen, ob die Parteien eine ausdrückliche oder konkludente Rechtswahl – etwa auch durch Verweis auf gesetzliche Regelungen eines bestimmten Sachrechts – getroffen haben.[188]

108   Auf folgende Problemstellungen sei aber besonders hingewiesen: Für die Frage, welcher Form der Bürgschaftsvertrag bedarf, findet Art. 11 (insbesondere auch Art. 11 Abs. 2 und 3) EGBGB Anwendung.[189] Daher ist der Bürgschaftsvertrag auch dann formwirksam, wenn er zwar nicht die Formerfordernisse des Rechts erfüllt, das auf den Bürgschaftsvertrag anwendbar ist, aber den Formerfordernissen des Abschlußorts genügt. Übernimmt eine deutsche Bank eine Bürgschaft, so wird nicht nur das auf den Bürgschaftsvertrag anwendbare Recht, sondern in aller Regel auch das Recht des Abschlußorts gem. Art. 11 Abs. 2 EGBGB deutsches Recht sein. Daher wird die Bürgschaft in aller Regel gem. § 350 HGB formfrei wirksam sein, wobei es auf die Frage, ob die Kaufmannseigenschaft der Bank nach der gewerblichen Niederlassung oder der lex causae zu bestimmen ist,[190] dann nicht ankommt.

---

187   Vgl. statt vieler BGH 28. 1. 1993, BGHZ 121, 224, 228; MünchKomm.-*Martiny* BGB Art. 28 EGBGB Rdnr. 330.
188   Vgl. etwa BGH 10. 4. 2003, WM 2003, 1561, 1562: konkludente Rechtswahl zugunsten des deutschen Rechts bei einer Bürgschaftserklärung einer italienischen Bank, die aber Hinweise auf Rechtsbegriffe und gesetzliche Bestimmungen des deutschen Rechts enthielt.
189   So auch BGH 28. 1. 1993, BGHZ 121, 224, 235.
190   Vgl. zu dieser Problematik oben § 2 Rdnr. 8.

Die auf den Bürgschaftsvertrag anwendbare Rechtsordnung entscheidet auch **109** darüber, ob der Bürge bei Zahlung die Forderung des Gläubigers gegen den Hauptschuldner (durch Legalzession) erlangt (Art. 33 Abs. 3 S. 1 EGBGB).[191] Dies gilt im Grundsatz auch für die Frage, in welcher Höhe die Forderung auf den Bürgen übergeht; jedoch begrenzt das Recht, das auf die Hauptverbindlichkeit zur Anwendung gelangt, gegebenenfalls die Höhe der übergegangenen Forderung nach oben (vgl. die Schuldnerschutzvorschrift des Art. 33 Abs. 2 EGBGB).[192]

Im Grundsatz richtet sich auch die Frage, ob für die Hauptverbindlichkeit be- **110** stellte akzessorische Sicherungsrechte auf den leistenden Bürgen übergehen, ebenfalls nach dem auf den Bürgschaftsvertrag anwendbaren Recht.[193] Allerdings kann bei dinglichen Sicherheiten eine Kollision mit der ansonsten auf Sachenrechte anwendbaren lex rei sitae auftreten (Art. 43 Abs. 1 EGBGB). Im Bereich des Immobiliarsachenrechts ist die lex rei sitae insgesamt zwingendes Recht, so daß beim Übergang grundpfandrechtlich gesicherter Forderungen für den Erwerb des Grundpfandrechts nicht nur das Bürgschaftsstatut maßgeblich ist; vielmehr müssen daneben grds. auch die Erwerbsvoraussetzungen des Belegenheitsrechts der Immobilie erfüllt sein. Für den Fall eines ausländischen Forderungsstatuts und eines im Inland belegenen Grundstücks wird lediglich diskutiert, ob nicht bei wirksamer Forderungszession im Wege der Anpassung auch die Hypothek in entsprechender Anwendung der §§ 401 Abs. 1, 412 BGB übergeht.[194] Im Bereich des Mobiliarsachenrechts ist hingegen die lex rei sitae richtigerweise nur hinsichtlich des Inhalts und der Ausübung von Sachenrechten, nicht aber bei deren Übertragung als zwingendes Recht anzusehen.[195] Daher besteht m. E. aus Sicht des deutschen Kollisionsrechts kein Grund, den nach dem Bürgschaftsstatut erfolgenden Übergang akzessorischer dinglicher Sicherungsrechte an beweglichen Sachen aufgrund der lex rei sitae einzuschränken. Letztlich muß man aber stets damit rechnen, daß das Belegenheitsrecht der Mobilie den Rechtserwerb im Zuge des gesetzlichen Forderungsübergangs nicht anerkennt.

---

191 Vgl. Soergel-*v.Hoffmann* BGB Art. 28 EGBGB Rdnr. 288; MünchKomm.-*Martiny* BGB Art. 33 EGBGB Rdnr. 35, Art. 28 EGBGB Rdnr. 333; *ders.*, in: *Reithmann/Martiny*, Rdnr. 1190.
192 Staudinger-*Hausmann* BGB (2002) Art. 33 EGBGB Rdnr. 75.
193 So bezogen auf die rechtsgeschäftliche Abtretung von Forderungen auch Staudinger-*Hausmann* BGB (2002) Art. 33 EGBGB Rdnr. 57.
194 So Staudinger-*Hausmann* BGB (2002) Art. 33 EGBGB Rdnr. 57; Staudinger-*Stoll* BGB (1996) IntSachenR Rdnr. 247; a. A. *Martiny*, in: *Reithmann/Martiny*, Rdnr. 339.
195 Vgl. *Einsele, Dorothee*, Rechtswahlfreiheit im Internationalen Privatrecht, RabelsZ 60 (1996), 417–447, 435–446.

§ 6 Bargeldlose Zahlung

I. Wechsel

Literatur

Baumbach, Adolf/Hefermehl, Wolfgang, Wechselgesetz und Scheckgesetz mit Nebengesetzen und einer Einführung in das Wertpapierrecht, 22. Aufl. 2000. *Hueck, Alfred/Canaris, Claus-Wilhelm*, Recht der Wertpapiere, 12. Aufl. 1986. *Klapper, Wolfgang*, Die Rechtsstellung des Wechselinhabers nach dem UN-Wechselrechtsabkommen vom 9. Dezember 1988 – eine vergleichende Untersuchung des Wechselrechts der Vereinten Nationen und der Bundesrepublik Deutschland, Bankrechtliche Sonderveröffentlichungen des Instituts für Bankwirtschaft und Bankrecht an der Universität zu Köln, Bd. 46, 1992. *Mann, Ronald J.*, Payment Systems and Other Financial Transactions, 2. Aufl. 2003. *Morawitz, Gabriele*, Das internationale Wechselrecht, Studien zum ausländischen und internationalen Privatrecht, Bd. 27, 1991. *Peters, Bernd*, Der Wechselkredit, in: Bankrechtshandbuch I, hrsg. v. Schimansky, Herbert/Bunte, Hermann Josef/Lwowski, Hans-Jürgen, 2. Aufl. 2001, § 65. *Schefold, Dietrich*, Zur Rechtswahlfreiheit im internationalen Scheckrecht, IPRax 1987, 150–153. Staub-*Stranz, Martin*, Komm. z. WG, 13. Aufl. 1934. *Welter, Reinhard*, International umlaufender Wechsel, in: Bankrechtshandbuch I, hrsg. v. Schimansky, Herbert/Bunte, Hermann Josef/Lwowski, Hans-Jürgen, 2. Aufl. 2001, § 66. *Wirth, Wolfgang/Philipps, Günther/Rinke, Christfried*, Wechselprotest und Rückgriff mangels Zahlung und ihre kollisionsrechtliche Behandlung im Deutschen Recht, in: FS für Zajtay, 1982, S. 527–568. *Zöllner, Wolfgang*, Wertpapierrecht, 14. Aufl. 1987.

1. Einführung

Beim Wechsel handelt es sich nach dem deutschen Wechselgesetz (WG) um ein schuldrechtliches Wertpapier, das strengen Formvorschriften unterliegt, abstrakt (zum Kausalverhältnis, z.B. einem Kaufvertrag) ist und unbedingt auf die Zahlung einer bestimmten Geldsumme lautet (vgl. Art. 1 WG).[1] Während beim sog. eigenen Wechsel (Solawechsel) der Aussteller des Wechsels selbst die Zahlung der Geldsumme dem Wechselnehmer verspricht (Art. 75 WG), liegt dem praktischen Regelfall des Wechsels, dem gezogenen Wechsel (Tratte), ein anweisungsartiges Dreiecksverhältnis zugrunde; hier verspricht der Aussteller nicht selbst Zahlung, sondern weist den Bezogenen an, an den Wechselnehmer (Remittenten) zu zahlen. Nach Annahme (Akzept) wird der Bezogene zum Akzeptanten und damit zum primär aus dem Wechsel Verpflichteten (Art. 28 Abs. 1 WG). Demgegenüber haften der Aussteller sowie die Indossanten zwar ebenfalls, aber nur subsidiär für die

1

---

1 Vgl. *Hueck/Canaris* § 5 I 1 (S. 42); *Zöllner* § 9 I (S. 51).

Zahlung der Wechselsumme (Artt. 9, 15 WG; zu den Voraussetzungen dieser subsidären Haftung Artt. 43 ff. WG).

2   Der gezogene Wechsel ist nach Gesetz grds. ein Orderpapier (sog. geborenes Orderpapier).[2] Charakteristikum der Orderpapiere ist zunächst, daß der Berechtigte (im Grundsatz) namentlich benannt wird. Der Unterschied zum Rektapapier, bei dem dies in aller Regel ebenfalls der Fall ist, besteht jedoch in der besonderen Übertragungsmöglichkeit des Wechsels durch Indossament (Art. 13 WG) und Begebungsvertrag. An diese Form der Übertragung knüpft sich ein weitreichender Verkehrsschutz, insbes. durch die Möglichkeit gutgläubigen Erwerbs (Art. 16 Abs. 2 WG) und den Einwendungsausschluß (vgl. auch Art. 17 WG). Im Rahmen dieses Buches können die Einzelheiten des (deutschen) Wechselrechts nicht dargestellt werden; insoweit sei auf die Literatur zum Wertpapierrecht verwiesen.[3]

a) Einsatz von Wechseln im internationalen Rechtsverkehr

3   Der Wechsel wird im internationalen Rechtsverkehr in sehr vielfältiger Weise eingesetzt. Zum einen hat er gerade international neben dem Scheck die Funktion eines Zahlungsmittels[4], gleichzeitig aber kommt ihm auch eine Kreditierungs- und Sicherungsfunktion zu.[5] Diese Funktionen werden auf unterschiedliche Weise erfüllt.

4   Zum einen werden Wechsel im Zusammenhang mit Akkreditiven[6] eingesetzt: so etwa, wenn statt (Bar-) Zahlung in den Akkreditivbedingungen vereinbart wird, daß der Verkäufer Wechsel auf die Akkreditivbank ziehen kann, die diese gegen Vorlage der vereinbarten (Liefer- bzw. Transport-) Dokumente akzeptiert.[7] Ähnliche Vereinbarungen liegen dem sog. Rembourskredit zugrunde, der zwar in verschiedenen Formen, häufig aber im Zusammenhang mit einem Akkreditiv gewährt wird. Hieran sind im allgemeinen vier Personen/Stellen beteiligt, nämlich der Käufer/Importeur, der Verkäufer/Exporteur, die akkreditiveröffnende (inländische) Bank und die ausländische Korrespondenzbank (Akkreditivstelle, Remboursbank). Die ausländische Korrespondenzbank wird beim Rembourskredit damit beauftragt, von dem Exporteur eingereichte gezogene Wechsel (Tratten) gegen Aushändigung der Dokumente zu akzeptieren, wobei die ausländische Akkreditivstelle von der inländischen Bank eine Erstattungszusage hat. Der akzeptierte Wechsel wird dann entweder von der akzeptierenden oder einer anderen Bank angekauft (diskontiert).[8] Die akkreditiveröffnende (inländische) Bank akzeptiert

---

2 Vgl. aber auch Art. 11 Abs. 2 WG, wonach der Wechsel durch eine negative Orderklausel zum Rektapapier gemacht werden kann.
3 Insbes. *Hueck/Canaris* §§ 5–18; *Zöllner* §§ 9–24; *Baumbach/Hefermehl* WG Einleitung.
4 Vgl. zur Zahlungsfunktion des Wechsels namentlich auch im grenzüberschreitenden Handel *Welter*, in: Bankrechtshandbuch I, § 66 Rdnr. 9.
5 *Welter*, in: Bankrechtshandbuch I, § 66 Rdnr. 10.
6 Vgl. zum Akkreditiv § 5 Rdnr. 1 ff., insbes. Rdnr. 4.
7 Vgl. statt vieler *Kümpel* Rdnr. 7.95; *Welter*, in: Bankrechtshandbuch I, 1997, § 66 Rdnr. 17.
8 Vgl. hierzu statt vieler *Peters*, in: Bankrechtshandbuch I, § 65 Rdnr. 21–28; *Welter*, in: Bankrechtshandbuch I, § 66 Rdnr. 23.

i.d.R. den Wechsel nicht selbst, um dem Verkäufer/Exporteur die Diskontierung des – aus seiner Sicht dann von einer inländischen Bank akzeptierten – Wechsels zu erleichtern.

Die Diskontierung von Wechseln stellt ebenfalls eine im internationalen Rechts- **5** verkehr beliebte Form der Refinanzierung von Außenständen dar. Beim Diskontgeschäft indossiert der Kunde den Wechsel an eine Bank, die unter Zinsabschlag den Wechsel ankauft. Auf diese Weise erhält der Kunde sofort Geldmittel. Im Gegensatz zum Ankauf unverbriefter Forderungen ist hier die Bank insofern geschützt, als sie nicht nur einen Zahlungsanspruch gegen den Akzeptanten, sondern auch gegen Aussteller und Indossanten hat und zudem über die Grundsätze des Einwendungsausschlusses gesichert ist.[9] Das Diskontgeschäft stellt gem. § 1 Abs. 1 S. 2 Nr. 3 KWG ebenfalls ein Bankgeschäft dar.

Bei der sog. Forfaitierung verkauft der Exporteur Forderungen an den Forfai- **6** teur, der damit auch das Bonitätsrisiko sowie das Risiko eines Kursverfalls der zugrunde liegenden Währung übernimmt. Bei der Forfaitierung können die verkauften Forderungen unverbrieft sein, meist aber handelt es sich um in Solawechseln verbriefte Forderungen. Aussteller dieser Solawechsel ist der ausländische Importeur, während der Exporteur den Wechsel unter Ausschluß seiner Haftung (Art. 15 WG) an den Forfaiteur indossiert. Teilweise werden die Wechsel allerdings auch vom inländischen Exporteur auf den ausländischen Importeur gezogen, was allerdings den Nachteil hat, daß der Exporteur/Aussteller (und Verkäufer des zugrunde liegenden Kausalgeschäfts) nach Genfer Wechselrecht zwingend für die Zahlung des Wechsels haftet (Art. 9 Abs. 2 WG).[10]

Beim sog. Wechsel/Scheck-Verfahren (auch genannt umgedrehter Wechsel oder **7** Akzeptantenwechsel) akzeptiert der Käufer (eines Warengeschäfts) zwar ebenfalls den Wechsel. Im Unterschied zum üblichen Diskontgeschäft wird der Wechsel aber nicht vom Verkäufer, der regelmäßig als Aussteller und/oder Indossant fungiert, sondern vom Käufer/Zahlungsschuldner aus dem Grundgeschäft (und gleichzeitig Akzeptanten des Wechsels) zum Diskont eingereicht. Der Akzeptant/ Käufer aus dem Grundgeschäft erhält beim Wechsel/Scheck-Verfahren den Diskonterlös gutgeschrieben und bezahlt sodann den Verkäufer/Gläubiger des Grundgeschäfts mit einem Scheck. Grund für dieses Verfahren ist, daß der damit erzielte Wechselkredit für den Schuldner/Akzeptanten günstiger ist als ein Kontokorrentkredit. Beim internationalen Wechsel/Scheck-Verfahren spielt zudem eine Rolle, daß der Schuldner bei seiner (Haus-)Bank regelmäßig die günstigeren Diskontbedingungen hat als der Gläubiger.[11]

9 Vgl. *Welter*, in: Bankrechtshandbuch I, § 66 Rdnr. 13–16.
10 Vgl. zur Forfaitierung *Welter*, in: Bankrechtshandbuch I, § 66 Rdnr. 24 f.; *Kümpel* Rdnr. 7.231.
11 Vgl. zum Wechsel/Scheck-Verfahren *Peters*, in: Bankrechtshandbuch I, § 65 Rdnr. 13; *Welter*, in: Bankrechtshandbuch I, § 66 Rdnr. 31 f.; *ders.*, in: Grenzüberschreitender Zahlungsverkehr, S. 73; *Kümpel* Rdnr. 5.342.

8   Problematisch an diesem Verfahren ist allerdings, daß der Verkäufer als Aussteller des Wechsels zwingend für die Zahlung des Wechsels haftet (Art. 9 Abs. 2 Halbs. 2 WG). Dies wird relevant, wenn der Käufer/Akzeptant des Wechsels zahlungsunfähig ist. Zwar hat der BGH das Wechsel/Scheck-Verfahren grundsätzlich für zulässig und nicht sittenwidrig angesehen – und zwar trotz der Gefahr, daß solche Wechsel losgelöst von einem Warengeschäft als sog. Finanzwechsel ausgestellt werden.[12] Jedoch wurde von seiten der Verkäufer/Aussteller der Wechsel häufiger – wenn auch regelmäßig erfolglos[13] – geltend gemacht, der (diskontierenden Haus-) Bank des Käufers sei dessen schlechte wirtschaftliche Lage bekannt gewesen und die Bank habe daher bei Ankauf der Wechsel sittenwidrig gehandelt. Ungeachtet der bereits im deutschen Recht auftretenden Probleme wird das Wechsel/Scheck-Verfahren aber auch international durchgeführt.[14]

b) Wechselrechtskreise

9   Im Wechselrecht sind zwei große Rechtskreise zu unterscheiden: das Wechselrecht der Genfer Konferenz (vom 13.5.–7.6. 1930) mit den drei Abkommen über das einheitliche Wechselgesetz, über Bestimmungen auf dem Gebiet des internationalen Wechselprivatrechts und über das Verhältnis der Stempelgesetze zum Wechselrecht, alle in Kraft getreten am 1. 1. 1934.[15] Vertragsstaaten aller Genfer Abkommen sind Belgien, Brasilien, Dänemark, Deutschland, Finnland, Frankreich, Italien, Japan, Luxemburg, Monaco, Niederlande, Norwegen, Österreich, Polen, Portugal, Russische Föderation, Schweden, Schweiz, Ungarn und die Ukraine. Demgegenüber ist Griechenland lediglich Vertragsstaat des Abkommens über das einheitliche Wechselgesetz sowie über die Bestimmungen auf dem Gebiete des internationalen Privatrechts, während Aserbaidschan und Kirgisistan nur dem Abkommen über das einheitliche Wechselgesetz beigetreten sind. Großbritannien, Australien, Bahamas, Fidschi, Irland, Liberia, Malaysia, Malta, Papua-Neuguinea, Tonga, Uganda und Zypern sind hingegen lediglich Vertragsstaaten des Abkommens über das Verhältnis der Stempelgesetze zum Wechselrecht. Zwar entwickelte sich auch zwischen den Unterzeichnerstaaten der Genfer Abkommen das Wechselrecht teilweise in unterschiedlicher Weise.[16] Dennoch stellt das Genfer Wechselrecht im Grundsatz ein loi uniforme, also ein Einheitsrecht mit Geltungsbereich in zahlreichen Staaten dar.

---

12   BGH 14.6. 1971, BGHZ 56, 264, 265–268.
13   Vgl. BGH 14.11. 1983, WM 1983, 1406; OLG Hamm 24.11. 1987, WM 1988, 491, 493; a.A. OLG Koblenz 7.3. 1986, NJW-RR 1987, 40, 41: Sittenwidrigkeit der Diskontierung eines Akzeptantenwechsels gem. § 826 BGB, da die Bank bei Hereinnahme des Wechsels damit rechnete, daß der Akzeptant in absehbarer Zeit wirtschaftlich zusammenbricht, womit die Bank eine Schädigung des den Wechsel ausstellenden Lieferanten in Kauf nahm.
14   Vgl. dazu *Welter*, in: Bankrechtshandbuch I, § 66 Rdnr. 33f.
15   Bek. v. 30.11. 1933, RGBl. 1933 II, S. 974.
16   Vgl. etwa die Übersicht über die Rechtsprechung von Deutschland, Frankreich, Finnland, Österreich und der Schweiz, in: Internationale Rechtsprechung zum Genfer einheitlichen Wechsel- und Scheckrecht, hrsg. v. Kreuzer, Karl, 4. Folge 1993.

Daneben existiert als zweiter großer Rechtskreis das anglo-amerikanische 10 Recht, also namentlich das Wechselrecht Großbritanniens und der USA. Während in Großbritannien das Wechselrecht im Bills of Exchange Act von 1882 normiert ist, fällt das Wertpapierrecht in den USA – ebenso wie das übrige Handelsrecht – in die Zuständigkeit der einzelnen Bundesstaaten. In Form des Uniform Commercial Code existiert jedoch ein Modell-Handelsgesetzbuch, das in allen Bundesstaaten außer Louisiana[17] – wenn auch mit gewissen Änderungen – übernommen wurde. Das Wechselrecht ist in Art. 3 des Uniform Commercial Code geregelt, der 1990 neu gefaßt wurde; auch diese Neufassung wurde mittlerweile von 50 Bundesstaaten übernommen. Daher soll im folgenden bei der Darstellung des amerikanischen Rechts auf Art. 3 des Uniform Commercial Code in der Fassung von 1990 zurückgegriffen werden.

c) UNCITRAL-Konvention über den internationalen Wechsel und den internationalen Eigenwechsel vom 9. 12. 1988

Um die durch das Nebeneinander verschiedener Rechtskreise entstehenden Pro- 11 bleme zu reduzieren, arbeitete die United Nations Commission on International Trade Law (UNCITRAL) den Entwurf eines Modellgesetzes zum internationalen Wechsel aus. Nach mehrfachen Überarbeitungen wurde die „Konvention über internationale Wechsel und internationale Eigenwechsel" (Convention on International Bills of Exchange and International Promissory Notes) am 9. Dezember 1988 von der Vollversammlung der Vereinten Nationen mit Resolution 43/165 angenommen.[18] Bisher wurde diese Konvention von Gabun, Guinea, Honduras, Liberia und Mexiko ratifiziert, während sie von den USA, Kanada und der ehemaligen Sowjetunion, heute Russische Föderation, lediglich unterzeichnet wurde. Da somit die erforderliche Anzahl von 10 Ratifikationen (vgl. Art. 89 der Konvention) nicht vorliegt, ist diese Konvention noch nicht in Kraft getreten. Hiermit ist auch in näherer Zukunft nicht zu rechnen, zumal für die Staaten der Genfer Wechselrechtsabkommen die Ratifikation der Konvention über internationale Wechsel und internationale Eigenwechsel ein Ausscheiden aus dem Genfer Abkommen voraussetzen würde.[19]

Im übrigen hat diese Konvention ohnehin nur einen sehr beschränkten Anwen- 12 dungsbereich. Sie kann nämlich nur auf solche Wechsel zur Anwendung gelangen, die in ihrem Kopf und im Text der Wechselurkunde als „Internationale Wechsel (UNCITRAL-Konvention)" bzw. „International Bill of Exchange (UNCITRAL-Convention)" bezeichnet und damit dieser Konvention unterstellt werden. Zudem hat ein solcher internationaler Wechsel auch ein internationales Element aufzuweisen: So muß aus dem Wechsel ersichtlich werden, daß mindestens zwei der folgenden Orte in verschiedenen Staaten liegen:

---

17 In Louisiana wurden nur einzelne Artikel des UCC übernommen.
18 Vgl. ILM 1989, S. 170ff.
19 Vgl. zum Ganzen *Baumbach/Hefermehl*, Einl. WG Rdnr. 5.

– der Ausstellungsort
– der Zahlungsort
– der bei der Unterschrift des Ausstellers
– der bei der Unterschrift des Bezogenen
– der bei der Unterschrift des Remittenten
angegebene Ort.

Überdies muß auf jeden Fall entweder der Ausstellungs- oder der Zahlungsort in dem Wechsel angegeben sein und in einem der Vertragsstaaten liegen (vgl. Art. 2 (1) (a) – (e) der Konvention). Zusammenfassend läßt sich also sagen, daß die Regelungen der Konvention von vornherein nur für den internationalen Zahlungsverkehr und dann auch nur fakultativ – bei Unterstellung des Wechsels unter die Vorschriften dieser Konvention – zur Anwendung gelangen.

13   Inhaltlich gesehen lehnt sich die Konvention über den internationalen Wechsel und internationalen Eigenwechsel im wesentlichen an das etwas weniger formstrenge anglo-amerikanische Recht an.[20] So wird eine Geldsumme selbst dann als bestimmt angesehen, wenn der Wechselkurs der zu zahlenden Geldsumme in der Urkunde bezeichnet ist (Art. 7 (d) der Konvention). Auch sind Zinsklauseln nach dieser Konvention generell wirksam (vgl. Art. 7 (a) der Konvention). Zudem braucht der Aussteller nicht notwendigerweise eigenhändig zu unterschreiben, vielmehr genügt auch ein Faksimile (Art. 3 (1) (d) i.V.m. Art. 5 (k) der Konvention). Da diese Konvention jedoch praktisch bisher nicht relevant ist, soll auf ihren Inhalt nicht näher eingegangen werden.

2. Wesentliche Unterschiede zwischen dem anglo-amerikanischen und dem Genfer Einheitlichen Wechselrecht

14   Praktische Bedeutung haben bisher also allein die beiden großen Rechtskreise, also das Genfer und das anglo-amerikanische Wechselrecht, deren unterschiedliche Regelungen im folgenden kurz dargestellt werden sollen. Dabei wird zu zeigen sein, daß kollisionsrechtliche Fragen, also die Frage nach dem auf die wechselrechtlichen Beziehungen anwendbaren Recht, aufgrund der andersartigen Regelungen dieser Rechtskreise praktische Relevanz erlangen.

a) Formerfordernisse

15   Zunächst sei auf einige mehr formale Unterschiede eingegangen, wobei vorwegzunehmen ist, daß das Genfer Wechselrecht etwas formstrenger als das anglo-amerikanische Recht ist.

Nach dem Genfer Wechselrecht erfordert ein Wechsel die Verwendung des Wortes Wechsel, die unbedingte Zahlungsanweisung einer bestimmten Geldsumme, den Namen des Bezogenen und des Wechselnehmers, die Unterschrift des Ausstel-

---

20 Vgl. auch *Morawitz* S. 29; *Klapper* S. 12–17.

lers sowie die Angabe des Ausstellungstags. Die Angabe des Zahlungs- wie auch des Ausstellungsorts sind zwar an sich ebenfalls notwendig, jedoch gilt bei Fehlen des Zahlungsorts die Ortsangabe beim Namen des Bezogenen als Zahlungs- und die Angabe des beim Aussteller angegebenen Ortes als Ausstellungsort (Artt. 1 u. 2 des Genfer Einheitlichen Wechselrechts bzw. Artt. 1, 2 Abs. 3 u. 4 des deutschen WG). Diese Angaben müssen wie im anglo-amerikanischen Recht[21] in Schriftform vorliegen; insbes. wird eine elektronische Unterschrift weder nach Genfer Wechselrecht noch im anglo-amerikanischen Rechtskreis als ausreichend angesehen.[22] Im übrigen sind die entsprechenden Vorschriften des Rechts von Großbritannien (Bills of Exchange Act 1882) sowie des US-amerikanischen Rechts (Art. 3 des Uniform Commercial Code, in der Neufassung von 1990, die mittlerweile von 50 Bundesstaaten übernommen wurde) weniger formstreng als die Regelungen des Genfer Wechselrechts: So ist nach anglo-amerikanischem Recht die Verwendung des Wortes Wechsel nicht erforderlich.[23] Desgleichen ist ein Wechsel nach anglo-amerikanischem Recht nicht deshalb ungültig, weil Ausstellungstag sowie Ausstellungs- und Zahlungsort nicht aufgeführt sind.[24]

Während nach dem Genfer Einheitlichen Wechselrecht der Wechsel kein Inhaberpapier sein kann (Art. 1 Nr. 6 des Genfer Einheitlichen Wechselrechts), sind Inhaberwechsel sowohl nach englischem als auch US-amerikanischem Recht zulässig.[25] Allerdings ist für das Genfer Wechselrecht zu beachten, daß durch eine Blankoindossierung des Wechsels ein ähnlicher wirtschaftlicher Erfolg erreicht werden kann, da dann die Rechte aus dem Wechsel durch bloße Übereignung der Wechselurkunde, also ohne Indossament, wechselrechtlich weiter übertragen werden können.[26] **16**

b) Wechselrückgriff

Auch bei den Voraussetzungen für den Wechselrückgriff zeigt sich das Genfer Wechselrecht formstrenger als das anglo-amerikanische: während nach dem Genfer Einheitsrecht grundsätzlich ein formeller Protest Rückgriffsvoraussetzung ist (Art. 44 des Genfer Einheitlichen Wechselrechts, Art. 44 des deutschen WG) und nur im Ausnahmefall bei Protesterlaß der Rückgriff ohne diese Voraussetzung er- **17**

---

21 Wobei allerdings die Schriftform im US-amerikanischen Recht ziemlich weit gefaßt ist, vgl. hierzu § 1-201 (b) (43) UCC (2001), prior § 1-201 (46) UCC: „written" or „writing" includes printing, typewriting or any other intentional reduction to tangible form.
22 Vgl. hierzu im US-amerikanischen Recht *Mann* S. 402.
23 Vgl. sec. 3 subsec. (1) und (2) des Bills of Exchange Act 1882; § 3-104 (a) und (e) UCC.
24 Vgl. im englischen Recht sec. 3 (4) (a) und (c) Bills of Exchange Act 1882, während im US-amerikanischen Recht die vor 1990 insoweit maßgeblichen Bestimmungen des § 3-112 (1) (a) und § 3-114 (1) UCC mit der Revision des § 3 UCC im Jahr 1990 als unnötig gestrichen wurden, siehe auch Official Comment zu § 3-113 UCC von 1990, in: Uniform Laws Annotated, Uniform Commercial Code, Volume 2, 2004.
25 Für das englische Recht sec. 3 (1) Bills of Exchange Act; für das US-amerikanische Recht § 3-104 (a) (1) i. V. m. § 3-104 (e) UCC.
26 Vgl. *Baumbach/Hefermehl*, Einl. WG Rdnr. 9, Art. 14 WG Rdnr. 5.

öffnet ist (Art. 46 des Genfer Einheitlichen Wechselrechts, Art. 46 des deutschen WG), ist nach englischem Recht ein formeller Protest nur bei ausländischen Wechseln Voraussetzung für den Rückgriff auf den Aussteller und die Indossanten (sec. 51 (2) Bills of Exchange Act), während nach US-amerikanischem Recht ein Protest grundsätzlich überhaupt nicht mehr erforderlich ist.[27] Der Wechselinhaber hat sowohl im englischen als auch im US-amerikanischen Recht lediglich eine formlose „Notice of Dishonour" durchzuführen, um seine Rechte gegen den Aussteller und die Indossanten zu wahren.[28] Im US-amerikanischen Recht wurden überdies die Rückgriffsvoraussetzungen insoweit zusätzlich gelockert, als für den Rückgriff gegen den Aussteller nicht einmal mehr eine „Notice of Dishonour" erforderlich ist, wenn der Wechsel (noch) nicht angenommen wurde. In diesem Fall wird nämlich der Aussteller als der primär Zahlungspflichtige angesehen.[29]

18   Aber auch im übrigen ist das anglo-amerikanische Recht flexibler als das Genfer Einheitliche Wechselrecht. So kann nach anglo-amerikanischem Recht der Aussteller nicht nur seine Haftung für die Annahme, sondern auch für die Zahlung ausschließen.[30]

c) Gutgläubiger und einwendungsfreier Erwerb

19   Erhebliche Unterschiede zwischen dem Genfer und dem anglo-amerikanischen Wechselrecht finden sich bei den Voraussetzungen des gutgläubigen Erwerbs des Wechsels sowie der weiteren Frage, ob die Rechte aus dem Wechsel einwendungs- bzw. einredefrei erworben wurden. Das Genfer Wechselrecht enthält zwar für den gutgläubigen Erwerb des Eigentums an dem Wechsel eine Regelung, nämlich die des Art. 16, wonach bei entsprechender förmlicher Berechtigung des Inhabers des Wechsels dessen sachliche Berechtigung vermutet wird (Art. 16 Abs. 1 des Genfer Einheitlichen Wechselgesetzes). Hingegen hat die sich hieran anschließende Frage, welche Einwendungen der aus dem Wechsel in Anspruch Genommene (also insbesondere Akzeptant, Aussteller und Indossant) dem Wechselinhaber entgegenhalten kann, in Art. 17 des Genfer Einheitlichen Wechselgesetzes nur eine höchst unvollständige Regelung gefunden.[31]

20   Demgegenüber wird im anglo-amerikanischen Recht nicht zwischen dem gutgläubigen Erwerb des Eigentums am Wechsel und der Frage des einwendungsfreien Erwerbs der Rechte aus dem Wechsel unterschieden. Maßgeblich ist für beide

---

27   Vgl. Official Comment zu § 3-505 UCC von 1990, in: Uniform Laws Annotated, Uniform Commercial Code, Volume 2, 2004.
28   Vgl. für das englische Recht sec. 48–51 (1) Bills of Exchange Act 1882; für das US-amerikanische Recht § 3-503 (a) und (b) UCC.
29   § 3-414 (b) UCC; vgl. auch Official Comment 2. zu § 3-414 UCC von 1990, in: Uniform Laws Annotated, Uniform Commercial Code, Volume 2, 2004.
30   Für das englische Recht sec. 16 (1) Bills of Exchange Act; für das US-amerikanische Recht § 3-414 (e) UCC; vgl. zum US-amerikanischen Recht auch Official Comment 5. zu § 3-414 UCC von 1990, in: Uniform Laws Annotated, Uniform Commercial Code, Volume 2, 2004.
31   Vgl. zu dieser Problematik, die im deutschen Recht unter dem Begriff der sog. Einwendungslehre abgehandelt wird, *Hueck/Canaris* § 9 (S. 102–118); *Zöllner* § 21 (S. 130–138).

Fragen, ob der betreffende Wechselinhaber ein „holder in due course" ist. Ein „holder" i.d.S. ist entweder der Wechselnehmer (Remittent) oder der Indossatar[32], der im Besitz des Wechsels ist, oder aber – bei den im anglo-amerikanischen Recht zulässigen Inhaberwechseln – deren Inhaber.[33] Außerdem setzt der Begriff des „holder in due course" sowohl im englischen als auch im amerikanischen Recht voraus, daß der Besitzer des Wechsels diesen „in good faith", also gutgläubig, und „for value", also entgeltlich erhielt.[34] Allerdings erfordert der Begriff „for value" im englischen Recht im Gegensatz zum amerikanischen nicht, daß der Wechselinhaber selbst ein Vermögensopfer erbracht hat, vielmehr genügt es, wenn irgendwann eine Gegenleistung erbracht wurde.[35] Die Notwendigkeit eines entgeltlichen Erwerbs beruht auf der sog. consideration-Lehre des anglo-amerikanischen Rechts, wonach Vertragsversprechen grundsätzlich für ihre Wirksamkeit entweder eines beurkundeten Vertrags oder der Zahlung eines Entgelts bedürfen.[36] Entgeltlichkeit ist also Voraussetzung für die Möglichkeit des gutgläubigen sowie einredefreien Erwerbs.[37] Der Begriff der Gegenleistung ist allerdings sowohl im amerikanischen als auch im englischen Recht weit zu verstehen und umfaßt jedes Vermögensopfer.[38]

Ein solcher „holder in due course" erhält nicht nur nach englischem Recht die   21 volle Rechtsstellung als Berechtigter aus dem Wechsel[39], sondern grundsätzlich auch nach US-amerikanischem Recht.[40] Allerdings kann nach US-amerikanischem Recht der aus dem Wechsel in Anspruch Genommene in weitergehendem Umfang als nach englischem bestimmte Einwendungen geltend machen, nämlich etwa die Einwendung der Geschäftsunfähigkeit, der Nötigung sowie des Betrugs bei Unterzeichnung des Wechsels.[41] Voraussetzung eines solchen „holder in due course" ist im englischen wie US-amerikanischen Recht aber zumindest, daß der Wechsel bei Erwerb keine offensichtlichen Mängel aufwies.[42] Im Gegensatz zum Genfer Wechselrecht[43] entfaltet eine gefälschte Unterschrift im anglo-amerikanischen Recht grundsätzlich keinerlei Rechtswirkungen, hat also auch bei Gutgläubigkeit des Erwerbers i.d.R. nicht die Wirkung der Übertragung der wechselmäßig verbrieften Rechte.[44]

---

32 Also derjenige, an den der Wechsel indossiert wurde.
33 Sec. 2 Bills of Exchange Act 1882; § 3-302 (a) UCC.
34 Vgl. § 3-302 UCC; sec. 29 (1) Bills of Exchange Act 1882.
35 Sec. 27 (2) Bills of Exchange Act 1882.
36 Vgl. etwa *Treitel*, The Law of Contract, 11. Aufl. 2003, S. 67f.
37 Vgl. *Morawitz* S. 26.
38 Vgl. zum amerikanischen Recht § 3-303 (b) UCC; zum englischen Recht sec. 27 (1) Bills of Exchange Act 1882.
39 Sec. 38 (2) Bills of Exchange Act.
40 § 3-305 (b) UCC.
41 § 3-305 (a) (1) i.V.m. § 3-305 (b) UCC.
42 Sec. 29 (1) Bills of Exchange Act; § 3-302 (a) (1) UCC.
43 Vgl. etwa für das deutsche Recht *Zöllner* § 14 VI 2 (S. 98).
44 Vgl. für das englische Recht sec. 24 Bills of Exchange Act; für das US-amerikanische Recht § 3-403 (a) UCC.

Diese Beispiele mögen genügen, um zu zeigen, daß das internationale Wechsel-recht, also die Regelungen zur Frage des anwendbaren Rechts, sehr wohl von Rele-vanz sind.

3. Internationales Wechselrecht

22   Das internationale Wechselrecht wird zu einem erheblichen Teil durch das Genfer Wechselrecht, und zwar durch das Abkommen über Bestimmungen auf dem Ge-biete des internationalen Wechselprivatrechts (Konfliktsabkommen) v. 7. Juni 1930 geregelt, das für das Deutsche Reich am 1.1. 1934 in Kraft trat.[45] Die Regelungen dieses Abkommens wurden in die Artt. 91–98 WG übernommen.[46] Allerdings re-geln die Artt. 91–98 WG nicht alle kollisionsrechtlichen Rechtsfragen im Zusam-menhang mit der Wechselbegebung, sondern überlassen einige Fragen auch dem autonomen Kollisionsrecht.

23   Da in den Artt. 91–98 WG keine Beschränkung des Geltungsbereichs dieser Kol-lisionsregeln im Verhältnis zu den Vertragsstaaten des Abkommens enthalten ist, gelten sie auch gegenüber Nichtvertragsstaaten.[47] Art. 10 des Konfliktsabkommens eröffnet den Vertragsstaaten jedoch die Möglichkeit, die Kollisionsregeln des Gen-fer Internationalen Wechselprivatrechts nur gegenüber Vertragsstaaten anzuwen-den; daher wird der Geltungsbereich des Konfliktsabkommens von manchen Ver-tragsstaaten nicht auch auf das Verhältnis zu den Nichtvertragsstaaten erstreckt, sondern insoweit die autonomen internationalprivatrechtlichen Vorschriften ange-wandt.[48]

a) Grundverhältnis

24   Für das der Wechselbegebung zugrunde liegende Kausalverhältnis gelten nach wie vor die jeweiligen autonomen kollisionsrechtlichen Regelungen. So finden etwa auf einen Vertrag, der den Kauf des Wechsels zum Inhalt hat (so etwa im Fall der Wechseldiskontierung) die Vorschriften der Artt. 27ff. EGBGB Anwendung; dies gilt aber etwa auch für eine Darlehensverbindlichkeit, zu deren Begleichung erfül-lungshalber ein Wechsel begeben wurde.[49]

---

45 Bek. v. 30.11. 1933, RGBl. 1933 II, S.974.
46 WG v. 21.6. 1933, RGBl. 1933 I, S.399ff.
47 Allgemeine Meinung, vgl. etwa *Baumbach/Hefermehl* Übersicht vor Art.91 WG Rdnr. 1; *Zöllner* § 10 IV (S.58); *Morawitz* S.17.
48 Dies gilt insbes. für Italien, aber auch in Frankreich wird die Frage diskutiert, ob nicht der Anwendungsbereich des Abkommens im Grundsatz auf Vertragsstaaten beschränkt ist; zu be-achten ist, daß beide Staaten die Regelungen des Konfliktsabkommens nicht in ihr Wechselge-setz aufgenommen, sondern lediglich den Wortlaut des Abkommens in ihren Gesetzblättern veröffentlicht haben, ohne die durch Art.10 dieses Abkommens aufgeworfene Frage entschie-den zu haben, ob von der Vorbehaltsmöglichkeit des Art.10 dieses Abkommens Gebrauch ge-macht werden sollte, vgl. zu dieser Problematik *Morawitz* S.17, insbes. auch Fn.45.
49 Vgl. zu diesen Fragen *Morawitz* S.45–47.

Dennoch enthält das Abkommen über Bestimmungen auf dem Gebiete des internationalen Wechselprivatrechts (Konfliktsabkommen) eine Regelung, die das Grundverhältnis betrifft. So richtet sich die Frage, ob der Inhaber eines gezogenen Wechsels zugleich die zugrunde liegende Forderung, also den Anspruch aus dem Grundgeschäft erwirbt, gemäß Art. 95 WG nach dem (tatsächlichen) Ausstellungsort.[50] Diese Regelung ist fast nur vor dem Hintergrund einer ausländischen, etwa der französischen Rechtsordnung verständlich. So erwirbt ein Wechselnehmer im französischen Recht mit dem Wechsel auch die Forderung des Ausstellers gegen den Bezogenen aus dem Grundverhältnis (sog. provision, vgl. auch Art. 116 Code de commerce). Dieser Forderungsübergang verbessert die Rechtsstellung des Wechselinhabers insbesondere bei Insolvenz des Ausstellers, wenn der Bezogene den Wechsel noch nicht angenommen hat. Zwar hat der Wechselinhaber in diesem Fall einen Rückgriffsanspruch gegen den Aussteller, der aber lediglich mit der Insolvenzquote befriedigt wird. Bei einem Übergang der Forderung des Ausstellers gegen den Bezogenen aus dem Grundverhältnis erhält er jedoch in der Person des Bezogenen einen i.d.R. wohl solventen Schuldner.[51] Ob ein solcher Übergang der Forderung aus dem Grundverhältnis stattfindet, ist nun also aus Gründen der Rechtssicherheit unwandelbar auf den tatsächlichen Ausstellungsort des Wechsels festgelegt (Art. 95 WG).[52]

b) Wechselerklärungen

Bei der Frage, welches Recht auf die Wechselerklärungen anzuwenden ist, ist zwischen der Wechselfähigkeit, der Form der Wechselerklärung und den Wirkungen der Wechselerklärung zu unterscheiden:

Die Frage, ob eine Person dazu fähig ist, eine Wechselverbindlichkeit einzugehen (passive Wechselfähigkeit), richtet sich gem. Art. 91 Abs. 1 WG – entsprechend Art. 7 Abs. 1 EGBGB – grundsätzlich nach dem Heimatrecht dessen, der die Wechselverbindlichkeit eingeht. Bei Personenvereinigungen, insbesondere juristischen Personen, kommt es nach der in Deutschland seit langem herrschenden Sitztheorie auf das Recht des Staates an, in dem sich deren Hauptverwaltung befindet.[53] Aller-

---

50 Vgl. hierzu *Baumbach/Hefermehl* Art. 95 WG Rdnr. 1.
51 Vgl. zu der provision des französischen Rechts *Ripert, Georges/Roblot, René*, Traité de droit commercial, Bd. 2, 17. Aufl. 2004, Rdnr. 1973, 1979; *Chaput, Yves*, Effets de commerce, chèques et instruments de paiement, 1992, Rdnr. 20, 22, 63; vgl. auch zum deutschen Recht *Baumbach/Hefermehl* Einl. WG Rdnr. 53.
52 Vgl. hierzu auch *Morawitz* S. 49–51.
53 St. Rspr., vgl. etwa BGH 21. 3. 1986, BGHZ 97, 269–273, 271 f.; vgl. statt vieler Staudinger-*Großfeld* BGB (1998) IntGesR, Rdnr. 38–76; *Kegel, Gerhard/Schurig, Klaus*, Internationales Privatrecht, 9. Aufl. 2004, § 17 II 1; MünchKomm.-*Kindler* BGB IntGesR Rdnr. 400 ff. m.w.N.; generell a.A., nämlich Anwendung der Rechtsordnung, nach der die Gesellschaft gegründet wurde, *Koppensteiner, Hans-Georg*, Internationale Unternehmen im deutschen Gesellschaftsrecht, 1971, S. 105, 121 ff.; *Mann, Frederick A.*, Bemerkungen zum IPR der Aktiengesellschaft und des Konzerns, in: FS Barz, 1974, S. 220–222.

dings folgt aus den Entscheidungen des EuGH im Fall Centros,[54] insbes. aber Überseering[55] und Inspire Art[56], daß im Verhältnis zwischen den Mitgliedstaaten der EU die Gründungstheorie anzuwenden ist, also eine Personenvereinigung dem Recht des Staates untersteht, in dem sie gegründet wurde.[57] Eine Ausnahme von der Anknüpfung der passiven Wechselfähigkeit an das Heimatrecht sieht allerdings Art. 91 Abs. 2 WG vor. Danach verpflichtet sich zum Schutz des Rechtsverkehrs auch derjenige wirksam, der eine Wechselerklärung im Gebiet eines Landes unterzeichnet, nach dessen Recht er wechselfähig ist. Zum Schutz von Inländern ist jedoch eine Rückausnahme zugunsten des Heimatrechts gemäß Art. 91 Abs. 2 S. 2 WG für den Fall vorgesehen, daß der Inländer die Wechselverbindlichkeit im Ausland übernommen hat.[58] Für die Frage, welcher Unterschriftsort maßgeblich ist, wird hier wie auch bei der kollisionsrechtlichen Anknüpfung der Form der Wechselerklärungen der tatsächliche Unterzeichnungsort für maßgeblich angesehen.[59]

28   Da im Genfer Wechselrecht eine Regelung der aktiven Wechselfähigkeit und damit eine Bestimmung darüber fehlt, wann jemand aus einem Wechsel berechtigt werden kann, ist insoweit auf das autonome internationale Privatrecht, d. h. in der BRepD auf Art. 7 EGBGB bzw. für Personenvereinigungen auf das Gesellschaftsstatut zurückzugreifen.[60]

29   Für die Form der Wechselerklärungen wird gem. Art. 92 Abs. 1 WG auf das Recht des Landes verwiesen, in dessen Gebiet die Erklärung unterschrieben wurde; interpretiert wird diese Vorschrift ebenfalls im Sinne der Geltung des Rechts des tatsächlichen, und nicht des auf der Urkunde angegebenen Unterzeichnungsbzw. Ausstellungsortes.[61] Art. 92 Abs. 1 WG entspricht der allgemeinen internationalprivatrechtlichen Regel „locus regit actum", wonach für die Form eines Rechtsgeschäfts das Recht des Vornahmeorts gilt. Knüpft man an den tatsächlichen Unterschriftsort an, stellt sich ein Problem, wenn jemand gutgläubig einen Wechsel erwirbt, auf dem der Ausstellungsort einer Wechselerklärung falsch vermerkt ist; immerhin wird der Erwerber in diesem Fall davon ausgehen, daß sich die Form der Wechselerklärung nach dem auf der Urkunde vermerkten Ausstellungsort richtet.

---

54 EuGH 9. 3. 1999 – Rs. C-212/97, Slg. 1999, I-1459.
55 EuGH 5. 11. 2002 – Rs. C-208/00, Slg. 2002, I-9919.
56 EuGH 30. 9. 2003 – Rs. C-167/01, Slg. 2003, I-10195 = JZ 2004, 37; vgl. zu dieser Entscheidung auch *Behrens, Peter*, Gemeinschaftsrechtliche Grenzen der Anwendung inländischen Gesellschaftsrechts auf Auslandsgesellschaften nach Inspire Art, IPRax 2004, 20–26.
57 Vgl. zur Rechtslage nach diesen EuGH-Entscheidungen *Eidenmüller, Horst*, Mobilität und Restrukturierung von Unternehmen im Binnenmarkt, JZ 2004, 24–33.
58 Vgl. zu der Ausnahme des Art. 91 Abs. 2 S. 1 WG sowie der Rückausnahme gem. Art. 91 Abs. 2 S. 2 WG *Baumbach/Hefermehl* Art. 92 WG Rdnr. 3; *Morawitz* S. 80f., die die Vorschrift des Art. 91 Abs. 2 S. 2 WG zu Recht als nicht mehr zeitgemäß kritisiert und es für begrüßenswert hielte, wenn der deutsche Gesetzgeber diese Regelung streichen würde, zu der er nicht staatsvertraglich verpflichtet war, sondern die lediglich auf der Vorbehaltsermächtigung des Art. 2 Abs. 3 des Konfliktabkommens beruht.
59 Vgl. statt vieler *Baumbach/Hefermehl* Art. 91 WG Rdnr. 3.
60 So *Morawitz* S. 75; *Baumbach/Hefermehl* Art. 91 WG Rdnr. 1.
61 Vgl. statt vieler *Baumbach/Hefermehl* Art. 92 WG Rdnr. 1; *Morawitz* S. 17.

Die ganz h.M. will hier das Vertrauen des Erwerbers in die Richtigkeit der urkundlichen Angaben schützen.[62] Diese Auffassung ist schon deshalb richtig, weil im Wechselrecht der Schutz des Rechtsverkehrs in besonderem Maße erforderlich und mit dem Grundsatz der formellen Wechselstrenge auch sachrechtlich verwirklicht ist; nach dem Grundsatz der formellen Wechselstrenge muß aber ein Wechsel aus sich heraus für jedermann ohne weiteres verständlich und eindeutig sein.[63]

Der Begriff der Form einer Wechselerklärung i.S.d. Art. 92 WG ist relativ weit   **30** zu fassen: nach h.M. ist nicht nur die Frage, ob die Unterschriften auf einem Wechsel dem Erfordernis der Schriftlichkeit genügen bzw. ob die Unterzeichnung mittels Handzeichens als ausreichend anzusehen ist, den Regelungen zur Form der Wechselerklärungen zuzurechnen. Die gem. Art. 92 WG zur Anwendung berufene Rechtsordnung entscheidet auch über die Zulässigkeit eines Blankowechsels und die Voraussetzungen für die Gültigkeit eines Wechsels (etwa die Frage, ob eine Wechselklausel – wie nach dem Genfer Einheitlichen Wechselgesetz – erforderlich ist).[64]

Zwar ist in Art. 92 WG im Gegensatz zu Art. 11 EGBGB keine Alternativan-   **31** knüpfung an das sog. Geschäftsrecht (Wirkungsstatut) vorgesehen (vgl. hierzu auch oben § 2 Rdnr. 6). Jedoch sind gem. Art. 92 Abs. 2 und 3 WG Ausnahmen von dem Grundsatz „locus regit actum" des Art. 92 Abs. 1 WG normiert, die ebenfalls zu einer Begünstigung formwirksamer Wechsel führen. Gem. Art. 92 Abs. 2 WG führen nämlich Wechselerklärungen, die nach dem Recht des Unterzeichnungsortes unwirksam sind, nicht auch zur Unwirksamkeit späterer, in einem anderen Land auf den Wechsel gesetzter Erklärungen. Allerdings soll sich die Bedeutung von Art. 92 Abs. 2 WG auf solche Erklärungen beschränken, die für die Gültigkeit des Grundwechsels nicht erforderlich sind. Daher soll nach h.M. Art. 92 Abs. 2 WG nicht für die Ausstellererklärung gelten.[65]

Die grundsätzliche Maßgeblichkeit des Ausstellungsorts (Art. 92 Abs. 1 WG)   **32** wird durch eine höchst problematische weitere Ausnahme durchbrochen (Art. 92 Abs. 3 WG): Danach ist eine Wechselerklärung, die ein Inländer im Ausland abgibt, auch dann im Inland gegenüber Inländern wirksam, wenn sie gem. Art. 92 Abs. 1 WG unwirksam ist, jedoch deutschem Recht genügt. Diese Vorschrift, mit der der deutsche Gesetzgeber von einer Vorbehaltsermächtigung gem. Art. 3 Abs. 3 des Konfliktsabkommens Gebrauch gemacht hat, schießt allerdings weit über das berechtigte Ziel des Schutzes des inländischen Rechtsverkehrs hinaus. Denn der in-

---

62 Vgl. etwa *Hupka, Josef*, Das Einheitliche Wechselrecht der Genfer Verträge, 1934, S. 250; *Baumbach/Hefermehl* Art. 92 WG Rdnr. 1; *Morawitz* S. 146–149; *Welter*, in: Bankrechtshandbuch I, § 66 Rdnr. 58.
63 BGH 20. 10. 1969, BGHZ 53, 11–17, 14; vgl. auch zum Grundsatz der formellen Wechselstrenge *Zöllner* § 12 VI (S. 75); *Hueck/Canaris* § 6 VI (S. 70–72).
64 Vgl. statt vieler BGH 28. 6. 1956, BGHZ 21, 155–168, 158; BGH 4. 2. 1960, WM 1960, 374 f., 375; *Baumbach/Hefermehl* Art. 92 WG Rdnr. 1; *Morawitz* S. 71–74.
65 OLG Frankfurt a.M. 9. 2. 1982, NJW 1982, 2734 f., 2734; *Baumbach/Hefermehl* Art. 92 WG Rdnr. 2; *Morawitz* S. 68.

ländische Wechselinhaber wird auch dann gem. Art. 92 Abs. 3 WG geschützt, wenn die Wechselerklärung nicht gegenüber dem inländischen Wechselinhaber, sondern einem Ausländer abgegeben wurde, und der Inländer die Unwirksamkeit der Wechselerklärung kannte.[66] So problematisch die Vorschrift des Art. 92 Abs. 3 WG ist, entfaltet sie doch große praktische Bedeutung; so etwa in den Fällen, in denen ein ausländischer Gläubiger den von einem Inländer ausgestellten Wechsel an eine inländische Bank veräußert.[67] Da jedoch die betreffende Wechselerklärung im Ausland (absolut) unwirksam ist[68], dient Art. 92 Abs. 3 WG nicht gerade dem internationalen Entscheidungseinklang.

33   Von der Form der Wechselerklärungen zu trennen sind deren Wirkungen. Die Frage, welchen Inhalt und Umfang die rechtliche Verpflichtung des Wechselschuldners hat, aber auch die Maßnahmen, die zur Rechtserhaltung notwendig sind, werden von Art. 93 WG erfaßt. Demgegenüber richtet sich die Frage, in welcher Form der Protest sowie andere Rechtserhaltungsmaßnahmen erfolgen müssen, nach dem Recht des Staates, in dem diese Handlungen vorzunehmen sind (Art. 97 WG). Im Ergebnis gelten die Anknüpfungsregeln des Art. 93 WG aber auch für die materielle Gültigkeit der Wechselerklärungen[69], wenn auch die Kollisionsvorschriften des Art. 93 WG teilweise nicht für unmittelbar anwendbar gehalten werden, sondern deren Geltung erst über Art. 31 Abs. 1 EGBGB analog begründet wird.[70] Desgleichen gilt das Geschäftsstatut des Art. 93 WG für die Zulässigkeit von Einwendungen sowie die Verjährung der wechselrechtlichen Ansprüche.[71]

34   Gem. Art. 93 WG ist hinsichtlich der Rechtswirkungen zu unterscheiden zwischen den Verpflichtungserklärungen des Akzeptanten eines gezogenen Wechsels sowie des Ausstellers eines eigenen Wechsels einerseits und den Wechselerklärungen anderer Personen, also der Aussteller von gezogenen Wechseln, der Indossanten und Wechselbürgen andererseits. Für Akzeptanten gezogener Wechsel und Aussteller eigener Wechsel ist das Recht des Zahlungsortes maßgeblich (Art. 93 Abs. 1 WG), während der Inhalt der Wechselerklärungen von Ausstellern gezoge-

---

66 Vgl. etwa *Baumbach/Hefermehl* Art. 92 WG Rdnr. 3; *Morawitz* S. 69 f.

67 Vgl. *Jacobi, Ernst*, Wechsel- und Scheckrecht unter Berücksichtigung des ausländischen Rechts, 1956, S. 1016; *Hupka, Josef*, Das Einheitliche Wechselrecht der Genfer Verträge, 1934, S. 248.

68 Vgl. etwa *Baumbach/Hefermehl* Art. 92 WG Rdnr. 3.

69 Vgl. etwa Staub-*Stranz*, Art. 93 WG Anm. 2; *Schnitzer, Adolf*, Handbuch des internationalen Handels-, Wechsel- und Checkrechts, 1934, S. 398; *Jacobi, Ernst*, Wechsel- und Scheckrecht unter Berücksichtigung des ausländischen Rechts, 1956, S. 1020.

70 So *Morawitz* S. 87–90.

71 Vgl. statt vieler *Baumbach/Hefermehl* Art. 93 Rdnr. 1; *Morawitz* S. 96; *Welter*, in: Bankrechtshandbuch I, § 66 Rdnr. 59; *Jacobi, Ernst*, Wechsel- und Scheckrecht, 1956, S. 1019. Allerdings hat Deutschland von der Vorbehaltsmöglichkeit des Art. 17 Abs. 1 der Anlage II zum Abkommen über das Einheitliche Wechselgesetz Gebrauch gemacht, so daß die Gründe für die Unterbrechung und Hemmung der Verjährung sich nach deutschem Recht richten, vgl. Bek. v. 30. 11. 1933 (RGBl. II 974).

ner Wechsel, von Indossanten und Wechselbürgen sich nach dem Recht des Staates richtet, in dessen Gebiet die Wechselerklärungen tatsächlich[72] unterschrieben wurden (Art. 93 Abs. 2 WG).

c) Wechselrechtliche Verfügungsgeschäfte

Wie lückenhaft das Konfliktsabkommen ist, zeigt sich insbesondere bei der Frage, **35** welche Kollisionsregeln für die wechselrechtlichen Verfügungsgeschäfte gelten. Die Übertragung der in einem Wechsel verbrieften Rechte erfolgt ja in der Regel durch Übereignung der indossierten Wechselurkunde, kann aber auch durch schlichte Abtretung der verbrieften Rechte vorgenommen werden, wobei dann das Eigentum an dem Wechsel kraft Gesetzes gemäß § 952 Abs. 2 BGB auf den Zessionar übergeht.[73] Nach ganz h.M. wird die Abtretung der in dem Wechsel verbrieften Rechte nicht von Art. 93 WG erfaßt.[74] Daher gelten für die Abtretung der wechselrechtlich verbrieften Rechte nach ganz h.M. die allgemeinen internationalprivatrechtlichen Regelungen. Nach h.M. ist deshalb für die gesamte Abtretung[75], nach meiner Auffassung jedoch nur für die in Art. 33 Abs. 2 EGBGB aufgeführten Rechtsfragen,[76] das Recht maßgeblich, das auf die abgetretene Forderung Anwendung findet; daher gilt das für die jeweilige Wechselerklärung gem. Art. 93 WG maßgebliche Recht nach h.M. auch für die Abtretung der Wechselverpflichtung.[77]

Zweifelhaft ist aber, welche Kollisionsvorschriften zur Anwendung gelangen, **36** wenn die Wechselurkunde zur Übertragung der wechselmäßig verbrieften Rechte übereignet wird. Soweit die Übertragung der Wechselrechte nicht durch Indossament und Begebungsvertrag, sondern schlicht durch Übereignung eines mit einem Blankoindossament versehenen Orderwechsels erfolgt, wird diese Verfügung über einen Blankowechsel als sachenrechtliches Rechtsgeschäft zu Recht der lex rei

---

72 So *Baumbach/Hefermehl* Art. 93 WG Rdnr. 3; *Morawitz* S. 95f.; *Welter*, in: Bankrechtshandbuch I, § 66 Rdnr. 61.

73 Vgl. statt vieler *Baumbach/Hefermehl* Einl. WG Rdnr. 31, Art. 11 Rdnr. 1; *Zöllner* § 14 I 1 d (S. 85); im Grundsatz auch *Hueck/Canaris* § 8 I 1 (S. 81), die allerdings auch im Falle der bloßen Abtretung der verbrieften Rechte auf jeden Fall zusätzlich die Übergabe bzw. ein Übergabesurrogat hinsichtlich der Wechselurkunde fordern, vgl. § 8 I 1 a (S. 81–83).

74 Vgl. etwa Staub-*Stranz*, Art. 93 WG Anm. 29; *Hupka, Josef*, Das Einheitliche Wechselrecht der Genfer Verträge, 1934, S. 263; *Baumbach/Hefermehl* Art. 93 WG Rdnr. 1; *Morawitz* S. 114–117.

75 Vgl. zur kollisionsrechtlichen Behandlung von Abtretungen statt vieler BGH 20. 6. 1990, RIW 1990, 670, 671; BGH 23. 2. 1983, BGHZ 87, 19, 21; *Martiny*, in: *Reithmann/Martiny*, Rdnr. 333; *Kropholler* § 52 VIII 1 (S. 486).

76 Vgl. hierzu ausführlich unten Rdnr. 103; vgl. zur Herleitung dieser Auffassung *Einsele, Dorothee*, Das internationale Privatrecht der Forderungszession und der Schuldnerschutz, ZVglRWiss 90 (1991) 1–24; *Einsele, Dorothee*, Rechtswahlfreiheit im internationalen Privatrecht, RabelsZ 60 (1996) 417–447, 430–435.

77 So bezogen speziell auf die Abtretung von wechselmäßig verbrieften Rechten *Morawitz* S. 130–132.

(bzw. cartae) sitae[78] unterstellt.[79] Soweit es jedoch nicht um die Übertragung eines Blankowechsels geht, differenziert die wohl h.M. – anders als Art. 93 WG – nicht zwischen den Wechselerklärungen, sondern knüpft die Übertragungswirkung der wechselmäßig verbrieften Rechte grds. an das Recht des Unterzeichnungsortes des Indossaments an.[80] Damit wird eine einheitliche Anknüpfung für die Verfügung über sämtliche in dem Wechsel verbrieften Rechte erreicht, die mit dem Indossament und der Übereignung der Wechselurkunde übertragen werden sollen. Dies hat den Vorteil, daß die Wirksamkeit der Übertragung nicht für jede Wechselforderung (also die Forderung gegen Akzeptant, Aussteller und Indossanten) gesondert entschieden werden muß. Eine gesonderte Anknüpfung der Übertragung der Wechselforderungen könnte auch leicht zu einer Aufspaltung der Gläubigerstellung führen, so daß jemand zwar im Verhältnis zum Akzeptanten, nicht aber zu den Indossanten (und damit den Rückgriffsschuldnern) Gläubiger der Wechselforderung geworden wäre.[81] Daher ist der Ansicht, die den Unterzeichnungsort des Indossaments auch hinsichtlich der Übertragungswirkung für maßgeblich hält, der Vorzug vor der Anknüpfung an das für jede Wechselforderung gesondert gem. Art. 93 WG festzustellende Geschäftsstatut zu geben.[82] Allerdings läßt sich diese zutreffende Ansicht nicht ohne weiteres mit der h.M. im Bereich des internationalen Sachenrechts vereinbaren, wonach sich die Übereignung zwingend nach der Belegenheit der Sache im Zeitpunkt der Verfügung richtet (Grundsatz der lex rei sitae).[83] Danach müßte die lex cartae sitae eigentlich generell für die Übereignung von Wechselurkunden maßgeblich sein. Mit den Grundsätzen des internationalen Sachenrechts kompatibel wird die Anknüpfung der Übereignung des Wechsels an den Unterzeichnungsort des Indossaments oder – bei Rechtswahl – die Maßgeblichkeit des gewählten Rechts[84] aber, wenn man auch im Bereich des Sachenrechts eine (beschränkte) Rechtswahl für die Rechtsübertragung zuläßt.[85]

37   Sehr problematisch ist allerdings, daß nach französischem Recht die Wirksamkeit des Grundverhältnisses Voraussetzung für eine wirksame Wechselverpflichtungser-

---

78   Also dem Recht des Staates, in dem sich der Blankowechsel im Zeitpunkt der Verfügung befindet.

79   *Morawitz* S. 132f.; im Ergebnis wohl ebenso *Baumbach/Hefermehl* Art. 93 WG Rdnr. 1 sowie Staub-*Stranz*, Art. 93 WG Anm. 31: Recht des Begebungsorts.

80   *Morawitz* S. 121–123; Staub-*Stranz*, Art. 93 WG Anm. 28.

81   Vgl. hierzu *Morawitz* S. 118–121.

82   Für eine gesonderte Anknüpfung der Übertragungswirkung an das Geschäftsstatut jeder Wechselforderung jedoch *Hupka, Josef*, Das Einheitliche Wechselrecht der Genfer Verträge, 1934, S. 264f.

83   Vgl. etwa BGH 8. 4. 1987, BGHZ 100, 321, 324; *Kegel, Gerhard/Schurig, Klaus*, Internationales Privatrecht, 9. Aufl. 2004, § 19 I; *v. Bar, Christian*, Internationales Privatrecht II, Besonderer Teil 1991, Rdnr. 753; MünchKomm.-*Wendehorst* BGB Art. 43 EGBGB Rdnr. 194f.

84   Vgl. unten Rdnr. 39f.

85   Nämlich insoweit, als durch eine Ortsveränderung der Sache auch nach der lex rei sitae die Anwendung eines anderen Rechts erreichbar wäre; vgl. dazu *Einsele, Dorothee*, Rechtswahlfreiheit im internationalen Privatrecht, RabelsZ 60 (1996) 417–447, 435–446.

klärung ist.[86] Diese Rechtsauffassung steht zwar in krassem Gegensatz zum deutschen Recht, ist aber in der französischen Rechtsordnung, die das Abstraktionsprinzip des deutschen Rechts nicht kennt, durchaus konsequent. Dennoch mutet es merkwürdig an, zunächst ein Einheitsgesetz zu schaffen, insoweit auch Regelungen für die Wirksamkeit von Wechselerklärungen vorzusehen, es jedoch in einem solch wesentlichen Punkt bei der Anwendbarkeit des jeweiligen nationalen Sachrechts zu belassen und hiermit auch die einheitliche Auslegung des Art. 93 WG zu gefährden. Trotz aller berechtigten Kritik sollten jedoch die Unterschiede zum deutschen Recht auch nicht überschätzt werden. So können im deutschen Recht Mängel des Kausalverhältnisses grundsätzlich ebenfalls dem in einem Wechsel verbrieften Recht einredeweise entgegengehalten werden (§ 821 BGB). Der Unterschied zum französischen Recht besteht aber darin, daß durch die Abstraktheit des Wechsels im deutschen Recht eine Beweislastumkehr stattfindet.[87] Zudem greift die Einrede der ungerechtfertigten Bereicherung (§ 821 BGB) im deutschen Recht an sich nur bei peremptorischen Einreden (§ 813 BGB) ein, während dilatorische Einreden (wie etwa die Einrede des Zurückbehaltungsrechts gem. § 273 BGB) den in dem Wechsel verbrieften Ansprüchen nicht einredeweise entgegengehalten werden können. Hieraus ergaben sich in der Vergangenheit Unterschiede zum französischen Recht, wonach auch dilatorische Einreden ein Leistungsverweigerungsrecht begründen.[88] Der BGH ging jedoch mittlerweile dazu über, die mit der Wechselhingabe verbundene Zweckvereinbarung dahingehend auszulegen, der Berechtigte könne aus dem Wechsel keine weitergehenden Rechte als die aus dem Grundgeschäft geltend machen.[89]

Sofern der Wechsel weiterübertragen wurde, werden diese Rechtsfragen hingegen durch Einheitsrecht geregelt. Daß Einwendungen aus dem Kausalverhältnis weiteren Wechselnehmern grundsätzlich nicht entgegengehalten werden können, es sei denn, diese hätten beim Erwerb bewußt zum Nachteil des Schuldners gehandelt, wurde nämlich im Genfer Wechselrecht kodifiziert; daher ist dieser Grundsatz nicht nur im deutschen (vgl. Art. 17 WG), sondern auch im französischen Recht verankert (vgl. Art. 121 Code de commerce).[90]

38

d) Rechtswahlfreiheit im internationalen Wechselrecht

Wenn auch bisher nicht sehr häufig praktiziert, kann eine Rechtswahl bei Abgabe einer Wechselerklärung sinnvoll sein, um die relativ unübersichtliche Geltung unterschiedlicher Rechtsordnungen für die verschiedenen Wechselerklärungen auszuschließen und auf eine Rechtsordnung zu reduzieren. Zudem kann mit einer

39

---

86 Vgl. hierzu *Ripert, Georges/Roblot, René*, Traité de droit commercial, Bd. 2, 17. Aufl. 2004, Rdnr. 1929, 1962.

87 Vgl. hierzu statt vieler *Zöllner* § 5 II 2, 3 (S. 29).

88 Vgl. *Welter*, in: Grenzüberschreitender Zahlungsverkehr, S. 78 f.

89 BGH 8. 11. 1982, BGHZ 85, 346, 348 f.; BGH 30. 1. 1986, NJW 1986, 1872, 1873; vgl. aber andererseits auch *Hueck/Canaris* § 17 I 1 b (S. 166–169).

90 Vgl. hierzu auch *Ripert, Georges/Roblot, René*, Traité de droit commercial, Bd. 2, 17. Aufl. 2004, Rdnr. 2040–2045.

Rechtswahlvereinbarung auch erreicht werden, daß für das Grundverhältnis und die Wechselerklärung(en) die gleiche Rechtsordnung zur Anwendung gelangt und damit Probleme und Divergenzen vermieden werden, die sich daraus ergeben, daß die Wirkungen der Verpflichtungserklärungen von Aussteller bzw. Indossanten einer anderen Rechtsordnung als die jeweiligen Grundverhältnisse unterliegen.[91] Daher stellt sich die Frage nach der Zulässigkeit einer solchen Rechtswahl.

40   Teilweise werden die Regelungen des Abkommens über Bestimmungen auf dem Gebiet des internationalen Wechselprivatrechts (Konfliktsabkommen) für zwingend angesehen und daher die Möglichkeit von Rechtswahlvereinbarungen der Parteien abgelehnt.[92] Jedoch sprechen die Protokolle zu den Genfer Abkommen nicht für eine generelle Ablehnung der Rechtswahlmöglichkeit.[93] Daher können die allgemeinen internationalprivatrechtlichen Grundsätze zur Anwendung gelangen: Danach ist eine Rechtswahlvereinbarung grundsätzlich als zulässig anzusehen, es sei denn, daß Rechte Dritter oder der Allgemeinheit bzw. der Schutz der (typischerweise) schwächeren Vertragspartei gegenüber der stärkeren der Parteiautonomie entgegenstehen.[94] Wendet man diese Grundsätze an, so spricht nichts gegen die grundsätzliche Eröffnung einer Rechtswahlmöglichkeit im Bereich des internationalen Wechselrechts. Dies entspricht auch der heute h.M., die eine Rechtswahl in bezug auf das Wirkungsstatut des Art. 93 Abs. 1 WG[95], teilweise auch im Rahmen des Art. 93 Abs. 2 WG[96] oder sogar des Formstatuts gem. Art. 92 WG[97] zuläßt. Generelle Voraussetzung für die Rechtswahlmöglichkeit ist aber stets, daß sie nicht Rechte Dritter tangiert. Demgemäß ist eine Rechtswahlvereinbarung im Verhältnis zwischen zwei Wechselbeteiligten auch formlos zulässig. Soll diese Vereinbarung jedoch auch im Verhältnis zu Wechselbeteiligten Wirkung entfalten, die an der Rechtswahl nicht mitwirkten, so muß sich die Rechtswahl aus der Wechselurkunde selbst ergeben. Dies bedeutet, daß einem Wechselberechtigten eine Rechts-

---

91 *Schefold*, IPRax 1987, 150 f.; *Morawitz* S. 155.
92 Vgl. etwa RGRK-*Wengler*, Komm. z. EGBGB, 12. Aufl. 1981, § 22 a (S. 620); *Koch, Harald*, Konfliktsabkommen des angelsächsischen und deutschen Scheckrechts, ZHR 140 (1976) 1–16, 10, bezogen auf die parallele Problematik des internationalen Scheckrechts; *Ferid, Murad*, Internationales Privatrecht, 3. Aufl. 1986, § 6–59 (S. 227); *Hupka, Josef*, Das Einheitliche Wechselrecht der Genfer Verträge, 1934, S. 234, 253.
93 Vgl. hierzu Comptes rendus de la conférence internationale pour l'unification du droit en matière de lettres de change, billets à ordre et chèques, Première session, S. 430 ff.; vgl. hierzu auch *Morawitz* S. 151–153.
94 Vgl. hierzu näher *Einsele, Dorothee*, Rechtswahlfreiheit im internationalen Privatrecht, RabelsZ 60 (1996), 417–447, 418 m.w.N.
95 Vgl. statt vieler BGH 5. 10. 1993, IPRspr. 1993 Nr. 43 = IPRax 1994, 452, 453; BGH 1. 4. 1974, WM 1974, 558; BGH 11. 4. 1988, BGHZ 104, 145, 146–149; *Schlechtriem, Peter*, Zur Abdingbarkeit von Art. 93 Abs. 1 WG, IPRax 1989, 155 f.; *Zöllner* § 10 IV (S. 58 f.); *Baumbach/Hefermehl*, Übersicht für Art. 91 WG Rdnr. 2; Soergel-*v. Hoffmann* BGB Art. 37 EGBGB Rdnr. 19; *Martiny*, in: *Reithmann/Martiny*, Rdnr. 185; *Morawitz* S. 150–158; *Welter*, in: Bankrechtshandbuch I, § 66 Rdnr. 65.
96 So ausdrücklich *Morawitz* S. 151.
97 So *Wirth/Philipps/Rinke*, in: FS für Zajtay, S. 545–547.

wahl nur entgegengehalten werden kann, wenn sie sich aus der Wechselurkunde ergibt. Soweit es um die Wechselverpflichteten geht, erfordert jede Wechselerklärung – sofern sie einer anderen als der gemäß den Artt. 91–98 WG maßgeblichen Rechtsordnung unterworfen werden soll – grundsätzlich eine gesonderte Rechtswahlklausel. Anders ist dies lediglich, soweit der Aussteller für den Wechsel insgesamt eine Rechtswahl, und zwar für sämtliche (auch künftige) wechselrechtliche Erklärungen vorgesehen hat. Soweit derjenige, der sich später wechselrechtlich verpflichtet, diese Rechtswahl nicht für seine Verpflichtungserklärung ausschließt – wozu er aufgrund seiner Rechtswahlfreiheit berechtigt ist –, ist seine Erklärung dahingehend auszulegen, daß er diese unter Geltung der Rechtswahlklausel abgeben wollte.[98]

e) Anglo-amerikanischer Wechselrechtskreis

Auch bei den internationalprivatrechtlichen Regelungen unterscheidet sich der anglo-amerikanische von dem Genfer Wechselrechtskreis. So bestimmt sich die Frage der Gültigkeit des Wechsels nach englischem Recht grds. nach dem Recht des Staates, in dem der Wechsel zuerst in vollständiger Form übergeben wurde. Auch die übrigen Wechselrechtserklärungen (wie etwa Akzept und Indossament) sind nach dem Recht des Orts zu beurteilen, an dem der Wechsel nach den maßgeblichen Unterschriften übergeben und dadurch der betreffenden Wechselrechtserklärung Wirksamkeit verliehen wurde.[99] Aber auch der Inhalt der wechselrechtlichen Verpflichtungen richtet sich im englischen Recht grds. nach dem Recht des Ortes, an dem der Wechsel übergeben und hierdurch der betreffenden Wechselerklärung Wirksamkeit verliehen wurde.[100] Dies bedeutet, daß sowohl Formwirksamkeit als auch Inhalt der Wechselerklärungen dem Recht des Staates unterliegen, in dem der Wechsel nach Abgabe der jeweiligen Unterschriften begeben wurde.[101] Allerdings wurde (auch) mit sec. 72 des Bills of Exchange Act nur ein Ausschnitt der internationalprivatrechtlichen Probleme gesetzlich normiert.[102] Jedenfalls nicht ausdrück-

41

---

98 So zutreffend Soergel-*v.Hoffmann* BGB Art. 37 EGBGB Rdnr. 19; *Morawitz* S. 157 f.; *Schefold*, IPRax 1987, 150 f., bezogen auf das Scheckrecht.

99 Hiervon gibt es allerdings wiederum zwei Ausnahmen: zum einen wird ein Wechsel, der außerhalb Großbritanniens begeben wurde, nicht etwa deshalb als nichtig angesehen, weil die in dem betreffenden ausländischen Staat zu entrichtende Stempelsteuer nicht entrichtet wurde. Zudem kann ein Wechsel, der außerhalb Großbritanniens ausgestellt wurde, hinsichtlich der Durchsetzung von Zahlungsansprüchen zwischen den Personen als wirksam behandelt werden, die in Großbritannien diesen Wechsel handeln, innehaben oder Wechselrechtsbeteiligte werden, sofern der Wechsel nach britischem Recht formwirksam ist (so sec. 72 (1) Bills of Exchange Act 1882).

100 Vgl. zu dieser Frage, die im einzelnen aber streitig ist, *Dicey, A. V. & Morris, H. C.*, The Conflict of Laws, Bd. 2, 13. Aufl. 2000, S. 1444 (33–344).

101 Allerdings findet diese Regel insoweit eine Einschränkung, als ein Wechsel, der in Großbritannien ausgestellt und zahlbar ist, oder ein Wechsel, der in Großbritannien auf einen dortigen Einwohner gezogen wurde, im Verhältnis zum Zahlungspflichtigen nach britischem Recht ausgelegt wird (vgl. sec. 72 (2) Bills of Exchange Act 1882).

102 Vgl. zu den internationalprivatrechtlichen Regelungen zur Vorlage des Wechsels zur An-

lich geregelt ist etwa die Frage der Wechselrechts- bzw. -geschäftsfähigkeit sowie die – nach allgemeiner Meinung der lex rei sitae unterliegenden[103] – Eigentumsverhältnisse an dem Wechsel. Aber auch im englischen Recht wird offenbar mehrheitlich angenommen, die Parteien hätten die Möglichkeit der Rechtswahl,[104] obgleich diese Frage ebenfalls nicht (ausdrücklich) gesetzlich geregelt ist.

42   Demgegenüber ist im amerikanischen Recht die Zulässigkeit der Rechtswahl im Uniform Commercial Code ausdrücklich vorgesehen. Während nach der früheren Fassung des UCC eine ausreichend enge Beziehung des Rechtsgeschäfts zu dem gewählten Recht generell Voraussetzung für eine wirksame Rechtswahl war, steht den Parteien nach der revidierten Fassung von § 1 UCC von 2001 grds. sogar die freie Rechtswahlmöglichkeit zu;[105] diese erfährt allerdings zum Schutz des Verbrauchers einige wesentliche Einschränkungen. Denn sofern einer der Parteien Verbraucher ist, muß das Rechtsgeschäft nicht nur – wie dies in der früheren Fassung des § 1 UCC generell der Fall war – eine ausreichend enge Beziehung (reasonable relation) zu dem gewählten Recht aufweisen. Daneben dürfen dem Verbraucher auch nicht die zwingenden Bestimmungen des Rechts seines Aufenthaltsstaats entzogen werden.[106] Allerdings gilt die revidierte Fassung von § 1 UCC bisher nur in einigen wenigen Bundesstaaten,[107] so daß die frühere Fassung des § 1 UCC nach wie vor von Bedeutung ist. Liegt keine Rechtswahl der Parteien hinsichtlich der wechselrechtlichen Beziehungen vor, so entscheiden die Kollisionsnormen des Forumstaates über das anwendbare Recht.[108] Demgegenüber findet sich in der früheren Fassung des § 1 UCC noch eine kollisionsrechtliche Regelung, wonach der UCC bevorzugt zur Anwendung gelangt.[109] Denn danach findet der UCC – in der in dem jeweiligen Bundesstaat geltenden Fassung – bereits dann Anwendung, wenn das Rechtsgeschäft eine angemessene Beziehung (appropriate relation) zu diesem Staat aufweist. Der Begriff der „appropriate relation" ist allerdings ziemlich vage, so daß den Gerichten hier ein sehr weiter Interpretationsspielraum bei der Bestimmung des anwendbaren Rechts offensteht.[110]

---

nahme und Zahlung sowie der Notwendigkeit eines Protests oder ähnlicher Maßnahmen sec. 72 (3) Bills of Exchange Act 1882; vgl. zur Fälligkeit des Wechsels sec. 72 (5) des Bills of Exchange Act 1882.

103   Vgl. hierzu *Dicey, A. V. & Morris, H. C.*, The Conflict of Laws, Bd. 2, 13. Aufl. 2000, S. 1436 (33–329), S. 1446 (33–349).

104   *Dicey, A. V. & Morris, H. C.*, The Conflict of Laws, Bd. 2, 13. Aufl. 2000, S. 1436f. (33–330); a. A. noch *Cheshire, G. C. & North, P. M.*, Private International Law, 12. Aufl. 1992, S. 523, in der 13. Aufl. 1999 findet sich hierauf allerdings kein Hinweis mehr.

105   Vgl. § 1-301 (c) UCC (2001); prior § 1-105 (1) UCC.

106   Vgl. § 1-301 (e) (1) und (2) (A) UCC (2001).

107   Nach dem Stand von Mai 2005 hatten lediglich Alabama, Delaware, Hawaii, Idaho, Minnesota, Texas, die Virgin Islands und Virginia die revidierte Fassung von 2001 übernommen.

108   Vgl. § 1-301 (d) UCC (2001).

109   Hintergrund war die Ungewißheit darüber, ob der Uniform Commercial Code von den Bundesstaaten übernommen werden würde, vgl. hierzu Official Comment 7. zu § 1-301 UCC in: Uniform Laws Annotated, Uniform Commercial Code, Volume 1, 2004.

110   Vgl. dazu Global Commerce Corp. v. Clark-Babbitt Industries Inc. 239 F.2d 716–720, 719

Festzustellen ist also, daß sich nicht nur die sachrechtlichen, sondern auch die 43
kollisionsrechtlichen Regelungen nicht nur zwischen dem Genfer und anglo-amerikanischen Wechselrechtskreis unterscheiden, sondern auch innerhalb dieser
Rechtskreise anders sind. Da jeder Staat sein eigenes internationales Privatrecht anwendet, würde je nach dem, in welchem Staat Gerichte oder Behörden über eine
wechselrechtliche Frage zu entscheiden haben, ein anderes Recht angewandt. Diese Probleme lassen sich am ehesten durch eine (sich aus der Urkunde ergebende)
Rechtswahl vermeiden.

II. Scheck

Literatur

Baumbach, Adolf/Hefermehl, Wolfgang, Wechselgesetz und Scheckgesetz mit Nebengesetzen und einer Einführung in das Wertpapierrecht, 22. Aufl. 2000. *Baumbach, Adolf/Hopt,
Klaus J.*, HGB, 32. Aufl. 2006, (7) BankGesch E/1-E/18. *Bernstorff, Christoph, Graf v.*, Das
internationale Wechsel- und Scheckrecht, 2. Aufl. 1992. *Brien, Pascale*, Le paiement par euro-
cheques et les retraits dans les Guichets automatiques de banques dans l'Union européenne,
in: Grenzüberschreitender Zahlungsverkehr im europäischen Binnenmarkt, hrsg. v. Hadding, Walther u. Schneider, Uwe H., Schriftenreihe der europäischen Rechtsakademie Trier,
Bd. 18, 1997, S. 41–51. *Brindle, Michael/Cox, Raymond* (Hrsg.), Law of Bank Payments,
3. Aufl. 2004. *Canaris, Claus-Wilhelm*, Bankvertragsrecht, 3. Aufl. 1988, Erster Teil,
Rdnr. 829–877. *Cranston, Ross*, Principles of Banking Law, 2. Aufl. 2002. *Crüsemann, Michael*, Zahlungspflichten aus Wechsel und Scheck im englischen und deutschen Recht – eine
rechtsvergleichende Untersuchung der Vereinheitlichung des Wechsel- und Scheckrechts,
Diss. Mainz 1976. *Dütz, Wilhelm*, Rechtliche Eigenschaften der Scheckkarte, DB 1970, 189–
195. *Ellinger, E. P./Lomnicka, Eva/Hooley, Richard*, Modern Banking Law, 4. Aufl. 2006.
Horn, Norbert, in: *Heymann/Horn*, HGB, Bd. 4, 1990, Anh. § 372 Bankgeschäfte III,
Rdnr. 78–142. *Hueck, Alfred/Canaris, Claus-Wilhelm*, Recht der Wertpapiere, 12. Aufl.
1986. *Jacobi, Ernst*, Wechsel- und Scheckrecht unter Berücksichtigung des ausländischen
Rechts, 1956. *Joost, Detlev*, Neue Euroscheckbedingungen zum Risiko des Scheckmiß-
brauchs, DB 1989, 1657–1663. *Kümpel, Siegfried*, Bank- und Kapitalmarktrecht, 3. Aufl.
2004, Rdnr. 4.1078–4.1100. *Mann, Ronald J.*, Payment Systems and Other Financial Transactions, 2. Aufl. 2003. *Nobbe, Gerd*, Eurocheque und Reisescheck, in: Bankrechtshandbuch I,
hrsg. v. Schimansky, Herbert/Bunte, Hermann Josef/Lwowski, Hans-Jürgen, 2. Aufl. 2001,
§ 63. *Peters, Bernd*, Der Wechselkredit, in: Bankrechtshandbuch I, hrsg. v. Schimansky, Her-
bert/Bunte, Hermann Josef/Lwowski, Hans-Jürgen, 2. Aufl. 2001, § 65. *Schefold, Dietrich*,
Zur Rechtswahl im internationalen Scheckrecht, IPRax 1987, 150–153. *Schlegelberger,
Franz/Hefermehl, Wolfgang*, HGB, Bd. IV, 5. Aufl. 1976, Anh. § 365 Rdnr. 312–322. *Schönle,
Herbert*, Bank- und Börsenrecht, 2. Aufl. 1976, § 8 VI, § 15 II. *Schwintowski, Hans-Peter/
Schäfer, Frank A.*, Bankrecht, Commercial Banking – Investment Banking, 2. Aufl. 2004,
§§ 9–11. *Welter, Reinhard*, Die grenzüberschreitende Zahlung durch Wechselbegebung, in:
Grenzüberschreitender Zahlungsverkehr im europäischen Binnenmarkt, hrsg. v. Hadding,
Walther u. Schneider, Uwe H., Schriftenreihe der Europäischen Rechtsakademie Trier,
Bd. 18, 1997, S. 69–86. *Zöllner, Wolfgang*, Wertpapierrecht, 14. Aufl. 1987. *Zöllner, Wolfgang*,
Zur rechtlichen Problematik der Scheckkarte, DB 1968, 559–564.

(2 d Cir. 1956).

1. Einführung: Scheckrechtskreise

44   Ähnlich wie der Wechsel ist auch der Scheck nach dem deutschen Scheckgesetz (SchG) ein schuldrechtliches Wertpapier, das relativ strengen Formvorschriften unterliegt und abstrakt und unbedingt auf die Zahlung einer bestimmten Geldsumme lautet (Art. 1 SchG). Auch der Scheck stellt eine Form der Anweisung dar, d. h. der Aussteller weist den Bezogenen an, an den Schecknehmer eine bestimmte Geldsumme zu zahlen. Der Bezogene soll eine Bank sein (Artt. 3, 54 SchG). Da der Scheck von der Bank nicht angenommen (akzeptiert) werden kann (Art. 4 SchG), erwirbt der Schecknehmer keinen Anspruch gegen die bezogene Bank. Aber er wird durch den Scheck ermächtigt, Zahlung bei der bezogenen Bank zu erheben und die Bank wird ermächtigt, für Rechnung des Ausstellers an den Schecknehmer zu leisten.

45   Der Scheck ist nach dem SchG ein Orderpapier (sog. geborenes Orderpapier, vgl. Artt. 14 Abs. 1, 5 Abs. 1 SchG). Da die Scheckformulare der deutschen Kreditinstitute aber eine Klausel enthalten, wonach der Scheck nicht nur an den namentlich genannten Berechtigten, sondern auch an den Überbringer zahlbar ist, handelt es sich bei inländischen Schecks in aller Regel um Inhaberschecks (vgl. Art. 5 Abs. 2 SchG).[111] Da der Scheck zwingend auf Sicht (bei Vorlegung) zahlbar ist (Art. 28 SchG) und überdies für die Vorlegung relativ kurze Fristen gelten (Art. 29 SchG), eignet sich der Scheck nur für Zahlungszwecke (und nicht für Kreditzwecke). Wird der rechtzeitig vorgelegte Scheck nicht eingelöst und die Verweigerung der Zahlung festgestellt, kann der Inhaber des Schecks gegen den Aussteller (Art. 12 SchG), aber auch gegen sonstige Scheckschuldner (Indossanten, Scheckbürge) Rückgriff nehmen (Art. 40 SchG).[112]

46   Ähnlich wie im Bereich des Wechselrechts gibt es auch im Scheckrecht zwei große Rechtskreise: einmal den der Genfer Scheckrechtskonferenz von 1931 mit seinen drei Abkommen, nämlich zum einen dem Abkommen über das Einheitliche Scheckgesetz mit zwei Anlagen, wobei Anlage I in 57 Artikeln das Einheitliche Scheckgesetz, Anlage II die etwas weiter als im Wechselrecht reichenden zulässigen Vorbehalte für die Vertragsstaaten in 31 Artikeln enthält. Die weiteren Genfer Abkommen betreffen Bestimmungen auf dem Gebiet des internationalen Scheckprivatrechts sowie das Verhältnis der Stempelgesetze zum Scheckrecht.[113] Die Abkommen sind am 1. 1. 1934 in Kraft getreten.[114] Vertragsstaaten aller drei Abkommen sind Belgien, Brasilien, Dänemark, Deutschland, Finnland, Frankreich, Griechenland, Indonesien, Italien, Japan, Luxemburg, Monaco, Nicaragua, Nie-

---

111   Vgl. aber auch Art. 5 Abs. 1 SchG, wonach der Scheck durch eine negative Orderklausel zum Rektascheck gemacht werden kann. Allerdings kommt der Rektascheck in der Praxis nicht vor, vgl. *Baumbach/Hefermehl* Art. 5 SchG Rdnr. 3.
112   Im übrigen sei hinsichtlich der Einzelheiten des (deutschen) Scheckrechts auf die einschlägige wertpapierrechtliche Literatur verwiesen, vgl. insbes. *Hueck/Canaris* §§ 19 f.; *Zöllner* § 26; *Baumbach/Hefermehl* Einl. SchG.
113   Vgl. statt vieler *Baumbach/Hefermehl* Einl. SchG Rdnr. 3.
114   Bek. v. 30. 11. 1933, RGBl. II S. 975.

derlande, Norwegen, Österreich, Polen, Portugal, Schweden, Schweiz und Ungarn. Demgegenüber sind Aserbaidschan und Malawi lediglich Vertragsstaaten des Abkommens über das Einheitliche Scheckgesetz, während Australien, die Bahamas, Fidschi, Großbritannien, Irland, Malaysia, Malta, Papua-Neuguinea, Tonga und Zypern nur dem Abkommen über das Verhältnis der Stempelgesetze zum Scheckrecht beigetreten sind.[115] Zwar entwickelte sich auch im Bereich des Scheckrechts zwischen den Unterzeichnerstaaten der Genfer Abkommen das Scheckrecht teilweise in unterschiedlicher Weise.[116] Dennoch stellt das Genfer Scheckrecht – wenn auch eingeschränkt durch die in Anlage II des Genfer Abkommens über das Einheitliche Scheckgesetz zugelassenen Vorbehalte[117] – ein *loi uniforme*, also ein Einheitsrecht mit Geltungsbereich in zahlreichen Staaten dar. Daneben existiert als zweiter großer Rechtskreis das anglo-amerikanische Recht, also namentlich das Scheckrecht Großbritanniens und der USA.

2. Wesentliche Unterschiede zwischen dem anglo-amerikanischen und dem Genfer Einheitlichen Scheckrecht

a) Formerfordernisse

Das Genfer Scheckrecht ist zwar dem Wechselrecht nachgebildet, jedoch in besonderen Abkommen[118] geregelt. Auch hat der Scheck eine eigenständige Regelung seiner (notwendigen) Bestandteile erhalten. Erforderlich ist die Bezeichnung als Scheck, die unbedingte Anweisung, eine bestimmte Geldsumme zu zahlen, der Name des Bezogenen, die – allerdings nicht wesentliche (vgl. Art. 2 Abs. 2 und 3 SchG) – Angabe des Zahlungsorts, der Tag und Ort der Ausstellung sowie die Unterschrift des Ausstellers (Art. 1 SchG). Sofern die Angabe des Ausstellungsorts fehlt, gilt der beim Namen des Ausstellers angegebene Ort als Ausstellungsort (Art. 2 Abs. 4 SchG). Diese Angaben müssen ebenso wie im anglo-amerikanischen

47

---

115   Vgl. zum Inkrafttreten der Abkommen in den einzelnen Staaten *Baumbach/Hefermehl* Anh. 2 SchG (wenn sich auch diese Liste nicht auf dem neuesten Stand befindet).

116   Vgl. die Übersicht über die Rspr. von Deutschland, Frankreich, Finnland, Österreich und der Schweiz, in: Internationale Rechtsprechung zum Genfer Einheitlichen Wechsel- und Scheckrecht, hrsg. v. Kreuzer, Karl, 4. Folge 1993.

117   So hat Deutschland von dem in Art. 18 Abs. 1 der Anlage II zum Abkommen über das Einheitliche Scheckgesetz vorgesehenen Vorbehalt Gebrauch gemacht und läßt den gekreuzten Scheck in Deutschland zwar nicht zu (vgl. Art. 1 Abs. 1 S. 2 EGScheckG), behandelt jedoch im Ausland ausgestellte gekreuzte Schecks im Inland als Verrechnungsschecks (Art. 3 EG-ScheckG); ebenfalls in Ausübung des Vorbehalts gem. Art. 27 der Anlage II zum Abkommen über das Einheitliche Scheckgesetz hat Deutschland gem. Art. 55 Abs. 1 SchG den Sonnabend mit einem gesetzlichen Feiertag gleichgestellt (vgl. zu diesen Vorbehalten auch Bek. v. 20. 9. 1960, BGBl. II, S. 2315). Frankreich hat von dem Vorbehalt gem. Art. 7 der Anlage II zum Abkommen über das Einheitliche Scheckgesetz in bezug auf die Artt. 5 und 14 des Abkommens über das Einheitliche Scheckgesetz Gebrauch gemacht (vgl. Bek. v. 21. 4. 1980, BGBl. II, S. 631).

118   Vgl. oben Rdnr. 46.

Recht[119] in Schriftform vorliegen; insbes. wird weder nach dem Genfer Scheckrecht noch im anglo-amerikanischen Rechtskreis eine elektronische Unterschrift als ausreichend angesehen.[120]

48   Bemerkenswert ist demgegenüber sowohl beim englischen als auch US-amerikanischen Scheckrecht, daß es jeweils zusammen mit dem Wechselrecht geregelt ist. Daher stellt der Scheck im anglo-amerikanischen Recht – zumindest in der Theorie – eine besondere Form des Wechsels dar.[121] So wird der Scheck im englischen Recht in sec. 73 Bills of Exchange Act 1882 folgendermaßen definiert:

„A Cheque is a bill of exchange drawn on a banker payable on demand."

Auch im US-amerikanischen Recht wird der Scheck zusammen mit dem Wechsel in Art. 3 des Uniform Commercial Code geregelt und in folgender Weise definiert: § 3–104 (f) UCC:

„Check" means (i) a draft, other than a documentary draft, payable on demand and drawn on a bank or (ii) a cashier's check or teller's check. An instrument may be a check even though it is described on its face by another term, such as „money order".[122]

Im Gegensatz zum Genfer Scheckrecht, wonach Bezogener lediglich eine Bank sein soll, nicht jedoch sein muß (vgl. Art. 3 SchG), hat der Bezogene im englischen Recht also ein Bankier zu sein. Demgegenüber kann im US-amerikanischen Recht ein Scheck ausnahmsweise auch auf eine Nichtbank gezogen werden, wie dies etwa bei einem „teller's check" der Fall sein kann.[123] Zudem zeigt die Definition des Schecks im US-amerikanischen Recht ebenso wie im englischen Recht, das auf den Wechsel verweist, daß eine Scheckklausel im Gegensatz zum Genfer Einheitlichen Scheckrecht (vgl. Art. 1 Nr. 1 SchG) nicht erforderlich ist. Daß im anglo-amerikanischen Recht nicht nur an den Wechsel, sondern auch an den Scheck weniger strikte Formerfordernisse als nach Genfer Scheckrecht gestellt werden, wird auch noch an anderen Vorschriften deutlich: So sind Zinsklauseln nach anglo-amerikanischem Recht zwar unüblich, aber zulässig[124], während Zinsklauseln nach Genfer Scheckrecht als nicht geschrieben gelten (Art. 7 SchG). In jedem Falle setzt der Scheck

---

119   Wobei allerdings die Schriftform im US-amerikanischen Recht ziemlich weit gefaßt ist, vgl. hierzu § 1-201 (b) (43) UCC (2001), prior § 1-201 (46) UCC: „written" or „writing" includes printing, typewiting or any other intentional reduction to tangible form.
120   Vgl. zur im US-amerikanischen Recht nach wie vor erforderlichen Schriftform *Mann* S. 402.
121   Vgl. für das englische Recht *Brindle/Cox* Rdnr. 7–001; vgl. für das US-amerikanische Recht § 3-104 (f) UCC sowie Official Comment 4. zu § 3-104 UCC, in: Uniform Laws Annotated, Uniform Commercial Code, Volume 2, 2004.
122   Vgl. zur Definition des cashier's check § 3-104 (g) UCC: „cashier's check" means a draft with respect to which the drawer and drawee are the same bank or branches of the same bank.
123   Vgl. die Definition des teller's check in § 3-104 (h) UCC: „teller's check" means a draft drawn by a bank (i) on another bank or (ii) payable at or through a bank.
124   Vgl. für das englische Recht sec. 9 (1) (a) Bills of Exchange Act, vgl. dazu *Crüsemann* S. 193, vgl. für das US-amerikanische Recht § 3-104 (a) i.V.m. § 3-104 (f) UCC.

aber auch im englischen und US-amerikanischen Recht eine unbedingte Zahlungsanweisung voraus.[125]

Die Unterschiede zwischen dem anglo-amerikanischen und dem Genfer Scheckrecht sind jedoch weniger gravierend als im Bereich des Wechselrechts. Dies zeigt sich etwa darin, daß ein Scheck nach Genfer Scheckrecht – im Unterschied zum Wechsel – auch auf den Inhaber gestellt werden kann (Art. 5 Abs. 1 SchG); wegen der auf den Scheckformularen enthaltenen Klausel, wonach der Scheck auch an den Überbringer zahlbar gestellt wird, sind gerade im deutschen Zahlungsverkehr Schecks üblicherweise Inhaberschecks.[126] Aber auch im anglo-amerikanischen Recht können Schecks wie Wechsel an Order oder an Inhaber lauten.[127] Üblich sind im anglo-amerikanischen Recht jedoch Orderschecks. Auch läßt nach Genfer Scheckrecht die fehlende Angabe des Zahlungsorts sowie die fehlende Angabe eines Ortes beim Namen des Bezogenen – im Gegensatz zum Wechselrecht (Art. 2 Abs. 3 WG) – den Scheck nicht unwirksam werden; Zahlungsort ist in diesem Fall die Hauptniederlassung des Bezogenen (vgl. Art. 2 Abs. 3 SchG). Ebenso wie beim Wechsel ist auch beim Scheck nach anglo-amerikanischem Recht die Angabe eines Zahlungsorts nicht erforderlich.[128]

b) Regelungen zur Scheckzahlung und zum Rückgriff

Entscheidender als diese mehr formellen Regelungen und Voraussetzungen sind jedoch die Unterschiede, die im Bereich der inhaltlichen Ausgestaltung des Zahlungsinstruments Scheck nach Genfer bzw. anglo-amerikanischem Recht bestehen. So kennt das Genfer Scheckrecht grundsätzlich ein Akzeptverbot, genauer gesagt gilt die Annahme durch den Bezogenen als nicht geschrieben (vgl. Art. 4 SchG). Diese Regelung soll verhindern, daß der Scheck banknotenähnliche Wirkung erhält[129], dem Sichtwechsel ähnlich und damit zu Kreditzwecken eingesetzt wird.[130] Anders ist dies jedoch im anglo-amerikanischen Rechtskreis geregelt, der ein gesetzliches Akzeptverbot nicht kennt, sondern in der Annahme ein wirksames Zahlungsversprechen gegenüber dem aus dem Scheck Berechtigten sieht.[131] Auch

---

125 Vgl. für das englische Recht sec. 73 i.V.m. sec. 3 (1) Bills of Exchange Act 1882; für das US-amerikanische Recht § 3-104 (a), (e), (f) UCC.
126 Vgl. etwa *Baumbach/Hefermehl* Art. 5 SchG Rdnr. 4; *Zöllner* § 26 III 4 (S. 162).
127 Vgl. für das englische Recht sec. 73 i.V.m. sec. 8 (3) und (4) Bills of Exchange Act 1882; vgl. für das US-amerikanische Recht § 3-109 (a) (1) und (b) i.V.m. § 3-104 (e) und (f) UCC.
128 Vgl. für das englische Recht sec. 3 (4) (c) Bills of Exchange Act 1882; vgl. für das US-amerikanische Recht § 3-111 UCC.
129 Vgl. statt vieler *Baumbach/Hefermehl* Art. 4 SchG Rdnr. 1; hieraus erklärt sich auch die Ausnahme des § 23 Abs. 1 BundesbankG im deutschen Recht, wonach die Bundesbank auf sie gezogene Schecks mit einem Bestätigungsvermerk versehen darf.
130 *Hueck/Canaris* § 20 II 3 a (S. 182); *Zöllner* § 26 III 1 (S. 160).
131 Vgl. für das englische Recht die Entscheidung Bank of Baroda Ltd. v. Punjab National Bank Ltd. [1944] AC 176, 188; vgl. auch *Brindle/Cox*, wonach allerdings eine Bestätigung der bezogenen Bank „marked good for payment" gegenüber dem Schecknehmer grundsätzlich nicht als Scheckakzept i.S.d. sec. 17 Bills of Exchange Act 1882 auszulegen ist, Rdnr. 7–050f.; für

hier zeigt sich wiederum, daß der Scheck im anglo-amerikanischen Recht lediglich eine Unterart des Wechsels ist. Dennoch sollten die praktischen Unterschiede zwischen dem Genfer und dem anglo-amerikanischen Scheckrecht in diesem Punkte nicht überschätzt werden. So ist das Scheckakzept auch im anglo-amerikanischen Rechtskreis eher unüblich[132], andererseits erhielt bis Ende des Jahres 2001 der Schecknehmer auch im Geltungsbereich des Genfer Scheckrechts bei Vorliegen bestimmter Voraussetzungen durch den Einsatz von Scheckkarten einen – wenn auch nicht wertpapierrechtlichen, so doch bürgerlichrechtlichen – Anspruch gegen die kartenausgebende Bank bis zu einem garantierten Höchstbetrag von 400 DM.[133]

51   Im übrigen ist zwar der Scheck sowohl nach Genfer[134] als auch nach anglo-amerikanischem Recht[135] auf Sicht zahlbar. Jedoch kennt das Genfer Scheckrecht im Gegensatz zum anglo-amerikanischen Recht feste Vorlegungsfristen. Inlandsschecks müssen nach Genfer Scheckrecht nämlich binnen 8 Tagen, Auslandsschecks binnen 20 bzw. – sofern Ausstellungs- und Zahlungsort sich in verschiedenen Erdteilen befinden – binnen 70 Tagen zur Zahlung vorgelegt werden (Art. 29 Abs. 1 und 2 SchG). Demgegenüber ist der Scheck nach englischem Recht innerhalb einer angemessenen Frist (reasonable time) vorzulegen[136], während nach US-amerikanischem Recht zunächst keine zeitliche Begrenzung für die Vorlage des Schecks besteht.[137] Der Scheckberechtigte verliert jedoch eventuelle Rückgriffsansprüche gegen den Indossanten 30 Tage nach Abgabe des Indossaments;[138] zudem ist eine – in der Praxis allerdings kaum relevante – Einschränkung der Zahlungsverpflichtung des Ausstellers bei Vorlage eines Schecks 30 Tage nach dem Datum vorgesehen, das auf dem Scheck vermerkt ist.[139]

52   Auch die Rechtsfolgen, die sich an die Überschreitung der Vorlegungsfristen knüpfen, sind nach Genfer bzw. englischem Recht unterschiedlich: wird die Vorlegungsfrist versäumt, wird der Aussteller nach englischem Recht nicht von seiner Leistungspflicht befreit, jedoch reduziert sich seine Zahlungsverpflichtung um den Schaden, den er durch die verspätete Vorlage des Schecks erlitten hat.[140] Demgegenüber kann nach Genfer Scheckrecht der Aussteller nach Ablauf der Vorlegungsfristen den Scheck widerrufen (Art. 32 Abs. 1 SchG), der Bezogene ist aber ansonsten

---

das US-amerikanische Recht vgl. §3-409 (d) UCC, wonach den Bezogenen andererseits aber auch keine Verpflichtung zur Annahme des Schecks trifft.

132 Vgl. etwa für das englische Recht *Brindle/Cox* Rdnr. 7.050.

133 Vgl. hierzu statt vieler *Zöllner* §21 I (S. 188).

134 Vgl. Art. 28 Abs. 1 SchG.

135 Vgl. für das englische Recht sec. 73 Bills of Exchange Act 1882; *Brindle/Cox* Rdnr. 7–017; vgl. für das US-amerikanische Recht §3-104 (f) i.V.m. §3-108 (a) UCC.

136 Vgl. für das englische Scheckrecht sec. 74 (2) Bills of Exchange Act 1882, wonach die Frage, was als angemessene Zeit betrachtet werden kann, von den Umständen des Einzelfalls abhängt.

137 Vgl. §3-108 (a) UCC; vgl. auch Corpus Iuris Secundum, Bd. 10, 1995, Bills and Notes, Maturity, §90 b.

138 Vgl. §3-415 (e) UCC.

139 Vgl. §3-414 (f) sowie Official Comment 6. zu §3-414 UCC.

140 Sec. 74 (1) Bills of Exchange Act 1882.

(soweit kein Widerruf erfolgt) zwar nicht verpflichtet, aber berechtigt, den Scheck einzulösen (Art. 32 Abs. 2 SchG).[141] Da jedoch nach englischem Recht der Scheckaussteller einen Scheck sowieso jederzeit widerrufen kann[142], erübrigt sich auch eine Regelung zur Widerruflichkeit des Schecks bei verspäteter Vorlage. Demgegenüber ist ein Widerruf des Scheckausstellers im US-amerikanischen Recht nicht vorgesehen; im Gegensatz zum Wechsel ist vielmehr ein Haftungsausschluß des Scheckausstellers für die Zahlung grundsätzlich[143] nicht wirksam möglich.[144]

Nach Genfer Scheckrecht ist ein förmlicher Protest nicht unbedingt erforderlich, um gegen Indossanten, Aussteller und andere Scheckverpflichtete Rückgriff nehmen zu können. Notwendig ist aber immerhin eine schriftliche, datierte Erklärung des Bezogenen auf dem Scheck, die den Tag der Vorlegung angibt oder eine datierte Erklärung einer Abrechnungsstelle, daß der Scheck rechtzeitig angeliefert und nicht bezahlt worden ist (Art. 40 SchG). Ebenso wie beim Wechsel ist auch beim Scheck ein förmlicher Protest im anglo-amerikanischen Recht nicht erforderlich;[145] jedoch ist im anglo-amerikanischen Recht wenigstens eine formlose „notice of dishonour" grds. Voraussetzung für den Rückgriff.[146] Nach englischem Recht ist allerdings auch die „notice of dishonour" im Verhältnis zum Aussteller entbehrlich, wenn dieser beim Bezogenen/Bankier kein entsprechendes Guthaben bzw. (Überziehungs-) Kredit hatte oder der Aussteller den Scheck zuvor widerrufen hatte.[147] Auch im US-amerikanischen Recht ist die grds. für den Rückgriff erforderliche formlose Benachrichtigung des Ausstellers bzw. der Indossanten in Form einer „notice of dishonour" u. U. entbehrlich:[148] so beim Rückgriff gegen den Aussteller, wenn der Scheck von dem Bezogenen/Bankier nicht angenommen wurde, da der Aussteller in diesem Fall als primär zahlungspflichtig angesehen wird.[149]

Unterschiedlich ist die Haltung des Genfer Scheckrechts einerseits und des anglo-amerikanischen Rechts andererseits auch zur Frage der Zulässigkeit von Teilzahlungen. Während nach Genfer Scheckrecht der Inhaber eines Schecks eine Teilzahlung nicht zurückweisen darf (Art. 34 SchG), ist der Scheckinhaber nach englischem Recht nicht zur Annahme von Teilzahlungen verpflichtet.[150]

53

54

---

141 Vgl. statt vieler *Hueck/Canaris* § 20 II 4 c (S. 184); *Baumbach/Hefermehl* Art. 29 SchG Rdnr. 5.

142 Vgl. sec. 75 (1) Bills of Exchange Act 1882; vgl. auch *Brindle/Cox* Rdnr. 7–278f.

143 Vgl. allerdings § 3-414 (c) UCC, wonach der Aussteller im Fall eines Bankakzepts nicht (mehr) haftet.

144 Vgl. § 3-414 (e) UCC.

145 Vgl. für das englische Recht sec. 51 (1) Bills of Exchange Act 1882; vgl. für das US-amerikanische Recht § 3-503 (b) UCC.

146 Sec. 48 Bills of Exchange Act 1882; § 3-503 (a) UCC.

147 Sec. 50 (2) (c) Bills of Exchange Act 1882; vgl. auch *Brindle/Cox* Rdnr. 7–100.

148 § 3-503 (a), (b) UCC.

149 § 3-414 (b) UCC; vgl. auch Official Comment 2. zu § 3-414 UCC.

150 *Brindle/Cox* Rdnr. 7–319f.

c) Fälschung und Verfälschung von Schecks

55　Rechtsvergleichend interessant ist außerdem, daß gefälschte bzw. erheblich ver-
fälschte Schecks im anglo-amerikanischen Recht nicht als wirksame Weisungen des
Ausstellers an den Bezogenen/Bank angesehen werden und der Aussteller daher
seiner Bank gegenüber nicht zur Zahlung verpflichtet ist.[151] Diese Frage wurde
zwar nicht im Genfer Scheckrecht geregelt, zumal sie das Verhältnis Bankkunde-
Bank betrifft. Jedoch entspricht dieser Grundsatz des anglo-amerikanischen
Rechts auch dem Ausgangspunkt im deutschen Recht, wonach bei einem gefälschten Scheck keine wirksame Weisung des Ausstellers an seine Bank (im Rahmen des
Scheckvertrags) vorliegt. Allerdings trifft den Bankkunden nach den in Deutschland verwendeten Bedingungen für den Scheckverkehr[152] eine Verschuldenshaftung (gegenüber seiner Bank) hinsichtlich seiner Pflicht zur sorgfältigen Aufbewahrung der Scheckvordrucke.[153] Demgegenüber kann der Bankkunde sowohl
nach US-amerikanischem als auch englischem Recht gemäß den Grundsätzen von
Estoppel daran gehindert sein, den Einwand der Fälschung gegenüber seiner Bank
zu erheben, wenn der Bankkunde diese durch sein Verhalten erleichtert hat.[154] Diese Prinzipien gelten auch für gefälschte Unterschriften, obgleich diese grds. keine
Rechtswirkungen entfalten.[155] Daneben wird aber auch ein „holder in due course",
also ein Schecknehmer, Indossatar bzw. Scheckinhaber geschützt, der „in good
faith" (gutgläubig) und „for value" (entgeltlich) den Scheck erhielt.[156] Im Verhältnis
zu einem solchen „holder in due course" kann der Indossant nicht geltend machen,
die Unterschrift des Ausstellers sowie der Indossanten vor ihm seien gefälscht.[157]

151　Vgl. für das englische Recht sec. 24 und 64 Bills of Exchange Act 1882; *Cranston* S. 258;
Brindle/Cox Rdnr. 7–143 bis 7–145; vgl. für das US-amerikanische Recht § 3-403 (a) UCC.
152　Vgl. Nr. 3 Abs. 1 der Bedingungen der Privatbanken (Stand Oktober 2000) als auch der
von den Sparkassen verwendeten Bedingungen für den Scheckverkehr (Stand Juni 2002).
153　Vgl. hierzu statt vieler *Baumbach/Hefermehl* Art. 3 SchG Rdnr. 19 f.; demgegenüber war
sehr zweifelhaft, ob die früher gem. Nr. 3 Abs. 3 der Bedingungen für den Scheckverkehr der
Privatbanken (Fassung 1. Januar 1996) bzw. Sparkassen (Fassung Dezember 1997) für bestimmte Personengruppen, insbes. Kaufleute, vorgesehene Haftung nach Risikosphären mit der Rspr.
des BGH vereinbar war, vgl. BGH 18. 3. 1997, WM 1997, 910, 912: in dieser Entscheidung erklärte der BGH Nr. 11 der Scheckbedingungen von 1989 wegen Verstoßes gegen § 9 Abs. 2 Nr. 1
AGBG a.F. (nunmehr § 307 Abs. 2 Nr. 1 BGB) auch im kaufmännischen Verkehr für unwirksam, da das Mißbrauchs- und Fälschungsrisiko bei Schecks ohne Rücksicht auf ein Verschulden
des Kunden auf diesen abgewälzt wurde.
154　Vgl. im US-amerikanischen Recht § 3-406 (a) UCC, wobei im Fall des Mitverschuldens
der Bank eine entsprechende Verlustverteilung vorgenommen wird, vgl. § 3-406 (b) UCC; im
englischen Recht vgl. *Cranston* S. 258; *Brindle/Cox* Rdnr. 7–284 bis 7–286.
155　Vgl. für das englische Recht sec. 24 Bills of Exchange Act 1882; für das US-amerikanische
Recht § 3-403 (a) UCC.
156　Vgl. für das englische Recht sec. 29 (1) Bills of Exchange Act 1882; für das US-amerikanische Recht § 3-302 (a) (2) UCC.
157　Vgl. für das englische Recht sec. 55 (2) (b) Bills of Exchange Act 1882; vgl. für das US-
amerikanische Recht § 3-305 (b) UCC.

d) Verrechnungsscheck und gekreuzter Scheck

Um das Mißbrauchs- und Betrugsrisiko bei der Verwendung von Schecks zu redu- 56
zieren, kennt das deutsche Scheckrecht den Verrechnungsscheck, der die Wirkung
hat, die Barzahlung des Schecks zu untersagen (Art. 39 Abs. 1 SchG).[158] Eine sehr
ähnliche Rechtsfigur stellt der gekreuzte Scheck des englischen Rechts dar. Dabei
sind verschiedene Formen zu unterscheiden: einmal gibt es die Möglichkeit eines
„general crossing" in Form von zwei parallelen Querstrichen auf dem Scheck, was
zur Folge hat, daß die Schecksumme nur an eine Bank ausgezahlt werden darf; zum
anderen kann der Bezogene durch ein „special crossing" angewiesen werden, die
Auszahlung nur an eine bestimmte Bank vorzunehmen.[159] Durch den Zusatz „account payee" kann aber auch erreicht werden, daß der Scheck nicht mehr übertragbar ist und nur noch an den Schecknehmer, jedoch nicht an einen Indossatar mit be-
freiender Wirkung gezahlt werden kann.[160] Zwar kennt das Genfer Scheckrecht
den gekreuzten Scheck ebenfalls[161], so daß insoweit keine wirklich wesentlichen
Unterschiede zwischen dem englischen und dem Genfer Scheckrecht bestehen; einen Ausschluß der Übertragbarkeit des Schecks – wie es das englische Recht mit
dem Zusatz „account payee" vorsieht – kennt jedoch das Genfer Scheckrecht nicht.

3. Internationales Scheckrecht

Das internationale Scheckrecht ist für die Staaten des Genfer Scheckrechts durch 57
das Genfer Abkommen über Bestimmungen auf dem Gebiet des internationalen
Scheckprivatrechts (Konfliktabkommen) geregelt, das für das Deutsche Reich am
1. 1. 1934 in Kraft trat.[162] Sedes materiae sind im deutschen Recht die Artt. 60–66
SchG, die auf den Regelungen der Artt. 2–9 des Konfliktabkommens beruhen.[163]
Art. 9 des Konfliktabkommens eröffnet den Vertragsstaaten die Möglichkeit, die
Kollisionsregeln des Genfer internationalen Scheckprivatrechts nur gegenüber
Vertragsstaaten anzuwenden. Demgemäß wird in manchen Vertragsstaaten zumin-
dest die Frage diskutiert, ob der Geltungsbereich des Konfliktabkommens sich
auch auf das Verhältnis zu Nichtvertragsstaaten erstreckt.[164] Da in den Artt. 60–66
SchG jedoch keine Beschränkung des Geltungsbereichs dieser Kollisionsregeln im

---

158 Vgl. auch Art. 39 Abs. 2, wonach der Bezogene den Scheck nur im Wege der Gutschrift
(Verrechnung, Überweisung, Ausgleichung) einlösen darf.
159 Vgl. hierzu sec. 76 i. V. m. sec. 79 (2) Bills of Exchange Act 1882; *Cranston* S. 259; *Brindle/
Cox* Rdnr. 7–042f.
160 Sec. 81 A Bills of Exchange Act 1882 eingefügt durch den Cheques Act 1992.
161 Vgl. Artt. 37 und 38 SchG; Deutschland hat zwar den gekreuzten Scheck nicht eingeführt,
vgl. Art. 1 Abs. 1 S. 2 EGScheckG, behandelt aber gem. Art. 3 EGScheckG im Ausland ausgestellte gekreuzte Schecks als Verrechnungsschecks.
162 Bek. v. 30. 11. 1933, RGBl. II S. 975.
163 Vgl. statt vieler *Baumbach/Hefermehl* Übersicht vor Art. 60 SchG.
164 Vgl. etwa zum französischen Recht *Mayer, Pierre*, Droit international privé, 8. Aufl. 2004,
Rdnr. 691.

Verhältnis zu den Vertragsstaaten des Abkommens enthalten ist, gelten sie auch gegenüber Nichtvertragsstaaten.[165]

58   Allerdings enthalten die Artt. 60–66 SchG nicht für alle kollisionsrechtlichen Rechtsfragen im Zusammenhang mit der Scheckbegebung Regelungen, sondern überlassen einige Fragen auch dem autonomen Kollisionsrecht.[166] Vorrangig ist jedoch stets eine – wie auch im Bereich des Wechselrechts zulässige[167] – Rechtswahl zu beachten. Zwar sind ausdrückliche Rechtswahlklauseln auf der Scheckurkunde, die Wirkung im Verhältnis zu allen Scheckbeteiligten erzeugen, sehr selten. Möglich ist aber auch eine konkludente Rechtswahl mit bloßer inter partes Wirkung[168], wobei es eine Frage der Auslegung ist, wann eine Rechtswahl für das Grundverhältnis auch für die jeweilige Scheckerklärung gelten soll.

a) Grundverhältnis

59   Für das der Scheckbegebung zugrunde liegende Kausalverhältnis enthalten die Artt. 60–66 SchG keine speziellen Regelungen, so daß nach wie vor die jeweiligen autonomen kollisionsrechtlichen Bestimmungen zur Anwendung gelangen. Liegt also der Scheckbegebung etwa ein Kaufvertrag zugrunde, so bestimmt sich das hierauf anwendbare Recht nach den Artt. 27ff. EGBGB. Im Gegensatz zum Wechselrecht findet sich beim Scheck keine spezielle Regelung zum Übergang der Forderung des Ausstellers gegen den Bezogenen aus dem Grundverhältnis (vgl. die sog. provision des französischen Rechts[169] sowie für das Wechselrecht Art. 95 WG). Die Frage des Forderungsübergangs wird jedoch von Art. 65 Nr. 6 SchG erfaßt: Danach wird für das Recht des Inhabers auf Deckung insgesamt das Recht des Zahlungsorts für maßgeblich erklärt.[170] Begründet wurde diese Regelung mit der andersartigen Interessenlage bei Wechsel einerseits und Scheck andererseits: Während ein Wechsel auf irgendeine Person gezogen werden kann, deren Rechtsbeziehungen zum Aussteller schwer feststellbar sind, wird der Scheck – jedenfalls grundsätzlich – nur auf einen Bankier gezogen, dessen Recht schon aus praktischen Gründen insgesamt für die Deckung des Schecks maßgeblich sein soll; das Recht des Bankiers ist aber grds. das Recht des Zahlungsorts.[171]

---

165 Allgemeine Meinung, vgl. etwa *Baumbach/Hefermehl* Übersicht vor Art. 60 SchG; *v. Bernstorff* S. 67.

166 Vgl. statt vieler *Baumbach/Hefermehl* Übersicht vor Art. 60 SchG.

167 Vgl. etwa *Schefold*, IPRax 1987, 151; *Baumbach/Hefermehl* Übersicht vor Art. 60 SchG; vgl. oben zum Wechselrecht 3.d).

168 *Schefold*, IPRax 1987, 151f.; *Baumbach/Hefermehl* Übersicht vor Art. 60 SchG.

169 Vgl. hierzu oben Wechselrecht Rdnr. 25.

170 Vgl. hierzu auch *Jacobi* S. 1006.

171 Vgl. hierzu die Verhandlungsprotokolle der Genfer Scheckrechtskonferenz, Comptes rendus de la conférence internationale pour l'unification du droit en matière de lettres de change, billets à ordre et chèques deuxième session (cheque), S. 323f.

b) Scheckerklärungen

Bei der Frage, welches Recht auf die Scheckerklärungen anzuwenden ist, ist im internationalen Scheckrecht – wie im internationalen Wechselprivatrecht – zwischen der Scheckfähigkeit, der Form der Scheckerklärung und den Wirkungen der Scheckerklärung zu unterscheiden.   60

Die Frage, ob eine Person dazu fähig ist, eine Scheckverbindlichkeit einzugehen, richtet sich entsprechend der Regelung des Art. 91 WG grds. nach dem Heimatrecht dessen, der die Scheckverbindlichkeit eingeht (Art. 60 SchG). Auch hinsichtlich der Ausnahmen zugunsten des Rechtsverkehrs gem. Art. 60 Abs. 2 S. 1 SchG sowie der Rückausnahme zugunsten des Heimatrechts gem. Art. 60 Abs. 2 S. 2 SchG kann auf die Ausführungen zum Wechselrecht verwiesen werden.[172] Eine Sonderregelung hinsichtlich der passiven Scheckfähigkeit in Form der Fähigkeit, Bezogener zu sein, findet sich allerdings in Art. 61 SchG. Danach richtet sich die Frage, auf wen ein Scheck gezogen werden kann, grds. nach dem Recht des Zahlungsorts (Art. 61 Abs. 1 SchG). Sofern nach dem Recht des Zahlungsorts der Scheck nichtig ist, etwa weil dieser Staat von dem Vorbehalt gem. Art. 4 der Anlage II zum Einheitlichen Scheckgesetz Gebrauch gemacht hat, regelt Art. 61 Abs. 2 SchG, daß gleichwohl die Verpflichtungserklärungen, die in Ländern anderen Rechts auf den Scheck gesetzt wurden, wirksam bleiben; damit bleibt ein Rückgriff gegen Aussteller und Indossanten trotz eines an sich nichtigen Schecks möglich.[173]   61

Auch hinsichtlich der Frage, welche Formerfordernisse an eine Scheckerklärung zu stellen sind, kann auf die entsprechenden Ausführungen zum Wechselrecht verwiesen werden.[174] Entsprechend der Regelung für den Wechsel wird gem. Art. 62 Abs. 1 S. 1 SchG grds. auf das Recht des Landes verwiesen, in dessen Gebiet die Erklärung unterschrieben wurde. Allerdings unterscheidet sich Art. 62 SchG von der entsprechenden Vorschrift des Art. 92 WG in einem wesentlichen Punkt: so sieht das SchG es auch für ausreichend an, wenn die Form gewahrt ist, die vom Recht des Zahlungsorts vorgeschrieben wird (Art. 62 Abs. 1 S. 2 SchG). Daher genügt beim Scheck die Einhaltung der Form des Orts der Vornahme des Geschäfts oder des Zahlungsorts. Hintergrund dieser Regelung ist wiederum die Einschätzung, die scheckrechtlichen Beziehungen würden durch das Recht des Zahlungsorts maßgeblich bestimmt.[175]   62

Von der Form der Scheckerklärungen zu trennen sind deren Wirkungen, die sich nach dem Recht des Orts richten, an dem die Erklärungen tatsächlich unterschrieben wurden (Art. 63 SchG). Diese Vorschrift entspricht der Regelung des Art. 93 Abs. 2 WG, die sich mit den Wirkungen der Wechselerklärungen von Ausstellern gezogener Wechsel, Indossanten und Wechselbürgen befaßt, so daß auch insoweit auf die Ausführungen zum internationalen Wechselprivatrecht verwiesen werden   63

---

172 Vgl. oben Wechselrecht Rdnr. 27.
173 *Baumbach/Hefermehl* Art. 61 SchG Rdnr. 3; *Jacobi* S. 1012 sowie Fn. 3.
174 Vgl. oben Wechselrecht Rdnr. 31 f.
175 Vgl. *Jacobi* S. 1017.

kann.[176] Von dem Begriff „Wirkungen der Scheckerklärungen" werden daher ebenfalls Inhalt und Umfang der rechtlichen Verpflichtung des Scheckschuldners erfaßt. Die Frage, ob und welche Maßnahmen zur Rechtserhaltung notwendig sind, richtet sich beim Scheck jedoch im Gegensatz zum Wechsel nach dem Recht des Zahlungsorts (Art. 65 Nr. 9 SchG), das die scheckrechtlichen Beziehungen in weit größerem Umfang als beim Wechsel bestimmt. Wie im Wechselrecht ist aber für die Frage, in welcher Form der Protest sowie andere Rechtserhaltungsmaßnahmen erfolgen müssen, das Recht des Staates maßgeblich, in dem diese Handlungen vorzunehmen sind (Art. 66 SchG). Von Art. 63 SchG ebenfalls nicht erfaßt ist die Frage, welche Kollisionsregeln für die scheckrechtlichen Verfügungsgeschäfte gelten; insoweit finden daher auch im Bereich des Scheckrechts die autonomen internationalprivatrechtlichen Regelungen Anwendung. Dies bedeutet, daß sich der Eigentumserwerb an einem Inhaber- bzw. einem ohne Indossament übertragenen Orderscheck nach der lex rei (cartae) sitae, also nach dem Recht des Belegenheitsorts, richtet.[177]

64   Vorrang gegenüber Art. 63 SchG haben die teilweise bereits erwähnten Regelungen der Artt. 64–66 SchG. Größere Bedeutung entfaltet namentlich Art. 65 SchG, der neben den bereits erwähnten Problembereichen folgende weitere Fragen dem Zahlungsort unterwirft:

– Die Frage, ob der Scheck notwendigerweise bei Sicht zahlbar ist oder ob er auf eine bestimmte Zeit nach Sicht gezogen werden kann, und welches die Wirkungen sind, wenn auf dem Scheck ein späterer als der wirkliche Ausstellungstag angegeben worden ist (Art. 65 Nr. 1 SchG).

– Die Vorlegungsfrist (Art. 65 Nr. 2 SchG).

– Die Frage, ob ein Scheck angenommen, zertifiziert, bestätigt oder mit einem Visum versehen werden kann, und welche Wirkungen diese Vermerke haben (Art. 65 Nr. 3 SchG).

– Die Frage, ob der Inhaber eine Teilzahlung verlangen kann und ob er eine solche annehmen muß (Art. 65 Nr. 4 SchG).

– Die Frage, ob ein gekreuzter Scheck oder ein Verrechnungsscheck oder ähnliches zulässig sind, sowie die Wirkungen dieser Vermerke (Art. 65 Nr. 5 SchG).

– Die Frage, ob der Aussteller den Scheck widerrufen oder gegen die Einlösung des Schecks Widerspruch erheben kann (Art. 65 Nr. 7 SchG) sowie

– die Maßnahmen, die im Fall des Verlusts oder des Diebstahls des Schecks zu ergreifen sind (Art. 65 Nr. 8 SchG).

65   Wie in dem rechtsvergleichenden Teil zum Genfer und anglo-amerikanischen Scheckrecht dargelegt, werden diese kollisionsrechtlichen Anknüpfungen namentlich im Verhältnis zum anglo-amerikanischen Recht relevant. Von sehr geringer praktischer Bedeutung ist lediglich Art. 65 Nr. 1 SchG, da auch im anglo-amerikanischen Recht der Scheck auf Sicht zahlbar ist.[178]

---

176 Vgl. oben Wechselrecht Rdnr. 33f.
177 Vgl. auch *Baumbach/Hefermehl* Art. 63 SchG Rdnr. 1; *Jacobi* S. 1025f.
178 Vgl. oben Rdnr. 51.

4. Reisescheck

Der Reisescheck – erstmals 1891 von American Express angeboten und seit 1957 **66** auch in Deutschland in standardisierter Form ausgegeben – soll dem Kunden ermöglichen, ohne Bargeld ins Ausland zu reisen und sich durch Einlösung der Reiseschecks bei ausländischen Korrespondenzbanken Bargeld zu verschaffen bzw. seine Zahlungsverbindlichkeiten bei ausländischen Einlösestellen (Hotels, Restaurants, etc.) zu erfüllen.[179] In der Praxis funktioniert dies so, daß der Kunde die Reiseschecks, die auf bestimmte (runde) Beträge lauten, „kauft" und seinen Namen an der vorgesehenen Stelle auf den Reisescheck schreibt; die Gegenzeichnung zur Kontrolle der Identität des Kunden erfolgt dann in Gegenwart der einlösenden Stelle. Vertrieben werden die Reiseschecks von den deutschen Banken und Sparkassen in Vertretung für die großen, weltweit operierenden Emittenten von Reiseschecks, nämlich insbes. American Express, Thomas Cook und Citicorp. Die Ausgabe und Verwaltung von Reiseschecks wurde mit dem 4. Finanzmarktförderungsgesetz in den Katalog der Finanzdienstleistungen aufgenommen (§ 1 Abs. 1 a S. 2 Nr. 8 KWG). Daher bedarf ein Unternehmen, das dieses Geschäft gewerbsmäßig oder in einem Umfang betreibt, der einen in kaufmännischer Weise eingerichteten Geschäftsbetrieb erfordert, der Erlaubnis der BAFin (§ 32 KWG).

a) Rechtliche Einordnung nach deutschem Sachrecht mit rechtsvergleichenden Bezügen
aa) Rechtsnatur

Die Rechtsnatur von Reiseschecks, insbes. die Frage, ob sie echte Schecks i.S.d. **67** Art. 1 SchG darstellen, ist außerordentlich umstritten. Ein Teil der Lehre hält Reiseschecks in der Tat für Orderschecks, die an die eigene Order des Reisenden ausgestellt werden[180], während eine zunehmende Anzahl von Autoren Reiseschecks entweder als angenommene Anweisung an eigene Order und damit als Rektapapiere (§ 784 BGB)[181] oder aber als bloße Legitimationsurkunden ohne Wertpapiercharakter[182] ansieht.

In der Tat dürfte die rechtliche Qualifizierung des Reiseschecks als Scheck i.S.d. **68** Art. 1 SchG weder den Vorstellungen des Kunden noch den rechtlichen Regelungen des Scheckgesetzes entsprechen. So erwirbt der Kunde die Reiseschecks zumindest vorrangig zum Zweck der Bargeldbeschaffung im Ausland und nicht zum Zweck der Zahlung an Dritte. Die scheckrechtliche Ausstellerhaftung gemäß

---

179 *Baumbach/Hefermehl* Einl. SchG Rdnr. 27; *Kümpel* Rdnr. 4.1078; *Nobbe*, in: Bankrechtshandbuch I, § 63 Rdnr. 114; *Schwintowski/Schäfer* § 11 Rdnr. 1 f.
180 So *Canaris* Rdnr. 859; MünchKomm.-*Hüffer* BGB § 783 Rdnr. 30; im Grundsatz auch *Schönle* § 8 VI 3 e (S. 112 f.).
181 So *Horn*, HGB, Anh. § 372 Bankgeschäfte III, Rdnr. 136; *Schwintowski/Schäfer* § 11 Rdnr. 6; MünchKomm.-*Hadding*, Komm. z. HGB, Band 5, 2001, Zahlungsverkehr, F 6; mittlerweile auch *Baumbach/Hopt*, HGB, (7) BankGesch E/10.
182 So *Schlegelberger/Hefermehl*, Anh. § 365 Rdnr. 314; *Nobbe*, in: Bankrechtshandbuch I, § 63 Rdnr. 122.

Art. 12 SchG paßt auch deshalb nicht zur Funktion des Reiseschecks, weil der Gegenwert vom Kunden bereits bezahlt wurde.[183] Ansonsten müßte im übrigen die Stelle, die Reiseschecks einlöst, bei deutschen Minderjährigen (vgl. Art. 60 SchG) vorsichtshalber die vormundschafts- bzw. familiengerichtliche Genehmigung zur Ausstellung des Schecks fordern (vgl. § 1822 Nr. 9 i.V.m. § 1643 Abs. 1 BGB). Da Reiseschecks heute insbes. auch eingesetzt werden, um Minderjährige auf Reisen mit – begrenzten – Mitteln auszustatten[184], würde die Qualifizierung des Reiseschecks als Scheck an eigene Order dessen praktische Verwendung ganz stark reduzieren. Andererseits ist zutreffend, daß Reiseschecks neben der Bargeldbeschaffungsfunktion auch zur Bezahlung von Rechnungen eingesetzt werden.[185] In diesen Fällen würde die Qualifizierung des Reiseschecks als Orderpapier in der Tat dessen Umlauffähigkeit durch die Möglichkeit gutgläubigen Erwerbs (Art. 21 SchG) sowie durch die Haftung von Aussteller und Indossanten (Artt. 12, 18 SchG) erhöhen.[186]

69   Nun läßt die Formulierung der Reiseschecks teilweise zwar die Interpretation zu, es handle sich um eine Zahlungsanweisung des Kunden, bei der der Bezogene der Reisescheckemittent ist. Andererseits bezeichnet sich der Emittent – wie etwa American Express – auch in diesem Fall in seinen AGB selbst als Aussteller.[187] Teilweise ist der Reisescheck aber auch als Zahlungsversprechen des Emittenten an die Order des Kunden/Erwerbers formuliert. Da jedoch ein Akzept und damit eine scheckrechtliche Haftung des Bezogenen (Reisescheckemittenten) gegenüber dem Schecknehmer nicht möglich ist (Art. 4 SchG), paßt jedenfalls diese Formulierung nicht zu der Qualifikation des Reiseschecks als Scheck an eigene Order.[188] Auch weitere Regelungen des Scheckgesetzes passen nicht für Reiseschecks: so etwa die Vorlegungsfrist des Art. 29 SchG, da Reiseschecks unbefristet gültig sind, daneben ist der Widerruf gem. Art. 32 SchG funktionslos.[189] Aus diesen Gründen kann der Reisescheck im deutschen Recht nicht als Scheck an eigene Order angesehen werden.

---

183 So zutreffend *Schlegelberger/Hefermehl* Anh. § 365 Rdnr. 314; AG Frankfurt a.M. 9. 6. 1994, NJW-RR 1995, 312, 313: Reisescheck ist keine Zahlungsanweisung; *Baumbach/Hopt*, HGB, (7) BankGesch E/10.

184 Vgl. *Nobbe*, in: Bankrechtshandbuch I, § 63 Rdnr. 116.

185 So etwa *Schwintowski/Schäfer* § 11 Rdnr. 5; *Kümpel* Rdnr. 4.1078; *Canaris* Rdnr. 859.

186 Hingegen ist *Koller* der Ansicht, es bestehe kein großes Bedürfnis, die Umlauffähigkeit der Reiseschecks zu erhöhen, vielmehr wäre insbes. auch die Möglichkeit gutgläubigen Erwerbs mit zusätzlichen Gefahren für den Reisenden und die Banken verbunden, vgl. *Koller, Ingo*, Wertpapierrecht – Empfiehlt sich eine Neuordnung und Ergänzung des Wertpapierrechts im BGB? Sollten Weiterentwicklungen einschließlich solcher im Grenzbereich zum Bankrecht geregelt sowie wertpapierrechtliche Vorschriften aus Sondergesetzen in das BGB eingefügt werden?, in: Gutachten und Vorschläge zur Überarbeitung des Schuldrechts, hrsg. vom Bundesminister der Justiz, Band II, 1981, S. 1427–1514, 1487 f.

187 Vgl. dazu *Nobbe*, in: Bankrechtshandbuch I, § 63 Rdnr. 119 f.

188 So zutreffend *Horn*, HGB, Anh. § 372 Bankgeschäfte III, Rdnr. 136.

189 *Baumbach/Hopt*, HGB, (7) BankGesch E/10; *Schwintoswki/Schäfer* § 11 Rdnr. 4.

Da Reiseschecks (vorrangig) zur Bargeldbeschaffung bzw. eventuell auch Be- 70
zahlung im Ausland eingesetzt werden, ist die Frage besonders interessant, wie sie
im Ausland – und namentlich in den USA als dem Staat der meisten weltweit operierenden Reisescheckemittenten – rechtlich qualifiziert werden. Auch soweit das
verbriefte Recht (ausnahmsweise) dem deutschen Recht unterliegt,[190] ist eine (insbes. mit dem Staat der Emittenten weitgehend) übereinstimmende rechtliche Einordnung des Reiseschecks zumindest wünschenswert. Diese Frage gewinnt besondere Bedeutung, wenn ein Reisescheck und die sich hieraus ergebenden Verpflichtungen Gegenstand eines Prozesses im Ausland sind.

In ausländischen Rechtsordnungen wird die Frage der rechtlichen Einordnung 71
von Reiseschecks jedoch ebenfalls kontrovers diskutiert: so ist etwa im französischen Recht – auch in der Rechtsprechung – die Frage umstritten, ob es sich bei
Reiseschecks um Schecks i.S.d. Scheckgesetzes oder nicht vielmehr um Zahlungsversprechen der Reisescheckemittenten handelt.[191] Im anglo-amerikanischen
Recht wird diese Frage etwas unterschiedlich beantwortet: Im englischen Recht
werden Reiseschecks nicht als Schecks angesehen, weil sie wegen der Notwendigkeit der Gegenzeichnung bei Einlösung keine unbedingten Zahlungsanweisungen
darstellten und überdies i.d.R. auch keine Anweisungen, sondern Zahlungsversprechen der Reisescheckemittenten seien.[192] Hingegen ordnet das US-amerikanische Recht Reiseschecks als Schecks ein, sofern die Reiseschecks auf eine Bank gezogen sind.[193] Soweit es jedoch um die rechtliche Behandlung von Reiseschecks
geht, sind die Unterschiede zwischen englischem und amerikanischem Recht nicht
mehr so gravierend. So werden Reiseschecks im amerikanischen Recht zwar den
Regelungen des § 3 UCC inklusive der Möglichkeit des gutgläubigen Erwerbs unterworfen.[194] Jedoch wird auch im US-amerikanischen Recht der Kunde/Erwerber
der Reiseschecks nicht als deren Aussteller angesehen. Aussteller ist im amerikanischen Recht vielmehr die Bank, die den Scheck auf sich selbst zieht.[195] Auch wird
die Unterschrift des Erwerbers des Reiseschecks rechtlich nicht als Indossament
eingeordnet.[196] Im englischen Recht gibt es zwar zur Frage, wie Reiseschecks rechtlich zu behandeln sind, wenig Rechtsprechung, jedoch wird von der Literatur angenommen, daß auf Reiseschecks im wesentlichen die Bestimmungen des Bills of
Exchange Act 1882 angewendet würden. Allerdings wird der Ersterwerber des

---

190 Vgl. zur Frage des anwendbaren Rechts unten Rdnr. 77–79.
191 Vgl. *Ripert, Georges/Roblot, René*, Traité de Droit Commercial, Bd. 2, 17. Aufl. 2004, Rdnr. 2178.
192 So *Brindle/Cox* Rdnr. 7–326; *Ellinger/Lomnicka/Hooley* S. 384f.
193 Vgl. § 3-106 (c) UCC, wonach ausdrücklich bestimmt ist, daß die Notwendigkeit der Ge-genzeichnung die Anweisung oder das (Zahlungs-)Versprechen nicht zu einem bedingten macht.
194 § 3-106 (c) UCC sowie Official Comment 2. zu § 3-106 (c) UCC.
195 Vgl. Mellon National Bank v. Citizens Bank & Trust Co. of Camden 88 F.2d 128–134, 132, certiorari denied 302 U.S. 702.
196 Official Comment 2. zu § 3-106 (c) UCC.

Reiseschecks – wie bereits erwähnt – zumindest grds. nicht als dessen Aussteller angesehen.[197]

72   Zwar wurde bereits dargelegt, daß Reiseschecks im deutschen Recht keine Schecks i.S.d. Art. 1 SchG sind, jedoch wurde noch nicht entschieden, wie Reiseschecks nun rechtlich zu qualifizieren sind. Dabei ist von folgendem auszugehen: Eine Anweisung des BGB an eigene Order ist unzulässig, so daß der (Erst-) Erwerber bei Leistung der ersten Unterschrift nicht Aussteller einer bereits von den Reisescheckemittenten angenommenen Anweisung an eigene Order sein kann.[198] Es spricht aber auch kein überzeugendes Argument dafür, warum der Kunde bei Gegenzeichnung des Reiseschecks als dessen Aussteller fungieren sollte. Denn die AGB der großen Reisescheckemittenten bezeichnen nicht den Ersterwerber, sondern sich selbst als Aussteller der Reiseschecks; überdies sieht auch das US-amerikanische Recht als das Sitzrecht dieser Organisationen den Emittenten der Reiseschecks und nicht den ersterwerbenden Kunden als Aussteller an. Daher stellen Reiseschecks jedenfalls keine Anweisungen i.S.d. §§ 783 ff. BGB dar. Naheliegend dürfte sein, den Reisescheck rechtlich als einen kaufmännischen Verpflichtungsschein an Order (§ 363 Abs. 1 S. 2 HGB) anzusehen.[199] Zwar genügt das Faksimile des Reisescheckemittenten als i.S.d. § 363 Abs. 1 S. 2 HGB zur Zahlung verpflichteter Kaufmann nicht der Schriftform gem. § 126 BGB. Da jedoch § 363 HGB die Schriftform nicht ausdrücklich fordert und mittlerweile bei Inhaberschuldverschreibungen auch ein Faksimile genügt (§ 793 Abs. 2 S. 2 BGB), sollte dies auch für die Verpflichtungsscheine des § 363 HGB gelten.[200]

bb) Rechtsverhältnis zwischen Emittent und Einlösestelle

73   Der Vorteil der rechtlichen Einordnung von Reiseschecks als kaufmännische Verpflichtungsscheine an Order liegt insbes. darin, daß die sich hieraus ergebenden Rechtsfolgen auf den Reisescheck gut passen. Danach kann der Emittent gegenüber der Einlösestelle, die von ihm Zahlung verlangt, keine Einwendungen aus dem (Valuta-) Verhältnis zwischen dem Ersterwerber und der Einlösestelle entgegenhalten; insoweit steht bereits der Grundsatz der Relativität der Rechtsverhältnisse entgegen. Im Ergebnis gilt dies aber auch für Einwendungen aus dem Rechtsverhältnis zwischen dem Ersterwerber und der Bank bzw. – sofern die Bank als Vertreter des Reisescheckemittenten handelt – zwischen dem Ersterwerber und dem Reisescheckemittenten. Zwar kann die Bank Einwendungen aus diesem

---

197 Vgl. *Brindle/Cox* Rdnr. 7–327; Braithwaite v. Thomas Cook Travellers Cheques Ltd. [1989] 1 All ER 235–241, 239.
198 *Baumbach/Hefermehl*, WPR Rdnr. 72; MünchKomm.-*Hüffer* BGB § 783 Rdnr. 20.
199 So bereits RG 10. 5. 1912, RGZ 79, 342, 344 f.; auch *Kümpel* Rdnr. 4.1084 und *Nobbe*, in: Bankrechtshandbuch I, § 63 Rdnr. 122 sehen eine große Ähnlichkeit der Reiseschecks von Thomas Cook mit einem kaufmännischen Verpflichtungsschein an Order, wobei *Nobbe* allerdings wegen der fehlenden handschriftlichen Unterzeichnung die Qualität des Reiseschecks als Wertpapier verneint.
200 MünchKomm.-*Hefermehl*, Komm. z. HGB, Band 5, 2001, § 363 Rdnr. 30; *Horn*, HGB, § 363 Rdnr. 13.

Grundverhältnis dem Ersterwerber über die Bereicherungseinrede entgegenhalten (§ 821 BGB). Jedoch werden diese Einwendungen gegenüber dem legitimierten Besitzer des Verpflichtungsscheins gem. § 364 Abs. 2 HGB ausgeschlossen. Auch kann ein Dritter, also derjenige, der den Reisescheck annimmt, diesen und damit auch die Rechte aus dem Papier gutgläubig erwerben (§ 365 Abs. 1 HGB i.V.m. Art. 16 Abs. 2 WG).[201] Bei Qualifizierung des Reiseschecks als kaufmännischer Verpflichtungsschein wird der Dritte also deutlich besser geschützt als bei rechtlicher Einordnung als bürgerlich-rechtliche Anweisung, die gem. §§ 398ff. BGB übertragen wird (§ 792 Abs. 1 BGB) und nicht gutgläubig erworben werden kann (vgl. aber auch § 405 BGB). Daher wird das Vertrauen des Rechtsverkehrs in den Reisescheck bei dessen rechtlicher Einordnung als kaufmännischer Verpflichtungsschein gesteigert und damit auch die Bereitschaft erhöht, Reiseschecks entgegenzunehmen.[202]

cc) Rechtsverhältnis zwischen Emittent und Ersterwerber

Das Rechtsverhältnis zwischen Emittent und Ersterwerber stellt einen Geschäfts- **74** besorgungsvertrag (§§ 675 Abs. 1, 631 BGB)[203] und keinen Kaufvertrag dar. Denn der Reisescheckemittent verpflichtet sich gegenüber dem Ersterwerber bei Vorliegen der vereinbarten Voraussetzungen zur Einlösung der Schecks sowie zur Übernahme der Schäden, die bei Verlust der Reiseschecks für den Ersterwerber entstehen, sofern dieser seinen vertraglichen Sorgfaltspflichten bei der Verwahrung der Schecks nachgekommen ist. Der Ersterwerber zahlt also bei Erwerb der Reiseschecks einen Vorschuß auf den (späteren) Aufwendungsersatzanspruch des Emittenten. Umstritten ist allerdings, unter welchen Voraussetzungen der Ersterwerber (Rück-)Zahlungsansprüche gegen den Reisescheckemittenten hat, falls die Reiseschecks abhanden kommen. Da es sich bei diesem Rechtsverhältnis um einen Geschäftsbesorgungsvertrag handelt, ist die Frage, ob der Kunde einen Anspruch auf Rückzahlung des Vorschusses hat, davon abhängig, ob die Bank einen Anspruch auf Aufwendungsersatz hat, mit dem sie gegen den Anspruch auf Rückzahlung des Vorschusses aufrechnen könnte.

Wurden die Schecks eingelöst, ist daher entscheidend, ob der Reisescheckemit- **75** tent die Zahlung an den Scheckinhaber für erforderlich halten durfte. Dies ist grds. dann der Fall, wenn die zwei Unterschriften auf dem Reisescheck zumindest dem äußeren Anschein nach von derselben Person stammen (vgl. auch § 365 Abs. 1 HGB, Art. 16 Abs. 2 WG). Unter dieser Voraussetzung entsteht ein Aufwendungsersatzanspruch des Emittenten gegen den Ersterwerber des Reiseschecks gem. § 670 BGB auch dann, wenn die Unterschrift auf dem Reisescheck gefälscht wurde,

---

201 Vgl. hierzu MünchKomm.-*Hefermehl*, Komm. z. HGB, Band 5, 2001, § 365 Rdnr. 18–26.
202 Vgl. hierzu *Canaris* Rdnr. 859, der dieses Argument allerdings für die rechtliche Einordnung des Reiseschecks als Scheck an eigene Order anführt.
203 Vgl. etwa OLG Frankfurt a.M. 17. 1. 2003, NJW-RR 2003, 555; *Nobbe*, in: Bankrechtshandbuch I, § 63 Rdnr. 126; *Baumbach/Hopt*, HGB, (7) BankGesch E/12; *Horn*, HGB, Anh. § 372 Bankgeschäfte III, Rdnr. 137.

dies von der einlösenden Stelle aber unverschuldet nicht erkennbar war.[204] Aufgrund der AGB des Reisescheckemittenten hat der Ersterwerber jedoch einen Anspruch auf Rückzahlung des Vorschusses, wenn die Reisechecks eingelöst wurden, er das Abhandenkommen der Reisechecks aber (wegen sorgfältiger Verwahrung) nicht zu vertreten hat. In diesem Fall übernimmt der Reisescheckemittent also den beim Ersterwerber (wegen Bestehens eines Aufwendungsersatzanspruchs des Emittenten) entstandenen Schaden und verzichtet auf das Recht, die Rückzahlung des Vorschusses zu verweigern, soweit der Ersterwerber die Reisechecks nicht zurückgeben kann[205] (vgl. auch § 364 Abs. 3 HGB).

76   Wurde der Reisescheck nicht eingelöst, hat der Reisescheckemittent auch keinen Aufwendungsersatzanspruch. Kann der Ersterwerber beweisen, daß er die Reisechecks entsprechend den vertraglichen Vereinbarungen verwahrt hat,[206] steht ihm aber wiederum ein Anspruch auf Rückzahlung des Vorschusses zu. Ist dies nicht der Fall, so stellt sich folgendes Problem: einerseits hat der Reisescheckemittent (noch) keine Aufwendungen getätigt, die er einem Anspruch auf Rückzahlung des Vorschusses entgegenhalten könnte. Andererseits steht aber auch nicht fest, ob die Reisechecks nicht doch noch eingelöst werden. Werden sie eingelöst, steht dem Reisescheckemittenten ein Aufwendungsersatzanspruch zu, der wegen des Verschuldens des Ersterwerbers auch nicht (aufgrund der „Versicherung" der Reisescheksumme durch den Emittenten) ausgeschlossen ist.

Qualifiziert man den Reisescheck – wie hier – als Wertpapier, steht für den Fall, daß abhanden gekommene Reisechecks (noch) nicht eingelöst wurden, das Aufgebotsverfahren und die Kraftloserklärung dieser Papiere zur Verfügung (vgl. §§ 365 Abs. 2 HGB, 1003 ff. ZPO).[207] Nach der Kraftloserklärung der Reisechecks kann der Ersterwerber die Rechte aus dem Papier (wieder) gegenüber dem Reischeckemittenten geltend machen (§ 1018 Abs. 1 ZPO). Allerdings werden für das Aufgebotsverfahren zumeist nicht deutsche, sondern US-amerikanische Gerichte zuständig sein (vgl. § 1005 ZPO). Da aber auch nach US-amerikanischem (Sach-) Recht die Möglichkeit eröffnet ist, Rechte aus abhanden gekommenen Reisechecks geltend zu machen (vgl. § 3–309 UCC), hat der Ersterwerber gestohlener Reisechecks durchaus gewisse Aussichten, seine Rechte hieraus erfolgreich durchzusetzen.

---

204 Vgl. OLG Frankfurt a.M. 28.5. 1980, WM 1980, 752; vgl. auch *Nobbe*, in: Bankrechtshandbuch I, § 63 Rdnr. 136–141.
205 So etwa die Geschäftsbedingungen von American Express.
206 Die Beweislast für die Voraussetzungen der Eintrittpflicht des Reisescheckemittenten liegt beim Kunden AG Frankfurt a.M. 26.2.1991, WM 1992, 306, 307; so auch *Kümpel* Rdnr. 4.1088.
207 A.A. OLG Frankfurt a.M. 17.1. 2003, NJW-RR 2003, 555, wonach der Ersterwerber bis zum Ablauf der Verjährungsfrist der Zahlungsansprüche gegen die Emittenten keinen Anspruch auf Rückzahlung des Vorschusses hat; ebenfalls a.A., wenn auch mit anderem Ergebnis, nämlich grds. Bestehen eines Anspruchs des Ersterwerbers auf Rückzahlung der gezahlten Reisescheksumme *Hofmann, Christian*, Verschuldens- und schadensunabhängige Haftung der Scheckverwender nach Banken-AGB und Rechtsprechung, BKR 2003, 935–942.

b) Anwendbares Recht
aa) Rechtsverhältnis zwischen Emittent und Einlösestelle

Für die Frage, welche Rechte der Einlösestelle gegen den Emittenten zustehen, ist **77** zunächst die Rechtsordnung maßgeblich, der das verbriefte Recht unterliegt (sog. Wertpapierrechtsstatut). Das Wertpapierrechtsstatut entscheidet über den Inhalt, die Entstehung und den Untergang des verbrieften Rechts; es ist überdies maßgeblich für die Frage, ob es sich bei der verbriefenden Urkunde um ein Wertpapier handelt, welcher Art dieses Wertpapier ist (Inhaber-, Order- oder Rektapapier) und insbes. auch, wie das verbriefte Recht übertragen wird, ob hierfür also die Übereignung des Papiers erforderlich ist.[208]

Das Wertpapierrechtsstatut bestimmt sich nach der Rechtsordnung, die nach **78** den allgemeinen Regeln des internationalen Privatrechts auf das Rechtsverhältnis zur Anwendung kommt, das mit dem Papier verbrieft wird. Handelt es sich – wie vorliegend – um ein Wertpapier schuldrechtlichen Inhalts, besteht grds. Rechtswahlfreiheit.[209] Bei Inhaberpapieren gilt im Zweifel das Recht des Ausstellungsortes als gewähltes Recht, zumal sich dort i.d.R. auch die geschäftliche Niederlassung des Emittenten befindet.[210] Entsprechendes muß aber für Orderpapiere jedenfalls dann gelten, wenn der Aussteller zugleich der aus dem Wertpapier zur Zahlung Verpflichtete ist. Wurde keine Rechtswahl getroffen, unterliegt das im Reisescheck verbriefte Recht der Rechtsordnung, in der der Aussteller und zugleich Zahlungspflichtige seine geschäftliche Niederlassung hat. Da die meisten Reisescheckemittenten ihren Sitz bzw. ihre Hauptverwaltung in den USA haben, ist sog. Wertpapierrechtsstatut regelmäßig US-amerikanisches Recht.

Die Anwendbarkeit US-amerikanischen Rechts auf das verbriefte Recht hat zur **79** Folge, daß Reiseschecks regelmäßig den Regelungen des § 3 UCC unterliegen. Nehmen Händler oder Banken Reiseschecks entgegen, können sie diese daher auch dann erwerben, wenn etwa ein Dieb und nicht derjenige, der die erste Unterschrift geleistet hat, den Reisescheck gegengezeichnet hat. Zwar steht dem Emittenten der Reiseschecks (etwa American Express) gegen den Zahlungsanspruch des Händlers/der Bank grds. die Einwendung der Unterschriftsfälschung zu.[211] Diese Ein-

---

208 Vgl. hierzu ausführlich *Einsele, Dorothee*, Wertpapierrecht als Schuldrecht – Funktionsverlust von Effektenurkunden im internationalen Rechtsverkehr, 1995, S. 397f.; Staudinger-*Stoll* BGB (1996) IntSachenR Rdnr. 412, 415; vgl. auch MünchKomm.-*Wendehorst* BGB Art. 43 EGBGB Rdnr. 195.
209 Zwar wurden gem. Art. 37 Nr. 1 EGBGB wertpapierrechtliche Verpflichtungen aus dem Anwendungsbereich des internationalen Schuldvertragsrecht ausgenommen; nach BGH 5. 10. 1993, IPRspr. 1993 Nr. 43 sollte damit jedoch die Parteiautonomie im Bereich des Wertpapierrechts nicht ausgeschlossen, sondern lediglich der Vorrang der Genfer Abkommen über das einheitliche Wechsel- und Scheckrecht sichergestellt werden; so auch *Martiny*, in: *Reithmann/Martiny*, Rdnr. 185f.
210 Staudinger-*Stoll* BGB (1996) IntSachenR Rdnr. 416; MünchKomm.-*Martiny* BGB Art. 28 EGBGB Rdnr. 183; *Einsele, Dorothee*, Wertpapierrecht als Schuldrecht – Funktionsverlust von Effektenurkunden im internationalen Rechtsverkehr, S. 398.
211 Vgl. hierzu § 3-106 (c) UCC sowie Official Comment 2.

wendung entfällt aber, wenn ein Händler, der den Reisescheck entgeltlich (also zur Begleichung einer Rechnung statt Bargeld) entgegengenommen hat, von dem Diebstahl keine Kenntnis hatte und überdies die vernünftigen Sorgfaltsstandards des Handelsverkehrs beachtet hat;[212] der Händler kann dann von dem Emittenten Zahlung verlangen.

bb) Rechtsverhältnis zwischen Emittent und Ersterwerber

80   Das Rechtsverhältnis zwischen dem Kunden und dem Reisescheckemittenten unterliegt als Schuldvertrag grundsätzlich der Rechtswahlfreiheit gemäß Artt. 27ff. EGBGB. Eine (ausdrückliche) Rechtswahl zugunsten des Rechts des Reisescheckemittenten erfolgt allerdings nur teilweise in deren AGB. Liegt keine Rechtswahl vor, so wäre an sich gem. Art. 28 Abs. 2 EGBGB ebenfalls das Recht des Emittenten als das Recht des Staates maßgeblich, in der sich die Hauptverwaltung der Vertragspartei befindet, die die vertragscharakteristische Leistung erbringt. Dies ist – da die meisten Emittenten in den USA ihren Sitz bzw. Hauptverwaltung haben – regelmäßig US-amerikanisches Recht.

81   Die Anwendbarkeit der gem. Artt. 27ff. EGBGB anwendbaren Rechtsordnung könnte jedoch gem. Art. 29 Abs. 1 EGBGB beschränkt sein, wenn der Vertrag mit dem Emittenten nicht der beruflichen oder gewerblichen Tätigkeit des Ersterwerbers der Reiseschecks zugerechnet werden kann und der Vertrag unter einer der Voraussetzungen des Art. 29 Abs. 1 Nr. 1–3 EGBGB zustande kam. Hat der Vertrag aufgrund dieser Voraussetzungen nach der Vorstellung des Gesetzes einen ausreichend engen Bezug zum gewöhnlichen Aufenthaltsstaat des Reisescheckerwerbers/Verbrauchers, so sollen diesem die Verbraucherschutznormen dieses Staates – auch bei Wahl eines anderen Rechts – i.S. eines Minimumstandards erhalten bleiben. Wurde keine Rechtswahlvereinbarung getroffen, gelangt in diesen Fällen das Recht des gewöhnlichen Aufenthaltsstaat des Verbrauchers (in Abweichung von Art. 28 Abs. 2 EGBGB) insgesamt zur Anwendung (Art. 29 Abs. 2 EGBGB).

82   Zunächst einmal stellt ein Geschäftsbesorgungsvertrag einen Vertrag über eine Dienstleistung i.S.d. Art. 29 Abs. 1 EGBGB dar.[213] Darüber hinaus müßten die weiteren Voraussetzungen des Art. 29 Abs. 1 (also insbesondere Art. 29 Abs. 1 Nr. 1–3) EGBGB gegeben sein. Art. 29 Abs. 1 Nr. 1 EGBGB dürfte jedoch im Regelfall nicht vorliegen[214], da für Reiseschecks im allgemeinen nicht geworben wird und i.d.R. auch kein ausdrückliches Angebot in dem Sinn vorliegt, daß „der geschäftliche Kontakt durch den Unternehmer geknüpft wurde".[215] Grundsätzlich dürfte aber ein ausreichend enger Inlandsbezug des Geschäftsbesorgungsvertrags zwischen Reisescheckemittent und Ersterwerber gem. Art. 29 Abs. 1 Nr. 2 EGBGB ge-

---

212 Vgl. zu den Voraussetzungen gutgläubigen Erwerbs § 3-302 UCC.
213 Vgl. etwa *Martiny*, in: *Reithmann/Martiny*, Rdnr. 807; BGH 26. 10. 1993, BGHZ 123, 380–393, 386 für das Rechtsverhältnis zwischen Treuhänder und Treugeber.
214 A.A. *Nobbe*, in: Bankrechtshandbuch I, § 63 Rdnr. 125.
215 Dieses Kriterium nennt Soergel-*v.Hoffmann* BGB Art. 29 EGBGB Rdnr. 20 als Voraussetzung für Art. 29 Abs. 1 Nr. 1 EGBGB.

geben sein, da jedenfalls die deutschen Banken und Sparkassen als Vertreter der Reisescheckemittenten in Deutschland die zum Vertragsschluß führenden Willenserklärungen der Reisescheckersterwerber entgegennehmen.[216] Zu beachten ist allerdings die Einschränkung des Anwendungsbereichs des Art. 29 Abs. 1 EGBGB durch Art. 29 Abs. 4 Nr. 2 EGBGB, der solche Verträge über die Erbringung von Dienstleistungen aus dem Anwendungsbereich der Schutzvorschrift des Art. 29 EGBGB ausnimmt, bei denen die dem Verbraucher geschuldeten Dienstleistungen ausschließlich in einem anderen als dessen gewöhnlichem Aufenthaltsstaat zu erbringen sind. Hierfür ließe sich anführen, die dem Ersterwerber geschuldete Dienstleistung sei ausschließlich in dem ausländischen Sitzstaat des Reisescheckemittenten von diesem zu erbringen, zumal Reiseschecks von den Kunden im allgemeinen nicht in ihrem gewöhnlichen Aufenthaltsstaat eingelöst werden.

Dennoch dürfte die Ausnahmebestimmung des Art. 29 Abs. 4 Nr. 2 EGBGB hier **83** – ähnlich wie auch bei den Kreditkartenverträgen[217] – letztlich nicht vorliegen, womit es bei der Anwendbarkeit des Art. 29 Abs. 1 und 2 EGBGB verbleiben dürfte. So hebt zwar der Gesetzeswortlaut des Art. 29 Abs. 4 Nr. 2 EGBGB darauf ab, wo die *dem Verbraucher geschuldete Dienstleistung* zu erbringen ist. Jedoch sollten Ausnahmebestimmungen wie Art. 29 Abs. 4 Nr. 2 EGBGB eng ausgelegt werden. Daher ist dem BGH beizupflichten, daß Verträge, die vom Verbraucher von seinem gewöhnlichen Aufenthaltsstaat aus erfüllt werden, einen Bezug zu diesem Staat aufweisen und der Verbraucher daher im Gegensatz zu den klassischen Fällen des Art. 29 Abs. 4 Nr. 2 EGBGB eben doch die Anwendung des Verbraucherrechts seines Aufenthaltsstaats erwarten kann.[218] Da vorliegend jedoch die Reisescheckersterwerber den Vertrag mit dem Reisescheckemittenten mit Erwerb der Reiseschecks (in Form einer Vorschußzahlung gem. § 669 BGB) in ihrem gewöhnlichen Aufenthaltsstaat erfüllen, greift die Verbraucherschutznorm des Art. 29 Abs. 1 und 2 EGBGB ein.

Wurde für den Geschäftsbesorgungsvertrag zwischen Reisescheckemittent und **84** Ersterwerber (Verbraucher) keine Rechtswahl vereinbart, untersteht der Geschäftsbesorgungsvertrag zwischen Emittent und Ersterwerber daher insgesamt dem Recht des gewöhnlichen Aufenthaltsstaats des Verbrauchers. Im Fall einer Rechtswahlvereinbarung finden dagegen die zwingenden Verbraucherschutzvorschriften des gewöhnlichen Aufenthaltsstaats des Verbrauchers i.S. eines Minimumstandards zugunsten des Verbrauchers Anwendung.[219] Bei den Verbraucherschutznormen, die damit auf jeden Fall zu beachten sind, dürfte es sich im wesentlichen um die Vorschriften über AGB handeln (§§ 305 ff. BGB). Daher ist der in Deutschland ansässige Verbraucher hinsichtlich des (Geschäftsbesorgungs-) Ver-

---

216 Vgl. zu diesen Voraussetzungen des Art. 29 Abs. 1 Nr. 2 EGBGB Soergel-*v. Hoffmann* BGB Art. 29 EGBGB Rdnr. 20; *Martiny*, in: *Reithmann/Martiny*, Rdnr. 814.
217 Vgl. zu dieser Problematik ausführlich bei den Kreditkartenverträgen unten Rdnr. 280 f.
218 Vgl. BGH 26. 10. 1993, BGHZ 123, 380–393, 388.
219 Vgl. zu dem nach Art. 29 EGBGB erfolgenden Günstigkeitsvergleich *Martiny*, in: *Reithmann/Martiny*, Rdnr. 826.

trags zwischen ihm und US-amerikanischen Reisescheckemittenten durch Art. 29 Abs. 1 und 2 EGBGB geschützt.[220]

III. Inkassogeschäft

Literatur

Baumbach, Adolf/Hopt, Klaus J., HGB, 32. Aufl. 2006, (7) BankGesch M/1-M/5, (12) ERI. *Canaris, Claus-Wilhelm*, Bankvertragsrecht, 3. Aufl. 1988, Erster Teil, Rdnr. 1088–1100. *Claussen, Carsten Peter*, Bank- und Börsenrecht, 3. Aufl. 2003, § 7 Rdnr. 61–70. *Kümpel, Siegfried*, Bank- und Kapitalmarktrecht, 3. Aufl. 2004, Rdnr. 7.46–7.56, 7.76–7.94. *Nielsen, Jens*, Inkassogeschäft, in: Bankrechtshandbuch III, hrsg. v. Schimansky, Herbert/Bunte, Hermann Josef/Lwowski, Hans-Jürgen, 2. Aufl. 2001, § 119. *v. Westphalen, Friedrich*, Die neuen Einheitlichen Richtlinien für Inkassi (ERI 522) und das AGB-Gesetz, in: Liber amicorum Nielsen, 1996, S. 141–156. *Zahn, Johannes/Ehrlich, Dietmar/Neumann, Kerstin*, Zahlung und Zahlungssicherung im Außenhandel, 7. Aufl. 2001, 3. Abschnitt Dokumenteninkasso.

1. Einführung

85   Beim bankmäßigen Inkassogeschäft übernimmt die Bank für ihren Kunden den Einzug von Forderungen. Hierzu übergibt der Kunde/Verkäufer (Inkassoauftraggeber) seiner Bank (Einreicherbank) Dokumente, gegen deren Vorlage die Einreicherbank bzw. eine von ihr beauftragte weitere Bank (Inkassobank) die Forderung des Kunden (Inkassoauftraggebers) beim Käufer/Zahlungspflichtigen (Bezogenen) einzieht (oder – wenn auch seltener – ein Akzept des Bezogenen einholt) und an den Inkassoauftraggeber herausgibt. Beim Inkassogeschäft unterscheidet man in der Praxis zwischen dem einfachen Inkasso, bei dem der Inkassoauftraggeber als Dokumente nur Zahlungspapiere (also etwa Wechsel, Scheck oder ähnliche zum Erlangen von Zahlungen dienende Dokumente) einreicht, und dem dokumentären Inkasso, bei dem als Dokumente Handelspapiere (also Rechnungen, Transportdokumente, Dispositions- oder andere ähnliche Dokumente) entweder allein oder mit Zahlungspapieren vorgelegt werden.[221] Soweit die Bank nicht nur den Erlös einzieht, sondern auch die bargeldlose Abrechnung und Verrechnung übernimmt, dient das Inkassogeschäft dem internationalen Zahlungsverkehr und stellt somit ein Bankgeschäft i.S.d. § 1 Abs. 1 S. 2 Nr. 9 KWG dar (Durchführung des bargeldlosen Zahlungs- und Abrechnungsverkehrs).[222] Zwar weist das Dokumenteninkassogeschäft Ähnlichkeiten mit dem Akkreditivgeschäft auf, da die Bank in beiden Fällen zwischengeschaltet wird, um so den Verkäufer gegen Nicht- oder nicht ord-

---

220 Im Ergebnis auch *Nobbe*, in: Bankrechtshandbuch I, § 63 Rdnr. 125.

221 Vgl. hierzu Art. 2 der Einheitlichen Richtlinien für Inkassi (ERI ICC-Publikation Nr. 522), abgedruckt bei *Baumbach, Adolf/Hefermehl, Wolfgang*, Wechselgesetz und Scheckgesetz, 22. Aufl. 2000, S. 840ff.; *Kümpel* Rdnr. 7.78, 7.82.

222 Vgl. hierzu *Fülbier, Andreas*, in: *Boos, Karl-Heinz/Fischer, Reinfried/Schulte-Mattler, Hermann*, Kreditwesengesetz, 2. Aufl. 2004, § 1 Rdnr. 100–102; *Kümpel* Rdnr. 7.77.

nungsgemäße Zahlung des Käufers zu sichern. Jedoch übernimmt die Bank beim Inkassogeschäft anders als beim Akkreditiv keine eigene Zahlungsverpflichtung gegenüber dem Verkäufer, sondern geht lediglich die Verpflichtung ein, sich um die Einziehung der Forderung (des Kaufpreises) zu bemühen.[223]

Das Inkassogeschäft wird durch die Einheitlichen Richtlinien für Inkassi geregelt (ERI), die 1957 von der Internationalen Handelskammer in Paris verabschiedet und in den Jahren 1967, 1979 und 1995 überarbeitet wurden. Die jetzige Fassung der ERI ist seit 1.1.1996 in Kraft.[224] Da der Internationalen Handelskammer die Gesetzgebungskompetenz fehlt, kann es sich hierbei – ebenso wie bei den Einheitlichen Richtlinien und Gebräuchen für Dokumentenakkreditive (ERA)[225] – nicht um Rechtsnormen handeln.[226] Umstritten ist aber, ob die ERI insgesamt als Handelsbrauch bezeichnet werden können[227] oder als AGB anzusehen sind.[228] Richtigerweise können die ERI – ebenso wie die ERA[229] – nicht insgesamt als Handelsbrauch angesehen werden. Gegen eine rechtliche Einordnung als Handelsbrauch spricht nicht nur, daß sie immer wieder geändert wurden; fast noch entscheidender ist, daß sie aufgrund ihres Wortlauts nur gelten, wenn sie in den Text eines „Inkassoauftrags" einbezogen wurden und auch nur insofern, als nicht ausdrücklich anderweitige Vereinbarungen getroffen wurden (Art 1 a) ERI 522).[230] Daher sind die ERI im Grundsatz als AGB anzusehen, die damit auch §§ 305 ff. BGB unterfallen. Da die ERI somit kein internationales Einheitsrecht darstellen, bleibt die Frage bedeutsam, welches Recht auf die verschiedenen Vertragsverhältnisse zur Anwendung gelangt.

86

2. Rechtsbeziehungen nach deutschem Sachrecht

a) Rechtsverhältnis zwischen Inkassoauftraggeber und Zahlungspflichtigem/Bezogenem

Bei dem Rechtsverhältnis zwischen Inkassoauftraggeber[231] und dem Zahlungspflichtigen (Bezogenen)[232] handelt es sich gewöhnlich um einen Kaufvertrag mit einer sog. Kassaklausel. Mit der Kassaklausel wird vereinbart, daß der Käufer gegen Vorlage der Dokumente bar zu zahlen hat (Dokumente gegen Kasse bzw. docu-

87

---

223 *Nielsen*, in: Bankrechtshandbuch III, § 119 Rdnr. 1; *Canaris* Rdnr. 1088; *Kümpel* Rdnr. 7.78.
224 Vgl. Einheitliche Richtlinien für Inkassi (ERI ICC-Publikation Nr. 522), abgedruckt bei *Baumbach, Adolf/Hefermehl, Wolfgang*, Wechselgesetz und Scheckgesetz, 22. Aufl. 2000, S. 840 ff.; vgl. hierzu auch *Claussen* § 7 Rdnr. 64; *Kümpel* Rdnr. 7.48, 7.51.
225 Vgl. oben § 5 Rdnr. 8.
226 So auch *Claussen* § 7 Rdnr. 64; *Kümpel* Rdnr. 7.49; *Canaris* Rdnr. 1089.
227 So OLG Hamburg 27. 10. 1969, MDR 1970, 335; *Zahn/Ehrlich/Neumann* Rdnr. 1/22 f.; teils Handelsbrauch, teils AGB *Kümpel* Rdnr. 7.49; ähnlich wohl *Claussen* § 7 Rdnr. 66.
228 So *Baumbach/Hopt*, HGB, (12) ERI Einl. Rdnr. 2; nachdrücklich *v. Westphalen*, in: Liber amicorum Nielsen, S. 144, 147; im Grundsatz auch *Canaris* Rdnr. 1089.
229 Vgl. ausführlich zur Rechtsnatur der ERA § 5 Rdnr. 8–10.
230 So zu Recht *v. Westphalen*, in: Liber amicorum Nielsen, S. 142, 144.
231 Vgl. zum Begriff „Auftraggeber" Art. 3 a) i. ERI 522.
232 Vgl. zum Begriff „Bezogener" Art. 3 b) ERI 522.

ments against payment) oder – wenn auch seltener – daß der Käufer gegen Präsentation der Dokumente ein Akzept zu leisten hat (Dokumente gegen Akzept bzw. documents against acceptance). Diese Klausel bedeutet also eine Pflicht des Käufers zur Barzahlung (bzw. Akzeptleistung) gegen die bloße Vorlage vertragsgemäßer Dokumente, ohne daß der Käufer Einwendungen (wie etwa auch die Aufrechnung) oder Einreden (wie etwa Zurückbehaltungsrechte) geltend machen könnte.[233] Aber nicht nur der Käufer ist aufgrund dieser Kassaklausel insofern vorleistungspflichtig, als er noch vor Empfang der Ware zu zahlen (bzw. das Akzept zu leisten) hat. Auch der Verkäufer muß die Ware bereits vor Erhalt der Gegenleistung durch den Käufer versenden, um die vertraglich geforderten (Transport-) Dokumente vorlegen zu können. Daher verlangt diese Form der Geschäftsabwicklung ein gegenseitiges Vertrauen der Handelspartner.[234]

b) Rechtsverhältnis zwischen Inkassoauftraggeber und Einreicherbank
aa) Qualifikation und Inhalt des Vertrags

88   In dem Vertrag zwischen dem Kunden (Inkassoauftraggeber) und seiner Bank (Einreicherbank)[235] verspricht die Einreicherbank, sich um die Einziehung der Forderung des Inkassoauftraggebers beim Zahlungspflichtigen/Bezogenen (bzw. um dessen Akzept) gegen Vorlage der Dokumente zu bemühen. Die Bank verpflichtet sich also weder selbst zur Zahlung noch übernimmt sie die Gewähr dafür, daß der Bezogene leistet. Daher ist dieser Vertrag zwischen Inkassoauftraggeber und Einreicherbank als eine Geschäftsbesorgung mit Dienstleistungscharakter i.S.d. §§ 675 Abs. 1, 611 BGB einzuordnen.[236] Die Einreicherbank ist bei der Ausführung des Geschäfts an die Weisungen des Auftraggebers gebunden, es gilt hier also ebenso wie beim Akkreditivgeschäft der Grundsatz der formalen Auftragsstrenge.[237]

89   Allerdings enthalten die ERI 522 sehr weitgehende Haftungsausschlußklauseln. Insbesondere Art. 14 a) ERI 522, der einen völligen Haftungsausschluß der Banken für Verzögerungen, Falschübermittlung oder Verlust von Nachrichten, Briefen oder Dokumenten oder Falschübersetzungen vorsieht, bedeutet eine wesentliche Einschränkung der sich aus der Natur des Inkassogeschäfts ergebenden Vertragspflichten und ist daher gem. § 307 Abs. 2 S. 2 BGB (früher § 9 Abs. 2 Nr. 2 AGBG) als unwirksam anzusehen.[238] Hingegen liegt in dem Ausschluß der Haftung der

---

233 *Nielsen*, in: Bankrechtshandbuch III, § 119 Rdnr. 9f.; *Claussen* § 7 Rdnr. 63, 67; *Zahn/Ehrlich/Neumann* Rdnr. 3/21, 3/24; *Canaris* Rdnr. 1100; zum Ausschluß von Einwendungen vgl. auch die st. Rspr. BGH 21. 1. 1987, NJW 1987, 2435f.; BGH 19. 9. 1984, BGH WM 1984, 1572f.; BGH 15. 6. 1954, BGHZ 14, 61, 62.
234 Vgl. hierzu *Kümpel* Rdnr. 7.78; *Nielsen*, in: Bankrechtshandbuch III, § 119 Rdnr. 10.
235 Vgl. zum Begriff „Einreicherbank" Art. 3 a) ii. ERI 522.
236 Allgemeine Meinung, vgl. statt vieler *Canaris* Rdnr. 1090; *Kümpel* Rdnr. 7.83; *Nielsen*, in: Bankrechtshandbuch III, § 119 Rdnr. 19; *Zahn/Ehrlich/Neumann* Rdnr. 3/9.
237 Vgl. statt vieler *Nielsen*, in: Bankrechtshandbuch III, § 119 Rdnr. 19; *Zahn/Ehrlich/Neumann* Rdnr. 3/11; *Canaris* Rdnr. 1090.
238 *v. Westphalen*, in: Liber amicorum Nielsen, S. 155; vgl. auch *Baumbach/Hopt*, HGB, (12) ERI, Art. 14 ERI, 1).

Banken für die Echtheit der Unterschriften und der Dokumente[239] grds. kein Verstoß gegen § 307 BGB (früher § 9 AGBG), da die Prüfungspflichten beim Inkassogeschäft weniger weit reichen als beim Dokumentenakkreditiv.[240] Soweit die Bank die Dokumente jedoch nicht einmal auf ihre formelle Übereinstimmung mit den Inkassobedingungen überprüft und konkreten Verdachtsmomenten nicht nachgegangen sein sollte, könnte sie sich nicht erfolgreich auf die Haftungsausschlußklausel des Art. 13 ERI 522 berufen, da hierin wiederum ein Verstoß gegen eine sich aus der Natur des Inkassogeschäfts ergebende Vertragspflicht liegen würde (vgl. § 307 Abs. 2 Nr. 2 BGB, früher § 9 Abs. 2 Nr. 2 AGBG).[241]

Welche Rechtsposition die Bank an den Dokumenten bzw. den (einzuziehenden) Forderungen erwirbt, ist eine Frage der Parteivereinbarung. So können die Parteien vereinbaren, daß die Bank die Forderung im Namen des Auftraggebers einziehen soll (was allerdings in der Praxis selten vorkommt), möglich ist aber auch eine Einziehungsermächtigung. Als dritte Gestaltungsform ist eine (treuhänderische) Abtretung der Forderung und eine (treuhänderische) Übertragung des Eigentums bzw. die Begründung eines Pfandrechts an den Dokumenten denkbar.

Die letztgenannte Gestaltungsform dürfte regelmäßig gewollt sein.[242] So ist in Nr. 15 Abs. 2 AGB-Banken und in Nr. 25 Abs. 2 AGB-Sparkassen eine Sicherungsabtretung der einzuziehenden Forderung an die Bank vorgesehen, so daß gem. § 952 Abs. 2 BGB i.d.R. auch das Eigentum an dem die Forderung verbriefenden Dokument auf die Bank übergehen wird. Im übrigen aber wird gem. Nr. 14 Abs. 1 AGB-Banken und Nr. 21 Abs. 1 AGB-Sparkassen die Begründung eines Pfandrechts an den im bankmäßigen Geschäftsverkehr in den Besitz des Kreditinstituts gelangten Wertpapieren vereinbart. Zwar entsteht das Pfandrecht gem. Nr. 14 Abs. 3 AGB-Banken und Nr. 21 Abs. 2 AGB-Sparkassen nicht, wenn die Wertpapiere mit einer ausdrücklichen Verwendungsbestimmung in die Verfügungsgewalt des Kreditinstituts gelangen; diese Ausnahmevorschrift dürfte jedoch ohne einen besonderen Vorbehalt des Kunden auf das Inkassogeschäft nicht zur Anwendung kommen.[243] Nach Einziehung der Forderung steht dem Inkassoauftraggeber grds. ein Anspruch auf Herausgabe des Erlöses gem. §§ 675 Abs. 1, 667 BGB zu, jedoch hat die Bank bei Insolvenz des Auftraggebers einen Anspruch auf abgesonderte Befriedigung[244] aus der abgetretenen Forderung, wenn sie sich die eingezogene Forderung sicherungshalber hat abtreten lassen.[245]

239 Vgl. Art. 13 ERI 522.
240 So zutreffend *Canaris* Rdnr. 1090; *Nielsen*, in: Bankrechtshandbuch III, § 119 Rdnr. 2; vgl. hierzu auch Art. 12 a) ERI 522.
241 *v. Westphalen*, in: Liber amicorum Nielsen, S. 153.
242 Vgl. hierzu auch *Nielsen*, in: Bankrechtshandbuch III, § 119 Rdnr. 49, 54; *Canaris* Rdnr. 1092; *Kümpel* Rdnr. 7.88.
243 Vgl. hierzu *Baumbach/Hopt*, HGB, (8) AGB-Banken Nr. 14 Rdnr. 11.
244 Zu den durch die Sicherungsabtretung bzw. das Pfandrecht zugunsten der Bank gesicherten Ansprüchen vgl. auch Nr. 15 Abs. 4, Nr. 14 Abs. 2 AGB-Banken.
245 BGH 1.7.1985, BGHZ 95, 149, 152f.; *Nielsen*, in: Bankrechtshandbuch III, § 119 Rdnr. 54f.

bb) Weiterleitung des Inkassoauftrags

91   Die Einreicherbank ist nach dem Vertragsinhalt regelmäßig nicht verpflichtet, dem Zahlungspflichtigen die Dokumente selbst vorzulegen. Sofern die Einreicherbank nicht auch eine Niederlassung im Land des Zahlungspflichtigen hat, hat sie den Auftrag lediglich an eine weitere sorgfältig ausgewählte Bank (Inkassobank)[246] weiterzuleiten. Die Inkassobank wird somit nicht als Erfüllungsgehilfe der Einreicherbank, sondern als Substitut eingeschaltet (§ 664 Abs. 1 S. 2 BGB).[247] Diese Inkassobank ist i.d.R. gleichzeitig die Bank, die dem Bezogenen die Dokumente vorlegt (vorlegende Bank).[248] Daß die Inkassobank nicht als Erfüllungsgehilfe der Einreicherbank, sondern als Substitut tätig wird, kann auch in AGB wirksam vereinbart werden: Im Gegensatz zur Rechtslage bei der Banküberweisung haben die Kreditinstitute jedenfalls im Bereich des (bloßen) Forderungseinzugs keine Monopolstellung inne[249], auch handelt es sich nicht um ein ausgesprochenes Massengeschäft unter Einschaltung teilweise zahlreicher weiterer Banken, deren Geschäfts- bzw. Risikostruktur für den Kunden / Auftraggeber weder einsehbar noch kalkulierbar ist. Die (von der Einreicherbank eingeschaltete) Inkassobank ist vielmehr i.d.R. gleichzeitig auch die vorlegende Bank, wobei der geschäftlich meist versierte Auftraggeber insofern überdies Weisungen erteilen kann.[250]

92   Somit haftet die Einreicherbank für ein Verschulden der Inkassobank bzw. vorlegenden Bank zwar nicht gem. § 278 BGB, ein Haftungsausschluß der Einreicherbank auch für ein Verschulden bei der Auswahl des Substituten (vgl. § 664 Abs. 1 S. 2 BGB) ist aber gem. § 307 Abs. 2 Nr. 1 BGB (früher § 9 Abs. 2 Nr. 1 AGBG) als unzulässig anzusehen. Daher ist Art. 11 b) ERI 522, der einen vollständigen Ausschluß der Haftung der Einreicherbank bei nicht ordnungsgemäßer Ausführung der Weisungen vorsieht, insofern unwirksam, als der Einreicherbank bei der Auswahl der Inkassobank ein Verschulden zur Last fällt.[251]

c) Rechtsverhältnis zwischen Einreicherbank und Inkassobank sowie Inkassobank und vorlegender Bank

93   Die Einreicherbank ist grds. nicht dazu verpflichtet, die Forderung selbst einzuziehen, sondern aufgrund der vertraglichen Vereinbarungen mit dem Inkassoauftraggeber dazu berechtigt, eine weitere Bank einzuschalten (die Inkassobank, die i.d.R. gleichzeitig die vorlegende Bank ist). Diese wurde entweder von dem Auftraggeber

---

246   Vgl. zu dem Begriff „Inkassobank" Art. 3 a) iii. ERI 522.
247   So auch Art. 11 a) und b) ERI 522, vgl. hierzu auch *Nielsen*, in: Bankrechtshandbuch III, § 119 Rdnr. 24 f.; *Canaris* Rdnr. 1095.
248   Vgl. zu dem Begriff „vorlegende Bank" Art. 3 a) iv. ERI 522.
249   Zu der insofern andersartigen Rechtslage bei Banküberweisungen *Dorothee, Einsele*, Haftung der Kreditinstitute bei nationalen und grenzüberschreitenden Banküberweisungen, AcP 199 (1999), 145 ff., insbes. 181; vgl. zur mittlerweile insoweit eindeutigen Gesetzeslage bei Banküberweisungen § 676c Abs. 1 S. 3 BGB.
250   Vgl. zur Möglichkeit des Bezogenen, die Inkassobank zu benennen, Art. 5 d) ERI 522.
251   *v. Westphalen*, in: Liber amicorum Nielsen, S. 154; *Nielsen*, in: Bankrechtshandbuch III, § 119 Rdnr. 31; wohl auch *Canaris* Rdnr. 1095.

selbst benannt oder von der Einreicherbank oder – bei Einschaltung einer dritten Bank als vorlegende Bank – von der Inkassobank ausgewählt.[252] Zwischen der Einreicherbank und der Inkassobank wird ebenfalls ein Geschäftsbesorgungsvertrag gem. §§ 675 Abs. 1, 611 BGB abgeschlossen, der inhaltlich den Vereinbarungen zwischen dem Inkassoauftraggeber und der Einreicherbank entspricht.[253] Nach Durchführung der Geschäftsbesorgung hat die Inkassobank der Einreicherbank Mitteilung über die Bezahlung oder Nichtzahlung (bzw. die erfolgte oder nicht erfolgte Akzeptleistung) zu geben (§§ 675 Abs. 1, 666 BGB).[254]

Wie oben (Rdnr. 91) bereits erwähnt, wird die Inkassobank in aller Regel nicht als Erfüllungsgehilfe der Einreicherbank, sondern als deren Substitut tätig. Daher haftet die Einreicherbank für die schuldhaft fehlerhafte Vertragsausführung der Inkassobank nicht gem. § 278 BGB, sondern nur für ein Auswahlverschulden gem. § 664 Abs. 1 S. 2 BGB. Der Auftraggeber hat hingegen keine vertraglichen Beziehungen zur Inkassobank und kann dieser daher auch keine (direkten) Weisungen erteilen.[255]

Damit taucht aber folgendes Problem auf: Führt die Inkassobank den Auftrag zum Forderungseinzug schuldhaft fehlerhaft aus, so haftet die Einreicherbank dem Auftraggeber hierfür i.d.R. nicht, da § 278 BGB keine Anwendung findet (vgl. § 664 Abs. 1 S. 2 und 3 BGB). Andererseits haftet die Inkassobank der Einreicherbank i.d.R. ebenfalls nicht: zwar hat die Inkassobank in diesem Fall den Geschäftsbesorgungsvertrag mit der Einreicherbank schuldhaft verletzt, eine Haftung der Inkassobank scheitert jedoch daran, daß die Einreicherbank keinen (eigenen) Schaden hat. Daher stellt sich die Frage, ob hier möglicherweise der Fall einer Drittschadensliquidation wegen einer zufälligen Schadensverlagerung vorliegt oder aber der Vertrag zwischen der Einreicherbank und der Inkassobank Schutzwirkung zugunsten des Auftraggebers entfaltet.[256] Da ein Vertrag mit Schutzwirkung zugunsten Dritter dem Auftraggeber einen eigenen Anspruch gegen die Inkassobank verschaffen würde, sind vorrangig dessen Voraussetzungen zu prüfen. Zwar kommt der Auftraggeber mit der Leistung der Inkassobank bestimmungsgemäß in Berührung, was für die Inkassobank auch erkennbar ist,[257] da die Forderung des Auftraggebers für diesen eingezogen werden soll. Ob allerdings die Gefährdung des geschäftlichen Renommees der Einreicherbank und die Gefahr des Kundenverlusts ein schutzwürdiges Interesse darstellt, das zu einer Einbeziehung des Auftraggebers in den Schutzbereich des Vertrags zwischen Einreicherbank und Inkassobank

94

---

252 Vgl. hierzu auch Art. 5 d) S. 2 ERI 522; *Nielsen*, in: Bankrechtshandbuch III, § 119 Rdnr. 26.

253 Vgl. statt vieler *Zahn/Ehrlich/Neumann* Rdnr. 3/13; *Nielsen*, in: Bankrechtshandbuch III, § 119 Rdnr. 27.

254 So auch Art. 26 a), c) ERI 522; vgl. hierzu auch *Kümpel* Rdnr. 7.93.

255 Vgl. hierzu *Nielsen*, in: Bankrechtshandbuch III, § 119 Rdnr. 28; *Kümpel* Rdnr. 7.87; *Canaris* Rdnr. 1097; *Zahn/Ehrlich/Neumann* Rdnr. 3/14; vgl. auch Art. 4 a) iii. ERI 522.

256 Im letzteren Sinne offenbar *Canaris* Rdnr. 1097 aufgrund des Verweises auf Rdnr. 395f.

257 Vgl. zu dieser Voraussetzung eines Vertrags mit Schutzwirkung zugunsten Dritter BGH 20. 3. 1995, NJW 1995, 1740, 1747; BGH 15. 2. 1978, BGHZ 70, 327, 329.

führt,[258] erscheint doch fraglich. Ferner: vorliegend geht es weniger um die Verletzung von Schutzpflichten als um die Verletzung der Hauptleistungspflicht „weisungsgemäße Auftragsausführung". Da die Inkassobank den Auftrag im übrigen für fremde Rechnung ausführt, dürfte die Problematik doch eher mit der Rechtsfigur der Drittschadensliquidation erfaßbar sein.[259]

95　　Sofern nicht nur eine, sondern weitere Banken eingeschaltet werden, gelten auch für diese (weiteren) Verträge zwischen den Banken die eben dargestellten rechtlichen Bewertungen und Problemstellungen. Daher wird auch bei Einschaltung eines weiteren Kreditinstituts zwischen den Banken ein Geschäftsbesorgungsvertrag abgeschlossen, wobei die weiter eingeschaltete Bank als Substitut und nicht als Erfüllungsgehilfe der erstbeauftragten Inkassobank tätig wird. Auch die Problematik, ob hier zugunsten des Inkassoauftraggebers die Grundsätze der Drittschadensliquidation oder des Vertrags mit Schutzwirkung zugunsten Dritter anwendbar sind, stellt sich in sehr ähnlicher Weise. Bei einer längeren Kette eingeschalteter Banken wird allerdings noch klarer als bei Zwischenschaltung nur einer Bank, daß der Vertrag zwischen den Kreditinstituten keine Schutzwirkung zugunsten des Inkassoauftraggebers hat. So hat etwa die erste zwischengeschaltete Inkassobank kein schutzwürdiges Interesse mehr daran, daß der Vertrag zwischen ihr und einer weiteren nachgeschalteten Bank Schutzwirkung zugunsten des Inkassoauftraggebers entfaltet. Daher wird hier noch deutlicher als bei Einschaltung lediglich einer (Inkasso-) Bank, daß dem Auftraggeber nur mit der Drittschadensliquidation „geholfen" werden kann, wenn er durch die nicht ordnungsgemäße Ausführung des Inkassoauftrags einer nachgeschalteten Bank einen Schaden erleidet. Die Durchsetzung dieses Anspruchs in der Kette dürfte für den Auftraggeber u.U. jedoch mit praktischen Schwierigkeiten verbunden sein, zumal auch der Auskunftsanspruch (§§ 675 Abs. 1, 666 BGB) zur Ermittlung des Sachverhalts in der Kette durchgesetzt werden muß.[260]

d) Rechtsverhältnis zwischen Inkassobank und Zahlungspflichtigem/ Bezogenem

96　　Zwischen der Inkassobank (vorlegenden Bank) und dem Bezogenen bestehen in aller Regel keine vertraglichen Rechtsbeziehungen. Die Inkassobank hat daher grds. nur die Interessen des Auftraggebers, nicht aber des Zahlungspflichtigen wahrzunehmen, so daß sie diesem gegenüber auch nicht zur Prüfung der Dokumente verpflichtet ist.[261]

---

258 Vgl. zu dieser Voraussetzung eines Vertrags mit Schutzwirkung zugunsten Dritter BGH 2.7. 1996, NJW 1996, 2927, 2928.
259 Vgl. allgemein zur mittelbaren Stellvertretung als Fall der Drittschadensliquidation MünchKomm.-*Oetker* BGB § 249 Rdnr. 284 m. w. zahlr. Nachw.
260 Vgl. zur parallel gelagerten Problematik der Überweisungskette nach früherer Rechtslage *Einsele, Dorothee*, Haftung der Kreditinstitute bei nationalen und grenzüberschreitenden Banküberweisungen, AcP 199 (1999), 145, 161 f.
261 So *Canaris* Rdnr. 1098.

3. Anwendbares Recht

a) Rechtsverhältnis zwischen Inkassoauftraggeber und Zahlungspflichtigem/Bezogenem

Zwischen Inkassoauftraggeber und Bezogenem wird in der Regel ein Kaufvertrag,   97
jedenfalls aber ein (sonstiger) Schuldvertrag bestehen. Dieses Schuldverhältnis unterliegt gemäß dem EG-Übereinkommen über das auf vertragliche Schuldverhältnisse anzuwendende Recht vom 19. Juni 1980 und dessen Umsetzung in das deutsche internationale Privatrecht vorrangig dem gewählten Recht (vgl. Art. 3 Abs. 1 des EG-Schuldvertragübereinkommens; Art. 27 Abs. 1 EGBGB). Sofern Importeur und Exporteur keine Rechtswahl getroffen haben, ist die Rechtsordnung des Staates maßgeblich, in der der Verkäufer (als die Vertragspartei, die die vertragscharakteristische Leistung erbringt) seinen gewöhnlichen Aufenthalt bzw. Hauptverwaltung hat (Art. 4 Abs. 2 des EG-Schuldvertragsübereinkommens; Art. 28 Abs. 2 EGBGB). Danach dürften aber meist die Voraussetzungen für die Anwendbarkeit des Wiener UN-Übereinkommens über Verträge über den internationalen Warenkauf vom 11. 4. 1980 erfüllt sein. Denn sofern die Parteien das Recht eines Vertragsstaates (des Wiener UN-Kaufrechts) wählen oder das mangels Rechtswahl gem. Art. 28 EGBGB anzuwendende Recht auf das Recht eines Vertragsstaats verweist, umfaßt diese Verweisung auch das UN-Kaufrecht als Einheits(sach)recht (Art. 1 Abs. 1 b) des UN-Übereinkommens über Verträge über den internationalen Warenkauf).

Zwar ist auch eine Abwahl des UN-Kaufrechts möglich, und zwar sowohl in   98
Form der kollisionsrechtlichen Abwahl durch Wahl einer anderen Rechtsordnung als auch durch materiellrechtliche Abwahl des UN-Kaufrechts insgesamt bzw. einzelner seiner Regelungen (Art. 6 des UN-Kaufrechts). Allerdings ist zu bedenken, daß für die Abwahl des UN-Kaufrechts nicht als ausreichend angesehen wird, daß das Recht eines seiner Vertragsstaaten gewählt wird; vielmehr kommt dann – wie gerade ausgeführt – sowohl nach deutscher[262] als auch ausländischer Auffassung[263] das Sachrecht dieses Staates *einschließlich* des Einheitsrechts und daher auch des UN-Kaufrechts zur Anwendung. Daher muß die Abwahl des UN-Kaufrechts und Wahl des nicht vereinheitlichten nationalen Sachrechts durch weitere Anhaltspunkte (etwa die Nennung bestimmter Paragraphen des betreffenden nationalen Kaufrechts) zum Ausdruck kommen.[264]

Meist dürfte das UN-Kaufrecht aber nicht erst kraft kollisionsrechtlicher Ver-   99
weisung gem. Art. 1 Abs. 1 b) des UN-Kaufrechts, sondern bereits aufgrund seiner autonomen Anwendungsvoraussetzungen maßgeblich sein: Danach ist neben ei-

---

262 OLG Düsseldorf 8. 1. 1993, IPRax 1993, 412–414, 413; vgl. auch BGH 4. 12. 1985, BGHZ 96, 313–323, 323 für das einheitliche Gesetz über den internationalen Kauf beweglicher Sachen vom 17. 7. 1973.
263 Vgl. hierzu *Schlechtriem, Peter*, Internationales UN-Kaufrecht, 3. Aufl. 2005, Rdnr. 15 m. w. N. in Fn. 10.
264 Vgl. auch *Schlechtriem, Peter*, Internationales UN-Kaufrecht, 3. Aufl. 2005, Rdnr. 20.

nem Kaufvertrag über Waren erforderlich, daß die Parteien ihre Niederlassung in verschiedenen Staaten haben und diese Staaten Vertragsstaaten des UN-Kaufrechts sind (Art. 1 Abs. 1 a) des UN-Übereinkommens). Damit kommt es regelmäßig auf die zuvor erwähnte kollisionsrechtliche Verweisung gemäß Art. 1 Abs. 1 b) des UN-Kaufrechts – jedenfalls bei steigender Zahl von Vertragsstaaten[265] – nicht an.

100   Findet das CISG Anwendung, so kann der Zahlungspflichtige/Bezogene die vorgelegten Dokumente nur bei wesentlichen Abweichungen ablehnen. Die Regelung, wonach der Käufer Vertragsaufhebung lediglich erklären kann, wenn die Vertragsverletzung wesentlich ist (Art. 49 Abs. 1 a) CISG), gilt nämlich nach der Rechtsprechung des BGH nicht nur für die Ware, sondern auch für die Dokumente.[266]

b) Rechtsverhältnis zwischen Inkassoauftraggeber und Einreicherbank
aa) Geschäftsbesorgung

101   Zwischen Inkassoauftraggeber und Einreicherbank wird ein Schuldvertrag abgeschlossen. Daher bestimmt sich das anwendbare Recht nach Artt. 27 ff. EGBGB. Vorrangig maßgeblich ist also eine Rechtswahl der Parteien (Art. 27 Abs. 1 EGBGB). Eine solche Rechtswahl erfolgt im deutschen Rechtskreis gem. Nr. 6 Abs. 1 AGB-Banken und AGB-Sparkassen, wonach für die Geschäftsverbindung zwischen Kunden und inländischen Geschäftsstellen der Banken bzw. Sparkassen deutsches Recht zur Anwendung gelangt.[267] Wird eine Geschäftsstelle einer Bank in Deutschland beauftragt, eine Forderung einzuziehen, so entspricht die Geltung deutschen Rechts überdies den allgemeinen (ohne Rechtswahlvereinbarung anwendbaren) internationalprivatrechtlichen Grundsätzen, da die Bank die vertragscharakteristische Leistung erbringt (Art. 28 Abs. 2 S. 2 EGBGB). Insofern handelt es sich also typischerweise um ein Inlandsgeschäft. Sollte der Inkassoauftraggeber aber (ausnahmsweise) eine ausländische Bank mit dem Einzug der Forderung betraut haben, so kommt auf den Vertrag zwischen dem Inkassoauftraggeber und der Einreicherbank vorrangig das gewählte Recht, ansonsten aber gem. Art. 28 Abs. 2 EGBGB die Rechtsordnung der Hauptverwaltung bzw. Hauptniederlassung der ausländischen Bank zur Anwendung.[268]

102   Die nach diesen Grundsätzen ermittelte Rechtsordnung entscheidet über die Wirksamkeit und den Inhalt des Geschäftsbesorgungsvertrags sowie über die Frage, ob die Weiterleitung des Inkassoauftrags zulässig ist und wie die Einreicherbank für weitere zwischengeschaltete Banken haftet. Sofern die Einreicherbank für die schuldhafte Verletzung des Geschäftsbesorgungsvertrags durch die eingeschaltete Inkassobank nicht haftet, stellt sich auch kollisionsrechtlich die Frage, ob der

---

265 Vgl. zum Geltungsbereich des Wiener UN-Übereinkommens *Jayme, Erik/Hausmann, Rainer*, Internationales Privat- und Verfahrensrecht, 12. Aufl. 2004, Nr. 77 Fn. 1.
266 BGH 3. 4. 1996, WM 1996, 1594, 1597f.; vgl. hierzu auch *Nielsen*, in: Bankrechtshandbuch III, § 119 Rdnr. 15.
267 Zur Wirksamkeit der Rechtswahl oben § 2 Rdnr. 17–21.
268 Vgl. auch MünchKomm.-*Martiny* BGB Art. 28 EGBGB Rdnr. 370.

Auftraggeber entweder unmittelbar oder nach Abtretung der Ansprüche, die die Einreicherbank gegen die Inkassobank hat, gegen die vertragswidrig handelnde Bank einen Schadensersatzanspruch geltend machen kann. Allerdings ist die Frage, ob ein Vertrag Schutzwirkung zugunsten Dritter entfaltet oder ob der Vertragspartner den Schaden eines Dritten liquidieren kann, eine Frage der Auslegung des Vertrags mit der weiteren eingeschalteten Bank. Das auf den Geschäftsbesorgungsvertrag zwischen Inkassoauftraggeber und Einreicherbank anwendbare Recht entscheidet hingegen nur darüber, ob der Auftraggeber einen Anspruch auf Abtretung des Anspruchs hat, den die Einreicherbank gegenüber der Inkassobank hat, sofern die auf den Geschäftsbesorgungsvertrag zwischen Einreicher- und Inkassobank anwendbare Rechtsordnung eine Drittschadensliquidation vorsieht.

bb) Abtretung

Allerdings schließen der Inkassoauftraggeber und die Einreicherbank typischerweise nicht nur einen schuldrechtlichen Vertrag (Geschäftsbesorgungsvertrag), vielmehr tritt der Auftraggeber daneben die einzuziehende Forderung an die Einreicherbank ab. Damit stellt sich die Frage, nach welchem Recht die Wirksamkeit dieser (Sicherungs-) Abtretung zu beurteilen ist. 103

Die Abtretung dieser Forderung richtet sich nach den allgemeinen internationalprivatrechtlichen Vorschriften. Damit findet im Geltungsbereich des EG-Schuldvertragsübereinkommens Art. 12 dieses Übereinkommens bzw. – im deutschen Recht – Art. 33 Abs. 1 und Abs. 2 EGBGB Anwendung. Dies bedeutet nach h. M., daß für die Zession gemäß Art. 33 Abs. 2 EGBGB das Forderungsstatut maßgeblich ist, also das Recht, das auf die zedierte Forderung anzuwenden ist.[269] Damit käme auf die Forderungsübertragung insgesamt das Recht zur Anwendung, dem der Vertrag zwischen Inkassoauftraggeber und Zahlungspflichtigem / Bezogenem unterliegt, häufig also das CISG (Wiener UN-Übereinkommen über Verträge über den internationalen Warenkauf vom 11. 4. 1980). Hier tritt nun die Schwierigkeit auf, daß das CISG keine eigenständige Regelung zur Abtretung (und Abtretbarkeit) einer Forderung enthält. Die Wirksamkeit der Abtretung bestimmt sich in diesem Fall gem. Art. 7 Abs. 2 CISG nach dem Sachrecht, das aufgrund der kollisionsrechtlichen Vorschriften des Forumstaates zur Anwendung gelangt.[270] Diese Regelung des CISG zeigt deutlich, daß einerseits zwischen der Rechtsordnung zu unterscheiden ist (und auch unterschieden werden kann), der die abzutretende Forderung unterliegt (Forderungsstatut, vorliegend also das CISG) und andererseits dem Recht, das – zumindest grundsätzlich (vorbehaltlich der ausdrücklich in Art. 33 Abs. 2 EGBGB genannten Problemkreise) – über die Wirksamkeit der Ab-

---

269 Vgl. hierzu statt vieler BGH 1. 7. 1985, BGHZ 95, 149, 151 f.; BGH 20. 6. 1990, RIW 1990, 670, 671; OLG Düsseldorf 15. 12. 1994, RIW 1995, 508–512, 509; *Kropholler* § 52 VIII 1 (S. 486); *v. Bar, Christian*, Abtretung und Legalzession im neuen deutschen IPR, RabelsZ 53 (1989), 462–486, 467 f.; *Martiny*, in: *Reithmann / Martiny*, Rdnr. 333.

270 Vgl. hierzu OLG Hamm 8. 2. 1995, IPRax 1996, 197; *Schlechtriem, Peter*, Internationales UN-Kaufrecht, 3. Aufl. 2005, Rdnr. 41.

tretung entscheidet. Wie an anderer Stelle ausführlich begründet,[271] sollte auf die Forderungszession grds. das Recht zur Anwendung gelangen, das für das der Forderungsübertragung zugrunde liegende obligatorische Kausalgeschäft zwischen Inkassoauftraggeber und Einreicherbank (also den zwischen diesen abgeschlossenen Geschäftsbesorgungsvertrag) maßgeblich ist (vgl. Art. 33 Abs. 1 EGBGB). Lediglich die in Art. 33 Abs. 2 EGBGB genannten Problemkreise sollten aus Gründen des Schuldnerschutzes dem Forderungsstatut (also dem zwischen Inkassoauftraggeber und Zahlungspflichtigen anwendbaren Recht) unterstellt werden. Dies entspricht insbesondere auch einer einheitlichen Auslegung von Art. 12 des EG-Schuldvertragsübereinkommens (entspricht Art. 33 Abs. 1 und 2 EGBGB), zumal die meisten europäischen Rechtsordnungen das Abstraktionsprinzip nicht kennen und folglich auch nicht so wie im deutschen Recht zwischen dem Verpflichtungsgeschäft und dem Verfügungsgeschäft der Abtretung unterscheiden. Vielmehr wird das Rechtsverhältnis zwischen Zedent und Zessionar einerseits und das zwischen Zessionar und Schuldner andererseits unterschieden, eine Betrachtungsweise, die auch Art. 12 des EG-Schuldvertragsübereinkommens zugrunde liegt.

104   Unabhängig von dieser Streitfrage ist aber möglich, daß die Abtretung an die Einreicherbank nach dem insoweit maßgeblichen Recht unwirksam ist, zumal ausländische Rechtsordnungen teilweise strengere Anforderungen stellen und namentlich für die Wirksamkeit der Abtretung gegenüber dem Schuldner eine Abtretungsanzeige verlangen.[272]

c) Rechtsverhältnis zwischen Einreicherbank und Inkassobank sowie Inkassobank und vorlegender Bank

105   Diese Rechtsverhältnisse unterliegen als Schuldverträge ebenfalls Artt. 27 ff. EGBGB. Vorrangig kommt damit das Recht zur Anwendung, das die Banken gewählt haben (Art. 27 Abs. 1 EGBGB), mangels Rechtswahl die Rechtsordnung, in der die Bank, die die vertragscharakteristische Leistung erbringt, ihre Hauptniederlassung hat. Daher kommt (jeweils) das Recht der beauftragten Bank zur Anwendung. Sofern allerdings die Dokumentenvorlage und Forderungseinziehung von einer Niederlassung vorgenommen werden soll, die nicht die Hauptniederlassung ist, findet das Recht dieser (Zweig-) Niederlassung Anwendung (Art. 28 Abs. 2 S. 2 EGBGB). Das danach zur Anwendung berufene Recht (Vertragsstatut) entscheidet über die Wirksamkeit und den Inhalt des Geschäftsbesorgungsvertrags und damit auch über die Frage, ob dieser drittschützende Wirkung (zugunsten des

---

271   Vgl. im einzelnen zur Herleitung dieser Auffassung *Einsele, Dorothee*, Das Internationale Privatrecht der Forderungszession und der Schuldnerschutz, ZvglRWiss 90 (1991) 1–24; *Einsele, Dorothee*, Rechtswahlfreiheit im internationalen Privatrecht, RabelsZ 60 (1996) 417–447, 430–435; mittlerweile auch Staudinger-*Hausmann* BGB (2002) Art. 33 EGBGB Rdnr. 37.
272   Vgl. hierzu *Einsele, Dorothee*, Das Internationale Privatrecht der Forderungszession und der Schuldnerschutz, ZvglRWiss 90 (1991), 1–24, 4–13; vgl. zur möglichen Unwirksamkeit der Abtretung nach ausländischen Rechtsordnungen auch *Canaris* Rdnr. 1092; *Kümpel* Rdnr. 7.88.

Auftraggebers) entfaltet (Art. 32 Abs. 1 Nr. 1 und 2 EGBGB).[273] Die Voraussetzungen und Rechtsfolgen von Leistungsstörungen richten sich ebenfalls nach dieser Rechtsordnung (Art. 32 Abs. 1 Nr. 3 EGBGB).[274] Das Vertragsstatut regelt somit auch die Voraussetzungen, unter denen der Auftraggeber einen Direktanspruch gegen die Inkassobank geltend machen kann sowie die Frage, ob der Vertragspartner der beauftragten Inkassobank einen Drittschaden (des Auftraggebers) liquidieren kann.

Allerdings sei an dieser Stelle darauf hingewiesen, daß manche ausländische Rechtsordnungen einen Direktanspruch des Auftraggebers eventuell nicht auf Vertrag, sondern auf Delikt gründen.[275] Soweit aber deliktische Ansprüche in Rede stehen, gilt zunächst grds. die Tatortregel des Art. 40 Abs. 1 EGBGB: Danach kommt zwar in der Regel das Recht des Handlungsorts der sorgfaltswidrig handelnden Bank, auf Verlangen des verletzten Auftraggebers aber das Recht des Erfolgsorts zur Anwendung. Da der Auftraggeber i. d. R. einen reinen Vermögensschaden erlitten haben wird, dürfte der Erfolgsort der Lageort seines Vermögens sein, so daß das Recht des Erfolgsorts grds. das Recht am gewöhnlichen Aufenthalt des Geschädigten sein wird.[276] Aber auch bei deliktischer Qualifikation der Ansprüche des Auftraggebers nach ausländischem Recht kommt im deutschen Kollisionsrecht im Ergebnis das Recht der besonderen Verbindung, also des verletzten Vertrags, gem. Art. 41 Abs. 1, 2 Nr. 1 EGBGB zur Anwendung (vgl. oben § 2 Rdnr. 32). Daher wird der Auftraggeber bei ausländischem Vertragsstatut nicht den (eventuell höheren) Schutzumfang erreichen, der ihm von seiner Rechtsordnung gewährt wird.

106

IV. Banküberweisung

Literatur

Andenas, Mads, Das englische Recht der grenzüberschreitenden Überweisung, in: Das Recht der grenzüberschreitenden Überweisung, Arbeiten zur Rechtsvergleichung, Bd. 194, 2000, S. 9–35. *Brindle, Michael/Cox, Raymond* (Hrsg.), Law of Bank Payments, 3. Aufl. 2004. *Canaris, Claus-Wilhelm*, Bankvertragsrecht, 3. Aufl., 1. Teil, 1988, Rdnr. 300–488. *Baumbach, Adolf/Hopt, Klaus*, Handelsgesetzbuch, 31. Aufl. 2003, (7) BankGesch C/1–26. *Bydlinski, Peter*, Bemerkungen zum Regierungsentwurf eines Überweisungsgesetzes, Pflichten – Bankenhaftung – Grenzen vertraglicher Abweichung, WM 1999, 1046–1054. *Ehmann, Horst/Hadding, Walther*, EG-Überweisungs-Richtlinie und Umsetzung – Regierungsentwurf und Gegenentwurf – Sonderbeil. Nr. 3 zu WM 1999, 3–31. *Einsele, Dorothee*,

---

273 So auch OLG Hamburg 21. 5. 1981, VersR 1983, 350, 351; MünchKomm.-*Spellenberg* BGB Art. 32 EGBGB Rdnr. 22.
274 MünchKomm.-*Spellenberg* BGB Art. 32 EGBGB Rdnr. 37.
275 Vgl. hierzu *Einsele, Dorothee*, Haftung der Kreditinstitute bei nationalen und grenzüberschreitenden Banküberweisungen, AcP 199 (1999), 145, 167 f.; *Zweigert, Konrad/Kötz, Hein*, Einführung in die Rechtsvergleichung, 3. Aufl. 1996, S. 460.
276 Staudinger-*v. Hoffmann* BGB (2001) Art. 40 EGBGB Rdnr. 26, 282; vgl. auch *Spickhoff, Andreas*, Die Restkodifikation des Internationalen Privatrechts: Außervertragliches Schuld- und Sachenrecht, NJW 1999, 2209, 2213.

Haftung der Kreditinstitute bei nationalen und grenzüberschreitenden Banküberweisungen, AcP 199 (1999), 145–189. *Einsele, Dorothee*, Das neue Recht der Banküberweisung, JZ 2000, 9–19. *Einsele, Dorothee*, Der bargeldlose Zahlungsverkehr – Anwendungsfall des Garantievertrags oder abstrakten Schuldversprechens?, WM 1999, 1801–1810. *Feldhahn, Peer*, Die Bankenhaftung des neuen Überweisungsrechts, Studien zum Bank- und Börsenrecht, Bd. 58, 2003. *Gößmann, Wolfgang/van Look, Frank*, Die Banküberweisung nach dem Überweisungsgesetz, Sonderbeil. Nr. 1 zu WM 2000, 3–50. *Grundmann, Stefan*, Grundsatz- und Praxisprobleme des neuen deutschen Überweisungsrechts, WM 2000, 2269–2284. *Hadding, Walther*, in: Bankrechtshandbuch I, hrsg. v. Schimansky, Herbert/Bunte, Hermann Josef/ Lwowski, Hans-Jürgen, 2. Aufl. 2001, § 51. *Hadding, Walther*, Drittschadensliquidation und „Schutzwirkungen für Dritte" im bargeldlosen Zahlungsverkehr, in: FS Werner, 1984, S. 165– 199. *Hellner, Thorwald/Escher-Weingart, Christina*, in: Bankrecht und Bankpraxis, 6. Teil: Zahlungsverkehr, Band 3, Stand März 2004, Rdnr. 6/7–6/263. *Hartmann, Wendelin*, Die Praxis des grenzüberschreitenden Zahlungsverkehrs, in: Das Recht der grenzüberschreitenden Überweisung, Arbeiten zur Rechtsvergleichung, Bd. 194, 2000, S. 113–123. *Häuser, Franz*, Zur Umsetzung der Richtlinie über grenzüberschreitende Überweisungen (97/5/EG) in deutsches Recht, WM 1999, 1037–1045. *Huber, Ulrich*, Grenzüberschreitender Zahlungsverkehr und Valutaverhältnis (underlying obligation), in: Rechtsprobleme der Auslandsüberweisung, Untersuchungen über das Spar-, Giro- und Kreditwesen, Bd. 82/I, 1992, S. 33– 78. *Klamt, Angelika/Koch, Christian*, Das neue Überweisungsrecht, NJW 1999, 2776–2779. *Kümpel, Siegfried*, Bank- und Kapitalmarktrecht, 3. Aufl. 2004, Rdnr. 4.100–4.410. *Mann, Ronald J.*, Payment Systems and Other Financial Transactions, 2. Aufl. 2003. *Langenbucher, Katja*, Die Banküberweisung, in: Zahlungsverkehr, Handbuch zum Recht der Überweisung, Lastschrift, Kreditkarte und der elektronischen Zahlungsformen, hrsg. v. Langenbucher, Katja/Gößmann, Wolfgang/Werner, Stefan, 2004, § 1. *Lawrence, Lary*, An Introduction to Payment Systems, 1997. *Lawrence's Anderson, Lary*, Uniform Commercial Code, Band 7, 3. Aufl., Stand 2005, Code Sections Revised 4–101 to 4A-507. *Möschel, Wernhard*, Dogmatische Strukturen des bargeldlosen Zahlungsverkehrs, AcP 186 (1986), 187–236. *Murray, Peter L.*, Aktuelle Rechtsfragen des Internationalen Zahlungsverkehrs – Vereinigte Staaten von Amerika –, in: Das Recht der grenzüberschreitenden Überweisung, Arbeiten zur Rechtsvergleichung, Bd. 194, 2000, S. 97–111. *Ripert, Georges/Roblot, René*, Traité de Droit Commercial, Bd. 2, 17. Aufl. 2004. *Risse, Jörg/Lindner, Nicola*, Haftung der Banken nach dem neuen Überweisungsrecht, BB 1999, 2201–2207. *Schimansky, Herbert*, in: Bankrechtshandbuch I, hrsg. v. Schimansky, Herbert/Bunte, Hermann Josef/Lwowski, Hans-Jürgen, 2. Aufl. 2001, §§ 47–50. *Schneider, Uwe H.*, Pflichten und Haftung der erstbeauftragten Kreditinstitute bei grenzüberschreitenden Überweisungen – Auf dem Weg zu einem Sonderrecht für Kettenverträge – WM 1999, 2189–2198. *Schneider, Uwe H.*, Das Recht der grenzüberschreitenden Überweisung – Rechtsvergleichung und Rechtsangleichung, in: Das Recht der grenzüberschreitenden Überweisung, Arbeiten zur Rechtsvergleichung, Bd. 194, 2000, S. 133–158. *Schön, Wolfgang*, Prinzipien des bargeldlosen Zahlungsverkehrs, AcP 198 (1998), 401–456. *Schönle, Herbert*, Bank- und Börsenrecht, 2. Aufl. 1976, §§ 30–32. *Seipen, Christoph, von der*, Das anwendbare Recht beim grenzüberschreitenden Überweisungsverkehr, in: Rechtsprobleme der Auslandsüberweisung, Untersuchungen über das Spar-, Giro- und Kreditwesen, Bd. 82/1, 1992, S. 13–31. *Stenström, Mikael*, TARGET, in: Zahlungsverkehr, Handbuch zum Recht der Überweisung, Lastschrift, Kreditkarte und der elektronischen Zahlungsformen, hrsg. v. Langenbucher, Katja/Gößmann, Wolfgang/Werner, Stefan, 2004, § 8. *Westphalen, Friedrich, Graf v.*, Verspätete Überweisungen – Einige Bemerkungen zur neuen Rechtslage, BB 2000, 157–162.

1. Einführung

Das wichtigste Mittel des bargeldlosen Zahlungsverkehrs ist national immer noch die Banküberweisung.[277] So wurden im Jahr 2004 circa 6 241,74 Millionen Inlandsüberweisungen mit einem Transaktionswert von circa 29 289,7 Milliarden Euro ausgeführt.[278] Aber auch für den grenzüberschreitenden Zahlungsverkehr ist die Banküberweisung bereits heute praktisch relevant; darüber hinaus wird allgemein erwartet, daß diese Form der (Buchgeld-)Zahlung im Rahmen der Europäischen Wirtschafts- und Währungsunion noch an Bedeutung gewinnen wird.

Im deutschen Recht wird – ähnlich wie auch in ausländischen Rechtsordnungen – die Frage diskutiert, wann die Bezahlung einer Geldschuld mittels Banküberweisung schuldbefreiende Wirkung hat. Die bisher (noch) h.M. im deutschen Recht sieht die Überweisung nur dann als erfüllungstauglich an, wenn der Gläubiger sich hiermit ausdrücklich oder konkludent (etwa durch Bekanntgabe des Girokontos auf Briefen oder Rechnungen) einverstanden erklärt hat.[279] Dieselbe Diskussion findet sich aber auch in anderen Rechtsordnungen wieder. Auch im französischen Recht wird eine Zustimmung des Überweisungsempfängers zu dieser Form der Zahlung für erforderlich gehalten.[280] Dies gilt im Grundsatz auch für das englische Recht, in dem – ähnlich wie im deutschen Recht – angenommen wird, der Gläubiger erkläre (konkludent) sein Einverständnis mit der Zahlung mittels Banküberweisung, wenn er dem Schuldner seine Kontonummer mitteile.[281]

Will man nicht einen Geldtransporter einsetzen, so müssen Überweisender und Empfänger entweder ihr Konto bei derselben Stelle unterhalten (so im Fall der sog. Hausüberweisung) bzw. zwar nicht bei derselben Filiale, aber doch immerhin derselben Bank (so im Fall der sog. Filialüberweisung).[282] Sind diese Voraussetzungen nicht erfüllt, müssen überweisende und empfangende Bank durch Zwischenschaltung weiterer Banken vertraglich verbunden sein. Dies erfordert zwar nicht notwendigerweise eine *gegenseitige* Kontenverbindung der betreffenden Banken, jedoch muß zumindest eine der Banken bei der anderen ein Konto unterhalten.

Neben dem Korrespondenzbankensystem existieren aber auch andere Organisationsformen des grenzüberschreitenden Zahlungsverkehrs, wie etwa das für grenzüberschreitende (primär Großbetrags-) Zahlungen in Euro konzipierte TARGET-System (Trans-European Automated Real-Time Gross Settlement Express Transfer). In diesem Echtzeit-Bruttozahlungssystem werden die Zahlungen

107

108

109

110

---

277 Vgl. etwa *Claussen* § 7 Rdnr. 10.

278 Vgl. Deutsche Bundesbank, Statistiken über den Zahlungsverkehr in Deutschland 2000–2004, Stand August 2005, Tabellen 6 und 7.

279 Vgl. statt vieler BGH 5. 5. 1986, BGHZ 98, 24–31, 30; MünchKomm.-*Wenzel* BGB § 362 Rdnr. 21; a.A. aber etwa *Gernhuber, Joachim*, Die Erfüllung und ihre Surrogate, 2. Aufl. 1994, § 11 I 3 (S. 204), wonach Geldschulden grds. auch mit Giralgeld erfüllt werden können.

280 *Ripert/Roblot* Rdnr. 2309.

281 *Brindle/Cox* Rdnr. 3-093.

282 Vgl. zu den Begriffen der sog. Haus- oder Filialüberweisung *Canaris* Rdnr. 309; *Schönle* § 30 II 2 c (S. 354).

einzeln und nur bei vorhandener Deckung von den nationalen Zentralbanken (dezentral) verbucht, während bei der Europäischen Zentralbank nur wenige zentrale Aufgaben wie etwa die Tagesabstimmung liegen.[283] An TARGET können alle Kreditinstitute teilnehmen, die ein Konto bei einem der nationalen RTGS-Systeme (Real Time Gross Settlement) unterhalten.[284] Mit TARGET wird zwar die Überweisungskette verkürzt und daher die Zahl/Notwendigkeit der Zwischenschaltung weiterer Kreditinstitute reduziert; da hiermit jedoch keine grundsätzlich neuen Probleme des Überweisungsrechts aufgeworfen werden, soll hierauf im folgenden nicht näher eingegangen werden.

111   Unabhängig von der Organisationsform des Zahlungsverkehrs erfolgt die Nachrichtenübermittlung bei Zahlungsaufträgen in das Ausland mittlerweile fast ausschließlich über das von den Banken gemeinsam aufgebaute vollelektronische Datenfernübertragungssystem SWIFT (Society for Worldwide Interbank Financial Telecommunication).[285]

112   Mit Umsetzung der Richtlinie 97/5/EG des Europäischen Parlaments und des Rates vom 27.1. 1997 über grenzüberschreitende Überweisungen[286] durch das Überweisungsgesetz vom 21.7. 1999, in Kraft getreten am 14.8. 1999[287], wurde das deutsche Recht der Banküberweisung grundlegend umgestaltet. Der Anwendungsbereich der EG-Richtlinie vom 27.1. 1997 selbst ist allerdings auf grenzüberschreitende Überweisungen in den Währungen der Mitgliedstaaten und in Euro bis zum Gegenwert von 50 000 Euro beschränkt[288]. Hier finden sich insbesondere folgende Regelungen: Zum einen wurde die regelmäßig (mangels besonderer Vereinbarung) einzuhaltende Ausführungsfrist auf fünf Bankgeschäftstage festgelegt[289] sowie die Haftung des erstbeauftragten Kreditinstituts bei Nichtausführung der Überweisung i.S. einer „money-back-guarantee" in Höhe von 12 500 Euro normiert.[290] Daneben werden die mit der Überweisung beauftragten Kreditinstitute einschließlich der Bank des Begünstigten dazu verpflichtet, die Überweisung in voller Höhe auszuführen und daher – sofern nichts anderes vereinbart wurde – das Entgelt für die Ausführung der Überweisung nicht dem Überweisungsbetrag zu entnehmen.[291] Überdies sind Informationspflichten der Kreditinstitute vor und nach Ausführung der Überweisung vorgesehen.[292]

---

283 *Hartmann* S.117.
284 *Löber, Klaus M.*, Das neue TARGET-System der Europäischen Zentralbank, in: Bankrecht 2000, RWS-Forum 17, 2000, S.25–45, 36; *Stenström*, in: Zahlungsverkehr, §8 Rdnr.11.
285 Vgl. hierzu *Hadding*, in: Bankrechtshandbuch I, §51 Rdnr.19; *Hartmann* S.114; *Stenström*, in: Zahlungsverkehr, §8 Rdnr.23.
286 ABl. EG Nr. L 43, S.25.
287 BGBl. I, S.1642.
288 Vgl. Art.1 der EG-Richtlinie über grenzüberschreitende Überweisungen v. 27.1. 1997.
289 Vgl. Art.6 Abs.1 der EG-Richtlinie über grenzüberschreitende Überweisungen v. 27.1. 1997.
290 Vgl. Art.8 Abs.1 der EG-Richtlinie über grenzüberschreitende Überweisungen v. 27.1. 1997.
291 Vgl. Art.7 der EG-Richtlinie über grenzüberschreitende Überweisungen v. 27.1. 1997.
292 Vgl. Artt.3 u. 4 der EG-Richtlinie über grenzüberschreitende Überweisungen v. 27.1. 1997.

Der deutsche Gesetzgeber beschränkte sich allerdings nicht auf die Umsetzung 113 der EG-Richtlinie über grenzüberschreitende Überweisungen, sondern regelt mit dem Überweisungsgesetz im Grundsatz sämtliche, also insbesondere auch inländische Überweisungen und Überweisungen in Drittstaaten außerhalb (West-) Europas.[293] Dazu führte der Gesetzgeber drei neue Vertragstypen als Unterfälle des Geschäftsbesorgungsvertrags[294] ein, nämlich einmal den Überweisungsvertrag (§ 676a–c BGB), den Zahlungsvertrag (§ 676d und e BGB) sowie den Girovertrag (§ 676f und g BGB).

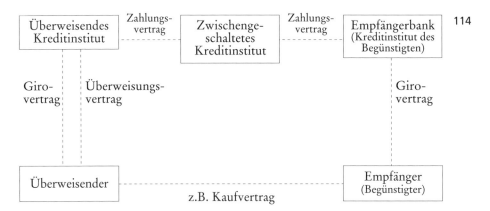

2. Rechtsbeziehungen nach deutschem Sachrecht

Das deutsche Überweisungsrecht ist mittlerweile in den §§ 676a–g BGB – für das Schuldvertragsrecht ungewöhnlich – größtenteils in Form zwingender Regelungen[295] normiert. Es unterscheidet folgende Rechtsbeziehungen:

a) Rechtsverhältnis zwischen Überweisendem und überweisendem Kreditinstitut
aa) Überweisungsvertrag

Die Überweisung, die nach früherem Recht eine Weisung i.S.d. §§ 675, 665 BGB 115 darstellte,[296] ist nach neuem Recht als eigenständiger Vertrag ausgestaltet (§ 676a Abs. 1 S. 1 BGB). Durch den Überweisungsvertrag wird das überweisende Kreditinstitut gegenüber demjenigen, der die Überweisung veranlaßt (Überweisender),

---

293 Vgl. auch BR-Drucks. 163/99, S. 21.
294 Vgl. BR-Drucks. 163/99, S. 22.
295 Vgl. zu den Ausnahmen §§ 676c Abs. 3, 676g Abs. 5 BGB sowie die im Schuldrecht merkwürdige Regelungstechnik, den Zusatz „soweit nichts anderes vereinbart ist" o.ä. anzufügen, vgl. etwa § 676a Abs. 2 S. 1, 2 u. 3 BGB.
296 Vgl. statt vieler *Schönle* § 31 III 1 (S. 356); etwas anders *Canaris* Rdnr. 320–323, der den Überweisungsauftrag einerseits für eine Weisung i.S.d. § 665 BGB und andererseits für eine Anweisung i.w.S. hält.

verpflichtet, dem Begünstigten einen bestimmten Geldbetrag zur Gutschrift auf dessen Konto beim überweisenden Kreditinstitut zur Verfügung zu stellen (§ 676a Abs. 1 S. 1 BGB). Sofern Überweisender und Empfänger ihr Konto bei verschiedenen Banken haben und die Gutschrift daher durch ein anderes Kreditinstitut erfolgen soll, ist das überweisende Kreditinstitut hingegen lediglich verpflichtet, den Überweisungsbetrag rechtzeitig und – sofern nichts anderes vereinbart wurde – ungekürzt dem Kreditinstitut des Begünstigten unmittelbar oder unter Beteiligung zwischengeschalteter Kreditinstitute zu diesem Zweck zu übermitteln (§ 676a Abs. 1 S. 2 BGB). Die Verpflichtung des überweisenden Kreditinstituts beschränkt sich also auf die Gutschrift auf dem Konto der Empfängerbank und erstreckt sich nicht auf die Gutschrift auf dem Empfängerkonto.

116   Diese Beschränkung des Pflichtenkreises der erstbeauftragten Bank ist zwar bereits in der EG-Richtlinie über grenzüberschreitende Überweisungen v. 27. 1. 1997 angelegt,[297] jedoch außerordentlich problematisch.[298] Die Überweisung dient nämlich i.d.R. der Erfüllung einer Verbindlichkeit des Überweisenden gegenüber dem Begünstigten; diese Erfüllung erfolgt aber richtigerweise erst mit der Gutschriftbuchung auf dem Konto des Begünstigten, da der Empfänger erst in diesem Zeitpunkt die freie Verfügungsmöglichkeit über den Überweisungsbetrag erlangt.[299] Auch begründet rechtlich gesehen erst die Gutschriftbuchung auf dem Konto des Empfängers dessen Anspruch gegen sein Kreditinstitut aus einem abstrakten Schuldversprechen, so daß der Empfänger erst in diesem Zeitpunkt eine dem Erhalt von Bargeld ähnliche (Beweis- und) Rechtsposition erlangt.[300]

117   Daneben verpflichtet der Überweisungsvertrag das überweisende Kreditinstitut, die Angaben zur Person des Überweisenden und einen angegebenen Verwendungszweck – soweit üblich – dem Begünstigten mitzuteilen bzw. – im Fall der Gutschrift durch ein anderes Kreditinstitut – diese Angaben weiterzuleiten (§ 676a Abs. 1 S. 1 und 2 BGB jeweils a.E.).

118   Da es sich bei der Überweisung um einen Vertrag handelt, kann die Bank – anders als nach bisherigem Verständnis des Überweisungsauftrags als Weisung i.S.d.

---

297   Vgl. Artt. 6 Abs. 1, 8 Abs. 1 der EG-Richtlinie über grenzüberschreitende Überweisungen v. 27. 1. 1997.
298   Für die Verpflichtung der erstbeauftragten Bank, die Gutschriftbuchung auf dem Empfängerkonto herbeizuführen, *Einsele*, AcP 199 (1999), 145, 177 ff.
299   Zu diesem, als dem für die Erfüllung maßgeblichen Zeitpunkt vgl. statt vieler BGH 23. 1. 1996, NJW 1996, 1207; MünchKomm.-*Wenzel* BGB § 362 Rdnr. 23; vgl. zur Gutschrift auf dem Konto des Empfängers als maßgeblichem Erfüllungszeitpunkt bei der Banküberweisung BGH 15. 5. 1952, BGHZ 6, 121, 122 ff.; BGH 2. 2. 1972, BGHZ 58, 108, 109; BGH 21. 12. 1981, WM 1982, 291, 293 f.; *Canaris* Rdnr. 476; *Schön*, AcP 198 (1998), 445 f.; Schlegelberger-*Hefermehl*, HGB, Bd. IV, 5. Aufl. 1976, Anh. § 365 Rdnr. 105; anders allerdings *Schimansky*, in: Bankrechtshandbuch I, § 49 Rdnr. 48, der den Erfüllungszeitpunkt auf das Entstehen des Anspruchs auf Gutschrift vorverlagern will; so auch *Langenbucher*, in: Zahlungsverkehr, § 1 Rdnr. 129.
300   Vgl. statt vieler BGH 25. 1. 1988, BGHZ 103, 143, 146; BGH 11. 10. 1988, BGHZ 105, 263, 269; *Canaris* Rdnr. 415; *Schimansky*, in: Bankrechtshandbuch I, § 47 Rdnr. 29; *Kümpel* Rdnr. 4.22; *Hellner/Escher-Weingart* Rdnr. 6/203; *Baumbach/Hopt*, HGB, (7) BankGesch C/14.

§ 665 BGB – einen solchen Vertragsschluß selbst bei bestehendem Giroverhältnis mit dem Kunden ablehnen.[301] Insbesondere läßt sich ein Kontrahierungszwang der Kreditinstitute nicht damit begründen, den Kreditinstituten komme im Bereich des Überweisungsverkehrs gem. § 1 Abs. 1 S. 2 Nr. 9 KWG eine Monopolstellung zu. Zutreffend ist dies nämlich lediglich für die Kreditinstitute in ihrer Gesamtheit, nicht aber für das einzelne Kreditinstitut. Auch spricht gegen einen Kontrahierungszwang die Möglichkeit der Kreditinstitute, den Überweisungsvertrag vor Beginn der Ausführungsfrist ohne Angabe von Gründen zu kündigen (§ 676a Abs. 3 S. 1 BGB); denn ansonsten würde der durch Kontrahierungszwang zustande gekommene Vertrag grundlos wieder aufgelöst werden können.

Die Vertragskonstruktion hat für den Kunden den weiteren Nachteil, die in § 676a Abs. 2 S. 2 BGB geregelten Ausführungsfristen praktisch stark zu entwerten, da der genaue Zeitpunkt des Vertragsschlusses kaum exakt zu bestimmen ist.[302] Die Ausführungsfristen beginnen gem. § 187 Abs. 1 BGB überdies erst am Tag nach dem (event. gem. § 362 Abs. 1 S. 1 HGB fingierten) Vertragsschluß zu laufen, sofern dem Kreditinstitut zu diesem Zeitpunkt die Angaben gem. § 676b Abs. 2 S. 3 BGB vorliegen und eine ausreichende Kontodeckung vorhanden ist. Allerdings steht auch dieser Fristbeginn unter dem Vorbehalt einer anderen Vereinbarung (§ 676b S. 3 BGB). Soweit keine anderen Fristen vereinbart werden, sind die Überweisungen gem. § 676a Abs. 2 S. 1 BGB baldmöglichst zu bewirken. Es sind grenzüberschreitende Überweisungen in Mitgliedstaaten der Europäischen Union und in Vertragsstaaten des Europäischen Wirtschaftsraums, die auf deren Währung oder Währungseinheit oder auf Euro lauten, binnen fünf Bankgeschäftstagen[303] und inländische Überweisungen in Inlandswährung längstens binnen drei Bankgeschäftstagen auf das Konto des Kreditinstituts des Begünstigten zu bewirken (vgl. § 676a Abs. 2 S. 2 Nr. 1 u. 2 BGB). Hingegen sind Überweisungen in Inlandswährung innerhalb einer Haupt- oder einer Zweigstelle eines Kreditinstituts längstens binnen eines Bankgeschäftstages, andere institutsinterne Überweisungen längstens binnen zwei Bankgeschäftstagen auf das Konto des Begünstigten zu bewirken (vgl. § 676a Abs. 2 S. 2 Nr. 3 BGB).

119

---

301 Vgl. *Häuser*, WM 1999, 1037, 1042; *Bydlinski, P.*, WM 1999, 1046, 1048; vgl. auch die Begründung des Regierungsentwurfs BR-Drucks. 163/99, S. 44; im Ergebnis auch *Feldhahn* S. 24–41 mit dem zutreffenden Hinweis, daß bei Annahme eines grds. Kontrahierungszwangs die Systemänderung von einer einseitigen Weisung zum Vertragsmodell kaum begründbar wäre; zweifelnd allerdings *Köndgen, Johannes*, Das neue Recht der Banküberweisung und die heimliche Aushöhlung des AGB-Gesetzes, ZBB 1999, 103, 104; anders *Gößmann/van Look*, Sonderbeil. Nr. 1 zu WM 2000, 22, wonach aus dem im Gesetz angelegten Verknüpfung zwischen Girovertrag und Überweisungsvertrag folgen soll, daß die Bank den Abschluß eines Überweisungsvertrags nur aus wichtigem Grund ablehnen dürfe; *Langenbucher*, in: Zahlungsverkehr, § 1 Rdnr. 28: Kontrahierungszwang für alle typischen, das heißt nicht besonders risikoreichen Überweisungen.

302 Vgl. *Einsele*, JZ 2000, 11.

303 Definiert als Werktage, an denen alle beteiligten Kreditinstitute gewöhnlich geöffnet haben, ausgenommen Sonnabende, vgl. § 676a Abs. 2 S. 2 Nr. 1 BGB.

bb) Kündigungsmöglichkeit

120 Der Überweisungsvertrag kann grundsätzlich sowohl von dem überweisenden Kreditinstitut als auch von dem Überweisenden selbst gekündigt werden. Insoweit räumt das Gesetz allerdings in § 676a Abs. 3 S. 2 und Abs. 4 S. 2 BGB den Regeln von Zahlungsverkehrssystemen Vorrang ein und erklärt sowohl eine Kündigung durch das überweisende Kreditinstitut als auch durch den Überweisenden nur so lange für möglich, als die Zahlungsverkehrssysteme dies zulassen. Problematisch erscheint dies bezogen auf die Kündigungsmöglichkeit des Überweisenden, die damit durch entsprechende Regelungen der Banken – *Ehmann/Hadding*[304] sprechen insoweit von „offenem Blankett" – mehr oder weniger beliebig beschränkt werden kann.[305]

121 Fehlen Regeln von Zahlungsverkehrssystemen, die die Kündigungsmöglichkeit beschränken, so kann das überweisende Kreditinstitut den Überweisungsvertrag ohne Angabe von Gründen vor Beginn der Ausführungsfrist kündigen (vgl. § 676a Abs. 3 BGB). Diese Kündigungsfrist ist aber kaum vereinbar mit der gewählten Vertragskonstruktion, da sie dem Grundsatz pacta sunt servanda widerspricht.[306] Insbesondere kann diese Regelung nicht mit der jederzeitigen Kündigungsmöglichkeit des Beauftragten gem. § 671 Abs. 1 BGB begründet werden, da die Wertung, die der leichteren Lösbarkeit des unentgeltlichen Auftrags gem. § 671 Abs. 1 BGB zugrunde liegt, bei dem entgeltlichen Überweisungsvertrag nicht „greift".[307]

122 Weniger problematisch ist die Kündigungsmöglichkeit durch den Überweisenden (§ 676a Abs. 4 BGB). So besteht bei Werkverträgen generell eine Kündigungsmöglichkeit des Bestellers (§ 649 S. 1 BGB), da dem Besteller das Werk nicht gegen seinen Willen aufgedrängt werden soll.[308] Allerdings muß die Kündigung des Überweisenden nach Beginn der Ausführungsfrist dem Kreditinstitut des Begünstigten mitgeteilt werden, und zwar bis zu dem Zeitpunkt, in dem der Überweisungsbetrag diesem Kreditinstitut endgültig zur Gutschrift auf dem Konto des Begünstigten zur Verfügung gestellt wird (§ 676a Abs. 4 S. 1 BGB). Mit dieser Regelung sollte

---

304 Sonderbeil. zu WM 1999, S. 11.

305 Hingegen hält *Schimansky*, in: Bankrechtshandbuch I, § 49 Rdnr. 9 g diesen Ausschluß der Kündigungsmöglichkeit für unproblematisch, da lediglich bedingt durch den tatsächlichen Umstand, daß in diesen Zahlungssystemen zur Herabsetzung von Systemrisiken die Endgültigkeit der Zahlung vorverlegt wird; ähnlich *Langenbucher*, in: Zahlungsverkehr, § 1 Rdnr. 56.

306 Hingegen stellt die „Kündigung" des Leistungselements, Daueraufträge im Rahmen einer Kontoverbindung auszuführen, in Wahrheit eine bloße Ankündigung dar, keine Überweisungverträge abzuschließen; anders, aber unzutreffend BGH 8. 11. 2005, NJW 2006, 430 m. ablehnender Anm. *Einsele, Dorothee*, LMK 2006, 176153; die Kündigungsmöglichkeit des § 676a Abs. 3 BGB hält *Grundmann*, WM 2000, 2277 nicht nur für problematisch, sondern bei Binnenmarkttransaktionen zudem für einen Verstoß gegen Art. 5 der Überweisungsrichtlinie; für eine teleologische Reduktion dieser Kündigungsmöglichkeit dahingehend, daß die Befugnis des überweisenden Kreditinstituts zur Kündigung des Überweisungsvertrags einen wichtigen Grund analog § 313 Abs. 1, 2 BGB voraussetzt *Langenbucher*, in: Zahlungsverkehr, § 1 Rdnr. 50.

307 Vgl. zu dieser Begründung für die jederzeitige Beendigungsmöglichkeit des Auftrags durch den Beauftragten statt vieler MünchKomm.-*Seiler* BGB § 671 Rdnr. 1.

308 So *Medicus, Dieter*, Schuldrecht II Besonderer Teil, 12. Aufl. 2004, Rdnr. 383; ähnlich MünchKomm.-*Busche* BGB § 649 Rdnr. 1f.

im Grundsatz ein ähnliches Ergebnis wie nach der früheren Einordnung des Überweisungsauftrags als Weisung i.S. des § 665 BGB erreicht werden[309]: Danach konnte die Weisung bis zu deren Durchführung widerrufen werden, wobei allerdings die Durchführung der Weisung von der h.M. erst in der vorbehaltlosen Gutschrift auf dem Empfängerkonto und nicht bereits in der Gutschrift auf dem Konto der Empfängerbank gesehen wurde.[310] Daß nach neuer Gesetzeslage die Kündigung eines zweiseitigen Vertrags nur Wirksamkeit entfaltet, wenn sie (bis zu einem bestimmten Zeitpunkt) einer dritten, an dem Vertrag nicht beteiligten Person (d.h. dem Kreditinstitut des Begünstigten) mitgeteilt wird, erscheint zunächst etwas eigenartig.[311] Diese Konstruktion läßt sich aber mit dem Argument begründen, auch ein Werkvertrag sei (nur) bis zur Vollendung des Werkes kündbar (§ 649 S. 1 BGB), das Werk sei aber beim Überweisungsvertrag im Augenblick der Gutschriftbuchung auf dem Konto der Empfängerbank vollendet (vgl. § 676a Abs. 1 S. 2 BGB). Zur vertrags- bzw. gesetzesgemäßen Vollendung des Werkes kann es jedoch bei rechtzeitiger Mitteilung an das Kreditinstitut des Begünstigten nicht mehr kommen, da dieses dazu verpflichtet ist, den Überweisungsbetrag an das überweisende Kreditinstitut zurückzuleiten, wenn ihm vor dessen Eingang eine entsprechende Mitteilung durch das überweisende Kreditinstitut zugeht (§ 676 d Abs. 2 BGB).

cc) Haftung des überweisenden Kreditinstituts für Fehler bei der Durchführung der Überweisung
α) Grundsatz: verschuldensunabhängige Haftung

In den §§ 676b und c BGB findet sich das Herzstück des Überweisungsgesetzes, nämlich die Ansprüche, die dem Überweisenden bei nicht ordnungsgemäßer Überweisung zustehen. Insoweit unterscheidet das Gesetz zwischen verspäteten, nicht vollständig und nicht durchgeführten Überweisungen. Als Grundsatz gilt, daß diese Ansprüche kein Verschulden des überweisenden Kreditinstituts voraussetzen (§ 676c Abs. 1 S. 1 BGB). **123**

Bei Überschreitung der Ausführungsfrist hat das überweisende Kreditinstitut grundsätzlich den Überweisungsbetrag mit 5% über dem Basiszinssatz zu verzinsen, es sei denn, der Überweisende oder der Begünstigte habe die Verspätung zu vertreten (§ 676b Abs. 1 BGB). Dieser Zinsanspruch setzt also nicht Verzug, sondern die bloße Überschreitung der Ausführungsfrist voraus. Desgleichen hat das überweisende Kreditinstitut entgegen dem Überweisungsvertrag einbehaltene Beträge nach Wahl des Überweisenden entweder diesem zu erstatten oder dem Begünstigten zu überweisen (§ 676b Abs. 2 BGB). **124**

Kommt die Überweisung jedoch nicht bei der Bank des Begünstigten an, so enthält § 676b Abs. 3 BGB die sog. money-back-guarantee: Danach kann der Über- **125**

---

309 Vgl. BR-Drucks. 163/99, S. 47f.
310 Vgl. statt vieler BGH 25. 1. 1988, WM 1988, 321f.; *Canaris* Rdnr. 352, 354; vgl. auch *Kümpel* Rdnr. 4.89, andererseits aber auch Rdnr. 4.91.
311 Diese Regelung wird insbes. kritisiert von *Ehmann/Hadding* Sonderbeil. Nr. 3 zu WM 1999, 3, 11.

weisende die Erstattung des Überweisungsbetrags – allerdings nur bis zu einem Betrag von 12 500 Euro, dem Garantiebetrag – zuzüglich der Entgelte und Auslagen verlangen, die bereits entrichtet wurden. Diese money-back-guarantee greift ein, wenn die Überweisung nicht bis zum Ablauf der Ausführungsfrist vorgenommen wurde und außerdem seit dem Erstattungsverlangen des Überweisenden eine Nachfrist von 14 Bankgeschäftstagen verstrichen ist, ohne daß die Überweisung während dieser Zeit doch noch bewirkt worden ist (§ 676b Abs. 3 S. 1 BGB). Das überweisende Kreditinstitut hat neben dem Überweisungsbetrag (bis zu dem Garantiebetrag von 12 500 Euro) sowie der entrichteten Entgelte und Auslagen den Überweisungsbetrag auch noch mit 5% über dem Basiszinssatz zu verzinsen (§ 676b Abs. 3 S. 2 BGB). Mit dem Erstattungsverlangen des Überweisenden und dem Ablauf der Nachfrist gilt der Überweisungsvertrag als gekündigt. Das Kreditinstitut kann sich seinerseits ebenfalls von dem Vertrag durch Kündigung lösen, wenn die Fortsetzung des Überweisungsvertrages unter Abwägung der beiderseitigen Interessen für das Kreditinstitut nicht zumutbar ist; diese Kündigung ist allerdings nur wirksam, wenn der Garantiebetrag gleichzeitig entrichtet wird oder bereits früher entrichtet wurde (§ 676b Abs. 3 S. 4 BGB). Wird der Vertrag in diesen Fällen gekündigt bzw. gilt als gekündigt, hat der Überweisende die vereinbarten Entgelte und Auslagen nicht zu bezahlen (§ 676 b Abs. 3 S. 5 BGB).

126   Damit ist entgegen der bisher herrschenden[312], wenn auch unzutreffenden Auffassung[313] klargestellt, daß das überweisende Kreditinstitut die Verpflichtung übernimmt, dem Empfänger den Überweisungsbetrag auf seinem Konto gutzuschreiben bzw. – sofern der Empfänger sein Konto nicht bei der überweisenden Bank hat – den Überweisungsbetrag an das Kreditinstitut des Begünstigten zu übermitteln (§ 676a Abs. 1 S. 1 u. 2 BGB). Erfolgt dies nicht, nicht vollständig oder unter Überschreitung der Ausführungsfrist, so haftet grundsätzlich die überweisende Bank für den Zinsschaden sowie den nicht oder nicht vollständig übermittelten Überweisungsbetrag, und zwar verschuldensunabhängig (§§ 676b und 676c Abs. 1 S. 1 BGB).

β) Haftungsausschluß

127   Der Anspruch des Kunden gegen das überweisende Kreditinstitut aus der sog. money-back-guarantee besteht nicht, wenn die Gründe für die Nichtausführung der Überweisung gem. § 676b Abs. 3 S. 6 BGB auf Anordnungen des Überweisenden

---

312   Vgl. *Canaris* Rdnr. 329; *Heymann/Horn*, HGB, Bd. 4, 1990, Anh. § 372 Bankgeschäfte III, Rdnr. 12; Schlegelberger-*Hefermehl*, HGB, Bd. IV, 5. Aufl. 1976, Anh. § 365 Rdnr. 46; *Hüffer, Uwe*, Die Haftung gegenüber dem ersten Auftraggeber im mehrgliedrigen Zahlungsverkehr, ZHR 151 (1987), 93, 95; *Schröter, Jürgen*, Bankenhaftung im mehrgliedrigen Zahlungsverkehr, ZHR 151 (1987), 118, 122f.; *Kümpel, Siegfried*, Die begrenzte Haftung der Bank bei weitergeleiteten Kundenaufträgen, WM 1996, 1893, 1895.
313   Vgl. *Einsele*, AcP 199 (1999), 145ff., insbes. 177ff.; im Ergebnis ebenso, wenn auch mit im wesentlichen anderer Begründung bereits *Köndgen, Johannes*, Bankhaftung – Strukturen und Tendenzen, in: *Köndgen* (Hrsg.), Neue Entwicklungen im Bankhaftungsrecht, 1987, S. 133, 146–151; vgl. auch *Huber* S. 58–61.

beruhen. Dies ist gem. § 676b Abs. 3 S. 6 Alt. 1 BGB der Fall, wenn der Überweisende dem überweisenden Kreditinstitut eine fehlerhafte oder unvollständige Weisung erteilt hat. Entgegen der bisherigen Rspr.[314], die auf Erstattungsansprüche des Überweisenden – und zwar auch den Anspruch aus § 667 BGB – bei fehlerhaften oder unvollständigen Angaben des Auftraggebers § 254 BGB entsprechend anwandte und hiermit eine flexible und sachgerechte Lösung bereithielt, sieht das Gesetz hier also das „Alles-Oder-Nichts-Prinzip" vor.[315] Die Haftung des überweisenden Kreditinstituts ist gem. § 676b Abs. 3 S. 6 Alt. 2 BGB aber auch ausgeschlossen, wenn der Überweisende selbst das zwischengeschaltete, fehlerhaft handelnde Kreditinstitut bestimmt hat. Allerdings sieht das Gesetz in diesem praktisch wohl sehr seltenen Fall (zum Ausgleich) einen Direktanspruch des Überweisenden gegen das von ihm bestimmte Kreditinstitut vor (§ 676b Abs. 3 S. 7 BGB). Aufgrund dieser Regelung wird also ein unmittelbarer Anspruch des Überweisenden gegen ein Kreditinstitut begründet, mit dem er keinen Vertrag abgeschlossen hat.

Sämtliche Ansprüche des Kunden gem. § 676 b BGB (also die verschuldensunabhängigen Ansprüche) sind im Fall höherer Gewalt ausgeschlossen (§ 676b Abs. 4 BGB), wobei sich gleich die anschließende Frage stellt, was hier unter höherer Gewalt zu verstehen ist. Dieser Haftungsausschluß geht auf Art. 9 der EG-Richtlinie über grenzüberschreitende Überweisungen vom 27. 1. 1997[316] zurück. Dort findet sich eine etwas genauere Umschreibung der Gründe höherer Gewalt, nämlich „ungewöhnliche und unvorhersehbare Ereignisse, auf die derjenige, der sich auf höhere Gewalt beruft, keinen Einfluß hat und deren Folgen trotz Anwendung der gebotenen Sorgfalt nicht hätten vermieden werden können". Insbesondere für zwei praktisch relevante Probleme stellt sich die Frage, ob höhere Gewalt in diesem Sinne vorliegt: bei einem Zusammenbruch bzw. nicht ordnungsgemäßem Funktionieren der EDV und bei (zumindest fast vollständigem) „Verlust" des Überweisungsbetrags bei Insolvenz eines zwischengeschalteten Kreditinstituts. Geht man von der Umschreibung der höheren Gewalt in Art. 9 der EG-Richtlinie über grenzüberschreitende Überweisungen aus, so kommt höhere Gewalt bei EDV-Zusammenbrüchen bzw. bei deren nicht ordnungsgemäßem Funktionieren nur in Betracht, wenn das Versagen der EDV auch durch erforderliche und gebotene Schutzmaßnahmen nicht vermieden werden konnte.[317]

Möglicherweise überraschend mag hingegen die Fragestellung sein, ob die Insolvenz von zwischengeschalteten Kreditinstituten höhere Gewalt i.S.d. § 676b Abs. 4 BGB darstellt. Denn auf der Grundlage des deutschen Rechts erscheint ein solcher

128

129

---

314 BGH 13. 6. 1995, BGHZ 130, 87, 95f.; BGH 3. 10. 1989, BGHZ 108, 386, 391.
315 Kritisch hierzu auch *Ehmann/Hadding* Sonderbeil. Nr. 3 zu WM 1999, S. 10f.
316 ABl. EG Nr. L 43, S. 25.
317 Ähnlich, wenn auch bezogen auf die EG-Richtlinie über grenzüberschreitende Überweisungen und auf den Fall eines Hackers, der den inzwischen abgehobenen Geldbetrag umgeleitet hat, *Grundmann*, Europäisches Schuldvertragsrecht – das europäische Recht der Unternehmensgeschäfte, ZGR-Sonderheft 15, 1999, 4.13, Rdnr. 26; hingegen will *Langenbucher*, in: Zahlungsverkehr, § 1 Rdnr. 78 bei einem Absturz des Computersystems, mit dem die Bank ihre Überweisungsverträge abwickelt, „keinesfalls" von höherer Gewalt ausgehen.

Risiko- und Haftungsausschluß nicht naheliegend: Sieht man nämlich das überweisende Kreditinstitut für verpflichtet an, den Überweisungsbetrag dem Kreditinstitut des Begünstigten zu übermitteln bzw. bei nicht ausgeführter Überweisung den Überweisungsbetrag zu erstatten (vgl. § 676b Abs. 3 BGB, sog. money-back guarantee), so folgt die Haftung der überweisenden Bank für den Erstattungsbetrag bereits aus dem Grundsatz, wonach jeder Schuldner für seine finanzielle Leistungsfähigkeit einzustehen hat (vgl. auch § 276 Abs. 1 S. 1 BGB für Gattungsschulden);[318] dieser Grundsatz wird auch sonst nicht durchbrochen, wenn ein Vertragspartner des Schuldners insolvent wird.[319] Allerdings ist dieses Ergebnis nach der EG-Richtlinie über grenzüberschreitende Überweisungen alles andere als klar. So soll gemäß dem 13. Erwägungsgrund dieser Richtlinie „bei den Umständen, die bei Instituten eintreten können, welche an der Ausführung einer grenzüberschreitenden Überweisung beteiligt sind, beispielsweise bei Zahlungsunfähigkeit, ... besonders auf Fälle höherer Gewalt abzustellen" sein.[320] Selbst wenn aber die EG-Richtlinie über grenzüberschreitende Überweisungen die Insolvenz zwischengeschalteter Kreditinstitute als Fall höherer Gewalt ansehen sollte, was jedoch trotz der Formulierung des 13. Erwägungsgrunds zweifelhaft bzw. eher zu verneinen sein dürfte,[321] ist der deutsche Gesetzgeber bzw. Rechtsanwender frei, bei Umsetzung und Anwendung der Richtlinie von strengeren Regelungen auszugehen und den Kunden umfassender zu schützen als dies in der Richtlinie selbst vorgesehen ist.[322] Wohl entgegen der Begründung des Regierungsentwurfs[323] sollte der Begriff der höheren Gewalt i.S.d. § 676b Abs. 4 BGB restriktiv interpretiert werden[324], insbesondere nicht den Fall

---

318 Vgl. hierzu statt vieler MünchKomm.-*Grundmann* BGB § 244 Rdnr. 21, MünchKomm.-*Grundmann* BGB § 276 Rdnr. 180.

319 Ebenfalls gegen eine Subsumierung des Insolvenzrisikos unter den Entlastungsgrund der „höheren Gewalt" *Ehmann/Hadding* Sonderbeil. Nr. 3 zu WM 1999, S. 18f., 30f. sowie § 676h Abs. 2 ihres Gegenentwurfs, vgl. S. 21; anders, soweit die Insolvenz einer Zwischenbank für alle Parteien unvorhersehbar und der Verlust des Überweisungsbetrages auch bei gebotener Sorgfalt nicht vermeidbar war, *Langenbucher*, in: Zahlungsverkehr, § 1 Rdnr. 79.

320 Zweifelnd hinsichtlich der Bedeutung dieser Formulierung auch *Grundmann*, Europäisches Schuldvertragsrecht – das europäische Recht der Unternehmensgeschäfte, ZGR-Sonderheft 15, 1999, 4.13, Rdnr. 26.

321 Mit diesem Ergebnis zur Entstehungsgeschichte *Schwolow*, Internationale Entwicklungslinien im Recht der Auslandsüberweisung, Bank- und kapitalmarktrechtliche Schriften des Instituts für Bankrecht Köln, Bd. 12, 1999, S. 144f.

322 Vgl. etwa auch die Formulierung in Art. 8 Abs. 1 S. 1 der EG-Richtlinie über grenzüberschreitende Überweisungen: „unbeschadet etwaiger sonstiger Forderungen"; so auch *Grundmann*, Europäisches Schuldvertragsrecht – das europäische Recht der Unternehmensgeschäfte, ZGR-Sonderheft 15, 1999, 4.13, Rdnr. 12; anders aber offenbar die Begründung des Regierungsentwurfs, BR-Drucks. 163/99, S. 57, wonach die Richtlinie insoweit einen „absoluten Standard" festlegen soll, was allerdings aufgrund der Zielsetzung wie auch des Wortlauts gerade der Haftungsvorschriften, die weitere und weitergehende Ansprüche nach nationalem Recht zulassen, kaum verständlich ist.

323 Vgl. BR-Drucks. 163/99, S. 57.

324 Vgl. *Einsele*, JZ 2000, 15; *Grundmann*, WM 2000, 2281; ebenfalls hierzu tendierend *Schimansky*, in: Bankrechtshandbuch I, § 49 Rdnr. 14 q; allgemein – wenn auch nicht speziell bezogen auf das Problem der Insolvenz von Zwischenbanken – für restriktive Interpretation des Be-

der Insolvenz zwischengeschalteter Kreditinstitute erfassen. Nur eine solche Interpretation wird dem Schutzbedürfnis der Kunden gerecht, die weit weniger als die überweisende Bank die Kreditwürdigkeit der in den Überweisungsweg eingeschalteten Institute kennen und beurteilen können, und entspricht zudem dem deutschen Rechtsverständnis, das die finanzielle Leistungsunfähigkeit generell nicht als Entlastungsgrund ansieht.

γ) Haftungsbegrenzung

Die verschuldensunabhängigen Erstattungsansprüche unterliegen bei nicht durchgeführter Überweisung – mit Ausnahme eventueller Ansprüche aus ungerechtfertigter Bereicherung (§ 676c Abs. 1 S. 2 BGB) und der Zinsansprüche im Fall der Überschreitung der Ausführungsfrist (vgl. § 676b Abs. 1 sowie § 676c Abs. 1 S. 5 Halbs. 2 BGB) – der Haftungsbegrenzung auf den Garantiebetrag von 12 500 Euro (wobei allerdings noch Entgelte, Auslagen und Zinsansprüche hinzukommen können). Verschuldensunabhängig ist aber auch der Anspruch des Überweisenden auf Herausgabe dessen, was der Beauftragte zur Ausführung des Auftrags erhalten hat (§ 667 Halbs. 1 BGB). Dieser Anspruch gelangt auch beim Überweisungsvertrag als einem Unterfall des Geschäftsbesorgungsvertrags[325] zur Anwendung und ist auf Herausgabe des Betrags gerichtet, der von der überweisenden Bank mit der Belastungsbuchung als Vorschuß (§ 669 BGB) geltend gemacht wurde (vgl. zur Belastungsbuchung auch oben § 3 Rdnr. 14); daher unterfällt dieser Anspruch ebenfalls der Haftungsbegrenzung auf den Garantiebetrag von 12 500 Euro.[326]

Zwar bleiben solche Ansprüche, die ein Verschulden voraussetzen, sowie Ansprüche aus ungerechtfertigter Bereicherung von der Haftungsbegrenzung unberührt (§ 676c Abs. 1 S. 2 BGB). Ansprüche aus ungerechtfertigter Bereicherung werden i.d.R. jedoch nicht gegeben sein, wenn der Überweisungsbetrag als Vorschuß abgebucht, dann aber von dem überweisenden Kreditinstitut nicht weitergeleitet wurde oder wenn das überweisende Kreditinstitut ihn später zurückerlangt. Denn Rechtsgrund für die Abbuchung ist der Überweisungsvertrag, der zwar gem. § 676b Abs. 3 S. 3 BGB mit dem Erstattungsverlangen des Überweisenden und dem Ablauf der Nachfrist als gekündigt gilt; Kündigungen wirken aber lediglich für die Zukunft, der Überweisungsvertrag wird also lediglich für die Zukunft unwirksam, während er als Rechtsgrund für den Vorschuß gem. § 669 BGB bestehen bleibt. Der im Grundsatz hier gegebene vertragliche Herausgabeanspruch des Überweisenden gem. § 667 Halbs. 1 BGB unterliegt jedoch der Haftungsbegrenzung auf den Ga-

130

131

griffs der höheren Gewalt *Stauder*, Kritische Analyse der Richtlinie v. 27.1. 1997 über grenzüberschreitende Überweisungen, in: *Micklitz/Tonner* (Hrsg.), Recht und diffuse Interessen in der Europäischen Rechtsordnung, 1997, S. 585, 595.

325 Vgl. hierzu BR-Drucks. 163/99, S. 23.

326 So ausdrücklich BR-Drucks. 163/99, S. 56; *Ehmann/Hadding* Sonderbeil. Nr. 3 zu WM 1999, S. 16; im Grundsatz auch *Langenbucher*, in: Zahlungsverkehr, § 1 Rdnr. 76; MünchKomm.-*Casper* BGB § 676c Rdnr. 9.

rantiebetrag von 12 500 Euro,[327] sofern man nicht – wie teilweise vorgeschlagen – § 676c Abs. 1 S. 2 BGB teleologisch reduzieren und in den Fällen nicht anwenden will, in denen der Überweisungsbetrag sich noch oder wieder im Vermögen der Bank befindet.[328]

δ) Haftung für verschuldensabhängige Ansprüche

132 Zu begrüßen ist die durch das Überweisungsgesetz erfolgte Klarstellung, daß das überweisende Kreditinstitut ein Verschulden, das einem zwischengeschalteten Kreditinstitut zur Last fällt, grundsätzlich wie eigenes Verschulden zu vertreten hat (§ 676c Abs. 1 S. 3 BGB). Im Rahmen von Schadensersatzansprüchen des Überweisenden gegen das überweisende Kreditinstitut – zu denken ist etwa an Schadensersatzansprüche aus der Verletzung des Überweisungsvertrags gem. § 280 Abs. 1 BGB – sind daher die zwischengeschalteten Kreditinstitute als Erfüllungsgehilfen der überweisenden Bank gem. § 278 BGB anzusehen.[329] Dies gilt nur dann nicht, wenn die wesentliche Ursache bei einem zwischengeschalteten Kreditinstitut liegt, das der Überweisende selbst vorgegeben hat (§ 676c Abs. 1 S. 3 Halbs. 2 BGB). Für diesen Fall sieht § 676c Abs. 2 BGB (zum Ausgleich) einen Direktanspruch des Überweisenden gegen das von ihm bestimmte zwischengeschaltete und fehlerhaft handelnde Kreditinstitut vor.

133 Allerdings bleiben die Schadensersatzansprüche des Überweisenden gem. § 676c Abs. 1 BGB – anders als § 676c Abs. 1 S. 2 BGB dies sagt – gerade nicht unberührt. So kann diese Verschuldenshaftung gem. § 676c Abs. 1 S. 4 BGB bei Überweisungen auf ein Konto im Ausland auf 25 000 Euro begrenzt werden. Diese Haftungsbegrenzungsmöglichkeit besteht auch für vorsätzlich oder grob fahrlässig handelnde zwischengeschaltete Kreditinstitute. Denn während im Inland durch die Überweisungsvereinbarung der Kreditwirtschaft der erforderliche Rückgriff

---

327 Hierzu *Einsele*, JZ 2000, 16; hingegen leitet *Feldhahn* aus dem Fehlen vertraglicher Ausgleichsansprüche ab, daß hier die Korrekturfunktion des Bereicherungsrechts eingreifen müsse, vgl. insbes. S. 127.

328 So *Langenbucher*, in: Zahlungsverkehr, § 1 Rdnr. 76, die eine teleologische Reduktion des § 676c Abs. 1 S. 2 BGB vornehmen und die Haftung der überweisenden Bank dann nicht auf 12 500 Euro begrenzen will, wenn diese aus einer nicht bewirkten Überweisung einen Betrag zurückerhält; MünchKomm.-*Casper* BGB § 676 c Rdnr. 9.

329 Vgl. hierzu auch die Erläuterungen in der Begründung des Regierungsentwurfs, BR-Drucks. 163/99, S. 56; vgl. im einzelnen zu dieser Lösung auf der Grundlage des bisherigen Überweisungsrechts *Einsele*, AcP 199 (1999), 177ff. unter Hinweis in Fn. 15, 105, 123 auf *Köndgen*, der die Anwendbarkeit des § 278 BGB – wenn auch mit weitgehend anderer Begründung – bereits vertreten hatte in: *Köndgen, Johannes*, Bankhaftung – Strukturen und Tendenzen, in: *Köndgen* (Hrsg.), Neue Entwicklungen im Bankhaftungsrecht, 1987, S. 133, 146–151; so auch *Huber* S. 58–61; a. A. auch noch auf der Grundlage des neuen Überweisungsrechts *Kümpel* Rdnr. 4.157, 4.159f., der die Überweisung für einen weitergeleiteten Auftrag hält, so daß die überweisende Bank grds. nur für die sorgfältige Auswahl und Unterweisung der von ihr beauftragten Bank haftet; nach *Kümpel* stellt § 676c Abs. 1 S. 3 BGB lediglich die gesetzliche Anordnung dar, daß die überweisende Bank so haften soll, wie wenn die zwischengeschalteten Kreditinstitute Erfüllungsgehilfen i.S.d. § 278 BGB wären.

abgesichert werden könne, sei diese Möglichkeit im Auslandsverkehr nicht gegeben.[330] Zweifelhaft ist aber, ob deshalb bei Auslandsüberweisungen eine Haftungsbegrenzung des überweisenden Kreditinstituts für vorsätzlich oder grob fahrlässig handelnde zwischengeschaltete Banken – entgegen der Regelung des § 309 Nr. 7 b) BGB (früher § 11 Nr. 7 AGBG) – nicht nur in Individualvereinbarungen, sondern auch in AGB möglich ist.[331] Zur Begründung für eine Haftungsbegrenzungsmöglichkeit auch in AGB läßt sich anführen, § 676c Abs. 1 S. 4 BGB stelle (auch für Haftungsbegrenzungen in AGB) eine Ausnahmeregelung dar; in der Tat würde diese Vorschrift ansonsten weitgehend leerlaufen, da individualvertragliche Haftungsbegrenzungen in der Praxis äußerst selten sind.[332]

Daneben kann im Fall leichter Fahrlässigkeit die Haftung für Schäden, die durch die Verzögerung oder Nichtausführung der Überweisung entstanden sind, auf 12 500 Euro begrenzt werden (§ 676c Abs. 1 S. 5 BGB).[333] Zwar gilt die Haftungsbegrenzungsmöglichkeit auf 12 500 Euro nicht für den Fall von Vorsatz und grober Fahrlässigkeit, den Zinsschaden und für Gefahren, die das Kreditinstitut besonders übernommen hat (§ 676c Abs. 1 S. 5 Halbs. 2 BGB). Dies dürfte aber für den Kunden im Regelfall wenig ändern, da die Voraussetzung vorsätzlichen oder grob fahrlässigen Handelns des Kreditinstituts kaum einmal gegeben sein wird; daher kann die Bank ihre Haftung für Schäden wegen verzögerter oder nicht ausgeführter Überweisungen in aller Regel auf 12 500 Euro beschränken. Andererseits mutet es etwas seltsam an, daß von der Haftungsbegrenzungsmöglichkeit des § 676c Abs. 1 S. 5 BGB nach dem Wortlaut der Vorschrift die Folgeschäden nicht erfaßt werden, die durch einbehaltene Beträge verursacht wurden, obgleich solche Schäden wertungsmäßig eigentlich gleich behandelt werden müßten.

134

dd) Möglichkeit abweichender Vereinbarungen

Allerdings erklärt § 676c Abs. 3 BGB die Vorschriften der §§ 675 Abs. 1, 676a, 676b und 676c Abs. 1 BGB unter bestimmten Voraussetzungen generell für dispositiv:

135

---

330 So die Begründung des Regierungsentwurfs, vgl. BR-Drucks. 163/99, S. 56.

331 Dagegen *Risse/Lindner*, BB 1999, 2206; offenbar auch *Grundmann*, WM 2000, 2282; zwar geht *Langenbucher*, in: Zahlungsverkehr, § 1 Rdnr. 88 davon aus, § 309 Nr. 7 b) BGB trete hinter die spezielle Regelung des § 676c Abs. 1 S. 4 BGB zurück, hält das Ergebnis, daß sich die Bank für Auslandsüberweisungen in größerem Umfang freizeichnen kann als für Inlandsüberweisungen, aber für einen Verstoß gegen Art. 56 Abs. 2 EGV; unentschieden *Gößmann/van Look*, Sonderbeil. Nr. 1 zu WM 2000, 42.

332 So *Feldhahn* S. 140; MünchKomm.-*Casper* BGB § 676c Rdnr. 12; im Ansatz auch *Langenbucher*, in: Zahlungsverkehr, § 1 Rdnr. 88, die das Ergebnis, daß sich die Bank für Auslandsüberweisungen in größerem Umfang freizeichnen kann als für Inlandsüberweisungen, aber für einen Verstoß gegen Art. 56 Abs. 2 EGV hält.

333 Vgl. hierzu *Einsele*, JZ 2000, 17; allerdings mit der Beschränkung auf eine Haftungsbegrenzung für Folgeschäden auch *Schimansky*, in: Bankrechtshandbuch I, § 49 Rdnr. 34 d; auch sehen II.4.1. Abs. 2, III.5.1. Abs. 2, IV.5.1. Abs. 2 der Bedingungen für den Überweisungsverkehr (Fassung 2002) eine Haftungsbegrenzungsmöglichkeit (nur) für Folgeschäden aus der Verzögerung oder Nichtausführung von Überweisungen vor.

so darf, soweit dort nichts anderes vereinbart ist, zum Nachteil des Überweisenden
bei Überweisungen abgewichen werden

– deren Überweisender ein Kreditinstitut ist[334]
– die den Betrag von 75 000 Euro übersteigen[335] oder
– die einem Konto eines Kreditinstituts mit Sitz außerhalb der Europäischen
  Union und des Europäischen Wirtschaftsraums gutgeschrieben werden sollen.[336]

Für diese Fälle kann also zum Nachteil des Überweisenden insbesondere von den
Ausführungsfristen, der Kündigungsmöglichkeit des Überweisenden, den verschuldensunabhängigen Ansprüchen bei verspäteter, nicht vollständiger bzw.
überhaupt nicht durchgeführter Überweisung sowie auch von den verschuldensabhängigen Ansprüchen gem. § 676 c Abs. 1 abgewichen werden. Laut der Begründung des Regierungsentwurfs sind insoweit auch Haftungsbeschränkungen oder
-ausschlüsse in AGB möglich.[337]

b) Rechtsverhältnis zwischen den in die Überweisung eingeschalteten Kreditinstituten/Empfängerbank

aa) Zahlungsvertrag

136 Bisher erfolgte die Weiterleitung des Überweisungsbetrags bei Zwischenschaltung
von Kreditinstituten durch entsprechende Weisungen (§ 665 BGB) der in der Vertragskette jeweils vorgeschalteten Bank im Rahmen von Geschäftsbesorgungsver-
trägen. Auch hier hielt der Gesetzgeber die Schaffung eines neuen Vertragstyps für
erforderlich. Die Weiterleitung des Überweisungsbetrags erfolgt also nicht mehr
aufgrund einer einseitigen Weisung, sondern des Zahlungsvertrags. Unter Zahlungsvertrag ist das Vertragsverhältnis zwischen Kreditinstituten zu verstehen,
durch das sich ein zwischengeschaltetes Kreditinstitut zur Weiterleitung des Überweisungsbetrags an ein (weiteres) zwischengeschaltetes Kreditinstitut bzw. an das
Kreditinstitut des Begünstigten verpflichtet (vgl. § 676d Abs. 1 BGB). Daß das Kreditinstitut des Begünstigten dazu verpflichtet ist, den Überweisungsbetrag bei entsprechender Mitteilung nicht weiter-, sondern an das überweisende Kreditinstitut
zurückzuleiten (§ 676d Abs. 2 BGB), wurde bereits im Rahmen der Kündigungsmöglichkeit des Überweisenden dargelegt (oben Rdnr. 122).

---

334 Vgl. auch die Bedingungen für den Überweisungsverkehr (Fassung 2002), die von vornherein nur für Überweisungsverträge zwischen Kunde und Bank gelten.
335 Vgl. auch II.4.2. und III.5.2. der Bedingungen für den Überweisungsverkehr (Fassung
2002), wonach die Möglichkeit vorgesehen ist, die Haftung der überweisenden Bank für das
Verschulden zwischengeschalteter Kreditinstitute auf Überweisungen bis zu einem Betrag von
75 000 Euro zu beschränken.
336 Vgl. zum Ausschluß der verschuldensunabhängigen Haftung der überweisenden Bank
sowie zum Ausschluß der Haftung für das Verschulden zwischengeschalteter Institute unter
Haftungsbeschränkung auf die sorgfältige Auswahl und Unterweisung des ersten zwischengeschalteten Kreditinstituts IV.5.2. und IV.5.3. der Bedingungen für den Überweisungsverkehr
(Fassung 2002).
337 Vgl. BR-Drucks. 163/99, S. 58.

Die Konstruktion eines Zahlungs*vertrags* weist ähnliche Nachteile wie der Überweisungsvertrag auf; insbesondere stellt sich ebenfalls das Problem der genauen Bestimmung des Zeitpunkts des Vertragsschlusses. Damit wird gleichzeitig die Entscheidung der Frage schwierig, wann ein zwischengeschaltetes Kreditinstitut den Überweisungsbetrag verspätet weiterleitet. **137**

bb) Haftung der zwischengeschalteten Kreditinstitute

Da die Ursache für die verspätete, nicht vollständig oder nicht ausgeführte Überweisung nicht unbedingt beim erstbeauftragten Kreditinstitut liegt, dieses aber in aller Regel – vorbehaltlich zulässiger Haftungsausschlüsse und -begrenzungen – dem Überweisenden gegenüber haftet, stellt sich die Frage nach den Rückgriffsmöglichkeiten des überweisenden Kreditinstituts gegenüber den weiteren in die Überweisung eingeschalteten Banken. Diese Frage wird von § 676e BGB geregelt. **138**

α) Verschuldensunabhängige Haftung

Als verschuldensunabhängige Direktansprüche sind die Ansprüche des überweisenden Kreditinstituts gegen die zwischengeschaltete Bank ausgestaltet, die entgegen dem Überweisungsvertrag Beträge einbehalten hat (§ 676e Abs. 2 BGB) oder in deren Verantwortungsbereich die Ursache für eine verspätete Ausführung einer Überweisung liegt (§ 676e Abs. 1 BGB). Das zwischengeschaltete Kreditinstitut, das Beträge einbehalten hat, hat diese dem überweisenden Kreditinstitut nach dessen Wahl entweder zu erstatten oder dem Begünstigten zu überweisen. Hat ein zwischengeschaltetes Kreditinstitut die Überweisung verspätet ausgeführt, so hat es dem überweisenden Kreditinstitut den Schaden zu ersetzen, der dem überweisenden Kreditinstitut aus der Erfüllung der Zinsansprüche des Überweisenden gem. § 676b Abs. 1 BGB entsteht (§ 676e Abs. 1 BGB). **139**

Bei nicht durchgeführter Überweisung ist der Regreß des überweisenden Kreditinstituts hingegen anders geregelt: in diesem Fall besteht kein Direktanspruch des überweisenden Kreditinstituts gegen die Bank, die die Überweisung nicht durchgeführt hat. Vielmehr wird der Regreß in der Kette abgewickelt, d.h. das überweisende Kreditinstitut hat einen Anspruch gegen die Bank, mit der sie einen Zahlungsvertrag abgeschlossen hat (Z 1), diese wiederum gegen die nächste Bank (Z 2), usw. (§ 676e Abs. 3 S. 1 u. 2 BGB). Bei nicht durchgeführten Überweisungen ging nämlich der Gesetzgeber davon aus, namentlich bei Einschaltung mehrerer Kreditinstitute werde es nicht einfach sein festzustellen, wo die Überweisung „hängen geblieben" sei.[338] Dies ist zwar zutreffend, jedoch dürfte die Feststellung ähnlich schwierig sein, welches Kreditinstitut die Überweisung verspätet ausgeführt bzw. entgegen dem Überweisungsvertrag Beträge einbehalten hat. Der unterschiedlich ausgestaltete Regreß im Fall verspäteter bzw. nicht vollständig durchgeführter Überweisung einerseits und nicht durchgeführter Überweisung andererseits überzeugt daher nicht. Die Begründung des Regierungsentwurfs geht weiter **140**

---

338 So die Begründung des Regierungsentwurfs BR-Drucks. 163/99, S. 61.

davon aus, diese Erstattungsregelung führe bei nicht durchgeführter Überweisung (und Einstandspflicht der überweisenden Bank aufgrund der money-back-guarantee) gewissermaßen von selbst dazu, „daß – außer im Insolvenzfall – der ‚verlorene‘ bzw. fehlgeleitete Überweisungsbetrag wieder aufgefunden oder das letztlich verantwortliche Kreditinstitut haftbar wird.“[339] Geht man von dem Wortlaut des § 676e Abs. 3 S. 2 BGB aus, so bricht allerdings die Kette der Erstattungsansprüche nicht unbedingt bei dem Kreditinstitut ab, das für die Nichtweiterleitung des Überweisungsbetrags verantwortlich ist; vielmehr haftet gem. § 676e Abs. 3 S. 2 BGB jedes zwischengeschaltete Kreditinstitut, das einen Zahlungsvertrag mit einem anderen Kreditinstitut hat. Insbesondere wenn der Überweisungsweg vor Weiterleitung des Überweisungsbetrags festgelegt und sämtliche Zahlungsverträge bereits im voraus abgeschlossen wurden, hätte das letzte zwischengeschaltete Kreditinstitut bei strikter Anwendung des § 676e Abs. 3 S. 2 BGB sozusagen stets den „schwarzen Peter“, obwohl der Überweisungsbetrag möglicherweise gar nicht bis zu diesem Kreditinstitut gelangte.[340]

141   Zu einem Abbrechen der Kette von Regreßansprüchen kommt es allerdings gem. § 676e Abs. 3 S. 3 BGB bei dem Kreditinstitut, das dem von ihm zwischengeschalteten Kreditinstitut eine fehlerhafte oder unvollständige Weisung erteilt hat. Zu bemängeln ist an dieser Regelung wiederum das Alles-Oder-Nichts-Prinzip, das hier der Gesetzgeber zugrunde legt; flexibler und sachgerechter wäre das Regelungsprinzip des § 254 BGB gewesen.

β) Verschuldensabhängige Haftung

142   Einen weiteren Direktanspruch des überweisenden Kreditinstituts sieht § 676e Abs. 3 S. 4 BGB gegen das Kreditinstitut vor, das einen Fehler zu vertreten hat; dieses haftet in dem Umfang, in dem das überweisende Kreditinstitut gem. § 676c Abs. 1 BGB dem Überweisenden einen über den Garantiebetrag von 12 500 Euro hinausgehenden Schaden zu ersetzen hat. Dieser Anspruch findet sich in § 676e Abs. 3 BGB, der sich (ansonsten) mit dem Fall der nicht durchgeführten Überwei-

---

339   BR-Drucks. 163/99, S. 62.

340   A. A. *Langenbucher*, in: Zahlungsverkehr, § 1 Rdnr. 118: *Langenbucher* begründet ihre Auffassung damit, bei nicht weitergeleitetem Überweisungsbetrag sei ein Zahlungsvertrag nicht zustande gekommen, da dieser erst zustande komme, wenn der Überweisungsbetrag bei der zwischengeschalteten Bank eingegangen sei; jedenfalls aber sei der Zahlungsvertrag durch den Eingang des Überweisungsbetrags auflösend bedingt. Dies erscheint mir in dieser Allgemeinheit allerdings mehr als zweifelhaft. Richtig ist allein, daß der zwischengeschalteten Bank bei nicht eingegangenem Überweisungsbetrag dessen Weiterleitung gem. § 275 Abs. 1 BGB unmöglich ist, was dann gem. § 326 Abs. 1 BGB zum Entfallen des Anspruchs auf die Gegenleistung bzw. zu der Rücktrittsmöglichkeit des § 326 Abs. 5 BGB führt. Im vorliegenden Zusammenhang wesentlich ist aber, daß das zwischengeschaltete Kreditinstitut für die Voraussetzungen, unter denen eine Lösungsmöglichkeit vom Zahlungsvertrag besteht, beweispflichtig wäre, was äußerst problematisch sein und zu dem dargestellten Ergebnis führen kann, daß das zwischengeschaltete Kreditinstitut eben doch gem. § 676e Abs. 3 S. 1 und 2 BGB haftet.

sung befaßt; daher stellt sich die Frage, ob auch § 676e Abs. 3 S. 4 BGB auf den Fall schuldhaft zu vertretender Nichtausführung der Überweisung beschränkt ist.

Nun sieht § 676e Abs. 3 BGB bei nicht durchgeführten Überweisungen ansonsten gerade keine (verschuldensunabhängige) Direkthaftung vor, während § 676e Abs. 1 und 2 BGB bei verspätet oder nicht vollständig durchgeführten Überweisungen (verschuldensunabhängige) Direktansprüche der überweisenden Bank normiert. Daher erscheint naheliegend, der überweisenden Bank jedenfalls in entsprechender (wenn nicht sogar unmittelbarer) Anwendung des § 676e Abs. 3 S. 4 BGB einen verschuldensabhängigen Direktanspruch erst recht auch gegen solche zwischengeschaltete Banken zu gewähren, die den Überweisungsbetrag verspätet oder nicht vollständig weitergeleitet haben.[341] Hierfür spricht im übrigen auch der Wortlaut des § 676e Abs. 3 S. 4 BGB. Denn der Direktanspruch des überweisenden Kreditinstituts gem. § 676e Abs. 3 S. 4 BGB bezieht sich auf den Schaden, der diesem nach § 676c Abs. 1 BGB entstanden ist; § 676c Abs. 1 BGB erfaßt aber auch Schadensersatzansprüche wegen schuldhaft verspätet oder nicht vollständig durchgeführter Überweisungen.

γ) Besonderheit: Nachforschungs- und Erstattungspflicht

In jedem Fall[342] haben zwischengeschaltete Kreditinstitute gem. § 676e Abs. 4 BGB   **143** nach dem Verbleib des Überweisungsbetrags zu forschen und den aufgefundenen Überweisungsbetrag dem Anspruchsberechtigten zu erstatten. Dies gilt gerade auch dann, wenn das überweisende Kreditinstitut wegen höherer Gewalt gem. § 676b Abs. 4 BGB oder deshalb nicht haftet, weil der Überweisende das zur Weiterleitung beauftragte Kreditinstitut vorgegeben hat (vgl. § 676b Abs. 3 S. 6 BGB). Nicht ausdrücklich gesagt wird allerdings, wer hier Anspruchsberechtigter ist. Daß in der Kette der eingeschalteten Banken ein Anspruch auf Nachforschung und ggf. Erstattung des Überweisungsbetrags besteht, folgt ohnehin bereits als vertragliche (Neben-) Pflicht aus den zwischen diesen abgeschlossenen (Zahlungs-) Verträgen. Rechtlich problematisch und auch praktisch bedeutsam ist das Bestehen dieser Ansprüche aber, wenn der Regreß nicht in der Vertragskette abgewickelt wird, sondern das Gesetz Direktansprüche (gegen andere Kreditinstitute) normiert. Will man dieser Vorschrift einen eigenständigen Regelungsgehalt beimessen, so müssen diese Ansprüche sowohl dem Überweisenden als auch allen in die Überweisung eingeschalteten Kreditinstituten gegen alle (anderen) Kreditinstitute zustehen.[343]

---

341 Im Ergebnis auch *Langenbucher*, in: Zahlungsverkehr, § 1 Rdnr. 113: analoge Anwendung von § 676e Abs. 3 S. 4 BGB; MünchKomm.-*Casper* BGB § 676e Rdnr. 13: unmittelbare Anwendung von § 676e Abs. 3 S. 4 BGB.
342 Vgl. auch *Schimansky*, in: Bankrechtshandbuch I, § 49 Rdnr. 39 l, wonach die Nachforschungspflicht alle Institute, also auch gerade solche trifft, die auf Ersatz haften.
343 So auch *Langenbucher*, in: Zahlungsverkehr, § 1 Rdnr. 80; a.A. jedoch *Gößmann/van Look*, Sonderbeil. Nr. 1 zu WM 2000, 49, wonach der Anspruchsberechtigte nur das jeweils vorgeschaltete Kreditinstitut sein soll; ebenso MünchKomm.-*Casper* BGB § 676e Rdnr. 20.

c) Rechtverhältnis zwischen dem Empfänger und seiner Bank
aa) Girovertrag

144   Gem. §676a Abs. 1 S. 2 BGB enden die Vertragspflichten des überweisenden Kreditinstituts mit der Gutschrift auf dem Konto des Kreditinstituts des Begünstigten. Im übrigen unterliegt die Überweisung den Regelungen des Girovertrags zwischen dem Begünstigten und seinem Kreditinstitut, der nunmehr ebenfalls eine gesetzliche Regelung in §676f BGB gefunden hat. Danach umfaßt der Girovertrag nicht nur die Verpflichtung des Kreditinstituts, für den Kunden ein Konto einzurichten und abgeschlossene Überweisungsverträge zu Lasten dieses Kontos abzuwickeln, sondern auch eingehende Zahlungen innerhalb eines Bankgeschäftstags nach dem Tag des Eingangs auf dem Konto des Kreditinstituts[344] gutzuschreiben, soweit nicht mit dem Kunden eine andere Fristvereinbarung getroffen wurde (§§676f S. 1, 676g Abs. 1 S. 1 BGB). Die Wertstellung des Überweisungsbetrags auf dem Konto des Kunden hat allerdings unter dem Datum des Eingangs auf dem Konto des Kreditinstituts zu erfolgen (§676g Abs. 1 S. 4 BGB). Mit dieser Regelung übernimmt der Gesetzgeber die mittlerweile ständige höchstrichterliche Rechtsprechung zum Wertstellungsdatum.[345]

145   Das Überweisungsgesetz regelt also – zumindest explizit – nur den Fall, daß der Begünstigte (bei dem Kreditinstitut, dem der Überweisungsbetrag letztlich übermittelt wird) ein Girokonto unterhält (vgl. auch §676a Abs. 1 S. 2 BGB).[346] Laut der Begründung des Regierungsentwurfs soll sich aber im Fall der Barauszahlung der Anspruch des Begünstigten auf Auskehrung des Überweisungsbetrags aus dem Auszahlungsauftrag des Auftraggebers ergeben.[347] Da der Überweisungsvertrag die überweisende Bank jedoch lediglich dazu verpflichtet, den Überweisungsbetrag dem begünstigten Kreditinstitut zu übermitteln (§676a Abs. 1 S. 2 BGB), ist unklar, woraus sich eigentlich der Auszahlungsanspruch des Begünstigten ergeben soll, wenn dieser kein Girokonto bei der Bank unterhält, an die der Überweisungsbetrag übermittelt wurde. Hier rächt sich die gesetzgeberische Entscheidung, wonach der Überweisungsvertrag das überweisende Kreditinstitut lediglich zur Gutschrift auf dem Konto des begünstigten Kreditinstituts und nicht des Begünstigten verpflichtet.

---

344   Für den danach maßgeblichen Zeitpunkt des Eingangs des Überweisungsbetrags bei der (Empfänger-) Bank muß diese buchmäßige Deckung erhalten. Dies setzt bei einer innerbetrieblichen Überweisung nicht nur eine – ohne Zutun und ohne Überprüfungsmöglichkeit der (Überweiser- und Empfänger-) Bank erfolgte – Belastungsbuchung auf dem Konto des Überweisenden, sondern auch eine sog. Nachdisposition voraus, durch die die Bank gegenüber dem Überweisenden zum Ausdruck bringt, daß sie einen Anspruch auf Aufwendungsersatz bzw. Vorschuß geltend macht, vgl. BGH 15. 3. 2005, WM 2005, 1019, 1020.
345   Vgl. BGH 6. 5. 1997, NJW 1997, 2042; BGH 17. 6. 1997, NJW 1997, 3168; dies stellen auch *Klamt/Koch* NJW 1999, 2776, 2778 zutreffend fest.
346   BR-Drucks. 163/99, S. 28.
347   So BR-Drucks. 163/99, S. 63.

bb) Haftung der Empfängerbank

Da der Gesetzgeber die Pflichten des überweisenden Kreditinstituts bereits mit der   146
Gutschrift auf dem Konto des Kreditinstituts des Begünstigten enden läßt, regelt
§ 676g Abs. 1 S. 2 u. 3 sowie die Abs. 2–5 BGB – sozusagen spiegelbildlich zu den
Ansprüchen des Überweisenden gegen die überweisende Bank – die Ansprüche
des Begünstigten gegen sein Kreditinstitut. Sofern sein Kreditinstitut die Frist zur
Gutschriftbuchung überschreitet, steht dem Begünstigten daher ein Zinsanspruch
in Höhe von 5% über dem Basiszinssatz für die Dauer der Verspätung zu (§ 676g
Abs. 1 S. 2 u. 3 BGB), auch hat der Begünstigte im Fall der vertragswidrigen Kür-
zung des Überweisungsbetrags durch sein Kreditinstitut einen Anspruch auf
Gutschrift des Fehlbetrags (§ 676g Abs. 2 S. 1 BGB). Hat das Kreditinstitut des Begünstigten ein weiteres Kreditinstitut mit der Entgegennahme des Überweisungsbetrags beauftragt, dieses den Zahlungsvertrag jedoch nicht ausgeführt, so hat der
Begünstigte – spiegelbildlich zu dem Anspruch des Überweisenden gegen das
überweisende Kreditinstitut aus der money-back-guarantee – gegen sein Kreditinstitut einen Anspruch auf Gutschrift des Überweisungsbetrags bis zu dem Garantiebetrag von 12 500 Euro (§ 676g Abs. 3 BGB). Auch § 676g Abs. 4 BGB entspricht
im wesentlichen § 676c Abs. 1 BGB: klargestellt wird wiederum, daß die eben genannten Ansprüche ein Verschulden nicht voraussetzen, weitergehende verschuldensabhängige Ansprüche jedoch unberührt bleiben und das Kreditinstitut des
Kunden insoweit ein Verschulden zwischengeschalteter Kreditinstitute wie eigenes Verschulden zu vertreten hat (§ 278 BGB).

Daß die verschuldensabhängigen Ansprüche (des Begünstigten) allerdings eben-   147
falls – wie in § 676c Abs. 1 BGB – nicht unberührt bleiben, zeigt § 676g Abs. 4 S. 3 u.
4 BGB: wiederum kann nämlich das Kreditinstitut des Begünstigten seine verschuldensabhängige Haftung bei Überweisungen auf ein Konto im Ausland auf 25
000 Euro begrenzen. Auch steht ihm grundsätzlich die Möglichkeit offen, im Fall
lediglich einfacher Fahrlässigkeit die Haftung für Schäden, die durch Verzögerung
oder Nichtausführung der Überweisung entstanden sind, auf 12 500 Euro zu begrenzen. Diese Regelung unterliegt derselben Kritik wie die entsprechende Regelung in § 676c Abs. 1 S. 5 BGB, da hiermit auch bei innerstaatlichen Überweisungen
die Haftung des Kreditinstituts für verschuldensabhängige Schäden im Fall bloß
einfacher Fahrlässigkeit grundsätzlich auf 12 500 Euro beschränkt werden kann.

Auffallend ist allerdings, daß hier der Gesetzgeber – im Gegensatz zu der ent-   148
sprechenden Regelung des § 676c Abs. 1 S. 2 BGB – offenbar keine Ansprüche des
Begünstigten gegen sein Kreditinstitut aus ungerechtfertigter Bereicherung für
möglich hielt. In der Tat sind solche Ansprüche i.d.R. auch nicht gegeben; vielmehr
steht dem Begünstigten ein vertraglicher Anspruch aus dem Girovertrag (§ 676f
BGB) auf Gutschriftbuchung gegen sein Kreditinstitut zu, wobei dieser Anspruch
allerdings den genannten Haftungsbegrenzungen bzw. Haftungsbegrenzungs-
möglichkeiten unterliegt.

cc) Möglichkeiten abweichender Vereinbarungen

149   Wiederum kann von diesen Bestimmungen zur Haftung der Empfängerbank zum Nachteil des Überweisenden nur bei Überweisungen abgewichen werden,
– deren Überweisender ein Kreditinstitut ist,
– die den Betrag von 75 000 Euro übersteigen oder
– die einem Konto eines Kreditinstituts mit Sitz außerhalb der Europäischen Union und des Europäischen Wirtschaftsraums gutgeschrieben werden sollen (§676g Abs. 5 m. Verw. auf §676c Abs. 3 BGB).

d) Direktansprüche des Überweisenden gegen zwischengeschaltete Banken

150   Wie bereits erwähnt, finden sich eine Reihe von gesetzlich normierten Direktansprüchen des Überweisenden gegen zwischengeschaltete Kreditinstitute (vgl. §§676b Abs. 3 S. 7, 676c Abs. 2, 676e Abs. 5 BGB). Daneben stellt sich aber die Frage, ob dem Überweisenden – insbes. im Fall von Haftungsbegrenzungen bzw. -beschränkungen des überweisenden Kreditinstituts (vgl. §§676c Abs. 1 S. 4 und 5, 676c Abs. 3 BGB) – auch nach allgemeinen Grundsätzen Direktansprüche gegen zwischengeschaltete Kreditinstitute zustehen können. Immerhin könnte man die Zahlungsverträge als Verträge mit Schutzwirkung zugunsten des Überweisenden[348] ansehen oder aber dem Vertragspartner der zwischengeschalteten, fehlerhaft handelnden Bank das Recht geben, den Drittschaden des Überweisenden zu liquidieren;[349] nach Abtretung dieses Schadensersatzanspruchs könnte der Überweisende dann den Anspruch ebenfalls direkt gegen die fehlerhaft handelnde zwischengeschaltete Bank geltend machen. Auch kann man den Überweisenden durchaus als schutzbedürftig ansehen, soweit ihm sein Schaden bzw. der Überweisungsbetrag nicht voll von seiner (überweisenden) Bank ersetzt bzw. erstattet wird.[350]

151   Vorrangig zu prüfen ist zunächst, ob der Überweisende einen eigenen Anspruch gegen die fehlerhaft handelnde Zwischenbank hat. Nun können Zahlungsverträge im Grundsatz durchaus Schutzwirkung zugunsten Dritter, genauer gesagt des Überweisenden entfalten. Problematisch kann hier allerdings werden, daß im Fall der nicht oder nicht vollständig durchgeführten Überweisung nicht die Verletzung von Schutzpflichten, sondern von Hauptleistungspflichten in Rede steht. Zwar bejahte die Rechtsprechung teilweise auch bei Verletzung echter Leistungspflichten einen unmittelbaren Schadensersatzanspruch des geschädigten Dritten gegen den Schädiger.[351] Soweit es aber um den Anspruch des Überweisenden auf Herausgabe

---

348 So jedenfalls zum früheren Überweisungsrecht *Canaris* Rdnr. 396; OLG Frankfurt a.M. 31.1.1995, WM 1995, 1179, 1180f.
349 So jedenfalls zum früheren Überweisungsrecht *Hadding*, in: FS Werner, S. 199; vgl. auch BGH 11.3.1976, WM 1976, 904, 907; BGH 12.5.1958, BGHZ 27, 241, 247; auch zur heutigen Rechtslage *Schimansky*, in: Bankrechtshandbuch I, §49 Rdnr. 36.
350 So zutreffend *Feldhahn* S. 199f.; *Langenbucher*, in: Zahlungsverkehr, §1 Rdnr. 103f.
351 So BGH 6.7.1965, NJW 1965, 1955–1958, 1956f.; BGH 1.10.1987, NJW 1988, 200–204, 201; BGH 22.11.1983, BGHZ 89, 95–107, 104; BGH 23.9.1985, BGHZ 96, 9–18, 17, wo ein Schadensersatzanspruch des Scheckinhabers gegen die Deutsche Bundesbank in einem Fall schuldhaft verzögerter Weiterleitung des Schecks bei Einziehung des Schecks im Wege des ver-

des von der Bank als Vorschuß abgebuchten, aber nicht weiter- bzw. bis zum Empfänger durchgeleiteten Überweisungsbetrag geht (§§ 667, 669 BGB), stellen sich gleich mehrere Probleme: Zum einen sind solche verschuldensunabhängigen Ansprüche ja grds. auf den Garantiebetrag von 12 500 Euro begrenzt (vgl. §§ 676 c Abs. 1 S. 2, 676b Abs. 3 BGB). Zum anderen handelt es sich bei dem Herausgabeanspruch gem. § 667 BGB um einen Primär- und nicht Sekundäranspruch. Sofern kein Vertrag zugunsten Dritter i.S.d. § 328 BGB vorliegt, steht einem vertragsfremden Dritten ein solcher Primäranspruch aber nicht zu.[352] Daher kommt ein Direktanspruch praktisch nur in Frage, wenn der Überweisende einen Sekundäranspruch (Schadensersatzanspruch) wegen zu vertretender Verletzung der Pflichten einer Zwischenbank geltend macht, wobei das grundsätzliche Problem allerdings bestehen bleibt, warum jemand ein Sekundäranspruch aus der Verletzung einer Pflicht zustehen soll, obgleich er keinen Primäranspruch auf Erfüllung dieser Pflicht hat.[353]

Aber auch soweit es um unmittelbare Sekundäransprüche des Überweisenden gegen eine Zwischenbank wegen zu vertretender fehlerhaft durchgeführter Überweisung geht, stellen sich einige Probleme: Zum einen ist bei nicht ordnungsgemäß durchgeführten Überweisungen nicht stets der Überweisende der Geschädigte. Abhängig ist die Person des Geschädigten vielmehr zunächst von den vertraglichen Vereinbarungen (Bring-, Schick- bzw. Holschuld) zwischen dem Überweisenden und dem Empfänger; ansonsten ist bei verzögerter Ausführung der Überweisung nach der (subsidiär anwendbaren) gesetzlichen Regelung der §§ 270 Abs. 4, 269 Abs. 1 BGB grds. der Empfänger (und nicht der Überweisende) der Geschädigte.[354] Zum anderen ist die Rechtsposition des Dritten beim Vertrag mit Schutzwirkung zugunsten Dritter, aber auch bei der Drittschadensliquidation von dem Vertragsverhältnis zwischen dem Schädiger und dessen Vertragspartner abhängig; der Dritte muß sich daher Haftungsbegrenzungen, Haftungsausschlüsse und ein Mitverschulden des Vertragspartners des relevanten Interbankenverhältnisses zurechnen lassen.[355] Dies gilt insbes. für die Haftungsbeschränkung gem. Nr. 5 Abs. 7 S. 3 und

---

einfachten Scheck- und Lastschrifteinzugs der Deutschen Bundesbank bejaht wurde; *Canaris* Rdnr. 395; vgl. aber auch BGH 28. 2. 1977, BGHZ 69, 82–89, 85, wo der BGH den Schadensersatzanspruch des Gläubigers gerade nicht aus der Verletzung einer Leistungspflicht, sondern aus einer Schutzpflichtverletzung herleitete.

352 Zu dieser Problematik *Einsele*, AcP 199 (1999), 153f.

353 Vgl. zu dieser Problematik bezogen auf Überweisungen *Feldhahn* S. 188.

354 Vgl. hierzu *Einsele*, AcP 199 (1999), 155–157; a.A., ohne allerdings auf die gesetzlichen Vorschriften der §§ 269, 270 BGB einzugehen, *Langenbucher*, in: Zahlungsverkehr, § 1 Rdnr. 102.

355 Vgl. hierzu ausführlich *Einsele*, AcP 199 (1999), 162–164; für Haftungsbeschränkungen und -freizeichnungen beim Vertrag mit Schutzwirkung zugunsten Dritter auch BGH 15. 6. 1971, BGHZ 56, 269, 273–275; *Gernhuber, Joachim*, Das Schuldverhältnis, 1989, § 21 II 7 (S. 533f.); Staudinger-*Jagmann* BGB (2004) Vorbem. zu §§ 328ff. Rdnr. 112; im Grundsatz ebenfalls für die Möglichkeit der Haftungsfreizeichnung beim Vertrag mit Schutzwirkung zugunsten Dritter MünchKomm.-*Gottwald* BGB § 328 Rdnr. 122, wenn auch mit der Einschränkung, Haftungsfreizeichnungen nur zu Lasten des Dritten widersprächen § 138 oder § 242 oder

4 des Abkommens zum Überweisungsverkehr v. 1.1. 2002.[356] Auch eine AGB-Kontrolle gem. §§ 305ff. BGB kommt hier nicht in Betracht,[357] da der Bankkunde selbst nicht Vertragspartei des Zahlungsvertrags ist und zwischen den Banken schon deshalb keine AGB vorliegen, weil die Spitzenverbände der Kreditwirtschaft diese Verträge in Vertretung für ihre Mitglieder individuell aushandeln.[358] Schon aus diesem Grund bestehen in aller Regel auch keine unmittelbaren Sekundäransprüche gegen die zwischengeschalteten Banken.[359]

3. Bereicherungsausgleich bei fehlerhaften Kausalverhältnissen

153   Erweist sich eines der Kausalverhältnisse als fehlerhaft, so stellt sich die Frage, wie nach Ausführung der Banküberweisung der Bereicherungsausgleich vorzunehmen ist. Zunächst gilt hier der Grundsatz, wonach die Rückabwicklung zwischen den Parteien des fehlerhaften Kausalverhältnisses erfolgt. Allerdings bewirkt die Unwirksamkeit des Deckungsverhältnisses (Überweisungsvertrags) in aller Regel auch die Unwirksamkeit der Zahlungsanweisung an die Bank und entzieht damit deren Überweisung an den Begünstigten die rechtliche Grundlage. Im einzelnen gilt folgendes:

Ist das Valutaverhältnis (z.B. Kaufvertrag) zwischen dem Überweisenden und dem Empfänger unwirksam, so hat der Überweisende einen Rückzahlungsanspruch gegen den Empfänger (§ 812 Abs. 1 S. 1 Alt. 1 BGB). Denn der Überweisende hat durch die Überweisung ohne Rechtsgrund bewußt und zweckgerichtet das Vermögen des Empfängers gemehrt.

154   Problematischer gestaltet sich der Fall der Unwirksamkeit des Deckungsverhältnisses (Überweisungsvertrag) zwischen dem Überweisenden und der überweisenden Bank. Dies ist insbes. der Fall, wenn der Überweisende bei seinem Angebot auf Abschluß eines Überweisungsvertrags geschäftsunfähig war, das Vertragsangebot (auf Abschluß eines Überweisungsvertrags) gefälscht war oder die Bank bei an sich wirksamem Überweisungsvertrag den Zahlungsbetrag versehentlich doppelt überwies; denn für die Zweitüberweisung bestand dann ebenfalls kein (vertraglicher)

---

den §§ 307, 309 Nr. 7 BGB; zur Anrechnung des Mitverschuldens des Vertragspartners bei Drittschadensliquidation und Vertrag mit Schutzwirkung zugunsten Dritter Staudinger-*Schiemann* BGB (1998) § 254 Rdnr. 110.

356   Danach können aus einer Verletzung des Abkommens Schadensersatzansprüche nur in Höhe des Betrages des jeweils betroffenen Vorganges geltend gemacht werden, es sei denn, das überweisende Kreditinstitut haftet gegenüber dem Überweisenden für weitergehende Schäden. Aber auch diese Haftung ist ausgeschlossen, soweit das überweisende Kreditinstitut die Haftung gegenüber dem Überweisenden vertraglich hätte beschränken können.

357   A.A. bei Annahme eines Vertrags mit Schutzwirkung zugunsten des Gläubigers, wenn auch bezogen auf Haftungsbeschränkungen beim Lastschriftverfahren, BGH 28.2. 1977, BGHZ 69, 82, 89.

358   Vgl. auch den Vorspann des Abkommens zum Überweisungsverkehr v. 1.1. 2002; vgl. zu dieser Problematik auch *Einsele*, AcP 199 (1999), 163f.

359   Ohne auf die Haftungsbeschränkung im Abkommen zum Überweisungsverkehr einzugehen a.A. *Feldhahn* S. 200f.; *Langenbucher*, in: Zahlungsverkehr, § 1 Rdnr. 102–106.

Rechtsgrund. In diesen Fällen hat der Überweisende aus dem Girovertrag einen Anspruch auf Auszahlung des Guthabens in Höhe des sich ohne die Belastungsbuchung ergebenden Tagessaldos und damit einen Anspruch auf (Wieder-)Gutschrift des Überweisungsbetrags gegen seine Bank (§§ 675 Abs. 1, 667 BGB). Denn die Bank hat in diesen Fällen keinen vertraglichen Anspruch auf Aufwendungsersatz oder Vorschuß des Überweisungsbetrags gegen ihren Bankkunden (§§ 675 Abs. 1, 670, 669 BGB), den sie durch eine Belastungsbuchung (selbst) geltend machen könnte.[360] Die Bank hat aber auch keinen Bereicherungsanspruch gegen ihren Kunden. Denn durch eine solche dem Kunden nicht zurechenbare Überweisung der Bank wurde die Verbindlichkeit des Kunden im Valutaverhältnis (so denn überhaupt eine bestand) nicht erfüllt,[361] so daß der Kunde (und scheinbar Überweisende) auch nicht um die Erfüllung dieser Verbindlichkeit bereichert ist. Diese Feststellung ist unabhängig von der Frage, ob die Zahlung aus der Sicht des Empfängers wie eine Leistung des angeblich Überweisenden aussah. Denn eine Leistung kann nur angenommen werden, wenn der Überweisende eine entsprechende Tilgungs- bzw. Zweckbestimmung tatsächlich vorgenommen hat oder die betreffende Zahlung dem angeblich Überweisenden (zumindest) nach den Grundsätzen der Rechtsscheinhaftung zurechenbar ist.[362] Daher kann sich die Bank den überwiesenen Betrag nicht von dem scheinbar überweisenden Kunden „holen".

Allerdings hat das überweisende Kreditinstitut einen Direktkondiktionsanspruch gegen den Begünstigten. Hierbei handelt es sich grds. um einen Anspruch aus Nichtleistungskondiktion (§ 812 Abs. 1 S. 1 Alt. 2 BGB)[363], genauer gesagt Aufwendungskondiktion.[364] Sofern der Begünstigte sein Konto ebenfalls bei der überweisenden Bank hat, bestehen m. E. aber gute Gründe für eine Leistungskondiktion (§ 812 Abs. 1 S. 1 Alt. 1 BGB); denn bei institutsinternen Überweisungen will die (überweisende und gleichzeitig auch Empfänger-)Bank mit der Gutschriftsbuchung auf dem Konto des Empfängers zumindest auch ihrer – im konkreten Fall nicht bestehenden – Verpflichtung aus § 676f bzw. § 676g Abs. 1 BGB nachkommen;[365] denn mit der Belastung des Kontos des Überweisenden entsteht

155

---

360 So wohl auch BGH 21. 6. 2005, WM 2005, 1564, 1567; *Canaris* Rdnr. 366; *Langenbucher*, in: Zahlungsverkehr, § 1 Rdnr. 16, 137.
361 Vgl. statt vieler MünchKomm.-*Wenzel* BGB § 362 Rdnr. 2.
362 So auch BGH 21. 6. 2005, WM 2005, 1564, 1565f.; BGH 3. 2. 2004, WM 2004, 671, 672; BGH 5. 11. 2002, WM 2003, 14, 15; MünchKomm.-*Lieb* BGB § 812 Rdnr. 58f.; *Langenbucher*, in: Zahlungsverkehr, § 1 Rdnr. 139.
363 BGH 21. 6. 2005, WM 2005, 1564, 1567; BGH 3. 2. 2004, WM 2004, 671, 672; BGH 5. 11. 2002, WM 2003, 14, 15; *Larenz, Karl/Canaris, Claus-Wilhelm*, Lehrbuch des Schuldrechts, Band II/2, Besonderer Teil, 13. Aufl. 1994, § 70 IV2e) (S. 228); *Langenbucher*, in: Zahlungsverkehr, § 1 Rdnr. 136.
364 *Larenz, Karl/Canaris, Claus-Wilhelm*, Lehrbuch des Schuldrechts, Band II/2, Besonderer Teil, 13. Aufl. 1994, § 70 IV2e) (S. 229).
365 Vgl. hierzu näher *Einsele*, WM 1999, 1806f.; im Ergebnis ebenfalls für Leistungskondiktion, wenn auch mit anderer Begründung, nämlich der Leistungsbegriff erfordere nicht das Merkmal der Zweckgerichtetheit, MünchKomm.-*Lieb* BGB § 812 Rdnr. 60.

bei institutsinternen Überweisungen der Anspruch des Begünstigten auf Gutschrift.[366]

156   Fraglich ist, ob bzw. wann ein Fall vorliegen kann, in dem das Deckungsverhältnis (Überweisungsvertrag) unwirksam und die Zahlung der Bank dennoch dem scheinbar Überweisenden nach Rechtsscheingrundsätzen zuzurechnen ist. Solche Fälle sind selten, wenn auch denkbar: so etwa bei einem gekündigten Dauerauftrag, der von der Bank über längere Zeit und mit Duldung des scheinbar Überweisenden weiter ausgeführt wird.[367] Besteht hier eine Forderung im Valutaverhältnis, erlischt diese bei Gutgläubigkeit[368] des Empfängers, da die Zahlung der Bank dem scheinbar Überweisenden nach den Grundsätzen der Rechtsscheinhaftung zugerechnet werden kann. Die Rückabwicklung ist dann nicht im Verhältnis zwischen der Bank und dem Überweisungsempfänger vorzunehmen, da dieser von dem Zahlungspflichtigen eine Leistung auf eine bestehende Schuld erhalten hat. Vielmehr hat die Bank gegen den scheinbar Überweisenden einen Anspruch aus § 812 Abs. 1 S. 1 Alt. 1 BGB, da die Bank auf ihre vermeintlich bestehende Verpflichtung aus dem Überweisungsvertrag leistete (vgl. aber auch den potentiellen Anspruchsausschluß gem. § 814 BGB).[369] Dieser Anspruch ist gerichtet auf Herausgabe der Bereicherung, die hier in der Befreiung des Schein-Überweisenden von seiner Verbindlichkeit im Valutaverhätnis besteht.

157   War das Valutaverhältnis hingegen ebenfalls fehlerhaft, so richtet sich der Anspruch der Bank gegen den Schein-Überweisenden auf die Kondiktion des Bereicherungsanspruchs, den der Schein-Überweisende gegen den Empfänger der Überweisung hat (Kondiktion der Kondiktion).[370] Zwar trägt hier die Bank ein

---

366   So auch *Langenbucher*, in: Zahlungsverkehr, § 1 Rdnr. 121.
367   Vgl. hierzu BGH 19.1. 1984, BGHZ 89, 376, 378f.; *Larenz, Karl/Canaris, Claus-Wilhelm*, Lehrbuch des Schuldrechts, Band II/2, Besonderer Teil, 13. Aufl. 1994, § 70 IV3a) (S.231); so auch *Reuter, Dieter/Martinek, Michael*, Ungerechtfertigte Bereicherung, 1983, § 11 IV2b) (S.443), obgleich die Autoren ansonsten gegenüber der Zurechenbarkeit des Rechtsscheins einer wirksamen Tilgungs- bzw. Zweckbestimmung des scheinbar Überweisenden erhebliche Bedenken äußern; auch MünchKomm.-*Lieb* BGB § 812 Rdnr. 80 schließt nicht (mehr) generell die Möglichkeit aus, das Vorliegen einer Anweisung auf Grund von Rechtsscheintatbeständen anzunehmen.
368   Maßstab der Gutgläubigkeit ist hier § 173 BGB: Daher ist der Empfänger nur dann gutgläubig, wenn er die Unwirksamkeit des Überweisungsvertrags weder kennt noch aufgrund von Fahrlässigkeit nicht kennt, vgl. hierzu näher *Larenz, Karl/Canaris, Claus-Wilhelm*, Lehrbuch des Schuldrechts, Band II/2, Besonderer Teil, 13. Aufl. 1994, § 70 IV3b) (S.231).
369   So zutreffend *Langenbucher, Katja*, Die Risikozuordnung im bargeldlosen Zahlungsverkehr, 2001, S.181; a.A., nämlich Rückgriffskondiktion (also §§ 684 S.1, 812 BGB), *Larenz, Karl/Canaris, Claus-Wilhelm*, Lehrbuch des Schuldrechts, Band II/2, Besonderer Teil, 13. Aufl. 1994, § 70 IV3f) (S.232): Dies ist aber nicht überzeugend, da die Rückabwicklung von Leistungen auf nichtige Vertragsverhältnisse über die Leistungskondiktion und nicht die Geschäftsführung ohne Auftrag vorzunehmen ist, so zutreffend *Reuter, Dieter/Martinek, Michael*, Ungerechtfertigte Bereicherung, 1983, § 11 IV2c) (S.444).
370   So auch *Langenbucher, Katja*, Die Risikozuordnung im bargeldlosen Zahlungsverkehr, 2001, S.182; a.A. *Canaris* Rdnr. 430, der der Bank einen vom Valutaverhältnis unabhängigen Bereicherungsanspruch gegen den Überweisenden geben will.

doppeltes Insolvenzrisiko, nämlich das des Schein-Überweisenden und des Empfängers, sowie das Risiko von Einwendungen des Empfängers aus dem Valutaverhältnis. Dennoch erscheint mir das Ergebnis letztlich interessengerecht. Denn die Bereicherung des Schein-Überweisenden besteht hier nun einmal (lediglich) in einem Kondiktionsanspruch gegen den Empfänger. Außerdem hat die Bank aufgrund der Ausführung eines bereits gekündigten Dauerauftrags die „Bereicherungslage" maßgeblich herbeigeführt. Überdies dürfte der überweisenden Bank in den meisten Fällen ein Schadensersatzanspruch gegen ihren Kunden aus dem Girovertrag zustehen. Denn ein Kunde, der gegen die weitere Ausführung eines bereits gekündigten Überweisungsauftrags längere Zeit keine Einwendungen erhebt, wird i.d.R. auch schuldhaft gegen seine Mitwirkungspflichten nach den AGB-Banken (Nr. 11 Abs. 4) verstoßen. Das für die Bank verbleibende Insolvenzrisiko ihres Kunden trägt die Bank aber ohnehin.

4. Rechtsprobleme grenzüberschreitender Banküberweisungen

a) Grundsätzliche Fragen bei der Bestimmung der anwendbaren Rechtsordnung
aa) Rechtsharmonisierung in der EU?

Die Frage, welche Rechtsordnung zur Anwendung kommt, erübrigt sich, wenn   158
sachrechtlich bereits eine Rechtsharmonisierung erreicht wurde. Dies ist aber auch innerhalb der Staaten der EU bisher nicht der Fall, da die Überweisungsrichtlinie in den verschiedenen EU-Staaten in unterschiedlicher Form umgesetzt wurde. Während in Deutschland die (in das deutsche Recht umgesetzte) Überweisungsrichtlinie grundsätzlich[371] für alle Überweisungen gilt, haben etliche EU-Staaten die Überweisungsrichtlinie nur in deren ausdrücklichem Anwendungsbereich umgesetzt: Danach gelten die nationalen Umsetzungsregelungen nur für grenzüberschreitende Überweisungen in den Währungen der Mitgliedstaaten oder in Euro im Gegenwert bis zu 50 000 Euro und nur für Überweisungen innerhalb des Europäischen Wirtschaftsraums.[372] Hieraus folgt, daß oberhalb der Grenze von 50 000

---

371   D.h. vorbehaltlich einer – sofern möglich (vgl. aber §§ 676c Abs. 3, 676g Abs. 5 BGB) – vertraglich abweichenden Vereinbarung.

372   Vgl. etwa für Frankreich Art. 1 des règlement no. 99–09 du 9 juillet 1999, J.O. no. 171 du 27 juillet, das aufgrund Art. 78 loi 99–532 du 25 juin 1999 relative à l'épargne et à la sécurité financière, J.O. no. 148 du 29 juin 1999 erlassen wurde, mit dem Art. 93–3 in das loi no. 84–46 du 24 janvier 1984 eingefügt wurde; für Großbritannien vgl. Reg. 2 (1) „relevant transfer" (b) der Cross-Border Credit Transfers Regulations 1999, Statutory Instrument 1999 No. 1876; nicht ganz so eindeutig ist allerdings das österreichische Umsetzungsgesetz, vgl. § 1 (1) des Bundesgesetzes über grenzüberschreitende Überweisungen (Überweisungsgesetz), Bundesgesetzblatt für die Republik Österreich v. 22.7. 1999, BGBl. I Nr. 123/1999, S. 945 ff., wonach dieses Gesetz zwar ebenfalls nur für grenzüberschreitende Überweisungen im Gegenwert von bis zu 50 000 Euro gilt, andererseits aber die Begrenzung auf Überweisungen innerhalb des Europäischen Wirtschaftsraums jedenfalls nicht klar zum Ausdruck kommt, sondern nur eine Einschränkung auf grenzüberschreitende Überweisungen in Währungen der Vertragsstaaten des Europäischen Wirtschaftsraums oder in Euro ausgesprochen wird.

Euro Überweisungsbetrag sowie bei Überweisungen in Drittländer in den Staaten der EU, die die Überweisungsrichtlinie nicht über deren Anwendungsbereich hinaus umgesetzt haben, nach wie vor die bisherigen Grundsätze der Banküberweisung gelten.[373] Demgegenüber findet in Deutschland auch für solche Überweisungen i.d.R. das neue Überweisungsrecht Anwendung.

bb) Für jedes Rechtsverhältnis gesonderte Bestimmung des anwendbaren Rechts

159 Die Frage, welcher Rechtsordnung die jeweiligen Rechtsbeziehungen bei grenzüberschreitenden Banküberweisungen (also solchen, bei denen sich der Überweisende/überweisende Bank und der Überweisungsempfänger/Empfängerbank in verschiedenen Ländern befinden) unterliegen, richtet sich nach den allgemeinen Grundsätzen des internationalen Privatrechts (Artt. 27 ff. EGBGB). Dies bedeutet zunächst, daß jede Rechtsbeziehung gesondert zu beurteilen ist und sich mithin die Rechtsbeziehungen zwischen den Banken nach unterschiedlichen Rechtsordnungen richten können. Diese Auffassung ist zwar im deutschen Rechtskreis ganz h.M.,[374] jedoch sei hier auch kurz auf die Gegenargumente sowie auf andersartige ausländische Ansätze eingegangen.

160 So wird nach der Lehre vom Netzvertrag[375] durch Teilnahme am Zahlungssystem ein Vertragsverhältnis zwischen allen hieran Beteiligten begründet, was den Gedanken nahelegen könnte, das Zahlungssystem sei nach einer einheitlichen Rechtsordnung zu beurteilen. Diese Lehre vom Netzvertrag ist allerdings mit der deutschen Rechtsgeschäftslehre unvereinbar, da weder der Kunde bei Abschluß des Girovertrags mit allen an der Überweisung beteiligten Kreditinstituten einen Vertrag abschließen möchte, noch umgekehrt selbstverständlich ist, daß die Banken mit allen Kunden aller Kreditinstitute ein Vertragsverhältnis eingehen wollen.[376] Überdies ist diese Lehre vom Netzvertrag – jedenfalls in ihrer allgemeinen Form – nach dem neuen Überweisungsrecht vollends unvertretbar, da das Gesetz ja die verschiedenen Vertragstypen (Überweisungsvertrag zwischen dem Überweisenden und der überweisenden Bank, Zahlungsvertrag zwischen den in die Überweisung eingeschalteten Kreditinstituten und Girovertrag zwischen der Empfängerbank und dem Empfänger) unterscheidet und mit der Vereinbarung dieser Verträge verschiedene Vertragspflichten verknüpft. Allerdings sei bereits hier eingeräumt, daß das neue Überweisungsrecht dennoch in einzelnen Fragen Elemente des Netzvertrags aufweist, worauf sogleich noch einzugehen sein wird.

---

373 Vgl. etwa für das englische Recht *Andenas* S. 26, 34.
374 Vgl. etwa *Schneider*, WM 1999, 2191; *von der Seipen* S. 85 f.; OLG Köln IPRspr. 1993 Nr. 36.
375 *Möschel*, AcP 186 (1986), 211 ff.
376 Vgl. zu diesen überzeugenden Gegenargumenten *Canaris* Rdnr. 393.

Auch das US-amerikanische Recht, das zunächst dem Grundsatz einer geson-   **161**
derten Anknüpfung der verschiedenen Vertragsbeziehungen folgt,[377] kennt daneben in Form des § 4A-507 (c) UCC eine sehr weitreichende kollisionsrechtliche
Bestimmung. Danach soll – wenn auch beschränkt auf die § 4A unterliegenden
Überweisungen (insbes. von juristischen Personen)[378] – eine Rechtswahlbestimmung eines Zahlungssystems auch für solche (juristischen) Personen gelten, die
nicht Mitglieder dieses Zahlungssystems sind, sondern lediglich als Überweisende,
zwischengeschaltete Kreditinstitute, Empfangsbank oder Empfänger in dieser Vertragskette stehen. Dies gilt zwar nur dann, wenn diese sonstigen an der Überweisung beteiligten Personen von der Rechtswahlvereinbarung wußten und ihnen bekannt war, daß dieses Zahlungssystem genutzt werden könnte. Unter dieser Voraussetzung sind die Beteiligten an diese Rechtswahlbestimmung aber auch dann
gebunden, wenn sie ihr weder ausdrücklich noch konkludent zugestimmt haben.
Da das hauptsächlich für den Großzahlungsverkehr genutzte amerikanische Zahlungssystem CHIPS (Clearing House Interbank Payment System) die im Staat
New York geltende Fassung des § 4A UCC für alle innerhalb von CHIPS durchgeführten Zahlungsvorgänge für maßgeblich erklärt hat, steht diese weitreichende
amerikanische Kollisionsregel auch nicht nur auf dem Papier.[379]

Ähnlich soll auch das Modellgesetz für den internationalen Überweisungsver-   **162**
kehr der United Nations Commission on International Trade Law (UNCITRAL)
vom Mai 1992[380] bereits dann (insgesamt) zur Anwendung gelangen, wenn innerhalb der Überweisungskette ein auftraggebendes und ein beauftragtes Kreditinstitut ihren Sitz in unterschiedlichen Staaten haben (Art. 1 dieses Modellgesetzes). Da
es sich hierbei allerdings nur um ein Modellgesetz und nicht um gelebte Rechts-
wirklichkeit handelt, führt diese Regelung noch nicht zu einer Ausnahme bzw.
Durchbrechung der Regel, wonach jede Rechtsbeziehung in der Vertragskette einer gesonderten internationalprivatrechtlichen Beurteilung bedarf.

b) Anwendbares Recht
aa) Rechtsverhältnis zwischen Überweisendem und Empfänger

Auf das Valutaverhältnis zwischen dem Überweisenden und dem Empfänger kom-   **163**
men die allgemeinen Regeln des internationalen Privatrechts (insbes. Artt. 27 ff.
EGBGB), aber eventuell auch das UN-Kaufrecht zur Anwendung. Das Valutaverhältnis ist hier insofern von Interesse, als sich etwa die Frage, wann der Überwei-

---

377 Vgl. hierzu § 4A-507 (a) UCC sowie *Lawrence's Anderson*, Uniform Commercial Code,
Official Comment 2. zu § 4A-507.
378 Zum Anwendungsbereich des § 4A UCC vgl. § 4A-108 UCC, wonach Überweisungen an
Verbraucher grundsätzlich nicht den Regelungen des § 4A UCC, sondern dem Federal Electro-
nic Fund Transfer Act von 1978 unterliegen und sich die Regelungen des § 4A UCC sowie des
Federal Transfer Act gegenseitig ausschließen, *Lawrence's Anderson*, Uniform Commercial
Code, Official Comment zu § 4A-108 sowie *Lawrence*, Introduction, S. 414 f.
379 Vgl. zu dieser Regelung *Murray* S. 107; *Schneider*, WM 1999, 2191.
380 Vgl. zum deutschen Text dieses UNCITRAL-Modellgesetzes für den internationalen
Überweisungsverkehr WM 1993, 668–673.

sende seine Verpflichtungen gegenüber dem Empfänger erfüllt hat und ob ihn die Verlust- und Verzögerungsgefahr der Überweisung trifft, nach der Rechtsordnung richtet, der das Valutaverhältnis unterliegt.[381] Daher entscheidet diese Rechtsordnung auch darüber, ob die Geldzahlungspflicht (per Banküberweisung) grundsätzlich eine qualifizierte Schickschuld[382] oder – wie in den meisten Rechtsordnungen einschließlich des UN-Kaufrechts[383] – Bringschuld[384] ist.

164   Die grundsätzliche Qualifikation der Geldschuld als Schickschuld im deutschen Recht führt allerdings in verschiedener Richtung zu Friktionen mit dem neuen Überweisungsrecht: zum einen hat der Schuldner in dem Zeitpunkt, in dem die Pflichten der überweisenden Bank bei Kettenüberweisungen enden (d.h. im Zeitpunkt der Übermittlung des Überweisungsbetrags an das Kreditinstitut des Empfängers) die Geldzahlungspflicht aus dem Valutaverhältnis grundsätzlich noch nicht erfüllt; dem Gläubiger fehlt zu diesem Zeitpunkt ja noch die Verfügungsmöglichkeit über den Geldbetrag (§ 362 BGB). Dieses Problem stellt sich (erst recht) auch, wenn das Valutaverhältnis ausländischem Recht unterliegt und dieses die Geldzahlung als Bringschuld ansieht.[385] Zum anderen hat gem. §§ 676b Abs. 1, 676c Abs. 1 BGB der Überweisende bei verzögerter Durchführung der Überweisung einen Zins- bzw. Schadensersatzanspruch gegen das überweisende Kreditinstitut. Auch diese Regelung paßt nicht zur gängigen rechtlichen Einordnung der Geldschuld im deutschen Recht, da bei einer qualifizierten Schickschuld nicht der Überweisende, sondern der Empfänger die Verzögerungsgefahr trägt (§§ 270 Abs. 4 i.V.m. 269 Abs. 1 BGB).[386] Sofern das Valutaverhältnis hingegen einer aus-

---

381 Vgl. zu den sich hieraus ergebenden Problemen ausführlich *Huber* S. 33–78.
382 So immer noch die h.M. im deutschen Recht, vgl. statt vieler MünchKomm.-*Krüger* BGB § 270 Rdnr. 1, 25 m.w.N.; im Fall der Banküberweisung für vertraglich vereinbarte Bringschuld *Einsele*, AcP 199 (1999), 185–187, für eine gesetzliche Bringschuld *Schön*, AcP 198 (1998), 443–445.
383 Vgl. Art. 57 Abs. 1 a.
384 Vgl. etwa die Nachweise für Großbritannien bei *Mann, Frederick A.*, The Legal Aspect of Money, 5. Aufl. 1992, S. 81, insbes. Fn. 86; für das schweizerische Recht vgl. Art. 74 Abs. 2 Nr. 1 des schweizerischen OR, vgl. hierzu auch *Wiegand, Wolfgang/Hodel, Annette*, Die bargeldlose Zahlung im schweizerischen Recht, in: Berner Bankrechtstag Bd. 7, 2000, S. 179–211, 189; für das italienische Recht Art. 1182 des Codice civile; vgl. auch Corpus Iuris Secundum, Payment § 8 für das US-amerikanische Recht; vgl. auch die weiteren Nachweise für die Niederlande, Griechenland und Ungarn bei *Mann, Frederick A.*, The Legal Aspect of Money, 5. Aufl. 1992, S. 81 und *Schönle, Herbert*, Ort und Zeit bargeldloser Zahlung, FS Werner, 1984, S. 817–839, 817.
385 So sieht das amerikanische Recht gem. § 4A-406 (a) UCC zwar grundsätzlich die Verpflichtung des Überweisenden mit Annahme des Überweisungsauftrags durch die Empfängerbank als erfüllt an (vgl. hierzu *Lawrence's Anderson*, Uniform Commercial Code, § 4A-406:4; vgl. auch *Mann* S. 226). Allerdings erfolgt die Annahme der Überweisung gem. § 4A-209 (b) (1) UCC i.d.R. erst dann, wenn die Empfängerbank den Geldbetrag entweder dem Empfänger auszahlt oder den Empfänger von dem Empfang des Geldes benachrichtigt oder die Überweisungssumme dessen Konto gutschreibt.
386 Vgl. zu dieser Problematik *v. Westphalen*, BB 2000, 160–162; MünchKomm.-*Krüger* BGB § 270 Rdnr. 25.

ländischen Rechtsordnung untersteht und dieses die Geldschuld als Bringschuld ansieht, sind die Regelungen des deutschen Rechts zur verzögerten Überweisung (insoweit) sachgerecht.

bb) Rechtsverhältnis zwischen Überweisendem und überweisendem Kreditinstitut

Das Rechtsverhältnis zwischen dem Überweisenden und seiner Bank unterliegt den Artt. 27 ff. EGBGB, so daß vorrangig eine Rechtswahl zwischen dem Überweisenden und der überweisenden Bank maßgeblich ist. Eine solche Rechtswahl erfolgt im deutschen Rechtskreis gem. Nr. 6 Abs. 1 AGB-Banken und AGB-Sparkassen, wonach für die Geschäftsverbindung zwischen Kunden und inländischen Geschäftsstellen der Banken bzw. Sparkassen deutsches Recht zur Anwendung gelangt.[387] Wird eine Geschäftsstelle einer Bank in Deutschland mit der Ausführung einer Banküberweisung beauftragt, so entspricht die Geltung deutschen Rechts den allgemeinen (ohne Rechtswahlvereinbarung anwendbaren) internationalprivatrechtlichen Grundsätzen, da die Bank die vertragscharakteristische Leistung erbringt (Art. 28 Abs. 2 S. 2 EGBGB). Demgemäß finden die deutschen Regelungen des Überweisungsrechts nicht nur auf die Ansprüche des Überweisenden gegen die überweisende Bank wegen verzögerter Überweisung, vertragswidrig einbehaltener Beträge und nicht durchgeführter Überweisung Anwendung; vielmehr gilt das deutsche Überweisungsrecht etwa auch für die Fristen, in denen die Überweisung auszuführen ist sowie für die Frage, ob und wie lange der Überweisende bzw. die überweisende Bank den Überweisungsvertrag kündigen können. **165**

Wird hingegen eine ausländische Bank (Geschäftsstelle) mit der Überweisung beauftragt, finden die Vorschriften des ausländischen Rechts Anwendung, die die Rechtsstellung des Überweisenden teilweise doch ziemlich anders regeln. So hat etwa nach § 4A-402 (c), (d), (e) UCC der Überweisende zunächst scheinbar ähnlich wie im deutschen Recht einen Anspruch aus einer money-back-guarantee der überweisenden Bank. Anders als im deutschen Recht ist dieser Anspruch im amerikanischen Recht jedoch der Höhe nach nicht beschränkt, sondern umfaßt die volle Summe der tatsächlich nicht durchgeführten Überweisung (inklusive Zinsen).[388] Grundsätzlich ausgeschlossen ist hingegen ein Anspruch auf Ersatz der Folgeschäden, es sei denn, Überweisender und überweisende Bank hätten eine andere Vereinbarung getroffen (vgl. § 4A-305 (c) UCC). **166**

cc) Rechtsverhältnisse zwischen den in die Überweisung eingeschalteten Kreditinstituten/Empfängerbank

Wie eingangs dargelegt (Rdnr. 159 f.), ist jede Vertragsbeziehung zwischen den in die Überweisung eingeschalteten Banken internationalprivatrechtlich gesondert **167**

---

387 Vgl. zur Wirksamkeit der Rechtswahl § 2 Rdnr. 17–21.
388 Vgl. hierzu auch *Lawrence's Anderson*, Uniform Commercial Code, Official Comment 2. u § 4A-402.

zu beurteilen, wobei die Artt. 27 ff. EGBGB zur Anwendung kommen. Daher ist für die Frage, welcher Rechtsordnung die jeweilige Vertragsbeziehung zwischen den Banken unterliegt, vorrangig eine Rechtswahlvereinbarung zwischen diesen Banken maßgeblich (Art. 27 Abs. 1 S. 1 EGBGB). Mangels Rechtswahlvereinbarung findet die Rechtsordnung des Staates Anwendung, in dem die Bank, die die vertragscharakteristische Leistung erbringt, im Zeitpunkt des Abschlusses des Zahlungsvertrags ihre Hauptniederlassung bzw. – sofern die Leistung nach dem Vertrag von einer anderen als der Hauptniederlassung zu erbringen ist – sich diese Niederlassung befindet (Art. 28 Abs. 1, 2 EGBGB). Die vertragscharakteristische Leistung erbringt die Bank, die mit der Weiterleitung bzw. – am Ende der Überweisungskette – mit der Gutschriftbuchung „beauftragt" wird. Nun können multinationale Kreditinstitute eine Überweisung zwar hausintern an ihre Auslandsniederlassung weiterleiten, die diese dann im Wege der Inlandsüberweisung an das Institut des Begünstigten weiterreicht.[389] Damit entsteht insofern kein kollisionsrechtliches Problem, als auf den Überweisungsvertrag unproblematisch die deutsche Rechtsordnung zur Anwendung gelangt. Dennoch stellt sich hier ein Kompatibilitätsproblem. Denn der mit der Empfängerbank abgeschlossene Zahlungsvertrag unterliegt der betreffenden ausländischen Rechtsordnung der Bank des Begünstigten, so daß im Ergebnis verschiedene Rechtsordnungen für die Verträge maßgeblich sind, mit denen die Überweisung ausgeführt wird.

168   Die Anwendbarkeit unterschiedlicher Rechtsordnungen kann etwa dann zu Problemen führen, wenn die erstbeauftragte Bank gegenüber dem Überweisenden haftet, ihrerseits aber bei den zwischengeschalteten Instituten keinen Regreß nehmen kann. Gerade auch innerhalb der Europäischen Union können sich Regreßprobleme daraus ergeben, daß die Regelungen der Überweisungsrichtlinie wie auch der Umsetzungsgesetze etlicher EU-Staaten nur für Überweisungen bis 50 000 Euro und nur für Überweisungen zwischen Vertragsstaaten des Europäischen Wirtschaftsraums zur Anwendung gelangen.[390] Demgegenüber erfaßt die deutsche Umsetzungsvorschrift zunächst alle nationalen und internationalen Überweisungen. Allerdings sind die Regelungen des deutschen Rechts lediglich bis zum Überweisungsbetrag von 75 000 Euro und nur zum Schutz des Überweisenden zwingend (vgl. §§ 676c Abs. 3, 676g Abs. 5 BGB), während die (Regreß-) Regelungen beim Zahlungsvertrag zwischen den Banken insgesamt abdingbar sind. Wird der Regreß zwischen den Banken abbedungen, hat die überweisende Bank also überhaupt keine Regreßmöglichkeit. Auch wenn der Regreß zwischen den Banken nicht vertraglich ausgeschlossen wurde, kann folgendes Problem auftreten: die erstbeauftragte Bank unterliegt gegenüber dem Überweisenden bis zum Überweisungsbetrag von 75 000 Euro dem zwingenden Haftungsregime des deutschen Rechts, während auch innerhalb der EU sehr zweifelhaft ist, ob und welche Regreßmöglichkeiten den deutschen Kreditinstituten gegenüber ausländischen Ban-

---

389   Vgl. zu diesem Beispiel *Schneider*, WM 1999, 2191.
390   Vgl. hierzu oben Rdnr. 158.

ken oberhalb des Überweisungsbetrags von 50 000 Euro zustehen.[391] Im übrigen ist im französischen Recht sowieso sehr fraglich, ob und welche (Rückgriffs-) Ansprüche zwischen den in die Überweisung eingeschalteten Banken überhaupt bestehen, da die Regreßfrage bei Umsetzung der Überweisungsrichtlinie in Frankreich jedenfalls keine ausdrückliche Regelung erfuhr.[392]

Allerdings dürfte in etlichen EU-Staaten – ebenso wie wohl in der Überweisungsrichtlinie selbst[393] – der Regreß zwischen den Banken (wenn auch beschränkt auf den Anwendungsbereich der jeweiligen Umsetzungsgesetze) als zwingende Regelung ausgestaltet sein: So findet sich in den britischen Umsetzungsregelungen kein Hinweis darauf, daß der Rückgriff zwischen den Banken dispositiv und damit anders als die Ansprüche des Überweisenden gegen die erstbeauftragte Bank einzuordnen sein könnte.[394] Auch aus der österreichischen Umsetzungsregelung ergibt sich, daß der Regreß zum Nachteil des anspruchsberechtigten Kreditinstituts nicht abbedungen werden kann.[395]   **169**

Ist die Frage, wie sich der Regreß zwischen den Banken gestaltet und ob diese Regelungen abdingbar sind, bereits in der EU weder einheitlich geregelt noch unzweifelhaft, so verschärfen sich diese Probleme bei grenzüberschreitenden Überweisungen unter Beteiligung von Banken in Drittstaaten. Ist der Staat, dessen Rechtsordnung der Zahlungsvertrag zwischen den betreffenden Kreditinstituten unterliegt, nicht Mitglied der EU, gelten auch die Regelungen der Richtlinie 97/5/EG des Europäischen Parlaments und des Rates vom 27. 1. 1997 über grenzüberschreitende Überweisungen nicht. Möglich ist daher, daß die auf das jeweilige Verhältnis zwischen den Banken anwendbare Rechtsordnung einen solchen Rückgriff im Interbankenverhältnis generell nicht vorsieht. Denkbar ist aber insbesondere auch, daß die Rechtsordnung dieser zwischengeschalteten Bank im Gegensatz etwa zu § 676e Abs. 1 und 2 BGB bzw. Artt. 6 (1) und 7 (2) der Überweisungsrichtlinie keinen Direktanspruch (gerade) der überweisenden gegen die zwischengeschaltete Bank im Fall der verspäteten Ausführung der Überweisung bzw. vertragswid-   **170**

---

391 Vgl. zu diesen Rückgriffslücken *Schneider* S. 151 f.

392 Vgl. die französische Umsetzung der Überweisungsrichtlinie durch loi 99–532 du 25 juin 1999 relative à l'épargne et à la sécurité financière, J.O. no. 148 du 29 juin 1999. Durch Art. 78 dieses Gesetzes wurde Art. 93–3 in das loi no. 84–46 du 24 janvier 1984 eingefügt, auf dessen Grundlage das règlement no. 99–09 du 9 juillet 1999, J.O. no. 171 du 27 juillet erlassen wurde.

393 Vgl. Art. 6 (1), Art. 7 (2), Art. 8 (1) der Richtlinie v. 27. Januar 1997 über grenzüberschreitende Überweisungen, vgl. ABl. EG Nr. L 43, S. 25.

394 Vgl. etwa Reg. 6 (6) und (7), Reg. 8 (5), Reg. 10 (1) der Cross-Border Credit Transfers Regulations 1999, Statutory Instrument 1999 No. 1876; vgl. auch 15 (1) dieser Regulations, wonach die mit diesen Regulations übertragenen Rechte und auferlegten Pflichten zusätzlich zu sonstigen gesetzlichen und vertraglichen Rechten und Pflichten bestehen.

395 Vgl. § 1 (2) des Bundesgesetzes über grenzüberschreitende Überweisungen (Überweisungsgesetz), Bundesgesetzblatt für die Republik Österreich v. 22. 7. 1999, BGBl. Nr. 123/1999, S. 945 ff.: Zwar finden die in den §§ 2–6 dieses Gesetzes geregelten Pflichten gem. § 1 (3) dieses Gesetzes auf Kredit- und (Finanz-)Institute grundsätzlich keine Anwendung. Dies gilt jedoch gem. den Erläuterungen zu § 1 dieses Gesetzes nicht für die in § 6 ausdrücklich angeführten Regreßregelungen.

rigen Einbehaltung von Beträgen kennt (so etwa im US-amerikanischen Recht).[396] Dies wirft allerdings die Frage danach auf, welcher Rechtsordnung solche Direktansprüche zwischen den Banken unterliegen.

dd) Besonderheit: Direktansprüche des Überweisenden und der überweisenden Bank gegen zwischengeschaltete Banken
α) Qualifikation

171   Bei der Darstellung der deutschen Rechtslage wurde bereits auf die gesetzlich geregelten Direktansprüche hingewiesen, die sowohl der überweisenden Bank gegen zwischengeschaltete Banken (§§ 676e Abs. 1, 2, 3 S. 4 BGB) als auch dem Überweisenden gegenüber ausdrücklich von ihm bestimmten zwischengeschalteten Banken zustehen (vgl. zu diesen Ausnahmebestimmungen §§ 676b Abs. 3 S. 7, 676c Abs. 2, 676e Abs. 5 BGB). Daneben sind aber auch Direktansprüche des Überweisenden nach den allgemeinen Grundsätzen (des Vertrags mit Schutzwirkung zugunsten Dritter bzw. der Drittschadensliquidation[397]) denkbar. Gerade international stellt sich die Frage, wann diese Direktansprüche gegeben sind. Hierzu sind diese Ansprüche zunächst grundsätzlich nach der lex fori (d.h. bei Fällen, die in Deutschland zu entscheiden sind, nach deutschem Recht) zu qualifizieren, um diese Ansprüche rechtlich entweder als vertragliche oder außervertragliche Ansprüche einordnen zu können.

172   Für die rechtliche Einordnung dieser Ansprüche als vertragliche sprechen gewichtige Gründe: zum einen knüpfen sie an das Bestehen eines Zahlungsvertrags mit der (eventuell verpflichteten) zwischengeschalteten Bank an, wenn auch der Anspruchsberechtigte bei diesen Direktansprüchen nicht deren Vertragspartner ist. Zum anderen sind die gesetzlich geregelten Direktansprüche nur gegeben, wenn der (jeweils) Anspruchsberechtigte ebenfalls einen Vertrag abgeschlossen hat, nämlich der Überweisende mit der überweisenden Bank bzw. die überweisende Bank mit der ersten zwischengeschalteten Bank. Aber auch bei den sich möglicherweise aus allgemeinen Grundsätzen ergebenden Direktansprüchen liegt die Voraussetzung der Leistungsnähe des Geschädigten (so beim Vertrag mit Schutzwirkung zugunsten Dritter) bzw. die zufällige Schadensverlagerung (so bei einer Drittschadensliquidation) nur deshalb vor, weil der Überweisende mit der überweisenden Bank in vertragliche Beziehungen getreten ist. Daher sind sowohl die gesetzlich geregelten als auch nicht geregelten Direktansprüche als vertragliche Ansprüche zu qualifizieren.

---

396   So besteht für den Fall der verspäteten Durchführung der Überweisung im US-amerikanischen Recht ein Direktanspruch des Überweisenden bzw. des Überweisungsempfängers auf Zinszahlung (vgl. § 4A-305 (a) UCC) und im Fall der (ansonsten) fehlerhaft durchgeführten Überweisung ein Anspruch des Überweisenden auf Ersatz seiner Aufwendungen sowie des Zinsverlusts gegen die fehlerhaft handelnde Bank (vgl. § 4A-305 (b) UCC i.V.m. § 4A-104 (c) UCC). Daher stehen der überweisenden Bank insoweit keine Regreßansprüche gegen die fehlerhaft handelnde Bank zu.

397   Im Fall der Drittschadensliquidation handelt es sich allerdings nicht um einen „originären" Direktanspruch, sondern um einen abgetretenen Anspruch.

β) Auf Direktansprüche anwendbare Rechtsordnung

Die Direktansprüche sind zwar insgesamt vertraglich zu qualifizieren; hinsichtlich der auf diese Ansprüche anwendbaren Rechtsordnung ist aber zwischen den gesetzlich geregelten und den nach allgemeinen Grundsätzen gegebenen Direktansprüchen zu unterscheiden. **173**

Die Rechtsposition des geschädigten Dritten ist beim Vertrag mit Schutzwirkung zugunsten Dritter, aber auch bei der Drittschadensliquidation von dem Vertrag zwischen dem Verletzer und dessen Vertragspartner und damit auch von deren vertraglichen Vereinbarungen (etwa auch Haftungsbeschränkungen) abhängig.[398] Daher richten sich diese gesetzlich nicht geregelten Direktansprüche inhaltlich und betragsmäßig nach dem Vertrag zwischen der (potentiell anspruchsverpflichteten) zwischengeschalteten Bank und deren Vertragspartner und sind auch internationalprivatrechtlich hieran anzuknüpfen. Eine zwischen den Banken vereinbarte Rechtswahl gilt daher auch für mögliche gesetzlich nicht geregelte Direktansprüche des Überweisenden gegen eine zwischengeschaltete Bank. Mangels Rechtswahl findet allerdings die Rechtsordnung Anwendung, in der sich die (Haupt-) Niederlassung der mit der Weiterleitung des Überweisungsbetrags beauftragten (fehlerhaft handelnden) Bank befindet (Art. 28 Abs. 2 EGBGB). Jedoch ist der Grundsatz der Relativität der Schuldverhältnisse in anderen Rechtsordnungen strikter verwirklicht als im deutschen Recht. So gibt es im englischen Recht kaum Entscheidungen, die vertragsfremden Dritten Ansprüche wegen Vertragsverletzungen gewährten. Geschah dies aber ausnahmsweise doch,[399] dann wurden diese Ansprüche auf Delikt und nicht Vertrag gestützt. **174**

Hingegen ist für die gesetzlich geregelten Direktansprüche inhaltlich und betragsmäßig ganz offensichtlich nicht das Vertragsverhältnis zwischen der fehlerhaft handelnden Bank und deren Vertragspartner maßgeblich.[400] Vielmehr bestimmt sich der gesetzlich geregelte Direktanspruch des Überweisenden gegen die zwischengeschaltete Bank danach, welchen Anspruch er gegen die überweisende Bank hätte, wenn er nicht ausdrücklich das betreffende zwischengeschaltete Kreditinstitut bestimmt hätte (vgl. §§ 676b Abs. 3 S. 7, 676c Abs. 2, 676e Abs. 5 BGB: Haftung anstelle der überweisenden Bank). Entsprechend richtet sich auch der Direktanspruch der überweisenden Bank gegen die zwischengeschaltete Bank inhaltlich und betragsmäßig danach, welchen Verzögerungsschaden, welchen (von der Überweisungssumme) einbehaltenen Betrag bzw. welchen Schadensersatz sie dem Überweisenden zu leisten hat (§ 676b Abs. 1, 2, 3 S. 4 BGB). Daher lassen sich die gesetzlich geregelten Direktansprüche weder sachrechtlich aus dem Vertragsverhältnis zwischen der (potentiell) anspruchsverpflichteten zwischengeschalteten Bank und deren Vertragspartner ableiten noch internationalprivatrechtlich an die- **175**

---

398 Vgl. hierzu *Einsele*, AcP 199 (1999), 162–164 m.w.N.; *dies.*, JZ 2000, 14f.
399 Vgl. insbes. White and another v. Jones and others [1995] 1 All ER 691–736; vgl. hierzu *Einsele*, AcP 199 (1999), 167f.
400 A.A., nämlich Vertrag mit Schutzwirkung zugunsten Dritter, *Langenbucher*, in: Zahlungsverkehr, § 1 Rdnr. 102, 106; dagegen zurecht *Feldhahn* S. 190.

ses anknüpfen. In diesen Direktansprüchen lebt vielmehr der von *Möschel*[401] vorge-
schlagene und zu Recht allgemein auf Ablehnung gestoßene[402] Netzvertrag teilweise wieder auf.[403]

176   Da aber auch das Vertragsverhältnis zwischen dem Anspruchsberechtigten und
seinem Vertragspartner weder alleine ausreichend ist noch nach allgemeinen
Grundsätzen (kein Vertrag zulasten Dritter) ausreichend sein kann, um die gesetzlich geregelten Direktansprüche gegen die zwischengeschaltete Bank zu begründen, dürfte eine vertragliche Anknüpfung i.S. einer Anknüpfung an eine vertragsähnliche Sonderverbindung zwischen dem Anspruchsberechtigten und -verpflich-
teten wohl am naheliegendsten sein. Daher wird auf diese Direktansprüche i.d.R.
die Rechtsordnung zur Anwendung gelangen, in der das zwischengeschaltete (fehlerhaft handelnde) Kreditinstitut seine Niederlassung hat. Denn dieses erbringt
(nicht nur im Verhältnis zu ihrem Vertragspartner, sondern) sowohl im Verhältnis
zur überweisenden Bank als auch zum Überweisenden die vertragscharakteristische Leistung (der vertragsähnlichen Sonderverbindung) in Form der Weiterleitung der Überweisung (Art. 28 Abs. 2 S. 2 EGBGB).

177   Sieht die Rechtsordnung der Niederlassung der zwischengeschalteten (fehlerhaft handelnden) Bank einen Direktanspruch der überweisenden Bank insbes. im
Fall der verzögerten oder betragsmäßig gekürzten Überweisung (vgl. § 676 e Abs. 1
und 2 BGB) nicht vor, so steht der überweisenden Bank auch kein solcher zu. Die
Frage, ob wenigstens dem Vertragspartner der (vertragswidrig handelnden) zwischengeschalteten Bank ein Anspruch auf Ersatz des (Verzögerungs-) Schadens sowie der einbehaltenen Beträge zusteht, richtet sich nach der Rechtsordnung, der
dieses Vertragsverhältnis unterliegt. Ob dieser Anspruch gegebenenfalls in der
Kette der überweisenden Bank abzutreten ist, richtet sich ebenfalls nach der
Rechtsordnung, die für das jeweilige Vertragsverhältnis zur Anwendung gelangt,
aus dem sich dieser Anspruch ergeben könnte. Insoweit ist aber eher fraglich, ob
die betreffenden Rechtsordnungen sachrechtlich einen solchen (Zins- bzw. Rück-
vergütungs-) Anspruch in der Kette gewähren werden. Mehr als zweifelhaft dürfte
insbesondere sein, ob sich ein solcher Anspruch auf Schadensersatz gründen ließe,
da ja der jeweilige Vertragspartner zumindest keinen (eigenen) Schaden hat. Drittschadensliquidation und Vertrag mit Schutzwirkung zugunsten Dritter sind aber
gerade für reine Vermögensschäden beileibe nicht in jedem Staat bekannt[404]. Damit
käme nur noch ein sonstiger vertraglicher Anspruch des jeweiligen Vertragspartners (etwa ein Herausgabeanspruch) in der Überweisungskette in Betracht. Jedoch

---

401 Vgl. *Möschel*, AcP 186 (1986), 211ff.
402 Vgl. statt vieler *Canaris* Rdnr. 393; *Hüffer, Uwe*, Die Haftung gegenüber dem ersten Auftraggeber im mehrgliedrigen Zahlungsverkehr, ZHR 151 (1987), 93, 106–108; *Schröter, Jürgen*,
Bankenhaftung im mehrgliedrigen Zahlungsverkehr, ZHR 151 (1987), 118, 126–128; *van Gelder, Alfons*, Schutzpflichten zugunsten Dritter im bargeldlosen Zahlungsverkehr, WM 1995,
1253; vgl. auch *Einsele*, AcP 199 (1999), 172–174.
403 Vgl. *Einsele*, JZ 2000, 14.
404 Vgl. hierzu *Einsele*, AcP 199 (1999), 166f. bezogen auf das englische Recht.

wären mit einem Herausgabeanspruch in der Kette nicht alle Fälle erfaßbar, in denen das deutsche Recht einen Direktanspruch der überweisenden Bank vorsieht, ganz abgesehen davon, daß dessen tatsächliche Durchsetzbarkeit in der gesamten Kette eher fraglich sein dürfte.

Etwas anders ist die rechtliche Beurteilung hinsichtlich der (gesetzlich normierten) Direktansprüche des Überweisenden gegen zwischengeschaltete Banken. Daß es sich dabei – jedenfalls bis zu einem Überweisungsbetrag von 75 000 Euro – grundsätzlich um national nicht abdingbare Ansprüche handelt, ergibt sich aus § 676c Abs. 3 BGB. Würde es sich bei diesen Direktansprüchen lediglich um einfaches zwingendes Recht handeln, stünde dem Überweisenden dieser Anspruch nicht zu, wenn ihn nicht auch die ausländische Rechtsordnung der zwischengeschalteten Bank kennt (was namentlich bei Überweisungen in Drittstaaten praktisch relevant werden dürfte).[405] Soweit es sich um Direktansprüche eines Überweisenden handelt, der kein Kreditinstitut ist, stellt sich jedoch die Frage, ob die damit verbundene Einbuße an Verbraucher- bzw. Kundenschutz vom Gesetzgeber gewollt, oder besser gesagt toleriert werden würde. Dies könnte für eine Qualifizierung des Direktanspruchs des Überweisenden als international zwingende Norm sprechen. In diesem Fall hätte der Überweisende unabhängig von dem ansonsten auf das vertragliche bzw. vertragsähnliche Rechtsverhältnis zwischen ihm und der zwischengeschalteten Bank anzuwendenden Recht einen Direktanspruch nach deutschem Recht (Art. 34 EGBGB).[406] Dies hätte allerdings die weitere Konsequenz, daß von dem ansonsten auf das vertragliche bzw. vertragsähnliche Rechtsverhältnis anzuwendenden ausländischen Recht (eines Drittstaates) wenig übrig bliebe; das Endergebnis wäre eine bedenklich extensive Anwendung des deutschen bzw. des EG-Rechts.[407]

ee) Bereicherungsausgleich bei fehlerhaften Kausalverhältnissen

Bei der bereicherungsrechtlichen Abwicklung der Überweisung im Fall fehlerhafter Kausalverhältnisse ist von der Qualifikation der in Rede stehenden Ansprüche nach der lex fori auszugehen. Da bei unwirksamem Valutaverhältnis der Überwei-

---

405   Auch im US-amerikanischen Recht ist der Direktanspruch des Überweisenden in der § 676b Abs. 3 S. 6 BGB zugrundeliegenden Sachverhaltskonstellation nicht als „originärer" Direktanspruch des Überweisenden normiert. Zwar hat der Überweisende in dem Fall, in dem er die zwischengeschaltete Bank selbst bestimmt hat, die die Überweisung nicht ausführt, ebenfalls einen Anspruch auf Erstattung der Überweisungssumme gegen diese Bank. Jedoch handelt es sich bei diesem Anspruch nicht um einen „originären" Direktanspruch des Überweisenden gegen diese Bank, vielmehr folgt dieser Anspruch aus einem gesetzlichen Forderungsübergang des Anspruchs der in der Vertragskette vorgeschalteten Bank gegen die fehlerhaft handelnde Bank auf den Überweisenden, vgl. hierzu § 4A-402 (e) UCC sowie *Lawrence's Anderson*, Uniform Commercial Code, Official Comment 2. zu § 4A-402.

406   Vgl. hierzu *Einsele*, JZ 2000, 15.

407   Für eher fernliegend hält *Schimansky*, in: Bankrechtshandbuch I, § 49 Rdnr. 34 b die Qualifizierung des Direktanspruchs des Überweisenden als international zwingende Norm, räumt andererseits aber ein, daß dann für grenzüberschreitende Überweisungen dem Überweisenden mit einem solchen Direktanspruch wenig geholfen sei.

sende nach deutschem Recht einen Anspruch aus Leistungskondiktion hat, findet auf den Bereicherungsanspruch des Überweisenden gegen den Begünstigten im Fall eines rückabzuwickelnden Schuldvertrags (etwa Kaufvertrags) Art. 32 Abs. 1 Nr. 5 EGBGB bzw. – soweit es um rechtsgrundlose Leistungen auf sonstige (event. auch familienrechtliche) Rechtsverhältnisse geht – Art. 38 Abs. 1 EGBGB Anwendung. In beiden Fällen ist für die bereicherungsrechtliche Rückabwicklung im Valutaverhältnis das Recht maßgeblich, dem das Valutaverhältnis selbst untersteht. Unterliegt also etwa ein im Valutaverhältnis geschlossener Kaufvertrag englischem Recht, findet auf die Rückabwicklung ebenfalls englisches Recht Anwendung. Entsprechendes gilt auch für das Deckungsverhältnis und die Rechtsfolgen, die sich bei dessen Unwirksamkeit ergeben.[408]

180   Soweit es um einen Direktkondiktionsanspruch der Bank gegen den Begünstigten geht, handelt es sich i.d.R.[409] weder um eine Leistungs- noch Eingriffskondiktion, sondern um einen sonstigen Fall i.S.d. Art. 38 Abs. 3 EGBGB. Daher untersteht ein solcher Direktanspruch der Rechtsordnung, in der die Bereicherung eingetreten ist.[410] Zwar ist dieses Ergebnis nicht unumstritten. Die ansonsten vorgeschlagenen Lösungen, nämlich Anknüpfung an das Deckungsverhältnis[411] oder an das Valutaverhältnis[412], vermögen aber beide nicht zu überzeugen. Zunächst setzt eine von Art. 38 Abs. 3 EGBGB abweichende kollisionsrechtliche Anknüpfung eine wesentlich engere Verbindung als mit dem Recht voraus, das nach Art. 38 (Abs. 3) EGBGB anwendbar wäre (Art. 41 Abs. 1 EGBGB). Das Deckungsverhältnis stellt aber schon deshalb keine solch wesentlich engere Verbindung dar, weil der

---

408   Dies ist allgemeine Meinung, vgl. statt vieler *Staudinger-v.Hoffmann/Fuchs* BGB (2001) Art. 38 EGBGB Rdnr. 24; *MünchKomm.-Junker* BGB Art. 38 EGBGB Rdnr. 17; *Einsele, Dorothee*, Das Kollisionsrecht der ungerechtfertigten Bereicherung, JZ 1993, 1025–1033, 1027.
409   Allerdings sprechen nach hier vertretener Ansicht bei institutsinternen Überweisungen gute Gründe für einen Anspruch aus Leistungskondiktion (vgl. oben Rdnr. 155). In diesem Fall entscheidet das auf den Girovertrag zwischen der (überweisenden und gleichzeitig Empfänger-)Bank und dem Begünstigten anwendbare Recht auch über den Kondiktionsanspruch gegen diesen (Art. 32 Abs. 1 Nr. 5 EGBGB). Dieses Recht dürfte aber in aller Regel identisch sein mit dem des Bereicherungseintritts gem. Art. 38 Abs. 3 EGBGB.
410   Vgl. BGH 3. 2. 2004, NJW 2004, 1315, 1316=WM 2004, 671; BGH 25. 9. 1986, IPRax 1987, 186 f.; so auch *Lorenz, Werner*, Der Bereicherungsausgleich im deutschen internationalen Privatrecht und in rechtsvergleichender Sicht, in: FS Zweigert, 1981, S. 199–232, 221 f.; *Einsele, Dorothee*, Das Kollisionsrecht der ungerechtfertigten Bereicherung, JZ 1993, 1025–1033, 1027; *MünchKomm.-Junker* BGB Art. 38 EGBGB Rdnr. 18; *Staudinger-v.Hoffmann/Fuchs* BGB (2001) Art. 38 EGBGB Rdnr. 25 f.; im Grundsatz ebenso *Soergel-Lüderitz* BGB Art. 38 EGBGB Anh. I Rdnr. 40, wenn auch mit der Einschränkung, dies gelte nur, soweit nicht das Valutaverhältnis die Leistung dem Angewiesenen zuweise und ihm daher einen Anspruch gegen den Dritten (Anweisungsbegünstigten) einräume.
411   So *Schlechtriem, Peter*, Bereicherungsansprüche im internationalen Privatrecht, in: Vorschläge und Gutachten zur Reform des deutschen Internationalen Privatrechts der außervertraglichen Schuldverhältnisse, 1983, S. 29–79, 75.
412   Vgl. *Jayme, Erik*, mit ablehnender Anm. zu BGH 25. 9. 1986, IPRax 1987, 186 f., 187; *Reuter, Dieter/Martinek, Michael*, Ungerechtfertigte Bereicherung, 1983, §26 IV 3 (S. 792); *Plaßmeier, Heiko*, Ungerechtfertigte Bereicherung im Internationalen Privatrecht und aus rechtsvergleichender Sicht, 1996, S. 346–348.

Direktkondiktionsanspruch der Bank ja gerade dann besteht, wenn die Zahlung der Bank dem Schein-Überweisenden nicht einmal zurechenbar ist. Überdies braucht der Empfänger der Überweisung mit der Anwendung des Rechts, dem das Deckungsverhältnis unterliegt, nicht zu rechnen, da er mit dieser Rechtsordnung nichts „zu tun hat" und sie ihm i.d.R. auch unbekannt sein dürfte. Aber auch die Anknüpfung an das Valutaverhältnis vermag letztlich nicht zu überzeugen. Denn einmal sind Fälle denkbar, wie etwa Zahlung der Bank an den falschen Adressaten, in denen ein Valutaverhältnis nicht besteht. Zum anderen braucht hier die Bank nicht mit der Anwendung des Rechts zu rechnen, dem das Valutaverhältnis unterliegt, da sie nicht auf dieses Rechtsverhältnis leistet und ihr das hierauf anwendbare Recht i.d.R. unbekannt sein dürfte. Insbes. weist auch das Valutaverhältnis gerade dann, wenn die Zuwendung dem Schein-Überweisenden nicht zugerechnet werden kann, keine wesentlich engere Verbindung mit der Zahlung auf als der Ort des Bereicherungseintritts. Die sachrechtliche Wertung spiegelt sich hier also letztlich auch kollisionsrechtlich wider.

V. Debitkarten

Literatur

Baumbach, Adolf/Hopt, Klaus J., HGB, 31. Aufl. 2003, (7) BankGesch F/1-F/32. *Baumbach, Adolf/Hefermehl, Wolfgang*, Wechselgesetz und Scheckgesetz, 22. Aufl. 2000, Anh. Art. 4 ScheckG Rdnr. 43–66. *Bieber, Klaus-Peter*, Rechtsprobleme des ec-Geldautomatensystems, WM 1987, Sonderbeilage Nr. 6, S. 3–31. *Brindle, Michael/Cox, Raymond* (Hrsg.), Law of Bank Payments, 3. Aufl. 2004, Rdnr. 4–11 bis 4–034. *Canaris, Claus-Wilhelm*, Bankvertragsrecht, 3. Aufl. 1988, Erster Teil, Rdnr. 527 a-527 dd. *Einsele, Dorothee*, Der bargeldlose Zahlungsverkehr – Anwendungsfall des Garantievertrags oder abstrakten Schuldversprechens?, WM 1999, 1801–1810. *Gößmann, Wolfgang*, in: Bankrechtshandbuch I, hrsg. v. Schimansky, Herbert/Bunte, Hermann Josef/Lwowski, Hans-Jürgen, 2. Aufl. 2001, §§ 54, 68. *Gößmann, Wolfgang*, Aspekte der ec-Karten-Nutzung, WM 1998, 1264–1273. *Grundmann, Stefan*, Die ec-Karte als selbständiges Zahlungsinstrument mit Ausnahme der Geldbörse, in: Kartengesteuerter Zahlungsverkehr, Außergerichtliche Streitbeilegung, Schriftenreihe der Bankrechtlichen Vereinigung, Bd. 14, 1999. *Grundmann, Stefan*, in: HGB, hrsg. v. Ebenroth, Carsten Thomas/Boujong, Karlheinz/Joost, Detlev, Band 2, 1. Aufl. 2001, BankR II 6. Kartengestützter Zahlungsverkehr Rdnr. 271–324. *Harbeke, Christoph*, Die POS-Systeme der deutschen Kreditwirtschaft – Eine Darstellung unter rechtlichen Aspekten –, WM 1994 Sonderbeilage Nr. 1, S. 3–15. *Harbeke, Christoph*, electronic cash im grenzüberschreitenden Zahlungsverkehr: Das internationale edc-System, in: Grenzüberschreitender Zahlungsverkehr im europäischen Binnenmarkt, hrsg. v. Hadding, Walther, u. Schneider, Uwe H., Schriftenreihe der europäischen Rechtsakademie Trier, Bd. 18, 1997, S. 87–94. *Hofmann, Christian*, Schadensverteilung bei Mißbrauch der ec-Karte – Zugleich Besprechung des Urteils des BGH vom 5. Oktober 2004 = WM 2004, 2309, WM 2005, 441–450. *Koch, Christian/Vogel, Hans-Gert*, Die Debitkarten, in: Zahlungsverkehr, Handbuch zum Recht der Überweisung, Lastschrift, Kreditkarte und der elektronischen Zahlungsformen, hrsg. v. Langenbucher, Katja/Gößmann, Wolfgang/Werner, Stefan, 2004, § 5. *Kümpel, Siegfried*, Bank- und Kapitalmarktrecht, 3. Aufl. 2004, Rdnr. 4.766–4.956. *Mann, Ronald J.*, Payment Systems and Other Financial

Transactions, 2. Aufl. 2003. *Schwintowski, Hans-Peter/Schäfer, Frank A.*, Bankrecht, Commercial Banking – Investment Banking, 2. Aufl. 2004, § 5 Rdnr. 1–38. *Werner, Stefan*, in: Bankrecht und Bankpraxis, 6. Teil: Zahlungsverkehr, Band 3, Stand August 1998, electronic-cash und POZ, Rdnr. 6/1516–1659. *Werner, Stefan*, in: Bankrecht und Bankpraxis, 6. Teil: Zahlungsverkehr, Band 3, Stand Oktober 2004, Geldautomaten, Rdnr. 6/1421–1515.

1. electronic-cash-System

a) Einführung

181   Unter electronic-cash versteht man ein System, das den Kunden ermöglicht, Waren und Dienstleistungen an automatisierten Kassen bargeldlos zu bezahlen. Unter dem Logo Maestro wurde das electronic-cash-System mittlerweile auch auf ausländische Akzeptanzunternehmen erweitert. Dieses System, das insbesondere früher auch Point of Sale (also Zahlung am Ort des Verkaufs) genannt wurde, verlangt weder die Ausstellung eines Schecks noch – jedenfalls in Deutschland – eine Unterschrift auf einem Belastungsbeleg. Beim electronic-cash-System wird dem Kunden an dem electronic-cash-Terminal der geschuldete Betrag angezeigt, der Kunde legitimiert sich durch seine für dieses System zugelassene Zahlungskarte[413] sowie seine persönliche Geheimzahl (PIN)[414]. Anstelle der PIN kann in einigen Ländern allerdings doch die Unterschrift des Kunden gefordert werden.[415] Das ec-Terminal liest die auf dem Magnetstreifen kodierten Daten und übermittelt sie elektronisch an das Autorisierungssystem des Kartenemittenten. Dieses überprüft die Richtigkeit der Daten, insbesondere, ob die richtige PIN-Nummer eingegeben wurde und ob nicht eine Sperre der Karte vorliegt. Zudem wird geprüft, ob der Verfügungsrahmen, der dem Karteninhaber (noch) zusteht, für die gewünschte Zahlung ausreicht. Nach diesen Prüfungen übersendet das Autorisierungssystem des Kartenemittenten die positive oder negative Antwort. Sodann wird eine Quittung mit Angaben zum Ort und Zeitpunkt des Geschäfts sowie einem Autorisierungskennzeichen ausgedruckt.[416]

182   Bei positiver Antwort wird der Rechnungsbetrag von dem Terminal des Händlers gespeichert und an ein Inkassoinstitut übermittelt, das den Forderungsbetrag per Lastschrift im Wege des Einzugsermächtigungsverfahrens einzieht. Anders als

---

413   Hierbei handelt es sich um die BANK-CARD der Volksbanken und Raiffeisenbanken, die SparkassenCard der Sparkassen und Girozentralen sowie die Kundenkarte der Deutschen Bank (Deutsche Bank Card). Der Vorläufer der heutigen Zahlungskarten waren die ec-Karten, die insbesondere auch als Garantiekarte für Euroschecks fungierten. Diese Garantiefunktion (bis zu einem Höchstbetrag von damals 400 DM) ist jedoch mit Ende des Jahres 2001 ausgelaufen.

414   PIN ist die Abkürzung für Personal Identification Number.

415   Vgl. hierzu I.1.b) der Bedingungen der privaten Kreditinstitute für den ec-/Maestro-Service (Stand 1.7. 2002) sowie die Bedingungen für die Verwendung von SparkassenCards (Fassung November 2004) der Spar- und Girokassen; vgl. auch zur Beschreibung des POS-Systems in Großbritannien *Brindle/Cox* Rdnr. 4–011.

416   Vgl. zur Funktionsweise dieses Systems *Kümpel* Rdnr. 4.897–4.899; *Schwintowski/Schäfer* § 12 Rdnr. 19–22; *Gößmann*, in: Bankrechtshandbuch I, § 68 Rdnr. 1f.; *Harbeke* S. 87f.

beim „normalen" Einzugsermächtigungsverfahren ist jedoch (nach Autorisierung) eine Rückgabe der Lastschrift durch die kartenausgebende Bank wegen Widerspruchs, fehlender Deckung oder aus anderen Gründen nicht möglich.[417] Bei diesem System wird also die Karte als sog. Debit-Card eingesetzt, wobei im Unterschied zum Kreditkartenverfahren dem Zahlungspflichtigen kein Zahlungsaufschub gewährt wird. Dennoch gelten im wesentlichen die gleichen rechtlichen Grundsätze wie beim Einsatz von Kreditkarten.

183

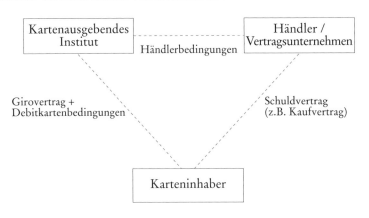

b) Rechtsbeziehungen nach deutschem Sachrecht
aa) Rechtsverhältnis zwischen Karteninhaber und kartenausgebendem Institut

Grundlage des Rechtsverhältnisses zwischen dem Karteninhaber und dem karten- 184
ausgebenden Institut ist der zwischen diesen bestehende (Giro-)Vertrag einschließlich der hierfür vereinbarten AGB und der Bedingungen für die Verwendung der Debitkarte. Diese Bedingungen für Zahlungskarten weisen zwar zwischen den privaten Kreditinstituten[418] und den Spar- und Girokassen[419] gewisse Abweichungen auf. In den meisten Punkten besteht aber Übereinstimmung, so etwa, daß dem Kontoinhaber ein bestimmter Verfügungsrahmen für einen bestimmten Zeitraum mitgeteilt wird, den der Kontoinhaber jedoch nur im Rahmen seines Kontoguthabens oder eines vorher eingeräumten Kredits in Anspruch nehmen darf. Wird die Karte über den Rahmen des Kontoguthabens oder eines vorher eingeräumten Kredits in Anspruch genommen, so steht dem Kreditinstitut dennoch ein Aufwen-

---

417 Vgl. hierzu Nr. 10 der Vereinbarung über ein institutsübergreifendes System zur bargeldlosen Zahlung an automatisierten Kassen (electronic-cash-System), in Kraft seit 1. September 1994; vgl. hierzu auch *Koch/Vogel* § 5 Rdnr. 34; *Gößmann*, in: Bankrechtshandbuch I, § 68 Rdnr. 10.
418 Vgl. die Bedingungen für den ec-/Maestro-Service (Stand 1.7. 2002).
419 Vgl. die Bedingungen für die Verwendung von SparkassenCards (Fassung November 2004).

dungsersatzanspruch gegen den Kunden/Karteninhaber zu.[420] Wird hingegen der Verfügungsrahmen überschritten, weist das Kreditinstitut Verfügungen unabhängig vom aktuellen Kontostand und einem vorher eingeräumten Kredit ab.[421] Sofern die persönliche Geheimzahl (PIN) dreimal falsch eingegeben wird, kann die ec-Karte nicht mehr eingesetzt werden.[422]

185   Ebenfalls identisch geregelt ist die Verpflichtung des Kreditinstituts gegenüber den Betreibern von ec-Terminals zur Zahlung des autorisierten Betrags. Insbesondere muß der Karteninhaber Einwendungen aus dem Vertragsverhältnis zu dem Händler unmittelbar gegenüber diesem geltend machen, sie stehen ihm also nicht gegenüber der Bank zu.[423]

186   Der Karteninhaber hat sowohl nach den Zahlungskarten-Bedingungen der privaten Kreditinstitute als auch der Spar- und Girokassen bestimmte Sorgfalts- und Mitwirkungspflichten: Diese betreffen insbesondere die sorgfältige Aufbewahrung der Karte, die Geheimhaltung der persönlichen Geheimzahl (PIN) sowie die Pflicht des Karteninhabers, den Verlust oder mißbräuchliche Verfügungen mit der Karte unverzüglich seiner Bank, und zwar möglichst der kontoführenden Stelle mitzuteilen.[424]

187   Etwas unterschiedlich geregelt ist die Haftung bei mißbräuchlicher Verwendung der Zahlungskarte: Zwar übernehmen sowohl die privaten Kreditinstitute als auch die Spar- und Girokassen die Schäden nach Anzeige des Verlusts der Karte. Auch hinsichtlich der Schäden vor Verlustanzeige besteht zwar ebenfalls noch insoweit Übereinstimmung der Bedingungen der privaten Banken und der Spar- und Girokassen, als für eine grob fahrlässige Verletzung der Sorgfalts- und Mitwirkungspflichten des Kontoinhabers[425] dieser im Grundsatz (vorbehaltlich eines Mitver-

---

420 Vgl. II.2. der Bedingungen für den ec-/Maestro-Service (Stand 1.7. 2002) und der Bedingungen für die Verwendung von SparkassenCards (Fassung November 2004).
421 So III.1.1 der Bedingungen für den ec-/Maestro-Service (Stand 1.7. 2002) und der Bedingungen für die Verwendung von SparkassenCards (Fassung November 2004).
422 So III.1.2 der Bedingungen für den ec-/Maestro-Service (Stand 1.7. 2002) und der Bedingungen für die Verwendung von SparkassenCards (Fassung November 2004).
423 So III.1.3 der Bedingungen für den ec-/Maestro-Service (Stand 1.7. 2002) und der Bedingungen für die Verwendung von SparkassenCards (Fassung November 2004).
424 So II.6.2 bis II.6.4 der Bedingungen für den ec-/Maestro-Service (Stand 1.7. 2002) und der Bedingungen für die Verwendung von SparkassenCards (Fassung November 2004); vgl. zur Wirksamkeit dieser Bedingungen LG Köln 17.1. 2001, WM 2001, 853, 855.
425 3 Fälle grob fahrlässigen Handelns des Karteninhabers sind in III.1.4 der Bedingungen für den ec-/Maestro-Service (Stand 1.7. 2002) und der Bedingungen für die Verwendung von SparkassenCards (Fassung November 2004) in leicht voneinander abweichenden Formulierungen ausdrücklich aufgeführt: (1) Der Karteninhaber meldet den Kartenverlust nicht unverzüglich der Bank oder dem Zentralen Sperrannahmedienst, wobei in den AGB der Sparkassen noch ausdrücklich der Hinweis darauf enthalten ist, daß der Schaden durch die Verspätung verursacht worden sein muß. Gleiches ergibt sich aber aus allgemeinen Grundsätzen auch ohne diesen Zusatz nach den AGB der privaten Banken. (2) Der Karteninhaber vermerkt die persönliche Geheimzahl auf der Karte oder verwahrt sie zusammen mit der Karte. (3) Der Karteninhaber teilt die persönliche Geheimzahl einer anderen Person mit, wodurch der Mißbrauch verursacht wurde. Vgl. zur Auslegung der groben Fahrlässigkeit in der Rspr. BGH 17.10. 2000, NJW 2001,

schuldens des Kreditinstituts) voll haftet. Allerdings wird die Haftung des Karten-inhabers in den Bedingungen der Spar- und Girokassen auf 500 Euro pro Tag be-grenzt, während die Bedingungen der privaten Banken eine Haftungsbegrenzung auf den Verfügungsrahmen innerhalb des maßgeblichen Zeitraums vorsehen, in dem die Schäden verursacht werden. Unterschiede gibt es aber insbesondere bei der Frage, wer den Schaden trägt, der vor Verlustanzeige durch eine leicht fahrlässi-ge Verletzung der Sorgfalts- und Mitwirkungspflichten des Kontoinhabers entstanden ist. Während die Bedingungen der Spar- und Girokassen hier eine voll-ständige Übernahme der durch mißbräuchliche Verwendung der Zahlungskarte entstandenen Schäden vorsehen, wenn der Kontoinhaber die Voraussetzungen der Haftungsentlastung (also allenfalls leichte Fahrlässigkeit seinerseits) glaubhaft dar-legt und Anzeige bei der Polizei erstattet, verpflichten sich die privaten Kreditinsti-tute nur dazu, den Gesamtschaden jedenfalls in Höhe von 90% zu übernehmen.[426]

Um diese AGB in ihrem Bedeutungsgehalt richtig zu erfassen, sind die Vorgänge **188** bei der Verwendung der Zahlungskarte rechtlich einzuordnen. Mit der Autorisie-rungsanfrage weist der Karteninhaber seine (kartenausgebende) Bank an, den For-derungsbetrag unmittelbar zulasten seines Girokontos zu begleichen. Unstreitig handelt es sich hierbei um eine einseitige Weisung des Kunden im Rahmen des dem Girokonto zugrundeliegenden Geschäftsbesorgungsvertrags (§§ 665, 675 Abs. 1 BGB).[427] Bei mißbräuchlicher Verwendung der Zahlungskarte liegt also keine Wei-sung des (allein hierzu berechtigten) Kontoinhabers vor, so daß der Bank nach Ausführung einer solchen Weisung kein Aufwendungsersatzanspruch gem. § 670 BGB gegen den Kontoinhaber zusteht.

Allerdings treffen den Karteninhaber die in den Bedingungen für Zahlungskar- **189** ten vertraglich vereinbarten Sorgfalts- und Mitwirkungspflichten gegenüber der Bank. Daß deren schuldhafte Verletzung zu Rechtsnachteilen für den Kunden führt und er die hierdurch verursachten Schäden (teilweise) zu tragen hat, steht auch mit der ständigen Rechtsprechung des BGH im Einklang: danach ist ein we-sentlicher Grundgedanke der gesetzlichen Regelung i.S. von § 307 Abs. 2 Nr. 1 BGB (früher § 9 Abs. 2 Nr. 1 AGBG), daß eine Verpflichtung zum Schadensersatz

---

286, 287: Keine grobe Fahrlässigkeit, wenn ec-Karte und Geheimnummer in der Wohnung auf-bewahrt werden, die Geheimnummer sich aber in einem anderen Raum in der unverschlossenen Schublade eines Sekretärs zusammen mit zahlreichen anderen Papieren in einer Plastikhülle be-findet; LG Halle 27. 10. 2000, WM 2001, 1298, 1299: Grobe Fahrlässigkeit, wenn Kontoinhaber beim Herausnehmen von Geld aus bzw. beim Hineinstecken von ec-Karte, Geld und Konto-auszügen in die Jackentasche ec-Karte unbemerkt verliert. Grobe Fahrlässigkeit auch, wenn der Kontoinhaber bei einem nicht ausreichend vor einer Einsichtnahme geschützten Geldautoma-ten keine besonderen Vorkehrungen gegen die Einsichtnahme Dritter trifft, beispielsweise das Tastenfeld beim Eintippen der Geheimzahl mit der Hand absichert.
426 Vgl. hierzu die unterschiedlichen Formulierungen in III.1.4 der Bedingungen für den ec-/ Maestro-Service (Stand 1. 7. 2002) und der Bedingungen für die Verwendung von Sparkassen-Cards (Fassung November 2004).
427 So zutreffend *Koch/Vogel* § 5 Rdnr. 21; *Kümpel* Rdnr. 4.837; *Schwintowski/Schäfer* § 12 Rdnr. 32; *Canaris* Rdnr. 527 cc.

regelmäßig nur bei schuldhaftem Verhalten besteht. Folglich ist nach Ansicht des BGH eine formularmäßige Begründung einer verschuldensunabhängigen Haftung und somit auch eine Haftung (des Kunden) nur nach Gefahrenbereichen (Sphärenhaftung) ohne Verschulden grds. gem. § 307 Abs. 1 i.V.m. 307 Abs. 2 Nr. 1 BGB (früher § 9 Abs. 1 i.V.m. Abs. 2 Nr. 1 AGBG) unwirksam.[428] Daher bleiben sowohl die privaten Kreditinstitute als auch die Spar- und Girokassen mit den erwähnten Haftungsregelungen bei Mißbrauch der Zahlungskarte innerhalb des durch den BGH gezogenen Rahmens zulässiger formularvertraglicher Regelungen.[429] Insbesondere schließt auch § 676h BGB bei mißbräuchlicher Verwendung der Karte nur den Aufwendungsersatzanspruch, nicht aber einen Schadensersatzanspruch gegen den Karteninhaber aus.

190   Eine Schwierigkeit liegt nun aber in der Feststellung, ob eine mißbräuchliche Verwendung der Karte vorliegt, und ob diese gegebenenfalls durch eine grob fahrlässig verschuldete Verletzung der Sorgfalts- und Mitwirkungspflichten des Karteninhabers verursacht wurde. Daß die Zahlungsanweisung durch den berechtigten Karteninhaber erfolgte bzw. ein mißbräuchlicher Einsatz der Zahlungskarte durch den Karteninhaber pflichtwidrig und schuldhaft verursacht wurde, ist nach den allgemeinen Grundsätzen vom Kreditinstitut zu beweisen. Dies dürfte das Kreditinstitut jedoch i.d.R. in Beweisnot bringen. Daher ist von entscheidender Bedeutung, ob dem Institut eine Beweiserleichterung zugute kommt. Jedenfalls für die seit 1998 eingesetzten Zahlungskarten der neuen Generation, deren PIN anders als zuvor berechnet wird,[430] wird aber eine solche Beweiserleichterung von der ganz h.M. angenommen: Danach begründet der Einsatz der Zahlungskarte unter Verwendung der zutreffenden PIN einen prima-facie-Beweis dafür, daß der Karteninhaber entweder selbst die Verfügung veranlaßt oder grob fahrlässig deren mißbräuchliche Verwendung ermöglicht hat.[431]

191   Dieser Anscheinsbeweis wird bereits erschüttert, wenn ein von dem gewöhnlichen Verlauf abweichendes Geschehen behauptet und durch konkrete Tatsachen dargelegt wird; hierzu genügt jedoch noch nicht die pauschale Behauptung, die betreffende Transaktion sei mit einer gefälschten Karte oder aufgrund einer Automa-

---

428   Vgl. insbesondere BGH 25. 6. 1991, WM 1991, 1368, 1370; bestätigt aber auch in BGH 1. 4. 1992, WM 1992, 1163, 1164; BGH 9. 7. 1992, WM 1992, 1948, 1953.

429   So auch LG Köln 17. 1. 2001, WM 2001, 853, 855f.

430   Vgl. hierzu *Schindler, Werner* in einem Interview, abgedruckt in NJW-CoR 4/1998, 223.

431   So für den Fall der Bargeldabhebung an einem Geldausgabeautomaten BGH 5. 10. 2004, BB 2004, 2484, 2485f. (= WM 2004, 2309) mit zustimmender Anm. *Spindler, Gerald*, Haftungsrisiken und Beweislast bei ec-Karten, BB 2004, 2766–2769; kritischer zu dieser Entscheidung *Hofmann*, WM 2005, 448–450; für einen solchen Anscheinsbeweis im Grundsatz auch OLG Stuttgart 13. 3. 2002, BKR 2002, 547, 549f.; AG Bremen 15. 3. 2000, WM 2000, 1639f.; *Koch/Vogel* § 5 Rdnr. 24; so aber auch bereits für die ec-Karten der alten Generation LG Darmstadt 10. 11. 1999, WM 2000, 911, 913f.; LG Hannover 16. 3. 1998, WM 1998, 1123, 1124; AG Charlottenburg 17. 10. 1997, WM 1998, 1124, 1125f.; AG Osnabrück 24. 10. 1997, WM 1998, 688f.; *Kümpel* Rdnr. 4.951; *Gößmann*, WM 1998, 1270; a.A. allerdings OLG Hamm 17. 3. 1997, WM 1997, 1711, 1712f.

ten-Fehlfunktion vorgenommen worden.[432] Umstritten ist, ob und gegebenenfalls unter welchen Voraussetzungen der Anscheinsbeweis durch den Einwand erschüttert werden kann, ein unbekannter Dritter habe die PIN ausgespäht.[433] Der BGH hat zwar ein Ausspähen für durchaus denkbar gehalten, den Anscheinsbeweis allerdings grds. nur dann als erschüttert angesehen, wenn die Zahlungskarte in einem näheren zeitlichen Zusammenhang mit der Eingabe der PIN durch den Karteninhaber an einem Geldausgabeautomaten oder einem POS-Terminal entwendet worden ist. Denn da der Täter den Karteninhaber persönlich nicht kenne, müsse er die Karte alsbald nach dem Ausspähen der PIN entwenden.[434] Diese Entscheidung stellt auf jeden Fall einen Versuch dar, die Interessen der Kreditwirtschaft einerseits und der Karteninhaber andererseits einigermaßen gerecht und sinnvoll gegeneinander abzuwägen.[435]

bb) Rechtsverhältnis zwischen kartenausgebendem Institut und Händler/Vertragsunternehmen

Sieht man sich die mit dem Händler/Vertragsunternehmen vereinbarten Bedingungen für die Teilnahme am electronic-cash-System der deutschen Kreditwirtschaft („Händlerbedingungen")[436] näher an, so ist auf den ersten Blick nicht sofort eindeutig, wer eigentlich deren Vertragspartner ist. Tatsächlich werden diese Bedingungen – wie auch in dem Netzbetreibervertrag und der Kreditwirtschaft vereinbart – von dem Netzbetreiber dem Händler übergeben. Der Netzbetreiber verpflichtet sich in dem Netzbetreibervertrag, nur solche Unternehmen an sein electronic-cash-Terminal-Netz anzuschließen, die diese Händlerbedingungen anerkannt haben.[437] Zwar schließt der Netzbetreiber mit dem Händler ebenfalls ei-   **192**

---

432 Vgl. *Kümpel* Rdnr. 4.952; *Gößmann*, WM 1998, 1270.
433 Wegen der Möglichkeit der Ausspähung der PIN bereits den Anscheinsbeweis ablehnend, der Kontoinhaber habe die mißbräuchliche Verwendung der Karte durch grob fahrlässige Sorgfaltswidrigkeit ermöglicht, *Schwintowski/Schäfer* § 12 Rdnr. 37; AG Dortmund 26. 3. 2003, BKR 2003, 912, 913f.; auch *Grundmann*, Kartengestützter Zahlungsverkehr, BankR II Rdnr. 305 bejaht lediglich einen ersten Anschein leichter Fahrlässigkeit des Karteninhabers.
434 Vgl. BGH 5. 10. 2004, BB 2004, 2484, 2487 (= WM 2004, 2309).
435 Vgl. hierzu auch zustimmende Anm. *Spindler, Gerald*, Haftungsrisiken und Beweislast bei ec-Karten, BB 2004, 2766–2769; kritischer zu dieser Entscheidung *Hofmann*, WM 2005, 448–450; ähnlich wie der BGH bereits *Grundmann*, Kartengestützter Zahlungsverkehr, BankR II Rdnr. 305.
436 Vgl. auch die Kommentierung von *Werner*, in: Bankrecht und Bankpraxis III, 6. Teil: Zahlungsverkehr, Rdnr. 6/1566–1583.
437 Vgl. Nr. 10 des Netzbetreibervertrags, kommentiert von *Werner*, in: Bankrecht und Bankpraxis III, 6. Teil: Zahlungsverkehr, Rdnr. 6/1544ff.; vgl. auch Nr. 10 S. 1 der Vereinbarung über ein institutsübergreifendes System zur bargeldlosen Zahlung an automatisierten Kassen (electronic-cash-System), wonach die kartenausgebenden Institute (nur, Anfügung v.Verf.) gegenüber Unternehmen, die die „Bedingungen der deutschen Kreditwirtschaft für die Teilnahme am electronic-cash-System" anerkannt haben, ein Zahlungsversprechen in Höhe des am electronic-cash-Terminal autorisierten Betrages abgeben. Als Nachweis für die Anerkennung der Händlerbedingungen durch das angeschlossene Unternehmen hat der Netzbetreiber ein unter-

nen (nicht standardisierten) Vertrag ab, in dem die verschiedenen (technischen) Leistungen des Netzbetreibers vereinbart werden.[438] Was jedoch die Händlerbedingungen betrifft, ist nicht der Netzbetreiber Vertragspartner des Händlers. Da gem. Nr. 1 der Händlerbedingungen das Unternehmen berechtigt ist, am electronic-cash-System der deutschen Kreditwirtschaft teilzunehmen, werden die Händlerbedingungen zwischen dem Unternehmen und der deutschen Kreditwirtschaft vereinbart, die ihrerseits alle ihr angeschlossenen kartenausgebenden Institute vertritt. Vertragspartner der Händlerbedingungen ist daher einerseits das angeschlossene Unternehmen, andererseits die kartenemittierenden Institute.[439] Grundlage dieser Händlerbedingungen ist die zwischen den Verbänden der Kreditwirtschaft getroffene „Vereinbarung über ein institutsübergreifendes System zur bargeldlosen Zahlung an automatisierten Kassen (electronic-cash-System)“, mit der der Aufbau und Betrieb des electronic-cash-Systems erfolgte.[440]

193   Gem. Nr. 5 der Händlerbedingungen gibt das kartenausgebende Institut mit der Nachricht über die positive Autorisierung die Erklärung ab, die Forderung in Höhe des am electronic-cash-Terminal autorisierten Betrags zu begleichen. Voraussetzung hierfür ist allerdings, daß das electronic-cash-Terminal gegenüber dem Netzbetreiber zugelassen und nach den mit dem Netzbetreiber vereinbarten Verfahren betrieben wurde, auch muß der electronic-cash-Umsatz einem Inkassoinstitut im Inland innerhalb von acht Tagen vorliegen. Daß von diesen Vertragswerken auch grenzüberschreitende Zahlungen erfaßt werden, läßt sich Nr. 10 der Vereinbarung über ein institutsübergreifendes System zur bargeldlosen Zahlung an automatisierten Kassen entnehmen, die – wie bereits dargelegt – Grundlage der Händlerbedingungen ist. Dort findet sich die zunächst allgemein formulierte Verpflichtung, wonach die kartenausgebenden Institute gegenüber Unternehmen, die die Bedingungen der deutschen Kreditwirtschaft für die Teilnahme am electronic-cash-System anerkannt haben, ein Zahlungsversprechen in Höhe des autorisierten Betrags abgeben. Weiter heißt es wörtlich: „Ebenso geben die kartenausgebenden Institute innerhalb des Maestro-Systems gegenüber den im Ausland angeschlossenen Handels- und Dienstleistungsunternehmen ein solches Zahlungsversprechen ab.“ Dieser Bestimmung kann entnommen werden, daß inländische Institute für im Ausland getätigte Umsätze mit Autorisierung ein Zahlungsversprechen abgeben, Zahlungsversprechen der Institute also auch grenzüberschreitend erfolgen.

194   Umstritten ist hingegen die rechtliche Einordnung der Autorisierung im deutschen Recht, die in den maßgeblichen Bedingungen als Zahlungsversprechen des

---

schriebenes Duplikat der Bedingungen zu seinen Akten zu nehmen, vgl. hierzu *Werner*, in: Bankrecht und Bankpraxis III, 6. Teil: Zahlungsverkehr, Rdnr. 6/1552.
438 Vgl. hierzu *Werner*, in: Bankrecht und Bankpraxis, Rdnr. 6/1561.
439 Ähnlich *Harbeke*, WM 1994, Sonderbeilage Nr. 1, S. 7; *Koch/Vogel* § 5 Rdnr. 40; *Werner*, in: Bankrecht und Bankpraxis, Rdnr. 6/1520, 1521, 1566, 1567.
440 Vgl. auch die Kommentierung von *Werner*, in: Bankrecht und Bankpraxis III, 6. Teil: Zahlungsverkehr, Rdnr. 6/1526–1543.

kartenausgebenden Instituts bezeichnet wird.[441] Teils wird sie als Garantievertrag[442], teils als (formfrei mögliches, vgl. § 350 HGB) abstraktes Schuldversprechen / Schuldanerkenntnis des Kartenemittenten an den Händler[443] angesehen. Die besseren Gründe sprechen m.E. für ein abstraktes Schuldanerkenntnis.

Aufgrund der maßgeblichen Vertragsbedingungen wird die Zahlungszusage **195** vom kartenausgebenden Kreditinstitut unabhängig von Einwendungen aus dem Valutaverhältnis zwischen Händler und Karteninhaber sowie auch unabhängig von Einwendungen aus dem Deckungsverhältnis zwischen Kartenemittent und Karteninhaber abgegeben;[444] Mängel im Valutaverhältnis zwischen Händler und Karteninhaber sind somit in diesem Verhältnis auszugleichen. Auf diese Weise wird dem Händler eine Rechtsposition verschafft, die derjenigen eines Bargeldeigentümers gleichwertig ist.[445] Insbesondere besteht die Zahlungsverpflichtung des kartenausgebenden Instituts gegenüber dem Händler auch dann, wenn entweder die Karte mißbräuchlich von einem Nichtberechtigten verwendet wurde oder der berechtigte Karteninhaber geschäftsunfähig war.[446] Denn das Zahlungsversprechen setzt gem. Nr. 5 der Händlerbedingungen lediglich die Autorisierung des betreffenden Betrags durch das kartenausgebende Institut (neben der Zulassung des Terminals und der rechtzeitigen Vorlage des Umsatzes an ein Inkassoinstitut) voraus. Zwar liegt in beiden Fällen keine wirksame Weisung durch den berechtigten Karteninhaber vor; dies ändert nach dem insoweit eindeutigen Wortlaut aber nichts an der Wirksamkeit des Zahlungsversprechens des kartenausgebenden Instituts.

Die intendierte Wirkung der Autorisierung, nämlich Verschaffung einer Rechts- **196** position, die derjenigen eines Bargeldeigentümers gleichwertig ist, wird aber auch ansonsten mit einem abstrakten Schuldversprechen bzw. Schuldanerkenntnis (§§ 780, 781 BGB) erreicht (vgl. zur Gutschriftbuchung auf einem Girokonto § 3 Rdnr. 14). Hingegen wird die rechtliche Einordnung der Autorisierung als Garantievertrag den tatsächlichen Gegebenheiten weit weniger gerecht, da von der Bank nicht eine subsidiäre Ausfallhaftung, sondern eine primäre Zahlungsverpflichtung übernommen wird, wobei die von dem Kartenemittenten getätigten Aufwendungen (erst) im Innenverhältnis von dem Karteninhaber gemäß § 670 BGB zu erstat-

---

441 Vgl. Nr. 10 der Vereinbarung über ein institutsübergreifendes System zur bargeldlosen Zahlung an automatisierten Kassen (electronic-cash-System).
442 Vgl. *Kümpel* Rdnr. 4.913–4.917.
443 *Einsele*, WM 1999, 1803–1810; *Gößmann*, in: Bankrechtshandbuch I, § 68 Rdnr. 6–9; *Harbeke*, WM 1994 Sonderbeilage Nr. 1, S. 8; *Koch/Vogel* § 5 Rdnr. 41; *Grundmann*, Kartengestützter Zahlungsverkehr, BankR II Rdnr. 316; mittlerweile auch *Baumbach/Hopt*, HGB, (7) Bank-Gesch F/26.
444 Vgl. Nr. 5 der Bedingungen für die Teilnahme von Handels- und Dienstleistungsunternehmen am electronic cash-System der deutschen Kreditwirtschaft (Händlerbedingungen), Nr. 10 und 11 der Vereinbarung über ein institutsübergreifendes System zur bargeldlosen Zahlung an automatisierten Kassen (electronic-cash-System).
445 Vgl. *Gößmann*, in: Bankrechtshandbuch I, § 68 Rdnr. 6; *Harbeke*, WM 1994, Sonderbeilage Nr. 1, S. 9.
446 A.A. für den Fall der Geschäftsunfähigkeit des Karteninhabers *Grundmann*, Kartengestützter Zahlungsverkehr, BankR II Rdnr. 319.

ten sind.[447] Die Primärleistungspflicht eines Garanten besteht jedoch nicht in der Herbeiführung des garantierten Erfolgs, sondern in der Schadloshaltung des Garantienehmers bei Ausbleiben des Erfolgs.[448] Zwar ist der Hinweis auf die Rechtsähnlichkeit der Autorisierung mit der Zahlungszusage bei dem bis Ende 2001 verwendeten Euroscheck und Scheckkarte zutreffend.[449] Diese Rechtsähnlichkeit war aber richtigerweise bereits damals ein Argument dafür, die Zahlungszusage der Bank bei Bezahlung mittels Euroscheck und Scheckkarte ebenfalls als abstraktes Schuldversprechen und nicht als Garantievertrag zu qualifizieren.[450]

cc) Rechtsbeziehung zwischen Karteninhaber und Händler/Vertragsunternehmen

197 Zunächst folgt aus Nr. 2 der Händlerbedingungen ein unmittelbarer Anspruch des Karteninhabers gegen den Händler, im electronic-cash-Verfahren mit seiner Debitkarte zu Barzahlungspreisen (ohne einen Aufschlag) zu bezahlen. Der Händlervertrag stellt also insoweit einen Vertrag zugunsten Dritter dar (§ 328 BGB).[451]

198 Die zu erfüllende Verbindlichkeit besteht i.d.R. in einem Kauf-, Dienst- oder Werkvertrag, der zwischen dem Karteninhaber und dem Händler / Vertragsunternehmen abgeschlossen wurde. Fraglich könnte sein, ob dieser Vertrag durch das mit der Autorisierung abgegebene abstrakte Zahlungsversprechen bereits erfüllt wird[452] oder es sich hierbei nur um eine Leistung erfüllungshalber (§ 364 Abs. 2 BGB) handelt. Dies ist zunächst eine Frage der Parteivereinbarung im konkreten Fall, so daß es hier nur darum gehen kann, aufgrund der typischen Interessenlage eine Entscheidung für den Regelfall zu treffen. Nun erhält zwar der Händler mit der Autorisierung einen i.d.R. solventen Schuldner, nämlich den Kartenemittenten (die Bank) des Karteninhabers, jedoch erlangt er damit noch nicht die Gutschrift des Zahlungsbetrags auf seinem Konto bei seiner Bank. I.d.R. ist aber nicht anzunehmen, daß der Händler das Insolvenzrisiko der Schuldnerbank tragen will, das er im Fall der Barzahlung ja auch nicht trägt. Da ihm deshalb die Möglichkeit offenstehen sollte, bis zur Gutschrift auf seinem Konto noch auf den Kunden/Karteninhaber zugreifen zu können, entspricht es den beteiligten Interessen am ehesten, die bloße Autorisierung grds. als Leistung erfüllungshalber (§ 364 Abs. 2 BGB), nicht aber als Erfüllung (oder Leistung an Erfüllungs Statt) anzusehen.[453]

---

447 Vgl. *Gößmann*, in: Bankrechtshandbuch I, § 68 Rdnr. 9.
448 So sehr treffend MünchKomm.-*Habersack* BGB Vor § 765 Rdnr. 16.
449 So *Kümpel* Rdnr. 4.914.
450 *Einsele*, WM 1999, 1805–1807.
451 So auch *Koch/Vogel* § 5 Rdnr. 40, 46; *Gößmann*, in: Bankrechtshandbuch I, § 68 Rdnr. 4; *Grundmann*, Kartengestützter Zahlungsverkehr, BankR II Rdnr. 311.
452 Bzw. es sich um eine Leistung an Erfüllungs Statt handelt, § 364 Abs. 1 BGB.
453 Im Ergebnis ebenso *Harbeke*, WM 1994, Sonderbeilage Nr. 1, S. 7; *Kümpel* Rdnr. 4.918 *Koch/Vogel* § 5 Rdnr. 46; a.A. *Grundmann*, Kartengestützter Zahlungsverkehr, BankR II Rdnr. 316: Leistung an Erfüllungs Statt.

c) Anwendbares Recht

aa) Rechtsverhältnis zwischen Karteninhaber und kartenausgebendem Institut

Das Rechtsverhältnis zwischen dem Karteninhaber und dem kartenausgebenden **199**
Institut unterliegt den Artt. 27 ff. EGBGB, so daß vorrangig eine Rechtswahl zwischen diesen maßgeblich ist. Eine solche Rechtswahl erfolgt im deutschen Rechtskreis gem. Nr. 6 (1) AGB-Banken und AGB-Sparkassen, wonach für die Geschäftsverbindung zwischen Kunden und inländischen Geschäftsstellen der Banken bzw. Sparkassen deutsches Recht zur Anwendung gelangt.[454] Wird eine Geschäftsstelle einer Bank in Deutschland angewiesen, eine Transaktion auszuführen, so entspricht die Geltung deutschen Rechts überdies den allgemeinen (ohne Rechtswahlvereinbarung anwendbaren) internationalprivatrechtlichen Grundsätzen, da die Bank die vertragscharakteristische Leistung erbringt (Art. 28 Abs. 2 S. 2 EGBGB). Daher finden etwa auf die Frage des Verfügungsrahmens, der Sorgfalts- und Mitwirkungspflichten des Karteninhabers gegenüber dem kartenausgebenden Institut sowie der Haftung des Kunden bzw. der Bank bei mißbräuchlicher Verwendung der ec-Karte nicht nur die deutschen ec-Bedingungen, sondern auch das deutsche Vertragsrecht Anwendung, soweit der Karteninhaber mit einer inländischen Geschäftsstelle einen Giro- und ec-Kartenvertrag geschlossen hat; dies gilt auch für die (Wirksamkeit der) Zahlungsanweisung des Karteninhabers an seine Bank.

Sofern der Karteninhaber und der Kartenemittent allerdings ihren Aufenthalts- **200**
ort bzw. ihre Niederlassung in verschiedenen Staaten haben und der Kartenvertrag unter den Voraussetzungen von Art. 29 Abs. 1 Nr. 1–3 EGBGB zustande gekommen ist, ist Art. 29 EGBGB zu berücksichtigen. Danach stellen die Schutzbestimmungen des Aufenthaltsstaates eines Karteninhabers, der diesen Vertrag nicht zu beruflichen oder gewerblichen Zwecken abgeschlossen hat, dessen Mindestschutz dar. Da allerdings bei Abschluß der Vereinbarung über die Ausgabe von Debitkarten i.d.R. eine reine Inlandsbeziehung vorliegt bzw. – im Aunahmefall einer grenzüberschreitenden Beziehung – kaum einmal die Voraussetzungen von Art. 29 Abs. 1 Nr. 1–3 EGBGB gegeben sein dürften, soll hier auf diese Problematik nicht näher eingegangen werden.[455]

Kommt aber bei Abschluß eines Kartenvertrags mit einer ausländischen Bank/ **201**
Geschäftsstelle ausländisches Recht zur Anwendung, unterliegt auch die Haftung (des Kunden) bei mißbräuchlicher Verwendung der Zahlungskarte der betreffenden ausländischen Rechtsordnung und insbesondere deren Verbraucherschutzvorschriften. Um ein Beispiel zu nennen: Nach US-amerikanischem Recht haftet der Kunde grundsätzlich ebenfalls nicht für Verluste, die durch die mißbräuchliche Verwendung der Debitkarte verursacht werden. Wird jedoch die Karte mit der PIN zusammen verwendet und hat der Kartenemittent den Kunden zuvor auf das Haf-

---

454 Zur Wirksamkeit der Rechtswahl vgl. oben § 2 Rdnr. 17–21.
455 Vgl. ausführlich zu dieser Problematik bei Kreditkartenverträgen unten Rdnr. 280 f., vgl. auch oben § 3 Rdnr. 59 ff.

tungsrisiko schriftlich hingewiesen, so haftet der Kunde aufgrund gesetzlicher Verbraucherschutzbestimmungen bei sofortiger Verlustmeldung lediglich bis zu einem Betrag von $ 50 für die mißbräuchliche Verwendung der Debitkarte.[456] Meldet hingegen der Kunde den Verlust der Karte nicht innerhalb von 2 Tagen, nachdem er den Verlust festgestellt hat, kann er bis zu $ 500 haften.[457] Diese Bestimmungen sind zugunsten des Verbrauchers zwingendes Recht, jedoch kann die Haftung des Verbrauchers durch ein (einzelstaatliches) Gesetz oder Vertrag weiter reduziert werden.[458]

202   Selbst wenn die Bank die Haftung des Kunden für die mißbräuchliche Verwendung der ec-Karte auf Deliktsrecht gründen sollte (nach deutschem Recht könnte u.U. § 826 BGB zur Anwendung gelangen), führt dies nicht zur Anwendbarkeit einer anderen Rechtsordnung. Wiederum ist bei Beauftragung einer deutschen Geschäftsstelle deutsches Recht auch dann anwendbar, wenn mit der Karte bei einem Händler im Ausland gezahlt wurde. Zwar ist im internationalen Deliktsrecht grundsätzlich das Recht des Tatortes (Handlungsortes) maßgeblich (Art. 40 Abs. 1 EGBGB). Der zwischen Bank und Kunde bestehende Vertrag stellt jedoch eine besondere rechtliche Beziehung zwischen den Beteiligten i.S.d. Art. 41 Abs. 1, 2 Nr. 1 EGBGB dar, die eine wesentlich engere Verbindung zum Vertragsstatut (dem auf den Vertrag anwendbaren Recht) als zum Tatortrecht begründet. Daher ist auch für einen deliktisch begründeten Anspruch das Recht maßgeblich, das auch auf den Vertrag zur Anwendung gelangt.

bb) Rechtsverhältnis zwischen kartenausgebendem Institut und Händler/Vertragsunternehmen

203   Relativ unproblematisch ist die Bestimmung des anwendbaren Rechts im Verhältnis des Kartenemittenten zum Händler. Da hier der Kartenemittent – und zwar unabhängig von der rechtlichen Einordnung des Vertragsverhältnisses als abstraktes Zahlungsversprechen oder als Garantievertrag – die vertragscharakteristische Leistung erbringt, ist mangels abweichender Rechtswahl das Sitzrecht des Kartenemittenten maßgeblich (Art. 28 Abs. 2 EGBGB). Nach dem Sitzrecht des kartenausgebenden Instituts bestimmt sich daher auch, wie die Autorisierung rechtlich einzuordnen ist und welchen genauen Inhalt das Zahlungsversprechen hat.

204   Auch bei den grenzüberschreitenden POS-Systemen ist davon auszugehen, daß das abstrakte Zahlungsversprechen des Kartenemittenten dem Händler, und nicht dem sog. Acquirer gegenüber abgegeben wird. Der sog. Acquirer, der den Akzeptanzvertrag mit dem Händler abgeschlossen hat,[459] ist also gerade nicht Vertragspartner des Zahlungsversprechens, sondern fungiert lediglich als Bote, der das Zah-

---

456   Vgl. 15 USC § 1693 g (1), 12 CFR § 205.6 (a) und (b) (1).
457   Vgl. 15 USC § 1693 g (2), 12 CFR § 205.6 (b) (2); vgl. auch zur internationalen Anwendbarkeit dieser Vorschriften 12 CFR § 205.3 (a) – 3, Official Staff Commentary; vgl. aber auch dazu, daß manche Kartenemittenten freiwillig die Haftung des Kunden auf den Betrag beschränken, der im Fall des Mißbrauchs von Kreditkarten gilt, nämlich $ 50, *Mann* S. 151.
458   Vgl. 15 USC § 1693 g (d).
459   Vgl. hierzu auch für Kreditkartenverträge unten Rdnr. 235, 270f.

lungsversprechen an die Händler weiterzuleiten hat. Dies folgt zum einen aus den Vorentwürfen der edc-Rules, wonach zunächst vorgesehen war, daß der Acquirer dem Händler die Zahlungszusage erteilt, diese Bestimmungen im Laufe der weiteren Beratungen aber gestrichen wurden.[460] Zum anderen ergibt sich dies aber auch aus dem klaren Wortlaut der Maestro Global Rules, wonach „Authorization" definiert wird als „Approval of a transaction by or on behalf of an Issuer according to defined operations regulations. The merchant receives, via telephone or authorization terminal, this approval to process the transaction."[461] Daher ist davon auszugehen, daß das Zahlungsversprechen unmittelbar vom Kartenemittenten gegenüber dem ausländischen Händler erteilt wird, der dann auch – vorbehaltlich einer Zugriffsmöglichkeit auf den Kunden/Karteninhaber[462] – das Risiko trägt, daß die kartenemittierende Bank ihrem Zahlungsversprechen etwa wegen Zahlungsunfähigkeit nicht nachkommt.

cc) Rechtsverhältnis zwischen Karteninhaber und Händler/ Vertragsunternehmen

Das Rechtsverhältnis zwischen Karteninhaber und Händler/Vertragsunternehmen   205
(meist ein Kaufvertrag bzw. ein Werk- oder Dienstleistungsvertrag) unterliegt als Schuldvertrag den allgemeinen internationalprivatrechtlichen Regelungen der Artt. 27 ff. EGBGB. Vorrangig maßgeblich ist damit eine Rechtswahl der Parteien (Art. 27 Abs. 1 EGBGB), ansonsten aber findet auf den Vertrag die Rechtsordnung des Staates Anwendung, in dem die Vertragspartei, die die vertragscharakteristische Leistung erbringt, ihren Sitz bzw. gewöhnlichen Aufenthalt hat (Art. 28 Abs. 2 EGBGB). Dies ist aber der Händler bzw. das Vertragsunternehmen, so daß dessen Sitzrecht für das Vertragsverhältnis zwischen Kunde/Karteninhaber und Händler/ Vertragsunternehmen maßgeblich ist. Hat der Karteninhaber den Vertrag mit dem Händler nicht zu beruflichen oder gewerblichen Zwecken (also als Verbraucher) abgeschlossen und hat dieser Vertrag die Lieferung beweglicher Sachen oder die Erbringung von Dienstleistungen zum Inhalt, ist allerdings die (internationale) Verbraucherschutznorm des Art. 29 EGBGB zu beachten. Danach stellen die Schutzbestimmungen des Aufenthaltsstaates des Karteninhabers/Kunden dessen Mindestschutz dar, sofern der Vertrag unter den Voraussetzungen von Art. 29 Abs. 1 Nr. 1–3 EGBGB zustande gekommen ist; denn in diesen Fällen wurde der Händler im Aufenthaltsstaat des Verbrauchers tätig, so daß der Karteninhaber damit rechnen durfte, den Schutz „seiner" Rechtsordnung nicht zu verlieren.[463] Auch

---

460   Vgl. *Harbeke* S. 90.
461   Vgl. das Glossary der Maestro Global Rules (Stand Juli 2005) unter dem Begriff „Authorization"; vgl. auch Maestro Global Rules (Stand Juli 2005), 19 Europe Region, 9.1.2 „Acquirer Online POS Transactions".
462   So wurde ja davon ausgegangen, daß das Zahlungsversprechen lediglich eine Leistung erfüllungshalber, nicht aber an Erfüllungs Statt ist.
463   Vgl. zu Art. 29 EGBGB näher oben § 3 Rdnr. 59 ff.; vgl. auch *Grundmann*, Kartengestützter Zahlungsverkehr, BankR II Rdnr. 314.

bei Wahl eines anderen Rechts soll dem Verbraucher daher der Schutz seines Aufenthaltsrechts i.S. eines Minimumstandards erhalten bleiben; wurde hingegen keine Rechtswahlvereinbarung getroffen, so gelangt in diesen Fällen das Recht des gewöhnlichen Aufenthaltsstaats des Verbrauchers insgesamt zur Anwendung (Art. 29 Abs. 2 EGBGB).

206   Handelt es sich um einen Kaufvertrag über Waren, so kann allerdings auch das Wiener UN-Übereinkommen über Verträge über den internationalen Warenkauf anzuwenden sein. Dies ist zum einen dann der Fall, wenn die autonomen Anwendungsvoraussetzungen des Art. 1 Abs. 1 a dieses Übereinkommens vorliegen, d.h. wenn die Vertragsparteien ihre Niederlassung (bzw. gewöhnlichen Aufenthalt, vgl. Art. 10 b dieses Übereinkommens) in verschiedenen Staaten haben und diese Staaten Vertragsstaaten des Wiener UN-Kaufrechts sind; zum anderen findet das Wiener UN-Kaufrecht aber auch dann Anwendung, wenn aufgrund der eben erwähnten kollisionsrechtlichen Regelungen der Artt. 27 ff. EGBGB – also einer Rechtswahl gem. Art. 27 Abs. 1 oder objektiver Anknüpfung gem. Art. 28 Abs. 2 EGBGB – das Recht eines Vertragsstaates des Wiener UN-Kaufrechts zur Anwendung gelangt (Art. 1 Abs. 1 b dieses Übereinkommens). Da das electronic-cash-System jedoch häufig von Privatleuten für den Kauf von Waren für den persönlichen Gebrauch eingesetzt wird, dürfte das Wiener UN-Übereinkommen über Verträge über den internationalen Warenkauf i.d.R. doch keine Anwendung finden (vgl. insoweit die Ausschlußklausel des Art. 2 a dieses Übereinkommens).

207   Das nach diesen Grundsätzen bestimmte Recht regelt nicht nur die jeweiligen Pflichten aus dem abgeschlossenen Vertrag sowie die Rechtsfolgen bei deren Nichterfüllung; vielmehr richtet sich auch die Frage, welche Rechtswirkungen die „Bezahlung" mit Debitkarte (nach der Autorisierung) hat, nach dem Vertrag zwischen dem Kunden/Karteninhaber und dem Händler/Vertragsunternehmen sowie dem hierauf anwendbaren Recht. Während dieser Vorgang von der h.M. im deutschen Recht als bloße Leistung erfüllungshalber angesehen wird[464], wird die „Bezahlung" mit Debitkarte im englischen Recht als absolute payment, d.h. als Erfüllung (oder Leistung an Erfüllungs Statt) gewertet.[465] Aber auch das US-amerikanische Recht geht bei Zahlung mit einer Debitkarte von der Endgültigkeit der Leistung des Karteninhabers und daher von der Erfüllung des Valutaverhältnisses zwischen dem Vertragsunternehmen und dem Kunden aus.[466] Da die Frage, welche Leistungen erfül-

---

464   Vgl. *Harbeke*, WM 1994, Sonderbeilage Nr. 1, S. 7; *Kümpel* Rdnr. 4.918; *Koch/Vogel* § 5 Rdnr. 46; a.A. *Grundmann*, Kartengestützter Zahlungsverkehr, BankR II Rdnr. 316: Leistung an Erfüllungs Statt.

465   Vgl. hierzu Re Charge Card Services Ltd. [1986] 3 All ER 289–319, insbes. 301–304: Diese Entscheidung erging zwar nur zu Kreditkarten, jedoch ist – soweit ersichtlich – einhellige Meinung in der englischen Literatur, daß diese rechtliche Bewertung auch für Debitkarten gilt, vgl. etwa *Brindle, Michael/Cox, Raymond* (Hrsg.), Law of Bank Payments, 3. Aufl. 2004, Rdnr. 4–032f.; *Ellinger, E.P./Lomnicka, Eva/Hooley, Richard*, Modern Banking Law, 4. Aufl. 2006, S. 594.

466   Vgl. hierzu *Mann* S. 115.

lungstauglich sind, nach dem Statut des zu erfüllenden Vertrags zu beurteilen ist[467], richten sich auch die Rechtsfolgen der „Bezahlung" mit Debitkarte nach dem Vertrag zwischen Kunde/Karteninhaber und Händler/Vertragsunternehmen.

2. POZ-System und wildes Lastschriftverfahren

Im Unterschied zum electronic-cash-System geben die kartenausgebenden Institute beim POZ-System kein Zahlungsversprechen gegenüber dem Händler ab (daher auch der Name POZ, der sich ableitet von Point of Sale ohne Zahlungsgarantie). Das POZ-System wurde von der deutschen Kreditwirtschaft eingeführt, nachdem zahlreiche Einzelhändler, denen das POS-System zu teuer war, das sog. wilde Lastschriftverfahren eingeführt hatten. Bei diesem werden lediglich mit Hilfe der Debitkarte Lastschriften erstellt, für die der Kunde mit seiner Unterschrift eine Einzugsermächtigung erteilt.[468] Demgegenüber hat das POZ-System durch die Vereinbarung der Kreditwirtschaft zum POZ-System[469], die Händlerbedingungen[470] sowie durch die Beschreibung des POZ-Systems als Annex zu den ec-Bedingungen[471] eine gewisse (vertrags-)rechtliche Regelung gefunden. **208**

Beim POZ-System werden die im Magnetstreifen der ec-Karte gespeicherten Daten eingelesen und hiermit eine Lastschrift erstellt. Mit der Unterschrift auf dem Kassenbeleg erteilt der Karteninhaber eine schriftliche Einzugsermächtigung, die die Voraussetzungen des Lastschriftabkommens v. 12. Dezember 1995, i.d.F. v. 1. Februar 2002, erfüllt.[472] Bei diesem System gibt der Zahlungspflichtige also nicht seine PIN ein, auch erteilt das kartenausgebende Institut dem Händler kein Zahlungsversprechen, sondern fungiert lediglich als Zahlstelle. Anders als beim wilden Lastschriftverfahren erfolgt beim POZ-System aber immerhin eine Sperrdateiabfrage, um so die Benutzung gesperrter Debitkarten vor Erstellung der Lastschrift auszuschließen. Im übrigen wird die Legitimation des Karteninhabers lediglich durch einen Vergleich der Unterschrift auf der Karte mit der vom Zahlungspflichtigen auf dem Kassenbeleg geleisteten Unterschrift geprüft.[473] **209**

---

467 Vgl. statt vieler Soergel-*v.Hoffmann* BGB Art. 32 Rdnr. 27f.; *Kropholler* § 52 I 3 b (S. 450).
468 Vgl. hierzu *Koch/Vogel* § 5 Rdnr. 61 f.
469 In Kraft getreten am 1. Februar 1993, abgedruckt und kommentiert von *Werner*, in Bankrecht und Bankpraxis III, 6. Teil: Zahlungsverkehr, Rdnr. 6/1601–1614.
470 Vgl. die Kommentierung von *Werner*, in Bankrecht und Bankpraxis III, 6. Teil: Zahlungsverkehr, Rdnr. 6/1633–1649.
471 Vgl. hierzu Nr. 1 und 2 „Bargeldloses Bezahlen ohne Zahlungsgarantie an automatisierten Kassen mittels Lastschrift" der Bedingungen für den ec-/Maestro-Service (Stand 1.7.2002) der privaten Banken sowie B. POZ-System der Bedingungen für die Verwendung von Sparkassen-Cards (Fassung November 2004).
472 Vgl. insbesondere Abschnitt I Nr. 1 a) des Lastschriftabkommens, wonach grundsätzlich (vgl. zu den Ausnahmen Anlage 3 zu diesem Abkommen) eine schriftliche Einzugsermächtigung des Zahlungspflichtigen vorliegen muß.
473 Vgl. zu diesem System *Kümpel* Rdnr. 4.920–4.926; *Schwintowski/Schäfer* § 12 Rdnr. 39–42; *Werner*, in: Bankrecht und Bankpraxis, Rdnr. 6/1598–1658; *Gößmann*, in: Bankrechtshandbuch I, § 68 Rdnr. 12–14.

210   Da beim POZ-System der Zahlungsbetrag im Wege des normalen Lastschrift-Einzugsermächtigungsverfahrens eingezogen wird, ein solches aber im grenzüberschreitenden Zahlungsverkehr bisher nicht praktiziert wird[474], ist auch das POZ-System national beschränkt.[475] Da im übrigen das POZ-Verfahren Ende 2006 eingestellt werden wird, soll hier auf das POZ-System nicht näher eingegangen werden.

3. Geldautomatensystem

a) Einführung

211   Die (Debit-)Karte ermöglicht – zusammen mit der Eingabe der persönlichen Geheimzahl (PIN) – die grundsätzlich jederzeitige Bargeldabhebung an Geldautomaten. Zum Geldautomatensystem zugelassen sind sowohl deutsche als auch ausländische Debitkarten und Kundenkarten mit dem ec-GA-Piktogramm und/oder dem kombinierten ec-electronic cash-Logo. Zusätzlich können die Karten mit dem Maestro-Zeichen oder dem CIRRUS-Zeichen ausgestattet werden. Das Maestro-Zeichen und das CIRRUS-Zeichen sind für MasterCard International S.A. eingetragene Markenzeichen. Alleiniger Lizenzgeber für Maestro und CIRRUS ist MasterCard International S.A., eine globale Zahlungsverkehrsgesellschaft.[476]

212   Rechtsgrundlage für das Geldautomaten-System ist die zwischen den Verbänden der deutschen Kreditwirtschaft abgeschlossene Vereinbarung über das deutsche ec-Geldautomaten-System, das seinerseits Bestandteil des weltweiten Maestro-Geldautomaten-Systems ist,[477] sowie die Richtlinien für das deutsche ec-Geldautomatensystem (als Anlage 2 zu der Vereinbarung über das deutsche ec-Geldautomatensystem, die die verfahrens- und sicherheitstechnischen Bedingungen für dieses System zum Gegenstand haben)[478]. Obgleich Vertragspartner dieser Vereinbarung sowie der Richtlinien die Verbände der deutschen Kreditwirtschaft sind, sind sie auch für alle diesen Verbänden angehörenden Institute aufgrund verbandsinterner Regelungen verbindlich.[479] Weitere Rechtsgrundlage des ec-

---

474   Vgl. hierzu MünchKomm.-*Hadding, Walther/Häuser, Franz*, Komm. z. HGB, 1. Aufl. 2001, Zahlungsverkehr C Rdnr. 13; *Wand, Lothar*, Die grenzüberschreitende Lastschrift, in: Grenzüberschreitender Zahlungsverkehr im Europäischen Binnenmarkt, Schriftenreihe der Europäischen Rechtsakademie Trier, Bd. 18, 1997, S. 117–129, 118f.

475   Vgl. hierzu *Werner*, in: Bankrecht und Bankpraxis, Rdnr. 6/1611; vgl. hierzu auch Nr. 1 „Bargeldloses Bezahlen ohne Zahlungsgarantie an automatisierten Kassen mittels Lastschrift" der Bedingungen für den ec-/Maestro-Service (Stand 1.7.2002): Danach ermöglicht die Karte im Inland im Rahmen des POZ-Systems die bargeldlose Zahlung an automatisierten Kassen mittels Lastschriften ohne gleichzeitige Verwendung der persönlichen Geheimzahl.

476   Vgl. auch *Koch/Vogel* § 5 Rdnr. 5; *Kümpel* Rdnr. 9.929; *Werner*, in: Bankrecht und Bankpraxis, Rdnr. 6/1426–1428; *Kümpel* Rdnr. 4.840–841.

477   In Kraft seit 1.12.2003, vgl. auch die Kommentierung von *Werner*, in Bankrecht und Bankpraxis III, 6. Teil: Zahlungsverkehr, Rdnr. 6/1423–1445a.

478   Vgl. auch die Kommentierung von *Werner*, in Bankrecht und Bankpraxis III, 6. Teil: Zahlungsverkehr, Rdnr. 6/1446–1457.

479   Vgl. hierzu *Werner*, in: Bankrecht und Bankpraxis, Rdnr. 6/1424; *Bieber*, WM 1987, Son

Geldautomatensystems sind im Verhältnis zum Bankkunden die Bedingungen für
ec-Karten, die allerdings zwischen den privaten Kreditinstituten und den Spar- und
Girokassen etwas differieren.[480] Für die Sicherheit des Systems soll die Kartenecht-
heitsprüfung nach dem sog. MM-Verfahren sowie das GA-Journal sorgen, das ein
vollständiges Protokoll aller Geschäftsvorfälle eines Geldausgabeautomaten enthält.[481]

Teilweise wird die Debitkarte als Anweisung i.S.d. § 783 BGB oder jedenfalls als
Anweisung i.w.S. angesehen: so werde der Kunde mit Überlassung der Karte ermächtigt, Geld zulasten seines Kreditinstituts abzuheben, und das automatenauf-
stellende Institut ermächtigt, Geld zulasten des kontoführenden Instituts auszuzahlen.[482] Allerdings ist die Interessenlage vorliegend doch anders gelagert als bei
der typischen Anweisung. Denn trotz Abschluß des Kartenvertrags mit dem Kunden bleibt in erster Linie die kontoführende Bank zur Rückzahlung des Kontoguthabens verpflichtet; dem Kunden wird nur die zusätzliche Möglichkeit eröffnet,
auch bei anderen Kreditinstituten – und dies erst nach nochmaliger Autorisierung
durch die kartenausgebende Bank im Einzelfall[483] – Geld abzuheben. Demgegenüber soll bei der Anweisung der Anweisungsempfänger typischerweise zunächst
Befriedigung bei dem Angewiesenen und erst bei Ausbleiben der Leistung auf seine Forderung aus dem Kausalverhältnis zurückgreifen können.[484] Im übrigen ergibt sich aus Nr. 4 der Vereinbarung über das deutsche ec-Geldautomaten-System
nicht nur eine Ermächtigung, sondern eine Verpflichtung der automatenbetreibenden Institute, institutsübergreifend Geldauszahlungen an Karteninhaber vorzunehmen.

b) Rechtsbeziehungen nach deutschem Sachrecht
**aa) Rechtsverhältnis zwischen Karteninhaber und kartenausgebendem
Institut**
Auf das Rechtsverhältnis zwischen Karteninhaber und kartenausgebendem Institut finden die ec-Bedingungen (der privaten Kreditinstitute bzw. der Spar- und Girokassen)[485] Anwendung, die in Ergänzung zum Girovertrag vereinbart werden.

---

derbeilage Nr. 6, S. 6; vgl. zur Verbindlichkeit der Vereinbarung über das deutsche ec-Geldautomatensystem auch für die angeschlossenen Institute Nr. 1, Nr. 4, Nr. 10 dieser Vereinbarung.
480 Vgl. hierzu die Bedingungen der privaten Kreditinstitute für den ec-/Maestro-Service
(Stand 1.7.2002) sowie die Bedingungen für die Verwendung von SparkassenCards (Fassung
November 2004) der Spar- und Girokassen.
481 Vgl. hierzu *Koch/Vogel* § 5 Rdnr. 9–11; *Gößmann*, in: Bankrechtshandbuch I, § 54
Rdnr. 4f.
482 *Canaris* Rdnr. 527 b; *Baumbach/Hefermehl*, Anh. Art. 4 ScheckG Rdnr. 46; ähnlich,
wenngleich nicht ganz klar, wer wen ermächtigt, *Kümpel* Rdnr. 4.946f.
483 Vgl. *Koch/Vogel* § 5 Rdnr. 11.
484 Vgl. zu dieser Interessenlage bei der Anweisung MünchKomm.-*Hüffer* BGB § 788
Rdnr. 4.
485 Vgl. hierzu Nr. 4 der Vereinbarung über das deutsche ec-Geldautomatensystem, wonach
die angeschlossenen Institute die von ihnen betriebenen ec-Geldautomaten allen Karteninhabern zur Verfügung stellen.

Daher gelten in diesem Verhältnis die bereits beim POS-System[486] dargestellten Regelungen zum Verfügungsrahmen, der vom Kunden im Rahmen seines Kontoguthabens oder eines vorher für das Konto eingeräumten Kredits in Anspruch genommen werden darf, die Regelungen zur Fehleingabe der Geheimzahl, den Sorgfalts- und Mitwirkungspflichten des Kunden sowie zur Haftung des Kunden bzw. des kartenausgebenden Instituts bei Mißbrauch der ec-Karte.

215   Nachdem die aktuellen ec-Bedingungen eine früher enthaltene Haftungsausschlußklausel nicht mehr enthalten, ist fraglich, ob bzw. inwiefern die Kreditinstitute für die Funktionsfähigkeit des Geldautomatensystems haften.[487] Diese Frage dürfte insbesondere vor dem Hintergrund der neueren Rechtsprechung des BGH einige Brisanz haben, der – bezogen auf die Eröffnung des Zugangs zum Online-Service – die Hauptpflicht der Bank sah, dem Kunden die unbeschränkte Nutzbarkeit des Systems zu gewähren.[488] Zwar erscheint diese Formulierung sowohl bezogen auf den Zugang zum Online-Service als auch auf das Geldautomatensystem als zu weitgehend, da die Bank hiermit eine Haftung für die (jederzeitige) Funktionsfähigkeit von Automaten übernehmen würde, die ihrem eigenen Organisations- und Machtbereich entzogen sind. Hingegen dürfte unausweichlich sein, der Eröffnung des Zugangs zum Geldautomatensystem die Pflicht der Bank zu entnehmen, zumindest ihre eigenen Geldausgabeautomaten funktionsfähig zu halten und im Rahmen des internationalen Maestro-Systems auf ein insgesamt funktionsfähiges System hinzuwirken. Demgemäß haftet die Bank dem Kunden jedenfalls bei schuldhafter Verletzung dieser Pflicht. Sofern dem Kunden etwa ein wichtiges Geschäft mangels Liquidität entgehen sollte, hätte er in diesem Fall einen Anspruch auf Schadensersatz.[489] Ist jedoch lediglich ein bestimmter Automat außer Betrieb, dürfte der Kunde im Rahmen seiner Schadensminderungspflicht dazu verpflichtet sein, einen anderen, in der Nähe befindlichen Geldautomaten aufzusuchen. In diesem Fall stünde dem Kunden etwa lediglich ein Anspruch auf Ersatz der Taxikosten zum nächstgelegenen Geldautomaten und dies grundsätzlich auch nur bei (von der Bank verschuldeter) Funktionsunfähigkeit eines Geldautomaten der kontoführenden Bank zu.[490] Die Haftung der Bank(en) dürfte in der Praxis daher nur dann problematisch werden, wenn entweder die ec-Karte von einem Geldausgabeautomaten unberechtigt eingezogen wurde (also ohne daß zuvor die Geheimzahl dreimal falsch eingegeben worden wäre) oder eine Vielzahl bzw. sogar alle Geldau-

---

486   Vgl. oben Rdnr. 184, 186–191.
487   Eine solche Haftung ablehnend: *Gößmann*, in: Bankrechtshandbuch I, § 54 Rdnr. 2; *Kümpel* Rdnr. 4.932; *Grundmann* S. 51–54, insbes. 53f.
488   BGH 12. 12. 2000, JZ 2001, 607, 608 m. kritischer Anm. *Einsele, Dorothee*, JZ 2001, 609, 610.
489   Vgl. – wenn auch bezogen auf die Eröffnung des Zugangs zum Online-Service – *Einsele, Dorothee*, JZ 2001, 609, 610; ähnlich *Horn, Norbert*, in: Heymann, Handelsgesetzbuch Bd. 4, 1990, § 372 Anh. III Rdnr. 165.
490   Im Ergebnis gegen eine Haftung der Banken bei Funktionsunfähigkeit von Geldausgabeautomaten *Grundmann* S. 53f.

tomaten (aufgrund eines durch die Banken (mit)verschuldeten Systemfehlers) funktionsunfähig sind.

Durch die Eingabe des gewünschten Geldbetrags und der PIN weist der Kon-   216
toinhaber seine Bank an, diesen Geldbetrag zulasten seines Giroguthabens (§ 700 BGB) bzw. einen eingeräumten Kredit an dem betreffenden Geldautomaten auszuzahlen. Dies gilt sowohl für den Fall der Abhebung an einem institutseigenen Geldautomaten des kartenausgebenden Instituts als auch bei Benutzung eines institutsfremden Automaten.[491] Das kartenausgebende Institut übernimmt mit Überlassung der ec-Karte allerdings kein eigenständiges Zahlungsversprechen gegenüber dem Kunden. Eine solche Annahme ist schon deshalb fernliegend, weil der Kunde keines Vertrauensschutzes bedarf und sowieso nur im Rahmen seines Kontoguthabens (bzw. eines zuvor eingeräumten Kredits) zu Bargeldabhebungen befugt ist.[492]

bb) Rechtsverhältnis zwischen kartenausgebendem und automatenbetreibendem Institut

Zwischen den Instituten, die bei Abschluß der Vereinbarung über das deutsche ec-   217
Geldautomatensystem durch die Verbände der deutschen Kreditwirtschaft vertreten wurden, wurde ein Geschäftsbesorgungsvertrag abgeschlossen. Inhalt dieses Vertrages ist die Verpflichtung der diesem System angeschlossenen Institute zur Entgegennahme von Auszahlungsforderungen der Kunden der kartenausgebenden Institute sowie die Vornahme der Auszahlung (unter den im einzelnen näher vereinbarten Voraussetzungen).[493] Hieraus erwächst dann folgerichtig der in Nr. 7 der Vereinbarung über das deutsche ec-Geldautomatensystem geregelte Aufwendungsersatz- und Vergütungsanspruch des automatenbetreibenden Instituts. Bei Abhebung des Geldbetrages (Erfüllung des Anspruchs des Kontoinhabers auf Rückzahlung seines Kontoguthabens) handeln die automatenbetreibenden Institute als Erfüllungsgehilfen der kontoführenden Institute (§ 278 BGB).[494] Da die kontoführende Bank sich nach hier vertretener Auffassung zwar dazu verpflichtet, ihrem Kunden den Zugang zu eigenen Geldausgabeautomaten zu ermöglichen, nicht jedoch die Haftung für den (jederzeitigen) Zugang zu Geldausgabeautomaten anderer Institute übernimmt[495], sind die automatenbetreibenden Institute *inso-*

---

491 *Kümpel* Rdnr. 4.935f. für Bargeldauszahlung an bankeigenen Geldautomaten, Rdnr. 9.939 für Benutzung institutsfremder Geldautomaten; *Canaris* Rdnr. 527 h.
492 Im Ergebnis auch *Canaris* Rdnr. 527 h; *Kümpel* Rdnr. 4.937.
493 Vgl. hierzu auch Nr. 4 der Vereinbarung über das deutsche ec-Geldautomatensystem, wonach die angeschlossenen Institute die von ihnen betriebenen ec-Geldautomaten allen Karteninhabern zur Verfügung stellen.
494 So auch *Gößmann*, in: Bankrechtshandbuch I, § 54 Rdnr. 15; *Canaris* Rdnr. 527 j; a. A. allerdings *Kümpel* Rdnr. 4.949 aufgrund seiner hier abgelehnten Annahme, die automatenbetreibende Bank sei wie eine Angewiesene analog § 783 BGB zu behandeln.
495 wenn auch die durch die Verbände der Kreditwirtschaft vertretenen Institute untereinander dazu verpflichtet sind, den Kunden anderer angeschlossener Institute die von ihnen betriebenen Geldautomaten allen Karteninhabern institutsübergreifend und ohne Differenzierung in

weit auch nicht Erfüllungsgehilfen des kontoführenden Instituts. Daher haftet das kontoführende Institut auch nicht für die schuldhafte Verletzung einer etwaigen Pflicht des automatenbetreibenden Instituts zur Aufrechterhaltung der Funktionsfähigkeit seiner Automaten.

218   Mit Autorisierung der Zahlung gibt das kartenausgebende Institut ein Zahlungsversprechen ab, das nach deutschem Recht – ebenso wie beim electronic cash-System[496] – als ein abstraktes Schuldversprechen bzw. Schuldanerkenntnis zu qualifizieren ist (§§ 780, 781 BGB). Dies folgt schon daraus, daß das kartenausgebende Institut nicht nur (wie typisch für den Garantievertrag) eine subsidiäre Ausfallhaftung, sondern eine primäre Zahlungspflicht gegenüber dem automatenbetreibenden Institut übernimmt. Von Bedeutung ist dieses abstrakte Schuldversprechen, damit das geldausgebende von dem kontoführenden Institut (zunächst) unabhängig von möglichen Einwendungen gegen den Aufwendungsersatzanspruch Zahlung verlangen kann und sich damit die beweisrechtliche Situation des Instituts verbessert, das durch Zahlung an den Karteninhaber „in Vorlage getreten ist".[497] Daneben haben die automatenbetreibenden gegen die kartenausgebenden Institute auch dann einen Vergütungsanspruch, wenn die Karte mißbräuchlich verwendet wurde und daher der Nichtberechtigte einen Zahlungsanspruch geltend gemacht hat; dies muß im übrigen auch gelten, wenn der Karteninhaber geschäftsunfähig ist und daher keine wirksame Weisung abgegeben hat.[498] Die kartenausgebenden Institute verpflichten sich nämlich zur Zahlung der positiv autorisierten Verfügungen, es sei denn, der Geldautomatenbetreiber sei den ihm obliegenden Sicherheitserfordernissen nicht nachgekommen.[499] Diese Beträge werden von dem automatenbetreibenden Institut im Wege des Lastschrifteinzugsermächtigungsverfahrens eingezogen, wobei eine Rückgabe der Lastschrift wegen Widerspruchs, fehlender Deckung oder aus anderen Gründen im Sinne des Abkommens über den Lastschriftverkehr nicht möglich ist.[500] Diese Rechtsfolge läßt sich bei Annahme eines abstrakten Schuldversprechens problemlos damit erklären, daß durch die der abstrakten Verbindlichkeit zugrundeliegende Sicherungsabrede diese Einwendungen ausgeschlossen werden.

---

der zeitlichen Nutzungsmöglichkeit zur Verfügung zu stellen, vgl. Nr. 4 der Vereinbarung über das deutsche ec-Geldautomatensystem.

496   Vgl. hierzu oben Rdnr. 194–196.

497   Vgl. zur rechtlichen Bedeutung des abstrakten Schuldversprechens im Rahmen der bargeldlosen Zahlung ausführlich *Einsele, Dorothee*, Der bargeldlose Zahlungsverkehr – Anwendungsfall des Garantievertrags oder abstrakten Schuldversprechens, WM 1999, 1801–1810; etwas anders allerdings *Kümpel* Rdnr. 4.941–4.945, der zwar mit Autorisierung ebenfalls einen Vertragsschluß bejaht, diesen aber als einen Garantievertrag qualifiziert; a.A. *Werner*, in: Bankrecht und Bankpraxis, Rdnr. 6/1455, wonach die Autorisierung kein eigenständiges Zahlungsversprechen begründen soll.

498   A.A. für den Fall der Geschäftsunfähigkeit des Karteninhabers *Grundmann*, Kartengestützter Zahlungsverkehr, BankR II Rdnr. 319.

499   Vgl. auch *Koch/Vogel* § 5 Rdnr. 9–11.

500   Vgl. *Koch/Vogel* § 5 Rdnr. 7; *Kümpel* Rdnr. 4.944.

Das Rechtsverhältnis zwischen den Instituten wird meist nicht nur als Aus- 219
tauschvertrag (Geschäftsbesorgungsvertrag), sondern auch als eine BGB-Gesellschaft, wenn auch lediglich in Form einer Innengesellschaft angesehen (also einer
Gesellschaft, die nicht nach außen in Erscheinung tritt).[501] In der Tat verfolgen die
angeschlossenen Institute den gemeinsamen Zweck, das ec-Geldautomatensystem
zu betreiben und weiterzuentwickeln.[502] Für diese rechtliche Einordnung läßt sich
insbesondere die Ausgleichspflicht bei Schäden anführen, die durch die Benutzung
von ec-Geldautomaten mit gefälschten oder verfälschten Karten sowie bei sonstigen Schäden entstehen. Aufgrund dieser Ausgleichspflicht werden die Risiken des
Geldautomatensystems, die im Interesse des Systems abgedeckt werden müssen
und deren Übernahme einem einzelnen Institut nicht zugemutet werden können[503], auf die angeschlossenen Institute verteilt. Allerdings dürften sich aus der
Qualifikation des Rechtsverhältnisses als Innengesellschaft über die spezialver-
traglich geregelten Rechte und Pflichten der Institute hinaus keine weiteren
Rechtsfolgen ergeben.[504]

cc) Rechtsverhältnis zwischen Karteninhaber und automatenbetreibendem Institut

Zwischen dem Karteninhaber und dem automatenbetreibenden Institut bestehen 220
keine vertraglichen Beziehungen (sofern dieses nicht mit dem kartenausgebenden
Institut identisch ist).[505] Allerdings kann der Karteninhaber aufgrund der Bedingungen für die Debitkarte seinen Anspruch auf Rückzahlung seines Guthabens
bzw. auf Auszahlung eines von seiner Bank eingeräumten Kredits auch an andere
automatenbetreibende Institute richten, die dann nach Autorisierung durch das
kartenausgebende / kontoführende Institut bei Auszahlung des Geldes als deren
Erfüllungsgehilfen handeln. Teilweise wird aus der Vereinbarung über das deutsche ec-Geldautomaten-System allerdings auch eine drittbegünstigende Wirkung
zugunsten der Karteninhaber (anderer Institute) abgeleitet.[506] Soweit man in Nr. 4
dieser Vereinbarung überhaupt einen Vertrag zugunsten Dritter sehen will, räumt
diese Regelung den Karteninhabern zunächst nur ein Recht auf institutsübergrei-
fende Nutzung der Geldautomaten ohne zeitliche Differenzierung ein. Hieraus

---

501 Vgl. *Canaris* Rdnr. 527 y; *Kümpel* Rdnr. 4.930f.
502 Vgl. Nr. 1 S. 1 der Vereinbarung über das deutsche ec-Geldautomatensystem.
503 Vgl. zu dieser Ausgleichspflicht Nr. 9 der Vereinbarung über das deutsche ec-Geldautomatensystem.
504 Kritisch zur rechtlichen Einordnung als (Innen-)Gesellschaft *Werner*, in: Bankrecht und
Bankpraxis, Rdnr. 6/1425.
505 So auch AG Frankfurt a. M. 30. 3. 1994, WM 1994, 1879; *Bieber*, WM 1987, Sonderbeilage
Nr. 6, S. 8; *Gößmann*, in: Bankrechtshandbuch I, § 54 Rdnr. 15.
506 Vgl. *Grundmann*, Kartengestützter Zahlungsverkehr, BankR II Rdnr. 311, wenn auch
(wohl) ebenfalls mit der Einschränkung auf eine diskriminierungsfreie Nutzungsmöglichkeit
der Geldautomaten; hingegen nur unechter Vertrag zugunsten Dritter *Gößmann*, in: Bankrechtshandbuch I, § 54 Rdnr. 15.

folgt aber noch nicht – zumindest nicht unbedingt – ein Auszahlungsanspruch des Karteninhabers gegen das automatenbetreibende Institut.[507] Im übrigen ist das automatenbetreibende Institut auch im Verhältnis zum kartenausgebenden Institut (aufgrund der Vereinbarung über das deutsche ec-Geldautomaten-System) zur Auszahlung erst nach Autorisierung des betreffenden Betrags verpflichtet. Nicht anzunehmen ist aber, daß die automatenbetreibenden Institute für die vertragsgemäße Autorisierung durch das kartenausgebende Institut (und deren ordnungsgemäße Weiterleitung an das automatenbetreibende Institut) auch insofern einstehen wollen, als es um Karteninhaber anderer Institute geht.

221   Umstritten ist die Frage, auf welche Weise das Eigentum an dem ausgezahlten Geld auf den Kunden übertragen wird. Während teilweise bereits in dem Abschluß des ec-Kartenvertrags ein antizipiertes Übereignungsangebot der Bank hinsichtlich der später ausgegebenen Geldscheine gesehen wird[508], will *Canaris*[509] erst die Aufstellung des Geldautomaten im Sinne eines antizipierten Übereignungsangebots interpretieren. Gegen die Konstruktion eines antizipierten Übereignungsangebots mit Abschluß des ec-Kartenvertrags spricht in der Tat das von *Canaris* angeführte Argument, daß dann die Übereignung in unterschiedlicher Weise erfolgen müßte, je nach dem, ob der Kunde bei dem kartenausgebenden Institut oder bei einem fremden Institut Geld abhebt. Im letzteren Fall müßte man das kartenausgebende Institut bei Abgabe des Übereignungsangebots als Stellvertreter des automatenbetreibenden Instituts ansehen;[510] die (konkludente) Erteilung einer Vertretungsmacht – etwa durch Abschluß der Vereinbarung über das deutsche ec-Geldautomatensystem – erscheint aber doch eher als Fiktion (zur kollisionsrechtlichen Problematik dieser Konstruktion unten Rdnr. 229). Sachnäher dürfte daher sein, bereits in der Aufstellung von ec-Geldautomaten ein antizipiertes Übereignungsangebot zu sehen, das der Kunde mit Entgegennahme des Geldes konkludent annimmt, wobei (wie im Bankvertragsrecht sehr häufig) die Bank auf den Zugang der Annahmeerklärung gem. § 151 BGB verzichtet hat.[511]

222   Ebenfalls umstritten ist die Frage, ob und inwiefern das Übereignungsangebot auf den Fall der Berechtigung des Karteninhabers zur Geldabhebung beschränkt ist. Teilweise wird angenommen, das Übereignungsangebot gelte nur dann, wenn sich der Kunde an die schuldrechtlichen Vereinbarungen mit seiner Bank halte, so daß sogar eine Überschreitung des bloßen Verfügungsrahmens (also wohl auch bei gedecktem Konto) nicht mehr von dem Übereignungsangebot erfaßt

---

507 So aber *Hofmann, Christian*, Die ec-/maestro-Karte als Rektapapier, WM 2005, 1305–1311, 1309.
508 Vgl. LG Köln 22. 8. 1986, WM 1987, 234, 235; AG Hamburg 22. 1. 1986, NJW 1986, 945, 946; *Gößmann*, in: Bankrechtshandbuch I, § 54 Rdnr. 12; *Bieber*, WM 1987, Sonderbeilage Nr. 6, S. 9.
509 *Canaris* Rdnr. 527 e; unentschieden *Kümpel* Rdnr. 4.950.
510 So in der Tat *Bieber*, WM 1987, Sonderbeilage Nr. 6, S. 9.
511 LG Köln 22. 8. 1986, WM 1987, 234, 235; *Canaris* Rdnr. 527 e.

wäre;[512] der Kunde beginge daher im folgenden an den ausgegebenen Geldscheinen einen Diebstahl bzw. eine Unterschlagung. Mir erscheint dies als zu weitgehend:

Richtig ist zunächst, daß die Banken nicht den Willen haben werden, bei mißbräuchlicher Verwendung der Debitkarte durch einen Nichtberechtigten (etwa deren Dieb) die Geldscheine an den Nichtberechtigten zu übereignen.[513] Immerhin entstehen bei der mißbräuchlichen Verwendung von Debitkarten Schäden, die zunächst (vorbehaltlich eines Schadensersatzanspruchs gegen den Karteninhaber wegen grob fahrlässiger Verletzung seiner Sorgfaltsplichten aus dem Kartenvertrag) von dem kartenausgebenden Institut, letztlich über die Ausgleichsverpflichtung gem. Nr. 9 der Vereinbarung über das deutsche ec-Geldautomaten-System aber von allen dieser Vereinbarung angeschlossenen Instituten zu tragen sind. Daher ist das Übereignungsangebot der Banken auf den berechtigten Karteninhaber beschränkt. Auch der Rechtsverkehr wird hierdurch nicht beeinträchtigt; denn Dritte haben die Möglichkeit, an den unberechtigten Karteninhaber nicht übereignete Geldscheine gutgläubig zu erwerben (§§ 932, 935 Abs. 2 BGB).[514]

Andererseits sollte aber eine bloße Überschreitung des Verfügungsrahmens den Rechtserwerb des Karteninhabers nicht (mit allen ansonsten denkbaren strafrechtlichen Konsequenzen) verhindern, zumal in diesem Fall der Fehler auch im Geldautomatensystem zu suchen ist. Zweifelhaft ist aber auch, ob bereits eine Kontoüberziehung (unter Überschreitung des eingeräumten Dispositionskredits) dazu führen sollte, daß der Kunde kein Eigentum erwirbt.[515] Selbst *Canaris*, der grundsätzlich bereits bei bloßer Überschreitung des Verfügungsrahmens ein Übereignungsangebot der Bank verneint, will im Rahmen der finanziellen Nutzungsgrenze nicht immer starr auf die numerisch festgelegte Höhe des Dispositionskredits abstellen.[516] Sofern der Karteninhaber seinen Verfügungsrahmen oder Dispositinskredit überschreitet, hat die kartenausgebende Bank gegen ihren Kunden – und damit gegen eine ihr bekannte Person – immerhin zivilrechtliche Ausgleichsansprüche. Weder sinnvoll noch erforderlich erscheint mir daher, solche vertragswidrige Handlungen des Karteninhabers überdies als Straftaten zu ahnden; dies aber wäre

---

512 So im Grundsatz *Canaris* Rdnr. 527 e; ebenso *Koch/Vogel* § 5 Rdnr. 14.
513 So auch BGH 16. 12. 1987, WM 1988, 405: Der BGH nahm zwar bei funktionsgerechter Bedienung des Automaten eine Übergabe der Geldscheine und daher keinen Diebstahl des Nichtberechtigten an (WM 1988, 407). Andererseits verneinte der BGH aber den Willen der Bank, die Geldscheine an denjenigen zu übereignen, der die Karte entwendet hatte, und hielt diesen daher wegen Unterschlagung des abgehobenen Geldes für strafbar (WM 1988, 408f.); vgl. auch LG Köln 22. 8. 1986, WM 1987, 234, 235; a.A. aber OLG Hamburg 7. 11. 1986, WM 1987, 65f.
514 *Kümpel* Rdnr. 4.950.
515 So aber AG Hamburg 22. 1. 1986, NJW 1986, 945; *Bieber*, WM 1987, Sonderbeilage Nr. 6, S. 9; wohl auch *Kümpel* Rdnr. 4.950; OLG Schleswig 13. 6. 1986, WM 1987, 64f., das ein Übereignungsangebot der Bank auch im Fall der Nichtberechtigung des Abhebenden bejaht.
516 *Canaris* Rdnr. 527 e.

der Fall, wenn man das Übereignungsangebot der Banken generell auf Abhebungen durch vertragsgemäß handelnde Karteninhaber beschränken würde.

c) Anwendbares Recht
aa) Rechtsverhältnis zwischen Karteninhaber und kartenausgebendem Institut

225 Das Rechtsverhältnis zwischen dem Karteninhaber und dem kartenausgebenden Institut unterliegt den Artt. 27 ff. EGBGB, so daß vorrangig eine Rechtswahl zwischen diesen maßgeblich ist. Eine solche Rechtswahl erfolgt im deutschen Rechtskreis gem. Nr. 6 Abs. 1 AGB-Banken und AGB-Sparkassen, wonach für die Geschäftsverbindung zwischen Kunden und inländischen Geschäftsstellen der Banken bzw. Sparkassen deutsches Recht zur Anwendung gelangt. Hat der Karteninhaber mit einer inländischen Geschäftsstelle einen Giro- und ec-Kartenvertrag abgeschlossen, finden daher (etwa) auf die Frage des Verfügungsrahmens, der Sorgfalts- und Mitwirkungspflichten des Karteninhabers gegenüber dem kartenausgebenden Institut sowie der Haftung des Kunden bzw. der Bank bei mißbräuchlicher Verwendung der ec-Karte nicht nur die deutschen ec-Bedingungen, sondern auch das deutsche Vertragsrecht Anwendung.

Selbst wenn die Bank die Haftung des Kunden für die mißbräuchliche Verwendung der ec-Karte auf Deliktsrecht gründen sollte (nach deutschem Recht könnte u. U. § 826 BGB zur Anwendung gelangen), ist in diesem Fall auch dann deutsches Recht anwendbar, wenn mit der Karte bei einem Händler im Ausland gezahlt wurde. Zwar ist im internationalen Deliktsrecht grundsätzlich das Recht des Tatortes (Handlungsortes) maßgeblich (Art. 40 Abs. 1 EGBGB). Der zwischen Bank und Kunde bestehende Vertrag stellt jedoch eine besondere rechtliche Beziehung zwischen den Beteiligten i. S. d. Art. 41 Abs. 1, 2 Nr. 1 EGBGB dar, die eine wesentlich engere Verbindung zum Vertragsstatut (dem auf den Vertrag anwendbaren Recht) als zum Tatortrecht begründet. Daher ist auch für einen deliktisch begründeten Anspruch das Recht maßgeblich, das auch auf den Vertrag zur Anwendung gelangt.

bb) Rechtsverhältnis zwischen kartenausgebendem und automatenbetreibendem Institut

226 Das Rechtsverhältnis zwischen kartenausgebendem und automatenbetreibendem Institut ist insofern vertraglich geregelt, als gem. Nr. 2 der Vereinbarung über das deutsche ec-Geldautomatensystem dieses Bestandteil des weltweiten Maestro-Geldautomatensystems ist. Für das weltweite Geldautomatensystem sollen die Vorschriften der MasterCard ATM & Debit Cash Advance Rules, mittlerweile ersetzt durch die Cirrus Worldwide Operating Rules, in der jeweils gültigen Fassung gelten.[517] Danach ist MasterCard International, eine Gesellschaft des Staates Delaware, für den weltweiten Zahlungsverkehr zuständig. Allerdings regelt und beaufsichtigt die Regionalorganisation von MasterCard International für Europa, Ma-

---

517 Siehe *Werner*, in: Bankrecht und Bankpraxis, Rdnr. 6/1429–1430.

sterCard Europe sprl., eine Aktiengesellschaft belgischen Rechts, nicht nur (Aus-) Zahlungen mit Karten, die das ec-Piktogramm aufweisen; daneben hat MasterCard Europe auch die Befugnis, innerhalb Europas die Cirrus-, Maestro- und Master-Card-Zahlungssysteme zu regeln und zu beaufsichtigen.[518] In den Cirrus Worldwi-de Operating Rules sind generell die Pflichten von Kartenemittenten und Aufstel-lern von Geldautomaten[519] und insbesondere auch die Pflicht der Betreiber von Geldautomaten (ATM)[520] enthalten, alle Karten mit dem ec-Piktogramm sowie alle Cirrus-, Maestro- und Mastercard-Karten zu akzeptieren und deren Inhabern die Barabhebung zu ermöglichen.[521] Dementsprechend werden gem. Nr. 2 (S. 3) der Vereinbarung über das deutsche ec-Geldautomatensytem die angeschlossenen (deutschen) Institute dazu verpflichtet, ihre ec-Geldautomaten für die Benutzung der im Rahmen des grenzüberschreitenden ec-Geldautomatensystems sowie des CIRRUS-Systems zugelassenen Karten zur Verfügung zu stellen. Daneben finden sich in den Operating Rules Bestimmungen zum Einzug der Beträge und Entgelte bei Verfügungen an Geldautomaten sowie zur Frage, wann der Kartenemittent die Möglichkeit hat, die Belastungsbuchung für Verfügungen an Geldautomaten wie-der zurückzugeben.[522]

Überdies enthalten sowohl die Satzungsbestimmungen (Bylaws and Rules) von MasterCard International als auch die Cirrus Worldwide Operating Rules Rechts-wahlvereinbarungen: Danach findet auf alle Fragen, die den Cirrus-Lizenzvertrag, also den Lizenzvertrag zwischen MasterCard und einem Lizenznehmer betref-fen,[523] wie auch auf alle Streitfragen, die MasterCard, die von MasterCard erlasse-nen Regelungen und Bestimmungen und / oder ihre Mitglieder betreffen, das Recht des Staates New York (USA) Anwendung.[524] Die Satzungsbestimmungen von MasterCard International sehen überdies die ausschließliche Zuständigkeit der Gerichte des Staates New York für solche Streitfälle vor.[525] Daher findet auch auf Streitigkeiten, die aus nationalen Transaktionen entstehen, in der Regel New Yorker Recht Anwendung. Diesen Rechtswahl- und Gerichtsstandsklauseln dürf-

227

---

518 Vgl. hierzu Cirrus Worldwide Operating Rules (Juni 2005), 19 Europe Region, insbes. 1.1 „Overview", 1.9 „Additional Rules for Participation", 3.15 „Audits", 4.5 „Protection of the Service Marks", 8.4.6 „Inspection of Members", 10.1.2 „Settlement Account", 13.8 „Additional Liabilities".

519 Vgl. Cirrus Worldwide Operating Rules (Juni 2005), insbes. 3.1–3.14 „Common Obliga-tions".

520 Diese Abkürzung steht für Automated Teller Machine.

521 Vgl. hierzu Cirrus Worldwide Operating Rules (Juni 2005), insbes. 3.5 „Common Obli-gations", 7.1.4 „Card Acceptance Requirements".

522 Vgl. hierzu Cirrus Worldwide Operating Rules (Juni 2005), insbes. Chapter 9 „Proces-sing Requirements", Chapter 10 „Settlement and Reconciliation", 11.3 „Chargebacks".

523 Vgl. Cirrus Worldwide Operating Rules (Juni 2005), 19 Europe Region, 1.1.4 „Manage-ment and Governance".

524 Vgl. MasterCard International Incorporated, Bylaws and Rules (Oktober 2005), 1.4 „Choice of Laws".

525 Vgl. MasterCard International Incorporated, Bylaws and Rules (Oktober 2005), 1.4 „Choice of Laws".

te jedoch letztlich insofern keine sehr große praktische Bedeutung zukommen, als MasterCard International gemäß den Bylaws and Rules sowie den Cirrus Operating Rules grds. ohnehin die Letztentscheidung über die Auslegung, Anwendung und Durchsetzung sämtlicher Regularien von MasterCard hat.[526]

228   Daneben ist in den Cirrus Worldwide Operating Rules sowie in dem European Chargeback Guide ein Schiedsverfahren vorgesehen. Danach ist für die Beilegung von Streitigkeiten zwischen Mitgliedern innerhalb Euopas grundsätzlich allein MasterCard Europe zuständig,[527] während Kontroversen zwischen Teilnehmern verschiedener Regionen, also etwa solche zwischen Europa und den USA, von MasterCard International zu lösen sind.[528] Allerdings ist MasterCard Europe bei rein nationalen Streitigkeiten, die sich auf rein innerstaatliche Angelegenheiten beziehen (wie etwa die Verrechnung von Transaktionen in der Landeswährung), nicht stets, sondern nur unter bestimmten Voraussetzungen zuständig. Danach übernimmt MasterCard Europe diese Schiedsfunktion, wenn entweder alle beteiligten Mitglieder sich auf MasterCard als Schiedsinstanz geeinigt haben oder wenn alle Beteiligten ihre Bindung an die Regularien von MasterCard vereinbaren oder wenn sie zur Lösung des Konflikts keine Regeln haben und mindestens ein Mitglied die Streitbeilegung durch MasterCard wünscht. MasterCard entscheidet den Rechtsstreit dann aufgrund der Vereinbarungen zwischen den Beteiligten, mangels solcher (oder aber, wenn diese unklar sein sollten) aufgrund der Regularien von MasterCard.[529] Darüber hinaus sehen die Regularien die Möglichkeit vor, gegen die Schiedsentscheidung Berufung einzulegen; die hierauf ergehende Berufungsentscheidung von MasterCard ist dann allerdings endgültig.[530]

cc) Rechtsverhältnis zwischen Karteninhaber und automatenbetreibendem Institut

229   Zwischen dem Karteninhaber und dem automatenbetreibenden Institut bestehen keine vertraglichen Rechtsbeziehungen. Daher stellt sich lediglich die Frage, welche Rechtsordnung auf die Übereignung des Geldes zur Anwendung gelangt. Dies ist nach der grundsätzlich fast weltweit geltenden lex rei sitae die Rechtsordnung, in der sich das Geld im Zeitpunkt der Übereignung befindet (Art. 43 Abs. 1 EGBGB). Daher findet auf diese Übereignung die Rechtsordnung des automatenbetreibenden Instituts Anwendung. Diese Überlegung zeigt übrigens auch, daß es sinnvoller ist, gerade auch im deutschen Recht die Abgabe des Übereignungsangebots in der Aufstellung des Automaten zu sehen. So ist insgesamt – auch hinsicht-

---

526 Vgl. MasterCard International Incorporated, Bylaws and Rules (Oktober 2005), 1.4 „Choice of Laws" i.V.m. 1.2 „Standards"; Cirrus Worldwide Operating Rules (Juni 2005), 1.1.1 „Interpretation of the Rules".
527 Vgl. hierzu European Chargeback Guide (Juni 2005), 4.2.1 „Filing Procedures".
528 Vgl. hierzu European Chargeback Guide (Juni 2005), 4.2.1 „Filing Procedures".
529 Vgl. hierzu European Chargeback Guide (Juni 2005), 4.9 „Domestic Disputes".
530 Vgl. hierzu Cirrus Worldwide Operating Rules (Juni 2005), 12.8.3 „Appeal Decision"; European Chargeback Guide (Juni 2005), 4.10.5 „Intra European Review Process".

lich der Frage der Wirksamkeit und der Reichweite des Übereignungsangebots –
die Rechtsordnung des automatenbetreibenden Unternehmens maßgeblich, die im
übrigen auch über den Umfang des Verkehrsschutzes bei der Weiterübereignung
des Geldes in diesem Land entscheidet.

Auf der Grundlage der Gegenauffassung (antizipiertes Übereignungsangebot
bereits im Zeitpunkt der Ausgabe der ec-Karte) müßte hingegen die Frage, ob die
kartenausgebenden Institute Vertretungsmacht für die automatenbetreibenden Institute haben, jedenfalls nach h.M. gesondert an das Recht des Gebrauchsortes der
Vollmacht bzw. der geschäftlichen Niederlassung des kartenausgebenden Instituts
angeknüpft werden.[531] Trotz der unterschiedlichen Bestimmung des Gebrauchsortes der Vollmacht dürfte dies für die Frage der Erteilung, des Bestands, Inhalts sowie Umfangs der Vollmacht zur Maßgeblichkeit deutschen Rechts führen, sofern
die Karten von deutschen Instituten ausgegeben werden. Diese (gesonderte) Anknüpfung der Vertretungsmacht dürfte jedoch kaum den berechtigten Interessen
der automatenbetreibenden Institute entsprechen. Denn im übrigen kommt
hinsichtlich des Fortbestehens, der rechtlichen Bedeutung und Wirkung des antizipierten Übereignungsangebots des kartenausgebenden Instituts und dessen Annahme durch den Kunden die lex rei sitae zur Anwendung (vgl. insoweit zum deutschen Kollisionsrecht Art. 43 Abs. 3 EGBGB); dies aber ist das Recht des automatenbetreibenden Instituts.

VI. Kreditkarten

Literatur

Beck, Peter, Einwendungen bei Eurocheque und Kreditkarte, Bd. 38, Diss. Köln 1986. *Canaris, Claus-Wilhelm*, Bankvertragsrecht, 2. Aufl. 1981, Rdnr. 1622–1651. *Eckert, Jörn*, Zivilrechtliche Fragen des Kreditkartengeschäfts, WM 1987, 161–168. *Einsele, Dorothee*, Der
bargeldlose Zahlungsverkehr – Anwendungsfall des Garantievertrags oder abstrakten
Schuldversprechens?, WM 1999, 1801–1810. *Etzkorn, Jörg*, Rechtsfragen beim grenzüberschreitenden Einsatz von Kreditkarten, in: Rechtsprobleme der Auslandsüberweisung, Untersuchungen über das Spar-, Giro- und Kreditwesen, Abteilung B: Rechtswissenschaft,
hrsg. v. hrsg. v. Hadding, Walther, u. Schneider, Uwe H., 1992, S. 121–149. *Goetz, Stefan*, Das
internationale Kreditkartenverfahren, Diss. Basel 1992. *Gößmann, Wolfgang*, Die Kreditkarte, in: Zahlungsverkehr, Handbuch zum Recht der Überweisung, Lastschrift, Kreditkarte
und der elektronischen Zahlungsformen, hrsg. v. Langenbucher, Katja, Gößmann, Wolfgang, Werner, Stefan, 2004, § 3. *Grundmann, Stefan*, in: HGB, hrsg. v. Ebenroth, Carsten
Thomas/Boujong, Karlheinz/Joost, Detlev, Band 2, 1. Aufl. 2001, BankR II 6. Kartengestützter Zahlungsverkehr Rdnr. 360–432. *Hadding, Walther*, Zahlung mittels Universalkreditkarte, in: FS für Pleyer, 1986, S. 17–40. *Hammann, Harald*, Die Universalkreditkarte, ein Mittel
des bargeldlosen Zahlungsverkehrs, Untersuchungen über das Spar-, Giro- und Kreditwesen, Bd. 69, 1991. *Heymann/Horn, Norbert*, HGB, Bd. 4, 1990, Anh. III zu § 372 Rdnr. 143–

---

[531] Vgl. hierzu *Kropholler* § 41 I 2 und 3 (S. 301–304); a.A., nämlich für die Anknüpfung der
Vollmacht an das Geschäftsstatut, MünchKomm.-*Spellenberg* BGB Vor Art. 11 EGBGB
Rdnr. 33, 272 ff.

170. *Jungmann, Carsten*, Die Verteilung des Missbrauchsrisikos beim Einsatz von Kreditkarten im E-Commerce – Einführung neuer Sicherheitsstandards und Neugestaltung der Akquisitionsverträge als Reaktionen der Praxis auf die Rechtsprechung des Bundesgerichtshofs –, WM 2005, 1351–1357. *Kümpel, Siegfried*, Bank- und Kapitalmarktrecht, 3. Aufl. 2004, Rdnr. 4.994–4.1077. *Langenbucher, Katja*, Die Verteilung des Risikos des Kreditkartenmißbrauchs bei Distanzgeschäften, BKR 2002, 119–122. *Lawrence, Lary*, An Introduction to Payment Systems, 1997. *Mann, Ronald J.*, Payment Systems and Other Financial Transactions, 2. Aufl. 2003. *Martinek, Michael*, Vom Forderungskauf zum abstrakten Schuldversprechen – Die Bekehrung der Rechtsprechung zu Walther Haddings Kreditkartentheorie – in: FS für Hadding, 2004, S. 967–990. *Martinek, Michael/Oechsler, Jürgen*, in: Bankrechtshandbuch I, 2. Aufl. 2001, § 67. *Martinek, Michael*, Moderne Vertragstypen, Bd. III: Computerverträge, Kreditkartenverträge sowie sonstige moderne Vertragstypen, 1993. *Meder, Stephan*, Kreditkartengeschäfte und Anweisungswiderruf gegenüber dem Kartenherausgeber, NJW 1994, 2597 f. *Meder, Stephan*, Führt die Kreditkartennutzung im Ausland zu einer Fremdwährungsschuld gemäß § 244 BGB?, WM 1996, 2085–2093. *Meder, Stephan*, Die Kreditzahlung im Internet und Mail-Order-Verfahren, WM 2002, 1993–1998. *Merkel, Helmut*, Das Recht der Kreditkarte in den USA, Untersuchungen über das Spar-, Giro- und Kreditwesen, Abteilung B: Rechtswissenschaft, Bd. 63, 1990. *Ott, Arne*, Aktuelle Entwicklungen im Recht der (Universal-) Kreditkarte, in: FS für Musielak, 2004, S. 383–396. *Pütthoff, Heinz Helmer*, Die Kreditkarte in rechtsvergleichender Sicht Deutschland – USA, Diss. Münster 1974. *Reinfeld, Richard*, Rechtsfragen des Interchange-Kreditkartensystems am Beispiel von VISA und EUROCARD, WM 1994, 1505–1514. *Schönle, Herbert*, Bank- und Börsenrecht, 2. Aufl. 1976, § 29 I (S. 342–346). *Schwintowski, Hans-Peter/Schäfer, Frank A.*, Bankrecht, 2. Aufl. 2004, § 13. *Taupitz, Jochen*, Zivilrechtliche Haftung bei Kreditkartenmißbrauch, 1995. *Zahrnt, Christoph*, Die Kreditkarte unter privatrechtlichen Gesichtspunkten, NJW 1992, 1077–1081.

1. Einführung

230   Eine der häufigst verwendeten Mittel der bargeldlosen Zahlung im grenzüberschreitenden Rechtsverkehr sind Kreditkarten. Auch in der BRepD wurden Kreditkarten immer beliebter: so existierten 2004 etwa 20,431 Millionen Kreditkarten mit einer Anzahl von 367,35 Millionen Transaktionen und einem Umsatz von 34,4 Milliarden Euro.[532]

231   Bei den Kreditkarten gibt es zahlreiche verschiedene Formen: die wesentlichsten sind einmal die Kundenkreditkarten, die von Unternehmen zur hauseigenen bargeldlosen Zahlung ausgegeben werden und bei denen der Kartenaussteller zugleich derjenige ist, der die Leistung gegenüber dem Kunden erbringt (sog. Zweiparteien-System). Daneben haben die rechtlich problematischeren sog. Universalkreditkarten immer mehr an Bedeutung gewonnen. Wie ihr Name bereits besagt, berechtigen diese Karten nicht nur zur Zahlung beim Unternehmen des Emittenten, sondern regelmäßig bei einer Vielzahl von Vertragsunternehmen. Der Karteninhaber kann mit Universalkreditkarten auf einfache Weise bargeldlos bei den Vertragsunternehmen des Kartenemittenten bezahlen. Daneben wird dem Kunden – zumin-

---

532   Vgl. Deutsche Bundesbank, Statistiken über den Zahlungsverkehr in Deutschland 2000–2004, Stand August 2005, Tabellen 5–7.

dest wirtschaftlich gesehen – Kredit eingeräumt, da der Karteninhaber nicht sofort zu bezahlen hat, sondern der Kreditkartenemittent regelmäßig nur einmal im Monat die an die Vertragsunternehmen geleisteten Zahlungen vom Konto des Karteninhabers abbucht.

Die Ausgabe und Verwaltung von Universalkreditkarten gehört gem. § 1 **232** Abs. 1 a S. 2 Nr. 8 KWG zu den Finanzdienstleistungen. Daher bedarf ein Unternehmen, das das Kreditkartengeschäft gewerbsmäßig oder in einem Umfang betreibt, der einen in kaufmännischer Weise eingerichteten Geschäftsbetrieb erfordert, der Erlaubnis der BAFin (§ 32 KWG). Da für den grenzüberschreitenden bargeldlosen Zahlungsverkehr allein Universalkreditkarten praktisch relevant sind, soll die folgende Untersuchung auf diese Kreditkartenform beschränkt werden.

Rechtlich gesehen liegt der Universalkreditkarte zumindest ein Dreipersonensy- **233** stem zugrunde. Das Kreditkartenunternehmen schließt mit dem sog. Vertragsunternehmen (also Einzelhandelsgeschäften, Hotels, Restaurants etc.) einen Rahmenvertrag mit Dauerschuldcharakter ab, in dem sich das Kreditkartenunternehmen dazu verpflichtet, bei Vorlage ordnungsgemäßer Belege (sog. Slips) die Zahlungsforderungen des Vertragsunternehmers gegen den Karteninhaber abzüglich eines Disagios zu begleichen. Meist setzt die Zahlungsverpflichtung des Kreditkartenunternehmens (bzw. sog. Acquiring-Unternehmens, dazu sogleich) überdies dessen vorherige Autorisierung (über ein POS-Terminal) voraus.[533] Daneben hat sich das sog. Mailorder- und Telephone-Verfahren sowie die Kreditkartenzahlung im Internet entwickelt: hier reicht ausnahmsweise aus, wenn der Karteninhaber keinen Beleg mehr unterschreibt, sondern nur noch seine Kartennummer per Brief, Fax, Telefon oder Internet angibt.[534] Allerdings bedarf dieses Verfahren nach den AGB der Kreditkartenunternehmen einer vorherigen Abstimmung zwischen Karteninhaber und Vertragsunternehmen.[535] Überdies berechtigen die gewöhnlichen Bedingungen der Kreditkartenemittenten (Acquirer) die Vertragsunternehmen häufig nicht zur Akzeptanz von Kreditkarten im Mailorderverfahren;[536] in jedem Fall aber ist

---

[533] Vgl. Nr. 7 Abs. 10 der Mitgliedschaftsbedingungen von American Express; Nr. 3 der Bedingungen der ConCardis GmbH für die Akzeptanz und Abrechnung von EUROCARD/MasterCard und VISA Karten; Nr. 3 und 4 der Besonderen Bedingungen der EUROCARD/MasterCard/Visa Card-Akzeptanz der Postbank; vgl. zur Autorisierung auch *Jungmann*, WM 2005, 1353 f.

[534] Vgl. hierzu auch *Meder*, WM 2002, 1993.

[535] Vgl. etwa Nr. 3 Abs. 2 der MasterCard und Visa Card Bedingungen der Postbank: entsprechende Regelungen sehen aber auch die MasterCard und VISA Card Bedingungen der Dresdner Bank sowie die MasterCard AGB der Deutschen Bank vor.

[536] Vgl. Nr. 2.1 der Besonderen Bedingungen der EUROCARD/MasterCard/Visa Card-Akzeptanz der Postbank; Nr. 4.1 der AGB der B + S Card Service GmbH zur Akzeptanz von Debit- und Kreditkarten; Nr. 1.4 der Bedingungen der ConCardis GmbH für die Akzeptanz und Abrechnung von EUROCARD/MasterCard und VISA Karten; anders, d. h. in den gewöhnlichen Akzeptanzbedingungen enthalten ist das Mailorderverfahren gem. Nr. 8 der Mitgliedschaftsbedingungen von American Express.

nach den Akzeptanzbedingungen, die das Mailorder-Verfahren zulassen, die Zahlungszusage des Kreditkartenunternehmens (Acquirers) von der Einhaltung etlicher Voraussetzungen, insbes. von der Identität der angegebenen Adresse des Bestellers und der Lieferadresse abhängig.[537]

234   Auf der anderen Seite verpflichtet sich das Vertragsunternehmen gegenüber dem Kreditkartenunternehmen, die Kreditkarte als Zahlungsmittel zu akzeptieren und dem Karteninhaber dieselben Bedingungen einzuräumen wie Barzahlern (Preisaufschlagsverbot).[538] Die Verwendung der Kreditkarte und die Unterschrift auf dem Belastungsbeleg bzw. die Angabe der Kreditkartennummer stellen eine Leistung erfüllungshalber (§ 364 Abs. 2 BGB) durch den Kunden an das Vertragsunternehmen dar (vgl. zur entsprechend gelagerten Problematik bei Zahlung mit Debitkarten Rdnr. 198).[539] Ein weiteres Dauerschuldverhältnis in Form eines Geschäftsbesorgungsvertrags besteht zwischen dem Kreditkartenunternehmen und dem Karteninhaber: danach übernimmt das Kreditkartenunternehmen zugunsten des Karteninhabers die Erfüllung der Forderungen, die dem Vertragsunternehmen gegen den Karteninhaber zustehen (§ 329 BGB). Der Karteninhaber ist seinerseits gegen Zahlung einer Jahresgebühr dazu berechtigt, ohne Bargeld bei den Vertragsunternehmen einzukaufen. Dieses Recht folgt einerseits aus dem Vertrag mit dem Kreditkartenunternehmen, andererseits aber auch aus dem (Rahmen-)Vertrag zwischen Kreditkarten- und Vertragsunternehmen, das insoweit ein Vertrag zugunsten Dritter (§ 328 BGB) ist.[540]

235   Mittlerweile handelt es sich beim Kreditkartengeschäft aber sehr häufig nicht mehr um ein 3-Parteien-, sondern 4- bis 5-Parteien-Rechtsverhältnis. So vergeben die Kreditkartengesellschaften häufig nationale Lizenzen, die dazu berechtigen, das Kreditkartengeschäft in dem betreffenden Land zu betreiben und Karten zu emittieren. Die Akquisition von Vertragsunternehmen wird hingegen von sog. Acquiring-Unternehmen (z.B. ConCardis GmbH) übernommen, während sich die Issuing-Processing-Unternehmen (z.B. die Gesellschaft für Zahlungssysteme, abgekürzt GZS) auf die technische Abwicklung des Kreditkartengeschäfts wie etwa die Rechnungserstellung und Zahlungsabwicklung beschränken. In diesem Fall besteht daher zwischen dem Kartenemittenten und dem Karteninhaber ein Vertrag, nicht aber zwischen dem Kartenemittenten und dem Vertragsunternehmen, mit dem lediglich der Acquirer vertraglich verbunden ist. Über das als Interchange be-

---

537   Vgl. Nr. 3, insbes. Nr. 3.7 der Besonderen Bedingungen der EUROCARD/MasterCard/ Visa Card-Akzeptanz bei Fernabsatz der Postbank; Nr. 8, insbes. Nr. 8 Abs. 7 der Mitgliedschaftsbedingungen von American Express.
538   Vgl. dazu *Martinek/Oechsler*, in: Bankrechtshandbuch I, § 67 Rdnr. 58.
539   So LG Düsseldorf 24.10. 1990, WM 1991, 1027, 1029; *Martinek/Oechsler*, in: Bankrechtshandbuch I, § 67 Rdnr. 71; *Zahrnt*, NJW 1972, 1080f.; *Hadding*, in: FS Pleyer, S. 24; *Gößmann* § 3 Rdnr. 91; unklar *Eckert*, WM 1987, 167.
540   Vgl. statt vieler *Kümpel* RdNr. 4.1035; *Martinek/Oechsler*, in: Bankrechtshandbuch I, § 67 RdNr. 58; *Gößmann* § 3 Rdnr. 61, 87.

zeichnete Rechtsverhältnis zwischen Kartenemittent und Akquisiteur wird deren Kooperation miteinander geregelt.[541]

Dennoch soll hier (zunächst) von einem Dreipersonensystem ausgegangen werden, wie dies etwa bei American Express im Grundsatz auch der Fall ist.

Grundkonstellation 236

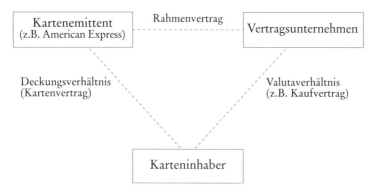

Modifikation 1: Einschaltung eines Lizenznehmers als Kartenemittent 237

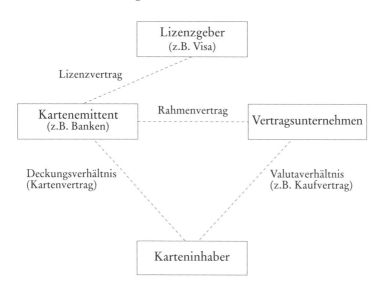

---

541 Vgl. hierzu *Jungmann*, WM 2005, 1352f.; vgl. hierzu auch (wenngleich mittlerweile eine Aufspaltung der Acquiring und der Issuing-Processing-Funktionen stattgefunden hat) *Schwintowski/Schäfer* § 13 Rdnr. 17f.; *Kümpel* Rdnr. 4.1009; *Martinek/Oechsler*, in: Bankrechtshandbuch I, § 67 Rdnr. 2; *Meder*, WM 2002, 1993.

238   Modifikation 2: Einschaltung eines Acquirer

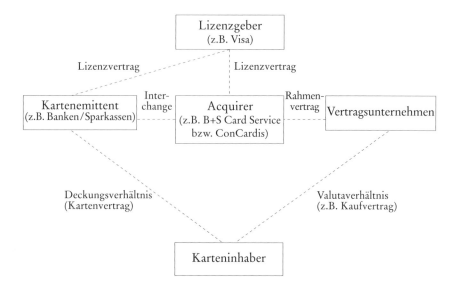

2. Rechtsbeziehungen nach deutschem Sachrecht

a) Rechtsverhältnis zwischen Karteninhaber und Kartenemittent

239   Der Kartenemittent hat aufgrund eines mit dem Karteninhaber abgeschlossenen Geschäftsbesorgungsvertrags einen Anspruch auf Ersatz der Aufwendungen, die er aufgrund der Erfüllungsübernahme gegenüber dem Karteninhaber in Form von Zahlungen an die Vertragsunternehmen getätigt hat (vgl. §§ 675, 670 BGB). Die von dem Karteninhaber unterzeichneten Belastungsbelege (Slips) bzw. die Angabe der Kreditkartennummer[542] stellen nach h.M. die maßgeblichen Weisungen des Karteninhabers gem. § 665 BGB dar.[543] Folgt man der Gegenauffassung, stellen die Leistungsbelege jedoch nicht lediglich Weisungen i.S.d. § 665 BGB, sondern Anweisungen i.S.d. § 783 BGB dar.[544] Bedeutung hat dies insbesondere im Zusammenhang mit der Frage, wie lange ein Widerrufsrecht des Karteninhabers besteht. Zwar können auch Weisungen i.S.d. § 665 BGB grundsätzlich frei widerrufen werden;

---

542   Hiervon geht auch BGH 16.4. 2002, NJW 2002, 2234, 2236 aus; vgl. auch Nr. 4 der Mitgliedschaftsbedingungen von American Express; hingegen hat das KG nur den Belastungsbeleg, nicht aber den Zeugenbeweis zum Beweis einer wirksamen Weisung des Karteninhabers zugelassen, wobei in diesem Fall in den AGB des Kreditkartenvertrags der Belastungsbeleg als alleinige Haftungsgrundlage des Karteninhabers gegenüber dem Kreditkartenunternehmen vorgesehen war, vgl. KG 8.6. 1993, WM 1993, 2044, 2045.
543   Vgl. BGH 24.9. 2002, NJW 2002, 3698; *Martinek/Oechsler*, in: Bankrechtshandbuch I, § 67 Rdnr. 11; *Schwintowski/Schäfer* § 13 Rdnr. 21–23; *Kümpel* Rdnr. 4.1025.
544   *Canaris* Rdnr. 1624; OLG Karlsruhe 28.11. 1990, NJW-RR 1991, 237, 238; *Meder*, NJW 1994, 2597f.

dies allerdings nur so lange, solange die Weisung nicht bereits ausgeführt wurde oder der Geschäftsbesorger aufgrund der Weisung noch keine irreversible Disposition getroffen hat.[545]

Beim Kreditkartenverfahren verpflichtet sich das Kreditkartenunternehmen nicht nur in dem Vertrag mit dem Karteninhaber, sondern auch mit dem Vertragsunternehmen, die in den Belastungsbelegen dokumentierten Forderungen unter Abschlag eines bestimmten Prozentsatzes (etwa 3 bis 5%) zu begleichen. Sieht man die von dem Karteninhaber unterzeichneten Belege als Weisungen i.S.d. § 665 BGB an, sind diese nach Unterschrift auf den Belegen – und zwar bereits vor Begleichung der Forderungen durch das Kreditkartenunternehmen – nicht mehr widerruflich;[546] entsprechendes gilt für die Angabe der Kreditkartendaten im Mailorderverfahren. Dieses Ergebnis ist auch deshalb zutreffend, weil die Kreditkarte ihre Funktion als Bargeldersatz nicht mehr erfüllen könnte, wenn die Weisung an den Kartenemittenten noch nach Erhalt der Leistung widerrufbar wäre.[547] **240**

Stellt man sich hingegen auf den Standpunkt, die unterschriebenen Leistungsbelege seien Anweisungen i.S.d. § 783 BGB, richtet sich die Widerruflichkeit dieser Anweisung nach § 790 BGB. Danach erlischt das Widerrufsrecht erst, wenn der Angewiesene die Weisung gegenüber dem Anweisungsempfänger angenommen oder die Leistung bewirkt hat (§ 790 S. 1 BGB); ein Widerruf ist gemäß § 790 S. 2 BGB selbst dann möglich, wenn der Anweisende dem Anweisungsempfänger zur Leistung verpflichtet ist. Aus dieser Vorschrift leiten die meisten Vertreter der „Anweisungstheorie" ab, ein Widerruf sei bis zur Leistung des Kreditkartenunternehmens noch zulässig.[548] Allerdings gelangen nicht alle Vertreter der „Anweisungstheorie" zur Widerruflichkeit der Anweisung vor Begleichung der Forderungen durch das Kreditkartenunternehmen. So hält etwa *Meder* den Vertrag zwischen Kreditkartenunternehmen und Vertragsunternehmen für eine Form der Annahme der Anweisung gem. § 790 S. 1 BGB, da es sich insoweit um ein selbständig begründetes Schuldverhältnis handle, das der Karteninhaber gem. § 790 S. 1 Alt. 1 BGB im Zeitpunkt der Unterzeichnung des Belegs gegen sich gelten lassen müsse.[549] **241**

Da bei Mißbrauch der Kreditkarte und der Fälschung der Unterschrift des Karteninhabers keine wirksame Weisung durch diesen und deshalb auch kein Aufwendungsersatzanspruch gegeben ist, hat der Karteninhaber grundsätzlich nicht das Fälschungsrisiko zu tragen. Dieses Ergebnis, das bereits aus allgemeinen Grund- **242**

---

545 *Martinek/Oechsler*, in: Bankrechtshandbuch I, § 67 Rdnr. 33; vgl. allgemein zur Widerruflichkeit der Weisung MünchKomm.-*Seiler* BGB § 665 Rdnr. 7.
546 So zutreffend BGH 24. 9. 2002, NJW 2002, 3698, 3699; *Ott*, in: FS Musielak, S. 395; *Martinek/Oechsler*, in: Bankrechtshandbuch I, § 67 Rdnr. 35; *Eckert*, WM 1987, 165; *Baumbach/Hopt*, HGB, (7) BankGesch F/37; OLG Schleswig 29. 11. 1990, WM 1991, 453f., 454; *Pütthoff* S. 176; a.A. *Grundmann*, Kartengestützter Zahlungsverkehr, BankR II Rdnr. 421, der den Widerruf erst für ausgeschlossen hält, wenn der Kunde die Abrechnung anerkannt hat.
547 So zutreffend OLG Schleswig 29. 11. 1990, WM 1991, 453, 454; im Ergebnis auch *Eckert*, WM 1987, 165; *Gößmann* § 3 Rdnr. 31.
548 So OLG Karlsruhe 28. 11. 1990, NJW-RR 1991, 237, 238; *Canaris* Rdnr. 1634.
549 So *Meder*, NJW 1994, 2598.

sätzen folgt, ist mittlerweile in Umsetzung der Fernabsatzrichtlinie[550] in §676h BGB ausdrücklich normiert. Diese Vorschrift schließt bei Kartenmißbrauch allerdings nur Aufwendungsersatzansprüche der Kreditkartenunternehmen gegen den Kunden aus; hingegen bleiben Schadensersatzansprüche des Kreditkartenunternehmens gegen den Kunden wegen schuldhafter Verletzung des Kreditkartenvertrags möglich. Die AGB der Kreditkartenunternehmen sehen demgemäß Klauseln vor, wonach der Karteninhaber bei Abhandenkommen der Kreditkarte nicht nur sofort Anzeige zu erstatten, sondern für Schäden wegen Mißbrauchs der Kreditkarte bis zu 50 € einzustehen hat, sofern diese vor Eingang der Verlustanzeige entstehen.[551] Allerdings hat der BGH solche Klauseln, mit denen das Mißbrauchsrisiko ohne Rücksicht auf ein Verschulden des Kunden auf diesen abgewälzt wurde, für unwirksam angesehen.[552]

243   Die Ansprüche des Kreditkartenunternehmens gegen den Karteninhaber werden i.d.R. einmal pro Monat saldiert und dem Karteninhaber in Rechnung gestellt. Die Vereinbarung über die periodische Verrechnung stellt ein Kontokorrentverhältnis i.S.d. §355 HGB dar; ähnlich dem Saldoanerkenntnis beim Girokonto[553] werden die Saldomitteilung und die Saldobilligung, die bei Kreditkarten regelmäßig monatlich erfolgt, als abstraktes Schuldversprechen bzw. Schuldanerkenntnis i.S.d. §§780, 781 BGB angesehen.[554] Klauseln in Vertragsbedingungen der Kreditkartenunternehmen, wonach bei Schweigen des Kunden auf die Saldomitteilung der Rechnungsabschluß als gebilligt anzusehen ist, sind gem. §308 Nr.5 BGB wirksam, soweit dem Karteninhaber eine angemessene Frist zu einer ausdrücklichen Erklärung eingeräumt wurde und er in der Saldomitteilung auf die Rechtsfolge hingewiesen wurde, daß bei Schweigen der Rechnungsabschluß als von ihm genehmigt angesehen wird. Kommt es zu einem Saldoanerkenntnis, werden die Ansprüche des Kreditkartenunternehmens wie beim Girovertrag auf eine neue rechtliche Grundlage gestellt und unterliegen damit auch der regelmäßigen 3-jährigen Verjährung des §195 BGB.[555] Die Bedeutung eines abstrakten Schuldanerkenntnisses sollte jedoch nicht überschätzt werden. Ein solches Anerkenntnis führt im wesentlichen nur zu einer Beweislastumkehr; es kann also kondiziert werden, wenn es oh-

---

550   Genauer: in Umsetzung von Art. 8 der Richtlinie 97/7/EG des Europäischen Parlaments und des Rates v. 20. 5. 1997 über den Verbraucherschutz bei Vertragsabschlüssen im Fernabsatz (ABl. EG Nr. L 144, S. 19).

551   Vgl. etwa Nr. 13 der MasterCard und Visa Card Bedingungen der Postbank.

552   So BGH 23. 4. 1991, BGHZ 114, 238–247, wobei im konkreten Fall allerdings die Vertragsbedingungen des Kreditkartenunternehmens keine Haftungsbegrenzung vorsahen; zustimmend *Martinek/Oechsler*, in: Bankrechtshandbuch I, §67 Rdnr. 42, und zwar insbes., soweit in die pauschale Verantwortung des Karteninhabers auch die Fälle reinen Drittmißbrauchs, also etwa die Fälschung der Unterschrift des Karteninhabers durch einen Dritten, einbezogen werden.

553   Vgl. zu der entsprechenden rechtlichen Beurteilung des Saldoanerkenntnisses beim Girokonto §3 Rdnr. 11 f.

554   So zutreffend *Martinek/Oechsler*, in: Bankrechtshandbuch I, §67 Rdnr. 12.

555   Vgl. etwa BGH 17. 2. 1969, BGHZ 51, 346, 349; vgl. speziell zum Anerkenntnis einer Saldoforderung aus einem Kreditkartenvertrag OLG Oldenburg 21. 12. 1993, WM 1994, 378f.

ne Rechtsgrund abgegeben wurde (vgl. § 812 Abs. 2 BGB), wobei Einwendungen, die dem Anerkennenden bekannt waren, jedoch gem. § 814 BGB ausgeschlossen sind.[556]

Das Schweigen des Karteninhabers auf eine solche Saldomitteilung kann aber auch noch in anderer Hinsicht Bedeutung entfalten. Der Karteninhaber kann sich aus positiver Forderungsverletzung schadensersatzpflichtig machen, wenn er etwa die Ansprüche des Kreditkartenunternehmens nicht rechtzeitig prüft und dieses daher versäumt, sich die Originalbelege von dem Vertragsunternehmen rechtzeitig vor deren Vernichtung zu beschaffen, und deshalb Einwendungen des Karteninhabers gegen die Abrechnung nicht mehr nachgegangen werden kann.[557] **244**

Untersucht man die Rechtsfolgen, die sich an ein Schweigen auf eine Saldomitteilung ergeben, gewinnt jedoch der Umstand eine gewisse Bedeutung, daß Kreditkarten (zumindest auch oder gerade) auf Reisen eingesetzt werden, von denen der Karteninhaber nicht innerhalb der ihm gesetzten Frist für Einwendungen (i.d.R. 4 Wochen ab Erhalt der Kreditkartenabrechnung) zurückkehrt; auch ist denkbar, daß der Karteninhaber kurz vor der Saldomitteilung sich gerade auf Reisen begibt. Daher kann der Karteninhaber u.U. nur unter unverhältnismäßig großem Aufwand seiner Pflicht bzw. Obliegenheit zur sofortigen oder fristgemäßen Prüfung der Belege genügen. Aus diesem Grund muß bei zeitweiliger Abwesenheit des Karteninhabers eine Ausnahme gelten. In diesem Fall kann kein abstraktes Schuldanerkenntnis aufgrund der Fiktion einer Saldobilligung durch den Karteninhaber[558] und noch viel weniger eine positive Forderungsverletzung des Kreditkartenvertrags durch den Karteninhaber angenommen werden; vielmehr genügt der Karteninhaber hier seinen Pflichten bereits dann, wenn er alsbald nach Rückkehr von seiner Reise die Richtigkeit des Rechnungsabschlusses überprüft und gegen diesen Einwendungen geltend macht.[559] **245**

b) Rechtsverhältnis zwischen dem Kreditkartenemittenten und dem Vertragsunternehmen
aa) Rechtliche Qualifikation des Vertrags zwischen Kreditkartenemittent und Vertragsunternehmen

Sehr umstritten ist die Rechtsnatur des Vertrags zwischen dem Kartenemittenten und dem Vertragsunternehmen. Einig ist man sich zwar noch darüber, daß zwischen Kreditkartenemittent und Vertragsunternehmen ein Rahmenvertrag mit Dauerschuldcharakter abgeschlossen wird, der zugleich ein echter Vertrag zugunsten des Karteninhabers darstellt; denn aus diesem Rahmenvertrag folgt das Recht des Kar- **246**

---

556 Vgl. etwa BGH 17. 2. 1969, BGHZ 51, 346, 348.
557 Vgl. BGH 17. 5. 1984, BGHZ 91, 221, 227.
558 So *Martinek/Oechsler*, in: Bankrechtshandluch I, § 67 Rdnr. 13.
559 So BGH 17. 5. 1984, BGHZ 91, 221, 228; vgl. im US-amerikanischen Recht auch 15 USC § 1693 g (a) (2), wonach der Karteninhaber nicht haftet, wenn er in Anbetracht der Umstände innerhalb einer angemessenen Zeit („within a reasonable time under the circumstances") Einwendungen geltend macht.

teninhabers, statt mit Bargeld bargeldlos mit Kreditkarte zu bezahlen.[560] Damit hört aber die Einigkeit bereits auf. Rechtlich wird nämlich der Vertrag zwischen Kartenemittent und Vertragsunternehmen teils als Garantievertrag[561], teils als abstraktes Schuldversprechen gem. § 780 BGB[562] oder – sehr anders – als Forderungskauf durch das Kreditkartenunternehmen und Abtretung der Forderung des Vertragsunternehmens gegen den Karteninhaber an den Kartenemittenten qualifiziert.[563]

247   Die rechtliche Einordnung des Vertrags zwischen Kartenemittent und Vertragsunternehmen steht im Zusammenhang mit der Frage, was das Kreditkartenunternehmen schuldet bzw. welche Risiken es trägt. Der Wortlaut der AGB der Kreditkartengesellschaften (bzw. Acquirer) gegenüber den Vertragsunternehmen spricht meist von Forderungskauf und -abtretung.[564] Geht man daher mit der früheren Rspr. des BGH[565] und einem Teil der Literatur[566] von einem Forderungskauf aus, so lag das Risiko für das Bestehen der Forderung (Veritätshaftung) nach altem Schuldrecht grds. bei dem Vertragsunternehmen (vgl. § 437 a.F. BGB). Zwar wurde teilweise angenommen, die Haftung für das Bestehen der Forderungen werde (wirksam) durch die Bedingungen des Kreditkartenunternehmens abbedungen.[567] Die frühere Rspr., die ebenfalls einen Forderungskauf annahm, sah dies aber anders: Danach bedeutete der in den AGB (zwischen Kreditkartenunternehmen und Vertragsunternehmen) vereinbarte Erstattungsanspruch der Kreditkarten- gegen die Vertragsunternehmen bei Nichtzahlung des Karteninhabers[568] die Haftung der Vertragsunternehmen für das Bestehen der Forderung.[569] Nach dieser Ansicht trägt im Verhältnis zum Kreditkartenunternehmen das Vertragsunternehmen konsequenterweise auch das Mißbrauchs- und Fälschungsrisiko bei Verwendung der Kreditkarten, wobei allerdings Zweifel an dem Bestehen eines Anspruchs des Vertragsunternehmens gegen den Karteninhaber zu Lasten des Kreditkartenunternehmens gehen sollen.[570]

---

560   So etwa *Kümpel* Rdnr. 4.1035; *Hadding*, in: FS Pleyer, S. 26; *Martinek/Oechsler*, in: Bankrechtshandbuch I, § 67 Rdnr. 58.
561   So *Kümpel* Rdnr. 4.1042–4.1047; *Schönle* § 29 I 2 a (S. 344f.); *Zahrnt*, NJW 1972, 1079.
562   So mittlerweile auch BGH 16.4.2002, NJW 2002, 2234, 2236; *Martinek/Oechsler*, in: Bankrechtshandbuch I, § 67 Rdnr. 66.
563   So noch BGH 2.5.1990, NJW 1990, 2880, 2881; *Schwintowski/Schäfer* § 13 Rdnr. 30; *Eckert*, WM 1987, 162; *Reinfeld*, WM 1994, 1506.
564   Vgl. etwa Nr. 3 der Allgemeinen Bedingungen für Vertragspartner von American Express International, Inc.; Nr. 4.6 der AGB der B + S Card Service GmbH zur Akzeptanz von Debit- und Kreditkarten.
565   BGH 2.5.1990, NJW 1990, 2880, 2881.
566   *Eckert*, WM 1987, 162; *Reinfeld*, WM 1994, 1506; *Grundmann*, Kartengestützter Zahlungsverkehr, BankR II Rdnr. 384; so wohl auch *Gößmann* § 3 Rdnr. 70, 73.
567   So etwa *Eckert*, WM 1987, 163; *Schönle*, § 29 I 2 a (S. 344).
568   Vgl. Nr. 8.4 der Besonderen Bedingungen der EUROCARD/MasterCard/Visa Card-Akzeptanz der Postbank; Nr. 13.4 der AGB der B + S Card Service GmbH zur Akzeptanz von Debit- und Kreditkarten.
569   So etwa BGH 2.5.1990, NJW 1990, 2880, 2881.
570   So jedenfalls OLG Frankfurt a.M. 10.1.1996, WM 1997, 868, 870.

Allerdings hat sich die Rechtslage nach dem neuen Schuldrecht geändert. Besteht **248** die Forderung nicht, trifft den Forderungsverkäufer danach grds. nur eine Verschuldenshaftung gem. §§ 453, 433 Abs. 1 S. 2, 311 a BGB, sofern er nicht die Garantie für das Bestehen der Forderung übernommen hat. Im Rahmen der grds. gegebenen Verschuldenshaftung des Forderungsverkäufers hat allerdings der Schuldner (hier also das Vertragsunternehmen) zu beweisen, daß er das Nichtbestehen der Forderung weder kannte noch kennen konnte (§ 311 a Abs. 2 S. 2 BGB). Angesichts der Änderung der Rechtslage wird die rechtliche Einordnung des Vertrags zwischen dem Kreditkarten- und Vertragsunternehmen daher nicht mehr maßgeblich durch die Frage bestimmt, ob die Veritätshaftung des Vertragsunternehmens den vertraglichen Vereinbarungen und den jeweiligen Parteiinteressen entspricht.[571]

Die h.M. in der Lit., aber auch der BGH in mittlerweile st. Rspr., lehnen die Kon- **249** struktion eines Forderungskaufs bzw. -abtretung ab und qualifizieren den Vertrag zwischen Kreditkarten- und Vertragsunternehmen – und zwar unabhängig von dessen Wortlaut – aufgrund des wirtschaftlich Gewollten als Garantievertrag oder abstraktes Schuldversprechen. Einig ist sich diese h.M. in der Auffassung, nach den AGB des Kreditkartenunternehmens solle das Zahlungsversprechen im Grundsatz unabhängig von den sonstigen Vertragsbeziehungen, insbesondere auch dem Valutaverhältnis zwischen Kunde und Vertragsunternehmen sein. Die Konstruktionen sind aber unterschiedlich:

Teilweise wird von der Literatur angenommen, das Kreditkartenunternehmen **250** wolle für die Zahlung bei Vorlegung ordnungsgemäßer Belege nach Art einer Garantie auf erstes Anfordern ohne materielle Prüfung einstehen.[572] Nach den vertraglichen Vereinbarungen soll das Kreditkartenunternehmen jedoch primär zur Zahlung verpflichtet sein und nicht – wie dies regelmäßig beim Garantievertrag der Fall ist – lediglich eine Ausfallhaftung übernehmen. Genau aus diesem Grund – d.h. primäre Zahlungsverpflichtung des Kreditkartenunternehmens – ordnet die wohl h.M. das Zahlungsversprechen zu Recht als ein abstraktes Schuldversprechen ein (§ 780 BGB).[573]

Gegen die rechtliche Einordnung des Vertrags zwischen Kreditkarten- und Vertragsunternehmen als Forderungskauf und -abtretung spricht m.E. auch folgende Überlegung: Wird das Kreditkartenunternehmen insolvent, bevor es an das Vertragsunternehmen gezahlt hat, so hätte das Vertragsunternehmen im Fall einer Forderungsabtretung selbst keinen Anspruch mehr gegen den Karteninhaber, sondern

---

571 Hierauf weist auch *Martinek*, in: FS Hadding, S. 985 zu Recht hin.
572 So insbes. *Schönle* § 29 I 2 a (S. 345); *Heymann/Horn*, HGB, Anh. III zu § 372 Rdnr. 144; *Zahrnt*, NJW 1972, 1079.
573 Mittlerweile ist dies st. Rspr., vgl. BGH 12.7. 2005, WM 2005, 1601, 1602; BGH 16.3. 2004, WM 2004, 1130, 1131; BGH 13.1. 2004, WM 2004, 426, 427f.; BGH 16.4. 2002, NJW 2002, 2234, 2236; vgl. zur rechtlichen Einordnung als abstraktes Schuldversprechen ausführlich *Einsele*, WM 1999, 1805–1807; *Martinek/Oechsler*, in: Bankrechtshandbuch I, § 67 Rdnr. 66; *Hammann* S. 59; *Hadding*, in: FS Pleyer, S. 31–33; *Canaris* Rdnr. 1626; unter Verkennung des berechtigten Sicherungsinteresses des Vertragsunternehmens nach Vorleistung weder für Garantievertrag noch für abstraktes Schuldversprechen *Ott*, in: FS Musielak, S. 390.

lediglich eine gewöhnliche Insolvenzforderung gegen das Kreditkartenunternehmen. Das Kreditkartenunternehmen bzw. dessen Insolvenzverwalter könnte diese Forderung aber gegenüber dem Karteninhaber geltend machen, ohne selbst (mangels Zahlung) Aufwendungen getätigt zu haben. Hierdurch würde jedoch die Rechtsposition des Vertragsunternehmens gegenüber der des Empfängers von Bargeld erheblich verschlechtert und somit die Bargeldersatzfunktion der Kreditkartenzahlung in Frage gestellt. Bereits deshalb liegt in der rechtlichen Ausgestaltung des Vertrags zwischen Kreditkarten- und Vertragsunternehmen als Forderungskauf und -abtretung eine unangemessene Benachteiligung des Vertragsunternehmens i.S.d. § 307 BGB. M.E. eines der stärksten Argumente gegen die rechtliche Einordnung dieses Vertragsverhältnisses als Forderungskauf ist aber die kollisionsrechtliche Problematik, die sich bei solchen Forderungen stellt, die ausländischem Recht unterliegen (vgl. unten Rdnr. 274f.).

251   Die rechtliche Qualifikation des Vertrags zwischen dem Kreditkarten- und dem Vertragsunternehmen hatte früher auch Relevanz für die Frage, ob das Kreditkartenunternehmen ein nach § 1 Abs. 1 S. 2 Nr. 8 KWG erlaubnispflichtiges Bankgeschäft betreibt. Da nämlich in dieser Vorschrift die Übernahme von Bürgschaften, Garantien und sonstigen Gewährleistungen für andere als Bankgeschäft aufgeführt ist, konnte früher namentlich bei rechtlicher Qualifikation des Vertrags zwischen Kreditkarten- und Vertragsunternehmen als Garantie, aber auch bei Einordnung dieses Vertrags als abstraktes Schuldversprechen gut vertreten werden, hierbei handle es sich um ein erlaubnispflichtiges Bankgeschäft.[574] Mittlerweile ist jedoch gem. § 1 Abs. 1 a S. 2 Nr. 8 KWG klargestellt, daß die Ausgabe und Verwaltung von Kreditkarten die betreffenden Unternehmen nur zu Finanzdienstleistungsinstituten, nicht aber zu Kreditinstituten macht.[575]

bb) Mißbrauchsrisiko beim Einsatz von Kreditkarten

252   Hingegen ist die Verteilung des Mißbrauchsrisikos beim Einsatz von Kreditkarten nicht zwangsläufig abhängig von der rechtlichen Einordnung des Vertrags zwischen Kreditkarten- und Vertragsunternehmen, also der Qualifikation des Vertrags als abstraktes Schuldversprechen (bzw. Garantievertrag) oder aber als Forderungskauf und -abtretung. Zwar entfällt auch auf der Grundlage des heutigen Schuldrechts der Anspruch des Forderungsverkäufers auf Zahlung des Kaufpreises, wenn die Forderung nicht besteht (vgl. § 326 Abs. 1 BGB).[576] Da aber auch im Fall eines Mißbrauchs der Kreditkarte typischerweise ein wirksamer Kaufvertrag mit dem nichtberechtigten Karteninhaber zustande kommt, könnte das Kreditkartenunternehmen event. diese Forderung ankaufen. Daher stellt sich hier wie auch bei rechtlicher Einordnung des Vertrags zwischen Kreditkarten- und Vertragsun-

---

574 Hierzu *Martinek*, Moderne Vertragstypen, S. 98f., 103.
575 Hierauf weist auch *Kümpel* Rdnr. 4.1058 Fn. 2 zutreffend hin.
576 Zur Anwendbarkeit des § 326 Abs. 1 BGB auch im Fall einer von Anfang an unmöglichen Leistung statt vieler MünchKomm.-*Ernst* BGB § 326 Rdnr. 5.

ternehmen als abstraktes Schuldanerkenntnis die Frage, ob der Kartenemittent zur Zahlung bereits dann verpflichtet ist, wenn formal ordnungsgemäße Belastungsbelege vorgelegt bzw. die richtigen Kreditkartennummern angegeben werden oder ob eine Leistungspflicht des Kartenemittenten nur bei Kreditkartengebrauch durch den Berechtigten besteht. Dies ist zunächst von den Bedingungen zwischen dem Kreditkarten- und dem Vertragsunternehmen abhängig. Die Vertragsbedingungen sehen nun aber häufig[577] vor, daß formal ordnungsgemäße Belege des Karteninhabers die Zahlung auslösen; da der Begriff des Inhabers aber sowohl den unrechtmäßigen Besitzer als auch den Berechtigten der Karte meinen kann (vgl. etwa auch die Vorschrift des § 808 Abs. 1 BGB), ist die Frage, wann die Zahlungspflicht des Kartenunternehmens eintritt, aufgrund der Vertragsbedingungen zwischen dem Kreditkartenunternehmen und dem Vertragsunternehmen nicht eindeutig entscheidbar.[578]

Richtig dürfte sein, in einem solchen Fall die AGB gem. § 305 c Abs. 2 BGB zu Lasten des Verwenders, also des Kreditkartenunternehmens auszulegen. Überdies ist folgendes zu bedenken: Aufgrund der Verpflichtung zur Kartenakzeptanz hat das Vertragsunternehmen unter Verzicht auf sein Zurückbehaltungsrecht gem. § 320 BGB vorzuleisten. Daher muß der Anspruch, den das Vertragsunternehmen gegen das Kreditkartenunternehmen anstelle der Barzahlung erwirbt, dieser wirtschaftlich gleichwertig sein. Auch sollte das Mißbrauchsrisiko von derjenigen Stelle getragen werden, die dieses Risiko noch am ehesten steuern kann und der das Kreditkartengeschäft die meisten Vorteile bietet: dies sind aber die Kreditkartenunternehmen. Aus diesen Gründen vertritt mittlerweile auch der BGH in st. Rspr. die Auffassung, es stelle eine unangemessene Benachteiligung des Vertragsunternehmens dar, wenn diesem das volle Risiko des Mißbrauchs auch für den Fall übertragen werde, daß es den Mißbrauch weder erkennen noch verhindern konnte und daher nicht schuldhaft gehandelt hat (§ 9 Abs. 1, Abs. 2 Nr. 2 AGBG a. F., heute § 307 Abs. 1 Nr. 2 BGB). Dies soll unabhängig davon gelten, ob der Kartenmißbrauch unter Vorlage der Karte oder im Telephone- oder Mailorderverfahren erfolgte.[579] Allerdings müssen gerade auch im Mailorder / Telephone-Order-Verfahren die in den Akzeptanzbedingungen aufgeführten Voraussetzungen der Zahlungszusage der Kreditkarten- bzw. Acquring-Unternehmen vorliegen, wie etwa Erstellung eines ordnungsgemäßen Leistungsbelegs durch das Vertragsunternehmen, Autorisierung durch das Kreditkarten- bzw. Acquiring-Unternehmen, Gesamtsumme von Bestellungen derselben Person nur bis zu einem bestimmten Geldbetrag, i. d. R. Identität der angegebenen Adresse des Bestellers und der Lieferadresse, usw.

577 Vgl. etwa Nr. 4.1 der AGB der B + S Card Service GmbH zur Akzeptanz von Debit- und Kreditkarten; Nr. 7 (1) der Allgemeinen Bedingungen für Vertragspartner von American Express International, Inc.

578 a. A. aber offenbar *Taupitz* S. 115; *Martinek*, in: FS Hadding, S. 987.

579 BGH 12. 7. 2005, WM 2005, 1601, 1602; BGH 16. 3. 2004, WM 2004, 1130, 1131; BGH 13. 1. 2004, WM 2004, 426, 428 f.; BGH 16. 4. 2002, NJW 2002, 2234, 2237 = WM 2002, 1120 = BGHZ 150, 286; *Taupitz* S. 119.

Ansonsten ist das Kreditkarten- bzw. Acquiring-Unternehmen nicht zur Zahlung verpflichtet und kann eine bereits erfolgte Zahlung gem. §812 Abs.1 S.1 Alt. 1 BGB zurückfordern.[580]

254   Sofern jedoch das Kreditkarten- bzw. Acquiring-Unternehmen Verdachtsmomente auf Mißbrauch der Kreditkarte nicht aufdeckt, kann es wegen Verletzung der Sorgfalts- und Kontrollpflichten aus dem Akzeptanzvertrag mit dem Vertragsunternehmen diesem gegenüber schadensersatzpflichtig werden (§280 Abs.1 BGB); so etwa, wenn das Kreditkarten- bzw. Acquiring-Unternehmen bei ordnungsgemäßer Organisation des Kreditkartengeschäfts dem Vertragsunternehmen hätte mitteilen können, daß Besteller und Karteninhaber nicht namensidentisch sind, bevor das Vertragsunternehmen die bestellte Ware lieferte. Dieser Schadensersatzanspruch des Vertragsunternehmens kann andererseits aber wegen dessen Mitverschulden gem. §254 Abs.1 BGB gemindert sein (z.b. leichtfertige Akzeptanz der Kreditkarte im Mailorderverfahren trotz bestehender Verdachtsmomente).[581]

255   Dennoch: Vorbehaltlich einer Haftung des Karteninhabers für den von ihm verschuldeten Mißbrauch seiner Kreditkarte gem. §280 Abs.1 BGB und vorbehaltlich einer Haftung des Vertragsunternehmens wegen sorgfaltswidriger Akzeptanz der Kreditkarte weist die wohl h.M. das Mißbrauchsrisiko auch bei Distanzgeschäften zu Recht dem Kreditkartenunternehmen zu.[582]

cc) Einwendungen des Kreditkartenemittenten gegen den Zahlungsanspruch des Vertragsunternehmens unter Berücksichtigung der Einwendungen des Karteninhabers gegen das Vertragsunternehmen

256   Rechtsvergleichend und internationalprivatrechtlich interessant ist insbesondere die Frage, welche Einwendungen[583] das Kreditkartenunternehmen dem Vertragsunternehmen entgegenhalten kann; deshalb soll diese Frage auch für das deutsche Recht etwas detaillierter behandelt werden. Da das abstrakte Schuldversprechen grundsätzlich unabhängig von den zugrunde liegenden Rechtsbeziehungen ist, können dem Vertragsunternehmen i.d.R. nur solche Einwendungen entgegenge-

---

580   BGH 12.7.2005, WM 2005, 1601, 1602f.; BGH 16.3.2004, WM 2004, 1130, 1131f.; BGH 13.1.2004, WM 2004, 426, 429.
581   Vgl. BGH 12.7.2005, WM 2005, 1601, 1603f.; BGH 16.3.2004, WM 2004, 1130, 1132; BGH 13.1.2004, WM 2004, 426, 429f.; dieser Risikoverteilung zustimmend *Jungmann*, WM 2005, 1355f.
582   Vgl. BGH 12.7.2005, WM 2005, 1601, 1602; BGH 16.3.2004, WM 2004, 1130, 1131; BGH 13.1.2004, WM 2004, 426, 428f.; BGH 16.4.2002, NJW 2002, 2234, 2237 = WM 2002, 1120 = BGHZ 150, 286; *Beck* S.27; *Hadding*, in: FS Pleyer, S.38; im Grundsatz auch *Grundmann*, Kartengestützter Zahlungsverkehr, BankR II Rdnr.391; a.A. aber offenbar *Hammann* S.184 und die frühere BGH-Rspr., vgl. etwa BGH 2.5.1990, NJW 1990, 2880–2882, 2881; kritisch zu der neuen BGH-Rspr. auch *Langenbucher*, BKR 2002, 122; *Meder*, WM 2002, 1994–1998.
583   Hierbei soll es zunächst um solche Einwendungen gehen, die nicht das Risiko der mißbräuchlichen Verwendung der Kreditkarte betreffen; vgl. zu den verschiedenen Einwendungen auch *Grundmann*, Kartengestützter Zahlungsverkehr, BankR II Rdnr.386–397.

halten werden, die aus der Rechtsbeziehung zwischen dem Kreditkartenemittenten und dem Vertragsunternehmen resultieren. Ob die Ungültigkeit des Rahmenvertrags zwischen Kreditkartenemittent und Vertragsunternehmen gem. § 139 BGB auch das abstrakte Schuldversprechen des Kreditkartenausgebers erfaßt und unwirksam sein läßt[584], ist jedoch infolge der Abstraktheit des Schuldanerkenntnisses mehr als zweifelhaft.[585] Abgesehen von diesem Sonderfall sind – sofern die Voraussetzungen der Zahlungspflicht des Kreditkartenemittenten (wie etwa formal ordnungsgemäße Belege) gegeben sind – Einwendungen des Kreditkartenunternehmens gegen die Zahlungsforderung des Vertragsunternehmens, insbes. Einwendungen aus dem Valutaverhältnis zwischen Karteninhaber und Vertragsunternehmen sowie Einwendungen aus dem Deckungsverhältnis zwischen Kreditkartengesellschaft und Karteninhaber grds. nicht zulässig.

Nach den Vertragsbedingungen zwischen dem Kreditkartenunternehmen und   257
dem Karteninhaber berühren insbesondere auch Reklamationen und Beanstandungen aus dem Vertrag zwischen Karteninhaber und Vertragsunternehmen nicht die Zahlungsverpflichtung des Karteninhabers gegenüber dem Kreditkartenunternehmen.[586] Da der Karteninhaber dem Zahlungsanspruch des Kreditkartenunternehmens daher grds. keine Einwendungen aus dem Valutaverhältnis entgegenhalten kann, kann das Kartenunternehmen den gem. § 780 BGB an das Vertragsunternehmen gezahlten Betrag von dem Kunden als Aufwendung gemäß § 670 BGB ersetzt verlangen. Daher hat das Kreditkartenunternehmen auch kein (wirtschaftliches) Interesse an der Geltendmachung von Einwendungen aus dem Valutaverhältnis zwischen Karteninhaber und Vertragsunternehmen. Zwar berechtigen die Vertragsbedingungen zwischen Vertrags- und Kreditkartenunternehmen dieses zur Rückbelastung bereits gutgeschriebener Beträge, wenn der Karteninhaber sich weigert, diese Beträge zu bezahlen. Jedoch ist der Karteninhaber zu einer solchen Weigerung mit Hinweis auf Mängel im Valutaverhältnis gerade nicht berechtigt.[587] Der Karteninhaber kann sich nämlich gegen die Inanspruchnahme durch das Kreditkartenunternehmen nur im Ausnahmefall erfolgreich zur Wehr setzen: wie oben (Rdnr. 239f.) ausgeführt, kommt auch ein Widerruf der Weisung des Karteninhabers nach Unterschrift auf den Belegen – und zwar bereits vor Zahlung des Kreditkartenunternehmens – grundsätzlich nicht in Betracht.

Geht man jedoch – zumindest je nach Vertragsgestaltung – von einem Forde   258
rungskauf des Kreditkartenunternehmens und Abtretung der Forderung des Vertragsunternehmens gegen den Karteninhaber an das Kreditkartenunternehmen aus, so müßte der Kunde gem. § 404 BGB die Einwendungen, die gegen das Vertragsunternehmen bestehen, auch gegenüber dem Kreditkartenemittenten geltend machen können. Zumindest soweit es um den Aufwendungsersatzanspruch des Kreditkar-

---

584   So *Hammann* S. 198.
585   So wohl auch *Martinek/Oechsler*, in: Bankrechtshandbuch I, § 67 Rdnr. 74.
586   Vgl. etwa Nr. 13 der MasterCard und Visa Card Bedingungen der Postbank; Nr. 9 der Mitgliedschaftsbedingungen von American Express.
587   So zutreffend *Hammann* S. 174.

tenunternehmens gegen den Karteninhaber geht, greift jedoch grds. der in den Kundenbedingungen für Kreditkarten enthaltene Einwendungsausschluß ein, wonach Beanstandungen und Reklamationen im Valutaverhältnis dem Anspruch des Kreditkartenunternehmens nicht entgegengehalten werden können. Dieser Einwendungsausschluß wird auch unter dem Gesichtspunkt der Inhaltskontrolle von AGB jedenfalls grds. für wirksam erachtet, da der Karteninhaber seiner (Gewährleistungs-)Rechte aus dem Valutaverhältnis nicht verlustig geht, sondern diese immer noch gegenüber dem Vertragsunternehmen geltend machen kann.[588] Zudem wird angeführt, der Karteninhaber trage trotz des Einwendungsausschlusses kein größeres Risiko als bei Barzahlung.[589] Aus diesen Gründen ist in der Tat generell davon auszugehen, daß der Karteninhaber grds. keine Einwendungen aus dem Valutaverhältnis erheben kann. Dies sollte unabhängig von der rechtlichen Einordnung des Vertrags zwischen Kreditkarten- und Vertragsunternehmen gelten.

259   Fraglich ist jedoch, ob nicht wenigstens ausnahmsweise Einwendungen aus dem Valutaverhältnis von dem Kreditkartenunternehmen gegenüber dem Vertragsunternehmen geltend gemacht werden können. Dies wird teilweise – gestützt auf § 242 BGB – für den Fall bejaht, daß die Inanspruchnahme des Karteninhabers rechtsmißbräuchlich wäre und der Kartenemittent dies auch liquide und zweifelsfrei beweisen kann.[590] Gedacht ist dabei an Fälle der Gesetz- oder Sittenwidrigkeit der Verträge im Valutaverhältnis; so hielt die Rspr. etwa ein abstraktes Schuldanerkenntnis einer exorbitant hohen Zechschuld in einem Nachtlokal (im konkreten Fall waren es fast 80.000 DM) mit dem Hinweis auf die ansonsten zugunsten des Nachtclubbesitzers eintretende Beweislastumkehr für sittenwidrig.[591] Diese Wertung muß aber richtigerweise auch für die Verpflichtung des Kreditkartenunternehmens gelten, das nach h.M. ebenfalls ein abstraktes Schuldanerkenntnis abgibt. Generell gesprochen handelt es sich bei dieser Problematik um eine Frage der sach- und interessengerechten Auslegung der Verträge zwischen Kreditkarten- und Vertragsunternehmen sowie der genauen Bestimmung des Leistungsinhalts und der Leistungspflicht des Kreditkartenunternehmens. So sollen – ausnahmsweise – bei besonders schwerwiegenden Mängeln im Valutaverhältnis (wie etwa §§ 134, 138 BGB) die Wirkungen der Nichtigkeit des Vertrags wie auch die Beweislast nicht durch die Einschaltung des Kreditkartenunternehmens verlagert werden können.

260   Dies ändert jedoch nichts an der Feststellung, daß grds. formell ordnungsgemäße Belastungsbelege (und die zumeist daneben geforderte Autorisierung) genügen, um die Zahlungspflicht des Kreditkartenunternehmens zur Entstehung zu bringen. Das Vertragsunternehmen soll insbesondere nicht die Beweislast für sämtliche Voraussetzungen seines Anspruchs gegen den Karteninhaber respektive das Kreditkarten-

---

588 So etwa *Eckert*, WM 1987, 163; *Taupitz* S. 67; *Heymann/Horn, HGB*, Anh. III zu § 372 Rdnr. 151.
589 *Canaris* Rdnr. 1632; *Heymann/Horn*, HGB, Anh. III zu § 372 Rdnr. 151; *Taupitz* S. 67.
590 So im Grundsatz auch BGH 24. 9. 2002, NJW 2002, 3698, 3699; *Martinek/Oechsler*, in Bankrechtshandbuch I, § 67 Rdnr. 74; *Kümpel* Rdnr. 4.1032.
591 BGH 15. 1. 1987, WM 1987, 692f.

unternehmen tragen, da für das Vertragsunternehmen ansonsten die Bargeldersatzfunktion der Zahlungsverpflichtung des Kreditkartenunternehmens entfiele.

Enthält der Vertrag zwischen Kreditkarten- und Vertragsunternehmen eine **261**
Rückforderungsklausel im Fall der Nichtleistung des Kunden bei Beanstandungen[592], kann diese Klausel in Anbetracht der Bargeldersatzfunktion des Kreditkartengeschäfts daher nicht im Sinn einer uneingeschränkten Rückforderungsmög-
lichkeit bei allen Beanstandungen des Kunden ausgelegt werden, zumal dieser nach
den Kundenbedingungen zur Geltendmachung der Einwendungen aus dem Valutaverhältnis gegenüber dem Kreditkartenunternehmen grds. gerade nicht berechtigt ist. Diese Rückforderungsklauseln, die – sofern ihre Voraussetzungen vorliegen – vor Leistung des Kreditkartenunternehmens eine Einrede begründen (§ 821
BGB), sind mithin einschränkend auszulegen. Sofern die Inanspruchnahme des
Karteninhabers (im Valutaverhältnis) rechtsmißbräuchlich wäre und dies liquide
beweisbar ist oder die weitgehend lediglich formalen Voraussetzungen der Zahlungspflicht des Kreditkartenunternehmens nicht erfüllt wurden, sind die Rückforderungsklauseln (sowie ein Leistungsverweigerungsrecht vor Zahlung gem.
§ 821 BGB) als wirksam anzusehen. Dies gilt auch, wenn bereits die Weisung des
Karteninhabers an das Kreditkartenunternehmen unwirksam ist, wie dies bei Geschäftsunfähigkeit des Karteninhabers der Fall ist, und dem Kreditkartenunternehmen daher kein (Aufwendungsersatz-) Anspruch gegen den Karteninhaber zusteht.[593] Ansonsten aber verstoßen generelle Rückforderungsklauseln im Fall einer
gegenüber dem Kreditkartenunternehmen unberechtigten Zahlungsverweigerung
des Karteninhabers gegen § 307 BGB.[594]

Nicht verschwiegen sei aber, daß zumindest früher ein Teil der Rspr. in weit grö- **262**
ßerem Umfang Einwendungen des Kartenemittenten gegen den Zahlungsanspruch des Vertragsunternehmens zuließ. So hat das LG Heidelberg in einer vielzi-
tierten und umstrittenen Entscheidung einer Klage eines Kreditkarten- gegen ein
Vertragsunternehmen auf Rückzahlung des gezahlten Kaufpreises in einem Fall
stattgegeben, in dem die Karteninhaberin (eine US-Staatsangehörige) einen Teppich in Heidelberg gekauft hatte, die Zahlung gegenüber dem Kreditkartenunter-

---

592 Vgl. Nr. 8.4 der Besonderen Bedingungen der EUROCARD/MasterCard/Visa Card-
Akzeptanz der Postbank; Nr. 13.4 der AGB der B + S Card Service GmbH zur Akzeptanz von
Debit- und Kreditkarten.
593 BGH 2. 5. 1990, WM 1990, 1059, 1060f., wobei der BGH die Rückforderungsklauseln allerdings als Form der Veritätshaftung (vgl. § 437 a.F. BGB) interpretierte. Dies war aber zur Erreichung des Ergebnisses nicht erforderlich; vielmehr hätte man den Anspruch des Kartenemittenten auf Rückzahlung auch mit einem wegen Geschäftsunfähigkeit des Karteninhabers
rechtsgrundlos abgegebenen abstrakten Schuldanerkenntnis begründen können (so zutreffend
Martinek, in: FS Hadding, S. 975f.).
594 Ähnlich *Martinek/Oechsler*, in Bankrechtshandbuch I, § 67 Rdnr. 74: Rückforderungsrecht dann, wenn kein Aufwendungsersatzanspruch bestünde, was allerdings nur insoweit der
Fall sein kann, als das Kreditkartenunternehmen dazu berechtigt ist, diese Einwendungen dem
Vertragsunternehmen entgegenzusetzen; ähnlich, wenn auch weniger weitgehend Einwendungen zulassend: *Hammann* S. 105–116; *Pütthoff* S. 162f.; weitergehend den Einwand des Rechtsmißbrauchs bei nicht liquider Beweisbarkeit zulassend *Canaris* Rdnr. 1635.

nehmen jedoch mit der Begründung verweigert hatte, ihr sei ein anderer als der gekaufte Teppich geliefert worden.[595] Auch hier wurde die Rückforderungsklausel, deren Voraussetzungen nach ihrem Wortlaut bereits bei jeder Zahlungsverweigerung des Karteninhabers (sei sie berechtigt oder unberechtigt) gegeben waren, mit der Begründung aufrecht erhalten, die hiermit verbundenen Nachteile würden durch die erheblichen Vorteile kompensiert, die das Kreditkartensystem auch für die Vertragsunternehmen mit sich bringe. Diese Entscheidung dürfte jedoch mit der neueren Rspr. des BGH nicht mehr vereinbar sein: so vertritt der BGH mittlerweile die Auffassung, Kreditkartenunternehmen seien nur dann nicht zur Zahlung verpflichtet, wenn sie von den Vertragsunternehmen entgegen Treu und Glauben rechtsmißbräuchlich in Anspruch genommen werden würden.[596]

263   Auch steht dem Karteninhaber gegenüber dem Kartenemittenten nicht die Möglichkeit des Einwendungsdurchgriffs zu (vgl. §359 BGB), da der Kaufvertrag zwischen Vertragsunternehmen und Karteninhaber und der Vertrag zwischen Kreditkartenunternehmen und Karteninhaber keine wirtschaftliche Einheit bilden. Der Sache nach handelt es sich nämlich bei dem Kreditkartengeschäft gerade nicht um die Finanzierung des Kaufvertrags zwischen Karteninhaber und Vertragsunternehmen durch das Kreditkartenunternehmen, sondern um eine Form der bargeldlosen Zahlung, bei der es zwar aus technischen Gründen zu einer kurzzeitigen Kreditierung kommt, dennoch aber i.d.R. kein Darlehensvertrag zwischen Kartenemittent und Karteninhaber besteht. Überdies existiert beim Kreditkartengeschäft auch nicht die notwendige wirtschaftliche Einheit zwischen dem Vertrag, den der Karteninhaber mit dem Vertragsunternehmen abgeschlossen hat, und dem Vertrag zwischen Kreditkartenemittent und Karteninhaber (vgl. §358 Abs. 3 BGB). Denn das Kreditkartenunternehmen bedient sich bei Abschluß des Kreditkarten-Emissionsvertrags mit dem Karteninhaber nicht der Mitwirkung des Vertragsunternehmens.[597] Da somit keine wirtschaftliche Einheit der betreffenden Geschäfte besteht, kommt ein Einwendungsdurchgriff selbst dann nicht in Betracht, wenn zwischen Kreditkartenunternehmen und Karteninhaber eine Vereinbarung getroffen wurde, wonach die auf dem Kundenkonto erfolgten Belastungen in Raten abgezahlt werden sollen und demgemäß eine Kreditierung vorliegt.[598]

---

595 LG Heidelberg 15.12. 1987, WM 1988, 773f.; kritisch hierzu *Martinek*, in: FS Hadding, S. 978f., der zu Recht darauf hinweist, dieser Sachverhalt hätte Anlaß dazu gegeben, sich mit der Problematik des Mißbrauchs durch den Karteninhaber selbst auseinander zu setzen.
596 BGH 16.4. 2002, NJW 2002, 2234, 2237f.; vgl. auch BGH 24.9. 2002, NJW 2002, 3698, 3699; auch *Gößmann* §3 Rdnr. 78 scheint diese BGH-Rspr. in diesem Sinne zu verstehen.
597 So auch *Martinek/Oechsler*, in: Bankrechtshandbuch I, §67 Rdnr. 36; *Canaris* Rdnr. 1633.
598 *Martinek/Oechsler*, in: Bankrechtshandbuch I, §67 Rdnr. 51; *Hammann* S. 126f.; für die Universalkreditkarte wohl auch *Schwintowski/Schäfer* §13 Rdnr. 75, anders aber für Kundenkreditkarten, Rdnr. 76.

3. Rechtsprobleme bei grenzüberschreitenden Rechtsbeziehungen im Kreditkartensystem

a) Rechtsbeziehung zwischen ausländischem Vertragsunternehmen und Kreditkarteninhaber

Kauft der Karteninhaber eine Sache im Ausland ein oder nimmt er im Ausland eine Dienstleistung in Anspruch, so erbringt der ausländische Vertragspartner die vertragscharakteristische Leistung. Sofern die Parteien nicht eine im Bereich des Schuldvertragsrechts zulässige Rechtswahlvereinbarung treffen (Art. 27 Abs. 1 EGBGB), unterliegt daher der Vertrag gem. Art. 28 Abs. 2 EGBGB dem Recht der Niederlassung des Vertragsunternehmens, von der aus das Vertragsunternehmen die Leistung erbringt (also aus der Sicht des Karteninhabers ausländischem Recht). Dies gilt im übrigen nicht nur nach deutschem internationalem Privatrecht, sondern für alle Vertragsstaaten des römischen EWG-Übereinkommens über das auf vertragliche Schuldverhältnisse anzuwendende Recht vom 19. Juni 1980. 264

Nur ausnahmsweise dürfte das Wiener UN-Übereinkommen über Verträge über den internationalen Warenkauf vom 11. 4. 1980[599] zur Anwendung gelangen. Denn Dienstleistungen werden von dem Wiener UN-Übereinkommen sowieso nicht erfaßt[600], aber auch auf Kaufverträge dürfte das Übereinkommen grundsätzlich schon deshalb keine Anwendung finden, weil der Karteninhaber die Ware i.d.R. für den persönlichen Gebrauch oder den Gebrauch in der Familie oder im Haushalt kaufen wird.[601] Auch findet die Tatsache, daß die Vertragsparteien ihre Niederlassung bzw. ihren gewöhnlichen Aufenthalt[602] in verschiedenen Staaten haben, nach dem Wiener UN-Übereinkommen dann keine Berücksichtigung, wenn sich dies nicht aus dem Vertrag, aus früheren Geschäftsbeziehungen oder aus Verhandlungen oder Auskünften ergibt, die vor oder bei Vertragsschluß zwischen den Parteien geführt oder von ihnen erteilt worden sind.[603] Der Auslandsbezug des Rechtsgeschäfts muß also erkennbar gewesen sein, um das Wiener UN-Übereinkommen über Verträge über den internationalen Warenkauf zur Anwendung zu bringen; i.d.R. dürfte diese Voraussetzung jedoch nicht gegeben sein, da die Bezahlung per Kreditkarte, aus der das Land des Karteninhabers ersichtlich ist, üblicherweise erst nach dem maßgeblichen Vertragsschluß mit dem Vertragsunternehmen erfolgt. 265

Auch eine akzessorische Anknüpfung des abgeschlossenen Vertrags entweder an das Rechtsverhältnis zwischen Kreditkartengesellschaft und Karteninhaber oder zwischen Kreditkartengesellschaft und Vertragsunternehmen entspricht grund- 266

---

[599] BGBl 1989 II S. 588.

[600] Vgl. Art. 1 Abs. 1: „Dieses Übereinkommen ist auf Kaufverträge über Waren zwischen Parteien anzuwenden, die ihre Niederlassung in verschiedenen Staaten haben".

[601] Vgl. die Ausnahmebestimmung des Art. 2 a) des Wiener UN-Übereinkommens über Verträge über den internationalen Warenkauf vom 11. 4. 1980.

[602] Vgl. dazu Art. 10 b) des Übereinkommens.

[603] Vgl. Art. 1 Abs. 2 des Wiener UN-Übereinkommens über Verträge über den internationalen Warenkauf vom 11. 4. 1980.

sätzlich nicht dem Parteiwillen, zumal der Vertrag im Valutaverhältnis zwischen Karteninhaber und Vertragsunternehmen sich lediglich durch die Abrede bargeldloser Zahlung von einem „normalen Vertrag" unterscheidet.[604]

267 Allerdings kann die Maßgeblichkeit des (aus der Sicht des Karteninhabers ausländischen) Rechts am Ort des Vertragsunternehmens eine Einschränkung erfahren: so etwa, wenn der Vertrag nicht der beruflichen oder gewerblichen Tätigkeit des Karteninhabers zugerechnet werden kann und der Vertragsschluß unter einer der Voraussetzungen des Art. 29 Abs. 1 Nr. 1–3 EGBGB zustande kam. Denkbar ist dies insbes., wenn die Werbung des Vertragsunternehmens und anschließende Bestellung des Verbrauchers per Internet erfolgt.[605] Hat der Vertrag aufgrund dieser Voraussetzungen nach der Vorstellung des Gesetzes einen ausreichend engen Bezug zum gewöhnlichen Aufenthaltsstaat des Verbrauchers/Karteninhabers, so sollen diesem die Verbraucherschutznormen dieses Staates – auch bei Wahl eines anderen Rechts – i.S. eines Minimumstandards erhalten bleiben. Wurde keine Rechtswahlvereinbarung getroffen, so gelangt in diesen Fällen das Recht des gewöhnlichen Aufenthaltsstaats des Verbrauchers insgesamt zur Anwendung (Art. 29 Abs. 2 EGBGB). Zu den Verbraucherschutznormen, von denen bei Vorliegen der Voraussetzungen des Art. 29 Abs. 1 EGBGB nicht zu Lasten des Karteninhabers abgewichen werden darf, gehören im deutschen Recht – soweit hier von Relevanz – namentlich die Vorschriften über Finanzierungshilfen (§§ 499–504, 506 f. BGB) und Ratenlieferungsverträge (§§ 505–507 BGB), über das Widerrufsrecht bei Haustürgeschäften (§§ 312, 312 a BGB), das Reisevertragsrecht (§§ 651 a ff. BGB) sowie die Regelungen zu Allgemeinen Geschäftsbedingungen (§§ 305–310 BGB).[606]

268 Das nach diesen Grundsätzen ermittelte Recht regelt nicht nur die jeweiligen Pflichten aus dem abgeschlossenen Vertrag sowie die Rechtsfolgen bei deren Nichterfüllung; vielmehr richtet sich auch die Frage, welche Rechtswirkungen die Verwendung der Kreditkarte und die Unterschrift auf dem Belastungsbeleg hat, nach dem Vertrag zwischen dem Karteninhaber und dem Vertragsunternehmen sowie dem hierauf anwendbaren Recht. Während dieser Vorgang im deutschen[607], aber auch im US-amerikanischen Recht[608] als bloße Leistung erfüllungshalber angesehen wird, wird die „Bezahlung" mit Kreditkarte im englischen Recht als abso-

---

604 So zutreffend *Goetz* S. 108.

605 Vgl. oben § 3 Rdnr. 60 f.

606 Vgl. zu den Rechtsfolgen der Anwendbarkeit des Art. 29 EGBGB *Martiny*, in: *Reithmann/Martiny*, Rdnr. 825 f.; Soergel–*v. Hoffmann* BGB Art. 29 EGBGB Rdnr. 29–31.

607 So LG Düsseldorf 24. 10. 1990, WM 1991, 1027, 1029; *Martinek/Oechsler*, in: Bankrechtshandbuch I, § 67 Rdnr. 71; *Zahrnt*, NJW 1972, 1080 f.; *Hadding*, in: FS für *Pleyer*, S. 24; unklar *Eckert*, WM 1987, 167.

608 Vgl. hierzu *Mann* S. 114–116, 226, wonach der allgemeine Grundsatz gilt, daß ein Schuldner dann seine Leistung erbracht hat, wenn er eine Bank dazu veranlaßt hat, gegenüber dem Empfänger eine bindende Zahlungsverpflichtung einzugehen.

lute payment, d.h. als Erfüllung (oder auch Leistung an Erfüllung statt) gewertet.[609] Da die Frage, welche Leistungen erfüllungstauglich sind, nach dem Statut des zu erfüllenden Vertrags zu beurteilen ist,[610] richten sich auch die Rechtsfolgen der „Bezahlung" mit Kreditkarte nach dem Vertrag zwischen Karteninhaber und Vertragsunternehmen.

b) Rechtsverhältnis zwischen Kreditkartenemittent und Vertragsunternehmen
aa) Anwendbares Recht

Auch im Verhältnis des Kreditkarten- zu dem Vertragsunternehmen gilt grundsätzlich Rechtswahlfreiheit (Art. 27 Abs. 1 EGBGB). In der Tat enthalten die AGB einiger Kreditkartenemittenten bzw. Acquirer ausdrückliche Rechtswahlklauseln.[611] Ansonsten (bei Fehlen einer Rechtswahlvereinbarung) findet gem. Art. 28 Abs. 2 EGBGB auf den Vertrag die Rechtsordnung des Staates Anwendung, in dem sich die Niederlassung der Gesellschaft befindet, von der aus die vertragscharakteristische Leistung erbracht wird. Interpretiert man den Vertrag zwischen Kreditkarten- und Vertragsunternehmen i.S. eines abstrakten Schuldanerkenntnisses, so wird die vertragscharakteristische Leistung von dem Anerkennenden, also von dem Kreditkartenunternehmen erbracht.

269

Im übrigen handelt es sich bei der Beziehung Kreditkartenemittent bzw. Acquirer – Vertragsunternehmen vielfach nicht um eine grenzüberschreitende Vertragsbeziehung, da der Kartenemittent und das Vertragsunternehmen ihren Sitz (Niederlassung) in demselben Staat haben. Dies gilt jedenfalls bei den offenen/ bankgestützten Systemen wie Visa und MasterCard.[612] So ist das weltweit tätige Unternehmen Visa International in verschiedene Geschäftsregionen unterteilt, wobei für Europa Visa Europe Limited mit Sitz in London zuständig ist. Über den Erwerb einer Beteiligung an der jeweils für die betreffende Region zuständigen Gesellschaft, die grundsätzlich nur Banken und Sparkassen offensteht, können die Gesellschafter neben den Mitgliedschaftsrechten eine regional begrenzte Lizenz und damit das Recht erwerben, in ihrem Land im eigenen Namen Kreditkarten auszugeben und Akzeptanzverträge mit Vertragsunternehmen abzuschließen.[613] Mit Beitritt zu der jeweiligen Regionalgesellschaft akzeptiert die Bank/Sparkasse auch die Verfahrensregeln (Operation Manuals und Rules) von Visa. Wird die Visa-

270

---

609 Re Charge Card Services Ltd. [1986] 3 All ER 289–319, insbes. 301–304; vgl. hierzu auch *Brindle, Michael/Cox, Raymond* (Hrsg.), Law of Bank Payments, 3. Aufl. 2004, Rdnr. 4.032f.

610 Vgl. statt vieler Soergel-*v.Hoffmann* BGB Art. 32 EGBGB Rdnr. 27f.; *Kropholler* § 52 I 3 b (S. 450).

611 Vgl. etwa Nr. 30 (1) der Allgemeinen Bedingungen für Vertragspartner von American Express International, Inc.; Nr. 22.7 der AGB der B + S Card Service GmbH zur Akzeptanz von Debit- und Kreditkarten; Nr. 17.4 der Besonderen Bedingungen der EUROCARD/MasterCard/Visa Card-Akzeptanz der Postbank; Nr. 16.4 der Bedingungen der ConCardis GmbH für die Akzeptanz und Abrechnung von EUROCARD/MasterCard und VISA Karten.

612 Vgl. auch *Etzkorn* S. 125, 144; *Reinfeld*, WM 1994, 1507–1510.

613 Vgl. auch *Etzkorn* S. 122, 125, 127–140; *Reinfeld*, WM 1994, 1507f.

Karte im Ausland eingesetzt, so ist hieran auch der sog. Acquirer beteiligt, der den Akzeptanzvertrag mit dem Vertragsunternehmen (das seinen Sitz grds. im selben Staat wie der Acquirer hat) abgeschlossen hat. Der Acquirer ist nach dem für die Visa-Mitgliedschaft geltenden Vertragswerk verpflichtet, dem Vertragsunternehmen Zahlung zu leisten; gleichzeitig hat der Acquirer aber einen Anspruch auf Gutschrift des entsprechenden Betrags gegen das kartenemittierende Unternehmen, das mit dem Karteninhaber den Kreditkartenvertrag abgeschlossen hat. In Deutschland wird dabei regelmäßig die Gesellschaft B+S-Card Service zwischengeschaltet, die einerseits die Akquisition von Vertragsunternehmen und andererseits die Kontenführung und Abrechnung für die Banken/Sparkassen übernimmt.

271   Bei MasterCard handelt es sich um ein etwas anders strukturiertes, aber ebenfalls bankgestütztes/offenes Kreditkartensystem, das von MasterCard International bzw. – für die europäische Region – von MasterCard Europe, einer Gesellschaft belgischen Rechts mit Sitz in Brüssel, betrieben wird. MasterCard International vergibt nationale Lizenzen, die dazu berechtigen, das Kreditkartengeschäft in dem betreffenden Land zu betreiben. Einer der principal member in Deutschland ist die EURO Kartensysteme GmbH mit Sitz in Frankfurt a.M. Kartenemittierende Kreditinstitute haben die Möglichkeit, principal member bei MasterCard International zu werden oder sich als affiliate member über einen principal member wie beispielsweise die EURO Kartensysteme lizenzieren zu lassen. Allerdings wird auch der Vertrag eines affiliate member direkt mit MasterCard International abgeschlossen. Vertragspartner der angeschlossenen Vertragsunternehmen hingegen sind wie auch im Visa-Verfahren die einzelnen Acquirer, die – handelnd im eigenen Namen – die Abwicklung des Kreditkartengeschäfts betreiben. Hierzu „kauft" das Akquisitionsunternehmen die betreffenden Forderungen von den Vertragsunternehmen, während die Kartenemittenten aufgrund des Lizenzvertrags verpflichtet sind, diese Forderungen dem Acquirer wiederum „abzukaufen". Da bei dieser Konstruktion die Lizenzen zur Kreditkartenausgabe und der Akquisition regional begrenzt vergeben werden,[614] sind beim Auslandseinsatz der Kreditkarte die ausländischen Acquirer beteiligt, die die Umsätze des Karteninhabers in „ihrem" jeweiligen Land „ankaufen".[615] In diesem Fall besteht bei den Systemen Visa und MasterCard zwischen dem Händler und seinem unmittelbaren Vertragspartner, dem Acquirer, keine grenzüberschreitende Vertragsbeziehung. Da Lizenzen aber auch für mehrere Länder vergeben werden (Central Acquring)[616] kann es auch bei MasterCard zu

---

614   Vgl. Cirrus Worldwide Operating Rules (Juni 2005), 1.3.4 „Area of Use".
615   Vgl. auch *Reinfeld*, WM 1994, 1508–1511; *Kümpel* Rdnr. 4.1053; *Schwintowski/Schäfer* § 13 Rdnr. 33.
616   Vgl. Cirrus Worldwide Operating Rules (Juni 2005), 1.3.4 „Area of Use"; vgl. auch das sog. central acquiring, bei dem der Acquirer Forderungen von Händlern unabhängig davon erwirbt, in welchem europäischen Land diese niedergelassen sind, vgl. MasterCard International Incorporated, Bylaws and Rules (Oktober 2005), 18 Europe Region Board, 18.B.3 „Central Acquiring".

grenzüberschreitenden Rechtsbeziehungen zwischen den Acquirern und dem Vertragsunternehmen kommen.

Nur auf den ersten Blick wahrscheinlicher sind grenzüberschreitende Verträge 272 zwischen Kreditkartenemittent und Vertragsunternehmen bei anderen Kreditkartengesellschaften, wie etwa American Express. Dabei dürften meist auch diese Verträge dem jeweiligen Recht des Kreditkartenunternehmens unterstehen. Auch bei American Express wird der Vertrag zwar mit American Express International Inc., also der US-amerikanischen Gesellschaft, und den betreffenden (deutschen) Vertragsunternehmen abgeschlossen. Für American Express tritt in Deutschland aber die deutsche Zweigniederlassung auf. Nun genügt für die Geltung des Rechts der Zweigniederlassung gem. Art. 28 Abs. 2 S. 2 EGBGB zwar nicht notwendigerweise, daß der Vertragsschluß über diese Zweigniederlassung erfolgt oder die Leistung tatsächlich von der Zweigniederlassung erbracht wird; vielmehr muß die Erbringung der Leistung durch diese Zweigniederlassung auch bereits vertraglich vorgesehen sein.[617] Dies dürfte aber gerade auch bei den Verträgen von American Express mit den deutschen Vertragsunternehmen der Fall sein, da auf den Musterformularen als Adresse der Sitz der deutschen Zweigniederlassung von American Express International Inc. angegeben wird. Da somit die leistungserbringende (Zweig-) Niederlassung des Kreditkartenemittenten und das Vertragsunternehmen auch bei American Express ihren Sitz meist im selben Staat haben werden, dürfte es sich bei dem Verhältnis zwischen Kreditkarten- und Vertragsunternehmen im Ergebnis meist ebenfalls um eine rein nationale Rechtsbeziehung handeln.[618]

Soweit in dem Vertrag zwischen Kreditkartengesellschaft und Vertragsunter- 273 nehmen ein Forderungskauf vereinbart wurde (und von den zuständigen Gerichten auch als solcher ausgelegt wird), kommt hingegen bei objektiver Anknüpfung (Art. 28 Abs. 2 EGBGB) das Recht (der Niederlassung) des Vertragsunternehmens zur Anwendung, das als Forderungsverkäufer die vertragscharakteristische Leistung erbringt. Anzufügen bleibt jedoch, daß ein Vertragsunternehmen einen solchen Forderungskaufvertrag (allenfalls) dann abschließen sollte, wenn nicht nach seiner Rechtsordnung die Forderungen bereits mit Verwendung der Kreditkarte durch den Karteninhaber erlöschen.[619] Denn der Händler kann ansonsten gem. §§ 453, 433 Abs. 1 S. 2, 311 a BGB schadensersatzpflichtig werden, sofern er nicht sogar die Garantie für das Bestehen der Forderung übernommen hat.

bb) Rechtsprobleme der Abtretung der Forderung des Vertragsunternehmens gegen den Karteninhaber an die Kreditkartengesellschaft

Wird in dem Vertrag zwischen dem Kreditkarten- und dem Vertragsunternehmen 274 der Kauf und die Abtretung der Forderungen des Vertragsunternehmens gegen den Karteninhaber vereinbart, so stellt sich zunächst die Frage, ob eine solche Abtre-

---

617 So *Martiny*, in: *Reithmann/Martiny*, Rdnr. 132.
618 Vgl. auch *Etzkorn* S. 144.
619 Wie etwa im englischen Recht, vgl. Re Charge Card Services Ltd. [1986] 3 All ER 289–319, (insbes. 301–304).

tung nicht bereits deshalb ins Leere geht, weil die Forderung nicht mehr besteht, da sie bereits mit Verwendung der Kreditkarte durch den Karteninhaber und nicht erst mit Zahlung durch den Kartenemittenten erlischt.[620] Sollte dies jedoch nicht der Fall sein, stellt sich wiederum die Frage, welche Anforderungen an die Wirksamkeit dieser Forderungsabtretung zu stellen sind.[621] Nach herrschender[622] – wenn auch m. E. nicht für die gesamte Abtretung, sondern nur beschränkt auf die in Art. 33 Abs. 2 EGBGB aufgeführten Fälle zutreffender – Ansicht[623] unterliegt die Forderungsabtretung zwingend dem Forderungsstatut, also dem Recht, das auf die abgetretene Forderung Anwendung findet. Dies ist jedoch bei einer im Ausland eingesetzten Kreditkarte regelmäßig die betreffende ausländische Rechtsordnung (vgl. oben Rdnr. 264, wenn auch mit Einschränkungen bei Verbraucherverträgen, vgl. Rdnr. 267). Teilweise verlangen ausländische Rechtsordnungen jedoch – im Gegensatz zum deutschen Recht – für die Wirksamkeit der Abtretung gegenüber Dritten, also dem Schuldner bzw. Gläubigern des Zedenten, eine Abtretungsanzeige.[624]

275 Mehr als zweifelhaft ist, worin in den vorliegenden Fällen eine solche Abtretungsanzeige gesehen werden könnte. Die Verträge zwischen Kreditkarten- und Vertragsunternehmen mit den darin vorgesehenen Forderungsabtretungen müssen nämlich dem Karteninhaber nicht bekannt sein, auch kann in dem Zahlungsverlangen des Kreditkartenunternehmens nicht notwendigerweise eine Abtretungsanzeige erblickt werden, da das Zahlungsverlangen noch auf eine andere Rechtsgrundlage (wie etwa im deutschen Recht auf § 670 BGB) gestützt werden kann; im übrigen wäre das Zahlungsverlangen als maßgeblicher Zeitpunkt für die Wirksamkeit der Abtretung gegenüber Dritten u. U. reichlich spät. Die sich hieraus ergebende Problematik wird allein dadurch faktisch abgemildert, daß i. d. R. (nicht aber bei anderweitiger Rechtswahl) auf die Forderung im Valutaverhältnis dieselbe Rechts-

---

620 Wie etwa im englischen Recht, vgl. Re Charge Card Services Ltd. [1986] 3 All ER 289–319, insbes. 301–304; vgl. auch oben Rdnr. 268.

621 Relevant ist diese Frage insbes., wenn auf die Vertragsbeziehung zwischen Kartenemittent und Vertragsunternehmen nicht deutsches Recht und damit auch nicht die Rechtsprechung des BGH zur rechtlichen Einordnung der Zahlungszusage des Kreditkartenunternehmens als abstraktes Schuldanerkenntnis maßgeblich ist, vgl. hierzu oben Rdnr. 249f.

622 BGH 20. 6. 1990, RIW 1990, 670, 671; BGH 23. 2. 1983, BGHZ 87, 19, 21; BGH 28. 4. 1988, RIW 1988, 649, 650; OLG Düsseldorf 15. 12. 1994, RIW 1995, 508–512, 509; OLG Köln 26. 6. 1986, IPRax 1987, 239, 240; OLG Karlsruhe 28. 1. 1993, RIW 1993, 505; vgl. etwa *Kropholler* § 52 VIII 1 (S. 486); *MünchKomm.-Martiny* BGB Art. 33 EGBGB Rdnr. 12–15; *v. Bar, Christian*, Abtretung und Legalzession im neuen deutschen IPR, RabelsZ 53 (1989), 462–486, 467f.; *v. Hoffmann, Bernd/Höpping, Ulrike*, Zur Anknüpfung kausaler Forderungszessionen, IPRax 1993, 302–305, 303; *Martiny*, in: *Reithmann/Martiny*, Rdnr. 333.

623 Vgl. *Einsele, Dorothee*, Das internationale Privatrecht der Forderungszession und der Schuldnerschutz, ZVglRWiss 90 (1991) 1–24; *Einsele, Dorothee*, Rechtswahlfreiheit im internationalen Privatrecht, RabelsZ 60 (1996) 417–447, 430–435; mittlerweile auch *Staudinger-Haussmann* BGB (2002) Art. 33 EGBGB Rdnr. 37.

624 Vgl. insoweit zum französischen und englischen Recht *Einsele, Dorothee*, Das internationale Privatrecht der Forderungszession und der Schuldnerschutz, ZVglRWiss 90 (1991) 1–24, 4f. (für das französische Recht), 8–10 (für das englische Recht).

ordnung wie auf das Vertragsverhältnis zwischen Kreditkarten- und Vertragsunternehmen zur Anwendung kommen wird[625] und daher das Kreditkartenunternehmen sich bei Gestaltung der AGB mit dem Vertragsunternehmen auf diese Rechtsordnung und deren Abtretungsvorschriften einstellen kann. Trotzdem kann die Abtretung – je nach dem für das Valutaverhältnis maßgeblichen Recht, also insbesondere bei Rechtswahlvereinbarungen – im Verhältnis zu den Gläubigern des Vertragsunternehmens sowie im Verhältnis zum Schuldner nicht wirksam sein. Hieran zeigt sich wiederum, wie unglücklich die rechtliche Konstruktion eines Forderungskaufs und Forderungsabtretung im Verhältnis zwischen Vertrags- und Kreditkartenunternehmen ist!

c) Rechtsbeziehungen zwischen Kreditkartenemittent und Karteninhaber
aa) Anwendbares Recht

Im Regelfall dürfte es sich bei dem Vertrag zwischen Kreditkartenunternehmen und Karteninhaber um einen rein nationalen Sachverhalt handeln, da das Kreditkartenunternehmen und der Karteninhaber ihren Sitz bzw. Niederlassung bzw. Aufenthaltsort in demselben Staat haben werden.[626] Zwingend ist dies jedoch nicht. Die Gründe für eine andersartige, nämlich grenzüberschreitende Rechtsbeziehung zwischen Kreditkartengesellschaft und Karteninhaber können verschiedener Art sein: so kann die betreffende Kartenorganisation im Staat des Karteninhabers noch über keine eigene Niederlassung verfügen, auch kann der Karteninhaber ein Interesse daran haben, daß die mit der Karte getätigten Geschäfte in einer anderen als seiner eigenen Währung abgewickelt werden.[627] Daher kann sich auch im Verhältnis des Kreditkartenunternehmens zum Karteninhaber die Frage nach dem anwendbaren Recht stellen.

Vorrangig zu beachten sind insoweit – in der Praxis allerdings ungebräuchliche – Rechtswahlklauseln in den Kundenbedingungen der Kreditkartenunternehmen[628]. Da bei einem Geschäftsbesorgungsvertrag – ein solcher liegt ja zwischen Kreditkartenunternehmen und Kunde vor – die vertragscharakteristische Leistung die Besorgung des Geschäfts ist, kommt damit auf der Grundlage des deutschen internationalen Privatrechts[629] gem. Art. 28 Abs. 2 EGBGB das Recht der Haupt-, event. auch Zweigniederlassung des Kreditkartenemittenten zur Anwendung.[630] Dies bedeutet, daß grundsätzlich das Recht der Niederlassung des Kreditkartenemittenten, von der aus die Finanzierung der Forderungen übernommen wird, und

276

277

---

625 Dies gilt gerade dann, wenn im Verhältnis zwischen Vertragsunternehmen und Kartenemittent nach dem Wortlaut der Vertragsbedingungen ein Forderungskauf vereinbart wird und von den Gerichten auch als solcher ausgelegt wird, vgl. Rdnr. 273.
626 Vgl. zur Organisation der internationalen Kreditkartensysteme *Etzkorn* S. 122–142.
627 Vgl. *Goetz* S. 37.
628 Vgl. hierzu *Goetz* S. 46 f.
629 Dies gilt aber auch gem. Art. 4 Abs. 2 des römischen EWG-Übereinkommens über das auf vertragliche Schuldverhältnisse anzuwendende Recht v. 19. Juni 1980 für alle Vertragsstaaten dieses Übereinkommens, vgl. hierzu oben § 2 Rdnr. 2.
630 Vgl. statt vieler MünchKomm.-*Martiny* BGB Art. 28 EGBGB Rdnr. 188.

damit auch dessen zwingende Verbraucherschutzbestimmungen[631] zur Anwendung gelangt. Allerdings wird der Verbraucher in den verschiedenen Ländern auf unterschiedliche Weise geschützt: Während im deutschen Recht etwa die Rechtsfolgen bei mißbräuchlicher Verwendung der Kreditkarte rechtsgeschäftlich geregelt sind, gibt es im US-amerikanischen Recht hierzu gesetzliche Vorschriften, wonach der Kreditkarteninhaber nur bis zu maximal $ 50 haftet.[632]

278   Je nach Fallgestaltung liegen die Dinge möglicherweise aber etwas komplizierter: zum einen könnte Art. 29 EGBGB zur Anwendung kommen, der die Rechtswahlmöglichkeit der Parteien für Verbraucherverträge, die eine ausreichende Inlandsbeziehung zum Aufenthaltsstaat des Verbrauchers aufweisen (vgl. Art. 29 Abs. 1 Nr. 1–3 EGBGB), zugunsten des Verbrauchers insoweit einschränkt, als diesem die zwingenden Verbraucherschutznormen seines gewöhnlichen Aufenthaltsstaats i.S. eines Minimumstandards erhalten bleiben. Allerdings dürften die Voraussetzungen des Art. 29 Abs. 1 Nr. 1–3 EGBGB bei grenzüberschreitenden Kreditkartenemissionen (nicht zuletzt aufgrund der regionalen Beschränkung des Tätigkeitsbereichs der Kreditkartenemittenten) häufig nicht vorliegen und sich daher die Frage der Anwendbarkeit des Art. 29 EGBGB nur relativ selten stellen.

279   Liegt jedoch eine ausreichende Beziehung des Kreditkartenvertrags zum Aufenthaltsstaat des Karteninhabers i.S.d. Art. 29 Abs. 1 Nr. 1–3 EGBGB vor, so stellt der Kreditkartenvertrag als Geschäftsbesorgungsvertrag einen Vertrag über eine Dienstleistung i.S. des Art. 29 Abs. 1 EGBGB dar.[633] Zudem wird der Kreditkartenvertrag i.d.R. nicht der gewerblichen oder beruflichen Tätigkeit des Begünstigten, also des Kreditkarteninhabers zugerechnet werden können, was ebenfalls eine der (negativen) Voraussetzungen für die Anwendbarkeit des Art. 29 Abs. 1 EGBGB darstellt.[634]

280   Zu beachten ist allerdings die Einschränkung des Anwendungsbereichs des Art. 29 Abs. 1 EGBGB durch Art. 29 Abs. 4 Nr. 2 EGBGB, der wiederum solche Verträge über die Erbringung von Dienstleistungen aus dem Anwendungsbereich der Schutzvorschrift des Art. 29 EGBGB ausnimmt, bei denen die dem Verbrau-

---

631 Vgl. etwa auch sec. 75 Consumer Credit Act 1974, wonach ein Verbraucher (Kreditkarteninhaber) unter bestimmten Voraussetzungen Einwendungen aus dem Valutaverhältnis zum Vertragsunternehmen auch dem Kreditkartenunternehmen entgegenhalten kann und dieser sogar auch für Folgeschäden, gegründet auf Vertragsverletzungen des Vertragsunternehmens, haftbar sein kann. Dies gilt grundsätzlich auch, wenn das Vertragsunternehmen seine Niederlassung im Ausland hat, vgl. hierzu *Wadsley, Joan/Penn, Graham*, The Law Relating to Domestic Banking, Band I, 2. Aufl. 2000, Rdnr. 15.041–15.044.

632 15 USC § 1643 (a) (1) (B) (entspricht Truth-in-Lending Act § 133 (a) (1) (B)): Diese Haftungsbegrenzung gilt grundsätzlich sogar dann, wenn der Karteninhaber von dem Diebstahl weiß, ihn aber trotzdem nicht dem Kreditkartenunternehmen meldet (vgl. hierzu auch *Mann* S. 132). Diese Vorschrift ist allerdings insofern problematisch, als im Fall des Verlusts einer Debitkarte der Kunde zwar ebenfalls beschränkt, immerhin aber doch schärfer als ein Kreditkarteninhaber haftet (vgl. hierzu Debitkarten oben Rdnr. 201).

633 Vgl. etwa *Martiny*, in: *Reithmann/Martiny*, Rdnr. 807; BGH 26. 10. 1993, BGHZ 123, 380–393, 386 für das Rechtsverhältnis zwischen Treuhänder und Treugeber.

634 Vgl. zur Definition des Verbrauchers *Martiny*, in: *Reithmann/Martiny*, Rdnr. 803.

cher geschuldeten Dienstleistungen ausschließlich in einem anderen als dem gewöhnlichen Aufenthaltsstaat des Verbrauchers zu erbringen sind. Hier ließe sich durchaus argumentieren, die dem Karteninhaber geschuldete Dienstleistung sei ausschließlich in dem ausländischen Niederlassungsstaat des Kreditkartenemittenten von diesem zu erbringen. Umstritten ist allerdings, ob es für die Frage, wo die Dienstleistung (ausschließlich) zu erbringen ist, auf den Erfüllungsort der Leistung des Geschäftsbesorgers[635] ankommt oder ob die Ausnahmevorschrift des Art. 29 Abs. 4 Nr. 2 EGBGB nur gegeben ist, wenn die Leistung des Geschäftsbesorgers mit dem Aufenthaltsstaat des Verbrauchers überhaupt keine Berührung aufweist.[636] In beiden Fällen kann aber jedenfalls dann nicht mehr notwendigerweise von einer ausschließlich im Ausland zu erbringenden Dienstleistung gesprochen werden, wenn das Vertragsunternehmen, an das die Geldzahlung des Kreditkartenunternehmens erfolgt, seine Niederlassung im gewöhnlichen Aufenthaltsstaat des Kreditkarteninhabers hat.

Aber selbst wenn diese Form des Inlandsbezugs des Kreditkartenvertrags zum Aufenthaltsstaat des Karteninhabers nicht gegeben sein sollte, ist sehr fraglich, ob die Ausnahmevorschrift des Art. 29 Abs. 4 Nr. 2 EGBGB auf grenzüberschreitende Kreditkartenverträge wirklich zur Anwendung kommt. So hatte sich der BGH vor einigen Jahren mit der Frage zu befassen, ob von Art. 29 Abs. 4 Nr. 2 EGBGB auch Verträge zur Finanzierung von im Ausland zu erbringenden Dienstleistungen erfaßt werden. Der BGH verneinte dies,[637] weil der Verbraucher seine Verpflichtungen aus dem Finanzierungsvertrag regelmäßig von seinem gewöhnlichen Aufenthaltsstaat aus erfülle und sich zur Abwicklung des Vertrags nicht ins Ausland begebe.[638] Bei Kreditkartenverträgen kann diese Form der Vertragserfüllung zumindest dann ebenfalls vorliegen, wenn der Karteninhaber kein Konto bei dem Kartenemittenten unterhält und die Belastungsbuchungen erst per Lastschrift[639] oder durch Banküberweisung von dem Kunden ausgeglichen werden müssen. Nun spricht

281

---

635 So MünchKomm.-*Martiny* BGB Art. 29 EGBGB Rdnr. 29.

636 So Soergel-*v.Hoffmann*, BGB Art. 29 EGBGB Rdnr. 27.

637 Vgl. BGH 26. 10. 1993, BGHZ 123, 380–393, 387 f.

638 So BGH 26. 10. 1993, BGHZ 123, 380–393, 387 f.: Im Gegensatz zu den in der amtlichen Begründung (zu Art. 29 EGBGB) angeführten Ausnahmefällen (nämlich Beherbergungsverträgen ausländischer Hotels, Unterrichtsverträgen, wenn sie einen Auslandssprachkurs oder einen im Ausland zu absolvierenden Ski- oder Segelkurs zum Gegenstand haben, vgl. BT-Drucks. 10/504, S. 80), wiesen daher Verträge zur Finanzierung von Dienstleistungen, die im Ausland zu erbringen seien, einen wesentlich stärkeren Inlandsbezug auf. Nun kann zwar in Anbetracht der Bargeldersatzfunktion ein Vertrag zwischen Kreditkartenunternehmen und Kunde nur dann als Vertrag zur Finanzierung von im Ausland zu erbringenden Dienstleistungen angesehen werden, wenn gleichzeitig Ratenzahlung der vom Kunden geschuldeten Beträge bzw. irgendeine Form einer (nicht ganz kurzfristig und aus zahlungstechnischen Gründen erfolgenden) Kreditierung vereinbart wurde. Dennoch ist für die Entscheidung der Frage, ob ein grenzüberschreitender Kreditkartenvertrag von Art. 29 Abs. 4 Nr. 2 EGBGB erfaßt werden kann, die Argumentation des BGH interessant, die sich nicht nur auf den Wortlaut dieser Vorschrift stützte.

639 Grenzüberschreitende Lastschriften sind allerdings äußerst selten, vgl. *Wand, Lothar,* Die grenzüberschreitende Lastschrift, WM 1995, 2165–2173, 2169.

zwar der Gesetzeswortlaut des Art. 29 Abs. 4 Nr. 2 EGBGB, der darauf abhebt, wo die *dem Verbraucher geschuldete Dienstleistung* zu erbringen ist, zunächst eher gegen die Relevanz des vom BGH für maßgeblich angesehenen Kriteriums, nämlich von welchem Staat aus der *Verbraucher* den Vertrag erfüllt. Jedoch sollten Ausnahmebestimmungen wie Art. 29 Abs. 4 Nr. 2 EGBGB eng ausgelegt werden. Zudem ist dem BGH beizupflichten, daß Verträge, die vom Verbraucher von seinem gewöhnlichen Aufenthaltsstaat aus erfüllt werden, einen Bezug zu diesem Staat aufweisen und der Verbraucher daher im Gegensatz zu den klassischen Fällen des Art. 29 Abs. 4 Nr. 2 EGBGB eben doch die Anwendung des Verbraucherrechts seines Aufenthaltsstaats erwarten kann.[640]

282 Dennoch können auf grenzüberschreitende Kreditkartenverträge die zwingenden Verbraucherschutzvorschriften des gewöhnlichen Aufenthaltsstaats des Verbrauchers immer nur dann i.S. eines Minimumstandards zugunsten des Verbrauchers[641] zur Anwendung gelangen, wenn die Zahlung des Kreditkarteninhabers von dessen gewöhnlichem Aufenthaltsort aus erfolgt oder das Kreditkartenunternehmen an ein Vertragsunternehmen im gewöhnlichen Aufenthaltsstaat des Karteninhabers Zahlung leistet. Auch muß der Vertrag i.S.d. Art. 29 Abs. 1 Nr. 1–3 EGBGB ausreichend enge Beziehungen zu dem Aufenthaltsstaat des Verbrauchers aufweisen, was jedoch relativ selten der Fall sein dürfte (vgl. oben Rdnr. 278). Zudem sollte etwa für die Anwendbarkeit des deutschen Verbraucherschutzrechts die Bedeutung der Frage, ob Kreditkartenemissionsverträge unter Art. 29 Abs. 1 EGBGB fallen oder unter die Ausnahmebestimmung des Art. 29 Abs. 4 Nr. 2 EGBGB zu subsumieren sind, nicht überschätzt werden. Insbesondere dürften bei Kreditkartenverträgen in aller Regel weder die Voraussetzungen für das Widerrufsrecht bei Haustürgeschäften gegeben noch die Vorschriften zum Verbraucherdarlehensvertrag anwendbar sein. Hingegen können die Regelungen zu AGB, die ebenfalls als zwingende Verbraucherschutznormen i.S.d. Art. 29 Abs. 1 EGBGB anzusehen sind, bei entsprechend enger Verbindung des Vertrags mit dem Gebiet der BRepD – auch und gerade bei ausländischem Vertragsstatut – zur Anwendung gelangen.

283 Die grundsätzliche Maßgeblichkeit des Rechts des Kreditkartenunternehmens im Verhältnis zwischen Karteninhaber und Kreditkartengesellschaft ist jedoch noch in anderer Richtung zu relativieren: so existiert ja nicht nur ein Geschäftsbesorgungsvertrag zwischen Kartengesellschaft und Vertragsunternehmen, vielmehr lassen sich die Kreditkartengesellschaften in ihren AGB häufig auch die Forderungen der Vertragsunternehmen gegen die Karteninhaber abtreten. Sofern die Forderungsabtretung überhaupt wirksam ist[642], unterliegt der abgetretene Anspruch

---

640 Vgl. BGH 26. 10. 1993, BGHZ 123, 380–393, 388.
641 Vgl. zu dem nach Art. 29 EGBGB erfolgenden Günstigkeitsvergleich *Martiny*, in: *Reithmann/Martiny*, Rdnr. 826.
642 Vgl. insoweit zum deutschen Sachrecht Rdnr. 249f., zur kollisionsrechtlichen Problematik Rdnr. 274f.

dem Statut des Valutaverhältnisses, also grds. dem Recht der Niederlassung des Vertragsunternehmens, das im Verhältnis zum Karteninhaber die vertragscharakteristische Leistung erbracht hat. Der Anspruch auf Aufwendungsersatz sowie der Anspruch aus der abgetretenen Forderung stehen zwar nebeneinander[643], jedoch müssen die beiden Ansprüche betragsmäßig nicht identisch sein; dies ist etwa der Fall, wenn das Kreditkartenunternehmen noch weitere Zusatzleistungen erbringt oder wenn der abgetretene Anspruch mit Einwendungen behaftet ist, wobei diese Einwendungen aus dem Valutaverhältnis grds. nicht auf den Aufwendungsersatzanspruch „durchschlagen". Das Kreditkartenunternehmen kann und soll nicht allein deshalb schlechter stehen, weil es neben dem Aufwendungsersatzanspruch auch noch aus der abgetretenen Forderung gegen den Karteninhaber vorgehen kann.

Eine etwas andere Beurteilung verlangt jedoch der Fall, in dem Einwendungen   284
aus dem Valutaverhältnis nach dessen Rechtsordnung oder den zwingenden Normen eines Drittstaats vom Karteninhaber unmittelbar gegen das Kreditkartenunternehmen geltend gemacht werden können[644]. Bei solchen Bestimmungen stellt sich zunächst die Frage, ob sie international auch dann Geltung beanspruchen, wenn das Rechtsverhältnis zwischen Kreditkartenunternehmen und Karteninhaber einer anderen Rechtsordnung untersteht. Ist dies der Fall, befindet man sich in dem höchst problematischen Bereich, wann und in welcher Form drittstaatliche Eingriffsnormen Berücksichtigung finden bzw. anzuwenden sind.[645] Trotz dieser im Ausnahmefall denkbaren Möglichkeit, daß der Kreditkarteninhaber unmittelbar gegen das Kreditkartenunternehmen Einwendungen aus dem Valutaverhältnis geltend machen kann, die sich auch gegen den Aufwendungsersatzanspruch richten, muß sowohl sachrechtlich wie auch kollisionsrechtlich von der Selbständigkeit des abgetretenen Anspruchs und des Aufwendungsersatzanspruchs ausgegangen werden. Daher müssen diese Ansprüche des Kreditkartenunternehmens auch nicht derselben Rechtsordnung unterstellt werden.

bb) Gesonderte Bepreisung des Auslandseinsatzes von Kreditkarten

Der Auslandseinsatz von Kreditkarten wirft aber noch ein weiteres, wenn auch   285
nicht kollisionsrechtliches Problem auf: so hatten sich die Gerichte in der Vergan-

---

643 Vgl. für das deutsche Sachrecht *Canaris* Rdnr. 1628, 1630.
644 Vgl. für das amerikanische Recht 15 USC § 1666 i (entspricht § 170 (a) des Truth in Lending Act): Danach kann der Karteninhaber Einwendungen aus dem Valutaverhältnis zwar grundsätzlich auch gegenüber dem Kreditkartenunternehmen geltend machen. Dies gilt allerdings nur für Rechtsgeschäfte (Kaufverträge), die innerhalb des Staates erfolgen, in dem der Karteninhaber seinen Wohnsitz hat, oder innerhalb einer 100-Meilen-Zone von dieser Adresse. Jedoch ist die Frage, wo bei Distanzgeschäften i.S. dieser Bestimmung ein Vertrag abgeschlossen wird, durchaus zweifelhaft, vgl. hierzu *Lawrence*, Introduction, Chapter 9 C. (S. 523f.), *Mann* S. 115f.; vgl. hierzu auch *Merkel* S. 111ff.
645 Vgl. hierzu statt vieler *Soergel-v.Hoffmann* BGB Art. 34 EGBGB Rdnr. 78–95; speziell bezogen auf Kreditkartenverträge *Goetz* S. 159–171.

genheit mit der Frage zu beschäftigen, ob AGB der Kreditkartenunternehmen wirksam sind, wonach der Karteninhaber für den Einsatz von Kreditkarten im Ausland neben der Grundgebühr ein zusätzliches Entgelt zu entrichten hat. Diese Klauseln wurden von den Gerichten[646] überwiegend wegen unangemessener Benachteiligung der Kunden gem. § 9 AGBG a.F. (heute § 307 BGB) für unwirksam erklärt.[647] Zur Begründung wurde insbesondere angeführt, die gesonderte Bepreisung des Auslandseinsatzes von Kreditkarten stelle eine dem gewöhnlichen vertragsmäßigen Gebrauch immanente Leistung dar, so daß der Einsatz der Karte im Ausland nicht als zusätzliche Leistung des Kreditkartenunternehmens betrachtet werden könne.[648] Im übrigen sei aus den Klauseln, die gesonderte Gebühren für den Einsatz der Karte im Ausland enthielten, nicht zu erkennen, wofür diese Entgelte bestimmt seien.[649]

286   Für die Frage, ob die Gebührenregelung überhaupt der Inhaltskontrolle von AGB gem. § 9–11 AGBG a.F. (heute §§ 307–309 BGB) unterliegt und am Maßstab des § 9 AGBG a.F. (heute § 307 BGB) gemessen werden kann, führte das OLG Hamburg an, die Schulden des Karteninhabers seien im Fall des Auslandseinsatzes der Kreditkarte an sich Fremdwährungsschulden.[650] Zwar hat der Karteninhaber gemäß den AGB der Kartengesellschaften seine Zahlungen in inländischer Währung zu leisten. Dennoch hielt das OLG Hamburg die Kontrollüberlegung für entscheidungserheblich, in welcher Währung der Karteninhaber an sich (ohne andersartige vertragliche Regelung) seine Zahlungen zu leisten hätte, da im Fall einer Fremdwährungsschuld eine gesetzliche Regelung (nämlich § 244 BGB) existiere, die im Rahmen von § 9 AGBG a.F. (heute § 307 BGB) als Maßstab herangezogen werden könne.

287   In der Tat sind die Zahlungsverpflichtungen des Karteninhabers als Fremdwährungsschulden entstanden und behalten diesen Charakter auch im Abrechnungsverhältnis zwischen dem Kartenemittenten und den Karteninhabern bei. Der Aufwendungsersatzanspruch des Kreditkartenunternehmens gegen den Karteninhaber richtet sich damit an sich auf die Währung und den Betrag, der von dem Kreditkartenunternehmen an das Vertragsunternehmen zu leisten war.[651] Von der gesetzlichen Vorgabe des § 244 BGB weichen die AGB der Kreditkartengesellschaften jedoch ab: Während gem. § 244 Abs. 1 BGB der Schuldner eine in ausländischer

---

646   Vgl. aber zur BGH-Rechtsprechung unten Rdnr. 289.

647   So etwa OLG Hamburg 15.5. 1996, WM 1996, 1173–1177, 1176; LG Hamburg 20.10. 1995, WM 1995, 2062–2064, 2063; AG Frankfurt a.M. 2.7. 1993, WM 1993, 1548–1552, 1550–1552; a.A. allerdings AG Frankfurt a.M. 18.4. 1996, WM 1996, 1177, wonach die Währungsumrechnungsgebühr keine unangemessene Benachteiligung darstellen soll, da im gesamten grenzüberschreitenden Zahlungsverkehr beim Geldumtausch Währungsumrechnungsentgelte zu zahlen seien; ähnlich auch *Meder*, WM 1996, 2089f.

648   OLG Hamburg 15.5. 1996, WM 1997, 1173–1177, 1175; AG Frankfurt a.M. 2.7. 1993, WM 1993, 1548–1552, 1551.

649   OLG Hamburg 15.5. 1996, WM 1997, 1173–1177, 1175.

650   So OLG Hamburg 15.5. 1996, WM 1997, 1173–1177, 1175.

651   So zutreffend OLG Hamburg 15.5. 1996, WM 1997, 1173–1177, 1175.

Währung ausgedrückte Geldschuld, die im Inland zu zahlen ist, im Zweifel auch in inländischer Währung zahlen *kann, muß* der Karteninhaber nach den AGB der Kreditkartengesellschaften seine Zahlungen in inländischer Währung erbringen. Hierfür hat der Karteninhaber zudem ein Umrechnungsentgelt zu entrichten, das in § 244 Abs. 1 BGB in dem Fall, in dem der Schuldner von seinem *Recht* Gebrauch macht, die Schuld in inländischer Währung zu begleichen, nicht vorgesehen ist.[652]

Hingegen überzeugt der Einwand nicht, das mit dem Karteninhaber vertraglich verbundene Kreditkartenunternehmen habe aufgrund der Organisationsstruktur des Kreditkartensystems den entsprechenden Zahlungsbetrag selbst nicht in Fremdwährung, sondern in inländischer Währung zu leisten; daher handle es sich bei dem von dem Karteninhaber zu zahlenden Betrag ebenfalls nicht um eine Fremd-, sondern eine Heimwährungsschuld, so daß § 244 BGB keine Anwendung finde.[653] Zwar ist zutreffend, daß teilweise (etwa bei Visa) eine weitere Zahlungs- und Clearinggesellschaft zwischengeschaltet ist, die den Acquirer im Land des Vertragsunternehmens in der dortigen Währung bezahlt, diesen Betrag in die In- landswährung (des Karteninhabers) umrechnet, um ihn dann von dem für den Kar- teninhaber zuständigen Kreditkartenemittenten einzuziehen.[654] Da jedoch der Karteninhaber an diesem innerorganisatorischen Vertragswerk der Kreditkarten- gesellschaften nicht beteiligt ist, können sich hierdurch seine Vertragspflichten und daher auch der Inhalt des von ihm zu zahlenden Aufwendungsersatzanspruchs nicht ändern. Zudem wird von dem Kreditkartensystem insgesamt durchaus eine Fremdwährungsschuld gegenüber dem Vertragsunternehmen berichtigt. Ferner ist zu bedenken, daß sich die Kreditkartenunternehmen teilweise von den Vertragsun- ternehmen deren Forderungen gegen die Karteninhaber abtreten lassen. Daß es sich bei diesem Anspruch im Grundsatz um eine Fremdwährungsverbindlichkeit handelt, dürfte jedoch eindeutig sein.

Demgegenüber hat der BGH die Frage, ob es sich bei dem vom Karteninhaber geschuldeten Betrag um eine Fremdwährungsverbindlichkeit handelt, für nicht entscheidungserheblich erklärt und offen gelassen. Nach Ansicht des BGH sollen Klauseln, die für den Auslandseinsatz von Kreditkarten ein zusätzliches Entgelt vorsehen, nicht der Inhaltskontrolle von AGB unterliegen. Denn hierbei handle es sich um kontrollfreie Festlegungen des Preises für die von den Kreditkartenunter- nehmen angebotene vertragliche Leistung (§ 8 AGBG a.F., heute § 307 Abs. 3 S. 1 BGB).[655] Da jedoch § 244 Abs. 2 BGB sehr wohl eine gesetzliche Regelung für (die

---

652 OLG Hamburg 15. 5. 1996, WM 1997, 1173–1177, 1175.
653 So *Meder*, WM 1996, 2087f.
654 *Meder*, WM 1996, 2087f.
655 BGH 14. 10. 1997, BGHZ 137, 27, 31; vgl. hierzu auch *Schwintowski/Schäfer* § 13 Rdnr. 45–47 mit dem Hinweis darauf, der BGH habe jedoch nicht über die absolute Höhe der Gebühren für den Auslandseinsatz sowie die Preisspreizung zwischen Inlands- und Auslands- einsatz entschieden.

Umrechnung von) Fremdwährungsschulden enthält, die zum Prüfungsmaßstab von Entgeltklauseln dienen könnte, erscheint mir diese Entscheidung sehr zweifelhaft.

3. Kapitel: Investment Banking

§7 Emissions- und Konsortialgeschäft

Literatur

Assmann, Heinz-Dieter, Anleihebedingungen und AGB-Recht, WM 2005, 1053–1068. *Bartz, Ralf*, in: Handbuch zum deutschen und europäischen Bankrecht, hrsg. v. Derleder, Peter/Knops, Kai-Oliver/Bamberger, Heinz Georg 2004, §50. *Bischoff, Kai*, Internationale Börsenprospekthaftung, AG 2002, 489–497. *Bosch, Ulrich*, in: Bankrecht und Bankpraxis, Teil 10: Emissionsgeschäft, Band 5, Stand Mai 2003, Rdnr. 10/1–10/257, 10/334–10/400 b. *Canaris, Claus-Wilhelm*, Bankvertragsrecht, 2. Aufl. 1981, Rdnr. 2236–2324. *Claussen, Carsten Peter*, Bank- und Börsenrecht, 3. Aufl. 2003, §9 Rdnr. 295–344. *De Meo, Francesco*, Bankenkonsortien – Eine Untersuchung zum Innen- und Außenrecht von Emissions-, Kredit- und Sanierungskonsortien sowie zu deren Haftung für das Handeln von Konsortialführern, 1994. *Diekmann, Hans*, in: Unternehmensfinanzierung am Kapitalmarkt, hrsg. v. Habersack, Matthias/Mülbert, Peter O./Schlitt, Michael 2005, §18. *Ebenroth, Carsten Thomas*, Die internationalprivatrechtliche Anknüpfung von Finanzinnovationen aus deutscher und schweizerischer Sicht, in: FS Keller, 1989, S. 391–432. *Ekkenga, Jens*, Wertpapier-Bedingungen als Gegenstand richterlicher AGB-Kontrolle?, ZHR 160 (1996), 59–74. *Fleischer, Holger*, Marktschutzvereinbarungen beim Börsengang – Eine Bestandsaufnahme nach dem Vierten Finanzmarktförderungsgesetz, WM 2002, 2305–2314. *Fleischer, Holger*, Prospektpflicht und Prospekthaftung für Vermögensanlagen des Grauen Kapitalmarkts nach dem Anlegerschutzverbesserungsgesetz, BKR 2004, 339–347. *Groß, Wolfgang*, Bookbuilding, ZHR 162 (1998), 318–339. *Groß, Wolfgang*, in: Bankrecht und Bankpraxis, Teil 10: Emissionsgeschäft, Band 5, Stand Mai 2003, Rdnr. 10/258 a-10/333, 10/401–10/430. *Groß, Wolfgang*, in: HGB, hrsg. v. Ebenroth, Carsten Thomas/Boujong, Karlheinz/Joost, Detlev, Band 2, 1. Aufl. 2001, BankR VII, Emissions- und Konsortialgeschäft. *Groß, Wolfgang*, Verdeckte Sacheinlage, Vorfinanzierung und Emissionskonsortium, AG 1993, 108–118. *Grundmann, Stefan*, in: Bankrechtshandbuch III, hrsg. v. Schimansky, Herbert/Bunte, Hermann Josef/Lwowski, Hans-Jürgen, 2. Aufl. 2001, §112 (Das Emissionsgeschäft). *Grundmann, Stefan*, Deutsches Anlegerschutzrecht in internationalen Sachverhalten – Vom internationalen Schuld- und Gesellschaftsrecht zum internationalen Marktrecht, RabelsZ 54 (1990), 283–322. *Haag, Hendrik*, in: Unternehmensfinanzierung am Kapitalmarkt, hrsg. v. Habersack, Mathias, Mülbert, Peter O., Schlitt, Michael, 2005, §17. *Hartwig-Jacob, Mauricio*, Die Vertragsbeziehungen und die Rechte der Anleger bei internationalen Anleiheemissionen, Bank- und kapitalmarktrechtliche Schriften des Instituts für Bankrecht Köln, Band 14, 2001. *Hopt, Klaus J.*, Änderungen von Anleihebedingungen – Schuldverschreibungsgesetz, §796 BGB und AGBG –, in: FS Steindorff, 1990, S. 341–382. *Hopt, Klaus J.*, Die Verantwortlichkeit der Banken bei Emissionen, Recht und Praxis in der EG, in Deutschland und in der Schweiz, 1991. *Horn, Norbert*, Das Recht der internationalen Anleihen, 1972. *Joussen, Edgar*, Die Inhaltskontrolle von Wertpapierbedingungen nach dem AGBG, WM 1995, 1861–1869. *Kiel, Peter*, Internationales Kapitalanlegerschutzrecht, Zum Anwendungsbereich kapitalanlegerschützender Normen im deutschen, europäischen und US-amerikanischen Recht, 1994. *Köstlin, Ulrich*, Anlegerschutz und Auslandsbeziehungen, 1985. *Kronke, Herbert/Haubold, Jens*, Börsen- und Kapitalmarktrecht, Teil L, Rdnr. 69–112, 354–361, in: Handbuch Internationales Wirtschaftsrecht, hrsg. v. Kronke, Herbert, Melis, Werner, Schnyder, Anton, 2005. *Kullmann, Walburga/Sester, Peter*, Das Wertpapierprospektgesetz (WpPG) – Zentrale Punkte des neuen Regimes für Wertpapieremissionen –, WM 2005, 1068–1076. *Kümpel, Siegfried*, Bank- und Kapitalmarktrecht, 3. Aufl. 2004, Rdnr. 9.1–9.405. *Randow, Philipp v.*, Die Inhaltskontrolle von Emissionsbedingungen: Abschied vom AGB-Recht, in: Baums/Cahn (Hrsg.), Die Reform des Schuldverschreibungsrechts, 2004, S. 25–68. *Schneider, Hannes*, Die Änderung von Anleihebedingungen durch Beschluß der Gläubiger, in: Baums/Cahn (Hrsg.), Die Reform des Schuldverschreibungsrechts, 2004, S. 69–93. *Schönle, Herbert*, Bank- und Börsenrecht, 2. Aufl. 1976, § 19 II. *Schücking, Christoph*, Das Internationale Privatrecht der Banken-Konsortien, WM 1996, 281–289. *Schwintowski, Hans Peter/Schäfer, Frank A.*, Bankrecht, Commercial Banking – Investment Banking, 2. Aufl. 2004, § 23 Rdnr. 1–139. *Siol, Joachim*, in: Bankrechtshandbuch I, hrsg. v. Schimansky, Herbert, Bunte, Hermann Josef, Lwowski, Hans-Jürgen, 2. Aufl. 2001, § 45 (Anlagevermittlung und Prospekthaftung der Banken). *Spindler, Gerald*, Kapitalmarktreform in Permanenz – Das Anlegerschutzverbesserungsgesetz, NJW 2004, 3449–3455. *Stucke, Carl Otto*, Die Rechte der Gläubiger bei DM-Auslandsanleihen, Diss. Kiel 1988. *Technau, Konstantin*, Rechtsfragen bei der Gestaltung von Übernahmeverträgen („Underwriting Agreements") im Zusammenhang mit Aktienemissionen, AG 1998, 445–459. *Than, Jürgen*, Anleihegläubigerversammlung bei DM-Auslandsanleihen?, in: FS Coing, Band II, 1982, S. 521–541. *Than, Jürgen*, Rechtsfragen bei der Festlegung von Emissionsbedingungen für Schuldverschreibungen unter besonderer Berücksichtigung der Dematerialisierung und des Depotgesetzes, in: Baums/Cahn (Hrsg.), Die Reform des Schuldverschreibungsrechts, 2004, S. 3–24. *Willamowski, Marcus*, Bookbuilding – Die marktorientierte Emission von Aktien nach deutschem und U.S.-amerikanischem Recht, Diss. Regensburg 1999.

I. Einführung

1   Das Emissionsgeschäft befaßt sich mit der Ausgabe und Plazierung (erstmaligem Inverkehrbringen bzw. Verkauf) von Finanzinstrumenten (vgl. im deutschen Recht § 1 Abs. 1 S. 2 Nr. 10, Abs. 11 KWG). Hierbei handelt es sich im wesentlichen um vertretbare Wertpapiere (oder auch Effekten genannt), worunter insbesondere Aktien und Anleihen zu zählen sind. Demgegenüber befaßt sich das Effektengeschäft (bzw. heute Finanzkommissionsgeschäft genannt, vgl. § 1 Abs. 1 S. 2 Nr. 4 KWG) mit der späteren Weiterveräußerung, genauer gesagt dem Verkauf und Ankauf dieser Effekten.[1] Die Emission von Wertpapieren dient der Kapitalbeschaffung von Unternehmen. Während sich das Unternehmen durch die Emission von Aktien Eigenkapital verschafft (Aktienemission), dient die Ausgabe von Anleihen der Finanzierung durch Beschaffung von Fremdkapital (Anleiheemission).

2   Die Wertpapiere können zwar von dem Emittenten selbst bei den Anlegern plaziert werden. Solche Eigenemissionen (oder auch Selbstemissionen genannt) sind

---

[1] *Claussen* § 9 Rdnr. 295; *Kümpel* Rdnr. 9.2; *Grundmann*, in: Bankrechtshandbuch III, § 112 Rdnr. 1.

aber die Ausnahme und kommen im wesentlichen nur bei der Emission von Schuldverschreibungen durch Kreditinstitute sowie bei Kapitalerhöhungen durch Konzerntöchter vor, wenn die neuen Aktien durch die Muttergesellschaften übernommen werden. Der absolute Regelfall ist hingegen die Emission unter Einschaltung Dritter (Fremdemission), an der die Banken in der Regel in Form eines Bankenkonsortiums mitwirken, das die Wertpapiere der Emittenten übernimmt und sie auf den Kapitalmärkten plaziert.[2] Mit dem Gesetz zur Umsetzung von EG-Richtlinien zur Harmonisierung bank- und wertpapierrechtlicher Vorschriften v. 22. 10. 1997[3] wurde die Übernahme von Wertpapieren im deutschen Recht zum erlaubnispflichtigen Bankgeschäft erklärt, sofern das Absatzrisiko bei den mitwirkenden Banken liegt (Übernahmekonsortium). Dies ist sowohl bei Festübernahmen der Wertpapiere als auch bei Übernahme gleichwertiger Garantien der Fall (§ 1 Abs. 1 S. 2 Nr. 10 KWG).

Bei dem Emissionsgeschäft sind verschiedene Rechtsverhältnisse zu unterscheiden: Das Rechtsverhältnis der Banken untereinander (Konsortialverhältnis), die Rechtsbeziehung zwischen dem Emittenten und dem Konsortium, die vertraglichen Beziehungen zwischen dem Konsortium bzw. den Konsortialbanken zu den Anlegern sowie die Rechtsbeziehung zwischen dem Emittenten und den Anlegern. Bevor auf die Rechtsprobleme internationaler Emissionen eingegangen wird, sollen die verschiedenen Rechtsbeziehungen zunächst im deutschen Recht dargestellt werden.   3

---

2 *Kümpel* Rdnr. 9.14 f.; *Schwintowski/Schäfer* § 23 Rdnr. 1, 5 f.
3 BGBl. I, S. 2518.

4 Fremdemission

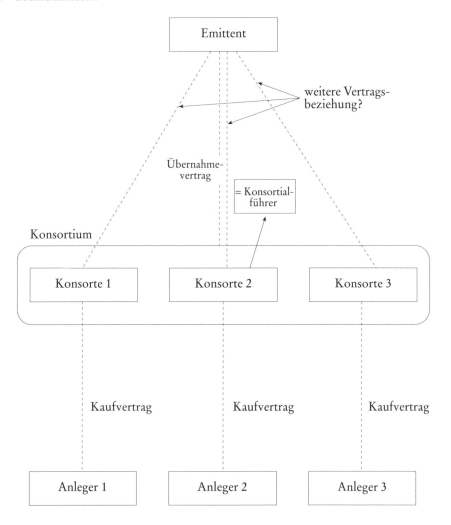

II. Rechtsbeziehungen nach deutschem Sachrecht

1. Rechtsverhältnis zwischen den Konsorten (Konsortialverhältnis)

a) Vertragliche Ausgestaltung und Abbedingung von Regelungen der BGB-Gesellschaft

5 Das Konsortialverhältnis wird im deutschen Recht nach ganz h.M. als Gesellschaft bürgerlichen Rechts qualifiziert. Der gemeinsame Zweck wird in der Übernahme und Plazierung der Wertpapiere, je nach Vereinbarung zwischen den Kon-

sorten daneben auch in der Börseneinführung und Kurspflegemaßnahmen gesehen.[4] Denn sehr häufig wird die Emission von Wertpapieren mit deren Einführung in den Börsenhandel verbunden und die Pflicht des Konsortiums vereinbart, unmittelbar nach der Emission und Erstplazierung der Wertpapiere deren Kurs zu stabilisieren; durch diese Kurspflege[5] sollen übermäßige Kursausschläge verhindert und so das Vertrauen der Anleger in das Papier sowie die an der Emission beteiligten Banken erhalten werden. Wenn auch die h.M. das Konsortium rechtlich als BGB-Gesellschaft einordnet, räumt sie aber doch ein, die Regelungen der §§ 705 ff. BGB seien i.d.R. im Konsortialvertrag abbedungen.[6] In der Tat sind die wesentlichen gesetzlichen Regelungen zur BGB-Gesellschaft rechtsgeschäftlich ausgeschlossen:

Da Gesamthandseigentum (§§ 718 f. BGB) aufgrund der nur gemeinschaftlichen **6** Verfügungsbefugnis der Konsorten (§ 719 BGB) sehr unpraktikabel wäre, wird i.d.R. Alleineigentum der Konsorten an der von ihnen übernommenen Quote an Wertpapieren vereinbart;[7] allerdings scheitert Alleineigentum der Konsorten bei Auslieferung einer Globalurkunde, da in diesem Fall aus tatsächlichen bzw. depotrechtlichen Gründen Miteigentum der Konsorten an dieser Globalurkunde besteht. Außerdem wird der Grundsatz der gemeinschaftlichen Geschäftsführung (§ 710 BGB) (zumindest i.d.R.) durch die alleinige Geschäftsführungs- sowie Vertretungsbefugnis der Konsortialführerin (Lead Manager) ersetzt.[8]

Darüber hinaus wird die Regelung zur gleichen Beitragspflicht der Gesellschaf- **7** ter (§ 706 BGB) sowie zur gleich hohen Gewinn- und Verlustbeteiligung (§ 722 BGB) durch die Vereinbarung einer in den Konsortialverträgen vereinbarten Haftungsquote der Konsorten – etwa auch für den Aufwendungsersatzanspruch des Konsortialführers[9] – rechtsgeschäftlich ausgeschlossen.[10] Insbesondere wird auch

---

4 Vgl. etwa BGH 13.4. 1992, BGHZ 118, 83, 99; *De Meo* S. 33–44; *Grundmann*, in: Bankrechtshandbuch III, § 112 insbes. Rdnr. 85; MünchKomm.-*Ulmer* BGB Vor § 705 Rdnr. 54; einschränkend *Claussen* § 9 Rdnr. 304–307, vgl. insbes. Rdnr. 307: GbR-Konstrukt sui generis, das nach Vertragsrecht lebt; skeptisch auch *Kümpel* Rdnr. 9.295 f.; anders *Bosch*, in: Bankrecht und Bankpraxis, Rdnr. 10/33, der es nicht für fernliegend hält, in einem Emissionskonsortialkreditgeschäft nur eine Mehrheit paralleler Kaufvertragsverpflichtungen zu sehen.

5 Vgl. hierzu auch unten Rdnr. 34; zu den rechtlichen Grenzen von Kurspflegemaßnahmen vgl. insbes. § 20 a WpHG, vgl. auch *Schwintowski/Schäfer* § 23 Rdnr. 90–92; *Kümpel* Rdnr. 9.82 f.

6 Vgl. etwa *Grundmann*, in: Bankrechtshandbuch III, § 112 Rdnr. 86–88; *Kümpel* Rdnr. 9.296 f.; *De Meo* S. 53.

7 Vgl. *Canaris* Rdnr. 2316, der auch ohne eine ausdrückliche Regelung gem. § 157 BGB eine entsprechende Vereinbarung annehmen möchte; vgl. auch *Grundmann*, in: Bankrechtshandbuch III, § 112 Rdnr. 103; *Kümpel* Rdnr. 9.299–301.

8 Vgl. Nr. 4 der Muster-Konsortialverträge, abgedruckt in: Bankrecht und Bankpraxis, Rdnr. 10/253 a–c, vgl. hierzu auch *Kümpel* Rdnr. 9.302; *Grundmann*, in: Bankrechtshandbuch III, § 112 Rdnr. 97 f.

9 Vgl. Nr. 9 der Muster-Konsortialverträge, abgedruckt in: Bankrecht und Bankpraxis, Rdnr. 10/253 a–c.

10 Vgl. hierzu *Kümpel* Rdnr. 9.307 ff.; *Bosch*, in: Bankrecht und Bankpraxis, insbes. Rdnr. 10/38; vgl. auch insbes. Nr. 2, 9 der Muster-Konsortialverträge, abgedruckt in: Bankrecht und

in den Konsortialverträgen (nicht nur im Übernahmevertrag mit dem Emittenten) die gesamtschuldnerische (Außen-) Haftung der Konsorten in aller Regel ausgeschlossen, der einzelne Konsorte verpflichtet sich vielmehr nur zur Übernahme der Wertpapiere in der von ihm zugesagten Quote.[11] Zweifelhaft und umstritten ist allerdings, ob der Ausschluß der gesamtschuldnerischen Haftung in den Konsortialverträgen und die Vereinbarung einer Haftungsbegrenzung des einzelnen Konsorten auf die Höhe seiner Konsortialquote wirksam sind (vgl. hierzu unten Rdnr. 16–21).

b) Rechtliche Einordnung des Konsortialverhältnisses als BGB-Gesellschaft

8   Die Gesamtschau der eben vorgestellten Regelungen läßt also in der Tat Zweifel daran aufkommen, ob es sich bei dem Konsortium überhaupt um eine BGB-Gesellschaft handelt. Immerhin wollen die Muster-Konsortialverträge, und zwar auch in der deutschen Version, die Entstehung einer BGB-Gesellschaft ausdrücklich rechtsgeschäftlich ausschließen.[12] Ein solcher rechtsgeschäftlicher Ausschluß ist allerdings nur wirksam, wenn die Konsorten keinen gemeinsamen Zweck verfolgen, da die rechtliche Beurteilung nun einmal Sache des Richters und nicht der Parteien ist.

9   Allerdings besteht nach den Muster-Konsortialverträgen immerhin eine Verpflichtung der Konsorten, weitere Aktien zu übernehmen, wenn ein Konsorte seine Quote nicht erfüllt oder nach Auffassung des Konsortialführers seine Verpflichtungen verletzen wird.[13] Inhalt der Konsortialverträge sind also Regelungen, die eine vollständige Übernahme der von dem Konsortium – wenn auch häufig nicht gesamtschuldnerisch, sondern lediglich als Teilschuldner (quotal) – eingegangenen Übernahmeverpflichtung sicherstellen sollen. Dies entspricht nicht nur der Regelung des §735 S. 2 BGB[14], sondern dürfte auch für die Annahme eines gemeinsamen Zwecks einer BGB-Gesellschaft genügen. Daneben können die Verpflichtung zur Börseneinführung und zu Kurspflegemaßnahmen weitere gemeinsame Zwecke i.S.d. §705 BGB sein. Daher kann der Versuch, die Vorschriften zur BGB-Gesellschaft in den Konsortialverträgen von vornherein und pauschal auszuschließen, nicht erfolgreich sein.

Bankpraxis, Rdnr. 10/253 a–c; vgl. hierzu auch Nr. 2 Standard Form Agreement Among Managers (Version 1), abgedruckt in: IPMA Handbook, hrsg. v. der International Capital Market Association (ICMA), 2004, Section Seven.

11   Vgl. etwa Nr. 2 der Muster-Konsortialverträge, abgedruckt in: Bankrecht und Bankpraxis, Rdnr. 10/253 a–c.

12   Vgl. Nr. 8 der Muster-Konsortialverträge, abgedruckt in: Bankrecht und Bankpraxis, Rdnr. 10/253 a–c; vgl. hierzu auch Nr. 8 Standard Form Agreement Among Managers (Version 1 und 3), abgedruckt in: IPMA Handbook, hrsg. v. der International Capital Market Association (ICMA), 2004, Section Seven.

13   Vgl. Nr. 3 der Muster-Konsortialverträge, abgedruckt in: Bankrecht und Bankpraxis, Rdnr. 10/253 a–c.

14   Vgl. hierzu auch *Kümpel* Rdnr. 9.312; *Grundmann*, in: Bankrechtshandbuch III, §112 Rdnr. 91; vgl. auch *Canaris* Rdnr. 2305f.

Tritt das Konsortium – wie regelmäßig – als solches gegenüber dem Emittenten   10
in Vertragsbeziehungen, so handelt es sich um ein Außenkonsortium (Außenge-
sellschaft), wobei die Konsortialführerin gegenüber dem Emittenten (auch) im Namen des Konsortiums handelt. Handelt die Konsortialführerin hingegen nur im eigenen Namen, wenn auch für Rechnung der Konsorten, so bestehen vertragliche
Außenbeziehungen nur zwischen der Konsortialführerin und dem Emittenten.
Das Konsortium ist ein Innenkonsortium (Innengesellschaft); diese Form wird
teilweise gewählt, um so nach Abschluß des Übernahmevertrags ohne Mitwirkung
des Emittenten den Kreis der Konsorten ändern zu können.[15] Hingegen handelt es
sich um eine bloße Unterbeteiligung, wenn ein Konsorte einen Teil der von ihm
übernommenen Quote an ein anderes Kreditinstitut still (also ohne Offenlegung
nach außen) überträgt; in diesem Fall besteht zwar ebenfalls eine Innengesellschaft,
aber nur zwischen dem übertragenden und dem unterbeteiligten Kreditinstitut,
während das unterbeteiligte Kreditinstitut weder zu den übrigen Konsorten noch
zu dem Emittenten in vertragliche Beziehungen tritt.[16]

c) Haftung des Konsortiums / der Konsorten für Pflichtverletzungen des Konsortialführers im Außenverhältnis

Da das Konsortium eine BGB-Gesellschaft darstellt, findet nach der neueren   11
BGH-Rechtsprechung auf die Haftung des Konsortiums für Pflichtverletzungen
des Konsortialführers § 31 BGB Anwendung.[17] Denn sofern der Konsortialführer
als solcher handelt, läßt sich kaum bestreiten, daß er wie ein „organschaftlicher Repräsentant"[18] für das Konsortium tätig wird. Hält man also § 31 BGB überhaupt
auf BGB-Gesellschaften für anwendbar, dürften die insoweit diskutierten Einschränkungen für Gesellschaften mit nicht organschaftlicher, d.h. nicht verselb-
ständigter Vertretungsstruktur bei Emissionskonsortien (trotz ansonsten zahlreicher vertraglicher Abweichungen von der „normalen" BGB-Gesellschaft) nicht
eingreifen.[19] Daher haftet das Konsortium und somit nach der neueren Rechtsprechung des BGH akzessorisch auch die Konsorten[20] für Pflichtverletzungen, die der
Konsortialführer als solcher begangen hat.

---

15 Vgl. etwa *Claussen* § 9 Rdnr. 311; *Kümpel* Rdnr. 9.288; *Hopt* Rdnr. 50.
16 Vgl. *Kümpel* Rdnr. 9.292f.; *Claussen* § 9 Rdnr. 312.
17 Vgl. zur Anwendbarkeit des § 31 BGB auf BGB-Gesellschaften BGH 24. 2. 2003, NJW
2003, 1445, 1446f.; BGH 24. 6. 2003, NJW 2003, 2984, 2985; vgl. zu dieser auch in der Lit. h.M.
statt vieler MünchKomm.-*Reuter* BGB § 31 Rdnr. 15; MünchKomm.-*Ulmer* BGB § 705
Rdnr. 262–264.
18 *De Meo* S. 309.
19 In diese Richtung tendierend auch *Schwintowski/Schäfer* § 23 Rdnr. 54; im Ergebnis für eine Haftung der Konsorten für Fehlverhalten der Konsortialführung *Grundmann*, in: Bankrechtshandbuch III, § 112 Rdnr. 99; wohl anders, allerdings ohne auf die Rechtsprechung des
BGH zur Anwendbarkeit des § 31 BGB auf BGB-Gesellschaften einzugehen, *Kümpel*
Rdnr. 9.305.
20 Vgl. zur akzessorischen Haftung der Gesellschafter einer BGB-Gesellschaft insbes. BGH
29. 1. 2001, BGHZ 146, 341, 343–347, 358; vgl. aber auch bereits BGH 27. 9. 1999, BGHZ 142,

12   Eine andere Frage ist allerdings, in welchen Fällen ein Konsortialführer überhaupt in Ausübung dieser Tätigkeit eine Pflichtverletzung begangen haben kann. Wie im Rahmen des Rechtsverhältnisses zum Emittenten noch darzustellen sein wird, handelt der Konsortialführer in vielen Phasen seiner Tätigkeit entweder im eigenen Namen oder aber im Namen und in Vertretung der einzelnen Konsorten. Ein Handeln in der Funktion als Konsortialführer und daher auch Pflichtverletzungen, die dem Konsortium zugerechnet werden können, sind allerdings insbes. bei der Börseneinführung und der börsengesetzlichen Prospekthaftung denkbar (§§ 44 ff. BörsG). Denn bei der Börseneinführung handelt es sich i.d.R. um eine Pflicht, die vom Konsortium als gemeinsamer (Gesellschafts-) Zweck und nicht allein von der Konsortialführung übernommen wird.[21] In diesem Fall ist daher eine Pflichtverletzung der Konsortialführung dem Konsortium gem. § 31 BGB zurechenbar; deshalb haften hier im Außenverhältnis (zum Geschädigten) einerseits das Konsortium, andererseits aber auch die Konsorten entsprechend § 128 HGB.[22]

d) Haftung der Konsortialführung / der Konsorten im Innenverhältnis

13   Von der Frage der Außenhaftung ist die nach der Risikoverteilung im Innenverhältnis zwischen den Konsorten zu unterscheiden. Insoweit kann der Konsortialvertrag eine ausdrückliche Haftungsregelung vorsehen. Hier stellt sich im übrigen generell die Frage, ob der Haftungsmaßstab der diligentia quam in suis gem. § 708 BGB auf die Risikoverteilung im Innenverhältnis zwischen Konsorten zur Anwendung kommt. Zwar bejaht dies die h.M.,[23] jedoch sprechen die besseren Gründe dafür, § 708 BGB als konkludent abbedungen anzusehen. Denn die bei Emissionskonsortien Beteiligten sind Banken und damit Kaufleute, die gem. § 347 HGB jedenfalls grds. für die Sorgfalt eines ordentlichen Kaufmanns einzustehen haben. Auch werden bei Abschluß des Konsortialvertrags alle beteiligten Banken davon ausgehen, daß ihre Vertragspartner bei Erfüllung der gesellschaftsvertraglichen Pflichten die Sorgfalt eines ordentlichen Bankers beachten werden. Besonders deutlich wird dies bei der Konsortialführung, die gerade aufgrund ihrer Ressourcen und ihrer Kompetenz diese Funktion übernommen hat und hierfür eine besondere Vergütung erhält.[24]

315, 320–322, wonach ein einseitiger Haftungsausschluß durch einen Gesellschafter bei Vertragsschluß ohne Zustimmung der Vertragsgegenseite nicht möglich ist.

21 So *De Meo* S. 58; *Grundmann*, in: Bankrechtshandbuch III, § 112 Rdnr. 92.

22 So wohl im Ergebnis auch *Schwintowski/Schäfer* § 23 Rdnr. 54; mit anderer Begründung *Grundmann*, in: Bankrechtshandbuch III, § 112 Rdnr. 53, 99: Haftung der Konsorten grds. zwar nur für eigenes Fehlverhalten, aber im Ergebnis doch Prospekthaftung der Konsorten, weil sie selbst (regelmäßig) auf dem Prospekt erscheinen; noch auf der Grundlage der früheren Rechtsprechung zur Haftung der BGB-Gesellschafter a.A. *Groß*, Emissions- und Konsortialgeschäft, BankR VII Rdnr. 24; *Bosch*, in: Bankrecht und Bankpraxis, Rdnr. 10/145f.

23 *Canaris* Rdnr. 2309; *Groß*, Emissions- und Konsortialgeschäft, BankR VII Rdnr. 23; *Schönle* § 19 II 4 b) (S. 279); vgl. auch allgemein für die Anwendbarkeit des § 708 BGB bei entgeltlicher Tätigkeit des Geschäftsführers MünchKomm.-*Ulmer* BGB § 708 Rdnr. 6.

24 So auch *Schwintowski/Schäfer* § 23 Rdnr. 51; *De Meo* S. 84f.

Soweit es um die Prospekthaftung (bei der Börseneinführung) geht und der   14
Konsortialvertrag keine spezielle Haftungsregelung vorsieht, ist für die Risikoverteilung im Innenverhältnis folgendes zu berücksichtigen: zum einen wurde der
Prospekt nur von der Konsortialführung zusammen mit dem Emittenten erstellt,
zum anderen erhält der Konsortialführer für diese Tätigkeit eine gesonderte Bör-
seneinführungsprovision. Daher wird man den Konsortialführer i.d.R. im Innenverhältnis (zwischen den Konsorten) als allein verantwortlich ansehen müssen.[25]

2. Rechtsverhältnis zwischen dem Emittenten und dem Konsortium / den Konsorten sowie dem Konsortialführer

a) Rolle des Konsortialführers
Der Übernahmevertrag wird i.d.R. zunächst zwischen Emittent und Konsortial-   15
führer ausgehandelt, so daß für ein etwaiges Verschulden der Konsortialführerin
bei den Vertragsverhandlungen oder für Beratungsfehler grundsätzlich nur diese,
und nicht die übrigen Konsorten haften.[26] Im allgemeinen wird das Konsortium
erst nach Aushandlung der Ausgabebedingungen gebildet. Im Anschluß hieran
schließt der Konsortialführer den Übernahmevertrag ab, der im Fall des sog. Einheitskonsortiums neben der Übernahme (Übernahmekonsortium) auch die Verpflichtung zur Unterbringung der Emission (Begebungskonsortium) enthält.
Fraglich ist allerdings, in wessen Namen der Konsortialführer bei Abschluß des
Übernahmevertrags handelt.

b) Parteien des Übernahmevertrags und Haftung des Konsortiums / der Konsorten für die Übernahme der Emission
Teilweise wird die Ansicht vertreten, bei Abschluß des Übernahmevertrags trete   16
der Konsortialführer ausschließlich im Namen und in Vertretung des Konsortiums
auf. Begründet wird dies mit Hinweis auf die Rechtsprechung des BGH zur
Rechtsfähigkeit der BGB-Gesellschaft sowie der akzessorischen Haftung der Gesellschafter für die Gesellschaftsverbindlichkeiten;[27] insbes. sei damit die Annahme
überholt, der Konsortialführer handle für die einzelnen Konsorten. Aus dem Handeln des Konsortialführers für das (rechtsfähige) Konsortium wird denn auch sogleich der Schluß gezogen, die Konsorten hafteten für die Übernahme und Plazierung der gesamten Emission als Gesamtschuldner; auch könne die Haftung der einzelnen Konsorten – vorbehaltlich individueller Haftungsbeschränkungen – nicht
mehr auf die Höhe ihrer jeweiligen Quote beschränkt werden.[28]

---

25 So auch *Grundmann*, in: Bankrechtshandbuch III, § 112 Rdnr. 100; *Bosch*, in: Bankrecht
und Bankpraxis, Rdnr. 10/149–10/151; *Kümpel* Rdnr. 9.305.
26 *Grundmann*, in: Bankrechtshandbuch III, § 112 Rdnr. 67; *Canaris* Rdnr. 2249.
27 Vgl. hierzu insbes. BGH 29. 1. 2001, BGHZ 146, 341, 343–347, 358; vgl. aber auch bereits
BGH 27. 9. 1999, BGHZ 142, 315, 320–322, wonach ein einseitiger Haftungsausschluß durch
einen Gesellschafter bei Vertragsschluß ohne Zustimmung der Vertragsgegenseite nicht möglich ist.
28 So MünchKomm.-*Ulmer* BGB Vor § 705 Rdnr. 56.

17   Gerade auch die Schlußfolgerung – grds. nicht beschränkbare Haftung der Konsorten für die Übernahme der Emission als Gesamtschuldner – entspricht in vielen Fällen nicht den vertraglichen Vereinbarungen im Übernahmevertrag. Zwar geht der Muster-Konsortialvertrag (Version 1) der International Capital Market Association (ICMA) von einer gesamtschuldnerischen Haftung der Konsorten im Verhältnis zum Emittenten aus.[29] In aller Regel übernehmen die Konsorten die Emission jedoch nicht als Gesamtschuldner (§ 427 BGB), sondern als Teilschuldner (§ 420 BGB).[30] Das Auftreten der Konsortialführung sollte aber im Zweifel so ausgelegt werden, daß die sich hieraus ergebenden rechtlichen Konsequenzen nach Möglichkeit nicht in Widerspruch stehen zu den (ausdrücklichen) Vereinbarungen im Übernahmevertrag. Da Übernahmeverträge weitgehend standardisiert sind[31] und häufig nicht im einzelnen ausgehandelt werden, kann eine lediglich quotale Haftung der Konsorten nicht stets mit einer individuellen Haftungsbeschränkung zwischen den Konsorten bzw. dem Konsortium und dem Emittent begründet werden. Allerdings besteht im Fall einer (intendierten) teilschuldnerischen Haftung der Konsorten der gemeinsame Zweck des Konsortiums lediglich[32] darin, durch zusätzliche (interne) Übernahmeverpflichtungen der Konsorten die Emission nach Möglichkeit insgesamt zu übernehmen. Daher bezieht sich die Vertretungsmacht des Konsortialführers, für das Konsortium zu handeln, auch nur auf die Verwirklichung dieses, auch dem Emittenten erkennbaren Gesellschaftszwecks. Daher sollte das Auftreten der Konsortialführung im Zweifel so ausgelegt werden, daß der Konsortialführer bei Abschluß des Übernahmevertrags einerseits das Konsortium vertritt, soweit es um die im Konsortialvertrag vereinbarten und auch im Übernahmevertrag enthaltenen gemeinsamen Zwecke geht. Soweit die Konsorten im Übernahmevertrag nur eine quotale Haftung eingehen wollen, dürfte das Handeln des Konsortialführers im Zweifel so auszulegen sein, daß er insoweit jeweils nur die einzelnen Konsorten und nicht das Konsortium vertritt. Damit steht auch die BGH-Rechtsprechung zur Rechtsfähigkeit und Haftung der BGB-Gesellschaft einer lediglich quotalen Haftung der Konsorten nicht entgegen.[33]

---

29   Vgl. hierzu Explanatory Note F. zu Standard Form Agreement Among Managers (Version 1), abgedruckt in: IPMA Handbook, hrsg. v. der International Capital Market Association (ICMA), 2004, Section Seven.
30   Vgl. etwa Art. 2 (1) des Muster-Übernahmevertrags, abgedruckt in Bankrecht und Bankpraxis, Rdnr. 10/245; vgl. auch *Grundmann*, in: Bankrechtshandbuch III, § 112 Rdnr. 70; *Schwintowski/Schäfer* § 23 Rdnr. 35; *De Meo* S. 148 f.; *Haag*, in: Unternehmensfinanzierung, § 17 Rdnr. 13.
31   Vgl. hierzu *Kümpel* Rdnr. 9.187 (für Anleiheemissionen), Rdnr. 9.249 (für Aktienemissionen).
32   Sofern nicht daneben noch weitere gemeinsame Zwecke in Form einer ggf. vereinbarten Börseneinführung und Kurspflegemaßnahmen vereinbart wurden.
33   Im Ergebnis hält auch *Kümpel* Rdnr. 9.307 f., 9.331 die Haftungsbegrenzung der Konsorten für wirksam, wobei *Kümpel* dies mit einem unabweisbaren Bedürfnis begründet; vgl. auch *De Meo* S. 149; im Ergebnis ähnlich, wenn auch mit Hinweis auf die fehlende Rechtsfähigkeit der BGB-Gesellschaft, die zumindest nicht mehr der neueren BGH-Rechtsprechung entspricht *Claussen* § 9 Rdnr. 314; *Canaris* Rdnr. 2263–2265.

Im Rahmen von Aktienemissionen stellen sich zusätzliche Probleme. Denn hier   18
sieht der BGH eine Haftungsbegrenzung als unwirksam an, wenn die Konsorten
nach Eintragung einer Kapitalerhöhung in das Handelsregister die Aktien mit der
Verpflichtung übernehmen, sie den Altaktionären zum Bezug anzubieten (sog.
mittelbares Bezugsrecht, vgl. § 186 Abs. 5 AktG).[34] Zur Begründung führt der
BGH an, die BGB-Gesellschaft bestehend aus den Konsorten sei hier Gesellschafter geworden, eine quotale Beschränkung der einzelnen Gesellschafter widerspre-
che damit aber den aktienrechtlichen Kapitalschutzvorschriften, die Aufbringung
und Erhaltung des Grundkapitals der Gesellschaft zu sichern.[35]

Die Literatur ist hier allerdings zu Recht mehrheitlich anderer Ansicht: Zum   19
einen liegt in dem Übernahmevertrag zwischen dem Emittenten und dem Konsortium noch nicht der korporationsrechtlich maßgebliche sowie die Zahlungsverpflichtung auslösende Akt der Zeichnung der Aktien (vgl. § 185 AktG). Bei Zeichnung der Aktien kann aber jeder Konsorte (bzw. die Konsortialführerin in Vertretung der Konsorten) seine Haftung auf seinen quotalen Anteil begrenzen; diese
quotale Haftungsbegrenzung steht weder einer umfassenden Übernahme der Aktien entgegen noch ist aktienrechtlich eine Ausfallhaftung eines Schuldners einer
Einlageverpflichtung für einen anderen vorgesehen.[36] Zum anderen schließt nach
hier vertretener Ansicht die Konsortialführerin den Übernahmevertrag hinsichtlich der jeweiligen Haftungsquote der Konsorten im Namen und in Vertretung der
einzelnen Konsorten ab.

Von der Frage der wirksamen Beschränkung der Haftung der Konsorten auf eine   20
bloße Teilschuld ist die weitere Frage zu trennen, ob die im Konsortialvertrag zwischen den Konsorten vereinbarte Pflicht, über die eigene Quote hinaus weitere
Wertpapiere zu übernehmen, falls ein Konsorte seine Quote nicht erfüllen sollte,
auch im Außenverhältnis gegenüber dem Emittenten besteht. Dies wird teilweise
dann angenommen, wenn Emittent und Konsortium – trotz Ausschluß der ge-

---

34 Bei einer Kapitalerhöhung besteht die Gefahr, daß die Altaktionäre durch die Ausgabe
neuer Aktien an Einfluß verlieren, da sich ihr prozentualer Stimmrechtsanteil verringert. Daneben besteht die Gefahr der Kursverwässerung, weil die neuen Aktien häufig zu einem im Vergleich zu den Altaktien niedrigeren Ausgabekurs emittiert werden. Um den Altaktionär gegen
diese Gefahren zu schützen, steht ihm bei Kapitalerhöhungen grds. ein Recht auf Bezug neuer
Aktien in dem Umfang seiner bisherigen Beteiligung am Grundkapital zu (§ 186 Abs. 1 AktG).
Die Übernahme einer Aktienemission durch ein Emissionskonsortium könnte nun eine
(unzulässigen) Ausschluß des Bezugsrechts der Altaktionäre darstellen. Gem. § 186 Abs. 5
AktG ist es jedoch nicht als Ausschluß des Bezugsrechts anzusehen, wenn ein Kreditinstitut die
neuen Aktien mit der Verpflichtung übernimmt, sie den Altaktionären zum Bezug anzubieten.
Sinn dieser gesetzlichen Fiktion des § 186 Abs. 5 AktG ist, das mittelbare Bezugsrecht von den
erschwerenden Voraussetzungen für einen Bezugsrechtsausschluß (vgl. § 186 Abs. 3 und 4
AktG) freizustellen (vgl. BGH 13. 4. 1992, BGHZ 118, 83, 96); vgl. zum (mittelbaren) Bezugsrecht statt vieler *Kümpel* Rdnr. 9.270–9.275.
35 So BGH 13. 4. 1992, BGHZ 118, 83, 99 f.; dem BGH folgend *Bartz* § 50 Rdnr. 54.
36 Vgl. *Groß*, AG 1993, 108, 116 f.; *ders.*, in: Bankrecht und Bankpraxis, Rdnr. 10/316 b; ähnlich auch *Kümpel* Rdnr. 9.309 f.; *Grundmann*, in: Bankrechtshandbuch III, § 112 Rdnr. 104.

samtschuldnerischen Haftung gegenüber dem Emittenten – von einer vollständigen Übernahme der Emission ausgehen.[37]

21　　Sicherlich kommt es für die Frage, ob und welche Pflichten gegenüber dem Emittenten bestehen, auf die konkreten Vereinbarungen im Einzelfall an. So kann die Vereinbarung einer Verlustbeteiligung im Konsortialvertrag als ein Vertrag zugunsten des Emittenten ausgestaltet sein; möglich ist aber auch, daß zwischen den Konsorten und dem Emittenten – zumindest stillschweigend – ein Anspruch des Emittenten gegen den einzelnen Konsorten auf Übernahme einer höheren als der zunächst ausdrücklich vorgesehenen Quote für den Fall vereinbart wird, daß ein anderer Konsorte ausfällt. Sofern die gesamtschuldnerische Haftung der Konsorten ausgeschlossen wurde, kann allerdings ein Anspruch des Emittenten auf Übernahme weiterer Teile der Emission nicht so ohne weiteres angenommen werden. Auch wenn Emittent und Konsorte von der Übernahme der gesamten Emission ausgehen, läßt sich hieraus im Verhältnis zum Emittenten i.d.R. nur die Verpflichtung der Konsortialführerin bzw. Konsorten entnehmen, sich trotz Ausfalls eines Konsorten um die Unterbringung der gesamten Emission zu bemühen. Hingegen besteht zumindest im Regelfall kein Anspruch des Emittenten auf Übernahme der Gesamtemission durch eine verhältnismäßige Quotenerhöhung der übrigen Konsorten.

c) Rechtliche Einordnung des Übernahmevertrags bei Anleiheemissionen

22　　Umstritten ist insbesondere bei der Anleiheemission die Rechtsnatur des Übernahmevertrags: während die h.M. im Fall der Festübernahme einer Anleiheemission einen Kaufvertrag oder zumindest einen kaufähnlichen Vertrag (mit geschäftsbesorgungsrechtlichen Elementen) annimmt,[38] sieht eine Mindermeinung hierin einen Darlehensvertrag.[39] An der Kaufvertragskonstruktion wird insbes. als problematisch angesehen, daß im Zeitpunkt des Abschlusses des Übernahmevertrags die Forderung, die in der Inhaberschuldverschreibung verbrieft wird, noch nicht besteht, sondern erst mit Begebung der Anleihe zur Entstehung gelangt, und sich überdies gegen den Emittenten selbst richten soll.[40] Deshalb hält *Canaris* den Übernahmevertrag bei Anleiheemissionen für einen Darlehensvertrag und die Begründung der Forderung aus der Schuldverschreibung für eine Leistung an Erfüllungs Statt (§ 364 Abs. 1 BGB). Ein Darlehensvertrag ist aber von den Parteien nicht gewünscht, da bei Scheitern der Ausgabe der Wertpapiere[41] die Konsortial-

---

37　So insbes. *Kümpel* Rdnr. 9.313; in diesem Sinn auch *Grundmann*, in: Bankrechtshandbuch III, § 112 Rdnr. 91; a.A. *De Meo* S. 57.
38　Vgl. statt vieler *Bosch*, in: Bankrecht und Bankpraxis, Rdnr. 10/68–10/70; vgl. auch *Kümpel* Rdnr. 9.189: kaufähnlicher Vertrag mit geschäftsbesorgungsvertraglichen Elementen; noch etwas anders MünchKomm.-*Ulmer* BGB Vor § 705 Rdnr. 57, der den Übernahmevertrag bei Anleiheemissionen für einen Vertrag eigener Art hält, der sowohl kaufrechtliche als auch Darlehens- und Geschäftsbesorgungselemente enthält; ähnlich *Schwintowski/Schäfer* § 23 Rdnr. 66.
39　Vgl. insbes. *Canaris* Rdnr. 2243.
40　Vgl. *Canaris* Rdnr. 2243.
41　Falls etwa eine möglicherweise erforderliche behördliche Genehmigung nicht erteilt wird.

banken nicht zur Darlehensauszahlung verpflichtet sein sollen.[42] Auch stehen m.E. keine grundsätzlichen rechtlichen Prinzipien der Annahme entgegen, das Konsortium kaufe in dem Übernahmevertrag eine künftige, erst noch zu begründende Forderung, die sich gegen den Verkäufer selbst richtet bzw. richten wird. Die Streitfrage der zutreffenden rechtlichen Einordnung des Übernahmevertrags ist letztlich jedoch von geringer praktischer Relevanz, da auch bei Annahme eines Darlehensvertrags die Vorschriften des Kaufrechts über § 365 BGB zur Anwendung gelangen.[43]

In dem Übernahmevertrag können die Konsorten aber auch weitere Verpflichtungen wie etwa die Börseneinführung sowie Kurspflegemaßnahmen eingehen. In diesem Fall enthält der Übernahmevertrag neben dem Kaufvertrag auch Elemente eines Geschäftsbesorgungsvertrags.[44] Allerdings hängt die rechtliche Qualifizierung des Übernahmevertrags stets von der konkreten Ausgestaltung im Einzelfall ab. **23**

d) Rechtliche Einordnung des Übernahme- und Zeichnungsvertrags bei Aktienemissionen

Weniger umstritten ist die rechtliche Einordnung des Übernahmevertrags bei Aktienemissionen. Insoweit sind allerdings zwei Fälle zu unterscheiden: Das Konsortium kann bereits existierende Aktien (etwa von einem Großaktionär) übernehmen (sog. Block Trade)[45] und daher – ebenso wie bei Anleihemissionen – mit dem Übernahmevertrag einen Kaufvertrag oder doch zumindest kaufähnlichen Vertrag mit dem Emittenten bzw. sonstigen Verkäufer abschließen.[46] **24**

Häufig werden aber neu zu emittierende Aktien übernommen. In diesem Fall liegt in dem Übernahmevertrag die Verpflichtung zum Abschluß eines korporationsrechtlichen Beitrittsvertrags, des Zeichnungsvertrags (vgl. zur Zeichnung § 185 AktG). Voraussetzung für die Entstehung des Mitgliedschaftsrechts ist hier – neben dem Zeichnungsvertrag – die Eintragung der Kapitalerhöhung bzw. der Aktiengesellschaft, sofern sich das Konsortium an einer Neugründung beteiligt. Der Zeichnungsvertrag begründet jedoch keinen Anspruch auf Durchführung der Kapitalerhöhung bzw. auf Anmeldung zur Eintragung in das Handelsregister.[47] Daneben stellt sich die Frage, welche Verpflichtungen der Emittent mit Abschluß des Übernahmevertrags eingeht. Zwar dürfen vor der Eintragung der Kapitalerhöhung bzw. – im Fall der Neugründung – vor Eintragung der Aktiengesellschaft die (neuen) Anteilsrechte nicht übertragen und die Aktien nicht ausgegeben werden (vgl. **25**

---

42 So zutreffend *Bosch*, in: Bankrecht und Bankpraxis, Rdnr. 10/69.
43 Hierauf weist auch *Canaris* Rdnr. 2243 zu Recht hin; ähnlich auch *Horn* S. 138.
44 Dies dürfte unstr. sein, vgl. etwa *MünchKomm.-Ulmer* BGB Vor § 705 Rdnr. 57; *Kümpel* Rdnr. 9.189; vgl. auch *Canaris* Rdnr. 2260.
45 Vgl. hierzu auch *Haag*, in: Unternehmensfinanzierung, § 17 Rdnr. 7.
46 Vgl. *Kümpel* Rdnr. 9.245; *Bosch*, in: Bankrecht und Bankpraxis, Rdnr. 10/71.
47 Vgl. *Wiedemann, Herbert*, in: Großkomm. z. AktG, 4. Aufl. 1995, § 185 Rdnr. 35; *Kümpel* Rdnr. 9.248.

§§ 191, 41 Abs. 4 AktG). Diese Vorschriften stehen daher der Wirksamkeit von Verfügungsgeschäften über die Mitgliedschaftsrechte vor Eintragung der Kapitalerhöhung in das Handelsregister entgegen. Möglich bleibt aber die Verpflichtung des Emittenten in dem Übernahmevertrag, nach Eintragung der Kapitalerhöhung bzw. der Aktiengesellschaft die Mitgliedschaftsrechte zu übertragen.[48]

26   Sowohl der Verpflichtungsvertrag als auch der korporationsrechtliche Beitrittsvertrag (Zeichnungsvertrag) stellen Verträge sui generis dar.[49] Der Übernahmevertrag enthält dabei – ähnlich wie bei Anleiheemissionen – häufig Elemente eines Geschäftsbesorgungsvertrags, so insbesondere bei der Verpflichtung der Konsorten zur Börseneinführung sowie bei Verpflichtung der Konsorten, den Altaktionären die entsprechende Anzahl an neuen Aktien zum Kauf anzubieten, um so ihr Bezugsrecht auszuüben. In diesem Fall handelt es sich um einen Vertrag zugunsten Dritter (der Altaktionäre) i.S.d. § 328 BGB.[50]

e) Rechtliche Einordnung des Rechtsverhältnisses zwischen dem Emittenten und dem Konsortium / den Konsorten bei fehlender Festübernahme

27   Sofern das Konsortium / die Konsorten Anleihe- oder Aktienemissionen (ausnahmsweise) nicht fest übernehmen, wird zwischen dem Emittenten und dem Konsortium / den Konsorten ein Kommissionsvertrag abgeschlossen. In diesem Fall handelt es sich um ein bloßes Begebungskonsortium, das nicht § 1 Abs. 1 S. 2 Nr. 10 KWG (Emissionsgeschäft), sondern § 1 Abs. 1 S. 2 Nr. 4 KWG (Finanzkommissionsgeschäft) unterfällt.[51] Allerdings ist bei neu zu emittierenden Aktien der Abschluß eines bloßen Kommissionsvertrags schon deshalb unpraktikabel, weil die Kapitalerhöhung erst eingetragen werden kann, wenn auch alle Aktien gezeichnet wurden.

f) Inhaltliche Ausgestaltung des Übernahmevertrags
aa) Generelle Regelungen

28   Neben der Pflicht zur Übernahme und zumeist auch der Unterbringung der Emission (so jedenfalls im Fall des Einheitskonsortiums) enthält der Übernahmevertrag eine Reihe weiterer Regelungen. Sofern eine Börseneinführung geplant ist, verpflichtet sich das Konsortium, diese zu betreiben, und der Emittent, die hierzu erforderlichen Informationen und Unterlagen zu liefern; auch übernimmt der Emittent i.d.R. die Verpflichtung, die Konsortialbanken von der (im Außenverhältnis zum Anleger bestehenden) Prospekthaftung im Fall unrichtiger bzw. unvollständi-

---

48 Vgl. *Lutter, Marcus*, in: Kölner Komm. z. AktG, 2. Aufl. 1995, § 191 Rdnr. 3; *Hüffer, Uwe* AktG, 6. Aufl. 2004, § 191 Rdnr. 2; ähnlich *Grundmann*, in: Bankrechtshandbuch III, § 11? Rdnr. 76.
49 Vgl. *Canaris* Rdnr. 2244; MünchKomm.-*Ulmer* BGB Vor § 705 Rdnr. 57; *Kümpe* Rdnr. 9.247 f.; *Schwintowski/Schäfer* § 23 Rdnr. 68.
50 So *Canaris* Rdnr. 2244; *Schwintowski/Schäfer* § 23 Rdnr. 68 f.; vgl. auch *De Meo* S. 160.
51 *Canaris* Rdnr. 2243 f.; *Schwintowski/Schäfer* § 23 Rdnr. 67, 70; *Claussen* § 9 Rdnr. 298, 302

ger Prospekte freizustellen.[52] Überdies finden sich in den Übernahmeverträgen teilweise auch (zeitlich befristete) Verkaufsbeschränkungen für die Konsorten, um so zu verhindern, daß (neu) emittierte Wertpapiere in einen Staat gelangen, dessen kapitalmarktrechtliche Anforderungen für den öffentlichen Vertrieb dieser Papiere nicht erfüllt sind.[53] Daneben sehen die Übernahmeverträge für den Fall einer wesentlichen nachteiligen Änderung der wirtschaftlichen Verhältnisse des Emittenten (sog. Business MAC)[54] oder der allgemeinen politischen und wirtschaftlichen Rahmenbedingungen (sog. Market MAC)[55] häufig ein Rücktrittsrecht vor;[56] teilweise ist diese Klausel aber auch als aufschiebende Bedingung für die Übernahmeverpflichtung der Konsorten formuliert.

bb) Preisfindungsmechanismus

Insbesondere wird auch der Preis bzw. der Preisfindungsmechanismus im Übernahmevertrag festgelegt. Bei Anleiheemissionen wie auch bei etlichen Aktienemissionen übernehmen die Konsorten (bzw. das Konsortium) die Emission zu einem festen Preis (sog. Festpreisverfahren). Dieses Verfahren birgt insbes. bei Aktienemissionen allerdings die Gefahr der Fehleinschätzung des Marktes mit der Konsequenz, daß bei zu niedrig angesetztem Ausgabepreis die Aktien vom Emittenten zu billig an das Konsortium verkauft wurden; bei zu hohem Ausgabepreis besteht hingegen die Gefahr, daß entweder das Konsortium Probleme hat, die Emission unterzubringen (zu plazieren), oder die Anleger zu teuer erwerben.[57] Daher wird auch in Deutschland seit etlichen Jahren das sog. Bookbuilding-Verfahren praktiziert, bei dem der Ausgabepreis unter Einbindung der Anleger ermittelt wird. **29**

Beim Bookbuilding-Verfahren wird zunächst in einer Pre-Marketingphase der marktgerechte Preis mit potentiellen Investoren (überwiegend institutionellen Anlegern) erörtert und dann zu Beginn der Marketing-Phase, also der Phase der Vermarktung der Aktien mit Unternehmenspräsentationen (sog. roadshows), eine Preisspanne bekanntgegeben. Im Rahmen dieser Preisspanne können Anleger in der folgenden Orderphase Angebote zum Erwerb der Papiere abgeben; diese Orders werden in einem Orderbuch gesammelt, das i.d.R. von dem Lead Manager **30**

---

52 Vgl. *Schwintowski/Schäfer* § 23 Rdnr. 78, 126; *Kümpel* Rdnr. 9.192; *De Meo* S. 151 f.; vgl. auch *Bosch*, in: Bankrecht und Bankpraxis, Rdnr. 10/152, wonach die Haftung des Emittenten im Innenverhältnis gegenüber den Konsorten meist in den Emissionsverträgen geregelt ist.

53 Vgl. hierzu *Schäfer, Frank A./Mimberg, Jörg*, Verkaufsbeschränkungen bei der Emission von Wertpapieren, in: FS Hadding, 2004, S. 1063–1080.

54 Hierbei handelt es sich um die Abkürzung für Business Material Adverse Change Clauses, vgl. auch *Diekmann*, in: Unternehmensfinanzierung, § 18 Rdnr. 30, 79.

55 Hierbei handelt es sich um die Abkürzung für Market Material Adverse Change Clauses, vgl. auch *Diekmann*, in: Unternehmensfinanzierung, § 18 Rdnr. 30, 79.

56 Vgl. *Kümpel* Rdnr. 9.193; *Schwintowski/Schäfer* § 23 Rdnr. 84–86; vgl. dazu, daß die Ausübung des Rücktrittsrechts nicht mehr eine bloße Geschäftsführungsmaßnahme darstellt und daher nicht unter die „normale" Geschäftsführungsbefugnis der Konsortialführerin fällt, *Canaris* Rdnr. 2315.

57 Vgl. hierzu *Schwintowski/Schäfer* § 23 Rdnr. 71 f.; *Kümpel* Rdnr. 9.253–9.256.

(bookrunner) geführt wird. Nach Ablauf der Orderphase bestimmt das Konsortium in Abstimmung mit dem Emittenten anhand der Kaufangebote den endgültigen Emissionspreis und teilt die Wertpapiere den Investoren zu.[58]

31   Rechtlich gesehen stellt das zu Beginn der Orderphase unter Angabe einer Preisspanne veröffentlichte Verkaufsangebot kein bindendes Angebot i.S.d. § 145 BGB dar; vielmehr handelt es sich um eine bloße invitatio ad offerendum, mit der die (potentiellen) Anleger aufgefordert werden, ihrerseits bestimmte Angebote zum Erwerb von Aktien abzugeben.[59] Sofern nicht bereits im Verkaufsangebot enthalten, ergibt sich aus einer interessengerechten Auslegung der Angebote der Anleger, daß diese bis zum Abschluß der Orderphase an ihr Angebot nicht gebunden sind; denn ansonsten würden die Anleger bis zum letzten Tag der Orderphase mit ihrem Angebot warten, um so nicht das wirtschaftliche Risiko für sie negativer Marktentwicklungen zu tragen.[60]

32   Vor Einfügung des § 186 Abs. 2 S. 2 AktG durch das Transparenz- und Publizitätsgesetz v. 19.7. 2002 eignete sich das Bookbuilding-Verfahren allerdings nicht für Emissionen, bei denen – wie i.d.R. bei Kapitalerhöhungen – den Altaktionären ein Recht zum Bezug der neuen Aktien zusteht (§ 186 Abs. 1 AktG). Denn bis zu dieser Gesetzesänderung mußte in dem Bezugsangebot der Ausgabebetrag genau beziffert sein. Da jedoch das wesentliche Kennzeichen des Bookbuilding-Verfahrens die bloße Angabe einer Preisspanne ist, konnte der Ausgabepreis bei Kapitalerhöhungen nicht im Wege des Bookbuilding ermittelt werden, es sei denn, das Bezugsrecht der Aktionäre wäre wirksam ausgeschlossen worden (vgl. § 186 Abs. 3 S. 4 AktG).[61] Zulässig ist nunmehr aber auch, zunächst lediglich die Grundlagen für die Festlegung des Preises bekanntzugeben und den Ausgabebetrag spätestens 3 Tage vor Ablauf der Bezugsfrist zu publizieren (vgl. § 186 Abs. 2 S. 2 AktG sowie – für das mittelbare Bezugsrecht der Aktionäre – § 186 Abs. 5 S. 2 AktG i.V.m. § 186 Abs. 2 S. 2 AktG). Daher kann der Ausgabebetrag mittlerweile auch dann im Bookbuilding-Verfahren ermittelt werden, wenn Bezugsrechte der Altaktionäre bestehen.[62]

33   Hingegen wird das Bookbuilding-Verfahren schon seit etlichen Jahren bei erstmaligen Verkaufsangeboten (sog. Initial Public Offerings, abgekürzt IPO, oder auch Going Public) praktiziert, so etwa bei Umwandlung (etwa von Familienunternehmen) in die Rechtsform einer Aktiengesellschaft oder der Privatisierung von

---

58   Vgl. zu diesem Bookbuilding-Verfahren *Willamowski* Rdnr. 134–229; *Schwintowski/Schäfer* § 23 Rdnr. 74; *Kümpel* Rdnr. 9.258–9.260; *Groß*, ZHR 162 (1998), 320–322; *Claussen* § ⁀ Rdnr. 328.

59   So *Groß*, ZHR 162 (1998), 323; *Willamowski* Rdnr. 434; *Schwintowski/Schäfer* § 2⁀ Rdnr. 74.

60   So auch im Ergebnis *Willamowski* Rdnr. 453–470; *Groß*, ZHR 162 (1998), 329; *Schwin toswki/Schäfer* § 23 Rdnr. 74.

61   Vgl. *Willamowski* Rdnr. 127; *Groß*, ZHR 162 (1998), 333–337.

62   So zutreffend *Hüffer, Uwe*, AktG, 6. Aufl. 2004, § 186 Rdnr. 19 a; a.A., ohne allerdings au⁀ die Gesetzesänderung durch Einfügung des § 186 Abs. 2 S. 2 AktG einzugehen, *Kümpe* Rdnr. 9.261f.

Staatseigentum.[63] Denn hier bestehen keine Bezugsrechte von Altaktionären, so daß schon vor Einfügung des § 186 Abs. 2 S. 2 AktG keine Notwendigkeit bestand, die Aktien (bestimmten Anlegern bindend) anzubieten und gleichzeitig den genauen Ausgabepreis zu beziffern; andererseits stellt sich bei IPOs das Problem der Preisfindung in besonderem Maße, da hier (anders als bei Kapitalerhöhungen) nicht der Kurs von Altaktien bei der Feststellung des Ausgabepreises der neuen Aktien herangezogen werden kann.

cc) Marktstabilisierung (Greenshoe-Option und Marktschutzvereinbarungen)

Häufig enthalten Übernahmeverträge die bereits erwähnte Verpflichtung der Konsorten zur Kurspflege, um übermäßige Kursausschläge zu verhindern und so das Vertrauen der Anleger in das Papier sowie die an der Emission beteiligten Banken zu erhalten.[64] Die rechtlichen Grenzen solcher Kurspflegemaßnahmen ergeben sich aus § 20 a WpHG i.V.m. der VO zur Konkretisierung des Verbots der Marktmanipulation v. 1. 3. 2005[65] (vgl. § 20 a Abs. 5 WpHG). Im übrigen stellen Stabilisierungsmaßnahmen, die nach Maßgabe der VO (EG) Nr. 2273/2003 der Kommission v. 22. 12. 2003[66] erfolgen, gem. § 20 a Abs. 3 WpHG von vornherein keine verbotene Marktpreismanipulation i.S.d. § 20 a Abs. 1 S. 1 WpHG dar.

Daneben können die Parteien im Übernahmevertrag weitere marktstabilisierende Vereinbarungen treffen. Hierzu zählt die sog. Greenshoe-Option (Mehrzuteilungsoption). Dabei wird dem Konsortium das Recht eingeräumt, über das geplante Emissionsvolumen hinaus weitere 10 bis 15% der Emission zu beziehen, um so eine entsprechend hohe Nachfrage der Anleger zu befriedigen. Dieses Recht auf Bezug weiterer Aktien kann zunächst in der Vereinbarung mit den Altaktionären der Gesellschaft bestehen, entsprechende Wertpapiere darlehensweise zu erhalten. Da andererseits etliche Anleger die erworbenen Aktien zum Zweck eines raschen Kursgewinns sogleich wieder veräußern, besteht die Gefahr, daß der Kurs der emittierten Aktie kurze Zeit nach deren Zuteilung absinkt. In diesem Fall kauft das Konsortium zum Zweck der Kursstabilisierung die betreffenden Aktien wieder auf; mit diesen Aktien kann das Konsortium dann die Verpflichtung aus den Wertpapierdarlehensverträgen zur Rückübertragung der Aktien erfüllen. Ist der Kurs der Aktie mittlerweile jedoch gestiegen, ist ein solcher Rückerwerb der ausgegebenen Aktien weder zum Zweck der Kursstabilisierung erforderlich noch wirtschaftlich sinnvoll, da der Rückkauf der Aktien nur mit einem Verlust für das Konsortium erfolgen könnte. Für diesen Fall wird dem Konsortium eine Kaufoption (meist mit einer Laufzeit von etwa 4 Wochen) für die betreffenden Wertpapiere (zum ur-

34

35

---

63 Vgl. *Kümpel* Rdnr. 9.261 f.; *Schwintowski/Schäfer* § 23 Rdnr. 73 f.

64 Zu den rechtlichen Grenzen von Kurspflegemaßnahmen vgl. insbes. § 20 a WpHG, vgl. auch *Schwintowski/Schäfer* § 23 Rdnr. 90–92; *Kümpel* Rdnr. 9.82 f.

65 BGBl. I, S. 515.

66 Genauer: VO (EG) Nr. 2273/2003 der Kommission v. 22. 12. 2003 zur Durchführung der Richtlinie 2003/6/EG des Europäischen Parlaments und des Rates – Ausnahmeregelungen für Rückkaufprogramme und Kursstabilisierungsmaßnahmen, ABl. Nr. L 336, S. 33 v. 23. 12. 2003.

sprünglichen Emissionskurs) entweder von den Altaktionären oder der Gesellschaft eingeräumt.[67]

36   Daß die Greenshoe-Option sowie die hiermit bezweckte Kursstabilisierung grds. zulässig sind und hierin insbes. auch kein Verstoß gegen das Verbot der Marktmanipulation gem. § 20 a WpHG gesehen werden kann, ergibt sich aus dem Ausnahmetatbestand des § 20 a Abs. 3 WpHG mit Hinweis auf die VO (EG) Nr. 2273/2003 der Kommission v. 22. 12. 2003. Danach sind Greenshoe-Optionen zulässig, soweit sie 15% des Emissionsvolumens nicht überschreiten und im Rahmen einer Überzeichnung innerhalb des Stabilisierungszeitraums des Art. 8 dieser VO[68] ausgeübt werden; überdies ist die Öffentlichkeit unverzüglich über die Ausübung der Greenshoe-Option zu unterrichten (Art. 11 c) bis f) dieser VO).[69]

37   Während unter diesen Voraussetzungen eine Greenshoe-Vereinbarung mit den Altaktionären unproblematisch ist, wirft ein Greenshoe, bei dem die Gesellschaft Vertragspartner der Option ist, die Frage auf, wie diese die Kaufoption des Konsortiums erfüllen kann. In der Praxis wird hierfür die Möglichkeit einer Kapitalerhöhung gem. §§ 202ff. AktG (genehmigtes Kapital) unter Ausschluß des Bezugsrechts der Aktionäre vorgesehen. Allerdings hat das KG einen entsprechenden Hauptversammlungsbeschluß für nichtig erklärt, mit dem der Vorstand einer AG zur Sicherung der Optionsverpflichtungen ermächtigt wurde, eine Kapitalerhöhung unter Ausschluß des Bezugsrechts der Aktionäre vorzunehmen. Begründet hat dies das KG unter Hinweis auf § 255 Abs. 2 AktG, wonach bei Ausschluß des Bezugsrechts der Aktionäre die Anfechtung eines solchen Hauptversammlungsbeschlusses auch darauf gestützt werden kann, daß der sich aus dem Erhöhungsbeschluß ergebende Ausgabebetrag unangemessen niedrig ist.[70] Dabei hat das KG § 255 Abs. 2 AktG angewandt, obgleich der Hauptversammlungsbeschluß keine Aussage über den Ausgabebetrag enthielt; noch wesentlicher ist aber, daß das KG für die Frage, ob der Ausgabebetrag angemessen bzw. unangemessen niedrig war, auf den Börsenpreis der Aktie im Zeitpunkt der Ausübung des Optionsrechts und nicht im Zeitpunkt des Eingehens der Optionsverpflichtung abgestellt hat (vgl. zum generellen Vergleichsmaßstab des Börsenpreises § 186 Abs. 3 S. 4 AktG).[71] Insbesondere aus diesen Gründen wurde die Entscheidung des KG in der Lit. zu Recht stark kritisiert.[72] Allerdings ist derzeit – bis zu einer anderslautenden höchst-

---

67 Vgl. hierzu *Groß*, in: Bankrecht und Bankpraxis, Rdnr. 10/272; *Schanz, Kai-Michael*, Zur Zulässigkeit des „Greenshoe"-Verfahrens nach deutschem Aktienrecht, BKR 2002, 439–447, 441–443; *Technau*, AG 1998, 457f.; *Schwintowski/Schäfer* § 23 Rdnr. 93; *Kümpel* Rdnr. 9.264.
68 Dieser Stabilisierungszeitraum beträgt höchstens 30 Kalendertage, vgl. zum Beginn dieser Frist auch Art. 8 der VO (EG) Nr. 2273/2003.
69 Vgl. hierzu auch *Bisson, Frank/Kunz, Anna*, Die Kurs- und Marktpreismanipulation nach In-Kraft-Treten des Gesetzes zur Verbesserung des Anlegerschutzes vom 28. 10. 2004 und der Verordnung zur Konkretisierung des Verbots der Marktmanipulation vom 1. 3. 2005, BKR 2005, 186–190, 189.
70 KG 22. 8. 2001, BKR 2002, 464, 466.
71 KG 22. 8. 2001, BKR 2002, 464, 466.
72 Vgl. *Schanz, Kai-Michael*, Zur Zulässigkeit des „Greenshoe"-Verfahrens nach deutschem

richterlichen Entscheidung – das Greenshoe-Verfahren rechtlich überaus unsicher, sofern der aus der Kaufoption verpflichtete Vertragspartner die Gesellschaft selbst und nicht die Altaktionäre sind.[73]

In den Übernahmeverträgen finden sich häufig auch Marktschutzvereinbarun-[38] gen[74] in Form sog. Verwässerungsschutzvereinbarungen. Danach verpflichtet sich der Emittent gegenüber dem Emissionskonsortium, für eine bestimmte Zeit auf weitere Kapitalerhöhungen (ohne Zustimmung des Konsortiums) zu verzichten und auch keine Wandlungsrechte auf Aktien der Gesellschaft zu begeben. Auch diese Vereinbarungen dienen dem Erfolg der Plazierung und insbesondere einer stabilen Kursentwicklung.[75] Allerdings werfen Verwässerungsschutzvereinbarungen ebenfalls rechtliche Probleme auf: So stellt sich insbes. die Frage, ob und wie lange eine Kapitalgesellschaft sich ihrer Entscheidungsfreiheit begeben kann, ordentliche Kapitalerhöhungen durchzuführen.[76] Zulässig sind hingegen Verpflichtungserklärungen der Gesellschaft des Inhalts, für eine bestimmte Zeit auf die Ausübung eines genehmigten Kapitals zu verzichten, sowie durch Kapitalerhöhungen geschaffene Aktien nicht öffentlich anzubieten.[77]

3. Rechtsverhältnis zwischen dem Emittenten und den Anlegern

a) Maßgeblichkeit des verbrieften Rechts

Das Rechtsverhältnis zwischen dem Emittenten und den Anlegern bestimmt sich [39] in erster Linie nach dem in dem Wertpapier verbrieften Recht. Dies bedeutet, daß der Anleger bei Aktienemissionen ein Mitgliedschaftsrecht an der Aktiengesellschaft und bei Anleiheemissionen ein in der Urkunde verbrieftes Forderungsrecht gegen den Emittenten erwirbt. Während das Mitgliedschaftsrecht an deutschen Aktiengesellschaften aufgrund der Satzungsstrenge des deutschen Rechts (§ 23 Abs. 5 AktG) inhaltlich weitgehend gesetzlich vorgegeben ist, wird das Forde-

---

Aktienrecht, BKR 2002, 439–447, 446; *Meyer, Andreas*, Der „Greenshoe" und das Urteil des Kammergerichts – Neue Entwicklungen bei der Ausgestaltung von Aktienplatzierungen –, WM 2002, 1106–1116, 1111–1115; *Groß, Wolfgang*, Das Ende des so genannten „Greenshoe"?, ZIP 2002, 160–165, 164f.

73 So auch *Schwintowski/Schäfer* § 23 Rdnr. 94; *Schanz, Kai-Michael*, Zur Zulässigkeit des „Greenshoe"-Verfahrens nach deutschem Aktienrecht, BKR 2002, 439–447, 440.

74 Zu weiteren Formen von Marktschutzvereinbarungen, nämlich den Haltevereinbarungen (sog. lock-up-agreements) zwischen den Altaktionären und dem Emittenten bzw. dem Konsortium, wonach sich die Altaktionäre verpflichten, ihre Anteile für einen bestimmten Zeitraum nicht oder nur mit Zustimmung des Konsortiums zu veräußern, sowie zu den hiermit aufgeworfenen Rechtsfragen vgl. *Fleischer*, WM 2002, 2305ff. Allerdings sind diese lock-up-agreements keine Verträge zwischen dem Emittenten und dem Konsortium und sollen hier daher nicht näher behandelt werden.

75 *Fleischer*, WM 2002, 2306; *Kümpel* Rdnr. 9.251.

76 Für die Wirksamkeit eines Verzichts auf Kapitalerhöhungen für einen Zeitraum von 6 Monaten *Fleischer*, WM 2002, 2314; hingegen hält *Technau*, AG 1998, 457 den Verzicht einer AG auf Kapitalerhöhungen generell für unwirksam.

77 *Fleischer*, WM 2002, 2314; *Technau*, AG 1998, 457.

rungsrecht des Anlegers bei Anleiheemissionen inhaltlich zwar teilweise auch durch gesetzliche Regelungen (§§ 793 ff. BGB), zu einem erheblichen Teil aber durch die auf der Rückseite der Inhaberschuldverschreibung abgedruckten Anleihebedingungen ausgestaltet (§§ 793, 796 BGB).[78]

40   Diese Anleihebedingungen regeln die Rechtsbeziehungen zwischen dem Emittenten und den Anleihegläubigern, insbes. also die Laufzeit der Anleihe, die Höhe der Verzinsung, Kündigungsmöglichkeiten für den Emittenten und die Anleger sowie die Zahlungsweise.[79] Ein Kündigungsrecht der Anleihegläubiger wird häufig auch für den Fall vorgesehen, daß der Emittent irgendeiner anderen Verbindlichkeit nicht nachkommt und diese daraufhin fällig gestellt wird (cross-default-clause bzw. Drittverzugsklausel).[80] In den Anleihebedingungen sind häufig aber auch weitere Klauseln zum Schutz der Anleihegläubiger enthalten: so etwa die sog. negative-pledge-clause (Negativklausel), mit der sich der Emittent verpflichtet, während der Laufzeit der Anleihe keine anderen Verbindlichkeiten zu besichern, ohne zugleich den Anleihegläubigern anteilig mit den anderen besicherten Verbindlichkeiten solche Sicherheiten zu bestellen.[81] Daneben findet sich in den Anleihebedingungen die Pari-Passu-Klausel, mit der sich der Emittent verpflichtet, während der Laufzeit der Anleihe keine Verbindlichkeiten mit Vorrang vor der Anleiheschuld einzugehen.[82]

b) AGB-Charakter und vertragliche Einbeziehung der Anleihebedingungen?

41   Problematisch und umstritten ist, ob Anleihebedingungen AGB darstellen und wenn ja, ob sie wirksam in das Vertragsverhältnis zwischen Emittent und Anleger einbezogen werden und gegebenenfalls einer Inhaltskontrolle standhalten. Nun werden die Anleihebedingungen zwar teilweise zwischen Emittent und Konsortialbanken ausgehandelt, sind also nicht stets vom Emittenten gestellt (vgl. § 305 Abs. 1 BGB).[83] Aber selbst in diesem Fall werden die Anleihebedingungen jedenfalls im Verhältnis zwischen Emittent und Anlegern nicht im einzelnen ausgehandelt. Überdies nehmen die Konsortialbanken bei Aushandeln der Anleihebedingungen zumindest wirtschaftlich gesehen mehr die Rolle des Vermittlers als die des Käufers und Gläubigers der Anleihen ein.[84] Daher läßt sich der AGB-Charakter

---

78 Zutreffend *Grundmann*, in: Bankrechtshandbuch III, § 112 Rdnr. 110, 113.

79 Vgl. zu den verschiedenen Regelungen in Anleihebedingungen *Schwintowski/Schäfer* § 23 Rdnr. 105; *Hartwig-Jacob* S. 195; *Kümpel* Rdnr. 9.200 f.

80 Vgl. zu den verschiedenen Formen der cross-default-clause *Hartwig-Jacob* S. 533 f.

81 Vgl. zu dieser negative-pledge-clause und deren wirtschaftlicher Funktion, das Vermögen des Emittenten während der Laufzeit der Anleihe lastenfrei zu erhalten, *Hartwig-Jacob* S. 477–479; vgl. auch *Horn* S. 303, der den wirtschaftlichen Wert dieser Klausel darin sieht, den Anleihegläubigern im Fall der Insolvenz des Emittenten die Chance zu gewähren, mit den anderen Gläubigern gleichgestellt zu sein.

82 Vgl. *Hartwig-Jacob* S. 512 f.; *Horn* S. 305.

83 Vgl. *v. Randow* S. 37–39; vgl. hierzu aber auch kritisch *Bosch*, in: Bankrecht und Bankpraxis, Rdnr. 10/161.

84 Vgl. *Bosch*, in: Bankrecht und Bankpraxis, Rdnr. 10/162; *Kümpel* Rdnr. 9.209; *Schwin-*

von Anleihebedingungen nicht von vornherein ausschließen, zumal auch der BGH in der sog. Klöckner-Entscheidung das AGB-Gesetz auf die Emissionsbedingungen von Genußscheinen angewandt hat.[85]

Bei der Klärung der Frage, ob Anleihebedingungen tatsächlich AGB darstellen, **42** scheint auf den ersten Blick ein entscheidender Unterschied zwischen Fremd- und Eigenemissionen zu bestehen. Bei Fremdemissionen werden die Anleihebedingungen häufig nicht von einer Seite gestellt und auch nicht für eine Vielzahl von Verträgen vorformuliert, sondern zwischen Emittent und Konsortium ausgehandelt.[86] Demgegenüber werden die Anleihebedingungen bei Eigenemissionen (ohne Zwischenschaltung eines Konsortiums) zwischen dem Emittenten und den Anlegern sicherlich nicht ausgehandelt. Aber auch bei der Frage der wirksamen Einbeziehung der Anleihebedingungen scheint die Fremdemission einerseits und die Eigenemission andererseits zu einer unterschiedlichen rechtlichen Beurteilung zu führen. Während die Konsortialbanken Unternehmer sind und folglich die strengen Einbeziehungsvoraussetzungen des § 305 Abs. 2 BGB – auch bei nicht ausgehandelten Anleihebedingungen, die AGB-Charakter haben – keine Anwendung finden (§ 310 Abs. 1 BGB), erwerben die Anleger die Wertpapiere in aller Regel für private Zwecke, womit bei Eigenemissionen die Einbeziehungsvoraussetzungen des § 305 Abs. 2 BGB zu erfüllen wären. Mehr als zweifelhaft ist allerdings, ob eine solch unterschiedliche Behandlung von Fremd- und Eigenemissionen interessen- und sachgerecht wäre. Noch problematischer ist aber, daß bei Eigenemissionen die Voraussetzung für eine wirksame Einbeziehung der Anleihebedingungen von der Frage abhängig wäre, ob der Anleger die Wertpapiere in Ausübung seiner gewerblichen oder selbständigen beruflichen Tätigkeit (also als Unternehmer) oder privat erwirbt (vgl. §§ 305 Abs. 2, 310 Abs. 1 BGB). Denn dann hätte die Anleihe – abhängig von der Person des Erwerbers – event. einen unterschiedlichen Inhalt.

Ein Vorschlag zur Angleichung der rechtlichen Behandlung von Anleihebedin- **43** gungen bei Fremd- und Eigenemissionen besteht in folgender Überlegung: zwar seien die Anleihebedingungen bei Fremdemissionen häufig zwischen Emittent und Konsortialbanken ausgehandelt und daher (noch) keine AGB. Zu nicht im einzelnen ausgehandelten, vom Emittenten gestellten Bedingungen würden sie vielmehr erst bei Weiterverkauf der Anleihen. Sieht man die Emissionsbedingungen demgemäß erst bei Weiterverkauf an die (Erst-) Anleger als AGB an, wären eigentlich im Verhältnis zwischen Emittent und Anlegern die strengen Einbeziehungsvoraussetzungen des § 305 Abs. 2 BGB zu erfüllen.[87] Unklar ist allerdings, wie dann der

---

owski/*Schäfer* § 23 Rdnr. 101 f.; auch *Stucke* S. 257 hält Anleihebedingungen für zwanglos unter den Begriff der AGB subsumierbar.

85   Vgl. BGH 5. 10. 1992, BGHZ 119, 305, 312; vgl. auch bereits BT-Drucks. 7/3919, S. 18; a.A. *Ekkenga*, ZHR 160 (1996), 59 ff.

86   Vgl. insbes. *Joussen*, WM 1995, 1865; v. *Randow* S. 37, 39.

87   Vgl. *Kümpel* Rdnr. 9.203–9.215, der zunächst zwar annimmt, die Anleihebedingungen seien im Verhältnis zwischen Emittent und Anlegern AGB, dann aber doch die strengen Einbezie-

Emittent bei Fremdemissionen sicherstellen soll, daß bei Weiterveräußerung der Wertpapiere die Einbeziehungsvoraussetzungen des § 305 Abs. 2 BGB erfüllt werden, und wie spätere Erwerber feststellen sollen, ob die Anleihebedingungen beim Ersterwerb eines Anlegers wirksam einbezogen wurden.[88]

44   Richtig dürfte hingegen folgende Lösung sein: Sind bei Fremdemissionen die Anleihebedingungen im Verhältnis zwischen Emittent und Konsortialbanken erst einmal Vertragsbestandteil geworden, bedürfen sie bei Weiterverkauf an die Anleger nicht mehr der wirksamen Einbeziehung, sondern sind nunmehr Bestandteil und Inhalt des Kaufobjekts (d.h. der verkauften Forderung).[89] Da den Konsortialbanken nichts anderes übrig bleibt, als die Anleihen mit den schon im einzelnen festgelegten Bedingungen zu veräußern, können diese Anleihebedingungen in dem Forderungskaufvertrag zwischen Konsortialbanken und Anlegern nicht einmal theoretisch noch verhandelt werden. Die rechtliche Einordnung der Emissionsbedingungen als inhaltliche Ausgestaltung des Kaufobjekts (Forderung) und nicht als Bedingungen des Kaufvertrags gilt aber richtigerweise auch bei Eigenemissionen. Denn wenn Anleihebedingungen bei Fremdemissionen das Kaufobjekt (Forderung) inhaltlich ausgestalten, muß dies auch für Eigenemissionen der Fall sein. Diese Einordnung ist im übrigen nicht abhängig von der Frage, welchen Inhalt man dem Begebungsvertrag, mit dem die wertpapierrechtliche Verpflichtung entsteht, im einzelnen beimißt. Zwar ist umstritten, ob mit dem Begebungsvertrag lediglich auf die Skriptur und damit den Urkundeninhalt verwiesen wird[90] oder ob Bestandteil des Begebungsvertrags die in der Anleihe verbrieften Rechte[91] sind. In jedem Fall aber ist der Begebungsvertrag Teil des Erfüllungsgeschäfts, d.h. der Übertragung bzw. Einräumung der gekauften (zukünftigen) Forderung,[92] und nicht des zugrundeliegenden Kausalgeschäfts, d.h. des Forderungskaufvertrags.

45   Daß die Anleihebedingungen richtigerweise nicht als AGB des Forderungskaufvertrags, sondern als inhaltliche Ausgestaltung des Kaufobjekts Forderung einzuordnen sind, zeigt sich auch in dem Fehlen eines gesetzlichen Vergleichs- und Kontrollmaßstabs für Emissionsbedingungen.[93] Oder, anders ausgedrückt, welche in-

---

hungsvoraussetzungen für AGB wegen der Ausgestaltung von Inhaberschuldverschreibungen als fungible Wertpapiere nicht für anwendbar hält.

88   Vgl. zu dieser Überlegung auch BGH 28. 6. 2005, NJW 2005, 2917f. = BB 2005, 1871.

89   Vgl. *Bosch*, in: Bankrecht und Bankpraxis, Rdnr. 10/166; *Hopt*, in: FS Steindorff, S. 366; ähnlich auch BT-Drucks. 7/3919, S. 18.

90   So *Zöllner, Wolfgang*, Wertpapierrecht, 14. Aufl. 1987, § 6 V 4 (S. 39f.); im Anschluß an *Zöllner* auch LG Frankfurt a.M. 25. 7. 2003, WM 2005, 1078, 1079; *Assmann*, WM 2005, 1058

91   So wohl *Hueck, Alfred/Canaris, Claus-Wilhelm*, Recht der Wertpapiere, 12. Aufl. 1986, § ? I 2b) (S. 31f.).

92   So auch *Ekkenga*, ZHR 160 (1996), 72f.

93   Insbes. finden sich keine gesetzlichen Regelungen für den Inhalt des Leistungsversprechens des Emittenten gem. § 793 Abs. 1 S. 1 BGB. Auch die Vorschriften zum Darlehensvertrag gem. §§ 488ff. BGB können auf Anleihen keine Anwendung finden. Zwar nimmt der Emittent – wirtschaftlich gesehen – mit der Emission von Anleihen einen Kredit auf. Dennoch stellt der Kauf einer Anleihe, die gerade durch die unterschiedliche Struktur der jeweiligen Anleihebedingungen charakterisiert ist, insbes. auch rechtlich ein aliud zu einem Darlehensvertrag dar

haltliche Ausgestaltung hätte eine Anleihe, für die die Anleihebedingungen (mangels wirksamer Einbeziehung) nicht gelten sollten? Diese Überlegung spricht nicht allein dagegen, Emissionsbedingungen der Inhaltskontrolle der §§ 307 Abs. 1, 2, 308 f. BGB zu unterwerfen (vgl. § 307 Abs. 3 BGB).[94] Zwar ist die Inhaltskontrolle zunächst sicherlich von der Frage der wirksamen Einbeziehung von AGB zu trennen (vgl. auch den Wortlaut des § 307 Abs. 3 BGB); dennoch ist der fehlende gesetzliche Vergleichs- und Kontrollmaßstab für Anleihebedingungen auch ein Argument dagegen, diese nur unter den strengen Voraussetzungen des § 305 Abs. 2 BGB als in den Vertrag einbezogen zu halten.[95] Denn wie lange soll die Laufzeit der Anleihe, die Höhe der Zinsen und wie soll die Zahlungsweise sein, wenn man zu dem Ergebnis kommen sollte, die Bedingungen seien nicht wirksam gem. § 305 Abs. 2 BGB in den Vertrag einbezogen worden? Da die Anleihebedingungen dann in der Regel insgesamt nicht Vertragsinhalt geworden sein dürften, müßte dies zur Unwirksamkeit des Kaufvertrags über die Anleihe mangels Einigung der Parteien über die essentialia negotii führen.[96] Daß die Voraussetzungen des § 305 Abs. 2 BGB nicht erfüllt und auch kaum erfüllbar sind, ist aber der praktische Regelfall, weil die Anleihebedingungen schon aufgrund der Ausgabe von (Dauer-) Globalurkunden und der Abläufe des Effektengiroverkehrs den Anlegern zumeist nicht ausgehändigt werden.[97]

Gegen die Anwendung von § 305 Abs. 2 BGB auf Anleihebedingungen spricht **46** zudem folgende Überlegung: Da diese Vorschrift gegenüber Unternehmern ohnehin nicht gilt (§ 310 Abs. 1 S. 1 BGB), käme es für die Frage, ob die Anleihebedingungen Vertragsbestandteil wurden, auf die Person des Käufers der Anleihe an. Dies wiederum würde dazu führen, daß die Anleihen nicht den gleichen Inhalt hätten und somit nicht gegeneinander austauschbar (fungibel) wären. Da die Anleihen dann aber auch nicht mehr verkehrsfähig wären, ist die Anwendung des § 305 Abs. 2 BGB auf Anleihebedingungen mit der Rechtsnatur von Schuldverschreibungen offenbar nicht vereinbar.[98]

Überdies wäre die (subsidiäre) Geltung der §§ 488 ff. BGB (namentlich auch § 488 Abs. 3 S. 1 BGB) für den Anleger häufig sehr viel ungünstiger als die Anleihebedingungen.

94 Vgl. *Assmann*, WM 2005, 1058–1060; so wohl auch *Ekkenga*, ZHR 160 (1996), 71 f.; a. A. *Hopt*, in: FS Steindorff, S. 370 mit der Begründung, der Ausschluß der Inhaltskontrolle gem. § 307 Abs. 3 BGB (früher § 8 AGBG) sei auf den engsten Kern der Leistungszusage zu beschränken, erfasse aber nicht Klauseln, die das Hauptleistungsversprechen einschränken, ändern, aushöhlen oder auch nur ausgestalten.

95 Im Ergebnis auch BGH 28. 6. 2005, NJW 2005, 2917 = BB 2005, 1871; *Assmann*, WM 2005, 1061 f.; a. A. *v. Randow* S. 48 f.; OLG Frankfurt a. M. 13. 10. 2004, WM 2005, 1080, 1082.

96 Vgl. auch *Assmann*, WM 2005, 1058 f.

97 Vgl. hierzu *Grundmann*, in: Bankrechtshandbuch III, § 112 Rdnr. 115; *Than*, in: Schuldverschreibungsrecht, S. 23, der allerdings darauf hinweist, daß dem Anleger (zumindest theoretisch) ein Informationsblatt oder Informationsmemorandum ausgehändigt werden kann, in dem die wesentlichen Emissionsbedingungen skizziert und der volle Wortlaut der Bedingungen abgedruckt ist (S. 16 f.).

98 So auch BGH 28. 6. 2005, BB 2005, 1871, 1873; *Kümpel* Rdnr. 9.214–9.216; *Assmann*, WM 2005, 1060 f.

47 Im Ergebnis wird denn auch mehrheitlich vertreten, für eine wirksame Einbeziehung der Anleihebedingungen sei die Erfüllung der strengen Voraussetzungen des § 305 Abs. 2 BGB nicht erforderlich,[99] zumal der Gesetzgeber keine solch gegenüber §§ 793, 796 BGB verschärften Voraussetzungen gewollt habe.[100] Im Einklang hiermit erklärt ein Diskussionsentwurf des Bundesministeriums der Justiz zur Änderung des Schuldverschreibungsrechts vom Mai 2003 die §§ 305 ff. BGB auf Emissionsbedingungen insgesamt für unanwendbar.[101]

c) Inhaltskontrolle der Anleihebedingungen

48 Nicht nur die Frage der vertraglichen Einbeziehung, sondern auch die nach der Inhaltskontrolle von Anleihebedingungen ist sehr umstritten. Hier stellt sich zunächst eine sehr ähnliche Problematik. Wie dargelegt, sind nach hier vertretener Ansicht Anleihebedingungen keine AGB, sondern inhaltliche Ausgestaltungen des Kaufobjets (d. h. der Anleihe). Da aber die inhaltliche Ausgestaltung des Leistungsgegenstands grundsätzlich nicht der Inhaltskontrolle der §§ 307 Abs. 1, 2, 308 f. BGB unterliegt (§ 307 Abs. 3 S. 1 BGB) und es für Anleihebedingungen auch keinen gesetzlichen Vergleichs- und Kontrollmaßstab gibt, unterliegen diese (insgesamt) nicht der Inhaltskontrolle für AGB.

49 Auch wenn man dieser Ansicht nicht folgen wollte, sprächen weitere Argumente gegen eine Inhaltskontrolle der Anleihebedingungen gem. §§ 307 ff. BGB: wie dargelegt, sind die Anleihebedingungen im Verhältnis zwischen Emittent und Konsortium häufig im einzelnen ausgehandelt und stellen bei Fremdemissionen schon deshalb keine AGB i. S. d. § 305 Abs. 1 BGB dar. Da die Einschaltung von Konsortialbanken auch nicht (nur) dazu erfolgt, den Sonderregelungen sowie der Inhaltskontrolle von AGB zu entgehen, ließe sich die Anwendung der §§ 307 ff. BGB schwerlich mit dem Argument der Gesetzesumgehung gem. § 306 a BGB begründen.[102] Im übrigen hätte die Anwendung der §§ 307 ff. BGB den weiteren Nachteil, daß zwischen Erwerbern unterschieden werden müßte, die Unternehmer und solchen, die keine Unternehmer sind (§ 310 Abs. 1 BGB). Gegen eine solche Differenzierung spricht aber insbes. die Fungibilität, also die Austauschbarkeit der emittierten Inhaberschuldverschreibungen, die einer unterschiedlichen rechtlichen Behandlung der in den Anleihen verbrieften Forderungen abhängig von der Person des Inhabers entgegensteht.[103] Zwar sollen nach teilweise vertretener Auffassung

---

99 Vgl. *Kümpel* Rdnr. 9.214–9.216; *Grundmann*, in: Bankrechtshandbuch III, § 112 Rdnr. 115; *Bosch*, in: Bankrecht und Bankpraxis, Rdnr. 10/166; *Ekkenga*, ZHR 160 (1996), insbes. 71 f.; *Stucke* S. 259; a. A. *Hartwig-Jacob* S. 232, 235–239, der gem. § 306 a BGB (früher § 7 AGBG) für eine entsprechende Anwendung des § 305 Abs. 2 BGB (früher § 2 AGBG) plädiert.
100 So mittlerweile auch BGH 28. 6. 2005, BB 2005, 1871, 1872 f.; *Kümpel* Rdnr. 9.214 *Grundmann*, in: Bankrechtshandbuch III, § 112 Rdnr. 115; BT-Drucks. 7/3919, S. 18.
101 So *Kümpel* Rdnr. 9.219; vgl. auch *Than*, in: Schuldverschreibungsrecht, S. 23 f.
102 So auch OLG Frankfurt a. M. 21. 10. 1993, WM 1993, 2089; *Assmann*, WM 2005, 1064 a. A. aber *Hartwig-Jacob* S. 232.
103 Für die einheitliche Auslegung von Inhaberschuldverschreibungen vgl. BGH 23. 10. 1958, BGHZ 28, 259, 265; zutreffend weist hierauf auch *Kümpel* Rdnr. 9.214 hin.

die Vorschriften zur Inhaltskontrolle von AGB für Nicht-Unternehmer generell zur Anwendung gelangen, da die Anleihebedingungen gerade auch auf Nicht-Unternehmer ausgerichtet seien.[104] Diese Auffassung erscheint jedoch mit der in § 310 Abs. 1 BGB vorgenommenen Differenzierung zwischen Unternehmern und Nicht-Unternehmern kaum vereinbar.

Da die §§ 307 ff. BGB somit weder von den Voraussetzungen noch den Rechts- **50** folgen auf Anleihebedingungen passen, unterliegen diese nicht der Inhaltskontrolle für AGB. Anders als bei der Frage nach der wirksamen Einbeziehung der Anleihebedingungen spricht hier die Interessenlage aber dennoch für eine inhaltliche (Mindest-) Kontrollmöglichkeit der vereinbarten Regelungen. Insbes. ist der Anleger – ähnlich der typischen Situation bei AGB – den Anleihebedingungen „ausgeliefert"; überdies geht es bei der Inhaltskontrolle um das Rechtsverhältnis des Anlegers zum Emittenten, der seinerseits auf die Anleihebedingungen sehr wohl Einfluß und an deren Ausgestaltung ein unmittelbares Interesse hat. Auch nehmen die Konsortialbanken beim Aushandeln der Anleihebedingungen zumindest wirtschaftlich gesehen mehr die Rolle des Vermittlers als die des Käufers und Gläubigers der Anleihen ein und üben daher häufig nicht die erforderliche Kontrollfunktion aus, die ansonsten ein wirtschaftlich (etwa) gleich starker Vertragspartner mit gegenläufigen Interessen i.d.R. wahrnimmt.[105] Die zutreffende Rechtsgrundlage für eine Inhaltskontrolle der Anleihebedingungen sind aber nicht die §§ 307 ff. BGB, sondern § 242 BGB. Bei der Entscheidung der Frage, ob eine Anleihebedingung gegen Treu und Glauben verstößt, kann eventuell auch die Rechtsprechung zu §§ 307 ff. BGB herangezogen werden.[106] Sach- und interessengerecht ist diese Lösung insbesondere deshalb, weil sie nicht zwischen Unternehmern und Verbrauchern differenziert und damit nicht die Fungibilität der Anleihe beseitigt. Auch läßt sich auf dieser Rechtsgrundlage ein einheitliches (d.h. für Erwerber mit und ohne Unternehmerstatus geltendes) Mindestmaß an Transparenz für Anleihebedingungen festlegen und durchsetzen.[107]

Allerdings wird der Anleger nicht nur durch eine Inhaltskontrolle der Anleihe- **51** bedingungen (am Maßstab des § 242 BGB), sondern daneben durch das Kapitalmarktrecht, insbes. die Regelungen über Prospektpflichten und Prospekthaftung sowie Beratungs- und Aufklärungspflichten von Anlagevermittlern und -beratern geschützt.[108]

---

104 Vgl. *Grundmann*, in: Bankrechtshandbuch III, § 112 Rdnr. 116; wohl auch *Hopt*, in: FS Steindorff, S. 371; *Bosch*, in: Bankrecht und Bankpraxis, Rdnr. 10/160 ff.
105 Vgl. *Bosch*, in: Bankrecht und Bankpraxis, Rdnr. 10/162; *Kümpel* Rdnr. 9.209; vgl. auch *Schwintowski/Schäfer* § 23 Rdnr. 102.
106 So richtig *Joussen*, WM 1995, 1869; ebenfalls die Anwendbarkeit des § 10 Nr. 6 AGBG a.F. (mittlerweile § 308 Nr. 6 BGB) ablehnend OLG Frankfurt a.M. 21.10.1993, WM 1993, 2089 f.
107 Zum Transparenzgebot und der Schwierigkeit der Bestimmung eines einheitlichen Maßstabes *Kümpel* Rdnr. 9.220–9.222.
108 Vgl. auch *Ekkenga*, ZHR 160 (1996), 64 f., 74; *Assmann*, WM 2005, 1066 f.; *Kümpel* Rdnr. 9.216.

d) Übernahmevertrag als Vertrag zugunsten der Anleger

52   Das Rechtsverhältnis zwischen Emittent und Anlegern wird überdies bestimmt durch die Regelungen des Übernahmevertrags, die teilweise Vertragsbestimmungen zugunsten der Anleger darstellen. Dies gilt bei Aktienemissionen insbesondere für die Verpflichtung der Konsorten, den Altaktionären die entsprechende Anzahl an neuen Aktien zum Kauf anzubieten, um so ihr Bezugsrecht auszuüben.[109] Aber auch bei Anleiheemissionen stellt der Vertrag zwischen dem Sicherungsgeber (etwa der Muttergesellschaft des Emittenten) und einem Treuhänder (häufig dem Konsortialführer), mit dem eine nichtakzessorische Sicherheit für die Anleihen bestellt wird, i.d.R. einen Vertrag zugunsten der Anleihegläubiger dar.[110] Als Gestaltungsform denkbar ist hier sowohl der echte Vertrag zugunsten Dritter, bei dem die Anleihegläubiger einen eigenen und selbständigen Anspruch auf Erfüllung des Sicherungsvertrags haben, als auch der unechte Vertrag zugunsten Dritter, bei dem die Anleihegläubiger zwar die Endbegünstigten sind, jedoch keinen eigenen Erfüllungsanspruch erwerben.[111]

53   Allerdings kann eine Sicherheit insbes. dann, wenn während der Laufzeit der Schuldverschreibung keine Verwaltungshandlungen vorzunehmen sind, auch unmittelbar zwischen dem Sicherungsgeber und den Anleihegläubigern abgeschlossen werden.[112] Bei akzessorischen Sicherheiten ist dies bereits aus Rechtsgründen erforderlich, da hier der Gläubiger der Forderung und der Inhaber der Sicherheit personenidentisch sein müssen. Daher werden bei Anwendbarkeit deutschen Rechts üblicherweise nichtakzessorische Sicherheiten bestellt.[113]

e) Schuldverschreibungsgesetz

54   Das Rechtsverhältnis zwischen Emittent und Anlegern unterliegt überdies den Regelungen des Schuldverschreibungsgesetzes aus dem Jahr 1899 (SchVG)[114], das allerdings in der Vergangenheit nur geringe praktische Bedeutung erlangte.[115] Durch das Schuldverschreibungsgesetz werden die Rechte der Anleihegläubiger gebündelt. Danach kann die Versammlung der Gläubiger, die grds. durch den Schuldner (Emittent) einberufen wird, mit Mehrheitsentscheidung verbindlich Regelungen für alle Anleihegläubiger treffen (§ 1 Abs. 1 SchVG). Eingriffe in die Rechte der

---

109   So *Canaris* Rdnr. 2244; *Schwintowski/Schäfer* § 23 Rdnr. 69; vgl. auch *De Meo* S. 160.
110   *Kümpel* Rdnr. 9.223; *Bosch*, in: Bankrecht und Bankpraxis, Rdnr. 10/198; kritisch zur Auslegung des Übernahmevertrags als einen echten Vertrags zugunsten Dritter *Grundmann*, in: Bankrechtshandbuch III, § 112 Rdnr. 119.
111   Vgl. hierzu *Hartwig-Jacob* S. 395–398.
112   Vgl. etwa *Bosch*, in: Bankrecht und Bankpraxis, Rdnr. 10/198.
113   So *Vogel, Hans-Gert*, Die Stellung des Anleihetreuhänders nach deutschem Recht, in: Baums/Cahn (Hrsg.), Die Reform des Schuldverschreibungsrechts, 2004, S. 94–128, 104; vgl. zu dieser Problematik auch *Bosch*, in: Bankrecht und Bankpraxis, Rdnr. 10/197.
114   Genauer: Gesetz betreffend die gemeinsamen Rechte der Besitzer von Schuldverschreibungen v. 4. 12. 1899, RGBl. S. 691.
115   Vgl. *Kümpel* Rdnr. 9.224; *Schwintowski/Schäfer* § 23 Rdnr. 108; *Bosch*, in: Bankrecht und Bankpraxis, Rdnr. 10/233.

Gläubiger, insbes. die Aufgabe oder Beschränkung von Gläubigerrechten, wie etwa die Ermäßigung des Zinssatzes oder die Bewilligung einer Stundung, bedürfen einer Dreiviertelmehrheit (§ 11 Abs. 2, 3 SchVG). Sie sind überdies nur zulässig zur Abwendung einer Zahlungseinstellung oder des Insolvenzverfahrens über das Vermögen des Schuldners, und dies auch nur beschränkt auf höchstens 3 Jahre (§ 11 Abs. 1 SchVG) und unter Wahrung des Grundsatzes der Gleichbehandlung der Gläubiger (§ 12 SchVG). Nicht zulässig ist daher insbesondere der Verzicht auf die Kapitalforderungen aus den Schuldverschreibungen, deren Umwandlung in andere Leistungsversprechen des Emittenten sowie deren Umwandlung in Eigenkapital. Diese Einschränkungen der Beschlußkompetenz der Gläubigerversammlung erwiesen sich in der Praxis als ein Hindernis bei der Sanierung oder Umschuldung von Unternehmen bzw. Staaten.[116] Daher bestehen Pläne, das Recht der Schuldverschreibungen grundlegend zu reformieren.[117]

Die Gläubigerversammlung kann aber auch einen Vertreter mit gleichzeitiger **55** Festlegung seiner Befugnisse bestellen, der dann im Umfang seiner Befugnisse und der Kompetenzen der Gläubigerversammlung die Rechte der Gläubiger geltend machen kann (§ 14 SchVG).[118] Diese der Gläubigerversammlung und dem Gläubigervertreter eingeräumten Rechte können durch die Anleihebedingungen weder ausgeschlossen noch beschränkt werden (§ 20 SchVG).

Allerdings finden die Regelungen des Schuldverschreibungsgesetzes nur An- **56** wendung, wenn sowohl der Sitz des Emittenten als auch der Ort der Ausstellung im Inland liegt (§ 1 Abs. 1 SchVG). Daher kann das SchVG auf Auslandsanleihen (also Anleihen von Emittenten mit Sitz außerhalb Deutschlands) keine Anwendung finden.[119]

f) Prospekthaftung
aa) Spezialgesetzlich geregelte Prospekthaftung

Die Prospektpflicht wurde in Umsetzung der sog. Prospektrichtlinie[120] durch das **57** Prospektrichtlinie-Umsetzungsgesetz v. 22. Juni 2005,[121] in Kraft getreten am 1. Juli 2005, neu geregelt.[122] Art. 1 dieses Umsetzungsgesetzes enthält mit dem Wertpapierprospektgesetz (WpPG) die wesentlichen Regelungen zur Prospektpflicht für

---

116 Vgl. hierzu *H. Schneider* S. 70, 75–84.
117 Vgl. hierzu Baums/Cahn (Hrsg.), Die Reform des Schuldverschreibungsrechts, 2004.
118 Vgl. zu den Regelungen des SchVG *Kümpel* Rdnr. 9.225; *Grundmann*, in: Bankrechtshandbuch III, § 112 Rdnr. 129.
119 Vgl. hierzu *Hopt*, in: FS Steindorff, S. 349; *Kümpel* Rdnr. 9.174; *H. Schneider* S. 85, der im folgenden (S. 85–87) erörtert, inwiefern eine Teilanalogie zu den Bestimmungen des SchVG in Betracht kommt.
120 Genauer: Richtlinie 2003/71/EG des Europäischen Parlaments und des Rates v. 4.11. 2003 betreffend den Prospekt, der beim öffentlichen Angebot von Wertpapieren oder bei deren Zulassung zum Handel zu veröffentlichen ist, und zur Änderung der Richtlinie 2001/34/EG, ABl. Nr. L 345, S. 64 v. 31.12. 2003.
121 BGBl. I, S. 1698ff.
122 Vgl. hierzu *Kullmann/Sester*, WM 2005, 1068ff.

Wertpapiere, die öffentlich angeboten oder zum Handel an einem organisierten Markt zugelassen werden sollen. Hingegen finden sich die Regelungen zum Prospektinhalt weitgehend in der ProspektVO v. 29. April 2004,[123] die seit 1. Juli 2005 unmittelbar geltendes europäisches Recht ist. Mit der Neuregelung der Prospektpflicht wird auch der Europäische Paß für Wertpapieremissionen eingeführt; danach ist ein von der BAFin gebilligter Prospekt ebenso ohne zusätzliches Billigungsverfahren in einem anderen Staat des Europäischen Wirtschaftsraums gültig (§§ 17 Abs. 1, 2, 18 WpPG) wie dies umgekehrt bei einem im Europäischen Wirtschaftsraum gebilligten Prospekt in Deutschland der Fall ist (§§ 17 Abs. 3, 19 Abs. 4, 5 WpPG).

58   Wertpapiere, die an der Börse im amtlichen oder geregelten Markt gehandelt werden sollen, bedürfen grds. der Zulassung (§§ 30 Abs. 1, 49 Abs. 1 BörsG). Die Zulassung setzt ihrerseits in aller Regel[124] die Veröffentlichung eines Prospekts nach den Vorschriften des WpPG voraus (§§ 30 Abs. 3 Nr. 2 bzw. 51 Abs. 1 Nr. 2 BörsG, 3 Abs. 3 WpPG). Da zumindest auch der Emittent[125] die Zulassung zu beantragen hat (§§ 30 Abs. 2, 49 Abs. 2 BörsG), haftet er damit den Anlegern gem. §§ 44, 55 BörsG, sofern der gem. § 3 Abs. 3 WpPG veröffentlichte Prospekt unrichtig oder unvollständig ist. Diese Prospekthaftung setzt allerdings ein grob fahrlässiges oder vorsätzliches Verhalten des Prospektverantwortlichen (Emittenten) voraus (§§ 45 Abs. 1, 55 BörsG). Da dies aber gesetzlich vermutet wird, hat nicht der Anspruchsteller den praktisch schwierigen Nachweis des Verschuldens des Prospektverantwortlichen für die Fehlerhaftigkeit des Prospekts zu erbringen; vielmehr obliegt es dem Prospektverantwortlichen, sich zu entlasten (§ 45 Abs. 1 BörsG). Auch hinsichtlich der haftungsbegründenden Kausalität sieht das Gesetz zugunsten des Anlegers eine Beweiserleichterung vor, da gem. § 45 Abs. 2 Nr. 1 BörsG bei Erwerbsvorgängen nach Veröffentlichung des Prospekts gesetzlich vermutet wird, der Anleger habe die Wertpapiere aufgrund des Prospekts erworben. Der Wertpapiererwerb des Anlegers muß allerdings innerhalb eines bestimmten Zeitrahmens, nämlich nach Veröffentlichung des Prospekts und innerhalb von 6 Monaten nach erstmaliger Einführung der Wertpapiere liegen (§ 44 Abs. 1 S. 1

---

123   Genauer: VO Nr. 809/2004 der Kommission zur Umsetzung der Richtlinie 2003/71/EG des Europäischen Parlaments und des Rates betreffend die in Prospekten enthaltenen Informationen sowie das Format, die Aufnahme von Informationen mittels Verweis und die Veröffentlichung solcher Prospekte und die Verbreitung von Werbung, ABl. Nr. L 215, S. 3 v. 16. 6. 2004.
124   Zu den Voraussetzungen, unter denen ein Prospekt für die Zulassung zum Handel an einem organisierten Markt ausnahmsweise nicht erforderlich ist, vgl. § 4 Abs. 2 WpPG; zu den weiteren Fällen, in denen beim Handel im geregelten Markt von einem Prospekt abgesehen werden kann vgl. § 51 Abs. 2 BörsG i. V. m. den entsprechenden Regelungen der jeweiligen Börsenordnung, vgl. für die Frankfurter Wertpapierbörse § 72 der Börsenordnung.
125   Sollen Wertpapiere zum Handel an einem organisierten Markt zugelassen werden, hat daneben auch das Kreditinstitut, Finanzdienstleistungsinstitut oder nach § 53 Abs. 1 S. 1 oder § 53 b Abs. 1 S. 1 KWG tätige Unternehmen, mit dem der Emittent die Zulassung beantragt, die Verantwortung für den Prospekt zu übernehmen (vgl. § 5 Abs. 4 S. 2 WpPG i. V. m. § 5 Abs. 3 S. 2 WpPG).

BörsG); Erwerbsgeschäfte außerhalb dieses Zeitrahmens werden von der Prospekthaftung nicht erfaßt, da das Gesetz die durch den Prospekt verursachte Anlagestimmung auf diesen Zeitraum begrenzt ansieht.[126]

Ist der Anleger noch Inhaber der Wertpapiere, kann er vom Emittenten (wie **59** auch den übrigen Prospektverantwortlichen als Gesamtschuldnern) die Übernahme seiner Wertpapiere gegen Erstattung des durch den ersten Ausgabepreis begrenzten Erwerbspreises und der mit dem Erwerb verbundenen üblichen Kosten verlangen (§ 44 Abs. 1 S. 1 BörsG). Allerdings führt die Haftung des Emittenten gem. § 44 Abs. 1 S. 1 BörsG im Fall einer Aktienemission im Ergebnis zu einem Rückerwerb eigener Aktien, der von den Erlaubnistatbeständen des § 71 AktG nicht gedeckt ist. Diese Prospekthaftung des Emittenten könnte aber auch unter dem Aspekt des Verbots der Einlagenrückgewähr gem. § 57 Abs. 1 S. 1 AktG problematisch sein. Allerdings räumt die h.M. § 44 BörsG als der späteren und insbes. spezielleren Regelung Vorrang vor §§ 71, 57 Abs. 1 S. 1 AktG ein.[127]

Ist der Erwerber hingegen nicht mehr Inhaber der Wertpapiere, so hat er einen **60** Anspruch auf den Differenzbetrag zwischen dem durch den ersten Ausgabepreis begrenzten Erwerbspreis und dem erzielten Veräußerungspreis einschließlich der mit dem Erwerb und der Veräußerung verbundenen üblichen Kosten (§ 44 Abs. 2 BörsG).

Prospektpflichtig sind aber nicht nur Wertpapiere, die im amtlichen oder geregelten Markt gehandelt werden, sondern im Grundsatz sämtliche öffentlichen Angebote[128] von Wertpapieren (§ 3 Abs. 1 WpPG); daher besteht auch für Wertpapiere, die im Freiverkehr (§ 57 BörsG) oder außerbörslich gehandelt werden, die grds.[129] Pflicht zur Veröffentlichung eines Prospekts. Auch dieser Prospekt muß die Namen der Personen und Gesellschaften enthalten, die hierfür die Verantwor-

---

126 Vgl. zur Bedeutung der Anlagestimmung für die Begründung der Kausaltiät zwischen der Prospektveröffentlichung und dem Kaufentschluß des Anlegers BGH 14. 7. 1998, BGHZ 139, 225, 233f.; vgl. auch *Kümpel* Rdnr. 9.369.
127 So generell die Begründung des Regierungsentwurfs zum 3. Finanzmarktförderungsgesetz, BT-Drucks. 13/8933, S. 78; *Kümpel* Rdnr. 9.391; *Renzenbrink, Ulf/Holzner, Nelson*, Das Verhältnis von Kapitalerhaltung und Ad-hoc-Haftung, BKR 2002, 434–439, 436; *Groß, Wolfgang*, Die börsengesetzliche Prospekthaftung, AG 1999, 199–209, 208; bezogen auf die Haftung einer AG für fehlerhafte ad-hoc-Mitteilungen in einem Fall, in dem die Anleger Aktien im Wege eines derivaten Umsatzgeschäfts (auf dem Sekundärmarkt) erwarben, BGH 9.5. 2005, NJW 2005, 2450, 2452, wobei der BGH offen ließ, ob der Vorrang des Anlegerschutzes gegenüber dem Grundsatz der Kapitalerhaltung auch bei einem Erwerb auf dem Primärmarkt gilt; hingegen befürwortete OLG Frankfurt a.M. 17.3. 1999, AG 2000, 132, 134 noch eine Unterscheidung zwischen Zeichnungs- und dem Umsatzerwerb und bejahte den Vorrang der Prospekthaftung gegenüber dem Grundsatz der Kapitalerhaltung lediglich im Fall eines Umsatzgeschäfts (Zweiterwerbs) der Aktien; a.A. hinsichtlich des Verhältnisses zu § 71 AktG de lege lata *Ziegler, Ole*, Die Rechtsfolgen der §§ 13, 13 a VerkProspG n.F. und der Kapitalerhaltungsgrundsatz, NZG 2005, 301–304, 302f.
128 Zur Legaldefinition des öffentlichen Angebots von Wertpapieren vgl. § 2 Nr. 4 WpPG.
129 Vgl. aber auch zu den zahlreichen Ausnahmetatbeständen, wonach ein Prospekt im Hinblick auf die Art des Angebots (§ 3 Abs. 2 WpPG), auf bestimmte Emittenten (§ 1 Abs. 2 WpPG) sowie auf bestimmte Wertpapiere (§ 4 WpPG) nicht veröffentlicht werden muß.

tung übernehmen (§ 5 Abs. 4 WpPG). Da diese Personen und Gesellschaften für den Prospektinhalt im Grundsatz ebenfalls gem. §§ 44–47 BörsG haften (§ 13 Verk-ProspG), trifft auch den Emittenten solcher Wertpapiere, die nicht an der Börse gehandelt werden, die Prospekthaftung gegenüber den Anlegern.[130]

62   Sofern der Emittent seiner Prospektpflicht hingegen nicht nachgekommen ist, haftet er mittlerweile gem. § 13 a VerkProspG; diese Vorschrift ist laut der Begründung des Regierungsentwurfs hinsichtlich der Anspruchsvoraussetzungen und -ausschlüsse denen der Haftung wegen eines fehlerhaften Prospekts gem. § 13 VerkProspG nachgebildet.[131] Die Formulierung des § 13 a VerkProspG gibt aber dennoch Anlaß für Zweifel; insbesondere ist danach nicht eindeutig, ob der Emittent bzw. der Anbieter auch ohne Verschulden haftet[132] und ob der Prospektpflichtige einwenden kann, der Anspruchsteller hätte auch bei Veröffentlichung eines Prospekts die Vermögensanlage erworben.[133]

bb) Allgemeine zivilrechtliche Prospekthaftung

63   Nach wie vor umstritten ist die Frage, ob die allgemeine zivilrechtliche Prospekthaftung neben den eben genannten spezialgesetzlichen Prospekthaftungsansprüchen anwendbar ist. Die allgemeine zivilrechtliche Prospekthaftung, die im deutschen Recht insbes. für den Schutz der Anleger in Publikums-KGs entwickelt wurde,[134] hat ihren Ausgangspunkt in der Haftung aus c.i.c., wurde aber hinsichtlich der Tatbestandsvoraussetzungen stark erweitert: während die c.i.c. nur zur Anwendung kommen kann, wenn einem bestimmten Verhandlungspartner persönlich Vertrauen entgegengebracht wurde, genügt für die allgemeine zivilrechtliche Prospekthaftung das typisierte Vertrauen des Anlegers auf die Richtigkeit und Vollständigkeit der Angaben, die von den Prospektverantwortlichen gemacht wurden.[135] Im Gegensatz zu den erwähnten spezialgesetzlichen Prospekthaftungsansprüchen verlangt die allgemeine zivilrechtliche Prospekthaftung jedoch (im Grundsatz) lediglich leichte, nicht aber grobe Fahrlässigkeit von Seiten der Prospektverantwortlichen (vgl. zu den spezialgesetzlich geregelten Prospekthaftungsansprüchen § 45 Abs. 1 BörsG sowie § 55 i.V.m. § 45 Abs. 1 BörsG bzw. § 13 VerkProspG i.V.m. § 45 Abs. 1 BörsG).[136]

64   Auch die Rechtsfolgen der Haftungstatbestände divergieren: während die allgemeine zivilrechliche Prospekthaftung zu einem Anspruch des Anlegers auf Ersatz

---

130 Vgl. hierzu auch *Schwintowski/Schäfer* § 23 Rdnr. 113f.
131 Vgl. BT-Drucks. 15/3174, S. 44.
132 So *Fleischer*, BKR 2004, 346; a. A. *Spindler*, NJW 2004, 3455.
133 Vgl. zu diesen Fragen *Fleischer*, BKR 2004, 347.
134 Eine spezialgesetzliche Prospektpflicht und -haftung für nicht wertpapiermäßig verbriefte Vermögensanlagen wurde mittlerweile allerdings durch das Anlegerschutzverbesserungsgesetz v. 28. 10. 2004 (BGBl. I, S. 2630ff.) eingeführt. Umstritten ist allerdings, wer in den einzelnen Adressat der spezialgesetzlich geregelten Prospekthaftung ist, insbesondere ob berufliche Sachkenner (z.B. Rechtsanwälte, Wirtschaftsprüfer und sonstige Sachverständige) von der spezialgesetzlichen Prospekthaftung gem. § 13 Abs. 1 Nr. 3 VerkProspG i.V.m. § 44 Abs. 1 S. 1 BörsG erfaßt werden (insoweit zweifelnd *Fleischer*, BKR 2004, 344; *Spindler*, NJW 2004, 3455).
135 Vgl. insbes. *Siol*, in: Bankrechtshandbuch I, § 45 Rdnr. 31; *Kümpel* Rdnr. 9.398–9.401.
136 Vgl. statt vieler *Siol*, in: Bankrechtshandbuch I, § 45 Rdnr. 62.

des gesamten negativen Interesses (einschließlich des entgangenen Gewinns) führt (§§ 249 ff. BGB), ergeben sich aus §§ 44 Abs. 1, 2, 45 BörsG davon abweichende und den entgangenen Gewinn nicht umfassende Ersatzansprüche. Gravierend sind an sich auch die Unterschiede in der Verjährung der Ansprüche aus spezialgesetzlich geregelter Prospekthaftung (vgl. §§ 46, 55 BörsG, 13 Abs. 1, 13 a Abs. 5 VerkProspG) und der Verjährungsregelung, die sich – jedenfalls zunächst – für die allgemeine zivilrechtliche Prospekthaftung gem. § 195 BGB ergeben würde. Allerdings hat die Rechtsprechung die Verjährungsfrist der allgemeinen zivilrechtlichen Prospekthaftung den spezialgesetzlichen Prospekthaftungstatbeständen angeglichen.[137]

Nun besteht zwar aufgrund der gesetzlichen Anordnung des § 47 Abs. 2 BörsG **65** Anspruchskonkurrenz hinsichtlich vertraglicher und damit auch vorvertraglicher Ansprüche, solchen aus vorsätzlicher unerlaubter Handlung[138] und der börsengesetzlichen Prospekthaftung. Während die wohl h. M. aber die allgemeine zivilrechtliche Prospekthaftung durch die gesetzlich geregelten Prospekthaftungsansprüche als verdrängt ansieht, um nicht die speziellen, engeren Tatbestandsvoraussetzungen der spezialgesetzlich geregelten Prospekthaftung zu unterlaufen,[139] bejaht eine Mindermeinung die Anwendbarkeit der allgemeinen zivilrechtlichen Prospekthaftung neben den spezialgesetzlich geregelten Prospekthaftungstatbeständen.[140] Nachdem der Gesetzgeber in der Begründung zum 3. Finanzmarktförderungsgesetz ausdrücklich klargestellt hat, daß im Anwendungsbereich fehlerhafter Börsenzulassungsprospekte Ansprüche aus allgemeiner zivilrechtlicher Prospekthaftung ausgeschlossen sein sollen,[141] dürfte diese Mindermeinung kaum mehr vertretbar sein. Zwar weist *Grundmann* zur Begründung (der Mindermeinung) auf die Rspr. des EuGH hin, wonach Sanktionen für die Verletzung von harmonisiertem Recht nicht weniger effizient sein dürften als für die Verletzung nicht harmonisierten Rechts.[142] Allerdings ließe sich die Harmonisierung der Sanktionen für die Verletzung spezialgesetzlich geregelter, durch EG-Richtlinien vorgegebener Bestimmungen zur Prospektpflicht auch dadurch herstellen, daß die Voraussetzungen der allgemeinen zivilrechtlichen Prospekthaftung denen der spezialgesetzlich geregelten Prospekthaftung angeglichen werden.[143]

---

137 Vgl. BGH 22. 3. 1982, BGHZ 83, 222, 224 ff.; *Kümpel* Rdnr. 9.401.

138 Vgl. zu einem Fall, in dem bei irreführender Gestaltung eines Vertrags über eine Beteiligung an einer ausländischen Investmentgesellschaft den Anlegern sowohl ein Anspruch gegründet auf eine Haftung aus c.i.c. als auch auf Delikt gewährt wurde, BGH 13. 9. 2004, WM 2004, 2150, 2153–2155.

139 OLG Franfurt a.M. 17. 12. 1996, NJW-RR 1997, 749, 750 f.; *Kümpel* Rdnr. 9.405; *Groß, Wolfgang*, Die börsengesetzliche Prospekthaftung, AG 1999, 199, 209.

140 So *Grundmann*, in: Bankrechtshandbuch III, § 112 Rdnr. 49; vgl. auch bereits *Canaris* Rdnr. 2289; *Hopt* Rdnr. 100 f.

141 So die Begründung des Regierungsentwurfs BT-Drucks. 13/8933, S. 81.

142 *Grundmann*, in: Bankrechtshandbuch III, § 112 Rdnr. 49.

143 Vgl. *Canaris* Rdnr. 2280; a.A. aber *Grundmann*, in: Bankrechtshandbuch III, § 112 Rdnr. 49; *Hopt* Rdnr. 100.

4. Rechtsverhältnis zwischen den Konsorten und den Anlegern

66   Werden die von einem Konsorten übernommenen Wertpapiere an einen Anleger veräußert, so wird sowohl bei Festübernahme als auch bei kommissionsweiser Übernahme der Papiere durch den Konsorten ein Kaufvertrag zwischen dem Anleger und dem Konsorten abgeschlossen. Da die Veräußerung der Wertpapiere eine Wertpapierdienstleistung i.S.d. § 2 Abs. 3 WpHG darstellt, unterliegt die betreffende Konsortialbank neben den vertraglichen Aufklärungs- und Beratungspflichten auch den gesetzlichen Verhaltensregeln der §§ 31, 32 WpHG, insbes. auch den Informationspflichten gem. § 31 Abs. 2 S. 1 Nr. 2 WpHG.[144] Daher treffen den veräußernden Konsorten gegenüber dem Anleger die Aufklärungs- und Beratungspflichten wie bei einem Finanzkommissionsgeschäft (§ 1 Abs. 1 S. 2 Nr. 4 KWG, früher auch Effektengeschäft genannt, vgl. auch § 8 Rdnr. 24 f., 32–41).[145]

67   Sollen die Wertpapiere an der Börse im amtlichen oder geregelten Markt gehandelt werden, so bedürfen sie der Zulassung (§§ 30 Abs. 1, 49 Abs. 1 BörsG). Diese Zulassung ist vom Emittenten zusammen mit einem Kreditinstitut bzw. Finanzdienstleistungsinstitut oder einem gem. § 53 Abs. 1 S. 1 oder § 53 b Abs. 1 S. 1 KWG tätigen Unternehmen zu beantragen (§ 30 Abs. 2 S. 1, § 49 Abs. 2 S. 1 BörsG). Zulassungsvoraussetzung ist bei einem Antrag auf Zulassung zum amtlichen wie auch dem geregelten Markt grds.[146] ein nach den Vorschriften des WpPG gebilligter oder bescheinigter Prospekt (§ 30 Abs. 3 Nr. 2 BörsG bzw. § 51 Abs. 1 Nr. 2 BörsG). Gem. § 5 Abs. 3 WpPG ist der Prospekt sowohl bei Wertpapieren, die zum amtlichen als auch solchen, die zum geregelten Markt zugelassen werden sollen, vom Anbieter und vom Zulassungsantragsteller zu unterzeichnen.

68   Erfolgt die Emissionsbegleitung nicht nur durch ein Kreditinstitut, sondern ein Emissionskonsortium, haben die Emissionsbanken daher sowohl bei einem Antrag auf Zulassung zum amtlichen als auch zum geregelten Markt den Prospekt zu unterzeichnen.[147] Demgemäß sind dann auch sämtliche Konsorten als Prospekterlasser i.S.d. § 44 Abs. 1 S. 1 Nr. 1 BörsG für den Prospekt verantwortlich und unterliegen der gesamtschuldnerischen Prospekthaftung gem. §§ 44, 55 BörsG. Zwar wird i.d.R. der Konsortialführer zusammen mit dem Emittenten den Prospekt erstellen, so daß die Konsortialführung im Innenverhältnis zumeist als allein verantwortlich angesehen werden muß (vgl. oben Rdnr. 14). Im Außenverhältnis zum Anleger haftet jedoch das Konsortium für die Pflichtverletzungen der Konsortial-

---

144 *Schwintowski/Schäfer* § 23 Rdnr. 117.
145 Vgl. *Canaris* Rdnr. 2271 f.; *Schwintowski/Schäfer* § 23 Rdnr. 116.
146 Zu den Voraussetzungen, unter denen ein Prospekt für die Zulassung zum Handel an einem organisierten Markt ausnahmsweise nicht erforderlich ist, vgl. § 4 Abs. 2 WpPG; zu den weiteren Fällen, in denen beim Handel im geregelten Markt von einem Prospekt abgesehen werden kann vgl. § 51 Abs. 2 BörsG i.V.m. den entsprechenden Regelungen der jeweiligen Börsenordnung, vgl. für die Frankfurter Wertpapierbörse § 72 der Börsenordnung.
147 Vgl. dazu, daß dies vor dem Prospektrichtlinie-Umsetzungsgesetz nur bei einem Antrag auf Zulassung zum amtlichen Markt gefordert war, *Grundmann*, in: Bankrechtshandbuch III, § 112 Rdnr. 53; *Kümpel* Rdnr. 9.338; *Bosch*, in: Bankrecht und Bankpraxis, Rdnr. 10/337.

führung gem. § 31 BGB und die Konsorten entsprechend § 128 HGB (vgl. oben Rdnr. 11 f.).

Da im Grundsatz sämtliche öffentlichen Angebote[148] von Wertpapieren pro- **69** spektpflichtig sind (§ 3 Abs. 1 WpPG), besteht auch für Wertpapiere, die im Freiverkehr (§ 57 BörsG) oder außerbörslich gehandelt werden, die grds.[149] Pflicht zur Veröffentlichung eines Prospekts. Auch dieser Prospekt muß die Namen der Personen und Gesellschaften enthalten, die hierfür die Verantwortung übernehmen (§ 5 Abs. 4 WpPG). Aber nicht nur die sog. Prospekterlasser, die nach außen die Verantwortung für den Prospekt übernommen haben (vgl. § 44 Abs. 1 S. 1 Nr. 1 BörsG), auch die sog. Prospektveranlasser (§ 44 Abs. 1 S. 1 Nr. 2 BörsG), also die nicht nach außen auftretenden Urheber des Prospekts,[150] haften im Grundsatz gem. §§ 44–47 BörsG (§ 13 VerkProspG); daher können die Konsortialbanken auch bei Emission von Wertpapieren, die nicht an der Börse gehandelt werden, gegenüber den Anlegern zur (gesamtschuldnerischen) Prospekthaftung verpflichtet sein.[151] Im Übernahmevertrag ist jedoch i.d.R. vorgesehen, daß der Emittent die Konsortialbanken von der Prospekthaftung freizustellen hat.[152]

Auch im Verhältnis zwischen den Konsorten und den Anlegern gehen die spe- **70** zialgesetzlich geregelten Prospekthaftungsansprüche der allgemeinen zivilrechtlichen Prospekthaftung vor und verdrängen in ihrem Anwendungsbereich die allgemeine zivilrechtliche Prospekthaftung (vgl. oben Rdnr. 63–65).

III. Rechtsprobleme internationaler Emissionen

1. Rechtsverhältnis zwischen den Konsorten (Konsortialverhältnis)

Zwischen den Konsorten werden zwar die wesentlichen gesetzlichen Regelungen **71** der BGB-Gesellschaft rechtsgeschäftlich ausgeschlossen. Da aber in den Konsortialverträgen Regelungen enthalten sind, die eine vollständige Übernahme der Emission sicherstellen sollen, verfolgen die Konsorten letztlich einen gemeinsamen Zweck, so daß zwischen den Konsorten eine BGB-Gesellschaft besteht. Fraglich

---

148 Zur Legaldefinition des öffentlichen Angebots von Wertpapieren vgl. § 2 Nr. 4 WpPG.
149 Vgl. aber auch zu den zahlreichen Ausnahmetatbeständen, wonach ein Prospekt im Hinblick auf die Art des Angebots (§ 3 Abs. 2 WpPG), auf bestimmte Emittenten (§ 1 Abs. 2 WpPG) sowie auf bestimmte Wertpapiere (§ 4 WpPG) nicht veröffentlicht werden muß.
150 Dies sind solche Unternehmen oder Einzelpersonen, die hinter dem Prospekt stehen und seine eigentlichen Urheber sind; hierbei kann es sich z.B. auch um Mitglieder der Verwaltung des Emittenten oder Großaktionäre handeln, die aus eigenem geschäftlichem Interesse auf einen bestimmten Prospektinhalt hinwirken, so *Schwark, Eberhard*, in: Schwark (Hrsg.), Kapitalmarktrechts-Kommentar, 3. Aufl. 2004, § 45 BösrG Rdnr. 9.
151 Vgl. hierzu auch *Schwintowski/Schäfer* § 23 Rdnr. 124–126; *Kümpel* Rdnr. 9.339 f.; vgl. hierzu auch *Hopt* Rdnr. 118.
152 Vgl. *Schwintowski/Schäfer* § 23 Rdnr. 78, 126; *De Meo* S. 151 f.; vgl. auch *Bosch*, in: Bankrecht und Bankpraxis, Rdnr. 10/152, wonach die Haftung des Emittenten im Innenverhältnis gegenüber den Konsorten meist in den Emissionsverträgen geregelt ist.

ist, wie eine solche BGB-Gesellschaft internationalprivatrechtlich zu behandeln ist, welche Rechtsordnung also auf das Konsortialverhältnis zur Anwendung gelangt.

72   Tritt das Konsortium ausnahmsweise[153] nach außen nicht als Gesellschaft in Erscheinung, tritt der Konsortialführer also (ausnahmsweise) nicht als Vertreter des Konsortiums auf, handelt es sich um ein Innenkonsortium, für das unstreitig die Grundsätze des internationalen Schuldvertragsrechts gelten. Danach können die Konsorten das Recht frei wählen, das auf ihre Rechtsbeziehungen untereinander anwendbar sein soll.[154] Dies ist schon deshalb zutreffend, weil bei reinen Innenbeziehungen ein Drittschutz (insbes. Gläubigerschutz) nicht erforderlich ist.

73   Höchst umstritten ist allerdings die kollisionsrechtliche Behandlung der den Regelfall bildenden Außenkonsortien. Nach der traditionellen h.M. im deutschen internationalen Gesellschaftsrecht findet auf BGB-Außengesellschaften die Sitztheorie Anwendung.[155] Danach könnten die Konsorten das Recht, das für ihre Rechtsbeziehungen untereinander maßgeblich sein soll, nicht frei wählen, vielmehr unterläge das Konsortialverhältnis zwingend dem Recht des effektiven Verwaltungssitzes des Emissionskonsortiums und damit dem Sitz des Konsortialführers.[156] Allerdings folgt aus den Entscheidungen des EuGH im Fall Centros,[157] insbes. aber Überseering[158] und Inspire Art[159], daß im Verhältnis zwischen den Mitgliedstaaten der EU die Gründungstheorie anzuwenden ist, also eine Personenvereinigung dem Recht des Staates untersteht, in dem sie gegründet wurde.[160] Daneben gilt die Gründungstheorie nach der Rspr. des BGH jedenfalls für solche in den USA gegründete Gesellschaften, die dort eine – wenn auch geringe – geschäftliche

---

153 Vgl. dazu *Claussen* § 9 Rdnr. 311; *Hopt* Rdnr. 50.

154 Vgl. etwa *Hopt* Rdnr. 225; MünchKomm.-*Kindler* BGB IntGesR Rdnr. 271; *Grundmann*, in: Bankrechtshandbuch III, § 112 Rdnr. 106f.; vgl. auch Staudinger-*Großfeld* BGB (1998) IntGesR Rdnr. 772, 777.

155 Vgl. statt vieler BGH 21.3.1986, BGHZ 97, 269; vgl. auch zur Vereinbarkeit der Sitztheorie mit der Niederlassungsfreiheit (Artt. 43, 48 EGV) EuGH 27.9.1988, Slg.1988, 5483 („Daily Mail"); Staudinger-*Großfeld* BGB (1998) IntGesR Rdnr. 20ff., mit eigener Stellungnahme für die Sitztheorie Rdnr. 38ff.; MünchKomm.-*Kindler* BGB IntGesR Rdnr. 400ff. m.w.N; zur Gegenauffassung, der Gründungstheorie, vgl. bereits *Beitzke, Günther*, Kollisionsrecht von Gesellschaften und juristischen Personen, in: Lauterbach (Hrsg.), Vorschläge und Gutachten zur Reform des deutschen internationalen Personen- und Sachenrechts, Materialien zum ausländischen und internationalen Privatrecht, Bd. 16 (1972), 94, 111ff.; *Drobnig, Ulrich*, Kritische Bemerkungen zum Vorentwurf eines EWG-Übereinkommens, ZHR 129 (1967), 93, 115.

156 So MünchKomm.-*Kindler* BGB IntGesR Rdnr. 270; Staudinger-*Großfeld* BGB (1998) IntGesR Rdnr. 777.

157 EuGH 9.3.1999 – Rs. C-212/97, Slg. 1999, I-1459.

158 EuGH 5.11.2002 – Rs. C-208/00, Slg. 2002, I-9919.

159 EuGH 30.9.2003 – Rs. C-167/01, Slg. 2003, I-10195 = JZ 2004, 37; vgl. zu dieser Entscheidung auch *Behrens, Peter*, Gemeinschaftsrechtliche Grenzen der Anwendung inländischen Gesellschaftsrechts auf Auslandsgesellschaften nach Inspire Art, IPRax 2004, 20–26.

160 Vgl. mittlerweile auch BGH 14.3.2005, NJW 2005, 1648, 1649; vgl. zur Rechtslage nach diesen EuGH-Entscheidungen *Eidenmüller, Horst*, Mobilität und Restrukturierung von Unternehmen im Binnenmarkt, JZ 2004, 24–33.

Aktivität entfalten.[161] Daher scheint es für die kollisionsrechtliche Behandlung von Emissionskonsortien auf die Frage anzukommen, ob das Konsortium nach dem Recht eines EU-Mitgliedstaats (bzw. der USA) oder dem eines Drittstaats gegründet wurde.

Richtigerweise ist aber für Emissionskonsortien in jedem Fall die Rechtswahlfreiheit eröffnet. Denn Gläubiger-, Dritt-, und Allgemeininteressen werden durch die Existenz und Betätigung einer BGB-Gesellschaft, bei der die Haftung grds. ja nicht beschränkt ist, nicht im selben Maße betroffen wie dies bei Kapitalgesellschaften der Fall ist. Daher ist bei BGB-Gesellschaften die Einschränkung der Rechtswahlfreiheit durch die zwingende Geltung des Sitzrechts (Sitztheorie) nicht im gleichen Maße geboten wie bei Kapitalgesellschaften.[162] Überdies wurden Emissionskonsortien hier nur deshalb als BGB-Gesellschaften qualifiziert, weil die Konsortialverträge Regelungen vorsehen, mit denen die vollständige Übernahme der Emission sichergestellt werden soll. Da dieser gemeinsame Zweck der Konsorten aber i.d.R. keinen Drittbezug aufweist und folglich auch nicht die Notwendigkeit eines Drittschutzes auslöst, ist eine Einschränkung der Rechtswahlfreiheit der Konsorten bei Abschluß des Konsortialvertrags nicht geboten.

Daher sind Emissionskonsortien generell nach den Regeln des internationalen Schuldvertragsrechts (Artt. 27ff. EGBGB) zu behandeln,[163] so daß auf das Konsortialverhältnis vorrangig das gewählte Recht Anwendung findet (Art. 27 Abs. 1 EGBGB). Sofern die Konsorten jedoch weder ausdrücklich noch konkludent eine Rechtswahl getroffen haben, ist für den Konsortialvertrag das Recht der Niederlassung der Konsortialführerin maßgeblich, das dann etwa auch über Regreßansprüche zwischen den Konsorten entscheidet.[164] Die Ermöglichung der Rechtswahlfreiheit hat im übrigen den Vorteil, mit der internationalen Praxis in Einklang zu stehen, die von der Möglichkeit der Rechtswahl ausgeht und eine solche i.d.R. auch trifft.[165]

---

161 Vgl. BGH 13. 10. 2004, JZ 2005, 298 m. Anm. *Ebke, Werner*, JZ 2005, 299–303; BGH 5. 7. 2004, JZ 2005, 303, 304 m. Anm. *Rehm, Gebhard*, JZ 2005, 304–306: Der BGH begründet diese Rspr. insbesondere mit Hinweis auf Art. XXV des deutsch-amerikanischen Freundschafts-, Handels- und Schiffahrtsvertrags v. 29. 10. 1954.
162 Vgl. in diese Richtung tendierend *Einsele, Dorothee*, Rechtswahlfreiheit im Internationalen Privatrecht, RabelsZ 60 (1996), 417, 424.
163 Generell aufgrund einer funktionellen oder teleologischen Qualifikation gegen die rechtliche Einordnung von Banken-Konsortien als BGB-Gesellschaften *Schücking*, WM 1996, 287f.
164 So auch *Hopt* Rdnr. 225; *Grundmann*, in: Bankrechtshandbuch III, § 112 Rdnr. 106f.; MünchKomm.-*Martiny* BGB Art. 28 EGBGB Rdnr. 180; *Hartwig-Jacob* S. 185–187; *Horn* S. 481–484.
165 Vgl. hierzu Nr. 13 Standard Form Agreement Among Managers (Version 1) und Nr. 10 Standard Form Agreement Among Managers (Version 3), abgedruckt in: IPMA Handbook, hrsg. v. der International Capital Market Association (ICMA), 2004, Section Seven.

2. Rechtsverhältnis zwischen dem Emittenten und den Konsorten bzw. Konsortialführer

a) Übernahmevertrag

76   Relativ unproblematisch ist die internationalprivatrechtliche Behandlung des Übernahmevertrags. Hier gilt der schuldrechtliche Grundsatz der Rechtswahlfreiheit (Artt. 27ff. EGBGB). Die Parteien können also das auf die Verpflichtung zur Übernahme von Aktien und Anleihen anwendbare Recht frei vereinbaren, was i.d.R. auch geschieht.[166] Dies gilt unabhängig davon, ob die Übernahme von Anleihen rechtlich als Kauf- oder Darlehensvertrag qualifiziert wird und ob und welche weiteren Pflichten die Konsorten übernehmen (also etwa die Verpflichtung zur Börseneinführung).

77   Wurde hingegen (ausnahmsweise) keine Rechtswahl in dem Übernahmevertrag getroffen, so entscheidet das Recht der Partei, die die vertragscharakteristische Leistung erbringt (Art. 28 Abs. 2 EGBGB). Dies ist hinsichtlich der Plazierungspflicht das Recht der Konsorten (oder des Konsortialführers), während auf die schuldrechtliche Verpflichtung zur Übernahme der Aktien bzw. Anleihen – jedenfalls bei Qualifikation dieses Vertrags als Kaufvertrag – an sich das Recht des Sitzes bzw. der Niederlassung des Verkäufers (Emittenten) zur Anwendung berufen wäre. Letztlich übernimmt aber die Konsortialführerin die Hauptlast der Abwicklung des Emissionsgeschäfts. Da überdies der (einheitliche) Übernahmevertrag ansonsten (hinsichtlich seiner verschiedenen Verpflichtungen) unterschiedlichen Rechtsordnungen unterliegen würde, ist der ganz h.M. zu folgen, die das Recht des Sitzes bzw. der Niederlassung der Konsortialführerin sowohl hinsichtlich der Übernahme- als auch der Plazierungsverpflichtung für maßgeblich hält.[167]

b) Inhalt der verbrieften Rechte (Anleihen/Aktien)

78   Von dem (schuldrechtlichen) Übernahmevertrag zu trennen ist die Frage, welchen Inhalt die von den Konsorten übernommenen Rechte (Aktien bzw. Anleihen) haben und auf welche Weise sie auf die Konsorten übertragen werden. Diese Frage ist primär nach dem sog. Wertpapierrechtsstatut zu entscheiden. Hierbei handelt es sich um die Rechtsordnung, der das verbriefte Recht unterliegt. Das Wertpapierrechtsstatut entscheidet über den Inhalt, die Entstehung und den Untergang des verbrieften Rechts; es ist überdies maßgeblich für die Frage, ob es sich bei der verbriefenden Urkunde um ein Wertpapier handelt, welcher Art dieses Wertpapier ist (Inhaber-, Order- oder Rektapapier) und insbes. auch, wie das verbriefte Recht übertragen wird, ob hierfür also die Übereignung des Papiers erforderlich ist (zur

---

166 Vgl. XIX der Muster-Übernahmeverträge, abgedruckt in Bankrecht und Bankpraxis, Rdnr. 10/324, 10/326; vgl. dazu, daß der Übernahmevertrag im allgemeinen dem Recht der federführenden Konsortialbank unterstellt wird, *Horn* S. 486; vgl. dazu, daß am häufigsten das englische und New Yorker Recht gewählt wird, *Hartwig-Jacob* S. 115, da dort die meisten und bedeutendsten am Eurokapitalmarkt agierenden Banken und Wertpapierhäuser ansässig sind. **167** Vgl. *Horn* S. 484; *Grundmann*, in: Bankrechtshandbuch III, § 112 Rdnr. 82; *Hartwig-Jacob* S. 115; *Hopt* Rdnr. 223.

Übertragung vertretbarer Wertpapiere vgl. auch § 9 Rdnr. 20–35).[168] Das Wertpapierrechtsstatut wird danach bestimmt, welches Recht nach den allgemeinen Regeln des internationalen Privatrechts auf die Rechtsverhältnisse Anwendung findet, die mit dem Papier verbrieft werden.

Bei Wertpapieren schuldrechtlichen Inhalts besteht grds. Rechtswahlfreiheit.[169] **79**
Die Parteien können daher das auf Anleihen anwendbare Recht frei wählen. Insbesondere findet Art. 37 Nr. 1 EGBGB auf die inhaltliche Ausgestaltung des Forderungsrechts der Anleiheemission keine Anwendung. Von dem Regelungsbereich der schuldrechtlichen Rechtswahlfreiheit sollten nämlich gem. Art. 37 Nr. 1 EGBGB nur die obligatorischen Auswirkungen der spezifisch wertpapierrechtlichen Funktionen der Inhaber- und Orderpapiere ausgenommen werden. Hierbei handelt es sich insbes. um den Erwerb vom Nichtberechtigten, die Rechtsscheinhaftung und den Einwendungsausschluß.[170] Obgleich der BGH in einer frühen Entscheidung nach Neuregelung des EGBGB 1986 den Anwendungsbereich des Art. 37 Nr. 1 EGBGB weiter faßte und somit Artt. 27 ff. EGBGB auf eine Rechtswahl- und Gerichtsstandklausel in einem Orderkonnossement nicht für anwendbar hielt, geht auch der BGH letztlich von der Möglichkeit der Rechtswahl für das verbriefte Recht aus.[171] Daher besteht im Bereich der Anleiheemission hinsichtlich des Übernahmevertrags einschließlich der inhaltlichen Ausgestaltung der übernommenen Rechte eine umfassende Rechtswahlfreiheit.[172] Insbesondere kann eine Rechtswahlvereinbarung in Anleihebedingungen auch nicht gem. Art. 29 a Abs. 1, 2, 4 Nr. 1 EGBGB wegen Verstoßes gegen das Transparenzgebot des Art. 5 S. 1 der EG-Richtlinie über mißbräuchliche Klauseln in Verbraucherverträgen unwirksam sein, da die Anleihebedingungen nach hier vertretener Ansicht keine AGB darstellen (vgl. hierzu auch unten Rdnr. 83–85). Daher ist eine Rechtswahl als solche wirksam. Dies gilt im Grundsatz selbst dann, wenn die Anleihe keinen Bezug zu dem gewählten Recht aufweist, so etwa, wenn für eine Anleihe das Recht eines Staates gewählt wird, in dem die Anleihe weder plaziert wird noch der Emittent seinen Sitz hat. Allerdings werden in diesem Fall lediglich die dispositiven Vorschriften des

---

168 Vgl. hierzu ausführlich *Einsele, Dorothee,* Wertpapierrecht als Schuldrecht – Funktionsverlust von Effektenurkunden im internationalen Rechtsverkehr, 1995, S. 397 f.; Staudinger-*Stoll* BGB (1996) IntSachenR Rdnr. 412, 415; MünchKomm.-*Wendehorst* BGB Art. 43 EGBGB Rdnr. 194 f.

169 Zwar wurden gem. Art. 37 Nr. 1 EGBGB wertpapierrechtliche Verpflichtungen aus dem Anwendungsbereich des internationalen Schuldvertragsrecht ausgenommen; nach BGH 5. 10. 1993, IPRspr. 1993 Nr. 43 sollte damit jedoch die Parteiautonomie im Bereich des Wertpapierrechts nicht ausgeschlossen, sondern lediglich der Vorrang der Genfer Abkommen über das einheitliche Wechsel- und Scheckrecht sichergestellt werden; so auch *Martiny,* in: *Reithmann/Martiny,* Rdnr. 185 f.; *Kronke/Haubold* Rdnr. 96

170 Vgl. statt vieler Soergel-*v. Hoffmann* BGB Art. 37 EGBGB Rdnr. 36; MünchKomm.-*Martiny* BGB Art. 37 EGBGB Rdnr. 40; vgl. auch BGH 15. 12. 1986, BGHZ 99, 207, 209.

171 Vgl. BGH 15. 12. 1986, BGHZ 99, 210.

172 Zweifelnd, ob im Fall einer Emission, die von einem ausländischen Emittenten ausschließlich oder überwiegend in Deutschland plaziert wird, die Wahl zugunsten eines ausländischen Rechts anzuerkennen ist, *Schwintowski/Schäfer* § 23 Rdnr. 130.

Rechts, zu dem die Anleihe den alleinigen Bezug aufweist, durch die Vorschriften des gewählten Rechts ersetzt. Nicht abdingbar sind jedoch die national zwingenden Bestimmungen des Rechts, zu dem die Anleihe den einzigen Bezug aufweist (Art. 27 Abs. 3 EGBGB).

80   Wurde hinsichtlich des Inhalts der Anleihe jedoch (ausnahmsweise) keine Rechtswahl vorgenommen, ist die Anleihe aber ausschließlich für einen bestimmten Kapitalmarkt bestimmt und dessen Rechtsvorschriften angepaßt, so besteht die engste Verbindung zu diesem Kapitalmarkt (Art. 28 Abs. 5 EGBGB); maßgeblich für den Inhalt der Anleihe ist dann das Recht des Plazierungsmarkts.[173] Wird hingegen eine Anleihe auf verschiedenen Märkten plaziert, kommt ohne eine Rechtswahlvereinbarung das Recht des Emittenten als der Partei zur Anwendung, die die vertragscharakteristische Leistung erbringt (vgl. Art. 28 Abs. 2 EGBGB).[174]

81   Werden mit dem Wertpapier Mitgliedschaftsrechte einer Gesellschaft verbrieft, so ist das auf die betreffende Gesellschaft anwendbare Recht (Gesellschaftsstatut) das Wertpapierrechtsstatut.[175] Bei Aktienemissionen besteht daher keine Rechtswahlfreiheit, soweit es um die Frage geht, welchen Inhalt das von den Konsorten erworbene Mitgliedschaftsrecht an der Gesellschaft hat. Das Gesellschaftsstatut ist im Einklang mit der wohl immer noch h.M. in Deutschland grds. nach der Sitztheorie zu bestimmen, so daß im Grundsatz das Recht des effektiven Verwaltungssitzes der Gesellschaft (Emittentin) für den Inhalt und Erwerb der Mitgliedschaftsrechte entscheidend ist.[176] Anders ist dies aber – wie ausgeführt (vgl. oben Rdnr. 73) – im Verhältnis zu Gesellschaften, die in anderen EU-Mitgliedstaaten oder in den USA gegründet wurden; für diese Gesellschaften ist im Grundsatz die Gründungstheorie maßgeblich.[177]

---

173 Vgl. MünchKomm.-*Martiny* BGB Art. 28 EGBGB Rdnr. 186; *Grundmann*, in: Bankrechtshandbuch III, § 112 Rdnr. 121.
174 So bereits RG 14.11.1929, RGZ 126, 196, 200 = IPRspr. 1930 Nr. 34; RG 14.12.1934, RGZ 146, 1 = IPRspr. 1935–1944 Nr. 103; vgl. auch MünchKomm.-*Martiny* BGB Art. 28 EGBGB Rdnr. 185; *Grundmann*, in: Bankrechtshandbuch III, § 112 Rdnr. 121.
175 *Einsele* S. 398; MünchKomm.-*Wendehorst* BGB Art. 43 EGBGB Rdnr. 194; Staudinger-*Stoll* BGB (1996) IntSachenR Rdnr. 415.
176 Vgl. statt vieler BGH 21.3.1986, BGHZ 97, 269; vgl. auch zur Vereinbarkeit der Sitztheorie mit der Niederlassungsfreiheit (Artt. 43, 48 EGV) EuGH 27.9.1988, Slg. 1988, 5483 („Daily Mail"); vgl. aber auch die insoweit sehr unklare Entscheidung EuGH 9.3.1999, Slg. 1999, I-1459 („Centros"); Staudinger-*Großfeld* BGB (1998) IntGesR Rdnr. 20ff., mit eigener Stellungnahme für die Sitztheorie Rdnr. 38ff.; MünchKomm.-*Kindler* BGB IntGesR Rdnr. 400ff. m.w.N.
177 Vgl. zur internationalprivatrechtlichen Behandlung von Gesellschaften, die in der EU gegründet wurden, EuGH 9.3.1999 – Rs. C-212/97, Slg. 1999, I-1459 (Centros); EuGH 5.11.2002 – Rs. C-208/00, Slg. 2002, I-9919 (Überseering); EuGH 30.9.2003 – Rs. C-167/01, Slg. 2003, I-10195 = JZ 2004, 37 (Inspire Art); vgl. zur Problematik der internationalprivatrechtlichen Behandlung von Gesellschaften, die nach US-amerikanischem Recht gegründet wurden, BGH 13.10.2004, JZ 2005, 298 m. Anm. *Ebke, Werner*, JZ 2005, 299–303; BGH 5.7.2004, JZ 2005, 303, 304 m. Anm. *Rehm, Gebhard*, JZ 2005, 304–306: Der BGH begründet diese Rspr. insbesondere mit Hinweis auf Art. XXV des deutsch-amerikanischen Freundschafts-, Handels- und Schiffahrtsvertrags v. 29.10.1954.

3. Rechtsverhältnis zwischen dem Emittenten und den Anlegern

a) Erwerb und Inhalt der Rechte der Anleger

Wie bereits bei dem Rechtsverhältnis zwischen Emittent und Konsorten (vgl. oben Rdnr. 81) ausgeführt, bestimmt sich die Frage, ob und wann jemand, hier also der Anleger, ein Mitgliedschaftsrecht erlangt, nach dem für den Emittenten maßgeblichen Gesellschaftsstatut. Dies gilt auch für die Frage, ob den Altaktionären ein Bezugsrecht zusteht. Hingegen bestimmt sich der Inhalt der Anleihe (des Forderungsrechts der Anleger) nach dem für die Anleihe gewählten Recht, mangels Rechtswahl nach dem Sitz des Emittenten bzw. – bei Plazierung auf einem bestimmten Kapitalmarkt – nach dem Recht dieses Kapitalmarkts.[178] Im übrigen kann der Übernahmevertrag ein echter oder unechter Vertrag zugunsten der Anleger sein. Ob dies der Fall ist, bestimmt sich nach dem Inhalt und der Rechtsordnung, der der Übernahmevertrag unterliegt.

82

b) Inhaltskontrolle und eingeschränkte Geltung von Anleihebedingungen

Fraglich ist, ob und inwiefern die Anleihebedingungen der (Inhalts-) Kontrolle unterliegen oder nur eingeschränkt Geltung beanspruchen können. Wie oben festgestellt (vgl. Rdnr. 41–47), handelt es sich bei den Anleihebedingungen richtiger Ansicht nach nicht um AGB i.S.d. §§ 305 ff. BGB. Daher sind sie auch dann, wenn sie (bzw. die Anleihe) deutschem Recht unterliegen, nicht am Maßstab der §§ 305 ff. BGB zu prüfen; vielmehr sind sie (lediglich) der Kontrolle gem. § 242 BGB unterworfen, wobei insoweit event. auch die Rechtsprechung zu §§ 305 ff. BGB herangezogen werden kann. Für Anleihen, die ausländischem Recht unterliegen, gelten andererseits zunächst weder §§ 305 ff. BGB noch § 242 BGB, sondern die Vorschriften des betreffenden ausländischen Rechts (Artt. 27 ff. EGBGB).

83

Diese Aussage ist aber im folgenden zu relativieren: Zwar unterfallen die Verpflichtungen der Emittenten aus den Anleihen nicht dem Begriff des Verbrauchervertrags, da Wertpapiere keine beweglichen Sachen i.S.d. Art. 29 Abs. 1 EGBGB darstellen;[179] überdies erbringen die Emittenten auch keine Dienstleistungen an die Anleger, so daß die Voraussetzungen der (grds. vor Art. 29 a EGBGB zu prüfenden) Verbraucherschutznorm des Art. 29 EGBGB hier typischerweise nicht erfüllt sind.[180] Daher können Bedingungen von Anleihen, die ausländischem Recht unterliegen, auch nicht etwa gem. Art. 29 EGBGB einer Inhaltskontrolle am Maßstab von § 242 BGB oder §§ 305 ff. BGB unterworfen werden. Ist man hingegen der Auffassung, Anleihebedingungen seien AGB, können diese ggf. über Art. 29 a EGBGB einer Inhaltskontrolle gem. §§ 305 ff. BGB unterliegen. Denn bei einem

84

178 Vgl. hierzu auch *Ebenroth*, in: FS Keller, S. 406 f.
179 Vgl. hierzu BGH 26. 10. 1993, BGHZ 123, 380, 387; Soergel-*v. Hoffmann* BGB Art. 29 EGBGB Rdnr. 5; MünchKomm.-*Martiny* BGB Art. 29 EGBGB Rdnr. 15 m.w.N.
180 Hingegen erbringen etwa Broker, die ausländische Börsentermingeschäfte vermitteln, Dienstleistungen i.S.d. Art. 29 Abs. 1 EGBGB, vgl. hierzu OLG Düsseldorf 14. 1. 1994, RIW 1994, 420; OLG Düsseldorf 26. 5. 1995, RIW 1995, 769, 770, vgl. zum Begriff der Dienstleistung auch MünchKomm.-*Martiny* BGB Art. 29 EGBGB Rdnr. 17 f.

engen Zusammenhang der Anleihe mit Deutschland (bzw. einem Mitgliedstaat der Europäischen Union oder einem Vertragsstaat des Abkommens über den Europäischen Wirtschaftsraum) finden die deutschen Vorschriften (bzw. die Vorschriften des betreffenden europäischen Staats mit enger Verbindung zu der Anleihe) zur Umsetzung der Richtlinie 93/13/EWG des Rates v. 5. April 1993 über mißbräuchliche Klauseln in Verbraucherverträgen auch dann Anwendung, wenn die Anleihe dem Recht eines Drittstaates unterstellt wurde (vgl. Art. 29 a Abs. 1, 3 und 4 EGBGB). Ein enger Zusammenhang der Anleihe mit Deutschland (bzw. einem anderen europäischen Staat) ist etwa gegeben, wenn in dem betreffenden Staat für die Anleihe öffentlich geworben wird und der Anleger bei Erwerb der Anleihe in diesem Staat seinen gewöhnlichen Aufenthalt hat (Art. 29 a Abs. 2 EGBGB). Hält man – entgegen der hier vertretenen Ansicht – Anleihebedingungen für AGB, kann dies somit auch Konsequenzen für die Wirksamkeit einer Rechtswahl für die Anleihe haben. Denn eine solche Rechtswahlklausel kann gegen das Transparenzverbot von Art. 5 S. 1 der EG-Richtlinie über mißbräuchliche Klauseln in Verbraucherverträgen verstoßen und daher gem. Art. 29 a Abs. 1, 2, 4 Nr. 1 EGBGB unwirksam sein.

85   Andererseits können durch mißbräuchliche Klauseln in Anleihebedingungen, und zwar nicht zuletzt aufgrund der Vielzahl der (potentiell) betroffenen Anleger, auch kapitalmarktrechtliche und somit nicht nur private, sondern auch öffentliche Interessen in dem Staat gefährdet sein, in dem die Anleihe vertrieben wird.[181] Daher kann eine Kontrolle und Überprüfung von Anleihebedingungen u.U. auch über Art. 34 EGBGB erfolgen, wobei die betreffenden Normen und Grundsätze des deutschen Rechts zuvor darauf zu prüfen sind, inwiefern sie nicht nur national, sondern auch international zwingende Regelungen sind.[182] Immerhin stellt Art. 29 a EGBGB gerade dann, wenn man die Anleihebedingungen nicht als AGB ansieht, keine Sonderregelung dar, die gegenüber der Anwendbarkeit des Art. 34 EGBGB „Sperrwirkung" entfalten könnte.[183] Für den Anleger kann die Anwendung von Art. 34 EGBGB durchaus vorteilhaft sein: Denn während die Verbraucherschutzvorschriften der Artt. 29, 29 a EGBGB nur im Fall einer Rechtswahl Bedeutung erlangen, die von der objektiven Anknüpfung gem. Artt. 28, 29 Abs. 2 EGBGB abweicht, kann Art. 34 EGBGB auch dann zur Anwendung gelangen, wenn die Anknüpfung der Anleihe(bedingungen) objektiv an den Sitz des Emittenten erfolgt. Ein Fall, in dem Art. 34 EGBGB bei Vertrieb der Anleihen in

---

181 A.A. aber offenbar *Grundmann*, in: Bankrechtshandbuch III, § 112 Rdnr. 130.
182 Vgl. dazu, daß Eingriffsnormen i.S.d. Art. 34 EGBGB international zwingende Normen sind, die jedenfalls hauptsächlich öffentlichen, also staats- und wirtschaftspolitischen Interessen dienen, MünchKomm.-*Martiny* BGB Art. 34 EGBGB Rdnr. 13; vgl. hierzu auch Soergel-*v.Hoffmann* BGB Art. 34 EGBGB Rdnr. 17.
183 Vgl. dazu, daß Art. 29 a EGBGB in seinem Anwendungsbereich eine Sonderregelung zu Art. 34 EGBGB darstellt, *Staudinger, Ansgar*, Internationales Verbraucherschutzrecht made in Germany, RIW 2000, 416, 417; vgl. auch Palandt-*Heldrich*, Komm. z. BGB, 65.Aufl. 2006, Art. 29 a Rdnr. 5.

Deutschland zur Anwendung gelangen könnte, wäre z.b. eine Regelung der Gläubigerorganisation in den Anleihebedingungen, wonach Eingriffe in Gläubigerrechte nicht nur zur Wahrnehmung der gemeinsamen, sondern lediglich einzelner
Gläubigerinteressen erlaubt wären[184] oder gegen den Grundsatz der Gleichbehandlung aller Gläubiger verstoßen würden.[185] Daß hier die Geltung der Anleihebedingungen auch bei deren objektiver Anknüpfung an den Sitz des Emittenten
beschränkt sein kann, ist m.E. durchaus sachgerecht; denn auch bei objektiver Anknüpfung bedarf der Kapitalmarkt in dem Staat des Schutzes, in dem die Anleihen
vertrieben werden.

c) Organisation der Gläubiger   86

Im übrigen stellt sich die Frage, in welcher Weise die Anleger bei grenzüberschreitenden Emissionen ihre Rechte ausüben können. Festzuhalten ist zunächst, daß
das Schuldverschreibungsgesetz nur Anwendung findet, wenn sowohl der Sitz des
Emittenten als auch der Ort der Ausstellung im Inland liegt (§ 1 Abs. 1 SchVG).
Abgesehen von dieser ausdrücklichen gesetzlichen Bestimmung sind aber auch
zahlreiche Vorschriften des SchVG auf sonstige Vorschriften des deutschen Rechts,
insbes. des deutschen Insolvenz- sowie öffentlichen Rechts zugeschnitten (vgl.
§§ 3, 4, 18ff., 23 SchVG). Daher findet nach allgemeiner Meinung das SchVG auf
Auslandsanleihen (also Anleihen von Emittenten mit Sitz im Ausland) auch keine
analoge Anwendung.[186] Fraglich ist aber, wie in diesem Fall die Rechte der Anleihegläubiger gebündelt und organisiert werden können.   87

Kommt auf die Anleihe deutsches Recht zur Anwendung, unterliegen die Anleihebedingungen zwar der deutschen Inhaltskontrolle gem. § 242 BGB (bzw. – sofern man die Anleihebedingungen entgegen der hier vertretenen Auffassung für
AGB hält – der Inhaltskontrolle gem. §§ 305ff. BGB).[187] Daraus folgt nun aber
nicht etwa, daß die Vorschriften des SchVG insgesamt oder teilweise über § 242
BGB zur Anwendung kämen. Sofern nicht die Voraussetzungen der internationalen Anwendbarkeit ausländischer Gesetze zur Gläubigerorganisation eingreifen
und diese Fragen zwingenden Bestimmungen unterwerfen, können auch die Anleihebedingungen die Ausübung und Organisation der Gläubigerrechte regeln.[188]
Denn Regelungen zur Gläubigerorganisation sind aufgrund der schuldrechtlichen
Rechtswahl- und Vertragsfreiheit grds. zulässig. Dies gilt nicht nur für Regelungen

---

184 Vgl. *Hopt*, in: FS Steindorff, S. 371f.
185 Vgl. *Hopt*, in: FS Steindorff, S. 373.
186 Vgl. etwa *Than*, in: FS Coing, S. 528–532; *Stucke* S. 67–77 für DM-Auslandsanleihen;
Hopt, in: FS Steindorff, S. 349; *Grundmann*, in: Bankrechtshandbuch III, § 112 Rdnr. 130, insbes. Fn. 3; *Kümpel* Rdnr. 9.226.
187 Vgl. zum Leitbildcharakter der §§ 305ff. BGB (früher AGBG) für Anleihen, die deutschem Recht unterliegen, *Stucke* S. 257–269.
188 Vgl. zu den verschiedenen kautelarischen Gestaltungen *Hopt*, in: FS Steindorff, S. 356–
361; *Than*, in: FS Coing, S. 532–540; *Grundmann*, in: Bankrechtshandbuch III, § 112
Rdnr. 130f.

zur Bestellung eines Gläubigervertreters,[189] sondern insbes. auch für Mehrheitsentscheidungen der Gläubiger(versammlung), die auch in Rechte der Gläubiger eingreifen können.[190] Da diese Eingriffsmöglichkeit sich bereits aus den Anleihebedingungen ergibt, stellt ein solcher Beschluß auch keinen unzulässigen Vertrag zu lasten Dritter (also der nicht zustimmenden Anleihegläubiger) dar. Allerdings wird als unabdingbare – ggf. auch über Art. 34 EGBGB durchzusetzende – Voraussetzung zu fordern sein, daß dieser Eingriff in Gläubigerrechte nur zur Wahrnehmung der gemeinsamen, nicht lediglich einzelner Gläubigerinteressen[191] und unter Beachtung des Grundsatzes der Gleichbehandlung aller Gläubiger[192] erfolgt. Insbesondere können per Mehrheitsentscheidung nicht die Leistungspflichten der Gläubiger erweitert werden.[193]

88   Untersteht die Auslandsanleihe hingegen ausländischem Recht, finden auch die betreffenden ausländischen Vorschriften zur Gläubigerorganisation Anwendung; daher werden die Vorschriften bzw. Grundsätze des SchVG i.d.R. auch nicht über Art. 34 EGBGB durchgesetzt.[194] Denkbar bleibt aber, daß bei entsprechendem Inlandsbezug der Anleihe (z.B. Vertrieb auf dem deutschen Kapitalmarkt) dennoch bestimmte fundamentale Grundsätze, wie etwa der der Gläubigergleichbehandlung, über Art. 34 EGBGB zur Anwendung gelangen können.

89   Eine andere Frage als die der Anwendbarkeit (bestimmter Grundsätze) des SchVG auf Auslandsanleihen ist die nach der Anwendbarkeit des SchVG auf Anleihen, die zwar von Emittenten mit Sitz im Inland ausgegeben wurden, aber einer ausländischen Rechtsordnung unterstellt wurden. Geht man vom Wortlaut des § 1 SchVG aus, ist für solche Anleihen das SchVG maßgeblich. Dennoch wird die Auffassung vertreten, ungeschriebene Voraussetzung für die Anwendbarkeit des SchVG sei, daß die Anleihe deutschem Recht unterstehe.[195] Zwar ist das SchVG nicht Teil des deutschen ordre public.[196] Aber gem. § 20 SchVG können die in diesem Gesetz der Gläubigerversammlung und dem Vertreter eingeräumten Befugnisse durch Festsetzungen in den Schuldverschreibungen nicht ausgeschlossen oder beschränkt werden; diese Regelungen stellen daher zumindest national zwingendes Recht dar. Dies bedeutet zwar noch nicht zwangsläufig, daß es sich dabei auch um international zwingendes Recht mit der Folge handelt, daß auch bei Maßgeblichkeit ausländischen Rechts für die Anleihe die Regelungen des SchVG zur Anwendung gelangen. Da die Regelungen zur Gläubigerorganisation und der Möglichkeit von Mehrheitsentscheidungen aber auch wirtschaftspolitische Zielsetzungen verfolgen,

---

189   *Grundmann*, in: Bankrechtshandbuch III, § 112 Rdnr. 130; *Hopt*, in: FS Steindorff, S. 373–375.
190   Vgl. aber auch dazu, daß die Anleihebedingungen von Auslandsanleihen in der Praxis keine Bestimmungen über ihre Änderung durch Gläubigerbeschluß enthalten *H. Schneider* S. 87.
191   Vgl. *Hopt*, in: FS Steindorff, S. 371f.
192   Vgl. *Hopt*, in: FS Steindorff, S. 373.
193   *Grundmann*, in: Bankrechtshandbuch III, § 112 Rdnr. 131; *Hopt*, in: FS Steindorff, S. 372.
194   Vgl. auch *Grundmann*, in: Bankrechtshandbuch III, § 112 Rdnr. 130.
195   So *H. Schneider* S. 75.
196   So bezogen auf § 20 SchVG *H. Schneider* S. 75 Fn. 11.

kommen sie im Sinne von Mindestbefugnissen der Gläubigerversammlung und des Vertreters gem. Art. 34 EGBGB auch auf Anleihen mit einer Rechtswahlklausel zugunsten einer ausländischen Rechtsordnung zur Anwendung.[197]

d) Prospekthaftung
aa) Spezialgesetzlich geregelte Prospekthaftung

Auch im Bereich der Prospekthaftung der Emittenten stellt sich die Frage der kollisionsrechtlichen Anknüpfung. Bereits aus den Bestimmungen des BörsG, des WpPG und des VerkProspG ergibt sich, daß die Anforderungen des deutschen Rechts an die Prospektpflicht nicht nur für Emittenten mit Sitz in Deutschland, sondern auch für solche mit ausländischem Sitz gelten, sofern die Wertpapiere in Deutschland im amtlichen oder geregelten Markt gehandelt oder öffentlich angeboten werden sollen (vgl. für den Handel im amtlichen Markt §§ 30 Abs. 1 BörsG, 3 Abs. 3 WpPG; für den geregelten Markt §§ 49 Abs. 1, 56 Abs. 1 Nr. 1 b), c), und Nr. 2 BörsG, 3 Abs. 3 WpPG; für (sonstige) öffentliche Angebote § 3 Abs. 1 WpPG).[198] Allerdings bestehen innerhalb des Europäischen Wirtschaftsraums hinsichtlich der Prospektpflicht bei Zulassung zu einem geregelten Markt oder im Fall des öffentlichen Angebots von Wertpapieren mittlerweile Erleichterungen. Denn mit Inkrafttreten des Prospektrichtlinie-Umsetzungsgesetzes v. 22. Juni 2005[199] wurde der Europäische Paß für Wertpapieremissionen eingeführt. Danach ist aber ein von der BaFin gebilligter Prospekt ebenso ohne zusätzliches Billigungsverfahren in einem anderen Staat des Europäischen Wirtschaftsraums gültig (§§ 17 Abs. 1, 2, 18 WpPG) wie dies umgekehrt bei einem im Europäischen Wirtschaftsraum gebilligten Prospekt in Deutschland der Fall ist (§§ 17 Abs. 3, 19 Abs. 4, 5 WpPG). 90

Aufgrund der ausdrücklichen börsengesetzlichen Regelungen ist allerdings nicht nur die Prospektpflicht, sondern auch die Haftung bei Unrichtigkeit oder Unvollständigkeit des Prospekts grundsätzlich territorial an den Markt anzuknüpfen, in dem die Wertpapiere gehandelt werden.[200] Voraussetzung eines Anspruchs gem. § 44 BörsG ist nämlich, daß der Anspruchsteller der Erwerber von Wertpapieren ist, die auf Grund eines Prospekts zum Börsenhandel zugelassen sind (§ 44 Abs. 1 BörsG). Handelt es sich um Wertpapiere eines Emittenten mit Sitz im Ausland, und sind diese Wertpapiere auch im Ausland zum Börsenhandel zugelassen, besteht allerdings die Notwendigkeit einer Abgrenzung der jeweiligen staatlichen Prospekthaftungsregelungen. Die kollisionsrechtliche Bestimmung der maßgeblichen Prospekthaftungsvorschriften ist auch innerhalb des Europäischen Wirtschaftsraums erforderlich, zumal die Prospektrichtlinie[201] keine Regelungen zur Harmonisierung des Haftungsregimes enthält. 91

---

197 Hingegen hält *Grundmann*, in: Bankrechtshandbuch III, § 112 Rdnr. 129 sowie Fn. 3 das SchVG offenbar generell für international zwingendes Recht.
198 Vgl. auch *Köstlin* S. 53; *Grundmann*, in: Bankrechtshandbuch III, § 112 Rdnr. 42.
199 BGBl. I, S. 1698 ff.
200 Vgl. auch *Kiel* S. 173; *Hopt* Rdnr. 233; *Ebenroth*, in: FS Keller, S. 408.
201 Genauer: Richtlinie 2003/71/EG des Europäischen Parlaments und des Rates v. 4.11.

92   Die deutschen Prospekthaftungsvorschriften kommen aber nur zur Anwendung, wenn die Wertpapiere auf Grund eines im Inland abgeschlossenen Geschäfts oder einer ganz oder teilweise im Inland erbrachten Wertpapierdienstleistung erworben wurden (§ 44 Abs. 3 BörsG). Da diese Vorschrift nicht generell die Anwendung einer bestimmten Rechtsordnung vorsieht, sondern lediglich das Eingreifen der deutschen Prospekthaftungsvorschriften in bestimmten Fällen regelt, wird § 44 Abs. 3 BörsG teilweise jedoch als bloße Sachnorm eingeordnet. Nach dieser Ansicht sieht diese Vorschrift lediglich eine Einschränkung des Anwendungsbereichs der deutschen Prospekthaftungsvorschriften vor, wenn nach den allgemeinen kollisionsrechtlichen Grundsätzen das deutsche Recht maßgeblich ist.[202] Sieht man aber – ungeachtet der zutreffenden Einordnung dieser Vorschrift – in § 44 Abs. 3 BörsG zumindest keine umfassende kollisionsrechtliche Regelung des Anwendungsbereichs der deutschen spezialgesetzlichen Prospekthaftungsvorschriften, muß die maßgebliche Kollisionsnorm in den allgemeinen Grundsätzen „gefunden" werden. Dies wirft die weitere Frage auf, ob die spezialgesetzlichen Prospekthaftungsnormen vertraglich oder deliktisch zu qualifizieren sind, wobei im Fall vertraglicher Qualifikation die Artt. 27ff. EGBGB, bei deliktischer hingegen Artt. 40ff. EGBGB maßgeblich wären. Sieht man die spezialgesetzlich geregelte Prospekthaftung als ein Fall der c.i.c. an, stellt sich im übrigen die Frage, ob diese vertraglich oder deliktisch zu qualifizieren ist.

93   Richtiger Ansicht nach ist die Prospekthaftung strukturell als Fall der Deliktshaftung einzuordnen, da die Prospektwahrheitspflicht gegenüber einem offenen Personenkreis besteht.[203] Geht man daher von der deliktischen Qualifikation der Prospekthaftung aus, scheint der Verletzte die grds. Wahlmöglichkeit zwischen dem Handlungs- und Erfolgsort zu haben (Art. 40 Abs. 1 EGBGB). Allerdings läßt sich der Regelung des § 44 Abs. 3 BörsG auf jeden Fall der gesetzgeberische Wille entnehmen, daß das Marktrecht für die Anwendung der (deutschen) Prospekthaftungsvorschriften relevant sein soll. Und in der Tat: Die Prospekthaftung dient neben dem Individualschutz dem Schutz des Kapitalmarkts und daher dem Allgemeininteresse. Diese doppelte Schutzrichtung spricht aber gegen die schuldvertragliche wie auch schuldrechtliche Rechtswahlfreiheit und führt richtigerweise zur Anknüpfung der (spezialgesetzlichen) Prospekthaftungsnormen an das Recht des betroffenen Marktes.[204] Der betroffene Markt i.S.d. kollisionsrechtlichen An-

---

2003 betreffend den Prospekt, der beim öffentlichen Angebot von Wertpapieren oder bei deren Zulassung zum Handel zu veröffentlichen ist, und zur Änderung der Richtlinie 2001/34/EG, ABl. Nr. L 345, S. 64 v. 31. 12. 2003.
202 So *Bischoff*, AG 2002, 490f.
203 *Grundmann*, RabelsZ 54 (1990), 310.
204 Vgl. *Grundmann*, RabelsZ 54 (1990), 308–311; ähnlich, nämlich Anknüpfung an den Plazierungsort der Emission, *Bischoff*, AG 2002, 492–494; *Groß, Wolfgang*, Kapitalmarktrecht, Komm. z. Börsengesetz, Börsenzulassungs-Verordnung, Verkaufsprospektgesetz, Verkaufsprospekt-Verordnung, 2. Aufl. 2002, §§ 45, 46 BörsG Rdnr. 41.

knüpfung ist allerdings schon aus Gründen der Vorhersehbarkeit für den Emittenten das Recht des Plazierungsortes der Emission.[205]

Von der grds. Maßgeblichkeit des Plazierungsorts geht auch § 44 Abs. 3 BörsG **94**
aus und schränkt die Anwendbarkeit deutschen Rechts lediglich für den Fall mehrerer Zulassungen zum Börsenhandel in verschiedenen Staaten ein.[206] Denn gem.
§ 44 Abs. 3 BörsG sind in diesem Fall die deutschen Prospekthaftungsnormen nur
dann maßgeblich, wenn ein weiterer Inlandsbezug in Form eines ganz oder teilweise im Inland vorgenommenen Erwerbsgeschäfts gegeben ist. Da § 44 Abs. 3 BörsG
eine Beschränkung des Anwendungsbereichs des deutschen Prospekthaftungs-
rechts vorsieht, handelt es sich bei dieser Vorschrift richtiger Ansicht nach (zunächst) um eine einseitige Kollisionsnorm, die eine internationalprivatrechtliche
Teilregelung der Anwendbarkeit deutschen Rechts im Bereich der Prospekthaftung enthält (vgl. aber sogleich Rdnr. 98 hinsichtlich der Erweiterung zur allseitigen Kollisionsnorm).

Damit bleibt aber die Frage, wann ein Geschäft i.S.d. § 44 Abs. 3 BörsG im In- **95**
land abgeschlossen wurde. Wie die zweite Alternative des § 44 Abs. 3 BörsG deutlich macht, genügt es für die Anwendbarkeit der deutschen Prospekthaftungsvorschriften bereits, wenn ein Teil der zu dem Vertragsschluß führenden (Rechts-)
Handlungen – jedenfalls soweit es um das Wertpapierdienstleistungsunternehmen
geht – im Inland erfolgte. Daher ist der Begriff des im Inland abgeschlossenen
Rechtsgeschäfts ebenfalls weit zu fassen; genügen muß also bei einem Geschäftsabschluß im Telefonverkehr, daß einer der Beteiligten sich zu diesem Zeitpunkt im Inland befindet, zumal der im Inland befindliche Anleger selbst dann, wenn er von einem im Ausland ansässigen Verkäufer erwirbt, regelmäßig auch unter dem Ein-
druck und Einfluß der inländischen Prospektveröffentlichung handeln wird[207]
(vgl. zum Begriff des Vornahmeortes im IPR auch Art. 11 Abs. 2 EGBGB).

Da Vereinbarungen, durch die diese Haftung im voraus ermäßigt oder erlassen **96**
wird, gem. § 47 Abs. 1 BörsG unwirksam sind, kann auch durch die Wahl eines ausländischen Rechts (für Fragen der Prospekthaftung) die Haftung des Emittenten
gegenüber dem Anleger nicht im voraus beschränkt werden.[208] Insbesondere ist
diese Vorschrift nicht nur national zwingend, sondern auch als kollisionsrechtliche

---

205 *Grundmann*, in: Bankrechtshandbuch III, § 112 Rdnr. 65; *Bischoff*, AG 2002, 494–496;
Groß, Wolfgang, Kapitalmarktrecht, Komm. z. Börsengesetz, Börsenzulassungs-Verordnung,
Verkaufsprospektgesetz, Verkaufsprospekt-Verordnung, 2. Aufl. 2002, §§ 45, 46 BörsG
Rdnr. 41.
206 Vgl. auch BR-Drucks. 605/97, S. 79, wonach diese Einschränkung auch zur Attraktivität
des Finanzplatzes Deutschland beiträgt, da im Ausland börsennotierte Unternehmen nicht be-
fürchten müssen, bei Zulassung der Wertpapiere zu einem organisierten Markt in Deutschland
mit Prospekthaftungsansprüchen nach deutschem Recht belastet zu werden, sofern die Er-
werbsvorgänge ausschließlich im Heimatstaat erfolgen.
207 Ähnlich *Köstlin* S. 113 f.; vgl. auch *Hopt* Rdnr. 236, der allerdings die deutschen Prospekthaftungsvorschriften bei inländischem Anleger und ausländischer verkaufender Bank nicht für
anwendbar hält.
208 Vgl. *Kiel* S. 173; *Bischoff*, AG 2002, 495.

Einschränkung der Rechtswahlfreiheit (und zwar auch bei einem grenzüberschreitenden Sachverhalt) zu interpretieren; denn nur dieses Normverständnis wird dem hiermit bezweckten Anlegerschutz gerecht. Diese Haftungsbestimmungen gelten zunächst bei Zulassung der Wertpapiere zum amtlichen Markt, finden aber auch entsprechende Anwendung bei Unrichtigkeit oder Unvollständigkeit des Prospekts im Rahmen der Zulassung zum geregelten Markt (§ 55 BörsG).[209]

97   Neben der Prospektpflicht und -haftung nach dem BörsG knüpfen auch die Vorschriften des VerkProspG territorial an das Marktrecht an. So muß der Anbieter von Wertpapieren, die im Inland öffentlich angeboten werden und nicht zum Handel an einer inländischen Börse zugelassen sind, grds. einen Prospekt veröffentlichen (§ 3 Abs. 1 WpPG). Die Haftung bei Unrichtigkeit oder Unvollständigkeit des Prospekts knüpft wie auch § 44 BörsG, auf den in § 13 VerkProspG verwiesen wird, an das Marktrecht an. Maßgeblich ist auch hier, daß der Anspruchsteller Erwerber von Wertpapieren ist, die auf Grund eines unrichtigen oder unvollständigen Prospekts (im Inland) öffentlich angeboten werden. Handelt es sich um Wertpapiere von Emittenten mit Sitz im Ausland, und werden diese Wertpapiere auch im Ausland öffentlich angeboten, besteht ein Anspruch nach § 13 VerkProspG nur, wenn die Wertpapiere auf Grund eines im Inland abgeschlossenen Geschäfts oder einer ganz oder teilweise im Inland erbrachten Wertpapierdienstleistung erworben wurden (§ 13 Abs. 1 Nr. 2 VerkProspG i.V.m. § 44 Abs. 1, 3 BörsG).[210] Entsprechendes gilt für die Haftung des Emittenten bei fehlendem Prospekt (§ 13 a Abs. 3 VerkProspG).

98   Sofern die Wertpapiere in Deutschland plaziert und – im Fall der Plazierung in mehreren Staaten – auf Grund eines im Inland abgeschlossenen Geschäfts oder einer ganz oder teilweise im Inland erbrachten Wertpapierdienstleistung erworben werden, haften die Emittenten bei unrichtigem oder unvollständigem Prospekt nach den deutschen Vorschriften der gesetzlichen Prospekthaftung. Diese Anknüpfung an das so bestimmte Recht des betroffenen Marktes kann aber zu einer allseitigen Kollisionsnorm erweitert werden;[211] es entscheidet dann nicht nur über die Anwendbarkeit deutschen Rechts, sondern erklärt generell das Recht des betroffenen Marktes für maßgeblich (es sei denn, das Marktrecht würde in dem konkreten Fall keine Geltung beanspruchen). Nicht entscheidend für die Anwendbarkeit der (deutschen) Prospekthaftungsvorschriften ist also, ob der Prospekt im Ausland gebilligt und die BAFin (lediglich) gem. § 17 Abs. 3 WpPG unterrichtet wurde.[212]

---

209 Vgl. *Kiel* S. 174.

210 Vgl. zur Anknüpfung an das Recht des betroffenen Markts insbes. *Grundmann*, in: Bankrechtshandbuch III, § 112 Rdnr. 42; vgl. auch *Kiel* S. 300.

211 *Grundmann*, RabelsZ 54 (1990), 290; speziell zur Ausdehnung des § 44 Abs. 3 BörsG (§ 45 Abs. 3 BörsG a.F.) zur allseitigen Kollisionsnorm *ders.*, in: Bankrechtshandbuch III, § 112 Rdnr. 65; vgl. auch *Freitag*, in: *Reithmann/Martiny*, Rdnr. 490; vgl. bereits RG 10. 5. 1884, RGZ 12, 34, 36; im Grundsatz auch *Kronke/Haubold* Rdnr. 360.

212 Im Ergebnis auch *Kullmann/Sester*, WM 2005, 1071; *König, Kai-Michael*, Die neue euro-

bb) Sonstige (allgemeine zivilrechtliche) Prospekthaftung

Die Frage der kollisionsrechtlichen Behandlung einer nicht spezialgesetzlich gere- **99** gelten (im deutschen Recht etwa der allgemeinen zivilrechtlichen) Prospekthaftung wird sich – bezogen auf das deutsche Recht – im Rahmen des Emissionsgeschäfts nur ausnahmsweise stellen: So kommt etwa die allgemeine zivilrechtliche Prospekthaftung im deutschen Recht nur in Betracht, wenn die Wertpapiere ausnahmsweise nicht der Prospektpflicht nach dem WpPG unterliegen (vgl. §§ 3 Abs. 2, 4 WpPG; vgl. auch oben Rdnr. 57–65). Dann stellt sich aber ebenfalls die Frage nach der Anwendbarkeit der sonstigen Prospekthaftungsansprüche und damit zunächst die Frage nach der Qualifikation dieser Ansprüche. Da diese jedenfalls im deutschen Recht aus der c.i.c. entwickelt wurden, könnte eine vertragliche, aber auch deliktische Einordnung in Betracht kommen.[213] Die zunächst bei der c.i.c. besonders naheliegende vertragliche Qualifikation hat allerdings erhebliche Nachteile: so führt die vertragliche Anknüpfung zumindest grds. – vorbehaltlich der Anwendbarkeit der Artt. 29, 29 a EGBGB – zur schuldrechtlichen Rechtswahlfreiheit, was der Tatsache kaum gerecht werden dürfte, daß auch die allgemeine zivilrechtliche Prospekthaftung neben dem Individualschutz dem Schutz des Kapitalmarkts und damit dem Allgemeininteresse dient. Überdies ist *Grundmann* zuzustimmen, wenn er die Prospekthaftung strukturell für einen Fall der Deliktshaftung hält, weil die Prospektwahrheitspflicht gegenüber einem offenen Personenkreis bestehe.[214] Daher ist die Prospekthaftung deliktisch zu qualifizieren. Aber auch bei deliktischer Qualifikation der Prospekthaftung steht dem Anleger hier nicht die grds. Wahlmöglichkeit des Verletzten zwischen dem Recht des Handlungs- und des Erfolgsorts zu (vgl. Art. 40 Abs. 1 EGBGB). Denn die allgemeine zivilrechtliche Prospekthaftung hat ebenso wie die spezialgesetzlich geregelten Prospekthaftungsnormen eine doppelte Schutzrichtung, nämlich Individualschutz und Kapitalmarktschutz. Daher ist auch die allgemeine zivilrechtliche Prospekthaftung an das Recht des betroffenen Marktes anzuknüpfen,[215] was überdies den Vorteil einer einheitlichen kollisionsrechtlichen Anknüpfung der spezialgesetzlich geregelten sowie der allgemeinen zivilrechtlichen Prospekthaftung hat.

---

päische Prospektrichtlinie – Eine kritische Analyse und Überlegungen zur Umsetzung in das deutsche Kapitalmarktrecht, ZEuS 2004, 251–288, 285; a.A. aber offenbar *Holzborn, Timo/ Schwarz-Gondek, Nicolai*, Die neue EU-Prospektrichtlinie, BKR 2003, 927–935, 934, die davon ausgehen, das Haftungsregime richte sich nach dem Recht des Herkunftsmitgliedstaats; vgl. auch *Kronke/Haubold* Rdnr. 360, die akzessorisch an den Prospektinhalt und das auf die Genehmigung anwendbare Recht anknüpfen wollen.

213 Vgl. zu den verschiedenen Auffassungen insbes. *Grundmann*, RabelsZ 54 (1990), 310; *Hopt* Rdnr. 240.
214 *Grundmann*, RabelsZ 54 (1990), 310.
215 Zutreffend *Grundmann*, RabelsZ 54 (1990), 306–309; *Hopt* Rdnr. 242.

4. Rechtsverhältnis zwischen den Konsorten und den Anlegern

100   Da es sich bei dem Vertragsverhältnis zwischen den Konsorten und den Anlegern um eine Finanzdienstleistung i.S.d. § 1 Abs. 1 a S. 2 Nr. 4 KWG handelt, soll auf die Ausführungen zum Effektengeschäft (Finanzkommissionsgeschäft) und verwandten Finanzdienstleistungen verwiesen werden (vgl. unten § 8 Rdnr. 58–84). Hier nur soviel: Für die Kaufverträge zwischen den Konsorten und den Anlegern kann das anwendbare Recht von den Parteien frei gewählt werden (Art. 27 Abs. 1 EGBGB); eine solche Rechtswahl erfolgt im deutschen Rechtskreis gem. Nr. 6 Abs. 1 AGB-Banken und AGB-Sparkassen, wonach für die Geschäftsverbindung zwischen Kunden und inländischen Geschäftsstellen der Banken und Sparkassen deutsches Recht zur Anwendung gelangt. Da die Konsorten als Verkäufer der Wertpapiere die vertragscharakteristische Leistung erbringen, kommt auf den Kaufvertrag allerdings auch ohne eine Rechtswahlvereinbarung das Recht der (Haupt-) Niederlassung des veräußernden Konsorten zur Anwendung (Art. 28 Abs. 2 S. 2 EGBGB).

101   Sofern der Anleger die Wertpapiere zu privaten Zwecken kauft, stellt sich auch hier die Frage, ob die Verbraucherschutznormen der Artt. 29, 29 a EGBGB zur Anwendung kommen können. Zwar erfaßt Art. 29 EGBGB keine Kaufverträge über Wertpapiere.²¹⁶ Dies ist aber nicht entscheidend. Denn nach hier vertretener Auffassung sind auch das Finanzkommissionsgeschäft gem. § 1 Abs. 1 S. 2 Nr. 4 KWG sowie die Finanzdienstleistungen gem. § 1 Abs. 1 a S. 2 (hier Nr. 4) KWG zu den Dienstleistungen i.S.d. Art. 29 Abs. 1 EGBGB zu zählen (vgl. unten § 8 Rdnr. 62–64), so daß die Verbraucherschutznorm des Art. 29 EGBGB relevant werden kann. Kommt aber Art. 29 EGBGB und damit auch die objektive Anknüpfung des Verbrauchervertrags an den Aufenthaltsstaat des Verbrauchers gem. Art. 29 Abs. 2 EGBGB zur Anwendung, erhöht sich desgleichen die Wahrscheinlichkeit, daß Art. 29 a EGBGB relevant wird. Denn Art. 29 a EGBGB findet nur Anwendung, wenn aufgrund einer Rechtswahl – und nicht bereits aufgrund objektiver Anknüpfung – der (Kauf-) Vertrag zwischen dem Konsorten und dem Anleger dem Recht eines Drittstaates (also nicht EU- oder EWR-Staat) unterstellt wurde. Durch die Verschiebung der objektiven Anknüpfung bei Verbraucherverträgen gem. Art. 29 Abs. 2 EGBGB wird diese Grundvoraussetzung für Art. 29 a EGBGB im Fall einer Rechtswahl häufig gegeben sein (vgl. zu diesen Fragen auch unten § 8 Rdnr. 68–71, 74).

102   Wurde keine Rechtswahlvereinbarung getroffen, entscheidet das Recht der (Haupt-)Niederlassung des Konsorten gem. Art. 28 Abs. 2 S. 2 EGBGB auch über die Frage, ob und ggf. mit welchem Inhalt hinsichtlich der Vermögensanlage ein (event. eigenständiger) Beratungsvertrag (konkludent) zwischen den Parteien zustande kommt.²¹⁷ Daher ist insbes. bei grenzüberschreitenden Effektengeschäften

---

²¹⁶   Vgl. statt vieler BGH 26. 10. 1993, BGHZ 123, 380, 387; Staudinger-*Magnus* BGB (2002) Art. 29 EGBGB Rdnr. 50.
²¹⁷   Vgl. zum deutschen Recht etwa das Bond-Urteil, BGH 6. 7. 1993, WM 1993, 1455, 1456f

der Schutz des Anlegers unsicher, weil die Vertragsverhältnisse zwischen dem Konsorten und dem Anleger (und damit auch der Abschluß eines potentiellen Beratungsvertrags) einer ausländischen Rechtsordnung unterstehen (bzw. unterstellt werden können), die keine so strengen Beratungserfordernisse wie das deutsche Recht kennt. Insoweit hilft auch Art. 29 EGBGB dem Anleger nicht, da diese Vorschrift weder den Abschluß eines selbständigen Beratungsvertrags gebietet noch es sich bei dem privatautonom zustande gekommenen Beratungsvertrag um eine zwingende Verbraucherschutzbestimmung handelt. Desgleichen gebietet auch Art. 29 a EGBGB nicht den Abschluß eines (Beratungs-) Vertrags (vgl. zu diesen Fragen näher unten § 8 Rdnr. 72, 74).

Diese Überlegungen zeigen auch die eigenständige Bedeutung, die den Verhaltensanforderungen nach dem WpHG zukommt, da sie ihren Rechtsgrund nicht in einem Vertrag, sondern dem Gesetz selbst haben. Überdies wird der Anleger durch die Verhaltensregeln gem. §§ 31, 32 WpHG auch international insofern besser als durch rechtsgeschäftliche Konstruktionen geschützt, als für diese Pflichten der Grundsatz der Maßgeblichkeit des betroffenen Marktes gilt. Dies bedeutet, daß auch ausländische Unternehmen, die Wertpapierdienstleistungen gegenüber Kunden mit gewöhnlichem Aufenthaltsort oder Geschäftsleitung im Inland erbringen wollen, den Verhaltensregeln der §§ 31, 32 WpHG, insbes. den Informationspflichten gem. § 31 Abs. 2 S. 1 Nr. 2 WpHG unterliegen (vgl. §§ 31 Abs. 3, 32 Abs. 3 WpHG). Hierbei genügt es, wenn auch nur ein Teil der Wertpapierdienstleistung oder Wertpapiernebendienstleistung im Inland erbracht wurde; dies ist bereits dann der Fall, wenn die Beratung im Inland erfolgt.[218] **103**

Hinsichtlich der Prospekthaftung gilt im Verhältnis zwischen den Konsorten und den Anlegern das oben (Rdnr. 90–99, insbes. 98 f.) dargestellte Prinzip der Anknüpfung an den betroffenen Markt; dies gilt unabhängig davon, ob die spezialgesetzliche oder die allgemeine zivilrechtliche Prospekthaftung in Rede steht. Die Frage, welche Konsorten die Prospektpflicht zu erfüllen haben und wer für unrichtige bzw. unvollständige Prospekte und Angaben (mit-)verantwortlich ist, richtet sich daher nach dem Recht des Staates, in dem die Papiere zugelassen bzw. öffentlich angeboten werden. **104**

---

218 Vgl. hierzu auch *Koller*, in: Assmann/Schneider (Hrsg.), Wertpapierhandelsgesetz, 3. Aufl. 2003, § 31 Rdnr. 143–145.

§ 8 Effektengeschäft (Finanzkommissionsgeschäft) und verwandte Finanzdienstleistungen

Literatur
Baumbach, Adolf/Hopt, Klaus J., HGB, 32. Aufl. 2006, §§ 383 ff. (Kommissionsgeschäft), (8) AGB-WPGeschäfte. *Canaris, Claus-Wilhelm*, Bankvertragsrecht, 2. Aufl. 1981, Rdnr. 1810–1947. *Claussen, Carsten Peter*, Bank- und Börsenrecht, 3. Aufl. 2003, § 9. *Einsele, Dorothee*, Wertpapierrecht als Schuldrecht – Funktionsverlust von Effektenurkunden im internationalen Rechtsverkehr, 1995. *Ekkenga, Jens*, Effektengeschäft, in: Münchener Komm. z. HGB, Band 5, 1. Aufl. 2001. *Ekkenga, Jens/Bernau, Timo*, in: Handbuch zum deutschen und europäischen Bankrecht, hrsg. v. Derleder, Peter/Knops, Kai-Oliver/Bamberger, Heinz Georg, 2004, § 49 (zitiert: *Ekkenga/Bernau*, Bankrecht). *Grundmann, Stefan*, in: HGB, hrsg. v. Ebenroth, Carsten Thomas/Boujong, Karlheinz/Joost, Detlev, Band 2, 1. Aufl. 2001, BankR VI, Wertpapierhandelsgesetz. *Wagner, Oliver*, in: Bankrecht und Bankpraxis, 7. Teil: Wertpapierhandel, Stand Januar 2005, Rdnr. 7/1–191. *Koller, Ingo*, in: Wertpapierhandelsgesetz, hrsg. v. *Assmann, Heinz-Dieter/Schneider, Uwe H.*, 3. Aufl. 2003, Vor § 31–§ 36 b WpHG. *Kümpel, Siegfried*, Bank- und Kapitalmarktrecht, 3. Aufl. 2004, Rdnr. 10.1–10.331. *Kümpel, Siegfried*, in: Bankrechtshandbuch III, hrsg. v. Schimansky, Herbert/Bunte, Hermann Josef/Lwowski, Hans-Jürgen, 2. Aufl. 2001, § 104. *Reich, Norbert*, Informations-, Aufklärungs- und Warnpflichten beim Anlagengeschäft unter besonderer Berücksichtigung des „execution-only-business" (EOB), WM 1997, 1601–1609. *Schönle, Herbert*, Bank- und Börsenrecht, 2. Aufl. 1976, §§ 16–18. *Schwintowski, Hans-Peter/Schäfer, Frank A.*, Bankrecht, Commercial Banking – Investment Banking, 2. Aufl. 2004, § 16.

I. Einführung und Abgrenzung zu Finanzdienstleistungen

Nicht jeder Anleger hat einen unmittelbaren Zugang zu den Kapitalmärkten; insbesondere die Teilnahme am Börsenhandel setzt eine besondere Zulassung voraus (vgl. insbes. § 16 BörsG). Der Grund hierfür ist in folgender Überlegung zu sehen: Die Marktteilnehmer müssen sich auf eine ordnungsgemäße Abwicklung der an der Börse getätigten Geschäfte verlassen können, zumal jeder Marktteilnehmer an der Börse als Vertragspartner akzeptiert werden muß. Die hierfür notwendige Bonität ist aber nicht bei jedem Anleger gegeben. Im Rahmen des Wertpapierhandels spielen daher die Kreditinstitute als Marktintermediäre eine wesentliche Rolle.[1] 1

Vor dem 1. Januar 1998 war das sog. Effektengeschäft in § 1 Abs. 1 S. 2 Nr. 4 KWG als die Anschaffung und Veräußerung von Wertpapieren für andere definiert. Folglich lag nur dann ein Bankgeschäft vor, wenn Wertpapiere i.S. dieser Vorschrift gehandelt wurden. Dies war aber nicht nur im Fall der von der öffentlichen 2

---

[1] Vgl. hierzu *Kümpel* Rdnr. 10.6; *ders.*, in: Bankrechtshandbuch III, § 104 Rdnr. 24.

Hand emittierten entmaterialisierten Schuldverschreibungen (Wertrechte) zweifelhaft; fraglich war insbesondere auch bei kurzfristigen Geldmarktpapieren, ob sie
den Begriff der Effekten erfüllen, der als Synonym für Kapitalmarktpapiere verwendet wurde.

3   Mit der 6. KWG-Novelle, die zum 1. Januar 1998 in Kraft trat, wurde der Begriff
‚Effektengeschäft' durch den des ‚Finanzkommissionsgeschäfts' ersetzt. Dieses ist
in § 1 Abs. 1 S. 2 Nr. 4 KWG als die Anschaffung und Veräußerung von Finanzinstrumenten im eigenen Namen für fremde Rechnung definiert. Von dem Begriff
der Finanzinstrumente sind gem. § 1 Abs. 11 KWG nicht nur die Kapitalmarktpapiere, wie etwa Aktien, Schuldverschreibungen und Investmentzertifikate, sondern auch etwa Geldmarktinstrumente, also Forderungen erfaßt, die auf dem
Geldmarkt gehandelt werden. Dies gilt im übrigen unabhängig davon, ob diese Finanzinstrumente verbrieft oder unverbrieft sind (vgl. im einzelnen § 1 Abs. 11
KWG). Generell von dem Begriff der Finanzinstrumente erfaßt sind alle Wertpapiere, die mit Aktien oder Schuldverschreibungen vergleichbar sind, wenn sie an einem Markt gehandelt werden können (§ 1 Abs. 11 Nr. 2 KWG), wobei unerheblich
ist, ob es sich um einen organisierten (§ 2 Abs. 5 WpHG) oder nicht organisierten
Markt handelt. Maßgebliche Voraussetzung für den Begriff der Finanzinstrumente
ist daher deren Fungibilität, also Vertretbarkeit und Austauschbarkeit (§ 91 BGB).
Somit stellen etwa Wechsel und Schecks – obgleich sie dem Wertpapierbegriff der
h.M. unterfallen[2] – keine Finanzinstrumente i.S.d. § 1 Abs. 11 KWG dar. Demgemäß entspricht der Begriff der Finanzinstrumente i.S.d. § 1 Abs. 11 KWG weitgehend der Definition der Finanzinstrumente in § 2 Abs. 2 b WpHG.[3]

4   Unter den Begriff der Bankgeschäfte i.S.d. § 1 Abs. 1 S. 2 Nr. 4 KWG fallen seit
der 6. KWG-Novelle jedoch nur noch Kommissionsgeschäfte, also die Geschäfte,
bei denen die Bank im eigenen Namen, aber für fremde Rechnung Finanzinstrumente anschafft oder veräußert (vgl. §§ 383 ff. HGB).[4] Vom Begriff des Finanzkommissionsgeschäfts ausgenommen sind daher nicht nur die bloße Vermittlung von
Geschäften über die Anschaffung und Veräußerung von Finanzinstrumenten, sondern insbes. auch die Fälle, in denen die Bank in offener Stellvertretung für ihren
Kunden handelt. Allerdings sind Wertpapiergeschäfte in offener Stellvertretung

---

2 Vgl. für den weiten Wertpapierbegriff der h.M. statt vieler *Baumbach/Hefermehl*, Wechselgesetz und Scheckgesetz, 22. Aufl. 2000, WPR Rdnr. 11, 14 f.; *Zöllner, Wolfgang*, Wertpapierrecht, 14. Aufl. 1987, § 3 III 4 c; *Hueck, Alfred/Canaris, Claus-Wilhelm*, Recht der Wertpapiere,
12. Aufl. 1986, § 1 I 4 b.

3 Vgl. zur (jedoch weitgehend gleichen) Rechtslage vor Einfügung von § 2 Abs. 2 b WpHG
durch das Anlegerschutzverbesserungsgesetz *Schwintowski/Schäfer* § 16 Rdnr. 1–7; *Kümpel*, in:
Bankrechtshandbuch III, § 104 Rdnr. 37–42.

4 Vgl. auch *Schwintowski/Schäfer* § 16 Rdnr. 8; vgl. zur Abgrenzung des Finanzkommissionsgeschäfts vom Handeln für eigene Rechnung bei Gesellschaften, an denen Anleger beteiligt sind
und deren Zweck auf den Erwerb von Finanzinstrumenten gerichtet ist, *Dreher, Meinrad*, Das
Finanzkommissionsgeschäft nach § 1 Abs. 1 Satz 2 Nr. 4 KWG, ZIP 2004, 2161–2169, der im
Fall einer umfassenden mitgliedschaftlichen Rechtsstellung der Gesellschafter den Tatbestand
des Finanzkommissionsgeschäfts nicht für gegeben ansieht.

für den Kunden mittlerweile (d. h. seit der Abschaffung der Börsenumsatzsteuer) äußerst selten: Handelt die Bank in offener Stellvertretung für den Kunden, ist der Kunde Käufer bzw. Verkäufer der Wertpapiere, so daß es auch maßgeblich auf die Solvenz des jeweiligen Kunden ankommt; da die Kreditwürdigkeit des jeweiligen (Bank-) Kunden dem Vertragspartner jedoch insbes. bei Börsengeschäften i.d.R. unbekannt sein dürfte, kommt die offene Stellvertretung für den Kunden praktisch nur noch vor, wenn die Bank eine Emission im Namen und für Rechnung des Emittenten (außerhalb der Börse) plaziert.[5] Vom Begriff des Finanzkommissionsgeschäfts ebenfalls nicht erfaßt sind die Eigengeschäfte, bei denen die Bank selbst die Finanzinstrumente kauft, die der Kunde verkaufen will, oder umgekehrt die Finanzinstrumente an ihren Kunden verkauft, die dieser kaufen möchte. Im Fall der Eigengeschäfte schließt also die Bank mit ihrem Kunden einen Kaufvertrag ab und nimmt ihrerseits entsprechende Deckungsgeschäfte vor.

Allerdings sind die Eigengeschäfte sowie die Geschäfte, bei denen die Bank in offener Stellvertretung oder lediglich als Geschäftsvermittler auftritt, aufsichtsrechtlich nicht irrelevant; vielmehr handelt es sich bei den Eigengeschäften (für andere) um den Fall des Eigenhandels i.S.d. § 1 Abs. 1 a Nr. 4 KWG, beim Handeln der Bank in offener Stellvertretung um Abschlußvermittlung i.S.d. § 1 Abs. 1 a Nr. 2 KWG und bei bloßer Geschäftsvermittlung um Anlagevermittlung i.S.d. § 1 Abs. 1 a Nr. 1 KWG. All diese Geschäftsarten stellen daher Finanzdienstleistungen dar; Institute, die diese Geschäfte betreiben, unterliegen somit der Aufsicht der Bundesanstalt für Finanzdienstleistungsaufsicht (vgl. insbes. §§ 6, 32 Abs. 1 KWG). **5**

II. Schuldrechtliche Rechtsbeziehungen nach deutschem Sachrecht

1. Rechtsverhältnis zwischen dem Kreditinstitut und dem Kunden

a) Regelmäßige Auftragsausführung im Wege der einfachen Kommission

Kreditinstitute führen Aufträge ihrer Kunden zum Kauf oder Verkauf von Wertpapieren sowie unverbrieften Wertrechten[6] grds. als Kommissionäre aus.[7] Möglich ist **6**

---

5 Vgl. hierzu *Kümpel* Rdnr. 9.25, 10.73; *Schwintowski/Schäfer* § 16 Rdnr. 9 f.
6 Vgl. hierzu die Einleitung der Sonderbedingungen für Wertpapiergeschäfte (Fassung Januar 2003), die deren Anwendungsbereich bestimmt. Daher unterfallen sowohl sammelverwahrte Schuldbuchforderungen gegen die Bundesrepublik Deutschland als auch im Ausland verwahrte Wertpapiere, für die der Kunde sog. Gutschriften in Wertpapierrechnung erhält (vgl. hierzu auch Depotgeschäft § 9 Rdnr. 64–75), dem Anwendungsbereich der Sonderbedingungen für Wertpapiergeschäfte. Allerdings werden gleichzeitig Finanztermingeschäfte, bei denen die Rechte nicht in Urkunden verbrieft sind, aus dem Anwendungsbereich der Sonderbedingungen für Wertpapiergeschäfte ausgenommen und hierfür die Sonderbedingungen für Termingeschäfte für maßgeblich erklärt. Damit ist aber auch klargestellt, daß verbriefte Optionsscheine unabhängig von ihrer rechtlichen Einordnung als Kassa- oder Termingeschäft den Sonderbedingungen für Wertpapiergeschäfte unterfallen, vgl. hierzu auch *Wagner*, in: Bankrecht und Bankpraxis, Rdnr. 7/29 f.
7 Vgl. Nr. 1 Abs. 1 Sonderbedingungen für Wertpapiergeschäfte (Fassung Januar 2003).

zwar auch, daß Bank und Kunde für das einzelne Geschäft einen festen Preis vereinbaren (Festpreisgeschäft), womit ein Kaufvertrag zwischen Kunde und Kreditinstitut zustande kommt.[8] Wird jedoch kein Festpreis (ausdrücklich) vereinbart,
führt die Bank den Auftrag als einfache Kommissionärin – und zwar ohne die Möglichkeit des Selbsteintritts – aus.

7 Zwar ist bei Wertpapieren mit amtlich festgestelltem Börsen- oder Marktpreis
ein Selbsteintrittsrecht des Kommissionärs in §§ 400–405 HGB gesetzlich vorgesehen; die Bank könnte danach also frei entscheiden, ob sie mit einem anderen Marktteilnehmer ein Ausführungsgeschäft abschließt oder die Wertpapiere von dem
Kunden selbst kauft bzw. an den Kunden verkauft. Das Selbsteintrittsrecht hat für
den Kunden jedoch auch Nachteile: So kann der Kommissionär dem Kunden grds.
den amtlich festgestellten Kurs in Rechnung stellen, sofern nicht der Kommissionär bei Anwendung pflichtgemäßer Sorgfalt die Kommission zu einem günstigeren
Kurs hätte ausführen können (§ 401 Abs. 1 HGB). Die Möglichkeit der Auftragsausführung zu einem günstigeren Kurs hat jedoch der Kommittent (Kunde) zu beweisen; für den Kunden dürfte der Nachweis aber häufig schwer zu führen sein,
daß die Bank sich selbst am Markt zu einem günstigeren Preis eingedeckt hat. Auf
diese Kritik am Selbsteintrittsrecht reagierten die Banken mit einer Änderung ihrer
AGB für Wertpapiergeschäfte, die seit 1995 das Selbsteintrittsrecht der Banken
nicht mehr vorsehen.[9]

8 Allerdings können mittlerweile im Rahmen des elektronischen Handels an der
Börse Kundenaufträge auch gegen die Bank oder den Zwischenkommissionär unmittelbar ausgeführt werden, sofern die Bedingungen des Börsenhandels dies zulassen.[10] Mit dieser Regelung soll die Auftragsausführung im elektronischen Handelssystem Xetra Best ermöglicht werden, bei dem passende Kundenkauf- und
-verkaufsaufträge von einem Wertpapierdienstleistungsunternehmen[11] hausintern
zusammengeführt und abgewickelt werden. Hierdurch entfällt der regelmäßige
Zwang zur Auftragsausführung an der Börse (§ 22 Abs. 1 S. 1 BörsG)[12] und tritt das
Wertpapierdienstleistungsunternehmen gegenüber seinen Kunden als Käufer und
Verkäufer der Wertpapiere auf.[13]

9 Die Bank übernimmt mit dem Finanzkommissionsvertrag aber nicht nur die
Verpflichtung, ein Ausführungsgeschäft abzuschließen. Da der Kunde ersichtlich
ein Interesse daran hat, die fachlichen Kenntnisse und Erfahrungen des Kommissionärs (der Bank) zu nutzen und sich nicht um die Abwicklung des Ausführungs-

---

8 Vgl. Nr. 9 Sonderbedingungen für Wertpapiergeschäfte (Fassung Januar 2003).
9 Vgl. hierzu *Kümpel*, in: Bankrechtshandbuch III, § 104 Rdnr. 104 f.; *Schwintowski/Schäfer*
§ 16 Rdnr. 13–17; *Wagner*, in: Bankrecht und Bankpraxis, Rdnr. 7/35.
10 Vgl. Nr. 1 Abs. 1 S. 3 Sonderbedingungen für Wertpapiergeschäfte (Fassung Januar 2003).
11 Vgl. hierzu die Definition in § 2 Abs. 4 WpHG.
12 Vgl. auch Nr. 2 Abs. 3 S. 1 Sonderbedingungen für Wertpapiergeschäfte (Fassung Januar
2003).
13 Vgl. hierzu *Claussen* § 9 Rdnr. 249; *Baumbach/Hopt*, HGB, (8) AGB-WPGeschäfte Nr. 1
Rdnr. 3.

geschäfts kümmern zu müssen, übernimmt die Bank in der Regel mit Abschluß des Kommissionsvertrags (stillschweigend) auch die Geschäftsabwicklung.[14]

b) Rechte und Pflichten von Kreditinstitut und Kunde bei Auftragsausführung im Wege der einfachen Kommission
aa) Art und Weise der Auftragsausführung

Liegt kein Festpreisgeschäft vor, führt die Bank das Kommissionsgeschäft dadurch 10 aus, daß sie mit einem anderen Marktteilnehmer ein Kauf- oder Verkaufgeschäft (Ausführungsgeschäft) abschließt oder aber einen anderen Kommissionär (Zwischenkommissionär) beauftragt, ein Ausführungsgeschäft abzuschließen. Mittlerweile ist in Nr. 1 Abs. 1 S. 2 der Sonderbedingungen für Wertpapiergeschäfte überdies klargestellt, daß die Bank ein Ausführungsgeschäft auch mit einer Zentralen Gegenpartei abschließen kann. Die Zentrale Gegenpartei tritt in den Vertrag zwischen Käufer und Verkäufer ein, wird damit selbst Vertragspartei und übernimmt das Ausfallrisiko. Ein weiterer Vorteil der Einschaltung einer Zentralen Gegenpartei liegt in der Möglichkeit, die Zahlungsansprüche und -verbindlichkeiten aus den getätigten Geschäften aufzurechnen, so daß von dem als Marktintermediär handelnden Kreditinstitut nur noch der Saldo beglichen werden muß.[15] Als eine solche Zentrale Gegenpartei fungiert seit Ende März 2003 die Eurex Clearing AG für Geschäfte in deutschen Aktien, die im vollelektronischen Handelssystem Xetra[16] oder an der Frankfurter Wertpapierbörse abgeschlossen werden. Obgleich es sich bei der Zentralen Gegenpartei streng genommen nicht um einen anderen Marktteilnehmer handelt, sind solche Kaufverträge mit einer Zentralen Gegenpartei nunmehr ausdrücklich als eine Möglichkeit der Auftragsausführung vorgesehen.[17]

Neben der generellen Pflicht des Kommissionärs, die Interessen des Kommittenten (Kunden) zu wahren (§ 384 Abs. 1 Halbs. 2 HGB), finden sich im BörsG und in den Sonderbedingungen für Wertpapiergeschäfte weitere (Sonder-) Regelungen zur Art und Weise der Auftragsausführung: danach werden Aufträge für den Kauf oder Verkauf von Wertpapieren, die zum Handel an einer inländischen Börse zugelassen oder in den Freiverkehr einbezogen sind, grds. über die Börse ausgeführt (§ 22 Abs. 1 S. 1 Halbs. 1 BörsG).[18] Von diesem grds. Börsenzwang für Wertpapiere, die an einer inländischen Börse gehandelt werden, gibt es allerdings Ausnahmen und Einschränkungen: so kann jeder Kunde im Einzelfall bestimmen, ob der Auftrag börslich oder außerbörslich ausgeführt werden soll (§ 22 Abs. 1 S. 1 Halbs. 1 BörsG). Handelt der Auftraggeber nicht als Verbraucher, sondern im Rah-

---

14 Vgl. *Ekkenga* Effektengeschäft Rdnr. 256; anders BGH 9.12.1958, LM Nr. 2 zu § 384 HGB, der annimmt, der Kommissionär habe i. d. R. lediglich die Verpflichtung, das Ausführungsgeschäft abzuschließen, nicht jedoch, sich um die Erfüllung dieses Geschäfts zu bemühen.
15 Vgl. *Ekkenga/Bernau*, Bankrecht, § 49 Rdnr. 10.
16 Xetra steht für exchange electronic trading.
17 Vgl. auch *Baumbach/Hopt*, HGB, (8) AGB-WPGeschäfte Nr. 1 Rdnr. 2.
18 Vgl. auch Nr. 2 Abs. 3 S. 1 Sonderbedingungen für Wertpapiergeschäfte (Fassung Januar 2003).

men seiner gewerblichen oder beruflichen Tätigkeit, so kann er solche Weisungen auch für eine unbestimmte Zahl von Fällen erteilen (§ 22 Abs. 1 S. 1 Halbs. 2 BörsG).[19] Überdies gilt der Börsenzwang generell nicht für festverzinsliche Schuldverschreibungen, die Gegenstand einer Emission sind, deren Gesamtnennbetrag weniger als eine Milliarde Euro beträgt (§ 22 Abs. 2 BörsG); in diesem Fall kann es nämlich an einem ausreichend liquiden Börsenhandel fehlen.[20] Im übrigen sind vom grds. Börsenzwang auch solche Wertpapiere ausgenommen, die nicht an einer inländischen Börse gehandelt werden (§ 22 Abs. 1 S. 1 BörsG).

12   Hinsichtlich des Ausführungsplatzes und der Handelsart (also Präsenzhandel oder elektronischer Handel) hat der Kunde das Recht, diese im Einzelfall oder generell zu bestimmen (§ 22 Abs. 1 S. 2 BörsG).[21] Hat der Kunde keine Weisung erteilt, so bestimmt bei börslicher Ausführung die Bank den Börsenplatz und die Handelsart unter Wahrung der Interessen des Kunden.[22]

13   Die kommissionsvertragliche Interessenwahrungspflicht der Bank führt zu weiteren Pflichten der Bank: So hat die Bank – um das Kursrisiko des Kunden so gering wie möglich zu halten – die Kundenorder schnellstmöglich auszuführen.[23] Soweit der Kunde keine Preisgrenzen für das Ausführungsgeschäft vorgibt (preislich unlimitierter Auftrag), hat sie den Auftrag überdies zu dem für den Kunden günstigsten Preis auszuführen; nach den Börsenusancen bedeutet dies, daß die Bank den Auftrag bei jedem zustande gekommenen Kurs („bestens") auszuführen hat.[24] Hat der Kunde der Bank hingegen ein Preislimit gesetzt (preislich limitierter Auftrag)[25] und weicht diese zum Nachteil des Kunden hiervon ab, so hat der Kunde unverzüglich nach der Ausführungsanzeige das Geschäft zurückzuweisen; denn ansonsten gilt die Abweichung als genehmigt und verliert der Kunde nicht nur sein Zurückweisungsrecht, sondern auch seinen Anspruch auf Schadensersatz wegen Schlechterfüllung des Kommissionsvertrags (§ 280 Abs. 1 BGB) gegen die Bank (§ 386 Abs. 1 HGB).

14   Die Sonderbedingungen für Wertpapiergeschäfte regeln im übrigen noch die Frage der Gültigkeitsdauer von Kundenaufträgen. Hierfür ist zunächst maßgeblich, ob der Kunde eine Preisgrenze für das Ausführungsgeschäft vorgegeben hat oder nicht. Während der preislich unlimitierte Auftrag grds. nur für einen Börsentag gilt,[26] ist der preislich limitierte Auftrag grds. bis zum letzten Börsentag des lau-

---

19 Vgl. Nr. 2 Abs. 1 S. 2 Sonderbedingungen für Wertpapiergeschäfte (Fassung Januar 2003).
20 Vgl. *Kümpel*, in: Bankrechtshandbuch III, § 104 Rdnr. 156 f.; *Schwintowski/Schäfer* § 16 Rdnr. 30.
21 Vgl. auch Nr. 2 Abs. 1 S. 3 Sonderbedingungen für Wertpapiergeschäfte (Fassung Januar 2003).
22 Vgl. Nr. 2 Abs. 4 Sonderbedingungen für Wertpapiergeschäfte (Fassung Januar 2003); *Kümpel*, in: Bankrechtshandbuch III, § 104 Rdnr. 158 f.
23 OLG Oldenburg 22. 5. 1992, WM 1993, 1879, 1881; *Ekkenga* Effektengeschäft Rdnr. 295; *Kümpel*, in: Bankrechtshandbuch III, § 104 Rdnr. 126 f.
24 *Ekkenga* Effektengeschäft Rdnr. 290.
25 Vgl. Nr. 3 Sonderbedingungen für Wertpapiergeschäfte (Fassung Januar 2003).
26 Vgl. Nr. 4 Abs. 1 Sonderbedingungen für Wertpapiergeschäfte (Fassung Januar 2003).

fenden Monats gültig.[27] Wird allerdings wegen besonderer Umstände im Bereich des Emittenten der Kurs von der Börsengeschäftsführung ausgesetzt, so erlöschen automatisch sämtliche an dieser Börse auszuführenden Kundenaufträge für die betreffenden Wertpapiere.[28] Von dem Erlöschen des Kundenauftrags hat die Bank den Kunden unverzüglich zu benachrichtigen.[29]

bb) Rechenschafts- und Herausgabepflicht sowie Eigenhaftung des Kommissionärs

Führt die Bank Kundenaufträge als Kommissionärin aus, so schließt sie als Ausführungsgeschäfte Verträge über den Kauf oder Verkauf von Wertpapieren ab, aus denen sie im Verhältnis zum Vertragspartner selbst berechtigt ist und verpflichtet ist. Im Verhältnis zum Kunden (Kommittenten) treffen die Bank die Pflichten gem. § 384 HGB. Dies bedeutet insbes., daß die Bank über das abgeschlossene Geschäft Rechenschaft abzulegen[30] und dem Kunden das herauszugeben hat, was sie aus der Geschäftsbesorgung erlangt hat (§ 384 Abs. 2 HGB). Die Bank hat also jedem Kunden ein bestimmtes Ausführungsgeschäft zuzuordnen, die Zusammenfassung mehrerer Aufträge (Blockorder) und Herausgabe des erzielten Durchschnittspreises verschiedener Ausführungsgeschäfte genügt daher nicht den Anforderungen des § 384 Abs. 2 HGB.[31] Im übrigen kommt der Herausgabepflicht gem. § 384 Abs. 2 HGB bei der Effektenkommission jedoch keine allzu große (praktische) Bedeutung zu. Denn zum einen erfüllt die Bank ihre Vertragspflichten noch nicht vollständig durch den bloßen Abschluß des Ausführungsgeschäfts (und Abtretung der hieraus resultierenden Forderung(en) gem. § 384 Abs. 2 HGB), da sie sich auch um die Abwicklung dieses Geschäfts zu kümmern hat (vgl. oben Rdnr. 9). Zum anderen aber erlangt die Bank in aller Regel kein Durchgangseigentum an den Wertpapieren, die sie als Kommissionärin gekauft hat; vielmehr geht das Eigentum direkt vom veräußernden Kunden auf den erwerbenden Kunden über.[32]

Grundsätzlich hat die Bank dem Kunden auch die Person des Vertragspartners des Ausführungsgeschäfts zu benennen (vgl. § 384 Abs. 3 HGB). Allerdings wird in der Praxis der Vertragspartner regelmäßig nicht namhaft gemacht. Hierfür gibt es folgende Gründe: zum einen würde eine solche Benennung zu einem Mehraufwand der beauftragten Bank führen; zum anderen übernimmt die Bank gem. Nr. 8 S. 1 der Sonderbedingungen für Wertpapiergeschäfte vertraglich die Haftung für die ordnungsgemäße Erfüllung des Ausführungsgeschäfts. In Abweichung von der generellen Rechtslage bei der Kommission, bei der ja der Kommittent das Ausfallrisiko des Vertragspartners des Ausführungsgeschäfts trägt (vgl. die Regelung, wo-

---

27 Vgl. Nr. 4 Abs. 2 Sonderbedingungen für Wertpapiergeschäfte (Fassung Januar 2003).
28 Vgl. Nr. 6 Abs. 2 Sonderbedingungen für Wertpapiergeschäfte (Fassung Januar 2003).
29 Vgl. Nr. 6 Abs. 4 Sonderbedingungen für Wertpapiergeschäfte (Fassung Januar 2003).
30 Vgl. auch Nr. 2 Abs. 5 Sonderbedingungen für Wertpapiergeschäfte (Fassung Januar 2003).
31 Vgl. *Wagner*, in: Bankrecht und Bankpraxis, Rdnr. 7/43; *Schwintowski/Schäfer* § 16 Rdnr. 28; *Claussen* § 9 Rdnr. 217.
32 Vgl. hierzu ausführlich § 9 Rdnr. 23–27.

nach der Kommissionär (nur) das herauszugeben hat, was er aus der Geschäftsbesorgung erlangt hat, § 384 Abs. 2 a. E. HGB), übernimmt die Bank beim Finanzkommissionsgeschäft also regelmäßig die Delkrederehaftung (§ 394 Abs. 1 HGB).[33] Sie haftet daher vertraglich ohnehin in dem Umfang, in dem sie bei Nichtbenennung des Vertragspartners des Ausführungsgeschäfts gem. § 384 Abs. 3 HGB gesetzlich haften würde. Im übrigen wird es sich bei den Vertragspartnern des Ausführungsgeschäfts grds. um Kreditinstitute handeln, deren Bonität in aller Regel nicht zweifelhaft sein dürfte. Daher wird der auftraggebende Kunde grds. kein Interesse an der Benennung des Vertragspartners des Ausführungsgeschäfts haben. Dennoch: von Gesetzes wegen hat der Kommittent einen Anspruch auf Benennung des Dritten und ist die Bank auch zur Auskunft verpflichtet.[34]

17 Daneben statuieren auch die §§ 34 Abs. 1 Nr. 1, 37 Abs. 1 S. 2 WpHG die Pflicht des Wertpapierdienstleistungsunternehmens, den Inhalt des Auftrags, d. h. insbes. auch den Namen des Auftraggebers, den Betrag und die Bezeichnung des Wertpapiers einschließlich eventueller Weisungen des Auftraggebers aufzuzeichnen und die Ausführung des Auftrags zu dokumentieren. Zur Dokumentation der Auftragsausführung gehören wiederum insbes. der Name des Vertragspartners, die Bezeichnung des Wertpapiers sowie der Betrag. § 37 Abs. 1 S. 2 WpHG stellt überdies klar, daß diese Dokumentationspflichten auch für Banken gelten, die zur Ausführung eines Kommissionsauftrags Geschäfte an der Börse tätigen. Allerdings dienen diese Vorschriften ausschließlich der Kontrolle durch die Aufsichtsbehörden, so daß der Kunde auf die Verletzung dieser öffentlich-rechtlichen Pflichten keinen Schadenersatzanspruch gem. § 823 Abs. 2 BGB gegen die betreffende Bank gründen kann.[35]

cc) Pflicht des Kunden zur Zahlung des Preises des Ausführungsgeschäfts, von Provision, Auslagen und Vorschuß

18 Der Kunde hat der Bank den Preis des Ausführungsgeschäfts sowie die Auslagen zu erstatten, die die Bank ihrerseits bei der Ausführung des Auftrags (an Dritte) zu leisten hat (§ 670 BGB). Auch kann die Bank von dem Kunden ein Entgelt (Provision) verlangen (vgl. §§ 354 Abs. 1, 396 Abs. 1 S. 1 HGB).[36] Überdies stellt Nr. 7 Sonderbedingungen für Wertpapiergeschäfte klar, daß die Bank nur dann zum Abschluß von Ausführungsgeschäften und daher zum Tätigwerden als Kommissionärin verpflichtet ist, wenn der Kunde ein ausreichendes Geld- bzw. Depotguthaben oder einen für Wertpapiergeschäfte nutzbaren Kredit hat. Mit dieser Allgemeinen

---

33 Diese Delkrederehaftung setzt allerdings ein wirksames Ausführungsgeschäft voraus, vgl. auch BGH 25. 6. 2002, WM 2002, 1687, 1688; vgl. hierzu *Einsele, Dorothee*, WuB I G 2.-5.02.
34 Vgl. hierzu auch *Wagner*, in: Bankrecht und Bankpraxis, Rdnr. 7/46; *Schwintowski/Schäfer* § 16 Rdnr. 32.
35 Allgem. Meinung, vgl. etwa *Koller* Wertpapierhandelsgesetz § 34 Rdnr. 1; *Kümpel*, in: Bankrechtshandbuch III, § 104 Rdnr. 205; *Schwintowski/Schäfer* § 16 Rdnr. 27.
36 Auf diese Ansprüche wird in Nr. 1 Abs. 3 Sonderbedingungen für Wertpapiergeschäfte (Fassung Januar 2003) nochmals ausdrücklich hingewiesen.

Geschäftsbedingung macht die Bank also ihren (gesetzlichen) Anspruch auf Vorschuß gem. § 669 BGB geltend.[37]

c) Rechte und Pflichten von Kreditinstitut und Kunden beim Festpreisgeschäft

Vereinbaren Bank und Kunde für das einzelne Geschäft einen festen Preis (Festpreisgeschäft), so kommt ein Kaufvertrag zwischen Kunde und Bank zustande.[38]
Um eine Festpreisvereinbarung handelt es sich dabei auch, wenn der Preis lediglich nach objektiven Kriterien bestimmbar ist, d.h. der vereinbarte Preis sich etwa aus dem Kurs des Wertpapiers sowie einem Entgelt der Bank zusammensetzt.[39] Beim Festpreisgeschäft wird der Preis also sofort festgelegt. Hierdurch unterscheidet sich das Festpreisgeschäft vom früheren Eigenhandel, bei dem die Bank zwar für den Kunden, aber im eigenen Namen und für eigene Rechnung Wertpapiergeschäfte abschloß und ihrerseits – insofern vergleichbar dem Festpreisgeschäft – dem Kunden gegenüber als Käufer und Verkäufer der Wertpapiere auftrat. Denn beim Eigenhandel, der für Wertpapiergeschäfte mittlerweile abgeschafft wurde,[40] stand der Bank – anders als beim Festpreisgeschäft – ein einseitiges Preisbestimmungsrecht zu.[41]

Ebenfalls anders als nach h.M. beim Eigenhandel[42] (und auch anders als bei der Auftragsausführung im Wege des (einfachen) Kommissionsgeschäfts) verpflichtet sich die Bank beim Festpreisgeschäft grds. sofort zur Lieferung oder Abnahme der Wertpapiere bzw. zur Zahlung des Kaufpreises (§ 433 Abs. 1, 2 BGB); die Parteien können allerdings auch die Wirksamkeit des Festpreisgeschäfts durch Vereinbarung einer aufschiebenden Bedingung von dem Abschluß eines Ausführungsgeschäfts abhängig machen (§ 158 Abs. 1 BGB).[43] Soweit die Bank Effekten an den Kunden veräußert, liegt beim Festpreisgeschäft ansonsten nicht nur das Kurssteigerungs-, sondern auch das Beschaffungsrisiko bei der Bank, während sie als Käufer der Wertpapiere neben dem Preisverfall- überdies das Absatzrisiko zu tragen hat.[44] Für diese Festpreisgeschäfte gelten grds. die inländischen und nicht ausländischen Usancen, und zwar auch, soweit es sich um den Kauf oder Verkauf ausländischer Wertpapiere handelt; daher hat die Bank – sofern sie Wertpapiere an den Kun-

19

20

---

37 Vgl. *Kümpel*, in: Bankrechtshandbuch III, § 104 Rdnr. 131 f.; *Schwintowski/Schäfer* § 16 Rdnr. 34.

38 Vgl. Nr. 9 S. 1 Halbs. 1 Sonderbedingungen für Wertpapiergeschäfte (Fassung Januar 2003).

39 *Wagner*, in: Bankrecht und Bankpraxis, Rdnr. 7/103.

40 Vgl. aber auch Nr. 7 Abs. 1 Sonderbedingungen für Termingeschäfte (Fassung 1999), wonach die Bank bei außerbörslichen Geschäften in Devisen und Edelmetallen das Geschäft mit dem Kunden als Eigenhändlerin im eigenen Namen und auf eigene Rechnung abschließt.

41 Vgl. zu diesen Unterschieden zwischen dcm Festpreisgeschäft und dem Eigenhandel *Ekkenga* Effektengeschäft Rdnr. 67; *Kümpel*, in: Bankrechtshandbuch III, § 104 Rdnr. 191; *Schwintowski/Schäfer* § 16 Rdnr. 38.

42 Vgl. dazu, daß beim Eigenhandel das Wertpapiergeschäft mit dem Kunden erst zustande kommen sollte, wenn die Bank ein Deckungsgeschäft getätigt hatte, *Kümpel*, in: Bankrechtshandbuch III, § 104 Rdnr. 192; *Canaris* Rdnr. 1841 f.

43 *Ekkenga* Effektengeschäft Rdnr. 68; *Kümpel*, in: Bankrechtshandbuch III, § 104 Rdnr. 194.

44 Vgl. *Ekkenga* Effektengeschäft Rdnr. 70.

den verkauft – diese innerhalb der in Deutschland üblichen Frist von 2 Geschäftstagen zu liefern. Dies gilt auch dann, wenn die im Ausland üblichen Lieferfristen länger sind und die Bank die betreffenden Wertpapiere nicht innerhalb dieser Frist erhält. Insbesondere findet die Regelung, wonach Ausführungsgeschäfte den am Ausführungsplatz geltenden Rechtsvorschriften und Geschäftsbedingungen unterliegen, nur auf Kommissionsgeschäfte und nicht auf Festpreisgeschäfte Anwendung.[45]

21   Festpreisgeschäfte werden mit Privatkunden im inländischen Rentenhandel, aber auch mit institutionellen Anlegern geschlossen, soweit das Geschäftsvolumen die Mindestabschlußmenge des elektronischen Handelssystems Xetra erreicht.[46] Sie verstoßen nicht gegen den grds. geltenden gesetzlichen Börsenzwang gem. § 22 Abs. 1 BörsG. Denn zum einen wurde in der Begründung des Regierungsentwurfs des Zweiten Finanzmarktförderungsgesetzes ausdrücklich klargestellt, daß es dem Kunden freigestellt bleibt, ein Festpreisgeschäft abzuschließen;[47] zum anderen sieht § 22 Abs. 1 BörsG eine Ausnahme vom gesetzlichen Börsenzwang für den Fall vor, daß der Kunde eine andere Weisung erteilt. Eine solche Weisung kann in dem Abschluß eines Festpreisgeschäfts gesehen werden.[48]

22   Umstritten ist, ob im Fall eines Festpreisgeschäfts neben einem Kaufvertrag auch ein Geschäftsbesorgungsvertrag zwischen Bank und Kunde abgeschlossen wird.[49] Dies könnte insofern von Bedeutung sein, als aus dem Kaufvertrag selbst grds. keine Pflicht zur Wahrung der Interessen des Kaufvertragspartners und somit auch keine Pflicht zur Wahrung des Kundeninteresses folgt; hingegen würde sich aus einem daneben bestehenden Geschäftsbesorgungsvertrag die Pflicht der Bank zur Wahrung des Kundeninteresses ergeben. Zumindest je nach Sachverhaltskonstellation dürfte aber der Abschluß eines Geschäftsbesorgungsvertrags neben einem Kaufvertrag doch eher gekünstelt und daher eine Unterstellung sein. Überdies ist eine solche Konstruktion auch unnötig, da die Banken aufgrund der gesetzlichen Verhaltensregeln gem. §§ 31, 32 WpHG ohnehin die Pflicht haben, die Interessen ihrer Kunden zu wahren (vgl. hierzu sogleich unten Rdnr. 32–41).

23   Betreibt ein Unternehmen gewerbsmäßig Eigenhandel für andere oder schließt es gewerbsmäßig Festpreisgeschäfte ab (ohne Finanzkommissionsgeschäfte i.S.d. § 1 Abs. 1 S. 2 Nr. 4 KWG oder sonstige Bankgeschäfte i.S.d. § 1 Abs. 1 S. 2 zu betreiben), so handelt es sich um ein Finanzdienstleistungsinstitut i.S.d. § 1 Abs. 1 a Nr. 4 KWG.[50]

---

45   Vgl. Nr. 1 Abs. 3 Sonderbedingungen für Wertpapiergeschäfte (Fassung Januar 2003); vgl. hierzu auch *Wagner*, in: Bankrecht und Bankpraxis, Rdnr. 7/106.
46   Vgl. *Kümpel*, in: Bankrechtshandbuch III, § 104 Rdnr. 187; *Ekkenga* Effektengeschäft Rdnr. 68.
47   BT-Drucks. 12/6679, S. 69; vgl. hierzu auch *Kümpel*, in: Bankrechtshandbuch III, § 104 Rdnr. 188.
48   So zutreffend *Ekkenga* Effektengeschäft Rdnr. 69.
49   Bejahend *Ekkenga* Effektengeschäft Rdnr. 71; im Grundsatz verneinend *Kümpel*, in: Bankrechtshandbuch III, § 104 Rdnr. 190; *ders.* Rdnr. 10.279–10.282.
50   Vgl. auch *Ekkenga* Effektengeschäft Rdnr. 72.

d) Beratungsvertrag zwischen Kreditinstitut und Kunde

Tritt ein Anlageinteressent an eine Bank oder ein Anlageberater an einen Anlagein- **24** teressenten heran, so liegt darin nach st. Rspr. des BGH ein Angebot zum Abschluß eines Beratungsvertrags, der durch die Aufnahme des Beratungsgesprächs stillschweigend angenommen wird.[51] Geschuldet ist nach diesem Beratungsvertrag grds. eine anleger- und objektgerechte Beratung durch die Bank. Danach hat die Bank sowohl den Wissensstand des Kunden über Anlagegeschäfte der vorgesehenen Art als auch dessen Risikobereitschaft und Anlageziel zu berücksichtigen; sie hat das von ihr empfohlene Anlageobjekt an den persönlichen Verhältnissen des Kunden auszurichten und ihre Beratung auf die Eigenschaften und Risiken zu erstrecken, die für die jeweilige Anlageentscheidung von wesentlicher Bedeutung sind.[52]

Die Begründung des Anlegerschutzes (durch Information und eine auf den An- **25** leger zugeschnittene Anlageempfehlung) über die Konstruktion eines eigenständigen Beratungsvertrages weist aber notwendigerweise Schwächen auf. So kommt je nach Sachverhaltsgestaltung – insbes. wenn der Anlagevermittler sich (hinsichtlich bestimmter Anlageobjekte) als nicht sachkundig bezeichnet oder wenn umgekehrt der Anlageinteressent sich als bereits vollständig informiert bezeichnet – ein solcher Beratungsvertrag nach dem Grundsatz der Privatautonomie nicht zustande.[53] Auch soweit Direktbanken klarstellen, daß bei ihnen keine Anlageberatung stattfindet, kann ein eigenständiger (konkludent abgeschlossener) Beratungsvertrag nicht mehr konstruiert werden.[54]

e) Besonderheiten des Vertragsschlusses – Kontrahierungszwang?

Für Verträge zwischen Kunde und Bank, die den Kauf oder Verkauf von Wertpa- **26** pieren für den Kunden zum Inhalt haben, gelten §§ 145 ff. BGB und kommen daher durch Antrag und Annahme zustande. Allerdings bedarf die Annahme eines Kundenantrags nicht immer der Annahme durch die Bank. Denn soweit eine Bank mit einem Kunden bereits in Geschäftsverbindung steht, hat sie auf Anträge, die sich auf die Besorgung solcher Geschäfte beziehen, die ihr Gewerbebetrieb mit sich bringt, unverzüglich zu antworten; andernfalls gilt das Schweigen der Bank als Annahme des Antrags (§ 362 Abs. 1 S. 1 HGB). Hingegen dürfte § 362 Abs. 1 S. 2 HGB beim Effektengeschäft praktisch weniger relevant sein, da die Banken selten an die Kunden herantreten, um von ihnen einen Auftrag zum Kauf oder Verkauf von Ef-

---

51 Vgl. hierzu grundlegend das sog. Bond-Urteil BGH 6. 7. 1993, BGHZ 123, 126, 128.
52 BGH 6. 7. 1993, BGHZ 123, 126, 128–130; vgl. auch OLG Jena 17. 3. 2005, WM 2005, 1946, 1946f.
53 Vgl. BGH 19. 5. 1998, WM 1998, 1391 sowie Anm. *Einsele, Dorothee*, WuB I G 7.-6.98; vgl. auch oben § 7 Rdnr. 66, 102.
54 Vgl. zum Begriff der Direktbank als eine Bank, die für den Kunden nur per Telefon, Telefax, Brief oder Internet erreichbar ist sowie zu den rechtlichen Auswirkungen auf den Abschluß eines Beratungsvertrags *Stöterau, Markus*, Informationspflichten beim Wertpapierhandel nach § 31 Abs. 2 S. 1 Nr. 2 WpHG – Eine Untersuchung unter besonderer Berücksichtigung moderner Erscheinungsformen des Wertpapierhandels, 2003, S. 39, 59–63, 169–179.

fekten zu erhalten. Geben Kunden ihrer Bank Aufträge zum Kauf oder Verkauf von Effekten, kann der Vertrag also auch durch bloßes Schweigen der Bank zustande kommen.[55]

27   Diese Möglichkeit des Vertragsschlusses spielt insbes. bei der Auftragsausführung im Wege der Kommission, aber auch bei Abschluß des Beratungsvertrags eine Rolle, während beim Festpreisgeschäft bereits die Voraussetzung einer Geschäftsbesorgung i.S.d. § 362 Abs. 1 HGB nicht vorliegen dürfte.[56] Im übrigen kommt ein Festpreisgeschäft nur im Ausnahmefall zustande, wenn Bank und Kunde für das einzelne Geschäft einen festen Preis vereinbaren, eine Voraussetzung, die im Fall eines bloßen Vertragsantrags eines Kunden nicht gegeben ist.

28   Sollten die Voraussetzungen des § 362 Abs. 1 HGB nicht gegeben sein, kommt immer noch die Anwendbarkeit des § 151 S. 1 BGB in Betracht: hier ist allerdings für einen Vertragsschluß nicht ausreichend, daß die Bank auf ein Angebot des Kunden lediglich schweigt; vielmehr verzichtet das Gesetz nur auf den Zugang der Annahmeerklärung gegenüber dem Antragenden, wenn eine solche Erklärung nach der Verkehrssitte nicht zu erwarten ist oder der Antragende auf sie verzichtet hat. Daher genügt eine Annahme durch schlüssiges Verhalten, so etwa, wenn die Bank mit der Auftragsdurchführung beginnt.[57]

29   Im übrigen stellt sich im Rahmen des Vertragsschlusses zwischen Bank und Kunde die weitergehende Frage, ob die Bank nicht event. einem Kontrahierungszwang unterliegt. Da der einzelnen Bank jedoch keine Monopolstellung bei der Ausführung von Kundenaufträgen zum Kauf oder Verkauf von Wertpapieren zukommt, ist ein allgemeiner Kontrahierungszwang nicht zu begründen.

30   Eine andere Frage ist allerdings, ob sich nicht aufgrund einer bereits bestehenden Geschäftsverbindung zwischen Bank und Kunde etwas anderes ergeben kann, insbes. wenn bei Eröffnung eines Girokontos oder eines Depots die Geltung der Sonderbedingungen für Wertpapiergeschäfte bereits vereinbart wurde. So wird in der Tat teilweise angenommen, bei Aufnahme der Geschäftsverbindung werde ein allgemeiner Bankvertrag abgeschlossen; aus diesem Vertrag folgten zwar keine primären Leistungspflichten, aber allgemeine Schutz- und Verhaltenspflichten der Bank. Überdies ergebe sich aus dem allgemeinen Bankvertrag ein eingeschränkter Kontrahierungszwang der Bank hinsichtlich risikoneutraler Geschäftsbesorgungen.[58]

31   Zurecht hat der BGH jedoch einen solchen allgemeinen Bankvertrag abgelehnt, da nichts für die Bereitschaft der Bank spreche, schon bei Aufnahme der Geschäfts-

---

55   So auch *Canaris* Rdnr. 1839; *Ekkenga* Effektengeschäft Rdnr. 91.
56   Ähnlich *Canaris* Rdnr. 1839, 1842; a.A. *Ekkenga* Effektengeschäft Rdnr. 91, der für unerheblich hält, ob der Kundenauftrag auf ein Kommissions-, Eigenhändler- oder Festpreisgeschäft gerichtet ist.
57   Ebenso *Canaris* Rdnr. 1838; *Ekkenga* Effektengeschäft Rdnr. 91.
58   So insbes. *Hopt*, in: Bankrechtshandbuch I, § 1 Rdnr. 17 ff.; vgl. dort ebenfalls *Bunte* § 4 Rdnr. 15; *Schwintowski/Schäfer* § 1 Rdnr. 15; *Schmidt, Karsten*, Handelsrecht, 5. Aufl. 1999, § 20 I 2 b) (S. 600 f.).

beziehung ihre gesetzlich eingeräumte Vertragsfreiheit aufzugeben und sich einem beschränkten Kontrahierungszwang zu unterwerfen (zur Ablehnung der Lehre vom allgemeinen Bankvertrag oben § 1 Rdnr. 2).[59] Einen solchen (eingeschränkten) Kontrahierungszwang sollte man aber auch nicht aus dem mit Aufnahme der Geschäftsverbindung begründeten allgemeinen Vertrauensverhältnis herleiten.[60] Denn hält man einen entsprechenden Verpflichtungswillen der Bank typischerweise für eine Fiktion und nicht für interessengerecht, kann auch das (angebliche) Vertrauen des Kunden i.d.R. nicht in dieser Weise geschützt werden und zur Begründung eines interessenwidrigen und fiktiven Ergebnisses über die allgemeine gesetzliche Vertrauenshaftung dienen.

f) Verhaltenspflichten des Kreditinstituts nach dem WpHG
aa) Allgemeines

Erbringt ein Kreditinstitut bzw. ein Wertpapierdienstleistungsunternehmen[61]   **32** Wertpapierdienstleistungen,[62] unterliegt es den gesetzlichen Verhaltenspflichten der §§ 31–34 b WpHG. Da nicht nur die Anschaffung und Veräußerung von Wertpapieren im eigenen Namen für fremde Rechnung, sondern auch die Festpreisgeschäfte unter den Begriff der Wertpapierdienstleistung i.S.d. § 2 Abs. 3 WpHG fallen, gelten §§ 31–34 b WpHG unabhängig von der Art der Auftragsausführung.[63]

Mit diesen Verhaltenspflichten wurden Artt. 10, 11 der Richtlinie des Rates der   **33** Europäischen Gemeinschaften über Wertpapierdienstleistungen (Wertpapierdienstleistungs-Richtlinie) v. 10. Mai 1993[64] ins deutsche Recht umgesetzt. Mittlerweile wurde die Wertpapierdienstleistungsrichtlinie zwar durch die Richtlinie über Märkte für Finanzinstrumente v. 21. April 2004 (Market in Financial Instruments Directive, abgekürzt MIFID)[65] ersetzt (vgl. insbes. Artt. 13, 18–22); da diese Nach-

---

59 BGH 24. 9. 2002, WM 2002, 2281, 2282f.; so auch bereits *Canaris* Rdnr. 6–9.
60 So ausgehend von der Lehre vom allgemeinen Bankvertrag insbes. *Hopt*, in: Bankrechtshandbuch I, § 1 Rdnr. 18ff.; vgl. dort ebenfalls *Bunte* § 4 Rdnr. 15, 18.
61 Vgl. die Begriffsbestimmung in § 2 Abs. 4 WpHG.
62 Allerdings will *Kümpel* § 31 Abs. 2 WpHG nicht auf Direktemissionen von Kreditinstituten anwenden, da hier der Emittent auch aus der Sicht eines objektiven Dritten erkennbar nur das Ziel der Aufnahme der benötigten Fremdmittel verfolge und daher die Dienstleistungskomponente fehle (vgl. *Kümpel, Siegfried*, Zur Unanwendbarkeit der Informationspflichten des WpHG auf Direkt(Selbst)emissionen und Investmentgesellschaften, in: FS Raiser, 2005, S. 699–721, 707). Mir erscheint dies aus mehreren Gründen unzutreffend: Zum einen spricht der Wortlaut – verpflichtet sind nach dieser Vorschrift Wertpapierdienstleistungsunternehmen i.S.d. § 2 Abs. 4 WpHG – gegen diese Auslegung. Zum anderen ist der von § 31 Abs. 2 WpHG bezweckte Anlegerschutz unabhängig von der Frage erforderlich, ob dem Anleger „eigene Produkte“ des Kreditinstituts oder „Fremdprodukte“ anderer Emittenten angeboten, verkauft bzw. verschafft werden.
63 Vgl. hierzu § 2 Abs. 3 Nr. 1 WpHG (Kommissionsgeschäfte) u. § 2 Abs. 3 Nr. 2 WpHG (Festpreisgeschäfte), vgl. auch *Assmann* Wertpapierhandelsgesetz § 2 Rdnr. 50; *Kümpel*, in: Bankrechtshandbuch III, § 104 Rdnr. 200.
64 Richtlinie Nr. 93/22/EWG, ABl. EG Nr. L 141, S. 27 v. 11. 6. 1993.
65 Richtlinie Nr. 2004/39/EG des Europäischen Parlaments und des Rates über Märkte für Finanzinstrumente, zur Änderung der Richtlinien 85/611/EWG und 93/6/EWG des Rates und

folgerichtlinie bisher nicht umgesetzt ist, ist die Wertpapierdienstleistungsrichtlinie aber derzeit noch in Kraft.[66] Beide Richtlinien dienen einerseits der Funktionsfähigkeit der Kapitalmärkte, andererseits aber auch dem Anlegerschutz.[67]

bb) Einzelne Verhaltenspflichten zur Wahrung der Kundeninteressen

34   Die Verhaltensregeln der §§ 31 ff. WpHG umfassen im wesentlichen die Pflicht der Bank (bzw. des Wertpapierdienstleistungsunternehmens), die Kundeninteressen zu wahren (§ 31 Abs. 1 WpHG). Hierzu hat sich die Bank zunächst um die Vermeidung von Interessenkonflikten zu bemühen und im übrigen dafür zu sorgen, daß bei unvermeidbaren Interessenkonflikten der Kundenauftrag unter der gebotenen Wahrung des Kundeninteresses ausgeführt wird (§ 31 Abs. 1 Nr. 2 WpHG). Interessenkonflikte können einerseits im Verhältnis Kunde – Kunde, andererseits im Verhältnis Bank (bzw. Wertpapierdienstleistungsunternehmen) – Kunde auftreten. Solche Interessenkonflikte sind insbes. dem (in Deutschland geltenden) Universalbanksystem immanent. Denn einerseits wirkt die Universalbank an der Emission von Wertpapieren mit und hat daher nicht nur die Interessen des Emittenten zu wahren,[68] sondern verfolgt daneben auch ihr eigenes Interesse an einer erfolgreichen Plazierung der Emission. Andererseits aber ist sie im Rahmen des Effektengeschäfts zur Wahrung der Interessen ihrer Kunden / Auftraggeber verpflichtet.

35   Die Pflicht zur Wahrung des Kundeninteresses gem. § 31 Abs. 1 WpHG bedeutet nun konkret, daß die Bank Kundenaufträge grds. nach ihrer zeitlichen Reihen-

---

der Richtlinie 2000/12/EG des Europäischen Parlaments und des Rates und zur Aufhebung der Richtlinie 93/22/EWG des Rates, ABl. EG Nr. L 145, S. 1 v. 30. 4. 2004, mittlerweile hinsichtlich bestimmter Fristen geändert durch Richtlinie 2006/31/EG, ABl. EG Nr. L 114, S. 60 v. 5. 4. 2006.

66   Die Wertpapierdienstleistungsrichtlinie 93/22/EWG wird gem. Art. 69 der Richtlinie 2004/39/EG über Märkte für Finanzinstrumente, geändert durch die Richtlinie 2006/31/EG in Bezug auf bestimmte Fristen, zum 1. November 2007 aufgehoben. Gem. Art. 70 muß die Richtlinie 2004/39/EG über Märkte für Finanzinstrumente bis zum 31. Januar 2007 von den Mitgliedstaaten umgesetzt und ab dem 1. November 2007 tatsächlich angewendet werden. Die Verlängerung der zunächst vorgesehenen Umsetzungsfrist für die Mitgliedstaaten um 9 Monate und einen weiteren Zeitraum von 9 Monaten (also bis zum 1. November 2007) bis zur tatsächlichen Anwendung erfolgte, um den Wertpapierfirmen genügend Zeit zu geben, ihre Systeme und internen Verfahren den Anforderungen der Richtlinie anzupassen, vgl. hierzu die Erwägungsgründe 2 bis 5 der Richtlinie 2006/31/EG des Europäischen Parlaments und des Rates zur Änderung der Richtlinie 2004/39/EG über Märkte für Finanzinstrumente in Bezug auf bestimmte Fristen, ABl. EG Nr. L 114, S. 60 v. 5. 4. 2006.

67   Vgl. insbes. den 38. Erwägungsgrund der Wertpapierdienstleistungsrichtlinie: „Im Hinblick auf die doppelte Zielrichtung des Anlegerschutzes und der Gewährleistung eines reibungslosen Funktionierens der Wertpapiermärkte..."; vgl. auch den 44. Erwägungsgrund der Richtlinie über Märkte für Finanzinstrumente v. 21. April 2004: „In Anbetracht des zweifachen Ziels, die Anleger zu schützen und gleichzeitig ein reibungsloses Funktionieren der Wertpapiermärkte zu gewährleisten ..."; so auch *Koller* Wertpapierhandelsgesetz Vor § 31 Rdnr. 9–11; vgl. auch *Grundmann* Wertpapierhandelsgesetz § 31 Rdnr. 184f., der den Anlegerschutz aber offenbar für vorrangig hält.

68   Vgl. zur Interessenwahrungspflicht gegenüber dem Emittenten *Koller* Wertpapierhandelsgesetz § 31 Rdnr. 142 a.

folge auszuführen hat, falls nicht die Interessen der Kunden durch eine Bündelung der Aufträge zu einem Großauftrag besser gewahrt werden, da hiermit günstigere Konditionen als mit Einzelaufträgen erzielt werden können.[69] Aber auch Konflikte zwischen der Bank und ihrem Kunden sind nach dem Grundsatz der Priorität der Kundeninteressen zu lösen: Dies bedeutet, daß die Bank nicht eigene Wertpapiere in Kenntnis und vor Ausführung einer größeren Anzahl von Kauforder erwerben darf, um sich so vor zu erwartenden Kurssteigerungen noch rasch mit Eigenbeständen einzudecken; entsprechend darf sie aber auch umgekehrt nicht zunächst eigene Wertpapierbestände verkaufen, bevor sie eine größere Anzahl von Verkauforder ausführt (vgl. zur Unzulässigkeit dieses sog. front running auch § 32 Abs. 1 Nr. 3 WpHG).[70] Ebenfalls unzulässig ist das sog. ‚churning‘, bei dem zum Zweck der Erzielung von Provisionen Wertpapiertransaktionen (hinsichtlich eines Anlagekontos) empfohlen bzw. vorgenommen werden, ohne daß diese Käufe bzw. Verkäufe im Interesse des Kunden liegen würden (‚Provisionsschinderei‘).[71] Wegen Verletzung der Kundeninteressen unzulässig ist auch das ‚scalping‘, bei dem die Bank in Kenntnis einer bevorstehenden Anlageempfehlung Eigenhandel betreibt.[72]

Die Wahrung der Kundeninteressen kann neben Verboten an das Wertpapier- **36** dienstleistungsunternehmen (vgl. insbes. § 32 Abs. 1 WpHG) auch durch Organisationsregeln erreicht werden (vgl. § 33 WpHG).[73] Insbesondere kann durch Schaffung von Vertraulichkeitsbereichen (sog. chinese walls) zwischen den verschiedenen Abteilungen der Bank verhindert werden, daß sensible Informationen zwischen dem für Kundenaufträge, für den Eigenhandel oder für das Emissionsgeschäft zuständigen Bereich kursieren (vgl. insbes. §§ 31 Abs. 1 Nr. 2, 33 Abs. 1 Nr. 2

---

69 Vgl. *Grundmann* Wertpapierhandelsgesetz § 31 Rdnr. 208; *Kümpel*, in: Bankrechtshandbuch III, § 104 Rdnr. 208; *Koller* Wertpapierhandelsgesetz § 31 Rdnr. 47.
70 Vgl. auch *Grundmann* Wertpapierhandelsgesetz § 31 Rdnr. 209; *Kümpel*, in: Bankrechtshandbuch III, § 104 Rdnr. 213; *Ekkenga* Effektengeschäft Rdnr. 322; *Koller* Wertpapierhandelsgesetz § 31 Rdnr. 50, § 32 Rdnr. 11.
71 Vgl. hierzu BGH 13. 7. 2004, WM 2004, 1768, 1769; zu dieser Entscheidung *Barta, Sebastian*, Die Haftung der depotführenden Bank bei churning des Anlageberaters – Zugleich Besprechung der Entscheidung des BGH v. 13. 7. 1994 – VI ZR 136/03 –„Brokerhaftung“, BKR 2004, 433–440; *Koller* Wertpapierhandelsgesetz Vor § 31 Rdnr. 2.
72 So grds. *Koller* Wertpapierhandelsgesetz § 31 Rdnr. 66; demgegenüber will *Grundmann* Wertpapierhandelsgesetz § 31 Rdnr. 211 dieses Problem nicht durch ein grds. ‚Handelsverbot‘ an das Wertpapierdienstleistungsunternehmen, sondern durch dessen Pflicht zur Aufklärung seiner Kunden über die verminderten Kursgewinnchancen lösen; vgl. auch § 32 Abs. 1 Nr. 2 WpHG, wonach Empfehlungen an Kunden auch nicht dem Zweck dienen dürfen, die Preise zugunsten verbundener Unternehmen in eine bestimmte Richtung zu lenken.
73 Diese Pflicht umfaßt auch Kontokontrollen zur Vermeidung von ‚churning‘, sofern das Kreditinstitut für den Kunden eine besondere Gefährdungslage durch Vereinbarungen geschaffen hat, wonach einem Anlageberater bzw. -vermittler ein Teil der dem Kreditinstitut zukommenden Provisionen und Gebühren vergütet werden, vgl. hierzu BGH 13. 7. 2004, WM 2004, 1768, 1771; zustimmend *Barta, Sebastian*, Die Haftung der depotführenden Bank bei churning des Anlageberaters – Zugleich Besprechung der Entscheidung des BGH v. 13. 7. 1994 – VI ZR 136/03 – „Brokerhaftung“, BKR 2004, 433–440, 440.

WpHG).[74] Sofern Interessenkonflikte jedoch nicht durch organisatorische Maßnahmen sowie deren bankinterne Überwachung (Compliance-Organisation)[75]
vermeidbar sind oder wenn für den Kunden durch bestimmte Vertragsgestaltungen
(wie etwa sog. kick-back-Vereinbarungen)[76] eine besondere Gefährdungslage entsteht, haben die Kreditinstitute ihre Kunden hierüber aufzuklären, so daß diese
sich selbst (besser) schützen können.[77]

37   Zur Wahrung der Kundeninteressen hat die Bank von ihrem Kunden die erforderlichen Angaben über dessen Erfahrungen oder Kenntnisse in den betreffenden
Wertpapiergeschäften einzuholen. Auch hat sich die Bank nach den mit den Geschäften verfolgten Zielen des Kunden sowie dessen finanziellen Verhältnissen zu
erkundigen (§ 31 Abs. 2 S. 1 Nr. 1 WpHG). Gesetzlich klargestellt ist in § 31 Abs. 2
S. 2 WpHG allerdings, daß der Kunde nicht verpflichtet ist, diese Angaben zu machen. Zur Wahrung der Kundeninteressen hat das Wertpapierdienstleistungsunternehmen neben der Pflicht, von dem Kunden Informationen einzuholen, auch seinerseits dem Kunden alle zweckdienlichen Informationen mitzuteilen, die im Hinblick auf Art und Umfang der beabsichtigten Geschäfte erforderlich sind. Diese
Verhaltenspflichten, die bereits vor Erlaß des WpHG aus vorvertraglichen Aufklärungspflichten abgeleitet[78] und im Rahmen eines Schadensersatzanspruchs aus
c.i.c. (bzw. mittlerweile §§ 280 Abs. 1, 311 Abs. 2, 3, 241 Abs. 2 BGB) relevant wurden, sind heute gesetzlich in § 31 Abs. 2 S. 1 Nr. 2 WpHG normiert.

38   Handelt es sich um Direktbanken, die ausschließlich Kundenaufträge ausführen
(sog. Execution-only-Business) oder macht der Kunde seinerseits deutlich, daß er
keine Information wünscht, stellt sich zunächst die Frage, ob diese Vorschrift abdingbar ist. Unabhängig von der rechtlichen Qualifizierung der §§ 31 f. WpHG als
öffentliches Recht oder Privatrecht (vgl. hierzu sogleich unter cc)) wird aber bereits
aus der staatlichen Überwachung dieser Pflichten gem. § 35 WpHG deutlich, daß
die Verhaltenspflichten nicht abdingbar sind.[79] Andererseits können und sollten

---

74 Vgl. *Koller* Wertpapierhandelsgesetz § 31 Rdnr. 46, § 32 Rdnr. 18; *Grundmann* Wertpapierhandelsgesetz § 31 Rdnr. 207; *Kümpel*, in: Bankrechtshandbuch III, § 104 Rdnr. 228.
75 Vgl. hierzu § 33 Abs. 1 Nr. 3 WpHG, vgl. auch *Kümpel*, in: Bankrechtshandbuch III, § 104
Rdnr. 223–240; *Grundmann* Wertpapierhandelsgesetz § 33 Rdnr. 252–256.
76 Das sind Vereinbarungen, in denen eine Bank einem Anlageberater oder -vermittler verspricht, diesem einen Teil der Provisionen und Depotgebühren zu vergüten. Da die Bank damit
für den Anlageberater oder -vermittler einen Anreiz schafft, bei der Vermögensanlage für den
Kunden nicht nur in dessen Interesse, sondern auch im Eigeninteresse zu handeln und ‚churning' zu betreiben, sind diese Vereinbarungen offenzulegen; vgl. zu dieser Offenlegungspflicht
BGH 19. 12. 2000, BGHZ 146, 235, 239.
77 *Grundmann* Wertpapierhandelsgesetz § 31 Rdnr. 210.
78 Vgl. etwa BGH 19. 5. 1998, WM 1998, 1391 m. Anm. *Einsele, Dorothee*, WuB I G 7.-6.98;
vgl. zu den vorvertraglichen Aufklärungs- und Beratungspflichten auch *Ekkenga* Effektengeschäft Rdnr. 168.
79 Vgl. *Koller* Wertpapierhandelsgesetz § 31 Rdnr. 126; im Grundsatz auch *Grundmann*
Wertpapierhandelsgesetz § 31 Rdnr. 225–228; vgl. auch *Einsele, Dorothee*, WuB I G 7.-6.98
(Anm. zu BGH 19. 5. 1998, WM 1998, 1391); so im Ergebnis auch *Leisch, Franz Clemens*, Infor-

dem Kunden (ausdrücklich) nicht gewünschte Informationen nicht aufgedrängt werden, zumal sehr fraglich ist, ob die Wahrung der Kundeninteressen (vgl. den Wortlaut des § 31 Abs. 2 S. 1 WpHG) gegen den (ausdrücklich erklärten) Willen des Kunden sinnvoll, falls überhaupt möglich ist.[80] Hingegen sind von (Direkt-) Banken vorformulierte pauschale Verzichtserklärungen des Kunden auf individuelle Information und Aufklärung mit den zwingenden Informationspflichten *sämtlicher* Wertpapierdienstleistungsunternehmen gem. § 31 Abs. 2 S. 1 Nr. 2 WpHG und dem dadurch bezweckten Anlegerschutz nicht vereinbar.[81] Dies gilt auch, soweit das Verlangen nach pauschalen Verzichtserklärungen mit dem Angebot billiger Wertpapierdienstleistungen begründet wird. Zulässig ist danach lediglich, wenn die Kunden entsprechend ihrem Kenntnisstand, der zuvor vom Wertpapierdienstleistungsunternehmen festzustellen ist, auf weitere Informationen über diese Art von Geschäften verzichten.[82]

Allerdings sieht Art. 19 Abs. 6 der Richtlinie über Märkte für Finanzinstrumente **39** v. 21. April 2004 eine Ausnahme von der grds. bestehenden Verpflichtung der Wertpapierdienstleistungsunternehmen vor, den Kenntnisstand der Kunden festzustellen. Hierfür stellt die Richtlinie eine Reihe von Voraussetzungen auf: So muß die Direktbank die betreffende Dienstleistung auf Veranlassung des Kunden erbringen und diesen eindeutig darüber informieren, daß sie die Eignung der Anlage für den Kunden nicht prüft. Insbes. aber gilt diese Ausnahme nur für Dienstleistungen der Direktbanken, die sich auf nicht ganz so risikoreiche Geschäfte beziehen; denn die Feststellung des Kenntnisstands des Kunden ist etwa dann nicht erforderlich, wenn es um Geschäfte in Aktien, die zum Handel an einem geregelten Markt zugelassen sind, Geldmarktinstrumente und Schuldverschreibungen geht, wobei Schuldverschreibungen, in die ein Derivat eingebettet ist, (als zu risikoreich) nicht unter diese Ausnahme fallen.

---

mationspflichten nach § 31 WpHG, Rechtsnatur und Inhalt, Zur zivilrechtlichen Geltung einer Norm des Wirtschaftsrechts, 2004, S. 126–128.

80 Vgl. auch BGH 5. 10. 1999, WM 1999, 2300, 2302f.; *Ekkenga* Effektengeschäft Rdnr. 201; vgl. auch Nr. 2.6 der Richtlinie gemäß § 35 Abs. 6 des Gesetzes über den Wertpapierhandel (WpHG) zur Konkretisierung der §§ 31 und 32 WpHG für das Kommissionsgeschäft, den Eigenhandel für andere und das Vermittlungsgeschäft der Wertpapierdienstleistungsunternehmen v. 23. 8. 2001, Bundesanzeiger Nr. 165 v. 4. 9. 2001, S. 19217.

81 So insbes. *Koller* Wertpapierhandelsgesetz § 31 Rdnr. 126–128 m.w.N.; *Stöterau, Markus,* Informationspflichten beim Wertpapierhandel nach § 31 Abs. 2 S. 1 Nr. 2 WpHG – Eine Untersuchung unter besonderer Berücksichtigung moderner Erscheinungsformen des Wertpapierhandels, 2003, S. 129ff.; *Leisch, Franz Clemens,* Informationspflichten nach § 31 WpHG, Rechtsnatur und Inhalt, Zur zivilrechtlichen Geltung einer Norm des Wirtschaftsrechts, 2004, S. 156–160; im Grundsatz auch *Grundmann* Wertpapierhandelsgesetz § 31 Rdnr. 226–228; a.A. *Ekkenga* Effektengeschäft Rdnr. 201, 203.

82 Vgl. *Stöterau, Markus,* Informationspflichten beim Wertpapierhandel nach § 31 Abs. 2 S. 1 Nr. 2 WpHG – Eine Untersuchung unter besonderer Berücksichtigung moderner Erscheinungsformen des Wertpapierhandels, 2003, S. 130ff.

cc) Rechtliche Qualifikation der Verhaltenspflichten gem. §§ 31f. WpHG

40 Umstritten ist im deutschen Recht die rechtliche Qualifizierung dieser Verhaltenspflichten gem. §§ 31f. WpHG. Hierbei sind zwei Problembereiche zu unterscheiden: Zum einen geht es um die Frage, ob diese Vorschriften dem Individualschutz der Anleger dienen sollen und daher als Schutzgesetze i.S.d. § 823 Abs. 2 BGB anzusehen sind.[83] Die Frage nach dem Schutzgesetzcharakter ist zwar für jede der Verhaltensnormen der §§ 31f. WpHG gesondert zu entscheiden; unter Hinweis auf den auch anlegerschützenden Charakter der Wertpapierdienstleistungsrichtlinie bejaht die h.M. diese Frage aber m.E. zurecht für sämtliche Verhaltenspflichten der §§ 31, 32 WpHG.[84]

41 Zum anderen geht es um die von dem Schutzgesetzcharakter zu trennende Frage, ob die Verhaltenspflichten der §§ 31f. WpHG aufsichtsrechtliche (also öffentlichrechtliche)[85] oder vertragsrechtliche (also privatrechtliche)[86] oder sowohl öffentlichrechtliche als auch privatrechtliche[87] Bestimmungen darstellen. Da diese Pflichten Wertpapierdienstleistungsunternehmen, also private und nicht öffentliche Institutionen, treffen und gegenüber deren Kunden, also wiederum gegenüber Privatpersonen zu erfüllen sind, gelangt man auf der Grundlage der Subjektstheorie zur Qualifizierung der Verhaltenspflichten als (zwingendes) Privatrecht[88]. An

---

83 Vgl. zu dieser Frage allgemein *Koller* Wertpapierhandelsgesetz Vor § 31 Rdnr. 17f.; *Reich*, WM 1997, 1604; *Hopt, Klaus J.*, Grundsatz- und Praxisprobleme nach dem Wertpapierhandelsgesetz, ZHR 159 (1995), 135, 160.

84 *Grundmann* Wertpapierhandelsgesetz § 31 Rdnr. 229; *Bamberger*, in: Handbuch zum deutschen und europäischen Bankrecht, hrsg. v. Derleder, Peter/Knops, Kai-Oliver/Bamberger, Heinz Georg 2004, § 44 Rdnr. 54; *Kümpel* Rdnr. 8.238; soweit untersucht ebenfalls bejahend *Hopt, Klaus J.*, Grundsatz- und Praxisprobleme nach dem Wertpapierhandelsgesetz, ZHR 159 (1995), 135, 160, aber ablehnend hinsichtlich der Organisationspflichten gem. § 33 WpHG; offengelassen in BGH 8.3. 2005, WM 2005, 929, 930; BGH 5.10. 1999, WM 1999, 2300, 2303; BGH 19.7. 2001, WM 2001, 1758, 1761, wobei der BGH in dieser Entscheidung allerdings die anlegerschützende Wirkung für die Organisationspflichten (gem. § 33 WpHG) ablehnt.

85 Für Aufsichtsrecht *Ekkenga* Effektengeschäft Rdnr. 163; *Reich*, WM 1997, 1603f.; für eine überwiegend aufsichtsrechtliche Natur der §§ 31ff. WpHG *Koller* Wertpapierhandelsgesetz Vor § 31 Rdnr. 17.

86 So *Grundmann* Wertpapierhandelsgesetz § 31 Rdnr. 184.

87 So *Kümpel*, in: Bankrechtshandbuch III, § 104 Rdnr. 204f; *ders.* Rdnr. 8.238–8.242; *Leisch, Franz Clemens*, Informationspflichten nach § 31 WpHG, Rechtsnatur und Inhalt, Zur zivilrechtlichen Geltung einer Norm des Wirtschaftsrechts, 2004, S. 68–85, der § 31 WpHG zunächst als sog. ‚Ausfüllungsnorm', also als eine Norm einordnet, die ein bestimmtes Rechtsverhältnis bereits voraussetzt und dieses lediglich inhaltlich ausgestaltet. Im Ergebnis gelangt *Leisch* zur Doppelnatur von § 31 WpHG, weil er in dieser Norm einerseits eine Ausgestaltung eines öffentlichrechtlichen Überwachungsverhältnisses und andererseits die gesetzliche Ausgestaltung der vorvertraglichen Schutzpflichten sowie der vertraglichen Nebenpflichten der Wertpapierdienstleistungsunternehmen sieht.

88 So zunächst auch *Leisch, Franz Clemens*, Informationspflichten nach § 31 WpHG, Rechtsnatur und Inhalt, Zur zivilrechtlichen Geltung einer Norm des Wirtschaftsrechts, 2004, S. 16f., der allerdings im folgenden doch eine Doppelnatur von § 31 WpHG annimmt (vgl. S. 44–85); vgl. zur Subjektstheorie als Theorie zur Abgrenzung des öffentlichen Rechts vom Privatrecht auch *Ehlers, Dirk*, in: Allgemeines Verwaltungsrecht, hrsg. v. *Hans-Uwe Erichsen, Dirk Ehlers*, 12. Aufl. 2002, § 2 Rdnr. 17–29: Danach ist öffentliches Recht die Gesamtheit der Rechtssätze

dieser rechtlichen Einordnung ändert auch die Tatsache der staatlichen Überwachung dieser Verhaltensregeln durch die Bundesanstalt für Finanzdienstleistungsaufsicht mit den Mitteln des öffentlichen Rechts gem. § 35 WpHG nichts. Soweit ersichtlich wurden die Regelungen zum Depotgeschäft bisher ebenfalls nicht (insgesamt) als öffentliches Recht eingestuft, obgleich das Depotgeschäft gem. § 29 Abs. 2 KWG der Depotprüfung unterliegt. Daher stellen Verstöße gegen §§ 31, 32 WpHG gleichzeitig Verletzungen des Vertrages bzw. des vorvertraglichen Schuldverhältnisses zwischen dem Wertpapierdienstleistungsunternehmen und dem Kunden dar. Wertpapierdienstleistungsunternehmen haften daher bei Verletzung dieser Verhaltenspflichten für ihre Erfüllungsgehilfen gem. § 278 BGB.[89] Im übrigen wird gem. § 280 Abs. 1 S. 2 BGB gesetzlich vermutet, daß das Wertpapierdienstleistungsunternehmen die Vertragsverletzung zu vertreten hat.

g) Schadensersatzanspruch des Kunden bei Verletzung von Beratungs- und Informationspflichten des Kreditinstituts

Verletzt das Kreditinstitut (bzw. Wertpapierdienstleistungsunternehmen) schuldhaft die Pflicht zur anleger- und objektgerechten Beratung oder die privatrechtlichen, wenn auch auf zwingendem Gesetzesrecht beruhenden Informationspflichten gem. § 31 Abs. 2 S. 1 Nr. 2 WpHG, so steht dem Kunden ein vertraglicher Schadensersatzanspruch gem. § 280 Abs. 1 BGB i. V. m. dem Beratungs-, Kommissions- oder Kaufvertrag (beim Festpreisgeschäft) zu. Denkbar sind aber auch deliktische Ansprüche: Da nach zutreffender Ansicht die §§ 31, 32 WpHG Schutzgesetze i. S. d. § 823 Abs. 2 BGB darstellen, kann auch ein Schadensersatzanspruch des Anlegers gem. § 31 Abs. 2 S. 1 Nr. 2 WpHG i. V. m. § 823 Abs. 2 BGB gegeben sein. Bei zumindest bedingt vorsätzlicher Schädigung des Kunden kann überdies ein Anspruch gem. § 826 BGB gegeben sein. Dabei liegt eine vorsätzliche Schädigung des Anlegers nach der Rspr. bereits vor, wenn der Anlageberater Kenntnis von der Unrichtigkeit seiner Information hatte, da er dann auch weiß, daß es zu entsprechenden Anlageentscheidungen seiner Kunden auf dieser fehlerhaften Tatsachengrundlage kommen wird.[90]   **42**

Wurde aufgrund falscher Beratung bzw. Information ein Vertrag (zwischen Wertpapierdienstleistungsunternehmen und Anleger) abgeschlossen, liegt nach zutreffender st. Rspr. des BGH der Schaden des Anlegers bereits in dem Vertragsschluß, also dem Erwerb der Kapitalanlage; daher kann der Anleger sogar bei objektiver Werthaltigkeit von Leistung und Gegenleistung einen Vermögensschaden in Form der   **43**

---

bei denen zumindest ein Zuordnungssubjekt als Träger von Staatsgewalt berechtigt oder verpflichtet wird (vgl. Rdnr. 26). Demgegenüber führt die Interessentheorie (Normen des öffentlichen Rechts sind solche, die dem öffentlichen Interesse dienen, vgl. Rdnr. 15) bei solchen Vorschriften nicht weiter, die – wie §§ 31, 32 WpHG – sowohl der Funktionsfähigkeit der Kapitalmärkte als auch dem Anlegerschutz dienen.

89 Im Ergebnis auch *Ekkenga* Effektengeschäft Rdnr. 168, 198, wenngleich von anderem Ausgangspunkt, da *Ekkenga* §§ 31, 32 WpHG als „genuines Aufsichtsrecht" ansieht, vgl. Rdnr. 163.

90 Vgl. BGH 19. 7. 2004, NJW 2004, 2668, 2670; BGH 19. 7. 2004, NJW 2004, 2971, 2973.

für seine Zwecke ungeeigneten Kapitalanlage erleiden.[91] Unabhängig von einem Kursverlust der Wertpapiere kann der Anleger somit Naturalrestitution in Form der Erstattung des gezahlten Kaufpreises gegen Übertragung der erworbenen Wertpapiere verlangen. Wurden die Wertpapiere zwischenzeitlich veräußert, wird der Veräußerungspreis auf den Anspruch auf Rückzahlung des Kaufpreises angerechnet.[92]

44   Von Bedeutung sind Inhalt und Zeitpunkt der Schadensentstehung auch für den Beginn der Verjährung, die gem. § 37 a WpHG eine Sonderregelung erfahren hat. Zwar wurden durch das Schuldrechtsmodernisierungsgesetz inzwischen die allgemeinen Verjährungsfristen der §§ 195 ff. BGB ebenfalls verkürzt. Die dreijährige Verjährungsfrist des § 37 a WpHG ab Entstehung des Anspruchs bedeutet für die fehlerhaft informierenden bzw. beratenden Wertpapierdienstleistungsunternehmen aber immer noch eine Besserstellung im Vergleich zu der allgemeinen Verjährungsfrist des § 195 BGB, die gem. § 199 BGB zu einem späteren Zeitpunkt beginnt. Der Gesetzgeber hielt diese Besserstellung der Wertpapierdienstleistungsunternehmen für erforderlich, da zuvor die Haftungsansprüche bei risikoreichen Papieren aufgrund der langen (damals noch 30-jährigen) Verjährungsfrist unkalkulierbar waren und die Wertpapierdienstleistungsunternehmen deshalb die Tendenz zeigten, eher risikoarme und weniger haftungsanfällige Papiere (z. B. Rentenwerte) zu empfehlen.[93] Mit der Verkürzung der Haftung aus fehlerhafter Anlageberatung sollte daher die Kapitalbeschaffung über die organisierten Kapitalmärkte speziell für junge und innovative Unternehmen erleichtert werden.[94] Diese ratio legis besteht aber unabhängig davon, ob die Schadensersatzansprüche auf Vertrag oder Delikt gegründet sind. Daher findet die Verjährungsregelung des § 37 a WpHG im Grundsatz sowohl auf vertragliche als auch deliktische Schadensersatzansprüche Anwendung. Ausgenommen sind allerdings Ansprüche bei vorsätzlicher Verletzung von Informations- und Beratungspflichten, zumal hier die Wertpapierdienstleistungsunternehmen nicht des Schutzes einer verkürzten Haftung bedürfen.[95]

h) Erfüllungsfristen für die Übertragung der Wertpapiere

45   Die Vertragsverhältnisse zwischen der Bank und dem Kunden bedürfen jeweils der Abwicklung (Erfüllung). Wird der Auftrag des Kunden im Wege der Kommission ausgeführt, so muß sowohl das Ausführungsgeschäft als auch der Kommissionsvertrag mit dem Kunden abgewickelt werden, während im Fall des Festpreisgeschäfts nur der Kaufvertrag zu erfüllen ist.

---

91 Vgl. BGH 8.3. 2005, BGH WM 2005, 929, 930; OLG Jena 17.5. 2005, WM 2005, 1946, 1947.

92 BGH 9.5. 2005, NJW 2005, 2450, 2451; BGH 19.7. 2004, NJW 2004, 2971, 2972; BGH 19.7. 2004, NJW 2004, 2668, 2669.

93 BR-Drucks. 605/97, S. 59, 96.

94 BR-Drucks. 605/97, S. 59.

95 BGH 8.3. 2005, WM 2005, 929, 930 f.; *Kümpel* Rdnr. 16.572; *Ekkenga* Effektengeschäft Rdnr. 248; so auch BR-Drucks. 605/97, S. 59, 97; *Schäfer, Frank A.*, Die Verjährung von Ersatzansprüchen nach § 37 a WpHG, in: FS Schimansky, 1999, S. 699–716, 712–716; a. A. hinsichtlich der Ansprüche aus § 823 Abs. 2 BGB *Koller* Wertpapierhandelsgesetz § 37 a Rdnr. 6.

Das Gesetz sieht zum Schutz des Anlegers für die Übertragung der Wertpapiere 46
gem. § 18 Abs. 1, 2 DepotG relativ kurze – gegenüber einem Kunden, der keine
Bankgeschäfte betreibt, auch nicht verlängerbare (§ 28 DepotG) – Erfüllungsfristen vor. Gem. § 18 Abs. 1 DepotG hat der Kommissionär seinem Auftraggeber unverzüglich, spätestens binnen einer Woche ein Verzeichnis der gekauften Stücke zu
übersenden; diese Frist ist für die Erfüllung des Geschäfts insofern von rechtlicher
Bedeutung, als mit der Absendung des Stückeverzeichnisses das Eigentum an den
darin bezeichneten Wertpapieren übergeht, sofern der Kommissionär über sie verfügungsberechtigt ist (§ 18 Abs. 3 DepotG). Sofern der Kommissionär entgegen der
heutigen Bankenpraxis einen Dritten als Verkäufer benannt hat, beginnt diese Wo-
chenfrist mit dem Erwerb des Eigentums an den Wertpapieren durch den Kommissionär (§ 18 Abs. 2 Alt. 1 DepotG). Andernfalls aber beginnt diese Frist mit Ablauf
des Zeitraums, innerhalb dessen der Kommissionär nach der Erstattung der Ausführungsanzeige die Stücke bei ordnungsgemäßem Geschäftsgang ohne schuldhafte Verzögerung beziehen oder das Stückeverzeichnis von einer zur Verwahrung der
Stücke bestimmten dritten Stelle erhalten konnte (§ 18 Abs. 2 Alt. 2 DepotG). Wurde die Person des Dritten nicht namhaft gemacht, ist daher der Beginn der Wochen-
frist – entsprechend der gesetzlichen Eigenhaftung des Kommissionärs in diesem
Fall (§ 384 Abs. 3 HGB) – unabhängig von dem Eigentumserwerb durch den Kommissionär. Die Erfüllungsfrist gem. § 18 Abs. 1, 2 DepotG findet zunächst in den
Fällen Anwendung, in denen dem Kunden Alleineigentum an bestimmten Wertpapieren übertragen werden soll (vgl. § 18 Abs. 3 DepotG). Da die tatsächliche wie
auch rechtliche Regelform der Verwahrung heute jedoch die Sammelverwahrung
bei einer Wertpapiersammelbank ist, ist dieser Fall praktisch relativ selten. Die Fristen des § 18 Abs. 1, 2 DepotG gelten aber entsprechend, wenn der Kommissionär
sich seiner Verpflichtung, dem Kunden Eigentum an bestimmten Stücken zu verschaffen, dadurch befreit, daß er ihm Miteigentum an den zum Sammelbestand einer Wertpapiersammelbank gehörenden Wertpapieren verschafft (§ 24 Abs. 1 DepotG).[96]

Diese Erfüllungsfristen gelten zunächst für den Einkaufskommissionär, finden 47
gem. § 31 DepotG aber auch auf den Eigenhändler Anwendung. Zwar ist der Eigenhandel mittlerweile für Wertpapiergeschäfte abgeschafft, jedoch unterfallen
auch die Festpreisgeschäfte, die an die Stelle des Eigenhandels getreten sind und
ebenfalls Kaufverträge mit dem Kunden darstellen, in erweiternder Auslegung der
Vorschrift des § 31 DepotG.[97] Daher finden die Erfüllungsfristen des § 18 Abs. 1, 2
DepotG unabhängig davon Anwendung, wie die Bank den Effektenauftrag ausführt, ob sie also als Kommissionärin oder als Verkäuferin der Wertpapiere auftritt.

---

96 Vgl. zur entsprechenden Anwendung der Fristen des § 18 Abs. 1 und 2 DepotG auch im
Rahmen des § 24 DepotG *Heinsius, Theodor/Horn, Arno/Than, Jürgen,* Depotgesetz, Komm.
z. Gesetz über die Verwahrung und Anschaffung von Wertpapieren v. 4. Februar 1937, 1975,
§ 24 Rdnr. 8.
97 Vgl. *Kümpel* Rdnr. 10.215; vgl. auch *Schwintowski/Schäfer* § 16 Rdnr. 48, die eine zumindest analoge Anwendung des § 31 DepotG auf Festpreisgeschäfte annehmen.

48   Für Börsengeschäfte findet sich in § 15 Abs. 1 S. 1 Halbs. 1 der Bedingungen für Geschäfte an den deutschen Wertpapierbörsen die Regelung, wonach solche Geschäfte am zweiten Börsentag nach dem Tag des Geschäftsabschlusses zu beliefern sind. Durch diese Bestimmung wird die gesetzliche Erfüllungsfrist gem. § 18 Abs. 1, 2 DepotG für Geschäfte in Wertpapieren, die im amtlichen oder geregelten Markt gehandelt werden, erheblich abgekürzt. Gemäß den Richtlinien für den Freiverkehr gilt diese zweitägige Erfüllungsfrist auch für den Handel in Freiverkehrswerten[98] und aufgrund eines entsprechenden Handelsbrauchs in Deutschland ebenfalls im Interbankenhandel (§ 346 HGB).[99] Aber auch im Verhältnis zwischen Kunde und Bank gilt die zweitägige Erfüllungsfrist. Im Fall der Auftragsausführung im Wege der Kommission kommen die Geschäftsbedingungen für den Wertpapierhandel am Ausführungsplatz gem. Nr. 1 Abs. 2 der Sonderbedingungen für Wertpapiergeschäfte auch im Verhältnis zum Kunden zur Anwendung (vgl. auch zum Direkterwerb des kaufenden von dem verkaufenden Kunden § 9 Rdnr. 25). Hingegen muß auf eine entsprechende Verkehrssitte verwiesen werden, soweit es um die Erfüllung von Festpreisgeschäften geht.[100]

i) Erfüllungsfristen für die Geldzahlung

49   Die gesetzliche Erfüllungsfrist gem. § 18 Abs. 1, 2 DepotG gilt nur für die Übertragung der Wertpapiere und nicht für die Geldzahlung. Jedoch sehen die Bedingungen für Geschäfte an den deutschen Wertpapierbörsen in § 15 Abs. 2 vor, daß der Käufer bei Lieferung, frühestens jedoch am zweiten Börsentag nach Geschäftsabschluß, zur Zahlung des Gegenwerts verpflichtet ist. Diese Zug-um-Zug-Leistung entspricht der gesetzlichen Regelung für gegenseitige Verträge gem. § 320 BGB. Auch soweit hinsichtlich des Zeitpunkts der Geldzahlungspflicht eine spezielle (vertragliche) Regelung fehlt (wie dies im Verhältnis zwischen Bank und Kunde der Fall ist), hat die Geldzahlung Zug um Zug mit der Übertragung der Wertpapiere zu erfolgen; da die Wertpapiere ihrerseits in der zweitägigen Erfüllungsfrist zu liefern sind, gilt diese Erfüllungsfrist auch für die Zahlungsverpflichtung des Effektenerwerbers.[101] Im übrigen wird das Prinzip „Lieferung gegen Zahlung" (delivery versus payment, abgekürzt DVP) durch die AGB der Clearstream Banking AG sichergestellt, die als deutscher Zentralverwahrer i.d.R. in die Übertragung der Wertpapiere, aber auch in die Geldverrechnung eingeschaltet ist.[102]

---

98   Vgl. etwa § 11 Abs. 1 der Richtlinien für den Freiverkehr an der Frankfurter Wertpapierbörse v. 15. 4. 2005, wonach für den Handel in Freiverkehrswerten und für die Preisfeststellung einschließlich deren Beaufsichtigung die Regelungen des amtlichen Handels sinngemäß gelten, soweit nicht Besonderheiten zu beachten sind.
99   Vgl. *Kümpel* Rdnr. 10.295–10.298; *Schwintowski/Schäfer* § 16 Rdnr. 49.
100   Vgl. *Kümpel* Rdnr. 10.299f.; *Schwintowski/Schäfer* § 16 Rdnr. 50f.; zu den Festpreisgeschäften vgl. auch *Wagner*, in: Bankrecht und Bankpraxis, Rdnr. 7/106f.
101   Vgl. auch *Kümpel* Rdnr. 10.301f.
102   Vgl. hierzu Nr. 8 Abs. 1 und insbes. Nr. 9 Abs. 1 der AGB der Clearstream Banking AG (Februar 2004); vgl. auch Depotgeschäft § 9 Rdnr. 22–35.

2. Rechtsverhältnis zwischen dem Kreditinstitut und dem Vertragspartner des Ausführungsgeschäfts

Bei Auftragsausführung im Wege der (einfachen) Kommission, aber auch, wenn **50** die Bank ein Festpreisgeschäft nicht aus eigenen Beständen erfüllt, schließt die beauftragte Bank ein (börsliches oder außerbörsliches) Ausführungsgeschäft ab. Dieses Geschäft stellt ein eigenes, selbständiges Rechtsverhältnis, genauer gesagt einen normalen Kaufvertrag dar; die Bank haftet daher auch im Fall des Kommissionsgeschäfts für die Erfüllung der von ihr übernommenen Käufer- oder Verkäuferpflichten im Verhältnis zum Vertragspartner des Ausführungsgeschäfts.

Im Fall eines Festpreisgeschäfts hat der Kunde allerdings kein rechtliches Inter- **51** esse am Vertragsinhalt des Ausführungsgeschäfts, da er hiervon weder rechtlich noch wirtschaftlich betroffen ist. Sein Vertragspartner ist die Bank und anders als bei der Kommission, bei der das Ausführungsgeschäft zwar im Namen des Kommissionärs (der Bank), aber für Rechnung des Kunden abgeschlossen wird, richten sich die Rechte und Pflichten des Kunden beim Festpreisgeschäft abschließend nach dem Kaufvertrag zwischen ihm und seiner Bank.

Demgegenüber ist der Vertragsinhalt des Ausführungsgeschäfts im Fall der Auf- **52** tragsausführung im Wege der Kommission sehr wohl auch im Verhältnis zum Kunden von Relevanz. Für den Fall der Auftragsausführung im Wege der Kommission findet sich daher in den Sonderbedingungen für Wertpapiergeschäfte der klarstellende Hinweis gegenüber dem Kunden, daß für dieses Ausführungsgeschäft die am Ausführungsplatz geltenden Rechtsvorschriften und Geschäftsbedingungen sowie die AGB des Vertragspartners der Bank zur Anwendung gelangen.[103] Ob allerdings für das Ausführungsgeschäft wirklich die AGB des Vertragspartners der Bank zur Anwendung gelangen, richtet sich letztlich nach den Vereinbarungen (bei Abschluß) des Ausführungsgeschäfts.

Für den Fall von Leistungsstörungen im Verhältnis zwischen der Bank und dem **53** Dritten gelten die allgemeinen Grundsätze. Daher ist derjenige Vertragspartner, der seine Vertragspflichten verletzt, dem anderen gem. §§ 280ff. BGB zum Schadensersatz verpflichtet. Handelt es sich um Börsengeschäfte, so sind allerdings die Sonderregelungen der jeweils anwendbaren Börsenbedingungen zur nicht rechtzeitigen Erfüllung der Börsengeschäfte vorrangig zu beachten. Danach findet in diesem Fall grds. eine Zwangsregulierung statt.[104] Soweit keine Sonderregelungen

---

103 Vgl. Nr. 1 Abs. 2 Sonderbedingungen für Wertpapiergeschäfte (Fassung Januar 2003).
104 Vgl. etwa §§ 16–18 der Bedingungen für Geschäfte an der Frankfurter Wertpapierbörse v. 1.7.2005: Danach wird im Fall der nicht oder nicht rechtzeitigen Erfüllung ein entsprechendes Kompensationsgeschäft vorgenommen, also die betreffenden Wertpapiere gekauft oder verkauft. Die säumige Vertragspartei hat den Unterschiedsbetrag zwischen dem Vertragspreis und dem Zwangsregulierungspreis, die übliche Maklergebühr, Portoauslagen und sonstige Spesen sowie Zinsen ab dem Tag zu zahlen, der auf den Erfüllungstag folgt (vgl. insbes. § 17 Abs. 2 der Bedingungen); vgl. für Geschäfte, die zwischen einem Clearing Mitglied und der Eurex Clearing AG zustande gekommen sind, V. 2.1.5 der Clearing-Bedingungen der Eurex Clearing AG v. 19.9.2005.

zur Anwendung kommen, ist beim Kommissionsgeschäft überdies zu beachten, daß der Kommissionär (die Bank) den Schaden des Kunden (Kommittenten) im Wege der Drittschadensliquidation gegenüber dem Dritten (Vertragspartner des Ausführungsgeschäfts) geltend machen kann, da es sich um einen Fall der zufälligen Schadensverlagerung bei mittelbarer Stellvertretung handelt.[105]

54   Hinsichtlich der Erfüllungsfristen findet sich für Börsengeschäfte in § 15 Abs. 1 S. 1 Halbs. 1 der Bedingungen für Geschäfte an den deutschen Wertpapierbörsen die Regelung, wonach solche Geschäfte am zweiten Börsentag nach dem Tag des Geschäftsabschlusses zu beliefern sind. Gemäß den Richtlinien für den Freiverkehr gilt diese zweitägige Erfüllungsfrist auch für den Handel in Freiverkehrswerten[106] und aufgrund eines entsprechenden Handelsbrauchs in Deutschland ebenfalls im Interbankenhandel (§ 346 HGB).[107] Hinsichtlich der Geldzahlungspflicht sehen die Bedingungen für Geschäfte an den deutschen Wertpapierbörsen in § 15 Abs. 2 vor, daß der Käufer bei Lieferung, frühestens jedoch am zweiten Börsentag nach Geschäftsabschluß, zur Zahlung des Gegenwerts verpflichtet ist. Diese Zug-um-Zug-Leistung entspricht der gesetzlichen Regelung für gegenseitige Verträge gem. § 320 BGB. Das Prinzip „Lieferung gegen Zahlung" wird auch durch die AGB der Clearstream Banking AG sichergestellt, die als deutscher Zentralverwahrer i. d. R. in die Übertragung der Wertpapiere, aber auch in die Geldverrechnung eingeschaltet ist.[108]

3. Rechtsverhältnis zwischen dem Kunden und dem Vertragspartner des Ausführungsgeschäfts des Kreditinstituts sowie sonstigen Dritten

55   Bei Auftragsausführung im Wege der Kommission sowie beim Festpreisgeschäft bestehen zwischen dem Bankkunden und dem Vertragspartner des Ausführungsgeschäfts der Bank keine vertraglichen Rechtsbeziehungen. Der Kunde kann die Ansprüche aus dem Ausführungsgeschäft also erst nach deren Abtretung gegen den Dritten geltend machen (vgl. § 392 Abs. 1 HGB).[109] Im Verhältnis zwischen dem Kommittenten und dem Kommissionär oder dessen Gläubigern gelten diese Forderungen jedoch bereits vor Abtretung als Forderungen des Kommittenten (§ 392 Abs. 2 HGB). Durch diese Vorschrift wird der Kommittent (Kunde) im (praktisch glücklicherweise seltenen) Fall der Zwangsvollstreckung gegen seine

105 Vgl. *Baumbach/Hopt* § 383 HGB Rdnr. 21 m. w. N.; *Schönle* § 17 III 1 b (S. 244).
106 Vgl. etwa § 11 Abs. 1 der Richtlinien für den Freiverkehr an der Frankfurter Wertpapierbörse v. 15. 4. 2005, wonach für den Handel in Freiverkehrswerten und für die Preisfeststellung einschließlich deren Beaufsichtigung die Regelungen des amtlichen Handels sinngemäß gelten, soweit nicht Besonderheiten zu beachten sind.
107 Vgl. *Kümpel* Rdnr. 10.295–10.298; *Schwintowski/Schäfer* § 16 Rdnr. 49.
108 Vgl. hierzu Nr. 8 Abs. 1 und insbes. Nr. 9 Abs. 1 der AGB der Clearstream Banking AG (Februar 2004); vgl. auch Depotgeschäft § 9 Rdnr. 22–35.
109 Da die Banken sich i. d. R. auch um die Geschäftsabwicklung kümmern (vgl. oben Rdnr. 9), kommt es allerdings grds. nicht zur Abtretung der Forderungen aus dem Ausführungsgeschäft vor deren Erfüllung durch den Dritten.

Bank bzw. bei deren Insolvenz geschützt, da ihm hinsichtlich der noch nicht abgetretenen Forderungen aus dem Ausführungsgeschäft die Drittwiderspruchsklage gem. § 771 ZPO bzw. das Recht zur Aussonderung gem. § 47 InsO zusteht. Aber auch Abtretungen dieser Forderungen an Gläubiger des Kommissionärs zu deren Deckung oder Sicherung sind im Verhältnis zum Kommittenten (Kunden) relativ unwirksam.[110]

Sehr umstritten ist hingegen die Frage, ob § 392 Abs. 2 HGB auch auf Surrogate **56** der Forderungen aus dem Ausführungsgeschäft anwendbar ist, ob also der Kommittent auch dann noch durch § 392 Abs. 2 HGB geschützt ist, wenn die Kaufpreisforderung eingezogen bzw. die Wertpapiere (ausnahmsweise) an den Kommissionär übereignet wurden.[111] Diese Streitfrage ist allerdings bei Wertpapiergeschäften von geringerer Bedeutung.[112] Immerhin hat der Kunde im Fall der Einkaufskommission unter den Voraussetzungen des § 32 DepotG ein Insolvenzvorrecht,[113] wenn auch nicht – wie bei Anwendung des § 392 Abs. 2 HGB – ein Aussonderungsrecht an den kommissionsweise erworbenen Wertpapieren (bzw. Miteigentumsanteilen am Wertpapiersammelbestand). Im Fall der Verkaufskommission sind die Kunden hingegen i.d.R. durch die Ansprüche geschützt, die ihnen nach dem Einlagensicherungs- und Anlegerentschädigungsgesetz (insbes. §§ 3, 4) und dem Einlagensicherungsfond des Bundesverbandes deutscher Banken e.V. zustehen (vgl. auch Nr. 20 AGB-Banken).[114]

III. Übertragung der Wertpapiere

Die Übertragung der Wertpapiere wird im Rahmen des Depotgeschäfts ausführ- **57** lich dargestellt (vgl. dort § 9 Rdnr. 20–35). An dieser Stelle nur soviel: in aller Regel wird nicht das Alleineigentum an Wertpapieren, sondern Miteigentumsanteile an einem Sammelbestand bei der Wertpapiersammelbank (in Deutschland Clearstream Banking AG) direkt vom veräußernden auf den erwerbenden Kunden ohne Durchgangserwerb der mit der Veräußerung oder dem Erwerb beauftragten Bank

---

110 Vgl. etwa BGH 30. 3. 1998, BGHZ 104, 123, 127; vgl. auch *Baumbach/Hopt* § 392 HGB Rdnr. 8–11.

111 Für Erstreckung des § 392 Abs. 2 HGB auf Surrogate, sofern diese zumindest noch mengenmäßig unterscheidbar vorhanden sind, *Schmidt, Karsten*, Handelsrecht, 5. Aufl. 1999, § 31 V 4 c) (S. 903 f.); *Baumbach/Hopt* § 392 Rdnr. 7; *Herrmann, Harald*, in: Heymann, Handelsgesetzbuch, Bd. 4, 1990, § 392 Rdnr. 8; a.A. aber insbesondere die früher h.M., vgl. etwa BGH 26. 11. 1973, NJW 1974, 456, 457; BGH 26. 9. 1980, BGHZ 79, 89, 94; Schlegelberger-*Hefermehl, Wolfgang*, HGB, Komm., Band VI, 5. Aufl. 1977, § 392 Rdnr. 2.

112 Hingegen gehen *Schwintowski/Schäfer* § 16 Rdnr. 63 offenbar davon aus, die Frage der Anwendbarkeit des § 392 Abs. 2 HGB erübrige sich wegen § 32 DepotG im Bereich der Wertpapierkommission. Dies ist jedoch nicht zutreffend, da sowohl die Tatbestandsvoraussetzungen als auch die Rechtsfolgen von § 392 Abs. 2 HGB einerseits und § 32 DepotG andererseits unterschiedlich sind.

113 Vgl. hierzu Depotgeschäft § 9 Rdnr. 46.

114 So zutreffend *Schwintowski/Schäfer* § 16 Rdnr. 65.

übertragen. Sofern das mit dem Kauf von Wertpapieren beauftragte Institut dem Kunden hingegen noch kein Eigentum verschafft hat, wird der Kunde unter den Voraussetzungen des § 32 DepotG durch ein Insolvenzvorrecht geschützt.[115]

IV. Anwendbares Recht

1. Rechtsverhältnis zwischen dem Kreditinstitut und dem Kunden

58   Soweit es um das Rechtsverhältnis zwischen Bank und Kunde geht, ist zunächst der Fall zu behandeln, daß der Kunde den Vertrag zu einem Zweck abschließt, der seiner beruflichen oder gewerblichen Tätigkeit zugerechnet werden kann (a). Sodann werden die Abweichungen dargestellt, die sich ergeben, wenn der Kunde den Vertrag als Verbraucher abschließt (b). Unabhängig hiervon unterliegt der räumliche Geltungsbereich der Verhaltenspflichten der Kreditinstitute bzw. Wertpapierdienstleistungsunternehmen nach dem WpHG Sonderregelungen (c).

a) Grundsatz: Anwendbarkeit des Rechts des Kreditinstituts
aa) Kommissionsvertrag und Festpreisgeschäft

59   Für die Frage, welche Rechtsordnung auf das Rechtsverhältnis zwischen der Bank und dem Kunden zur Anwendung gelangt und ob die Bank sich zur Ausführung eines Wertpapierkauf- oder -verkaufsauftrags im Wege eines Kommissionsgeschäfts oder Festpreisgeschäfts verpflichtet, richtet sich nach den Artt. 27ff. EGBGB. Die Artt. 27ff. EGBGB entscheiden grds. auch über die Frage, ob überhaupt ein Vertrag zustande gekommen ist und ob dieser Vertrag wirksam ist (Art. 31 Abs. 1 EGBGB). Daher ist vorrangig eine Rechtswahl zwischen der Bank und dem Kunden maßgeblich. Eine solche Rechtswahl erfolgt im deutschen Rechtskreis gem. Nr. 6 Abs. 1 AGB-Banken und AGB-Sparkassen, wonach für die Geschäftsverbindung zwischen Kunden und inländischen Geschäftsstellen der Banken bzw. Sparkassen deutsches Recht zur Anwendung gelangt. Diese Rechtswahl zugunsten des deutschen Rechts ist auch grds. wirksam, sofern nicht ausnahmsweise Art. 31 Abs. 2 EGBGB dem Zustandekommen einer vertraglichen Vereinbarung über die Rechtswahl entgegensteht[116] (vgl. hierzu § 2 Rdnr. 17–21).

60   Wird der Auftrag im Wege eines Kommissionsgeschäfts ausgeführt, unterliegen jedoch die Ausführungsgeschäfte und daher die Frage, was Inhalt des Herausgabe-

---

115 Vgl. hierzu Depotgeschäft § 9 Rdnr. 46.
116 Allerdings dürfte Art. 31 Abs. 2 EGBGB, wonach ausnahmsweise auf das Recht des gewöhnlichen Aufenthalts eines Vertragspartners abzustellen ist, im vorliegenden Zusammenhang – also für die Frage, ob ein (Haupt-) Vertrag über ein Finanzkommissionsgeschäft zustande gekommen ist – kaum relevant werden. Denn die Frage, ob event. der Vertrag durch Schweigen einer Partei zustande gekommen sein könnte (vgl. für das deutsche Recht § 362 Abs. 1 HGB), stellt sich allenfalls auf der Seite der Bank, deren Recht aber – wie sogleich darzulegen sein wird – ohnehin und unabhängig von einer Rechtswahlvereinbarung zur Anwendung kommt.

anspruchs des Kunden ist, (zumindest unter Umständen) den Rechtsvorschriften und Usancen des (ausländischen) Ausführungsplatzes. Die Geltung ausländischer Rechtsvorschriften für das Ausführungsgeschäft stellt jedoch weder eine Ausnahme von den dargestellten Grundsätzen noch gar eine Benachteiligung des Kunden dar. Denn zum einen wird auf diese Tatsache in dem Vertrag zwischen Bank und Kunde gem. Nr. 1 Abs. 2 Sonderbedingungen für Wertpapiergeschäfte (Fassung Januar 2003) ausdrücklich hingewiesen; zum anderen steht die Geltung der ausländischen Rechtsvorschriften und Usancen aber auch mit dem kommissionsrechtlichen Grundsatz in Einklang, wonach der Kommissionär nur das durch das Ausführungsgeschäft Erlangte an den Auftraggeber herauszugeben hat.[117] Ob allerdings das Ausführungsgeschäft stets ausländischem Recht untersteht, wird noch zu prüfen sein (vgl. sogleich unten 2.). Bei den Festpreisgeschäften richten sich hingegen die Vertragspflichten von Bank und Kunde gem. Nr. 6 Abs. 1 AGB-Banken und AGB-Sparkassen insgesamt nach dem Recht der mit dem Wertpapiergeschäft beauftragten Bank.

Sofern eine Rechtswahl nicht getroffen wurde (etwa weil kein deutsches Kreditinstitut beauftragt wurde), findet grds.[118] das Recht des Staates Anwendung, in der die Partei, die die vertragscharakteristische Leistung zu erbringen hat, ihren gewöhnlichen Aufenthalt bzw. ihre Hauptverwaltung oder Hauptniederlassung hat (Art. 28 Abs. 2 EGBGB). Wird eine Geschäftsstelle einer Bank in Deutschland beauftragt, ein Wertpapiergeschäft im Wege eines Kommissionsgeschäfts auszuführen, entspricht daher die Geltung deutschen Rechts überdies den allgemeinen (ohne Rechtswahlvereinbarung anwendbaren) internationalprivatrechtlichen Grundsätzen, da die Bank als Kommissionärin die vertragscharakteristische Leistung erbringt (Art. 28 Abs. 2 S. 2 EGBGB). Dies gilt auch, soweit die Bank im Wege eines Festpreisgeschäfts[119] dem Kunden Wertpapiere verkauft.

Anders könnte dies lediglich bei solchen Festpreisgeschäften sein, bei denen die Bank die Wertpapiere des Kunden ankauft, da hier grds. der Verkäufer und nicht der Käufer die vertragscharakteristische Leistung i.S.d. Art. 28 Abs. 2 EGBGB erbringt. Allerdings wird hiergegen geltend gemacht, vorrangig vor der vertragscharakteristischen Leistung sei die gewerbe- bzw. berufstypische Leistung für die Frage des anwendbaren Rechts maßgeblich.[120] Denn bei berufstypischen Leistungen

 61

 62

---

117 Vgl. auch *Wagner*, in: Bankrecht und Bankpraxis, Rdnr. 7/48.
118 Zum Verbraucherschutz sogleich unten Rdnr. 68–74.
119 Ein Festpreisgeschäft stellt allerdings kein Finanzkommissionsgeschäft, sondern lediglich eine Finanzdienstleistung i.S.d. § 1 Abs. 1a Nr. 4 KWG dar.
120 Vgl. MünchKomm.-*Martiny* BGB Art. 28 EGBGB Rdnr. 350; *Kegel, Gerhard/Schurig, Klaus*, Internationales Privatrecht, 9. Aufl. 2004, § 18 I 1 d) (S. 661 f.); *Kropholler* § 52 III 3 g) (S. 464); *Canaris* Rdnr. 2503; Palandt-*Heldrich*, Komm. z. BGB, 65. Aufl. 2006, Art. 28 EGBGB Rdnr. 22, der allerdings zu Unrecht für diese Ansicht auf BGH 17.7. 2001, NJW 2001, 2968, 2970; OLG Celle 16.9. 1998, IPRspr. 1998 Nr. 76; LG Aachen 9.9. 1998, RIW 1999, 304 verweist: Denn sowohl die Entscheidung des BGH als auch die des OLG Celle betrafen Sichteinlagen, bei denen ohnehin die Bank die vertragscharakteristische Leistung erbringt (vgl. oben § 3 Rdnr. 55). Das LG Aachen hingegen hatte über das auf ein Termingeldkonto anzuwendende

sei die Leistung des Kunden eine Einzelleistung, während auf der anderen Seite eine Partei stehe, die schon aus Gründen der Kostenkalkulation ein Interesse daran habe, daß ihre massenweise abgeschlossenen Verträge einem einheitlichen Recht unterlägen.[121] Zweifelhaft ist zwar, ob dies allgemein dazu führen kann, daß mit dem Recht der berufscharakteristischen Leistung auch regelmäßig das Recht der stärkeren Vertragspartei zur Anwendung kommt.[122] Bezogen auf Effektengeschäfte ist die Anwendbarkeit des Rechts der beauftragten Bank aber schon deshalb zutreffend, weil die Banken – auch wenn sie bei einem Festpreisgeschäft als Käufer der Wertpapiere auftreten – nicht nur die Verpflichtung haben, dem Kunden den Kaufpreis zu zahlen. Daneben sind sie vielmehr zur Wahrung der Kundeninteressen verpflichtet. Überdies handelt es sich auch bei Abschluß eines Festpreisgeschäfts lediglich um eine Modalität der Durchführung von Wertpapierkauf- bzw. -verkaufsaufträgen der Kunden und daher um Geschäfte, bei denen die Dienstleistung der Bank dem Vertrag das Gepräge gibt.[123]

63   Für eine weite Interpretation des Begriffs der Dienstleistung der Bank bzw. der Finanzdienstleitungsinstitute spricht überdies die Terminologie der Richtlinie 2002/65/EG des Europäischen Parlaments und des Rates v. 23. 9. 2002 über den Fernabsatz von Finanzdienstleistungen an Verbraucher[124]. Danach werden Finanzdienstleistungen in einem sehr weiten Sinne verstanden und definiert als jede Bankdienstleistung sowie jede Dienstleistung im Zusammenhang mit einer Kreditgewährung, Versicherung, Altersversorgung von Einzelpersonen, Geldanlage oder Zahlung (Art. 2 b) der Richtlinie). Da mit dieser Richtlinie und dem (deutschen) Umsetzungsgesetz auch zivilrechtliche Fragen geregelt werden, ist die dort vorgenommene weite Begriffsbestimmung der Finanzdienstleistungen im vorliegenden Zusammenhang ebenfalls relevant. Daher erbringt die Bank bzw. das Finanzdienst-

---

Recht zu entscheiden. Hier nahm das LG Aachen zunächst eine unzutreffende Qualifikation vor, indem es Termingelder nach deutschem Recht als Fall der unregelmäßigen Verwahrung einordnete; konsequent war daher, daß das LG Aachen in der Leistung der (niederländischen) Bank die vertragscharakteristische Leistung sah. Allerdings beruhte diese Folgerung auf einer unzutreffenden rechtlichen Einordnung der Termingelder und nicht darauf, daß das Gericht stets die Leistung der Bank als die berufs- und daher auch vertragscharakteristische Leistung angesehen hätte (vgl. oben §3 Rdnr. 55); a.A. Soergel-*v. Hoffmann* BGB Art. 28 EGBGB Rdnr. 316.

121 Vgl. *Schnitzer, Adolf F.*, Die Zuordnung der Verträge im internationalen Privatrecht, RabelsZ 33 (1969), 21 f.; *Weitnauer, Wolfgang*, Der Vertragsschwerpunkt, Eine rechtsvergleichende Darstellung der amerikanischen und deutschen internationalen Vertragsrechts sowie des EG-Übereinkommens über das auf vertragliche Schuldverhältnisse anwendbare Recht v. 19. 6. 1980, Arbeiten zur Rechtsvergleichung, Bd. 105, 1981, S. 196 f.

122 So *Weitnauer, Wolfgang*, Der Vertragsschwerpunkt, Eine rechtsvergleichende Darstellung des amerikanischen und deutschen internationalen Vertragsrechts sowie des EG-Übereinkommens über das auf vertragliche Schuldverhältnisse anwendbare Recht v. 19. 6. 1980, Arbeiten zur Rechtsvergleichung, Bd. 105, 1981, S. 198.

123 Vgl. zu diesem Kriterium zur Bestimmung der vertragscharakteristischen Leistung *Kropholler* §52 III. 2. (S. 461).

124 und zur Änderung der Richtlinie 90/619/EWG des Rates und der Richtlinien 97/7/EG und 98/27/EG, ABl. EG Nr. L 271, S. 16.

leistungsinstitut die vertragscharakteristische Leistung auch bei Festpreisgeschäften, bei denen das Institut Wertpapiere vom dem Kunden kauft.

Im Ergebnis findet also auf den Vertrag, mit dem ein Institut zum Kauf oder Verkauf von Wertpapieren „beauftragt" wird, im Verhältnis zwischen dem Kunden und dem beauftragten Institut das Recht des beauftragten Instituts Anwendung.[125] Dieses Recht gilt unabhängig von der Modalität der Ausführung dieses „Auftrags", ob also das Institut gem. der Vereinbarung mit dem Kunden als Kommissionär handeln oder aber selbst als Käufer oder Verkäufer gegenüber dem Kunden auftreten soll (Festpreisgeschäft). **64**

bb) Beratungsvertrag

Grundsätzlich beantwortet das Recht der (Haupt-) Niederlassung der Bank überdies die Frage, ob ein eigenständiger Beratungsvertrag zwischen Bank und Kunde abgeschlossen wurde und welchen Inhalt dieser Beratungsvertrag hat. Denn auch insoweit erbringt die Bank sowohl die vertrags- als auch die berufscharakteristische Leistung. Zwingend ist eine solche Anknüpfung allerdings nicht, da auch für das Zustandekommen und den Inhalt des Beratungsvertrags die schuldrechtliche Rechtswahlfreiheit gilt (Art. 27 Abs. 1 EGBGB). Der Anleger kann sich daher auf den Schutz, der ihm durch die deutsche Rechtsprechung zum konkludenten Abschluß eines Beratungsvertrags gewährt wird, letztlich nicht verlassen. So ist die Bank bzw. das Wertpapierdienstleistungsunternehmen schon nach deutschem Sachrecht nicht zum Abschluß eines Beratungsvertrags verpflichtet, zumal die einzelne Bank bzw. das einzelne Wertpapierdienstleistungsunternehmen im Bereich des Effektengeschäfts (bzw. Finanzkommissionsgeschäfts) auch keine Monopolstellung innehat. Bei grenzüberschreitenden Effektengeschäften ist der Schutz des Anlegers aber noch unsicherer, weil die Vertragsverhältnisse zwischen der Bank bzw. dem Wertpapierdienstleistungsunternehmen einerseits und dem Anleger andererseits (und damit auch der Abschluß eines potentiellen Beratungsvertrags) einer ausländischen Rechtsordnung unterstellt werden können, die keine so strengen Beratungserfordernisse wie das deutsche Recht kennt. **65**

cc) Anwendungsbereich

Das Recht, das auf den Vertrag zwischen dem Kreditinstitut und dem Kunden zur Anwendung gelangt, ist ebenfalls maßgeblich für Ansprüche, die im Zusammenhang mit dem Vertragsverhältnis stehen, aber deliktisch begründet werden; zu denken ist dabei etwa an Schadensersatzansprüche des Kunden aus der Verletzung von Verhaltenspflichten der Banken gem. § 823 Abs. 2 BGB i.V.m. §§ 31, 32 WpHG bzw. § 826 BGB. Denn hier werden die deliktischen Ansprüche gem. Art. 41 Abs. 1, 2 Nr. 1 EGBGB grds. vertragsakzessorisch angeknüpft, so daß die Haftung der Kreditinstitute unabhängig davon, ob der geltend gemachte Anspruch vertraglich, quasivertraglich oder deliktisch zu qualifizieren ist, (zunächst) einer Rechtsord- **66**

---

125 Vgl. zu dieser Problematik auch *Einsele* S. 395–397.

nung untersteht (vgl. zur vertragsakzessorischen Anknüpfung deliktischer Ansprüche oben §2 Rdnr. 28–31).

67   Allerdings ist auch bei vertragsakzessorischer Anknüpfung zu beachten, daß für den internationalen Anwendungsbereich der Verhaltenspflichten der Kreditinstitute eine Sonderregelung bestehen kann, wie dies etwa gem. §§31 Abs. 3, 32 Abs. 3 WpHG der Fall ist. Sind die Verhaltenspflichten der §§31, 32 WpHG aufgrund der Sonderanknüpfung der §§31 Abs. 3, 32 Abs. 3 WpHG zu beachten, ist bei ausländischem Vertragsstatut zwar das betreffende ausländische (Sach-) Recht maßgeblich, soweit es um die Frage der anzuwendenden Haftungsnorm geht; der Inhalt der zu beachtenden Verhaltenspflichten richtet sich dann aber nach deutschem Recht (vgl. hierzu unten Rdnr. 75–78).

b) Kollisionsrechtlicher Verbraucherschutz
aa) Anwendbarkeit des Rechts des Aufenthaltsstaats des Verbrauchers

68   Kann der Wertpapierkauf- oder -verkaufsauftrag nicht der beruflichen oder gewerblichen Tätigkeit des Kunden (Verbrauchers) zugerechnet werden, so gelten einige Besonderheiten: Kam der Vertrag unter den Umständen zustande, die gem. Art. 29 Abs. 1 Nr. 1–3 EGBGB einen besonderen Bezug zum Aufenthaltsstaat des Verbrauchers begründen[126] (vgl. zu diesen Voraussetzungen, insbes. auch bei Vertragsschlüssen mit Direktbanken §3 Rdnr. 60f.), dann darf dem Verbraucher durch die Rechtswahl nicht der Schutz entzogen werden, der ihm durch die zwingenden Vorschriften des objektiv ermittelten Vertragsstatuts gewährt wird (Art. 29 Abs. 1 EGBGB). Das objektive Vertragsstatut, also die Rechtsordnung, die ohne eine Rechtswahl zur Anwendung käme, ist im Rahmen des Art. 29 EGBGB aber grds. das Recht des Aufenthaltsstaats des Verbrauchers (Art. 29 Abs. 2 EGBGB).

69   Nun fällt zwar der Wertpapierkauf nicht unter den Begriff der „Lieferung beweglicher Sachen" i.S.d. Art. 29 Abs. 1 EGBGB.[127] Hierauf kommt es aber nicht an. Denn entweder handelt es sich um Finanzkommissionsgeschäfte, die ohnehin zu den Dienstleistungen i.S.d. Art. 29 Abs. 1 EGBGB zählen;[128] oder die Banken schließen mit den Kunden sog. Festpreisgeschäfte, die zwar tatsächlich Wertpa-

---

126   Sofern also dem Vertragsschluß ein ausdrückliches Angebot oder eine Werbung im Aufenthaltsstaat des Verbrauchers vorausgegangen ist und der Verbraucher dort auch die erforderlichen Rechtshandlungen vorgenommen, also die Bestellung aufgegeben oder ein Angebot angenommen hat (vgl. Art. 29 Abs. 1 Nr. 1 EGBGB) oder der Vertragspartner des Verbrauchers oder sein Vertreter die Bestellung des Verbrauchers in dessen Aufenthaltsstaat entgegengenommen hat (vgl. Art. 29 Abs. 1 Nr. 2 EGBGB) oder wenn eine vom Verkäufer zum Zweck der Bestellung veranlaßte Reise des Verbrauchers im Aufenthaltsstaat des Verbrauchers seinen Ausgang genommen hat (vgl. Art. 29 Abs. 1 Nr. 3 EGBGB), vgl. auch *Kropholler* §52 V 2 a) (S. 475).
127   Vgl. statt vieler *Giuliano, Mario/Lagarde, Paul*, Bericht über das Übereinkommen über das auf vertragliche Schuldverhältnisse anzuwendende Recht, BT-Drucks. 10/503, S. 33, 55; BGH 26. 10. 1993, BGHZ 123, 380, 387; MünchKomm.-*Martiny* BGB Art. 29 EGBGB Rdnr. 15; Staudinger-*Magnus* BGB (2002) Art. 29 EGBGB Rdnr. 50.
128   Vgl. OLG Düsseldorf 14. 1. 1994, RIW 1994, 420f.; MünchKomm.-*Martiny* BGB Art. 29 EGBGB Rdnr. 18; Soergel-*v. Hoffmann* BGB Art. 29 EGBGB Rdnr. 7; *Kropholler* §52 III 3 g) (S. 464).

pierkaufverträge darstellen, aber dennoch (gerade auch zivilrechtlich) zu den (Finanz-) Dienstleistungen zu rechnen sind (vgl. oben Rdnr. 62–64) und daher ebenfalls unter Art. 29 Abs. 1 EGBGB fallen.

Der eben dargestellte Verbraucherschutz kommt jedoch nicht zur Anwendung, **70** wenn die dem Verbraucher geschuldeten Dienstleistungen ausschließlich in einem anderen Staat als dem Aufenthaltsstaat des Verbrauchers erbracht werden müssen (Art. 29 Abs. 4 Nr. 2 EGBGB). Denn in diesem Fall kann der Verbraucher nicht mit einer Privilegierung gegenüber anderen Verbrauchern im Staat der Dienstleistungserbringung rechnen.[129] Diese Ausnahme von dem generell durch Art. 29 Abs. 1 und 2 EGBGB gewährten Verbraucherschutz kommt jedoch nur zur Anwendung, wenn die Leistung überhaupt keine Berührung zum Aufenthaltsstaat des Verbrauchers hat.[130] Eine Berührung mit dem Aufenthaltsstaat des Verbrauchers soll aber bereits dann vorliegen, wenn dieser seine Gegenleistung von seinem Aufenthaltsstaat aus erbringt.[131] Da dies in aller Regel jedoch der Fall sein dürfte, wird es grds. bei dem Schutz verbleiben, den die Verbraucher gem. Art. 29 Abs. 1 und 2 EGBGB genießen.

Haben die Bank und der Kunde keine Rechtswahlvereinbarung getroffen, so ge- **71** langt daher bei besonderem Bezug des Vertragsschlusses zum Aufenthaltsstaat des Verbrauchers (vgl. Art. 29 Abs. 1 Nr. 1–3 EGBGB) über Art. 29 Abs. 2 EGBGB grds. das Recht des Aufenthaltsstaats des Verbrauchers zur Anwendung. Liegt hingegen eine Rechtswahlvereinbarung vor, so ist diese grds. wirksam,[132] so daß auch die Verbraucherschutzbestimmungen des gewählten Rechts anwendbar sind. Da jedoch dem Verbraucher der Schutz nicht entzogen werden darf, den ihm die zwingenden Bestimmungen des Rechts seines Aufenthaltsstaats gewähren, stellen diese Schutzbestimmungen den Mindeststandard des Verbraucherschutzes dar. Im Ergebnis sind daher die Schutzbestimmungen des gewählten Rechts und des Rechts des Aufenthaltsstaats des Verbrauchers zu vergleichen und die Schutzbestimmungen anzuwenden, die den Verbraucher im konkreten Fall besser schützen.[133]

Der Sache nach geht es bei den Schutzbestimmungen zugunsten des Verbrau- **72** chers insbes. um die Verbraucherschutzgesetze. Im vorliegenden Zusammenhang handelt es sich im deutschen Recht namentlich um die Vorschriften über AGB (§§ 305 ff. BGB, vgl. aber auch unten Rdnr. 74), die Informationspflichten sowie die Widerrufsmöglichkeit bei Finanzdienstleistungen, sofern diese unter Verwendung von Fernkommunikationsmitteln zustande kommen (§ 312 c BGB i.V.m. § 1 der BGB-Informationspflichten-Verordnung, § 312 d BGB), aber auch um sonstige

---

129 Vgl. MünchKomm.-*Martiny* BGB Art. 29 EGBGB Rdnr. 27.
130 Vgl. OLG Düsseldorf 14. 1. 1994, RIW 1994, 420 f.; Soergel-*v. Hoffmann* BGB Art. 29 EGBGB Rdnr. 27.
131 Vgl. OLG Düsseldorf 14. 1. 1994, RIW 1994, 420, 421; vgl. auch BGH 26. 10. 1993, BGHZ 123, 380, 387 f.
132 Vgl. hierzu oben § 2 Rdnr. 17–21.
133 Zu diesem Günstigkeitsvergleich vgl. statt vieler MünchKomm.-*Martiny* BGB Art. 29 EGBGB Rdnr. 59–61.

zwingende Vorschriften des nationalen Rechts wie etwa § 138 BGB. Hingegen kann die Frage, ob ein eigenständiger Beratungsvertrag zwischen Bank und Kunde abgeschlossen wird, nicht als eine Schutzbestimmung i.S.d. Art. 29 Abs. 1 EGBGB angesehen werden. Auch soweit es um die Anwendbarkeit der Verhaltenspflichten der Kreditinstitute bzw. Wertpapierdienstleistungsunternehmen gegenüber ihren Kunden nach dem WpHG geht, finden sich in diesem Gesetz Sonderregelungen zum internationalen Anwendungsbereich (vgl. hierzu sogleich Rdnr. 75–79), so daß Art. 29 EGBGB für diese Frage nicht maßgeblich ist.

73   Im ausländischen Recht können jedoch besondere (Informations-) Pflichten im Zusammenhang mit Wertpapierdienstleistungen als national zwingende Normen zum Schutz der Verbraucher ausgestaltet sein, die dann über Art. 29 EGBGB auch in Deutschland beachtlich wären.[134] Allerdings mögen solche ausländischen besonderen (Informations-) Pflichten bei Wertpapierdienstleistungen auch international (und nicht nur national) zwingende Vorschriften sein, für die sich dann die Frage stellt, ob sie in Deutschland als ausländische Eingriffsnormen zur Anwendung zu bringen sind.[135]

bb) Verbraucherschutz für besondere Gebiete

74   Daneben kann auch der Verbraucherschutz für besondere Gebiete (Art. 29 a EGBGB) relevant werden (vgl. hierzu die entsprechenden Ausführungen bei den Einlagengeschäften § 3 Rdnr. 67–71). Zwar findet Art. 29 a EGBGB nur Anwendung, wenn aufgrund einer Rechtwahl – und nicht bereits aufgrund objektiver Anknüpfung – der (Kommssions- bzw. Kauf-) Vertrag zwischen dem Wertpapierdienstleistungsunternehmen und dem Anleger dem Recht eines Drittstaates[136] unterstellt wurde. Daß diese Grundvoraussetzung für die Anwendbarkeit von Art. 29 a EGBGB vorliegt, wird aber bei Verträgen, die von Art. 29 EGBGB erfaßt werden, deutlich wahrscheinlicher. Denn bei Verbraucherverträgen „verschiebt" sich die objektive Anknüpfung gem. Art. 29 Abs. 2 EGBGB zugunsten des Rechts des Aufenthaltsstaats des Verbrauchers, so daß bei Wahl eines anderen drittstaatlichen Rechts Art. 29 a EGBGB im Grundsatz zur Anwendung kommen kann. Soweit im Einzelfall einmal der Schutz des Art. 29 a EGBGB weiter reichen sollte als der nach Art. 29 EGBGB, geht dann das nach Art. 29 a EGBGB berufene Verbraucherschutzrecht Art. 29 EGBGB vor[137] (vgl. Art. 20 des Römischen Schuldver-

---

134   Voraussetzung für die Anwendbarkeit des Art. 29 EGBGB ist aber, daß in diesen Fällen in Deutschland ein Gerichtsstand gegeben ist. Dies dürfte aber häufig nicht der Fall sein; denn sofern sich der gewöhnliche Aufenthalt des Kunden oder seine Geschäftsleitung im Inland befindet, sind unter den Voraussetzungen des § 31 Abs. 3 WpHG die deutschen Informationspflichten des WpHG zu beachten.

135   Vgl. zur rechtlichen Behandlung ausländischer Eingriffsnormen unten Rdnr. 81.

136   Also eines anderen Rechts als das eines Mitgliedstaats der Europäischen Union oder eines Vertragsstaats des Abkommens über den Europäischen Wirtschaftsraum, vgl. Art. 29 a Abs. 1 EGBGB.

137   Vgl. hierzu Staudinger-*Magnus* BGB (2002) Art. 29 a EGBGB Rdnr. 25 f.

tragsübereinkommens v. 19. 6. 1980[138]); von Bedeutung werden kann dies insbes. im Bereich der AGB (vgl. Art. 29 a Abs. 4 Nr. 1 EGBGB) und der Fernabsatzverträge bei Finanzdienstleistungen (vgl. Art. 29 a Abs. 4 Nr. 5 EGBGB). Hingegen gebietet auch Art. 29 a EGBGB nicht den Abschluß eines Beratungsvertrags zwischen dem Wertpapierdienstleistungsunternehmen und dem Anleger.

c) Internationaler Anwendungsbereich der Verhaltenspflichten nach dem WpHG

Soweit es um die Verhaltenspflichten der Kreditinstitute und Wertpapierdienstleistungsunternehmen gegenüber dem Kunden geht, finden sich in §§ 31 ff. WpHG Sonderregelungen zu deren internationalem Anwendungsbereich. Die Verpflichtung der Kreditinstitute und Wertpapierdienstleistungsunternehmen zur Wahrung des Kundeninteresses (§§ 31 f. WpHG) treffen gem. §§ 31 Abs. 3, 32 Abs. 3 WpHG nicht nur solche Unternehmen, die ihren Sitz in Deutschland haben; vielmehr gelten diese Pflichten grds. auch für Unternehmen mit Sitz im Ausland, die Wertpapierdienstleistungen oder Wertpapiernebendienstleistungen gegenüber Kunden erbringen, die ihren gewöhnlichen Aufenthalt oder ihre Geschäftsleitung im Inland haben. Diese einseitige Sonderanknüpfung zugunsten der Geltung deutschen Rechts gilt im übrigen unabhängig davon, ob auf das Vertragsverhältnis zwischen Wertpapierdienstleistungsunternehmen und Kunde deutsches Recht zur Anwendung kommt. Nur dann, wenn die Wertpapierdienstleistung oder Wertpapiernebendienstleistung einschließlich der damit im Zusammenhang stehenden Nebenleistungen ausschließlich im Ausland erbracht werden, unterliegen solche ausländischen Unternehmen nicht den Verpflichtungen gem. §§ 31 f. WpHG.   **75**

Die Frage, wann ein Unternehmen seinen Sitz im Ausland hat, beurteilt sich nach Art. 1 Nr. 6 der Wertpapierdienstleistungsrichtlinie, in deren Umsetzung das WpHG erlassen wurde, in Zukunft (also nach Aufhebung der Wertpapierdienstleistungsrichtlinie) jedoch nach Art. 4 Abs. 1 Nr. 20 a) der Richtlinie über Märkte für Finanzinstrumente.[139] Maßgeblich ist danach bei Wertpapierfirmen, die natürliche Personen sind, der Staat, in dem diese Personen ihre Hauptverwaltung haben, und bei Wertpapierfirmen, die juristische Personen sind, der satzungsmäßige Sitz bzw. – sofern kein satzungsmäßiger Sitz besteht – der Staat, in dem diese Firmen ihre Hauptverwaltung haben. Die Begriffsbestimmungen der Wertpapierdienstleistungsrichtlinie sind zwar zunächst nur im Verhältnis der Mitgliedstaaten entscheidend, jedoch spricht das Argument der Wettbewerbsgleichheit für die Maßgeblichkeit dieser Begriffsbestimmungen auch im Verhältnis zu Drittstaaten.[140]   **76**

Im übrigen werden §§ 31 Abs. 3, 32 Abs. 3 WpHG sehr weit ausgelegt: so soll für eine im Inland erbrachte Wertpapierdienstleistung oder Wertpapiernebendienstleistung i.S.d. Bestimmungen bereits ausreichen, daß die Wertpapiere ins Inland gelie-   **77**

---

138 BGBl. 1986 II, S. 810.
139 Vgl. zur Richtlinie über Märkte für Finanzinstrumente oben Rdnr. 33.
140 So *Koller* Wertpapierhandelsgesetz § 31 Rdnr. 144.

fert werden, die Bezahlung der Wertpapiere durch Überweisung ins Inland erfolgt oder die Beratung im Inland stattfindet.[141] Teilweise werden die §§ 31 Abs. 3, 32 Abs. 3 WpHG aus diesem Grund für nicht richtlinienkonform und daher im Verhältnis der Mitgliedstaaten zueinander insoweit als unwirksam angesehen. Zur Begründung wird auf Art. 11 Abs. 2 Wertpapierdienstleistungsrichtlinie hingewiesen, wonach die Durchführung und die Überwachung der Wohlverhaltensregeln, die in Art. 11 Abs. 1 Wertpapierdienstleistungsrichtlinie normiert sind, in die Zuständigkeit des Mitgliedstaates fällt, in dem die Dienstleistung (i.S.d. Anh. A) erbracht wird. Daraus wird geschlossen, die Dienstleistung werde nur einem (Gast-) Land zugewiesen. Maßgeblich sei daher (nur) die Erbringung der Transaktionsleistung, was im übrigen der generellen Anknüpfung kapitalmarktrechtlicher Normen an den betroffenen Markt entspreche.[142] Diese Argumentation erscheint mir jedoch nicht zwingend: weder der Wortlaut des Art. 11 Abs. 2 Wertpapierdienstleistungsrichtlinie noch das in der Tat im Bereich kapitalmarktrechtlicher Normen geltende Prinzip des betroffenen Marktes schließen aus, daß durch bestimmte Wertpapierdienstleistungen mehrere Mitgliedstaaten bzw. mehrere Märkte betroffen sind. Vielmehr liegt es im Interesse eines wirksamen Anlegerschutzes, wenn bei grenzüberschreitenden Wertpapierdienstleistungen alle von dieser Dienstleistung betroffenen Staaten gegebenenfalls ihre Wohlverhaltensregeln anwenden und deren Einhaltung auch überwachen dürfen (vgl. § 35 Abs. 2 WpHG).[143]

78   Mit Umsetzung der Richtlinie über Märkte für Finanzinstrumente v. 21. April 2004 (MIFID) wird allerdings die Zuständigkeit des Aufnahmemitgliedstaats (also des Staates, der nicht Herkunftsmitgliedstaat der Wertpapierfirma ist, in dem diese aber Wertpapierdienstleistungen erbringt[144]) gem. Art. 62 Abs. 1 auf eine subsidiäre Zuständigkeit für den Fall beschränkt, daß die von dem Herkunftsmitgliedstaat ergriffenen Maßnahmen unzureichend sind oder die Wertpapierfirma trotz dieser Maßnahmen sich auf eine Weise verhält, die den Interessen der Anleger des Aufnahmemitgliedstaats oder dem ordnungsgemäßen Funktionieren der Märkte eindeutig abträglich ist. Bis zur Umsetzung dieser Richtlinie läßt sich jedoch m.E. auch im Verhältnis der Mitgliedstaaten zueinander der weite territoriale Geltungsbereich der §§ 31, 32 WpHG einschließlich der entsprechenden Überwachungszuständigkeit der BAFin gem. § 35 WpHG als noch europarechtskonform vertreten. Im übrigen schließt auch die MIFID nicht aus, daß durch bestimmte Wertpapierdienstleistungen potentiell mehrere Mitgliedstaaten betroffen und (wenn auch hin-

---

141   Vgl. *Koller* Wertpapierhandelsgesetz § 31 Rdnr. 145; so auch *Assmann, Heinz-Dieter*, Neuemissionen von Wertpapieren über Internet – Initial Public Offerings (IPO's) als Gegenstand des deutschen Kapitalmarktrechts, in: FS Schütze, 1999, S. 15–47, 35.
142   *Grundmann* Wertpapierhandelsgesetz § 31 Rdnr. 232.
143   So auch *Bliesener, Dirk H.*, Aufsichtsrechtliche Verhaltenspflichten beim Wertpapierhandel, 1998, S. 38.
144   Vgl. Art. 4 Abs. 1 Nr. 21 der Richtlinie 2004/39/EG des Europäischen Parlaments und des Rates über Märkte für Finanzinstrumente, zur Änderung der Richtlinien 85/611/EWG und 93/6/EWG des Rates und der Richtlinie 2000/12/EG des Europäischen Parlaments und des Rates und zur Aufhebung der Richtlinie 93/22/EWG des Rates, ABl. EG Nr. L 145, S. 1 v. 30. 4. 2004.

sichtlich des Aufnahmemitgliedstaats subsidiär) zuständig sind. Unstreitig zulässig und wirksam sind die Vorschriften der §§ 31 Abs. 3, 32 Abs. 3 WpHG über den internationalen Anwendungsbereich der Verhaltenspflichten der Wertpapierdienstleistungsunternehmen aber im Verhältnis zu Drittstaaten.[145]

Hingegen werden von den Organisationspflichten des § 33 WpHG (zur Vermeidung von Interessenkonflikten) nur solche Unternehmen erfaßt, die in Deutschland ihren Sitz haben, wobei sich die deutsche Aufsicht dann auch auf die rechtlich unselbständigen Zweigniederlassungen dieser Wertpapierdienstleister erstreckt (vgl. § 2 Abs. 4 WpHG). Allerdings dürfen hinsichtlich dieser Zweigniederlassungen die (organisatorischen) Vorschriften des Herkunftsmitgliedstaats den vom Aufnahmestaat erlassenen Wohlverhaltensregeln aufgrund richtlinienkonformer Auslegung nicht zuwiderlaufen (vgl. Art. 10 S. 2, 5. Spiegelstrich Wertpapierdienstleistungsrichtlinie).[146] **79**

d) Anwendbarkeit ausländischer Verhaltenspflichten

Die einseitige Sonderanknüpfung zu Gunsten des deutschen Rechts gem. § 31 Abs. 3 WpHG beantwortet allerdings noch nicht die Frage, wann ausländische Verhaltenspflichten im Zusammenhang mit Wertpapierdienstleistungen zur Anwendung gelangen. Unterliegt der Vertrag zwischen dem Kreditinstitut und dem Kunden gem. Artt. 27 f. EGBGB dem betreffenden ausländischen Recht, so können ausländische privatrechtliche Verhaltenspflichten Teil des für den Vertrag maßgeblichen Rechts sein und daher gem. Artt. 27, 28 EGBGB zur Anwendung gelangen. Sie können daneben auch als zwingende Verbraucherschutznormen des betreffenden ausländischen Staats gem. Art. 29 EGBGB (in Deutschland) beachtlich sein, wenn der Kunde in dem betreffenden (ausländischen) Staat seinen gewöhnlichen Aufenthalt hat (vgl. oben Rdnr. 68). **80**

Ausländische Verhaltenspflichten können jedoch aus der Sicht des ausländischen Staates auch sog. Eingriffsnormen, also international zwingende Normen sein, die unabhängig von dem auf den Vertrag anzuwendenden Recht Geltung beanspruchen. Allerdings werden jedenfalls aus Sicht des deutschen Rechts grundsätzlich nur die deutschen Eingriffsnormen angewandt, während die Frage, ob und wie ausländische Eingriffsnormen zu berücksichtigen sind, außerordentlich umstritten ist. So sollen nach der Schuldstatutstheorie (grds. nur) die ausländischen Eingriffsnormen zur Anwendung gelangen, die der Staat erlassen hat, dem der Vertrag (ansonsten) untersteht, sofern diese Eingriffsnormen nicht gegen den inländischen ordre public verstoßen. Nach anderer Ansicht sollen ausländische Eingriffsnormen nur auf der Ebene des materiellen Rechts Berücksichtigung finden, also etwa bei der Frage der Unmöglichkeit der Erfüllung einer Leistungspflicht oder auch im Rahmen eines Verstoßes gegen die guten Sitten. Hingegen wollen die Vertreter einer **81**

---

145 So auch *Grundmann* Wertpapierhandelsgesetz § 31 Rdnr. 232.
146 So zutreffend *Grundmann* Wertpapierhandelsgesetz § 33 Rdnr. 267; vgl. zum räumlichen Geltungsbereich des § 33 WpHG auch *Koller* Wertpapierhandelsgesetz § 33 Rdnr. 1.

kollisionsrechtlichen Anknüpfung eine ausländische Eingriffsnorm zur Anwendung bringen, sofern der Sachverhalt eine enge Verbindung mit dem Staat aufweist, der die Eingriffsnorm erlassen hat, die Eingriffsnorm selbst Geltung beansprucht und überdies mit den Interessen und Wertungen der eigenen Rechtsordnung (des Forumstaates) zumindest nicht in Widerspruch steht.[147] Sofern die ausländischen Verhaltenspflichten also selbst Geltung beanspruchen und mit den Wertungen der deutschen Rechtsordnung vereinbar sind, können sie bei einem engen Bezug des Sachverhalts mit der betreffenden ausländischen Rechtsordnung auch in Deutschland zur Anwendung kommen.

2. Rechtsverhältnis zwischen dem Kreditinstitut und dem Vertragspartner des Ausführungsgeschäfts

82 Das Verhältnis zwischen der Bank und dem Vertragspartner des Ausführungsgeschäfts ist selbständig zu bestimmen und unterliegt daher nicht notwendigerweise der Rechtsordnung, die für das Rechtsverhältnis zwischen Bank und Kunde maßgeblich ist.[148] Wird ein Kauf- oder Verkaufskommissionsgeschäft an einer ausländischen Börse durchgeführt, werden diese Geschäfte in den Formen und nach den Usancen abgewickelt, die auf das dortige Recht abgestimmt sind. Daher findet mangels Rechtswahl das Recht des ausländischen Börsenplatzes Anwendung (Art. 28 Abs. 1 EGBGB), und zwar unabhängig davon, ob das Ausführungsgeschäft ein Kauf oder ein Verkauf von Wertpapieren ist.[149] Auf diese Tatsache wird im übrigen in dem Vertrag zwischen Bank und Kunde gem. Nr. 1 Abs. 2 Sonderbedingungen für Wertpapiergeschäfte (Fassung Januar 2003) ausdrücklich hingewiesen. Bei Geschäften, die außerhalb der Börse getätigt werden, ist hingegen zwischen Einkaufs- und Verkaufskommission zu unterscheiden.[150] Da bei der Einkaufskommission der ausländische Vertragspartner die vertragscharakteristische Leistung erbringt, kommt ausländisches, bei der Verkaufskommission einer Bank mit Sitz in Deutschland hingegen deutsches Recht zur Anwendung (Art. 28 Abs. 1 und Abs. 2 EGBGB).

---

147 Vgl. zu diesen verschiedenen Theorien MünchKomm.-*Martiny* BGB Art. 34 EGBGB Rdnr. 38–68; *Kropholler* § 52 X (S. 496–503) m.w.N.
148 Vgl. insbes. *v. Bar, Christian*, Internationales Privatrecht, Bd. II, Besonderer Teil, Rdnr. 498.
149 Vgl. MünchKomm.-*Martiny* BGB Art. 28 EGBGB Rdnr. 139, 377; vgl. auch *Kreuzer, Karl*, Internationales Privatrecht des Warenkaufs, Arbeiten zur Rechtsvergleichung, Bd. 21, 1964, S. 107; im Ergebnis ebenso, wenn auch einen stillschweigenden Parteiwillen annehmend, das Geschäft dem Recht des Börsenortes zu unterstellen, Soergel-*v. Hoffmann* BGB Art. 28 EGBGB Rdnr. 146.
150 So wohl generell *v. Bar, Christian*, Internationales Privatrecht, Bd. II, Besonderer Teil, Rdnr. 498.

3. Rechtsverhältnis zwischen dem Kunden und dem Vertragspartner des Ausführungsgeschäfts des Kreditinstituts sowie sonstigen Dritten

Da zwischen dem Kunden und dem Vertragspartner des Ausführungsgeschäfts der Bank kein Rechtsverhältnis besteht, stellt sich in dieser Beziehung auch nicht die Frage des anwendbaren Rechts. Für die Frage, ob dem Kunden im Fall der Zwangsvollstreckung gegen seine Bank die Möglichkeit der Drittwiderspruchsklage bzw. im Fall von deren Insolvenz das Recht zur Aussonderung hinsichtlich der Ansprüche des Kommissionärs aus dem Ausführungsgeschäft zusteht, ist hingegen zunächst das auf den Kommissionsvertrag anwendbare Recht maßgeblich; entscheidend ist also, ob diese Rechtsordnung eine Vorschrift wie die des § 392 Abs. 2 HGB im deutschen Recht kennt. Daneben muß aber auch die Rechtsordnung, nach der die Zwangsvollstreckung bzw. Insolvenz stattfindet, ein solches Recht anerkennen. Bei einer Einzelzwangs- oder Gesamtvollstreckung in Deutschland gegen eine Bank mit Sitz in Deutschland ist hingegen insgesamt deutsches Recht maßgeblich.[151]

83

4. Übertragung der Wertpapiere

Die kollisionsrechtliche Beurteilung der Verfügungen über Wertpapiere wird im Rahmen des Depotgeschäfts ausführlich dargestellt (vgl. § 9 Rdnr. 20–35).

84

V. Besonderheiten der Finanztermingeschäfte

Literatur

Assmann, Heinz-Dieter, in: Wertpapierhandelsgesetz, hrsg. v. *Assmann, Heinz-Dieter/ Schneider, Uwe H.*, 3. Aufl. 2003, § 2 Rdnr. 24–40f. *Casper, Matthias*, Das neue Recht der Termingeschäfte, WM 2003, 161–168. *Fleckner, Andreas, M.*, Die Lücke im Recht des Devisenterminhandels – Viertes Finanzmarktförderungsgesetz: außerbörsliche Devisentermingeschäfte als „Finanztermingeschäfte" im Sinne des § 2 Abs. 2 a WpHG und Anwendbarkeit der §§ 37 d ff. WpHG, WM 2003, 168–177. *Horn, Norbert/Balzer, Peter*, Anlegerschutz durch Information bei Finanztermingeschäften nach neuem Recht, in: FS Kümpel, 2003, S. 275–287. *Kümpel, Siegfried*, Bank- und Kapitalmarktrecht, 3. Aufl. 2004, Rdnr. 14.1–15.275. *Mülbert, Peter O.*, in: Wertpapierhandelsgesetz, hrsg. v. *Assmann, Heinz-Dieter/Schneider, Uwe H.*, 3. Aufl. 2003, Vor § 37 d–§ 37 g. *Samtleben, Jürgen*, Das Börsentermingeschäft ist tot – es lebe das Finanztermingeschäft, ZBB 2003, 69–77. *Schäfer, Frank A.*, Das neue Recht der Finanztermingeschäfte – Plädoyer für seine Abschaffung, in: FS Immenga, 2004, S. 689–703. *Schwintowski, Hans-Peter/Schäfer, Frank A.*, Bankrecht, Commercial Banking – Investment Banking, 2. Aufl. 2004, §§ 20f. *Zimmer, Daniel*, Schadensersatz im Termingeschäftsrecht – eine anreizökonomische Fehlkonstruktion, JZ 2003, 22–31.

---

151 Vgl. zum Insolvenzverfahren gegen Banken mit Hauptniederlassung in Deutschland § 9 Rdnr. 100.

1. Deutsches Sachrecht

a) Begriff und Problematik der Finanztermingeschäfte

85   Mit dem 4. Finanzmarktförderungsgesetz v. 21.6. 2002[152] wurde der Begriff der Finanztermingeschäfte durch § 2 Abs. 2 a WpHG eingeführt. Danach sind Finanztermingeschäfte, früher Börsentermingeschäfte genannt (vgl. § 53 BörsG a.f.), Derivate i.S.d. § 2 Abs. 2 WpHG und Optionsscheine. Derivate i.S.d. § 2 Abs. 2 WpHG sind als Festgeschäfte oder Optionsgeschäfte ausgestaltete börsliche oder außerbörsliche Termingeschäfte, deren Preis unmittelbar oder mittelbar von bestimmten Basiswerten abhängt, die ihrerseits Preis- und Bewertungsschwankungen unterliegen. Entscheidend für den Begriff der Derivate ist damit die Abhängigkeit ihres Preises von der Preisentwicklung von Wertpapieren, Geldmarktinstrumenten, Waren oder Edelmetallen bzw. von Zinssätzen oder anderen Erträgen (vgl. § 2 Abs. 2 Nr. 1–5 WpHG). Bei einem Festgeschäft (auch Future genannt) verpflichtet sich der Verkäufer, zu einem bestimmten Zeitpunkt in der Zukunft einen bestimmten Basiswert zu liefern, während der Käufer sich verpflichtet, den bereits vereinbarten Kaufpreis zu zahlen. Demgegenüber erwirbt bei einem Optionsgeschäft eine Partei gegen Zahlung einer Optionsprämie das Recht, von der anderen Vertragspartei (sog. Stillhalter) den Verkauf (Call-Option) oder Kauf (Put-Option) bestimmter Basiswerte zu einem bestimmten Zeitpunkt und zu einem bereits vereinbarten Preis zu verlangen. Da der Erwerber der Option zur Ausübung der Option berechtigt, aber nicht verpflichtet ist, ist daher (anders als beim Festgeschäft (Future)) im Zeitpunkt des Erwerbs der Option offen, ob es zum Kauf bzw. Verkauf der Basiswerte kommen wird.[153]

86   Letztlich ist aber der Begriff des Derivats i.S.d. § 2 Abs. 2 WpHG abhängig von dem Begriff des Termingeschäfts, das jedoch nach wie vor nicht gesetzlich definiert ist. Der Gesetzgeber begründete diesen Verzicht auf eine Definition damit, daß bislang jeder Versuch einer genauen Definition fehlgeschlagen sei. Dies spreche dafür, mit einer in der neueren Literatur zunehmend vertretenen Auffassung den Begriff des Termingeschäfts als Typus aufzufassen, der durch eine Reihe von Merkmalen bestimmt werde, die nicht zwingend alle stets vorliegen müßten, jedoch dem Geschäft insgesamt das Erscheinungsbild eines Termingeschäfts verliehen. Als solche Typenmerkmale nennt die Begründung des Regierungsentwurfs insbes.:
– die Möglichkeit, mit verhältnismäßig geringem Kapitaleinsatz überproportional an auftretenden Preisveränderungen zu partizipieren
– das über das generell bestehende Insolvenzrisiko des Emittenten bzw. Kontrahenten hinausgehende Risiko eines Totalverlusts der eingesetzten Geldmittel und

---

152   In Kraft getreten am 1.7. 2002, BGBl. I, S. 2010ff.
153   Vgl. zu diesen Begriffsbestimmungen von Festgeschäften und Optionsgeschäften statt vieler *Schwintowski/Schäfer* § 20 Rdnr. 14, *Kümpel* Rdnr. 14.134; *Assmann* Wertpapierhandelsgesetz § 2 Rdnr. 29.

– das Risiko, zusätzliche Geldmittel zur Erfüllung der eingegangenen Verbindlichkeit entgegen der ursprünglichen Absicht aufbringen zu müssen.[154] Teilweise werden neben diesen Typenmerkmalen noch der hinausgeschobene Erfüllungszeitpunkt mindestens einer Leistung sowie die Möglichkeit der Beendigung des Engagements/Schließung der Risikoposition auf dem Markt durch ein gegenläufiges Geschäft oder Verkauf der Risikoposition auf dem Sekundärmarkt genannt.[155]

Diese Geschäfte sind deshalb besonders gefährlich, weil einerseits die Verlockung groß ist, mit geringem Kapitaleinsatz hohe Gewinne zu erzielen, andererseits ein häufig unkalkulierbares Verlustrisiko besteht. Letztlich sollte für die Einordnung als Finanztermingeschäft entscheidend sein, ob das betreffende Geschäft diese besondere Gefährlichkeit aufweist und daher der (geschäftsunerfahrene) Anleger des Schutzes bedarf, den das Gesetz mit den Sonderregelungen für Finanztermingeschäfte (§§ 37 d-37 e WpHG) – insbesondere der Statuierung von Informationspflichten der Wertpapierdienstleistungsunternehmen – vorsieht.[156] **87**

Von § 2 Abs. 2 Nr. 1 WpHG erfaßt sind Derivate, die von der Kursentwicklung von Wertpapieren abhängig sind, wie etwa Aktienoptionen, Aktienindexoptionen, Aktienindexterminkontrakte, Aktien- und Aktienindex-Swaps,[157] aber auch von Zinssätzen abhängige Derivate wie etwa Forward Rate Agreements,[158] sowie solche Derivate, die von der Preisentwicklung von Waren oder Edelmetallen abhängig sind, wie etwa Warenterminkontrakte (Commodity Futures). Daneben unterfallen dem Begriff der Finanztermingeschäfte gem. § 2 Abs. 2 Nr. 5 WpHG auch die von ausländischen Zahlungsmitteln abhängigen Derivate, wie Devisentermingeschäfte, Devisenoptionsgeschäfte, Währungsswapgeschäfte, Devisenswapoptionsgeschäfte und Devisenfutureoptionsgeschäfte (so die Aufzählung in § 2 Abs. 2 Nr. 2 WpHG a. F.). Die heutige Formulierung des § 2 Abs. 2 Nr. 5 WpHG erfaßt allerdings im Gegensatz zur früheren (in § 2 Abs. 2 Nr. 2 WpHG a. F.)[159] auch außer- **88**

---

154 So die Regierungsbegründung, BR-Drucks. 936/01, S. 238.

155 Vgl. etwa *Schwintowski/Schäfer* § 20 Rdnr. 51; vgl. auch *Kümpel* Rdnr. 15.123–139.

156 So zutreffend *Assmann* Wertpapierhandelsgesetz § 2 Rdnr. 40 d; *Casper*, WM 2003, 164; vgl. auch *Kümpel* Rdnr. 15.118.

157 Swaps (vgl. englisch to swap: tauschen) sind vertragliche Vereinbarungen über den Austausch von Zahlungsströmen auf der Basis jeweils zugrundeliegender Nominalbeträge (vgl. hierzu *Kümpel* Rdnr. 14.289). Zu unterscheiden sind Zins-, Währungs- und Indexswaps.

158 Hierbei handelt es sich um ein außerbörsliches Zinstermingeschäft, bei dem sich beide Parteien verpflichten, die Differenz zwischen einem bei Vertragsschluß vereinbarten Zinssatz und einem zukünftigen Marktzinssatz (Referenzzinssatz, häufig EURIBOR) zu zahlen. Welche Vertragspartei eine Ausgleichszahlung zu erbringen hat, richtet sich danach, ob der Referenzzinssatz über oder unter dem vereinbarten Zinssatz liegt. Im ersteren Fall erhält der Käufer des Forward Rate Agreement, im letzteren der Verkäufer die Ausgleichszahlung, vgl. hierzu auch *Kümpel* Rdnr. 14.191f.

159 Umstritten war unter der Geltung von § 2 Abs. 2 Nr. 2 WpHG a. F. allerdings, ob die Unanwendbarkeit der §§ 37 d-37 g WpHG bei außerbörslichen Devisentermingeschäften vom Gesetzgeber gewollt und daher hinzunehmen war (so *Schwintowski/Schäfer* § 20 Rdnr. 63) oder ob insoweit eine Regelungslücke vorlag, die durch eine analoge Anwendung der §§ 37 d-37 g

börslich gehandelte Devisentermingeschäfte sowie Termingeschäfte, deren Preis nur mittelbar vom Preis von Devisen abhängig ist.[160]

89   Ebenfalls von dem Begriff des Finanztermingeschäfts umfaßt sind gem. § 2 Abs. 2 a WpHG die Optionsscheine. Soweit es sich um selbständige Optionsscheine handelt, entspricht diese Einordnung der bisherigen Rechtsprechung.[161] Anders war dies bisher jedoch bei den abgetrennten Aktienoptionsscheinen, also den Optionsscheinen, die zunächst im Zusammenhang mit einer Optionsanleihe begeben und zum Bezug von Aktien berechtigen, später aber getrennt gehandelt werden. Diese Geschäfte sah der BGH bisher nicht als Börsentermingeschäfte an, da sie nicht der Spekulation, sondern der Beschaffung von Fremdkapital zu einem Zinssatz dienten, der wegen der gleichzeitigen Emission von Optionsscheinen unter dem Marktzins liege; überdies trage der Emittent im Unterschied zum Stillhalter kein Kursrisiko und erhalte dementsprechend auch keine Risikoprämie.[162] Diese Hinweise sind zwar zutreffend. Da jedoch das Risiko für den Anleger bei Geschäften mit abgetrennten Optionsscheinen nicht geringer ist als bei selbständigen Optionsscheinen, sollte die Bezeichnung der Optionsscheine als Finanztermingeschäfte in § 2 Abs. 2 a WpHG zum Anlaß genommen werden, die Optionsscheine nun insgesamt den Regelungen der §§ 37 d-37 g WpHG zu unterstellen.[163]

b) Geltung der Sonderbedingungen für Termingeschäfte zwischen dem Kreditinstitut und dem Kunden

90   Bei Aufträgen zur Ausführung von Finanztermingeschäften sind die Sonderbedingungen für Termingeschäfte (Fassung 1999) als AGB der deutschen Kreditinstitute zu beachten. Allerdings finden die Sonderbedingungen für Termingeschäfte auf Geschäfte in Optionsscheinen keine Anwendung; Optionsscheingeschäfte unterliegen vielmehr den Sonderbedingungen für Wertpapiergeschäfte. Auch Termingeschäfte in Waren werden von den Sonderbedingungen für Termingeschäfte nicht erfaßt.[164]

91   Im Vergleich zu den Sonderbedingungen für Wertpapiergeschäfte sind folgende Punkte besonders erwähnenswert: Zunächst einmal finden sich insofern ähnliche Regelungen wie bei den Kassageschäften, als die Bank Geschäfte in Kontrakten der Eurex[165] Deutschland ebenso wie solche an ausländischen Terminbörsen als Kom-

---

WpHG zu schließen war (so *Fleckner*, WM 2003, 171–177; *Assmann* Wertpapierhandelsgesetz § 2 Rdnr. 40 e).

160   Vgl. BR-Drucks. 341/04, S. 54f.

161   So BGH 4.10. 1995, WM 1995, 2026f.; BGH 17.11. 1998, WM 1998, 2524f. m. insoweit zustimmender Anm. *Einsele, Dorothee*, WuB I G 7.-4.99.

162   So BGH 16.4. 1991, BGHZ 114, 177, 180–182; BGH 9.7. 1996, WM 1996, 1620, 1622; BGH 13.10. 1998, WM 1998, 2331, 2332f.; dies gilt auch für abgetrennte Währungsoptionsscheine, vgl. BGH 9.12. 1997, WM 1998, 274f.

163   So *Assmann* Wertpapierhandelsgesetz § 2 Rdnr. 40f; *Schwintowski/Schäfer* § 20 Rdnr. 58.

164   Vgl. die Einleitung der Sonderbedingungen für Termingeschäfte.

165   Hierbei handelt es sich um den gemeinsamen vollelektronischen Terminmarkt der Deutsche Börse AG und der Schweizer Börse, der 1998 aus einem Zusammenschluß der damaligen

missionärin im eigenen Namen für fremde Rechnung ausführt.[166] Allerdings haftet die Bank im Fall der Auftragsausführung an ausländischen Terminbörsen ihrem Kunden nur für die sorgfältige Auswahl der im Ausland in die Ausführung des Kundenauftrags eingeschalteten Stellen, nicht aber für deren ordnungsgemäße Vertragserfüllung.[167] Im Unterschied zu den AGB für Kassageschäfte kennen die Sonderbedingungen für Termingeschäfte bei außerbörslichen Geschäften in Devisen und Edelmetallen noch die Auftragsausführung im Wege des Eigenhandels.[168] Eine weitere Besonderheit stellen die relativ umfänglichen Vorschriften zur Sicherheitenbestellung für die Ansprüche der Bank aus Termingeschäften dar,[169] die in dem relativ hohen Risiko dieser Geschäfte begründet sind.

c) Informationspflichten gem. § 37 d WpHG

Durch das 4. Finanzmarktförderungsgesetz v. 21. 6. 2002[170] wurde das Recht der   **92** Termingeschäfte grundlegend umgestaltet. Während die sog. Börsentermingeschäfte zuvor im BörsG geregelt waren, finden sich die Vorschriften über Finanztermingeschäfte nunmehr in §§ 37 d-37 g WpHG. Aber auch inhaltlich wurde das Recht der Termingeschäfte durch das 4. Finanzmarktförderungsgesetz grundlegend geändert. Während zuvor § 53 BörsG a. F. eine (besondere) sog. Börsentermingeschäftsfähigkeit vorsah, die nur bei Kaufleuten oder solchen Personen gegeben war, die zuvor von einem Kreditinstitut durch eine Informationsschrift über die Risiken der Termingeschäfte informiert worden waren, sind diese Vorschriften zur Termingeschäftsfähigkeit mittlerweile entfallen. Zwar verlangen die §§ 37 d bis 37 g WpHG ebenfalls und unabdingbar[171] die Information des Verbrauchers über die besonderen Risiken der Finanztermingeschäfte vor deren Abschluß (§ 37 d Abs. 1 WpHG). Erfolgt diese Information nicht, ist jedoch Rechtsfolge nicht mehr (wie bei § 53 BörsG a. F.) die Unverbindlichkeit der abgeschlossenen Termingeschäfte, sondern ein Schadensersatzanspruch des Verbrauchers (§ 37 d Abs. 4 WpHG). Da der Gesetzgeber den Anleger durch einen Schadensersatzanspruch als ausreichend geschützt ansieht, ist gegen Ansprüche aus Finanztermingeschäften, bei denen mindestens ein Vertragsteil ein informationspflichtiges Unternehmen i. S. d. § 37 d Abs. 1 WpHG ist, auch der Spieleinwand gem. § 762 BGB ausgeschlossen (§ 37 e WpHG).

Zur Information des Verbrauchers sind gem. § 37 d Abs. 1 WpHG Unternehmen   **93** verpflichtet, die gewerbsmäßig oder in einem Umfang, der einen in kaufmännischer Weise eingerichteten Geschäftsbetrieb erfordert, Finanztermingeschäfte ab-

---

DTB (Deutsche Terminbörse) und dem Schweizer Terminmarkt Soffex (Swiss Options and Financial Futures Exchange) entstanden ist, vgl. im einzelnen *Kümpel* Rdnr. 17.658 f.
166 Nr. 1 Sonderbedingungen für Termingeschäfte (Fassung 1999).
167 Nr. 1 Abs. 2 Sonderbedingungen für Termingeschäfte (Fassung 1999).
168 Nr. 7 Sonderbedingungen für Termingeschäfte (Fassung 1999).
169 Nr. 9 Sonderbedingungen für Termingeschäfte (Fassung 1999).
170 In Kraft getreten am 1. 7. 2002, BGBl. I, S. 2010 ff.
171 Zutreffend *Mülbert* Wertpapierhandelsgesetz § 37 d Rdnr. 35.

schließen oder solche Geschäfte anschaffen, veräußern, vermitteln oder nachweisen. Informationspflichtig sind daher Unternehmen, die nicht nur gelegentlich Finanztermingeschäfte entweder auf eigene Rechnung abschließen oder hierauf bezogene Wertpapierdienstleistungen i.S.d. §2 Abs. 3 WpHG erbringen; hingegen treffen Unternehmen, die nur gelegentlich auf Finanztermingeschäfte bezogene Wertpapierdienstleistungen erbringen, nur die gesetzlichen Informationspflichten gem. §31 Abs. 2 S. 1 Nr. 2 WpHG bzw. die Informationspflichten aus einem event. abgeschlossenen Beratungsvertrag.[172]

94   Etwas überraschend ist bei der Neuregelung des §37 d WpHG, daß diese Informationspflicht gegenüber Verbrauchern besteht. Da zur Auslegung dieses Begriffs auf die Definition des §13 BGB sowie Art. 29 EGBGB zu rekurrieren ist,[173] sind gem. §37 d WpHG auch Kaufleute und Börsenleute zu informieren, wenn sie privat Termingeschäfte abschließen.[174] Dies erscheint zwar nicht sehr sinnvoll, ist aber die geltende und hinzunehmende Rechtslage.

95   Ebenfalls problematisch ist die Regelung, wonach im Fall einer rechtsgeschäftlichen oder gesetzlichen Vertretung des Verbrauchers bei Erteilung von Aufträgen für Finanztermingeschäfte oder bei deren Abschluß nur der Vertreter gem. §37 d WpHG informiert werden muß (§37 d Abs. 3 S. 1 WpHG). Nun nimmt zwar der Vertreter nach der Repräsentationstheorie das Rechtsgeschäft allein vor und repräsentiert hierbei den Vertretenen, so daß die Regelung in §37 d Abs. 3 S. 1 WpHG als durchaus folgerichtig erscheinen könnte. Das Prinzip der Privatautonomie des Vertretenen erfordert jedoch zusätzlich (zum Handeln des Vertreters) einen Akt der Selbstbestimmung des Vertretenen. Die Warnfunktion der gem. §37 d Abs. 1 geforderten Informationsschrift betrifft aber die grundsätzliche Frage, ob überhaupt Finanztermingeschäfte abgeschlossen werden sollen. Da jedoch nur derjenige dieser Warnung bedarf, der einen Rechtsverlust erleidet bzw. sich zu einer Leistung verpflichtet, kann die Informationsschrift ihre Wirkung nur entfalten, wenn sie gegenüber dem Vertretenen erfolgt. Hier findet der Repräsentationsgedanke also seine sachlogische Grenze.[175] Im übrigen folgt §37 d Abs. 3 WpHG ansonsten ebenfalls nicht oder jedenfalls nicht konsequent der Repräsentationstheorie. Denn die weitere Regelung, wonach die Information nur des Verbrauchers (also des Vertretenen) auch im Fall der Vertretung ausreichend ist (§37 d Abs. 3 S. 2 WpHG), dürfte mit der Repräsentationstheorie wohl kaum vereinbar sein.[176]

---

172 Vgl. *Mülbert* Wertpapierhandelsgesetz §37 d Rdnr. 7 f.; vgl. auch oben Rdnr. 24 f., 32–41 (insbes. Rdnr. 37–39).
173 So auch *Mülbert* Wertpapierhandelsgesetz §37 d Rdnr. 14; *Schwintowski/Schäfer* §20 Rdnr. 94; demgegenüber sieht *Kümpel* Rdnr. 15.252 dies nur als einen Verweis auf §13 BGB.
174 Diese Personengruppen wurden gem. §53 BörsG a.F. hingegen als börsentermingeschäftsfähig angesehen.
175 Vgl. zu diesen Überlegungen bei der parallel gelagerten Frage der Erfüllung von Formvorschriften in der Person des Vertretenen bzw. Vertreters MünchKomm.-*Einsele* BGB §125 Rdnr. 19.
176 Aus diesem Grund kritisieren auch *Horn/Balzer*, in: FS Kümpel, S. 280f. diese Bestim-

Inhaltlich hat die Informationsschrift,[177] die vom Verbraucher zu unterzeichnen 96
ist und jeweils vor dem Ablauf von zwei Jahren zu wiederholen ist, den Verbraucher über die in § 37 d Abs. 1 WpHG aufgezählten Risiken zu informieren. Das von
den Spitzenverbänden der deutschen Kreditwirtschaft zur Herstellung der Börsentermingeschäftsfähigkeit gem. § 53 Abs. 2 BörsG a.F. entwickelte standardisierte
Informationsblatt entspricht auch den gem. § 37 d Abs. 1 WpHG geforderten Informationen und kann daher im Grundsatz weiter verwendet werden.[178] Diese Informationsschrift stellt zwar lediglich eine Grundaufklärung über die Funktionsweise und Risiken der verschiedenen Termingeschäfte dar.[179] Zu bedenken ist aber,
daß diese standardisierte Information gem. § 37 d Abs. 1 WpHG durch weitere –
auf das konkrete (beabsichtigte) Finanztermingeschäft bezogene – Informationspflichten ergänzt wird, die insbes. aus § 31 Abs. 2 S. 1 Nr. 2 WpHG sowie einem
(event. abgeschlossenen) Beratungsvertrag folgen.[180] Daß diese Informationspflichten neben denen des § 37 d WpHG bestehen, ist für § 31 Abs. 2 S. 1 Nr. 2
WpHG in § 37 d Abs. 5 WpHG gesetzlich klargestellt.

d) Schadensersatzpflicht bei Verstoß gegen die Informationspflichten

Hat ein Unternehmen gegen die Informationspflicht gem. § 37 d Abs. 1 WpHG 97
verstoßen, so ist es dem Verbraucher zum Ersatz des daraus entstehenden Schadens
verpflichtet (§ 37 d Abs. 4 S. 1 WpHG). Daß es sich hierbei um einen verschuldensabhängigen Anspruch handelt, wird aus § 37 d Abs. 4 S. 2 WpHG deutlich, wonach
hinsichtlich der Pflichtverletzung und des Verschuldens das Unternehmen beweispflichtig ist. Der Verschuldensmaßstab ergibt sich aus § 276 Abs. 1 BGB, so daß das
Unternehmen für Vorsatz und Fahrlässigkeit haftet. Da der Schaden in der Eingehung des Termingeschäfts besteht, richtet sich der Schadensersatzanspruch des
Verbrauchers nach dem Grundsatz der Naturalrestitution (§ 249 Abs. 1 BGB) auf
Aufhebung des abgeschlossenen Vertrags sowie Ersatz der weiteren Aufwendungen (z.B. Courtage) und des Verlusts an Zinsen, den der Anleger anderweitig für
den aufgewendeten Betrag erhalten hätte.[181] Ist die Vertragsaufhebung[182] – wie sehr

---

mung, halten aber deshalb – anders als hier – die Regelung, wonach auch die Information des
Verbrauchers ausreichend ist, nicht für sachgerecht.
177 Die Information darf zwar nicht nur mündlich erfolgen, muß aber auch nicht der Schriftform (§ 126 BGB) genügen; nach Sinn und Zweck dieser Informationsschrift ist eine dauerhafte
Wiedergabemöglichkeit in Schriftzeichen ausreichend, aber auch erforderlich; im Ergebnis
wohl ebenso *Mülbert* Wertpapierhandelsgesetz § 37 d Rdnr. 28.
178 So Regierungsbegründung BT-Drucks. 14/8017, S. 95.
179 Vgl. dazu, daß diese Grundaufklärung für die Herstellung der Börsentermingeschäftsfähigkeit als ausreichend angesehen wurde, BGH 29. 3. 1994, WM 1994, 834, 835.
180 Vgl. *Mülbert* Wertpapierhandelsgesetz Vor § 37 Rdnr. 15–25; vgl. auch oben Rdnr. 24f.,
32–41 (insbes. Rdnr. 37–39).
181 Vgl. *Horn/Balzer*, in: FS Kümpel, S. 285.
182 Die Vertragsaufhebung führt übrigens zu einem ähnlichen Ergebnis wie die fehlende Börsentermingeschäftsfähigkeit nach altem Recht.

häufig – nicht möglich, hat das informationspflichtige Unternehmen Geldersatz zu leisten (§ 251 Abs. 1 BGB).

98   Dieser zunächst für den Anleger gut klingende Schadensersatzanspruch gem. § 37 d Abs. 4 WpHG ist aber ein weitgehend „zahnloser Tiger", da häufig die haftungsausfüllende Kausalität zwischen der Pflichtverletzung und dem Schaden fehlen wird. So wird in aller Regel die Informationspflichtverletzung gem. § 37 d Abs. 1 WpHG nicht zu einem Schaden geführt haben, wenn andererseits eine ordnungsgemäße Information gem. § 31 Abs. 2 S. 1 Nr. 2 WpHG stattgefunden hat;[183] immerhin erfolgt die Information gem. § 31 Abs. 2 S. 1 Nr. 2 WpHG nicht nur standardisiert, sondern bezogen auf das konkrete Geschäft und geht daher – zumindest hinsichtlich bestimmter abgeschlossener Geschäfte – über die Information gem. § 37 d Abs. 1 WpHG hinaus. Aber auch dann, wenn der Anleger bereits (von dritter Seite) informiert war, fehlt es an der Kausalität der Informationspflichtverletzung für den Schaden.[184]

99   Eine wirklich eigenständige Bedeutung kann daher der Informationspflicht gem. § 37 d Abs. 1 WpHG kaum einmal zukommen.[185] Denkbar ist dies allenfalls, wenn der Kunde auf die Information des § 31 Abs. 2 S. 1 Nr. 2 WpHG wirksam verzichtete und überdies keine standardisierte Informationsschrift i.S.d. § 37 d Abs. 1 WpHG erhielt; denn hier erscheint es durchaus möglich, daß der Verbraucher das Geschäft nicht abgeschlossen hätte, wenn er über die Risiken der Termingeschäfte wenigstens in standardisierter Form gem. § 37 d Abs. 1 WpHG aufgeklärt worden wäre.[186] Dennoch dürfte die Informations- und ggf. Schadensersatzpflicht gem. § 37 d WpHG von geringer Bedeutung sein, weshalb teilweise auch deren ersatzlose Streichung gefordert wird.[187]

2. Anwendbares Recht

a) Räumlicher Geltungsbereich der Informationspflichten gem. § 37 d WpHG

100   Entsprechend § 31 Abs. 3 WpHG sieht auch § 37 d Abs. 6 WpHG eine ausdrückliche Sonderanknüpfung zugunsten des deutschen Rechts i.S.d. Art. 34 EGBGB[188]

---

183 *Schäfer*, in: FS Immenga, S. 699; *Mülbert* Wertpapierhandelsgesetz § 37 d Rdnr. 69; *Horn/ Balzer*, in: FS Kümpel, S. 284 f.; *Zimmer*, JZ 2003, 24.
184 *Horn/Balzer*, in: FS Kümpel, S. 285; *Schäfer*, in: FS Immenga, S. 699; *Mülbert* Wertpapierhandelsgesetz § 37 d Rdnr. 68, 70.
185 Vgl. auch *Mülbert* Wertpapierhandelsgesetz Vor § 37 d Rdnr. 30; noch kritischer, nämlich Sanktionslosigkeit einer Verletzung der Informationspflicht gem. § 37 d WpHG *Schäfer*, in: FS Immenga, S. 700.
186 So zutreffend *Zimmer*, JZ 2003, 25; a.A. aber *Mülbert* Wertpapierhandelsgesetz § 37 d Rdnr. 36: im Fall eines gezielten Auftrags durch den Verbraucher ist nicht nur die Information gem. § 31 Abs. 2 S. 1 Nr. 2 WpHG, sondern auch gem. § 37 d Abs. 1 WpHG entbehrlich.
187 *Schäfer*, in: FS Immenga, S. 703; *Mülbert* Wertpapierhandelsgesetz Vor § 37 d Rdnr. 30.
188 So zutreffend *Mülbert* Wertpapierhandelsgesetz § 37 d Rdnr. 85 unter Ablehnung der nicht überzeugenden Gegenauffassung, wonach § 37 d Abs. 6 WpHG keine kollisionsrechtliche Vorschrift, sondern lediglich eine Klarstellung darstellen soll, daß die Informationspflichten bei Finanztermingeschäften auch für solche ausländischen Unternehmen gelten, die mangels inlän-

vor: Unabhängig davon, ob auf das Vertragsverhältnis zwischen dem Unternehmen und dem Verbraucher deutsches Recht anwendbar ist, gelten die Vorschriften über die Informationspflichten gem. § 37 d WpHG nicht nur für inländische Unternehmen i.S.d. § 37 d Abs. 1 WpHG, sondern auch für solche mit Sitz im Ausland. Vertragspartner dieses Unternehmens muß ein Verbraucher sein, der seinen gewöhnlichen Aufenthalt oder seine Geschäftsleitung (Ort der Hauptverwaltung) im Inland hat. Ein Verbraucher mit Geschäftsleitung im Inland dürfte allerdings zumindest selten sein. Diese Konstellation ist in der Tat nur denkbar, wenn eine natürliche Person, die ihren gewöhnlichen Aufenthalt im Ausland hat, eine gewerbliche oder berufliche Tätigkeit im Inland ausübt, das fragliche Geschäft aber nicht in Ausübung dieser Tätigkeit abschließt.[189] Überdies muß die Leistung des Unternehmens noch einen gewissen Inlandsbezug aufweisen oder – anders ausgedrückt – die Leistung darf nicht ausschließlich im Ausland erbracht worden sein. Ebenso wie bei § 31 Abs. 3 WpHG dürfte im Interesse des Anlegerschutzes ein ausreichender Inlandsbezug der Leistung des Unternehmens bereits dann anzunehmen sein, wenn die Wertpapiere ins Inland geliefert werden, die Bezahlung der Wertpapiere durch Überweisung ins Inland erfolgt oder die Beratung im Inland stattfindet.[190]

b) Anwendbarkeit ausländischer Informations- und Verhaltenspflichten

Für die Frage der Anwendbarkeit ausländischer Informations- und Verhaltens- 101
pflichten (in Deutschland) kann auf die Ausführungen zur Geltung ausländischer Verhaltenspflichten bei den „normalen" Effektengeschäften verwiesen werden (vgl. oben Rdnr. 80f.).

---

discher Zweigstelle nicht zu den Wertpapierdienstleistungsunternehmen i.S.d. § 2 Abs. 4 WpHG gehören, vgl. *Samtleben*, ZBB 2003, 75. Wie *Mülbert* zutreffend ausführt, ist diese Ansicht schon deshalb wenig überzeugend, weil gem. § 37 d Abs. 1 WpHG nicht nur Wertpapierdienstleistungsunternehmen i.S.d. § 2 Abs. 4 WpHG informationspflichtig sind.

189 So *Mülbert* Wertpapierhandelsgesetz § 37 d Rdnr. 86; demgegenüber hält *Schäfer*, in: FS Immenga, S. 702 diese Formulierung eher für ein Redaktionsversehen.

190 Vgl. oben Rdnr. 77f.

§9 Depotgeschäft

Literatur

Becker, Claus, Das Problem des gutgläubigen Erwerbs im Effektengiroverkehr, Bankrechtliche Schriften des Instituts für Bankwirtschaft und Bankrecht an der Universität zu Köln, Bd. 9, 1981. *Büchner, Rudolf*, Die treuhandrechtliche Organisation des Effektengiroverkehrs, 1956. *Brink, Ulrich*, Rechtsbeziehungen und Rechtsübertragung im nationalen und internationalen Effektengiroverkehr, Untersuchungen über das Spar-, Giro- und Kreditwesen, Abteilung B: Rechtswissenschaft, Bd. 12, 1976. *Brunner, Christoph*, Wertrechte – nicht verurkundete Rechte mit gleicher Funktion wie Wertpapiere, Ein Beitrag zur rechtlichen Erfassung des Effektengiroverkehrs, Diss. Bern 1996. *Canaris, Claus-Wilhelm*, Bankvertragsrecht, 2. Aufl. 1981, Rdnr. 2081–2222. *Coing, Helmut*, Die „Aufbewahrung" von Wertpapieren im Ausland als Treuhandgeschäft, WM 1977, 466–472. *Dechamps, Claudius*, Wertrechte im Effektengiroverkehr, Eine Untersuchung zum redlichen Erwerb stückeloser Effekten im Effektengiroverkehr, Abhandlungen zum deutschen und europäischen Handels- und Wirtschaftsrecht, Bd. 61, Diss. Tübingen 1987. *Einsele, Dorothee*, Depotgeschäft, in: Münchener Komm. z. HGB, Band 5, 2001. *Einsele, Dorothee*, Wertpapierrecht als Schuldrecht – Funktionsverlust von Effektenurkunden im internationalen Rechtsverkehr, 1995. *Einsele, Dorothee*, Das neue US-amerikanische Wertpapierrecht als Modell für einen funktionsfähigen Effektengiroverkehr, RIW 1997, 269–274. *Einsele, Dorothee*, Die internationalprivatrechtlichen Regelungen der Finalitätsrichtlinie und ihre Umsetzung in der Europäischen Union, WM 2001, 2415–2424. *Einsele, Dorothee*, Das Haager Übereinkommen über das auf bestimmte Rechte im Zusammenhang mit zwischenverwahrten Wertpapieren anzuwendende Recht, WM 2003, 2349–2356. *Gößmann, Wolfgang*, in: Bankrechtshandbuch II, hrsg. v. Schimansky, Herbert/ Bunte, Hermann Josef/Lwowski, Hans-Jürgen, 2. Aufl. 2001, §72 (Das Depotgeschäft). *Heinsius, Theodor/Horn, Arno/Than, Jürgen*, Depotgesetz, Komm. z. Gesetz über die Verwahrung und Anschaffung von Wertpapieren v. 4. Februar 1937, 1975. *Hellner, Thorwald*, Verwahrung und Verwaltung von Wertpapieren im Ausland, in: FS Heinsius, 1991, S. 211–260. *Hopt, Klaus J.*, Zur Reichweite der besonderen Konkursvorrechte nach §32 DepotG, §35 HypBankG und §77 VAG unter besonderer Berücksichtigung von Zinsen, Dividenden und Bezugsrechten, BB 1975, 397–404. *Horn, Norbert*, Die Erfüllung von Wertpapiergeschäften unter Einbeziehung eines Zentralen Kontrahenten an der Börse – Sachenrechtliche Aspekte – Sonderbeilage Nr. 2 S. 1–23 zu WM 2002. *Koller, Ingo*, Der gutgläubige Erwerb von Sammeldepotanteilen an Wertpapieren im Effektengiroverkehr (1. Teil), DB 1972, 1857–1861. *Koller, Ingo*, Der gutgläubige Erwerb von Sammeldepotanteilen an Wertpapieren im Effektengiroverkehr (2. Teil), DB 1972, 1905–1909. *Kronke, Herbert/Haubold, Jens*, Börsen- und Kapitalmarktrecht, Teil L, Rdnr. 113–331, in: Handbuch Internationales Wirtschaftsrecht, hrsg. v. Kronke, Herbert/Melis, Werner/Schnyder, Anton, 2005. *Kümpel, Siegfried*, in: Bankrecht und Bankpraxis, 8. Teil: Depotgeschäft, Band 4, Stand Januar 2005, Rdnr. 8/1–381. *Kümpel, Siegfried*, Bank- und Kapitalmarktrecht, 3. Aufl. 2004, Rdnr. 11.1–11.484. *Opitz, Georg*, Depotgesetz, Gesetz über die Verwahrung und Anschaffung von Wertpapieren v. 4. Februar 1937, 2. Aufl. 1955. *Paul, Günter*, Kundenpapiere im Ausland bei Insolvenz der inländischen Depotbank, WM 1975, 2–5. *Potok, Richard* (Hrsg.),

Cross Border Collateral: Legal risk and the Conflict of Laws, 2002. Schlegelberger-*Hefermehl, Wolfgang*, HGB, Komm., Band VI, 5. Aufl. 1977, Anh. § 406. *Schönle, Herbert*, Bankund Börsenrecht, 2. Aufl. 1976, §§ 20, 21. *Than, Jürgen*, Kapitalmarkt und Globalurkunde, in: FS Heinsius, 1991, S. 809–840. *Than, Jürgen*, Internationaler Effektengiroverkehr oder Zweitverbriefung – die Belieferung von Börsenhandelsgeschäften in ausländischen Aktien in Deutschland und in den USA –, WM-Festgabe für Thorwald Hellner, WM 1994, 85–93. *Wolter, Lutz*, Effektenkommission und Eigentumserwerb, zugleich ein Beitrag zur Lehre vom Geschäft für denjenigen, den es angeht, Untersuchungen über das Spar-, Giro- und Kreditwesen, Abteilung B: Bd. 21, Rechtswissenschaft, 1979. *Zöllner, Wolfgang*, Die Zurückdrängung des Verkörperungselements bei den Wertpapieren, in: FS Raiser, 1974, S. 249–285.

I. Einführung

1   Das Depotgeschäft gehört gem. § 1 Abs. 1 S. 2 Nr. 5 KWG zu den Bankgeschäften und wird dort definiert als die Verwahrung und Verwaltung von Wertpapieren für andere. Spezialgesetzliche Vorschriften zur Verwahrung von Wertpapieren finden sich im DepotG v. 4. 2. 1937[1], das daneben auch die Anschaffung von Wertpapieren regelt. Die Modifikationen, die das DepotG gegenüber den Vorschriften des Verwahrungsvertrags gem. §§ 688ff. BGB regelt, haben letztlich ihren Grund in den heutigen tatsächlichen Strukturen der Wertpapierverwahrung und -verwaltung.

2   Da Wertpapiere mittlerweile massenweise ausgegeben, verwahrt und verwaltet werden, entwickelte sich in Deutschland – ähnlich wie in den meisten ausländischen Staaten – aus Gründen der leichteren Übertragbarkeit der Wertpapiere die Zentralverwahrung; existiert in einem Staat nämlich nur noch ein Zentralverwahrer, so können die Wertpapiere zumindest de facto durch eine Umbuchung auf den Konten der Teilnehmer beim Zentralverwahrer (bzw. durch Umbuchung auf den Konten der angeschlossenen (Zwischen-) Verwahrer) übertragen werden. Da andererseits der Zentralverwahrer aus Gründen der Rationalisierung nur mit relativ wenigen Kunden zu tun haben will, ist die Wertpapierverwahrung und -verwaltung hierarchisch in Form einer Pyramide organisiert und gestuft. Auf der unteren Ebene dieser Pyramide finden sich die (Depot-) Banken, die unmittelbare Vertragspartner der einzelnen (Privat-) Kunden sind. Häufig sind auf der nächsten Stufe noch weitere (Zwischen-) Verwahrer eingeschaltet, während an der Spitze dieser Verwahr-Pyramide eines Staates der Zentralverwahrer steht. Da allerdings der Zentralverwahrer seinerseits wiederum Kontoinhaber von Wertpapierbeständen im Ausland ist, bilden sich international ganze Verwahrketten, mit all den sich hieraus ergebenden und noch darzustellenden kollisionsrechtlichen Problemen.[2]

---

1 RGBl. I, S. 171.
2 Vgl. zu dieser Entwicklung *Einsele* S. 3, 30f.; *Kümpel* Rdnr. 11.275; vgl. zu dieser Entwicklung international auch *Potok* Rdnr. 2.2, 2.18–2.37.

Parallel hierzu ist ein Funktionsverlust von Wertpapierurkunden festzustellen, 3
der teilweise unmittelbar aus der Zentralverwahrung folgt. Werden nämlich die Papiere bei einem Zentralverwahrer hinterlegt und auch bei der Wertpapierübertragung nicht mehr bewegt („immobilization"), sondern nur noch umgebucht, so werden die Urkunden (zumindest de facto) für die Übertragung der Wertpapiere irrelevant; diese Entwicklung ist im übrigen auch im Rahmen der Wertpapierverwaltung festzustellen. Die Ausgabe von Einzelurkunden, die in Deutschland bereits nach dem ersten Weltkrieg durch die Geldinflation zu einem erheblichen Wertpapiervolumen geführt hatte, machte also keinen rechten Sinn mehr. Deshalb wurden die Sammel- oder Globalurkunden eingeführt, die entweder eine ganze oder zumindest einen größeren Teil einer Emission verbriefen (vgl. die Definition in § 9 a Abs. 1 S. 1 DepotG). Wird überdies der Anspruch auf Auslieferung von (Einzel-) Urkunden gem. den Emissionsbedingungen ausgeschlossen, so handelt es sich um sog. Dauerglobalurkunden (vgl. § 9 a Abs. 3 S. 2 DepotG), die ihrerseits niemals ausgeliefert werden. Mittlerweile werden Neuemissionen in Deutschland fast ausschließlich in Dauerglobalurkunden verbrieft.[3]

Neben dieser Entwicklung zur Zentralverwahrung, zu (Dauer-) Globalurkun- 4
den und dem damit einhergehenden Funktionsverlust von Wertpapierurkunden ist – weltweit – eine Entwicklung zur vollständigen Entmaterialisierung („dematerialization") und damit zu unverbrieften Effekten (Wertrechten) festzustellen. Diese Wertrechte werden in Registereintragungen dokumentiert und sind kraft gesetzlicher Anordnung den Wertpapieren gleichgestellt.[4] Die Entwicklung zu unverbrieften Wertrechten ist weltweit insbesondere im Bereich der Emissionen der öffentlichen Hand zu beobachten.[5]

Bereits national, insbes. aber international wirft das Depotgeschäft erhebliche 5
Probleme auf: National hauptsächlich deshalb, weil die tatsächlichen Verhältnisse und Abläufe der Wertpapierverwahrung und -übertragung nicht mehr zu den gesetzlichen Regelungen passen; international besteht das Problem im wesentlichen in der mangelnden Kompatibilität der Verwahr- und Übertragungssysteme. Hieraus folgen rechtliche, letztlich aber auch erhebliche wirtschaftliche Risiken. Daher haben sich mehrere Organisationen des Problems der internationalen Rechtsharmonisierung in diesem Bereich angenommen. Das Haager Übereinkommen über die auf bestimmte Rechte in Bezug auf intermediärverwahrte Wertpapiere anzuwendende Rechtsordnung v. 13. Dezember 2002[6] sucht die Kompatibilität durch eine einheitliche Regelung des Kollisionsrechts herzustellen, ist jedoch noch nicht

---

3 Vgl. zu dieser Entwicklung zu Global- und Dauerglobalurkunden statt vieler *Einsele* S. 12–15; *dies.* Depotgeschäft Rdnr. 49–54.

4 So etwa im deutschen Recht gem. §8 Abs. 2 S. 1 Bundeswertpapierverwaltungsgesetz (BWpVerwG) v. 11. 12. 2001, BGBl. I, S. 3519.

5 Vgl. für das deutsche Recht §8 Abs. 1 BWpVerwG; vgl. zu dieser Entwicklung auch *Einsele* S. 15–21.

6 Vgl. zum deutschen Text des Übereinkommens RabelsZ 68 (2004), 757–769; vgl. zu diesem Übereinkommen *Einsele*, WM 2003, 2349–2356.

in Kraft getreten. Da in diesem Bereich eine einheitliche internationalprivatrechtliche Regel auch nur dann „passend" sein und zu sinnvollen Ergebnissen führen kann, wenn die betroffenen Rechtsordnungen ein Mindestmaß an Übereinstimmungen aufweisen, bedarf dieses Übereinkommen einer sachrechtlichen Ergänzung. Mit der Harmonisierung des Sachrechts für die „pyramidenförmig" verwahrten Wertpapiere (intermediärverwahrte Wertpapiere) beschäftigt sich UNIDROIT (Institut international pour l'unification du droit privé / International Institute for the Unification of Private Law), das im Dezember 2004 einen vorläufigen Entwurf eines Übereinkommens über harmonisierte sachrechtliche Regeln betreffend intermediärverwahrte Wertpapiere vorgelegt hat.[7]

6

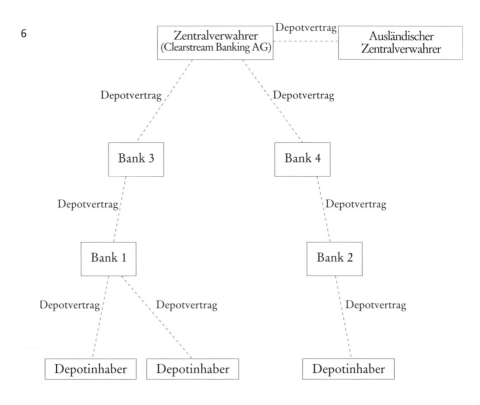

---

7 Vgl. zum englischen und französischen Text des Übereinkommens Unif. L. Rev. / Rev. dr. unif. 2005, 10–35; zum deutschen Text WM 2005, 1147–1152; zu diesem Übereinkommen *Paech, Philipp*, Grenzüberschreitende Wertpapierverfügungen – Rechtssicherheit und Effizienz durch Kompatibilität des Depotrechts, WM 2005, 1101–1108; zur möglichen Umsetzung dieses Übereinkommens ins deutsche Recht *Einsele, Dorothee*, Das UNIDROIT-Projekt zu intermediärverwahrten Wertpapieren als Konzept für eine Modernisierung des deutschen Depotrechts, WM 2005, 1109–1118; *dies.*, Modernising German Law: Can the UNIDROIT Project on Intermediated Securities Provide Guidance?, Unif. L. Rev. / Rev. dr. unif. 2005, 251–261.

II. Rechtsbeziehungen nach deutschem Sachrecht

1. Rechtsverhältnis zwischen dem Hinterleger/dinglich Berechtigten und den Depotbanken

a) Grundsätzlicher Inhalt des Depotvertrags

Mit Abschluß des Depotvertrags übernimmt die Bank neben der (durch die depot- **7**
gesetzlichen Bestimmungen modifizierten) Verwahrung auch die Verwaltung der
Wertpapiere; der Depotvertrag verpflichtet das Kreditinstitut jedoch nicht zur
vollumfänglichen Betreuung und laufenden Beratung des Kunden.[8] Da es sich bei
der Verwaltung der Wertpapiere um einen Geschäftsbesorgungsvertrag mit dienstvertraglichen Elementen handelt, stellt der Depotvertrag einen gemischttypischen
Vertrag dar.[9] Die im Rahmen des Depotgeschäfts verwalteten Werte werden in § 1
Abs. 1 DepotG genannt und damit auch der Anwendungsbereich des DepotG umschrieben. Fast ausnahmslos handelt es sich dabei um Effekten, also um Papiere, die
der Kapitalaufbringung und Kapitalanlage dienen, wie insbesondere die ausdrücklich aufgezählten Aktien und Inhaberschuldverschreibungen. Im übrigen werden
in einem Auffangtatbestand auch andere vertretbare Wertpapiere von den Regelungen des DepotG erfaßt. Da somit die Artgleichheit und Austauschbarkeit der
Wertpapiere maßgebliches Kriterium ist,[10] fallen hierunter insbes. auch die Anteilscheine (Investmentzertifikate) deutscher Aktiengesellschaften. Da die vom Bund
und seinen Sondervermögen emittierten unverbrieften Wertrechte gem. § 8 Abs. 2
S. 1 Bundeswertpapierverwaltungsgesetz (BWpVerwG) v. 11. 12. 2001 als Wertpapiersammelbestand gelten, unterfallen aufgrund dieser Gleichstellungsfiktion aber
auch unverbriefte Wertrechte den Regelungen des DepotG, obgleich bei diesen
Wertrechten zumindest keine Verwahrung i.S.d. BGB möglich ist.

Die Entwicklung zur Zentralverwahrung der Wertpapiere spiegelt sich auch in **8**
den Modifikationen wider, die das DepotG gegenüber den Regelungen des
Verwahrungsvertrags gem. §§ 688 ff. BGB vorsieht. So ist der Verwahrer[11] generell
(ohne Ermächtigung des Hinterlegers) gem. § 3 Abs. 1 DepotG berechtigt, die
Wertpapiere unter seinem Namen einem anderen Verwahrer zur Verwahrung an-
zuvertrauen. Hierdurch wird die Auslegungsregel des § 691 S. 1 BGB, wonach der
Verwahrer im Zweifel nicht berechtigt ist, die hinterlegte Sache bei einem Dritten
zu hinterlegen, in ihr Gegenteil verkehrt. Die Depotbank des Hinterlegers verwahrt also in aller Regel die Wertpapiere nicht selbst, sondern schließt ihrerseits einen Depotvertrag mit dem Verwahrer der nächst höheren Stufe ab, der in aller Regel wiederum mit dem Verwahrer der nächsten Stufe ebenfalls einen Depotvertrag

---

8 Vgl. statt vieler BGH 23. 11. 2004, WM 2005, 270, 271; *Kümpel* Rdnr. 11.107.

9 Vgl. statt vieler BGH 11. 12. 1990, NJW 1991, 978; *Gößmann*, in: Bankrechtshandbuch II,
§ 72 Rdnr. 4; *Einsele* Depotgeschäft Rdnr. 3.

10 Vgl. *Kümpel*, in: Bankrecht und Bankpraxis, Rdnr. 8/5, 8/84 a; *Gößmann*, in: Bankrechtshandbuch II, § 72 Rdnr. 54; vgl. auch *Einsele* Depotgeschäft Rdnr. 5.

11 Definiert als Kaufmann, dem im Betrieb seines Handelsgewerbes Wertpapiere unver-
schlossen zur Verwahrung anvertraut werden (§ 1 Abs. 2 DepotG).

schließt. Diese pyramidenförmige Stufung von Depotverträgen reicht zumeist bis zum Zentralverwahrer, einer Wertpapiersammelbank[12]. Der deutsche Zentralverwahrer ist seit dem Jahr 2000 die Clearstream Banking AG mit Sitz in Frankfurt a.M. Hierbei handelt es sich um eine Tochtergesellschaft des Europäischen Clearinghauses Clearstream International mit Sitz in Luxemburg, das seinerseits aus einer Fusion des damaligen deutschen Zentralverwahrers Deutsche Börse Clearing AG mit dem luxemburgischen Zentralverwahrer Cedel entstand.[13]

9   Häufig wird derjenige (Kunde), der aus dem Depotvertrag berechtigt und verpflichtet ist (Depotinhaber), über die verwahrten Werte auch verfügungsberechtigt sein. Depotinhaberschaft und Verfügungsbefugnis können aber auch auseinanderfallen, so etwa, wenn der Hinterleger (und damit Depotinhaber) nicht gleichzeitig der (Mit-)Eigentümer der betreffenden Werte ist.[14] Anders ist dies allerdings, wenn – wie wohl häufig – der Hinterleger von dem (Mit-) Eigentümer die Ermächtigung zur Verfügung über das (Mit-) Eigentum an dem Wertpapierbestand erhalten hat.[15]

b) Sonderverwahrung

10   Bei nicht zur Sammelverwahrung zugelassenen Wertpapieren wie auch generell auf Verlangen des Hinterlegers werden Wertpapiere in Sonderverwahrung genommen (§ 2 DepotG). Im Fall der (allerdings praktisch sehr seltenen) Sonderverwahrung bleiben die Eigentumsverhältnisse unverändert,[16] der Hinterleger hat einen schuldrechtlichen Rückforderungsanspruch gegen den Verwahrer gem. § 695 BGB und wird daher mittelbarer Besitzer der eingelieferten Wertpapiere.[17]

c) Regelfall: Sammelverwahrung

11   Die Entwicklung zum Funktionsverlust der Wertpapiere zeigt sich besonders deutlich im Bereich der Sammelverwahrung. Hierzu findet sich eine weitere wesentliche Abweichung von den Vorschriften des Verwahrungsvertrags in § 5 Abs. 1 DepotG, wonach die Wertpapiere, die zur Sammelverwahrung durch eine Wertpapiersammelbank zugelassen sind, grds. in Sammelverwahrung genommen werden. Gem. § 6 Abs. 1 DepotG verliert der bisherige Eigentümer der Wertpapiere hierdurch seine eigentumsrechtliche Position und wird ex lege Miteigentümer nach

---

12 Definiert in § 1 Abs. 3 S. 1 DepotG als Kreditinstitut, das von der nach Landesrecht zuständigen Stelle des Landes, in dessen Gebiet das Kreditinstitut seinen Sitz hat, als solches anerkannt ist.
13 Vgl. auch *Einsele* Depotgeschäft Rdnr. 47.
14 Vgl. auch die vom DepotG vorgenommene Unterscheidung des Auslieferungsanspruchs des schuldrechtlich berechtigten Hinterlegers (§ 7 DepotG) von dem des dinglich Berechtigten (§ 8 DepotG), vgl. hierzu *Heinsius/Horn/Than* DepotG § 7 Rdnr. 2, § 8 Rdnr. 2.
15 So dient etwa die Anlage eines Gemeinschaftsdepots in Form des Oder-Depots dazu, jedem Depotinhaber alleinige Verfügungsmacht über die verwahrten Werte einzuräumen, vgl. hierzu *Einsele* Depotgeschäft Rdnr. 131.
16 *Gößmann*, in: Bankrechtshandbuch II, § 72 Rdnr. 120; *Heinsius/Horn/Than* DepotG § 2 Rdnr. 8 f.
17 *Heinsius/Horn/Than* DepotG § 2 Rdnr. 10.

Bruchteilen an den zum Sammelbestand des Verwahrers gehörenden Wertpapieren derselben Art. Für die Bestimmung des Bruchteils ist der Wertpapiernennbetrag und bei Wertpapieren ohne Nennbetrag die Stückzahl maßgebend (§ 6 Abs. 1 DepotG). Wesentlich ist, daß der bisherige Eigentümer der Einzelurkunden das Miteigentum am Sammelbestand auch dann erwirbt, wenn der Hinterleger eine andere Person ist.[18] War das Eigentum des bisherigen Rechtsinhabers mit Rechten Dritter belastet, so erlöschen zwar diese Rechte an den eingelieferten Wertpapierurkunden, setzen sich aber an dem gem. § 6 Abs. 1 DepotG entstandenen Miteigentumsbruchteil fort.[19]

Für den Fall der Sammelverwahrung findet sich der schuldrechtliche Herausga-   **12**
beanspruch (gegründet auf den Verwahrungsvertrag) in § 7 Abs. 1 DepotG: danach hat der Hinterleger einen Anspruch auf Auslieferung von Wertpapieren aus dem Sammelbestand in Höhe des Nennbetrags, bei Wertpapieren ohne Nennbetrag in Höhe der Stückzahl der für ihn in Verwahrung genommenen Wertpapiere. § 7 Abs. 1 DepotG bedeutet eine gesetzliche Klarstellung, daß auch im Fall der Sammelverwahrung der Hinterleger einen schuldrechtlichen Herausgabeanspruch gegen den Verwahrer hat. Damit entspricht § 7 Abs. 1 DepotG für den Fall der Sammelverwahrung dem Herausgabeanspruch gem. § 695 BGB bei der Sonderverwahrung.[20] Allerdings ist im Fall der praktisch sehr häufigen Dauerglobalurkunden, bei denen der Aussteller nicht zur Ausgabe von Einzelurkunden verpflichtet ist, auch der Auslieferungsanspruch des Hinterlegers gegen die Depotbank gem. § 7 Abs. 1 DepotG ausgeschlossen (vgl. § 9 a Abs. 3 S. 2 DepotG).

d) Ansprüche gegen Drittverwahrer?

Sehr umstritten ist die Frage, ob der schuldrechtliche Auslieferungsanspruch gem.   **13**
§ 7 Abs. 1 DepotG sich nur gegen den Vertragspartner des Hinterlegers, den Verwahrer, oder auch gegen die Drittverwahrer richtet. Nach wohl h.M. soll der Auslieferungsanspruch des Hinterlegers gem. § 7 Abs. 1 DepotG auch gegenüber den Drittverwahrern bestehen. Dieses Ergebnis wird mit der analogen Anwendung der §§ 546 Abs. 2, 604 Abs. 4 BGB begründet.[21] Richtiger Ansicht nach bestehen aber keine Direktansprüche der Hinterleger gegen höherstufige Verwahrer.[22] Entscheidend hierfür ist das Argument *Zöllners*, die hierarchischen Stufungen des DepotG und die intendierte Rationalisierung sprächen entscheidend gegen Direktansprüche der Depotkunden gegen die Wertpapiersammelbank, den Zentralverwahrer.[23]

---

18 Allgemeine Meinung, vgl. etwa BGH 18. 2. 1957, WM 1957, 676; *Canaris* Rdnr. 2106; *Kümpel*, in: Bankrecht und Bankpraxis, Rdnr. 8/54; *Heinsius/Horn/Than* DepotG § 6 Rdnr. 9.
19 Vgl. statt vieler *Heinsius/Horn/Than* DepotG § 6 Rdnr. 9 f.; *Einsele* Depotgeschäft Rdnr. 69.
20 Vgl. hierzu *Heinsius/Horn/Than* DepotG § 7 Rdnr. 2; vgl. hierzu auch *Einsele* Depotgeschäft Rdnr. 79.
21 *Canaris* Rdnr. 2119, 2163; *Wolter* S. 316; *Schönle* § 21 II 2 (S. 299); *Opitz* DepotG §§ 6, 7, 8 Bem. 25.
22 *Zöllner*, in: FS Raiser, S. 264 f.; im Ergebnis auch *Heinsius/Horn/Than* DepotG § 7 Rdnr. 4.
23 *Zöllner*, in: FS Raiser, S. 264 f.

Ein wesentlicher Vorteil des heute praktizierten Systems der Wertpapierverwahrung liegt nämlich in dem hierarchischen Aufbau, bei dem der Zentralverwahrer nur mit relativ wenigen Kunden zu tun hat und haben will.[24] Daher hat der Depotkunde keinen Direktanspruch gegen höherstufige (Dritt-) Verwahrer, sondern nur gegen seinen unmittelbaren Vertragspartner.

e) Ansprüche der dinglich Berechtigten

14   Für die Ansprüche des dinglich Berechtigten (der ja nicht zwangsläufig der Hinterleger sein muß) stellt § 8 DepotG klar, daß Ansprüche an dem Sammelbestand nur in dem Umfang der §§ 6 Abs. 2 S. 1 und 7 DepotG bestehen. Problematisch ist die rechtsdogmatische Einordnung dieser Vorschrift. Nach h. M. modifiziert[25] bzw. ersetzt[26] § 8 DepotG den Anspruch des Miteigentümers auf Aufhebung der Bruchteilsgemeinschaft (§ 749 BGB), die von den Miteigentümern des Sammelbestands – wenn auch in Form einer Bruchteilsgemeinschaft eigener Art[27] – gebildet wird. Teilweise wird § 8 DepotG aber auch als eine Modifikation des Eigentumsherausgabeanspruchs gem. § 985 BGB bzw. des dinglichen Herausgabeanspruchs des Miteigentümers gem. §§ 1011, 432 BGB angesehen.[28] Manche Autoren halten § 8 DepotG sogar nur für eine inhaltliche Umgestaltung der §§ 985, 1011 BGB mit Rücksicht auf die praktischen Bedürfnisse der Sammelverwahrung, wobei Grundlage für den dinglichen Herausgabeanspruch des Berechtigten § 985 BGB bleiben soll.[29]

15   Richtigerweise handelt es sich bei § 8 DepotG jedoch nicht um eine bloße Modifikation oder Umgestaltung der §§ 985, 1011 BGB. Der Herausgabeanspruch des Miteigentümers des Sammelbestands gem. § 985 BGB würde sich nämlich auf Einräumung von Mitbesitz am gesamten Sammelbestand, der Herausgabeanspruch

---

24 Vgl. hierzu auch *Einsele* S. 76–79; *dies.* Depotgeschäft Rdnr. 81; vgl. hierzu international auch *Potok* insbes. Rdnr. 2.20; vgl. auch den Begriff des Kunden in Nr. 2 der AGB der Clearstream Banking AG (Fassung Februar 2004): „Kunden der CBF können Kredit- und Finanzdienstleistungsinstitute mit Sitz im In- und Ausland sein. Unternehmen im Sinne von Satz 1 sind auch juristische Personen des öffentlichen Rechts mit Sitz im Inland, die vergleichbare Dienstleistungen erbringen. Ferner können ausländische, der CBF vergleichbare Verwahrer im Sinne von § 5 Abs. 4 Depotgesetz (ausländischer Zentralverwahrer), (inter-) nationale Wertpapier-Clearinginstitute sowie internationale und supranationale Organisationen, die Finanzdienstleistungen erbringen, Kunden der CBF sein."
25 So *Heinsius/Horn/Than* DepotG § 8 Rdnr. 1; *Gößmann*, in: Bankrechtshandbuch II, § 72 Rdnr. 93.
26 *Canaris* Rdnr. 2120.
27 *Heinsius/Horn/Than* DepotG § 6 Rdnr. 16; *Kümpel*, in: Bankrecht und Bankpraxis, Rdnr. 8/51; *Opitz* DepotG §§ 6, 7, 8 Bem. 11.
28 Vgl. die amtliche Begründung zu § 8 DepotG, abgedruckt bei *Opitz* DepotG §§ 6, 7, 8 (S. 151); vgl. auch *Opitz* DepotG §§ 6, 7, 8 Bem. 19, 30 (S. 171); für eine Einordnung des § 8 DepotG auch als Abwandlung des dinglichen Herausgabeanspruchs gem. § 985 BGB *Canaris* Rdnr. 2120.
29 *Kümpel*, in: Bankrecht und Bankpraxis, Rdnr. 8/52 b, 53; wohl ähnlich – wenn auch insgesamt etwas unklar – *Gößmann*, in: Bankrechtshandbuch II, § 72 Rdnr. 93, der § 8 DepotG daneben auch als depotrechtlich umgestalteten Anspruch auf Aufhebung der Bruchteilsgemeinschaft bezeichnet.

gem. § 1011 BGB auf Herausgabe des gesamten Sammelbestands an alle Miteigentümer richten.[30] § 8 DepotG, der dem Miteigentümer im Ergebnis lediglich einen Anspruch auf Auslieferung von Einzelurkunden (nach Wahl des Verwahrers) einräumt, die überdies event. im Zeitpunkt des Auslieferungsbegehrens des Miteigentümers noch nicht Teil des Sammelbestands oder sogar noch nicht einmal gedruckt waren,[31] verwirklicht nicht mehr das Miteigentumsrecht des am Sammelbestand dinglich Berechtigten.[32] § 8 DepotG stellt auch keine inhaltliche Modifikation des Rechtsverwirklichungsanspruchs des Miteigentümers dar, sondern sieht lediglich eine vermögensmäßige Beteiligung des dinglich Berechtigten am Sammelbestand vor. Daher ist § 8 DepotG – wenn auch entgegen der Intention des Gesetzgebers[33] – lediglich als schuldrechtlicher Auslieferungsanspruch einzuordnen. Es handelt sich hierbei um den modifizierten Anspruch des Miteigentümers auf Aufhebung der Miteigentumsgemeinschaft gem. §§ 741 ff. BGB.[34] Dieser schuldrechtliche Auslieferungsanspruch des Miteigentümers richtet sich gem. § 8 i. V. m. § 7 DepotG ebenfalls nur gegen den Verwahrer, nicht aber gegen den Drittverwahrer.[35] Im übrigen ist auch der Anspruch gem. § 8 DepotG bei den praktisch sehr häufigen Dauerglobalurkunden ausgeschlossen (vgl. § 9 a Abs. 3 S. 2 DepotG).

§ 8 DepotG begrenzt und ersetzt nicht nur ansonsten bestehende Ansprüche des **16** Miteigentümers des Sammelbestands, sondern auch solche anderer dinglich Berechtigter. Hierunter sind in erster Linie Ansprüche von Pfandgläubigern am Miteigentumsanteil zu verstehen, die ebenfalls grds. einen Anspruch auf Aufhebung der Bruchteilsgemeinschaft haben (vgl. § 1258 Abs. 2 BGB).[36]

2. Besitzverhältnisse am Wertpapiersammelbestand

Der rechtliche (vgl. § 5 Abs. 1 S. 1 DepotG) und tatsächliche Regelfall ist die Sam- **17** melverwahrung der Wertpapiere. Hierbei handelt es sich um eine pyramidenförmige Stufung von Depotverträgen, wobei der Hinterleger gegen seine Depotbank, diese wiederum gegen ihren (Zwischen-) Verwahrer usw. einen Auslieferungsanspruch gem. §§ 7 Abs. 1, 8 DepotG hat. Die ganz h. M. geht nun davon aus, daß die-

---

30 MünchKomm.-*K. Schmidt* BGB § 1011 Rdnr. 1, 4.
31 Vgl. zur Ersetzungsbefugnis des Ausstellers § 9 a Abs. 1 S. 2 Nr. 1 DepotG.
32 Vgl. zu dieser Definition des dinglichen Anspruchs grdl. *Heck, Philipp*, Grundriß des Sachenrechts, 1930, § 31, 1; *Medicus, Dieter*, Bürgerliches Recht, 20. Aufl. 2004, Rdnr. 436.
33 Vgl. die amtliche Begründung zu § 8 DepotG, abgedruckt bei *Opitz* DepotG § 6, 7, 8 (S. 151).
34 Vgl. etwa *Heinsius/Horn/Than* DepotG § 6 Rdnr. 25, § 8 Rdnr. 1.
35 Im Ergebnis teilweise ähnlich, wenn auch in der Begründung anders, *Kümpel*, in: Bankrecht und Bankpraxis, Rdnr. 8/53: nach *Kümpel* soll sich nämlich der dingliche Herausgabeanspruch aus § 985 BGB ergeben; dieser Herausgabeanspruch werde durch § 8 DepotG lediglich inhaltlich umgestaltet, wobei der Drittverwahrer dem Herausgabeanspruch sein Recht zum Besitz gem. § 986 Abs. 1 BGB entgegenhalten könne; hinsichtlich des Rechts zum Besitz ebenso *Gößmann*, in: Bankrechtshandbuch II, § 72 Rdnr. 93.
36 Vgl. hierzu auch *Heinsius/Horn/Than* DepotG § 8 Rdnr. 5 f.

se Auslieferungsansprüche Mitbesitz der Hinterleger an den sammelverwahrten Wertpapieren begründen und die „Pyramide" von Depotverträgen daher ein mehrstufiges Besitzmittlungsverhältnis darstellt.[37]

18   Richtigerweise begründen die Auslieferungsansprüche gem. §§ 7, 8 DepotG aber kein Besitzmittlungsverhältnis zwischen dem Hinterleger/dinglich Berechtigten und dem (Zwischen-) Verwahrer. Ein Besitzmittlungsverhältnis würde nach ganz h. M. einen Herausgabeanspruch des Hinterlegers gegen den (Zwischen-) Verwahrer voraussetzen (§§ 868, 870 BGB).[38] Besitz bedeutet tatsächliche Sachherrschaft, beim mittelbaren Besitz wenigstens vergeistigte tatsächliche Sachherrschaft. Der lediglich schuldrechtliche Anspruch des § 7 DepotG auf Auslieferung einer Sache aus einer Gesamtheit an Sachen nach Wahl des Schuldners begründet aber noch keine Sachherrschaft des Inhabers dieses Anspruchs über die Sachgesamtheit. Ansonsten müßte jede Vorratsschuld den Anspruchsgläubiger automatisch zum Besitzer des Vorrats machen. Entsprechendes gilt aber auch für § 8 DepotG, bei dem es sich richtiger Einordnung nach um den modifizierten (schuldrechtlichen) Anspruch des Miteigentümers auf Aufhebung der Miteigentumsgemeinschaft gem. §§ 741 ff. BGB handelt. Dieser Anspruch auf Herausgabe nach Teilung begründet noch keine – mit anderen Berechtigten zusammen bestehende – tatsächliche Sachherrschaft über die im Miteigentum stehenden Sachen.[39]

19   Besonders deutlich wird das Fehlen eines Herausgabeanspruchs des Hinterlegers bzw. dinglich am Sammelbestand Berechtigten bei Dauerglobalurkunden, die nicht nur selbst nie ausgeliefert werden, sondern bei denen auch der Anspruch auf Auslieferung von Einzelurkunden auf Dauer ausgeschlossen ist (§ 9 a Abs. 3 S. 2 DepotG).[40] Aber auch bei sonstigen Sammelurkunden, bei denen der Anspruch auf Auslieferung von Einzelurkunden gem. §§ 7 Abs. 1, 8 DepotG nicht ausgeschlossen ist, können die Hinterleger nicht mehr als Mitbesitzer des Sammelbestands angesehen werden. Denn ein Besitzmittlungsverhältnis muß sich auf eine oder mehrere gegenständlich bestimmte Sachen beziehen.[41] Daher kann ein Auslieferungsanspruch, der in Zukunft einmal mit Einzelurkunden erfüllt wird, die zuvor, also im Zeitpunkt des Bestehens des Auslieferungsanspruchs event. noch nicht einmal hergestellt waren (vgl. § 9 a Abs. 1 S. 2 Nr. 1 DepotG), keine (vergeistigte) Sachherrschaft an den (niemals ausgelieferten) Sammelurkunden begründen.[42] Überdies: Unverbriefte Wertrechte (Schuldbuchforderungen) sind zwar kraft gesetzlicher

---

37   Vgl. etwa *Canaris* Rdnr. 2020; *Kümpel*, in: Bankrecht und Bankpraxis, Rdnr. 8/14; *Heinsius/Horn/Than* DepotG § 6 Rdnr. 33; *Brink* S. 52 f.; *Opitz* DepotG §§ 6, 7, 8 Bem. 14 (S. 156–158); *Wolter* S. 300.
38   Vgl. statt vieler BGH 10. 11. 1982, BGHZ 85, 263, 265; BGH 11. 6. 1953, BGHZ 10, 81, 87; Soergel-*Stadler* BGB[13] § 868 Rdnr. 10; MünchKomm.-*Joost* BGB § 868 Rdnr. 15; a. A. allerdings *Wieling, Hans*, Voraussetzungen, Übertragung und Schutz des mittelbaren Besitzes, AcP 184 (1984), 439, 445–451.
39   Vgl. hierzu ausführlich *Einsele* S. 84.
40   Ausführlich *Einsele* S. 72–75.
41   Vgl. statt vieler MünchKomm.-*Joost* BGB § 868 Rdnr. 14.
42   Vgl. hierzu ausführlich *Einsele* S. 87 f.

Anordnung den Wertpapieren gleichgestellt.[43] Mehr als zweifelhaft ist aber, ob und inwiefern ein tatsächliches Verhältnis wie der Besitz durch eine gesetzliche Gleichbehandlungsvorschrift fingiert werden kann. Richtiger Ansicht nach sind daher die Hinterleger/dinglich Berechtigten nicht (mittelbare Mit-) Besitzer des Wertpapiersammelbestands.

3. Verfügungen über sonder- und sammelverwahrte Wertpapiere

a) Eigentumsübertragung gem. §§ 18 Abs. 3, 24 Abs. 2 DepotG

Zunächst finden sich im DepotG einige Sonderregelungen zur Eigentumsübertragung von Wertpapieren.

aa) Sonderverwahrte Wertpapiere

Führt ein Kommissionär einen Auftrag zum Einkauf von Wertpapieren aus, so hat   20
er dem Kommittenten (seinem Kunden) unverzüglich, spätestens binnen einer Woche ein Verzeichnis der gekauften Stücke zu übersenden (§ 18 Abs. 1 S. 1 DepotG). Gem. § 31 DepotG gilt diese Vorschrift auch für die Ausführung eines Auftrags im Wege des Eigenhandels, der mittlerweile für Wertpapiergeschäfte der Kreditinstitute durch die sog. Festpreisgeschäfte ersetzt wurde,[44] während der ebenfalls in § 31 DepotG erwähnte Selbsteintritt praktisch nicht mehr relevant ist.[45] Gem. § 18 Abs. 3 DepotG geht das Eigentum an den darin bezeichneten Wertpapieren bereits mit Absendung des Stückeverzeichnisses (ohne eine dingliche Einigung) auf den Auftraggeber über. Dies gilt allerdings nur, soweit der Kommissionär über diese Wertpapiere verfügungsberechtigt ist. Da es sich bei § 18 Abs. 3 DepotG um einen gesetzlichen und nicht rechtsgeschäftlichen Erwerbstatbestand handelt, ist dies auch durchaus konsequent. Überdies stellt § 18 Abs. 3 DepotG klar, daß es sich hierbei um den spätesten Zeitpunkt des Eigentumserwerbs des Kunden handelt, da das Eigentum nur dann gem. § 18 Abs. 3 DepotG auf den Erwerber übergeht, wenn es nicht nach den Bestimmungen des bürgerlichen Rechts schon früher auf ihn übergegangen ist. Vorrangig ist daher zu prüfen, ob das Eigentum an den sonderverwahrten Wertpapieren nicht bereits gem. §§ 929ff. BGB übertragen wurde.

bb) Sammelverwahrte Wertpapiere

Gem. § 24 Abs. 1 DepotG kann sich der Kommissionär von seiner Verpflichtung,   21
dem Kommittenten Eigentum an bestimmten Stücken zu verschaffen, durch Übertragung von Miteigentumsanteilen an dem Sammelbestand einer Wertpapiersammelbank[46] befreien. Auch diese Vorschrift findet gem. § 31 DepotG ebenfalls Anwendung auf die Ausführung eines Auftrags im Wege des Eigenhandels, der mitt-

---

43 So etwa im deutschen Recht gem. § 8 Abs. 2 S. 1 Bundeswertpapierverwaltungsgesetz (BWpVerwG) v. 11. 12. 2001, BGBl. I, S. 3519.
44 Vgl. Nr. 9 Sonderbedingungen für Wertpapiergeschäfte (Fassung Januar 2003).
45 Vgl. Sonderbedingungen für Wertpapiergeschäfte (Fassung Januar 2003) vor Nr. 1.
46 Vgl. zur Begriffsbestimmung der Wertpapiersammelbank § 1 Abs. 3 DepotG.

lerweile für die Auftragsausführung durch Kreditinstitute durch die sog. Festpreisgeschäfte ersetzt wurde,[47] während der ebenfalls in § 31 DepotG genannte Selbsteintritt praktisch nicht mehr relevant ist.[48] Mit der Eintragung des Übertragungsvermerks im Verwahrungsbuch des Kommissionärs geht der Miteigentumsanteil (ohne dingliche Einigung) gem. § 24 Abs. 2 DepotG auf den Auftraggeber über. Ebenso wie § 18 Abs. 3 DepotG stellt § 24 Abs. 2 DepotG einen gesetzlichen Erwerbstatbestand dar; daher schließt das Gesetz auch hier die Möglichkeit gutgläubigen Erwerbs aus (vgl. den Wortlaut des § 24 Abs. 2 DepotG „soweit der Kommissionär verfügungsbefugt ist"). Im übrigen stellt § 24 Abs. 2 DepotG ebenfalls klar, daß es sich hierbei um den spätesten Zeitpunkt des Miteigentumserwerbs des Kunden handelt, da das Eigentum nur dann gem. § 24 Abs. 2 DepotG auf den Erwerber übergeht, wenn es nicht nach den Bestimmungen des bürgerlichen Rechts schon früher auf ihn übergegangen ist. Vorrangig ist daher auch hier zu prüfen, ob das Eigentum an den sammelverwahrten Wertpapieren nicht bereits gem. §§ 929 ff. BGB übertragen wurde.

b) Eigentumsübertragung girosammelverwahrter Wertpapiere gem. §§ 929 ff. BGB

22   Bei girosammelverwahrten Wertpapieren werden nicht einzelne Wertpapierurkunden, sondern Miteigentumsanteile übertragen. Daher stellt sich zunächst die Frage, ob bei der Miteigentumsübertragung der Bestimmtheitsgrundsatz gewahrt wird. Da aber der zu übertragende ideelle Bruchteil an dem Wertpapiersammelbestand feststeht, der sich bei Sachgesamtheiten auf jede einzelne Sache bezieht, ist dem Bestimmtheitsgrundsatz Genüge getan.[49]

aa) Dingliche Einigung

23   In den Vorgang der Miteigentumsübertragung an girosammelverwahrten Wertpapieren sind i.d.R. Dritte (Kreditinstitute) eingeschaltet. Daher stellt sich die weitere Frage, wer Partei der dinglichen Einigung ist, ob also diese eingeschalteten Drittpersonen beim Kauf oder Verkauf von Wertpapieren Durchgangseigentum erwerben. Hierbei sind verschiedene Konstellationen zu unterscheiden: Handelt es sich um ein Festpreisgeschäft, so ist das beauftragte Kreditinstitut Käufer bzw. Verkäufer der Wertpapiere.[50] Erfüllt das Institut dieses Geschäft aus eigenen Beständen, so kommt auch die dingliche Einigung zwischen dem Kunden und seinem Kreditinstitut zustande. Hiervon ist die Situation zu unterscheiden, in der das mit dem Verkauf oder Einkauf beauftragte Institut in Erfüllung des Kommissionsvertrags oder Festpreisgeschäfts Ausführungsgeschäfte tätigt. Richtigerweise erwirbt hier das Institut i.d.R. kein Durchgangseigentum; dabei sind allerdings das mit dem Verkauf und das mit dem Kauf beauftragte Institut gesondert zu betrachten.

---

47   Vgl. Nr. 9 Sonderbedingungen für Wertpapiergeschäfte (Fassung Januar 2003).
48   Vgl. Sonderbedingungen für Wertpapiergeschäfte (Fassung Januar 2003) vor Nr. 1.
49   Vgl. auch *Einsele* Depotgeschäft Rdnr. 95.
50   Vgl. Nr. 9 Sonderbedingungen für Wertpapiergeschäfte (Fassung Januar 2003).

Soweit das Institut als Verkaufskommissionär handelt, steht diese rechtliche Be-   24
urteilung – d.h. kein Durchgangserwerb des Kommissionärs – im Einklang mit der
h.M. im Kommissionsrecht.[51] Aber auch soweit das mit dem Verkauf beauftragte
Institut im Wege des Festpreisgeschäfts die Papiere ankauft, wirtschaftlich gesehen
jedoch die Effektengeschäfte nur „vermittelt", findet grds. kein Durchgangserwerb des Kreditinstituts statt. Denn spätestens im Augenblick der Gutschrift des
Gegenwerts ist die Bank von ihrem Kunden zur Verfügung über die verkauften
Sammelbestandanteile ermächtigt (§ 185 BGB). Da aber die Miteigentumsanteile
an dem betreffenden Sammelbestand nach den AGB der Clearstream Banking AG
erst mit Abschluß der Geldverrechnung auf den Erwerber übergehen sollen,[52] ist
die Bank zu diesem Zeitpunkt auch verfügungsbefugt und hat daher kein rechtliches Interesse an einem Durchgangserwerb.[53] Andererseits hat der Kunde ein Interesse daran, das Eigentum an den Sammelbestandanteilen möglichst lange zu behalten, um im Fall der Insolvenz des mit dem Verkauf beauftragten Instituts ein
Aussonderungsrecht gem. § 47 InsO geltend machen zu können.[54]

Aber auch die mit dem Einkauf beauftragte Bank erwirbt kein Durchgangsei-   25
gentum. Handelt das beauftragte Institut als Kommissionär, so scheint für einen
Durchgangserwerb der allgemeine Grundsatz des Kommissionsrechts zu sprechen, wonach der Kommissionär das Eigentum an dem gekauften Kommissionsgut regelmäßig zunächst selbst erwirbt und es dann durch ein besonderes Rechtsgeschäft auf den Kommittenten übertragen muß.[55] Fast noch naheliegender erscheint ein Durchgangserwerb des beauftragten Instituts, wenn dieses selbst wie im
Fall des Festpreisgeschäfts als Käufer auftritt. Jedoch dürften i.d.R. die Voraussetzungen des Geschäfts für den, den es angeht, erfüllt sein, so daß der kaufende Kunde die Wertpapiere direkt erwirbt. So stehen bereits bei Beginn der Depotbuchun-
gen die einzelnen Kommittenten fest, die einen bestimmten Wertpapierposten
erhalten sollen.[56] Auch ist dem Veräußerer die Person seines Vertragspartners
gleichgültig, zumal die Auswahl des Vertragspartners an der Börse nicht nach individuellen Kriterien erfolgt.[57] Die mit dem Einkauf beauftragte Stelle hat regelmäßig
auch den Willen, das Eigentum für den Kunden zu erwerben; insbesondere betreffen die Vereinbarungen, wonach die Kreditinstitute die Wertpapiere als Kommissionäre erwerben bzw. mit dem Kunden ein Festpreisgeschäft abschließen, lediglich das schuldrechtliche Geschäft, nicht jedoch die dingliche Seite des Erwerbsgeschäfts.[58] Dies gilt im übrigen auch, soweit eine zentrale Gegenpartei, also eine In-

---

51 Vgl. statt vieler BGH 9.6. 1959, WM 1959, 1004, 1006; *Baumbach/Hopt* § 383 HGB
Rdnr. 22.
52 Vgl. Nr. 8 Abs. 1 AGB der Clearstream Banking AG (Fassung Februar 2004).
53 Vgl. auch *Canaris* Rdnr. 2000.
54 Vgl. auch *Canaris* Rdnr. 1999.
55 Vgl. statt vieler *Baumbach/Hopt* § 383 HGB Rdnr. 25.
56 Vgl. hierzu im einzelnen *Wolter* S. 280 ff.; *Einsele* S. 52–54.
57 Vgl. hierzu ausführlich *Einsele* S. 54 f.
58 So auch *Kümpel*, in: Bankrecht und Bankpraxis, Rdnr. 8/342; *Wolter* S. 269; grds. auch
Canaris Rdnr. 1979.

stitution eingeschaltet wird, die sich zwischen die Parteien eines Börsengeschäfts stellt und somit gegenüber dem Käufer als Verkäufer und gegenüber dem Verkäufer als Käufer fungiert. Eine solche Funktion kommt der Eurex Clearing AG seit Ende März 2003 für Geschäfte in deutschen Aktien zu, die im vollelektronischen Handelssystem Xetra[59] oder an der Frankfurter Wertpapierbörse abgeschlossen werden.[60] Daher nimmt die heute h.M. zu Recht an, daß der kaufende Kunde die Wertpapiere i.d.R. direkt von dem veräußernden Kunden erwirbt.[61]

26   Bei der dinglichen Einigung handelt der Kunde allerdings nicht selbst. Da die Aufträge zur Übertragung von Sammelbestandanteilen von dem mit dem Verkauf beauftragten Institut (im eigenen Namen) erteilt werden, gibt nach zutreffender h.M. das mit dem Verkauf beauftragte Institut das Einigungsangebot mit Ermächtigung des Wertpapierinhabers (also des veräußernden Kunden) ab.[62] Insbesondere kommt Clearstream bei Abgabe des Einigungsangebots schon deshalb nicht die Funktion eines durch den Veräußerer legitimierten Nichteigentümers zu, weil Clearstream an die Weisungen ihrer Kunden gebunden ist.[63] Wesentlicher ist i.d.R. aber die Funktion, die Clearstream auf der Erwerberseite wahrnimmt. Denn Clearstream führt die Umbuchung aus, die im Rahmen der Wertpapierübertragung einen maßgeblichen Akt darstellt.[64] Auch sind weder das mit dem Erwerb beauftragte Institut noch der kaufende Kunde faktisch in den Übereignungsvorgang eingeschaltet, während Clearstream auf Erwerberseite eine relativ selbständige und eigenverantwortliche Position zukommt. Daher ist die Clearstream AG als Stellvertreter des Erwerbers anzusehen, die mit der Umbuchung das Einigungsangebot annimmt, wobei sie für den, den es angeht, handelt.[65]

---

59   Xetra steht für exchange electronic trading.
60   Vgl. auch *Horn*, Sonderbeilage Nr. 2 S. 19 zu WM 2002.
61   So im Ergebnis auch *Heinsius/Horn/Than* DepotG § 6 Rdnr. 84; *Kümpel*, in: Bankrecht und Bankpraxis, Rdnr. 8/343; *Wolter* S. 261–298; *Gößmann*, in: Bankrechtshandbuch II, § 72 Rdnr. 108; im Ergebnis gegen die Grundsätze eines Geschäfts für den, den es angeht, *Canaris* Rdnr. 1981 mit der allerdings nicht überzeugenden Begründung, die §§ 18 Abs. 3, 24 Abs. 2, 32 DepotG enthielten eine vorrangige Sonderregelung. Da die Vorschriften der §§ 18 Abs. 3, 24 Abs. 2 DepotG sogar ausdrücklich den Vorrang der §§ 929 ff. BGB vorsehen und § 32 DepotG den Kunden schützen soll, würde bei der Interpretation von *Canaris* die Absicht des Gesetzgebers ins Gegenteil verkehrt.
62   Vgl. statt vieler *Canaris* Rdnr. 2018; *Heinsius/Horn/Than* DepotG § 6 Rdnr. 84; *Wolter* S. 191–199; *Kümpel*, in: Bankrecht und Bankpraxis, Rdnr. 8/338; *Gößmann*, in: Bankrechtshandbuch II, § 72 Rdnr. 108; a.A. allerdings OLG München 24. 2. 1956, WM 1956, 876, 877f.
63   So aber etwa *Büchner* S. 111 f.; *Brink* S. 93.
64   Vgl. auch Nr. 8 Abs. 1 b AGB der Clearstream Banking AG (Fassung Februar 2004), wonach Clearstream mit Umbuchung das Besitzmittlungsverhältnis vom Kunden 1 auf den Kunden 2 umstellt.
65   So auch *Heinsius/Horn/Than* DepotG § 6 Rdnr. 84; *Wolter* S. 232; *Koller*, DB 1972, 1860; hingegen soll nach *Kümpel*, in: Bankrecht und Bankpraxis, Rdnr. 8/338 das kaufende Institut die Annahme der Übereignungsofferte konkludent dadurch erklären, daß es sich vorbehaltlos den mittelbaren Besitz einräumen läßt, während der Wertpapiersammelbank lediglich die Funktion eines Empfangsboten für das kaufende Institut zukommen soll; mittlerweile für den

Soweit allerdings Eurex als zentrale Gegenpartei eingeschaltet wurde, soll der   27
Eigentumsübergang nach den Clearing-Bedingungen von Eurex erst erfolgen,
wenn einerseits die notwendigen Umbuchungen durch Clearstream vorgenommen wurden, die Geldverrechnung durchgeführt wurde und dem Clearing-Mitglied überdies von Eurex der Ist-Lieferreport bereitgestellt wurde, der die tatsächlich belieferten Einzelgeschäfte ausweist.[66] Soweit also Clearstream in diesem Fall
überhaupt Umbuchungen vornimmt (was etwa nicht der Fall ist, soweit die Lieferforderungen und Lieferverbindlichkeiten aufgerechnet wurden), sollen diese alleine nicht genügen, vielmehr soll überdies der Ist-Lieferreport dem Clearing-Mitglied bereitgestellt worden sein. Nimmt Clearstream (hinsichtlich der aufgerechne-
ten Lieferverbindlichkeiten) keine Umbuchung vor, bedeutet diese Clearing-Be-
dingung von Eurex überdies, daß der Eigentumsübergang ohne bzw. vor einer Umbuchung (durch das Clearing-Mitglied zugunsten des kaufenden Kunden) stattfindet. Schon aus diesem Grund kann die Umbuchung hier nicht (oder zumindest
nicht stets) der entscheidende Übertragungsakt sein. In jedem Fall aber ist die Bereitstellung des Ist-Lieferreports durch Eurex der zumindest tatsächlich maßgebliche Akt, mit dem das Eigentum übertragen wird (soweit die sonstigen genannten
Voraussetzungen vorliegen). Daher läßt sich in der Erstellung des Lieferreports die
(konkludente) Annahme des Übereignungsangebots des mit dem Verkauf beauftragten Instituts durch Eurex im Wege eines Geschäfts für den, den es angeht, sehen[67] (wobei die Annahme durch die Bereitstellung dieser Listen durch Eurex für
die Clearing-Mitglieder aufschiebend bedingt wäre). Insbesondere ist eine bloße
Empfangsbotenstellung von Eurex für den Enderwerber[68] gerade dann nicht sehr
naheliegend, wenn man der h.M. folgt und einen gutgläubigen Erwerb girosammelverwahrter Effekten für grds. möglich hält (vgl. hierzu unten Rdnr. 32–35). Da
gutgläubiger Erwerb voraussetzt, daß der Erwerber bzw. sein Stellvertreter zu einem Zeitpunkt in den Übertragungsakt eingeschaltet wird, zu dem ein guter oder
event. auch böser Glaube überhaupt entfaltet werden kann, kann hier nur die auch
mit der anderen Geschäftsseite vertraute Eurex die Institution darstellen, die die
maßgebliche Willenserklärung abgibt.[69]

bb) Übergabe bzw. Übergabesurrogat?

Nach hier vertretener Auffassung sind weder die Hinterleger noch die dinglich Be-   28
rechtigten mittelbare (Mit-) Besitzer an dem Wertpapiersammelbestand. Daher

---

Regelfall (ohne Einschaltung einer zentralen Gegenpartei) wohl anders *Kümpel* Rdnr. 11.386,
11.388.
66 Vgl. V 2.1.1 Abs. 4 der Clearing-Bedingungen der Eurex Clearing AG v. 19. 9. 2005.
67 So auch *Kümpel* Rdnr. 11.386f.
68 So aber *Horn*, Sonderbeilage Nr. 2 S. 19 zu WM 2002.
69 Vgl. auch die parallelen Erwägungen, die gegen eine Empfangsbotenstellung der Wertpapiersammelbank sprechen, soweit keine zentrale Gegenpartei eingeschaltet wurde, *Einsele*
S. 63 f.

kann die Übereignung nur durch dingliche Einigung i.S.d. § 929 BGB ohne Übergabe bzw. Übergabesurrogat erfolgen.[70]

29   Demgegenüber sieht die h.M. den Hinterleger bzw. dinglich Berechtigten als mittelbaren Besitzer des Wertpapiersammelbestands an und hält daher eine Übergabe bzw. ein Übergabesurrogat bei der Übereignung für möglich und regelmäßig auch gegeben. Problematisch und umstritten ist aber auch auf der Grundlage der h.M., welcher der Tatbestände der §§ 929ff. BGB bei der Übereignung girosammelverwahrter Wertpapiere gegeben ist.

30   Überträgt eine Depotbank Wertpapiere aus Eigenbeständen an ihre Kunden, gibt sie ihre Besitzposition (die sie nach h.M. hat) an diesen Wertpapieren bei Weiterübertragung auf den Kunden nicht vollständig auf, sondern bleibt als (Zwischen-) Verwahrer Teil der Verwahrpyramide. Daher handelt es sich um eine Eigentumsübertragung gem. § 930 BGB;[71] ist die Depotbank nicht Eigentümer des Sammelbestandsanteils, so hat dies den Nachteil, daß der Kunde die Papiere nicht gutgläubig erwerben kann (§ 933 BGB).[72] Zwar wird auch eine Übereignung gem. § 931 BGB diskutiert,[73] dürfte aber meist nicht gegeben sein. Denn § 931 BGB setzt voraus, daß der Dritte, gegen den sich der Herausgabeanspruch richtet, auch nach der Abtretung Besitzer bleibt. Lehnt man richtigerweise einen Herausgabeanspruch des Hinterlegers/dinglich Berechtigten unmittelbar gegen den Zentralverwahrer ab, ist diese Voraussetzung nur erfüllt, wenn die Depotbank des Veräußerers auch die des Erwerbers ist. Außerdem vollzieht sich eine Eigentumsübertragung gem. § 931 BGB durch bloßes Rechtsgeschäft zwischen dem Veräußerer und Erwerber, während Clearstream (also der unmittelbare Besitzer der Wertpapiere) bei der Rechtsübertragung in Form der regelmäßig erfolgenden Umbuchung einen zumindest in tatsächlicher Hinsicht wesentlichen Akt erbringt. Daher erfolgt nach ganz h.M. die Übereignung girosammelverwahrter Wertpapiere i.d.R. gem. § 929 S. 1 BGB. Dabei soll die Besitzübertragung in einer Umstellung des Besitzmittlungsverhältnisses durch Clearstream liegen, die in der Umbuchung zu sehen ist.[74]

31   Soweit allerdings bei Zwischenschaltung einer zentralen Gegenpartei (Eurex Clearing) und Aufrechnung von Lieferforderungen und Lieferverbindlichkeiten keine Umbuchung des Zentralverwahrers vorgenommen wird, kann die Umstellung des Besitzmittlungsverhältnisses nicht durch den Zentralverwahrer erfolgen. Naheliegend wäre – so man denn mit der h.M. Besitz der Hinterleger/dinglich Be-

---

70 Vgl. hierzu *Einsele* S. 90f.
71 So etwa *Zöllner*, in: FS Raiser, S. 265; *Becker* S. 63–65.
72 So auch *Dechamps* S. 110f.
73 Vgl. auch LG Kiel 6. 4. 1951, WM 1951, 248; LG Düsseldorf 17. 4. 1951, WM 1951, 285; LG München I 7. 5. 1951, WM 1951, 296, 297f.; vgl. auch *Dechamps* S. 111; *Becker* S. 60.
74 Vgl. Nr. 8 Abs. 1 AGB der Clearstream Banking AG (Fassung Februar 2004); BGH 4. 2. 1999, WM 1999, 484 sogar für den Fall einer unmittelbar zwischen Privatpersonen vereinbarten Übertragung von Wertpapieren; vgl. auch *Canaris* Rdnr. 2020; *Brink* S. 96–98; *Koller*, DB 1972, 1859; *Heinsius/Horn/Than* DepotG § 6 Rdnr. 35; *Opitz* DepotG §§ 6, 7, 8 Bem. 29; offengelassen, ob eine Übereignung gem. § 929 S. 1 oder S. 2 BGB vorliegt, LG München 27. 8. 1954, WM 1954, 722, 726.

rechtigten bejaht – in der Umbuchung durch den Zwischenverwahrer, der in der Verwahrpyramide an nächster Stelle nach dem Zentralverwahrer steht, die Umstellung des Besitzmittlungsverhältnisses zu sehen. Dies ist allerdings nicht mehr vereinbar mit dem Zeitpunkt des Eigentumsübergangs, wie er in den AGB von Eurex festgelegt wurde, da nach dieser Regelung die Umbuchung keine (notwendige) Voraussetzung für den Eigentumsübergang darstellt.[75]

cc) Möglichkeit gutgläubigen Erwerbs?

Im Bereich des Effektengiroverkehrs wird die Möglichkeit des gutgläubigen Erwerbs als ein unabweisbares Bedürfnis des Rechtsverkehrs angesehen.[76] Insoweit stellt sich zunächst die Frage, nach welchen Vorschriften event. ein Rechtsscheinerwerb in Betracht kommen könnte. Da sowohl die Kundenwertpapiere als auch die Eigenbestände des Kreditinstituts vom Drittverwahrer im Regelfall im sog. Fremddepot B verbucht werden (sofern das Kreditinstitut nicht eine Eigenanzeige gem. § 4 Abs. 2 DepotG gemacht hat und die Papiere damit in das sog. Eigendepot A gelangen),[77] gilt für diese Wertpapierbestände die Fremdvermutung des § 4 Abs. 1 S. 1 DepotG. Deshalb können die veräußernden Kreditinstitute auch nicht gutgläubig als Eigentümer angesehen werden. Damit ist zwar die unmittelbare Anwendung der §§ 932 ff. BGB ausgeschlossen, in Betracht käme aber der gute Glaube des Erwerbers (oder dessen Stellvertreters) an die Verfügungsbefugnis des Kreditinstituts, das die Sammeldepotanteile überträgt (§ 366 Abs. 1 HGB i. V. m. §§ 932 ff. BGB).[78] **32**

Da nach hier vertretener Auffassung die Hinterleger/dinglich Berechtigten nicht (mittelbare) Mitbesitzer des Sammelbestands sind, scheidet die Möglichkeit gutgläubigen Erwerbs gegründet auf die Übergabe oder ein Übergabesurrogat hinsichtlich des Sammelbestands von vornherein aus. Aber richtigerweise kann auch die h.M., die Besitz der Hinterleger/dinglich Berechtigten am Sammelbestand bejaht, i.d.R. nicht die Voraussetzungen für einen gutgläubigen Erwerb gegründet auf den (vermeintlichen) Besitz der Kunden bejahen. Denn die veräußernde Bank disponiert in aller Regel allenfalls über Mitbesitz am Sammelbestand, dieser aber stellt hinsichtlich der Höhe des Miteigentumsanteils keinen aussagekräftigen, tauglichen Rechtsscheinträger dar;[79] deshalb besteht auch nicht die Möglichkeit gutgläubigen Erwerbs, zumindest nicht gegründet auf den von der h.M. bejahten Mitbesitz.[80] **33**

---

75 Vgl. V. 2.1.1 Abs. 4 der Clearing-Bedingungen der Eurex Clearing AG v. 19. 9. 2005.

76 Vgl. etwa *Canaris* Rdnr. 2026; *Heinsius/Horn/Than* DepotG § 6 Rdnr. 91; *Kümpel*, in: Bankrecht und Bankpraxis, Rdnr. 8/73.

77 Vgl. zu den verschiedenen Depots *Einsele* Depotgeschäft Rdnr. 32–35.

78 Vgl. statt vieler *Canaris* Rdnr. 2168; *Heinsius/Horn/Than* DepotG § 4 Rdnr. 19; *Kümpel*, in: Bankrecht und Bankpraxis, Rdnr. 8/17 f., insbes. Fn. 4, 8/73.

79 Vgl. statt vieler MünchKomm.-*K. Schmidt* BGB § 747 Rdnr. 20; *v. Seeler, Wilhelm*, Das Miteigentum nach dem Bürgerlichen Gesetzbuch für das Deutsche Reich, 1899, S. 42.

80 Vgl. hierzu ausführlich *Einsele* S. 97–114.

34   Auch die h.M. sieht die Problematik, daß die Disposition über den Mitbesitz (die sie im Effektengiroverkehr für gegeben erachtet) keinen geeigneten Rechtsscheinträger hinsichtlich der Höhe des Miteigentumsanteils darstellt. Daher wird für den Effektengiroverkehr heute überwiegend vertreten, die Buchung im Verwahrungsbuch fungiere entweder anstelle des (Mit-) Besitzes[81] oder zusätzlich neben dem Mitbesitz[82] als Rechtsscheinträger. Dies erscheint zunächst in der Tat naheliegend, zumal bei der Einlieferung und Auslieferung der Wertpapiere der Besitz durch die Buchung bzw. umgekehrt ersetzt wird. Überdies ist die Buchung der gemeinsame tatsächliche Akt bei der Übertragung von (unverbrieften) Schuldbuchforderungen einerseits und Sammeldepotanteilen an Wertpapieren andererseits. Unverbriefte Wertrechte (Schuldbuchforderungen) sind zwar kraft gesetzlicher Anordnung den Wertpapieren gleichgestellt.[83] Mehr als zweifelhaft ist aber, ob ein tatsächliches Verhältnis wie der Besitz aufgrund einer gesetzlichen Gleichbehandlungsvorschrift fingiert werden kann. Daher kommt als tatsächliches Element, an das man einen Rechtsscheinerwerb knüpfen könnte, im Grunde nur die Buchung in Betracht.

35   Gegen die Funktion der Buchung als Rechtsscheinträger sprechen aber eine ganze Reihe von Argumenten.[84] Insbesondere weist die Buchung nicht die für einen Rechtsscheinträger erforderliche Offenkundigkeit für den Rechtsverkehr auf, da das Bankgeheimnis den Kreditinstituten verwehrt, die Buchungsvorgänge der Allgemeinheit zugänglich zu machen.[85] Während die Einsicht in andere Register grds. jedermann offensteht, hat der Käufer von Sammeldepotanteilen nicht die Möglichkeit, Einblick in die Buchungsunterlagen zu nehmen. Hier hilft auch nicht, daß die Buchungen für die in den Erwerbsvorgang eingeschalteten Stellen, zumindest für Clearstream, erkennbar sind. Denn zum einen erfolgt die dingliche Einigung bei Einschaltung einer zentralen Gegenpartei zwischen dem verkaufenden Institut und der zentralen Gegenpartei (Eurex). Da Eurex aber keinen Einblick in die Buchungsvorgänge hat, kann Eurex noch nicht einmal theoretisch deren Ordnungsmäßigkeit überprüfen. Zum anderen wäre generell ein System sehr bedenklich, bei dem der Kunde zur Teilnahme an diesem System gezwungen ist, sich aber eine event. Bösgläubigkeit einer in dieses System eingeschalteten Stelle (wie etwa Clearstream) zurechnen lassen müßte. Da die Buchungsvorgänge auf EDV-Basis vorgenommen werden, sind überdies im Zeitpunkt der Umbuchung keine Personen vorhanden, die einen guten bzw. insbes. bösen Glauben entfalten könnten. Daher kann

---

81   Vgl. statt vieler *Canaris* Rdnr. 2027; *Heinsius/Horn/Than* DepotG §6 Rdnr. 91; *Dechamps* S. 119f.; *Brink* S. 102; *Wolter* S. 306; A.A. allerdings *Becker* S. 30ff., insbes. S. 42, wonach eine Rechtsfortbildung nicht erforderlich sei, da gutgläubiger Erwerb auch ohne Rechtsfortbildung bereits aufgrund der unmittelbaren Anwendung der §§ 929ff., 932ff. BGB möglich sei.

82   So *Kümpel*, in: Bankrecht und Bankpraxis, Rdnr. 8/73; *Koller*, DB 1972, 1909; wohl ebenso MünchKomm.-*K. Schmidt* BGB §747 Rdnr. 21.

83   So etwa im deutschen Recht gem. §8 Abs. 2 S. 1 Bundeswertpapierverwaltungsgesetz (BWpVerwG) v. 11. 12. 2001, BGBl. I, S. 3519.

84   Vgl. ausführlich *Einsele* Depotgeschäft Rdnr. 107–113.

85   Vgl. auch die vertragliche Verpflichtung der Banken und Sparkassen in Nr. 2 Abs. 1 AGB-Banken (Fassung April 2002) und Nr. 1 Abs. 1 S. 2 AGB-Sparkassen (Fassung April 2002).

ein gutgläubiger Erwerb in Anbetracht der tatsächlichen Abläufe im heutigen Effektengiroverkehr grds. nicht mehr begründet werden.[86]

c) Verpfändung girosammelverwahrter Wertpapiere

Die Verpfändung von Wertpapieren spielt zur Sicherung von Ansprüchen der Bank gegen ihre Kunden (vgl. Art. 14 AGB-Banken), aber auch zur Sicherung von Ansprüchen gegen andere Banken in der Praxis eine wesentliche Rolle. Dies war auch Anlaß für den Erlaß der Richtlinie 2002/47/EG des Europäischen Parlaments und des Rates über Finanzsicherheiten v. 6. Juni 2002[87]. Ziel dieser Richtlinie ist, eine gemeinschaftsweite Regelung für die Bereitstellung von Wertpapieren und Barguthaben als Sicherheiten in Form von beschränkten dinglichen Sicherungsrechten oder im Wege der Vollrechtsübertragung einschließlich Wertpapierpensionsgeschäften (Repos) zu schaffen.[88] Diese Finanzsicherheiten-Richtlinie wurde mittlerweile mit dem Gesetz zur Umsetzung der Richtlinie 2002/47/EG v. 6. Juni 2002 über Finanzsicherheiten und zur Änderung des Hypothekenbankgesetzes und anderer Gesetze v. 5. April 2004 in das deutsche Recht umgesetzt.[89] Durch dieses Gesetz wurden insbes. Bestimmungen der InsO geändert und § 1259 BGB eingefügt; diese Änderungen, die eine effektive Verwertung von Finanzsicherheiten ermöglichen sollen, sind hier allerdings nicht Gegenstand näherer Betrachtung.

Da Orderpapiere nur in Girosammelverwahrung genommen werden, wenn sie blankoindossiert sind,[90] werden sie wie Inhaberpapiere übertragen und auch verpfändet. Die Verpfändung solch girosammelverwahrter Wertpapiere erfolgt nach h.M. (die die Hinterleger/dinglich Berechtigten für Mitbesitzer des Sammelbestands hält) gem. § 1205 Abs. 1 S. 1 BGB durch Umstellung des Besitzmittlungsverhältnisses durch den Zentralverwahrer (Clearstream).[91] Auf der Grundlage der h.M. ist aber auch eine Verpfändung gem. § 1205 Abs. 2 BGB denkbar, wobei die hierfür erforderliche Verpfändungsanzeige in dem sog. Verpfändungsübertrag gesehen werden kann, mit dem der Zentralverwahrer zu einer entsprechenden Buchung angewiesen wird.[92] Allerdings muß selbst auf der Grundlage der h.M. ein gutgläubiger Pfandrechtserwerb, der sowohl bei einer Verpfändung gem. § 1205 Abs. 1 S. 1 BGB als auch gem. § 1205 Abs. 2 BGB grds. gem. §§ 1207, 932, 934 BGB möglich ist, zumindest im Fall der Verpfändung an die Depotbank des Verpfänders scheitern. Denn der Depotbank steht der Auslieferungsanspruch gem. § 7 Abs. 1 DepotG, mit dem die h.M. die Besitzposition der Hinterleger begründet, auch oh-

Randziffern im Außenrand: 36, 37

---

86 Vgl. ausführlich *Einsele* Depotgeschäft Rdnr. 107–113.
87 ABl. EG v. 27. 6. 2002, Nr. L 168, S. 43.
88 Vgl. den 3. Erwägungsgrund der Finanzsicherheiten-Richtlinie.
89 BGBl. I Nr. 15/2004, S. 502 ff.
90 Vgl. Nr. 46 Abs. 1 AGB der Clearstream Banking AG (Fassung Februar 2004).
91 Vgl. statt vieler *Canaris* Rdnr. 2023; *Heinsius/Horn/Than* DepotG § 6 Rdnr. 96; *Gößmann*, in: Bankrechtshandbuch II, § 72 Rdnr. 115.
92 Vgl. hierzu Nr. 43 Abs. 1 AGB der Clearstream Banking AG (Fassung Februar 2004); *Kümpel*, in: Bankrecht und Bankpraxis, Rdnr. 8/346.

ne und vor der Verpfändung der girosammelverwahrten Wertpapiere zu. Daher fehlt auch bei Zugrundelegung der h.M. ein geeigneter Rechtsscheintatbestand, da die Bank den Besitz an den Girosammelanteilen (sofern man einen solchen denn bejaht) nicht vom verpfändenden Nichteigentümer oder auf dessen Veranlassung erhält.[93]

38   Nach hier vertretener Auffassung hat hingegen der Depotinhaber keinen Besitz an dem Sammelbestand. Daher kann die Verpfändung solch besitzloser Sachen nur durch eine Verpfändung des Auslieferungsanspruchs gem. §§ 1274 Abs. 1 S. 1, 1280 BGB erfolgen.[94] Diese Verpfändung setzt zwar eine Anzeige des Gläubigers an den Schuldner des Auslieferungsanspruchs voraus; diese Anzeige dürfte bei Verpfändungen an Dritte (nicht Depotbanken) aber wiederum im Verpfändungsübertrag liegen, mit dem der Zentralverwahrer zu einer entsprechenden Buchung angewiesen wird.[95] Erfolgt die Verpfändung hingegen an einen Verwahrer, der innerhalb der „Verwahrpyramide" eine Stufe höher als der Verpfänder steht, so ist eine Verpfändung auch ohne eine Anzeige wirksam. § 1280 BGB will nämlich sicherstellen, daß der Schuldner nicht an die falsche Adresse befreiend leistet (§ 407 BGB).[96] Sind hingegen Schuldner und Pfandgläubiger (wie im Fall der Verpfändung an den nächst höherstufigen Verwahrer) identisch, so erübrigt sich eine solche Anzeige.[97] Die Verpfändung des Auslieferungsanspruchs gem. § 1274 Abs. 1 S. 1 BGB ermöglicht allerdings in keinem Fall einen gutgläubigen Pfandrechtserwerb.

4. Wertpapierverwaltung

39   Der Depotvertrag ist ein gemischttypischer Vertrag, der neben der depotgesetzlich modifizierten Pflicht zur Verwahrung auch die Pflicht zur Verwaltung der Wertpapiere, nicht aber zur laufenden Beratung des Kunden[98] umfaßt. Die Wertpapierverwaltung stellt einen Geschäftsbesorgungsvertrag mit dienstvertraglichen Elementen i.S.d. §§ 675 Abs. 1, 611ff. BGB dar.[99] Vorrangig sind allerdings die Nr. 13–20 der Sonderbedingungen für Wertpapiergeschäfte (Fassung Januar 2003) zu berücksichtigen, die den Inhalt und Umfang der Verwaltungspflichten der Kreditinstitute im einzelnen regeln und einen Rückgriff auf die §§ 675 Abs. 1, 611ff. BGB i.d.R. nicht erforderlich machen.[100] Die Verwaltungspflichten wurden von den jeweiligen Verwahrern (der Verwahrpyramide) übernommen und sind daher auch von diesen zu erfüllen. Hiervon geht auch Nr. 30 Abs. 1 AGB der Clearstream Banking AG

---

93   Vgl. hierzu ausführlich *Einsele* S. 125–127.
94   So auch Staudinger-*Wiegand* BGB (1997) § 1205 Rdnr. 23.
95   Vgl. Nr. 43 Abs. 1 AGB der Clearstream Banking AG (Fassung Februar 2004).
96   Vgl. statt vieler Staudinger-*Wiegand* BGB (1997) § 1280 Rdnr. 1.
97   Vgl. etwa BGH 29. 11. 1984, BGHZ 93, 71, 76.
98   So BGH 23. 11. 2004, WM 2005, 270, 271; *Kümpel* Rdnr. 11.107.
99   So auch BGH 11. 12. 1999, NJW 1991, 978.
100 Vgl. hierzu *Canaris* Rdnr. 2182; *Gößmann*, in: Bankrechtshandbuch II, § 72 Rdnr. 166f.; *Kümpel*, in: Bankrecht und Bankpraxis, Rdnr. 8/245 a.

aus, da Clearstream darin die Verwaltung der girosammelverwahrten Wertpapiere ihrer Kunden (der Depotbanken) nur insoweit übernimmt, als sie sich hierzu in ihren AGB verpflichtet hat. Tatsächlich aber wird die Verwaltung in erheblichem Umfang von der Clearstream Banking AG wahrgenommen,[101] zumal nur Clearstream als Zentralverwahrer die unmittelbare Zugriffs- und Einwirkungsmöglichkeit auf den Sammelbestand hat.[102] Da gegenüber dem Hinterleger die (jeweilige) Depotbank zur Verwaltung der Wertpapiere verpflichtet ist, haftet sie ihrem Kunden für die Erfüllung der Verwaltungspflichten durch die Clearstream Banking AG gem. § 278 BGB.[103]

Die Wertpapierverwaltung umfaßt u.a. die Einlösung von Zins-, Gewinnanteil- **40** und Ertragscheinen sowie die Einlösung von rückzahlbaren Wertpapieren bei deren Fälligkeit.[104] Das Kreditinstitut übernimmt bei Schuldverschreibungen auch die Pflicht zur Überwachung des Zeitpunkts der Rückzahlung infolge von Auslosungen und Kündigungen anhand der Veröffentlichungen in den „Wertpapier-Mitteilungen"[105] sowie die Verpflichtung, den Kunden über bestimmte Ereignisse wie die Einräumung von Bezugsrechten, den Verfall von Rechten aus Optionsscheinen oder Wandlungsrechten aus Wandelschuldverschreibungen, über gesetzliche Abfindungs- und Umtauschangebote, freiwillige Kauf- und Umtauschangebote, Sanierungsverfahren und sonstige für den Kunden erhebliche Tatsachen zu benachrichtigen.[106] Insoweit hat das Kreditinstitut die in den „Wertpapier-Mitteilungen" veröffentlichten Informationen zwar vollständig und unmißverständlich weiterzuleiten; es ist aufgrund der Sonderbedingungen für Wertpapiergeschäfte aber weder zu vollumfänglicher Betreuung und Beratung des Kunden noch grds. dazu verpflichtet, auf die Konsequenzen und die wirtschaftliche Bedeutung einer weitergeleiteten Information hinzuweisen.[107] Neben diesen Benachrichtigungspflichten überprüft das Kreditinstitut anhand der „Sammelliste mit Opposition belegter Wertpapiere" in den „Wertpapier-Mitteilungen", ob diese von Verlustmeldungen

101 Vgl. Nr. 14, 17, 30 Abs. 2–4, 33–37, 39 AGB der Clearstream Banking AG (Fassung Februar 2004).
102 Vgl. auch *Heinsius/Horn/Than* DepotG § 6 Rdnr. 51; *Gößmann*, in: Bankrechtshandbuch II, § 72 Rdnr. 168.
103 So im Fall der Inlandsverwahrung auch Nr. 19 Abs. 1 S. 2 Sonderbedingungen für Wertpapiergeschäfte (Fassung Januar 2003); aber auch im Fall der Auslandsverwahrung haftet die Depotbank für die Erfüllung der Verwaltungspflichten der Clearstream Banking AG als Zwischenverwahrer, vgl. Nr. 19 Abs. 2 S. 2 Sonderbedingungen für Wertpapiergeschäfte (Fassung Januar 2003).
104 Nr. 14 Abs. 1 S. 1 Sonderbedingungen für Wertpapiergeschäfte (Fassung Januar 2003).
105 Vgl. Nr. 14 Abs. 3 S. 1 Sonderbedingungen für Wertpapiergeschäfte (Fassung Januar 2003).
106 Vgl. Nr. 15, 16 Sonderbedingungen für Wertpapiergeschäfte (Fassung Januar 2003).
107 BGH 23. 11. 2004, WM 2005, 270, 271 (zu Nr. 16 der Sonderbedingungen für Wertpapiergeschäfte); BGH 7. 5. 2002, JZ 2003, 97, 98 f. m. Anm. *Einsele, Dorothee*, JZ 2003, 100–102 (zu Nr. 15 der Sonderbedingungen für Wertpapiergeschäfte), wobei der BGH die Benachrichtigungspflicht gem. Nr. 15 Abs. 2 der Sonderbedingungen für Wertpapiergeschäfte zu Recht grds. als Schickschuld ansah.

(Opposition), Zahlungssperren und dergleichen betroffen sind.[108] Während sich das Kreditinstitut gegenüber dem Kunden nur einmalig bei der Einlieferung der Wertpapierurkunden zu dieser Prüfung verpflichtet,[109] nimmt der Zentralverwahrer (Clearstream Banking AG) diese Überprüfung auch danach fortlaufend vor.[110]

41   Weitere wesentliche Verwaltungspflichten der Verwahrer finden sich allerdings nicht in den Sonderbedingungen für Wertpapiergeschäfte, sondern sind im AktG geregelt. So haben die Kreditinstitute Gesellschaftsmitteilungen, die ihnen gem. § 125 Abs. 1 AktG übersandt wurden, unverzüglich an ihre Depotkunden weiterzuleiten, für die sie Aktien dieser Gesellschaft verwahren (§ 128 Abs. 1 AktG). Auch finden sich die Einzelheiten zur Ausübung des Stimmrechts des Aktionärs durch die Depotbank ebenfalls im AktG (vgl. insbes. §§ 128 Abs. 2, 135 AktG). Danach bedarf das Kreditinstitut einer (jederzeit widerruflichen) Vollmacht und unterliegt überdies zur Vermeidung von Interessenkonflikten etlichen Beschränkungen bei der Ausübung des Vollmachtstimmrechts (vgl. insbes. §§ 135 Abs. 1, 2 AktG).[111]

5. Gesetzliche Sicherungsrechte der mit den Wertpapiergeschäften beauftragten Institute

42   Den Instituten, die mit dem Kauf oder Verkauf von Wertpapieren beauftragt wurden, steht für bestimmte Forderungen ein gesetzliches Pfandrecht gem. § 397 HGB an dem Kommissionsgut zu. Das Pfandrecht entsteht also an den zu veräußernden oder zu erwerbenden Wertpapieren und sichert insbesondere die Forderung der Bank gegen den Kunden auf Erstattung des Kaufpreises, aber auch die Ansprüche der Bank wegen der auf das Gut verwendeten Kosten und der dem Institut zustehenden Provision; daneben sichert das Pfandrecht sämtliche Forderungen aus laufender Rechnung. Das Pfandrecht steht nicht nur dem Kommissionär (§ 397 HGB), sondern gem. § 406 HGB auch dem Institut zu, das die Effektenkauf- und -verkaufaufträge im Wege des Festpreisgeschäfts ausführt.[112] Daß das mit dem Wertpapiergeschäft beauftragte Institut möglicherweise (im Fall des ausnahmsweisen Durchgangserwerbs) Eigentümer des Kommissionsguts ist, steht dem gesetzlichen Pfandrecht des Instituts nicht entgegen. Denn § 398 HGB stellt insoweit klar, daß dem Institut in diesem Fall – entgegen der allgemeinen Regel des § 1258 BGB – ein pfandrechtsähnliches Befriedigungsrecht an eigener Sache zusteht.

---

108   Zu den Einzelheiten vgl. Nr. 17 Sonderbedingungen für Wertpapiergeschäfte (Fassung Januar 2003).
109   Vgl. aber auch Nr. 17 S. 2 der Sonderbedingungen für Wertpapiergeschäfte (Fassung Januar 2003), wonach die Überprüfung auf Aufgebotsverfahren zur Kraftloserklärung von Wertpapierurkunden auch nach der Einlieferung erfolgt.
110   Vgl. hierzu Nr. 30 Abs. 4 AGB der Clearstream Banking AG (Fassung Februar 2004).
111   Vgl. zur Wertpapierverwaltung ausführlich *Einsele* Depotgeschäft Rdnr. 153–172.
112   Vgl. auch *Kümpel*, in: Bankrecht und Bankpraxis, Rdnr. 8/21.

Gem. § 397 HGB ist zwar Voraussetzung für den Erwerb des Pfandrechts, daß **43** der Kommissionär das Kommissionsgut im Besitz hat. Da nach hier vertretener Auffassung die Depotinhaber nicht (Mit-) Besitzer des Sammelbestands sind, könnte deshalb der Erwerb des Pfandrechts zweifelhaft sein. Wie jedoch der Halbsatz „... insbesondere mittels Konnossements, Ladescheins oder Lagerscheins darüber verfügen kann ..." in § 397 HGB zeigt, ist damit nicht unbedingt der Besitz als tatsächliche Sachherrschaft gemeint und gefordert; ausreichend ist vielmehr, wenn der Kommissionär die Verfügungsgewalt über das Kommissionsgut hat.[113] Daher sind die mit den Wertpapiergeschäften beauftragten Institute unabhängig von einem regelmäßig bereits rechtsgeschäftlich bestellten Pfandrecht (gem. Nr. 14 AGB-Banken) auch über das gesetzliche Pfandrecht gem. § 397 HGB (event. i. V. m. §§ 398, 406 HGB) am Kommissionsgut gesichert.

6. Insolvenzvorrechte von Kunden und Wertpapierkäufern

Soweit die Kunden (Mit-)Eigentümer der Wertpapiere bzw. des Wertpapiersam- **44** melbestands sind, steht ihnen ein Aussonderungsrecht gem. § 47 InsO zu. Daher ist der Kunde, der ein Institut mit dem Verkauf seiner Wertpapiere beauftragt, in vielen Fällen schon deshalb geschützt, weil er sein Eigentum ohne Durchgangserwerb des mit dem Verkauf beauftragten Instituts im Effektengiroverkehr erst verliert, wenn der Zentralverwahrer eine entsprechende Umbuchung vornimmt. Der kaufende Kunde hingegen erhält das Eigentum an den gekauften Wertpapieren – jedenfalls nach hier vertretener Auffassung – gem. den Grundsätzen des Geschäfts für den, den es angeht, ohne Durchgangserwerb des kaufenden Instituts bereits mit Umbuchung des Zentralverwahrers.

Darüber hinaus normieren die §§ 32, 33 DepotG für bestimmte Gläubiger einen **45** Vorrang im Insolvenzverfahren von Verwahrern, Pfandgläubigern, Kommissionären, Eigenhändlern bzw. heute Verkäufern bei Festpreisgeschäften. Steht dem Kunden kein Aussonderungsrecht zu, weil er noch nicht oder nicht mehr (Mit-)Eigentümer der Wertpapiere ist, so räumt ihm § 32 DepotG immerhin ein Insolvenzvorrecht ein. Geschützt wird zum einen der Kommittent (bzw. Käufer)[114], der bei Eröffnung des Insolvenzverfahrens das (Mit-)Eigentum an Wertpapieren noch nicht erlangt hat (§ 32 Abs. 1 Nr. 1 DepotG). Das Insolvenzvorrecht steht aber auch den Personen (Hinterleger, Verpfänder und Kommittenten) zu, über deren (Mit-)Eigentum der Verwahrer, Pfandgläubiger oder Kommissionär rechtswidrig verfügt hat (§ 32 Abs. 1 Nr. 2 DepotG). Während § 32 Abs. 1 Nr. 1 DepotG noch nicht befriedigte Lieferungsansprüche von Kommittenten/Käufern schützt, werden durch § 32 Abs. 1 Nr. 2 DepotG hauptsächlich Schadensersatz- und Bereicherungsan-

---

113 Vgl. ebenso für das Parallelproblem beim Pfandrecht der Banken gem. Nr. 14 AGB-Banken *Canaris* Rdnr. 2687; vgl. zu dieser Problematik auch *Einsele* S. 131 f.
114 Vgl. § 32 Abs. 2 DepotG; vgl. auch *Kümpel*, in: Bankrecht und Bankpraxis, Rdnr. 8/197 b.

sprüche bevorrechtigt behandelt.[115] In beiden Fällen ist Voraussetzung, daß die geschützten Personen bei Eröffnung des Insolvenzverfahrens ihre Verpflichtungen aus dem Geschäft gerade über die Wertpapiere, derentwegen das Insolvenzvorrecht geltend gemacht wird, entweder vollständig erfüllt haben oder der nicht erfüllte Teil 10% des Wertes ihres Wertpapierlieferungsanspruchs nicht überschreitet und sie innerhalb einer Woche nach Aufforderung des Insolvenzverwalters diese Verpflichtungen vollständig erfüllen (§ 32 Abs. 1 Nr. 3 DepotG).

46   Zur Verwirklichung des Insolvenzvorrechts wird eine Sondermasse gebildet, in die alle in der Masse vorhandenen Wertpapiere derselben Art, also auch eigene Bestände des insolventen Schuldners fallen.[116] Zur Sondermasse gehören aber auch Ansprüche auf Lieferung von Wertpapieren dieser Art (§ 32 Abs. 3 S. 1 DepotG), und zwar unabhängig davon, ob der insolvente Schuldner diese Lieferungsansprüche aus Käufen für eigene Rechnung oder aus Verkaufskommissionsgeschäften hat, grds. einschließlich der Zinsen und Dividenden, die nach Eröffnung des Insolvenzverfahrens aus Wertpapieren der Sondermasse anfallen.[117] Die bevorrechtigten Gläubiger werden vor den Forderungen der anderen Insolvenzgläubiger, und zwar nach Möglichkeit durch Lieferung von Wertpapieren, aus der Sondermasse befriedigt (§ 32 Abs. 3 DepotG).[118]

47   Ein weiteres Insolvenzvorrecht besteht gem. § 33 DepotG für Hinterleger, die dem insolventen Schuldner eine Verpfändungsermächtigung gem. § 12 Abs. 2 DepotG erteilt haben. Da eine unbeschränkte Verpfändungsermächtigung gem. § 12 Abs. 4 DepotG sowie eine Aneignungsermächtigung gem. § 13 DepotG auch eine regelmäßige Verpfändungsermächtigung gem. § 12 Abs. 2 DepotG mit einschließt[119], steht diesen Verpfändern ebenfalls das Insolvenzvorrecht des § 33 DepotG zu; insbes. paßt auch hier der Normzweck des § 33 DepotG, im Insolvenzverfahren des Verwahrers der Gefahrengemeinschaft der Hinterleger entsprechend deren gleichmäßige Befriedigung vorzusehen.[120]

7. Pfändung girosammelverwahrter Wertpapiere

48   In Anbetracht der tatsächlichen Verhältnisse der Wertpapierverwahrung und -übertragung bereitet die Pfändung von Sammelbestandanteilen erhebliche Probleme.[121] Grundsätzlich werden Miteigentumsanteile gem. §§ 857, 829, 835, 836

---

115 *Canaris* Rdnr. 2076 f.; *Heinsius/Horn/Than* DepotG § 32 Rdnr. 12 f., 20.
116 Vgl. etwa *Heinsius/Horn/Than* DepotG § 32 Rdnr. 41.
117 Vgl. hierzu im einzelnen *Hopt*, BB 1975, 403; *Canaris* Rdnr. 2074.
118 Vgl. *Kümpel*, in: Bankrecht und Bankpraxis, Rdnr. 8/197 a; vgl. zu den Einzelheiten der Verteilung der Sondermasse *Heinsius/Horn/Than* DepotG § 32 Rdnr. 48–53.
119 *Opitz* DepotG § 33 Bem. 3; *Canaris* Rdnr. 2213.
120 So auch *Canaris* Rdnr. 2213; vgl. auch *Opitz* DepotG § 33 Bem. 3.
121 Vgl. zur Zwangsvollstreckung aus einem Titel, der auf die Übertragung von Aktien gerichtet ist, die sich in Sammelverwahrung befinden, BGH 16. 7. 2004, WM 2004, 1747 m. Anm. *Einsele, Dorothee*, WuB I G 3. – 1.04: wenn auch bezogen auf die etwas anders gelagerte Problematik der Zwangsvollstreckung zur Erwirkung der Übereignung von Sammeldepotanteilen

ZPO gepfändet. Demgemäß müßte der Pfändungs- und Überweisungsbeschluß eigentlich allen anderen Miteigentümern als Drittschuldnern zugestellt werden. Da dies jedoch völlig unpraktikabel wäre, ist der Pfändungs- und Überweisungsbeschluß nach bisher allgemeiner Meinung dem Verwahrer zuzustellen.[122] Daß die Zustellung des Pfändungsbeschlusses an den Verwahrer ausreichend sein soll, ist aber als gewillkürte Ermächtigung auf der Passivseite rechtlich nur schwer begründbar.[123] Im übrigen ist auch nicht klar, wer als für die Zustellung des Pfändungsbeschlusses ermächtigter Verwahrer anzusehen ist. Teilweise wird in der depotrechtlichen Literatur angenommen, dies sei der Verwahrer, der in einer unmittelbaren Rechtsbeziehung zum Schuldner stehe,[124] teils wird aber auch generell auf die Sammelbank abgestellt, was auf jeden Fall den Zentralverwahrer mit einschließen würde.[125] Dies wäre jedoch in Anbetracht der hierarchischen Stufung der Verwahrpyramide völlig unpraktikabel. Denn der Zentralverwahrer kann die Person des Endinvestors nicht aus seinen Depotunterlagen entnehmen, so daß er bei Zustellung eines Pfändungsbeschlusses nicht wüßte, welche Anteile nun gepfändet wurden, geschweige denn in der Lage wäre, eine Drittschuldnererklärung gem. § 840 ZPO abzugeben. Dies würde im Extremfall zu einem zumindest zeitweiligen Stillstand der Tätigkeit des Zentralverwahrers führen.[126]

Die Vermeidung dieses sog. upper tier attachment, also der Pfändung der Rechtsposition des Anlegers auf der Ebene eines höherstufigen Verwahrers, mit dem der Anleger nicht depotvertraglich verbunden ist, ist ein Ziel, das die UNIDROIT-Study Group on Harmonised Substantive Rules Regarding Securities Held with an Intermediary mit ihrem im Dezember 2004 vorgelegten vorläufigen Konventionsentwurf verfolgt.[127]

49

---

führte der BGH in dieser Entscheidung interessanterweise aus, die bestehenden Vorschriften des Zwangsvollstreckungsrechts würden der Entwicklung des Wertpapiermarktes zu globalverbrieften und sammelverwahrten Papieren nicht Rechnung tragen (vgl. BGH WM 2004, 1748).

122 Vgl. etwa *Heinsius/Horn/Than* DepotG § 6 Rdnr. 50; *Kümpel*, in: Bankrecht und Bankpraxis, Rdnr. 8/79a; *Baumbach/Hopt*, HGB, § 6 DepotG Rdnr. 2.
123 Vgl. im einzelnen *Einsele* S. 133f.
124 *Heinsius/Horn/Than* DepotG § 6 Rdnr. 50; *Kümpel*, in: Bankrecht und Bankpraxis, Rdnr. 8/79a.
125 So offenbar *Baumbach/Hopt*, HGB, § 6 DepotG Rdnr. 2; wohl auch *Opitz* DepotG §§ 6, 7, 8 Bem. 36.
126 Man könnte zwar auch an eine Pfändung des Auslieferungsanspruchs des Anlegers gem. §§ 846, 847 ZPO denken. Aber abgesehen davon, daß bei Dauerglobalurkunden ein solcher Herausgabeanspruch nicht besteht, würde eine auch spätere Pfändung des Miteigentumsanteils einer Pfändung gem. §§ 846, 847 ZPO bis zur Herausgabe der Wertpapiere an den Gerichtsvollzieher vorgehen (vgl. etwa *Kümpel*, in: Bankrecht und Bankpraxis, Rdnr. 8/79b; *Stöber, Kurt*, Forderungspfändung, 13. Aufl. 2002, Rdnr. 2031).
127 Vgl. Art. 8 dieses vorläufigen Konventionsentwurfs, vgl. zum englischen und französischen Text des Übereinkommens Unif. L. Rev. / Rev. dr. unif. 2005, 10–35; vgl. zum deutschen Text WM 2005, 1147–1152.

III. Grenzüberschreitende Wertpapiertransaktionen

1. Tatsächliche Gestaltung grenzüberschreitender Wertpapiertransaktionen

Bei Wertpapiergeschäften mit einem grenzüberschreitenden Bezug, insbes. bei Geschäften in ausländischen Wertpapieren, stellt sich zunächst die Frage, ob sie in die deutsche Girosammelverwahrung einbezogen werden können.

a) Einbeziehung in die deutsche Girosammelverwahrung

50 Ausländische Wertpapiere können nur dann in die deutsche Girosammelverwahrung einbezogen werden, wenn die verwahrten Wertpapiere der Definition des § 1 Abs. 1 DepotG unterfallen, d.h. als vertretbare Wertpapiere i.S.d. § 1 Abs. 1 DepotG qualifiziert werden können.

aa) Vertretbare ausländische Wertpapiere

51 Die Frage, ob ein ausländisches Papier ein vertretbares Wertpapier i.S.d. § 1 Abs. 1 DepotG darstellt, richtet sich nach dem sog. Wertpapierrechtsstatut. Hierbei handelt es sich um die Rechtsordnung, der das verbriefte Recht unterliegt. Das Wertpapierrechtsstatut entscheidet über den Inhalt, die Entstehung und den Untergang des verbrieften Rechts; es ist überdies maßgeblich für die Frage, ob es sich bei der verbriefenden Urkunde um ein Wertpapier handelt, welcher Art dieses Wertpapier ist (Inhaber-, Order- oder Rektapapier) und insbes. auch, wie das verbriefte Recht übertragen wird, ob hierfür also die Übereignung des Papiers erforderlich ist.[128]

52 Das Wertpapierrechtsstatut wird danach bestimmt, welches Recht nach den allgemeinen Regeln des internationalen Privatrechts auf die Rechtsverhältnisse Anwendung findet, die mit dem Papier verbrieft werden. Werden mit dem Wertpapier Mitgliedschaftsrechte einer Gesellschaft verbrieft, so ist das Gesellschaftsstatut das Wertpapierrechtsstatut.[129] Bei Wertpapieren schuldrechtlichen Inhalts besteht hingegen grds. Rechtswahlfreiheit.[130] Wurde jedoch ausnahmsweise keine Rechtswahl vorgenommen, ist aber etwa eine Anleihe ausschließlich für einen bestimmten Kapitalmarkt bestimmt und dessen Rechtsvorschriften angepaßt, so besteht die engste Verbindung zu diesem Kapitalmarkt (Art. 28 Abs. 5 EGBGB); maßgeblich für den

---

128 Vgl. hierzu ausführlich *Einsele* S. 397 f.; Staudinger-*Stoll* BGB (1996) IntSachenR Rdnr. 412, 415; vgl. auch MünchKomm.-*Wendehorst* BGB Art. 43 EGBGB Rdnr. 195.
129 *Einsele* S. 398; MünchKomm.-*Wendehorst* BGB Art. 43 EGBGB Rdnr. 194; Staudinger-*Stoll* BGB (1996) IntSachenR Rdnr. 415.
130 Zwar wurden gem. Art. 37 Nr. 1 EGBGB wertpapierrechtliche Verpflichtungen aus dem Anwendungsbereich des internationalen Schuldvertragsrecht ausgenommen; nach BGH 5. 10. 1993, IPRspr. 1993 Nr. 43 sollte damit jedoch die Parteiautonomie im Bereich des Wertpapierrechts nicht ausgeschlossen, sondern lediglich der Vorrang der Genfer Abkommen über das einheitliche Wechsel- und Scheckrecht sichergestellt werden; so auch *Martiny*, in: *Reithmann/Martiny*, Rdnr. 185 f.

Inhalt der Anleihe ist dann das Recht des Plazierungsmarkts.[131] Wird hingegen eine Anleihe auf verschiedenen Märkten plaziert, kommt ohne eine Rechtswahlvereinbarung das Recht der geschäftlichen Niederlassung des Emittenten als der Partei zur Anwendung, die die vertragscharakteristische Leistung erbringt (vgl. Art. 28 Abs. 2 EGBGB);[132] diese Anknüpfung entspricht i.d.R. der an das Recht des Ausstellungsortes des (schuldrechtlichen) Wertpapiers.[133] Werden Sachenrechte verbrieft (so etwa beim Grund- bzw. Rentenschuldbrief), ist das Wertpapierrechtsstatut der Ort, an dem die belastete Sache belegen ist; das maßgebliche Wertpapierrechtsstatut ist hier also die lex rei sitae.[134]

Handelt es sich bei den Wertpapieren nach dem (maßgeblichen ausländischen) Wertpapierrechtsstatut um Urkunden, deren Innehabung zur Geltendmachung des verbrieften Rechts erforderlich ist[135], so werden die ausländischen Wertpapiere (im Fall ihrer Vertretbarkeit) auch von § 1 Abs. 1 DepotG erfaßt.[136] Wertpapiere i.S.d. § 1 Abs. 1 DepotG stellen insbesondere die Urkunden dar, denen nach dem maßgeblichen Wertpapierrechtsstatut Verkörperungswirkung in dem Sinne zukommt, daß für die Übertragung des verbrieften Rechts die Übertragung des Papiers erforderlich ist.[137]

Daneben müssen die Wertpapiere nach dem maßgeblichen Wertpapierrechtsstatut vertretbar, d.h. untereinander austauschbar sein.[138] Bei ausländischen, etwa US-amerikanischen, auf den Namen lautenden Share Certificates ist dies nur dann der Fall, wenn sie auf den Namen desselben Nominee lauten, also auch für diesen in dem (Aktien-)Register eingetragen sowie mit dessen Blankoindossament versehen sind. Nur unter dieser Voraussetzung sind die Wertpapiere vertretbar i.S.d. § 1 Abs. 1 DepotG und damit im Inland girosammelverwahrfähig.[139] Als Nominee können sowohl ein ausländischer Verwahrer als auch Clearstream bzw. eine inländische Depotbank fungieren.[140] Die Banken übernehmen mit ihrer Eintragung als

53

54

---

131 Vgl. MünchKomm.-*Martiny* BGB Art. 28 EGBGB Rdnr. 186; *Grundmann*, in: Bankrechtshandbuch III, § 112 Rdnr. 121.

132 So bereits RG 14.11. 1929, RGZ 126, 196, 200 = IPRspr. 1930 Nr. 34; RG 14.12. 1934, RGZ 146, 1 = IPRspr. 1935–1944 Nr. 103; vgl. auch MünchKomm.-*Martiny* BGB Art. 28 EGBGB Rdnr. 185; *Grundmann*, in: Bankrechtshandbuch III, § 112 Rdnr. 121.

133 Staudinger-*Stoll* BGB (1996) IntSachenR Rdnr. 416; *Einsele* S. 398.

134 *Einsele* S. 398; Staudinger-*Stoll* BGB (1996) IntSachenR Rdnr. 415.

135 Vgl. für den weiten Wertpapierbegriff der h.M. statt vieler *Baumbach/Hefermehl*, Wechselgesetz und Scheckgesetz, 22. Aufl. 2000, WPR Rdnr. 11, 14f.; *Zöllner, Wolfgang*, Wertpapierrecht, 14. Aufl. 1987, § 3 III 4 c; *Hueck, Alfred/Canaris, Claus-Wilhelm*, Recht der Wertpapiere, 12. Aufl. 1986, § 1 I 4 b.

136 *Heinsius/Horn/Than* DepotG § 1 Rdnr. 23.

137 Vgl. hierzu *Einsele* S. 405; *Brink* S. 109, 68.

138 *Einsele* S. 405; *Brink* S. 109; *Heinsius/Horn/Than* DepotG § 1 Rdnr. 23f.; *Gößmann*, in: Bankrechtshandbuch II, § 72 Rdnr. 70.

139 *Einsele* S. 405; *Brink* S. 116f.; *Kümpel*, in: Bankrecht und Bankpraxis, Rdnr. 8/108 b, 8/364; vgl. auch Nr. 57 Abs. 1, 2 der AGB der Clearstream Banking AG (Fassung Februar 2004).

140 Vgl. Nr. 57 Abs. 1 der AGB der Clearstream Banking AG (Fassung Februar 2004).

Nominee eine Treuhänderfunktion.[141] Sollen die Wertpapiere aus der Girosammelverwahrung ausgeliefert werden, so werden sie zuvor auf den Kunden oder auf
Verlangen des Kunden auf den Namen eines Dritten im Aktienregister oder entsprechenden Register der Gesellschaft umgeschrieben.[142] Allerdings können die
Papiere durch Umschreibung auf den Kunden ihre börsenmäßige Lieferbarkeit
verlieren.[143]

bb) Zweitverbriefung nicht vertretbarer ausländischer Wertpapiere

55   Stellen die ausländischen Werte keine vertretbaren Wertpapiere i.S.d. § 1 Abs.1 DepotG dar, so fallen sie nicht in den Anwendungsbereich des DepotG und werden
im Ausland verwahrt. Dennoch können auch solche im Ausland verwahrte, ausländische Wertpapiere – mittelbar – in die Girosammelverwahrung des Depotgesetzes
einbezogen werden, soweit für diese ausländischen Werte ein zweitverbriefendes
Inhabersammelzertifikat (§ 9 a DepotG) von der Clearstream Banking AG ausgegeben wurde. Eine solche Zweitverbriefung erfolgt aber nicht nur für solche ausländischen Werte, die keine vertretbaren Wertpapiere i.S.d. § 1 Abs. 1 DepotG darstellen (wie dies etwa für Namensaktien englischer Gesellschaften der Fall ist[144]),
sondern daneben auch für Werte, die in einer für den deutschen Handel nicht ver-
ständlichen Sprache abgefaßt sind (wie dies etwa bei japanischen Aktien der Fall
ist)[145]. Diese Form der mittelbaren Einbeziehung auslandsverwahrter Werte in die
deutsche Girosammelverwahrung erfolgt bei Wertpapieren, die in Deutschland
zum amtlichen oder geregelten Markt zugelassen sind, da diese Wertpapiergeschäfte im Inland zu erfüllen sind.[146]

56   Clearstream erwirbt im Fall der Zweitverbriefung die ausländischen Werte; sie
wird also bei ausländischen Namensaktien als Aktionär im Aktienregister eingetragen und fungiert gegenüber den Anlegern (generell) als Treuhänder.[147] Da im Verhältnis zum Anleger die Auslieferung von Einzelurkunden ausgeschlossen wird,
handelt es sich bei dem Inhaber-Sammelzertifikat der Clearstream um eine Dauer-
globalurkunde (§ 9 a Abs. 3 S. 2 DepotG). Der durch Ein- und Auslieferungen
wechselnde Deckungsbestand an Originalwertpapieren der Clearstream wird heute durch einen Depotauszug dargestellt, der als Bestandteil des Inhaber-Sammel-

---

141 Vgl. Nr. 57 Abs. 2 der AGB der Clearstream Banking AG (Fassung Februar 2004); vgl.
auch *Brink* S. 116, der von einer Legitimationsübertragung spricht.
142 Vgl. Nr. 57 Abs. 7 der AGB der Clearstream Banking AG (Fassung Februar 2004); *Einsele*
S. 405; *Kümpel*, in: Bankrecht und Bankpraxis, Rdnr. 8/108 b; *Brink* S. 117.
143 Vgl. § 19 Abs. 1 der Bedingungen für Geschäfte an der Frankfurter Wertpapierbörse v.
1. 7. 2005; vgl. auch *Kümpel*, in: Bankrecht und Bankpraxis, Rdnr. 8/108 b; *Brink* S. 117.
144 Vgl. zur Einordnung der Share Certificates des englischen Rechts *Einsele* S. 216.
145 *Brink* S. 117; *Than*, in: FS Heinsius, S. 832; *Heinsius/Horn/Than* DepotG § 1 Rdnr. 26.
146 Vgl. Nr. 10, 11 i. V.m. Nr. 2 Abs. 2 der Sonderbedingungen für Wertpapiergeschäfte (Fassung Januar 2003).
147 Vgl. Nr. 57 Abs. 2 b der AGB der Clearstream Banking AG (Fassung Februar 2004);
Brink S. 120f.; *Einsele* S. 452–455.

zertifikats angesehen wird.[148] Die Erfüllung von Geschäften in auslandsverwahrten Wertpapieren, für die ein Inhaber-Sammelzertifikat ausgegeben wurde, erfolgt dadurch, daß dem Anleger ein entsprechender Miteigentumsanteil an diesem zweitverbriefenden Inhaber-Sammelzertifikat verschafft wird.[149]

Das Inhaber-Sammelzertifikat verbrieft in erster Linie einen Anspruch auf Auslieferung von Originalaktien, deren Anzahl/Nennbetrag dem Miteigentumsanteil des Zertifikatsinhabers (Anlegers) entspricht. Darüber hinaus vermittelt Clearstream dem Zertifikatsinhaber grds. alle Rechte aus den ausländischen Wertpapieren (meist Namensaktien), soweit dies nach den gesetzlichen und statutarischen Bestimmungen möglich ist.[150] Anlaß zu Interpretationsschwierigkeiten kann jedoch die Formulierung geben, wonach Clearstream dem Anleger die Rechte aus den Wertpapieren „vermittelt". Bedeutet diese Formulierung, daß der Miteigentümer (am Sammelzertifikat) auch formeller Miteigentümer am Originalpapier (sofern vorhanden) und Clearstream lediglich zur Rechtsausübung im eigenen Namen ermächtigt ist, oder bedeutet dies, daß der Anleger nur wirtschaftlicher Eigentümer und Clearstream damit fiduziarischer Treuhänder der Originalwerte wird? Da das Wertpapierrechtsstatut – und nur dieses – darüber entscheidet, ob und welche Papiere das verbriefte Recht verkörpern, kann das Inhaber-Sammelzertifikat das verbriefte „Ursprungsrecht" zumindest nicht „unmittelbar" verkörpern; ansonsten würde dieses Recht mehrfach verbrieft und dadurch eine Vervielfachung der im Umlauf befindlichen Rechte eintreten. Aber auch eine „mittelbare" Verkörperung des „Ursprungsrechts" in der Form, daß das zweitverbriefende Papier das erste Papier und damit mittelbar die Forderung verbrieft, scheidet aus. Eine solche „mittelbare" Verkörperung ist bereits deshalb nicht möglich, weil ohne gesetzliche Grundlage dingliche Rechte, also etwa auch Miteigentumsrechte an dem ausländischen Originalpapier, nicht in Inhaber- oder Orderpapieren verbrieft werden können. Denn die Verbriefung dinglicher Rechte ohne gesetzliche Grundlage würde einen Verstoß gegen den sachenrechtlichen Typenzwang darstellen.[151] Mit der Zweitverbriefung in Form des Inhaber-Sammelzertifikats können also bereits aus Rechtsgründen lediglich die schuldrechtlichen Ansprüche des Anlegers (Miteigentümers des Sammelzertifikats) gegen Clearstream, nicht aber Miteigentumsanteile am Originalpapier verbrieft werden. Clearstream ist daher formeller Inhaber des Originalrechts, während der Miteigentümer des Inhaber-Sammelzertifikats die Stellung eines wirtschaftlichen Eigentümers der Originalwerte hat. Clearstream ist als fiduziarischer Treuhänder zwischengeschaltet.[152]

---

148 *Than*, in: FS Heinsius, S. 833.
149 Vgl. Nr. 11 S. 1 der Sonderbedingungen für Wertpapiergeschäfte (Fassung Januar 2003); *Kümpel*, in: Bankrecht und Bankpraxis, Rdnr. 8/362.
150 Vgl. hierzu Nr. 57 Abs. 6 der AGB der Clearstream Banking AG (Fassung Februar 2004); *Brink* S. 118–120.
151 Vgl. statt vieler *Zöllner, Wolfgang*, Wertpapierrecht, 14. Aufl. 1987, § 30 II a. E., § 4 V; *Hueck, Alfred/Canaris, Claus-Wilhelm*, Recht der Wertpapiere, 12. Aufl. 1986, § 2 III 2 c, 3 c.
152 Vgl. hierzu ausführlich *Einsele* S. 453 f.; *Brink* S. 120 f.

b) Gegenseitige Kontoverbindungen gem. §5 Abs. 4 DepotG

58 Unter den Voraussetzungen des § 5 Abs. 4 DepotG darf eine deutsche Wertpapiersammelbank aber auch ausländischen (Zentral-)Verwahrern Wertpapiere zur Sammelverwahrung anvertrauen. Die gegenseitige Kontoverbindung soll zur Folge haben, daß die im Ausland verwahrten Wertpapiere mit den Wertpapieren derselben
Gattung, die bei der Clearstream Banking AG verwahrt werden, einen Girosam-
melbestand gem. § 5 Abs. 4 DepotG bilden.[153] Die „Belieferung" des Käufers mit
(ausländischen) Effekten soll bei Bestehen gegenseitiger Kontoverbindungen wie
im nationalen Effektengiroverkehr dadurch erfolgen, daß Girosammelanteile –
auch soweit die maßgeblichen Wertpapierbestände bei ausländischen Verwahrern
lagern – buchmäßig, d.h. ohne effektive Bewegung von Wertpapierurkunden übertragen werden.[154]

59 Eine grenzüberschreitende buchmäßige Übertragung von Sammelbestandsanteilen hat in der Tat große Vorteile: So gestaltet sich nicht nur die Wertpapierverwaltung (also die Inkassotätigkeit, die Benachrichtigungs- und Prüfungspflichten) bei Verwahrung ausländischer Wertpapiere in deren Heimatland sehr viel
einfacher. Daneben werden durch die Möglichkeit, ausländische Girosammelanteile bei ausländischen Verwahrern auf einen inländischen Erwerber buchmäßig
zu übertragen, auch sog. Arbitragegeschäfte ermöglicht. Bei diesen Arbitragege-
schäften werden Kursunterschiede an verschiedenen Börsenplätzen, die durch einen zufälligen Unterschied von Angebot und Nachfrage entstehen, einerseits
ausgenutzt, andererseits aber auch ausgeglichen. Solche Arbitragegeschäfte zum
Ausgleich von Kursdifferenzen durch örtliche Zufälligkeiten können aber praktisch nur funktionieren, wenn die im Ausland gekauften Wertpapiere innerhalb
der Fristen „geliefert" werden können, die für die Erfüllung des gleichtägigen
Verkaufsgeschäfts im Inland gelten. Da gem. § 15 Abs. 1 der Bedingungen für Geschäfte an der Frankfurter Wertpapierbörse Börsengeschäfte am zweiten Börsentag nach dem Tag des Geschäftsabschlusses zu erfüllen sind, könnten die im Ausland gekauften Wertpapiere häufig nicht rechtzeitig zur Erfüllung des inländischen Verkaufsgeschäfts geliefert werden, wenn diese tatsächlich nach Deutschland verbracht würden. Überdies ist ein solcher Wertpapiertransport auch ar-
beits- und kostenaufwendig.[155]

60 Aus den Voraussetzungen für eine gegenseitige Kontoverbindung gem. §5
Abs. 4 DepotG wird deutlich, daß die Rechte der deutschen Hinterleger hierdurch
nicht gefährdet sein dürfen.[156] Laut der Begründung des Regierungsentwurfs muß
dem Depotkunden ein konkurs- und vollstreckungssicheres Miteigentum an den

---

153 Vgl. hierzu *Kümpel*, in: Bankrecht und Bankpraxis, Rdnr. 8/62; vgl. auch Nr. 29 S. 3 AGB
der Clearstream Banking AG (Fassung Februar 2004).
154 *Hellner*, in: FS Heinsius, S. 218; *Than*, WM 1994, 89.
155 Vgl. hierzu *Than* WM 1994, 88–90; *Einsele* S. 407 f.
156 So die Begründung des Regierungsentwurfs eines Gesetzes zur Änderung des Gesetzes
über die Verwahrung und Anschaffung von Wertpapieren sowie anderer wertpapierrechtlicher
Vorschriften BT-Drucks. 10/1904, S. 7.

sammelverwahrten Beständen des ausländischen Verwahrers eingeräumt werden. Der ausländische Verwahrer hat überdies hinsichtlich Rechtsgrundlage, Funktion und Beaufsichtigung einer (deutschen) Wertpapiersammelbank gleichwertig zu sein. Auch dürfen einer Auslieferung der auslandsverwahrten Wertpapiere in das Inland keine Devisen- oder sonstigen öffentlich-rechtlichen Beschränkungen entgegenstehen.[157] Solche gegenseitigen Kontoverbindungen bestehen derzeit mit dem niederländischen Zentralverwahrer Euroclear Nederland, Amsterdam, der CIK (Caisse Interprofessionnelle de Dépôts et de Virements de Titres S.A., Brüssel), der ÖKB (Österreichische Kontrollbank, Wien), Euroclear France S.A., Paris, der Schweizer SIS (Sega Inter Settle AG, Olten), dem italienischen Zentralverwahrer Monte Titoli S.p.A., Mailand (MOTI), der JSSC (Japan Securities Settlement and Custody, Inc., Tokio), dem finnischen Zentralverwahrer APK (Arvopaperikeskus, Helsinki), Euroclear Großbritannien, Clearstream Luxemburg, IBERCLEAR (Sociedad de Gestión de los Sistemas de Registro, Compensación y Liquidación de Valores, Madrid) sowie der DTCC (Depository Trust and Clearing Corporation, New York).

c) Anschaffung und Verwahrung von Wertpapieren im Ausland
aa) Grundsätzlich keine Pflicht zur Eigentumsverschaffung

Das Kreditinstitut erfüllt Wertpapiergeschäfte grds. im Inland.[158] Die Bank / Sparkasse schafft die Wertpapiere jedoch in folgenden Fällen im Ausland an, d.h. stellt die Papiere dem Kunden im Ausland zur Verfügung[159], nämlich wenn[160]   **61**
– sie als Kommissionärin Kaufaufträge in Wertpapieren im Ausland ausführt oder
– sie im Wege eines Festpreisgeschäftes ausländische Wertpapiere verkauft, die im Inland weder börslich noch außerbörslich gehandelt werden oder
– sie als Kommissionärin Kaufaufträge in ausländischen Wertpapieren ausführt oder dem Kunden ausländische Wertpapiere im Wege des Festpreisgeschäftes verkauft, die zwar im Inland börslich oder außerbörslich gehandelt werden, üblicherweise aber im Ausland angeschafft werden.

Diese im Ausland angeschafften (i.d.R. ausländischen) Wertpapiere werden auch im Ausland verwahrt,[161] weil sich in den genannten Fällen die Wertpapierverwaltung (also die Inkassotätigkeit, die Benachrichtigungs- und Prüfungspflichten) bei Inlandsverwahrung sehr viel schwieriger als bei Verwaltung durch einen ausländischen Verwahrer im Ausland gestalten würde.

---

157 Vgl. die Begründung des Regierungsentwurfs BT-Drucks. 10/1904, S. 7; vgl. hierzu auch *Kümpel*, in: Bankrecht und Bankpraxis, Rdnr. 8/59 b u. c.
158 Nr. 10 Sonderbedingungen für Wertpapiergeschäfte (Fassung Januar 2003).
159 Vgl. zu dieser Begriffsbestimmung der Anschaffung *Brink* S. 126 f.; *Heinsius/Horn/Than* DepotG § 22 Rdnr. 9, 29.
160 Vgl. Nr. 12 Abs. 1 Sonderbedingungen für Wertpapiergeschäfte (Fassung Januar 2003).
161 Vgl. Nr. 12 Abs. 2 S. 1 Sonderbedingungen für Wertpapiergeschäfte (Fassung Januar 2003).

62   Der Kommissionär (bzw. Eigenhändler / Verkäufer eines Festpreisgeschäfts, vgl. § 31 DepotG) ist grds. dazu verpflichtet, seinem Auftraggeber unverzüglich ein Verzeichnis der gekauften Stücke zu übersenden (§ 18 Abs. 1 DepotG) oder dem Kunden Miteigentum an dem Bestand einer Wertpapiersammelbank zu verschaffen (§ 24 Abs. 1 DepotG). Werden die Wertpapiere jedoch vereinbarungsgemäß (vgl. Nr. 12 Abs. 1 Sonderbedingungen für Wertpapiergeschäfte) im Ausland angeschafft und aufbewahrt, so muß der Einkaufskommissionär dem Kunden gem. § 22 DepotG weder effektive Stücke noch Miteigentumsanteile verschaffen, sofern der Kunde dies nicht schriftlich verlangt.[162] § 22 DepotG kommt allerdings nur zur Anwendung, wenn sich die Verpflichtungen des Kommissionärs oder Eigenhändlers / Verkäufers eines Festpreisgeschäfts nach deutschem Recht richten.[163] Diese Frage unterliegt der Rechtswahlfreiheit der Parteien (Art. 27 ff. EGBGB). Da Nr. 6 Abs. 1 AGB-Banken sowie AGB-Sparkassen eine Rechtswahl zugunsten des deutschen Rechts vorsehen, findet grds. deutsches Recht Anwendung, sofern der Kunde inländische Geschäftsstellen (der Bank) mit dem Kauf der Wertpapiere beauftragt. Aber auch unabhängig von dieser Rechtswahlklausel ist – mangels anderweitiger Parteivereinbarung – grds. das deutsche Recht maßgeblich, sofern eine inländische Stelle mit dem Kauf von Wertpapieren beauftragt wird. Sowohl beim Kommissionsgeschäft als auch beim Verkauf von Wertpapieren an den Kunden im Wege des Festpreisgeschäfts erbringt nämlich das (inländische) Kreditinstitut die vertragscharakteristische Leistung (Art. 28 Abs. 2 EGBGB), so daß das Recht der gewerblichen Niederlassung des (inländischen) Kreditinstituts maßgeblich ist.[164]

63   Das Gesetz entbindet nach dem Wortlaut des § 22 Abs. 1 S. 1 DepotG den Kommissionär zunächst nur von der Übersendung des Stückeverzeichnisses an den Kommittenten. Nach der Intention des Gesetzgebers[165] wie auch nach Sinn und Zweck der Regelung meint § 22 DepotG aber nicht nur die technische Übersendung des Stückeverzeichnisses, sondern generell die Pflicht zur Eigentumsverschaffung.[166] Gem. § 22 Abs. 1 S. 2 DepotG ist der Kommissionär / Eigenhändler / Verkäufer eines Festpreisgeschäfts auch bei (ausdrücklichem) Verlangen des Kommittenten nicht zur Absendung des Stückeverzeichnisses verpflichtet, wenn nach den Regeln des internationalen Privatrechts auf die Übereignung der Wertpapiere ausländisches Recht Anwendung findet und dieses der Übertragung des Eigentums an Wertpapieren durch Übersendung des Stückeverzeichnisses entgegensteht oder diese Form der Übertragung nicht kennt.[167] Da – soweit ersichtlich – nur

---

162 Vgl. *Heinsius/Horn/Than* DepotG § 22 Rdnr. 13; *Gößmann*, in: Bankrechtshandbuch II, § 72 Rdnr. 137 f.
163 *Heinsius/Horn/Than* DepotG § 22 Rdnr. 5; Schlegelberger-*Hefermehl* Anh. § 406 Rdnr. 179.
164 Vgl. zur internationalprivatrechtlichen Anknüpfung ausführlich *Einsele* S. 392–397.
165 Vgl. die amtliche Begründung zu § 22 DepotG, abgedr. bei *Opitz* DepotG § 22 S. 303.
166 Vgl. *Heinsius/Horn/Than* DepotG § 22 Rdnr. 13; *Brink* S. 127; Schlegelberger-*Hefermehl* Anh. § 406 Rdnr. 178.
167 Vgl. *Heinsius/Horn/Than* DepotG § 22 Rdnr. 15–20; Schlegelberger-*Hefermehl* Anh. § 406 Rdnr. 180 f.

Österreich in § 13 des österreichischen DepotG eine Eigentumsübertragung durch Absendung des Stückeverzeichnisses vorsieht, entfällt auch bei schriftlichem Verlangen des Kommittenten die Pflicht zur Übersendung des Stückeverzeichnisses und damit grds. auch die Pflicht zur Eigentumsverschaffung an den gekauften Wertpapieren.[168] Darüber hinaus ist das mit dem Kauf beauftragte Institut dann nicht zur Übersendung des Stückeverzeichnisses verpflichtet, wenn es gem. § 19 Abs. 1 DepotG berechtigt ist, die Übersendung auszusetzen (§ 22 Abs. 1 S. 2 Alt. 2 DepotG).

Der Kommissionär / Eigenhändler / Verkäufer eines Festpreisgeschäfts ist also   **64** bei Anschaffung und Verwahrung der Wertpapiere im Ausland grds. nicht dazu verpflichtet, dem Kunden Eigentum an diesen Wertpapieren zu verschaffen. Bei Anschaffung und Verwahrung der Wertpapiere im Ausland erteilen die Kreditinstitute ihren Kunden demgemäß bloße „Gutschriften in Wertpapierrechnung"[169], bei denen es sich (zunächst) um bloße schuldrechtliche Lieferungsansprüche handelt.

bb) Inhalt und Rechtsnatur der Gutschrift in Wertpapierrechnung

α) Gutschrift in Wertpapierrechnung als abstraktes Schuldversprechen

§ 22 DepotG bedeutet nun allerdings nicht, daß der Kunde überhaupt keine Mög-   **65** lichkeit hätte, Eigentum an den auslandsverwahrten Wertpapieren zu erhalten. Dies entspricht nicht nur der allgemeinen Meinung, wonach der Kunde trotz § 22 DepotG die Übereignung der Wertpapiere verlangen kann[170]; vielmehr folgt dies auch aus Nr. 12 Abs. 4 S. 1 Sonderbedingungen für Wertpapiergeschäfte, wonach die Bank / Sparkasse den Auslieferungsanspruch des Kunden aus der ihm erteilten Wertpapierrechnungs-Gutschrift zwar nur aus dem von ihr im Ausland unterhaltenen Deckungsbestand zu erfüllen braucht, dem Kunden aber immerhin (soweit die Wertpapiere physisch lieferbar sind)[171] ein Auslieferungsanspruch zusteht.

Nicht sachgerecht wäre allerdings, diesen Auslieferungsanspruch als den Her-   **66** ausgabeanspruch des Kommittenten gegen den Kommissionär aus § 384 Abs. 2 Halbs. 2 HGB oder als den Eigentumsübertragungsanspruch aus § 433 Abs. 1 BGB anzusehen.[172] Da die Bank gegenüber dem Herausgabeanspruch gem. § 384 Abs. 2 Halbs. 2 HGB geltend machen könnte, sie habe ihrerseits aus dem Deckungsgeschäft keinen einwendungs- und einredefreien Anspruch erlangt, wäre dieser Herausgabeanspruch mit den Risiken des Deckungsgeschäfts behaftet. Auch würde

---

168 Vgl. *Brink* S. 127; *Heinsius/Horn/Than* DepotG § 22 Rdnr. 16, 18; *Gößmann*, in: Bankrechtshandbuch II, § 72 Rdnr. 138; vgl. auch zu den Voraussetzungen, unter denen die Übersendung des Stückeverzeichnisses verlangt werden kann, BGH WM 1988, 402, 404f.

169 Vgl. Nr. 12 Abs. 3 Sonderbedingungen für Wertpapiergeschäfte (Fassung Januar 2003)

170 Vgl. etwa *Heinsius/Horn/Than* DepotG § 22 Rdnr. 21; Schlegelberger-*Hefermehl* Anh. § 406 Rdnr. 181; *Gößmann*, in: Bankrechtshandbuch II, § 72 Rdnr. 146.

171 Vgl. auch Nr. 67 Abs. 2 AGB der Clearstream Banking AG (Fassung Februar 2004).

172 So aber wohl Schlegelberger-*Hefermehl* Anh. § 406 Rdnr. 181; *Heinsius/Horn/Than* DepotG § 22 Rdnr. 42.

der Kunde sowohl bei Einordnung des Auslieferungsanspruchs als Herausgabeanspruch gem. § 384 Abs. 2 Halbs. 2 HGB als auch – im Fall eines Festpreisgeschäfts – bei Qualifizierung als Übereignungsanspruch gem. § 433 Abs. 1 BGB die Beweislast für das Bestehen dieser Ansprüche tragen. Im übrigen ist folgendes zu bedenken: ab Gutschriftbuchung beschränkt sich der Auslieferungsanspruch des Kunden auf den Deckungsbestand, der im Lagerland für die Kunden und für das Kreditinstitut in Wertpapieren dieser Gattung aufbewahrt wird. Der Kunde trägt daher anteilig alle wirtschaftlichen und rechtlichen Nachteile und Schäden, die den Deckungsbestand als Folge von höherer Gewalt, Aufruhr, Kriegs- und Naturereignissen oder durch sonstige von dem Kreditinstitut nicht zu vertretende Zugriffe Dritter im Ausland oder im Zusammenhang mit Verfügungen von hoher Hand des In- oder Auslandes treffen sollten[173]. Der ursprüngliche Lieferanspruch aus dem Kommissionsvertrag bzw. aus dem Kaufvertrag wird also mit Gutschrifterteilung insofern modifiziert, als der Anspruch des Kunden sich durch spätere, von der (Depot-)Bank nicht verschuldete Schäden am Deckungsbestand verringern kann.[174] Auch trägt der Kunde ab Gutschrifterteilung die Vergütungsgefahr, da gem. Nr. 12 Abs. 5 der Sonderbedingungen für Wertpapiergeschäfte das Kreditinstitut bei Nachteilen und Schäden am Deckungsbestand nicht verpflichtet ist, dem Kunden den Kaufpreis zu erstatten.[175] Gem. Nr. 12 Abs. 3 u. 4 Sonderbedingungen für Wertpapiergeschäfte soll die Leistungs- und Vergütungsgefahr also ab Gutschrifterteilung auf den Kunden übergehen.

67   Diese Regelungen stellen nur dann keinen Verstoß gegen § 307 BGB dar, wenn der Kunde gleichzeitig eine rechtlich möglichst gesicherte, einem Eigentümer von Wertpapieren möglichst ähnliche Rechtsposition erhält (auch der Eigentümer von Wertpapieren trägt ja die Sachgefahr und kann den Kaufpreis nicht zurückfordern, wenn die ihm übereignete Sache später untergeht). Bei einem schuldrechtlichen (Auslieferungs-)Anspruch kann die sach- und interessengerechte Umkehr der Beweislast in Anlehnung an die Girogutschrift durch ein abstraktes Schuldversprechen erreicht werden, das von dem Kreditinstitut in Erfüllung seiner Lieferungsverpflichtungen aus dem Kaufauftrag dem Kunden gegenüber abgegeben wird.[176]

68   Zwar kann der Kunde nach Gutschriftbuchung in Wertpapierrechnung seinen Lieferungsanspruch – soweit die Wertpapiere physisch lieferbar sind – aus dem abstrakt abgegebenen Lieferversprechen seiner Depotbank geltend machen und durchsetzen. Da aber die Abgabe von Gutschriftbuchungen in Wertpapierrech-

---

173 Nr. 12 Abs. 4 S. 2 u. 3 Sonderbedingungen für Wertpapiergeschäfte (Fassung Januar 2003).
174 Vgl. hierzu auch *Einsele* S. 415f.; *Brink* S. 129f.; *Kümpel*, in: Bankrecht und Bankpraxis, Rdnr. 8/139; *Heinsius/Horn/Than* DepotG § 22 Rdnr. 35, 37; so auch die Rspr., vgl. etwa RG 25. 3. 1922, RGZ 104, 223, 225f.; RG 30. 5. 1923, RGZ 107, 36, 37.
175 Vgl. zu der Vorgängervorschrift der Nr. 3 Abs. 3 Sonderbedingungen für Auslandsgeschäfte in Wertpapieren der deutschen Banken, Fassung April 1977, *Heinsius/Horn/Than* DepotG § 22 Rdnr. 42f.; vgl. hierzu im einzelnen auch *Einsele* S. 420–422.
176 *Brink* S. 130f.; *Kümpel*, in: Bankrecht und Bankpraxis, Rdnr. 8/357f.; *Einsele* S. 416f.; diese Frage offenlassend *Coing*, WM 1977, 470; unklar *Gößmann*, in: Bankrechtshandbuch II, § 72 Rdnr. 157.

nung bereits mit Abschluß des Kaufauftrags in der Form der Sonderbedingungen für Wertpapiergeschäfte zwischen dem Kunden und seiner Depotbank vereinbart war, handelt es sich bei den Gutschriftbuchungen in Wertpapierrechnung richtigerweise um die Erfüllung dieses Vertrags und nicht um eine Leistung erfüllungshalber.[177]

β) Rechtsstellung des inländischen Zwischenverwahrers/Zentralverwahrers

Die Rechtsstellung des Anlegers bzw. der Inhalt seines Anspruchs wird maßgeblich durch die Rechtsposition bestimmt, die das inländische Kreditinstitut / der Zentralverwahrer an den auslandsverwahrten Wertpapieren selbst innehat. Gem. Nr. 12 Abs. 3 Sonderbedingungen für Wertpapiergeschäfte wird das Kreditinstitut sich nach pflichtgemäßem Ermessen unter Wahrung der Interessen des Kunden das Eigentum oder Miteigentum an den Wertpapieren oder eine andere im Lagerland übliche, gleichwertige Rechtsposition verschaffen. Dabei lassen sich die Kreditinstitute von den ausländischen Verwahrstellen die sog. Drei-Punkte-Erklärung geben, die auch gem. Nr. 3 Abs. 4 der Bekanntmachung des Bundesaufsichtsamtes für das Kreditwesen (heute Bundesanstalt für Finanzdienstleistungsaufsicht) über die Anforderungen an die Ordnungsmäßigkeit des Depotgeschäfts und der Erfüllung von Wertpapierlieferungsverpflichtungen vom 21. 12. 1998 verlangt wird. Danach muß das Kreditinstitut bei Abschluß der Verträge mit den ausländischen Verwahrstellen sicherstellen, daß die Konten mit dem Zusatz „Kundendepot" oder ähnlichem bezeichnet sind und daß die ausländischen Verwahrer Pfand-, Zurückbehaltungs- und ähnliche Rechte an den Werten nur wegen solcher Forderungen geltend machen können, die aus deren Anschaffung, Verwaltung und Verwahrung entstanden sind oder für die diese Wertpapiere nach dem einzelnen über sie mit Ermächtigung des Hinterlegers zwischen dem Verwahrer und dem Dritten vorgenommenen Geschäft haften sollen. Auch dürfen die Wertpapiere ohne Zustimmung des hinterlegenden Instituts einem Dritten nicht anvertraut oder in ein anderes Lagerland verbracht werden.[178] Die letztere Bestimmung erweist sich allerdings als problematisch, wenn der ausländische Verwahrer seinerseits Kontoverbindungen mit einem ausländischen Verwahrer unterhält und diesen als Lagerstelle für Wertpapiere nutzt.[179]

---

177 Vgl. hierzu *Einsele* S. 417–419; vgl. auch *Kümpel*, in: Bankrecht und Bankpraxis, Rdnr. 8/136–138, der mittlerweile nicht mehr eine Leistung erfüllungshalber, sondern eine Leistung an Erfüllungs Statt annimmt: da diese Form der Leistung (nämlich Gutschriftbuchung) aber bereits mit Abschluß des Vertrags zwischen Kunde und Kreditinstitut vereinbart worden war, war niemals eine andere Leistung als die Gutschriftbuchung geschuldet, so daß nur eine Erfüllung i.S.d. § 362 Abs. 1 BGB in Betracht kommt; auch *Coing*, WM 1977, 466, 470 und *Brink* S. 130f. sprechen sich gegen eine Rückgriffsmöglichkeit des Auftraggebers/Kommittenten auf den ursprünglichen Lieferungsanspruch aus, der ansonsten möglicherweise noch nach Jahren geltend gemacht werden könnte.
178 Vgl. auch Nr. 64 Abs. 2 u. 3 AGB der Clearstream Banking AG (Fassung Februar 2004).
179 Vgl. *Hellner*, in: FS Heinsius, S. 243f., 256.

70   Grundsätzlich unterliegen die auslandsverwahrten Wertpapiere den Rechtsvorschriften und Usancen des Verwahrungsortes und den für den oder die ausländischen Verwahrer geltenden AGB.[180] Wird jedoch das Recht des Hinterlegers im
Ausland durch Pfändungen oder andere Eingriffe beeinträchtigt, so hat der Verwahrer den Hinterleger hierüber unbeschadet etwaiger weiterer Verpflichtungen
unverzüglich zu benachrichtigen.[181]

γ) Gutschrift in Wertpapierrechnung als Treuhand

71   Rein schuldrechtliche Ansprüche sind „weniger sicher und gut" für den Kunden
als die Eigentümerstellung an den Wertpapieren. Gem. Nr. 12 Abs. 3 S. 1 Sonderbedingungen für Wertpapiergeschäfte verpflichtet sich nun aber das Kreditinstitut,
die von der ausländischen Verwahrstelle eingeräumte Rechtsstellung treuhänderisch für den Kunden zu halten. Zweifelhaft ist jedoch, ob auch die Rspr. die Gutschrift in Wertpapierrechnung als Treuhand mit der Folge anerkennen würde, daß
im Fall der Zwangsvollstreckung gegen den Treuhänder bzw. bei dessen Insolvenz
dem Treugeber die Drittwiderspruchsklage gem. § 771 ZPO bzw. ein Aussonderungsrecht gem. § 47 InsO zuerkannt würde. Nach der Rspr. ist nämlich Voraussetzung für eine Treuhand im Rechtssinne grds. immer noch das sog. Unmittelbar-
keitserfordernis, wonach das Vermögen des Treugebers aus dessen Hand in die des
Treuhänders gelangt sein muß. Nach dieser Rspr. genügt hingegen grds. nicht,
wenn jemand einen Gegenstand nur für Rechnung und im Interesse eines anderen
als stiller Vertreter für diesen von einem Dritten erworben hat und infolge des Vertragsverhältnisses dem anderen nur ein schuldrechtlicher Anspruch auf Übereignung des erworbenen Vermögensgegenstands zusteht.[182] Die Voraussetzungen des
Unmittelbarkeitsgrundsatzes sind zwar gegeben, wenn der Kunde dem Kreditinstitut Wertpapiere zur Verwahrung im Ausland effektiv einliefert.[183] Im Regelfall
werden die Wertpapiere aber im Ausland für den Kunden angeschafft, gelangen also nicht vom Vermögen des Treugebers in das des Treuhänders; das Unmittelbar-
keitserfordernis ist daher für die Gutschrift in Wertpapierrechnung grds. nicht erfüllt.[184]

---

180 Vgl. Nr. 12 Abs. 2 S. 3 Sonderbedingungen für Wertpapiergeschäfte (Fassung Januar
2003).
181 Nr. 3 Abs. 4 S. 3 der Anforderungen an die Ordnungsmäßigkeit des Depotgeschäfts (v.
21.12. 1998).
182 Vgl. etwa RG 19.2. 1914, RGZ 84, 214, 216; RG 10.10. 1917, RGZ 91, 12, 14, 16; RG 6.3.
1930, RGZ 127, 341, 344; RG 9.6. 1931, RGZ 133, 84, 87; BGH 5.11. 1953, BGHZ 11, 37, 41;
BGH 14.7. 1958, WM 1958, 1044, 1045; BGH 7.4. 1959, WM 1959, 686, 688; BGH 19.11. 1992,
DNotZ 1993, 384, 385; BGH 1.7. 1993, WM 1993, 1524; zust. *Serick, Rolf*, Eigentumsvorbehalt
und Sicherungsübertragung, die einfache Sicherungsübertragung – Erster Teil Bd. II, 1965, § 19
II 2 (S. 81–84).
183 Vgl. hierzu Nr. 20 Abs. 2 Sonderbedingungen für Wertpapiergeschäfte (Fassung Januar
2003); *Paul* WM 1975, 3; *Kümpel*, in: Bankrecht und Bankpraxis, Rdnr. 8/129, 8/148; *Heinsius/
Horn/Than* DepotG § 22 Rdnr. 44 a.E.
184 Ebenso wohl *Heinsius/Horn/Than* DepotG § 22 Rdnr. 44.

Der BGH will zwar von dem Erfordernis der Unmittelbarkeit eine Ausnahme   72
machen, wenn von dritter Seite Geld auf ein Anderkonto eingezahlt oder überwiesen wird, das offenkundig zu dem Zweck bestimmt ist, fremde Gelder zu verwalten.[185] Entsprechendes muß dann auch für Anderdepots gelten, soweit Wertpapiere in ein Depot eingebracht werden, das offenkundig dem Zweck dient, fremde Werte zu verwalten. Bei den Gutschriften in Wertpapierrechnung handelt es sich aber nicht um Anderdepots, da sich dieser Begriff auf Depots bestimmter Berufsgruppen (insbes. Rechtsanwälte, Notare, Wirtschaftsprüfer) beschränkt, zu denen die Kreditinstitute selbst nicht zählen. Darüber hinaus wurde das Unmittelbarkeitsprinzip nicht nur für Ander-, sondern auch für Sonderkonten wesentlich modifiziert; denn der BGH hielt die Grundsätze der Treuhand auch dann für anwendbar, wenn die von dem Kontoinhaber eingezogenen Forderungsbeträge zwar nicht unmittelbar aus dem Vermögen des Treugebers stammten, die Forderungen aber unmittelbar in der Person des Treugebers entstanden (vgl. auch oben § 3 Rdnr. 44).[186] Dementsprechend müßten auch solche Depots als Treuhand im Rechtssinne anerkannt werden, bei denen die Ansprüche auf Lieferung der Wertpapiere unmittelbar in der Person des Treugebers entstanden sind. Diese Voraussetzung ist aber bei Gutschriften in Wertpapierrechnung nicht erfüllt, da dem Kunden die Lieferungsansprüche von seinem inländischen Zwischenverwahrer, nicht aber (unmittelbar) von dem Vertragspartner des Deckungsgeschäfts eingeräumt werden.

Daher ist nach st. Rspr. sehr zweifelhaft, ob bei der Gutschrift in Wertpapier-   73
rechnung die Voraussetzungen einer Treuhand im Rechtssinne mit der Wirkung erfüllt sind, daß der Kunde im Fall der Zwangsvollstreckung gegen den Treuhänder bzw. dessen Insolvenz geschützt wäre. Wie hier nicht im einzelnen ausgeführt werden soll, ist richtigerweise aber die Bestimmtheit des Treuguts für die quasi-dinglichen Wirkungen der Treuhandabrede als ausreichend anzusehen.[187] Da diese Voraussetzung aufgrund der Verbuchung der Kundenwerte auf Fremddepots gegeben ist,[188] handelt es sich bei der Gutschrift in Wertpapierrechnung nach zutreffender Ansicht um eine Treuhand im Rechtssinne und somit um eine gesicherte Rechtsposition des Anlegers.

---

185 BGH 5. 11. 1953, NJW 1954, 190, 191.
186 BGH 7. 4. 1959, WM 1959, 686, 688.
187 Vgl. hierzu ausführlich *Einsele* S. 425–429, insbes. 428; *dies.*, Inhalt, Schranken und Bedeutung des Offenkundigkeitsprinzips – unter besonderer Berücksichtigung des Geschäfts für den, es angeht, der fiduziarischen Treuhand sowie der dinglichen Surrogation, JZ 1990, 1011 ff.; *Coing, Helmut*, Die Treuhand kraft privaten Rechtsgeschäfts, 1973, S. 178; *Walter, Gerhard*, Das Unmittelbarkeitsprinzip bei der fiduziarischen Treuhand, Juristische Studien, Bd. 56, 1974, S. 150–153; *Gernhuber, Joachim*, Die fiduziarische Treuhand, JuS 1988, 355, 361 f.
188 Vgl. hierzu *Einsele* S. 425–430; im Ergebnis auch *Brink* S. 131 f.; *Paul*, WM 1975, 3 f.; *Heinsius/Horn/Than* DepotG § 22 Rdnr. 44; *Kümpel*, in: Bankrecht und Bankpraxis, Rdnr. 8/129; *Gößmann*, in: Bankrechtshandbuch II, § 72 Rdnr. 150; *Hess, Harald*, InsO, Komm. z. InsO mit EGInsO, Bd. 1, 1999, § 47 Rdnr. 221.

cc) „Übertragung" von Gutschriften in Wertpapierrechnung

74 Theoretisch wäre denkbar, die Übertragung der Ansprüche aus Gutschriften in Wertpapierrechnung rechtlich als Abtretung einzuordnen. Dies hätte jedoch nicht nur den Nachteil, daß ein gutgläubiger Erwerb solcher Ansprüche grds. nicht möglich wäre.[189] Vielmehr ließe sich insbes. kaum erklären, warum nach Erfüllung eines Kaufvertrags über ausländische Wertpapiere, die zumindest faktisch durch die beteiligten Kreditinstitute erfolgt, häufig die schuldnerische (Depot-)Bank wechselt; dies ist dann der Fall, wenn der erwerbende Kunde sein Depot bei einem anderen Kreditinstitut hat als der veräußernde Kunde. Auch hat der Empfänger der gekauften auslandsverwahrten Wertpapiere – ebenso wie der Empfänger einer Giroüberweisung – ein schützenswertes Interesse an einem unbelasteten, einwendungsfreien Lieferungsanspruch gegen seine (Depot-)Bank. Daher entspricht die tatsächliche und rechtliche Situation bei der „Übertragung" von Gutschriften in Wertpapierrechnung der einer Giroüberweisung.[190] Wendet man die Grundsätze der Giroüberweisung an, so wird nicht die Forderung des (verkaufenden) Kunden gegen seine inländische (Depot-)Bank an den kaufenden Kunden abgetreten, sondern die überweisende (Depot-)Bank belastet aufgrund der Überweisung das Depot des verkaufenden Kunden und leitet diese Gutschrift an das Kreditinstitut des Begünstigten weiter, das dem kaufenden Kunden eine Gutschrift in Wertpapierrechnung erteilt.[191] Der Käufer erwirbt also nicht die Forderung des verkaufenden Kunden gegen dessen Depotbank, sondern erwirbt *originär* durch Gutschriftbuchung einen Anspruch gegen seine (Depot-)Bank. Bei dieser Form der „Übertragung" von Gutschriften in Wertpapierrechnung stellt sich daher erst gar nicht die klassische Frage nach dem gutgläubigen Erwerb vom Nichtberechtigten.[192]

75 Das wirtschaftliche Risiko der fehlenden Berechtigung des veräußernden Kunden trägt deshalb ab Gutschriftbuchung die (Depot-)Bank des Begünstigten, da sie gegenüber dem Kunden eine eigene abstrakte Verpflichtung zur Lieferung von Wertpapieren der betreffenden Art übernommen hat. Zwar braucht das Kreditinstitut die Auslieferungsansprüche nur aus dem von ihr im Ausland unterhaltenen Deckungsbestand zu erfüllen.[193] Dieser Deckungsbestand besteht aber nicht nur aus den im Lagerland für die Kunden, sondern auch aus den für das Kreditinstitut aufbewahrten Wertpapieren der betreffenden Gattung.[194] Zudem betrifft diese „Haftungsbegrenzung" auf den Deckungsbestand nur „Nachteile und Schäden,

---

189 Vgl. etwa *Kümpel*, in: Bankrecht und Bankpraxis, Rdnr. 8/143, 8/357f.; gegen eine rechtliche Einordnung als Abtretung auch *Brink* S. 135f.

190 Im Ergebnis auch *Brink* S. 136; *Kümpel*, in: Bankrecht und Bankpraxis, Rdnr. 8/357f.

191 Vgl. zu den Grundsätzen der Banküberweisung, die insoweit auch nach dem Überweisungsgesetz v. 21. 7. 1999 gelten, *Canaris* Rdnr. 343; vgl. zur depotrechtlichen Lit. auch *Kümpel*, in: Bankrecht und Bankpraxis, Rdnr. 8/357f.; *Brink* S. 135f.

192 Vgl. hierzu *Einsele* S. 439f.

193 Vgl. Nr. 12 Abs. 4 S. 1 Sonderbedingungen für Wertpapiergeschäfte (Fassung Januar 2003).

194 Vgl. Nr. 12 Abs. 4 S. 2 Sonderbedingungen für Wertpapiergeschäfte (Fassung Januar 2003).

die den Deckungsbestand ... treffen *sollten*".[195] Diese Formulierung legt nahe, die Haftungsbegrenzung der Depotbank nur auf Nachteile und Schäden zu beziehen, die an dem Deckungsbestand *nach* Gutschrifterteilung entstehen. Richtigerweise haftet die Depotbank ihrem Kunden also für Fehlbestände, die wegen mangelnder Berechtigung des Veräußerers bereits im Zeitpunkt der Gutschriftbuchung vorliegen und den Auslieferungsanspruch des Kunden bereits zu diesem Zeitpunkt mindern (vgl. auch § 7 Abs. 2 DepotG für die Verlustverteilung bei inlandsverwahrten Wertpapieren). Diese Auslegung steht auch im Einklang mit Nr. 8 der Sonderbedingungen für Wertpapiergeschäfte, wonach das Kreditinstitut für die ordnungsgemäße Erfüllung des Ausführungsgeschäfts durch ihren Vertragspartner oder den Vertragspartner des Zwischenkommissionärs haftet. Nur diese Auslegung der Sonderbedingungen für Wertpapiergeschäfte entspricht dem allein interessengerechten Anliegen, dem erwerbenden Kunden eine möglichst eigentümerähnliche Rechtsposition zu verschaffen.[196]

dd) Besonderheiten der Depotverwaltung

Für die Depotverwaltung auslandsverwahrter Wertpapiere gelten einige Besonder-　76
heiten im Vergleich zur Inlandsverwahrung: so unterliegt die Verwahrung der Wertpapiere (generell) den Rechtsvorschriften und Usancen des Verwahrungsortes und den für den oder die ausländischen Verwahrer geltenden allgemeinen Geschäftsbedingungen.[197] Gem. Nr. 19 Abs. 2 Sonderbedingungen für Wertpapiergeschäfte haftet die Bank bei Auslandsverwahrung grds.[198] nur für die sorgfältige Auswahl und Unterweisung des von ihr beauftragten ausländischen Vewahrers oder Zwischenverwahrers; diese Regelung entspricht der Haftung des Beauftragten im Fall gestatteter Substitution (vgl. § 664 Abs. 1 S. 2 BGB).[199] Speziell geregelt ist in den Sonderbedingungen für Wertpapiergeschäfte, daß die Einlösung von Zins-, Gewinnanteil- und Ertragscheinen sowie von rückzahlbaren Wertpapieren bei deren Fälligkeit dem ausländischen Verwahrer obliegt. Auch hat der ausländische Verwahrer neue Zins-, Gewinnanteil- und Ertragscheinbogen zu besorgen.[200]

195　Vgl. Nr. 12 Abs. 4 S. 3 Sonderbedingungen für Wertpapiergeschäfte (Fassung Januar 2003).

196　Vgl. hierzu *Einsele* S. 440f.; im Ergebnis wohl ebenso *Heinsius/Horn/Than* DepotG § 22 Rdnr. 37 a. E.

197　Nr. 12 Abs. 2 S. 3 Sonderbedingungen für Wertpapiergeschäfte (Fassung Januar 2003).

198　Anders ist dies allerdings bei einer Zwischenverwahrung durch die Clearstream Banking AG oder einen anderen inländischen Zwischenverwahrer sowie einer Verwahrung durch eine eigene ausländische Geschäftsstelle. Hier haftet die Bank für deren Verschulden wie für eigenes (§ 278 BGB), vgl. Nr. 19 Abs. 2 S. 2 Sonderbedingungen für Wertpapiergeschäfte (Fassung Januar 2003).

199　Daß sich diese Haftungsbeschränkung auch auf Pflichtverletzungen bei der Verwaltung der Wertpapiere bezieht, wird auch aus Nr. 3 Abs. 2 S. 2 und 3 AGB-Banken deutlich, vgl. auch Nr. 19 Abs. 2 S. 2 AGB-Sparkassen.

200　Nr. 14 Abs. 2 i. V. m. Abs. 1 Sonderbedingungen für Wertpapiergeschäfte (Fassung Januar 2003).

77 Andererseits haben die Kreditinstitute Informationen nicht nur dann an den Kunden weiterzugeben, wenn sie in den „Wertpapier-Mitteilungen" veröffentlicht sind, sondern auch, wenn diese Informationen ihnen vom Emittenten oder von ihrem ausländischen Verwahrer/Zwischenverwahrer übermittelt wurden.[201] Für die Stimmrechtsausübung ausländischer Aktien gelten die §§ 125 ff. AktG nicht, da für den Inhalt der Mitgliedschaftsrechte das auf die Gesellschaft anwendbare Gesellschaftsrecht maßgeblich ist.[202] Jedoch hat sich der Zentralverwahrer (Clearstream) in seinen AGB gegenüber seinen Kunden verpflichtet, das ihm (aufgrund seiner Eintragung im Aktienregister) zustehende Stimmrecht ausschließlich auf Weisung des Kunden auszuüben. Auf rechtzeitiges Verlangen ermöglicht die Clearstream Banking AG dem Kunden oder einem von ihr benannten Dritten sogar die Ausübung des Stimmrechts, soweit dies nach den maßgeblichen ausländischen Rechtsvorschriften und Gesellschaftsstatuten zulässig ist.[203]

78 Weitere Besonderheiten gelten für Auskunftsersuchen ausländischer Aktiengesellschaften, die häufig berechtigt oder sogar verpflichtet sind, über ihre Aktionäre Informationen einzuholen.[204] Nach ausländischem Recht müssen teilweise nicht nur die rechtlichen, sondern auch die wirtschaftlichen Inhaber der Aktien offengelegt werden.[205] Trotz des grds. bestehenden Bankgeheimnisses darf das Kreditinstitut diesen gesellschaftsrechtlichen Auskunftsersuchen nachkommen und bei ausländischen Aktien, Wandel- und Optionsanleihen die Informationen an die ausländische Gesellschaft weiterleiten, die diese nach ihrem Gesellschaftsstatut einholen darf oder muß. Legt das Kreditinstitut bei Erteilung der Auskunft den Namen des Kunden offen, so ist sie dazu verpflichtet, ihn zu benachrichtigen.[206]

2. Kollisionsrechtliche Beurteilung grenzüberschreitender Wertpapiertransaktionen

a) Rechtsverhältnis zwischen dem Hinterleger/dinglich Berechtigten und den Depotbanken – Gutschrift in Wertpapierrechnung

79 Der Wertpapierverwahrungs- und -verwaltungsvertrag zwischen dem Hinterleger und seiner Depotbank ist ein vertragliches Schuldverhältnis und unterliegt daher kollisionsrechtlich Artt. 27 ff. EGBGB. Daher findet vorrangig die zwischen dem Hinterleger und seiner Bank gewählte Rechtsordnung Anwendung. Eine solche

---

201 Vgl. zu den näheren Einzelheiten und auch Einschränkungen der Weitergabepflicht Nr. 16 Sonderbedingungen für Wertpapiergeschäfte (Fassung Januar 2003).
202 Vgl. Nr. 20 Abs. 1 S. 1 Sonderbedingungen für Wertpapiergeschäfte (Fassung Januar 2003).
203 Vgl. Nr. 68 Abs. 2 i.V.m. Nr. 57 Abs. 8 AGB der Clearstream Banking AG (Fassung Februar 2004).
204 Vgl. Nr. 20 Abs. 1 S. 3 Sonderbedingungen für Wertpapiergeschäfte (Fassung Januar 2003).
205 Vgl. hierzu auch *Einsele* S. 262 f.
206 Vgl. Nr. 20 Abs. 1 S. 4 u. 5 Sonderbedingungen für Wertpapiergeschäfte (Fassung Januar 2003); vgl. hierzu auch *Kümpel*, in: Bankrecht und Bankpraxis, Rdnr. 8/127 a.

Rechtswahl erfolgt bei Einschaltung einer deutschen Depotbank durch Nr. 6 Abs. 1 AGB-Banken und Nr. 6 AGB-Sparkassen zugunsten des deutschen Rechts. Somit unterliegen Inhalt und Umfang von Auslieferungsansprüchen des Hinterlegers gegen seine Depotbank bzw. Drittverwahrer dem Recht, das auf den Verwahrungsvertrag zur Anwendung gelangt; dies ist im Fall eines Depotvertrags mit einer deutschen Bank das deutsche Recht. Daher kommt auch im Fall auslandsverwahrter Wertpapiere auf die Gutschriften in Wertpapierrechnung durch inländische Kreditinstitute das deutsche Recht zur Anwendung.

Wurde der Wertpapierverwahrungs- und -verwaltungsvertrag hingegen mit einer ausländischen Depotbank abgeschlossen, so sind deren AGB und event. Rechtswahlklauseln (zugunsten des eigenen Rechts) zu beachten. Ansonsten findet aber subsidiär das Recht des Staates Anwendung, in der die Vertragspartei, die die vertragscharakteristische Leistung erbringt, im Zeitpunkt des Vertragsschlusses ihre (Haupt-) Niederlassung hat (Art. 28 Abs. 2 EGBGB). Dies ist wiederum die (jeweilige) Depotbank, deren Rechtsordnung daher (auch ohne Rechtswahlklausel zugunsten der eigenen Rechtsordnung) aufgrund der Vermutungsregel des Art. 28 Abs. 2 EGBGB zur Anwendung gelangt. So sind auch die besonderen Bestimmungen in den Sonderbedingungen für Wertpapiergeschäfte im Fall auslandsverwahrter Wertpapiere zu erklären, in denen teilweise auf die Regelungen des ausländischen Rechts verwiesen wird. Hierdurch werden im Bereich der Wertpapierverwaltung die vertraglichen und gesetzlichen Verpflichtungen der deutschen und ausländischen Depotbank aufeinander abgestimmt und überhaupt erst kompatibel gemacht.[207]

Der Auslieferungsanspruch des dinglich Berechtigten (§ 8 DepotG) wurde hier im deutschen Recht zwar schuldrechtlich qualifiziert. Da es sich aber um den modifizierten Anspruch des dinglich Berechtigten auf Aufhebung der Bruchteilsgemeinschaft handelt, folgt dieser Anspruch der Rechtsordnung, die für die in Miteigentum stehenden Rechte (d. h. der im Miteigentum stehenden Wertpapiere) maßgeblich ist. Daher finden insoweit die Grundsätze des internationalen Sachenrechts Anwendung.

---

[207] Hingegen dürfte der kollisionsrechtliche Verbraucherschutz gem. Artt. 29, 29 a EGBGB im Bereich der Wertpapierverwahrung und -verwaltung keine Rolle spielen. Denn die ausländischen Verwahrer werden bei Wertpapierkauf- bzw. -verkaufaufträgen an deutsche Kreditinstitute von diesen und nicht dem Depotkunden mit der Verwahrung und Verwaltung der Papiere betraut. Aber selbst wenn der Kunde direkt ausländische Institute mit dem Kauf oder Verkauf von Wertpapieren beauftragt, werden die besonderen Voraussetzungen von Art. 29 Nr. 1–3 EGBGB hinsichtlich des Depotvertrags kaum erfüllt sein; überdies wäre diskutabel, ob hier nicht ohnehin ein Fall von Art. 29 a Abs. 4 S. 1 Nr. 2 EGBGB vorliegt. Auch Art. 29 a EGBGB wird schon deshalb nicht zur Anwendung gelangen, weil Art. 29 EGBGB nicht gegeben ist und daher in aller Regel nicht aufgrund einer Rechtswahl von der objektiven Anknüpfung (die sich dann nach Art. 28 Abs. 2 EGBGB bestimmt) abgewichen werden wird (vgl. zu Artt. 29, 29 a EGBGB auch oben § 3 Rdnr. 59–71).

b) Besitzverhältnisse am Wertpapiersammelbestand

82   Die Frage, ob die Hinterleger mittelbaren Besitz an dem Wertpapiersammelbestand haben, ist – soweit der mittelbare Besitz von einem Schuldvertrag abhängig ist – selbständig (also gemäß den Kollisionsnormen des Gerichtsstaates) an die Rechtsordnung anzuknüpfen, der dieser Schuldvertrag unterliegt.[208] Daher findet auf die Frage, ob der Hinterleger mittelbarer Besitzer ist, die Rechtsordnung Anwendung, die für den Depotvertrag maßgeblich ist. Da andererseits die (Auslieferungs-) Ansprüche der dinglich Berechtigten nicht von einem Schuldvertrag abhängig sind, kann insoweit nicht an einen solchen angeknüpft werden. Ob die dinglich Berechtigten mittelbare Besitzer des Wertpapiersammelbestands sind, kann sich hier nur nach der Rechtsordnung richten, die auf die im Miteigentum stehenden Rechte zur Anwendung gelangt; anwendbar sind hier also die Grundsätze, die für die sachenrechtlichen Rechtsverhältnisse an dem Wertpapiersammelbestand maßgeblich sind.

c) Verfügungen über sonder- und sammelverwahrte Wertpapiere

83   Zunächst ist stets die Frage zu stellen, ob überhaupt eine Verfügung über Wertpapiere gegeben ist. Werden Ansprüche der Kunden gegen die Depotbank neu begründet – wie dies etwa im Fall der Gutschriften in Wertpapierrechnung bei auslandsverwahrten Wertpapieren der Fall ist – so handelt es sich nicht um eine Verfügung, so daß die im folgenden darzulegenden Grundsätze nicht gelten. Vielmehr findet auf Gutschriften in Wertpapierrechnung das Recht Anwendung, das für das Rechtsverhältnis zwischen dem Hinterleger/dinglich Berechtigten und seiner Depotbank maßgeblich ist. Soll hingegen über Wertpapiere verfügt, sollen sie also insbes. übereignet oder verpfändet werden, so gelten die folgenden kollisionsrechtlichen Grundsätze des internationalen Sachenrechts.

aa) Ausgangspunkt: Geltung der lex rei sitae und Problematik gegenseitiger Kontoverbindungen

84   Sofern die auf das verbriefte Recht anwendbare Rechtsordnung (Wertpapierrechtsstatut, vgl. oben Rdnr. 51 f.) bestimmt, daß dieses durch Übereignung der (verbriefenden) Urkunde übertragen wird, wurden solche Verfügungen über Wertpapiere vor Erlaß der spezialgesetzlichen Kollisionsvorschrift des § 17 a DepotG unstreitig der lex rei sitae und damit der Rechtsordnung unterstellt, in der die Wertpapiere belegen sind (Wertpapiersachstatut).[209] Ist für die Übereignung auch eine Übertragung des mittelbaren Besitzes erforderlich, so ist allerdings die Frage, ob mittelba-

---

208 Vgl. statt vieler Staudinger-*Stoll* BGB (1996) IntSachenR Rdnr. 296; Soergel-*Lüderitz* BGB Art. 38 EGBGB Anh. II Rdnr. 22.
209 Vgl. hierzu statt vieler MünchKomm.-*Wendehorst* BGB Art. 43 EGBGB Rdnr. 196 f.; *Einsele* S. 399; so auch für den Orderscheck BGH 26. 9. 1989, BGHZ 108, 353, 356 mit im wesentlichen zust. Besprechungsaufsatz von *Kronke, Herbert/Berger, Gerlinde*, Wertpapierstatut, Schadensersatzpflichten der Inkassobank, Schuldnerschutz in der Zession – Schweizer Orderschecks auf Abwegen, IPRax 1991, 316–320.

rer Besitz vorliegt, selbständig an das Vertragsstatut anzuknüpfen, soweit der mittelbare Besitz von einem Schuldvertrag abhängig ist (vgl. oben Rdnr. 82).

Ausgehend von der lex rei sitae ist jedoch sehr fraglich, ob das mit einer gegenseitigen Kontoverbindung gem. § 5 Abs. 4 DepotG gewünschte Ergebnis – nämlich eine von den Verwahrstaaten jeweils anerkannte buchmäßige Übertragung von Sammelbestandsanteilen – erreicht werden kann. Bei einer grenzüberschreitenden Wertpapiertransaktion sind nun aber im Fall gegenseitiger Kontoverbindungen die zu übertragenden Wertpapiere letztlich von dem Verkäuferkonto im einen Staat abzubuchen und dem Käuferkonto im anderen Staat gutzuschreiben. Damit finden typischerweise die Abbuchung und die Gutschriftbuchung, die die Übertragung des Miteigentumsanteils auf den Käufer zur Folge hat, in verschiedenen Ländern statt. Um sicherzustellen, daß der Sammelbestandsanteil nicht zeitweise herrenlos wird oder mehrere Personen als Eigentümer in Frage kommen, müssen die Belastungs- und Gutschriftbuchungen zwischen den beteiligten Ländern aufeinander abgestimmt sein. **85**

Noch gravierender ist aber folgendes Problem: Bei gegenseitigen Kontoverbindungen wird der Sammelbestand, an dem die Miteigentumsanteile der Kunden bestehen, in mehreren Staaten verwahrt. Daher müssen bei Geltung der lex rei sitae Verfügungen über Miteigentumsanteile am Sammelbestand – um wirksam zu sein – den sachenrechtlichen Anforderungen aller Staaten genügen, in denen der Sammelbestand verwahrt wird. Daß die zwingende Geltung der lex rei sitae bei gegenseitigen Kontoverbindungen Probleme verursacht, zeigt folgende Überlegung: Nicht nur bei grenzüberschreitenden, sondern auch bei Wertpapierübertragungen zwischen Personen, die „an denselben Zentralverwahrer angeschlossen sind", also bei (zunächst) rein innerstaatlichen Rechtsübertragungen, verändern sich rechtlich gesehen die Miteigentumsanteile der Beteiligten. Veräußert der Verkäufer X in Deutschland seine Wertpapiere an den Käufer Y in Deutschland, so verliert X seine Miteigentumsanteile am Sammelbestand, der beispielsweise in Deutschland und Frankreich verwahrt wird, während Y diese Miteigentumsanteile erhält. Diese Miteigentumsanteile bestehen aber am gesamten und daher auch am auslandsverwahrten Sammelbestand, so daß für eine Rechtsübertragung die sachenrechtlichen Bestimmungen des französischen und des deutschen Rechts maßgeblich sind. Sind an einer Kontoverbindung in einer bestimmten Wertpapierart nicht nur zwei, sondern weitere Wertpapiersammelbanken beteiligt, so verschärft sich dieses Problem, da nunmehr die sachenrechtlichen Vorschriften aller beteiligten Verwahrstaaten zu beachten sind. **86**

bb) Spezialgesetzliche Kollisionsvorschrift des § 17 a DepotG
α) Ratio legis des § 17 a DepotG

Durch das Gesetz zur Änderung insolvenzrechtlicher und kreditwesenrechtlicher Vorschriften v. 8. 12. 1999[210] wurde die Richtlinie 98/26/EG des Europäischen Par- **87**

---

[210] BGBl. I, S. 2384.

laments und des Rates v. 19. 5. 1998 über die Wirksamkeit von Abrechnungen in Zahlungs- sowie Wertpapierliefer- und -abrechnungssystemen[211] umgesetzt und mit § 17 a DepotG eine neue kollisionsrechtliche Vorschrift für Verfügungen über Wertpapiere eingefügt: Danach unterliegen Verfügungen über Wertpapiere oder Sammelbestandanteile, die mit rechtsbegründender Wirkung in ein Register eingetragen oder auf einem Konto verbucht werden, dem Recht des Staates, unter dessen Aufsicht das Register geführt wird, in dem unmittelbar zugunsten des Verfügungsempfängers die rechtsbegründende Eintragung vorgenommen wird, oder in dem sich die kontoführende Haupt- oder Zweigstelle des Verwahrers befindet, die dem Verfügungsempfänger die rechtsbegründende Gutschrift erteilt. Laut der Begründung des Gesetzentwurfs der Bundesregierung sollen hiermit die Probleme vermieden werden, die sich insbes. bei Verpfändungen von (in Globalurkunden verbrieften) sammelverwahrten Wertpapieren bei Anwendung der lex rei sitae ergeben. Als Beispiel führt hier die Begründung des Regierungsentwurfs den Fall an, daß Wertpapiere zu Sicherungszwecken verpfändet werden, die in Form einer Globalurkunde in Frankfurt und einer Globalurkunde oder einem Registereintrag in New York vorhanden sind.[212]

88   Von § 17 a DepotG hingegen nicht erfaßt sind Gutschriften in Wertpapierrechnung, da hierdurch nicht über Wertpapiere verfügt, sondern (originär) schuldrechtliche Ansprüche der Kunden gegen ihre Depotbanken begründet werden.[213] Ebenfalls nicht erfaßt sein sollen Verfügungen über sonderverwahrte Wertpapiere, da bei diesen die Buchung keine rechtsbegründende Wirkung hat, sondern lediglich einen nach allgemeinen Vorschriften erfolgten Eigentumsübergang dokumentiert.[214]

β) Problematik und begrenzter Anwendungsbereich des § 17 a DepotG

89   Der Anwendungsbereich des § 17 a DepotG dürfte sehr begrenzt sein. Nur wenn und soweit die auf das verbriefte Recht anwendbare Rechtsordnung (Wertpapierrechtsstatut) eine Übertragung des Wertpapiers bzw. der Miteigentumsanteile an einem Sammelbestand durch Eintragung in ein Register/Depotbuch zuläßt, kann § 17 a DepotG überhaupt Anwendung finden. Soweit das maßgebliche Wertpapierrechtsstatut das deutsche Recht ist, ist diese Voraussetzung aber nur im Fall der praktisch wenig relevanten Vorschrift des § 24 Abs. 2 DepotG gegeben. Typischerweise aber hat die Umbuchung durch Clearstream lediglich eine die Rechtsübertra-

---

211 ABl. EG Nr. L 166, S. 45.
212 BR-Drucks. 456/99, S. 32; vgl. zur Bestellung von Finanzsicherheiten mittlerweile auch die kollisionsrechtliche Vorschrift in Art. 9 der Richtlinie 2002/47/EG des Europäischen Parlaments und des Rates v. 6. 6. 2002, ABl. EG Nr. L 168, S. 43.
213 Vgl. dazu, daß § 17 a DepotG „lediglich sachenrechtliche Verfügungen über Sammelbestandanteile oder über Wertpapiere und nicht auch schuldrechtliche Ansprüche, wie etwa Wertrechtgutschriften, erfassen" will, BR-Drucks. 456/99, S. 35.
214 Vgl. hierzu BT-Drucks. 14/1539, S. 16.

gung gem. den §§ 929ff. BGB *verlautbarende*, nicht aber – wie von § 17 a DepotG gefordert – selbst *rechtsbegründende* Wirkung.

Ob die kollisionsrechtliche Regelung des § 17 a DepotG tatsächlich (weitgehend) leerläuft, läßt sich aber nur beurteilen, wenn man die Wirkung der Eintragungen in Register/Depotbücher in anderen Rechtsordnungen mitberücksichtigt. Allerdings erscheint die Bedeutung des § 17 a DepotG auch dann eher gering zu sein: Im Fall der Veräußerung von Wertpapieren wird im US-amerikanischen Recht beim sog. indirekten Verwahrsystem nicht über Wertpapiere bzw. über die darin verbrieften Rechte verfügt.[215] Vielmehr stellt die Verbuchung des Rechts „security entitlement" (§ 8–102 (a) (17) Uniform Commercial Code) zugunsten des „Wertpapierkäufers" im Grundsatz die originäre Begründung eines schuldrechtlichen Anspruchs des Kunden gegen den (Zwischen-)Verwahrer auf Ausübung der Rechte dar, die mit den Wertpapieren verbunden sind. Die Verbuchung des Rechts „security entitlement" wird also aus ähnlichen Gründen wie Gutschriften in Wertpapierrechnung nicht von § 17 a DepotG erfaßt. In Großbritannien kommt den Zertifikaten, die die üblichen auf Namen lautenden Aktienrechte verlautbaren, hingegen von vornherein lediglich die Wirkung einer Beweisurkunde zu (sec. 186 Companies Act 1985). Damit ist die Verfügung über die Beweisurkunde nach dem Wertpapierrechtsstatut ohnehin nicht maßgeblich für die Übertragung des verbrieften Rechts.[216] § 17 Abs. 2 des österreichischen DepotG entspricht fast wörtlich § 24 Abs. 2 des deutschen DepotG und nach Schweizer Recht kommt der Buchung sammelverwahrter Wertpapiere eine bloß beweismäßige Bedeutung und ebenfalls keine rechtsbegründende Wirkung zu.[217] Anders ist dies allerdings im französischen Recht bei börsennotierten Wertrechten, die durch Verbuchung des Wertrechts auf dem Konto des Käufers übertragen werden.[218]

Auch ist zu bedenken, daß auf der Grundlage der h.M., die mittelbaren Besitz der Hinterleger/dinglich Berechtigten für gegeben hält, der mittelbare Besitz selbständig anzuknüpfen ist und die Frage, ob das Besitzmittlungsverhältnis auf den Erwerber umgestellt wurde, sich nach der Rechtsordnung richtet, der der Depotvertrag zwischen dem Hinterleger/Veräußerer und seiner Depotbank unterliegt.[219] Kommt es – wie nach h.M. im deutschen Recht bei der Frage des gutgläubigen Erwerbs – auf die Besitzübertragung an, kann ohnehin nicht allein die Rechtsordnung der kontoführenden Bank des Verfügungsempfängers entscheiden. Ganz abgese-

90

91

---

215 Vgl. zu diesem indirekten Verwahrsystem und zum Recht „security entitlement" *Einsele*, RIW 1997, 270–273.

216 Vgl. zum englischen Recht ausführlich *Einsele* S. 215ff.

217 Vgl. *Brunner* S. 25 m.w.N.

218 Vgl. Art. 47 bis Abs. 1 de la loi 83–1 du 3 janvier 1983 (Gesetz über die Investitionsentwicklungen und den Schutz der Anleger).

219 Vgl. oben Rdnr. 82; vgl. auch *Einsele*, WM 2003, 2353f.; a.A. *Kronke/Haubold* Rdnr. 196 mit Hinweis auf Art. 9 Abs. 2 b) der Finanzsicherheitenrichtlinie, die vorgebe, sämtliche Fragen im Zusammenhang mit dem Erwerb einer Wertpapiersicherheit zu regeln. Dies dürfte aber bei der Frage der Besitzverhältnisse, die neben einem rechtlichen auch ein tatsächliches Element aufweisen, kaum (vollständig) möglich sein.

hen davon handelt es sich bei der Kollisionsvorschrift des § 17 a DepotG um einen Zirkelschluß, da die Frage, wer Verfügungsempfänger ist (zweifelhaft mag dies insbes. bei einem event. Durchgangserwerb von Zwischenverwahrern sein) und ob der Eintragung oder Verbuchung rechtsbegründende Wirkung zukommt, ja erst von dem anzuwendenden Recht entschieden wird.[220]

γ) Internationaler Effektengiroverkehr auf der Basis einer fiduziarischen Treuhand

92   Die von § 17 a DepotG intendierte kollisionsrechtliche Anknüpfung an die Rechtsordnung der Depotbank des Verfügungsempfängers wäre andererseits problemlos möglich, wenn der Effektengiroverkehr auf der Basis einer fiduziarischen Treuhand abgewickelt werden würde. Ein Modell hierfür kann die Gutschrift in Wertpapierrechnung im Fall auslandsverwahrter Wertpapiere sein. Ohne eine in diesem Fall zulässige Rechtswahlvereinbarung würden dann die Ansprüche des erwerbenden Kunden gegen seine Bank der Rechtsordnung unterstehen, in der diese ihre Haupt- bzw. Zweigniederlassung hat (Art. 28 Abs. 2 EGBGB).[221]

93   Darüber hinaus wäre ein solches Modell aber auch mit dem am 13. Dezember 2002 angenommenen Haager Übereinkommen über die auf bestimmte Rechte in Bezug auf intermediärverwahrte Wertpapiere anzuwendende Rechtsordnung[222] gut vereinbar: Anders als § 17 a DepotG sieht nämlich Art. 4 Abs. 1 i.V.m. Art. 2 Abs. 1 dieses Übereinkommens für Verfügungen über zwischenverwahrte Wertpapiere eine (eingeschränkte) Rechtswahlmöglichkeit vor. Eine solche Rechtswahlmöglichkeit (auch im Verhältnis zu Dritten) ist aber höchst problematisch bei Depotgeschäften auf der Basis von Miteigentumsrechten der Depotkunden, während sie zu einem Effektengiroverkehr auf der Basis einer grds. schuldrechtlichen, aber mit quasi-dinglichen Wirkungen ausgestatteten Rechtsstellung der Anleger sehr gut paßt (vgl. zur schuldvertraglichen Rechtswahlfreiheit Art. 27 Abs. 1 EGBGB).

cc) Besonderheit: Verpfändung von Gutschriften in Wertpapierrechnung

94   Qualifiziert man die Gutschrift in Wertpapierrechnung für die Frage des anwendbaren Rechts schuldrechtlich, so unterliegt die Verpfändung dieser Ansprüche Art. 33 EGBGB.[223] Zwar betrifft Art. 33 EGBGB die Forderungsübertragung, jedoch muß

---

220   Vgl. zu diesen Problemen des § 17 a DepotG ausführlich *Einsele*, WM 2001, 2421–2423.
221   Vgl. hierzu ausführlich *Einsele* S. 561–596.
222   Vgl. zum deutschen Text des Übereinkommens RabelsZ 68 (2004), 757–769; vgl. zu diesem Übereinkommen *Einsele*, WM 2003, 2349–2356.
223   So im Grundsatz zutreffend, wenn auch die Verpfändung – wie die Zession – m.E. zu Unrecht insgesamt zwingend dem Statut der abzutretenden Forderung unterstellt wird, *Soergel-v.Hoffmann* BGB Art. 33 EGBGB Rdnr. 16; *Martiny*, in: *Reithmann/Martiny*, Rdnr. 338; *Ferid, Murad*, Internationales Privatrecht, 3. Aufl. 1986, § 7–98; *Staudinger-Stoll* BGB (1996) IntSachenR Rdnr. 317; im Grundsatz ähnlich *Kaiser, Erhard*, Verlängerter Eigentumsvorbehalt und Globalzession im IPR, Rechtsvergleichende Darstellung von Zession und Zessionsstatut im deutschen, österreichischen, schweizerischen, französischen, englischen und US-amerikanischen Recht, 1986, S. 227, wobei *Kaiser* allerdings eine einheitliche Behandlung von Sicherungs-

für die Verpfändung als Minus zur Forderungsübertragung dasselbe gelten. Damit findet auf die Verpfändung hinsichtlich der in Art. 33 Abs. 2 EGBGB aufgeführten Rechtsfragen[224] zwingend das Forderungsstatut, also das Recht Anwendung, das für die verpfändete Forderung maßgeblich ist. Da für die Gutschrift in Wertpapierrechnung deutsches Recht maßgeblich ist, kann auch die Verpfändung von Gutschriften in Wertpapierrechnung insgesamt deutschem Recht unterstellt werden.[225]

d) Gesetzliche Sicherungsrechte

Nach deutschem Sachrecht können die mit den Wertpapiergeschäften beauftragten Institute zur Sicherung bestimmter Forderungen gesetzliche Pfandrechte erwerben (vgl. insbes. § 397 HGB). Daher stellt sich auch hier die Frage, welches Recht darüber entscheidet, ob solche Sicherungsrechte mit Wirkung gegenüber Dritten zur Entstehung gelangen. **95**

Als Ausgangspunkt ist folgendes festzuhalten: Da gesetzliche Sicherungsrechte nicht durch (rechtsgeschäftliche) Verfügungen begründet werden, kann die kollisionsrechtliche Sonderregelung des § 17 a DepotG nicht zur Anwendung kommen. Damit ist für die Frage der Entstehung gesetzlicher Sicherungsrechte grds. die allgemeine kollisionsrechtliche Anknüpfung an die lex rei sitae maßgeblich[226] (vgl. Art. 43 Abs. 1 EGBGB), so daß es doch wieder auf die Belegenheit der Wertpapiere ankäme. Teilweise wird jedoch – zumindest bei internationalen Verkehrsgeschäften – das Schuldstatut der zu sichernden Forderung, also die Rechtsordnung für maßgeblich gehalten, der die zu sichernde Forderung unterliegt. Allerdings soll dies nur gelten, solange und soweit die lex rei sitae nicht einem ihr wesensfremden Recht widerspricht.[227] Teilweise wird auf gesetzliche Sicherungsrechte aber auch kumulativ das Schuld- und Sachenrechtsstatut[228] für anwendbar gehalten. **96**

---

zession und Verpfändung für erwägenswert hält, aber bei den Voraussetzungen der Sicherungszession eine Anknüpfung an das Niederlassungsrecht des Zedenten befürwortet, vgl. S. 224–226.
224 Richtigerweise gilt Art. 33 Abs. 2 EGBGB nicht für die Forderungsübertragung bzw. Verpfändung insgesamt, sondern nur hins. der dort aufgeführten Rechtsfragen, vgl. hierzu ausführlich *Einsele, Dorothee*, Internationales Privatrecht der Forderungszession und der Schuldnerschutz unter besonderer Berücksichtigung des englischen und französischen Rechts, ZvglRWiss. 90 (1991), 1 ff.; *dies.*, Rechtswahlfreiheit im Internationalen Privatrecht, RabelsZ 60 (1996), 419, 430–435.
225 Vgl. hierzu auch *Einsele* S. 442 f.; im Ergebnis auch *Hellner*, FS *Heinsius*, S. 250; *Kümpel*, in: Bankrecht und Bankpraxis, Rdnr. 8/126.
226 Vgl. so grds. Staudinger-*Stoll* BGB (1996) IntSachenR Rdnr. 276; mit Einschränkungen zugunsten der Geltung des gewählten Schuldstatuts auch *Ritterhoff, Ann-Christin*, Parteiautonomie im internationalen Sachenrecht – Entwicklung eines Vorschlags insbesondere für das deutsche Kollisionsrecht unter vergleichender Berücksichtigung des englischen Kollisionsrechts, 1999, S. 178.
227 Vgl. Staudinger-*Stoll* BGB (1996) IntSachenR Rdnr. 277; vgl. auch *Ritterhoff, Ann-Christin*, Parteiautonomie im internationalen Sachenrecht – Entwicklung eines Vorschlags insbesondere für das deutsche Kollisionsrecht unter vergleichender Berücksichtigung des englischen Kollisionsrechts, 1999, S. 182 f.
228 *v. Bar, Ludwig*, Theorie und Praxis des internationalen Privatrechts, Band I, 2. Aufl. 1889,

97   In der Tat ist bei gesetzlichen Rechten zur Sicherung von Forderungen die Entstehung des Sicherungsrechts davon abhängig, daß die Forderung tatsächlich besteht. Insofern ist das Sicherungsrecht immer auch von dem Forderungsstatut abhängig. M.a.W.: Ist die zu sichernde Forderung nach dem Recht, das auf diese Forderung zur Anwendung gelangt, nicht wirksam entstanden, so kann auch das Sicherungsrecht nicht entstehen. Richtigerweise sollte man aber noch einen Schritt weiter gehen und für die Frage der *Entstehung* gesetzlicher Sicherungsrechte nur das (gewählte) Schuldstatut der zu sichernden Forderung für anwendbar erklären. Für die grds. Anknüpfung an das Statut der zu sichernden Forderung spricht insbes. die enge sachliche Verbindung des Sicherungsrechts zu der zu sichernden Forderung, zumal die gesetzlichen Pfandrechte einen Ausgleich für die Vorleistungspflicht der mit den Wertpapiergeschäften beauftragten Institute darstellen. Im übrigen sind Drittinteressen grds. nicht betroffen, soweit es lediglich um andere (von der lex rei sitae abweichende) Modalitäten der Rechtsentstehung geht. Anders ist dies allerdings, soweit es um Inhalt und Ausübung von gesetzlichen Sicherungsrechten geht. Hier können Verkehrs- und Drittinteressen des Belegenheitsstaates (potentiell) tangiert sein. Jedoch ist die grds. Drittbetroffenheit gerade im Bereich der Rechte an massenweise gehandelten Kapitalmarktwertpapieren jedenfalls dann sehr zweifelhaft, wenn mit deren Übertragung, Verwahrung und Verwaltung lediglich ein sehr beschränkter Kreis an Teilnehmern (Kreditinstituten) befaßt ist.[229] Soweit dennoch Verkehrs- und Drittinteressen betroffen sind, unterstehen Inhalt und Ausübung von Rechten aber zwingend der lex rei sitae.[230] Kennt die lex rei sitae kein solches Sicherungsrecht, kann dieses in dem Belegenheitsstaat der Wertpapiere somit nicht ausgeübt werden.

98   Eingeräumt sei jedoch, daß die (alleinige) Maßgeblichkeit des Schuldstatuts für die Frage der Entstehung gesetzlicher Sicherungsrechte bisher noch nicht h.M. ist. Da sich überdies die Ausübung dieser Rechte letztlich nach der lex rei sitae richtet, ist der Belegenheitsstaat der Wertpapiere für gesetzliche Sicherungsrechte in jedem Fall noch von Bedeutung.

e) Insolvenzvorrechte von Kunden und Wertpapierkäufern

99   Auch für die Frage der insolvenzrechtlichen Behandlung der (Lieferungs-) Ansprüche der Kunden und Wertpapierkäufer stellt sich die Frage, unter welchen Voraussetzungen etwaige Insolvenzvorrechte (im deutschen Recht §§ 32, 33 DepotG) zur Anwendung gelangen. Ohne auf die Einzelheiten des internationalen Insolvenzrechts eingehen zu wollen, sei hier auf folgende Grundsätze hingewiesen: Da die Kreditinstitute und Wertpapierfirmen aus dem Anwendungsbereich der Euro-

---

S. 651; *Neuhaus, Paul Heinrich*, Die Grundbegriffe des Internationalen Privatrechts, 2. Aufl. 1976, S. 247.
229 Vgl. hierzu *Einsele* S. 464–466.
230 Vgl. hierzu näher *Einsele, Dorothee*, Rechtswahlfreiheit im Internationalen Privatrecht, RabelsZ 60 (1996), 419, 437–443.

päischen Verordnung Nr. 1346/2000 v. 29. Mai 2000 über Insolvenzverfahren[231] gem. Art. 1 Abs. 2 ausgenommen wurden, gilt für Bankeninsolvenzen das autonome internationale Insolvenzrecht. Mit Änderung der §§ 335 ff. InsO durch das Gesetz zur Neuregelung des Internationalen Insolvenzrechts v. 14. März 2003[232] wurde u. a. auch die Richtlinie 2001/24/EG des Europäischen Parlaments und des Rates v. 4. April 2001 über die Sanierung und Liquidation von Kreditinstituten[233], die Sonderregelungen für den Bankensektor trifft, in das deutsche Recht umgesetzt.

Gem. § 335 InsO richtet sich die Frage, wann Kunden Insolvenzvorrechte geltend machen können, nach dem Recht des Staates, in dem das Verfahren eröffnet wurde (§ 335 InsO).[234] Da gem. § 3 Abs. 1 S. 2 InsO ausschließlich das Insolvenzgericht zuständig ist, in dessen Bezirk der Schuldner den Mittelpunkt seiner selbständigen wirtschaftlichen Tätigkeit hat, stehen den Kunden (Wertpapierkäufern) die Insolvenzvorrechte der §§ 32, 33 DepotG dann zu, wenn die mit den Wertpapiergeschäften beauftragten Institute in Deutschland ihre Hauptniederlassung haben.[235]   100

---

231 ABl. EG Nr. L 160, S. 1 v. 30. 6. 2000.

232 BGBl. I, S. 345, 346.

233 ABl EG Nr. L 125, S. 15 v. 5. 5. 2001.

234 Vgl. dazu, daß sich nach dem Recht des Staates, in dem das Verfahren eröffnet wird, nicht nur die verfahrensrechtlichen, sondern auch die materiellrechtlichen Wirkungen des Insolvenzverfahrens richten *Smid, Stefan,* Deutsches und Europäisches Internationales Insolvenzrecht, 2004, § 335 InsO Rdnr. 5.

235 Vgl. hierzu *Smid, Stefan,* Deutsches und Europäisches Internationales Insolvenzrecht, 2004, § 3 InsO Rdnr. 7.

§ 10 Investmentgeschäft

Literatur

Baums, Theodor/Kiem, Roger, Die Investmentaktiengesellschaft mit veränderlichem Kapital, in: FS Hadding, 2004, S. 741–757. *Baur, Jürgen*, in: Bankrecht und Bankpraxis, 9. Teil: Investmentgeschäft, Band 5, Stand Februar 1999, Rdnr. 9/1–9/819. *Beckmann, Klaus*, in: Investment, Ergänzbares Handbuch für das gesamte Investmentwesen, Stand Juli 2004, §§ 1–2 InvG. *Brinkhaus, Josef/Scherer, Peter*, Gesetz über Kapitalanlagegesellschaften, Auslandinvestment-Gesetz, Kommentar, 2003. *Canaris, Claus-Wilhelm*, Bankvertragsrecht, 2. Aufl. 1981, Rdnr. 2325–2488. *Entzian, Till*, Das neue Investmentrecht 2004, Investmentgesetz, Investmentsteuergesetz sowie die weiteren Änderungen durch das Investmentmodernisierungsgesetz, Textsammlung mit den Gesetzesbegründungen, der OGAW-Richtlinie, dem Merkblatt für den Vertrieb ausländischer Fonds und der Derivateverordnung, 2004. *Gericke, Karlheinz*, Rechtsfragen zum Investmentsparen, DB 1959, 1276–1278. *Kaune, Clemens R./ Oulds, Mark K.*, Das neue Investmentgesetz, ZBB 2004, 114–126. *Klenk, Friedrich Ernst*, Die rechtliche Behandlung des Investmentanteils, Bankrechtliche Sonderveröffentlichungen des Instituts für Bankwirtschaft und Bankrecht an der Universität zu Köln, Bd. 4, 1967. *Köndgen, Johannes*, in: Bankrechtshandbuch III, hrsg. v. Schimansky, Herbert/Bunte, Hermann Josef/Lwowski, Hans-Jürgen, 2. Aufl. 2001, § 113. *Köndgen, Johannes/Schmies, Christian*, Die Neuordnung des deutschen Investmentrechts, WM 2004, Sonderbeilage Nr. 1, S. 1–26. *Kümpel, Siegfried*, Bank- und Kapitalmarktrecht, 3. Aufl. 2004, Rdnr. 12.1–12.189. *Lang, Norbert*, Das Investmentgesetz – Kein großer Wurf, aber ein Schritt in die richtige Richtung –, WM 2004, 53–59. *Leistikow, Michael/Ellerkmann, Dirk*, BB-Gesetzgebungsreport: Neuerungen nach dem Investmentgesetz, BB 2003, 2693–2701. *Ohl, Karl*, Die Rechtsbeziehungen innerhalb des Investment-Dreiecks, Untersuchungen über das Spar-, Giro- und Kreditwesen, Bd. 57, 1989. *Pütz, Achim/Schmies, Christian*, Die Umsetzung der neuen rechtlichen Rahmenbedingungen für Hedgefonds in der Praxis, BKR 2004, 51–60. *Reuter, Gerhard*, Investmentfonds und die Rechtsstellung der Anteilinhaber, Diss. Frankfurt a.M., 1965. *Schönle, Herbert*, Bank- und Börsenrecht, 2. Aufl. 1976, § 23 f.

I. Einführung

Mit dem Investmentmodernisierungsgesetz v. 15. Dezember 2003,[1] in Kraft getreten am 1. Januar 2004, wurde das deutsche Investmentrecht maßgeblich umgestaltet. Dies geschah in Umsetzung zweier Änderungsrichtlinien[2] zur Richtlinie 85/611/EWG über Organismen für gemeinsame Anlagen in Wertpapieren (sog. 1

---

1 BGBl. I, S. 2676.
2 Nämlich die Richtlinien 2001/107/EG v. 21. 1. 2002 (ABl. Nr. L 41, S. 20 v. 13. 2. 2002) und 2001/108/EG v. 21. 1. 2002 (ABl. Nr. L 41, S. 35 v. 13. 2. 2002).

OGAW-Richtlinie) v. 20. 12. 1985.[3] Gleichzeitig wurde das Gesetz über Kapitalanlagegesellschaften (KAGG) und das Auslandinvestmentgesetz (AIG) im heutigen InvG zusammengefaßt und das deutsche Investmentrecht insgesamt liberalisiert und modernisiert, um hierdurch die Wettbewerbsfähigkeit des Finanzplatzes Deutschland zu stärken.[4]

2   Das Investmentgeschäft soll dazu dienen, dem breiten Publikum auch bei kleinerem Vermögen eine effiziente Kapitalanlagepolitik nach dem Grundsatz der Risikomischung bei gleichzeitiger Risikominimierung zu ermöglichen. Das Investmentgeschäft zählt gem. § 1 Abs. 1 S. 2 Nr. 6 KWG zu den Bankgeschäften und wird definiert als die von Kapitalanlagegesellschaften (KAG) betriebene Verwaltung von Investmentvermögen sowie Erbringung von Dienstleistungen und Nebendienstleistungen i.S.d. § 7 Abs. 2 InvG. Wenig geglückt – da zirkulär – ist allerdings die Systematik des Gesetzes im Bereich der für das Investmentgeschäft maßgeblichen Definitionen. So werden KAG in § 2 Abs. 6 InvG als Kreditinstitute umschrieben, deren Hauptzweck in der Verwaltung von Sondervermögen oder in der Verwaltung von Sondervermögen und der individuellen Vermögensverwaltung besteht (ähnlich auch § 6 Abs. 1 InvG). Andererseits wird für den Begriff des Sondervermögens in § 2 Abs. 2 InvG maßgeblich auf dessen Verwaltung durch KAG abgestellt. Auch ist für den Begriff des Investmentfonds in § 2 Abs. 1 InvG ein von einer KAG verwaltetes Sondervermögen wesentlich, während ein Sondervermögen in § 2 Abs. 2 InvG mit dem des Investmentfonds erklärt wird.

3   Die Vorschriften des InvG erfassen gem. § 1 InvG neben der Regelung der Tätigkeit der KAG im Rahmen der Verwaltung von Sondervermögen in Form von Investmentfonds noch weitere Bereiche. So findet das InvG generell auf inländisches Investmentvermögen in der Rechtsform von Investmentfonds oder Investmentaktiengesellschaften (§ 1 S. 1 Nr. 1 InvG) sowie auf die Aufsicht über inländische Gesellschaften Anwendung, die Anteile an diesen Investmentfonds oder Investmentaktiengesellschaften ausgeben (§ 1 S. 1 Nr. 2 InvG). Daneben regelt das InvG aber auch den beabsichtigten und tatsächlichen Vertrieb ausländischer Investmentanteile (§ 1 S. 1 Nr. 3 InvG). Daher sollen zunächst die Vorschriften des InvG zu inländischem Investmentvermögen behandelt werden, um sodann auf den Vertrieb ausländischer Investmentanteile einzugehen.

---

3 ABl. Nr. L 375, S. 3 v. 31. 12. 1985.
4 Vgl. hierzu *Kümpel* Rdnr. 12.31; *Kaune/Oulds*, ZBB 2004, 114f.; *Leistikow/Ellerkmann*, BB 2003, 2693.

II. Anwendungsbereich und Regelungen des InvG bei inländischem Investmentvermögen

1. Investmentvermögen

Maßgeblich für den Anwendungsbereich des InvG ist zunächst der Begriff des In-   4
vestmentvermögens. Hierbei handelt es sich um Vermögen zur gemeinschaftlichen
Kapitalanlage, die nach dem Grundsatz der Risikomischung in Vermögensgegenständen i.S.d. § 2 Abs. 4 InvG angelegt sind (§ 1 S. 2 InvG).

Das Gesetz unterscheidet seit dem Investmentmodernisierungsgesetz nur noch   5
zwischen solchen Publikums-Sondervermögen, die der OGAW-Richtlinie entsprechen (richtlinienkonforme Sondervermögen gem. §§ 46–65 InvG) und sonstigen Publikums- und Spezial-Sondervermögen, die der OGAW-Richtlinie nicht
entsprechen (§ 2 Abs. 1 InvG). Richtlinienkonforme Sondervermögen erhalten den
„Europäischen Paß". Anteile an solchen Sondervermögen dürfen daher ohne ein
weiteres Genehmigungserfordernis in der Europäischen Union öffentlich vertrieben werden. Zuvor muß die KAG lediglich ihre Vertriebsabsicht bei den zuständigen Stellen des betreffenden Mitgliedstaats anzeigen und zwei Monate seit dem
Eingang der vollständigen Anzeige abwarten; sofern die zuständigen Stellen des
betreffenden Mitgliedstaats in diesen zwei Monaten nicht durch begründeten Beschluß feststellen, daß die Art und Weise des vorgesehenen Vertriebs nicht der
OGAW-Richtlinie entspricht, kann die KAG die Anteile in dem betreffenden EU-
Mitgliedstaat öffentlich anbieten (§ 128 InvG).

Mit dem Investmentmodernisierungsgesetz wurde der bisherige Typenzwang   6
der Sondervermögen (etwa Geldmarkt- und Wertpapier-Sondervermögen) für
richtlinienkonforme Sondervermögen aufgegeben. Lediglich für nicht richtlinienkonforme Sondervermögen wie Immobilien-Sondervermögen, Spezial-Sondervermögen (für institutionelle Anleger)[5] und Hedgefonds (Sondervermögen mit zusätzlichen Risiken) bestehen nach wie vor Fondtypen.[6] Mit dem Investmentmodernisierungsgesetz wurden für richtlinienkonforme Sondervermögen überdies
die Anlagemöglichkeiten in Geldmarktinstrumenten,[7] Bankguthaben, Anteilen an
anderen Investmentvermögen und Derivaten erweitert (§§ 48–51 InvG).[8] Insbesondere aber wurde die Auflage von Hedgefonds in Deutschland zugelassen. Hedgefonds stellen – anders als der Name vermuten läßt[9] – keine besonders sicheren
Fonds, sondern eine hoch spekulative und besonders risikoreiche Kapitalanlage

---

5 Spezial-Sondervermögen sind Sondervermögen, deren Anteile auf Grund schriftlicher Vereinbarungen mit der Kapitalanlagegesellschaft jeweils von nicht mehr als 30 Anlegern, die nicht
natürliche Personen sind, gehalten werden (§ 2 Abs. 3 InvG).
6 Vgl. *Kaune/Oulds*, ZBB 2004, 118.
7 Hierzu zählen auch Asset-Backed-Securities, vgl. § 48 Abs. 1 Nr. 10 InvG.
8 Vgl. zu den zulässigen Anlagemöglichkeiten und den Anlagegrenzen im einzelnen *Leisti-
kow/Ellerkmann*, BB 2003, 2694–2696; *Köndgen/Schmies*, WM 2004, Sonderbeilage Nr. 1,
S. 10f.
9 Vgl. hedge (engl.) = absichern.

dar. Diese Sondervermögen mit zusätzlichen Risiken konnten vor dem Inkrafttreten des Investmentmodernisierungsgesetzes in Deutschland nicht öffentlich vertrieben werden; als zulässig wurden allerdings die sog. Hedgefonds-Zertifikate angesehen, deren Ertrag sich an der Wertentwicklung von Hedgefonds oder Hedgefonds-Indizes orientierte.[10] Mit dem Investmentmodernisierungsgesetz wurde nun ein rechtlicher Rahmen für Sondervermögen mit zusätzlichen Risiken (Single-Hedgefonds) und Dach-Sondervermögen mit zusätzlichen Risiken (Dach-Hedgefonds) geschaffen (vgl. §§ 112ff. InvG).

7   Single-Hedgefonds sind im Rahmen ihrer Anlagestrategien grds. keinen Beschränkungen bei der Auswahl der Vermögensgegenstände unterworfen.[11] Sie sehen eine Steigerung des Investitionsgrades des Sondervermögens über die grds. unbeschränkte Kreditaufnahme für gemeinschaftliche Rechnung der Anleger oder über den Einsatz von Derivaten (Leverage) und / oder Leerverkäufe vor (vgl. § 112 Abs. 1 InvG).[12] Allerdings dürfen die als besonders riskant geltenden Single-Hedgefonds nicht öffentlich vertrieben[13] werden (§ 112 Abs. 2 InvG). Da sie andererseits nicht nur als Spezial-Sondervermögen (für institutionelle Anleger, vgl. § 2 Abs. 3 InvG), sondern auch als Publikumsfonds aufgelegt werden dürfen, sind sie auch Privatanlegern, allerdings nur im Wege der Privatplazierung, zugänglich.[14]

8   Hingegen ist der öffentliche Vertrieb von Dach-Hedgefonds zulässig. Diese legen ihre Mittel grundsätzlich in Zielfonds[15] an (§ 113 Abs. 1 S. 1 InvG), dürfen aber

---

10   Vgl. *Köndgen/Schmies*, WM 2004, Sonderbeilage Nr. 1, S. 14; *Leistikow/Ellerkmann*, BB 2003, 2698; *Berger, Hanno/Steck, Kai-Uwe*, Regulierung von Hedgefonds in Deutschland, ZBB 2003, 192–202, 197f.

11   Allerdings ergibt sich aus der Nichterwähnung von § 2 Abs. 4 Nr. 5 und 6 InvG in § 112 Abs. 1 S. 1 InvG, daß Hedgefonds ihre Mittel nicht in Grundstücken oder Immobiliengesellschaften anlegen dürfen. Auch müssen die Vertragsbedingungen vorsehen, daß die Anlage in Beteiligungen an Unternehmen, die nicht an einer Börse zugelassen oder in einen organisierten Markt einzogen sind, auf 30% des Wertes des Sondervermögens beschränkt ist (§ 112 Abs. 1 S. 3 InvG). Damit sollte verhindert werden, daß Unternehmensbeteiligungs-Fonds wie Private Equity Fonds (oder auch Venture Capital Fonds) sich als Hedgefonds ausgeben und die Möglichkeiten des InvG nutzen können (vgl. hierzu die Begründung der Bundesregierung zum Entwurf des Investmentmodernisierungsgesetzes, BT-Drucks. 15/1553, S. 108). In anderen Staaten haben Private Equity Fonds hingegen bereits eine gesetzliche Regulierung erfahren, so etwa in Luxemburg in Form der Société d'Investissement en Capital à Risque, während der Entwurf eines schweizer Bundesgesetzes über die kollektiven Kapitalanlagen 2005 (Kollektivanlagengesetz) Private Equity Fonds in Form von Kommanditgesellschaften für kollektive Kapitalanlagen organisieren und regeln möchte.

12   Vgl. zu den Merkmalen und der Ausgestaltung von Hedgefonds auch *Ricke, Markus*, Stichwort: Hedge Fonds, BKR 2004, 60–65; Deutsche Bundesbank, Monatsbericht März 1999, S. 31–44.

13   Vgl. zum Begriff des öffentlichen Vertriebs § 2 Abs. 11 InvG.

14   Vgl. zum Gesetzgebungsverfahren, in dem zunächst geplant war, daß Single-Hedgefonds nur als Spezial-Sondervermögen aufgelegt werden dürfen, *Köndgen/Schmies*, WM 2004, Sonderbeilage Nr. 1, S. 14f.; *Leistikow/Ellerkmann*, BB 2003, 2698.

15   Dies sind einerseits Sondervermögen i.S.d. § 112 InvG, aber auch Investmentaktiengesellschaften, deren Satzung eine dem § 112 Abs. 1 InvG vergleichbare Anlageform vorsieht, oder ausländische Investmentvermögen, die hinsichtlich der Anlagepolitik Anforderungen unterlie-

bis zu 49% des Wertes des Sondervermögens auch in liquide Anlagen in Form von Bankguthaben und Geldmarktinstrumenten investieren (§ 113 Abs. 2 InvG). Dach-Hedgefonds unterliegen auch im übrigen stärkeren Einschränkungen ihrer Anlagemöglichkeiten als Single-Hedgefonds: So sind für Dach-Hedgefonds nicht nur Leverage und Leerverkäufe unzulässig (§ 113 Abs. 1 S. 3 InvG) und Devisentermin-kontrakte sowie Devisenoptionsrechte nur zur Währungskurssicherung erlaubt (§ 113 Abs. 2 S. 2 InvG). Daneben dürfen Dach-Hedgefonds insbes. auch nicht in Zielfonds anlegen, die ihre Mittel selbst in anderen Zielfonds investieren (§ 113 Abs. 4 S. 2 InvG), um sog. Kaskadenfonds zu verhindern; der Grund für diese Regelung liegt in der Intransparenz solcher Fonds und dem vom Gesetzgeber hierin gesehenen Widerspruch zum Grundsatz der Risikominimierung durch Diversifizierung.[16] Im übrigen darf nur maximal 20% des Sondervermögenswerts in einem Zielfonds angelegt werden (§ 113 Abs. 4 S. 1 InvG).

2. Rechtsformen des Investmentvermögens

Inländische Investmentvermögen werden nur dann vom InvG erfaßt, wenn sie   9
rechtlich in Vertragsform, d.h. in Form eines durch eine Verwaltungsgesellschaft (KAG) verwalteten Sondervermögens gem. §§ 30 ff. InvG (Investmentfonds i.S.d. § 2 Abs. 1 InvG) oder in Satzungsform, also einer Investmentaktiengesellschaft i.S.d. § 2 Abs. 5 InvG (§§ 96 ff. InvG) organisiert sind (vgl. § 1 S. 1 Nr. 1 InvG).

a) Durch Kapitalanlagegesellschaften verwaltete Sondervermögen

Soweit das Investmentvermögen als Sondervermögen durch KAG für Rechnung   10
der Anleger verwaltet wird, werden diese entweder rechtliche oder wirtschaftliche Miteigentümer des Fondvermögens (§ 30 Abs. 1 InvG). Die durch KAG verwalteten Sondervermögen sind zwingend nach dem open-end-Prinzip ausgestaltet: sie sind also einerseits für neue Einlagen von Anlegern offen, der Anleger kann aber auch umgekehrt gegen Rückgabe des Anteilscheins Rückzahlung seines Anteils an dem Sondervermögen verlangen (§§ 2 Abs. 2, 37 Abs. 1 InvG). Diese Verpflichtung wird für Single- und Dach-Hedgefonds allerdings eingeschränkt, da deren komplexe Anlagestrategien grds. auf Langfristigkeit angelegt sind und ihnen daher nur begrenzt liquide Mittel zur Verfügung stehen.[17] So können die Vertragsbedingungen von Hedgefonds vorsehen, daß die Rücknahme von Anteilen nur zu bestimmten

---

gen, die denen nach § 112 InvG vergleichbar sind (§ 113 Abs. 1 S. 2 InvG). Da das Gesetz nicht die aufsichtsrechtliche Regulierung der Zielfonds in deren Sitzstaat verlangt, dürfen deutsche Dach-Hedgefonds auch in nicht-regulierte ausländische Single-Hedgefonds investieren (vgl. hierzu *Pütz/Schmies*, BKR 2004, 54).

16 Vgl. die Begründung der Bundesregierung zum Entwurf des Investmentmodernisierungsgesetzes, BT-Drucks. 15/1553, S. 110.

17 Vgl. die Begründung der Bundesregierung zum Entwurf des Investmentmodernisierungsgesetzes, BT-Drucks. 15/1553, S. 111.

Rücknahmeterminen, jedoch mindestens einmal in jedem Kalendervierteljahr erfolgt (vgl. § 116 InvG).

11   Die KAG unterstehen als (Spezial-) Kreditinstitute der Aufsicht durch die Bundesanstalt für Finanzdienstleistungsaufsicht (§§ 1 S. 1 Nr. 2, 5, 6 Abs. 1 S. 1 InvG) und dürfen nur in der Rechtsform der Aktiengesellschaft oder der Gesellschaft mit beschränkter Haftung betrieben werden (§ 6 Abs. 1 S. 2 InvG). In Deutschland üblich ist die Form der GmbH. Die KAG muß seit dem Investmentmodernisierungsgesetz grundsätzlich nur noch ein Mindestanfangskapital von 730 000 Euro haben; dieses erhöht sich allerdings auf die zuvor geforderten 2,5 Millionen Euro, wenn die Gesellschaft Immobilien-Sondervermögen verwaltet oder die Verwahrung und Verwaltung von Anteilen als Nebendienstleistung erbringt (§ 11 Abs. 1 Nr. 1 InvG). Die gesetzlich geforderten Eigenmittel erhöhen sich überdies um 0,02 % des Betrags des verwalteten Sondervermögens, wenn dieser Wert 3 Milliarden Euro übersteigt; die Gesamtsumme des geforderten Anfangskapitals darf allerdings 10 Millionen Euro nicht übersteigen (§ 11 Abs. 1 Nr. 2 InvG). KAG müssen ihren satzungsmäßigen Sitz und ihre Hauptverwaltung in Deutschland haben (§ 6 Abs. 1 S. 3 InvG). Das Vermögen, das diese Gesellschaften verwalten, ist damit inländisches Investmentvermögen i.S.d. § 1 S. 1 Nr. 1 InvG.[18] Denn wie gerade auch die Definition der ausländischen Investmentanteile in § 2 Abs. 9 InvG zeigt, ist das maßgebliche Abgrenzungskriterium zwischen inländischem und ausländischem Investmentvermögen, ob die Anteile von einem inländischen oder ausländischen Unternehmen ausgegeben werden.

12   Mit dem Investmentmodernisierungsgesetz wurde der Europäische Paß, den es bisher nur für Investmentanteile gab, für Verwaltungsgesellschaften (KAG) neu eingeführt. Danach haben mittlerweile auch die KAG die Möglichkeit, ihre Tätigkeit innerhalb der EU und den Vertragsstaaten des Europäischen Wirtschaftsraums (EWR) ohne zusätzliche Erlaubnis durch die betreffenden Zielstaaten zu erbringen. Beabsichtigen KAG, die mindestens ein richtlinienkonformes (scil. der OGAW-Richtlinie entsprechendes) Sondervermögen verwalten (§ 12 Abs. 5 InvG), in einem EU- oder EWR-Staat eine Zweigniederlassung zu errichten, so haben sie dies der Bundesanstalt für Finanzdienstleistungsaufsicht unter Beifügung der Angaben gem. § 12 Abs. 1 S. 2 Nr. 1–3 InvG (lediglich) anzuzeigen. Besteht kein Grund, die Angemessenheit der Organisationsstruktur und der Finanzlage der KAG anzuzweifeln, übermittelt die Bundesanstalt die Angaben innerhalb von zwei Monaten den zuständigen Stellen des Aufnahmestaats (§ 12 Abs. 2 InvG). Ein entsprechendes, wenn auch etwas erleichtertes Verfahren ist einzuhalten, wenn KAG beabsichtigen, im Wege des grenzüberschreitenden Dienstleistungsverkehrs in einem anderen EU- oder EWR-Staat ihre Tätigkeit gem. § 7 Abs. 2 InvG auszuüben (§ 12 Abs. 3 InvG).

---

18   Vgl. auch *Beckmann* § 2 InvG Rdnr. 153, 155.

b) Investmentaktiengesellschaften

Inländische Investmentvermögen können neben der Rechtsform eines Sonderver- 13
mögens, das durch eine KAG verwaltet wird, auch als sog. Investmentaktiengesellschaft organisiert sein; diese ist an ausländische Vorbilder, insbes. die luxemburgi-
sche Société d'Investissement à Capital Variable (SICAV), angelehnt und wurde
durch das Dritte Finanzmarktförderungsgesetz im deutschen Recht zugelassen. Im
Fall der Organisation des Investmentvermögens in Form einer Investmentaktiengesellschaft ist der Anleger Aktionär der Anlagegesellschaft, das Anlagevermögen
ist Gesellschaftsvermögen und wird somit von der Aktiengesellschaft im eigenen
Namen und für eigene Rechnung verwaltet.

Mit dem Investmentmodernisierungsgesetz sollte die Attraktivität der Invest- 14
mentaktiengesellschaft erhöht werden. Daher wurde nicht nur das Mindestanfangskapital der Investmentaktiengesellschaft von früher 1 Million Euro auf nunmehr 300 000 Euro abgesenkt (§ 97 Abs. 1 S. 2 Nr. 1 InvG), sondern insbes. auch
neben der bisher schon gesetzlich geregelten (wenn auch tatsächlich nicht existie-
renden) Investmentaktiengesellschaft mit fixem Grundkapital eine solche mit veränderlichem Grundkapital eingeführt. Denn bei einer Investmentaktiengesellschaft mit fixem Kapital kann ein Anleger – außer im Fall der Kapitalerhöhung der
Aktiengesellschaft – nur dann Gesellschafter werden, wenn ein Aktionär seine Ge-
sellschaftsanteile veräußert. Daher eignen sich diese nach dem closed-end-Prinzip
ausgestalteten Investmentaktiengesellschaften (mit fixem Kapital) nicht als Publikumsfonds. Demgegenüber können Investmentaktiengesellschaften mit veränderlichem Kapital innerhalb des in der Satzung festgelegten Mindest- und Höchstka-
pitals jederzeit Aktien ausgeben, zurückkaufen und weiterveräußern (§ 105 Abs. 1
S. 1 InvG). Dies stellt auch aktienrechtlich eine wesentliche Neuerung dar.[19] Denn
im Rahmen des statutarisch genehmigten Kapitals der Investmentaktiengesellschaft bedarf die Ausgabe neuer Aktien keines Hauptversammlungsbeschlusses
und besteht kein Bezugsrecht der Aktionäre auf Zuteilung neuer Aktien (§ 104 S. 2
InvG). Auch setzt die Wirksamkeit der mit der Ausgabe neuer Aktien verbundenen Erhöhung des Grundkapitals nicht die Eintragung im Handelsregister voraus
(§ 104 S. 3 und 4 InvG).[20] Daneben gewähren die von Investmentaktiengesellschaften mit veränderlichem Kapital ausgegebenen Aktien dem Aktionär grds.[21] das
Recht, von der Gesellschaft den Rückerwerb der Aktien zu verlangen (sog. rücker-
werbbare Aktien, vgl. § 105 Abs. 2 InvG). Die aktienrechtlichen Einschränkungen
hinsichtlich des Rückerwerbs eigener Aktien finden also auf Investmentaktienge-

---

19 So auch *Baums/Kiem*, in: FS Hadding, S. 745; *Köndgen/Schmies*, WM 2004, Sonderbeilage
Nr. 1, S. 17f.
20 Vgl. auch *Köndgen/Schmies*, WM 2004, Sonderbeilage Nr. 1, S. 18; *Baums/Kiem*, in: FS
Hadding, S. 756.
21 Vgl. dazu, daß der Anspruch auf Rückerwerb der Aktien eingeschränkt werden kann, § 105
Abs. 2 S. 2 InvG; vgl. dazu, daß solche Einschränkungen bei der luxemburgischen Société d'Investissement à Capital Variable, die Vorbild für die deutsche Investmentaktiengesellschaft mit
veränderlichem Kapital war, durchaus nicht selten ist, *Baums/Kiem*, in: FS Hadding, S. 752.

sellschaften mit veränderlichem Kapital – anders als bei Investmentaktiengesellschaften mit fixem Kapital (vgl. § 107 Abs. 1, 3 InvG) – keine Anwendung (§ 105 Abs. 5 InvG); der Anspruch des Aktionärs auf Rückerwerb seiner Aktien ist allerdings durch die gesetzliche Verpflichtung der Gesellschaft eingeschränkt, ihr Mindestkapital zu erhalten (§ 105 Abs. 3 S. 2 InvG). Im Grundsatz aber unterliegen Investmentaktiengesellschaften den allgemeinen Vorschriften über Aktiengesellschaften, so daß auch auf das Rechtsverhältnis zwischen diesen Gesellschaften und ihren Aktionären das AktG zur Anwendung kommt (§ 99 Abs. 1 InvG).

15   Investmentaktiengesellschaften betreiben zwar keine Bankgeschäfte i.S.d. § 1 Abs. 1 S. 2 Nr. 6 KWG, da diese Vorschrift lediglich auf § 7 Abs. 2 InvG und damit auf die Tätigkeit der KAG verweist.[22] Da sie für eigene Rechnung und nicht für andere tätig werden, sind sie auch keine Finanzdienstleistungsinstitute (§ 1 Abs. 1a S. 1 KWG).[23] Allerdings stellen Investmentaktiengesellschaften ebenfalls Kapitalsammelstellen zur gemeinsamen Vermögensanlage dar, auch sind die Aktionäre einer Investmentaktiengesellschaft in ähnlicher Weise schutzbedürftig wie die Anteilinhaber von Investmentfonds.[24] Daher erklärt das Gesetz zahlreiche Vorschriften des KWG, die für Finanzdienstleistungsinstitute gelten, auch auf Investmentaktiengesellschaften für entsprechend anwendbar (§ 99 Abs. 2 InvG). Investmentaktiengesellschaften müssen (ebenso wie KAG) ihren Sitz und ihre Geschäftsleitung im Inland haben (§ 97 Abs. 1 S. 2 Nr. 2 InvG), womit das von diesen Gesellschaften verwaltete (Gesellschafts-) Vermögen inländisches Investmentvermögen ist. Investmentaktiengesellschaften unterliegen der Aufsicht durch die Bundesanstalt für Finanzdienstleistungsaufsicht (§ 5 InvG). Zwar ist die tatsächliche Bedeutung von Investmentaktiengesellschaften (noch) gering, die entsprechenden Regelungen stellen aber mittlerweile wenigstens nicht mehr totes Recht dar.[25]

---

22 So auch *Köndgen/Schmies*, WM 2004, Sonderbeilage Nr. 1, S. 17; a.A. *Beckmann* § 2 InvG Rdnr. 118.
23 So auch *Kaune/Oulds*, ZBB 2004, 124.
24 So auch *Kaune/Oulds*, ZBB 2004, 124.
25 Vgl. z.B. die Sascam Global I Investmentaktiengesellschaft mit veränderlichem Kapital, die im Dezember 2004 als erste Investmentaktiengesellschaft die Genehmigung zur Aufnahme des Geschäftsbetriebs von der Bundesanstalt für Finanzdienstleistungsaufsicht erhalten hat.

Investmentfonds   16

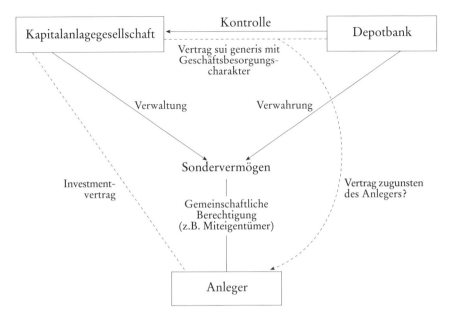

Investmentaktiengesellschaft   17

III. Rechtsbeziehungen nach deutschem Sachrecht

1. Investmentdreieck

Ein wesentliches Merkmal des Investmentgeschäfts ist das sog. Investmentdreieck.   18
Dieses wird gebildet aus dem Anleger, der KAG (bzw. Investmentaktiengesellschaft) und der Depotbank. Die KAG (bzw. Investmentaktiengesellschaft) hat das

Sondervermögen (bzw. Gesellschaftsvermögen) zu verwalten, während der Depotbank,[26] zu deren Einschaltung die KAG (Investmentaktiengesellschaft) verpflichtet ist, insbes. die Aufgabe zukommt, das Sondervermögen (Gesellschaftsvermögen) zu verwahren und die KAG (Investmentaktiengesellschaft) zu kontrollieren. Durch diese Aufgabenteilung zwischen der KAG (Investmentaktiengesellschaft) und der Depotbank sowie durch deren Kontrollpflichten soll der Anleger geschützt werden.[27] Aufgrund der wirtschaftlichen und personellen Verflechtungen zwischen der KAG[28] und der Depotbank ist allerdings fraglich, ob dieser Schutz in der Praxis wirklich erreicht wird.[29] Im Fall der Investmentaktiengesellschaft ist der Anleger zwar Aktionär und daher Teil der das Gesellschaftsvermögen verwaltenden Gesellschaft; da aber auch hier die Depotbank ihre Aufgaben im Interesse der Anleger wahrzunehmen hat, läßt sich ebenfalls von einem Investmentdreieck sprechen.

19   Da seit dem Investmentmodernisierungsgesetz der KAG (Investmentaktiengesellschaft) die Auslagerung eigener Tätigkeiten (sog. outsourcing) ausdrücklich unter den Voraussetzungen des § 25 a KWG[30] erlaubt ist (§§ 16, 99 Abs. 3 InvG), muß die KAG (Investmentaktiengesellschaft) das (Sonder- bzw. Gesellschafts-) Vermögen nicht notwendigerweise in eigener Person (allein) verwalten. Vielmehr kann sogar das sog. Portfoliomanagement und damit ein zentraler Bereich der Verwaltungsaufgabe der KAG (Investmentaktiengesellschaft) auf Dritte übertragen werden;[31] dies allerdings nur dann, wenn die KAG (Investmentaktiengesellschaft) durch die Auslagerung nicht daran gehindert ist, im Interesse ihrer Anleger zu handeln (§ 16 Abs. 1 InvG). Auch hat die KAG (Investmentaktiengesellschaft) dem Auslagerungsunternehmen Vorgaben für die Verteilung der Anlagen zu erteilen (§ 16 Abs. 2 S. 2 InvG) und dessen Verschulden in gleichem Umfang wie eigenes Verschulden zu vertreten (§ 16 Abs. 3 InvG). Daher bleibt die KAG (Investmentaktiengesellschaft) für die ordnungsgemäße Verwaltung des Vermögens letztlich selbst verantwortlich.

20   In rechtlicher Hinsicht wirft das Investmentdreieck namentlich dadurch Probleme auf, daß der Vertrag zwischen der KAG (Investmentaktiengesellschaft) und der Depotbank Wirkungen gegenüber dem Anleger entfaltet, ohne daß dieser jedoch

---

26   Vgl. auch die Definition der Depotbanken in § 2 Abs. 7 InvG als Unternehmen, die die Verwahrung und Überwachung von Investmentvermögen ausführen.

27   Vgl. statt vieler *Canaris* Rdnr. 2334f.; *Köndgen*, in: Bankrechtshandbuch III, § 113 Rdnr. 118; *Kümpel* Rdnr. 12.69.

28   Mit Investmentaktiengesellschaften bestehen noch keine Erfahrungen.

29   Vgl. *Canaris* Rdnr. 2335; *Köndgen/Schmies*, WM 2004, Sonderbeilage Nr. 1, S. 13.

30   Vgl. hierzu das Rundschreiben 11/2001 der Bundesanstalt für Finanzdienstleistungsaufsicht zur Auslagerung von Bereichen auf ein anderes Unternehmen gemäß § 25 a Abs. 2 KWG, abgedruckt bei *Consbruch/Möller/Bähre/Schneider*, Kreditwesengesetz mit weiteren Vorschriften zum Aufsichtsrecht der Banken, Textsammlung, Nr. 4.339.

31   Vgl. hierzu näher *Köndgen/Schmies*, WM 2004, Sonderbeilage Nr. 1, S. 8f.; vgl. auch zu den bankaufsichtsrechtlichen Anforderungen an solche Auslagerungsunternehmen (vgl. § 16 Abs. 2 S. 1 InvG) *Pütz/Schmies*, BKR 2004, 52.

Vertragspartner wäre.[32] Das Investmentdreieck weist daneben weitere Besonderheiten auf; insbesondere werden die Pflichten der KAG aus dem Vertrag mit dem Anleger und die der Depotbank aus dem Vertrag mit der KAG (Investmentaktiengesellschaft) in weiten Teilen durch zwingendes Gesetzesrecht geregelt.

Da das Rechtsverhältnis zwischen Anleger und Investmentaktiengesellschaft   21
(sowie zwischen den Anlegern) bei Investmentaktiengesellschaften durch das Aktienrecht geregelt wird, soweit das InvG nichts anderes bestimmt (§ 99 Abs. 1 InvG), und überdies die tatsächliche Bedeutung von Investmentaktiengesellschaften (noch) gering ist, konzentrieren sich die folgenden Ausführungen auf die Verwaltung von Sondervermögen durch KAG; gemeinsam für KAG und Investmentaktiengesellschaften werden hingegen die Rechtsbeziehungen zur Depotbank sowie die Befugnis zur Geltendmachung von Ansprüchen gegen die das Investmentvermögen verwaltende Gesellschaft und die Depotbank behandelt.

2. Rechtsverhältnis zwischen Anteilinhaber und Kapitalanlagegesellschaft

Wird das Investmentvermögen durch eine KAG verwaltet, kommt das Investment-   22
geschäft durch einen Vertrag zwischen der KAG und dem Anleger zustande. In diesem Investmentvertrag verpflichtet sich die KAG, das Sondervermögen für gemeinschaftliche Rechnung der Anteilinhaber zu verwalten und hierbei mit der Sorgfalt eines ordentlichen Kaufmanns und ausschließlich im Interesse der Anteilinhaber zu handeln (§ 9 Abs. 1 S. 1, 9 Abs. 2 Nr. 1 InvG); auch hat die KAG das Stimmrecht aus den zu dem Sondervermögen gehörenden Aktien im ausschließlichen Interesse der Anleger und bei inländischen Gesellschaften im Regelfall auch selbst auszuüben (vgl. § 32 Abs. 1 S. 1, 2, § 9 Abs. 2 Nr. 1 InvG).[33]

Allerdings ist die KAG nicht berechtigt, im Namen der Anleger Verbindlichkei-   23
ten einzugehen (§ 31 Abs. 2 S. 2 InvG). Der Sinn dieser Regelung erklärt sich ohne weiteres aus dem Zweck des Gesetzes, insbes. dem Kleinanleger eine effiziente und gleichzeitig risikominimierte Kapitalanlage zu ermöglichen. Denn wäre die KAG berechtigt, im Namen der Anleger Verbindlichkeiten einzugehen, würden diese mit ihrem persönlichen Vermögen haften. Aber auch das Sondervermögen haftet nicht (unmittelbar) für die Verbindlichkeiten aus Rechtsgeschäften, die die KAG für gemeinschaftliche Rechnung der Anleger eingegangen ist; vielmehr steht der KAG hierfür lediglich ein Anspruch auf Aufwendungsersatz gegen das Sondervermögen, nicht aber gegen die Anleger persönlich zu (§ 31 Abs. 3 InvG). Diese Regelung hat durchaus Sinn. Denn danach haftet das Sondervermögen grds.[34] nicht für

---

32 Die Besonderheiten des dreiseitigen Charakters des Investment-Rechtsverhältnisses betont insbes. *Köndgen*, in: Bankrechtshandbuch III, § 113 Rdnr. 118.
33 Vgl. hierzu auch *Kümpel* Rdnr. 12.148 f.; *Köndgen*, in: Bankrechtshandbuch III, § 113 Rdnr. 129.
34 Vgl. *Canaris* Rdnr. 2416, 2440, der analog § 684 S. 1 BGB der KAG einen Bereicherungsanspruch gewähren will, soweit das Surrogat für solche pflichtwidrigen Geschäfte gem. § 30 Abs. 2

Verbindlichkeiten, die die KAG im Rahmen nicht ordnungsgemäßer Vermögensverwaltung eingegangen ist, da die KAG solche Aufwendungen nicht für erforderlich halten durfte (§ 670 BGB).

24   Daneben steht der KAG für ihre Tätigkeit ein Vergütungsanspruch zu, für den sie ebenfalls nur ein Befriedigungsrecht aus dem Sondervermögen und nicht einen Anspruch gegen die Anteilinhaber persönlich hat (§ 31 Abs. 3 InvG). Die Berechnungsweise der Vergütungen und Aufwendungserstattungen ist im übrigen in den (von der Bankaufsichtsbehörde genehmigten) Vertragsbedingungen anzugeben (§ 41 Abs. 1 S. 1 InvG).[35]

25   Eine Hauptpflicht der KAG liegt also in der Vermögensverwaltung für Rechnung der Anteilinhaber. Die heute h.M. ordnet den Investmentvertrag daher rechtlich als einen Dienstleistungsvertrag mit Geschäftsbesorgungscharakter ein.[36] Allerdings stellt der Investmentvertrag zumindest nicht den typischen Fall eines Geschäftsbesorgungsvertrags dar: Einmal ist der Inhalt der Verwaltungspflichten zu einem erheblichen Teil durch die (zwingenden) gesetzlichen Bestimmungen über die zulässigen Fonds, die Anlagegegenstände und Anlagegrenzen vorgegeben; zum anderen bedürfen die Vertragsbedingungen, die in Form von AGB das Rechtsverhältnis zwischen der Kapitalanlegegesellschaft und dem Anteilinhaber regeln, grds.[37] der Genehmigung durch die Bundesanstalt für Finanzdienstleistungsaufsicht (§ 43 Abs. 2 InvG).[38] Die Einfluß- und Gestaltungsmöglichkeit, die dem Auftraggeber im Rahmen eines Geschäftsbesorgungsvertrags grds. zusteht, ist für den einzelnen Anleger aber nicht nur durch diese Regelungen beschränkt. Daneben ist die KAG auch nicht verpflichtet, den jeweiligen Weisungen der einzelnen Anleger Folge zu leisten; sie hat noch nicht einmal den Weisungen aller Anteilinhaber nachzukommen,[39] sondern (lediglich) im Interesse der Anleger insgesamt zu handeln. Auch unter Hinweis auf den Wortlaut von § 23 Abs. 1 S. 2 und Abs. 2 S. 1 und S. 2

InvG in das Sondervermögen gefallen ist und dieses daher zulasten der KAG ungerechtfertigt bereichert wäre.

35 Kritisch zu dieser Regelung, insbes. zur sog. Gesamtkostenquote, die gem. § 41 Abs. 2 InvG zu veröffentlichen ist, aber nicht sämtliche den Anleger belastenden Kosten erfaßt, *Köndgen/Schmies*, WM 2004, Sonderbeilage Nr. 1, S. 12.

36 *Kümpel* Rdnr. 12.140; *Baur*, in: Bankrecht und Bankpraxis, Rdnr. 9/269; *Canaris* Rdnr. 2352 m.w.N.

37 Vgl. dazu, daß die Vertragsbedingungen von Spezial-Sondervermögen (also Sondervermögen, deren Anteile auf Grund schriftlicher Vereinbarungen mit der Kapitalanlagegesellschaft jeweils von nicht mehr als 30 Anlegern, die nicht natürliche Personen sind, gehalten werden, vgl. § 2 Abs. 3 InvG) nicht der Genehmigung durch die Bundesanstalt für Finanzdienstleistungsaufsicht bedürfen, es sei denn, es handle sich um Single-Hedgefonds oder Dach-Hedgefonds (§ 93 Abs. 1 InvG).

38 Die Geschäftsleiter der Kapitalanlagegesellschaft haben darzulegen und zu begründen, daß die Vertragsbedingungen den gesetzlichen Anforderungen entsprechen und dies mit ihrer Unterschrift zu bestätigen (vgl. § 43 Abs. 2 S. 3, S. 4 InvG). Hierdurch soll eine Beschleunigung des Genehmigungsverfahrens bei standardisierten Fondsprodukten erreicht werden, vgl. hierzu *Köndgen/Schmies*, WM 2004, Sonderbeilage Nr. 1, S. 12; *Kaune/Oulds*, ZBB 2004, 119.

39 Vgl. hierzu auch *Ohl* S. 46 f.

InvG, der jeweils vom „Ausgabepreis" der Anteilscheine spricht, wurde daher früher die Auffassung vertreten, der Investmentvertrag stelle einen kaufähnlichen Vertrag, nämlich den Erwerb einer in Anteilscheinen verbrieften Mitberechtigung an dem Sondervermögen dar.[40] Da jedoch eine wesentliche Pflicht der KAG die Vermögensverwaltung im Interesse der Anleger ist (vgl. § 9 Abs. 1–3 InvG), dürfte richtig sein, den Investmentvertrag als einen Vertrag sui generis mit starkem geschäftsbesorgungsrechtlichem Element einzuordnen.[41]

3. Organisation des Sondervermögens und Inhalt des Anteilscheins

Grds. ist es der KAG freigestellt, ob sie den Anlegern an dem Fondsvermögen Miteigentum verschafft (Miteigentumslösung, vgl. § 30 Abs. 1 S. 1 Alt. 2 InvG) oder ob das Sondervermögen im treuhänderischen Eigentum der KAG steht (Treuhandlösung, vgl. § 30 Abs. 1 S. 1 Alt. 1 InvG). Allerdings bilden die Anleger auch bei der in der Praxis üblichen Miteigentumslösung nur insoweit eine Miteigentümergemeinschaft, als das Sondervermögen aus Sachen besteht (vgl. § 1008 BGB); hinsichtlich der zum Sondervermögen gehörenden Forderungen sind sie hingegen gemeinschaftlich Forderungsinhaber. Während die KAG bei der Treuhandlösung rechtlicher Inhaber des Sondervermögens und somit verfügungsberechtigt ist, bedarf sie bei der Miteigentumslösung für Verfügungen über das Fondsvermögen im eigenen Namen der Ermächtigung durch die Anleger; diese Ermächtigung räumt ihr das Gesetz in § 31 Abs. 1 InvG ein.[42]

    Um das Sondervermögen im Bestand zu erhalten, ordnet das Gesetz an, daß das Sondervermögen von dem eigenen Vermögen der KAG getrennt zu halten (§ 30 Abs. 1 S. 2 InvG) und von der Depotbank in einem gesperrten Depot bzw. Konto zu verwahren ist (vgl. § 24 Abs. 1, 2 InvG, vgl. dazu unten Rdnr. 31, 33). Ebenfalls dem Zweck der Bestandserhaltung dient die Regelung, wonach das Sondervermögen nicht für die Verbindlichkeiten (selbst) haftet, die die KAG für gemeinschaftliche Rechnung der Anleger eingeht, sondern der KAG nur für diesbezügliche Aufwendungsersatzansprüche ein Befriedigungsrecht aus dem Sondervermögen zusteht (vgl. oben Rdnr. 23 f.). Überdies wird das Sondervermögen durch eine Surrogationsnorm in seinem Bestand geschützt (§ 30 Abs. 2 InvG).[43] Danach gehört zum Sondervermögen auch alles, was die KAG auf Grund eines zum Sondervermögen gehörenden Rechts oder durch ein Rechtsgeschäft erwirbt, das sich auf das

---

40 *Gericke* DB 1959, 1277.
41 *Köndgen*, in: Bankrechtshandbuch III, § 113 Rdnr. 119.
42 Vgl. auch *Brinkhaus/Scherer* noch zu § 9 KAGG Rdnr. 6, wonach § 9 Abs. 1 S. 1 KAGG lediglich deklaratorische Bedeutung zukommt, wenn die Kapitalanlagegesellschaft treuhänderischer Eigentümer der Gegenstände des Sondervermögens ist, während im Fall der Miteigentumslösung die Zuweisung der sachenrechtlichen Verfügungsbefugnis an die Kapitalanlagegesellschaft konstitutiv ist.
43 Vgl. hierzu insbes. *Köndgen*, in: Bankrechtshandbuch III, § 113 Rdnr. 59.

Sondervermögen bezieht, oder was derjenige, dem das Sondervermögen zusteht, als Ersatz für ein zum Sondervermögen gehörendes Recht erwirbt.

28 Gem. § 33 Abs. 1 InvG hat die KAG den Anlegern über ihre Rechte Anteilscheine (Investmentzertifikate) auszustellen. Diese Anteilscheine können gem. § 33 Abs. 1 S. 2 InvG entweder als Orderpapiere oder – wie in der Praxis üblich – als Inhaberpapiere ausgestaltet sein. Auf den ersten Blick mag zunächst fraglich sein, was Inhalt des in dem Anteilschein verbrieften Rechts ist. Denn gem. § 33 Abs. 2 InvG soll mit der Übertragung der in dem Anteilschein verbrieften Ansprüche der Anteil des Veräußerers an den zum Sondervermögen gehörenden Gegenständen auf den Erwerber übergehen. Dies scheint nach wie vor für die Ansicht zu sprechen, Gegenstand der Verbriefung seien lediglich die schuldrechtlichen Ansprüche der Anteilinhaber gegen die KAG. Da jedoch aufgrund der heutigen Fassung von § 33 Abs. 1 S. 1 InvG in den Anteilscheinen die Anteile an dem Sondervermögen verbrieft werden, dürfte mittlerweile im Ergebnis eindeutig sein, daß in den Anteilscheinen nicht nur die schuldrechtlichen Ansprüche gegen die KAG, sondern im Fall der Miteigentumslösung auch die dingliche Rechtsposition der Anteilinhaber Gegenstand des verbrieften Rechts sind. In der Tat spricht für diese Ansicht auch die Überlegung, daß ansonsten der Anteilschein bei der Treuhandlösung die gesamte Rechtsposition des Anlegers, bei der Miteigentumslösung jedoch lediglich die Ansprüche gegen die KAG, nicht jedoch die wirtschaftlich im Vordergrund stehende Miteigentümerstellung an dem Sondervermögen verbriefen würde. Daher handelt es sich bei Anteilscheinen um Wertpapiere eigener Art und nicht (lediglich) um Inhaberschuldverschreibungen.[44]

4. Rechtsverhältnis zwischen Kapitalanlagegesellschaft (Investmentaktiengesellschaft) und Depotbank sowie zwischen Depotbank und Anlegern

a) Rechtsverhältnis zwischen Kapitalanlagegesellschaft (Investmentaktiengesellschaft) und Depotbank
aa) Erforderlichkeit der Einschaltung einer Depotbank

29 Nicht nur KAG, sondern auch Investmentaktiengesellschaften haben mit der Verwahrung des Investmentvermögens ein (anderes) Kreditinstitut, die Depotbank, zu beauftragen. Die Vorschriften der §§ 20–29 InvG zur Rechtsstellung der Depotbank gelten daher sowohl für die Verwaltung des Sondervermögens durch KAG als auch für Investmentvermögen in der Organisationsform von Investmentaktiengesellschaften (§§ 97 Abs. 1 S. 2 Nr. 5, 99 Abs. 3 InvG). Die Auswahl wie auch der Wechsel der Depotbank bedürfen der Genehmigung der Bundesanstalt für Finanzdienstleistungsaufsicht (§ 21 Abs. 1 InvG). Die Depotbank muß grds. ihren Sitz in Deutschland haben (§ 20 Abs. 1 S. 1, 2 und Abs. 2 InvG). Insbes. wurden auch in der

---

44 Vgl. zu dieser Auffassung *Canaris* Rdnr. 2372f.; *Schönle* § 23 I 5 (S. 312); *Köndgen*, in: Bankrechtshandbuch III, § 113 Rdnr. 136; *Brinkhaus/Scherer* noch zu § 18 KAGG Rdnr. 8.

EU die Zulassungskriterien für die Depotbanken (Verwahrstellen) noch nicht harmonisiert, so daß bisher kein Europäischer Paß für Depotbanken existiert. Jedoch hat sich die Kommission mittlerweile des Problems der Harmonisierung der Zulassungskriterien wie auch einiger weiterer rechtlicher Regelungen für Depotbanken (etwa auch Haftungsfragen) angenommen.[45]

Die gesetzliche Verpflichtung zur Einschaltung einer Depotbank besteht auch   **30** für (Single- und Dach-) Hedgefonds. Allerdings können Single-Hedgefonds – nicht aber Dach-Hedgefonds (vgl. § 114 InvG) – einzelne Aufgaben der Depotbank auch von einer anderen vergleichbaren Einrichtung wahrnehmen lassen; in diesem Fall muß aber vertraglich sichergestellt sein, daß die Depotbank für das Verschulden der von ihr unmittelbar eingeschalteten Einrichtung wie für eigenes Verschulden haftet (§ 112 Abs. 3 InvG). Durch diese Regelung soll es auch inländischen Single-Hedgefonds ermöglicht werden, die international im Bereich der Hedgefonds üblichen sog. Primebroker einzuschalten. Diese erbringen gegenüber Hedgefonds bestimmte Dienstleistungen wie insbesondere die Bereitstellung von Fremdkapital sowie von Wertpapieren für Leerverkäufe; häufig übernehmen sie mit der Verwahrung von Fondsvermögen aber auch Aufgaben von Depotbanken (vgl. § 24 Abs. 1 InvG).[46] Nach Auffassung des Bundesministeriums der Finanzen ist neben der Einschaltung des Primebrokers (unmittelbar) durch die Depotbank (sog. Sub-Custodian-Modell) aber auch zulässig, daß die KAG direkt den Primebroker bestimmt (sog. KAG-Modell); holt sie in diesem Fall die Zustimmung der Depotbank ein, entsteht ein dreiseitiger Vertrag. Dabei soll nach Ansicht des Bundesministeriums der Finanzen jeweils diejenige Stelle (Bank) für das Verschulden des Primebrokers wie für eigenes Verschulden haften, die den Primebroker ausgewählt und beauftragt hat.[47] In dieser Allgemeinheit ist diese Ansicht jedoch unzutreffend. Denn die Haftung für Erfüllungsgehilfen setzt gem. § 278 BGB voraus, daß der Erfüllungsgehilfe im Pflichtenkreis des Geschäftsherrn mit dessen Willen tätig wird. Daher genügt für eine Haftung der Depotbank bzw. der KAG nicht nur die Beauftragung des Primebrokers, vielmehr muß dieser auch im Pflichtenkreis der jeweils haftenden Bank tätig geworden sein. Denkbar ist daneben aber auch, daß die Depotbank einen von der KAG eingeschalteten Primebroker gewähren läßt, obgleich dieser gegen die Bestimmungen des InvG bzw. die Vertragsbedingungen verstößt. Da die Depotbank hierdurch ihrer Überwachungsaufgabe nicht nachkommt, kann sie wegen schuldhafter Verletzung eigener Verpflichtungen schadensersatzpflichtig werden.

---

45 Vgl. Mitteilung der Kommission an den Rat und das Europäische Parlament: Die mitgliedstaatlichen Regelungen für OGAW-Verwahrstellen – Überblick und mögliche Entwicklungen, KOM(2004) 207.
46 Vgl. hierzu *Pütz/Schmies*, BKR 2004, 55, 57 unter Erörterung der weiteren Frage, wann Primebroker eine vergleichbare Einrichtung i.S.d. § 112 Abs. 3 InvG darstellen.
47 Vgl. hierzu die Auslegung des Bundesministeriums der Finanzen zur Thematik Primebroker nach dem Investmentgesetz (Stand: 26. Mai 2004), abgedruckt in: *Entzian* S. 180f.

bb) Inhaltliche Ausgestaltung der Rechtsbeziehung zwischen Kapital-anlagegesellschaft / Investmentaktiengesellschaft und Depotbank

31   Die Depotbank hat das Investmentvermögen in einem gesperrten Depot bzw. auf einem Sperrkonto zu verwahren (§ 24 Abs. 1 und 2 InvG); dabei darf sie Wertpapiere grds. nur einem inländischen Verwahrer anvertrauen, es sei denn, es handelt sich um ausländische Wertpapiere oder solche (inländischen) Wertpapiere, die an ausländischen Börsen zugelassen oder in ausländische organisierte Märkte einbezogen sind (§ 24 Abs. 1 S. 2, 3 InvG). Im Fall der Vermögensverwaltung durch KAG hat die Depotbank auch die Ausgabe und Rücknahme der Anteilscheine vorzunehmen und diese neben der KAG zu unterzeichnen (§ 33 Abs. 1 S. 4 InvG). Sie hat den für die Anteile (Investmentzertifikate) gezahlten Ausgabepreis (§ 23 Abs. 2 S. 2 InvG) sowie den Erlös aus dem Verkauf von Gegenständen des Investmentvermögens auf einem Sperrkonto zu verbuchen (§ 25 S. 1 InvG) und umgekehrt den Kaufpreis für den Erwerb von Gegenständen des Sondervermögens / Gesellschaftsvermögens von diesem Konto zu bezahlen (§ 25 S. 2 Nr. 1 InvG). Damit wird das Investmentvermögen auch physisch von der (Kapitalanlage- bzw. Investmentaktien-) Gesellschaft gesondert.[48]

32   Daneben hat die Depotbank aber auch Kontrollaufgaben, insbes. die Aufgabe, die Abwicklung der (Wertpapier-) Geschäfte über das Investmentvermögen einschließlich des rechtzeitigen Eingangs des Gegenwerts sowie der Verwendung der Erträge zu kontrollieren (§ 25 S. 1, 2 Nr. 1, 2 InvG). Für diese Tätigkeiten erhält die Depotbank ein Entgelt, dessen Berechnungsweise in den (von der Bankaufsichtsbehörde genehmigten) Vertragsbedingungen anzugeben ist (§ 41 Abs. 1 S. 1 InvG).[49]

33   Während die verwahrungsrechtliche Vertragskomponente als Depotvertrag und damit als ein Spezialfall des Verwahrungsvertrags (§§ 688 ff. BGB) zu qualifizieren ist, ist die Ausgabe der Anteile ebenso wie die Verbuchung der ein- und ausgehenden Zahlungen als Geschäftsbesorgungsvertrag einzuordnen.[50] Zu der rechtlichen Einordnung dieses Vertrags als Geschäftsbesorgungsvertrag paßt insbesondere auch die Verpflichtung der Depotbank, die Weisungen der KAG (Investmentaktiengesellschaft) auszuführen, sofern diese nicht gegen gesetzliche Vorschriften oder die Vertragsbedingungen verstoßen (vgl. §§ 22 Abs. 1 S. 2, 99 Abs. 3 InvG; vgl. für den Geschäftsbesorgungsvertrag §§ 675 Abs. 1, 665 BGB). Entgegen der wohl h. M. dürften bei diesem Geschäftsbesorgungsvertrag allerdings nicht die dienstvertraglichen,[51] sondern die werkvertraglichen Elemente überwiegen, da die De-

---

48 *Köndgen*, in: Bankrechtshandbuch III, § 113 Rdnr. 58.
49 Kritisch zu dieser Regelung, insbes. zur sog. Gesamtkostenquote, die gem. § 41 Abs. 2 InvG zu veröffentlichen ist, aber nicht sämtliche den Anleger belastenden Kosten erfaßt, *Köndgen/Schmies*, WM 2004, Sonderbeilage Nr. 1, S. 12.
50 Vgl. etwa *Baur*, in: Bankrecht und Bankpraxis, Rdnr. 9/120; *Kümpel* Rdnr. 12.152; *Köndgen*, in: Bankrechtshandbuch III, § 113 Rdnr. 132; *Ohl* S. 64.
51 So aber *Canaris* Rdnr. 2355; *Kümpel* Rdnr. 12.152; *Baur*, in: Bankrecht und Bankpraxis, Rdnr. 9/120.

potbank jedenfalls hinsichtlich der Kontenführung nicht nur eine Tätigkeit, sondern konkrete Erfolge schuldet.[52]

b) Rechtliche Einordnung der Kontrollpflichten der Depotbank und Rechtsverhältnis zwischen Depotbank und Anlegern

Die rechtliche Einordnung der Kontrollbefugnisse und -pflichten der Depotbank ist problematisch. Denn diese setzen zwar einen Vertrag zwischen der KAG (Investmentaktiengesellschaft) und der Depotbank voraus, bestehen aber unabhängig von einer Vereinbarung der Vertragsparteien allein aufgrund der gesetzlichen Regelungen und dienen überdies ausschließlich dem Interesse der Anleger (§§ 22 Abs. 1 S. 1, 27 InvG). Der Intention des InvG sicher nicht gerecht wird die Qualifizierung des Rechtsverhältnisses zwischen KAG (Investmentaktiengesellschaft) und Depotbank als Innengesellschaft;[53] KAG (Investmentaktiengesellschaft) und Depotbank haben jeweils eigene, gesonderte Pflichten hinsichtlich des verwalteten Vermögens, auch tritt die KAG (Investmentaktiengesellschaft) nicht in jeder Beziehung als „Hauptgesellschafter" auf[54]. Last but not least lassen sich mit der Konstruktion der Innengesellschaft nicht (eigenständige) Ansprüche der Anleger gegen die Depotbank erklären (so aber § 28 Abs. 2 InvG). **34**

Teilweise wird der Vertrag zwischen KAG (Investmentaktiengesellschaft) und Depotbank als ein Vertrag zugunsten Dritter (also der Anleger) i.S.d. § 328 BGB angesehen.[55] Diese rechtliche Einordnung ist jedoch nicht unproblematisch: Anders als dies § 334 BGB beim Vertrag zugunsten Dritter vorsieht, ist die inhaltliche Ausgestaltung der Pflichten der Depotbank nicht abhängig von den Vereinbarungen sowie der weiteren Entwicklung des Vertrags zwischen Kapitalanlagegesellschaft (Investmentaktiengesellschaft) und Depotbank; auch kann die Leistung der Depotbank – entgegen der Regelung des § 333 BGB – von dem Anleger nicht zurückgewiesen werden. Die Pflichten der Depotbank sind vielmehr durch Gesetz (sowie die Vertragsbedingungen bzw. die Satzung) vorgegeben. Dies scheint in der Tat gegen die Annahme eines Vertrags zugunsten Dritter zu sprechen.[56] Teilweise wurde daher auch die Auffassung vertreten, zwischen Depotbank und Anlegern werde mit Unterzeichnung und Ausgabe der Anteile (vgl. §§ 23 Abs. 1 S. 1, 33 Abs. 1 S. 4 InvG) ein selbständiger Vertrag abgeschlossen.[57] Gegen diese rechtliche Einordnung spricht jedoch ebenfalls die fehlende Entscheidungsmöglichkeit des Anlegers bei Einschaltung und Ausgestaltung der Rechte und Pflichten der Depotbank, daneben aber auch die vom Gesetz gewollte Gleichbehandlung aller Anleger **35**

52 Vgl. *Köndgen*, in: Bankrechtshandbuch III, § 113 Rdnr. 132.
53 So aber *Ohl* S. 88 ff.
54 Vgl. insbes. die Verpflichtung der Depotbank gem. § 28 Abs. 1 S. 1 Nr. 1 InvG, Ansprüche der Anteilinhaber gegen die Kapitalanlagegesellschaft geltend zu machen sowie die Verpflichtung zur Abwicklung des Sondervermögens gem. § 39 Abs. 2 InvG.
55 *Schönle* § 24 III 1 (S. 319); *Reuter* S. 152.
56 *Canaris* Rdnr. 2462; vgl. auch *Ohl* S. 64 f.; *Köndgen*, in: Bankrechtshandbuch III, § 113 Rdnr. 134.
57 *Klenk* S. 15.

unabhängig von deren rechtsgeschäftlichem Willen.[58] Zwar könnten die Pflichten der Depotbank auch als Schutzpflichten zugunsten der Anteilinhaber i.S.d. § 823 Abs. 2 BGB eingeordnet werden. Danach würde die Depotbank den Anlegern aber nur nach Deliktsrecht haften, so daß sich die Depotbank für Verrichtungsgehilfen gem. § 831 S. 2 BGB exkulpieren könnte. Daher wird heute wohl mehrheitlich angenommen, zwischen Depotbank und Anlegern bestehe ein gesetzliches Schuldverhältnis, aufgrund dessen die Depotbank nach Vertragsgrundsätzen hafte. Dieses Schuldverhältnis komme durch den rechtsgeschäftlichen Kontakt zustande, wie er insbesondere durch die Ausgabe der Anteile, durch deren Mitunterzeichnung, durch die Verwahrung des verwalteten Vermögens, durch die Entgegennahme des Ausgabepreises und durch die Auszahlung der Gewinnanteile vermittelt werde.[59]

36   Diese Ansicht ist m.E. nicht überzeugend. Zwar wird i.d.R. ein rechtsgeschäftlicher Kontakt zwischen den Anteilinhabern und der Depotbank bestehen; dies ist aber nicht notwendigerweise der Fall. Wechselt etwa die KAG bzw. Investmentaktiengesellschaft (mit Genehmigung der Bankaufsichtsbehörde) die Depotbank (vgl. § 21 Abs. 1 InvG), so trifft die neue Depotbank bereits vor einem näheren rechtsgeschäftlichen Kontakt mit den Anlegern die gesetzlichen Pflichten einer Depotbank. Auf einen rechtsgeschäftlichen Kontakt zwischen der Depotbank und den Anlegern kommt es also ebensowenig an wie auf den rechtsgeschäftlichen Willen der Anleger und der Depotbank zur Übertragung bzw. Übernahme der gesetzlich vorgeschriebenen Kontroll- und Schutzaufgaben zugunsten der Anleger. Zutreffend – wenngleich nicht einmal entscheidend – ist darüber hinaus das Argument, gesetzliche Schuldverhältnisse aus (bloßem) rechtsgeschäftlichem Kontakt würden lediglich als Schutzpflichtverhältnisse ohne primäre Leistungspflicht anerkannt (vgl. mittlerweile die gesetzliche Regelung in § 311 Abs. 2 BGB), die Depotbank treffe jedoch auch primäre Leistungspflichten, so etwa bei der Verfolgung von Haftungsansprüchen der Anleger gegenüber der KAG (§ 28 Abs. 1 S. 1 Nr. 1 InvG) sowie bei der Abwicklung des Sondervermögens (§ 39 Abs. 2 InvG).[60]

37   Daher dürfte im Ergebnis noch die plausibelste Erklärung sein, den Vertrag zwischen der KAG (Investmentaktiengesellschaft) und der Depotbank doch als einen atypischen Vertrag zugunsten Dritter (der Anleger) anzusehen, bei dem §§ 333, 334 BGB durch zahlreiche zwingende Bestimmungen des InvG (weitgehend) ausgeschlossen werden.[61] Diese Einordnung ist auch am ehesten mit der gesetzlichen Re-

---

58   Vgl. *Canaris* Rdnr. 2463, der überdies anführt, die Anteilinhaber sowie die Depotbank hätten nicht notwendigerweise den rechtsgeschäftlichen Willen, einen Vertrag abzuschließen.
59   So insbes. *Canaris* Rdnr. 2464; ihm folgend OLG Frankfurt 19.12.1996, WM 1997, 364, 367; *Kümpel* Rdnr. 12.173, 12.175f.; im wesentlichen zustimmend auch *Köndgen*, in: Bankrechtshandbuch III, § 113 Rdnr. 134; ebenfalls für ein gesetzliches Schuldverhältnis, das allerdings im Zeitpunkt des Erwerbs der Fondsanteile entstehen soll, *Brinkhaus/Scherer* § 12 KAGG Rdnr. 17; ebenfalls von einem gesetzlichen Schuldverhältnis geht die Begründung der Bundesregierung zum Entwurf des Investmentmodernisierungsgesetzes aus, vgl. BT-Drucks. 15/1553, S. 85.
60   So *Köndgen*, in: Bankrechtshandbuch III, § 113 Rdnr. 134.
61   Vgl. zur Abdingbarkeit des § 334 BGB statt vieler BGH 10.11.1994, BGHZ 127, 378, 385;

gelung des § 28 Abs. 2 InvG vereinbar, wonach sowohl die KAG (Investmentaktiengesellschaft) [62] als auch der Anleger das Recht hat, Ansprüche der Anleger gegen die Depotbank geltend zu machen (vgl. hierzu sogleich näher unter Rdnr. 47–50). Diese Vorschrift entspricht der gesetzlichen Regelung beim Vertrag zugunsten Dritter, bei dem im Grundsatz sowohl der Dritte als auch der Versprechensempfänger dazu berechtigt sind, die Primär- und Sekundäransprüche geltend zu machen (wobei der Versprechensempfänger allerdings grds. nur Leistung an den Dritten fordern kann).[63] Überdies trifft die Depotbank bei der hier vorgenommenen rechtlichen Einordnung der vertraglichen Beziehungen auch im Verhältnis zu den Anlegern eine (im Ergebnis sachgerechte) Haftung nach den Grundsätzen des Vertrags- und nicht nur des Deliktsrechts. Daher haftet die Depotbank den Anteilinhabern bei (schuldhafter) Verletzung ihrer Pflichten gem. § 280 Abs. 1 BGB. Die KAG haftet für die Verletzung dieser Pflichten hingegen grds. nicht, da es um die Verletzung eigener Pflichten der Depotbank geht; eine Haftung der KAG (Investmentaktiengesellschaft) würde hingegen die Verletzung von Pflichten der Investmentgesellschaft voraussetzen, zu deren Erfüllung die Depotbank (lediglich) eingeschaltet worden wäre (§ 278 BGB).[64]

Die Kontrollaufgaben der Depotbank gegenüber der KAG (Investmentaktiengesellschaft) beschränken sich inhaltlich allerdings auf eine bloße Rechtmäßigkeitskontrolle und beziehen sich nicht auf die Zweckmäßigkeit des Handelns der KAG (Investmentaktiengesellschaft).[65] Daß die Depotbank allein die Verletzung gesetzlicher Vorschriften bzw. der Vertragsbedingungen durch die KAG (Investmentaktiengesellschaft) zu kontrollieren hat und sich nicht etwa auch auf die Plausibilität der Anlagepraxis der Investmentgesellschaft[66] erstreckt, ergibt sich aus § 28 Abs. 1 S. 1 Nr. 1 InvG; denn nach dieser Bestimmung bezieht sich auch die Befugnis der Depotbank, Ansprüche der Anleger gegen die KAG (Investmentaktiengesellschaft) im eigenen Namen geltend zu machen, auf die Verletzung gesetzlicher Vorschriften oder der Vertragsbedingungen durch die KAG (Investmentaktiengesellschaft). Nicht zuletzt wegen dieser Beschränkung der Überwachungsbefugnisse der Depotbank auf eine bloße Rechtmäßigkeitskontrolle wurden bisher weder Klagen der Depotbank gegen die KAG bekannt noch waren Klagen der Anleger

38

MünchKomm.-*Gottwald* BGB § 334 Rdnr. 2; Jauernig-*Stadler*, Komm. z. BGB, 11. Aufl. 2004, § 334 Rdnr. 1.
62 Dies wird allgemein als Fall der gesetzlichen Prozeßstandschaft der Kapitalanlagegesellschaft zugunsten der Anteilinhaber angesehen, vgl. statt vieler *Brinkhaus/Scherer* § 12 c KAGG Rdnr. 17.
63 Vgl. auch *Baur*, in: Bankrecht und Bankpraxis, Rdnr. 9/121, der ein gesetzliches Schuldverhältnis annimmt, das von einem Vertrag zugunsten Dritter i.S.d. § 328 BGB überlagert wird.
64 Ebenso *Canaris* Rdnr. 2484; *Kümpel* Rdnr. 12.150f.; a.A. aber *Schönle* § 24 III 1 (S. 319).
65 So bereits nach früherer Rechtslage vor dem Investmentmodernisierungsgesetz BGH 18. 9. 2001, WM 2001, 2053, 2054; in der Lit. auch *Canaris* Rdnr. 2474; *Baur*, in: Bankrecht und Bankpraxis, Rdnr. 9/654; *Ohl* S. 61.
66 Hierfür plädieren jedenfalls de lege ferenda *Köndgen/Schmies*, WM 2004, Sonderbeilage Nr. 1, S. 9.

gegen die Depotbank wegen Verletzung ihrer Kontrollpflichten gegenüber der KAG erfolgreich (vgl. hierzu sogleich näher unter Rdnr. 47–50).[67]

5. Rechtsverhältnis zwischen den Anteilinhabern

39   Die Anteilinhaber sind an dem Sondervermögen gemeinschaftlich berechtigt. Da die Anteilinhaber sich untereinander auch nicht zur Verfolgung eines gemeinsamen Zwecks vertraglich verbunden haben, stellen sie keine Gesamthand, sondern eine Bruchteilsgemeinschaft (§§ 741 ff. BGB) dar.[68] Dies gilt nicht nur für die in der Praxis übliche Miteigentumslösung, sondern – jedenfalls entsprechend – auch für die Treuhandlösung, da die Anleger hier an dem Treugut (Sondervermögen) quasi-dinglich mitberechtigt sind.[69] Soweit das Sondervermögen aus Sachen besteht, bilden die Anleger im Fall der Miteigentumslösung eine Miteigentümergemeinschaft i.S.d. §§ 1008 ff. BGB (vgl. auch § 30 Abs. 1 S. 1 InvG). Allerdings handelt es sich um eine atypische Bruchteilsgemeinschaft: zum einen kann der Anteilinhaber nicht über seinen Anteil an den einzelnen Gegenständen des Sondervermögens verfügen (vgl. § 33 Abs. 2 S. 3 InvG), zum anderen ist das Recht auf jederzeitige Aufhebung der Bruchteilsgemeinschaft (§ 749 Abs. 1 BGB) gem. § 38 Abs. 5 InvG ausgeschlossen. Das Recht zur Aufhebung der Bruchteilsgemeinschaft wird im InvG durch das Recht des Anteilinhabers ersetzt, gegen Rückgabe des Anteilscheins die Auszahlung seines Anteils an dem Sondervermögen zu verlangen (§ 37 Abs. 1 InvG). Diese Verpflichtung wird für Single- und Dach-Hedgefonds allerdings eingeschränkt, da deren Vertragsbedingungen vorsehen können, daß die Rücknahme von Anteilen nur zu bestimmten Rücknahmeterminen, wenn auch mindestens einmal in jedem Kalendervierteljahr erfolgt (vgl. § 116 InvG).

6. Haftungsansprüche der Anleger und deren Geltendmachung

a) Gegen die Kapitalanlagegesellschaft

40   Verstößt die KAG gegen die Pflichten nach dem InvG, also etwa gegen die Anlagebeschränkungen der §§ 47 Abs. 1 Nr. 1–6, Abs. 2, 51 Abs. 1, Abs. 2, 52 Nr. 1, 3, 4 InvG oder gegen das Gebot der Einhaltung des Tageskurses gem. § 36 Abs. 2 InvG, so sind diese Geschäfte nicht unwirksam. Jedoch macht sich die KAG gegenüber den Anlegern ggf. wegen Schlechterfüllung des Investmentvertrags gem. §§ 675

---

67 Vgl. zu einer erfolglosen Klage von Anlegern gegen eine Depotbank wegen Verletzung ihrer Kontrollpflichten BGH 18.9.2001, WM 2001, 2053; kritisch zu der geringen praktischen Bedeutung der Haftung der Depotbank *Köndgen/Schmies*, WM 2004, Sonderbeilage Nr. 1, S. 13; da mit Investmentaktiengesellschaften bisher noch keine Erfahrungen bestehen, gab es schon aus diesem Grund bisher keine Klagen gegen Investmentaktiengesellschaften.
68 Vgl. *Kümpel* Rdnr. 12.177; *Schönle* § 24 IV 1 (S. 322); a.A. aber *Canaris* Rdnr. 2397, der eine Gesamthandsgemeinschaft und keine Bruchteilsgemeinschaft annimmt.
69 So auch *Canaris* Rdnr. 2395.

Abs. 1, 280 Abs. 1 BGB schadensersatzpflichtig.[70] Denkbar ist zwar auch eine Haftung der KAG gem. § 823 Abs. 2 BGB. Allerdings ist die deliktische Haftung unter dem Gesichtspunkt der Beweislastverteilung sowie der Exkulpationsmöglichkeit der KAG (gem. § 831 Abs. 1 S. 2 BGB) für den Anleger ungünstiger als die vertragliche Haftung, für die die Beweislastumkehr gem. § 280 Abs. 1 S. 2 sowie die Erfüllungsgehilfenhaftung gem. § 278 BGB gilt.[71]

Die Depotbank ist berechtigt und verpflichtet, (Schadensersatz-) Ansprüche der   **41** Anteilinhaber eines Investmentfonds gem. § 28 Abs. 1 S. 1 Nr. 1 InvG im eigenen Namen geltend zu machen;[72] gem. § 28 Abs. 1 S. 2 InvG bleibt jedoch die Klage der Anteilinhaber aufgrund der ausdrücklichen gesetzlichen Anordnung zulässig. Allerdings ist umstritten, ob der einzelne Anteilinhaber lediglich den Schadensersatzanspruch der Gesamtheit der Anleger gegen die KAG im Wege einer Art von actio pro socio geltend machen kann und auf Leistung in das Sondervermögen klagen muß,[73] oder ob der einzelne Anteilinhaber seinen (eigenen) Schaden geltend machen und auf Leistung an sich selbst klagen kann.[74]

Richtiger Ansicht nach stellen die Anteilinhaber Mitgläubiger i.S.d. § 432 BGB   **42** nur dar, soweit es um Schadensersatzansprüche wegen Verletzung der dinglichen bzw. (bei der Treuhandlösung) quasidinglichen Rechtsposition der Anleger an dem Sondervermögen (wie etwa im Fall der Veruntreuung von Sondervermögen durch die KAG) geht. Denn hier gehört der Schadensersatzanspruch kraft Surrogation ebenfalls zum Sondervermögen (§ 30 Abs. 2 InvG),[75] so daß die Anleger gem. § 432 BGB lediglich auf Leistung in das Sondervermögen klagen können. Anders ist dies aber, soweit es nicht um die Verletzung der dinglichen oder quasidinglichen Rechtsposition des Anlegers an dem Sondervermögen, sondern um die Verletzung des Anspruchs des Anlegers auf Verwaltung des Sondervermögens nach den Sorgfaltsmaßstäben eines ordentlichen Kaufmanns geht (so etwa bei Erwerb von Wertpapieren über dem Tageskurs, was einen Verstoß gegen § 36 Abs. 2 S. 1 InvG darstellt). Hier ist der Investmentvertrag zwischen dem (einzelnen) Anleger und der KAG verletzt, so daß der Anteilinhaber auf Leistung von Schadensersatz an sich klagen kann.[76] Der Schaden des Anlegers besteht hier in dem durch die nicht ord-

---

70 Vgl. auch *Canaris* Rdnr. 2434 f.; *Köndgen*, in: Bankrechtshandbuch III, § 113 Rdnr. 138.
71 Hierauf weist auch *Köndgen*, in: Bankrechtshandbuch III, § 113 Rdnr. 138 hin.
72 Dies wird allgemein als Fall der gesetzlichen Prozeßstandschaft angesehen, vgl. statt vieler *Köndgen/Schmies*, WM 2004, Sonderbeilage Nr. 1, S. 9; *Brinkhaus/Scherer* noch zu § 12 c KAGG Rdnr. 10.
73 So *Canaris* Rdnr. 2437; *Brinkhaus/Scherer* § 12 c KAGG Rdnr. 18; für den Fall einer Klage von Anlegern gegen die Depotbank auch OLG Frankfurt 19. 12. 1996, WM 1997, 364, 367.
74 So *Köndgen*, in: Bankrechtshandbuch III, § 113 Rdnr. 139.
75 Zur Unterscheidung zwischen der Verletzung der dinglichen Rechtsposition der Anleger und der Verletzung des Anspruchs des (einzelnen) Anlegers auf ordnungsgemäße Verwaltung des Sondervermögens *Köndgen*, in: Bankrechtshandbuch III, § 113 Rdnr. 139; zur Mitgläubigerschaft der Teilhaber bei Forderungen, die Surrogat eines zur Bruchteilsgemeinschaft gehörenden Gegenstandes darstellen, MünchKomm.-K. *Schmidt* BGB § 741 Rdnr. 43, § 1011 Rdnr. 2, 4.
76 So zutreffend *Köndgen*, in: Bankrechtshandbuch III, § 113 Rdnr. 139.

nungsgemäße Vermögensverwaltung verursachten Wertverlust seiner Fondsanteile.[77]

43   Abgesehen von diesen rechtskonstruktiven Gründen für einen eigenen individuellen Schadensersatzanspruch des Anlegers bei Verletzung der Pflichten zur Verwaltung des Sondervermögens ist folgendes zu bedenken: Geht man davon aus, der einzelne Anteilinhaber könne nur die Schadensersatzansprüche aller Anleger im Wege der actio pro socio geltend machen und auf Leistung in das Sondervermögen klagen, ist aufgrund des hohen Streitwerts einer solchen Klage einerseits das Kostenrisiko erheblich, andererseits das wirtschaftliche Interesse des einzelnen Anlegers je nach Höhe seiner Beteiligung an dem Sondervermögen relativ gering. Da ein solcher Prozeß recht unwahrscheinlich ist,[78] findet eine Kontrolle der Depotbank und deshalb mittelbar auch der Verwaltungstätigkeit der KAG auf diesem Wege kaum statt.[79]

44   Wenig geglückt ist allerdings, daß der Gesetzgeber die Aktivlegitimation der Anleger für die Geltendmachung eigener Schadensersatzansprüche gegen die Depotbank gem. § 28 Abs. 2 S. 2 InvG klarstellte (vgl. unten Rdnr. 49), während für Klagen der Anleger gegen die KAG insoweit die bisherige Gesetzesformulierung beibehalten wurde.

b) Gegen die Investmentaktiengesellschaft

45   Verstößt die Investmentaktiengesellschaft gegen die Pflichten nach dem InvG, also etwa gegen die Anlagebeschränkungen der §§ 47 Abs. 1 Nr. 1–6, Abs. 2, 51 Abs. 1, Abs. 2, 52 Nr. 1, 3, 4 InvG oder gegen das Gebot der Einhaltung des Tageskurses gem. § 36 Abs. 2 InvG (jeweils i. V. m. § 99 Abs. 3 InvG), so sind diese Geschäfte – ebenso wie bei der Verwaltung des Sondervermögens durch eine KAG – nicht unwirksam. Anders als die KAG macht sich die Investmentaktiengesellschaft gegenüber dem Anleger jedoch nicht schadensersatzpflichtig. Denn hier ist der Anleger (Aktionär) selbst Gesellschafter dieser gesetzwidrig handelnden Gesellschaft.

46   Im Prinzip kann zwar auch eine Aktiengesellschaft das Mitgliedschaftsrecht ihres Aktionärs oder die aus der Mitgliedschaft resultierende Sonderrechtsbeziehung zwischen Gesellschaft und Aktionär verletzen, wobei das Fehlverhalten des Vorstands der Gesellschaft gem. § 31 BGB zugerechnet wird.[80] Hieraus können sich

---

77   Vgl. hierzu, wenn auch vom BGH offengelassen, BGH 18. 9. 2001, WM 2001, 2053.

78   Zur bisher geringen praktischen Bedeutung solcher Klagen *Köndgen/Schmies*, WM 2004, Sonderbeilage Nr. 1, S. 13.

79   So zutreffend *Köndgen*, in: Bankrechtshandbuch III, § 113 Rdnr. 139; *Köndgen/Schmies*, WM 2004, Sonderbeilage Nr. 1, S. 13.

80   Vgl. insbes. BGH 6. 2. 1984, BGHZ 90, 92, 95: hier bejahte der BGH einen Anspruch eines Vorstandsmitglieds eines Vereins auf Schadensersatz, weil der Vorstand dieses Vereins das Vorstandsmitglied unberechtigt aus dem Verein ausgeschlossen und damit dessen Mitgliedschaftsrecht verletzt habe, was Schadensersatzpflichten ähnlich der positiven Vertragsverletzung begründe, für die der Verein nach § 31 BGB hafte; vgl. auch BGH 12. 3. 1990, BGHZ 110, 323, 327: in dieser Entscheidung bejahte der BGH dem Grunde nach eine Schadensersatzpflicht des Vereins sowohl wegen Verletzung des Mitgliedschaftsrechts als sonstigem Recht gem. § 823 Abs. 1

auch Schadensersatzansprüche des Aktionärs gegen die Gesellschaft wegen Verletzung seines Mitgliedschaftsrechts als sonstiges Recht i.S.d. § 823 Abs. 1 BGB bzw. wegen Verletzung der Sonderrechtsbeziehung gem. § 280 BGB ergeben. So problematisch der Schutzumfang des Mitgliedschaftsverhältnisses bzw. der hieraus resultierenden Sonderrechtsbeziehung im einzelnen auch ist, die bloße Verletzung der Pflicht der Investmentaktiengesellschaft zur ordnungsgemäßen Verwaltung des Gesellschaftsvermögens stellt keine Verletzung konkreter Befugnisse eines bestimmten Aktionärs (und damit seines Mitgliedschaftsrechts) oder einer konkreten Sonderrechtsbeziehung eines Aktionärs zu seiner Gesellschaft dar.[81] Daher hat der Aktionär hier keinen Schadensersatzanspruch gegen „seine" Investmentaktiengesellschaft. Vielmehr können allenfalls Schadensersatzansprüche der Investmentaktiengesellschaft gegen ihre Organe (Vorstand und Aufsichtsrat) gem. §§ 93, 116 AktG bestehen, die von der Gesellschaft – bei Ansprüchen gegen den Vorstand vertreten durch den Aufsichtsrat (§ 112 AktG) und bei Ansprüchen gegen den Aufsichtsrat vertreten durch den Vorstand (§ 78 Abs. 1 AktG) – geltend zu machen sind. Insbesondere kann aus §§ 99 Abs. 3, 28 Abs. 1 S. 2 InvG nicht das Recht der Anleger abgeleitet werden, diese Ansprüche der Investmentaktiengesellschaft – und gerade nicht der Anleger – gegen die Organe der Gesellschaft geltend zu machen. Desgleichen kann aus §§ 99 Abs. 3, 28 Abs. 1 S. 1 Nr. 1 InvG auch nicht das Recht der Depotbank abgeleitet werden, diese Ansprüche der Investmentaktiengesellschaft – und nicht der Anleger, wie dies § 28 Abs. 1 Nr. 1 InvG verlangt – geltend zu machen. Der Aktionär einer Investmentaktiengesellschaft ist also weniger geschützt als der Anleger eines Investmentfonds.

c) Gegen die Depotbank

Die Depotbank kann ihre Pflichten zur ordnungsgemäßen Verwahrung des Sondervermögens und zur Kontrolle der KAG (Investmentaktiengesellschaft) verletzen. Denkbar sind dann Schadensersatzansprüche, die sich insbes. auf den Vertrag zwischen der KAG (Investmentaktiengesellschaft) und der Depotbank zugunsten der Anleger gründen. Die KAG (Investmentaktiengesellschaft) ist berechtigt und

47

BGB als auch wegen Verletzung einer auf das Mitgliedschaftsrecht gegründeten Sonderrechtsbeziehung: In diesem Fall nahm ein Mitglied eines Vereins zur Förderung von Schärenkreuzern aufgrund unzutreffender Auskunft seines Vereins über die zulässige Ausstattung von Schärenkreuzern einen Umbau seines Boots vor, um an der Regatta „Rund-um-den-Bodensee" teilnehmen zu können. Dem BGH genügte hier für die Bejahung eines Schadensersatzanspruchs gegen den Verein die Verletzung des Rechts des Vereinsmitglieds auf Schutz und Förderung seiner Interessen als Eigner eines Schärenkreuzers gegenüber Dritten.
81 Vgl. zu dieser Problematik *Schmidt, Karsten*, Gesellschaftsrecht, 4. Aufl. 2002, § 21 V 4 (S. 651 f.); *ders.*, Die Vereinsmitgliedschaft als Grundlage von Schadensersatzansprüchen, JZ 1991, 157–162, 159 (zum deliktsrechtlichen Schutz der Mitgliedschaft), 160 (zum vertragsrechtlichen Schutz der Mitgliedschaft bei Schutzpflichtverletzungen); vgl. auch speziell zum Schutzumfang des Mitgliedschaftsrechts gem. § 823 Abs. 1 BGB MünchKomm.-*G. Wagner* BGB § 823 Rdnr. 164–166; vgl. auch *Habersack, Mathias*, Die Mitgliedschaft – subjektives und „sonstiges" Recht, 1996, S. 285–296.

verpflichtet, die Ansprüche der Anleger gegen die Depotbank im eigenen Namen geltend zu machen (§ 28 Abs. 2 S. 1 InvG, bei der Investmentaktiengesellschaft i. V. m. § 99 Abs. 3 InvG). Daneben besteht für den Anleger im Grundsatz die Möglichkeit, einen eigenen Schadensersatzanspruch gegen die Depotbank geltend zu machen (§ 28 Abs. 2 S. 2 InvG). Allerdings stellen sich bei der Frage der Klagebefugnis der Anleger gegen die Depotbank (§ 28 Abs. 2 S. 2 InvG) die im Rahmen der Aktivlegitimation der Anleger gegen die KAG gem. § 28 Abs. 1 S. 2 InvG bereits dargestellten Probleme zunächst in entsprechender Weise. Zumindest vor Inkrafttreten des Investmentmodernisierungsgesetzes war auch hier umstritten, ob der einzelne Anleger lediglich den Schadensersatzanspruch der Gesamtheit der Anleger gegen die Depotbank im Wege einer actio pro socio geltend machen kann und auf Leistung in das Sondervermögen (bzw. Gesellschaftsvermögen) klagen muß,[82] oder ob der einzelne Anleger seinen (eigenen) Schaden geltend machen und auf Leistung an sich selbst klagen kann.[83]

48   Soweit es (ausnahmsweise) um Schadensersatzansprüche wegen Verletzung der dinglichen bzw. (bei der Treuhandlösung) quasidinglichen Rechtsposition der Anleger an dem durch eine KAG verwalteten Sondervermögen geht, stellen die Anleger wiederum (vgl. oben Rdnr. 42) Mitgläubiger i. S. d. § 432 BGB dar. Daher kann etwa bei Veruntreuung von verwahrten Wertpapieren durch die Depotbank der Anleger ebenfalls nur auf Leistung in das Sondervermögen klagen.[84] Anders ist dies aber, soweit es nicht um die Verletzung der dinglichen oder quasidinglichen Rechtsposition des Anlegers an dem Sondervermögen, sondern um die Verletzung des Anspruchs des Anlegers auf ordnungsgemäße Verwahrung des Sondervermögens und Kontrolle der KAG geht: Dies ist etwa denkbar, wenn die KAG Wertpapiere über dem Tageskurs erwirbt und die Depotbank diesen Verstoß gegen § 36 Abs. 2 S. 1 InvG nicht kontrolliert und die entsprechenden Zahlungen vornimmt (vgl. § 25 S. 2 Nr. 1 InvG). In diesem Fall kann der Anteilinhaber auf Leistung von Schadensersatz an sich klagen.[85]

49   Dass der Anleger hier neben der Depotbank einen eigenen individuellen Schadensersatzanspruch einklagen kann, läßt sich auch dem heutigen Wortlaut der Klagebefugnis des Anlegers gegen die Depotbank gem. § 28 Abs. 2 S. 2 InvG entnehmen. Danach kann der Anleger neben der KAG auch einen eigenen Schadensersatzanspruch gegen die Depotbank geltend machen; in der Begründung des Regierungsentwurfs zu dieser Neufassung findet sich der Hinweis, die in der Recht-

---

82 So OLG Frankfurt 19. 12. 1996, WM 1997, 364, 367; *Canaris* Rdnr. 2482; *Brinkhaus/Scherer* § 12 c KAGG Rdnr. 18; *Kümpel* Rdnr. 12.176.
83 So *Köndgen*, in: Bankrechtshandbuch III, § 113 Rdnr. 139.
84 Zur Unterscheidung zwischen der Verletzung der dinglichen Rechtsposition der Anleger und der Verletzung des Anspruchs des (einzelnen) Anlegers auf ordnungsgemäße Verwaltung des Sondervermögens *Köndgen*, in: Bankrechtshandbuch III, § 113 Rdnr. 139; zur Mitgläubigerschaft der Teilhaber bei Forderungen, die Surrogat eines zur Bruchteilsgemeinschaft gehörenden Gegenstandes darstellen MünchKomm.-*K. Schmidt* BGB § 741 Rdnr. 43.
85 So zutreffend *Köndgen*, in: Bankrechtshandbuch III, § 113 Rdnr. 139.

sprechung und Literatur umstrittene Frage, ob ein Anleger gegenüber der Depotbank aktivlegitimiert sei, werde hiermit klargestellt. Weiter wird ausgeführt, der Anleger könne so individuelle Haftungsansprüche nach den Vertragsgrundsätzen aus dem gesetzlichen Schuldverhältnis, das zwischen ihm und der Depotbank bestehe, geltend machen.[86] Der Neufassung des Gesetzes dürfte daher zu entnehmen sein, daß dem Anleger auch Ansprüche zustehen, die nicht auf Leistung an die Gemeinschaft der Anleger (auf Leistung in das Sondervermögen), sondern auf Leistung an ihn selbst gerichtet sind.

Im Fall der Organisation in einer Investmentaktiengesellschaft werden durch   50
Pflichtverletzungen der Depotbank hingegen regelmäßig das Gesellschaftsvermögen und daher die Aktiengesellschaft als Rechtssubjekt geschädigt sein; daher kann der Anleger hier nur auf Leistung in das Gesellschaftsvermögen klagen. Insbesondere stellt ein Wertverlust der gesellschaftsrechtlichen Beteiligung des Anlegers, der durch eine Schädigung des Gesellschaftsvermögens aufgrund einer nicht ordnungsgemäßen Kontrolle durch die Depotbank verursacht wird, keine Verletzung des Mitgliedschaftsrechts des Anlegers dar[87] (vgl. zur Verletzung des Mitgliedschaftsrechts auch oben Rdnr. 45f.).

IV. Anwendbares Recht

Grenzüberschreitende Rechtsbeziehungen und somit auch Fragen des anwendba-   51
ren Rechts können sich beim Investmentgeschäft in verschiedener Hinsicht ergeben. So kann etwa ein Inländer in ausländische Investmentanteile (§ 2 Abs. 9 InvG) investieren. Hier stellt sich insbes. die Frage, welche Rechtsordnung auf die Beziehungen des Anlegers zu einer ausländischen Investmentgesellschaft und zwischen dieser und einer Depotbank zur Anwendung gelangt. Denkbar ist aber auch, daß eine inländische KAG (bzw. Investmentaktiengesellschaft) die Aufgabe der Verwaltung des (Sonder- bzw. Gesellschafts-) Vermögens auf ein Unternehmen mit Sitz im Ausland auslagert (§ 16 InvG, sog. outsourcing) oder die Depotbank (bzw. die KAG oder Investmentaktiengesellschaft) bei Single-Hedgefonds einen ausländischen Primebroker einschaltet (§ 112 Abs. 3 InvG). In all diesen Fällen stellt sich die Frage nach dem anwendbaren Recht.

1. Rechtsverhältnis zwischen den Anlegern und der ausländischen Investmentgesellschaft

Internationalprivatrechtlich unterliegt die Rechtsbeziehung zwischen den (in   52
Deutschland wohnhaften) Anlegern und der ausländischen Investmentgesellschaft

---

86 Vgl. Begründung des Regierungsentwurfs BT-Drucks. 15/1553, S. 85.
87 Vgl. *Habersack, Mathias*, Die Mitgliedschaft – subjektives und „sonstiges" Recht, 1996, S. 156 m.w.zahlr.Nachw.

häufig dem ausländischen Recht. Denn in den Vertragsbedingungen findet sich re-
gelmäßig eine entsprechende Rechtswahlklausel, die bei einer schuldrechtlichen
Organisation des Investmentvermögens (insbes. Investmentfonds) grds. gem.
Art. 27 Abs. 1 EGBGB zulässig und wirksam ist.[88] Unabhängig hiervon ergibt sich
die Anwendbarkeit des Rechts am Sitz der ausländischen Verwaltungsgesellschaft
zunächst auch aus der gesetzlichen Vermutung des Art. 28 Abs. 2 EGBGB, da im
Verhältnis zum Anleger die Verwaltungsgesellschaft die vertragscharakteristische
Leistung im Rahmen des Geschäftsbesorgungsvertrags erbringt. Die (ausländi-
sche) Rechtsordnung der Verwaltungsgesellschaft ist auch für eventuelle Schadensersatzansprüche der Anleger aus dem Investmentvertrag maßgeblich (Art. 32
Abs. 1 Nr. 3 EGBGB).

53   Hat der Anleger den Vertrag mit der ausländischen Verwaltungsgesellschaft jedoch nicht zu beruflichen oder gewerblichen Zwecken (also als Verbraucher) abgeschlossen, ist die (internationale) Verbraucherschutznorm des Art. 29 EGBGB zu
beachten. Zunächst setzt Art. 29 EGBGB aber einen Vertrag über die Lieferung beweglicher Sachen oder die Erbringung von Dienstleistungen voraus. Soweit der
Anleger im Wege des Zweiterwerbs lediglich Investmentanteile kauft, unterfällt
dieser Kauf eines Wertpapiers von vornherein nicht Art. 29 EGBGB, sondern
Artt. 27 f. EGBGB.[89] Anders ist dies aber bei Abschluß eines Investmentvertrags
mit einer (ausländischen) KAG im Fall des Ersterwerbs einer Vermögensbeteiligung. Da dieser Vertrag aufgrund der Vermögensverwaltungspflicht der KAG als
Vertrag über die Erbringung einer Dienstleistung einzuordnen ist, ist hier der Anwendungsbereich von Art. 29 EGBGB eröffnet.[90] Insbesondere greift auch nicht
die Ausnahmeregelung des Art. 29 Abs. 4 Nr. 2 EGBGB ein, wonach der kollisionsrechtliche Verbraucherschutz gem. Art. 29 EGBGB nicht anwendbar ist, wenn die
dem Verbraucher geschuldeten Dienstleistungen ausschließlich in einem anderen
Staat als dem Aufenthaltsstaat des Verbrauchers erbracht werden müssen. Denn
diese Ausnahme von dem generell durch Art. 29 Abs. 1 und 2 EGBGB gewährten
Verbraucherschutz kommt nur zur Anwendung, wenn die Leistung überhaupt keine Berührung zum Aufenthaltsstaat des Verbrauchers hat.[91] Eine Berührung mit
dem Aufenthaltsstaat des Verbrauchers ist aber bereits dann anzunehmen, wenn

---

88 Vgl. *Köndgen*, in: Bankrechtshandbuch III, § 113 Rdnr. 157; vgl. aber auch zu einem Fall, in
dem eine konkludente Rechtswahl zugunsten des deutschen Rechts der Anleger angenommen
wurde, da der Vertrag in deutscher Sprache abgefaßt war, einen deutschen Gerichtsstand vorsah
und etliche Begriffe des deutschen Rechts verwendet wurden, BGH 13. 9. 2004, WM 2004,
2150, 2152 f.
89 Vgl. dazu, daß der Kauf von Wertpapieren von Art. 29 EGBGB nicht erfaßt wird, statt vieler BGH 26. 10. 1993, BGHZ 123, 380, 387; Staudinger-*Magnus* BGB (2002) Art. 29 EGBGB
Rdnr. 50.
90 So auch BGH 26. 10. 1993, BGHZ 123, 380, 385 f., wobei der BGH überdies darauf hinweist, daß der Begriff der Erbringung von Dienstleistungen weit auszulegen ist.
91 Vgl. BGH 26. 10. 1993, BGHZ 123, 380, 387 f.; OLG Düsseldorf 14. 1. 1994, RIW 1994,
420 f.; Soergel-*v. Hoffmann* BGB Art. 29 EGBGB Rdnr. 27; vgl. zu Vertragsschlüssen per Internet auch *Mankowski*, RabelsZ 63 (1999), 255.

das Unternehmen dem Verbraucher in dessen Aufenthaltsstaat Zinsen überweist oder gar lediglich Kontoauszüge oder sonstige Mitteilungen übersendet. Da beim öffentlichen Vertrieb ausländischer Investmentanteile in Deutschland der Investmentvertrag i.d.R. unter den Voraussetzungen von Art. 29 Abs. 1 Nr. 1–3 EGBGB abgeschlossen wird, gelangt somit in dem seltenen Fall eines Investmentvertrags ohne Rechtswahlklausel das Recht des gewöhnlichen Aufenthaltsstaats des Verbrauchers zur Anwendung (Art. 29 Abs. 2 EGBGB).

Aber nicht nur bei fehlender Rechtswahlklausel ist Art. 29 EGBGB von Bedeutung. Auch bei Wahl eines ausländischen Rechts stellen die Schutzbestimmungen des Aufenthaltsstaates des Anlegers dessen Mindestschutz dar, da der Anleger in den Fällen des Art. 29 Abs. 1 Nr. 1–3 EGBGB damit rechnen durfte, den Schutz „seiner" Rechtsordnung nicht zu verlieren.[92] Daher sind die Schutzbestimmungen des gewählten Rechts und des Rechts des Aufenthaltsstaats des Verbrauchers zu vergleichen und die Schutzbestimmungen anzuwenden, die den Verbraucher im konkreten Fall besser schützen (Art. 29 Abs. 1 EGBGB).[93] Allerdings bedeutet dies nicht, daß sämtliche Vorschriften des deutschen Rechts zur Organisation und Zusammensetzung inländischer Investmentvermögen auch auf ausländische Investmentvermögen zur Anwendung gelangen würden. Vielmehr stellen die Vorschriften der §§ 130–140 InvG zum Vertrieb ausländischer Investmentanteile im Inland hinsichtlich der Anforderungen an das Investmentvermögen abschließende Sonderregelungen dar. Der Günstigkeitsvergleich kann aber dazu führen, daß auch bei Wahl eines ausländischen Rechts die Verbraucherschutznormen der §§ 305ff. BGB, aber auch §§ 312b–312f BGB ebenso wie sonstige unabdingbare Bestimmungen des deutschen Privatrechts (§§ 138, 242 BGB) auf das Geschäftsbesorgungsverhältnis zwischen der ausländischen Investmentgesellschaft und dem Anleger zur Anwendung kommen.[94] Im übrigen findet sich bei den allgemeinen Vertriebsvorschriften des InvG auch eine Verbraucherschutznorm, deren Einhaltung die Bundesanstalt für Finanzdienstleistungsaufsicht zu überwachen hat. Es handelt sich hierbei um das Widerrufsrecht des Verbrauchers gem. § 126 InvG, das eine Sonderregelung zu § 312 BGB darstellt (vgl. § 312a BGB).

Allerdings kann bei inländischem Vertrieb ausländischer Investmentanteile nicht nur Art. 29 EGBGB, sondern auch Art. 29a EGBGB von Bedeutung werden. Dies ist dann der Fall, wenn aufgrund einer Rechtswahl – und nicht bereits objektiver Anknüpfung – der Vertrag zwischen der ausländischen Investmentgesellschaft und

---

92 Vgl. zu Art. 29 EGBGB näher oben § 3 Rdnr. 59–66.
93 Zu diesem Günstigkeitsvergleich vgl. statt vieler MünchKomm.-*Martiny* BGB Art. 29 EGBGB Rdnr. 59–61.
94 So Staudinger-*Magnus* BGB (2002) Art. 29 EGBGB Rdnr. 102; MünchKomm.-*Martiny* BGB Art. 29 EGBGB Rdnr. 56f.; *Martiny*, in: Reithmann/*Martiny*, Rdnr. 825; eine Einschränkung auf verbraucherschützende Normen ziehen allerdings *Dicey, A.V. & Morris, H.C.*, The Conflict of Laws, Bd. 2, 13. Aufl. 2000, S. 1290 (33–016) bei der Interpretation des Art. 5 des Europäischen Schuldvertragsübereinkommens (entspricht Art. 29 EGBGB) im englischen internationalen Privatrecht in Erwägung.

dem inländischen Anleger dem Recht eines Drittstaates (also nicht EU- oder EWR-Staat) unterstellt wird. Da bei inländischem Vertrieb ausländischer Investmentanteile der geforderte enge Zusammenhang des Vertrags mit einem EU- oder EWR-Staat bestehen wird (Art. 29 a Abs. 1, 2 EGBGB), finden die Bestimmungen zur Umsetzung der in Art. 29 a Abs. 4 EGBGB abschließend aufgeführten Verbraucherschutzrichtlinien trotz Wahl eines drittstaatlichen Rechts Anwendung (wobei dann die Umsetzungsvorschriften des Staates gelten, mit dem der Vertrag einen engen Zusammenhang aufweist). Allerdings ist beim Vertrieb ausländischer Investmentanteile die ausländische Investmentgesellschaft die Vertragspartei, die die vertragscharakteristische Leistung i.S.d. Art. 28 Abs. 2 EGBGB erbringt. Daher dürfte die Voraussetzung des Art. 29 a EGBGB lediglich gegeben sein, wenn die objektive Vertragsanknüpfung sich nicht nach Art. 28 EGBGB richtet, sondern ein Verbrauchervertrag i.S.d. Art. 29 EGBGB vorliegt, der dann bei fehlender Rechtswahl (objektiver Anknüpfung) gem. Art. 29 Abs. 2 EGBGB dem Recht des Aufenthaltsstaates des Verbrauchers untersteht. Diese Voraussetzung ist aber nur bei Abschluß eines Investmentvertrags bei Ersterwerb einer Vermögensbeteiligung des Anlegers erfüllt, nicht aber, wenn der Investor im Wege des Zweiterwerbs Investmentzertifikate von der ausländischen Investmentgesellschaft kauft. Bezogen auf den Abschluß von Investmentverträgen kann Art. 29 a EGBGB dann dazu führen, daß sich insbes. die Umsetzungsvorschriften zur Richtlinie über mißbräuchliche Klauseln in Verbraucherverträgen (im deutschen Recht also die §§ 305 ff. BGB)[95] sowie die Richtlinie über den Fernabsatz von Finanzdienstleistungen an Verbraucher und zur Änderung der Richtlinie 90/619/EWG des Rates und der Richtlinien 97/7/EG und 98/27/EG[96] gegenüber dem gewählten drittstaatlichen Recht durchsetzen.[97]

56 Ist das ausländische Investmentvermögen hingegen nicht schuldrechtlich, sondern in Gesellschaftsform organisiert, so kommen auf das Rechtsverhältnis zwischen dem inländischen Anleger (Gesellschafter) und der ausländischen Gesellschaft nicht die Artt. 27 ff. EGBGB zur Anwendung (vgl. Art. 37 S. 1 Nr. 2 EGBGB). Maßgeblich ist vielmehr das Gesellschaftsstatut der ausländischen Gesellschaft,[98] das bereits definitionsgemäß das betreffende ausländische Sitzrecht dieser Gesellschaft ist (vgl. § 2 Abs. 9 InvG). Da gem. Art. 3 der OGAW-Richtlinie[99] die Mitgliedstaaten bei richtlinienkonformen Sondervermögen verlangen müssen, daß die Gesellschaft im Staat des satzungsmäßigen Sitzes auch ihre Hauptverwaltung hat, gilt insoweit auch innerhalb der EU für Investmentgesellschaften im Ergebnis die sog. Sitztheorie (vgl. hierzu auch oben § 7 Rdnr. 73).[100]

---

95 ABl. EG Nr. L 95, S. 29.

96 ABl. EG Nr. L 271, S. 16.

97 Vgl. zu Art. 29 a EGBGB näher oben § 3 Rdnr. 67–71.

98 Dies gilt allerdings nicht bei einem Vertrag über eine stille Beteiligung an einer Auslandsgesellschaft. Auf solch interne Beteiligungen finden die Artt. 27 ff. EGBGB Anwendung, vgl. zutreffend BGH 13. 9. 2004, WM 2004, 2150, 2152f.

99 ABl. Nr. L 375, S. 3 v. 31. 12. 1985.

100 Vgl. dazu, daß die EuGH-Rechtsprechung zur Niederlassungsfreiheit von Gesellschaf-

2. Rechtsverhältnis zwischen der ausländischen Investmentgesellschaft und der Depotbank

Schaltet eine ausländische Investmentgesellschaft eine ausländische Depotbank **57** zur Verwahrung des Sondervermögens und zur Ausübung von Kontrollbefugnissen ein, kommt auf dieses Rechtsverhältnis nach den allgemeinen Grundsätzen i.d.R. das Recht der ausländischen Depotbank zur Anwendung (vgl. aber zu OGAW-konformen Sondervermögen unten Rdnr. 58f.). Denn im Rahmen des zwischen der ausländischen Investmentgesellschaft und der Depotbank abgeschlossenen Verwahr- und Geschäftsbesorgungsvertrags erbringt die Depotbank die vertragscharakteristische Leistung (Art. 28 Abs. 2 EGBGB). Hat die Depotbank ihre (Haupt-) Niederlassung im Ausland, kommt daher dieses ausländische (Niederlassungs-)Recht zur Anwendung, sofern die Investmentgesellschaft und die Depotbank nicht die Geltung eines anderen Rechts vereinbart haben (Art. 27 Abs. 1 EGBGB). Diese Rechtsordnung ist auch maßgeblich für die Frage, ob die Anleger hieraus eigene Ansprüche gegen die Depotbank erwerben, es sich also um einen Vertrag zugunsten der Anleger handelt[101] und welche (Schadensersatz-) Ansprüche den Anlegern gegen die Depotbank zustehen (Art. 32 Abs. 1 Nr. 3 EGBGB).

Für richtlinienkonforme Sondervermögen findet sich allerdings in Artt. 9 und 16 **58** der OGAW-Richtlinie eine kollisionsrechtlich relevante Sonderregelung für die Haftung der Depotbank. Gem. Art. 9 haftet die Depotbank gegenüber der Verwaltungsgesellschaft und den Anteilinhabern nach dem Recht des satzungsmäßigen Sitzes der Verwaltungsgesellschaft für Schäden des Investmentfonds, die durch eine schuldhafte Nicht- oder Schlechterfüllung der Pflichten der Verwahrstelle verursacht wurden. Eine entsprechende Regelung sieht Art. 16 der OGAW-Richtlinie vor: Danach haftet die Depotbank gegenüber Investmentgesellschaften und Anteilinhabern nach dem Recht des Staates, in dem die Investmentgesellschaft ihren satzungsgemäßen Sitz hat. Allerdings muß die Depotbank gem. Art. 8 bzw. Art. 15 der OGAW-Richtlinie entweder ihren satzungsgemäßen Sitz in dem gleichen Mitgliedstaat wie die Verwaltungs- bzw. Investmentgesellschaft haben oder doch zumindest in diesem Mitgliedstaat niedergelassen sein. Daher dürfte es sich bei dem Vertragsverhältnis zwischen Verwaltungs- bzw. Investmentgesellschaft und Depotbank im Fall von OGAW-konformen Sondervermögen internationalprivatrechtlich gesehen meist nicht um grenzüberschreitende Rechtsbeziehungen handeln; dann kommt es aber auch nicht auf die Frage an, ob das Niederlassungsrecht der Verwaltungs- bzw. Investmentgesellschaft oder das der Verwahrstelle zur An-

---

ten nicht dazu führt, daß nun auch Finanzdienstleistern erlaubt sein müßte, identitätswahrend ihren Satzungssitz zu verlegen, *Schuster, Gunnar/Binder, Jens-Hinrich*, Die Sitzverlegung von Finanzdienstleistern innerhalb der Europäischen Gemeinschaft, WM 2004, 1665–1675.

101 Vgl. dazu, daß der Vertrag zugunsten Dritter mittlerweile auch im anglo-amerikanischen Recht bekannt ist, zum englischen Recht vgl. Contracts (Rights of Third Parties) Act 1999, c. 31; zum amerikanischen Recht vgl. die grundlegende Entscheidung Lawrence v. Fox, 20 N.Y. 268 (1859).

wendung gelangt. Im Ausnahmefall kann dies jedoch auch anders sein, so etwa, wenn Verwaltungs- bzw. Investmentgesellschaft und Depotbank ihren Satzungssitz im gleichen Mitgliedstaat haben, die Depotbank aber ihre Hauptverwaltung bzw. Niederlassung, von der aus sie ihre Vertragspflichten erfüllt (vgl. die Regelanknüpfung in Art. 28 Abs. 2 S. 2 EGBGB), in einem anderen Staat hat.

59   Handelt es sich bei dem Vertragsverhältnis zwischen Verwaltungs- bzw. Investmentgesellschaft und Depotbank doch einmal um eine grenzüberschreitende Rechtsbeziehung, ist Art. 28 Abs. 1, 2 und 5 EGBGB richtlinienkonform auszulegen. Allerdings dürften die Artt. 9 und 16 der OGAW-Richtlinie nicht als zwingende kollisionsrechtliche Anknüpfung, sondern im Sinne einer Mindesthaftung der Depotbank und somit eines Mindestschutzes von Verwaltungs- bzw. Investmentgesellschaft und Anteilinhabern auszulegen sein.[102] Mit anderen Worten: Ist die Haftung der Depotbank nach dem gem. Artt. 27, 28 EGBGB anwendbaren Recht strikter als das Recht des Satzungssitzes der Verwaltungs- bzw. Investmentgesellschaft es vorsieht, verbleibt es bei der gem. Artt. 27, 28 EGBGB anwendbaren Rechtsordnung. Ansonsten aber haftet die Depotbank (mindestens) in dem Umfang, in dem das Recht des Satzungssitzes der Verwaltungs- bzw. Investmentgesellschaft es anordnet. Soweit auf das Recht des Satzungssitzes der Verwaltungs- bzw. Investmentgesellschaft verwiesen wird, dürften nicht nur die Rechtsfolgen von Pflichtverletzungen der Depotbank, sondern auch deren Pflichtenumfang diesem Recht zu unterstellen sein. Im übrigen – also etwa hinsichtlich des Zustandekommens und der Wirksamkeit des Vertrags zwischen der Verwaltungs- bzw. Investmentgesellschaft und der Depotbank – kann es aber auch dann bei den allgemeinen Grundsätzen der Artt. 27, 28 EGBGB verbleiben (vgl. zur Zulässigkeit einer Aufspaltung des maßgeblichen Vertragsstatuts Art. 27 Abs. 1 S. 3 EGBGB).

3. Einschaltung von Dritten durch Investmentgesellschaft / Depotbank

60   Lagert die Investmentgesellschaft eigene Tätigkeiten, etwa auch das Portfoliomanagement, an ein anderes Unternehmen mit Sitz im Ausland aus (§ 16 InvG, sog. outsourcing), so erbringt das Auslagerungsunternehmen die vertragscharakteristische Leistung. Sofern die Investmentgesellschaft und das Auslagerungsunternehmen nicht die Geltung eines anderen Rechts vereinbart haben (Art. 27 Abs. 1 EGBGB), kommt auf dieses Vertragsverhältnis das Recht der (Haupt-) Niederlassung des Auslagerungsunternehmens zur Anwendung (Art. 28 Abs. 2 S. 2 EGBGB). Entsprechendes gilt im Fall der Einschaltung eines Primebrokers durch die Depotbank oder die Investmentgesellschaft bei Single-Hedgefonds (§ 112

---

102 Vgl. Kommission der Europäischen Gemeinschaften, Auf dem Wege zu einem Europäischen Markt für die Organismen für gemeinsame Anlagen in Wertpapieren – Bemerkungen zu den Bestimmungen der Richtlinie 85/611/EWG v. 20. Dezember 1985, 1988 (sog. Vandamme-Bericht), Nr. 55, 66, wonach es sich bei den Hafungsnormen der Artt. 9, 16 um Mindestvorschriften handelt und die Mitgliedstaaten strengere Vorschriften bezüglich des Ausmaßes der Haftung erlassen können.

Abs. 3 InvG). Auch in diesem Verhältnis erbringt der Primebroker die vertragscharakteristische Leistung, so daß auf den Vertrag zwischen Depotbank/Investmentgesellschaft und Primebroker mangels Rechtswahl (Art. 27 Abs. 1 EGBGB) das Recht der (Haupt-) Niederlassung des Primebrokers zur Anwendung kommt (Art. 28 Abs. 2 S. 2 EGBGB).

Hingegen richtet sich die Haftung der KAG im Fall von outsourcing gem. § 16   **61** Abs. 3 InvG nach der Rechtsordnung, die den Haftungsumfang zum Anleger bestimmt. Daher ist für die Haftung der KAG das auf den Investmentvertrag anwendbare Recht, bei einer deutschen KAG in aller Regel[103] deutsches Recht maßgeblich. Entsprechendes gilt auch bei Einschaltung einer vergleichbaren Einrichtung gem. § 112 Abs. 3 InvG. Hat die Depotbank den Dritten (Primebroker) eingeschaltet, richtet sich nach hier vertretener Auffassung der Umfang ihrer Haftung somit grds. nach dem Recht, das auf den Vertrag zwischen ihr und der KAG (zugunsten der Anleger) anzuwenden ist. Wurde der Dritte hingegen von der KAG eingeschaltet, ist für deren Haftungsumfang das Statut des Investmentvertrags maßgeblich. Soweit das Vermögen jedoch von einer Investmentaktiengesellschaft verwaltet wird, gestaltet sich die rechtliche Lage für den Anleger ungünstiger. Da der Anleger als Gesellschafter selbst Teil der Investmentaktiengesellschaft ist, geht hier die Haftungsanordnung der §§ 16 Abs. 3, 112 Abs. 3 InvG letztlich ins Leere (vgl. oben Rdnr. 46).

Deutlich problematischer als die Frage nach dem anwendbaren Recht ist hier,   **62** welche (bankaufsichtsrechtlichen) Anforderungen an Auslagerungsunternehmen und an Primebroker zu stellen sind. Bei Auslagerungsunternehmen verlangt das Gesetz, daß sie für die Zwecke der Vermögensverwaltung zugelassen sind und einer wirksamen öffentlichen Aufsicht unterliegen (§ 16 Abs. 2 S. 1 InvG),[104] während Primebroker eine der Depotbank vergleichbare Einrichtung darstellen müssen (§ 112 Abs. 3 InvG). Insbesondere bei den Primebrokern ist die Frage der Vergleichbarkeit mit Depotbanken problematisch, zumal Primebroker zu einem erheblichen Teil andere Aufgaben als Depotbanken wahrnehmen.[105]

V. Rechtliche Regelungen bei ausländischem Investmentvermögen

1. Zielsetzung und Regelungstechnik des InvG

Da das Gesetz über KAG und das Auslandinvestmentgesetz im InvG zusammen-   **63** geführt wurden, findet das InvG mittlerweile auch auf den beabsichtigten und tatsächlichen öffentlichen Vertrieb ausländischer Investmentanteile Anwendung (§ 1 S. 1 Nr. 3 InvG). Wie die Begriffsbestimmung der ausländischen Investmentanteile

---

103 D.h. bei objektiver Anknüpfung gem. Art. 28 Abs. 2 EGBGB oder (ausdrücklicher) Wahl deutschen Rechts gem. Art. 27 Abs. 1 EGBGB.
104 Vgl. hierzu *Pütz/Schmies*, BKR 2004, 52.
105 Vgl. zu dieser Problematik *Pütz/Schmies*, BKR 2004, 57.

in § 2 Abs. 9 InvG zeigt,[106] ist hierfür maßgeblich, daß die Investmentanteile von einer Investmentgesellschaft mit Sitz im Ausland ausgegeben werden. Es kommt also nicht entscheidend darauf an, wo das verwaltete Vermögen belegen ist, sondern ob für die Bildung des (Sonder-) Vermögens und die rechtlichen Beziehungen des Anlegers zu diesem Vermögen inländisches oder ausländisches Recht maßgeblich ist.[107] Dabei wurden die Vorschriften zum Vertrieb inländischer und ausländischer Investmentanteile insbes. hinsichtlich der erforderlichen Anlegerinformation (Verkaufsunterlagen) und der Rechnungslegung in §§ 121–127 InvG angeglichen, um so dem Anleger den Vergleich zwischen inländischen und ausländischen Investmentanteilen zu erleichtern.[108]

64   Im übrigen ist zwischen dem öffentlichen Vertrieb ausländischer sog. EG-Investmentanteile[109] und sonstiger ausländischer Investmentanteile zu unterscheiden. Da für ausländische Investmentanteile, die der OGAW-Richtlinie entsprechen (EG-Investmentanteile), der Europäische Paß gilt, ist der Vertrieb dieser Anteile lediglich anzeigepflichtig (§ 132 InvG) und kann nur ausnahmsweise gem. § 133 InvG untersagt werden. Aber auch ausländische Verwaltungsgesellschaften mit Sitz in einem anderen EU- oder EWR-Staat, die die Anforderungen der OGAW-Richtlinie erfüllen, kommen in den Genuß des Europäischen Passes. Sofern sie in Deutschland ihre Tätigkeit ausüben wollen, haben sie ein entsprechendes Anzeigeverfahren in ihrem Heimatstaat einzuhalten, bedürfen dann aber keiner Erlaubnis durch die Bundesanstalt für Finanzdienstleistungsaufsicht (§ 13 Abs. 1–3 InvG). Allerdings stellt sich die Frage, in welchem Verhältnis der Europäische Paß für das Sondervermögen zu dem für die Verwaltungsgesellschaft steht. Dies ist zwar nach der OGAW-Richtlinie nicht eindeutig; das deutsche InvG verlangt aber bei einer ausländischen Verwaltungsgesellschaft, die in Deutschland Investmentanteile vertreiben will, beide Pässe, also sowohl für die Investmentanteile als auch für die Verwaltungsgesellschaft (vgl. § 13 Abs. 2 S. 3, Abs. 3 S. 3 InvG).[110]

65   Für den öffentlichen Vertrieb sonstiger ausländischer Investmentanteile stellt das Gesetz hingegen eine Reihe materieller Voraussetzungen auf (§ 136 InvG). Insbesondere verlangt § 136 Abs. 1 Nr. 1 InvG, daß die ausländische Investmentgesell-

---

106 In § 2 Abs. 9 InvG definiert als Anteile an ausländischen Investmentvermögen, die von einem Unternehmen mit Sitz im Ausland ausgegeben werden (ausländische Investmentgesellschaft).

107 Vgl. auch *Beckmann* § 2 InvG Rdnr. 153–155; vgl. auch *Brinkhaus/Scherer* § 1 AIG Rdnr. 30.

108 Vgl. *Beckmann* § 1 InvG Rdnr. 71.

109 Die Definition hierfür findet sich in § 2 Abs. 10 InvG. Danach sind EG-Investmentanteile ausländische Investmentanteile, die an einem nach dem Recht eines anderen Mitgliedstaats der Europäischen Union oder eines anderen Vertragsstaates des Abkommens über den Europäischen Wirtschaftsraum unterstehenden Investmentvermögen bestehen, von einer Investmentgesellschaft mit Sitz in einem solchen Staat ausgegeben werden und den Anforderungen der Richtlinie 85/611/EWG (scil. OGAW-Richtlinie) entsprechen.

110 Vgl. hierzu auch *Köndgen/Schmies*, WM 2004, Sonderbeilage Nr. 1, S. 7 f.; *Kaune/Oulds*, ZBB 2004, 125; *Lang*, WM 2004, 53 f.

schaft und die Verwaltungsgesellschaft in ihrem Sitzstaat einer wirksamen öffentlichen Aufsicht zum Schutz der Investmentanleger unterliegen und die zuständigen Aufsichtsstellen dieses Staates zu einer nach den Erfahrungen der Bundesanstalt befriedigenden Zusammenarbeit entsprechend § 19 InvG bereit sind. Die Regelungstechnik des InvG besteht also nicht etwa darin, mit den Mitteln des internationalen Privatrechts und damit letztlich durch die Anwendbarkeit eines bestimmten privatrechtlichen Sachrechts ausländische Investmentgesellschaften zu regulieren; vielmehr werden etliche bankaufsichtsrechtliche Voraussetzungen aufgestellt, von deren Erfüllung die Zulässigkeit des öffentlichen Vertriebs ausländischer Investmentanteile abhängt. Dennoch: Mittelbar wird auch über diese bankaufsichtsrechtlichen Regelungen in das jeweilige anwendbare Sachrecht eingegriffen.[111] So erklärt das Gesetz den öffentlichen Vertrieb sonstiger ausländischer Investmentanteile nur dann für zulässig, wenn bestimmte Vertragsstrukturen, die für inländische Investmentfonds verlangt werden, auch von diesen ausländischen Investmentvermögen erfüllt werden. Um hier nur ein Beispiel zu nennen: Der öffentliche Vertrieb sonstiger ausländischer Investmentanteile ist grds. nur zulässig, wenn – wie bei inländischem Investmentvermögen – eine Depotbank zur Verwahrung des Sondervermögens und Ausübung von Kontrollbefugnissen eingeschaltet wurde (§ 136 Abs. 1 Nr. 3 InvG).

2. Öffentlicher Vertrieb ausländischer Investmentanteile i. S. d. InvG

66 Sofern ausländische Unternehmen ausländische Investmentanteile in Deutschland öffentlich vertreiben, finden die Vorschriften der §§ 120 ff. InvG und insbes. auch die Prospekthaftung gem. § 127 InvG[112] Anwendung. Durch diese Regelungen soll der inländische Anleger bei Anlagen in ausländischen Fonds in ähnlicher Weise wie bei inländischen Fonds geschützt werden und überdies Wettbewerbsgleichheit zwischen inländischen und ausländischen Fonds hergestellt werden.[113]

67 Die Regelungen zum öffentlichen Vertrieb ausländischer Investmentanteile kommen unabhängig von der rechtlichen Gestaltungs- und Organisationsform der ausländischen Investmentgesellschaft zur Anwendung;[114] üblich ist im Ausland die Organisation des Investmentvermögens in Gesellschaftsform oder als ein von einer Verwaltungsgesellschaft verwaltetes Sondervermögen, daneben aber auch die Organisation in Form eines Trust (unit trust).[115] Bei dieser Organisationsform, die sich

---

111 Vgl. auch *Köndgen*, in: Bankrechtshandbuch III, § 113 Rdnr. 157.

112 Vgl. zur Anwendbarkeit des Marktrechts, soweit es um Ansprüche aus Prospekthaftung geht, oben § 7 Rdnr. 90–99 (insbes. Rdnr. 93–99), 104; vgl. dazu, daß die Ansprüche der Anleger ggf. auch auf c.i.c. sowie Deliktsrecht gegründet werden können, BGH 13. 9. 2004, WM 2004, 2150, 2153–2155; vgl. zu den inhaltlichen Anforderungen an Verkaufsprospekte auch BGH 22. 2. 2005, WM 2005, 782, 784 f.

113 *Baur*, in: Bankrecht und Bankpraxis, Rdnr. 9/62; *Brinkhaus/Scherer* noch zu § 1 AIG Rdnr. 1; *Köndgen*, in: Bankrechtshandbuch III, § 113 Rdnr. 147.

114 Vgl. *Beckmann* § 2 InvG Rdnr. 143; vgl. auch BGH 13. 9. 2004, WM 2004, 2150, 2152.

115 So *Beckmann* § 2 InvG Rdnr. 144; im übrigen können auch OGAW-konforme Sonderver-

insbes. in Großbritannien findet, wird das Sondervermögen von einem Treuhänder (trustee) treuhänderisch für die Anteilinhaber gehalten und von einem Fondsmanager verwaltet.[116]

68   Einschränkungen des Anwendungsbereichs des InvG können sich aber in anderer Hinsicht ergeben: Nach dem Gesetzeswortlaut ist der Begriff des Investmentvermögens nur erfüllt, wenn Vermögen zur gemeinschaftlichen Kapitalanlage nach dem Grundsatz der Risikomischung in Vermögensgegenständen im Sinne des § 2 Abs. 4 InvG[117] angelegt sind (§ 1 S. 2 InvG). Diese Definition gilt auch für ausländische Investmentvermögen (§ 2 Abs. 8 S. 1 InvG), für die der Grundsatz der Risikomischung allerdings als gewahrt gilt, wenn das Investmentvermögen in nicht nur unerheblichem Umfang Anteile an einem oder mehreren anderen Vermögen enthält und diese anderen Vermögen unmittelbar oder mittelbar nach dem Grundsatz der Risikomischung angelegt sind (§ 2 Abs. 8 S. 2 InvG). Die Beschränkung des Anwendungsbereichs des InvG auf Investmentvermögen, das nach dem Grundsatz der Risikomischung angelegt ist, kann jedoch dazu führen, daß ausländische Fonds, die nicht zur Risikomischung verpflichtet sind, nicht dem InvG unterfallen und somit die inländischen Anleger nicht geschützt werden. Daher wird teilweise vertreten, das Prinzip der Risikomischung sei nicht als Definitionselement, sondern als Berufspflicht der Investmentgesellschaften anzusehen.[118]

69   Weitere Voraussetzung für die Anwendbarkeit des InvG ist, daß die ausländischen Investmentanteile öffentlich vertrieben werden. Hierbei handelt es sich gem. § 2 Abs. 11 InvG um einen Vertrieb, der im Wege des öffentlichen Anbietens, der öffentlichen Werbung oder in ähnlicher Weise erfolgt. Der Begriff des öffentlichen Vertriebs ist dabei weit auszulegen: Ein öffentlicher Vertrieb liegt deshalb bereits dann vor, wenn sich die Absatz- und Werbetätigkeit nicht an einen individuell begrenzten, dem Anbieter zuvor schon aus sonstigen geschäftlichen Kontakten bekannten Personenkreis richtet. Daher sind Wertpapierangebote im Internet grundsätzlich als öffentlich anzusehen, es sei denn, sie wären weder in deutscher noch englischer Sprache abgefaßt.[119] Werden die Investmentanteile allerdings auf Initiative des Anlegers erworben, so liegt die Voraussetzung des öffentlichen Vertriebs nicht vor.[120]

---

mögen in der Form eines Trust organisiert sein, vgl. Art. 1 Abs. 3 der OGAW-Richtlinie, ABl. EG Nr. L 375, S. 3 v. 31. 12. 1985.

116 Vgl. zu unit trusts *McCormack, Gerard*, OEICS and trusts: The changing face of English Investment Law, Company Lawyer 2000, 21 (1), 2–13, 3f.

117 Nicht unter die Regelungen des InvG fallen daher etwa Gold-, Schiffs-, Münzen- oder Hypothekenfonds, vgl. *Beckmann* § 2 InvG Rdnr. 31.

118 So *Köndgen*, in: Bankrechtshandbuch III, § 113 Rdnr. 154.

119 Vgl. auch *Brinkhaus/Scherer* § 1 AIG Rdnr. 16; *Köndgen*, in: Bankrechtshandbuch III, § 113 Rdnr. 148.

120 Vgl. auch *Brinkhaus/Scherer* § 1 AIG Rdnr. 14; *Köndgen*, in: Bankrechtshandbuch III, § 113 Rdnr. 148.

3. Zulässigkeitsvoraussetzungen für den öffentlichen Vertrieb ausländischer Investmentanteile

a) EG-Investmentanteile

Das InvG unterscheidet bei der Regelung des öffentlichen Vertriebs ausländischer Investmentanteile zwischen sog. EG-Investmentanteilen (§ 2 Abs. 10 InvG) und solchen, die die Voraussetzungen des § 2 Abs. 10 InvG nicht erfüllen. Grundvoraussetzung für EG-Investmentanteile ist zunächst, daß die Investmentanteile von einem Unternehmen mit Sitz in einem anderen EU-Staat bzw. EWR-Staat ausgegeben werden (§ 2 Abs. 9 und 10 InvG). Allerdings kommen nur solche Investmentanteile in den Genuß des Europäischen Passes und damit der privilegierten Vertriebsregelung der §§ 130–134 InvG, die überdies der Richtlinie zur Koordinierung der Rechts- und Verwaltungsvorschriften betreffend bestimmter Organismen für gemeinsame Anlagen in Wertpapieren v. 20.12. 1985 (sog. OGAW-Richtlinie)[121] entsprechen (§ 2 Abs. 10 InvG). Für EG-Investmentanteile gilt der Grundsatz der Sitzlandkontrolle. Der Sitzstaat hat also das Recht dieser Investmentvermögen auf der Grundlage der EG-Richtlinie zu regeln und die Einhaltung dieser Bestimmungen zu beaufsichtigen. Die anderen EU- bzw. EWR-Staaten dürfen den Vertrieb solcher ausländischen Investmentanteile dann nur noch insoweit Regelungen unterwerfen, als dies in der Richtlinie zugelassen wurde. Für die der OGAW-Richtlinie entsprechenden Investmentanteile[122] ist daher der inländische öffentliche Vertrieb unter erleichterten Voraussetzungen zulässig.

Zwar gelten für den öffentlichen Vertrieb dieser EG-Investmentanteile ebenfalls die allgemeinen Vertriebsvorschriften, insbes. die §§ 121–124 InvG; ansonsten aber genügt für die Zulässigkeit des Vertriebs solcher Anteile die Anzeige gem. § 132 InvG, der insbes. der Nachweis des Sitzstaates über die Erfüllung der Voraussetzungen der OGAW-Richtlinie (§ 132 Abs. 2 Nr. 1 InvG) sowie die Bestätigung eines inländischen Kreditinstituts oder jedenfalls einer inländischen Zweigniederlassung über die Übernahme der Zahlstellenfunktion beizufügen sind (§§ 131, 132 Abs. 2 Nr. 5 InvG). Sind seit dem Eingang der Anzeige zwei Monate verstrichen, ohne daß der Vertrieb untersagt worden wäre (vgl. zu den Untersagungsgründen § 133 Abs. 2 InvG), ist die Vertriebsaufnahme zulässig und unterliegen ausländische Investmentgesellschaften grds. nur der Sitzstaatkontrolle (vgl. § 142 Abs. 1 InvG). Lediglich ausnahmsweise, wenn der Vertrieb erheblich gegen sonstige Vorschriften des deutschen Rechts, also insbes. gegen die allgemeinen Vorschriften zum Vertrieb von Investmentanteilen verstößt (vgl. §§ 121–124 InvG), kann die Bundesanstalt für Finanzdienstleistungsaufsicht den Vertrieb der EG-Investmentanteile untersagen (§ 133 Abs. 2 Nr. 2 InvG).

---

121 Richtlinie 85/611/EWG, ABl. EG Nr. L 375, S. 3 v. 31.12. 1985.

122 Allerdings kann die Bundesanstalt für Finanzdienstleistungsaufsicht für Investmentanteile, die zwar von Investmentgesellschaften mit Sitz außerhalb der EU bzw. des Abkommens über den Europäischen Wirtschaftsraum ausgegeben werden, aber die Voraussetzungen der OGAW-Richtlinie entsprechend erfüllen, die entsprechende Anwendung der §§ 130–134 InvG bestimmen (§ 136 Abs. 5 InvG).

b) Sonstige ausländische Investmentanteile

72 Der öffentliche Vertrieb sonstiger ausländischer Investmentanteile genießt nicht die für EG-Investmentanteile geltende Privilegierung, sondern unterliegt den besonderen Vorschriften der §§ 135–140 InvG. Eine privilegierte Behandlung haben aber ausländische Investmentanteile erfahren, die an einer inländischen Börse zum amtlichen oder geregelten Markt zugelassen oder in den Freiverkehr einbezogen sind, sofern außer den von der Börse vorgeschriebenen Bekanntmachungen kein öffentlicher Vertrieb der ausländischen Investmentanteile stattfindet. Für eine Anwendung der strengeren Vertriebsvoraussetzungen der §§ 135 ff. InvG besteht in diesen Fällen kein Bedürfnis, da die Anleger durch die Prüfung der Investmentgesellschaft im Zuge der Zulassung zu einem organisierten Markt bzw. der Einbeziehungsvoraussetzungen in den Freiverkehr geschützt sind.[123]

73 Ansonsten aber stellt das Gesetz in § 136 InvG eine Reihe materieller Voraussetzungen für den öffentlichen Vertrieb sonstiger ausländischer Investmentanteile auf. Insbesondere verlangt § 136 Abs. 1 Nr. 1 InvG, daß die ausländische Investmentgesellschaft und die Verwaltungsgesellschaft in ihrem Sitzstaat einer wirksamen öffentlichen Aufsicht zum Schutz der Investmentanleger unterliegen und die zuständigen Aufsichtsstellen dieses Staates zu einer nach den Erfahrungen der Bundesanstalt befriedigenden Zusammenarbeit entsprechend § 19 InvG bereit sind. Daneben stellt das Gesetz eine ganze Reihe weiterer materieller Voraussetzungen für die Zulässigkeit des Vertriebs sonstiger Investmentanteile auf: Zwar findet auf das Rechtsverhältnis zwischen Anleger und ausländischer Investmentgesellschaft i. d. R. ausländisches Recht Anwendung (vgl. oben Rdnr. 52–56). Dieses wird aber teilweise vom deutschen Recht „überlagert". Denn vor Aufnahme des Vertriebs ausländischer Investmentanteile besteht auch für Investmentgesellschaften, die ihren Sitz nicht in einem EU- oder EWR-Staat haben, eine dahingehende Anzeigepflicht (§ 139 Abs. 1 InvG); dieser Anzeige sind gem. § 139 Abs. 2 InvG eine ganze Reihe von Angaben und Nachweisen beizufügen. Da bei fehlendem Nachweis dieser Voraussetzungen, insbes. auch der Voraussetzungen des § 136 InvG, der Vertrieb der ausländischen Investmentanteile untersagt würde (vgl. § 140 Abs. 2 InvG), greift der deutsche Gesetzgeber hiermit mittelbar in die Vertragsstrukturen und -bestimmungen des ausländischen Rechts ein[124].

74 Einen (potentiellen) mittelbaren Eingriff in das Rechtsverhältnis zwischen der ausländischen Investmentgesellschaft und den Anlegern stellt insbes. die Vorschrift dar, wonach die Anleger grds. ein jederzeitiges Recht zur Rückgabe ihres Anteils haben und Auszahlung des hierauf entfallenden Vermögenswerts verlangen können (§ 136 Abs. 1 Nr. 5b) InvG).[125] Aber auch weitere Voraussetzungen für die Aufnahme des Vertriebs ausländischer Investmentanteile bedeuten mittelbar einen Eingriff in das Vertragsverhältnis zwischen Investmentgesellschaft und Anleger:

---

123 Vgl. *Brinkhaus/Scherer* noch zu § 1 AIG Rdnr. 73.
124 So auch *Köndgen*, in: Bankrechtshandbuch III, § 113 Rdnr. 157.
125 Vgl. aber auch die Ausnahme für ausländische Investmentaktiengesellschaften, deren Anteile zu einem organisierten Markt zugelassen sind (§ 136 Abs. 3 InvG).

dies gilt etwa für die Verpflichtung der Investmentgesellschaft, dem Käufer unverzüglich nach Kaufpreiszahlung den entsprechenden Anteil zu übertragen (§ 136 Abs. 1 Nr. 5a) InvG), die Regelung, wonach Dachfonds (also Investmentgesellschaften, die ihr Vermögen wiederum in Investmentanteilen anlegen) im wesentlichen den Regelungen für inländische Dachfonds entsprechen müssen (§ 136 Abs. 1 Nr. 5d) InvG), für die Beschränkung der Möglichkeit zur Kreditaufnahme (§ 136 Abs. 1 Nr. 5f.) InvG) sowie der Zulässigkeit von Belastungen des Sondervermögens (§ 136 Abs. 1 Nr. 5e) InvG), aber auch für die Unzulässigkeit von Leerverkäufen (§ 136 Abs. 1 Nr. 5g) InvG). Allerdings: entsprechen die Vertragsbedingungen und Regelungen des ausländischen Rechts nicht diesen Anforderungen, so sind sie nicht etwa (gem. Art. 34 EGBGB) unwirksam.[126] Rechtsfolge hiervon ist vielmehr lediglich, daß der öffentliche Vertrieb solcher ausländischen Investmentanteile unzulässig ist (§ 136 Abs. 1 InvG) und die Bundesanstalt für Finanzdienstleistungsaufsicht deren Vertrieb untersagt (§ 140 Abs. 2 und 3 InvG).

Daneben gibt es etliche Bestimmungen, die die Einschaltung weiterer Stellen **75** verlangen: Zur Erleichterung des Rechts- und Zahlungsverkehrs sowie der Rechtsdurchsetzung dient die Regelung, wonach die ausländische Investmentgesellschaft nicht nur eine inländische Zahlstelle (§ 136 Abs. 1 Nr. 4 InvG), sondern auch einen inländischen Repräsentanten (§ 136 Abs. 1 Nr. 2 InvG) zu benennen hat, der die ausländische Investmentgesellschaft gerichtlich und außergerichtlich vertritt und dessen Sitz bzw. Wohnsitz ein nicht prorogierbarer (inländischer) Gerichtsstand für Klagen gegen die ausländische Investmentgesellschaft, eine Verwaltungs- oder Vertriebsgesellschaft darstellt (§ 138 Abs. 1 und 2 InvG).[127] Dem Schutz des (inländischen) Anlegers dient auch die gesetzliche Verpflichtung zur Einschaltung einer Depotbank, die (grds.) das Vermögen verwahrt und die Anleger in einer den Vorschriften der §§ 20–29 InvG vergleichbaren Weise schützt (§ 136 Abs. 1 Nr. 3 InvG). Sofern die eingeschaltete Depotbank ihren Sitz im Ausland hat und keine Rechtswahl getroffen wurde, gelangt zwar im Verhältnis zwischen der ausländischen Investmentgesellschaft und der Depotbank das Recht der Depotbank zur Anwendung (vgl. oben Rdnr. 57–59). Über die Vorschrift des § 136 Abs. 1 Nr. 3 InvG greift das deutsche Recht aber mittelbar in dieses Rechtsverhältnis ein. Um diesen mittelbaren Eingriff jedoch so gering wie möglich zu halten, müssen die Rechte und Pflichten der Depotbank nicht in allen Einzelheiten dem deutschen Recht entsprechen, sondern den Anlegern lediglich eine vergleichbare Sicherheit bieten.[128] Dies kann entweder dadurch erreicht werden, daß das Vertragsverhältnis zwischen der ausländischen Investmentgesellschaft und der Depotbank als Vertrag zugunsten der Anleger ausgestaltet ist oder daß zwischen den Anlegern und der Depotbank

---

126 So auch *Köndgen*, in: Bankrechtshandbuch III, § 113 Rdnr. 157.
127 Vgl. dazu, daß auch ein inländischer Vertriebsbeauftragter, der entgegen den gesetzlichen Anforderungen nicht ausdrücklich als Repräsentant benannt wurde, dennoch als solcher zu gelten hat, BGH 13. 9. 2004, WM 2004, 2150, 2152.
128 Vgl. *Brinkhaus/Scherer* § 2 AIG Rdnr. 29.

ein eigenständiger Vertrag besteht, der den Anlegern einen Schutz gewährt, der mit den Regelungen des InvG vergleichbar ist.

76   Allerdings kann die Bundesanstalt für Finanzdienstleistungsaufsicht die entsprechende Anwendung der (zunächst nur für EG-Investmentanteile geltenden) §§ 130–134 InvG auch für sonstige Investmentanteile bestimmen, sofern diese die Voraussetzungen der OGAW-Richtlinie entsprechend erfüllen (§ 136 Abs. 5 InvG). Auf diese Weise soll der Bundesanstalt die Möglichkeit eingeräumt werden, mit den Aufsichtsbehörden einzelner Staaten bestimmte Fondstypen zu vereinbaren, die in beiden Staaten nach einem vereinfachten Anzeigeverfahren vertrieben werden können.[129]

---

129 BT-Drucks. 15/1944, S. 16.

Sachregister

Die fett gedruckten Zahlen beziehen sich auf die Paragraphen des Buches, die Ziffern in Klammern bezeichnen die Randnummern, der Zusatz Fn. weist darauf hin, daß sich die maßgeblichen Ausführungen in einer Fußnote der betreffenden Randnummer finden.